International Business

A Managerial Perspective

EIGHTH EDITION

Ricky W. Griffin
Texas A&M University

Michael W. Pustay
Texas A&M University

International Business

A Managerial Perspective

Authorized translation from the English language edition, entitled INTERNATIONAL BUSINESS: A MANAGERIAL PERSPECTIVE, 8th Edition, ISBN: 0133506290 by GRIFFIN, RICKY W.; PUSTAY, MIKE W., published by Pearson Education, Inc, Copyright © 2015.

International Business

A Managerial Perspective

제8판

국제경영

Ricky W. Griffin · Michael W. Pustay 지음

김응규 · 박근호 · 손상기 · 신문식 · 신상기 · 윤서진 · 정석영 옮김

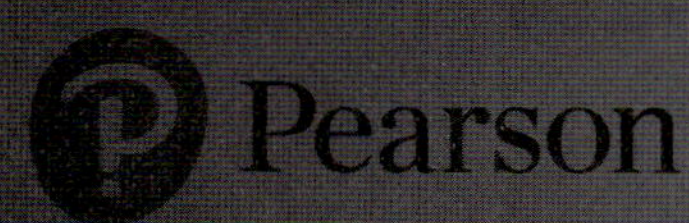

역자 소개

김응규 ekkim@hanbat.ac.kr
한밭대학교 경영회계학과

박근호 khpark@kangnam.ac.kr
강남대학교 국제통상학과

손상기 shonsk@daejin.ac.kr
대진대학교 국제통상학과

신문식 mardis@dreamwiz.com
명지전문대학교 경영학부

신상기 skshin@gachon.ac.kr
가천대학교 글로벌경제학과

윤서진 sjyoun5652@gmail.com
대전대학교 경영학과

정석영 syc100@wku.ac.kr
원광대학교 경영학부

제8판
International Business
A Managerial Perspective
국제경영

발행일 2017년 7월 25일 초판 1쇄
지은이 Ricky W. Griffin · Michael W. Pustay
옮긴이 김응규 · 박근호 · 손상기 · 신문식 · 신상기 · 윤서진 · 정석영
펴낸이 김준호
펴낸곳 한티미디어 | **주 소** 서울시 마포구 연남동 570-20
등 록 제 15-571호 2006년 5월 15일
전 화 02)332-7993~4 | **팩 스** 02)332-7995
ISBN 978-89-6421-286-8 (93320)

정 가 37,000원

인 쇄 갑우문화사

이 책에 대한 의견이나 잘못된 내용에 대한 수정정보는 한티미디어 홈페이지나 이메일로 알려주십시오.
독자님의 의견을 충분히 반영하도록 늘 노력하겠습니다.
홈페이지 www.hanteemedia.co.kr | **이메일** hantee@empal.com

Preface

역자 서문

여러 나라에서 당사자들 간 비즈니스 거래를 의미하는 국제경영은 화폐단위, 법률 시스템, 문화, 자원의 가용성 측면에서 국내경영과 큰 차이가 있다. 이처럼 훨씬 복잡하고 이질적인 환경하에서 국제경영 활동을 수행하기 위해서 국제경영 환경, 국제경영 전략, 국제경영 기능관리의 이해가 선행되어야한다. 따라서 경영학의 다른 분야보다 주제가 훨씬 광범위한 국제경영학 강의는 많은 강사들에게 큰 도전 과제다. 특히 8판이 나온 이후 발생한 브랙시트와 트럼프 미국 대통령 당선 등 국제경영에 큰 영향을 미치는 사건들을 담지 못해 아쉬움이 남는다.

정보통신기술의 발달과 스마트폰의 보편화로 교재의 역할이 상대적으로 약해졌지만, 지식의 체계화, 새로운 교육방식의 도입 등 몇 가지 측면에서는 아직도 교재의 권위를 무시할 수 없다. 국제경영학도 수많은 교재들이 있지만 본 교재만이 가지고 있는 몇 가지 장점들이 있다.

첫째, 복잡한 주제를 매우 체계적으로 서술하고 있다는 점이다. 학습목표, opening case, 다양한 최신 사례를 포함한 본론, 요약, 글로벌 역량 갖추기, closing case로 이어지는 체계는 독자의 이해를 명쾌하게 하는 데 큰 도움이 된다. 둘째, 국제경영의 이론과 사례의 적절한 균형이다. 원저자도 언급했지만 가능한 전문용어를 줄이고 풍부한 사례를 제공한 것이 본 교재의 장점이다. 7판에서 8판으로 개정되면서 가장 돋보이는 부분도 최신의 사례 소개라고 할 수 있다. 마지막으로 8판에서 새롭게 선보인 것은 각 섹션 말미에 In Practice 박스를 만들어 요약 및 추가 고려 사항을 더하여 복잡한 내용을 정리하는 데 큰 도움을 줄 것이라고 생각된다.

김준호 사장님의 격려와 이소영 편집팀장의 세심한 원고정리에 깊이 감사드린다. 물론 교수님들의 노고 없이는 애초에 불가능한 일이다. 국내외의 어수선한 정치적 격변기에 어려운 번역작업에 참여하신 박근호 교수님(3장, 15장, 17장), 신문식 교수님(10장, 13장, 16장), 신상기 교수님(6장, 8장, 9장, 18장), 손상기 교수님(4장, 14장, 19장), 윤서진 교수님

(5장, 11장, 12장), 정석영 교수님(2장, 7장)께 진심으로 감사드린다. 여러 교수님들이 나누어서 번역하다보니 용어의 통일, 문체의 일관성 등 난제들이 많이 있었고, 이를 해결하기 위해 노력을 했지만 아직도 역부족임을 절감한다. 물론 번역본의 오류는 전적으로 역자들의 책임이다.

2017년 여름 수통골에서

역자들을 대신하여 김응규

Preface
머리말

우리는 25년 동안 국제경영을 강의해 왔고, 매 순간을 즐겼다. 강사의 관점에서 볼 때, 강의의 기쁨과 흥분은 국제경영의 중요성과 역동성에 있다. 중요성을 부인할 수 없다. 지구상의 모든 인간의 직업, 경력, 생활은 국제경영의 영향을 받는다. 어떤 이들에게 국제경영은 기회가 되고, 어떤 사람들에게는 위협이 된다. 세계 경제활동의 1/3은 무역으로 이루어지며, 해외직접투자는 20조 달러를 넘어섰다. 역동성 또한 부인할 수 없다. 국제경영 7판의 발행과 이 책 8판 사이 2년간 일어난 변화를 생각해보라: 시리아의 내전, 막 시작된 글로벌 통화전쟁, 수압파쇄기법으로 인한 세계 에너지시장의 대격변, 중국보다 멕시코를 선호하는 공장입지결정의 변화, EU에 가입하는 신규회원국가, 천연자원 확보를 위한 중국의 공격적인 자세, 노키아(Nokia)의 모바일 시장 리더에서 실패한 기업으로 전락(적어도 월스트리트의 견해에 따르면), 이들은 몇 가지 예에 불과하다.

그러나 학생의 관점에서, 이러한 역동성은—단순히 방대한 주제—위협적일 수 있다. 여기서 세계 모든 지역을 토의하고, 모든 비즈니스 분야를 다룬다—회계, 마케팅, 경영관리, 재무, 공급망 관리, MIS—그리고 다양한 인문학 분야들—경제학, 지리학, 인류학, 사회학, 역사학, 국제관계학, 정치학, 법학. 코스의 방대함에 학생들이 압도되는 것은 놀랄 일이 아니다. 국제경영의 원리 개념과 문제에 대한 명확하고 간결한 논의를 제공하고, 이들 주제에 맞는 다양한 사례를 제공함으로써, 학생들이 방대한 내용을 숙지하지 못하는 두려움을 경감시키려고 노력했다.

이 책의 집필 비전은 세계시장에서 효과적인 참여자가 되도록 학생들을 준비시키는 것이다. 그것은 이 책의 초판의 서문에서 우리가 구상한 비전이며, 8판에도 여전히 유효하다. 많은 기존 교과서들이 불필요한 전문용어를 많이 사용하여, 국제경영을 전공하는 학생들에게 맞추어져 있다. 그러나 모든 학생들은—심지어 해외 근무를 하지 않을 학생들도—글로벌 경제에 정통할 필요가 있다.

그것이 이 책의 비전에 대해 우리가 갖는 강한 느낌이다. 우리는 학생들이 국제경영의

"문화적 소양" 배양을 원한다. 예를 들어, 우리는 학생들이 방문하는 외국 교환학생과 편안하게 이야기할 수 있고, 혹은 해외에 본사를 둔 다국적기업을 방문하는 중역들에게 예리한 질문을 할 수 있기 바란다. 많은 학생들에게, 이 책과 강의는 글로벌 세계에서 효과적인 비즈니스 종사자 및 정통한 시민이 되는 긴 여정의 첫 걸음이다. 우리는 이 책을 집필하면서 첫 걸음이 보다 쉽고, 보다 더 많이 알고, 더 흥미 있기를 기대한다.

지난 7판과 마찬가지로, 능력개발, 신흥시장, 그리고 지리적 문해력을 강조하면서 국제경영의 관리적 접근법을 유지한다.

8판에 새로운 것

8판은 국제경영이 직면하는 새로운 문제 및 기회를 반영하여 새로운 사례, 박스, 및 분석을 제시한다. 구체적으로 최근의 추세를 반영하여 아래 내용들이 새로 추가되거나 수정되었다:

- 자연환경과 공공복지에 대한 다국적조직 행위의 영향을 고려하는 다국적조직에 대한 압력이 점점 증가하고 있다. **"People, Planet, and Profits"**을 증진시키는 데 글로벌 기업이 직면한 문제를 제시하기 위해 새로운 박스를 만들었다.
- 대분분 대학에서 국제경영과목은 국제경영의 외부환경 및 내부환경을 커버한다. 새로운 박스와 사례를 소개했으며, 글로벌 시장에서 경쟁하는 기업들의 기회와 도전을 촉발하는 외부환경변화에 초점을 둔 사례와 박스를 새롭게 만들었다. 남중국해의 영토분쟁, 수압파쇄로 인한 세계 에너지 시장의 큰 변동, 전설적인 북서항로의 개통, 파나마 운하의 확장, 중국의 고임금의 영향 등이 새로운 사례와 박스에 포함되었다.
- 글로벌기업이 복잡한 세계시장을 이해하는 데 제공되는 도전과 기회의 새로운 프로필, 예를 들면 애플, 화웨이, 앵글로 아메리칸, 팍스콘, 그리고 맥도날드의 새로운 사례와 박스를 포함하고, LVMH, 레노보, 타타, 노키아, 디즈니, 텔레포니카, 유니레버, 그리고 다농에 대한 새로운 논의 등을 포함한다.
- 글로벌 와인산업, 글로벌 화훼산업, 국제영화시장, 독일의 미텔슈탄트, 국제항공산업을 포함한 산업 내 경쟁에 대한 글로벌화의 영향에 대한 새로운 분석을 제공한다.
- 기업들의 국가 간 문화적, 법률적, 기술적 차이의 대처방안을 보여주는 새로운 사례들. 학생들은 러시아와 법치, EU의 리스본 조약 실행, 브라질과 빈곤 감축, 일본의 문화 및 인구통계적 문제, 중국 비즈니스에서 공산당의 숨은 역할, 미국의 소매업자와 중국의 소비자들, 이슬람 금융, GLOBE 리더십 프로젝트, 그리고 중국의 노조활동의 증가와 같은 이슈의 심층분석을 통하여 개별국가의 정치, 문화, 그리고 사회문제를 깊이 이해할 수 있다.
- 국제경영 및 국제경영자의 윤리 및 사회적 책임을 평가하는 새로운 예와 사례들, 여기에는 팍스콘, e-쓰레기의 처분, BP와 걸프만 석유유출, 그린에너지와 자유무역, 듀퐁의 제로 쓰레기 추구, 머스크(Maersk)와 홍콩 항구의 오염, 차드 파이프라인, 지멘스

(Siemens) 뇌물 스캔들, 그리고 그라민 은행(Grameen Bank)을 포함한다.

- 국제경영 실무자가 직면하는 국제무역 및 투자 갈등의 새로운 예들, 여기에는 미국시장에 진출하는데 화웨이의 어려움, 글로벌 통화전쟁, 희토류, 조세피난처, 점보제트기 보조금, 국부펀드, 위조품 거래를 포함한다.
- 8판은 또한 최근의 자연재해와 정치적 변화가 국제경영에 미치는 영향에 대한 최신의 사례를 제공한다. 예는 일본을 초토화시킨 지진과 쓰나미 그리고 이에 따른 글로벌 공급망에 대한 영향, 토요타의 대량 리콜 및 품질 문제, 그리고 2011년 중동 전역을 휩쓴 정치 불안을 포함한다.
- 국제무역 통계, 환율, 다양한 글로벌 비즈니스 센터에서 주재원의 생활비용을 포함하여 이 책의 모든 자료와 통계정보는 완전히 최신 것으로 바꾸었다.

교육학적으로, 우리는 기술, 기업가 정신, 그리고 글로벌 관점에서 비즈니스 수행과 관련된 최근의 이슈를 강조하는 네 개의 콘텐츠 박스를 그대로 유지한다:

VENTURING ABROAD 해외에서 비즈니스 수행의 기회와 문제점들을 학생들에게 보여준다.

E-WORLD 전자상거래가 국제경영에 미치는 영향에 대한 통찰력을 제공한다.

BRING THE WORLD INTO FOCUS 학생들이 국제경영의 역사적, 문화적, 정치적 맥락을 이해하는 것을 돕는다.

EMERGING OPPORTUNITIES 신흥 국제시장의 도전과 기회를 강조한다.

우리의 새로운 박스, **People, Planet, and Profits**를 통하여 오늘날 국제경영 실무자에게 직면한 가장 중요한 문제들에 대해 독자들에게 통찰력을 제공한다.

또한 **In Practice**라는 장 내 새로운 특징을 추가했다. 각 장의 각 중요한 절의 끝에 **In Practice**를 통하여 앞 절의 요약과 추가적으로 고려할 수 있는 질문을 제공한다.

* 본문의 MyManagementLab의 학습 내용은 원서(영문판)에 해당하는 내용임을 알려 드립니다.

Contents
목차

국제경영

PART 1 세계 시장

CHAPTER 1
국제경영의 개요
An Overview of International Business

PCN Photography/Alamy

학습목표

1. 국제경영의 의미를 토의한다.
2. 국제경영 이해의 중요성을 설명한다.
3. 국제경영활동의 기본 유형을 파악하고 설명한다.
4. 글로벌화의 원인을 토의한다.
5. 글로벌 경제에서 신흥시장의 역할 증대를 이해한다.

* 본문의 MyManagementLab의 학습 내용은 원서(영문판)에 해당하는 내용임을 알려 드립니다.

올림픽의 비즈니스

2년마다 올림픽 게임이 세계의 관심을 끈다. 오늘날 국제경영 및 글로벌 경제의 지배적인 역할을 고려하면, 올림픽이 국제경영을 가장 치열하게 반영한다는 것은 놀랄 일이 아니다. 스위스의 IOC가 올림픽 게임을 관장한다. IOC는 개최지와 경기 종목을 결정하고, 심판 선정을 감독한다. 올림픽게임에 선수단 파견을 원하는 국가는 국가 위원회를 조직한다. IOC가 위원회를 감독하고, 위원회는 IOC에 보고한다.

개최후보도시는 IOC에 정교한 프리젠테이션을 해야 하고, 시설, 자원봉사자, 관련된 조직적 지원에 대한 엄청난 몰입이 필요하다. 예를 들어, 유치경쟁의 일환으로 일본은 1998년 동계 올림픽 개최지인 나가노와 도쿄 사이 새로운 고속철 구축을 약속했고, 그리스는 2004년 하계올림픽 개최지 아테네의 새로운 외곽순환도로, 지하철 시스템, 공항 건설을 제안했다. 중국은 2008년 북경 올림픽 게임을 위해, 37개의 새로운 혹은 개조된 스포츠 시설, 교통개선, 그리고 통신 개선을 포함하여 다양한 프로젝트에 380억 달러를 투자했다. 영국 정부는 올림픽 시설물 구축 및 교통망 개선에 93억 파운드 지출했고, 러시아는 2014년 소치 동계올림픽을 위해 500억 달러를 책정했다.

개최지 선정을 놓고 국가 간 경쟁이 치열하다. 2012년 하계올림픽 개최지로 파리를 누르고 런던이 선정된 데 대해 프랑스 대통령 자크 시락의 불쾌감으로, 농업, 조세, 그리고 외교를 다루는 EU 정책에 대해 프랑스와 영국 사이 말싸움이 격화되었다. 중국은 2000년 하계올림픽의 북경 개최기회를 손상시키는 결의안을 미국 상원이 통과시키자, 무역전쟁을 위협했다. 결국 호주의 시드니가 개최지로 선정되었다(북경은 2008년 게임 개최지로 선정되었다). 솔트레이크 시는 1998년 게임 개최지 경쟁에서 패한 후, 시 조직위원회는 2002년 개최지 선정을 위해 대규모 캠페인을 실시했다. 불행하게도 IOC 대표단에게 선물을 제공하고, 과도한 접대를 했다. 이는 윤리규정 위반이다. 이러한 사실이 알려지면서, 전 세계적으로 IOC 개혁 요구가 빗발쳤다.

왜 도시는 올림픽 게임을 유치하려고 하는가? 올림픽 게임으로 도시는 국제적 스포트라이트를 받고, 경제성장이 촉진되기 때문에, 많은 도시가 개최지 경쟁을 한다. 게다가 여행 수입은 장기적 이득이다; 예를 들어, 스키어, 스케이터, 그리고 스노우보더는 투린, 나가노, 릴레하머, 캘거리, 알버츠빌, 그리고 레이크 플레시드와 같은 과거 올림픽 개최지 시설을 계속 이용하여, 올림픽 성화가 꺼진 후 오랫동안 지역경제에 큰 도움이 된다. 올림픽 게임은 또한 도시 인프라 개선의 기폭제가 된다. 예를 들어, 도쿄와 나가노 간 고속철은 두 도시 간 여행시간을 절반으로 줄인다—아테네의 새로운 외곽순환도로, 공항, 지하철과 같이 현지 거주자와 미래 방문자에게 지속적인 혜택이다. 런던 올림픽촌은 2012년 올림픽이 끝난 후, 2,800개 아파트로 전환될 것이다, 이는 세계에서 가장 비싼 부동산 시장에서 필요한 주택을 제공한다.

높은 올림픽 개최비용 때문에, IOC와 국가 올림픽 위원회는 수입창출 방법을 고민한다. TV 방영권이 주요 수입원이다. NBC는 2000년 시드니 하계 올림픽 게임과 2002년 솔트레이크 동계올림픽 게임의 미국 방영권으로 12억7천만 달러를 지불했다. 그후 NBC는 2004년, 2006년, 2008년 올림픽 게임의 미국 방영권을 확보하기 위해 23억 달러를 추가로 투자했고, 2010년, 2012년 올림픽 개최지가 결정되지 않았지만 거기에 22억 달러를 지불했다. 2011년 NBC는 유사한 전략을 구사하여, 2014년, 2016년, 2018년, 2020년 미국 방영권으로 43억8천만 달러를 제시하여 성공했다. 유럽, 호주, 아시아, 그리고 미국을 제외한 아메리카 국가의 방영권은 각 지역 방송사에 NBC보다 작지만 여전히 엄청난 액수로 팔렸다. 이번에는 NBC와 현지 방송사들이 세계 올림픽 팬들에게 제품 판매를 원하는 기업들에게 광고시간을 판매했다.

놀랍지 않게도, 신흥시장 시청자의 관심을 끄는 것이 IOC 성장전략의 중요한 부분이다. 중국의 공영 TV 네트워크 CCTV는 2008년 북경올림픽 방영권으로 1억 달러를 지불했다. 중국 TV 광고 스팟 경쟁은 치열했다. 중국 우유회사 일리는 중국시장에서 4회 15초 광고를 위해 CCTV에 270만 달러를 지불했다; 이에 비해, NBC는 미국시장에서 30초당 광고에 80만 달러를 부과했다.

IOC와 국가위원회의 다른 중요한 수입원은 기업 스폰서다, 이들은 올림픽 게임과 관련된 명성과 가시성 확보를 원한다. 최고수준은—가장 비싼 6천만~8천만 달러—코카콜라, 맥도날드, 에이서, 파나소닉, 삼성과 같은 전 세계적으로 제품을 판매하는 기업들에게 가치 있는 명칭인 "worldwide partner"다. worldwide 파트너십의 주요 혜택은 올림픽 중계 기간 동안 그들이 구매를 원하면, 광고 자리를 우선적으로 확보할 수 있다. worldwide 파트너십 프로그램은 2009~2012 올림픽 사이클 동안 9억5,700만 달러 수입을 기록했다.[1] ■

TV 네트워크와 기업 광고회사가 올림픽에 투자한 수백만 달러는 비즈니스 국제화를 반영한다—코카콜라, 파나소닉, 삼성과 같은 기업들이 전 세계 소비자들에게 제품을 판매하려는 욕구의 결과다. 올림픽을 국제경영으로 이끈 세력은 기업이 국내 및 해외시장에서 경쟁함에 따라, 전 세계 기업에 영향을 미친 바로 그 세력이다. 커뮤니케이션, 운송, 정보기술의 변화는 국내기업의 해외진출을 촉진하고, 외국기업의 국내시장 침투를 돕는다. 전자상거래의 폭발적인 증가, WTO 및 EU와 같은 조직의 지원으로 무역 및 투자장벽의 감소, 중국 및 인도와 같은 신흥시장의 중요성 증대로 인하여 지난 10년 동안 이러한 추세가 가속화되었다.

구매하는 제품, 지불하는 가격, 부담하는 이자율, 현재의 직업에 이르기까지 글로벌경제는 여러분의 일상생활에 심각한 영향을 끼친다. 이 책을 집필하면서, 이와 같은 국제경영 환경에서 여러분들이 편안하고 효과적이 되도록 돕는 것이 우리의 희망이다. 이러한 환경에서 수월하게 살기 위하여, 여러분들은 국제경영의 기본적인 아이디어와 개념—지식공동체—을 학습할 필요가 있다. 게다가 이러한 아이디어와 개념이 의사결정, 전략 개발, 타인의 노력을 지휘할 때, 매니저에게 미치는 영향을 이해해야 한다. 여러분들은 또한 글로벌 경제의 기본 구조 및 요소에 정통해야 하고, 이들이 사람, 비즈니스, 산업에 미치는 영향에 정통해야 한다. 여러분들은 글로벌 경제의 진화와 아시아, 유럽, 북미, 그리고 기타 국가들간 복잡한 상업 및 정치적 관계를 이해할 필요가 있다.

국제경영세계에서 여러분들의 효과적인 미래 설계를 돕기 위해, 우리는 여러분들이 글로벌 경제 활동에서 매우 중요한 지식, 통찰력, 능력으로 무장하도록 할 계획이다. 이러한 목적달성을 위해, 성공적인 국제경영, 실패한 국제경영을 보여주는 수백 가지 사례를 포함한다. 또한 "Bring the world into focus," "E-World," "Emerging Opportunities," "People, Planet, and Profits," 그리고 "Venturing Abroad,"와 같은 박스를 통해 글로벌 기업의 심층사례를 볼 수 있고, "글로벌 역량 갖추기"라는 각 장 마지막 부분의 연습문제를 통하여 학습한 내용을 복습할 수 있는 기회가 있다.

1.1 국제경영이란?

국제경영은 두 국가 이상의 당사자들 사이 비즈니스 거래로 구성된다. 국제 비즈니스 거래의 사례는 한 국가에서 원료를 구입하고, 가공 혹은 조립을 위해 이들을 다른 나라에 옮기고, 소매 판매를 위해 완제품을 한 나라에서 다른 나라로 옮기고, 저임금을 활용하기 위해 해외에 공장을 건설하거나, 혹은 다른 나라에서 영업 자금조달을 위해 한 나라 은행에서 대출행위 등을 포함한다. 그런 거래에 관련된 당사자는 개인, 민간기업, 기업 집단, 그리고/혹은 정부 기관을 포함한다.

국제경영은 국내 경영과 어떻게 다른가? 간단히 말해, 국내 경영은 한 국가 경계 안에서 발생하는 거래이며, 국제경영은 국가 경계를 초월하여 거래가 이루어진다. 국제경영은 아래와 같은 이유로 국내 경영과 다르다:

- 관련된 국가들은 각기 다른 화폐를 사용할 수 있다, 따라서 적어도 한쪽 당사자는 자국

BRING THE WORLD INTO FOCUS

국경이 여전히 중요하다

10년 전 많은 경영학계 유명학자들은 국경 없는 글로벌 경제(국경이 필요치 않고 무관한 경제)의 도래를 선포했다. 국제경영의 현실에 비추어보면 이 주장만큼 비현실적인 주장도 찾기 힘들다. 국경이 여전히 중요하다는 것은 분명한 사실이다. 국경에 따라 구분된 국가는 독립적인 법률시스템과 법을 지니고 있다. 각기 다른 정치시스템과 사회구조를 지니고 문화적 가치도 각 국가마다 다르다. 세금, 임금, 토지, 기타 자원과 창업하는데 요구되는 조건들도 나라마다 다르다. 만약 국경이 없다면 독립적인 국제경영과목에 대한 니즈도 사라질 것이고 그냥 경영학만 배우면 된다. 바르셀로나 IESE 경영대학의 게마와트(Pankaj Ghemawat) 교수가 개발한 CAGE 모델은 국가 간 차이 때문에 국제경영이 직면한 문제들을 이해하는 데 유용한 틀이다:

- *문화적 거리*(CAGE에서 "C")는 한 국가 내에서 기업이 사업을 수행하는 방식에 영향을 줄 수 있는 문화, 언어, 종교, 그리고 사회적 가치의 차이를 말한다. 4장에서 이들 문화적 차이의 중요한 요소들을 다룬다.
- *행정적 거리*는 국가 간 행정의 차이를 말한다. 과거의 식민지 관계, 법률 유산의 유사성, 공동 통화의 사용, 정치적 동맹, 혹은 민간부분과 공공부분 간의 적절한 균형에 대한 태도 등이 행정적 거리에 영향을 미친다. 3장에서 이러한 차이를 다룬다.
- *지리적 거리*는 국가 간 소통 및 운송과 같은 물리적 거리를 말하며, 지리적 연계성이 경제통합에 미치는 영향을 보여준다. 2장에서 세계시장의 경제적 지리를 다룬다.
- *경제적 거리*는 각 국가의 경제적 자원의 차이를 말한다. 천연자원이 경제적 거리의 한 요소이지만, 인적자원, 인프라, 새로운 지식의 창출, 그리고 기술혁신의 증진이 훨씬 중요한 경제적 거리의 요소들이다. 6장에서 이들 경제적 차이가 글로벌시장에서 각 국가의 참여 성격 및 수준에 어떻게 영향을 미치는지 분석한다.

국제경영 실무자들이 당면한 중요한 문제중 하나는 기업의 경쟁우위를 창출하기 위해 이러한 차이를 인지하고 활용하는 전략을 수립하고 실행하는 것이다. 이것은 필요한 부품 비용을 줄이기 위해 임금이 낮은 국가에서 노동집약적인 투입물을 구매하는 것처럼 단순한 것일 수도 있고, 기업 조직의 재구조화 및 현지 문화, 법, 사회규범을 존중하면서 동시에 글로벌 효율성을 추구하는 문제처럼 복잡한 것일 수도 있다.

출처: Based on Pankaj Ghemawat, "Distance Still Matters," *Harvard Business Review*, September 2001; Pankaj Ghemawat, "Managing Differences: The Central Challenge of Global Strategy," *Harvard Business Review*, March 2007.

화폐를 다른 국가의 화폐로 전환해야 한다.

- 법률 시스템이 나라마다 다르다, 따라서 한쪽 이상의 당사자는 현지법률을 준수하도록 조정해야 한다. 때때로 국가 간 법률시스템이 양립할 수 없어서, 국제경영자에게 골칫거리가 된다.
- 문화가 나라마다 다르다, 따라서 각 당사자는 상대방의 기대를 충족시키기 위해 행동을 조정해야 한다.
- 자원의 가용성이 나라마다 다르다, 어떤 나라는 천연자원이 풍부하지만, 숙련 노동력이 부족하다, 다른 나라는 생산성이 높고 잘 훈련된 노동력이 풍부하지만, 천연자원이 부족하다. 따라서 제품의 생산방식 및 생산된 제품의 유형은 나라마다 다르다. ("Bring the World into Focus"는 이러한 문제에 대한 통찰력을 추가해준다.)

대부분의 경우, 성공에 필요한 기본적인 능력 및 지식은 국내에서 사업을 하건 국제적으로 사업을 하건 개념적으로 유사하다. 예를 들어, 마케팅 매니저의 목표 소비자 욕구 분석의 필요성은 매니저가 국내영업을 하든, 국제영업을 하든 똑같다. 그러나 개념은 같더라도, 성공에 필요한 능력 및 지식의 복잡성은 국내영업보다 국제영업에서 훨씬 크다. 국제경영 종사자는 국가 간 문화, 법률, 정치, 사회적 차이에 정통해야 한다. 그들은 제품을 판매할 국가, 원료를 구매할 국가를 선택해야 한다. 본국뿐 아니라 사업하는 모든 다른 국가의 조세 및 법률 기관과 상대하면서, 국제경영은 또한 해외자회사의 활동을 조정해야 한다.

In Practice

- 국제경영을 할 때, 실무자는 본국과 현지국 사이의 차이를 잘 이해해야 한다.
- CAGE 모델은 이들 차이(게마와트 교수는 이를 "거리"라고 부른다)를 분류하는 데 유용한 틀을 제공한다.

추가 고려 사항: 어떤 "거리"—문화, 행정, 지리, 경제—가 가장 중요한가? 혹은 "중요성"이 당면한 문제에 따라 다른가?

1.2 왜 국제경영을 학습하는가?

학생들이 국제경영을 학습해야 할 여러 가지 이유가 있다. 첫째, 여러분이 근무하는 어떤 큰 조직도 국제부서가 있거나 글로벌 경제의 영향을 받는다. 더 나은 경력기회를 평가하고, 다른 매니저와 효과적으로 상호작용하기 위하여, 중요성이 증가하는 이 분야를 이해할 필요가 있다. 예를 들어, 여러분의 첫 과업으로, 멕시코, 우루과이, 캐나다, 미국 구성원들을 포함한 프로젝트 팀의 일원이 될 수 있다. 국제경영의 기본적인 이해를 통하여, 팀의 구성 이유, 팀의 목표 달성에 대한 기업의 기대, 동료들과 효과적인 상호작용 방법을 충분히 이해할 수 있다. 해외에 본사를 둔 기업을 위해 일할 수 있기 때문에 국제경영을 학습할 필요가 있다. 예를 들어, 530만 미국시민들은 외국인 소유 기업의 미국자회사에 일한다, 한편 미국기업의 해외 자회사는 6,110만 명의 유럽인, 아시아인, 아프리카인, 호주인, 캐나다인, 라틴 아메리카인을 고용한다.[2]

소기업들도 점점 더 국제경영에 개입한다. 어느날 여러분이 창업한다면, 외국산 원료 혹은 장비를 사용하고, 외국기업과 경쟁하고, 심지어 해외시장에서 판매하는 여러분을 발견할 것이다. 전자상거래의 성장은 소기업에게 새로운 기회를 제공한다. 과거에 해외시장에 진입하기 위하여, 기업은 나라마다 유통망과 브랜드 인지도를 구축해야 했다, 이것은 소기업보다 대기업에게 몇 배 유리한 과정이다. 오늘날, 잘 만들어진 웹사이트는 각 국가에 물리적인 시설을 구축하지 않고도 전 세계 소비자를 끌어들일 수 있다, 이는 소기업의 국제시장 참여를 훨씬 용이하게 한다. 인터넷은 또한 소기업에게 비용 절감효과를 제공하여, 대기업과 효과적으로 경쟁할 수 있다. 홍콩 가족기업 리훙 팻 가먼트 공장(Lee Hung Fat Garment Factory)을 예를 들어 보자. 이 회사는 팩스 및 전화보다 인터넷을 사용함으로써, 해외 고객과의 통신비용을 1/3 절감했다. 고객에게 제품 샘플을 속달우편으로 보내는 대신, 회사는 인터넷을 통해 가먼트 모형을 전송하기 위해 디지털 카메라를 사용한다. 이 기술을 활용하여 회사는 디자인 비용을 15%에서 20% 절감했다고 회사 매니저는 추정한다.[3]

국제경영을 학습할 또 다른 이유는 미래경쟁자와 보조를 맞추어야 한다는 것이다. 유럽 비즈니스 학생들은 다중 언어를 학습하고, 많은 나라를 여행하고, 다른 나라에서 직무 경험도 풍부하다. 많은 프로그램은 다른 나라에서 한 학기 이상 경험을 요구한다. 아시아 학생들 또한 해외시장 및 문화(특히 북미 및 유럽 국가들) 학습에 적극적이다. 매니저가 되기 위해 훈련하는 이들 학생들은 경쟁기업의 일자리 혹은 당신 회사의 직위의 직접적인 경쟁자다. 따라서 글로벌 능력과 지식이 없어서 경력에 방해가 되기보다, 글로벌 능력과 지식을 갖추는 것이 경력에 도움이 된다는 사실을 명심해야 한다.

최신의 경영 기술 및 도구를 따라가기 위해 국제경영을 학습해야 한다, 왜냐하면 어떤 단일 국가도 좋은 아이디어를 독점할 수 없기 때문이다. 예를 들어, 일본기업은 **적시 시스템(JIT)**과 같은 재고관리 기법을 창안했다. JIT하에서, 공급업자는 필요할 때, 필요한 투입물을 배송할 것으로 기대된다. 마찬가지로 볼보(Volvo)와 같은 유럽기업과 혼다(Honda)와 같은 일본기업은 종업원의 생산성과 만족도를 높이기 위하여 권한 위양, 품질 서클, 자율적 직무 그룹, 기능 간 부서와 같은 노동행위를 실험한 최초기업들이다. 국제경쟁사의 혁신에 무지한 매니저는 글로벌 시장에서 실패할 가능성이 크다.

마지막으로, 문화적 소양을 얻기 위해 국제경영을 학습해야 한다. 글로벌 문화 및 정치 시스템이 점점 더 혼재됨에 따라, 세계 시민의 유사성과 차이를 이해하는 것이 점점 더 중요해지고 있다. 여러분들은 다른 나라 및 다른 문화적 배경의 동료, 고객, 공급업자, 경쟁사와 더 자주 마주칠 것이다. 그들 국가와 기업이 글로벌 경제에서 차지하는 위상을 파악하는 것은 그들과 거래에서 경쟁우위를 제공할 뿐 아니라 그들의 존경과 자신감 획득에도 도움이 된다("Bring the World into Focus" 참조). 반대로 외부 세계에 무지하다면, 편협하거나 오만하거나 단순히 미숙해 보인다. 여러분이 매니저이건, 고객이건, 단순히 세계 사건의 옵서버이건 간에 이것은 사실이다.

In Practice

- 유능한 경영자가 되려면 국제경영을 배우는 것이 매우 중요하다. 조직 내외에서 동료들과 경쟁하여 이기려면 글로벌 기술과 지식이 필요하다.
- 인터넷과 전자상거래의 발달로 소규모기업들도 국제시장 경쟁에 참여할 수 있고, 또한 해외 경쟁사에 쉽게 피해를 입을 수 있다.

추가 고려 사항: 국제경영활동에 의해 영향을 받지 않는 비즈니스나 무역을 상상해 볼 수 있는가?

1.3 국제경영 활동들

역사적으로 국제경영 활동은 먼저 수출 및 수입의 형태를 띠었다("Bring the World into Focus" 참조). 그러나 오늘날 복잡한 국제경영의 세계에서, 다양한 국제경영 활동들을 흔히 볼 수 있다.

수출 및 수입

수출은 다른 나라에서 사용 혹은 재판매를 위해 자국에서 생산된 제품의 판매를 말한다.

BRING THE WORLD INTO FOCUS

국제경영의 초기시대

원래 국제경영은 국제무역으로 시작되었다. 국가 간 무역은 기원전 2000년까지 거슬러 올라간다. 그 당시 북아프리카 부족들은 중동의 바빌로니아와 아시리아에 대추야자와 의류를 가지고가서 향신료와 올리브 오일과 교환했다. 이 무역은 수년간 계속 확대되었고, 더 많은 지역을 포함하고, 자원 및 제품 목록이 증가했다. 심지어 올림픽 게임도 초기시대에 뿌리를 두고 있다, 최초의 게임이 기원전 776년에 그리스에서 개최되었다. 기원전 500년경, 중국 상인들은 인도와 유럽에 비단과 옥을 수출하였고, 무역루트를 구축하였다.

국제무역의 성공은 종종 정치 및 군사력으로 이어진다. 처음에 그리스 그 뒤 로마제국은 부분적으로 국제무역의 활용으로 번성했다. 무역 지배력을 유지하기 위하여 고대전쟁이 일어났다. 예를 들어, 북아프리카 도시 카르타고는 기원전 3세기경 로마와 쌍벽을 이루는 국제경영 중심지였다. 그 당시 유럽 상인들은 귀금속 및 유리를 가져와 아프리카 상인들이 내놓은 곡물, 상아, 직물과 교환했다. 100년간 로마는 무역 주도권을 유지하기 위하여 카르타고와 세 번의 유혈 전투를 벌였고, 결국 기원전 146년 카르타고를 물리쳤다. 승리한 로마인들은 카르타고가 다시는 경쟁자로 부상하지 않도록, 도시를 불태우고 농토에 소금을 뿌리고 갈아엎어 농작물이 자라지 못하게 했다.

중세기에 이탈리아가 그 당시 세계시장의 중심지였기 때문에 국제경영의 초점이었다. 베니스, 제노아, 피렌체의 정치 및 군사력은 유럽과 중국 사이 무역루트를 연결한 국제상업 및 은행업의 주요 중심지 역할을 반영했다. 1453년 터키인이 콘스탄티노플(현재 이스탄불)을 정복하고, 중동의 통제권을 획득했을 때, 이 무역루트는 단절되었다. 중국과 유럽의 무역은 특히 수익이 컸다, 그래서 유럽 국가들은 극동으로 가는 새로운 해양루트를 찾는 데 관심이 있었다. 스페인 정부의 후원을 받은 크리스토퍼 콜럼부스는 그런 루트를 찾기 위해 유럽에서 서쪽으로 항해했다. 대신에 그의 카리브 섬 상륙으로 중요한 새로운 자원의 공급원을 발견했고, 결국 유럽국가들의 아메리카 대륙의 식민지화를 초래했다.

Michael Pustay

기원전 5세기에, 아테네와 동맹도시들이 국제통상을 지배했다. 펠로폰네소스전쟁(431~404 B.C.)으로 아테네의 힘과 번영에 종말을 고한다. 오늘날 아크로폴리스 방문객들은 아래와 같은 에드거 앨런 포의 슬픈 시를 회상한다:
오래 헤매던 거친 바다 위로...../요정 같은 자태는 나를 이끌었나니/그리스의 영광으로,/그리고 로마의 장엄함으로.

식민지화가 일어나자, 새로운 무역통로가 열렸다. 아메리카 대륙의 정착민들은 차, 제조제품, 기타 일용품과 교환하기 위해 유럽에 원료, 귀금속, 곡물을 판매했다. 대부분의 아메리카 대륙은 결국 독립국가가 되어, 세계경제에 중요한 기여자가 되었다.

국제경영의 중요한 또 다른 현상은 식민지 시대와 그후 제국주의 시대에 발생했다: 해외직접투자와 MNC의 성장, 이들 둘은 외국인이 현지국에 투자하고 통제하는 일을 한다. 영국, 프랑스, 네덜란드, 스페인, 벨기에, 포르투갈과 같은 제국주의 강국들의 유럽 자본가들은 아메리카 대륙, 아시아, 아프리카의 식민제국에 새로운 비즈니스를 육성하여, 지금까지도 지속되는 은행, 운송, 무역의 네트워크를 구축했다. 네덜란드 동인도회사(1600년에 설립), 영국 동인도회사(1602년 설립), 그리고 허드슨 베이 회사(1670)가 초기 회사에 포함된다. 이들 회사와 자딘 매디슨 그룹과 같은 그 후 설립된 무역회사들은 글로벌 무역제국의 일원으로서 구리광산, 차 및 커피 농장, 마 및 면직공장, 고무농장을 소유했다.

19세기에 철도의 확산과 더불어 증기 엔진의 발명은 재화의 육로 운송비용을 크게 낮추었으며, 따라서 큰 공장이 경제적으로 커다란 이익이 되었다. 이번에는 이러한 발전이 해외직접투자의 범위를 확장시켰다. 유니레버, 에릭슨(Ericsson), 로얄더취쉘(Royal Dutch Shell)과 같은 오늘날 거대 다국적기업의 선구자들은 이 기간 동안 아시아, 유럽, 아메리카 전역에 시설을 투자함으로써, 국제적인 기업이 되는 발판을 마련했다. 기술 변화를 촉진하는 새로운 발명은 해외직접투자를 더욱 촉진시켰다. 예를 들어, 1852년 사무엘 콜트(Samuel Colt)는 영국에 공장을 건설하여 그의 유명한 소형화기를 생산했다, 그 후 같은 세기에 던롭(Dunlop)은 타이어 제작 기술을 활용하기 위하여 벨기에, 프랑스, 일본에 공장을 건설했다.

출처: Based on S. D. Chapman, "British-based investment groups before 1914," *Economic History Review*, vol. 38 (1985), pp. 230–235; John H. Dunning, *Multinational Enterprises and the Global Economy* (Wokingham, England: Addison-Wesley Publishing Company, 1993), p. 3; Simcha Ronen, *Comparative and Multinational Management* (New York: John Wiley & Sons, 1986)

수입은 자국에서 사용 혹은 재판매를 위해 타국에서 생산된 제품의 구매를 말한다. 수출과 수입 활동은 종종 두 그룹으로 나누어진다. 활동의 한 그룹은 재화의 무역이다—옷, 컴퓨터, 원료와 같은 유형의 제품. 공식적인 미국정부 발행물은 이런 무역 유형을 상품 수출 및 수입이라고 부른다; 영국은 이것을 *유형적(visible) 무역*이라고 부른다. 다른 활동 그룹은 서비스 무역이다—은행업, 여행, 회계활동과 같은 무형의 재화다. 미국에서 이런 유형의 무역을 **서비스 수출 및 수입**이라고 부른다; 영국에서는 이것을 *무형적(invisible) 무역*이라고 부른다.

수출은 기업의 재무건전성에 매우 중요하다. 예를 들어, 2012년, 보잉(Boeing)사의 민간항공기 판매액 817억 달러의 54%는 해외 고객으로부터 나왔다, 회사에 수만 명의 고용을 창출하고, 부품공급업자의 공장에도 수천 명의 고용을 창출했다. 인도 소방호스 노즐 제조업체인 태스크 포스 팁스(Task Force Tips)와 같은 소기업에게도 국제판매는 똑같이 중요하다, 이 회사는 생산의 1/3을 수출한다.[4] [그림 1.1]이 보여주는 것처럼, 수출은 네덜란드와 태국 GDP의 3/4 이상을 차지하며, 중국, 캐나다, 독일, 멕시코 GDP의 30% 이상을 차지한다.

국제 투자

국제경영 활동의 두 번째 주요한 형태는 **국제투자**다—다른 나라의 거주자에게 한 국가 거주자가 제공한 자본. 그런 투자는 두 가지 유형으로 나뉜다: 해외직접투자와 해외간접투자. **해외직접투자(FDI)**는 현지국의 재산, 자산 혹은 기업의 적극적인 통제를 목적으로 이루어진 투자다. (모기업의 본사가 위치한 국가를 **본국**이라고 부른다; 기업이 영업하는 다른

그림 1.1

주요 국가의 GDP 대비 재화 및 서비스의 수출 비중(%, 2011년 자료)

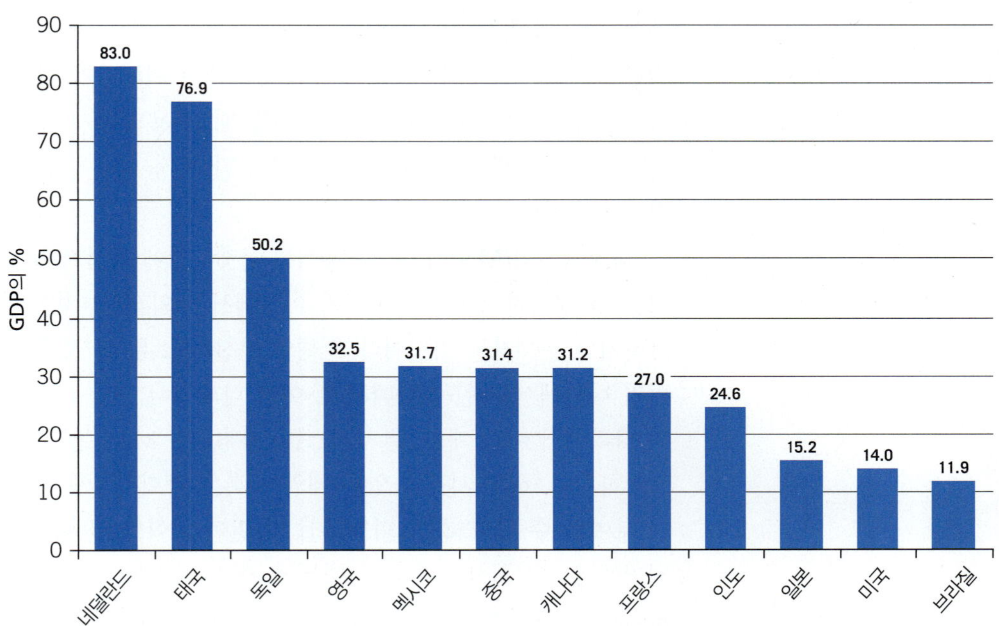

출처: 세계은행 사이트(www.worldbank.org)

나라를 **현지국**이라고 한다.) FDI의 예는 크래프트(Kraft)의 영국 캐드베리회사(Cadbury PLC) 주식의 전량 매입이다. 매입 후, 캐드베리의 운영을 감독하고, 크래프트의 글로벌 조달 및 마케팅 프로그램으로 통합하기 위하여 크래프트 중역을 앉혔다.

해외간접투자(FPI)는 통제 이외 목적으로 해외 금융자산(주식, 채권 CD)의 매입을 의미한다. FPI의 예는 네덜란드 연기금의 소니(Sony) 주식 1,000주 매입이다. 이 투자로 연기금은 소니의 의사결정을 통제하기보다 연기금 자산포트폴리오 수익률을 높이려고 한다. 같은 이유로, 많은 투자자들은 최근에 해외 주식과 채권을 전문으로 하는 뮤추얼 펀드 주식을 매입했다.

국제경영활동의 다른 형태

국제경영 활동은 또한 다른 형태를 띨 수 있다. 라이센싱, 프랜차이징, 경영계약이 그 중 가장 중요하다. **국제 라이센싱**은 한 국가 기업이 로얄티 지급의 대가로 다른 나라 기업에게 지적재산권(특허, 상표권, 상표명, 저작권, 혹은 거래비밀)의 사용을 허가해 주는 계약이다. 월트 디즈니(Walt Disney) 회사는 매출의 몇 %의 대가로 독일 의류회사에게 미키 마우스의 미소 짓는 얼굴이 그려진 어린이용 파자마의 판매를 허가했다. 국제 라이센싱의 특수한 형태인 **국제 프랜차이징**은 한 국가의 기업(프랜차이저)이 로얄티 지급의 대가로 상표명, 상표권, 로고뿐 아니라 운영 시스템의 활용을 다른 국가의 기업(프랜차이지)에게 부여할 때 발생한다. 예를 들어, 맥도날드 회사는 전 세계에 패스트 푸드 레스토랑을 프랜차이즈한다. 마지막으로 **국제경영계약**은 한 국가 기업이 정해진 수수료를 받고 다른 국가 기업에게 경영서비스를 제공하는 계약이다. 예를 들어, 고급 국제호텔 산업에서 경영계약은 흔하다. 매리오트(Marriot), 힐턴(Hilton)과 같은 호텔경영자는 전 세계적으로 자기 브랜드 이름을 딴 값비싼 호텔을 소유하지 않지만, 경영계약을 통해 운영한다.

이들 거래 유형에 속하는 기업을 국제경영이라고 부를 수 있다. 공식적으로 **국제경영**은 개인, 민간기업, 그리고/혹은 공공 조직과 국가 간 상업적 거래에 종사하는 조직이라고 정의할 수 있다. 그러나 국가 간 상업적 거래를 의미하기 위해 *국제경영*이라는 용어를 사용한다는 점을 기억하라. 이 용어를 접할 때, 사용되는 맥락에 따라, 국가 간 거래와 관련된 일반적인 프로세스를 의미하는지, 국가 간 특정 거래에 종사하는 단일 조직을 의미하는지 결정해야 한다.

다국적기업(MNC)이라는 용어는 국제경영에 폭넓게 개입하는 기업을 지칭한다. MNC의 보다 정확한 정의는 "두 나라 이상에서 해외직접투자에 참여하고, 부가가치 활동을 소유하거나 통제하는 기업이다."[5] 해외 자산의 소유 및 통제뿐 아니라, MNC는 일반적으로 여러 나라에서 자원을 구매하고, 여러 나라에서 재화 그리고/혹은 서비스를 창출하고, 여러 나라에서 이들 재화 및 서비스를 판매한다. MNC는 일반적으로 본사에서 이들 활동을 조정하지만, 해외 시장에 있는 계열사 혹은 자회사에게 현지 환경에 맞는 운영 조정 권한을 부여할 수 있다. 회계 파트너십 및 런던 로이드(Lloyd)사와 같은 거대 MNC는 엄밀한 의미에서 주식회사가 아니기 때문에, 어떤 학자는 MNC와 **MNE (multinational enterprises)**를 구분한다. 게다가 IOC와 국제적십자사와 같은 비영리 조직은 엄밀한 의미에서 기업이 아니기 때문에, 비영리단체와 영리단체를 통칭할 때, 다국적조직(MNO: multinational organization)이라는 용어를 사용할 수 있다. [표 1.1]은 2012년 세계에서 가장 큰 MNC를 열거한다.

In Practice

- 개인, 부족 간, 그 후 국가 간 무역이 수천 년 동안 있어 왔다. 수 세기 동안 무역과 무역통로를 지배하려는 열망은 국가 간 갈등의 원인이었다.
- 국제상거래의 가장 중요한 형태는 국제무역과 국제투자, 그리고 라이센싱, 프랜차이징, 경영계약과 같은 특수한 경영활동을 포함한다.

추가 고려 사항: [표 1.1]에 있는 정보를 분석하라. 세계에서 가장 큰 기업들의 특징은 무엇인가? 규모에서 상대적인 순위변화에는 어떤 특징들이 있는가?

표 1.1 세계에서 가장 큰 기업들

	매출(단위 백만 $)	
	2012	2002
Royal Dutch Shell	481,700	179,431
Walmart	469,162	246,525
Exxon Mobil	449,886	182,466
Sinopec Group	428,167	44,503
China National Petroleum	408,603	44,864
BP	388,285	178,721
State Grid	298,449	n.a.
Toyota Motor	265,701	131,754
Volkswagen	247,613	82,203
Total	234,277	96,944
Chevron	233,899	92,043
Glencore Xstrata	214,436	n.a.
Japan Post Holdings	190,859	n.a.
Samsung Electronics	187,800	47,606
E.ON	169,756	44,941
Phillips 66	169,551	58,384
ENI	167,905	46,328
Berkshire Hathaway	162,463	42,353
Apple	156,508	5,470
AXA	154,571	62,050

출처: 포춘, 2013년 7월 22일, p. F1; 포춘 2003년 7월 21일, p. 106; 기업 웹사이트

1.4 글로벌의 현대적 원인

국제경영은 지난 십 년 동안 급속히 발전하여 우리는 글로벌화 시대에 살고 있다고 많은 전문가들은 말한다. **글로벌화**는 "시장, 국가, 그리고 기술의 거역할 수 없는 통합으로 정의된다... 개인, 기업, 국가가 과거보다 더 멀리, 더 빠르게, 더 깊이, 더 싸게 전 세계에 도달할 수 있는 방식으로."[6]

국제무역과 국제 직접투자가—국제경영 수행의 두 가지 중요한 수단—세계경제에서 점

점 중요해지고 있다. 글로벌화가 세계경제에서 무역의 역할을 강화시켰다. [그림 1.2]에서 보는 것처럼, 경제활동 중 무역의 비중이 크게 증가했다. (글로벌 경기침체의 영향을 주시하라: 2009년 무역량이 세계 GDP보다 큰 폭으로 감소했다, 따라서 GDP대비 무역비중이 떨어졌다.) 1950년, 상품무역은 전 세계 GDP의 1%를 차지했다; 2011년 26%로 증가했다. 서비스 무역을 합하면 6%가 추가된다. 서비스 무역의 급격한 증가는 인터넷과 관련 기술의 발달 때문이다. 이는 은행업, 컨설팅, 교육, 소매업, 도박과 같은 다양한 산업의 무역을 훨씬 쉽게 한다. 예를 들어, 많은 캐나다 및 미국기업들은 북미 내 및 외부의 저임금 지역으로 고객 서비스 및 자료입력 운영을 이전시켰다. 디지털로 거래를 수행하는 한, 시설의 물리적 장소는 중요치 않다. 예를 들어, 인도는 전 세계 많은 다국적기업의 고객 서비스 및 문제해결 서비스를 제공하면서 콜센터 비즈니스가 크게 성장했다.

글로벌화의 또다른 표현은 해외직접투자—다른 국가의 자산을 소유 및 통제하기 위하여 한 국가 시민의 투자—중요성의 증가다. [그림 1.3]이 보여주는 것처럼, 세계경제에서 해외직접투자의 중요성은 크게 증가했다. 1980년, FDI의 스톡은 세계경제의 2.4%에 불과했다; 2012년 FDI 스톡은 그 해 GDP의 32%를 초과했다.

[그림 1.2]와 [그림 1.3]에서 본 것처럼, 최근에 국제경영의 성장은 명확하며 극적이다. 그러나 이런 성장의 이유는 무엇인가? 그리고 왜 앞으로 십년동안 국제경영활동이 지속적으로 증가할 것 같은가? 두 가지 큰 이유가 있다: 글로벌화의 원인이 되는 전략적 요구사항과 글로벌화를 촉진시키는 환경변화.

그림 1.2

세계 GDP 대비 세계 수출(%)

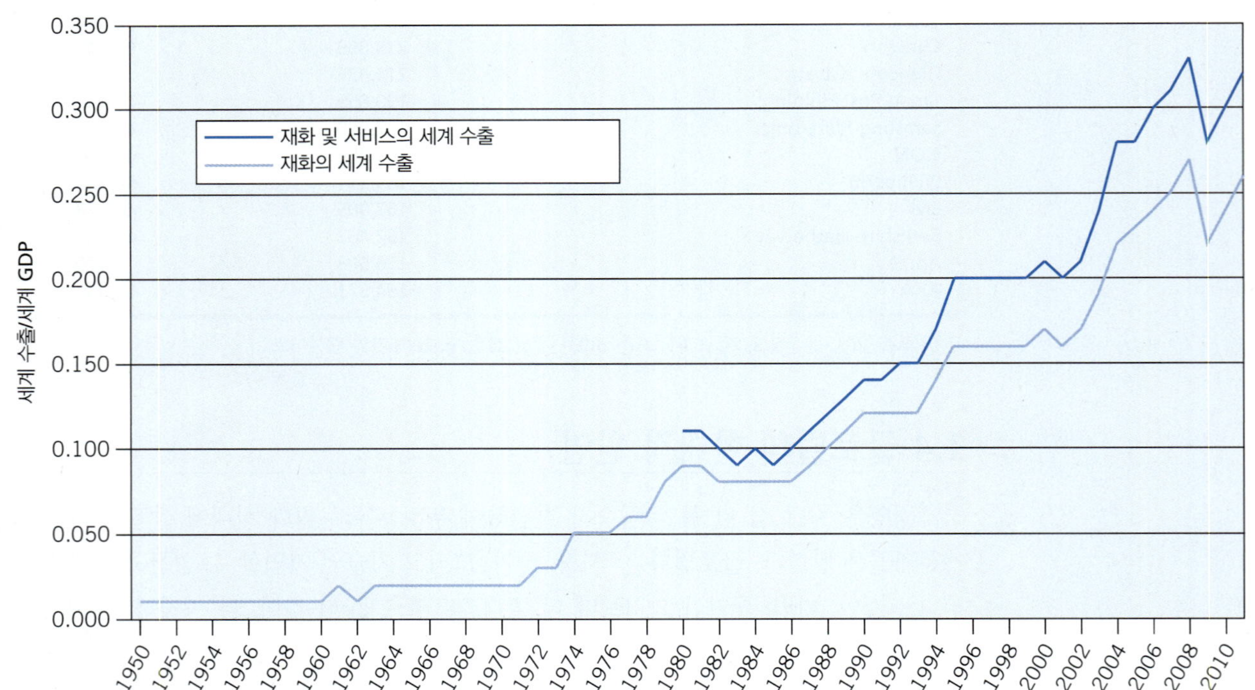

출처: 세계무역기구웹 사이트: http://stat.wto.org/StatisticalProgram/WSDBViewData.aspx?Language=E.

그림 1.3
세계 GDP 대비 해외직접투자의 스톡

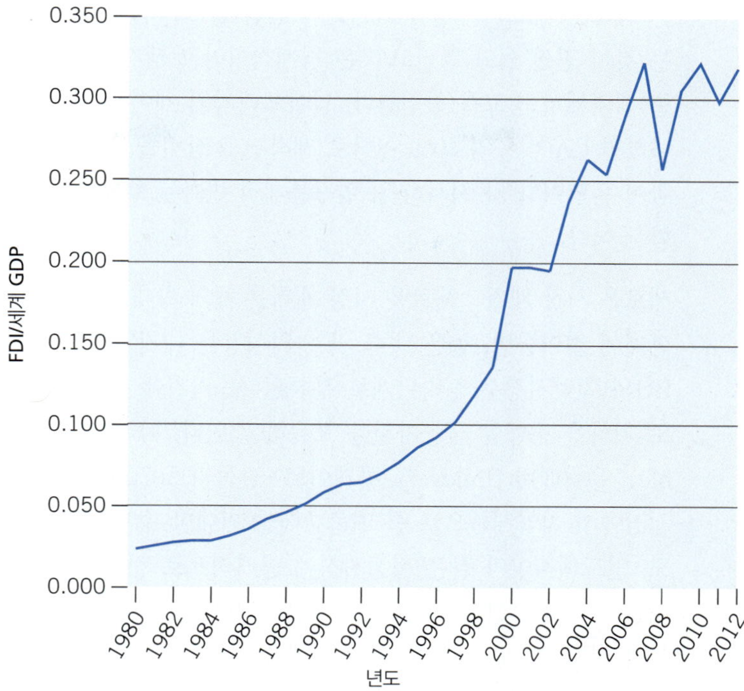

출처: Based on World Band, *World Development Indicators* data base; United Nations Conference for Trade and Development, *World Investment Report*, various issues. Web site: http://unctadstat.unctad.org/TableViewer/tableView.aspx?ReportId=89

전략적 요구

여러 가지 기본적 동기 때문에, 기업들은 성향과 행동에서 점점 더 글로벌화 된다. 이러한 전략적 요구사항은 기업의 핵심역량 활용, 저비용으로 자원 확보, 새로운 시장으로 확대, 산업 라이벌과 경쟁을 포함한다.

핵심역량 활용 글로벌화의 주요한 동기는 기업이 국내시장에서 개발한 **핵심역량**의 활용 기회다. 핵심역량은 기업 운영의 핵심인 독특한 강점 혹은 장점이다. 새로운 시장에서 핵심역량을 활용함으로써, 기업은 매출 및 수익을 증가시킬 수 있다. 예를 들어, 삼성은 한국의 국내 소비자들이 선택한 최신 스마트폰기술을 개발했다. 삼성의 매니저들은 해외로 사업을 확대함으로서 매출과 이익을 증가시킬 수 있다고 재빨리 판단했다. 마찬가지로 1972년 설립 이후, 싱가포르 에어라인(Singapore Airlines)은 수백만 명의 아시아 승객을 유치한 고객만족 및 신뢰도의 수상 표준을 개발하기 위해 열심히 노력했다. 다른 시장의 승객들도 싱가포르 에어라인이 자랑하는 "사랑으로 따뜻한 보살핌"을 환영할 것이라고 믿고, 전 세계 30개국 60개 도시에 서비스를 성공적으로 확대했다.

자원 및 물자 확보 해외진출의 또 다른 중요한 이유는 원료, 노동력, 자본, 혹은 기술과 같은 자원을 확보하는 것이다. 어떤 경우에 재화 혹은 서비스가 국내에서 부족하거나 없기 때문에, 조직은 해외 원천에 의존해야 한다. 예를 들어, 북미 식료품 도매상은 남아메리카에서 커피와 바나나를 구매한다; 일본 기업은 캐나다에서 목재를 구입한다; 전 세계 기업은 중동과 아프리카에서 석유를 구입한다. 또 다른 경우에, 기업은 다른 나라에서 구매하는 것이 훨씬 쉽고 그리고/혹은 경제적이라고 생각한다. 예를 들어, 많은 미국 광고대행사는 해외에서 광고를 촬영한다. 남아프리카의 캐이프 타운(Cape Town)이 인기가 있다, 왜냐하면 LA 비용의 40% 이하로 제작진과 장비를 구할 수 있다.[7] Closing Case "인구통계학이 운명이다"가 시사하듯, 인구통계적 변화는 MNC의 자원획득전략에서 중요한 역할을 할 것이다.

새로운 시장 개척 새로운 시장 개척은 해외 확대의 주요 동기다. 기업의 국내시장이 성숙단계에 접어들면, 높은 매출 및 수익성장을 내기가 어려워진다. 예를 들어, 캐나다, 미국, EU의 치약시장은 성숙단계로 분류된다—거기에 대부분 사람들은 수십 년 동안 정기적으로 치약을 구매할 금융자원을 보유하고 있다. 따라서 프록터 앤드 갬블(Procter & Gamble), 유니레버(Unilever), 콜게이트-팔몰리브(Colgate-Palmolive)와 같은 기업들은 이들 시장에서 치약제품으로 큰 매출증대를 기대할 수 없다, 그래서 매출 확대를 위해 중국, 인도, 인도네시아와 같은 신흥시장에 공격적으로 진출했다. 새로운 시장으로 확대는 두가지 다른 이익이 수반된다. 첫째, 생산을 증가시켜 제품의 평균비용을 낮춤으로써, 규모의 경제를 실현할 수 있다. 둘째, 기업의 매출 흐름을 다각화시킨다. 여러 국가에서 영업을 함으로써, 특정국가의 매출 의존도를 줄일 수 있다, 따라서 특정국가 경제가 침체되더라도 기업을 보호할 수 있다.

라이벌과 경쟁 우위 확보 마지막으로 기업은 산업 라이벌과 경쟁 우위를 확보하기 위해 해외시장에 진출한다. 예를 들어, 코카콜라는 전 세계에 공격적으로 진출한다, 라이벌 펩시콜라(Pepsi-Cola)는 계속 따라갈 수밖에 없다. 펩시가 중요시장의 지배권을 코카콜라에게 허용하면, 코카콜라는 이들 시장의 수익을 활용하여, 다른 시장에서 펩시콜라를 공략할 것이다. 라이벌 기업의 특정시장 지배권 획득을 방지하기 위하여 선도기업들이 세계 모든 지역에서 지속적으로 공격하고 반격하는 중장비, 항공기 제작 산업에 그런 생각이 내재한다.

글로벌화의 환경 요인

이들 전략적 요구사항은 기업의 국제화 동기를 제공한다. 그러나 두 가지 중요한 분야의 큰 변화가 없었다면, 기업은 우리가 2차 세계대전 후 목격한 수준까지 국제적 활동을 확대할 수 없었을 것이다: 정치적 환경 및 기술적 환경.

정치적 환경의 변화 20세기 전반기에 새로운 시장 진입을 원하는 기업들은 각국이 세운 무역 및 투자 장벽 때문에 어려움을 겪었다. 제1차 세계대전 후, 미국, 프랑스, 영국, 독일을 포함한 많은 국가들이 수입제품에 관세와 쿼터를 부과했고, 정부조달계약에 현지기업을 우대했다. 따라서 1930년대 무역과 투자는 감소했다. 그러나 2차 세계 대전 후 이러한 정책이 반전되었다. 주요 무역 강대국들이 관세 및 쿼터 감축을 협상하고, 역내 FDI 장벽을 제거했다. GATT와 후신인 WTO를 통하여 많은 감축을 협상했다. EU, 메르코수르(Mercosur) 협정, NAFTA와 같은 지역 협정 또한 회원국간 무역 및 투자 장벽을 완화시켰다.

VENTURING ABROAD

두바이의 맨체스터 시티

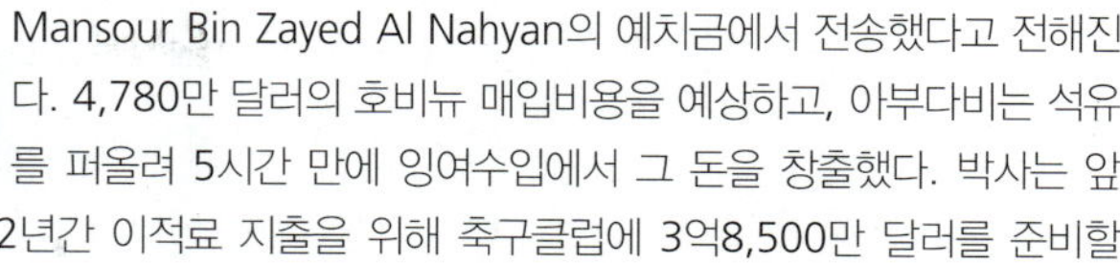

2008년 9월 초였다, 축구 이적시장이 거의 끝날 무렵에 일상적인 흥분이 고조되고 있었다. 갑자기 어디선지 모르게 아부다비 개발 및 투자 연합 그룹이 나타났다. 자신이 백만장자인 술라이만 알 파힘 박사가 이끄는 이 그룹이 영국 프리미어쉽 팀 맨체스터 시티를 태국 전 총리 탁신 시나와트라로부터 매입했다. 협상은 3주 전에 시작되었고, 두바이 에미레이트 팰리스 호텔에서 8월 31일 일요일 오후에 끝났다. 이 그룹은 마음대로 사용할 수 있는 돈이 2,210억 달러에 이르는 것으로 알려졌다. 단번에 클럽에 1억4,700만 달러와 부채를 지불하고, 이적시장에 새로운 금융의 힘을 휘두르기 시작했다. 그들은 러시아 갑부 로만 아브라모비치가 후원하는 현금이 풍부한 첼시(Chelsea)와 경쟁하여, 레알 마드리드의 브라질 태생의 스트라이커 호비뉴(Robinho)를 낚아챘다.

박사와 그의 그룹은 현금이 풍부하여 맨체스터 시티를 매입하는 데 필요한 돈(약 2억9,500만 달러로 추산)을 아부다비 왕의 동생인 Sheikh Mansour Bin Zayed Al Nahyan의 예치금에서 전송했다고 전해진다. 4,780만 달러의 호비뉴 매입비용을 예상하고, 아부다비는 석유를 퍼올려 5시간 만에 잉여수입에서 그 돈을 창출했다. 박사는 앞으로 2년간 이적료 지출을 위해 축구클럽에 3억8,500만 달러를 준비할 계획이다. 맨체스터 시티 인수의 주요 목적은 세계 축구계의 영광을 차지하는 것뿐 아니라 아부다비의 위상을 높이는 것이다.

아부다비는 최근에 금융서비스 및 관광업에 해외투자를 함으로써, 경영 다각화를 위해 노력해왔다. 아부다비의 석유 매장량은 약 1조 달러의 가치가 있는 것으로 추정된다.

출처: *Arab Business News*, www.arabbusiness.com; Manchester City Football Club, www.mcfc.co.uk; *Financial Times*, www.ft.com; Real Madrid, www.realmadrid.com; United Arab Emirates Government, www.government.ae; *Gulf News*, www.gulfnews.com

기술적 변화 정부정책 변화가 국제경영 활동을 활성화시켰다. 기술 발전은—특히 통신, 운송, 그리고 정보처리— 국제경영을 훨씬 실현가능하고 수익성 있게 만들었다. 주요 운송 수단이 범선이며, 주요 자료처리 형태가 연필과 종이며, 주요 통신 수단이 말 탄 우체부가 전하는 편지였을 때, 국제경영 수행의 어려움을 생각해보라. 지난 150년 동안 운송수단의 발전은—범선에서 증기선으로 수상비행기로 제트비행기로— 런던의 매니저가 더 이상 뉴델리, 토론토, 혹은 뉴욕의 동료들과 회의하기 위하여 여행하는 데 몇 주일을 소비할 필요가 없다. 운송수단의 발전은 또한 국제여행을 크게 증가시켰다, 이는 서비스 무역의 가장 큰 부분이다. 컴퓨터의 방대한 정보처리 능력 향상 때문에, 기업은 전 세계 구석구석 사무실과 공장을 관리할 수 있게 되었다. 예를 들어, 엑슨 모빌(Exxon-Mobil)은 회사 제품의 전세계 수요변화를 맞추기 위하여 컴퓨터를 통하여 정유공장의 생산품과 유조선의 출항 스케줄을 지속적으로 조정한다. 전자메일, 스마트폰, 태블릿 컴퓨터의 도래와 같은 통신기술의 변화로 인하여, 도쿄의 매니저는 며칠이 아니라 몇 초만에 암스테르담, 아비잔, 오클랜드의 동료로부터 보고를 받을 수 있다. 이러한 기술 발전으로 인해, 수십 년 전에 중역들이 꿈꿔왔던 것보다 훨씬 쉽게 원거리 경영이 가능해졌고, 해외시장 확대가 크게 촉진되었다.

글로벌화와 신흥시장

글로벌화가 국제경영 활동을 촉진시켰다는 것을 보았다. 또한 글로벌화로 인하여 과거에 국제시장에서 고립된 새로운 시장으로 진출이 가능해졌다.

앞에서 논의된 정치적 변화가 이 과정에서 중요한 역할을 했다. 미소냉전 기간 동안 많은 학자들은 세계를 세 개 지역으로 나눴다: 첫 번째 세계는 서유럽, 북미, 호주, 그리고 아시아 일부의 선진, 주요 교역국으로 구성되어 있으며, 대부분 미국과 외교적으로 동맹관계다; 두 번째 세계는 소련과 공산권 국가들로 구성되며; 세 번째 세계는 라틴 아메리카, 아프리카, 그리고 아시아 대부분 지역의 후진국 및 중진국들로 구성되어 있다. 대부분의 국제경영 활동은 첫 번째 세계 회원국 간 일어났다. 두 번째 세계는 첫 번째 세계와 교역장벽을 쌓았고, 세 번째 세계는 주로 첫 번째 세계에 원료 및 물자의 공급자 역할을 하였다.

더 이상 이것은 사실이 아니다: 유럽 공산주의 붕괴, 중국과 인도의 이데올로기 및 정책의 변화, 무역장벽의 감소가 글로벌 시장을 변화시켰다. 셰익스피어는 한때 아래와 같이 썼다. "온 세상이 무대다." 오늘날 현명한 기업가는 사업기회가 더 이상 서유럽, 북미, 혹은 일본과 같은 전통시장에 국한되어 있지 않다는 사실을 안다. 사실 오늘날 국제경영의 많은 이목은 소위 **신흥시장**에 집중되어 있다, 최근의 성장 혹은 미래성장 전망이 전통시장의 성장을 추월하는 국가. 많은 기업들은 매출 및 수익 성장의 많은 부분이 신흥시장 때문이라는 사실을 알고 있다. 예를 들어, 2010년 아시아에서 로리얼(L'Oreal)의 매출은 23% 증가했고, 라틴 아메리카에서 33% 증가했다, 반면에 북미에서 13%, 서유럽에서 2.6% 성장에 그쳤다.[8]

신흥시장 범주에 대한 일반적으로 받아들여진 정의는 없다. 어떤 학자는 **BRIC 국가들**로—브라질, 러시아, 인도, 그리고 중국— 용어를 국한시킨다. 다른 학자들은 소위 **빅텐**(Big Ten) 국가를 설명하기 위해 이 용어를 사용한다—아르헨티나, 브라질, 중국, 인도, 인도네시아, 멕시코, 폴란드, 남아프리카, 한국, 그리고 터키.[9] 다른 전문가들은 보다 넓게 정의를 내려, 아프리카, 아시아, 동유럽, 그리고 라틴 아메리카의 선진국이 아닌 대부분 국가들을 포함한다. 정의와 관계없이, 신흥시장을 무시하는 국제경영은 위험에 빠질 것이다. 이들 신흥시장 중 중국과 인도는 합하여 세계인구의 1/3 이상을 차지한다는 점을 고려하라([지도 1.1] 참고). [표 1.2]가 보여주는 것처럼, 이들 경제는 세계 경제보다 훨씬 빠르게 성장하고 있다.

중국경제는 지난 20년 동안 연평균 두 자리 숫자의 경제성장률을 누렸지만, 중국의 지도자들은 거대한 농촌인구가 이러한 번영의 과실을 공유할 수 있는 정책 개발이 필요하다.

Ricky W. Griffin

지도 1.1

중국의 지역적 과제

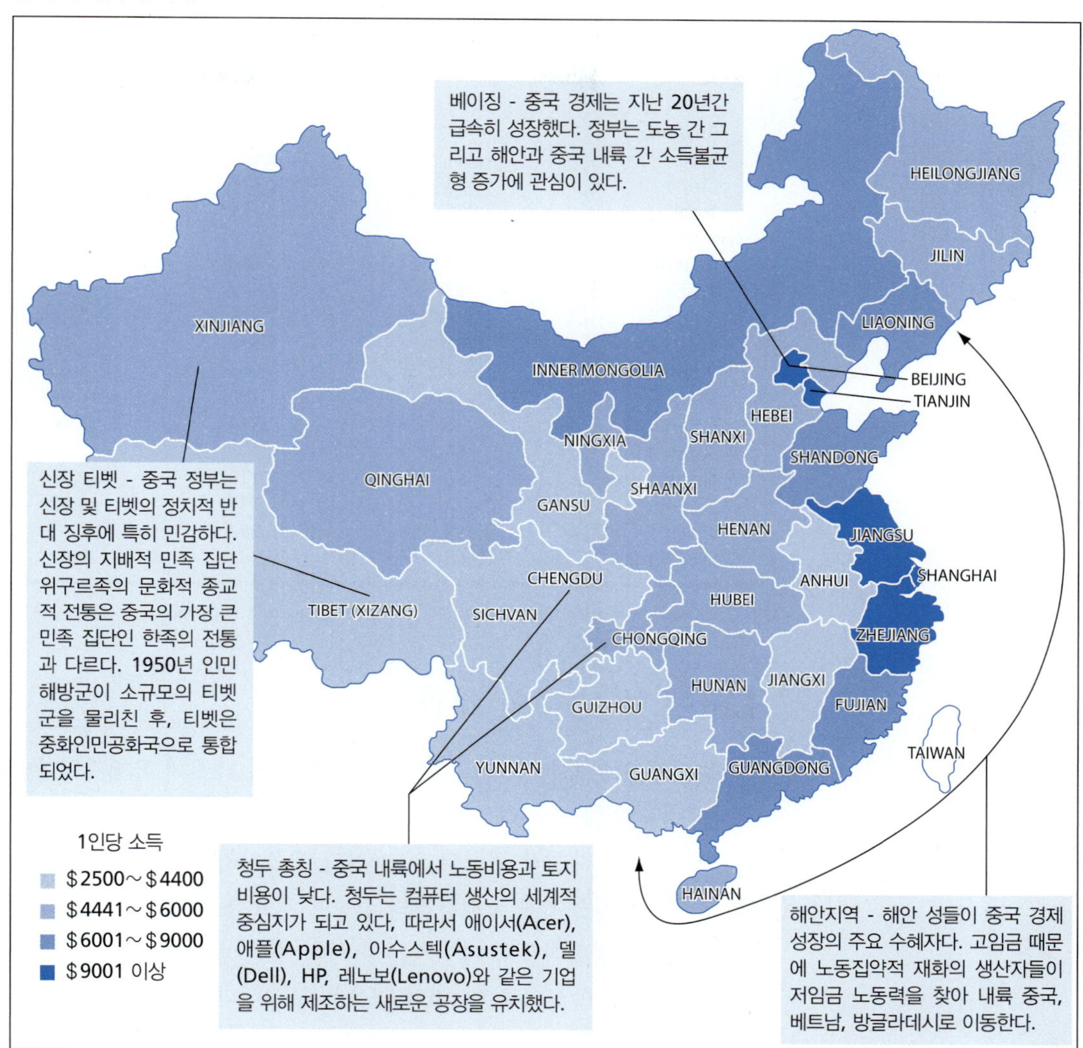

출처: Based on "Truckloads of notebooks mark first step of long march inland," *Financial Times*, May 24, 2011, p. 17.; "Factory blast roils tech supply chain," *Wall Street Journal*, May 24, 2011, p. B1.; "China's rising wage bill poses risk of relocation," *Financial Times*, February 16, 2011, p. 3; Chinese National Statistics Bureau, 2010 Census.

In Practice

- 정치적 변화와 기술적 변화가 국제경영활동의 발달을 촉진시켰다. 정치적 변화는 글로벌 기업에 보다 많은 시장을 개방했고, 기술적 변화는 이들 기업이 새로운 시장에서 경쟁할 수 있는 능력을 제공했다.
- [그림 1.2]와 [그림 1.3]에서 보듯이, 증가하는 세계경제활동은 국제경영활동이 원인이다.

추가 고려 사항: 세계경제의 글로벌화의 추가적인 증거를 찾는다면, [그림 1.2]와 [그림 1.3]의 자료에서 2008~2009년의 글로벌 경기침체의 영향을 고려해보자. 2008년과 2009년에 이 두 그림에서 비율이 감소한 이유는 무엇인가?

표 1.2 선별된 신흥시장의 특징, 2011년

국가	인구(백만)	GDP(백만 $)	일인당 GNI ($)	GDP 평균 연성장율 (2003~2011, %)
BRIC				
Brazil	197	2,477	12,594	3.9
Russia	142	1,858	13,089	4.8
India	1,241	1,848	1,488	8.1
China	1,334	7,318	5,444	10.8
Total	**2,914**	**13,501**		
Big Ten				
Argentina	41	446	10,942	7.8
Brazil	197	2,477	12,594	3.9
China	1,334	7,318	5,444	10.8
India	1,241	1,848	1,488	8.1
Indonesia	242	847	3,495	5.6
Mexico	115	1,153	10,047	2.4
Poland	38	514	13,462	4.5
South Africa	51	408	8,070	3.6
South Korea	50	1,116	22,424	3.8
Turkey	74	775	10,524	5.3
Total	**3,383**	**16,902**		
World total	6,966	69,981	10,035	2.7

출처: Based on World Bank, *World Development Indicators* data bank.

1.5 이 책 내용의 개관

이 책을 집필하면서, 우리는 대부분의 독자들이 나중에 국제경영 활동의 영향을 받는 기업에서 근무하거나 소유한다는 가정하에 시작했다. 우리의 목표는 그들이 경쟁적인 글로벌 시장에서 보다 자신감 넘치고, 효과적인 경영자가 되도록 돕는 것이다. 그렇게 하기 위하여, 우리는 독자들에게 국제경영의 성공에 필요한 지식과 능력을 제공한다.

경영자가 정기적으로 마주치는 거시적 및 일반적인 문제에서 미시적이고 구체적인 문제로 옮겨가는 방식으로 이 책의 내용을 구성했다. 경영자가 효과적으로 직무를 수행하기 위하여 국제경영의 맥락을 충분히 이해해야 한다는 것이 논리적 정당성이다. 이러한 폭넓은 일반적인 맥락은 국제경영이 발생하는 배경을 제공한다. 이러한 맥락 안의 각 구체적 차원에서, 국제경영자는 구체적이고 관리적인 주제, 문제, 도전, 기회에 직면한다.

1부는 1장에서 5장까지며, 세계시장의 개관을 제공한다. 1장은 배경적 정의와 현재 글로벌 비즈니스 환경을 제시한다. 2장은 세계 주요국 및 비즈니스 센터의 풍부한 경제적 지리적 정보를 제공한다. 3장과 4장은 국제경영의 국가 환경을 논의한다—더 구체적으로 비즈니스 활동과 기회에 영향을 주고받는 국가 차원의 환경 맥락. 5장은 국제경영이 글로벌 시대에 알아야하는 사회적 책임 문제를 다룬다.

2부에서 4부까지 주제의 논리적 전개에 따라, 국제경영이 직면한 폭넓고 일반적인 문제로부터 경영자가 매일 직면하는 구체적이고 집중적인 문제로 옮겨간다([그림 1.4] 참고). 2부는 국제환경을 좀더 구체적으로 논의한다, 여기서 국제경영의 전체적인 맥락을 다루며, 조직과 경영자에게 영향을 주는 글로벌 세력과 조건을 소개한다. 3부는 구체적인 조직의 관점에서 논의하며, 국제전략, 해외시장 진입방법, 합작투자 및 전략적 제휴, 조직설계, 조직 통제, 국제경영에서 조직행동과 같은 일반적인 관리문제에 초점을 둔다. 4부는 구체적인 국제경영 기능의 관리를 다룬다: 마케팅, 생산운용, 재무, 그리고 인적자원관리.

그림 1.4
이 책의 틀

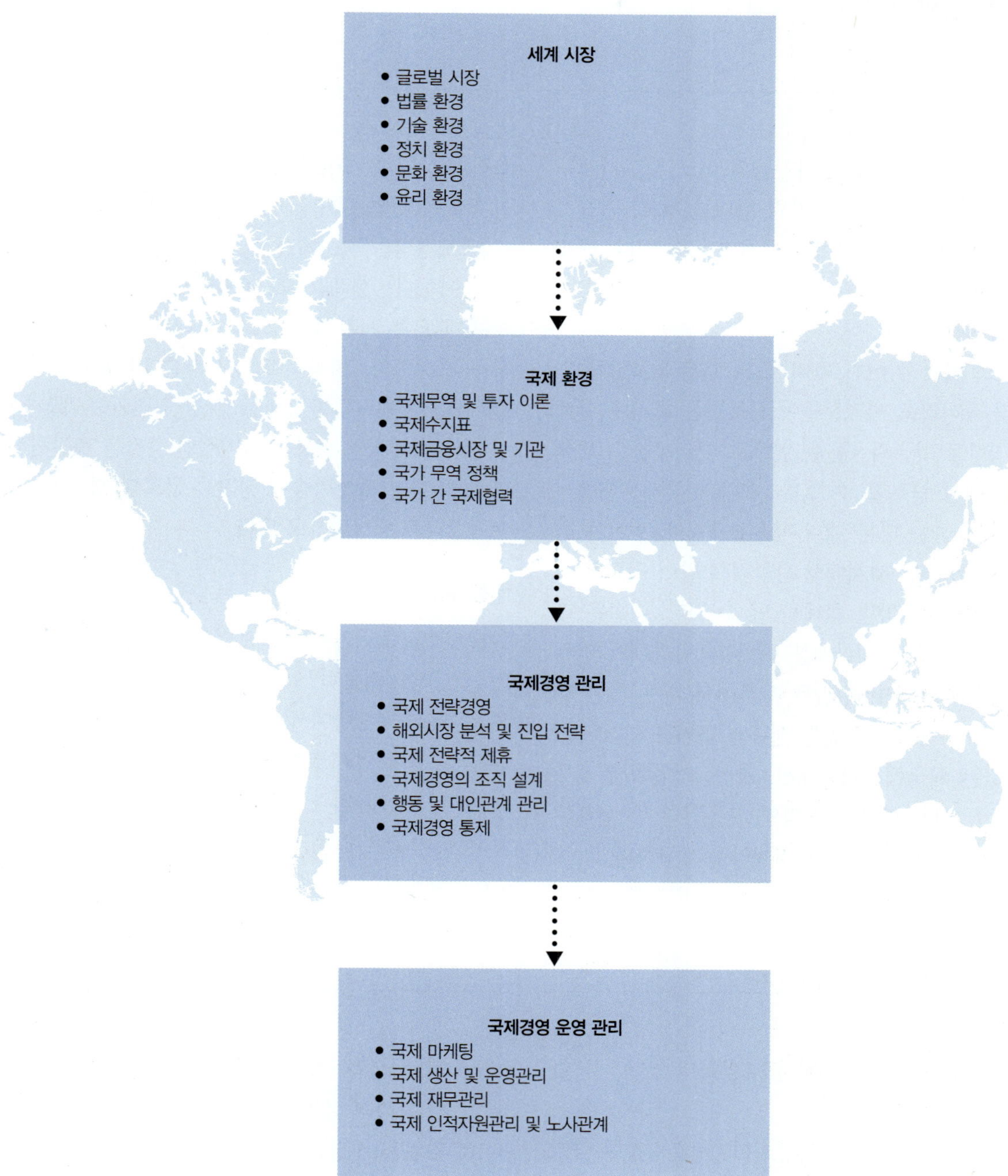

MyManagementLab®

이제 1장이 끝났다, www.pearsonglobaleditions.com/myiblab으로 돌아가 학습한 개념을 연습하고 적용하라 ✪.

CHAPTER REVIEW

요약

국제경영은 두 나라 이상의 당사자들의 비즈니스 거래를 포함한다. 이러한 거래는 여러 가지 형태를 띠고, 민간기업, 기업군, 그리고/혹은 정부기관이 개입될 수 있다. 국제경영은 화폐, 법률 시스템, 문화, 자원의 가용성의 차이 때문에 국내기업과 다르다.

국제경영의 학습은 여러 가지 이유 때문에 중요하다. 첫째, 아무리 작더라도 여러분들이 근무하는 조직은 글로벌 경제의 영향을 받는다. 둘째, 앞으로 여러분들은 외국인 소유 기업에서 근무할 수 있다. 게다가 국제무대에서 기업운용을 학습하는 다른 매니저와 보조를 맞추어야 한다. 마지막으로 오늘날 세계에서 문화적 소양이 필요하다.

국제경영활동은 다양한 형태를 띨 수 있다. 수출은 다른 나라에서 사용 혹은 재판매를 위해 한 나라에서 만든 제품의 판매를 의미한다. 수입은 자국에서 사용 혹은 재판매를 위해 다른 나라에서 만든 제품의 구매를 의미한다. 해외직접투자는 외국에 있는 재산, 자산, 기업의 통제를 목적으로 한 투자다. 다른 국제경영 활동의 흔한 형태는 라이센싱, 프랜차이징, 그리고 경영계약을 포함한다.

국제경영은 국가 간 개인, 민간기업, 그리고/혹은 공공조직과 상업적 거래에 참여하는 기업이다. 국제적인 개입이 폭넓은 기업을 다국적기업 혹은 MNC라고 한다.

국제경영은 최근에 전략적 요구사항 및 환경변화로 크게 증가했다. 전략적 요구사항은 핵심역량의 활용, 자원확보, 새로운 시장 추구, 그리고 라이벌 행동에 대응 필요성을 포함한다. 전략적 요구사항은 기업의 국제화 이유를 제시하지만, 정치적, 기술 환경적 변화는 제2차 세계대전 이후 국제경영 활동의 폭발적인 증가를 촉진시켰다. 인터넷 및 다른 정보기술의 성장은 글로벌 경쟁과 국제경영 수행방식을 재정립하고 있다.

리뷰 질문

1-1. 어떻게 국가특유의 이유가 국제경영과 국내경영을 구별시키는가?

1-2. 당신의 생활에서 국제경제의 중요성을 토의하라.

1-3. 무형 무역과 유형 무역의 차이는 무엇인가?

1-4. 상품 수출입과 서비스 수출입이 어떻게 다른가?

1-5. 포트폴리오 투자가 무엇인가?

1-6. 국제경영 활동의 최근 성장의 기본적인 이유는 무엇인가?

토의용 질문

1-7. 글로벌기업과 성장에 대한 글로벌화의 영향은 무엇인가?

1-8. 글로벌기업의 원동력은 무엇인가? 신흥시장이 글로벌기업의 핵심역량 활용능력에 미치는 영향은 무엇인가? 예를 들어 설명하라.

✪ 1-9. 국제경영에서 어떤 시장이 더 중요한가—북미, 유럽, 일본과 같은 전통 시장, 혹은 신흥시장? 답에 대한 논리적 설명을 추가하라.

1-10. 기업을 진정으로 "글로벌"하게 만드는 것은 무엇인가? 기술, 문화적 및 정치적 변화가 기업의 지향에 영향을 미친다고 생각하는가?

✪ 1-11. 국내기업의 매니저와 국제기업의 매니저 사이에 어

떤 능력의 차이가 있는가?

1-12. 당신은 외국인 소유 기업에서 근무를 원하는가? 원하는 이유 혹은 원하지 않는 이유는?

글로벌 역량 갖추기

정기적으로 사용하는 여러 가지 제품을 열거하라. 예를 들면 자명종, 카메라, 자동차, 커피메이커, 컴퓨터, 전화기, TV, DVD 플레이어—아마도 좋아하는 CD, 셔츠, 과일주스, 혹은 운동화 등. 어떤 회사가 이들 제품을 만들었는지 파악하라. 리스트를 완성한 후, 도서관에 가서 그리고/혹은 각 제품의 아래 것을 조사하기 위해 인터넷을 활용하라:

1-13. 회사의 본사국가는?

1-14. 회사의 연간매출의 몇 %가 국내시장에서 발생하고, 몇 %가 해외시장에서 발생하는가?

1-15. 제품이 어디에서 생산되었을 것 같은가?

1-16. 왜 거기서 생산되었을 것이라고 생각하는가?

동급생의 소그룹과 회의를 통하여 아래 활동을 완성하라:

1-17. 일상생활에 대한 국제경영의 상대적 영향을 토의하라.

1-18. 평균적으로 대학생들이 가장 흔히 사용하는 10가지 제품을 열거하라.

1-19. 국내기업이 만든 각 제품의 브랜드를 파악하라.

1-20. 외국기업이 만든 각 제품의 브랜드를 파악하라.

1-21. 10가지 제품은 국내 및 해외에서 만든 부품을 포함하는가?

CLOSING CASE 인구통계학은 운명이다

최근 신문 헤드라인은 계류 중인 노동시장 개혁을 비난하는 파리의 학생들과 노동자들의 대규모 시위; 단체교섭권을 제한하는 법안에 항의하는 위스콘신주의 교사, 경찰, 소방관; 연금과 근로조건의 제안된 삭감을 비난하는 아테네와 런던 공무원들의 시위 기사로 가득 찼다. 한편 공산당 중앙위원회는 중국 시골 지역의 경제개발을 촉진하는 새로운 계획을 발표했다. 이러한 행위의 기저에는 각국에서 일어나는 극적인 인구통계학적 변화가 있다.

인구통계학은 인구구조에 관한 연구다—인구의 규모, 연령별 구성, 성별구성, 성장률 등. 인구통계학은 운명이라고 인구통계학자들은 종종 주장한다. 왜냐하면 국가의 인구통계학이 가용 기회를 제한하고, 형성하기 때문이다. 그렇다면, 세계 주요국의 인구, 연령구조, 성별구성의 변화는 세계경제에 중대한 변화가 오고 있다는 점을 시사한다.

한 국가 인구통계학의 전통적인 조사방법은 인구피라미드를 이용하는 것이다([그림 1.5] 참조). 과거에 한 국가 연령분포의 정상적인 구조는 피라미드였다. 피라미드의 각 층은 같은 연령대의 사람의 수를 구성한다. 0~4세 사이 사람의 수가 5~9세 사이 사람의 수보다 약간 더 많고; 5~9세 사이 사람의 수가 10~14세 사이 사람의 수보다 약간 더 많고; 등등과 같은 사실에서 피라미드 모양이 나온다. 인구 규모의 감소는 질병, 기아, 현대적 약품이 없는 세상에서 출산으로부터의 죽음이라는 냉혹한 현실 때문이다. 다행히, 보다 나은 의료서비스, 교육, 그리고 위생으로 많은 사회가 이러한 냉혹한 현실에서 해방되었다, 그리고 어떤 인구 피라미드는 다이아몬드 혹은 5각형을 닮았다. 그러나 이러한 사회는 지금 고령인구를 대처하는 문제에 직면하고 있다. (미국 인구조사국은 세계 많은 국가의 인구 피라미드를 보여준다: http://www.census.gov/ipc/www/idb 참조.)

이러한 극적인 인구통계적 변화는 경제력과 경쟁력

그림 1.5
2025년 인구 피라미드

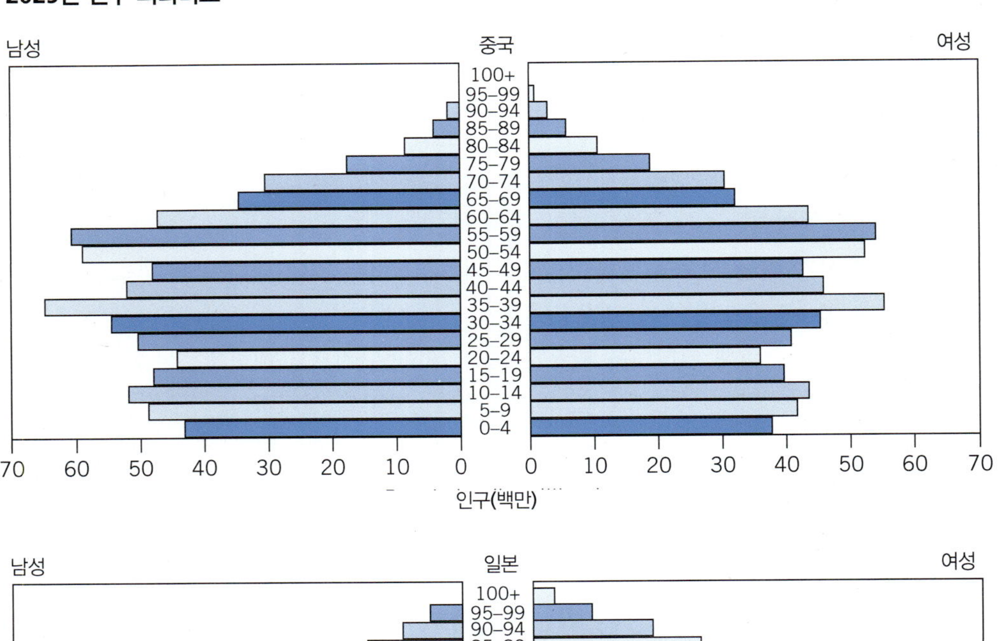

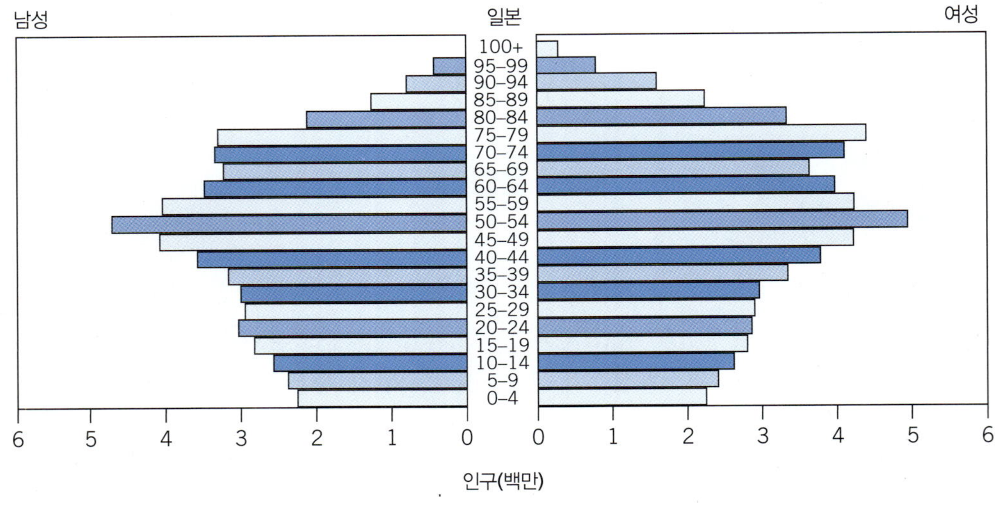

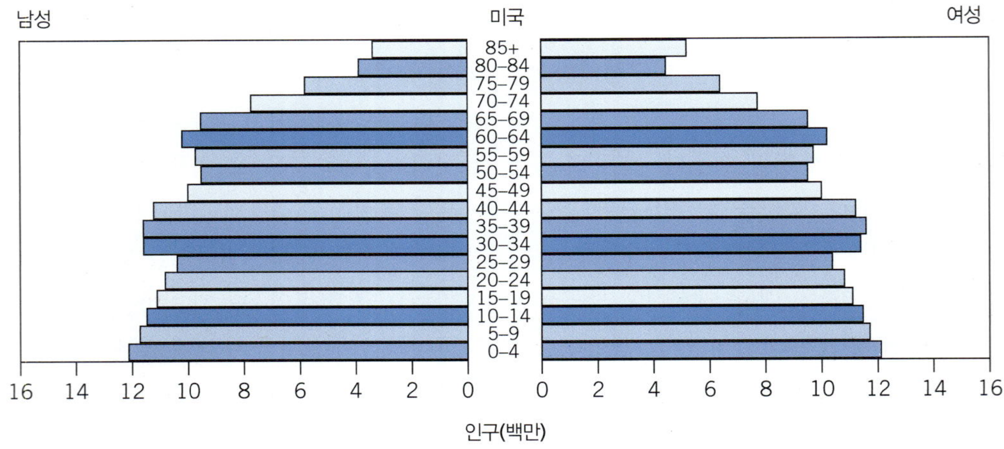

출처: U.S. Census Bureau, International Data Base.

그림 1.6

노년 부양비율, 선별된 국가, 2005.2025, 2045

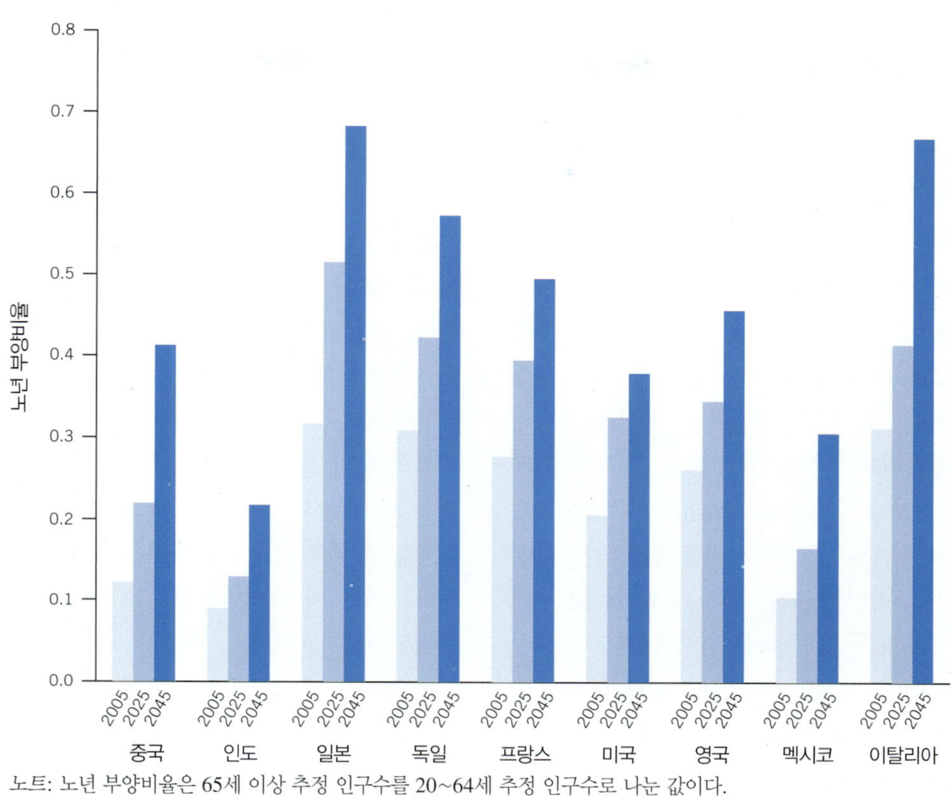

노트: 노년 부양비율은 65세 이상 추정 인구수를 20~64세 추정 인구수로 나눈 값이다.

의 중요한 변화를 전조한다. 많은 주요 경제 강국의—프랑스, 이탈리아, 독일, 한국, 일본을 포함하여–인구는 앞으로 20년간 점점 더 고령화되고 감소할 것으로 예측된다. OECD에 따르면, 노년 부양비율은 앞으로 수십년동안 크게 증가할 것이다(그림 1.6 참조). 노년 부양비율은 20~64세 사이 인구 대비 65세 이상 인구 비율이다. 노년 부양비율의 증가는 은퇴자 지원을 위한 현재 근로자 부담의 증가를 나타낸다. 이러한 부담은 가족 간 이전 혹은 세금 증가의 형태를 띨 수 있다. 어떤 형태건, 현재 근로자 소비에 필요한 소득은 감소할 것이다.

기업 및 국가에 대한 이러한 인구통계학적 변화의 시사점은 심각하다. 많은 기업들에게, 은퇴자들이 회사를 떠날 때, 평생 동안의 경험과 지식도 함께 떠난다. 그래서 어떤 기업들은 사업방식의 변화를 고려한다. 국가에게, 노동력의 고령화는 노년층 지원을 위한 정부 재정의 압박을 시사한다. 일본이 고령화 및 인구감소에 직면한 주요 선진국 중 하나다. 2006년 일본인구는 22,000명 감소했다. 2011년 일본 인구는 1억 2,650만 명이었다; 2025년에 인구가 1억 1,780만 명이 될 것이다. 2011년에 인구의 22.9%가 65세 이상이었다; 2025년에 부분적으로 83세의 평균수명 덕택에, 그 수치가 29.3%가 될 것이다. 이러한 변화에 대응하는 최전방에 일본기업이 있다는 것은 놀랄 일이 아니다. 토요타는 고령화되는 근로자들을 편안하게 하기 위하여 작업장 개조를 시작했다. 그러한 변화가 도움이 되겠지만, 인구 감소국가에서 사업하는 기업은 줄어든 노동계약의 공급만큼 높은 임금과 급여비용에 직면하는 것이 현실이다. 노령화 인구를 지닌 국가에서, 정부가 노인 지원을 위한 수입원을 찾으려는 노력 때문에 기업은 높은 세금에 직면할 가능성이 크다. 게다가 노동력의 많은 부분이 은퇴자 부양서비스에 투입되고, 다른 경제부분에 가용 노동력의 감소를 초래한다.

소비구조 또한 변할 것이다, 왜냐하면 은퇴자들이 소비하는 제품군은 젊은 근로자가 소비하는 제품군과 크게 다르기 때문이다. 예를 들어, 은퇴자들은 보다 많은 의료서비스를 요구하고, 반면에 젊은 근로자들은 집, 가구, 가사용품, 교육서비스를 구매할 것이다. 일본 기업들은 이러한 인구통계학적 변화에 대응하는 새로운 기술을 채택하는 최전선에 있다. 나고야에 본사가 있는 캐이블 TV 및 지역 네트워크 기술 공급업체인 신클레이어(Synclayer)는 노인들이 기본적인 의료 측정치를 자가관리하는 시스템을 개발했다, 이러한 측정치는 지역 의사 네트워크에 전송된다. 밥솥 및 차 주전자의 선도 제조업자인 조지루쉬(Zojirushi)는 주방용기를 사용해온 가족이나 친구에게 메시지를 전송하는 무선 발신기를 제품에 부착한다. 다른 회사는 노인들이 무거운 물건을 들 수 있도록 돕는 혹은 건강을 체크하는 서비스 로봇을 개발하고 있다. 한 정부보고서에 의하면, 일본 인구의 고령화 덕분에 십 년 내 서비스 로봇시장이 84억 달러에 달할 것이라고 예측한다.

세계에서 가장 인구가 많은 두 국가 중국과 인도의 진로는 갈라진다. 1960년대 및 1970년대 유아사망률의 급격한 감소 결과, 현재 중국의 노동력은 크게 증가하여, 중국 제조부분에 저렴한 노동력을 제공한다. 그러나 중국의 취업 연령인구는 2016년에 감소하기 시작할 것이다. 이미 18~35세 사이의 여성인구는 감소하고 있으며, 20~24세 사이 인구도 마찬가지로 감소하고 있다. 이러한 감소는 십 년 내 출산율뿐 아니라 총 가족수도 감소할 것이라는 것을 시사한다. 중국보다 훨씬 젊은 인도 인구는 계속 증가할 것이다. 미국정부 인구통계학자의 예측에 의하면, 2050년에 인도 인구는 16억 5,700만 명이(2011년에 11억 8,900만 명에서 증가) 될 것이다, 반면에 현재 13억 3,100만 명인 중국 인구는 2024년에 13억 9,500만 명으로 정점을 찍고, 2050년에 13억 400만으로 점차 감소할 것이다. 2050년 인도의 중위 연령은 37.2세; 미국은 39세; 중국은 48.9세다. 인도는 이들 젊은 근로자들에게 일자리를 제공할 과업에 직면한다. 반면에 중국은 두 가지 추가적인 문제를 가지고 오늘날 일본과 대부분 서유럽 국가들이 직면한 인구 고령화 문제에 직면할 것이다. 첫째, 가족이 한 자녀 이상 갖는 것을 억제하는 "한 자녀" 정책 때문에, 그 자녀가 노동시장에 들어오고, 자녀의 부모가 은퇴함에 따라, 그 자녀는 부모에게 재정지원을 해야한다; 그리고 평균수명이 연장됨에 따라, 어떤 경우에 그 자녀는 네 명의 조부모를 지원해야 할 수 있다. 둘째, 중국에서 저축률이 비교적 높지만, 종업원에게 연금수당을 제공하는 기업은 거의 없다. 게다가 중국의 남아선호의 문화적 가치 때문에, 한 자녀정책은 남성과 여성의 성비 불균형을 초래했다, 이는 결혼 시장, 가족 형성, 노인관리 서비스에 대해 알려지지 않았지만 큰 영향을 미칠 것이다. 십 년 혹은 이십 년 안에, 젊고 성장하는 인도의 소비패턴은 고령화되는 중국의 소비패턴과 크게 다를 것이다. 비디오 게임, 큰 스크린 TV, 유아용 카시트 공급업체가 인도에 몰려들 것이다, 반면에 고혈압 및 항콜레스테롤 약, 이중 초점 렌즈, 퇴직 금융 서비스의 조달업자들은 중국이 매력적인 시장이라고 생각할 것이다.

사례 질문

1-22. 인구 고령화는 기업에 어떤 문제를 제기하는가?

1-23. 인구 고령화는 기업에 어떤 기회를 제공하는가?

1-24. 인구통계학적 변화가 국제시장에서 국가 경쟁력에 어떤 영향을 미치는가?

1-25. 국가는 인구통계학적 변화가 경제적 경쟁력에 미치는 영향에 어떻게 대처해야하는가?

1-26. 중국의 경제적 운명에 한자녀 정책이 미친 영향은 무엇인가?

1-27. 미국인구조사국(www.census.gov)의 international data base에 들어가서 두 개 국가를 선택하여 변화하는 인구통계를 분석하라. 앞으로 어떤 국가가 인구통계학적으로 유리한가?

출처: Based on "China's one-child plan faces new fire," Financial Times, April 29, 2011, p. 1; "India passes 1.2 billion mark," Wall Street Journal, April 1, 2011, p. A10; http://www.census.gov/ipc/

www/idb; "No babies," New York Times, June 29, 2008 (online); "Cautiously, an aging Japan warms to foreign workers," Wall Street Journal, May 25, 2007, p. A1; "Bringing up baby," The Economist, June 14, 2007, (online); "Population shift is ignored threat," Wall Street Journal, June 6, 2006, p. A9; "Labor shortage in China may lead to trade shift," New York Times, April 3, 2006 (online); "Chinese president asks senior officials to promote rural development," People's Daily Online, February 15, 2006; "Turning boomers into boomerangs," The Economist, February 18, 2006, pp. 65-67; "Hey, big-spender," The Economist, December 3, 2005, p. 52; "Why China stands to grow old before it gets rich," Financial Times, November 10, 2005, p. 13; "China and India: The challenge and the opportunity," Businessweek, August 22/29, 2005, pp. 51-136; "The factory that has mastered the ageing challenge," Financial Times, July 5, 2005, p. 7; "China's golden oldies," The Economist, February 26, 2005, p. 65.

MyManagementLab®

mymanagementlab.com으로 가서 아래의 질문에 답하시오.

1-28. 글로벌화의 주요 동인은 무엇인가?

1-29. 글로벌화는 세계에 유익한 것인가 혹은 나쁜 것인가? 글로벌화의 영향은 획일적인가 아니면 특정 집단이나 국가가 다른 집단이나 국가보다 더 유익한가(나쁜가)?

1-30. Mymanagementlab Only에 본 장을 포괄하는 서술형 과제가 있다.

Endnotes

1. "NBC Says Olympic Ad Sales Strong," *Wall Street Journal*, May 16, 2013; "Olympic Bailouts for Russian Moguls," *Wall Street Journal*, April 29, 2013; "Russia Tempers Expectations for Sochi," *Wall Street Journal*, March 22, 2013; "NBC Realizes Olympic Dream," *Wall Street Journal*, June 8, 2011, p. B1; "Security is a 'massive challenge'," *USA Today*, March 22, 2011, p. 2C; Olympic Marketing Fact File, www.olympic.org; "In NBC's shadow, Comcast ponders an Olympic plunge," *New York Times*, December 28, 2010; "When the circus leaves town," *The Economist*, July 24, 2010, p. 57; "Gold medal in the race for business," *Financial Times*, September 24, 2009, p. 12; "Olympic marketers seek to soar above politics," *Wall Street Journal*, March 20, 2008, p. B5; "Chinese Olympic ads draw high prices," *Wall Street Journal*, November 20, 2007, p. B3; "GM's pending Olympic exit reshapes marketing arena," *Wall Street Journal*, August 8, 2007, p. B2; "A year out, Beijing games test China's rising power," *Wall Street Journal*, August 7, 2007, p. A1; "Stepping up," *Houston Chronicle*, February 24, 2006, p. C2; "Obscurity takes a holiday," *Wall Street Journal*, February 11 – 12, 2006, p. A5; "Closing words opened door for London," Financial Times, July 7, 2005, p. 2; "A ringing endorsement: Business backing for the Olympics grows as scandals abate," *Financial Times*, July 1, 2005, p. 11; "NBC proud as a peacock of Olympics deal, high-tech focus," *Houston Chronicle*, June 7, 2003, p. 13B; "NBC plans 24-hour coverage of Summer Olympics in 2004," *Wall Street Journal*, February 5, 2003, p. B10; "Sydney already feeling the heat," *USA Today*, February 15, 2000, pp. 1C, 2C; "How the Olympics were bought," *Time*, January 25, 1999; "GM to spend up to $1 billion on Olympics through 2008 in pact with USOC, NBC," *Wall Street Journal*, July 29, 1997, p. B5; "Greek leaders see winning Olympic bid as an endorsement of market reforms," *Wall Street Journal*, September 8, 1997; "NBC wraps up the Olympics through 2008," *Wall Street Journal*, December 13, 1995, p. B1; "Japan's Nagano, site of 1998 games, faces problems of Olympic proportions," *Wall Street Journal*, March 15, 1994, p. A14; "Olympics strategy has its rewards," *USA Today*, February 21, 1994, pp. 1B, 2B; "Going for the gold, merchandisers and retailers promote the Olympics two years in advance," *Wall Street Journal*, December 7, 1993, pp. B1, B16; "Let the bidding begin for the TV rights to '96 Olympics, and watch it heat up," Wall Street Journal, August 7, 1992, p. B1; "The Olympics: Brought to you by...," *USA Today*, July 21, 1992, pp. 1B, 2B; "NBC's Olympic gamble," *Newsweek, January* 13, 1992, p. 44.
2. *Survey of Current Business* (Washington, DC: U.S. Department of Commerce), August 2012, and November 2012.
3. "Family garment business in Hong Kong uses Internet to gain access to global customer pool," *Wall Street Journal*,

November 24, 1999, p. B11B.
4. "Surging exports lighten the gloom," *Wall Street Journal*, March 24, 2008, p. A2.
5. John H. Dunning, *Multinational Enterprises and the Global Economy* (Wokingham, England: Addison-Wesley Publishing Company, 1993), pp. 106ff.
6. Thomas L. Friedman, *The Lexus and the Olive Tree* (New York: Anchor Books, 2000), p. 9.
7. "U.S. agencies shift work overseas," *Wall Street Journal*, June 24, 2002, p. B5.
8. "Burberry Earnings: China Sales Up 20%," *Wall Street Journal*, May 20, 2013 p. B4.
9. Jeffrey Garten, *The Big Ten: The Big Emerging Markets and How They Will Change Your Life* (New York: HarperCollins, 1998).

CHAPTER 2
글로벌시장과 비즈니스센터
Global Marketplaces and Business Centers

Jan Will/Fotolia

학습목표

1. 국제경영에 활용할 수 있는 기회요인인 다양한 세계시장의 정치 · 경제적 특성에 대한 영향력을 평가한다.
2. 비즈니스 의사결정에 있어서 국민소득 자료의 활용성을 평가한다.
3. 세계경제에서 중요한 시장이면서 비즈니스센터로서 북미 지역을 검토한다.
4. 세계경제에서 중요한 시장이면서 비즈니스센터로서 서유럽 지역을 검토한다.
5. 세계경제에서 중요한 시장이면서 비즈니스센터로서 아시아 지역을 검토한다.
6. 아프리카, 중동, 라틴아메리카 국가들이 직면하고 있는 발전과제를 평가한다.

북서 항로

크리스토퍼 콜럼버스(Christopher Columbus), 바스코 다 가마(Vasco da Gama), 아메리고 베스푸치(Amerigo Vespucci)와 같은 탐험가들이 미국으로 항해한 직후 유럽의 왕과 상인들은 열정적으로 북서 항로(northwest passage)를 찾아내려 했다. 그리고 이 항로는 북극해를 관통하여 여정을 줄임으로써 아시아의 부(riches)에 접근할 수 있도록 해줄 것이라는 소문이 무성했던 노선이다. 존 캐벗(John Cabot), 후안 데 푸카(Juan de Fuca), 마틴 프로비셔(Martin Frobisher), 비투스 베링(Vitus Bering), 제임스 쿡(James Cook), 자크 카르티에(Jacques Cartier) 등의 노력에도 불구하고 북극 빙산 때문에 모든 시도가 좌절되어 어떤 항로도 찾아 내지 못했다.

21세기에 이르러 환경에 대해 우려했던 일반인들과 과학자들이 경고한 대로 북극빙산은 지구 기후변화로 빠르게 줄어가고 있다. 그러나 빙산의 감소는 북서 항로가 열릴 것이라는 기대감을 가지게 했다. 현재의 해빙 속도라면 북극해는 2020년 정도면 여름에는 얼음이 없어질 것이라고 과학자들은 믿는다.

두 개의 북극항로가 상업적으로 이용 가능할 것이라고 본다. 첫 번째 항로인 유명한 북서 항로는 북아메리카 해안 북서쪽에 인접해 있으면서 수많은 캐나다 북극섬 사이를 지나 유럽 또는 아메리카 대륙의 동쪽해안으로 가는 항로로 그린란드의 남쪽에 있다. 두 번째 항로인 북극해 항로(Northern Sea Route)는 동시베리아의 해안선을 따라 배링해협을 가로 질러 북극해로 들어간다. 그런 후에 북극해 항로는 대서양과 유럽의 번화한 항구로 쉽게 접근할 수 있는 무르만스크(Murmansk)라는 부동항에 이르기 까지 북시베리아 영해를 지나가는 항로이다.

중국학자들은 그러한 북극항로들이 세상에서 가장 중요한 무역통로로 발전할 수 있을 것이라고 믿는다. 북서 항로나 북극해 항로를 이용하면 수많은 화물항로인 서유럽항구와 동아시아항구 사이의 거리는 1/3로 줄어들 수 있다. 중국, 일본, 한국과 같은 주요 아시아 무역국들은 유럽시장으로 향하는 운송시간과 비용을 줄이기 위해 쇄빙기술연구와 쇄빙선에 돈을 쏟아붓고 있다.

또한 빙산이 줄어감에 따라 얼음 속에 갇혀 있는 광물이 풍부한 영해의 탐구와 활용에 대한 기대를 불러 일으켰다. 미국 지질 조사국은 세계적으로 아직 미발견 상태에 있는 상업적으로 땅에서 얻을 수 있는 원유와 천연가스 매장량의 1/4이 북극에 있다고 믿는다. 그러므로 이 영해에 대한 권리를 누가 소유하느냐에 대한 중요성이 높아진다. 국제연합 해양법 조약(UNCLOS)에 따르면 자국의 해안선 12마일 이내와 해안선 200마일까지 배타적 경제수역(EEZ)에서의 항해에 대한 통제권을 그 국가에 부여한다. UNCLOS는 해안선과 연계된 섬들과 대륙붕의 취급에 관한 추가조항들도 포함한다.

놀라울 것도 없이 빙산이 줄어들고 이 지역에 대한 상업적 활용이 가능해짐에 따라 여러 국가들이 북극에 대한 주장을 관철하는데 보다 적극적이다. 북극에 대한 영토권을 주장하는 나라들(캐나다, 덴마크, 핀란드, 아이슬란드, 노르웨이, 러시아, 스웨덴, 미국)로 구성된 북극이사회(Arctic Council)는 북극문제를 다루는 중요한 국제기구이다. 1996년에 설립된 이후 이 기구는 취약한 북극환경을 보호하기 위한 규칙이나 절차를 개발하는 책임을 맡고 있으며, 지속적인 개발과 이에 부응하는 과학 연구를 촉진한다. 2013년 5월에는 중국, 인도, 이탈리아, 일본, 싱가포르, 한국이 영구적 참관국 자격을 수여 받았다. 그러나 이러한 법 적용이 어느 정도 정치적 논란을 불러일으키고 있다. 예를 들어 중국은 2010년에 노르웨이를 기반으로 하는 위원회가 노벨평화상을 중국의 친 민주 반 체제인사인 리우샤오보(Liu Xiaobo)에게 수여하자 외교적으로 노르웨이를 모욕했다. 이에 맞서서 노르웨이는 북극이사회에 대한 중국의 영구적 참관국 자격 요청에 늑장 대응했다. 한 중국 사업가가 끈질기게 추진했던 아이슬란드 호텔 개발 프로젝트는 뒷받침할 증거도 없음에도 불구하고 북극에 대한 중국의 영토권 주장을 위해 설계된 트로이의 목마였다는 두려움을 남겼다. 북극 해안선의 대략 1/2을 소유주인 러시아도 역시 중국의 참관국 수락을 꺼려했다. 그리고 캐나다는 EU의 참관국 신청을 저지했다. 이는 EU의 환경보호론자들이 캐나다 원주민들에 의한 연간 바다표범 사냥 물량에 간섭할 수 있는 더 많은 영향력을 갖게 되는 것을 염려했기 때문이다.

비록 북극이사회 회원국들이 영토권 주장의 범위에 대한 일반적 의견일치(합의)는 했다 하더라도 여전히 갈등은 남아 있다. 캐나다와 덴마크는 캐나다와 그린란드(덴마크의 자치구역)가 제기하는 몇 개의 암초들에 대한 소유권을 두고 언쟁 중이다. 캐나다 또한 북서 항로의 상당 부분이 자국 영해에 속해 있다고 주장하는 반면 미국과 영국은 이들이 국제적 공해라고 주장한다. 더 큰 우려는 국가간 대륙붕에 대한 경계를 명확히 정하고 있다는 것이다. 2007년에 러시아의 잠수정이 북극 표면에서 4km 아래 지점에 러시아 국기를 꽂아 두고 풍부한 광물 자원과 수십억 배럴의 원유 매장량이 존재할 것이라고 여겨지는 해저산맥에 대한 소유권을 주장하고 있으며, 덴마크와 캐나다도 같은 주장을 한다. 그러나 전문가들은 그러한 갈등이 평화적으로 해결될 것이라고 믿는다. 이 세 나라 모두는 상업적으로 활용 가능한 수많은 개발 프로젝트에 대한 분명한 법적 권리를 가지고 있다. 러시아 대통령인 블라디미르 푸틴(Vladimir Putin)은 이 지역의 러시아 경제의 중요성을 깨닫고 북극이사회와의 협력 정책을 촉진시켜 왔다.[1] ■

그림 2.1
세계경제현황(1970년과 2011년)

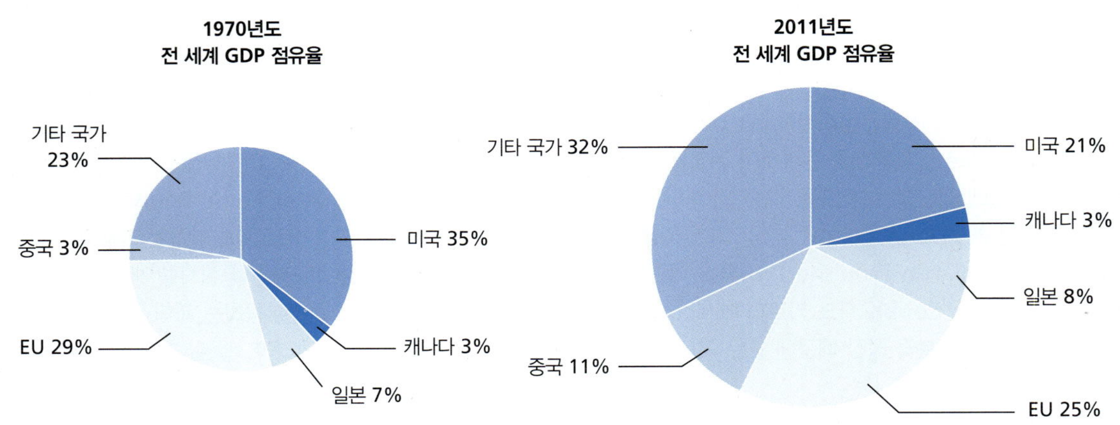

출처: World Bank, *World Development Indicators* database

북극에 대한 지대한 관심은 세계화에 의해 이루어진 수많은 기회 중 단지 하나의 사례일 뿐이다. 그러나 비즈니스의 국제화는 기업이 성공하기 위한 필수적인 정보를 얻지 못하면 실패한다. 그 지역의 지리, 시장특성, 문화, 정치에 대한 무지는 손실로 이어지고 극단적인 경우에는 실패한다. 언어와 문화의 연계성, 과거 정치적 연합, 군사적 동맹관계들이 오늘날 기업이 활용할 수 있는 기회를 제공하고, 투자와 무역의 세계적 패턴에 중요한 역할을 한다. 예를 들어 런던이 세계금융의 중심지로서의 역할을 수행하고 있는 것은 19세기 대영제국의 정치권력과 군사력으로부터 나온 것이다. 이와 유사하게 오스트리아는 오스트리아-헝가리안(Austro-Hungarian)제국을 지배하는 합스부르그(Hapsburg)왕조의 600년 통치 기간으로부터 계속된 운송, 교육-문화적 연계성 때문에 동-서 유럽의 교량 역할을 한다.

방대한 내용 때문에 세계경제에 대한 개요를 설명하는 것은 쉽지 않다. [그림 2.1]에서와 같이 약 57% 이상의 경제활동이 북미, 유럽연합(EU), 일본과 같은 선진국에 집중되어 있다. 시장에서 성공적으로 경쟁하고 싶다면 국제경영인들은 다른 시장을 무시해서는 안된다. 1장에서 살펴본 바와 같이 특히 중국과 인도와 같은 신흥시장이 세계경제성장의 상당부분을 차지한다. 21세기에 중국과 인도의 성장률은 각각 10.8%와 8.1%이며, 일본 0.7%, 독일 1.3%, 미국 1.6%를 훨씬 능가한다. 능력 있는 국제경영인들은 6개 대륙에서 이용 가능한 기회를 더욱 면밀하고 세밀하게 이해하고 있어야 하기 때문에 이 장에서 모든 세계시장의 개요를 간략하게 알아보도록 하자.

2.1 북미 지역의 시장

북미대륙은 미국, 캐나다, 멕시코, 그린란드, 중앙아메리카 국가들, 카리브해 지역의 국가들을 포함한다. 5억 4,600만 명의 삶의 터전이며, 이들 국가들은 전 세계의 생산량의 약 26%를 차지한다.

지도 2.1

북미대륙

국가	인구(백만)	2011 GDP (10억)	1인당 GDP
캐나다	34	$1,736	$50,345
미국	312	$14,911	$48,111
멕시코	115	$1,158	$10,047
중앙 아메리카	43	$166	$3,832
카리브해 지역	42	$344	$8,198

미국

미국 인구는 세계 3위, 면적은 세계 4위 국가이지만 2011년 세계 총 GDP인 69.9조 달러의 21%를 차지하는 가장 큰 경제대국이다. [지도 2.1]에서와 같이 미국은 $48,000 이상의 1인당 소득을 가지고 있다.[2] 미국은 국토 면적과 정치적 안정 덕분에 세계 경제에서 유래없는 지위를 차지하고 있으며, 상품과 서비스의 세계 수출 1/11, 수입의 1/8을 차지한다. 미국은 수출위주의 경제발전전략을 통해 생활수준을 향상시키고자 하는 저소득 국가들의 주요 시장이 된다. 또한, 교육수준이 높고 두터운 중산층을 대상으로 하는 고소득 국가의 기업에게도 미국은 최상의 시장이다(Emerging Opportunities 참조).

미국 달러화는 **결제통화(invoicing currency)** 역할을 하고 있는데, 이는 상품과 서비스의 국제거래에 있어 절반가량이 달러화로 이루어지고 있으며, 세계적으로 외환 보유고를 구성하는 주요 통화임을 의미한다. 정치적 안정과 군사력 때문에 미국은 **도피자본(flight capital)**—정치, 경제적으로 불안정한 국가가 안전한 도피처라고 여기면서 보내는 돈—을 끌어들이고 있다. 자국의 통화가치에 대해서 확신이 없는 국민들은 그들의 부를 달러화로 보유하기도 한다. 미국은 또한 장기 외국투자의 주요 수혜국이다. 외국인들은 미국 공장, 장비, 부동산에 2012년에만 2.7조 달러를 투자했다.

지난 10년 동안 국제무역이 점점 중요해졌지만 미국경제의 경우에는 국제무역 비중이 상대적으로 낮다. 미국의 2012년 상품과 서비스 수출은 2.2조 달러이지만 GDP의 14%에 지나지 않는다. 그러나 이러한 수치는 다소 오해의 여지가 있다. 국가의 규모가 크기 때문에 규모가 작은 국가에서는 국제거래로 간주되는 거래가 미국 내에서는 국내거래로 분류된다. 예를 들어 네덜란드에 거주하는 자동차 여행자가 늦은 밤 집에서 50마일 떨어진 곳에서 폭풍우를 만나 이웃 벨기에에서 호텔 숙박료로 쓴 비용은 벨기에와 네덜란드 두 곳

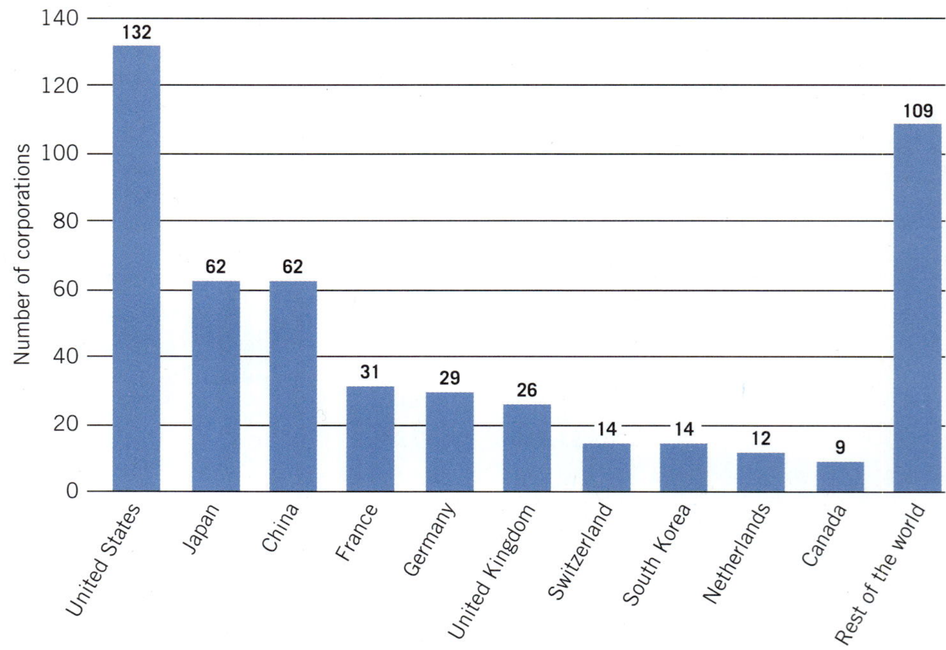

그림 2.2

2012년 세계적으로 규모가 큰 기업의 국가별 본사 위치

출처: *Fortune*, July 22, 2013, p. F1

모두에서 국제거래의 통계로 계산된다. 미국 미도우랜즈(Meadowlands)시에서 풋볼경기를 관전한 후 뉴저지에서 발이 묶인 코네티컷주에 거주하는 자동차 여행자의 비용은 모두 국내 거래이다.

이 책 전반에서 다루어지는데 MNCs는 국제교역과 투자에 상당한 영향을 미치고 있다. 2012년 세계 500대 기업의 총 매출액은 30.3조 달러이다. 세계경제에서 미국의 중요성이 부각되면서 이들 기업 중 132개 기업 또는 26%가 미국에 본사를 두고 있다는 사실은 놀랄 일도 아니다(100대 기업 중 32개를 포함)([그림 2.2] 참조). 로얄 더치 쉘(Royal Duch shell)은 2012년에 4,817억 달러의 매출액을 자랑하는 세계에서 가장 큰 기업이다.

캐나다

캐나다는 세계에서 두 번째로 큰 영토를 가졌으나 인구는 겨우 3,400만 명에 불과하다. 인구의 80%는 미국과 경계를 이루는 남쪽 국경선을 따라 100마일 구간 내에 집중되어 있다. 수출이 캐나다 경제의 핵심을 이루고 있는데, 수출은 2011년 총 GDP인 1조7,360억 달러

EMERGING OPPORTUNITIES

소득수준별 국가분류

국제 경영인들이 숙지해야 할 가장 중요한 자료는 바로 그 국가의 소득수준이다. 소득수준은 국민의 구매력, 국내 생산공정의 기술적 정교함, 공공기반시설의 상태에 대한 단서를 제공한다.

소득에 대한 통계자료는 세계은행에서 제공하는데, 세계국가를 고소득, 중간소득, 저소득 범주로 나눈다. 고소득국가들은 1인당 연간 소득액이 적어도 12,476달러인 국가들이다. [**1인당 소득(per capita income)**은 일반적으로 한 국가의 **국민총생산(GDP)** 또는 **국민총소득(GNI)**을 그 국가의 인구로 나누어 계산한다. GDP는 1년 동안 국내에서 생산되는 모든 상품과 서비스의 총 시장가치이다. GNI는 GDP에 순수소득을 합산한 것인데, 순수소득은 자국이 다른 나라로부터 받은 배당금이나 이자에서 자국이 다른 나라에 지불한 배당금이나 이자를 차감한 것이다.] 고소득 그룹은 세 개의 군(cluster)으로 이루어진다. 첫 번째 군은 OECD국가로 구성되어 있는데, **OECD**국가는 경제성장을 촉진시키기 위해 형성된 34개 시장중심 민주주의 국가들의 그룹이다. OECD국가는 25개의 서유럽 국가(2004년 회원국을 확대하기 전에는 15개국이었던 EU 회원국에 체코, 에스토니아, 헝가리, 아이슬란드, 노르웨이, 폴란드, 슬로바키아, 슬로베니아, 스위스, 터키로 확대되었다)와 4개의 환태평양국가(호주, 일본, 뉴질랜드, 한국), 캐나다, 멕시코, 미국, 이스라엘, 칠레를 포함한다. OECD 34개 회원국에서 31개국은 고소득 범주에 속한다.[나머지 회원국인 칠레, 멕시코, 터키는 높은 중간소득국가로 분류된다.] 두 번째 군은 바레인, 브루나이, 쿠웨이트, 카타르, 사우디아라비아, 아랍에미리트 연합국과 같은 산유국으로 구성되어 있다. 세 번째 군은 크로아티아, 라트비아, 홍콩, 싱가포르, 대만, 버뮤다, 바하마, 카이만군도를 포함하는 규모가 작은 선진국과 섬나라로 이루어져 있다.

중간소득국가는 1인당 소득이 1,025달러에서 12,476달러 미만인 국가이다. 세계은행은 이 그룹을 다시 낮은 중간소득국가($1,026~$4,035) 그룹과 높은중간소득국가($4,036~$12,475) 그룹으로 분류했다. 이 범주는 전 소련공화국을 대부분 포함하고 있으며, 이 국가들은 일반적으로 1930년대 높은 수준의 발전을 이룩했지만 2차 세계대전 후 서방의 경제수준에 뒤처지게 되었다. 칠레, 코스타리카, 모리셔스와 같은 이 범주에 들어 있는 국가들은 성공적인 산업화와 경제성장을 이루어 내고 있어 향후 10년 후에는 고소득 국가범주로 격상될 것으로 예상된다.

개발도상국이라 불리는 저소득 국가들은 1인당 소득이 1,025달러 이하인 국가이다. 이 범주에는 캄보디아, 르완다와 같은 국가가 포함되어 있으며, 이들 국가들은 외부 원조, 건전한 국내 경제정책, 해외직접투자, 가치가 높은 천연자원개발을 통해 경제가 지속적으로 성장한다. 1971년 국제연합의 총회에 의해 개발도상국이라고 공식적으로 명명되었으나, 이들 국가는 평균 이상의 경제성장에 대한 잠재력을 가지고 있다. 국제연합에 의해 미개발국이라고 지정된 다른 국가들은 낮은 식자율(low literacy), 낮은 1인당 소득, 낮은 경제성장을 기록한다. 이들 국가는 국제경영인들의 관심을 끌지 못하는데, 그 이유는 소비자 수요가 적고 상품과 서비스의 생산과 분배에 필요한 공공기반시설이 부족하기 때문이다. 가뭄과 내란, 기아에 만신창이가 된 소말리아와 동아프리카 국가들이 저개발국가에 속한다.

출처: World Bank, *World Development Indicators* database.

중 31%를 차지한다. 캐나다의 가장 중요한 수출 품목들은 임업제품, 석유, 광물, 곡물이며, 이러한 수출품은 풍부한 천연자원과 관련 있다. 캐나다 제품은 주로 미국으로 수출되며, 평균적으로 캐나다 수출품의 3/4 이상을 미국이 수입했다. 2012년에 미국과 캐나다의 상호무역은 총 7,150억 달러에 달하며 단일교역으로 가장 규모가 크다.

캐나다는 거대 미국시장에 근접해 있고, 정치 및 법률시스템이 안정되어 있어 국제투자자들은 오랫동안 캐나다를 선호했다. 캐나다의 우수한 사회기반시설과 교육시스템 또한 경제성과에 기여한다. 그러나 불어를 사용하는 캐나다인(주로 퀘벡지역에 집중)과 영어를 사용하는 캐나다인 사이에 존재해 온 오랜 갈등관계는 캐나다의 정치적 안정과 해외투자 유치능력에 잠재적인 위협이 된다. 1960년 이래 퀘벡지방에서는 캐나다와 분리하고자 하는 운동이 강하게 일어났고, 영어를 사용하는 캐나다는 이를 수용하라는 압력에 시달려 왔다. 이러한 갈등은 국내 · 외 경영에 여러 면으로 영향을 미쳤다. 예를 들어 캐나다로 수출하는 기업들은 2개 국어 상표기입법(bilingual labeling laws)을 숙지하고 있어야 한다. 또한 만약 퀘벡 지역이 40년 동안의 염원대로 별개의 분리국가가 된다면 퀘벡지역 회사에 대출해 준 대출금에 대한 위험은 적어도 단기간 동안이라도 상당히 큰 폭으로 증가할 것이다. 캐나다 경제에 더 즉각적인 위험은 미국 달러화 대비 캐나다 달러의 통화가치상승에 있다[8장 opening case인 "캐나다 달러(loonie) 고공 행진" 참조].

멕시코

멕시코는 세계에서 스페인어를 쓰는 인구가 가장 많이 사는 국가이며, 1810년 스페인 정복자들로부터 독립선언을 했다. 미국처럼 멕시코도 연방체제이지만 정부의 수장인 대통령은 매 6년마다 보통선거에 의해 선출된다. 반세기가 넘도록 멕시코정부는 외국인 투자를 막고, 국내 산업을 보호하기 위해 높은 관세장벽을 쌓으면서 경제적 국수주의를 실행했다. 그러나 과거 30년 동안 그러한 정책을 접고, 외국 상품과 투자자들에게 국내 시장을 개방했다. 또한 아에로멕시코 국영항공사(Aeromexico) 및 텔멕스(Telefonos de Mexico)와 같은 공기업을 매각함으로써 정부의 경제적 역할을 축소시켰다. 1994년 캐나다, 멕시코, 미국은 북미자유무역협정(NAFTA)을 맺고, 15년 이상 동안 3개국 사이의 무역장벽을 줄였다. 수천개의 외국기업들이 NAFTA를 이용하려고 멕시코에 새로운 공장을 건설했으며, 이러한 과정에서 수십만 개의 일자리가 창출되었다. 1999년 멕시코는 국민들에게 추가적인 이익이 될 수 있기를 바라면서, EU와도 이와 유사한 협정을 맺었다. 2000년에는 이웃나라인 엘살바도르, 과테말라, 온두라스와 자유무역협정을 맺었고, 2004년도에는 일본, 우루과이와도 체결을 했다.[3] 멕시코 경제에서 무역이 차지하는 역할은 10장의 opening case "무역과 번영: 멕시코의 사례"에서 살펴본다.

중앙아메리카와 카리브해 지역

북미대륙에는 미국, 캐나다, 멕시코와 더불어 20여 개국이 자리 잡고 있는데 지리적으로 중앙아메리카와 카리브해 섬나라들의 2개 그룹으로 나누어진다. 이들 국가의 총 인구는 캐나다 인구의 2배 이상에 달하는 8,500만 명이다. 그러나 총 GDP인 5,100억 달러는 캐나다 GDP의 1/3이다. 아루바, 바하마, 케이맨 제도, 큐라소 등과 같은 활기찬 역외금융 또는

BRINGING THE WORLD INTO FOCUS

해상교역을 위한 운하

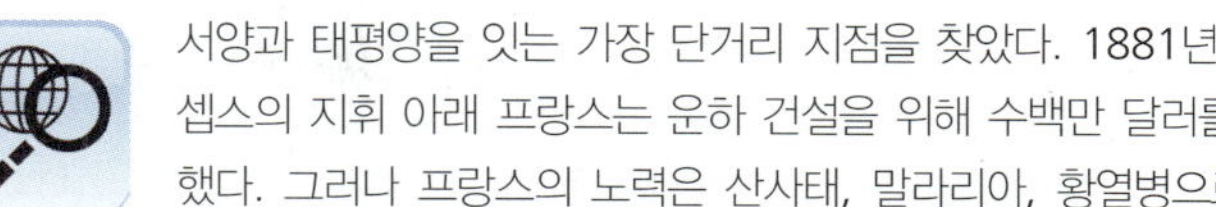

이 장의 서두에서 다룬 사례는 동아시아와 대서양 사이에 빙하 없는 북극항로의 개막이 갖고 있는 의미에 대해 토론해 보았다. 그러나 지금은 두 개의 운하가 아시아, 미국, 유럽의 해양교역을 잇는 중요한 역할을 하고 있다. 이집트를 지나는 해수면 운하인 수에즈 운하를 개발한 프랑스 출신 페르디낭 드 레셉스(Ferdinand de Lesseps)의 지휘하에 건설되었고 1867년 개통되었다. 이 운하는 영국이 아시아 식민지들, 특히 인도를 통제하는 데 중요한 역할을 했다. 1956년 이집트 대통령인 가말 나세르(Gamal Nasser)가 수에즈 운하에 대한 통제권을 장악하고 국유화했다. 영국, 프랑스, 이스라엘 군대들이 이집트로부터 운하 통제권을 회수하기 위해 원정대를 결성했지만 아이젠하워 정부의 외교적 압력으로 이를 차단했다. 오늘날 해마다 2만 척 이상의 선박들이 수에즈 운하를 통과하면서 53억 달러의 통행료를 지불한다.

파나마 운하는 두 운하 중 더 나중에 건설되었다. 연간 14,000척 이상의 선박이 23억 달러의 통행료를 지불하는 파나마 운하는 세계 상거래의 5%를 차지한다. 스페인 탐험가인 바스코 누녜스 데 발보아(Vasco Núñez de Balboa)가 1513년 파나마 지역을 탐험한 후, 기업인들과 운하의 설립을 간절히 원했던 사람들이 수 세기 동안 아메리카 대륙에서 대서양과 태평양을 잇는 가장 단거리 지점을 찾았다. 1881년 드 레셉스의 지휘 아래 프랑스는 운하 건설을 위해 수백만 달러를 조성했다. 그러나 프랑스의 노력은 산사태, 말라리아, 황열병으로 2만 2,000명의 근로자를 잃고 좌절했다. 2억8,700만 달러를 소진하고서야 1893년 이 계획은 무산되었다. 프랑스 회사의 두 번째 시도가 있었지만 그 회사는 파나마 운하 개발권과 장비를 1903년 미국 회사에 팔아 버렸다. 콜롬비아 정부가 미국의 운하 건설권을 부인하자 미국 정부는 파나마의 독립을 지지함으로써 운하에 대한 미국의 건설권을 지켰다. 1914년 완공된 파나마 운하는 21세기 초반의 위대한 공학적 업적들 중의 하나이다. 두 대양의 고도차를 해결하기 위해 일련의 수문들이 선박들을 85피트 정도를 들어 올리거나 내려놓는다. 파나마 운하는 해상교역에서 중요한 위치를 차지하므로 파나마 운하를 통과할 수 있는 최대 크기의 표준 선박을 파나맥스(Panamax)로 분류한다. 그러나 파나마 운하의 수문이 현대적 컨테이너 선박에 비해 너무 좁아 시장 점유율을 높이기 위해 파나마 운하의 운영진은 더 큰 선박을 수용할 수 있는 다른 수문을 건설하고 있으며, 2015년에 완공 예정인 이 프로젝트의 비용은 52억 달러이다.

20세기 초 최고의 엔지니어링의 업적 중 하나인 파나마 운하는 동아시아와 북미 및 남미의 동해안지역 사이의 중요한 상업적 연결점이다. 매년 화물을 가득 실은 파나맥스 컨테이너선 14,000척이 이 운하를 이용한다.

Ricky W. Griffin

관광산업을 영위하는 여러 섬나라는 높은 소득 국가가 되었고, 반면 코스타리카와 파나마("Bring the World into Focus" 참조)는 높은 중간 소득 국가로 분류된다. 불행하게도 정치 불안정, 만성적인 미국 군사개입, 부적절한 교육체계, 취약한 중산층, 다수의 빈곤층을 양산한 경제정책들, 미국과 다른 선진국들에 의한 설탕과 의류와 같은 중앙아메리카와 카리브해산 제품에 대한 수입제한 등 다양한 문제점들 때문에 이 지역의 다른 국가들의 경제는 고통받고 있다.

In Practice

- 미국과 캐나다 사이의 대규모 쌍방 무역은 29페이지에서 설명한 CAGE 모델이 의미하는 좋은 사례이다. 즉 미국과 캐나다의 근접성이 무역을 촉진시킨다.
- 멕시코는 1980년 중반부터 국내 경제에 집착하는 정책에서 자유무역을 추구하는 정책으로 전환한다. 현재 멕시코의 1인당 GDP는 10,000달러를 상회한다.

추가 고려 사항: 파나마 운하는 대형 컨테이너선이 지나갈 수 있는 새롭고 보다 넓은 수문을 건설 중이다. 만일 북극 빙하가 지속적으로 줄어든다면 건설비 52억 달러가 무의미한 투자가 되지 않을까?

2.2 서유럽 시장

서유럽국가들은 세상에서 가장 번성한 국가들로 이루어져 있으며, 그 지역의 부유한 소비자들에게 제품을 판매하고자 하는 기업들에게 주목받고 있다. 서유럽은 두 개의 그룹 즉 EU 회원국과 그 외 국가로 나누어 볼 수 있다([지도 2.2] 참조).

10장에서 더 자세하게 논의하겠지만 EU는 28개국으로, 무역과 투자에 대한 상호간의 장벽을 제거함으로써 유럽의 평화와 번영을 촉진하고자 하는 국가들로 이루어졌다. 지난 20년 동안 EU는 이러한 목적 달성에 엄청난 발전을 거두었다. 2011년 17.6조 달러의 GDP와 5억 800만 명의 인구를 보유한 서유럽은 세상에서 가장 부유한 시장 중의 하나이다. EU 회원국들은 자유시장경제체제의 의회 민주정치를 기반으로 한다. 그러나 정부의 개입과 소유권은 미국 경제에서보다는 유럽국가들의 경제에서 보다 더 중요한 역할을 담당한다. 17개 EU 회원국들은 그들의 국가 화폐를 폐지하고 유로화(€)로 알려진 공동의 화폐로 대치했다. 라트비아가 2014년 유로화를 채택하기를 기대하고 있고, 그렇게 되면 18번째 EU 회원국이 된다.

경제적 관점에서 볼 때, 독일은 EU의 가장 중요한 회원국이다. 2011년 3.6조 달러의 GDP를 달성하고 미국, 중국, 일본에 이어 4번째 경제대국이 되었다. 독일은 국제경영의 중요한 역할자이며, 2011년 1.1조 달러를 수출하는 국가로 미국과 중국에 이어 세계 3위의 수출국이다. "Bringing the World into Focus"를 보면 독일의 수출성공을 보다 심층적으로 이해할 수 있다. 독일 경제의 저력과 정부의 엄격한 반인플레이션 정책 때문에 EU의 경제정책수립과정에서 독일은 중추적 역할을 수행한다.

지도 2.2

서유럽국가

Denmark Strait
북극해
Reykjavik
ICELAND
Murmansk
SWEDEN
FINLAND
NORWAY
FAEROE ISLANDS (Denmark)
SHETLAND ISLANDS (U.K.)
ORKNEY ISLANDS
Helsinki
Oslo
Stockholm
ESTONIA
자유무역을 옹호하는, EU의 주도자로서의 영국은 프랑스의 보호무역주의적 성향에 대항하는 역할을 한다.
SCOTLAND
Glasgow
Edinburgh
N. IRELAND
UNITED KINGDOM
North Sea
DENMARK
Copenhagen
Baltic Sea
LATVIA
LITHUANIA
독일의 중앙은행은 EU회원국의 통화정책을 실질적으로 통제하였으나 그 역할은 1999년 유럽중앙은행(European Central Bank: ECB)이 대체했다. ECB는 유로화를 사용하는 국가의 통화정책을 수행한다.
대서양
Dublin
IRELAND
WALES
Birmingham
ENGLAND
London
NETH.
Amsterdam
The Hague
Hamburg
Berlin
Warsaw
POLAND
GERMANY
Brussels
BELGIUM
Cologne
Bonn
LUX.
Frankfurt
Prague
CZECH REPUBLIC
SLOVAKIA
EU의 정치적 리더인 프랑스는 EU 내의 인간과 노동자의 권리 강화를 적극적으로 옹호해 왔다.
Paris
Munich
Vienna
AUSTRIA
Budapest
HUNGARY
Bucharest
ROMANIA
Zurich
Bern
LIECH.
SWITZ.
FRANCE
Geneva
Bay of Biscay
SLOVENIA
Zagreb
CROATIA
Belgrade
SERBIA
Milan
Turin
Bordeaux
BOSNIA-HERZEGOVINA
Sarajevo
Pristina
KOSOVO
Sofia
Adriatic Sea
MONTENEGRO
Podgorica
BULGARIA
Skopje
MACEDONIA
Marseille
MONACO
ITALY
ANDORRA
PORTUGAL
Madrid
Barcelona
CORSICA
Rome
Tirana
ALBANIA
SPAIN
Lisbon
Valencia
Naples
GREECE
SARDINIA
Aegean Sea
Seville
Ionian Sea
Palermo
Athens
SICILY
Strait of Gibraltar
MALTA
Valletta
CRETE
CYPRUS
Mediterranean Sea
유로화를 사용하는 EU회원국
자체 국내통화를 사용하는 EU회원국
EU회원국이 아닌 국가
인구 100만 명 이상인 도시
인구 100만 명 이상인 수도

BRINGING THE WORLD INTO FOCUS

EU의 성장엔진

2008~2009년 글로벌 침체기에 독일경제는 더욱 불황을 겪게 되었으나 대부분의 선진국보다 훨씬 신속하고 훌륭하게 회복했다. 독일경제의 견고한 성과는 독일 제조업 부문에서 중추적 역할을 한 중소기업인 *미텔슈탄트(Mittelstand)*의 수출 능력에 기인한다. 이러한 전형적인 중소기업은 중 · 소규모의 가족기업인 자영업으로 작은 읍이나 소도시에 위치한다. 대부분의 중소기업은 가격이 아닌 질, 혁신성, 신뢰성과 장인정신으로 경쟁한다. 독일의 임금은 높지만 노동력은 잘 교육되었고 질이 높았다. 이러한 중소기업은 독일의 경제적 산출량의 52%이고, 회사 매출의 39%를 차지한다.

다수의 중소기업은 틈새 제품에 특화하지만 이러한 틈새에서 세계 최고를 목표로 한다. 몇몇의 중소기업은 제품을 만드는 장비를 생산한다. 예를 들어 쿠글러-보마코(Kugler-Womako)는 여권을 만드는 수공예 장비 분야에서 세계 선도기업이다. 빌트겐(Wirtgen)은 오래된 도로를 파쇄시키고 새로운 타르도로를 만드는 장비 생산에 특화한다. 쾨니히 엔 바우어(Koenig & Bauer)은 인쇄기를 생산한다. 또 다른 중소기업체는 다소 일상적인 제품에 초점을 맞춘다. 텐테(Tente)는 병원침대용 다리 바퀴를 생산하고 에록손(Aeroxon)은 파리를 잡는 끈끈이를 생산하는 선도기업이다. 내구성과 잘 만들어진 제품을 생산하는 데 주력하고 있다. 수출지향인 중소기업의 또 다른 특징은 고객 서비스에 전념하는 것이다. 예를 들어 쾨니히 엔 바우어 수익의 90퍼센트 이상이 수출에서 발생한다.

중소기업 성공의 상당 부분은 독일의 중등교육 시스템으로부터 나온다. 독일에서는 대학 진학에 관심이 없는 고등학생들에게는 3년 동안의 직업교육을 제공한다. 이러한 직업교육은 교실에서의 훈련과 직무교육을 병행한다. 이러한 프로그램을 졸업한 학생은 중소기업의 훌륭한 수출 능력의 바탕이 되는 기술력 있는 장인과 기술자를 만들어 낸다.

출처: Based on 'The engines of growth,' *Wall Street Journal*, June 27, 2011, p. R4; 'Anybody home?,' *Wall Street Journal*, June 27, 2011, p. R6; 'The German drive to globalise,' *Financial Times*, June 1, 2011, p. 6; 'China blunts Germany's edge,' *Wall Street Journal*, May 12, 2011, p. B11; 'Profits of inside knowledge,' *Financial Times*, April 5, 2011, p. 14; 'Exodus of skilled labor saps Germany,' *Wall Street Journal*, March 11, 2011, p. A12; 'A machine running smoothly,' *The Economist*, February 5, 2011; 'Reflected glory,' *Financial Times*, January 19, 2011, p. 9; 'Mittel-management,' *The Economist*, November 27, 2010; 'How Germany got it right on the economy,' *Washington Post*, November 24, 2010; 'Mittelstand style still limited in UK,' *Financial Times*, September 26, 2010, 'Much to learn,' *The Economist*, March 11, 2010.

미텔슈탄트로 알려진 중소가족기업은 독일의 수출 성공의 중요 요소이다. 중소기업은 많은 틈새 상품의 주요 특징이 되는 고 품질과 잘 만들어진 제품을 생산하는 기술력 있는 독일 장인에 의존한다.

정치적으로 프랑스는 EU 내에서 강력한 리더십을 발휘한다. 프랑스 정부는 EU 내 인권과 근로자 권리강화와 공동의 유럽 방어 및 외교정책을 촉진하는 데 앞장서고 있다. 그러나 프랑스 지도자들은 EU 설립원칙에 반하는 타 유럽기업에 의한 프랑스 기업인수를 막고, EU의 공동농업정책을 추진하는 데 있어서 프랑스 농부에게 지불되는 많은 보조금을 보호하려는 과정에서 경제적 국수주의를 부추긴다는 이유로 비난을 받아왔다.

그러나 프랑스의 지위는 도전을 받고 있다. 전통적으로 자유무역의 강력한 지지자인 영국은 EU에서의 권력을 강화하기 위해 많은 주도세력에 맞서고 있으며, 프랑스의 보호무역주의적 성향에 대하여 대항하는 역할을 한다. 영국의 수도인 런던은 금융업계에 30만 명 이상이 종사하는 주요 국제금융센터이다. 또한 영국은 상품의 주요 수출국이자 수입국이며, 외국 투자의 주요 근원지이자 종착역이기도 하고 수많은 MNC의 지역 지부나 본점이 있는 곳이기도 하다.

많은 신생 EU 회원국들은 소비에트연방의 일부분이거나(에스토니아, 라트비아, 리투아니아), 소비에트연방과 정치 · 경제적인 동맹국들이다(불가리아, 체코공화국, 헝가리, 폴란드, 슬로바키아, 루마니아). (EU 회원국인 슬로베니아는 1991년 유고슬라비아 공산주의로부터 독립을 선언하였으나, 유고슬라비아는 소련권이 아니다.) 소련권이 1989년에 와해되기 시작하고 1991년 소련이 해산하면서 그 지역의 무역시스템은 붕괴되었으며, 따라서 구소련 위성국가들은 보장된 수출시장을 상실하게 되었고, 또한 이에 적응하여야만 했다. 그들은 또한 중앙집권인 공산주의적 계획시스템에서 분산된 시장시스템으로 경제를 재구성하고 EU 가입과 함께 필요한 프로세스인 정치적, 법률적, 제도적 개혁을 진행했다. 체코공화국, 에스토니아, 슬로베니아는 이러한 과정을 상당부분 거치면서, 이미 세계은행의 척도에 따르면 고소득 국가에 도달했다.

EU 회원국이 아니면서 부유한 서유럽국가는 아이슬란드, 노르웨이, 스위스와 국토가 아주 협소한 국가인 안도라, 모나코, 리히텐슈타인이 있다. 고소득국가로 세계은행이 분류한 이들 국가는 자유시장을 기반으로 하는 국가들로 세계 GDP의 2%를 차지한다. 알바니아, 보스니아, 헤르체고비나, 코소보, 마케도나아, 몬테네그로, 세르비아와 같은 발칸반도 국가들의 경제는 세계은행에 의해서 중간소득국가로 분류된다. 반면 크로아티아는 고소득

In Practice

- 독일은 중소기업에 의해 활기찬 수출을 하는 EU에서 가장 크고 강한 경제권이다. 독일은 최근 EU의 경제위기에 대하여 EU의 대응방안을 수립할 때 리더십을 발휘했다.
- EU에 합류한 이전 소비에트 연합 국가들의 경제성과는 인상적이다. EU에 합류하는 것은 서유럽이라는 부유한 소비자 시장에 수출이 허용되는 것을 의미한다.

추가 고려 사항: 1장의 closing case에서 인구학적 변화를 논의했다. 여러 EU 국가들의 인구는 감소하고 향후 10년 동안 노령화될 것으로 예측된다. 이것은 이들 국가들의 경쟁력에 어떤 영향을 미치는가?

국가 범주에 든다. 이들 국가들의 냉전 후 경제성장은 1991년 유고슬라비아의 분열에 의한 혼돈의 시대로 접어들면서 둔화되었다. 세르비아, 몬테네그로, 보스니아의 경제상황은 1990년대 초 보스니아 통솔권과 1990년대 말 코소보를 장악하려는 잔인한 내전으로 황폐화되었다. 말할 것도 없이 이러한 갈등관계는 역경의 시대에 MNC들의 투자를 저해했다.

2.3 동유럽과 중앙아시아의 시장

이전 소련([지도 2.3] 참조)으로부터 분할된 국가들은 지난 20년 동안 세계 어느 지역에서도 이토록 많은 변화를 겪은 국가가 없을 것이나 여전히 공산주의에서 자본주의로, 전체주의에서 민주주의로의 고통스러운 전환과정을 겪고 있다. 소련의 지도자인 미하일 고르바초프는 1986년 개방(*glasnost*)과 경제재건(*perestroika*)에 대한 개혁시도를 통해 그 지역의 정치, 경제, 사회적 혁명을 촉발시켰다.

그 지역의 현대 경제사는 소련의 생성과 더불어 시작되었다. 소련은 1차대전에서 패배하고 러시아 황실이 붕괴하면서 출현했다. 1917년 니콜라스 2세 국왕의 폐위로, 공산당이 러시아권을 장악하고 노동자들과 소작농들의 이름으로 소련을 세웠다. 공산당원들은 시장경제체제를 금지하고 사유재산을 철폐했으며, 국가의 막대한 농지를 국유화했다. 그렇게 함으로써 왕정하에 존재하였던 엄청난 소득불균형을 줄이는 데 성공했다. 이러한 성공에도 불구하고, 국민의 생활수준은 점점 서방 민주국가들보다 뒤쳐져만 갔다.

고르바초프의 경제 및 정치적 개혁은 1991년 소련의 붕괴를 이끌어 냈고, 15개 소련 공화국들이 독립을 연이어 선언하게 되면서 이들을 **신생독립국(Newly Independent States: NIS)**이라고 부른다. 1992년에(지금은 EU 소속인 발트해 국가인 에스토니아, 라트비아, 리투아니아를 제외) NIS의 12개국은 상호 관심사를 논의하는 포럼의 한 형태로서 **독립국가연합(Commonwealth of Independent Status: CIS)**을 결성했다. 이들 신생국에서 가장 중요한 국가는 구소련 내에 지배적 공화국인 러시아연방(러시아)이다. 독립국가로서 러시아는 세계에서 영토가 가장 넓고(650만 평방마일), 9번째로 인구가 많으며(1억 4,200만 명), 금, 석유, 천연가스, 광물, 다이아몬드와 비옥한 농지 등 천연자원을 상당량 보유한다.

러시아와 다른 많은 NIS 소속 국가들이 공산주의 경제체제에서 자유경제체제로 전환하는 것은 쉽지 않았다. 러시아의 최초의 민선대통령인 보리스 옐친 대통령은 국영기업의 민영화를 위해 노력했다. 비록 몇몇 신생 민간회사들이 생산성을 향상시켰지만 많은 기업들이 기업의 경제적 건전성과 성과를 회복시키는 것보다는 기업 자신의 부당이익에만 힘쓰는 자들의 손아귀로 넘어갔다. 옐친 정부 하에서 러시아의 중앙정부는 세금징수에 있어서의 무능력함과 민간 이익집단에는 매각할 수 없는 비효율적인 국가소유의 기업에 보조금을 지급해야 하는 정치적 필요성에 의한 부담을 떠안고, 잇따른 금융위기로 휘청거렸다. 1998년 8월에는 경제의 저점을 찍었다. 옐친 정부는 루블화(ruble)의 평가절하를 해야 했고, 외국 채권자들에게 90일 지불유예를 강요했다.

러시아 경제는 지난 10년 동안 발전했다. 2대 대통령인 블라디미르 푸틴 대통령은 조세

지도 2.3
구소련

3개의 발트해 공화국(에스토니아, 라트비아, 리투아니아)은 1940년 소련군에 의해 정복당했다. 이들 국가는 첫 번째로 독립을 선언한 공화국이며, 독립국가연합(CIS)에 가입하지 않은 유일한 국가들이다.
발트해 공화국
카프카스 공화국
중앙아시아 공화국
인구 65만 명에서 100만 명인 도시
인구 100만 명 이상인 도시
수도
인구 100만 명 이상인 수도
RUSSIA
5개의 중앙아시아 공화국은 대부분 회교도가 거주하고 있는데 그들의 문화적 유산은 이전의 러시아, 벨로루스, 우크라이나의 국민 성향과는 전혀 다르다. 이 지역은 원유와 가스 등과 같은 천연자원이 풍부하다.
카프카스 공화국들은 정치적으로 불안정하다. 아르메니아와 아제르바이잔은 지역경계문제로 싸우고 있다; 아브하즈와 남오세티아와의 인종분쟁은 그루지아와 러시아 간의 무력충돌을 일으켰다. 카프카스지역에 걸쳐 있는 러시아 구역(흑해와 카스피해 사이에 있는 지역)에서도 비슷한 문제가 발생하고 있는데 특히 체첸공화국에서 심하게 발생하고 있다.
Baltic Sea
ESTONIA
St. Petersburg
Riga
LATVIA
LITHUANIA
RUS.
Vilnius
Minsk
BELARUS
POLAND
R U S S I A
Perm
Nizhny Novgorod
Moscow
Kazan
Yekaterinburg
Ufa
Tolyatti
Samara
Voronezh
Saratov
SLOVAKIA
L'viv
Kiev
UKRAINE
HUNGARY
Kharkiv
Kryvyy Rih
Dnipropetrovs'k
MOLDOVA
ROMANIA
Chisina
Zaporizhzhya
Donets'k
Volgograd
Odesa
Rostov
SERBIA
BULGARIA
Black Sea
Aegean Sea
GEORGIA
Tbilisi
ARMENIA
AZERBAIJAN
Yerevan
AZER.
Caspian Sea
Baku
K A Z A K H S T A N
Astana
Aral Sea
Alma-Ata
Bishkek
KYRGYZ REPUBLIC
Tashkent
UZBEKISTAN
TAJIKISTAN
Dushanbe
TURKMENISTAN
Ashgabat
C H I N A
I R A N
AFGHANISTAN

제도를 신속하게 점검하고, 13%의 단일소득세(flat income tax)를 도입했다. 이러한 방법은 효과가 있어 정부수입원이 증가했다. 세계 제2위의 원유생산국이자 수출국인 러시아는 원유와 다른 원자재가격 상승으로 이익을 보았다. 러시아의 GDP는 2003년 이래로 연 4.8%씩 상승했다. 2013년 초까지 러시아는 5,260억 달러의 외환보유고를 축적했는데, 그 금액은 중국, 사우디아라비아, 스위스에 이어 5위이며, 앞으로 지속적인 경제성장이 기대된다.

구소련의 5대 중앙아시아 공화국인 카자흐스탄, 우즈베키스탄, 타지키스탄, 투르크메니스탄, 키르기스스탄은 공통점이 상당히 많다. 한 가지 공통점은 근대 정치적 역사에 있어 러시아의 중요성이다. 중앙아시아 공화국 5개국은 러시아 왕정의 일부분이었다. 각 국은 공산주의에 의해 황제가 폐위된 후 소련의 사회주의 공화국이 되었다. 1991년 소련이 해체되고, 5개국은 독립을 선언했다. 이 나라들은 이슬람교가 지배적이며, 언어는 터키어나 페르시아어를 기원으로 한다. 이들 국가들은 사막과 산악지대로 이루어져 있어 경작할 수 있는 토지가 부족하여 고통을 받고 있다. 그러나 특히 카자흐스탄과 투르크메니스탄이 속한 중앙아시아 전역에서 광범위한 화석연료 매장이 파악된다. 타지키스탄이 1인당 소득 934달러로 가장 낮고, 원유가 풍부한 카자흐스탄은 11,356달러로 가장 높다.

In Practice

- 공산주의의 붕괴로 1990년대의 러시아의 경제성장은 잃어버린 10년이었다. 미국 달러화로 측정한 러시아의 GDP는 절반 이상 하락했다.
- 종교적이나 언어적인 연대로 인해 터키 기업들은 중앙 아시아 공화국에 공격적으로 투자했다.

추가 고려 사항: 러시아 경제는 원유와 천연가스 제품 및 수출에 상당히 의존하고 있다. 만일 원유가격의 하락하면 러시아 성장의 전망은 어떻게 변하겠는가?

2.4 아시아 시장

아시아는 세계인구의 절반이 넘는 대륙이지만 전 세계 GDP의 1/3만을 차지한다([지도 2.4] 참조). 국제경영에 있어서 아시아는 중요한 위치를 차지한다. 아시아는 고품질과 저품질 상품 또한 숙련과 비숙련 노동력을 공급한다. 아시아는 MNC들이 많은 투자를 하는 지역이면서, 비 아시아국들에 자본을 공급하는 지역이기도 하다. 더욱 중요한 것은 아시아의 적극적이고 효율적인 기업들이 생산성과 제품의 품질을 향상시켜 점점 유럽과 북미지역의 기업들을 위협한다.

일본

1억 2,800만 명의 인구를 가진 섬나라 일본은 제2차 세계대전의 잿더미에서 2011년 5.9조 달러의 GDP를 갖춘 초대형 경제대국으로 성장했다. 전후 대부분 기간 동안에 일본의 GDP는 미국에 이어 두 번째였다. 2010년에 중국의 GDP가 일본을 앞서면서 일본은 3위로 밀려났다. 과거 60년 동안의 일본경제 성공사는 통상산업성(Ministry of International at Trade and Industry: MITI)과 산업분야 사이의 파트너십에서 일구어 낸 것이다. [2001년에 통상산업성은 경제산업성(Ministry of Economy, Trade and Industry: MITI)으로 개칭되었다.] MITI는 공식적인 것이든 비공식적인 것이든 모든 권력을 국가 엘리트기업의 생산과 투자 전략을 이끌어가는 데 사용했다. 예를 들어 제2차 세계대전 직후, MITI는 일본기업들이 철강 및 조선산업과 같은 기초산업에 노력을 집중할 수 있도록 장려했다. 다른 국가들이 이 분야에 진입하였을 때 MITI와 일본의 MNC들은 자동차와 가전제품 및 기계장치 생산으로 방향을 선회했다.

MITI는 일본의 밀집된 산업구조(concentrated industrial structure)에 의해 도움을 받고 있다. 일본 산업은 *계열*(*keiretsu*)이라고 불리는 여러 관련 기업군에 의해서 통제되며, 일반적으로 일본의 주요 은행이 중심역할을 한다. 은행은 계열의 재정적 니즈를 충족시켜줄 의무를 가지고 있다. 회원들은 서로에게 공급자 역할을 하면서 외부 경쟁자들이 일본시장으로 유입하는 것을 어렵게 한다. 회원들은 또한 계열회원들이 서로의 주식을 소유하는 주식의 공동소유(cross-ownership)시스템에 의해 적대적으로 인수되는 것을 막는다. 예를 들어 도요타 자동차는 코이토(Koito)제조회사의 보통주 10%를 보유하고 있었고, 도요타 계열(keiretsu)의 다른 멤버들은 코이토 주식의 25%를 보유하고 있다. 반면 코이토는 도요타에게 전등을 납품하는 주 공급업체이다. 계열의 멤버들은 수출무역회사인 **총합상사(sogo shosha)**에게 수출품에 대한 해외마케팅을 맡기고 있다. 일반적으로 총합상사 역시 계열회원이다.

그러나 1990년대 일본의 경제성장은 둔화되었다. 2000년 이래 일본의 GDP는 연 0.7% 성장률을 보였으며, 이는 세계경제의 평균성장률인 2.7%보다 낮은 것이었다. 많은 전문가들은 일본의 정치 및 경제시스템이 전자상거래 분야의 성장과 신흥시장에 의해 형성된 세계시장의 변화에 재빠르게 적응하지 못한다고 우려한다. 게다가 일본은 국내시장에 들어오는 수입품들을 제한하기 위해 불공정한 무역관행을 자행한다는 인식 때문에 상당한 국제적인 비판을 받고 있다(이 주제는 9장에서 상세하게 설명한다). 그러나 일본의 가장 큰 난제는 인구통계학적인 위기, 즉 인구의 노령화에 대한 문제를 해결하는 것일 것이다(1장의 closing case인 "인구통계학은 운명이다" 참조).

호주와 뉴질랜드

호주와 뉴질랜드는 아시아 태평양 지역의 또 다른 전통적인 경제세력이다. 호주와 뉴질랜드는 공통의 문화유산을 공유하고 있지만, 1,200마일의 바다로 떨어져 있는 두 나라 사이에는 상당한 차이점들이 있다([지도 2.5] 참조). 호주의 2,300만 인구는 297만 평방마일 내에서 거주한다. 대륙의 상당부분이 건조하기 때문에 대부분의 인구가 습한 해안지역에 집중되고 있는데 대략 40%의 인구가 시드니 또는 멜버른에 거주한다. 호주는 천연자원이 풍부하지만 상대적으로 노동인구는 적다. 그 결과 2011년 총 GDP인 1조3,790억 달러에서 20%에 해당하는 상품수출은 천연자원산업(금, 철광석, 석탄)과 토지 집약적 농산물(모직, 쇠고기, 밀)에 집중된다.

지도 2.4
아시아

우랄산맥은 러시아를 유럽 부분과 아시아 부분으로 갈라놓고 있다.
상품의 수출입 총 금액을 기준으로 가장 높은 20개 교역국 중에서 7개 국가가 동아시아에 있다.
세계에서 인구가 가장 많은 국가로 중국, 인도, 인도네시아가 각각 1위, 2위, 4위 국가이다; 중국 한 국가의 인구가 전 인류의 1/5 이상을 차지한다.
고소득 국가
중간소득 국가
저소득국가
주요 공업지역
수도
인구 500만 명 이상인 도시
인구 500만 명 이상인 수도
RUSSIA
KAZAKHSTAN
MONGOLIA
CHINA
INDIA
JAPAN
N. KOREA
S. KOREA
TAIWAN
PHILIPPINES
VIETNAM
LAOS
THAILAND
CAMBODIA
MYANMAR
MALAYSIA
INDONESIA
PAPUA NEW GUINEA
AUSTRALIA
BRUNEI
SINGAPORE
BORNEO
SUMATRA
Timor-Leste
NEPAL
BHUTAN
BANG.
SRI LANKA
PAKISTAN
AFGHANISTAN
TAJIKISTAN
KYRGYZ REPUBLIC
UZBEKISTAN
TURKMENISTAN
IRAN
IRAQ
SYRIA
LEBANON
ISRAEL
JORDAN
TURKEY
GEORGIA
ARMENIA
AZERBAIJAN
KUWAIT
BAHRAIN
QATAR
U.A.E.
OMAN
YEMEN
SAUDI ARABIA
KURIL ISLANDS
오호츠크해
동해
동중국해
남중국해
태평양
벵갈만
아라비아해
Celebes Sea
Black Sea
Caspian Sea
Mediterranean Sea
Aral Sea
Lake Baikal
Yekaterinburg
Chelyabinsk
Novosibirsk
Astana
Ulan Bator
Harbin
Changchun
Shenyang
Pyongyang
Seoul
Beijing (Peking)
Tianjin
Taiyuan
Shanghai
Wuhan
Changsha
Chengdu
Chongqing (Chungking)
Guangzhou (Canton)
HONG KONG
Macáo
Taipei
Tokyo
Nagoya
Osaka
Kobe
Kitakyushu
Manila
Hanoi
Viangchan
Rangoon
Kolkata
Phnom Penh
Ho Chi Minh City
Kuala Lumpur
Jakarta
Dili
Dacca
Jamshedpur
Chennai
Colombo
Mumbai
Ahmadabad
Delhi
New Delhi
Lahore
Islamabad
Kabul
Karachi
Dushanbe
Tashkent
Bishkek
Ashgabat
Tehran
Baghdad
Baku
Tbilisi
Yerevan
Ankara
Istanbul
Beirut
Damascus
Amman
Jerusalem
Kuwait
Manama
Doha
Abu Dhabi
Muscat
Riyadh
Sanaa

지도 2.5

호주와 뉴질랜드

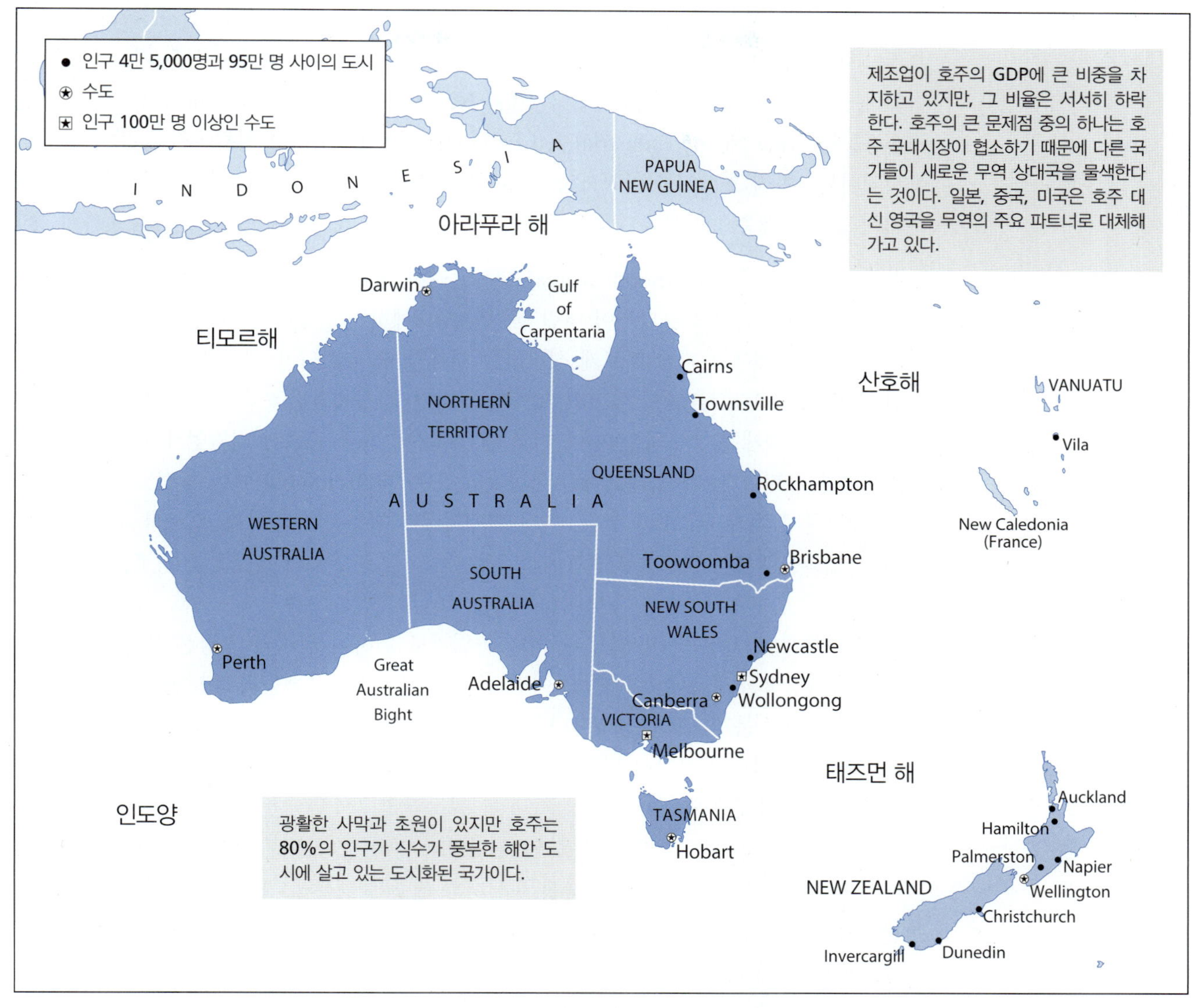

뉴질랜드의 440만 명의 인구는 2개의 주요 섬에 거주하고 있는데, North Island에 인구가 더 많이 거주하고 있으며, South Island의 경우 경치는 좋지만 기후가 덜 온화하다. 1980년대 체계적 경제의 규제완화와 민영화를 통해 뉴질랜드는 시장 중심의 정책으로 전환하는 국제적 추세의 선두주자로서 국제적 명성을 얻게 되었다. 상품교역은 뉴질랜드에게는 매우 중요하다. 2011년 수출은 총 GDP인 1,600억 달러에서 24%를 차지한다. 뉴질랜드 수출품의 1/3 이상이 광활한 목초지에서 생산된다. 이러한 수출품에는 광활한 목초지에서 생산되는 유제품, 육류, 모직이 포함된다. 호주, 일본, 미국이 뉴질랜드의 수출과 수입의 대략 절반을 차지한다.

4마리 호랑이

아시아 태평양지역은 세계에서 가장 빠르게 산업화되어 가고 있는 지역 중의 하나이다. 한국, 대만, 싱가포르, 홍콩은 1945년 이래로 "4마리의 호랑이"로 알려지면서, 특히 빠른 발전을 이루고 있다. 4마리 호랑이의 4개국 중 3개국이 공유하는 중국 유산은 서로 연관되어 있다. 이들 국가는 또한 신흥산업국가(the Newly Industrialized Countries: NICs) 또는 신흥공업국(the Newly Industrialized Economies: NIEs)이라고 일컬어진다. 많은 출판도서에서는 4마리 호랑이를 아직까지 신흥시장으로 말하고 있지만 10여년 동안 세계은행에 의해 고소득 계층으로 분류된다.

한국 일반적으로 남한(South Korea)으로 알려진 대한민국은 한반도를 공산주의인 북한과 자본주의인 한국으로 나누어 버린 냉전의 시대에서 태어났다. 1953년 한국전쟁이 끝나고 한국은 세계에서 가장 빠르게 성장하는 경제들 중의 하나가 되었다. 상품수출은 2011년 총 GDP인 1조 1,160억 달러의 50%를 차지했다. 경제발전을 촉진하기 위하여, 한국은 정부와 한국경제를 주도하는 30여 개의 민간소유의 가족 중심적 대기업사이의 긴밀한 협력관계를 유지했다. 가장 대표적인 복합기업 또는 **재벌(chaebol)**에는 삼성, 현대, 대우그룹, LG(과거 럭키-금성)가 있다. 여러 면에서 한국정부는 수입억제, 정부가 주도하는 경제, 산업화를 위한 거대 경제 연합에의 의존 등과 같은 일본의 경제성공 경로를 따르려고 했다.

불행하게도, 1997~1998년 아시아통화위기로 인하여 한국의 성장은 멈추었고, 많은 재벌이 재정적 어려움에 봉착했다. 여러 전문가들은 국내 은행들의 과도한 팽창과 형편없는 대출관행이 문제라고 주장했다. 많은 재벌들은 이윤보다는 규모에 관심이 더 많아 보였고, 이미 설비과다로 부담이 되었던 자동차, 컴퓨터칩, 철강제조업과 같은 산업에 진입하기 위해 자금을 차입했다.

여러 재벌들은 이로부터 교훈을 얻게 되었고 더욱 강하고 군살을 뺀 경쟁자로서 위기에서 벗어나게 됐다. 예를 들어 삼성은 선택과 집중을 했는데, 최고경영자들은 회사의 자원을 전자분야에 집중하기로 했다. 삼성은 이제 플래시메모리, DRAM 메모리칩, 평면판 디스플레이(flat-panel displays), 컬러레이저프린터, 그리고 휴대전화기 분야의 리더다. 그러나 그 과정은 고통스러웠다. 왜냐하면 삼성은 노동력의 거의 절반을 해고시켜야 했고, 비핵심분야는 매각해야 했다. 쌍용과 대우와 같은 다른 재벌들은 예전의 영광을 회복하기 위하여 노력했다. 재벌의 일부는 외국인들에게 매각되거나 파산했다.[4]

대만 중화민국(Republic of China)으로 알려진 대만은 2,300만 명의 고향인 중국본토의 해안에서 동떨어져 있는 작은 섬나라이다. 대만은 장개석 장군이 이끄는 국민당 세력과 마오쩌둥이 이끄는 중국공산당 사이에 일어난 내전 후 탄생했다. 1949년 본토에서 패배하고, 장개석의 군대와 정부는 대만으로 도망쳤다. 중화민국이라는 국명과 그 스스로가 본토의 정당한 통치자임을 선포하고 장개석은 장래 본토 침공을 위해 대만 경제 발전에 착수했다. 대지주로부터 소작농에게 토지를 재분배하여 농업의 생산성을 증대시켰다. 과거 30년 동안 가족소유민간기업과 수출 중심의 무역정책에 의존한 것이 대만을 가장 빠르게 성장하는 경제대국의 일원이 될 수 있게 했다. 수출은 2011년 3,080억 달러였고, 국가 총 GDP 4,660억 달러의 67%를 차지했다.

대만의 경제발전은 너무 빠른 속도로 이루어졌기 때문에 더 이상 저임금 제조 전략으로 경쟁할 수 없게 되었다. 그 결과 대만기업들은 최근에 고부가가치 산업인 전자산업과 자동차산업에 집중했다. 그러나 기업은 여전히 저임금 근로자를 필요로 했다. 비록 대만과 중국의 외교관계가 부족하지만 대만 기업들은 그들이 필요한 저임금 근로자를 활용하기 위해 중국에 있는 조립시설과 공장들에 투자를 늘려가고 있다. 예를 들어 대만의 혼하이 정밀공업사는 세계 최대 위탁제조회사의 일원으로 중국공장에 백만 명 이상의 근로자들을 고용하고 있는데, 이 기업은 애플, 시스코, 노키아, 소니, 비지오, 델, 인텔, 휴렛펙커드와 같은 회사에 휴대전화, 랩톱, 그 외 다른 전자제품들을 생산해 납품한다.[5]

싱가포르 싱가포르 공화국은 과거 영국의 식민지였고, 말레이반도의 남쪽 끝에 위치한 작은 섬나라이다. 1965년 독립을 쟁취했을 당시 국가에 만연한 만성적인 실업과 싸우기 위해 싱가포르 정부는 섬유와 같은 노동집약적 산업에 주력했다. 이러한 경제정책은 상당히 성공적이어서 싱가포르는 석유정제와 화학처리 및 컴퓨터와 생명과학과 같이 첨단기술 산업과 같은 고부가가치산업으로 전향한다. 겨우 520만 명의 인구로 싱가포르는 현재 노동력 부족에 시달리고 있다. 싱가포르는 이제 온두라스와 인도네시아와 같은 가격에 민감하고 노동집약적인 제품생산국과 더 이상 경쟁할 수 없게 되었다.

2011년 싱가포르의 1인당 소득은 46,241달러였고, 수출은 총 4,100억 달러에 달했는데 이는 총 GDP 2,400억 달러의 171%에 해당한다. 이 수치는 잘못된 것이 아니다. 싱가포르는 **재수출(reexporting)**로 성공했다. 싱가포르 기업들은 외국제품을 수입하고, 이를 다시 다른 국가(특히 이웃나라인 말레이시아)에 재수출하는 데 싱가포르의 뛰어난 항만시설을 이용했다. 중요한 항구이면서 정유의 중심지인 싱가포르는 아시아 태평양에 있는 기업들에게 최고의 중개와 금융서비스를 제공해주고, 지역의 첨단기술 센터로서 인식되도록 노력한다.

홍콩 홍콩은 영국과 중국 사이에 있었던 "아편전쟁"(1839~1842)으로 인해 생겨났다. 아편전쟁의 결과로 홍콩은 영국에 양도되었다. 1860년 영국은 중국본토의 주룽(Kowloon)의 소유권을 갖게 되었고, 1898년 신계(New Territories)라고 알려진 본토의 한 부분은 99년 동안 임대하는 것을 인정받게 되었다. 임대기간은 1997년 7월 1일에 만료되었다. 그날로 중국은 다시 홍콩에 대한 정치적 통제권을 갖게 되었으며, 그곳을 특별행정구역(special administrative region: SAR)으로 지정했다. 특별행정구역으로서의 홍콩은 상당한 자치권을 갖게 되면서 홍콩자체의 법률, 경제적 자유, 자유항구 지위 및 별도의 조세제도를 영유했다. 홍콩은 이러한 특권을 2047년까지 누리게 된다. 그러나 중국은 홍콩을 정치적으로 지배할 의지를 분명하게 표명한다.

홍콩은 안전한 항구라는 뿌리 깊은 인식과 중국 본토로 진입하는 지점의 역할이 국제기업에게 큰 매력으로 작용한다. 700만 명이 좁은 홍콩 땅에 밀집되어 있다. 홍콩은 섬유와 전자분야에 고학력과 고생산성 인력을 공급해 주고 있으며, 동아시아에 은행업무와 금융서비스를 제공해 주고 있다. 문화적 동질성과 지리적 여건 때문에 홍콩의 기업들은 중국에서 기업 활동을 원하는 전 세계의 기업에게 중개자 역할을 한다. 홍콩은 또한 대만과 적대적 관계에 있는 중국을 잇는 교량역할을 맡고 있다. 따라서 홍콩은 중국으로부터 제품을 받아 전 세계로 운송하거나 그 반대의 역할도 수행하는 물자의 집산지로서 번성한다. 수출에 관한 통계수치들은 재수출국으로서의 역할을 반영해 준다. 2011년에 총 GDP 4,560억 달러의 183%에 해당하는 2,490억 달러에 상당하는 제품을 수출했다.

중국

13억의 인구를 가진 중국은 세상에서 가장 인구가 많다. 또한 기원전 2000년부터 공화국이 설립된 1900년대 초에 이르기까지 황제들에 의해 통치된 가장 오래된 국가들 중 하나이기도 하다. 1931년 일본은 혼란스러운 내전을 이용하여 중국을 용이하게 침략했다. 2차 대전의 종식으로 일본이 퇴각하고 내전이 재개되었다. 1949년에 마침내 마오쩌둥의 공산 세력이 장개석의 국민당 세력을 패배시켰다.

마오쩌둥의 중국 공산주의는 몇 단계를 거쳐 변화한다. 대약진운동은 1958~1960년에 걸쳐 일어난 노동집약적이며 소규모 공장의 성장을 통해 산업화를 강화시키려는 프로그램이었다. 그 프로그램의 실패는 결국 1966년 문화혁명을 불러일으키게 되었고 젊은 공산당 핵심간부들이 무차별적으로 마오쩌둥의 교리에서 벗어났다고 의심되는 공산당원들을 소탕하기에 이른다. 경제발전을 퇴보시킨 정치적 혼돈기 속에 생산적이며 박식한 많은 인물들이 이념적 죄로 인하여 변방으로 추방되었다.

1976년 마오쩌둥이 사망하고, 중국정부는 제한된 자유시장 정책을 채택했다. 농업은 민간분야로 복귀했고, 중소기업들은 식당이나 경공업 분야에 진출할 수 있게 되었다. 외국기업들은 중국기업과의 합작투자를 할 수 있도록 허용되었다. 그 결과 해외직접투자(FDI)와 경제성장은 급등하게 되었고 정치적 자유에 대한 희망도 더불어 치솟아 올랐다. 그러나

Marina Ignatova/Fotolia

홍콩은 깊게 자리 잡은 안전한 항구이며, 자유시장이라는 점에서 국제무역과 은행업무의 지역 센터역할을 한다. 과거 영국직할식민지(British Crown Colony)였으며, 지금은 중화인민공화국의 특별행정구역이다.

공산당 지도자들은 권력을 단념하려 하지 않았다. 1989년 6월 베이징의 천안문광장에서 일어난 수천 명의 친 민주화 시위자들에 대한 대학살은 중국과 선진국 사이의 경제 정치적 관계를 수년 동안 얼어붙게 만들었다.

그럼에도 불구하고, 중국은 독자노선을 따르고 있다. 중국 공산당의 감시하에 시장 중심의 경제정책을 계속 채택하고 있으면서, 외견상으로는 공산당의 이념적 정책들을 포기하는 듯했다. 2003~2011년 사이에 연간 10.8%성장을 거듭하는 중국의 활기찬 경제는 세계 기업들의 이목을 끌고 있다. 중국의 해외직접투자는 [그림 2.3]에서 나타난 바와 같이 1992년 이래 폭등했다. 대만, 홍콩, 싱가포르에 거주하는 해외 중국인 투자자들은 중국의 근면하고 저렴한 노동력에 주시했고, 자국의 물자부족으로 인한 투자는 놀랄 만큼 증가했다. 더욱이 중국의 시골거주자는 농촌을 떠나 공장 근로자가 되는 전 세계 역사상 유래 없는 막대한 노동력의 이동을 경험한다. 이러한 공장들은 막대한 원자재를 소비하게 되고 주택, 먹거리, 교통, 여가 활동이 필요한 새롭게 진입한 노동자들 때문에 아파트, 자동차, 버스, 도로, 전기, 치안, 식당, 그 외 다른 다양한 상품 등의 수요가 증가했다. 도시화 과정은 중국의 성장을 더욱 진작시켰다. 이 또한 전 세계의 원자재시장에 영향을 미쳤다. 중국은 전 세계 시멘트 생산량의 47%, 면화의 37%, 석탄의 30%, 철강의 2%, 알루미늄의 21%를 소비한 것으로 추정한다. 중국의 엄청난 원자재의 수요는 알루미늄에서부터 아연에 이르기까지 상품가격에 영향을 주었고, 호주, 브라질, 캐나다, 칠레, 러시아, 잠비아와 같은 자원이 풍부한 국가들에게 경제적 부를 안겨주었다. 이러한 변화를 반영하듯이 2005년 이래 중국의 해외 투자(outbound FDI)는 폭발적으로 증가했다. 이러한 해외투자의 상당 부분

그림 2.3

중국의 연간 해외직접투자 유치와 유출(1980~2011)

출처: Based on United Nations Conference for Trade and Development Data Base.

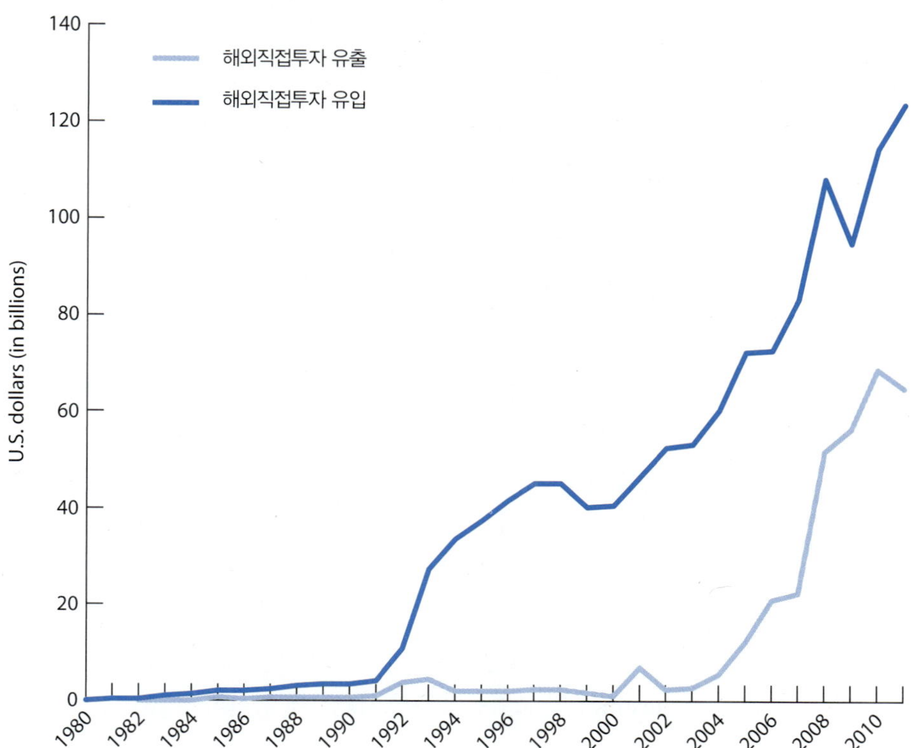

은 에너지와 천연자원 매장지를 사들이는 데 초점을 두었는데 그 이유는 중국의 지도자들은 국가 안보가 중국의 지속적인 성장을 위해 필요한 자원을 통제할 수 있는 능력에 달려있다고 생각하기 때문이다.

인도

인도는 세계에서 두 번째로 인구가 많은 국가로서, 2000년에 이르러 인구 10억 명에 도달했다. 또한 1인당 GNI가 겨우 1,488달러인 세계에서 가장 가난한 나라들 중 하나이다. 인도는 1947년까지 영국의 일부분이었으며, 그 당시 인도대륙은 인도 내 종교적 노선으로 분리되었는데 인도는 힌두교도들이 주류를 이루고 있었으며, 파키스탄은 이슬람교가 지배적이다. 파키스탄의 동쪽 지역은 1971년 방글라데시로 독립한다. 새로 태어난 인도는 의회제도, 강력하고 독립적인 사법부, 전문적인 관료제도 등을 포함한 영국정부의 많은 면을 채택했다. 2차 세계대전 후 인도는 경제발전의 핵심 전략의 일환으로 전력, 운송, 중공업 분야와 같은 중요한 산업을 국가가 소유했다.

인도의 관료제도는 국가 내 기업 활동에 필요한 서류를 복잡하고 느리게 처리한다. 1991년까지 인도는 외국 기업을 소수로 제한하고, 다른 부담이 되는 요구조건들을 부과함으로써 외국투자를 차단했다. 예를 들어 1970년에 인도는 코카콜라가 인도에 잔류하는 조건으로 청량음료 배합의 비밀을 밝히도록 요구했다. 코카콜라는 거절했고, 인도 시장을 떠나기로 결정했다. 1991년 해외직접투자 향상과 국가 재정분야의 근대화를 위해 문호를 개방하려는 라오 수상의 시장개방개혁정책의 결과로 코카콜라는 다시 인도시장에 진출했다.

이러한 개혁의 결과는 성과를 나타내기 시작했다(12장의 closing case에서 이러한 개혁의 결과로 번창하게 된 기업에 관한 내용인 "The House of Tata" 참조). 인도는 선진국에 기반을 두고 있는 MNC로부터 상당한 해외직접투자를 유치했고, 2003년 이후 연간 국가 GDP 성장은 평균 8.1%에 이르게 되었다. 그러나 문제점들도 남아 있다. 부정부패가 만연했고 국가기반시설은 과부하가 걸렸다. 정부정책에 있어 명료성 부족은 외국투자자들에게 엄청난 혼란을 불러 일으켰다. 세계은행은 관료주의 청산 실패가 인도 경제성장에 중추적인 외국자본의 유입에 위협을 가할 수 있다고 경고한다.

동남아시아 국가

아시아는 다양한 경제발전 단계에 있는 다른 수많은 국가의 터전이다. 지난 30년 동안 상당한 해외직접투자의 수혜자였던 저임금 국가인 태국, 말레이시아, 인도네시아는 특히 주목할 만하다. 일본의 MNC들은 본국의 임금이 상승함에 따라 일본 내 모기업에 저렴한 부품을 공급하기 위해 이들 3개 국가에 위성 시설공장을 건설했다. 미국과 유럽의 MNC들 역시 이들 국가들을 생산 플렛폼으로 활용했다. 제7장과 제8장에서 다루게 될 1997년 아시아 통화위기 때 일시적으로 성장이 둔화되었지만, 태국, 말레이시아, 인도네시아 경제는 해외직접투자에 의해 조성된 수출의 결과로 발전했다. 베트남 또한 MNC들이 중시한다. 예를 들어 인텔은 2010년에 운영되기 시작한 수십억 달러에 달하는 반도체칩 테스팅(chip testing) 및 조립공장을 호치민시에 건설하고 2010년에 운영을 개시했다.[6]

In Practice

- 지난 10년 동안 규모와 급속한 경제성장률 덕분에 중국과 인도는 전 세계적 성장 엔진 역할을 했다. 그들 국가들이 사용하는 원유, 철광석, 구리와 같은 천연자원은 주식시장과 상품 분석가들이 세계 경제성장 예측을 위해 주의 깊게 살펴본다.
- 일본과 한국이 2차 세계대전 이후 성장했지만 심각한 인구학적 문제에 직면해 있다. 두 나라는 미래의 글로벌 경쟁력을 위협받을 정도로 인구가 감소하고 있고 노령화되고 있다.

추가 고려 사항: 중국경제는 지난 수십 년 동안 두 자리 수 성장을 이루었다. 중국이 이 정도의 경제성장을 지속할 수 있겠는가?

2.5 아프리카와 중동지역의 시장

아프리카는 세계 육지 면적의 약 22%에 해당하며 천연자원이 풍부하다. 이집트는 아프리카 대륙 북동쪽을 차지하고 중동지역과 서쪽 경계선을 이룬다.

아프리카

[지도 2.6]에서와 같이 아프리카 대륙은 11억 인구에 55개국으로 구성되어 있다. 아프리카 대부분 지역은 19세기 말 주요 유럽 열강(벨기에, 프랑스, 독일, 이탈리아, 포르투갈, 스페인, 영국)들에 의해 전략적 군사목적 또는 정치적 요구를 충족시키기 위해 식민지화되었다. 1950년대 중반에 식민정책의 조류가 점차 식민지 통치를 포기하는 방향으로 선회하기 시작했다. 그러나 식민통치의 흔적은 오늘날에도 남아 있는데, 이는 국제경영에서 기회요인으로 작용한다. 예를 들어 차드, 니제르, 코트디부아르[아이보리 코스트(Ivory Coast)]는 프랑스와의 밀접한 경제적, 문화적 결속을 유지한다. 이들은 프랑스의 화폐와 자국의 화폐를 연계시키고 있으면서 프랑스의 법률, 교육, 정치적 절차를 따르고 있다. 이러한 유대감 때문에 프랑스의 제조업자, 금융기관, 서비스 분야의 기업들은 이들 나라의 국제 통상을 지배한다. 이와 유사하게 케냐, 짐바브웨, 남아프리카공화국의 공공기관들은 영국계통의 유형을 따르면서 이들 국가 내 영국기업들에게 경쟁적 우위를 제공한다.

중국 경제 성장에 의해 촉발된 2000년대 원자재 호황과 중국의 해변 도시에 일하기 위해 이주한 수억의 시골 거주 중국인을 수용할 필요성이 많은 아프리카 국가들의 경제를 진작시켰다. 알제리, 앙골라, 가봉, 리비아, 나이지리아는 주된 원유 수출국이며, 잠비아는 구리 수요 증대로, 보츠와나는 풍부한 다이아몬드 매장으로 경제가 발전했다. 그러나 이들 정부는 모든 국민들에게 수혜를 줄 수 있는 광역(broad-based)경제기반을 수립하기 위해 원자재 분야에 대한 성장을 촉진시켜야 한다는 도전과제에 직면한다. 농업 역시 많은 아프리카 국가들에게는 중요하다. 농업은 중앙아프리카공화국, 시에라리온, 탄자니아, 르완다와 같은 국가 GDP의 40% 이상을 차지한다. 불행하게도 많은 아프리카 국가들의 국민들은 대부분 자급농업에 종사한다. 부르키나파소, 감비아, 모잠비크, 시에라리온, 탄자니아,

지도 2.6

아프리카와 중동지역

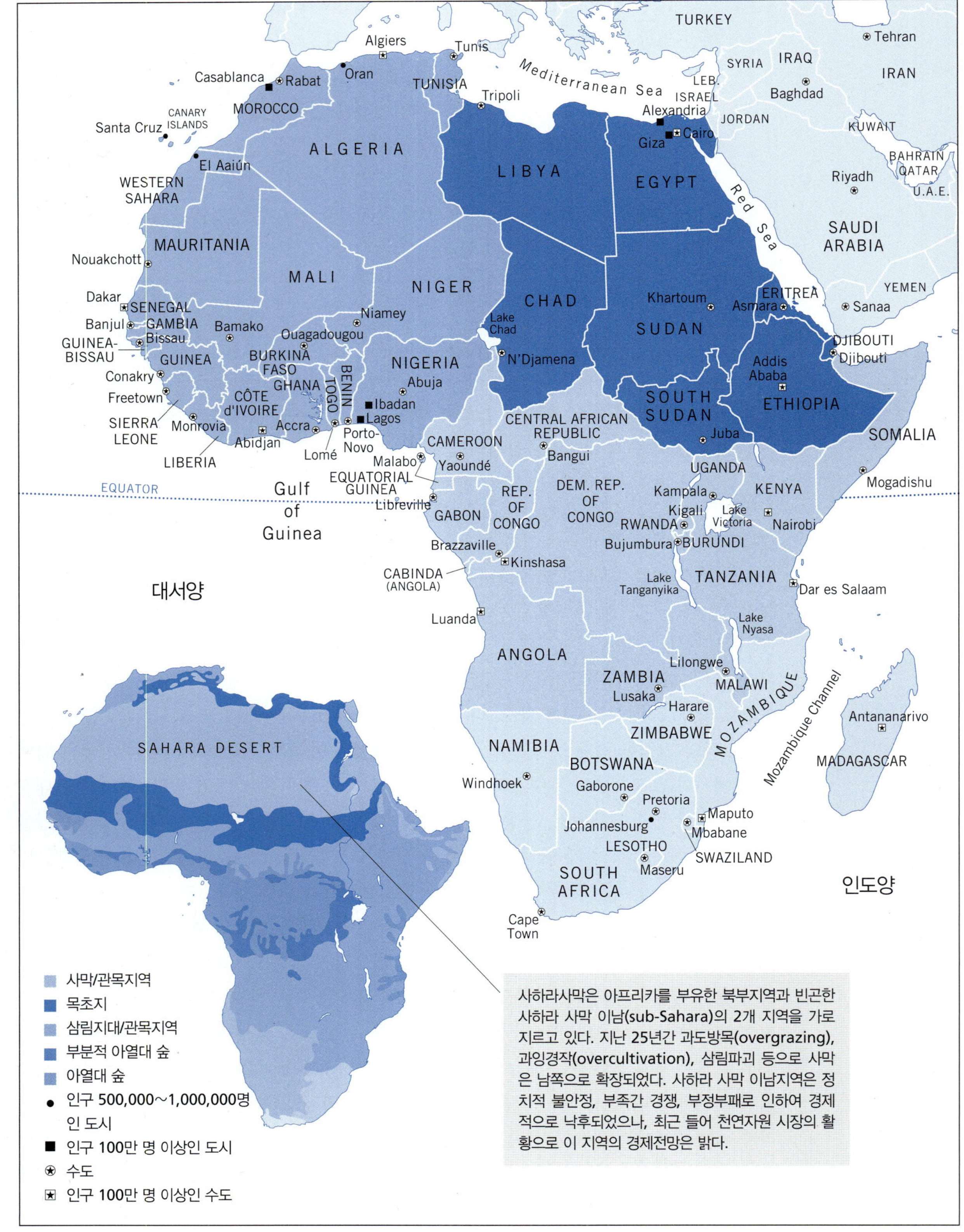

지도 2.7

중동지역

잠비아가 이에 해당하는 나라이다.

많은 전문가들은 남아프리카공화국이 21세기에는 경제를 주도하는 강국이자 대륙성장의 엔진 역할을 할 것이라고 믿는다. 남아프리카공화국은 비옥한 토지, 금, 다이아몬드, 크롬, 백금의 풍부한 매장량을 보유한다. 1970년 많은 MNC들은 남아프리카공화국을 아프리카를 관리하는 기지로 활용했고, 그때 국제연합은 남아프리카공화국의 흑인, 백인, 아시아인의 인종차별정책인 아파르트헤이트 정책(apartheid policies)을 이유로 무역제재를 가했다. 이러한 외부 압력의 결과로 1994년 전 국민이 투표권을 부여받게 되었다. 노벨평화상 수상자인 넬슨 만델라가 1994년 5월에 최초의 다인종 선거에서 대통령으로 선출되었다. 2011년 남아프리카 공화국의 광물 위주의 수출은 총 GDP 4,080억 달러의 24%에 달했다.

중동

중동 지역은 서남아시아와 북동 아프리카의 지역이다([지도 2.7] 참조). 이 지역은 "문명의 요람"이라 불리는데, 그 이유는 세계 최초의 농장, 도시, 정부, 법령, 알파벳이 이곳에서 유래하였기 때문이다. 또한 이 지역은 유대교, 기독교, 이슬람교와 같은 세계 주요 종교의 탄생지이기도 하다. 중동지역은 갈등의 역사와 정치적 불안정이 존재하는 곳으로 지난 반세기 동안 수차례의 아랍-이스라엘 전쟁, 이란-이라크전쟁, 두 번의 페르시아 걸프전을 치렀으며, 이 모든 전쟁이 이 지역에서 영위하는 기업 활동에 위험을 가중시켰다. 2011년에는 정치적 불안정이 이 지역을 휩쓸었다. 이집트와 튀니지의 장기집권자들이 비민주주의, 고용기회의 희소성, 높은 수준의 소득불균형에 대한 저항운동으로 사임했고, 리비아와 시리아 경우는 내전이 발생했다.

사우디아라비아는 2011년 기준 총 GDP 5,770억 달러로 중동지역 최대 경제규모를 보유하고 있지만 연간 1인당 소득은 이스라엘이 31,282달러로 가장 높다. 이 지역은 많은 산유국들의 본고장이다. 예를 들어 사우디아라비아는 원유가 총 GDP의 45%를 차지하고, 총 수출액의 90%에 이른다. 중동의 여러 산유국들은 "원유가 고갈된 후"를 대비하여 경제의 다각화를 시도한다. 7개국으로 이루어진 아랍에미리트연합국들 중의 하나인 두바이는 외국 투자자들에게 자유무역지대(9장에서 설명)의 모든 혜택, 우수한 기반시설, 이 지역의 수출 진출기지 등을 제공해주고 있다.

In Practice

- 여러 아프리카 국가들이 지난 10년간 원자재 가격 상승으로 혜택을 입었지만 아직도 많은 아프리카인들은 자급농업에 종사한다. 아프리카 정부에게 직면한 주요 과제는 원자재 판매로 벌어들인 소득을 평범한 자국민의 생활수준 향상을 위해 현명하게 사용하는 것이다.
- 많은 산유국과 중국과 싱가포르 같은 일부 주요 아시아 무역 국가들은 정부가 운영하는 해외 투자 포트폴리오인 **국부펀드(sovereign wealth fund)**를 조성했다. 국부펀드 규모는 커져서 심각한 정치적 우려를 초래했다.

추가 고려 사항: 이 장의 마지막의 사례는 전 세계 에너지 시장에서 세일가스 채굴을 위한 수압균열공법(hydraulic fracking)의 영향에 대하여 논의했다. 만일 여러분이 아프리카 또는 중동지역과 같이 원유를 생산하는 국가의 정부들에게 자문을 한다면 이러한 기술적 변화의 대응 방법에 대하여 무엇을 권고하겠는가?

2.6 라틴아메리카 시장

[지도 2.8]의 라틴아메리카의 13개국은 정치역사와 많은 경제, 사회적 문제점들을 공유한다. 1494년 교황 포고령은 식민지에 대한 특권을 포르투갈과 스페인에게 배분했는데, 포르투갈은 브라질을 차지했고, 스페인은 나머지 대륙을 받았다. 스페인과 포르투갈 탐험가는 원주민들을 정복하고, 금광과 은광을 개발했으며, 사탕수수, 담배, 카카오 농장을 개간했다. 18세기 말 라틴아메리카 식민지에 대한 두 유럽 열강의 주도권이 약화되었는데 시몬 볼리바르(Simon Bolivar)와 같은 애국자들의 주도하에 하나씩 독립을 쟁취하게 된 것이다. 1825년까지 쿠바와 푸에르토리코만이 스페인 지배하에 있었다. 그러나 독립이 라틴아

지도 2.8

라틴아메리카 지역

메리카의 문제를 해결해 주지는 못했다. 많은 라틴아메리카 국가들은 엄청난 소득 불균형과 빈곤의 만연으로 고통받고 있었으며, 이는 정치적 불안정과 지속적인 개혁을 요구하고 있었다.

2차대전 전후시대의 상당 부분 동안 라틴아메리카 국가들은 경제발전을 촉진시키기 위해 국제경제학자들이 **수입대체정책(import substitution policies)**이라 부르는 전략을 따랐다. 이 정책으로 높은 관세장벽 또는 비관세 장벽을 통해 수입을 억제함으로써 지역산업의 발전을 도모했다. [수입대체의 반대는 수출확대를 통하여 경제성장을 추구하는 **수출촉진(export promotion)**전략이다. 이 방법은 본 장 앞부분에서 언급하였듯이 대만, 홍콩, 싱가포르와 같은 국가들에 의해 채택되어 성공하였던 발전기법이다.] 그러나 대부분의 라틴아메리카 기업들에게는 국내 시장이 너무 좁아서 국내 생산자들이 대량생산기술을 통해 규모의 경제를 달성한다거나 지역 생산자들 간의 경쟁을 허용할 수가 없었다. 그래서 국내 생산제품가격들이 다른 시장에서의 가격보다 상승하는 경향이 있었다. 이 정책들은 수입을 통해 경쟁하는 국내 기업들에게는 이득이 되었으나, 세계시장에서 경쟁해야 하는 수출업자에게는 타격을 주었는데, 그 이유는 기업들이 국내에서 생산된 부품에 외국 경쟁자들보다 더 높은 가격을 지불하여야 하기 때문이다. 불가피하게 정부는 이들 기업에 보조금을 지급해야 했고, 고용의 확충을 위하여 그런 기업들을 국유화해야 했다. 이렇게 함으로써 발생하는 높은 비용은 납세자와 소비자들에게 전가되었으며, 시간이 흐르면서 정부는 재정적자에 봉착한다. 그 결과 인플레이션이 발생하고, 중산층의 저축이 줄어들게 되었다.

아르헨티나, 브라질, 칠레를 포함한 주요 라틴아메리카 국가들이 의도는 좋았으나 결국 해를 끼치는 수입대체정책을 채택했다. 그러나 1980년대 말 이들 국가들은 정책을 수정하기 시작했다. 관세장벽을 낮추고 이웃 국가들과의 자유무역협정을 맺으며, 기업의 민영화를 추진하고, 국가경제를 국제적 경쟁상태로 전환했다. 예를 들어 칠레는 이제 세계에서 가장 자유시장경제를 표방하는 국가 중 하나이다. 이러한 정책 덕분에 1990년대 이 대륙의 경제는 호황을 누렸다. 최근에는 원자재에 대한 수요가 증가하고, 중국경제성장에 따른 식료품 수요가 증대하면서 아르헨티나의 밀, 볼리비아의 주석, 브라질의 철광석과 콩, 칠레의 구리 조달업자를 포함한 많은 라틴아메리카 기업들에게 이득을 안겨 주었다. 그러나 이 대륙은 여전히 빈부의 격차를 극복할 수 있는 정책을 수립하지 못한다. 라틴아메리카는 수세대에 걸쳐 경제적, 사회적 기동력 부족으로 인하여 빈곤과 절망 속에서 정치적 불안정을 양산한다.[7]

BRINGING THE WORLD INTO FOCUS

브라질 저소득층의 지원책

라틴아메리카는 역사적으로 극심한 소득 불균형을 특징으로 하고 있다. 부자들은 잘 살아 가고 있으나, 가난하게 태어난 아이들은 암울하다. 라틴아메리카 정치인의 이 문제 해결의 실패는 지역적인 정치적 불안정, 사회적 불안, 생산성 저하의 원인이 되었다.

혁신적이고 성공적인 프로그램은 2003년 브라질의 유명한 전 대통령인 루이스 이냐시오 룰라 다 실바(Luiz Inacio Lula da Silva)에 의해 도입된 브라질의 저소득층지원프로그램(Brazil's Bolsa Familia)이다. 저소득층지원프로그램은 룰라의 전임자와 브라질의 여러 주(state)에 의해서 도입된 비슷한 프로그램을 기반으로 만들었다. 바꾸어 말하면 이들은 일종의 멕시코의 *기회* 프로그램(Mexico's *Oportunidades*

(계속)

program)이다. 이러한 빈곤감소프로그램은 조건부현금이전(conditional cash transfer programmes: CCTs)을 포함한다. 조건부현금이전프로그램은 빈곤한 가정에 현금 보조금을 지원하나 그 현금 지원에는 조건들이 있었다. 저소득층지원프로그램으로부터 현금을 지원받기 위해서는 가족의 자녀들이 학교에 정기적으로 출석을 해야 하며 정기적 백신접종과 같은 공중위생 프로그램에 참여해야한다. 만일 자녀들의 학교 출석률이 85% 이하로 내려가면 가족들이 받는 현금 급료는 정지된다.

가족의 1인당 소득이 극빈 수준(140 헤알/월)이 아래로 떨어지면 최대 3자녀까지 자녀 1인당 22헤알의 월급을 받을 수 있다. 극심한 가난으로 고통받는 가구들은 추가적인 수당을 지원한다. 일반적으로 월 급여는 특별한 직불카드에 저축되어 가족 중 여성 가장에게 매월 우송된다(어머니들이 자녀에게 돈을 적절하게 사용할 것으로 받아들여진다). 직불카드에서 출금은 전국에 14,000지점이 있는 연방저축은행(Caixa Economica Federal)에서만 허용된다. 1,200만 브라질 가구가 이 프로그램에 참여한다. 저소득층지원프로그램 비용은 브라질 GDP의 약 0.4%이고 연방정부 예산의 약 2.5%에 해당한다.

극빈 가구에 지원하고 극빈 가구의 자녀들이 교육을 받을 수 있도록 함으로써 저소득층지원프로그램은 빈곤에 대한 장 · 단기문제를 다루었다. 단기적으로 자녀들의 영양 및 건강상태를 개선하도록 현금 소득을 지원한다. 장기적으로 부모들로 하여금 자녀들의 교육을 증진시키는 데 초점을 두었는데 이러한 교육은 가난한 자녀들의 기술, 훈련, 인적자본을 증진시켜 미래 직업과 취업전망을 향상시킨다.

이 프로그램에 대한 비판도 있다. 저소득층지원프로그램은 브라질의 도시 지역보다 시골에서 좀 더 성공적이다. 2006년 41%의 자격이 되는 시골가구가 참여했고, 반면 도시 지역은 단지 17%만 참여했다. 지원금이 남용되거나 잘못 사용될 수 있다는 걱정은 과장되었다. 연구에 의하면 브라질 정부가 의도한 대로 대부분의 수혜자들이 음식, 학용품, 의류 등을 구입하는 데 돈을 사용한다고 보고하고 있다.

브라질의 시골지역 또는 도시 빈민지역에서 가난이 없어지지 않았지만 저소득층지원프로그램은 가난과 소득 불균형을 해결하는 데 지대한 영향을 주었다. 빈곤층 자녀들의 학교 출석과 교육성과는 향상되었고, 미성년자 노동 발생빈도는 줄었다. 현금보조금은 목표로 하는 자녀들의 음식 및 건강은 향상되었다.

출처: Based on 'Favelous,' *The Economist*, March 19, 2011, p. 11; 'How to get children out of jobs and into school,' *The Economist*, July 31, 2010; 'Paying parents to do what is right for their children is all the rage,' *New York Times*, March 13, 2008 (online); 'Happy families: An anti-poverty scheme invented in Latin America is winning converts worldwide,' *The Economist*, February 9, 2008.

In Practice

- 브라질은 라틴아메리카에서 단연코 가장 크고 대륙의 GDP의 거의 반을 차지하는 중요한 경제권이다. 브라질은 WTO나 세계은행과 같은 조직에서 지역 리더 역할을 한다.
- 라틴아메리카의 정치 선거에서 소득 불균형 이슈가 중심이 된다. 지난 10년간 베네수엘라의 우고 차베스(Hugo Chavez), 에콰도르의 라파엘 코레아(Rafael Correa), 볼리비아의 에보 모랄레스(Evo Morales)는 각자의 나라에서 빈민층에 대한 공공정책을 공약하고 대통령에 당선되었다.

추가 고려 사항: 브라질의 저소득층지원프로그램이 여러분의 국가에도 잘 적용될 수 있을까? 그 이유 또는 그렇지 않은 이유는?

MyManagementLab®

mymanagementlab.com으로 돌아가 아이콘으로 표시된 문제를 완성하시오 ✪.

CHAPTER REVIEW

요약

국제시장에서 성공적으로 경쟁하기 위해, 경영인들은 기본적으로 세계시장과 이들 시장들 간의 상호관계에 대해 이해하여야 하며, 시장에서 이용할 수 있는 기회를 평가할 필요가 있다. 국제경영에 있어서 한 국가에 대한 핵심지표는 그 국가의 1인당 소득이며, 이는 생산기지로서의 그 국가의 가치와 소비자에 대한 정보를 제공한다.

일본, EU, 미국, 캐나다와 같은 부유한 선진국들이 세계경제의 63%를 차지한다. 그러나 중국과 인도와 같은 신흥시장은 그 빠른 성장률 때문에 국제경영에서 매우 중요한 위치를 점한다.

캐나다, 멕시코, 미국, 중앙아메리카, 카리브해의 섬나라들로 이루어진 북아메리카 시장은 세계에서 가장 크고 부유한 시장이다. 미국과 캐나다는 세계에서 가장 큰 쌍방 교역관계를 구축한다. 1982년에 시작된 멕시코의 경제개혁은 세계시장에서 멕시코를 보다 비중 있는 국가로 만들어 주었다.

국제비즈니스를 위해 규모 있고 부유한 또 다른 시장은 서유럽 시장으로, 특히 28개의 회원국으로 구성된 EU이다. EU 회원국들은 자유시장원칙을 기본으로 하며 의원민주제를 채택한다. 1989년 유럽공산주의의 몰락과 더불어, 동유럽과 중앙유럽 국가들은 공산주의에서 자본주의로 변화하고 있는 중이다. 이들 대부분의 국가는 경제성장을 촉진하기 위해 시장지향정책을 채택했으며, 이들 국가의 성장전망과 소비자의 잠재 수요는 많은 아시아와 북아메리카, 유럽의 MNC의 관심을 끌기에 충분했다.

2차대전 전후 기간 동안 가장 빠르게 성장하는 몇 나라의 경제가 아시아를 대표한다. 일본과 4마리의 호랑이(한국, 홍콩, 싱가포르, 대만)는 수출 위주의 경제정책으로 놀랄만한 성장을 했다. 그러나 중국과 인도와 같은 신흥시장은 지난 10년 동안 훨씬 더 높은 성장률을 구가한다. 호주와 뉴질랜드 또한 이 지역에서 경제적으로 중요한 국가이다.

많은 아프리카 국가들은 1950년대와 1960년대에 독립을 쟁취했다. 이들 경제는 기본적으로 천연자원과 농업에 의존한다. 중동지역 국가들은 원유로 인한 부의 축적으로 세계 경제에서 중요한 역할을 수행하고 있으며, 중동국가들의 국부펀드 성장은 세계자본시장의 관심을 끌고 있다.

라틴아메리카 국가들은 19세기 초부터 독립했다. 많은 국가들이 천연자원과 농지가 풍부하지만, 2차대전 이래 이지역의 경제 발전은 만성적인 정치적 불안과 수입대체정책에 의해 지연된다. 그러나 1980년대 동안 아르헨티나, 브라질, 칠레를 포함한 주요 핵심 라틴아메리카 국가들은 시장위주 수출 촉진 성장전략으로 전환했다. 민영화, 정부규제의 완화, 원자재가격 폭등으로 국제기업들이 이 지역에 더욱 관심을 가지게 되었다.

리뷰 질문

2-1. 세계경제에서 미국의 역할을 설명하시오.

2-2. 국가 간 소득수준과 소득분배의 차이는 국제기업들에게 어떻게 영향을 미치는가?

2-3. 통상산업성(MITI)이 일본경제에서 어떤 역할을 하고 있는가?

2-4. 계열(keiretsu)이란 무엇을 말하는가?

2-5. 싱가포르와 홍콩의 경제에서 재수출은 무슨 역할을 하는가?

2-6. 개방(glasnost)과 경제재건(perestroika)의 의미는 무엇인가?

2-7. 국제무역에서 '해상교역을 위한 운하'의 역할은 무엇인가?

2-8. 수입대체정책은 브라질과 아르헨티나의 경제에 어떤 영향을 미쳤는가?

토의용 질문

2-9. EU와 NAFTA와 같은 지역 무역블록의 중요성은 점점 증가한다. 이들 블록이 국제기업에게 시사하는 바는 무엇인가? 그들은 도움이 되는 것인가 아니면 해로운 것인가? 기업의 투자결정에는 그들이 어떤 영향을 주는가?

2-10. 중동지역 국가들의 정치적 불안정과 더불어 높은 원유 수출 의존도는 세계 경제에 어떤 영향을 미치는가? "원유가 고갈된 후"를 대비하여 경제 정책은 어떻게 미래를 대비해야 하는가?

2-11. 민족적 결속, 구 식민지 동맹, 언어의 공유는 국제교역에 영향을 주고 있는 것 같다. 왜 그럴 수 있는가? 만약 사실이라면, 어느 시장에 진입할 것인가에 관한 국제기업의 전략에 어떤 영향을 미치는가?

2-12. 신흥시장의 여러 후보들 중에서 한국은 독보적인 특징을 보여 주고 있다.(예를 들어 [표 1.2] 참조) 한국은 신흥시장인가? 여러분의 답을 변론하시오. 신흥시장을 어떻게 정의할 것인가?

2-13. 일본과 매우 비슷하게 한국은 경제발전에 있어 경상수지 흑자, 정부 리더십, 재벌에 의존한다. 아시아 외환위기 이후 과도하고 부실 차입 행태가 한국 경제에 어떤 영향을 미치는가?

글로벌 역량 갖추기

국제경영이 성공하기 위해서는 외국시장에 대한 자료를 얻어 수출, 수입, 투자결정을 한다. 이때 가장 유용한 자료는 다음과 같다;

*Survey of Current Business*는 미국 상무부에 의해 월간으로 발행되는데 이는 미국경제의 기본적인 통계적 기초 자료를 수록한다. 미국에 영향을 주는 국제무역과 투자활동에 대한 세부분석 자료를 제공한다.

*The World Factbook*은 모든 국가에 대한 기본적인 지리, 민족, 종교, 정치, 경제적 자료를 제공한다. 미 정보국에서 출판하여, 특히 작고, 잘 알려져 있지 않은 정치적으로 논란이 되는 지역에 대한 자료를 담고 있기 때문에 특히 유용하다. 예를 들어 만약 여러분이 원유와 천연가스를 남사군도 주변에서 탐사하기 위해 중국정부에 의해 고용된 Crestone Energy사의 총수라면 The World Factbook은 그 섬들이 만조 때 수면 아래에 있게 되며, 상주인구가 없이 중국, 말레이시아, 필립핀, 대만, 베트남 5개국이 점거하고 소유권을 주장한다는 것을 알 수 있는 극소수의 출처들 중 하나라는 것을 알 수 있다. 이런 자료를 숙지하면 여러분은 Crestone사의 탐사가 정치적 갈등을 부추길 수 있다는 점을 깨닫게 된다.

*World Development Report*와 *World Development Indicators*는 세계은행에서 매년 출판하며 세계은행 회원국들에 대한 인구, 소득, 소득분배, 기반시설, 정부지출, 무역, 생산, 생활수준, 건강, 교육, 도시화를 포함한 수많은 세부 자료를 테이블 형식으로 자세하게 보여준다.

*International Trade Statistics Yearbook*은 매년 발행되는 국제연합보고서인데, 각 국가의 수출과 수입을 국가별, 상품별로 상세한 자료를 제공한다. 이 보고서는 2009년, 2010, 2011년의 프로판가스와 부탄가스의 주요 수출국과 수입국과 같은 세부적인 자료에 대한 자료를 제공한다. 그러나 덴마크의 1986~2012년까지의 연간 총 수출액과 같은 시계열 자료가 요구되는 경우 사용하기에는 다소 무리가 있다.

*Balance of Payment Statistics, International Financial Statistics, Direction of Trade Statistics*는 IMF에서 만든 보고서이다. 매년 출판되는 Balance of payments statistics는 IMF 회원국들의 국제수지에 대한 자료를 포함한다. 월간지인 International Financial Statistics는 회원국의 국내 이자율, 통화와 은행 지표, 물가, 수출, 환율에 관한 국제금융자료 및 국내금융자료를 제공한다. Direction of Trade Statistics는 IMF 회원국들의 분기별 수입과 수출에 대해 자세한 자료를 제공한다.

*World Investment Report*는 국제연합무역개발회의(United Nations Conference for Trade and Development)에 의해 매년 발행된다. 이 자료에는 국가별 해외직접투자의 저량 및 유량(stock and flow)의 통계자료를 제공하는 중요한 자료이다. 해외직접투자에서 MNC의 역할에 대한 상세자료를 제공한다.

도서관이나 인터넷에서 위의 참고자료를 검색해보고 다음 질문에 답하시오.

2-14. 지난해 미국이 벨기에로부터의 수입한 총 수입액은 얼마인가? 미국이 벨기에로 수출한 총 금액은?

2-15. 벨기에 내 미국 총 투자 금액은? 미국 내 벨기에의 총 투자 금액은?

2-16. 벨기에 경제 주요 자료를 소개하시오: 총 GDP는?, 1인당 소득은?, 경제성장률은 얼마인가?, 주요 수출품과 수입품은? 주요 교역상대국은?

2-17. 벨기에 국민에 대한 자료를 소개하시오: 사용하는 언어는? 평균 교육수준은? 수명은? 인구성장률은?

CLOSING CASE 에너지시장의 변화

1932년에 미국으로 이민 온 오스트리아 태생의 경제학자 조지프 슘페터(Joseph Schumpeter)는 기업가 정신과 자유시장을 옹호했다. 슘페터는 "창조적 파괴"라는 문구를 유행시킨 것으로 유명하다. 창조적 파괴는 혁신(신기술, 신제품, 신경영 방식)이 낡은 경제구조를 파괴하고, 대체하고, 평가절하 한다는 것이다. 이러한 새로운 기술의 하나가 셰일(shale)과 원유나 천연가스를 매장하고 있는 암석을 수압균열공법(hydraulic fracturing)으로 *프래킹(fracking*: 물, 화학제품, 모래 등을 혼합한 물질을 고압으로 분사해서 바위를 파쇄해 석유와 가스를 분리해 내는 공법)이라 널리 알려진 기술이 있는데 이는 슘페터의 개념에 대한 완벽한 예이다. 프래킹은 세계 에너지 시장과 산업시장의 판도를 완전히 뒤집어 버릴 만한 잠재력을 가지고 있으며, 과거 반세기를 지배해 왔던 지정학적 관계와 연합을 뒤섞어 버릴 만하다.

프래킹은 원유와 천연가스와 같은 탄화수소가 매장되어 있는 암반구조물에 고압으로 액체를 주입시키는 방식이다. 프래킹 액상이 암반에 새로운 틈을 만들고, 원유와 가스가 지나갈 통로를 만들어 시추공으로 채굴한다. 이 기술은 1947년에 개발되었지만 현대적 수평식 드릴(horizontal drilling)이 개발되기 전까지는 거의 활용되지 못했다. 프래킹은 1998년 상업적으로 중요해졌으며, 이때 텍사스의 거대한 바넷셰일(Barnett Shale) 필드에 있는 이른바 치밀가스(tight gas)구조에 적용되었다. 이러한 치밀구조에 있는 잠재적 자원 매장량은 엄청나다. 중국은 1,275조 입방피트, 미국은 862조 입방피트, 아르헨티나는 774조 입방피트, 멕시코는 681조 입방피트의 매장량이 추정된다. 케이프타운과 요하네스버그 사이의 반 사막지대에 있는 남아프리카의 카루(Karoo)지역도 세계에서 5번째로 많은 485조 입방피트 상당의 셰일가스 매장량을 보유하고 있는 것 같다.

프래킹은 적어도 네 가지 이유에서 중요하다(슘페터적인 틀에서 보면 파괴적이다). 첫째, 이는 저렴하면서 새로운 에너지 공급을 약속해 준다. 둘째, 세계 국가들 사이에서 지정학적 권력에 상당히 중요한 변화를 준다. 셋째, 국가 간의 경쟁이나 에너지 집약적 제품의 사업에 중요한 변화를 암시한다. 마지막으로, 프래킹은 환경과 온실가스 배출의 통제를 위해 전 세계적 방안에 지대한 영향을 미칠 만한 잠재력을 가지고 있다.

미국을 거점으로 하는 석유회사들이 프래킹 기술을 가장 적극적으로 사용했고, 이들은 노스다코타(North Dakota)주의 바켄지구(Bakken formation), 펜실베니아의 마셀러스 셰일(Marcellus shale), 텍사스의 바넷과 이글 포드(Eagle Ford) 셰일 원유필드를 포함하는 수 많은 지역에 시추 붐을 일으켰다. 미국 전력생산의 30%와 가정용 난방의 50%를 차지하는 천연가스

시장의 영향력은 매우 컸다. 2008년에 천연가스는 헨리허브 가격[Henry Hub price는 루이지애나의 천연가스 파이프라인(pipeline)의 가격 결정지점으로 미국의 대표적 천연가스 가격지표로 활용되고 있음]으로 1 mBTU(물 100만 파운드를 표준 기압하에서 화씨 1도만큼 올리는 데 필요한 열량)당 $12에 팔리고 있었다. 셰일가스의 개발과 채굴 붐으로 가스 가격은 2012년에 1 mBTM당 $2 아래로 하락되었고, 현재는 $3.60 이상으로 상승하였다. 미국의 셰일가스 생산 역시 증가했으며, 2008년 이래로 원유수입은 1/3가량 감소했다.

미국 시장에서 현재 낮은 천연가스 가격은 에너지 집약적 제품을 생산하는 회사 또는 석유화학제품을 생산에서 천연가스를 주원료로 사용하는 회사들의 위치 선정에 영향을 주었고, 이로 인해 외국의 석유화학분야의 경쟁자들이 제품 가격을 하락시켰다. 다우(Dow)와 셰브런 필립스 케미컬 컴퍼니(Chevron Phillips Chemical Company)와 같은 기업들은 텍사스와 루이지애나에 새로운 수십억 달러에 달하는 화학단지 프로젝트를 계획 중에 있다. 놀랄 것도 없이 바스프(BASF)와 로열 더치 셸(Royal Dutch Shell)과 같은 유럽과 아시아 지역의 화학 및 석유화학회사들이 미국의 값싼 천연가스를 이용하기 위해 미국 내에 새로운 설비 구축을 고려하고 있다. 다른 에너지 집약적 공장들도 이득을 보고 있다. 예를 들어 뉴코 코퍼레이션(Nucor Corporation)은 강철제조 원료로 쓰이는 고순도 철광석 펠릿(pellets : 고로용 철광석 재가공 제품)을 가공하기 위해 낮은 천연가스 때문에 7억5,000만 달러 규모의 설비를 루이지애나에 건설 중이다. 이 설비가 완공되면 연간 250만 톤의 펠릿을 생산하게 될 예정이며, 이는 세계 2위의 규모이다. U.S. 스틸(U.S. Steel)과 오스트리아의 푀슈탈핀(Voestalpine)은 이와 비슷한 사업을 구상 중이며, 펠릿 생산에 사용되는 용광로 제작사인 미드렉스 테크놀로지(Midrex Technologies Inc.)는 고객층 확대를 위해 용량을 늘리고 있다.

또한 프래킹은 지정학적 영향력을 가지고 있다. 천연가스 가격은 미국 이외의 지역에서 훨씬 높은데, 유럽에서는 평균 $12이고 아시아에서는 현물가격(현장인도가격)이 $20에 달한다. 천연가스를 액화시키고 특별하게 설계된 선박이 해양수송을 해서 다시 기체화시키는데 mBTU당 $3~$5의 비용이 든다. 그래서 미국 천연가스 수출에 있어서 잠재 수익이 크다. 미국에 있는 조밀 셰일매장지에 대한 적극적 개발은 미국이 10~20년 내에 순 에너지 수출국이 될 수 있다는 점과 중동산 원유에 대한 의존도를 줄일 수 있다는 점을 시사한다. 만일 그렇게 되면 중동 산유국들의 정치적 영향력이 줄어들 수 있다. 게다가 원유가격이 하락하면 그 지역의 불안은 증가할 것이다. 군사전문가들은 미국이 그 지역 내 군사 주둔을 줄이게 될 것이며, 역으로 유럽 국가들은 현재는 미국 군사력의 비호 아래 누리고 있는 에너지 보안을 지키기 위해 더 많은 신경을 써야 할 것이라고 예상한다. 중국 역시 중동지역 에너지가 자국 경제에 더욱 중요해질 것에 대비하여 그 지역의 군사배치를 늘려갈지 모른다. 그러나 중국 역시 1,275조 입방피트에 달하는 거대한 셰일가스 매장량을 보유하고 있다. 만일 이러한 매장지들이 개발되면 미 태평양 함대에 의해 압력을 받고 있는 중동지역으로부터 원유 수송하는 유조선에 대한 취약성이 줄게 될 것이다.

동 유럽과 중앙 유럽의 정치에 대한 러시아의 영향력도 역시 줄어들 것이다. 러시아 정부가 38%의 지분을 보유하고 있는 가스프롬(Gazprom)은 폴랜드와 우크라이나와 같은 국가들에 천연가스를 공급해 주는 주공급업자이다. 러시아는 가끔 그들의 외교정책에 대한 불쾌감을 표시하기 위해 이들 국가에 대한 천연가스 공급을 일시적으로 지연시키기도 했다. 게다가 가스프롬은 외국의 고객과 원유가격과 천연가스가격을 연동시키는 장기계약을 맺어 왔다. 그러나 천연가스의 현물시세는 원유가 이하로 낮아져 외국 고객들은 가스프롬과의 계약조건을 재협상하려고 한다. 만일 미국이 상당량의 액화천연가스를 수출하기로 하면 가스프롬의 판매와 러시아의 지정학적 영향력에 대한 위협이 늘어날 것이다.

프래킹은 지국 기후변화와 온실가스배출을 완화하

기 위한 연구에도 영향을 주고 있다. 한편으로 천연가스의 가격이 낮아지면서 프래킹은 전기 생산을 위해 석탄 대신 천연가스 사용을 장려한다. 천연가스는 생산전기 발생단위 당 온실가스를 석탄보다 더 적게 배출한다. 반면에 프래킹은 많은 물을 필요로 하는데 유정당 4~5백만 갤런이 든다. 게다가 유전개발회사들은 프래킹 액을 만들기 위해 물과 함께 특별한 화학물질과 액체의 농도를 진하게 만드는 점도증가제를 섞는다. 환경보호론자들은 이 화학물질들이 상수도를 오염시킬 수 있다고 우려하고 있으며, 회사들이 등록상표가 있는 조제된 프래킹에 사용된 화학물질을 밝히기 꺼려한다는 점이 의심을 키워가고 있다. 유럽의 유권자들은 프래킹에 대해 의견이 나뉘어져 있다. 프랑스와 네덜란드는 프래킹에 대해 유예조치를 내렸다. 환경문제를 우려하는 독일에서는 달갑지 않은 결정에 직면해 있다. 많은 독일인과 세계적인 맥주 회사들은 지하수의 잠재적 오염을 우려하고 있다. 2011년 일본의 북부지방을 강타했던 쓰나미에 의해 후꾸시마 원전의 참사를 겪은 후 앙겔라 메르켈 수상은 독일이 점진적으로 독일 내의 원전을 폐쇄하고 태양에너지와 풍력에너지에 대한 의존도를 늘려갈 것을 법령으로 정했다. 2020년까지 6개의 원전을 폐쇄할 예정이다. 이에 따른 갭을 메꾸기 위해 독일은 천연가스보다 공기를 오염시키는 석탄으로 발전을 하고 있다. 따라서 독일의 이산화탄소 배출량이 증가하게 되었고, 온실가스 배출을 감축하려는 독일의 노력을 해치고 있다. 태양에너지와 풍력에 대한 국가 보조금으로 전기요금이 2008년 이래 40% 상승했고 여타 EU 국가보다 15% 높은 금액이다. 이는 국민들을 짜증나게 했고 독일 기업의 경쟁력을 위협했다. 서유럽에 가장 많은 셰일가스 매장량을 가지고 있는 폴란드는 유사한 선택을 해야 한다. 만일 폴란드의 셰일가스가 개발되면 현재 전력생산의 95%를 차지하는 석탄 의존도를 줄여줄 것이다. 또한 러시아의 천연가스에 대한 의존도 역시 줄어들 것이다. 그러나 폴란드는 상수원의 품질 보존에 대해 고심하고 있다.

프래킹으로 인하여 예상치 못하게 수혜를 입은 경우가 있는데 세계 구아(guar: 구아는 점도가 높은 일종의 콩으로 여기서 추출한 구아껌은 아이스크림 안정제나 셰일암에서 가스와 오일 추출을 위한 점도증가제의 원료로 쓰임)공급의 85%를 재배하는 인도의 농부들이 바로 그들이다. 과거 낮은 가격 덕분에 구아콩(guar bean)은 사료로 쓰이거나 아이스크림과 캐첩의 점도증가제로 쓰인다. (구아는 케첩을 끈적끈적하게 만든다.) 알려진 바대로 구아는 또한 프래킹의 완벽한 점도증가제이기도 하다. 구아가 물, 모래, 특수 화학물질과 혼합되었을 때 만들어지는 액체는 셰일층이 파쇄되도록 높은 압력으로 주입할 수 있고, 갇혀 있는 탄화수소가 빠져나올 수 있게 한다. 미국 원유 업계가 2012년에 총 구아 생산량의 1/3에 해당하는 30만 톤의 구아를 소비하였으며, 이는 파운드당 $11.36로 구아가격을 15배 상승시켰다. 이러한 가격상승은 라자스탄(Rajasthan) 지역의 가난한 인도 농부들에게 수 십년간 살았던 진흙집에서 벗어나 새로운 벽돌집을 살 수 있도록 해주었다. 그러나 높은 가격 때문에 가축에게 구아콩을 먹이려는 농부들이 거의 없어 인도의 소들은 불이익을 당하고 있다. 그리고 케첩과 치약제조사들은 발빠르게 대체 점도증가제를 구하고 있다.

사례 질문

2-18. 셰일 매장지에서 생산되는 값싼 천연가스의 활용으로 어떤 산업이 이득을 얻었으며, 어떤 산업이 손실을 입었는가?

2-19. 값싼 천연가스의 활용으로 어느 국가가 이득을 얻었으며, 어느 국가가 손실을 입었는가?

2-20. 프래킹 혁명의 결과로 세계 경제의 안정이 증가될 것인가 아니면 감소할 것인가?

2-21. 프래킹의 활용이 어떤 환경적 우려를 만들어 내고 있는가? 환경에 대한 우려와 경제 성장 사이의 적절한 절충안은 무엇인가?

출처: Based on 'European Industry Flocks to U.S. to take advantage of cheaper natural gas,' *Washington Post*, April 1, 2013; 'Germany Takes a New Look at Fracking as Energy Bills Soar,' *Wall Street Journal*, March 2, MyManagementLab 2013, p. A11; 'Better out than in,' *The Economist*, March 2, 2013; 'Bonanza or Bane,' *The*

Economist, March 2, 2013; 'Now in Poland, Fracking vs. the Environment,' *Bloomberg Businessweek*, February 14, 2013; 'Cheaper Natural Gas Lets Nucor Factory Rise Again on Bayou,' *Wall Street Journal*, February 1, 2013, p. B1; 'The Shale Revolution's Shifting Geopolitics, *The New York Times*, December 25, 2012; 'Beans mean high profits for guar farmers of Rajasthan,' *The Guardian*, December 18, 2012; 'For Guar Gum, a Bubble Goes Pop,' *Wall Street Journal*, December 5, 2012; 'The economics of global climate leadership,' *The Economist*, November 12, 2012; 'Poland has fracking tensions, too,' *Washington Post*, October 30, 2012; 'Fracking the Karoo,' *The Economist*, October 18, 2012; 'U.S. gas exports could limit Putin's influence,' *Washington Post*, September 25, 2012; 'Fracking heaven,' *The Economist*, June 23, 2011; KPMG Global Energy Institute, Shale Gas— Global Perspective.

MyManagementLab®

mymanagementlab.com으로 가서 아래의 질문에 답하시오.

2-22. 전 세계 경적적인 측면에서 중국의 역할 변화에 대하의 설명하라. 중국의 부각이 선진국 국민에 도움을 주는 것인가 또는 해를 끼치는 것인가? 다른 개발 도상국의 경우는 어떤가?

2-23. 글로벌화와 구제무역 및 투자의 증가는 전 세계 최빈국과 그 국민들에게 도움을 주는 것인가 해를 끼치는가?

2-24. Mymanagementlab Only에 본 장을 포괄하는 서술형 과제가 있다.

Endnotes

1. 'Oil deal fuels Beijing's Arctic Drive,' *Financial Times*, June 10, 2013, p. 1; 'Arctic Council Adds 6 Nations as Observer States, Including China,' *New York Times*, May 15, 2013; 'Arctic Body Comes In From the Cold,' *Wall Street Journal*, May 14, 2013, p. A16; 'Now you don't,' *The Economist*, September 22, 2012; 'The melting north,' *The Economist*, June 16, 2012; 'Too much to fight over,' *The Economist*, June 16, 2012; 'Cosy amid the thaw,' *The Economist*, March 24, 2012; 'Norway could shut China out of Arctic Council after diplomatic snubs,' *The Guardian*, January 25, 2012; 'Hands off our wilderness,' *The Economist*, September 24, 2011.
2. This chapter reports population, GDP, and per capita GDP data for the world's countries. Most of the data are taken from the World Bank's data base, accessible at www.worldbank.org.
3. 'Mexico, 3 neighbors sign free trade pacts,' *Houston Chronicle*, May 12, 2000, p. 2C.
4. 'Return of the overlord,' *The Economist*, April 3, 2010, p. 71; 'Back from the brink, Korea Inc. wants a little respect,' *Wall Street Journal*, June 13, 2002, p. A1; 'The glory of Hyundai sits firmly in past,' *Financial Times*, January 29, 2002, p. 22.
5. 'Hon Hai reaches out,' *Wall Street Journal*, June 9, 2011, p. B4.
6. 'Intel to build Vietnam chip plant, raising nation's high-tech profile,' *Wall Street Journal*, February 24, 2006, p. A6.
7. 'In Latin America, rich-poor chasm stifles growth,' *Wall Street Journal*, July 18, 2005, p. 1.

CHAPTER 3

법적, 기술적, 회계 및 정치적 환경

Legal, Technological, Accounting, and Political Environments

jeremy sutton-hibbert/Alamy

학습목표

1. 국제경영에서 맞닥뜨리게 되는 주요 법률체계 유형을 설명할 수 있게 된다.
2. 국내법이 기업의 국제경영활동에 미치는 영향을 설명할 수 있다.
3. 국제경영활동에 수반되는 분쟁의 해결 방법을 열거할 수 있다.
4. 현지국의 기술적 환경이 국제경영활동에 미치는 영향을 기술할 수 있다.
5. 국내 회계 시스템에 영향을 주는 요소들을 식별할 수 있다.
6. 기업이 어떻게 정치적 위험으로부터 자신을 방어할 수 있는지 설명할 수 있다.

아이폰이 아이폰이 아닌 때는 언제인가?

글로벌시장은 대기업이든 중소기업이든 새롭고 혁신적인 제품을 시장에 출시함으로써 기업의 매출과 이익을 급성장시킬 수 있는 수많은 기회를 제공한다. 놀랍게도, 이와 같은 제품을 글로벌시장에 출시하는 데 따르는 가장 중요하고 복잡한 이슈들 중 하나는 기업이 진출하는 시장에서 적절한 이름을 찾는 것, 특별히 신제품을 기존 브랜드명으로 출시하는 것이다. 제품에 대해 의도치 않게 잘못된 메시지를 전달하지 않도록 브랜드명 사용에는 신중한 접근이 요구된다. 예를 들면, 클레어롤(Clairol)의 고데기 미스트 스틱(Mist Stick), 롤스로이스(Rolls-Royce)의 실버 미스트(Silver Mist), 알콜음료인 아이리시 미스트(Irish Mist)는 독일시장에 진출할 때, Mist가 독일어로 배설물(dung)의 의미를 담고 있어서 원래의 브랜드로 진출하는 데 어려움을 겪었다.

비록 문화 또는 언어적 문제가 글로벌브랜드로의 성장에 가장 큰 어려움이기는 하나, 법적인 문제도 이에 못지 않은 어려움을 가져다 준다. 애플이 겪은 고역을 고려해보라. 많은 다국적기업들의 가장 가치 있는 자산은 상표권, 브랜드명, 특허 등과 같은 그들의 지적재산권이다. 이들 기업들의 법률부서는 그들의 지적재산권이 침해당하지 않도록 전 세계 시장을 지속적으로 모니터링함으로써 그들의 지적재산권을 적극적으로 보호한다. 애플이 2007년에 아이폰(iPhone)을 2010년에 아이패드(iPad)를 출시하였을 때, 애플의 변호사는 향후 해당제품의 판매가 기대되는 모든 국가에 상표권을 출원하였다. 그러나 애플 변호사의 빈틈없는 준비에도 불구하고, 애플은 해당 상표의 사용에 따른 일련의 법적분쟁에 직면하게 되었다. 예를 들어, 멕시코에서는 멕시코정보통신기업 아이폰(iFone)이 2013년에 상표권을 이미 등록한 상태였다. 애플은 아이폰(iFone)의 상표권을 무효화하기 위한 소송을 제기하였다. 아이폰(iFone) 역시 2012년에 맞소송을 제기하였는데, 멕시코법원은 애플이 아이폰(iPhone)을 첫 판매하기 4년 전에 아이폰(iFone)의 상표권이 유효하게 등록되었다는 것을 근거로 멕시코기업의 손을 들어주었다. 현재 멕시코기업은 애플을 상표권침해로 제소 중이다. 멕시코법률하에서는 멕시코내 아이폰(iPhone) 판매액의 40퍼센트에 상당하는 금액을 손해배상으로 청구할 수 있다.

애플은 브라질에서 유사한 문제에 직면해 있다. IGB엘레트로니카(IGB Electronica SA)는 과거 그라디엔테라는 브랜드명으로 판매를 하던 중, 2000년에 그라디엔테 아이폰(Gradiente iphone)이라는 상표권을 출원하였다. 브라질 국립산업재산권관리기구(National Institute of Industrial Property)는 2008년에 등록을 허가하였다. 애플은 상표권무효화를 시도하였으나 실패로 돌아갔다. 브라질법률하에서는 그라디엔테가 5년 동안 상표를 사용하지 않으면 상표권을 잃게 되는데, 이 브라질 기업은 시한을 1개월 앞둔 2012년 겨울 아이폰네오원(IPHONE Neo One)이라는 제품을 출시하였다. 설상가상으로, 네오원은 애플의 라이벌 구글이 소유한 안드로이드 운영체제를 탑재하였다. 두말할 필요 없이 브라질시장에의 아이폰 마케팅 능력은 제한될 수 밖에 없었다.

아이패드 상표권을 확보하는 것도 애플의 변호사들에게 매우 골치 아픈 문제였다. 파산한 중국기업 프로뷰 테크놀로지(Proview Technology)는 중국 내에서의 아이패드 이름 사용에 대하여 제소하였다. 애플은 프로뷰의 대만 자회사로부터 10개국에서의 아이패드 상표권의 사용권리를 55,000달러에 확보하였다. 그러나, 중국 본사는 중국 내 아이패드 상표권을 대만자회사가 소유한 것이 아니므로 판매할 수도 없다고 주장하였다. 중국 내 아이패드 판매금지 처분을 받은 애플은 프로뷰 테크놀로지에 중국내 아이패드 상표권 사용권리로 추가적인 6천만 달러를 지불하는 데 동의하였다.[1] ■

국제경영관리자들이 직면하는 인력채용, 현지마케팅, 기술 적응 등의 모든 의사결정은, 애플이 고통스럽게 발견한 것처럼 거래가 발생하는 현지국의 환경에 의하여 영향을 받게 된다. 본 장과 다음 장의 목적은 기업의 국제경영활동에 영향을 미치는 다양한 국가 환경특성을 이해하고자 하는 것이다. 본 장에서는 법률 환경, 기술적 환경, 회계 환경, 정치적 환경 등을 다루며, 4장에서는 문화적 환경을 다루게 된다.

3.1 법률 환경

국내기업은 본국의 법률과 관습을 따라야만 한다. 국제기업은 보다 복잡한 과제에 직면하게 된다. 국제기업은 본국의 법률뿐만 아니라 현지국의 법률 역시 준수하여야 한다. 본국과 현지국의 법률 모두 기업의 국제경영활동 수행에 결정적인 영향을 미치게 된다. 이러한 법률은 기업활동을 수행하는 시장범위, 제품의 가격책정, 인력과 원자재 및 기술 등과 같은 필요투입자원의 비용 등을 결정하게 된다. 또한 법률은 경제활동입지에도 영향을 미치게 된다. 예를 들어, 일부 인터넷 기업들은 중국정부의 임의적 규제로 인하여 중국 외의 지

E-WORLD

법률과 인터넷

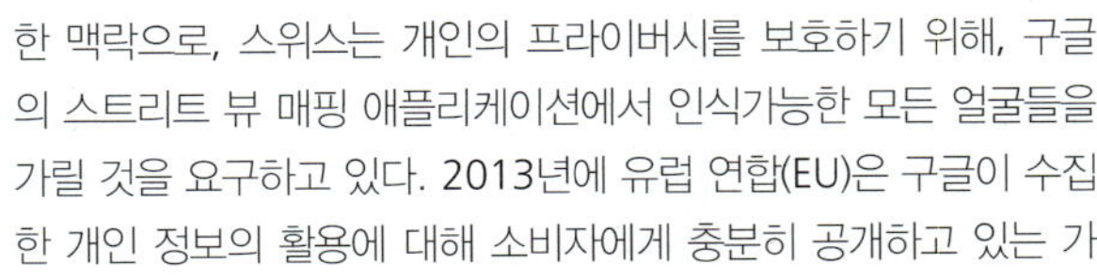

대부분의 기존 법률들은 월드와이드웹의 출현 이전에 제정된 것이다. 이러한 법률을 인터넷시대의 니즈에 맞게 변화시키는 것은 엄청난 변화를 필요로 하는 일이다. 가장 기본적인 이슈 중 하나는 전자상거래(이커머스)활동에 어느 국가의 법률을 적용할 것인가이다. 웹사이트의 감시가 본국에서는 합법적이라 하더라도 다른 국가에서는 법률위반행위일 수 있다. 예컨대, 야후의 경우 신나찌 용품을 웹사이트에서 판매했다가 인종차별주의를 야기하는 어떤 제품의 판매도 불허하는 프랑스법률을 위반했다는 이유로 유죄를 선고받았다. 야후가 프랑스 포탈에서는 그러한 제품판매를 신중하게 배제하였음에도 미국사이트에서는 그렇게 하지 않았는데, 프랑스 시민이 인터넷을 통하여 미국 웹사이트에서 구매를 한 것이다. 그 결과 야후는 2,800달러의 벌금과 2개월간의 영업정지를 당했다.

지적재산권 집행책임도 국가에 따라 서로 다르게 적용된다. 예를 들어, 2008년 6월, 에르메스(Hermes)에 의하여 제기된 소송에서 프랑스법원은 이베이(eBay)가 위조상품의 사기판매를 용이하게 하는 다양한 서비스를 제공한다는 이유로 사기판매에 참여한 것으로 판결하였다. 그달 말에 다른 프랑스 법원은 이베이가 루이비통 모엣헤네시(LVMH Louis Vuitton Moet Hennessy)의 브랜드에 손상을 미치는 무단제품과 위조제품의 판매를 방지하는 단계를 충분히 거치지 않았다는 이유로 4천만 유로의 손해배상을 하도록 판결하였다. 그로부터 한 달 후에, 미국법원은 티파니앤코(Tiffany & Co.)에 의해 제기된 소송에서 이베이의 손을 들어주었다. 2008년 8월에 벨기에법원 역시 로레알(L'Oreal SA)과의 소송에서 이베이의 손을 들어주는 동일한 판결을 내렸으며, 2009년 프랑스의 다른 법원과 영국법원의 재판 역시 역시 이베이가 승소하였다. 2011년에 유럽사법재판소는 온라인운영자가 위조제품의 판매에 "적극적인 역할"을 할 경우에 상표권침해에 대한 책임을 질 수 있다고 판결하였다.

소비자 개인정보보호에 대한 국가별 정책도 고려를 필요로 한다. 많은 미국 기업들은 정기적으로 고객의 정보를 수집하여 해당 고객에게 다른 제품을 판매하기위한 크로스셀링(cross-selling)이나 제삼자에게 판매하기 위해 목적으로 내부적으로 활용하고 있다. 예를 들어, 많은 웹사이트들은 온라인거래상의 재구매를 촉진하기 위하여 "쿠키(cookies)"를 생성하고 있다. 쿠키는 온라인 여행업체가 고객의 상용고객우대번호, 고객의 선호 좌석, 결제 신용 카드의 결제주소 등을 기억하게 한다. 그러나 유럽의 법률은 미국법보다 강력한 소비자 개인정보보호정책을 규정하고 있다. 유럽연합(EU)은 기업이 고객의 동의하에 쿠키를 생성하도록 요구하는 새로운 법률을 시행하고 있다. 따라서, 미국에 기반을 둔 웹 회사는 유럽의 개인정보보호법에 따라 마케팅 및 정보수집관행을 변경해야만 한다. 비슷한 맥락으로, 스위스는 개인의 프라이버시를 보호하기 위해, 구글의 스트리트 뷰 매핑 애플리케이션에서 인식가능한 모든 얼굴들을 가릴 것을 요구하고 있다. 2013년에 유럽 연합(EU)은 구글이 수집한 개인 정보의 활용에 대해 소비자에게 충분히 공개하고 있는 가에 대한 조사를 시작하였다.

또 다른 문제는 "도메인투기꾼"과 관련되어 있다. 도메인투기꾼은 기업이나 유명인의 도메인 이름을 미리 등록하고 해당 인물이나 기업에 높은 가격으로 되파는 사람이나 기업을 말한다. 예를 들어, 2007년에 애플이 영국 시장에 아이폰을 출시할 무렵, 아이폰 웹주소에 대한 권리를 주장하는 도메인투기꾼을 발견한 바 있는데, 이 웹페이지 www.ukiphone.co.uk는 다른 회사의 제품에 대한 클릭당 광고료 지불 사이트에 불과하였다. 세계지적재산권기구(WIPO)는 이러한 문제를 줄이기 위해 중재 프로그램을 운영하고 있다. 피해자들은 지적재산권의 회수에 일반적으로 성공하지만(WIPO의 중재에 의하여 약 85%가 재판에서 승소하고 있다), 도메인투기활동은 사라지지 않고 있다. 예를 들어, 2010년에 2,696건의 안건이 세계지적재산권기구에 제소되었는데, 이는 2006년에 비하여 약 80%가 증가한 것이다.[1]

출처: "Ebay faces liability on fake goods," *Financial Times*, July 13, 2011, p. 22; "Ebay may be liable for counterfeit goods," *Wall Street Journal*, July 12, 2011 (online); "Cookie laws threaten to unravel web sales," *Financial Times*, May 26, 2011, p. 18; "EU to say location data is private," *Wall Street Journal*, May 13, 2011, p. B6; "Google plans to challenge Swiss ruling on mapping," *Wall Street Journal*, May 12, 2011, p. B5; "Ebay wins trademark-infringement case," *Wall Street Journal*, May 22, 2009; "French court says eBay not accountable for sale of L'Oreal fakes," *Wall Street Journal*, May 13, 2009; "L'Oreal loses suit on fakes sold on eBay," *Wall Street Journal*, August 13, 2008, p. B6; "EBay wins fight over Tiffany counterfeits," *Wall Street Journal*, July 15, 2008, p. B1; "E Bay fined over selling counterfeits," *Wall Street Journal*, July 1, 2008, p. B1; "Domain-name complaints rise," *Wall Street Journal*, March 28, 2008, p. B6; "Cybersquatters target iPhone," *Financial Times*, September 27, 2007 (online); "Court setback for French buyers at web auctions," *Financial Times*, May 4, 2000, p. 3; "U.S. in tentative pact protecting Europeans' privacy," *Wall Street Journal*, February 24, 2000, p. B6; "Cybersquatters squeezed as Internet arbitration takes off," *Financial Times*, February 23, 2000, p. 18; "Land of laptops and lederhosen," *Financial Times*, February 17, 2000, p. 14; "Cross-border regulations create hurdle for cyber-shoppers," *Financial Times*, February 16, 2000, p. 7; "Border crossings," *Wall Street Journal*, November 22, 1999, p. R41; "In Europe, surfing a web of red tape," *Wall Street Journal*, October 29, 1999, p. B1; "Judge fines Yahoo! for neo-Nazi auction," *Houston Chronicle*, May 23, 2000, p. A4; www.wipo.int.

역에서 인터넷서비스를 제공하고 있다. 인터넷의 급속한 성장으로 인한 "e-World"의 출현은 다양한 국가의 법률체계에 추가적인 영향을 미치고 있다.

법률체계의 차이

국가 법률시스템은 역사적, 문화적, 정치적, 종교적 이유로 인하여 매우 다양한 양상을 띤다. 법제 원칙, 변호사의 역할, 입증 책임, 사법심사권뿐만 아니라 법률자체도 국가마다 매

지도 3.1

인도

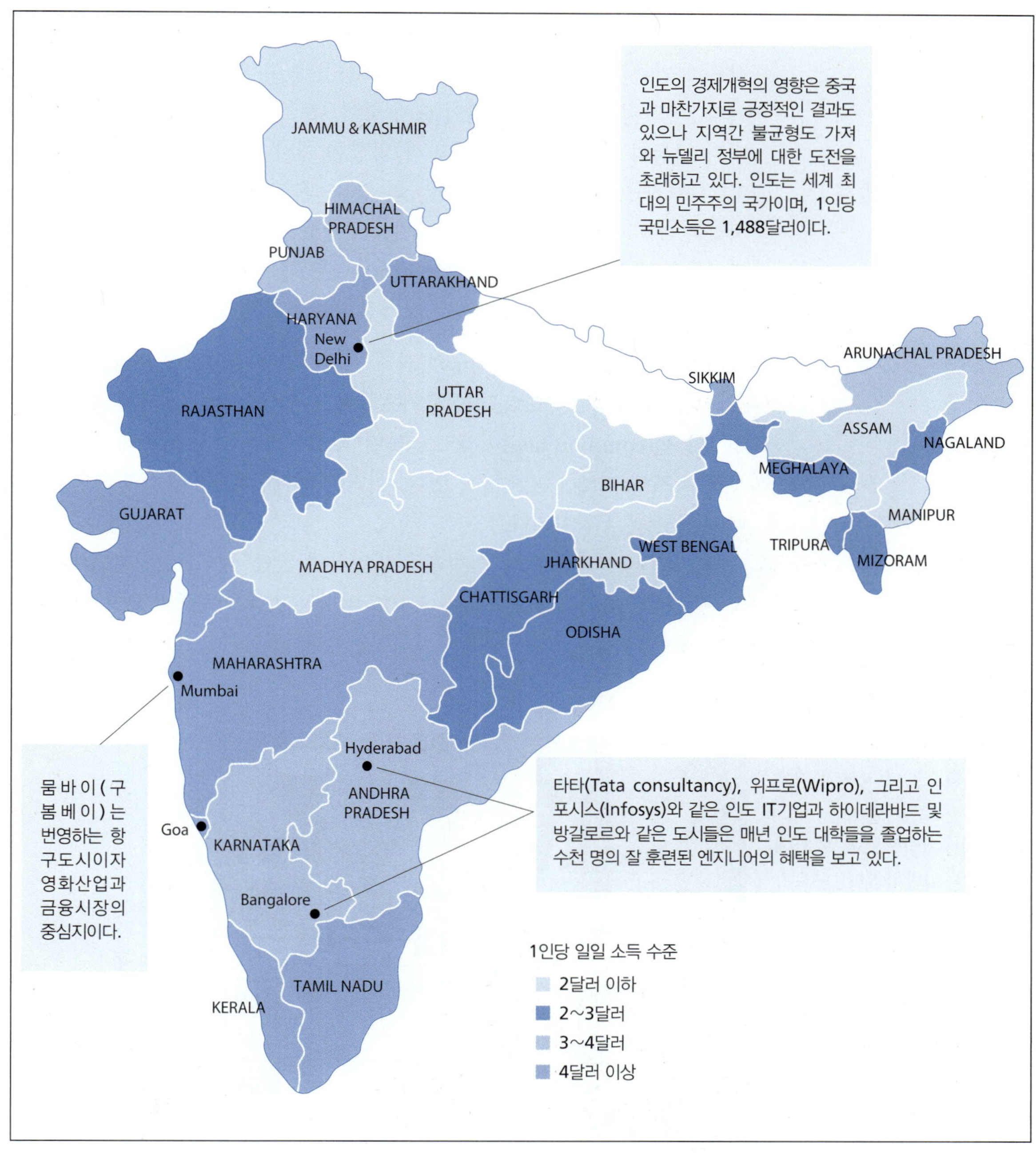

우 상이하다. 미국의 경우를 예로 들면, 경기침체기에는 기업은 최소한의 통지절차와 퇴직수당만으로도 고용자들을 쉽게 해고할 수 있다. 그러나, 벨기에의 경우에는 사무직 노동자를 해고할 경우 3개월의 예고기간과 3개월 치 퇴직수당을 지급하거나, 피고용자의 재직기간 5년마다 두 퇴직조건의 조합을 제공하여야 한다. 예를 들어, 브링크(Brink)사는 벨기에 자회사가 높은 인건비를 견디지 못해 파산하게 되었을 때 이러한 퇴직관련 법률과 충돌되는 상황에 직면하였다. 해당기업의 노조는 즉각적으로 퇴직수당 미지급을 이유로 하여 기업을 제소하였다. 캐터필러(Caterpillar)는 높은 인건비로 인한 경쟁력 저하에 따라 벨기에 근로자 인원 감축을 시도하다가 유사한 문제를 겪게 되었다.[2]

법률체계에의 접근 역시 국가마다 매우 상이하다. 예를 들어, 미국의 경우에는 변호사 선임도 용이하고 법률체계 접근에의 차별도 없기 때문에 국제기업이 공급자나 고객을 대상으로 법률분쟁을 치르는 데 유용한 도움을 받고 있다. 이에 비하여, 인도의 법정에서는 거의 3천만 건이나 되는 재판이 대기 중이므로, 변호사들은 기업고객에게 10여 년이나 기다려 법정의 판단을 듣느니 차라리 법정 밖에서 분쟁을 해결하도록 조언하고 있다(지도 3.1을 보라). 비슷한 맥락으로 한국의 경우 과거 합격률이 채 10%가 되지 않았던 사법고시라는 매우 까다로운 시험체제로 인해서 변호사의 수가 부족하다. 이로 인해 많은 다국적 기업들은 법정을 이용하기 보다 사적으로 분쟁을 해결하도록 하는 압력을 받고 있다. 최근 한국의 법률교육시스템의 개혁은 장기적으로 이러한 문제를 해결하게 될 것이다.[3]

영미법 영미법은 영국과 영국의 과거 식민지였던 국가들인 미국, 캐나다, 호주, 인도, 뉴질랜드, 홍콩, 바르바도스, 세인트키츠네비스, 말레이시아 등의 국가의 법률체계의 기초로서 **보통법(common law)**이라고도 불린다. 보통법은 역사를 통해 개별사례에 대한 판례를 통해 축적된 지혜에 기초하여 있다. 이러한 판례들은 다른 법관들이 유사한 사례를 다룰 때 법적 선례로 참고된다.

영미법은 각국별로 다른 형태로 발전하여 왔다. 따라서, 영미법체계를 채택하고 있는 국가들 간에도 비즈니스 활동에 영향을 미치는 법률은 차이가 있으며, 이러한 정보를 갖고 있지 못한 국제기업가들에게는 잠재적인 문제를 야기할 수 있다. 예를 들어, 제조업체의

imagebroker.net/SuperStock

브링크(Brink)는 비용 절감 조치의 일환으로 적자인 벨기에 자회사 근로자 60명을 해고 혹은 재배치함으로써 벨기에 노동법을 위반하였다. 근로자들이 항의성 파업을 하자, 브링크는 협상 대신 파산을 선언하였다. 벨기에는 브링크의 본사가 있는 미국보다 노동자의 권리를 훨씬 강하게 보호하기 때문에 브링크는 지루한 법정 공방을 벌이고 있다.

제품결함문제는 양국의 판례법이 발전해온 차이로 인하여 영국보다 미국에서 제조업체에게 불리할 가능성이 높게 된다. 영국의 명예훼손법은 미국법에 비하여 원고친화적인 법률이다. 영국에서는 피고가 출판물이 사실임을 입증해야 하는 반면에, 미국에서는 명예훼손 소송에서 승소를 위해 출판물의 내용이 잘못되었다는 것을 원고가 입증해야 한다.[4]

판례법에서의 차이뿐만 아니라 입법부에 의해 제정된 법률도 영미법 국가들 간의 다양한 차이가 존재한다. 예를 들어, 영국정부와 기업 간의 다양한 비즈니스거래는 영국 비밀보호법(Britain's Official Secrets)에 의하여 경쟁기업이나 공공의 감시로부터 보호된다. 이에 비하여 미국에서는 미국의 정보공개법(Freedom of Information Act)에 따라 연방정부와 기업 간 거래에 관한 다양한 정보를 쉽게 얻을 수 있다. 심지어는 행정법도 매우 다양한 차이를 보인다. 예를 들어, 미국에서 소송당사자인 원고와 피고는 일반적으로 변호사비용을 각각 지불한다. 종종, 피고는 유리한 입장에 있다 하더라도 소송비용을 줄이기 위하여 신속한 종결에 동의하게 된다. 영국의 경우, 패소자는 양측의 소송비용을 모두 지급해야 되기 때문에 사소한 소송은 꺼려하는 편이다.

대륙법 또 다른 법체계 형태는 허용사항과 불허사항이 상세히 수록되어있거나 법전화(성문화)되어 있는 대륙법으로서 **시민법(civil law)**이라고 불리기도 한다. 대륙법체계는 성서시대로부터 연원하여 로마시대에 체계화되어 서구세계에 확산되었다. 대륙법체계는 19세기초 프랑스의 나폴레옹 보나파트르 황제가 정복한 지역에 성문법 체제인 나폴레옹법전을 강요하면서 더욱 확산되며 지배적 체제가 되었다.

영미법과 대륙법의 중요한 차이는 판사와 변호사의 역할에서 명백히 드러난다. 영미법체계하에서 판사는 소송 당사자들의 변호사들에 의한 다양한 변론을 중립적인 심판의 입장에서 주재한다. 변호사들은 그들 고객에게 유리한 판례를 발굴하고 고객을 대신하여 증거를 제출하는 책임을 수행한다. 이에 반해, 대륙법체계하에서 판사는 증거의 수집과 제출범위를 결정하는 등 변호사들이 수행해야 할 많은 역할을 수행하기도 한다.

종교법 **종교법(religious law)**은 특정종교의 신앙과 행동을 규율하는 공적으로 확립된 규범에 근거한 법률이다. 민형사상의 행위에 종교법을 적용하는 국가를 소위 **신정국가(theocracy)**라 한다. 예를 들어, 이란에서는 이슬람교 율법학자들로 구성된 성직자집단인 *뮬라(mullahs)*가 이슬람의 성전인 *코란(Koran)*의 해석을 통하여 합법성과 불법성을 결정한다.

종교법은 기업들에게 관심을 끄는 문제를 야기한다. *코란*의 가르침에 따르면 대출금에 대해 이자를 취하는 것은 가난한 사람들을 불공정하게 착취하는 것으로 고발의 대상이 된다. 따라서, 이슬람 기업들과 금융기관들은 금융자본의 조달을 위해 대안적인 금융기법을 발전시켜야 했다. 이슬람 기업들은 종종 고정자산을 확보하기 위해 자금차입보다는 리스계약에 의존한다. 이란 은행들은 종종 대출이자지급을 대체하는 수단으로서 선불수수료를 부과하며, 은행예금주들은 예금이자대신 은행의 수익을 분배받는다. 가족소유기업은 *코란*에 기초한 법률체계를 가진 국가에서 기업소유주의 가족이 최선의 자금원이 될 수 있다는 점에서 이자수취금지를 회피하기 위한 최선의 수단으로 이용된다.

종교법에 의존하는 국가는 비즈니스의 적법절차나 항소절차가 따로 없는 특징도 갖고 있기 때문에 외국기업은 주의를 요한다. 예를 들어, 사우디아라비아에서는 모든 외국기업들은 왕실과 인맥이 닿는 정부기관이나 개인을 현지대리인이나 스폰서로 두고 있다. 외국기업과 현지대리인 간에 상업적 분쟁이 일어나면, 현지대리인은 외국인 기업가를 현지경찰을 통해 구금할 수 있다. 외국인의 권리를 보호하는 독립적인 사법제도가 없기 때문에 외국인은 협상에서 불리한 위치에 처하게 된다.

VENTURING ABROAD

법에 의한 지배는 얼마나 중요한가?

저명한 학자이자 법조인인 리처드 포스너(Richard Posner)가 정의한 바와 같이, 법의 지배는 "판사가 개인을 고려하지 않는 것, 즉 소송 당사자 또는 변호사의 사회적 지위, 매력 등을 고려하지 않고 판결을 내리는 것을 의미"한다. 규칙과 절차가 명확하게 정의된 잘 기능하는 법률 시스템은 외국 기업이 한 국가에 투자하는 것을 장려한다. 그러나 그 반대도 사실일 수 있다.

법의 지배가 부족하여 해외직접투자(FDI)에 영향을 미치는 것으로 보이는 국가 중 하나는 러시아이다. 러시아 당국은 러시아의 법적 제도를 조작하여 개인적 의제를 홍보하는 것으로 유명하다. 예를 들어, 집회의 자유에 대한 헌법적 보장에도 불구하고, 러시아 관리들은 2010년 신년 전야제에서 집회의 자유 신장을 촉구하는 반정부시위에 참석한 보리스 넴초프(Boris Nemtsov) 전 부총리를 체포했다. 일부 인권활동가들에 따르면, 넴초프의 체포 동기는 정부당국이 자신이 원하는 대로 할 수 있다는 것을 반정부인사들에게 과시하는 것이었다.

아마도 러시아의 법치주의 결핍에 대한 가장 냉혹한 사례는 전 석유업계의 거물 미하일 호도르콥스키(Mikhail Khodorkovsky)의 2차 재판과 유죄 판결일 것이다. 그는 한 때, 러시아 최대 석유회사였던 유코스(OAO Yukos)의 설립자였다. 유코스는 소비에트 연방의 붕괴 이후 민영화 과정에서 설립되었다. 국영자산의 매각은 민영화 과정을 특징짓는 투명성 결여로 특정 내부자들이 혜택을 입었다는 비판가들의 주장으로 인해 많은 논란을 불러 일으켰다. 새로운 러시아의 가장 부유한 인물이자 러시아의 신흥 재벌 올리가르히의 가장 강력한 인물이었던 호도르콥스키는 러시아의 두 번째 대통령이자 가장 강력한 정치 세력인 블라디미르 푸틴 대통령의 정적이 되는 치명적인 정치적 실수를 범했다.

호도르콥스키는 푸틴 대통령에게 친숙하지 않은 정당에 자금을 지원했으며 강력하고 독립적인 언론을 주장하였다. 호도르콥스키는 2003년에 체포되어 2005년 탈세 혐의로 시베리아 감옥 8년형을 선고받았다. 유죄 판결 후 유코스는 파산하였다. 유코스 자산의 대부분은 탈세액 추징이라는 명목으로 푸틴의 정치적 동지들이 통제하는 국영 기업에 헐값으로 매각되었다.

교도소에서 석방될 즈음에 호도르콥스키와 그의 파트너인 플라톤 레베데프(Platon Lebedev)는 유코스가 생산한 석유를 횡령한 혐의로 기소되었다. 호도르콥스키는 2010년 12월 유죄판결을 받고 6년형을 선고받았다. 많은 관측통들이 이 두 번째 재판을 명백한 일사부재리원칙 위반사례로 보았다. 또한 첫 번째 재판에서 제기된 혐의와 논리적으로 모순된 것으로 간주하였다. 호도르콥스키가 석유를 횡령했다면, 유코스는 이익을 내지 못했을 것이고 따라서 탈세를 할 수 없었을 것이다.

유코스가 탈세를 범한 경우, 유코스가 석유를 소유한 것이어야 하고 따라서 호도르콥스키가 석유를 훔칠 수는 없었을 것이다. 2011년 2월, 2심 부심이 주심에게 가혹한 유죄 판결과 가혹한 처벌을 내리라고 압력을 가했을 때, 1심과 2심의 재판이 정치적인 이유로 이루어졌다는 의혹은 더욱 높아졌다. 오바마 행정부는 그 판결을 "부적절한 목적을 위한 법체계의 남용"이라고 비난하였다.

많은 러시아 시민들이 호도르콥스키의 첫 번째 판결을 우호적으로 보았다. 소련의 해체 이후 1990년대에 두드러지게 증가한 올리가르히들은 국유 자산이 민간 부문으로 이전됨에 따라 내부자 거래로부터 이익을 얻는 것으로 인식되었다. 그러나 2000년대에 경제력은 올리가르히에서 정부 내 지위를 자신들과 동료들을 위한 부의 축적수단으로 사용하는 관료기업가(bureaucrat-entrepreneurs)집단으로 경제력이 옮겨 간 것으로 보인다. 사유재산권보다는 행정권력이 부의 기초가 된 것이다. 우려되는 바는 그러한 환경에서는 선진국 경제 성장의 기초가 되는, 외국과 국내 기업들의 장기 투자를 이끌어내는 데 실패하게 된다는 것이다. 다른 투자자들은 자신들의 투자가 너무 수익을 낸다면 정책당국의 주목을 끌게 될 것이고, 그 자산을 약탈하기 위해 그들의 지위를 이용할 것이라는 두려움을 갖게된다. 그러한 운명은 러시아 주식 시장에서 한 때 가장 큰 외국투자기업인 허미티지캐피탈(Hermitage Capital)에게 닥치게 되었다.

출처: "Khodorkovsky derides reforms," *Financial Times*, May 25, 2011, p. 2; "Russian tycoon's sentence is upheld," *Wall Street Journal*, May 25, 2011, p. A11; "Sergei Magnitsky and the rule of law in Russia," *Wall Street Journal*, February 24, 2011; Dafna Linzer, "The problem with question 36," Slate, February 23, 2011 (online); "Mikhail B. Khodorkovsky," *New York Times*, February 15, 2011 (online); "Opposition battles repression in Russia," Washington Post, January 28, 2011; "Doing things the Putin way," *The Economist*, January 1, 2011; "White House criticizes Moscow court," *Wall Street Journal*, December 27, 2010; "Frost at the core," *The Economist*,December 11, 2010; "The trial, part two," *The Economist*, April 24, 2010.

관료법(bureaucratic law) 공산국가와 독재국가의 법률체계는 종종 관료법으로 묘사된다. **관료법**이란 국가의 공식법률에도 불구하고 관료가 말하는 것이 곧 법이 되는 것을 의미한다. 계약은 권력집단의 기분에 의해 성사되기도 하고 파기되기도 한다. 자이르의 독재자 모부투 세세 세코가 1997년 쿠데타에 의해 권좌에서 내쫓긴 후, 세코정권이 외국기업과 맺은 모든 기존계약은 효력을 잃게 되었으며, 이로 인해 자이르에는 새 정권과 기존계약을 갱신하거나 새로운 계약을 체결하려는 외국기업들의 이전투구가 한바탕 촉발되었다.[5] 국가의 헌법에 보호방안들이 명시되었다 할지라도 정부고위관료가 불편하다고 느끼면 언제든 무시당하게 된다. 예를 들어, 우간다의 법률은 1970년대에 독재자 이디 아민의 공포통치하에서 형식적으로도 우간다인과 외국인들의 보호를 전혀 허용하지 않았다. 유사한 사례로, 구소련 헌법의 상세하게 제정된 정교한 보호수단들은 1930년대 요세프 스탈린에 의한 정치적 숙청의 희생자들에게 아무런 보호수단이 되지 못했다. “Venturing Abroad”는 이러한 현상의 최근의 예에 대해 다룬다.

관료법에 의존하는 국가들에서 국제기업의 경영관리능력은 종종 정부관료들과 타협될 수밖에 없다. 국제경영자들은 국제경영활동 중에 법률적 강제력을 지닌 관료의 임의적 결정과 규칙을 직면하게 된다. 이것은 중국에서도 종종 발견되는 경우이다.

> 중국의 관료들은 규제를 선택적으로 차별하여 적용하는 것으로 비난받는다. 중국은 많은 엄격한 법률이 있지만 실제 관행에서는 관료의 비호 아래 개인이나 기관에 의하여 대개 무시된다. 정부의 고위관계자들은 외국기업이나 눈밖에 난 해외투자자를 재량을 남용하여 차별할 수 있으며, 또는 이러한 단순한 위협을 통하여 특정 요구를 관철시킬 수 있다.[6]

다수의 국제경영자들은 이러한 관료법하의 불행한 부산물들이 일관성과 예측성, 항소절차 등의 결여로 인한 것임을 힘든 과정을 거쳐서 학습하여 왔다.

국제경영자들은 현지법률지식 부족으로 인한 학습비용을 치르지 않기 위하여 각국의 법률체계의 일반적인 차이를 인지해야 한다. 그들은 사업을 운영하는 개별 국가마다 현지 법률이 요구하는 특정한 요구조건을 충족시킬 뿐만 아니라 적법절차나 기업의 법적 책임, 보호장치에 대한 컨설팅을 받을 수 있도록 현지 변호사들의 전문지식에 적절히 의존해야 한다.

국내 고유 법률

국제기업이 활동하는 국가의 법률은 기업의 사업기회의 활용에 핵심적인 역할을 한다. 이러한 법률들은 기본적으로 국내경제환경의 규제를 위해 고안된 법률이다. 이러한 법률은 기업의 국내경영활동의 모든 측면에 영향을 미친다. 고용관련법률은 국제인적자원관리에, 주식시장 및 금융관련 법률은 기업의 금융활동에, 유통 및 소비자 보호법 등은 기업의 마케팅 활동에, 특허 및 상표권 관련 법률은 기술개발 및 이전활동 등에 영향을 미치게 된다. 비록 이러한 법률이 기본적으로는 국내시장에 초점을 맞추어 제정되었다 하더라도 비용증가와 이로 인한 가격경쟁력의 악화를 초래하여, 국내기업이 국제시장에서 경쟁하는 데 간접적인 영향을 미치게 된다. 예를 들어, 독일과 프랑스, 벨기에의 경우 정부가 강제한 복리후생제도로 인하여 제조업체 임금비용은 세계최고수준을 기록하고 있다. 따라서, 이들 국가의 제조업체들은 수출시장에서 가격경쟁력이 약화될 수밖에 없으므로, 국제시장에서 가격보다는 제품품질을 강조하여 경쟁하고자 노력한다.

국내 고유법률은 의도하지 않게 국경을 넘어 해외에서 기업활동을 수행하는 비즈니스 활동에 영향을 미칠 수 있다. 기업들의 경우 수입국의 규제조건을 충족시키기 위하여 수출제품의 생산방식을 변경하는 경우도 종종 있다. 예를 들면 그루포 헤르데스(Grupo Herdez)사는 미국시장수출을 위하여 멕시코 내의 생산프로세스를 변경한 바 있다. 그루포 헤르데스사는 멕시코 최대의 몰(*mole*: 초콜렛과 매운 고추를 원료로 하는 매콤한 소스. 모레이(mo-lay)라고 발음한다) 생산업체 중 하나이다. 햇볕에 며칠 동안 건조하는 이 회사의 전통적인 몰 생산방식이 미국식약청(FDA)의 위생기준을 충족시키지 못함에 따라, FDA 승인을 획득하고 미국시장 내 성장하고 있는 멕시코 음식의 시장기회를 누리기 위해 전기건조방식을 사용하는 새로운 기술을 채택하게 된 것이다.[7]

국제 비즈니스 거래에 직접적인 영향을 미치는 법률

국제 비즈니스 거래활동을 규제하기 위해 의도적으로 제정된 국가법률도 존재한다. 이러한 법률은 국가의 외교정책이나 군사적 목적 등의 정치적 동기에 의해서 고안된 법률이다. 어떤 국가들은 **경제제재조치(sanctions)**를 통하여 특정국가의 바람직하지 않은 정책을 변경시키려고 노력한다. 경제제재조치는 첨단기술제품접근규제, 특혜관세조치의 철회, 특정국가제품에 대한 판매금지, 신규차관 및 금융제한조치 등의 다양한 형태를 띠게 된다. 예컨대, 미국의 경우 시에라리온과 라이베리아에 금융제재조치를 가하여 무기유통을 차단하고자 한 바 있으며, 수단과 미얀마에는 인권을 이유로, 이란에는 핵확산방지정책 위반을 이유로 제재조치를 가한 바 있다.[8]

특정 국가의 모든 상업적거래에 대한 포괄적인 제제조치로서 **엠바고(embargo)**는 여러 국가가 공동보조를 취하거나 국가 단독으로 이루어진다. 예를 들어 국제연합(United Nations)은 1990년 이라크의 쿠웨이트침공 이후에 이라크의 모든 거래에 대해 엠바고조치를 취한 바 있다. 대부분의 국가들은 1980년대 남아프리카공화국의 아파르헤이트정책에 대한 반대의 일환으로 엠바고조치에 동참한 바 있다. 미국은 1961년 피델카스트로 정권의 전복을 위한 피그만 침공작전이 실패로 돌아간 이후 쿠바에 대한 일방적인 엠바고조치를 취해오고 있다.

수출통제의 특별한 형태 중 하나는 첨단기술제품과 관련된다. 기술선진국은 민간분야뿐 아니라 군사적 목적으로 전용될 수 있는 소위 **민군양용(dual use)**제품의 수출을 제한하고 있다. 맥도널 더글라스의 경우 중국국영항공기술수출수입공사(China National Aero-Technology Import and Export Company)에 첨단기계장비를 수출하여 미국의 민군양용제품수출통제규정을 위배한 적이 있다. 장비를 민간항공기의 제작에만 사용한다는 수입사의 주장에도 불구하고, 해당 장비는 군수공장에 선적되어 탄도미사일과 크루즈미사일 제작에 전용되었다.[9] 유사한 사례로 보잉사도 2006년도에 중국에 소형 각속도센서(공대지 미사일을 유도하는 기능을 가짐)가 포함된 항공전자시스템이 탑재된 94대의 상업용 비행기를 허가 없이 수출하여 무기수출통제법을 위반한 이유로 1,500만 달러의 과징금을 부과받은 바 있다.[10]

각 국가들은 소위 **역외적용(extraterritoriality)**을 통하여 국외에서 행해지는 비즈니스활동을 규제하려는 시도를 할 수 있다. 예를 들어, 기업들은 미국시장에서의 경쟁을 저하시키는 미국외 지역에서의 비즈니스활동에 대하여 미국의 반독점법에 따른 기소를 당할 수 있다. 그 한 예로 미국은 영국인이 소유주이자 판유리생산의 핵심특허를 지닌 필킹톤(Pilkington PLC)사가 미국인 기술도입자가 국제시장에서 동 기술을 사용하는 데 제약을 가했다고 기소하여 승소한 바 있다. 미 당국은 필킹톤사의 정책이 미국의 수출에 부정적인 영향을 미쳤고 미국의 판유리 제조업체들의 연구개발투자 의욕을 감소시켜 결과적으로 경쟁을 저해하였다고 하였다.[11]

미국 무역법의 반 보이콧위반행위 규정 역시 역외적용이 이루어진다. 미국의 반 보이콧위반 법률은 미국에 우호적인 국가와의 무역을 금지한 특정국가에 의해 강제된 구매거부행위를 미국기업이 준수하는 것을 금지하고 있다. 이 법률은 기본적으로 이스라엘과 거래하는 기업에 대한 불매운동을 채택한 아랍국가연맹의 1954년 결의안 때문에 입법화되었다. 미국 연방대배심은 박스터 인터내셔널(Baxter International)의 시리아 병원 장비 할인판매 건을 조사한 후, 해당 기업이 불매조치 종결을 위해 아랍국가에 뇌물을 제공한 혐의로 기소하였다. 박스터는 반 보이콧법률 위반을 시인하고 6백6십만 달러의 벌금을 납부할 수 밖에 없었다.[12]

헬름스-버튼법은 아마 오늘날 국제비즈니스에 영향을 미치는 가장 논란이 큰 역외적용사례일 것이다. 이 법은 피델 카스트로가 1959년부터 통치하기 시작한 쿠바정부에 의해 몰수된 미국 기업의 자산을 밀거래하는 국제기업을 대상으로 제정되었다. 시간이 지남에 따라 쿠바정부는 몰수한 외국기업 자산의 대부분을 임대 또는 판매하여 왔다. 헬름스-버튼법은 미국정부와 몰수자산의 이전 소유주들이 해당 자산의 새로운 외국인 소유자에 대한 조치를 취할 수 있는 권한을 부여하고 있다. 미국 정부는 몰수된 자산의 활용을 통해 혜택을 누리는 기업 임원들의 미국입국을 거부할 수 있다. 과거 프리포트 맥모런(Freeport McMoRan)이라는 뉴올리온즈의 천연자원회사가 소유했던 광산에서 니켈과 코발트를 채굴하는 캐나다의 쉐리트코포레이션(Sherritt corporation)의 임원이 이러한 운명에 처해진 바 있다.

미국 정부의 시각으로는 헬름스-버튼법은 단순히 미국의 소유주들이 쿠바에 강탈당한 자산으로부터 외국기업들이 이익을 얻지 않도록 고안된 것이다. 그러나, 캐나다와 유럽연합(EU)과 같은 다른 많은 국가의 관점에서 헬름스-버튼법은 미국의 반 카스트로 십자군 대열에 억지로 합류하도록 강요하는 잘못된 정책이다.

카스트로 정권 이전의 쿠바 내 모든 외국인 소유 사유재산의 85%가 미국의 이익과 관련된 것으로 추정되는데, 바로 이러한 이유로 쿠바의 몰수 자산의 처분이 다른 국가보다 미국에 더 중요한 점을 쉽게 알 수 있다.[13]

외국기업에 대한 직접적 규제 법률

국가들은 외국인소유기업에 대한 명백하고 직접적인 규제를 목적으로 법률을 제정하기도 한다. 소유권문제는 특별한 이해 영역이다. 대부분의 국가에서 적절하고 균형잡힌 국가의 자원분배를 시장경제에 의존할지 정부통제에 의존할지에 대한 논쟁은 좌우로 갈린 정치적인 입장에 따라 지속되고 있다. 좌파정부가 들어설 경우, 자원의 소유권을 민간으로부터 공공부문으로 이전하는 소위 **국유화(nationalization)**과정은 종종 발생한다. 이러한 정치적 행동에 가장 취약한 부문이 이동성이 없는 천연자원관련 산업(원유생산, 광산업 등)이나 자본집약적 산업(철강, 화학, 석유화학 등)이다. 예를 들어, 2008년 베네주엘라의 우고 차베스 대통령은 철강과 시멘트산업이 국가경제의 전략적 분야라는 이유로 국유화하였다.[14] 짐바브웨 역시 외국인 소유의 광업회사에게 그들의 현지자회사의 다수지분을 국영기업 또는 종업원소유집단에게 양도하도록 강제한 바 있다.[15]

현지정부가 국유화에 따른 손실을 민간기업 소유주에게 보상할 경우, 이러한 이전을 소위 **수용(expropriation)**이라고 하며, 현지정부의 보상이 따르지 않는 국유화를 소위 **몰수(confiscation)**라고 한다. 미국을 포함하여 대부분의 국가들은, 비록 진출국 정부협정(host government agreement)이 이루어지지 않은 정부에 의해 외국인소유자 재산이 몰수되고 보상이 이루어진다 하더라도, 타국 정부들이 자국의 국경 내에서 민간부문의 재산을 공공부문으로 이전하는 주권적 권리를 인정하고 있다. 예를 들어, 많은 아랍산유국들은 1973년 이후에 서구의 석유기업들의 자산을 국유화한 바 있다. 그러나, 이들 국가들은 서구기업에게 지속적인 운영을 보장하는 협정과 미래의 시추권 보장 등 기업이 수용가능한 적절한 보상조치를 제공한 바 있다. 역으로, 미국과 쿠바 간의 갈등의 핵심요소는 쿠바가 미국기업으로부터 몰수한 자산에 대한 보상을 제공하지 않았기 때문이라고 할 수 있다.

민영화 국가소유자산을 민간부문으로 이전하는 경우를 소위 **민영화(privatization)**라고 한다. 민영화는 엄격한 의미에서 현지국정부 통제와 관련되지 않지만, 국유화의 반대되는 개념으로 국제적인 비즈니스 기회를 창출할 수 있다. 민간부문으로 소유권이 이전되는 대부분의 국영기업들은 수익을 내지 못하거나 충분한 자본규모가 되지 않으며, 필요이상의 인원을 고용한 경우가 많다. 그럼에도 불구하고, 정보통신이나 운송, 제조분야와 같이 국가경제의 핵심부문을 차지하는 신산업분야로 사업확장기회를 추구하는 국제기업들에게는 종종 매력적인 기회가 되기도 한다.

1980년대 들어 획기적으로 증가하기 시작한 민영화는 정치적 이데올로기와 경제적 압력의 두 가지 주된 압력에 기인한 것이다. 정치적 이데올로기는 1979년부터 1990년까지 영국수상을 역임한 마가렛 대처로 하여금 경제에서 정부의 역할을 축소하도록 요청하였다. 1980년대에 영국정부는 정부의 이권을 영국 항공, 브리티시 텔레콤, 영국공항관리국, 브리티시 페트롤륨(BP) 등에게 판매하였다. 캐나다 진보보수당의 대표 브라이언 멀로니는 캐나다 수상 재임기간(1984~1993) 동안 유사한 정책을 시행한 바 있으며, 1990년대 아르헨티나, 브라질, 칠레, 멕시코를 비롯한 많은 국가들도 유사한 정책을 수행하였다.

민영화는 기업들이 글로벌시장에서 직면하는 경쟁적 압력에 기인하기도 한다. 정보통신산업은 이러한 현상의 완벽한 사례이다. 정보통신산업은 급격한 기술변화를 통해 시장이 급성장하고 있는 데 비하여 막대한 필요예산의 압력과 재정적자에 직면한 각국 정부들은 국가소유의 정보통신시스템의 업그레이드와 확장에 필요한 자본을 확충하는 데 어려움을 겪게 되었다. 그 결과 아르헨티나, 멕시코, 칠레, 영국 등의 정부들은 정보통신서비스를 민영화하게 되었다.

외국인 소유권에 대한 제약 많은 정부들은 자국경제 또는 핵심산업이 외국인에 의해 통제되는 것을 피하기 위하여 국내기업에 대한 외국인의 소유권을 제한한다. 예를 들어, 멕시코는 에너지산업분야에서 외국인의 소유권을 제한하는데, 이는 석유매장량을 "국가적 유산"으로 간주하고 석유생산에 따른 편익이 자국민에게 돌아가야 한다는 국가적 신념 때문이다. 캐나다의 경우 신문사의 외국인 지분을 25% 이하로 제한하고 있는데, 이는 이웃 국가인 미국으로부터 유입되는 문화적 영향으로부터 자국의 문화를 효과적으로 보호하기 위한 것이다. 외국기업은 라디오와 TV방송산업에서 종종 배제된다. 예를 들어 미국이나 유럽의 경우 TV나 라디오방송사의 지분을 25% 이하로 제한하고 있다.

또한 각 국가는 투자국에서 얻은 이익을 본국으로 **송환(repatriate)**하는 능력에 제한을 가함으로써 외국 다국적 기업을 제약할 수 있다. 이러한 제한은 1980년대에 일반적이었지만, 1990년대 들어서는 많은 국가들이 자유시장지향적인 정책을 채택하면서, 보츠나와와 에티오피아 같은 국가들은 본국송환통제제도를 폐지하였다.

현지국 정부에 대한 다국적기업의 영향

본국을 떠나 국경을 넘어 기업활동을 영위하는 기업은 현지국의 정치적환경, 경제적 환경, 사회적 환경, 그리고 문화적 환경에 영향을 미치기도 하고 영향을 받기도 한다. 이러한 시장에서 효과적으로 경쟁하고 현지정부와 생산적인 관계를 유지하기 위해서 다국적기업의 경영자들은 현지국환경과 어떻게 상호작용해야 하는지를 잘 인식해야 한다.

경제적 영향 및 정치적 영향 다국적기업은 그들이 경쟁하고 기업활동을 수행하는 모든 현지국 경제에 영향을 미치며, 이들 중 대부분은 긍정적인 영향을 미치고 있다. 예를 들어, 프랑스의 까르푸와 같은 서구의 대형할인점체인은 중국시장에 진출하여 중국소비자들이 보다 많은 제품과 브랜드의 선택 기회를 갖고 위생수준이 높아지는 계기를 제공하였다. 다국적기업들은 직접투자를 통하여 제조시설 등을 신설함으로 현지 고용을 창출하기도 한다. 현지 생산시설에 원부자재를 공급하는 기업들이나 건설사들의 고용을 제공하기도 한다. 다국적기업은 또한 법인세를 납부함으로써 현지국 경제의 재정수입에 기여하여, 이러한 세금이 교육과 교통, 그리고 공공서비스의 개선에 쓰이도록 한다. 기술이전 또한 현지 경제에 긍정적인 영향을 끼친다. 중국의 상해기차는 폭스바겐과의 합작기업을 통하여 독일자동차산업의 첨단기술에 접근할 수 있었다. 비슷한 사례로, 제너럴 일렉트릭은 헝가리 기업에 대하여 기술지식을 이전함으로써 헝가리 최대의 조명기구 제조업체의 생산성을 증가시켰다.

다국적기업은 현지국 경제에 부정적인 영향을 미치기도 한다. 다국적기업이 현지 기업과 직접적으로 경쟁한다면, 이로 인해 현지기업의 고용과 수익에 부정적인 영향을 미치게 될 것이다. 예를 들어, 카르푸의 중국시장진출은 중국의 노점시장에서 근근이 생계를 이어가는 음식장사들에게 어려움을 주었다.[16] 또한, 기업의 경제적 영향력이 점점 더 증대됨에 따라 현지국경제가 다국적기업의 경영상태에 더욱 영향을 받게 되는 부정적 영향도 발생하게 되었다. 특히, 다국적기업의 실적부진이 감원 또는 회사의 철수로 이어질 때 현지국경제에 파괴적인 결과를 가져올 수도 있다.

다국적기업은 의도하였든 의도하지 않았든 현지국에 정치적인 영향을 미치기도 한다. 다국적기업의 적지 않은 규모 그 자체로도 경영활동을 수행하는 현지국에 엄청난 영향력을 가지며, 이것이 남용될 가능성도 항상 존재한다. 그렇지 않은 경우에도 현지국정부로부터 기업활동을 제한하려는 조치를 당할 때 생산시설과 고용의 타국 이전 등을 통하여 위협적 방어행동을 취할 수도 있다.

문화적 영향 다국적기업은 현지의 문화에도 주요한 영향을 미칠 수 있다. 현지국의 생활수준향상에 기여하며 이전에는 접근할 수 없었던 신제품과 서비스를 소개하거나 본사국의 문화나 행동양식을 소개할 수 있다. 이러한 변화들은 안전장비나 기계류의 도입, 개선된 의약품과 건강관리체계와 안전한 식품의 소개 등 긍정적인 변화를 가져오기도 하나 어떤 점에서는 부정적인 변화를 가져오기도 한다. 예를 들어, 네슬레는 개도국을 대상으로 영아용 조제분유의 판매촉진활동으로 많은 비난을 받은 바 있다. 개도국의 부모들은 광고에 현혹되어 영아용 조제분유를 구입하였으나 적절한 사용법을 훈련받지 않았기 때문에, 조제분유를 희석하여 아이들을 먹이고 적절한 위생절차를 따르지 않고 보관하였다. 그 결과 이들 국가에서의 영아사망률은 유의미한 증가를 보였다.

TAO Images Limited/Alamy

까르푸와 같은 서양의 소매점의 중국시장 진입은 소비자들에게 제품품질의 향상과 제품 선택의 폭의 확대를 가져왔다. 그러나, 외국 다국적기업과의 경쟁은 중국의 노점시장에서 근근히 생계를 이어가는 음식 노점상들에게 어려움을 주었다.

국제경영에서의 분쟁 해결

국제상거래에서의 분쟁은 매우 복잡한 문제이다. 국제적 분쟁에서 해결해야 할 전형적인 과제는 다음 네 가지이다.

1. 어느 국가의 법률을 적용할 것인가?
2. 어느 국가에서 그 문제를 해결할 것인가?
3. 어떤 방법으로 갈등을 해결할 것인가: 소송, 중재, 조정, 협상?
4. 분쟁의 해결책을 어떻게 강제할 것인가?

많은 국제거래계약은 분쟁해결에 필요한 비용과 불확실성을 줄이기 위하여 위의 질문에 대해 미리 규정해 놓는다. 주요 교역국의 법원들은 이러한 조항들이 해당국가의 공공정책적인 측면과 모순되지 않는 한 계약서상의 규정을 존중하고 이에 따라 판결을 내린다.

만약 특정계약서가 위의 질문 중 첫 두 질문에 대한 조항을 포함하고 있지 않다면 계약당사자들은 자신의 이해에 가장 부합하는 판결을 내린 바 있는 법원시스템을 찾는 소위 **포럼 쇼핑(forum shopping)**과정을 거치게 된다. 포럼 쇼핑은 미국 제조업체가 해외시장에서 불리한 위치에 처하게 하는 것으로 추정된다. 많은 원고 측 변호사들은 미국의 상대적으로 높은 수임료 때문에 미국산 제품의 제품결함에 대한 국제적 분쟁의 재판에 미국법원을 이용하도록 유도한다. 이에 비하여 미국 외의 시장에서 판매되는 제품을 생산하는 외국 제조업체들은 미 법원에서 자사 제품을 방어해야 한다는 위협에 직면하지 않는다.

외국법원의 판결이 강제집행되는 여부는 **국제예양의 원칙(principle of comity)**에 의하여 결정된다. 국제예양의 원칙은 한 국가가 다른 국가의 법원 판결과 결정을, 필요한 제한을 가하면서도 존중하고 강제하는 것을 가능하게 한다. 이러한 원칙이 적용되기 위해서 각국은 일반적으로 아래의 조건을 충족해야 한다.

1. 상호주의가 국가 간에 확장되어야 한다. 즉, A국가와 B국가가 상대국의 법원 판결을 상호존중하는 것에 동의해야 한다.
2. 분쟁의 피고에게는 적절한 통지가 이루어져야 한다.
3. 외국법원의 판결이 상대국의 국내법이나 조약상의 의무를 위배해서는 안 된다.[17]

소송의 비용과 불확실성 때문에 많은 국제거래는 계약상의 분쟁해결수단으로 상대적으로 비용이 덜 드는 방안을 모색하게 된다. 종종 분쟁의 해결은 **중재(arbitration)**과정을 통해 이루어지곤 한다. 중재는 분쟁 당사자가 문제를 개인이나 중재기관에 의뢰하고 그것을 최종결정으로 받아들이는 과정이다. 중재는 진행속도, 프라이버시의 보호, 비공식적 절차 진행 등의 장점을 지니며 소송에 비하여 비용도 훨씬 저렴하다. 예를 들어, 후지쯔의 IBM 소프트웨어의 무단 사용에 따른 IBM과 후지쯔 간의 5년에 걸친 지루한 소송은 미국중재협회의 두 중립적인 중재인의 도움으로 신속하게 해결되었다.[18] 마찬가지로, 아프리카의 불어권 16개 국가들은 코트디부아르의 아비장에 지역 상업 중재법원을 설립하였는데, 막후의 정치공작이나 현지국 정부의 정치적 압력으로부터 독립된 상업적 분쟁을 해결하기 위한 기관을 설립함으로써, 16개국에서 국제무역과 국제투자가 원활히 이루어지고 있다.[19]

국제거래에서 발생하는 또 다른 이슈는 현지국 정부와의 분쟁이다. 국제거래에서 이러한 분쟁이 발생할 경우 사용할 수 있는 법적 수단은 제한적이다. 예를 들어, 1976년 제정된 미국의 **주권면제법(Foreign Sovereign Immunities Act)**은 미국기업을 대상으로 한 외국정부의 소송이 일반적으로 미국법원의 재판관할을 넘어선 것으로 인정하고 있다. 따라서, 만약 프랑스정부가 IBM의 프랑스 내 시설을 국유화하거나 임의과세를 할 경우 IBM이 프랑스의 주권에 반하여 미국의 법원을 통해 이를 바로잡을 수 없다는 것을 의미한다. 그러나, 주권면제법은 주권국가의 상업적 행동에 대해서는 면책권을 부여하지는 않는다. 만약 프랑스 정부가 IBM 서버 2,000대를 구매하고 부당하게 계약을 취소할 경우, IBM은 프랑스정부를 미국법원에 제소할 수 있다.

각국은 종종 자국기업을 현지국정부의 임의적 행동으로부터 보호하기 위하여 양자조약을 체결한다. 이러한 조약은 일반적으로 현지국정부가 외국 기업과의 투자분쟁을 중재를 통해 해결하는 데 동의해야 한다. 미국과 자메이카는 이러한 조약을 체결한 바 있다. 자메이카 정부가 증세를 금지하는 계약조항을 무시하고 알코아사의 알루미늄 정제공장에 대한 세금 인상을 발표했을 때, 알코아사는 자메이카 정부로 하여금 중재법원에 정부의 결정을 제출하도록 강제할 수 있었다.[20]

In Practice

- 법률 및 법률체계는 세계 여러 국가별로 다양하다. 요령있는 국제 비즈니스 전문가들은 항상 현지 법률의 요구사항을 탐색할 수 있도록 지역 법률고문을 찾는다.
- 인터넷을 통해서 쉽게 국경을 넘어서 거래가 성사될 수 있기 때문에 전자 상거래는 의도하지 않게 현지법률을 위반하는 취약점이 있다.

추가 고려 사항: 세계적 브랜드명을 사용하여 iPhone 및 iPad를 판매하기로 결정한 후에 Apple이 법적 문제를 줄이기 위해 할 수 있었던 것은 무엇인가?

3.2 기술적 환경

국가별 환경에서 또 다른 중요한 영역은 기술적 환경이다. 국가의 기술적 환경의 기초는 국가의 자원기반이다. 호주, 아르헨티나, 태국 등의 일부 국가는 비옥한 농경지로 인해 축복받은 환경을 지니고 있다. 사우디아라비아, 남아프리카, 러시아 등은 석유, 가스, 금, 다이아몬드 등의 풍부한 천연자원을 보유하고 있다. 중국이나 인도네시아와 같은 국가는 아이슬랜드나 뉴질랜드가 갖지 못한 풍부한 인적자원을 지니고 있다. 자원의 가용성 여부는 해당 국가에서 생산할 수 있는 제품에 영향을 미치게 된다. 비옥한 농경지로 인해서 호주, 아르헨티나, 태국과 같은 국가는 농산물의 주요 수출국이 되었다. 중국과 인도네시아도 저임금의 노동력이 풍부하므로 노동집약적인 제품을 세계시장에 수출하고 있다. 역으로, 아이슬랜드와 뉴질랜드와 같은 국가들은 저임금의 노동력이 부족하여 노동집약적인 제품생산이 수익이 맞지 않으므로 노동집약적인 제품의 순 수입국이 되었다.

각국은 투자를 통하여 기술적 환경의 변화를 가져올 수 있다. 캐나다, 독일, 일본과 같은 많은 국가들은 고속도로, 통신시스템 등의 사회하부구조에의 집중적인 투자를 통하여 제품의 생산과 운송을 보다 용이하게 하였다. 또한 많은 국가들은 인적자본에도 집중적인 투자를 하고 있다. 국민들을 대상으로 한 지식과 숙련기술교육을 통하여 노동생산성과 효율성을 개선시키고 있다. 사회하부구조와 인적자본에의 투자는 이들 선진국들이 자국의 고임금구조에도 불구하고 세계시장에서 계속 번영하는 이유가 되고 있다.

국가의 기술적 환경에 영향을 미치는 또 다른 수단은 **기술이전(technology transfer)**이다. 어떤 국가들은 해외직접투자를 권장함으로써 기술이전을 촉진하여 왔다. 예를 들어, 헝가리와 폴란드의 경우 GE나 GM과 같은 기업의 신설투자에 대해 각종 세제혜택이나 다른 인센티브를 제공함으로써 공산주의에서 자본주의로의 체제변환을 활성화시켰다. 다른 국가들은 자국의 자원이나 소비시장을 필요로 하는 기업들에게 현지투자의 조건으로 기술이전을 요구하여 자국의 기술적 기반을 개선하였다. 예를 들어, 사우디아라비아의 경우 원유채굴을 희망하는 외국기업으로 하여금 자국의 석유분야 엔지니어를 고용하고 훈련하도록 강제함으로써 최신 탐사기술과 시추기술을 학습하도록 하였다. 유사한 사례로, 중국정부도 GM의 상하이 뷰익생산공장 설립 시에 중국엔지니어들의 교육과 연료분사시스템이나 파워트레인 분야 등의 기술적 노하우의 전수를 목적으로 하는 5개 연구소의 설립을 조건으로 하여 허가한 바 있다.

국가의 기술적 환경의 중요한 결정조건이자 외국기업이 해당국가에의 기술이전을 기꺼이 수용하는 요인은 해당국의 법률이 지적재산권을 보호하는 정도에 달려있다. 지적재산권(특허, 저작권, 상표권, 브랜드 등)은 대부분의 다국적기업의 중요한 자산이다. 이러한 지적재산권은 글로벌시장에서 경쟁우위와 핵심역량의 근간을 형성한다. 지적재산권의 가치는 해당국이 기업의 소유권을 강하게 보호해주지 않는다면 쉽게 손상될 수 있다. 지적재산권에 대한 보호가 취약한 국가는 기술집약적인 외국인 투자를 유치하기 쉽지 않다. 게다가, 취약한 지적재산권 보호는 현지기업들도 자신 소유의 지적재산권을 개발하고자 하는 의욕을 떨어뜨린다.

대부분의 국가들은 지적재산권보호와 관련된 법률을 가지고 있다. 이러한 권리의 보호는 다수의 국제조약에 의해 강화되어왔다. 파리협약으로 잘 알려진 국제산업재산권보호협약(International Convention for the Protection of Industrial Property Rights), 문학 및 예술작품의 보호를 위한 베른조약(the Berne Convention for the Protection of Literary and Artistic Works), 세계 저작권 협약(the Universal Copyright Convention), 우루과이라운드의 한 부분이었던 무역관련 지적재산권협정(Trade-Related Intellectual Property Rights agreement: TRIPS) 등이 그것이다. 이들 법률과 조약의 내용들은 지적재산권의 소유자들에게 적절한 보호수단을 제공한다. 그러나, 모든 국가들이 이러한 조약에 승인한 것은 아니며, 조약승인국가들에 대한 강제수단도 느슨한 편이다.

지적재산권에 대한 느슨한 보호는 국제경영에 막대한 비용을 초래할 수 있다. 소프트웨어연합(Business Software Alliance)에 따르면 컴퓨터 소프트웨어의 불법복제가 초래하는 손실은 2011년도에 634억 달러에 달하였다. [표 3.1]은 상위 15대 소프트웨어 시장에

표 3.1 세계 15대 소프트웨어 시장

(단위: 10억 달러, %)

	2011		
	총 시장 규모	불법복제시장 규모	불법복제율
United States	$51.6	$9.8	19
China	$11.6	$8.9	77
Japan	$9.0	$1.9	21
Germany	$8.8	$2.3	26
France	$7.6	$2.8	37
United Kingdom	$7.3	$1.9	26
Brazil	$5.3	$2.8	53
Russia	$5.1	$3.2	63
India	$4.6	$2.9	63
Canada	$4.1	$1.1	27
Italy	$4.0	$1.9	48
Australia	$3.3	$0.8	23
Spain	$2.7	$1.2	44
Mexico	$2.2	$1.2	57
South Korea	$2.0	$0.8	40

출처: Based on Business Software Alliance, *Global Piracy Report 2011* (www.bsa.org).

대한 소프트웨어 불법 복제 및 저작권 침해율을 보여준다. 불법복제로 인한 총 손실은 미국이 98억 달러로 가장 높지만, 불법복제율은 중국이 가장 높다. 소프트웨어연합에 따르면 미국의 평균적인 PC 사용자의 정품 소프트웨어 구입비용이 120달러인데 비하여, 중국의 평균적인 PC 사용자는 8.89달러만 지출한다. 유사한 사례로 음악과 영화관련 기업들은 카세트, CD, DVD 등의 불법복제로 인한 손실이 연간 180억 달러 이상이라고 추정한다. 관련기업들에게는 불행하지만, 기술의 발전으로 이러한 불법복제와 해적질은 과거보다 훨씬 빨라졌다. 예를 들어, 할리우드 영화들의 해적판들은 영화개봉 후 며칠 지나지 않아 중국, 홍콩, 인도네시아의 거리에서 쉽게 찾을 수 있다.[21]

위조 및 지적자산의 도용은 단순한 매출 손실 이상의 기업 및 사회적 문제를 야기할 수 있다. 많은 경우, 기업의 가장 소중한 자산은 브랜드명이며 모조품은 브랜드명성을 심각하게 손상시킬 수 있다. 중국의 한 젊은 용접공의 모토로라 휴대폰이 주머니에서 폭발하여 사망하여 널리 알려졌던 사건은, 초기에 사고원인이 휴대폰 배터리 과열로 추정되었다. 사건발생 후, 중국 당국은 모토로라 휴대폰 배터리가 국가 안전 표준을 충족시키지 못했다고 판결했다. 그러나 모토로라가 증거를 조사한 결과 정품배터리가 아니었으며, 모토롤라와 무관한 중국 유통 업체가 판매하는 모조품으로 밝혀졌다.

콜게이트 파몰리브(Colgate-Palmolive Company)도 비슷한 문제에 부딪힌 바 있다. 미국식약청(FDA)은 미국 내 4개 주에서 판매된 "콜 게이트" 치약에서 부동액에 일반적으로 사용되는 독성물질인 디에틸렌 글리콜이 함유되어 있음을 발견하였다. 이 제품 역시 중국산 위조제품으로 판명되었지만 콜게이트의 제품명성에 심각한 손상을 끼치게 되었다. 다행히 FDA의 적절한 조치 덕분에 비극은 피할 수 있었다. 그러나, 파나마에서는 불행하게도 중국산 기침 시럽에 디에틸렌 글리콜이 함유되어 있어서 40명이 넘는 사망자가 발생하였다.

위조품의 증가는 이러한 안전하지 않은 제품으로부터 자국 시민들을 보호하기 위해 노력하는 수입국의 감독 기관에 과부하가 걸리게 하고 있다. 예를 들어, 2007년 한 해에만 FDA는 수입 위조약품과 관련된 31건의 신규 수사를 시작하였으며, 가짜 콜게이트 치약이 발견된 후 중국에서 제조된 모든 수입 치약을 검사해야 했다. 또한 이 사건으로 인해 회사도 글로벌화의 결과로 구축해 온 복잡한 글로벌 공급망의 신뢰성과 무결성을 모니터링하기 위해 추가적인 자원을 소모해야 했다.[22]

특허관련 관행의 차이가 이러한 갈등을 초래할 수 있다. 예를 들어, 일본기업들은 기존 특허에 약간의 수정사항만을 반영하여 다수의 특허를 출원하는 경향이 많다. 이에 반해, 미국의 특허법은 발명이 특허로 인정받기 위해서는 새롭고, 유용하며, 명백히 특허침해가 아닌 것을 입증해야 한다. 따라서, 미국기업들은 일본기업들에 비해 훨씬 적은 수의 특허를 출원하는 경향이 강하다. 이러한 점이 미국과 일본 간의 소위 일본기업들에 의한 특허홍수(patent flooding)와 관련된 무역분쟁의 원인이 되었다. 특허홍수와 관련하여 기업은 경쟁자의 기존특허기술을 조금 개량시킨 일련의 특허를 다수 출원하여 경쟁자가 특허홍수기업의 지적재산권을 침해하지 않고서는 자신의 원천기술을 통하여 기술을 혁신하는 것을 원천적으로 불가능하게 만들기도 한다. LaserAlign(소프트웨어이자 레이저기반 기술로서 로봇이 소형부품의 위치를 회로판에 제대로 자리잡도록 하는 것을 돕는다)을 개발한 미니애폴리스의 중소기업인 사이버옵틱스(CyberOptics)는 특허홍수 대기업으로 인해 피해를 입은 사례이다. 사이버옵틱스는 사이버옵틱 기술을 픽앤플레이스 로봇에 적용하여 야마하가 이를 모터사이클과 다른 제품의 생산라인에 활용하도록 5년여의 기간을 긴밀히 협력한 바 있다. 양사는 어느 일방이 상대방의 동의 없이 양사가 공동개발한 기술의 특허출원을 하지 않기로 동의하였다. 그러나 사이버옵틱스 사는 야마하가 자사의 LaserAlign 시스템에 기초하여 공동개발한 기술과 관련된 26개의 특허를 일본, 유럽과 미국에 출원한 것을 발견하게 되었다. 게다가 사이버옵틱스사는 야마하가 잠재적인 사이버옵틱스사의 고객들에게 사이버옵틱스사의 서비스를 구매하게 되면 야마하의 특허를 침해하게 될 것이라고 위협한다는 사실도 발견하게 되었다. 결과적으로, 사이버옵틱스사는 야마하를 계약위반과 특허침해 건으로 고소하게 되었다. 이 사건은 나중에 법정 밖에서 해결되었다.[23]

상표권과 브랜드명의 등록 역시 국제경영에서 문제를 초래할 수 있다. 일반적으로 대부분의 국가들은 "선출원주의(first to file)" 접근법을 따르며, 이는 종종 외국기업에 피해를 주는 수단으로 남용되기도 한다. 기업들은 먼저 본국 시장에서 브랜드명이나 상표권이 대중화된 후, 제품을 타국에 수출하려는 시도를 하게 되는데, 기회주의적 사업가들이 먼저 해당국에 지적재산권을 등록하는 경우가 있다. 어떤 국가에서는 "즉시사용(use it or lose it: UIoLI)" 철학을 채택하기도 하는데, 경우에 따라서는 외국기업에게 골칫거리가 되기도 한다. 예를 들어 제이씨페니(J. C. Penny)의 경우 상표권을 대부분의 국가시장에 선출원주의에 따라 상표권을 등록해왔는데, 싱가포르에서는 "JC Penny Collection"이라는 의류가게를 두 곳 보유한 여성사업가 때문에 그러한 권리를 잃게 되었다. 싱가포르 대법원은 제이씨페니가 적절한 방법으로 싱가포르에 상표권을 등록했음을 인정하면서도, 싱가포르에서 상표권을 행사하는 데 실패했다는 이유로 회사명을 사용할 권리를 상실했다고 판결하였다.[24] 스타벅스도 상표권 불법점유자로부터 브랜드명을 다시 회수하기 위한 노력을 기울였음에도 러시아시장 진입이 수년 동안 지연된 바 있다. 이러한 지연은 커피시장에서 러시아 현지기업과 외국의 경쟁기업들이 러시아시장에 기반을 구축하고 요지에 커피점을 세우는 계기가 되었다.[25]

행정적인 지연도 지적재산권 보유자의 권리에 피해를 미치게 된다. 일본에서 외국기업의 상표권등록 승인과정은 일본기업에 비해 4배 정도의 긴 시간을 필요로 하며, 외국특허의 등록은 이보다 더 긴 시간을 필요로 한다. 예를 들어, 1989년에 제기된 텍사스인스트루먼트(TI) 사의 집적회로의 원천특허에 대한 소송의 판결이 이루어지는 데는 거의 30년이 소요되었으며, 이는 일본의 기업들이 텍사스인스트루먼트에 지급해야 할 로열티 금액의 실질적인 감소를 가져왔다. 후지쯔 같은 기업들은 후지쯔의 회로설계가 텍사스 인스트루먼트의 원천특허보다 새롭고 개선된 기술에 의존하였다고 주장하여 로얄티 지급을 피할 수 있었다. 요컨대, 일본 법원판결의 지체는 후지쯔와 같은 일본기업들이 반도체산업의 초창기에 텍사스인스트루먼트의 지적재산권에 대한 정당한 보상 없이 텍사스인스트루먼트의 기술을 활용하여 이득을 보는 결과를 낳은 것이다.[26]

In Practice

- 지적 재산권은 대부분의 다국적 기업에게 중요한 자산이다. 따라서 이러한 자산에 대한 권리보호는 법적인 관점에서나 전략적인 관점에서 기업에게 최우선순위의 문제이다.
- 지적 재산권을 보호하는 법은 국가마다 매우 다양하므로, 기업의 현재 또는 잠재적 경쟁시장에서 자사의 권리보호를 위하여 지적재산권분야의 뛰어난 현지 변호사와 거래하는 것이 중요하다.

추가 고려 사항: 소프트웨어 기업이 불법 복제율을 줄이기 위해 선진국 시장이나 중국과 같은 신흥 시장에서 무엇을 할 수 있는가?

3.3 회계적 환경

국가회계시스템의 정책과 절차상의 차이는 국제경영에 있어 운영과 통제상의 문제를 가져올 수 있다. 따라서, 기업은 경영자가 기업을 경영하기 위해 요구되는 내부정보와 기업활동이 이루어지는 국가의 주주, 채권자, 정부 등 이해관계자에게 요구되는 외부정보 모두 제공하는 회계시스템을 구축해야 한다.

국가별 차이의 근원

개별 국가의 회계표준과 관행은 [그림 3.1]에서 보여주는 바와 같이 법적, 문화적, 정치적, 경제적 요인의 영향을 반영한다.[27] 이러한 요인이 개별 국가마다 상이하기 때문에 국가회

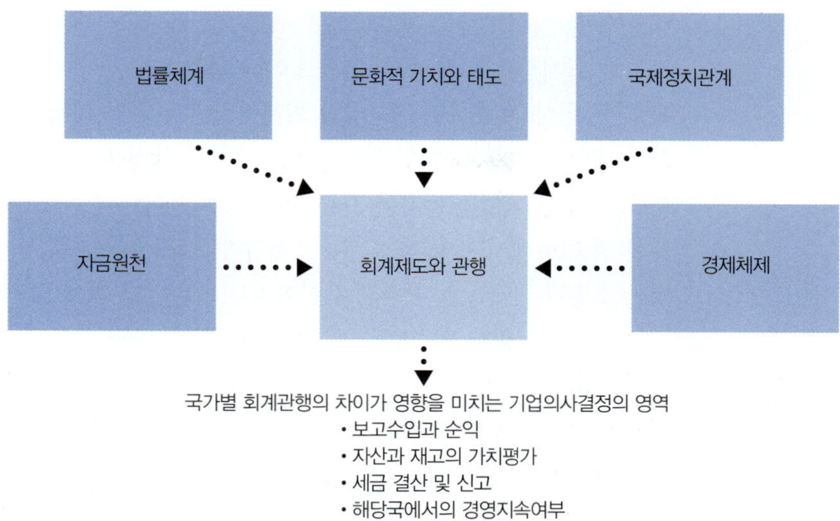

그림 3.1
국가 회계제도 영향요인

계시스템의 목적과 철학 역시 나라마다 천차만별이다.

영미법과 대륙법의 차이를 먼저 고려해보자. 영국과 미국과 같은 영미법국가에서 회계절차는 영국의 회계기준심의회(Accounting Standards Board)나 미국의 재무회계기준위원회(Financial Accounting Standards Board: FASB) 등의 독립적인 회계심의기관의 결정을 통하여 이루어진다. 각 위원회는 영국의 공인회계사회(Institutes of Chartered Accountants: ICA)나 미국의 공인회계사회(American Institute of Certified Public Accountants: AICPA)와 같은 회계전문가집단의 컨설팅을 반영하여 회계기준을 제정한다. 영미법국가의 회계책임자는 기업의 성과가 전문위원회에서 동의된 회계표준에 근거하여 참 또는 거짓의 관점을 제공해 주는 소위 "일반적으로 인정된 회계원칙(generally accepted accounting principles: GAAP)"을 따르게 된다. 이러한 원칙의 범위 내에서 회계사는 자신의 전문적 지식을 가지고 기업성과의 진실성 여부를 재량껏 판단하고 보고하게 된다.

성문법적 체계를 갖춘 국가에서는 역으로, 국가의 회계절차와 표준을 법제화한다.[28] 이들 국가에서는 회계실무는 FASB와 같은 회계전문가 집단의 집단지성이 아닌 법률에 의해 결정된다.[29] 예를 들어, 프랑스의 성문법체계와 경제에 대한 오랜 전통의 강력한 중앙정부의 통제체계는 프랑스 기업들에게 국가의 통일된 회계계정과목인 일반회계안(le plan comptable general: PCG)을 따르도록 강제하고 있다. 이 회계제도의 연원은 1673년까지 거슬러 올라가며, 법적절차의 증거로 사용되기 위해 고안된 기록을 볼 수 있다. 이러한 법적 역할을 용이하게 하기 위해 모든 기업회계기록은 정부에 공식적으로 등록되어야 한다. 마찬가지로, 독일의 회계실무도 법률과 법원에 의해 정해진 요구조건을 엄격하게 따르고 있다.

국가의 법적 체계 역시 회계실무의 실행에 영향을 미친다. 대부분의 선진국은 비록 공적부문과 민간부문의 비중 간에 다소의 차이가 있을지라도, 민간부문과 공공부문의 비즈니스 활동에 의존하게 된다. 프랑스와 독일의 경우 회계절차가 법률에 의하여 정해져 있기 때문에 정부는 회계실무의 감독에 주된 역할을 하게 된다. 프랑스의 회계사들은 법적으로 기업의 회계장부를 감사한 결과 드러난 회계적 부정에 대하여 프랑스 검사에게 보고하도록 되어 있다. 이에 비해, 미국의 회계시스템은 기업 회계 관행의 정확성과 정직성을 강제하는 개인 소송에 크게 의존한다. 미국에서는 개인 투자자나 채권자를 오도하는 어떤 시도든 즉각적인 소송을 야기할 가능성이 높다. 아더앤더슨(Arthur Andersen)의 운명은 이에 대한 엄중한 예이다. 에너지 거래업체인 엔론(Enron)에 대한 아더앤더슨의 감사 실패는 엄청난 소송과 급작스런 파산으로 이어지는 존경받던 회계 법인의 몰락을 가져왔다.

한 국가의 회계 시스템은 해당국의 문화를 반영하고 있다. 프랑스정부에 의해 규정된 상세한 회계절차는 프랑스의 국가주의적 전통을 잘 반영한다. 프랑스 대기업들 역시 종업원들의 처우와 보상에 대해 소상히 설명하는 "사회적 대차 대조표"를 게시해야 한다. 독일의 회계절차에 강력한 반-인플레이션적 관점이 포함된 이유는, 수많은 독일 중산층의 재산을 증발시켜 버리고 아돌프 히틀러가 1932년에 총통에 취임하는 계기가 된 1920년대 초반의 비극적인 초인플레이션에 대한 반응인 것이다.

국제정치적 유대관계 역시 국가의 회계 절차의 중요한 결정 요인이다. 대부분의 영연방 국가들이 영국의 회계 원칙과 절차를 채택한 것처럼 프랑스와 네덜란드의 옛 식민지들도 식민통치국들의 회계기준을 택하였다. 필리핀 역시 1898에서 1946년까지 지배했던 미국의 회계절차를 따르고 있다.

국가의 경제 시스템 또한 회계 관행에 영향을 미친다. 중앙계획경제에서의 회계 시스템은 국가 계획입안자들에게 산출중심정보(output-oriented information)를 제공하기 위한 필요에 의해 운영된다. 이러한 회계 시스템은 국가 자금의 사용용도와 국가가 할당한 생산량의 생산여부에 대한 문서화에 초점을 맞춘다.[30] 한편, 시장지향적인 회계시스템에서 경영자와 투자자는 이익 및 비용 중심의 정보를 필요로 한다.

자본 시장 역시 국가 회계 기준에 영향을 미칠 수 있다. 미국 기업들은 역사적으로 공모방식의 투자에 의존하여 자본을 조달하여 왔다. 따라서, 미국 회계 기준은 외부투자자들(개인 주주와 채권자)이 적절한 투자 결정을 내릴 수 있도록 정확하고 유용한 정보의 제공을 강조한다. 이러한 목표의 일환으로, 상장기업들은 미 증권거래위원회(SEC)의 공시 규정을 충족해야한다. 불행히도 엔론의 파산이 보여주듯이 이러한 공시 규정은 완벽하지 않았다. 엔론 사태에 의해 발견된 문제를 해결하기 위하여, 2002년에 제정된 사베인-옥슬리법(참조 "Bringing the World into Focus")은 미국 내 상장기업에 대하여 새로운 기업 지배 구조와 재무보고 요구사항을 부과하였다. 미 증권거래위원회는 이러한 문제를 해결하기 위하여, 기업의 회계보고와 지배 구조가 보다 명확하고 투자자들이 이해하기 쉽도록 하기 위한 새로운 규정을 발표했다.

반면, 독일의 경우 기업의 자본조달에 있어 소수의 대형은행이 지배적인 역할을 한 결과, 회계관행은 채권자의 요구(예를 들어, 자산의 과소평가와 부채의 과대평가와 같은)에 초점을 맞추고 있다. 이러한 보수적인 접근 방식은 대출 은행에 유리하다. 독일의 기업공개시장은 미국보다 그 중요성이 덜 하므로, 독일의 회계 관행은 미국식 관행보다 투자자에게 상대적으로 적은 정보를 제공한다.[31]

이러한 상황은 일본도 비슷하다. 대부분의 일본 상장기업은 *계열(keiretsu)*의 일원이다. 계열 내 기업들의 지분구조는 계열사 간의 순환출자와 은행 및 기타 금융기관의 투자에 의한 지분구조를 가지고 있어 민간 투자자들의 지분은 상대적으로 적은 편이다. 대부분의 일본 기업들은 서구 기준으로 보면 높은 부채 비율을 지니고 있다. 따라서, 일본의 회계 기준은 외부투자자들보다는 회사의 재무 기록에 대한 특권적인 접근 권한이 있는 재벌계열사와 채권자들의 요구를 충족시키기 위한 방향으로 초점이 맞추어져 있다. 그러나 이러한 회계투명성의 부족은 저개발 국가에서의 기업의 자금조달능력에 종종 부정적인 영향을 미치고 있다.

회계관행의 차이

정치적, 문화적, 법률적, 경제적 환경은 각국의 회계시스템에 대한 철학과 태도에 영향을

BRINGING THE WORLD INTO FOCUS

사베인-옥슬리 법

엔론, 타이코, 월드컴을 둘러싼 회계 스캔들은 회계관련 직종에 미치는 영향 이상의 위협을 가져왔다. 미 의회는 투자자들이 공인회계사나 기업회계보고서를 더 이상 신뢰하지 않게 되고 나아가 미국 자본 시장에 대한 믿음까지 잃을 수 있음을 우려했다. 만약 그렇게 된다면 미국기업의 자본조달비용은 증가하게 될 것이며, 이는 세계 시장에서 미국기업의 경쟁력 약화를 초래할 것이 예상되었다. 자본 시장에서 대중의 신뢰를 회복하기 위해, 미 의회는 회계제도 개혁법안인 "기업회계개혁 및 투자자보호법(the Public Company Accounting Reform and Investor Protection Act)", 일반적으로 사베인-옥슬리 법(Sarbanes-Oxley Act)으로 알려진 법안을 통과시켰다.

사베인-옥슬리 법은 여러 가지 목적을 가지고 있다. 첫째, 문제가 된 공공회계문제를 해결하는 것이다. 이 법에 따라 설립된 상장기업회계감독위원회(Public Company Accounting Oversight Board: PCAOB)는 상장기업의 감사에 대한 윤리 및 감사기준을 개발하고 집행하는 임무를 수행한다. 이 법은 회계법인이 그들의 감사대상 기업에게 특정 컨설팅 서비스를 제공하는 것을 금지하였다. 이 조항은 아서 앤더슨이 감사 서비스보다 컨설팅 서비스 제공을 통하여 엔론에서 훨씬 더 많은 수익을 창출하였기 때문에, 아서 앤더슨과 엔론 사이에서 발생한 이해관계의 상충에 대한 직접적인 대응이었다. 많은 비평가들은 엔론의 의심스러운 회계 관행에 대한 아서 앤더슨의 감사 의지가 엔론과의 수지맞는 컨설팅 사업의 손실을 가져올 것에 대한 두려움 때문에 타협될 수밖에 없었다고 믿고 있다.

둘째, 이 법은 기업의 임원, 감사 및 이사회 구성원들에게 새로운 요구 사항을 부과함으로써, 상장기업의 기업지배구조를 강화하였다. 기업의 임원은 어느 누구도 이사회의 감사위원회에 포함될 수 없으며, 감사인과 회사 경영진 사이의 회계 절차에 불일치 사항은 그 어떤 것이라도 감사위원회에 보고하도록 하였다. 최고 경영자와 최고 재무 책임자는 재무제표에 기업재무제표에 "기업의 운영과 재무상태에 관련된 모든 자료가 공정하게 제시되었음"을 적시하도록 요구되었다. 이 강화된 조항은 최근의 중요한 사건에서 기업임원들에 의해 사용된 "나는 몰랐소!"라는 모르쇠 전략을 방지하기 위하여 고안되었다.

사베인-옥슬리 법의 핵심조항은 404조로서, 상장기업의 경영자가 "적절한 내부 통제 구조 및 재무보고 절차"를 작성하도록 하는 의무규정을 두고 있으며, 반드시 감사인의 검토를 거치도록 하고 있다. 최고경영자, 최고재무책임자, 그리고 감사는 회사의 내부 통제의 품질과 적절성에 대한 자신의 평가를 회사의 주주와 미증권거래위원회(SEC)에 제출해야 한다.

404조의 요구 사항을 준수하기 위한 비용이 대기업보다는 중소기업에게 보다 과중하였다는 점은 매우 큰 논쟁을 야기하였다. 이 법률의 통과는 미국 주식시장의 경쟁력에 부정적인 영향을 미쳤다. 많은 외국 기업들이 사베인-옥슬리법 준수에 따른 비용을 피하고자 미국 공개시장에서의 주식상장을 회피한 것이다. 예를 들어, 뉴욕증권거래소는 2000년에 런던 및 룩셈부르크 증권거래소와 경쟁하여 외국 기업 신규상장의 거의 90%를 차지하였으나, 2005년에는 이들 경쟁시장에 90%의 시장점유율을 내어주었다. 미국 거래소의 상장주식의 수는 1997년 이후 43% 감소하였으며, 같은 기간에 미국 외 시장에서의 상장비율은 2배 이상 증가하였다. 아이러니하게도, 동 법안의 주요 수혜자는 이러한 법안이 입안되는 데 부분적인 이유를 제공하였던, 살아남은 4대 회계 법인이었다. 이들은 사베인-옥슬리 법에 의해 요구되는 부가적인 업무량 때문에 호황을 맞이했다.

출처: "U.S. falls behind in stock listings," *Wall Street Journal*, May 26, 2011, p. A1; "Please be patient," *Wall Street Journal*, May 25, 2006, p. A14; "Taking their business elsewhere," BusinessWeek, May 22, 2006(online); "New York loses edge in snagging foreign listings," *Wall Street Journal*, January 26, 2006, p. C1; "A price worth paying?" *The Economist*, May 21, 2005, p. 71; "Teething troubles," *The Economist*, May 21, 2005, p. 72.

미친다. 이들은 또한 특정 국가의 회계사가 상이한 회계 이슈를 처리하는 방식에 영향을 미친다. 이러한 상이한 처리방식은 다시 기업의 보고이익과 자산가치, 세금 등과 해당국가에서의 사업개시나 유지결정에 영향을 미친다. 외국의 회계 기록에 의존하면서도, 이러한 차이를 식별하지 못하는 국제기업은 매우 값비싸고 아마도 치명적인 전략적 오류 및 운영상의 실수를 할 수 있다. 국제경영에 영향을 미치는 보다 중요한 국가별 회계의 차이점을 살펴보도록 하자.

자산의 평가 및 재평가 대부분의 국가 회계 시스템은 기업의 자산이 역사적 원가 기준으로 평가되어야 한다는 가정하에 출발한다. 즉, 자산은 자산의 취득 원가로 회계 장부에 기록된다. 그러나, 인플레이션으로 인해 자산의 시장 가치는 종종 역사적 원가보다 더 높게 된다. 이러한 문제의 해결책은 국가 회계 시스템에 따라 서로 상이하다. 네덜란드 기업은 자산의 진정한 대체가치를 반영하기 위해 대차 대조표에 이러한 자산가치의 상승을 반영할 수 있다. 영국의 회계사들은 자신의 전문적인 판단에 따라, 역사적 원가 기준이나 현행원가 기준, 또는 두 기준을 혼합하여 자산을 평가할 수 있다. 영국 회계 철학을 받아들인 호주 역시 회계사들에게 상당한 정도의 재량권을 부여한다. 호주 기업들은 인플레이션이나 개선된 경제적 상황을 고려하여 대차대조표상의 고정자산의 가치를 변경하기도 한다. 그러나, 미국과 일본에서는 이러한 상향 재평가는 불법이다. 자산 재평가 과정에서 이러한 각국의 차이는 상이한 국가에 있는 기업들의 대차 대조표를 비교할 때 주의해야 함을 보여준다.

재고 자산 평가 모든 회계입문 과목은 재고평가에 대한 두 가지 주요 방법에 대해 논의한다. 후입선출방식(last in, first out: LIFO)과 선입선출방식(first in, first out: FIFO)이 그것이다. 인플레이션시기에 후입선출방식은 판매제품의 보고비용을 증가시키고 재고 자산

VENTURING ABROAD

중국의 회계가 캐터필러의 투자를 장사지내다

토공장비, 굴착기 및 특수 광산차량의 세계적인 공급업체인 캐터필러는 국가 간 회계 차이를 이해하지 못하여 비용을 치른 생생한 예를 제공한다. 회사 임원들은 현재 세계 건설장비시장의 절반을 차지하는 등 급성장하는 중국 시장에서 캐터필러의 입지를 확대시키기를 열망했다.

견고한 장비의 품질과 내구성으로 세계적인 명성을 얻었지만, 캐터필러는 저렴한 가격, 정치적 커넥션 및 "충분히 좋은" 제품을 강조하는 중국 시장에서 경쟁하기가 어렵다는 것을 발견하였다. 캐터필러는 중국에서의 입지를 강화하기 위해 2012년 6월에 중국의 지하 석탄광산 채굴을 위한 지붕지지 장비의 선도적 공급업체 중 하나인 ERA광산기계(ERA Mining Machinery Ltd)를 7억 달러에 인수하였다. 그러나 거래 9개월 만에 캐터필러는 "고의적인 다년간의 회계부정행위"를 발견하고, ERA에 대한 5억 8,000만 달러의 투자를 대손상각하였다. ERA의 수익인식절차와 실제재고수준과 보고재고수준간의 불일치가 핵심 원인이었던 것이다. 적어도 한 명의 고위경영진이 해당거래에 대한 적절한 수준의 실사를 하지 못했다는 이유로 회사를 떠나야 했다. 일리노이에 본사를 둔 기업에게는 83%의 투자손실도 당황스럽지만, 그보다 심각한 것은 중국 시장에서의 시장점유율을 확대하려는 계획의 좌절이었다. 캐터필러는 현재 중국 내 23개의 공장, 4개의 R&D 센터 및 15,000명의 중국인 직원을 보유하고 있음에도 불구하고 거대한 중국 시장에서 전체 매출의 3%만을 달성하고 있다.

출처: Based on "Caterpillar Chief Faults China Unit," *Wall Street Journal*, January 28, 2013, p. B2; "Deal Trips up Caterpillar in China," *Wall Street Journal*, January 22, 2013, p. B1; "Caterpillar Finds Accounting Misconduct at Chinese Unit, *Wall Street Journal*, January 9, 2013, p. B4.

의 장부 가액을 감소시키며 선입선출방식에 비해 기업의 보고이익(그리고 아마도 세금까지)을 감소시키는 경향이 있다. 반면에 선입선출방식은 후입선출방식에 비해 회사의 기존 재고의 가치에 대한 보다 명확한 추정치를 제공한다. 따라서, 두 회사의 성과를 비교할 때 각 기업이 사용한 재고평가방법을 잘 알 필요가 있다. 재고평가방법의 사용에는 국제적으로 상당한 차이가 있다. 미국과 캐나다 기업은 두 접근방식을 모두 사용할 수 있다. 일본에서는 후입선출법이 허용되는 반면 중국과 인도에서는 사용할 수 없다. 브라질과 영국의 기업들은 일반적으로 선입선출방식만 사용한다.[32]

세무 당국에의 대처 회사의 회계 기록은 법인세 산정을 위한 기초를 형성한다. 독일에서 회계 절차는 독일 상법에 상세하게 명시되어 있으며 독일 세법에서 요구하는 사항을 준수해야 한다. 독일 기업의 과세 소득은 기업의 재무보고 내용에 의해 계산된다. 일반적으로 주주에게 보고되는 재무제표와 독일 세무 당국에 보고되는 재무제표에는 구별이 존재하지 않는다. 미국은 매우 다른 접근 방식을 따른다. 미국 기업은 일반적으로 두 개의 서로 다른 재무제표를 작성하고 하나는 국세청에 다른 하나는 주주에게 보고한다. 이러한 행위는 미국 법에 의해 허가된 사항으로 기업들은 과세 소득을 줄이기 위해 특별 세법 조항을 활용할 수 있다. 예를 들어, 미국 기업은 종종 재무보고의 목적이 아닌 절세를 목적으로 한 가속감가상각을 사용하기도 한다. 독일 기업은 보통 이러한 옵션이 없다. 독일 기업이 세금보고의 목적(당해 연도의 세금절감을 위한)으로 가속감가상각을 사용하고자 하는 경우, 회사는 주주대상의 재무제표에도 가속감가상각을 사용해야 하며 이는 결과적으로 보고 소득을 감소시키게 된다.

높은 세금과 낮은 보고 이익 사이에서 선택을 해야 한다면 대부분의 독일기업은 후자를 선택한다. 따라서, 경영자와 투자자들은 독일 기업의 보고 이익이 하향조정되었다는 것을 인식할 필요가 있다. 독일회계시스템의 비유연성은 독일기업의 자금 조달에 불이익을 가져다 주는 것처럼 보인다. 그러나 독일 기업은 일반적으로 은행과 보험 회사 등 대형 금융 중개 기관으로부터 필요한 자본의 대부분을 조달한다. 이러한 내부 투자자들은 연간 재무보고서의 재무제표보다 기업성과에 대한 보다 자세한 정보에 접근할 수 있다.

프랑스의 세법은 정부의 통일된 회계계정과목에 의해 상세하게 정의된 절차를 따르게 되는 프랑스의 회계관행에 중요한 역할을 한다. 독일의 회계시스템에서 기업은 연간 회계보고에 기록되지 않는 한, 과세 목적의 어떠한 공제도 수행할 수 없다. 회계적 판단에 있어 세법의 지배적 역할 때문에, 프랑스 기업은 세금 부담을 줄이기 위하여 보고 이익과 순자산을 하향조정하는 경향이 많다.

회계 준비금의 사용 국가 회계 시스템의 또 다른 중요한 차이점은 기업운영에 영향을 미치는 향후 예상 가능한 미래 비용으로 재무제표에 반영되는 **준비금 계정**의 사용에 있다. 예를 들어, 사무용품 도매상은 제품 선적 시에 일부 소매상들의 제품반환이나 대금미지급을 고려하여 악성부채와 반환상품에 대한 준비금계정을 설정한다. 미국 기업에 의한 준비금계정의 사용은 미 국세청(IRS) 및 미 증권거래위원회(SEC)에 의해 주의 깊게 감시되고 제한되기 때문에 신중하게 이루어진다. 미 국세청은 회계준비금이 기업의 과세 소득을 줄일 수 있기 때문에 싫어하며, 미 증권거래위원회는 기업들이 재무적 성과를 오도하기 위하여 회계준비금을 조작할 수 있는 가능성을 두려워한다.

준비금에 대한 제약이 있는 미국 회계시스템과는 대조적으로, 독일 상법은 기업들이 이연 유지비, 추가 수리비, 또는 국제적 위험에의 노출 등의 다양한 잠재적인 미래 비용에 대한 대비로 회계 준비금을 설정하는 것을 허용한다. 이러한 준비금이 과세기준이 되는 보고소득을 줄일 수 있기 때문에, 대부분의 독일 기업은 적극적으로 준비금 계정을 활용한다. 예를 들어, 1990년대에, 도이체방크는 감춰진 준비금의 액수가 무려 140억 달러에 상당하다는 것을 인정한 바 있다.[33]

이러한 준비금의 사용은 독일 기업의 성과를 평가하는 외부 투자자의 능력을 저해한다. 이러한 기업들은 종종 좋은 성과를 달성한 회계연도는 준비금 적립을 늘리고 좋지 않은 성과를 달성한 시기에는 준비금을 인출하여 이익 흐름의 변동을 완화하고자 준비금 계정을 활용한다. 독일 기업들의 이와 같은 회계 준비금의 활용은 독일 기업은 상대적으로 미국 기업과 비교하여 이익의 변동폭이 적은 것처럼 보여 후자보다 덜 위험하다는 오해의 소지를 불러일으킬 수 있다. 이러한 회계상의 차이는 전체적인 투자위험을 줄이기 위해 포트폴리오를 국제적으로 다각화하는 투자자들의 의사 결정을 복잡하게 만든다.

기타 차이들 각국이 회계 문제를 처리하는 방식에는 그 밖에도 많은 차이점이 존재한다. 다음은 몇 가지 예이다:

- *금융리스의 자본환원*: 미국 및 영국, 캐나다 기업들은 금융리스의 자본환원이 필수적이지만, 스위스 기업들은 필수요건은 아니다.
- *연구개발비용의 자본환원*: 대부분의 국가에서는 기업이 연구개발비용을 자본화하는 것이 허용되지만, 미국의 경우는 제한적인 경우를 제외하고는 금지되고 있다.
- *영업권의 처리방식*: 기업이 다른 회사를 인수하는 경우 종종 피인수기업 주식의 장부가치보다 더 많은 금액을 지불하는 경우가 있으며, 이를 **영업권(goodwill)**이라고 한다. 네덜란드 기업은 그들은 영업권을 즉시 또는 최대 20년의 기간 상각할 수 있지만, 일반적으로는 5년에 걸쳐 영업권을 상각한다. 영국 기업들 역시 즉시 상각하거나 대차대조표에 자본으로 환원하는 방식, 또는 일정 기간 동안 상각하는 방식 중에 선택할 수 있다. 일본기업과 프랑스 기업들 역시 영업권을 상각할 수 있다.

자본 시장에 미치는 영향

국가 간의 회계 관행의 다양한 차이점은 국제기업 경영자의 의사결정에 필요한 정보의 필요성이 없다면 단순한 호기심에 지나지 않을 것이다. 국가 간 회계관행의 차이는 서로 다른 나라에 있는 기업들의 성과를 왜곡할 수 있다. 전술한 바와 같이, 독일 및 프랑스 기업들의 성과는 회계보고와 세무보고 간의 일치 때문에 종종 과소평가된다. 일본기업의 주가수익비율(price-to-earnings ratios: PER)이 미국기업보다 높은 이유는 일본의 회계 관행이 실질적으로 보고 이익을 감소시키기 때문이다. 예를 들어, 일본 기업들은 주주들에게 가속감가상각비를 보고하고 미래의 연금부채에 대한 여유 준비금을 만들 수 있다. 이러한 회계관행 차이의 전반적인 영향은 분명하다. 다양한 국가에서 기업활동을 수행하는 기업의 재무 보고서를 비교하는 것은 매우 복잡한 것이기 때문에, 국제 투자자들이 세계 각 곳의 사업성과를 평가하는 것을 점점 어렵게 만들고 있다는 것이다.

이러한 차이는 다른 방식으로 글로벌 자본 시장에 영향을 줄 수 있다. 예를 들어, 뉴욕 증권 거래소(NYSE)는 미증권거래위원회(SEC)의 관할하에 있는 상장기업들이 준수해야 하는 미증권거래위원회의 회계 규칙에 대해 우려하고 있다. 이러한 규칙은 완전하고 포괄적인 기업재무성과에 대한 정보공개를 강조하는데, 뉴욕증권거래소는 이것이 외국기업의 뉴욕증시상장에 방해요인이 되고 결과적으로 거래소의 글로벌 경쟁력을 위협할 수 있음을 염려하고 있다.[34] 2002년에 통과된 사베인-옥슬리 법은 109쪽의 "Bringing the World into Focus"에서 잘 보여주듯 이 문제를 악화시켜왔다. 외국 기업들이 뉴욕증시보다 유럽이나 아시아 주식시장에 주식발행을 선택하는 경향이 증가하고 있는 것이다.[35] 필립스가 처한 곤혹스러운 처지를 고려해 보라. 필립스는 네덜란드 회사로, 먼저 네덜란드 회계 기준을 준수해야 한다. 그 다음 뉴욕 증권거래소에서 주식을 발행하려면, 미증권거래위원회의 요구사항과 사베인-옥슬리법의 요구사항을 각각 충족시키기 위하여 재무제표를 재조정하는 수고와 비용을 감당해야만 한다.[36]

그러나, 미국 기업에 의해 사용되는 풍부한 정보를 담고 있는 회계 관행은 확실한 이점을 제공한다. 많은 외국 은행은 미국의 공시 정책 때문에 미국이 대출이 가장 손쉬운 국가라고 믿는다. 이러한 정책은 잠재적인 대출의 위험성을 평가하기위한 신뢰할 수 있는 수치를 제공한다. 반면에, 기업이 다양한 항목의 비용을 똑같이 취급하며 다양한 준비금 계정을 사용할 수 있도록 하는 독일의 회계 시스템은 잠재적인 외국인 대출자에게 훨씬 더 어려움이 된다. 한 투자 관리자는, "많은 독일 기업들에게서 얻을 수 있는 재무정보의 열악함 때문에 가치평가가 명확하지 못하며, 이는 투자의 확신을 갖기 어렵게 한다."고 말한 바 있다.[37] 기관투자자들에게 좋은 인상을 주기 위하여 많은 독일 다국적기업들은 미국 GAAP 기준이나 국제회계기준위원회(IASB)에 의해 제정된 회계보고의 대안적인 투명한 접근 방식 중 하나인 **국제회계기준(IFRS)**을 채택하였다. 미국 회계 기준을 수립한 재무회계기준위원회(FASB)와 국제회계위원회는 회계 문제에 대한 접근방식의 표준화를 위하여 협상을 진행해오고 있지만 진행은 더디게 이루어지고 있다.[38]

In Practice

- 모든 국가는 국가 고유의 회계 기준 및 절차를 확립하고 있다. 이러한 기준과 절차의 차이는 다른 나라에 소재한 기업의 재무제표를 해석하고 비교하는 작업을 복잡하게 한다.
- 미국 증권 거래위원회 (SEC) 정책은 미국 공공 자본시장에 의존하고자하는 기업의 재무제표 투명성을 촉진한다. 이 투명성은 투자자가 해당 기업의 성과와 위험을 평가하는 데 도움이 된다.

추가 고려 사항: 사베인-옥슬리법은 미국 공공 자본시장에 접근하는 기업에 새로운 기업지배구조 및 기업공개 요건을 부과하였다. 사베인-옥슬리법의 이점은 무엇인가? 그 비용은 얼마인가? 법안의 수정이나 폐기가 필요하지는 않은가?

3.4 정치적 환경

모든 비즈니스 결정의 중요한 부분은 기업이 운영되고 있는 정치적 환경을 평가하는 것이다. 현지국 정부의 모든 법률과 규정은 기업활동의 지속가능성에 영향을 미치게 된다. 최저임금관련법률은 기업의 인건비에 영향을 미치며, 용도지역규제(zoning regulation)은 기업의 재산권 행사에 영향을 끼칠 수 있다. 또한, 환경보호 관련법규는 사용할 수 있는 생산기술뿐만 아니라 폐기물 처리 비용에 영향을 미치게 된다. 세법의 불리한 변화는 회사의 수익성을 서서히 파괴할 수 있다. 내란이나 외국기업인의 납치, 기업자산의 몰수나 수용은 기업의 해외사업 운영의 지속가능성을 위협하게 된다.

정치적 위험

대부분의 기업은 본국의 정치적 환경의 평가를 편안하게 생각한다. 그러나, 다른 국가에서의 정치적 환경을 평가하는 것은 훨씬 문제가 된다. 경험이 많은 국제기업들은 해외에서 그들이 직면한 정치적 위험에 대한 체계적인 분석인 **정치적 위험분석(political risk assessment)**에 주의를 기울인다. **정치적 위험**은 기업의 비즈니스 활동의 가치에 부정적인 영향을 미치는 정치적환경의 모든 변화를 의미한다. 정치적 환경은 다음의 세 유형으로 분류 가능하다.

- 소유권 위험(Ownership risk): 기업의 자산이 몰수 또는 수용당하는 위험
- 운영 위험(Operating risk): 기업의 지속적인 운영과 종업원의 안전이 법률, 환경기준, 세금, 테러, 무장봉기 등에 의해 영향을 받는 위협 등
- 이전 위험(Transfer risk): 현지국에서의 기업자금의 유출입을 정부가 방해하는 위험

[표 3-2]는 정치적 위험이 사유재산의 수용이나 운영비용의 상승, 평가절하, 또는 과실송금의 제약 등에 관한 법률의 통과와 같은 정부의 조치에 기인함을 보여준다. 정치적 위험은 "Emerging Opportunities"에서 보여주듯, 납치, 강탈, 테러행위와 같은 비정부부문의 행동으로부터 발생하기도 한다.

정치적 위험은 모든 기업에게 동일한 영향을 미치거나 소수의 기업에만 영향을 미치기도 한다. **거시적 위험(macropolitical risk)**은 해당국가의 모든 기업에 영향을 미치는 것으로서, 일례로 1990년대 시에라리온, 자이르, 보스니와, 르완다를 갈기갈기 찢어놨던 내전과 최근의 아프가니스탄, 이라크, 리비아 내의 갈등을 예로 들 수 있다. **미시적 위험(micropolitical risk)**은 특정기업이나 특정산업 내의 기업에게만 미치는 위험이다. 1970년대 사우디아라비아의 석유산업국유화조치와 최근 베네주엘라정부가 외국 석유회사들에게 요구한 계약 재협상조치는 정부에 의해 부과된 미시적 위험의 예이다.[39] 비정부부문에 의한 미시적 위험 역시 중요하다. 파리 디즈니랜드와 맥도널드는 미국의 국제적인 농업정책에 반감을 품은 프랑스 농민시위대들의 상징적인 공격대상이 되어왔다. 이러한 위험은 어떤 경우에는 폭력시위로 이어져 기업운영을 중지해야 하는 경우도 발생한다. 예를 들어, 토탈사(Total SA), 로열더치셸(Royal Dutch Shell), 세브론(Chevron)과 같은 기업들은 지난 10여년간 나이지리아정부와 석유로 인한 부의 분배에 불만을 품은 지역반군과의 분쟁으로

표 3.2 정치적 위험 사례

유형	기업에게 미치는 영향
수용(expropriation)	미래 이익의 손실
몰수(confiscation)	자산의 손실, 미래 이익의 손실
외국제품에 대한 불매운동	매출액의 손실 공적이미지개선을 위한 PR노력에 따른 비용 증가
노동자 권익증진 강제 입법	운영비용의 증가
납치, 테러위협, 기타 폭력	생산조업 방해, 보안비용의 증가 관리비용의 증가, 생산성 하락
내란	재산의 파괴, 매출액의 손실 생산시설의 파괴, 보안비용의 증가, 생산성 하락
인플레이션	운영비용의 증가
본국송환	송금자유의 제약
통화가치하락	과실송금의 가치하락
세금 증가	세후 이익의 감소

인하여 니제르 델타지역의 자사의 시설운영을 몇 번이나 임시적으로 중단해야 했다.[40]

신규시장진출을 고려하는 기업들은 정치적 위험을 통제하기 위하여 해당 국가에 대한 기본적 지식, 예컨대 정치구조나 경제구조에 대한 지식을 학습을 통해 습득해야한다. 기업 입장에서는 아래와 같은 질문에 대한 대답을 필요로 한다.

- 해당국가는 민주국가인가 아니면 독재국가인가? 정치권력이 개인에게 집중되어 있는가? 아니면 정당에 집중되어 있는가?
- 국가의 자원분배가 자유시장에 의존하는가? 아니면 정부의 통제 하에 있는가? 정부의 경제적목표 달성에 민간부문의 기여도가 어느 정도인가? 정부는 외국기업을 경제목표

Reuters/CORBIS

파리 디즈니랜드는 미국의 아이콘으로서의 상징성 때문에 미시적 위험에 취약하다. 이 프랑스 농민들은 트랙터로 디즈니랜드 공원 입구를 차단하는 것으로 미국의 농업무역정책에 대한 자신들의 불만의 목소리를 표현하였다.

달성의 진흥수단으로 인식하는가? 아니면 저해요인으로 인식하는가?

- 기업의 고객이 민간부문인가? 아니면 공공부문인가? 만약, 공공부문이라면 정부는 국내 공급자를 선호하는가? 기업의 경쟁자가 민간부문인가? 아니면 공공부문인가? 만약 공공부문이라면 정부는 외국기업이 공공기업과 동등한 조건으로 경쟁하도록 허용하는가?
- 정책의 변경 시에 정부가 임의로 정책을 변경하는가? 아니면 입법절차에 따라 정책변경이 이루어지는가?
- 현재의 정부가 얼마나 안정적인가? 정권이 바뀔 때 새로운 정부에 의한 경제정책의 급격한 변화의 가능성이 있는가?

대부분의 다국적기업은 자신들이 사업을 영위하는 국가 내의 정치적 위험의 변화를 지속적으로 감시한다. 종업원들은 종종 최고의 정보원천이 되기도 한다. 종업원들이 본사파견자든지 현지채용인이든지, 현지정치환경에 대한 직접적인 지식을 갖고 있으며 정치적 위험에 대한 정보의 가치 있는 원천이 된다. 현지종업원들의 견해는 외부인으로서의 견해를 보완해준다. 대사관직원들이나 국제상공회의소도 종종 풍부한 정보의 원천이 된다. 정부 그 자체도 핵심적인 정보를 제공할 수 있다. 대부분의 정부들은 선거캠페인이나 정치적 반대파를 제거하기 위한 군사행동 등의 정치캠페인을 통하여 자신들의 경제적 또는 정치적 의제에 대한 신호를 보낸다. 게다가 상당수의 정치적 위험분석에 특화된 컨설팅기업은 기업들로 하여금 특정국가에서 기업활동을 수행하는 데 따르는 위험의 평가를 지원하고 있다.

정치적 위험의 평가를 위해 기업이 필요한 정보의 성격과 양은 기업의 사업유형과 현지국에서의 사업활동기간에 달려 있다. 기업의 투자액이 크고 장기투자일수록, 보다 광범위한 위험분석이 이루어져야 한다. 중국의 하청생산기업을 통하여 장난감트럭을 조립하는 싱가포르 장난감 제조업체는 환율 동향, 통관 절차의 신뢰성, 그리고 중국 기업이 품질사양을 충족시키지 못하거나 납기를 지키지 못하였을 때 사용할 수 있는 법적제재수단 등에 대한 정치적 영향 요인을 알고 있어야 한다. 만약, 싱가포르 장난감 제조업체가 중국에서 장난감 공장을 직접 건설하고 운영하고자 하는 경우에는, 노사 관계, 환경 보호, 외환 통제 및 과실송금이익과 관련된 법안의 변화에 따른 자사의 취약점 분석 등으로 정치적 위험 평가를 더욱 확장하여야 한다. 또한 외국기업의 자산 국유화나 정쟁, 내란 등의 가능성을 계산하여야 한다.

정치적 위험의 특성과 중요도는 서로 다를지라도 어느 국가에나 정치적 위험은 존재한다. 프랑스의 농민 시위는 파리 디즈니랜드 파리와 맥도날드의 경영자들에게 불편을 주는 정도에 그치지만, 코소보에서 세르비아 민족주의자들에 의해 이루어진 인종 청소는 현지 운영 기업의 경제적 생존가능성을 파괴하였다. 대부분의 경영의사결정에서와 같이, 정치적 위험의 평가 역시 위험과 보상 간의 균형의 문제이다. 기업이 정치적 위험이 높은 환경에의 투자를 고려하고 있다면, 시장 진입의 위험을 상쇄할 만큼 충분히 높은 이익을 회수할 수 있는지 확인해야 한다. 이미 정치적 위험이 높은 국가에서 운영 중인 기업은 자신의 취약점을 줄이기 위해 조치를 취할 수도 있다. 기업의 입장에서는 자회사 주식 현지매각, 배당을 통한 자회사 이익 본사송금, 신규장비의 구입을 대신하는 단기 리스 등의 방식을 통하여 현지 법인의 순투자를 줄임으로써 재무적 노출을 줄일 수 있다. 또는 기업은 현지의 좋은 기업시민이 됨으로써 현지국내에서의 정치적 지지기반을 구축할 수도 있다. 예컨대, 현지기업들로부터 원자재 구매활동, 경영진이나 핵심 지위에의 현지인 고용, 자선단체 지원 활동 등이 그것이다. 일례로, 알코아(Alcoa)는 브라질 주루티(Juruti) 지역에, 병원 및 상수도시스템을 구축하고 지역 주민을 대상으로 한 기술교육활동에 3,700만 달러 이상의 금액을 지출하였다. 아마존 강의 외진 정글 마을 근처에 위치한 보크사이트 광산을 개발하기 위해 이미 10억 달러의 투자를 한 알코아의 입장에서는 현지 원주민들의 호의를 얻는 데 이 정도의 투자는 남는 장사였던 것이다.[41] 마찬가지로, 베일(Vale)사와 리오 틴토(Rio Tinto)사는 기니의 신임 대통령에게 교육, 농업, 인프라 프로젝트를 지원하기로 합의하였다. 신임 대통령 알파 콩데(Alpha Condé)는 이에 대한 대가로 전임 대통령에 의하여 허가된 기니의 시만도우(Simandou) 지역에 있는 약 24억 달러의 가치로 추정되는 고품질 철광석 탄광에 대한 채굴권을 인정하였다.[42]

해외 사업장의 위험을 줄이기 위해 대부분의 선진국들은 정치적 위험으로부터 기업을 보호하기 위한 정부기관 또는 공공기관을 설립하였다. 예를 들어, 미국의 **해외민간투자공사(Overseas Private Investment Corporation: OPIC)**는 국유화, 반란 또는 혁명, 그리고 외환 교환불능 등의 사태 발생 시에 미국기업의 해외 투자를 보증한다. 그 전형적인 거래의 한 예로, 해외민간투자공사는 뉴욕만의 스태튼 섬 소재의 의료 컨설팅 회사인 ACD리서치(ACD Research)사가 러시아의 대형 종양센터에 첨단 장비와 훈련을 제공할 수 있도록 46.7백만달러에 해당하는 정치적 위험 보험을 체결한 적이 있다.[43] 그러나 해외민간투자공사의 보험은 미국과 양자투자협정을 체결한 국가에 진출하는 기업으로 제한된다. 세계 은행(World Bank)의 자회사인 **다자간투자보증기구(Multilateral Investment Guarantee Agency: MIGA)** 역시 정치적 위험에 대한 유사한 보험을 제공한다. 런던에 소재한 로이드(Lloyd)와 같은 민간 보험 회사 또한 정치적 위험 보험업무를 취급하고 있다.[44]

In Practice

- 정치적 위험의 정의는 광범위하다. 정치적 위험은 어디에나 있지만, 어떤 위험은 관리와 예측이 가능하고, 다른 위험은 그렇지 않다. 일부 정치적 위험은 단순한 번거로움정도에 그치나, 어떤 위험들은 기업의 생존 가능성을 위협한다.
- 기업은 정치적 위험에 관한 여러 가지 정보 출처를 보유하고 있다. 직원, 대사관 직원, 그리고 정치적 위험 컨설턴트가 기업의 정치적 위험 관리에 도움을 줄 수 있다.

추가 고려 사항: CAGE 모델 (29쪽)은 정치적 위험의 평가와 관리에 대한 통찰력을 제공하는가?

MyManagementLab®

mymanagementlab.com으로 돌아가 아이콘으로 표시된 문제를 완성하시오 ✪.

CHAPTER REVIEW

요약

세계 각국에서 사용하는 법률 시스템은 매우 큰 차이가 존재한다. 과거 영국 식민지였던 국가들은 영국의 관습법의 전통을 따르는 반면에, 다른 대부분의 서구 국가는 로마법에 기원한 대륙법 체계를 사용한다. 계획경제시스템을 사용하는 국가들은 관료법을 사용하는 반면에, 이란과 사우디아라비아 등과 같은 일부 국가는 종교법을 사용한다.

각 국가에 의해 채택된 법률은 다양한 방법으로 글로벌 시장에 영향을 미칠 수 있다. 국가는 기업의 국제경영활동에 직접적인 규제를 가할 수도 있으며, 국제사업비용을 높여 간접적으로 경쟁력에 영향을 미칠 수도 있다. 국가의 법률은 역외적용을 통하여 국경을 넘어서 수행되는 거래에 영향을 미치기도 한다.

다국적 기업의 경영활동은 현지국의 정치, 경제, 문화적 환경에 영향을 미칠 수 있다. 종종 긍정적인 변화도 있다. 예를 들어, 해외직접투자(FDI)는 새로운 고용 기회를 창출하고 현지 근로자의 생산성을 제고시킨다. 또한, 다국적 기업은 근로자들 간의 경쟁 증가 또는 지역 문화와 양립되기 힘든 제품이나 관행을 도입하여 부정적인 영향을 미칠 수도 있다.

국제 분쟁 해결은 법적 환경의 중요한 영역이다. 국제소송의 막대한 비용 때문에 기업들은 중재와 같은 분쟁 해결 기법을 통해 분쟁을 해결하기 위해 노력한다. 그러나, 미국 다국적기업의 경우 주권 국가들과 거래에 따른 충돌을 해결하는 능력은 종종 외국주권면제법(Foreign Sovereign Immunities Act)의 규정에 의해 방해받는다.

기술적 환경은 국가 환경의 중요한 측면이다. 천연 자원 외에도 특정 국가의 물리적, 인적 자본에 대한 투자는 국제경영활동을 위한 입지로서의 매력도에 영향을 미친다. 외국 기업의 지적재산권 보호에 대한 국가의 의지도 입지선정결정에 종종 중요한 역할을 한다.

국제 기업이 직면하는 회계적 문제는 순수 국내 기업들이 직면한 것보다 훨씬 더 복잡하다. 국제 기업은 본국뿐만 아니라 기업운영이 이루어지는 모든 국가의 회계요구사항을 충족해야 한다. 불행하게도, 세계 각국의 회계기준과 절차에는 중요한 철학적 및 운영상의 차이가 존재한다.

해외에서 기업활동을 수행하는 국제기업은 정치적 위험에 노출될 수밖에 없다. 기업은 현지 직원, 대사관 관계자, 또는 정치적 위험 평가에 특화된 컨설팅기업 등을 이용하여 기업활동을 수행하는 국가의 정치적 상황을 감시하여 정치적 환경변화로부터 자신을 보호해야 한다.

리뷰 질문

3-1. 국제 기업이 다루어야 할 네가지 유형의 법률 시스템에 대하여 설명하라.

3-2. 역외적용(extraterritoriality)이란 무엇인가?

3-3. 다국적기업은 현지국에 어떻게 영향을 미칠 수 있는가?

3-4. 수용(expropriation) 및 몰수(confiscation)는 어떻게 다른가?

3-5. 국가가 국내 기업의 외국인 소유에 대한 제한을 부과하는 이유는 무엇인가?

3-6. 이익의 본국 송금 제한은 다국적 기업에 어떻게 영향을 미칠 수 있는가?

3-7. 국가가 채택하는 회계 절차에 영향을 미치는 요인은 무엇인가?

3-8. 독일기업들은 회계준비금을 어떻게 활용하는가?

3-9. 각국의 상이한 회계기준이 국제 자본 시장에 미치는 영향은 무엇인가?

3-10. 정치적 위험은 무엇인가? 정치적 위험은 어떤 형태를 띠는가?

3-11. 국제경영활동을 촉진시키는 데 있어 해외민간투자공사(OPIC)의 역할은 무엇인가?

토의용 질문

3-12. 기업이 본국과 현지국 법률 간의 충돌에 직면할 때 어떤 선택 옵션이 있는가?

3-13. 세계 경제에서 지적 재산권의 강력한 시행이 미치는 영향은 무엇인가? 지적재산권 관련 법률을 엄격히 집행할 때 누가 이익을 보며 누가 손실을 보는가?

3-14. 당신은 민군양용제품(dual-use goods)의 수출을 제한하는 미국 정부의 정책에 동의하는가? 그렇다면(그렇지 않다면) 이유는 무엇인가? [이해를 위하여 미 산업안전국(Bureau of Industry and Security)의 웹 사이트를 확인해보라.]

3-15. 기업의 회계보고서에 대한 투자자의 신뢰를 회복하는 데 정부가 실패할 때, 세계 경제에 미치는 영향은 무엇인가?

3-16. 국가 회계 기준의 조화는 국제경영활동에 어떤 영향을 미치는가?

3-17. "공격적인 회계(aggressive accounting)"의 의미는 무엇이며, 우리나라에서 이는 사용되고 있는가?

글로벌 역량 갖추기

정부와 경쟁자 모두 신규기업이 시장에 진입할 수 있는 능력에 큰 영향을 미친다. 신규기업에는 중앙정부와 지방정부 등 서로 다른 정부수준에서 수많은 규제와 제한이 부과될 것이다. 정부 구조가 복잡하면 복잡할수록 허가사항 및 잠재적 지연이 늘어나게 된다. 동시에, 기존 기업들은 기득권을 활용하여 새로운 잠재적 경쟁자의 진입을 방지하거나 적어도 지연시키고자 한다. 이들 기업들은 시장에서 이미 구축한 입지뿐만 아니라 정부의 다양한 수준에서의 이미 형성한 관계라는 이점을 갖고 있다. 신규진입자에 의한 경쟁으로 인한 위협이 전망되면, 의사 결정자에게 영향력을 행사할 수 있다.

이와 같은 문제들은 각기 다른 국가에서 다양하게 존재한다. 그룹으로, 기존의 경쟁이 치열한 시장을 선택하거나 치열한 경쟁이 예상되는 제품과 서비스의 제조업 또는 유통하려는 기업을 선택하라. 좋은 예는, 주류 소비에 대해 엄격한 법률이 있는 국가의 주류 제조업체이다. 또는 환경에 미치는 영향을 우려하는 기업 유형을 선택하라. 당신의 그룹은 중앙 정부 및 지방정부, 경쟁자, 지역주민들, 사회활동가 또는 기타 그룹으로부터 심각한 반대에 부딪칠 가능성이 높은 기업 유형을 선택해야 한다.

3-18. 사업진출에 반대할 가능성이 있는 핵심적인 집단 또는 조직을 식별하라. 이들 조직들은 얼마나 강하며 어떤 영향력을 행사하는가?

3-19. 각기 다른 정부부처가 갖는 힘과 영향력은 무엇인가? 어떤 것이 가장 강력한가?

3-20. 당신 기업이 약속한 안전장치에도 불구하고, 기업 설립권리가 박탈될 수 있는 확률을 평가해보라.

3-21. 잠재적인 기업 설립에 영향을 줄 수 있는 기존의 규제는 무엇인가? 이러한 규제를 어떤 방법으로 우회할 수 있는가?

CLOSING CASE 작은 섬, 큰 문제

남중국해는 오랫동안 국제무역의 중요한 해로였다. 북쪽으로는 대만 해협에서 싱가포르까지, 남쪽으로는 말라카 해협이 펼쳐져 있으며, 어획 수역은 세계의 상업적 어획량의 1/10을 차지한다. 대양을 매개로 한 대륙간 무역의 절반을 차지하는 선박들이 통과하는 지역이다. 그러나 스프래틀리 제도[Spratly Islands, 중국명 난사군도; 베트남명 쯔엉사 군도; 필리핀명 칼라얀 군도), 파라셀 제도(Paracel Islands, 중국명 시사군도; 베

지도 3.2
South China Sea

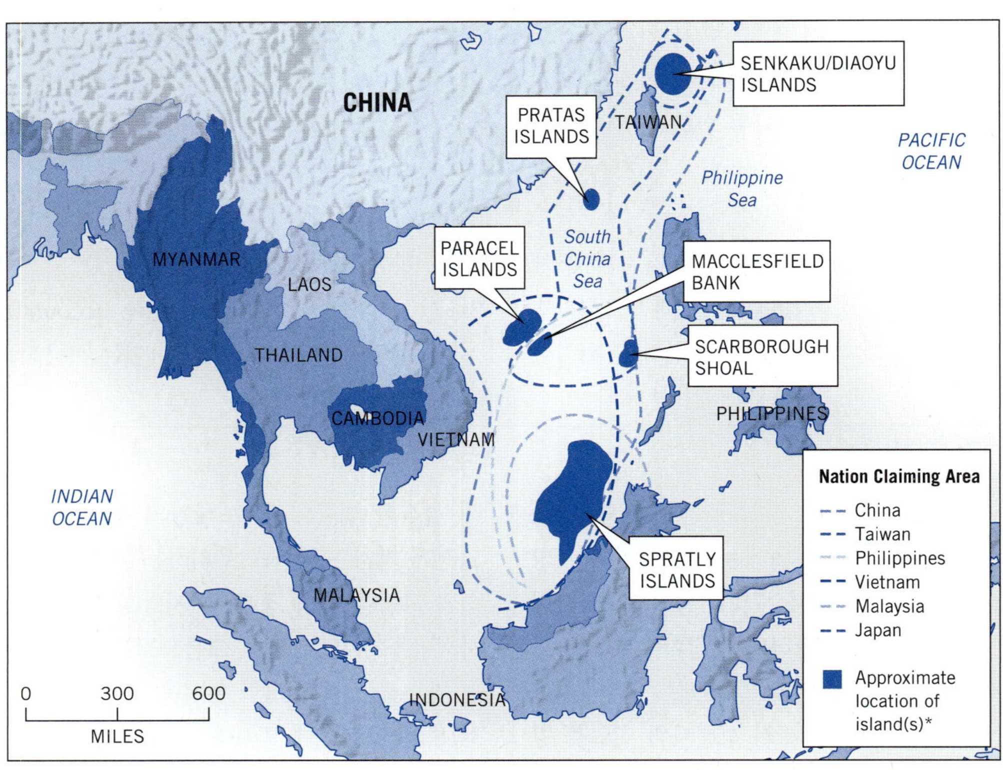

트남명 호앙사 군도), 피너클제도(Pinnacle Islands, 중국명 다오위다오 군도, 일본명 센카쿠열도]와 같은 3개의 열도선(island chains)과 메이클즈필드 천퇴(Macclesfield Bank, 중국명 중사군도), 그리고 스카보로 숄(Scarborough Shoal, 중국명 황옌다오; 필리핀명 파나타그)와 같은 천퇴와 암초를 둘러싼 갈등은 해당 지역의 일부 또는 전부에 대한 권리를 주장하는 브루나이, 중국, 일본, 말레이시아, 대만, 필리핀, 베트남 간의 교역관계를 악화시키고 정치적 갈등을 고조시키고 있다([지도 3.2]).

분쟁지역의 크기는 140만 평방마일의 남중국해에서 기껏해야 10평방마일에 걸쳐 흩어져 있는 작은 규모에 불과하다. 그러나, 이 군도의 크기로 이 지역이 갖는 경제적, 전략적, 정치적 중요성을 과소평가할 수 없다. 1982년 유엔해양법협약(United Nations Convention on the Law of the Sea: UNCLOS)에 따라 국가의 영해는 연안 해역에서 12해리 내에 있는 영역으로 구성된다. 이들 영해는 외국 선박이 통행을 허용한다 하더라도 주권 영토의 일부로 간주된다. 유엔해양법협약은 또한 연안 해안에서 최대 200해리를 연장하는 배타적 경제 수역(exclusive economic zone: EEZ)을 국가에 부여한다.

대륙붕의 존재 역시 배타적경제수역의 경계에 영향을 미칠 수 있다. 각국은 배타적경제수역 내의 모든 경제적 자원을 통제한다. 그러나 유엔해양법협약 121조 3항은 "사람이 거주 또는 경제적 생활을 지속할 수 없는 암석은 배타적경제수역을 가질 수 없다"고 지적하고 있다. 논쟁 중인 군도들이 이 기준을 충족시키는지는 분명하지 않다.

메이클즈필드 천퇴는 일련의 수중 모래톱 및 산호초로서 베트남, 중국 및 대만 모두 소유권을 주장하고 있다(2장에서 논의한 것처럼, 중국이 대만을 자국 주권

영역의 일부라고 믿는 것은 문제를 더욱 복잡하게 하고 있다.). 중국, 대만, 필리핀이 소유권을 주장하는 수중 구조물인 스카보로 숄은 중국과 필리핀 간의 상업적 갈등을 촉발시켰다. 필리핀 해군의 중국 어선에 대한 초계활동과 관련된 사건은 필리핀 소비자들에 의한 중국 상품에 대한 불매 운동, 중국 해커에 의한 필리핀 대학에 대한 사이버 공격, 필리핀 바나나의 대중국 수출 규제 강화 및 필리핀에 대한 중국 관광의 중단 등을 초래하였다.

분쟁중인 열도선을 둘러싼 갈등은 두 개의 모래톱을 둘러싼 갈등보다 더욱 첨예하다. 열도선의 소유권은 국가의 영해와 배타적경제수역에 영향을 미치므로 이 섬들의 중요성은 극단적으로 중요하다. 세 개의 열도선은 어류자원도 풍부하다. 더욱이 지질학자들과 석유전문가들은 열도선 아래 지층에 상당한 석유와 가스가 매장되어 있다고 믿고 있다. 그러나 매장량에 대한 추정은 의견이 다양하다. 미 에너지부(US Department of Energy)의 통계부처인 에너지정보국(Energy Information Administration)은 남중국해에 110억 배럴의 석유와 190조 입방 피트의 천연 가스가 매장되어있다고 믿고 있다. 중국해양석유총공사(China National Offshore Oil Company: CNOOC)은 이보다 훨씬 많은 1250억 배럴의 석유와 500조 입방피트의 천연 가스가 매장되어 있다고 추정하고 있다.

베트남, 중국, 대만은 베트남과 중국으로부터 거의 같은 거리에 있는 파라셀제도에 대한 주권을 주장하고 있다. 프랑스 해군은 이 지역을 프랑스의 식민지인 인도차이나의 일부로 관리했다. 프랑스가 1954년에 식민지배권을 양도한 후 파라셀제도는 남베트남에 의해 관리되었다. 1974년, 중국 해군은 남베트남 군대를 축출하고 파라셀제도를 장악했다. 2012년, 베트남 국회는 파라셀제도와 스프래틀리제도에 대한 자국의 주권을 거듭하여 주장하였다. 중국은 자국이 "명백한 주권"을 가지고 있다고 주장하면서 이러한 주장을 일축하였다. 베트남과 중국 간의 외교적 대결은 2012년 9월 베트남 정부가 폭풍을 피해 파라셀 제도에 대피한 베트남 어부들을 중국 군대가 폭행하고 물건을 강탈했다고 중국을 비난하면서 가열되었다. 베트남은 또한 국영석유회사인 중국해양석유총공사가 파라셀제도에서 1마일 떨어진 19블록에 석유 및 가스 채굴을 위한 입찰을 요청할 계획에 강력하게 항의하였다.

스프래틀리제도에 대한 갈등도 동일한 논쟁의 연장선상에 있다. 일부에 따르면 스프래틀리제도의 석유 및 가스 매장량은 쿠웨이트보다 많은 것으로 추정된다. 영국회사인 포럼에너지(Forum Energy PLC)는 필리핀 정부의 허가하에 해당 지역의 석유를 탐사하고 있다. 인도 국영 석유회사의 자회사인 ONGC 비데쉬(ONGC Videsh)는 베트남에 의해 유사한 시추권을 부여받았다. 브루나이를 제외하고, 모든 관련국은 스프래틀리제도의 일부에 자국 군대를 주둔시키고 있다. 이들 병사들은 썰물에서만 물 위에 드러나는 열악한 환경에서 근무하고 있다. 증가하고 있는 중국의 해군력 강화에 맞서, 베트남과 필리핀은 미국과의 군사 협력을 강화하고 있다. 미국은 필리핀 해군에 연안 경비함 두 척을 파견했다.

그러나 가장 큰 논란은 19세기 영국 해군에 의해 명명된 5개의 작은 섬과 3개의 암초로 구성된 피너클제도이다. 전부 합해봐야 3평방 마일보다 작은 이 섬들은 일본명으로는 센카쿠 열도로, 중국 정부에 의해서는 다오위다오군도로 불리운다. 대만 정부는 다오위타이라는 이름을 선호한다. 중국과 대만 모두 피너클제도가 대만에 속한다는 데 동의한다. 물론 대만이 중국 본토의 주권자인 독립 국가인지, 중화인민공화국의 영토의 일부인지 여부에 대해서는 서로 의견이 다르다. 반대로 일본은 피너클제도가 일본의 불가분의 일부인 류큐제도의 연장이라고 믿고 있다.

기술적으로는 남중국해가 아닌 동중국해에 위치하고 있지만, 피너클제도를 둘러싼 문제는 파라셀제도 및 스프래틀리제도와 관련된 문제와 유사하다. 단, 이들은 더 강렬하고 더 위험하다. 중국과 일본의 정치인들은 국내 정치적 목적을 위해 피너클 분쟁을 이용해왔다. 가장 최근의 분쟁은 2012년 9월 당시 일본 총리 노다 요시히코(Yoshihiko Noda)가 국내 정치적 이유로 이 섬 중 3개를 자국영토로 편입했을 때 시작되었다. 중국 언론은 이러한 시도가 중국의 존엄성에 대한 모욕이라고 비난했다. 베이징은 도쿄에서 열린 국제통화기금(IMF)과 세계은행 회의에 관료 파견을 거부했다. 반일 폭동이 중국 전역에 빠르게 확산되어 일본소유의 재산에 피해를 입혔다. 예를 들어, 일본 소매유통업체인 이온(Aeon)의 청도매장은 9백만 달러의 피해를 입었다. 중국 소비자들은 일본 제품, 특히 일본 자동차 불매운동을 벌였다. 도요타의 9월 판매는 거의 절반으로 떨어졌고, 혼다, 닛산 및 마쓰다의 매출은 3분의 1로 감소하였다. 중국 기업인들과 관광객들이 일본출장과 휴가를 취소하여 일본 항공사와 호텔에 타격을 입혔다. 전일본공수(ANA)는 4만 4천 명의 좌석이 취소되었으며, 추정손실액은 100억 엔에 달하였다. 중국 공장들은 부품 주문을 일본 기업에서 한국의 경쟁기업으로 전환하였다. 이러한 불매운동의 결과, 일본의 GDP는 0.5% 줄어든 것으로 추정된다.

중국의 대응은 경제적 불매 운동에 국한되지 않았다. 중국 공산당은 권력이양 중이었으며 세계에 약점을 보이기를 결코 원하지 않았다. 이에 따라 중국 정부는 피나클제도를 둘러싼 해역에서의 입지를 강화함으로써 섬에 대한 권리주장을 재확인했다. 일본 역시 정치적 변화를 겪었고, 노다의 후임자인 아베 신조(Shinzo Abe)는 일본의 군사 예산을 늘리고 피너클제도에 일본 해군 순찰을 증가시켰다. 중국 어선들은 해당지역에서 일본 해안 경비대에 의해 괴롭힘을 당했다고 주장하였다.

2012년 11월, 일본은 중국 군함이 일본 해군 구축함에 사격통제레이더를 조준하였다고 주장하였고 무력 충돌의 가능성이 높아졌었다. 그 후 분쟁은 수사적으로 바뀌었다. 차이나 데일리는 일본이 "세계에 대한 실제적인 위험과 위협"이라고 선언했다. 일본 아베 총리는 중국의 행동을 "일방적이고 도발적인 행위이며 매우 유감스럽다"고 비난했다.

냉철한 사고가 작동하지 않는다면 세계와 세계 경제에 대한 위험과 위협은 실제로 높아질 것이다. 세계 경제 성장의 주요 엔진 중 하나인 중국 경제에 손상을 미칠 뿐만 아니라, 다국적기업에 의해 구축된 신중히 조정된 공급망에 대한 경제적 피해는 중대할 것이다. 약 150만 명의 중국 근로자가 4,600개의 일본기업의 공장에서 일하고 있다. 중국 시장이 적대적으로 변하면 일본 투자자들은 베트남이나 필리핀과 같은 아시아의 다른 지역으로 투자를 전환할 수 있다. 더욱이 미국과 일본은 상호 방위 조약을 맺어, 중국과 일본 간의 무력 충돌의 가능성을 높이고 있다.

이러한 영토 분쟁의 해결은 복잡한 문제이다. 민족적 자부심은 평화적 해결의 경제적 이점과 균형을 이루어야 할 필요가 있다. 필리핀 정치지도자들은 동남아국가연합(ASEAN, 10장에서 더 자세히 논의됨)과 중국이 이 지역의 상업적 활동을 규제하는 행동 강령에 대한 협상을 제안하였다. 다른 전문가들은 갈등국가들이 유엔해양법협약에 따라 구속력 있는 중재에 동의하는 안을 제안하였다. 중국은 분쟁 지역에 대한 양자협상을 선호하면서 이를 거부하였다. 냉소주의자들은 중국의 경제력과 군사력이 이웃 국가들에 비해 월등하다는 점을 감안할 때 양자협상은 중국에 필연적으로 유리한 것일 수밖에 없다고 주장하였다.

사례 질문

3-22. 분쟁중인 열도선 중 하나(파라셀제도, 스프래틀리제도, 피너클제도/센카쿠열도/다오위다오군도/다오이타위)를 선택하라. 열도선의 소유권을 주장하는 당사국들의 주장을 조사하라. 소유권 주장의 요약본, 그러한 주장의 근거, 분쟁에 대한 가능한 해결책에 관한 짧은 메모를 제시하라. 양자 협상, 유엔해양법협약하에서의 중재, 또는 지역 차원의 행동강령 중 갈등을 해결할 수 있는 최선의 방법은 무엇인가? 각 방법의 장점과 단점은 무엇인가?

3-23. 당신이 필리핀에 의해 스프래틀리제도의 탐사권이 부여된 포럼에너지사의 임원이라고 가정해보자. 어떤 정치적 위험에 처해 있는가? 이러한 정치적 위험을 줄이기 위해 무엇을 할 수 있는가?

3-24. 당신이 중국 시장을 기업의 미래성장의 핵심목표시장으로 선정하고 대규모 직접투자를 한 토

요타의 임원이라고 가정해 보자. 당신 기업은 어떤 정치적 위험에 처해 있는가? 이러한 정치적 위험을 줄이기 위해 무엇을 할 수 있는가?

출처: Based on "In South China Sea, a dispute over energy," Washington Post, January 25, 2013; "Senkaku row raises militarization fears," *Financial Times*, February 6, 2013; "Dangerous shoals," *The Economist*, January 19, 2013; "China Dispute Casts Pall Over Japan Growth," *Wall Street Journal*, October 14, 2012; "Japanese car sales down in China," Japan Times, October 14, 2012; "Roiling the waters," *The Economist*, July 7, 2012; "Vietnam Protests CNOOC's Plans in Disputed South China Sea," *Wall Street Journal* Asia, March 16, 2012; "Beijing in Fresh Sea Row with Hanoi," *Wall Street Journal*, March 1, 2012; "The devil in the deep blue detail," *The Economist*, February 4, 2012; "Carp among the Spratlys," *The Economist*, March 10, 2011; U.S. Energy Information Administration report on the South China Sea, accessible at http://www.eia.gov/countries/regions-topics.cfm?fips=SCS.

MyManagementLab®

mymanagementlab.com으로 가서 아래의 질문에 답하시오.

3-25. 국가별로 채택된 회계 시스템과 절차의 차이점에 대해 토론하라. 국가의 회계 시스템에 미치는 주요 영향요인은 무엇인가?

3-26. 정치적 위험이란 무엇인가? 기업들은 어떻게 정치적 위험으로부터 자신을 보호할 수 있는가?

3-27. Mymanagementlab Only에 본 장을 포괄하는 서술형 과제가 있다.

Endnotes

1. "Apple in Brazil trademark dispute," *Financial Times*, February 14, 2013; "Apple Feels Heat in Brazil Over iPhone Brand," *Wall Street Journal*, December 19, 2012, p. B6; "Now, Apple in trademark dispute over iPhone in China," *Press Trust of India*, February 20, 2012; "Apple has 'trademark weakness'," *China Daily*, February 20, 2012.
2. "How to Cut a Job in Italy? Wait, and Wait Some More," *Wall Street Journal*, May 21, 2013, p. B1; "Brink's retreat in Belgium backfires," *Wall Street Journal*, December 21, 2010, p. B8.
3. "The Hindu rate of self-depreciation," *The Economist*, April 23, 2011, p. 47.
4. "U.K. lawmakers call for end to libel tourism," *Wall Street Journal*, February 24, 2010.
5. "Mining executives woo rebels with billion-dollar mineral deals," *Houston Chronicle*, April 17, 1997, p. A20; "As Zaire's war wages, foreign businesses scramble for inroads," *Wall Street Journal*, April 14, 1997, p. A1.
6. Office of the U.S. Trade Representative, *National Trade Estimate Report on Foreign Trade Barriers* 2002, p. 70.
7. "U.S. appetite for Mexican food grows, cooking up hotter sales for exporters," *Wall Street Journal*, February 5, 1992, p. A6.
8. "Iranians scheme to elude sanctions," *Wall Street Journal*, February 13, 2008, p. A1.
9. "U.S. plans to indict McDonnell Douglas for alleged violation of export laws," *Wall Street Journal*, October 11, 1999, p. A4.
10. "Boeing, U.S. end charges over sale of sensitive chips," *Wall Street Journal*, April 10, 2006, p. A16.
11. "Pilkington bows to U.S. pressure on process licensing," *Financial Times*, May 27, 1994, p. 1; "Washington's new anti-trust vigor," *Financial Times*, May 27, 1994, p. 6.
12. "Baxter agreed to cut-rate shipments of supplies to Syria, U.S. probe finds," *Wall Street Journal*, December 22, 1992, p. A3; "How Baxter got off the Arab blacklist and how it got nailed," *Wall Street Journal*, March 23, 1993, p. A1.
13. "Keeping the lid on Helms-Burton," *Financial Times*, July 31, 1997, p. 4; "Stet avoids Helms-Burton sanctions," *Financial Times*, July 24, 1997, p. 1; "Property issue harks back to old Cuba," *Houston Chronicle*, October 3, 1996, p. 1C.
14. "Venezuela to Pay Cemex $600 million," *Wall Street Journal*, December 2, 2011, p. B8; "Chavez eyes 'strategic sectors' for state control," *Financial Times*, April 11, 2008, p. 5; "Chavez to nationalize ternium unit," *Wall Street Journal*, April 10, 2008, p. A9.
15. "Zimbabwe shuts out foreign miners," *Wall Street Journal*, March 29, 2011, p. A15.
16. "The bold struggle for China's belly," *New York Times* online, March 6, 2003.
17. Richard Schaffer, Beverley Earle, and Filiberto Agusti,

International Business Law and Its Environment (St. Paul, MN: West, 1990), 196.

18. Schaffer et al., *International Business Law*, 196 – 197.
19. "Commercial law plan in francophone Africa," *Financial Times*, May 13, 1999, p. 9.
20. Schaffer, Earle, and Agusti, pp. 429 – 430.
21. Business Software Alliance, Global Piracy Report 2011; "Movie, music giants try new weapon against pirates: Price," *Wall Street Journal*, March 7, 2005, p. B1; "Video pirates rush out 'Phantom Menace,' " *Wall Street Journal*, May 28, 1999, p. B1.
22. "FDA identifies contaminant in heparin batches," *Wall Street Journal*, March 20, 2008, p. A4; "Made in China," *Wall Street Journal*, July 12, 2007, p. A15; "Chinese regulators find mobile phone batteries that can explode," *New York Times*, July 6, 2007; "Colgate warns of fakes," *Wall Street Journal*, June 15, 2007, p. B3; "When fakery turns fatal," *New York Times*, June 5, 2007.
23. The case was settled with the two firms agreeing to cross-license each other's technology. See Sri Krishna Sankaran, "Patent flooding in the United States and Japan," IDEA: *The Journal of Law and Technology*, 2000, vol. 40, pp. 393ff.; "Patent suit shows small U.S. firms' fears," *Wall Street Journal*, June 5, 1996, p. A10.
24. "Trademark piracy at home and abroad," *Wall Street Journal*, May 7, 1991, p. A20.
25. "From Russia, with lattes: And Russian rivals wait," *Wall Street Journal*, August 31, 2007, p. B1.
26. "Fujitsu backed in patent dispute," *Financial Times*, September 11, 1997, p. 8.
27. Much of the discussion in this section is taken from Frederick D. S. Choi and Gary K. Meek, *International Accounting*, 6th ed. (Upper Saddle River, NJ: Prentice Hall, 2008); Frederick D. S. Choi and Gary K. Meek, *International Accounting*, 5th ed. (Upper Saddle River, NJ: Prentice Hall, 2005); Frederick D. S. Choi, Carol Ann Frost, and Gary K. Meek, *International Accounting*, 4th ed. (Upper Saddle River, NJ: Prentice Hall, 2002); and from reports of the Working Group on Accounting Standards, Organisation for Economic Cooperation and Development, published in 1987: "Accounting Standards Harmonization, No. 2: Consolidation Policies in OECD Nations" and "Accounting Standards Harmonization, No. 3: The Relationship between Taxation and Financial Reporting," Frederick D. S. Choi (ed.), *International Accounting* and Finance Handbook (New York: John Wiley & Sons, 1997).
28. Stephen B. Salter and Timothy D. Doupnik, "The Relationship between Legal Systems and Accounting Practices," in Kenneth S. Most (ed.), *Advances in International Accounting*, vol. 5 (Greenwich, CT: JAI Press, 1992).
29. Hanns-Martin W. Schoenfeld, "*International Accounting*: Development, Issues, and Future Directions," *Journal of International Business Studies* (Fall 1981), pp. 83 – 100.
30. "Chinese practitioners ready for their Great Leap Forward," *Financial Times*, August 13, 1993, p. 20.
31. Timothy S. Doupnik, "Recent Innovations in German Accounting Practice," in Kenneth S. Most (ed.), *Advances in International Accounting*, vol. 5 (Greenwich, CT: JAI Press, 1992).
32. Robert Bloom, Jayne Fuglister, and Jeffrey Kantor, "Toward Internationalization of Upper-Level Financial Accounting Courses," in Kenneth S. Most (ed.), *Advances in International Accounting*, vol. 5 (Greenwich, CT: JAI Press, 1992), 239 – 253; Frederick D. S. Choi and Richard Levich, *The Capital Market Effects of International Accounting Diversity* (Homewood, IL: Dow Jones-Irwin, 1990), 115 – 117.
33. "Deutsche Bank says Net jumped 24% in 1995, discloses big hidden reserves," *Wall Street Journal*, March 29, 1996, p. A8.
34. "Big board chief renews his pitch on foreign stocks," *Wall Street Journal*, January 7, 1992, p. A2.
35. "New York loses edge in snagging foreign listings," *Wall Street Journal*, January 26, 2006, p. C1.
36. "A price worth paying?" *The Economist*, May 21, 2005, p. 71; S. J. Gray, J. C. Shaw, and L. B. McSweeney, "Accounting Standards and Multinational Corporations," *Journal of International Business Studies* (Spring/ Summer 1981), pp. 121 – 136.
37. "Daimler-Benz gears up for a drive on the freeway," *Financial Times*, April 30, 1993.
38. "A transatlantic divide over the treatment of financial instruments," *The Economist*, June 12, 2010.
39. "Venezuela warns international oil companies of more tax increases," *Financial Times*, April 11, 2006, p. 8.
40. "In Nigeria's violent delta, hostage negotiators thrive," *Wall Street Journal*, June 7, 2007, p. A1; "As oil supplies are stretched, rebels, terrorists get new clout," *Wall Street Journal*, April 10, 2006, p. A1; "Nigerian militants threaten more attacks," *Houston Chronicle*, March 6, 2006, p. A8; "Violence in Nigeria's oil delta worsens," *Wall Street Journal*, April 1, 2003, p. A13; "Chevron is latest to shut Nigerian operations," *Wall Street Journal*, March 24, 2003, p. A15; "ChevronTexaco evacuates from violence-torn Nigeria," *Houston Chronicle*, March 24, 2003, p. 17A.
41. "Alcoa invests near planned mines," *Wall Street Journal*, March 24, 2008, p. B4.
42. "Vale woos Guinea with social projects," *Financial*

Times, July 7, 2011, p. 14.
43. Overseas Private Investment Corporation, 2011 Annual Report, p. 17.
44. Schaffer, et al. *International Business Law*, 410 – 421.

CHAPTER 4

문화의 역할

The Role of Culture

© AF archive/Alamy

학습목표

1. 문화의 주요 특징을 토의한다.
2. 문화의 다양한 구성요소에 대해 설명하고, 이들이 국제경영에 어떻게 영향을 미치는지 사례를 제시한다.
3. 동일 문화권에 속해 있는 구성원들 사이에서 활용되는 의사소통 수단을 학습한다.
4. 종교적 및 여타 가치관들이 국제기업이 활동하는 현지 환경에 어떻게 영향을 미치는지 토의한다.
5. 세계의 주요 문화군집(cultural clusters)과 그것이 국제 경영자에게 제공해주는 유용성을 학습한다.
6. 문화적 가치관(cultural values)의 차이에 관한 홉스테드(Hofstede)의 주요 연구결과를 설명한다.
7. 국제경영 현장에서 문화적 갈등(cultural conflict)이 어떻게 일어날 수 있는지 학습한다.

발리우드(BOLLYWOOD), 할리우드(HOLLYWOOD), 그리고 날리우드(NOLLYWOOD)

로스앤젤레스, 뭄바이(봄베이), 그리고 라고스(Lagos)의 공통점은 무엇일까? 놀라운 사실은 세 곳 모두, 세계에서 가장 큰 규모를 자랑하는 영화제작소가 될 수 있다는 것이다. 할리우드 영화는 지난 2012년 기준으로 가장 많은 347억 달러의 매출을 기록했다. 인도 영화는 36억 장의 가장 많은 티켓을 판매했고, 이는 할리우드보다 대략적으로 10억 장을 능가하는 티켓판매량이다. 나이지리아는 매월 대략 200편의 영화를 제작하여 가장 많은 영화를 찍어낸 나라다. 게다가 이와 같이 영화제작 중심지인 세 곳 모두 각각의 방식으로 국제시장의 요구를 반영해 그들의 영화 제작 계획에 신중히 반영하고 있다.

영화제작산업은 오랫동안 국제적인 비즈니스(business)사업이었다. 할리우드 영화는 1920년대부터 국제 시장에서 상영되어 왔다. 할리우드 영화의 궁극적인 수익성은 외국 수익에 상당히 의존되어 왔다. 2012년에는 할리우드의 미국 및 캐나다 박스오피스 판매량이 108억 달러를 달성했고, 기타 지역에서 거두어 들인 티켓 수익은 총 239억 달러로 기록됐다. 할리우드 영화 제작사는 촬영이 시작되면서부터 외국 관객에 맞춤 제작을 하는 것이 익숙해져 가고 있다. 영화 속 노출은 미국 관객보다 유럽 관객이 더 관대한 편이다. 노출과 강도 높은 성적인 묘사가 있는 영화를 제작하는 감독은 몇몇 장면의 경우 보통 두 개 혹은 그 이상의 버전으로 촬영한다. 추가적인 장면과 보다 노골적인 장면은 유럽 버전에 편집되며, 반대로 축소된 장면과 덜 노골적인 장면은 북미권 버전에 편집된다. 하지만 어린이 영화의 경우, 각 시장의 독특한 요구가 반영되어 수정되기도 한다. 첫 번째 해리포터 책의 경우, 잉글랜드에선 *현자의 돌(The Philosopher's Stone)*이란 제목으로 출판되었지만, 미국에선 원 제목이 너무 단조롭다는 이유로 *마법사의 돌(The Sorcerer's Stone)*이란 제목으로 출판되었다. 책이 영화로 만들어졌을 당시, 영화 제목 역시 두 시장의 요구에 맞춰 만들어졌다.

무성 영화 *라자 하리샨드라(Raja Harishchandra)*의 방영과 함께 1913년에 시작된 35억 달러 규모의 인도 영화 산업은 종종 *발리우드(Bollywood)*로 불리는데, 엄밀히 말하자면 그 명칭은 이전엔 봄베이(Bombay)라고 알려진 인도 서부에 위치한 항구도시인 뭄베이(Mumbai)에서 제작된 영화의 경우에만 불려야 했었다. 인도의 발리우드는 수십 년 동안 수만 개에 달하는 영화를 제작했다. 평이 좋은 영화도 있었지만 그렇지 않은 것도 있었다. 일부는 복잡한 사회적 이슈를 다뤘고 일부는 영화 후원자를 위해 가벼운 오락성을 제공하는 작품도 있었다. 정형적으로 발리우드 영화가 할리우드 혹은 유럽에서 제작된 영화들과는 달리 음악과 춤에 기반을 두고 제작된다는 점인데 일부 전문가들은 인도 고대의 산스크리트(Sanskrit)극의 전통에 의해 이러한 현상이 일어나는 것이라고 믿고 있다. 이런 영화의 생산 가치는 할리우드와 동등하며 보통 수백만 달러의 예산이 요구된다.

발리우드 영화는 전 세계로 배급되며 특히 인도의 디아스포라(diaspora)로 이익을 보는 영국, 캐나다, 호주와 같은 나라에 배급된다. 발리우드 영화는 남아시아와 아프리카에서도 인기가 많은데, 이는 부분적으로 발리우드 영화에 출연하는 여성의 키스와 신체적 노출이 없는 정숙한 장면으로 남아시아와 아프리카의 문화적 규범과 잘 맞기 때문이다. 인도 영화는 그 매력을 구소련에도 강하게 발산하고 있다. 미국과 구소련의 냉전 동안 구소련은 할리우드 영화를 금지시켰다. 그러나 당시 인도가 정치적으로 중립적이었고 구소련을 지지했기 때문에 소련 TV방송사에서 인도 영화를 방영했고, 당시 발리우드 고전 영화가 깊은 인상을 남았다. 이런 냉전 관계로 인해 최소 한 명의 유튜브 신생 스타가 생겼는데, 그는 발리우드 고전 음악을 잘 부르는 "타지크 지미(Tajik Jimmy)"로 알려진 목동인 바이무라트 알라베리예프(Baimurat Allaberiyev)였다. 그는 유튜브로 유명세를 얻어 모스크바에 있는 나이트클럽에서 바쁘게 활동 중이다(유튜브에서 "타지크 지미(Tajik Jimmy)"를 검색하면 그의 공연을 볼 수 있다).

많은 할리우드 제작사들이 발리우드 영화 제작사들, 탤런트 들과 함께 영화제작 협상 및 소유권 협상을 하고 있다. 예를 들어, 디즈니(Disney)는 뭄바이에서 두 번째로 큰 영화 제작회사의 모회사인 UTV 소프트웨어 커뮤니케이션즈 지분의 99%를 인수했다. 디즈니의 인수가 있기 전에 20세기 폭스(Fox)사가 UTV와 합작해 여러 개의 영화를 제작했고, 그중에 칼 펜(Kal Penn)이 출연한 *네임세이크(Namesake)*와 M. 나이트 샤말란(Night Shyamalan)의 *더 해프닝(The Happening)*이 있다. 드림웍스(DreamWorks) 애니메이션은 고대 인도의 산스크리트(Sanskrit)로 된 대서사시인 '라마야나(Ramayana)'의 애니메이션 버전을 제작하기 위해 발리우드 베테랑인 A.R. 라흐만(*Slumdog Millionaire* 작곡가)과 거린더 차드하(*Bride & Prejudice* 및 *Bend it Like Beckham*의 감독 및 작가)와 계약했다. 라마야나는 라마의 부인인 시타(Sita)가 악마 왕에게 납치되는 내용을 담고 있는 고전적 산스크리트(Sanskrit)이야기이다. 그리고 런던에 있는 마담 투소드 밀랍인형 박물관(Madame Tussauds' Wax Museum)에는 많은 발리우드 배우들이 전시되어 있으며, 이를 통해 발리우드의 중요성에 대해 잘 인식할 수 있다.

세 번째로 중요한 영화시장인 날리우드(Nollywood)는 이 중에서 가장 젊은 시장이다. *날리우드(Nollywood)*는 나이지리아에서 번영하고 있는 영화시장을 일컫는데, 나이지리아에서 가장 큰 도시인 라고스(Lagos)에 중심을 두고 있다. 이 영화시장은 1992년에 케네스 뉴브에(Kenneth Nnebue)라는 무역업자가 대만 공급업자로부터 많은 양의 검정 비디오카세트를 수입하면서부터 시작되었다. 그는 카세트를 판매하는 데 어려움이 생기자 감독을 고용해 카세트에 영화를 만들기 시작했다. 그 결과, 부인의 망령에 쫓기는 한 농부에 대한 내용의 *Living in Bondage*가 탄생했다. 이 영화는 50만 장 이상이 팔렸고, 그 후에 많은 나이지리아 영화 제작자들이 직접 영화를 제작하기 시작했다.

많은 날리우드 영화의 구성은 친숙하고 종종 도덕적인 면을 보여준다. 사악한 대도시를 이기는 농촌적 가치, 부패에 저항하는 시민, 분쟁을 일으키는 계모와 장모 등과 같은 내용의 구성을 갖고 있다. 이 영화시장의 예산은 할리우드와 발리우드 기준에선 매우 낮다. 대규모 예산은 10만 달러 정도가 들며 보통의 날리우드 영화는 디지털 카메라로 제작된다. 세트장은 보통 존재하지 않으며 거리, 가게, 라고스內 아파트 혹은 나이지리아 농촌이 영화 촬영을 위한 배경이 된다.

날리우드에서 제작된 영화의 수는 할리우드와 발리우드를 뛰어넘는데, 매년 2천 개에서 2천 5백 편 사이의 영화를 제작한다. 이 영화시장에 고용된 인구의 수는 약 50만 명이며, 매년 총 2억에서 3억 달러의 매출을 기록하고 있다. 영화관이 아닌 DVD가 주 배급 수단이며, 노점상에서 영화 1편당 1달러에서 2달러에 판매된다. 날리우드 영화제작사는 영화 출시일로부터 1주에서 2주 사이에 대부분의 수익을 얻는다. 빠른 수익을 얻어내는 것이 중요한 이유는 많은 저작권 침해자들이 어떠한 새로운 개봉영화라도 아주 빨리 무단 복제하기 때문이다. 대부분의 나이지리아 영화 제작사들은 한 영화에서 얻은 자금을 다음 작품을 제작하는 데에 운용하고 있다.

나이지리아 영화 제작사들은 그들이 제작한 영화를 보다 넓은 범 아프리카대륙 시장에 배포하길 원하며 대부분의 영화는 나이지리아에서 사용하는 510개의 생활언어가 아닌 영어로 제작하여 아프리카 대륙 전체에 그 매력을 확산시키길 원한다. 캐스팅과 마케팅은 종종 상호 연관되어 있다. 가나 출신 배우와 케냐 출신 여배우를 출연시키면 그들 양국에서 매출을 신장시킬 수 있으며 아프리카 대륙 전체로 날리우드 영화의 인기가 확산되면서 이러한 전략은 성공을 거두고 있다. 남아프리카공화국의 멀티초이스 위성 TV방송 사업자는 지방 시청자들에게 날리우드 영화를 방송해 왔으며 날리우드 영화의 수요는 전 대륙으로 널리 퍼지고 있다. 영국 주재 아프리카인들을 위해 영국 위성 TV방송 사업자인 BSkyB는 현재 자체적으로 갖고 있는 복스(Vox) 아프리카 채널을 통해 날리우드 영화를 방영하고 있다.[1] ■

익숙한 국내시장을 벗어나 국제사업 활동을 수행하고자 하는 기업과 경영자들은 현지의 사업관행, 가치관, 기업의 윤리적 행동에 대한 정의 등이 모국의 그것과는 상당 부분 다르다는 것을 쉽게 발견할 수 있다. 이러한 상황에서 새로운 해외시장에서도 스스로가 익숙한 본국 문화에 기초해 현지의 경쟁자들과 경쟁하고자 하는 기업들은 종종 어려운 경쟁적 상황에 빠지게 된다. 결국 기업의 국제사업 활동과 관련된 거의 모든 측면—계약과 협상, 생산.운영관리, 마케팅 의사결정, 인적자원관리 등을 포함해—은 문화적 차이에 의해 영향을 받는다. 문화는 이와 같이 이 장의 "E-WORLD"가 암시한 바와 같이 시장에서 기업에게

E-WORLD

인터넷, 국가경쟁력 그리고 문화

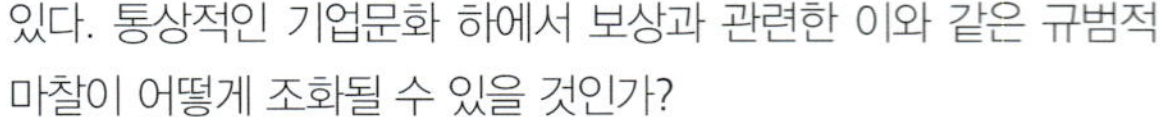

인터넷 시대에서 성공하기 위해서는 어떻게 해야 하는가? 일군의 전문가들은 국가가 성공하기 위한 조건으로 "유연하고 거대한 자본시장, 모험자본 지원 네트워크, 세계적 수준의 대학, 위험을 감수하는 문화, 민족정신의 개조, 최고의 인재풀" 등을 제시한다. 그러나 인터넷은 한 국가의 성공을 위해 필요했던 수많은 문화적 규범을 위협한다. 이 장을 읽었다면 인터넷 시대에 국가가 성공하기 위한 필요조건과 인터넷 시대에 국가가 성공하기 위해 설명될 수 있는 다양한 문화적 요소들에 대해 생각해보기 바란다. 예를 들어, 다음과 같은 질문들을 고려해볼 수 있다.

- 통상의 기업문화에서 보상은 연공(seniority)과 연계되어있는 경우가 많다. 하지만 많은 소규모 첨단 기업들은 조직 구성원들에 대한 보상 수단으로 스톡옵션(stock option)에 의존하는 경우가 많으며, 젊은 인력들이 나이가 든 인력들에 비해 직무수행능력이 우수한 경우가 종종 있다. 통상적인 기업문화 하에서 보상과 관련한 이와 같은 규범적 마찰이 어떻게 조화될 수 있을 것인가?
- 느리지만 합의에 의한 의사결정을 중시하는 집단지향적인 문화에서도 빠르게 변화하는 전자상거래 환경하에서 충분히 효과적으로 경쟁할 수 있을 만큼 신속성을 가지는 것이 가능할 것인가?
- 어떤 문화는 불확실성과 위험감수를 싫어한다. 높은 수준의 불확실성과 위험을 의미하는 인터넷 시대에서 불확실성과 위험감수를 싫어하는 문화는 어떻게 계속 번성할 수 있을 것인가?
- 어떤 기업문화는 당신 혹은 당신의 기업이 오랜 기간 동안 관계를 유지해왔고, 또 신뢰하는 파트너와의 거래를 강조한다. 인터넷 시대에서 이와 같은 기업문화는 너무나도 진부한 것이 아닌가?

출처: 'Edging Towards the Information Age', *BusinessWeek*, January 31, 2000, p.90.

경쟁우위 혹은 열위를 제공해줄 수 있다. 이 장은 국가 간의 문화적 차이를 강조해 설명하고, 이러한 문화적 차이에 대한 이해가 국제기업들에게 얼마나 중요한가를 보여준다.

4.1 문화의 특징

다른 모든 인간의 행동과 마찬가지로 경영은 사회적 맥락의 범주 내에서 행해진다. **문화**는 어느 특정 사회를 다른 사회와 구별시켜 주는 가치관, 신념, 행동, 관습, 태도의 집합체로서, 그 사회 내에서 기업이 어떻게 운영되어야 하는가를 규정하는 규칙을 결정하는 역할을 한다. 기업의 국제사업 활동과 관련해 문화는 다음과 같은 다양한 특징을 지닌다.

- 문화는 특정 사회 내에서 한 구성원으로부터 다른 구성원으로 전이되는 *학습된 행동양식(learned behavior)*을 반영한다. 어떤 문화적 요소는 부모가 자녀들에게 테이블 매너를 가르치는 것처럼 세대 간으로 전이되기도 하며, 또 다른 문화적 요소는 고학년 학생이 신입생에게 학교의 전통에 대해 교육을 시키는 것처럼 세대 내에서 전이되기도 한다.
- 문화의 구성요소들은 서로 *상호관련성(interrelated)*을 지닌다. 예를 들어, 일본과 같은 집단지향적이며 위계적 사회는 조화와 충성심을 중요시하며, 일본사회의 이러한 특징은 종신고용을 강조하고 직업 전환을 지양하는 경향으로 변모되었다.
- 문화는 학습된 행동양식이기 때문에 문화는 *적응적(adaptive)* 특징을 지닌다. 즉 문화는 그 사회에 영향을 미치는 외적 요인들에 따라 변화한다. 예를 들어, 2차대전 이후 독일은 자유시장경제 지향적인 서독과 공산 통제하의 동독으로 분단되었다. 수백 년에 걸쳐 전해져 내려온 동일한 역사적 유산에도 불구하고, 동 · 서독의 분단은 거대한 문화적 차이를 낳았다. 이와 같은 문화적 차이는 직업, 위험감수, 보상시스템의 공정성 등과 관련된 공산당의 이념적 지령에 대한 적응과정에서 발생했다.
- 문화는 특정 사회 구성원들 사이에 *공유되며(shared)*, 사회 구성원들 사이의 집단정신으로 정의된다. 사회 구성원들은 문화를 공유하는 개인들로 구성된다. 문화를 공유하지 않는 구성원은 그 사회의 경계를 벗어난 외부인이다.

In Practice

- 문화는 우리가 갖고 태어나는 것이 아니다. 이것은 우리가 우리 사회를 구성하고 있는 타 구성원으로부터 배우는 것이다.
- 문화는 사업 기회와 사업 진행과정에 영향을 줄 수 있다. 기업은 새로운 국가에 진출하기 전에 현지 문화를 이해해야 하는 것을 명심해야 한다.

추가 고려 사항: 어떤 형태의 문화가 전자상거래(e-commerce)와 같이 빠르게 움직이는 성장 산업의 성공을 촉진시킨다고 보는가?

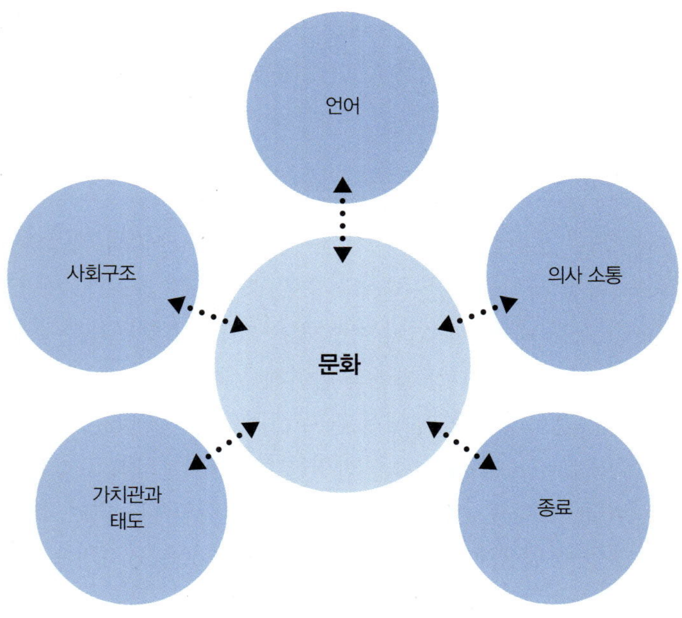

그림 4.1
문화의 구성요소

4.2 문화의 구성요소

특정 사회의 문화는 그 사회 구성원들이 의사소통하고 서로 상호작용하는 방식을 결정짓는 역할을 한다. 문화의 기본적인 구성요소([그림 4.1] 참조)로는 사회구조(social structure), 언어(language), 의사소통(communication), 종교(religion), 가치관과 태도(values and attitudes) 등이 포함된다. 이와 같은 문화의 구성요소들이 서로 상호작용해 기업이 국제사업 활동을 수행할 때 직면하는 현지 환경에 영향을 미친다. 또한, 문화의 구성요소들은 환경변화에 대한 특정 국가의 대응능력에도 영향을 미친다.

사회구조

사회구조는 특정 사회 내에서 개인의 역할을 결정짓는 전반적인 틀이며, 사회계층과 그 사회 내에서 개인의 이동 가능성을 포함하는 개념으로, 모든 사회의 기본이 되는 사항이다.

개인, 가족 그리고 집단 모든 인간 사회는 가족이라는 단위에서 살고, 집단이라는 단위에서 서로 함께 일하는 개인을 포함한다. 그러나 모든 사회는 가족을 정의하고, 집단 내에서 개인의 역할이 가지는 상대적 중요성을 정의하고 평가하는 방식을 달리 하는 것도 사실이다. 가족 구성원들의 연계와 책임에 관한 미국의 관점은 핵가족(아버지, 어머니, 자식)에 초점을 맞추고 있는 반면, 다른 국가에서는 보다 확장된 가족 개념이 보다 더 중요하다. 예를 들어, 아랍권 국가에서는 삼촌, 형제, 사촌과 인척관계가 모두 지지와 지원의 의무가 부여되는 가족단위의 일부분으로 간주된다. 다른 사회에서는 훨씬 더 넓은 의미로 가족이 정의되기도 한다. 예를 들어, 소말리아에서는 가족이 일족(clan)의 개념을 가지며, 이는 동일한 조상을 두고 있는 부족 구성원들이 모두 가족에 포함됨을 의미한다.

가족에 대한 사회적 태도가 다름에 따라 기업에서 가족이 가지는 중요성 또한 사회마다 다르다. 미국에서는 기업들이 정실주의(nepotism)를 좋아하지 않는다. 회사 내 상사의 딸과 결혼한 사람은 능력이 있을지라도 동일한 조직 구성원으로 받아들여지기가 어렵다. 하지만 아랍권 기업들에서는 가족 간 연대가 매우 중요하며, 따라서 친척을 고용하는 것은 흔하고 일반적으로 수용된다. 이와 유사하게 중국 기업들에서도 기업의 중요 직책을 가족 구성원들로 채우는 것은 일상적이며, 개인이 소유하고 있는 자금을 기업의 성장을 위한 투자자금으로 채워넣기도 한다.[2]

집단에 대비한 개인의 상대적 중요성은 문화에 따라서도 다르다. 예를 들어, 미국 문화는 개인주의를 조장하는 문화이다. 학교는 개개 학생들의 자존감 증대를 중요시하고, 개별 학생들이 개인적인 재능을 발전시킬 수 있도록 조장한다. 미국에서는 개인의 권한과 책임을 존중하기 때문에 아동들은 자신의 운명은 자신의 손에 달려 있다는 점을 확신하도록 훈련된다. 반대로 일본과 같이 집단중심적인 사회에서는 아동들로 하여금 집단에 기여하는 것이 스스로의 역할임을 인식하도록 가르친다. 이와 같은 사회에서는 단결, 충성, 조화 등과 같은 미덕이 매우 가치 있는 것으로 여겨진다. 이와 같은 미덕 혹은 가치들이 개인적 성취나 능력보다 채용 의사결정에서 훨씬 중요하게 작용한다.[3] 따라서 미국에서 히트한 TV 쇼인 *어프렌티스(The Apprentice)*의 제작자가 이 쇼의 일본어판을 주요 지역 방송사들에 판매하려 할 경우에도 문화적 장벽은 중요한 문제로 떠오르게 된다. 일본 시청자들은 이 쇼에서 자주 보이는 "당신은 해고야"라는 대사에 대해 특정인을 여러 사람들 앞에서 창피를 준 일로 저항감을 느낄 뿐만 아니라 어떤 화려한 경력을 지닌 최고경영자라 해도 이 쇼의 도널드 트럼프(Donald Trump) 회장이 맡고 있는 역할을 수행하려 들지는 않을 것으로 여긴다. 어떤 전문가는 대부분의 일본인의 경우 "현재의 기업이 어떤 특정 인물에 의한 것이 아닌 많은 개인들의 공동의 노력에 의한 것"으로 여긴다.[4]

사회계층 모든 사회는 **사회의 계층화(social stratification)** 정도에 차이가 나며, 사회구성원들의 출생, 직업, 교육수준 및 여타 속성에 기초해 어느 정도는 그 사회에 속한 구성원들을 범주화한다. 하지만 집단 내에서 혹은 집단 간에 개인들이 서로 어떻게 상호작용하는

BRINGING THE WORLD INTO FOCUS

일본식 문화가 경영에 미치는 영향

일본식 경영방식에서 중요한 역할을 하는 첫 번째 문화적 요소는 일본사회의 위계중심 구조다. 사회적 계층 혹은 위계는 사회 구성원들이 서로 어떻게 대하고 처신해야 하는지를 엄격하게 규정한다.

두 번째 문화적 요소는 집단주의다. 인간은 개인으로서보다는 집단의 한 구성원으로서 정체성을 가지게 된다. 일본에서 이와 같은 집단정체성은 어린 시절부터 이미 형성된다. 일본인의 이와 같은 강한 집단정체성은 인종적 동질성과 1850년대 이후 지속된 상대적 고립으로 더욱 강화되었다.

세 번째 문화적 요소는 *화(和)* 혹은 사회적 조화(social harmony)다. 각 집단 내에서 구성원들의 목표는 조화로움 혹은 합의(consensus)를 이끌어내는 것이다. 의사결정이 조직 내 경영층 상부에 의해 일방적으로 정해져서는 안 된다. 왜냐하면 조직 내에서 *화*를 깨트릴 수 있기 때문이다. 일본 기업에서 퇴근 후 모임이나 교류와 같은 일과 후 사회화과정이 장려되는 것도 *화*를 견지하기 위함이다.

네 번째 문화적 요소는 의무 혹은 책임감이다. 일본 기업에서는 일단 채용되고 나면 그 개인은 기업에 빚을 진 것이다. 기업에서 고용해 그 기업에게 빚을 지게 된 개인은 결코 이를 갚을 수도 없다. 개인은 기업에 모든 것을 신세지고 있는 것이며, 개인적, 가족적 요구보다 기업의 요구가 항상 최우선 된다. 일본 사회에서 만연되어 있는 이직에 대한 부정적 인식도 모두 일본 문화의 이와 같은 측면 때문이다.

출처: 'Fujitsu to Institute Merit—Based Pay for All Employees', *Wall Street Journal*, March 26, 1998, p.B5 ; Richard G. Newman and K. Anthony Rhee, 'Self—Styled Barriers Inhibit Transferring Management Method', *Business Horizon*, May—June, 1989, pp.17—21.

The Image Works

일본문화는 집단 내에서 함께 일하고 사회적 조화를 유지하는 것의 중요성을 강조한다. 이 일본 유치원의 중요한 교육 과제는 국가의 집단지향적인 그리고 조화로운 문화적 규범을 학생들에게 가르침으로써 그들이 자라나서 일본 사회의 생산적인 구성원이 되게 하는 것이다.

가를 규명하는 데 있어 이들 범주들의 상대적인 중요성은 각기 다르다. 예를 들어 중세 유럽에서는 농부, 장인, 상인, 귀족의 역할과 의무는 관습과 법규에 의해 세심하게 구분되었다. 영국의 계급구조와 인도의 카스트제도는 보다 최근의 실례를 잘 보여주고 있는데, 이들 사회에서 한 개인의 사회적 지위는 타인을 대하고 대우하는 방식에 매우 큰 영향을 미친다. 사회계층이 훨씬 덜 중요한 사회도 있다. 예를 들어, 미국의 은행 경영자는 업무시간에 기꺼이 명령을 받을 의사가 되어 있는 청소원 정도에게나 겨우 호통치듯 명령할 수 있다.

사회계층화의 정도가 매우 심한 사회에서 활동하는 MNC는 경영자와 근로자의 계급 혹은 계층의 차이를 고려해 적절한 채용 및 승진제도를 확립해야 한다. 전통적으로 특정 집단 혹은 계층에 의해 수행되던 직무에 따른 집단 혹은 계층의 구성원을 채용하는 경우, 이는 근로자들의 사기와 생산성을 저하시킬 수 있다. 반면 사회계층화의 정도가 심하지 않은 사회에서는 적절한 학력을 소지하고 있는지, 건전한 교회에 출석하는지, 출신이 적합한지 등에 관계없이 자유롭게 해당 직무에 가장 재능이 있는 사람을 채용할 수 있다. 사회계층화의 정도가 매우 심한 사회에서는 광고대행사가 그들의 광고 메시지를 준비할 때 그 광고 메시지가 자신들이 표적으로 삼지 않은 다른 고객집단에게도 전달되어 이들이 기분이 상하지 않도록 특정 표적고객에게만 전달되고 소구될 수 있도록 유의해야 한다. 하지만 계층화의 정도가 덜한 사회에서 이러한 우려는 훨씬 덜 중요하다.

사회이동성(social mobility)은 개인이 한 사회 내의 특정 계층에서 다른 계층으로 이동할 수 있는 가능성을 의미한다. 사회이동성은 통상 사회의 계층화 정도가 덜한 사회에서 보다 높은 것이 보통이다. 예를 들어, 사회이동성은 영국이나 인도에 비해 미국에서 훨씬 높다. 사회이동성은 노사관계, 인적자본 형성, 위험감수, 기업가 정신 등과 같은 요인에 대한 개인의 태도와 행위에 종종 영향을 미친다. 과거 영국의 엄격한 계급제도와 상대적으로 낮은 사회이동성은 영국의 많은 산업 노동자 사이에서 "우리 대 그들"이라는 태도를 형성하게 하는 데 적지 않은 영향을 미쳤으며, 이는 작업장 내 노사협력을 촉진하고자 하는 경영층의 노력을 의심의 눈초리로 살펴보게끔 하는 노사 분위기를 만들었다. 어느 정도 최근까지만 해도 영국의 젊은 노동자 계급은 영국 사회에서 그들의 역할은 이미 운명 지어졌고, 따라서 교육에 대한 투자는 시간낭비일 뿐이라는 확신하에 학교를 도중에 그만 두곤 했다. 미국, 싱가포르, 캐나다와 같이 사회이동성이 상대적으로 높은 사회에서는 개인이 보다 높은 학력을 갖추고, 창업 등과 같은 활동에 보다 적극성을 보이는데, 이는 이러한 일들에서 성공을 거둘 경우 자신과 자신의 가족은 자유롭게 사회적 계층 혹은 신분이 상승되리라는 믿음을 가지고 있기 때문이다.

언어

언어는 사회 구성원들이 서로 의사소통하는 주요 수단이기 때문에 문화적 집단을 구분시켜 주는 1차적인 요소다. 전문가들은 현재 지구상에 존재하는 약 3,000개의 서로 다른 언어를 밝혀낸 바 있으며, 10,000개 정도의 특이한 지역어가 존재하고 있는 것으로 추산한다([지도 4.1] 참조).[5]

언어는 사회 구성원들이 세상에 대해 생각하는 방식을 조직화해 표현하는 것이다. 사회 구성원들은 언어를 통해 자신이 관찰하고 지각한 것을 여과시킴으로써 언어는 두 사람이 의사소통을 할 때 전달되는 메시지의 내용과 전달방식에 영향을 미친다. 중국어와 영어를 동시에 구사할 수 있는 153명의 대학생을 2개의 실험집단으로 나누어 행해진 유명한 실험이 홍콩에서 있었다. 이 실험에서 한 실험집단에 속하는 학생들은 영어로 쓴 숙제를 부여받았고, 나머지 실험집단은 중국어로 쓴 숙제를 부여받았다. 이 실험의 책임교수는 사전적으로 두 가지 언어로 작성된 숙제가 완전히 동일한 내용을 번역한 것임을 확인했지만 제시된 숙제에 대해 두 실험집단이 제출한 해답은 매우 달랐다는 사실을 발견했다. 이는 사용되는 언어에 따라 전달되는 정보의 본질이 변할 수 있음을 암시해주는 것이다.[6]

언어는 세상에 대한 개인의 지각을 형성해줄 뿐만 아니라 그 사회의 문화적 가치관에 대한 중요한 단서를 제공하며 문화변용(acculturation)을 돕기도 한다. 예를 들어 프랑스어, 독일어, 스페인어를 포함하는 많은 언어들은 *너(you)*라는 단어에 대해 다양한 공식적, 비공식적 표현방식을 가지고 있는데, 어떤 표현방식을 선택하는가의 문제는 청자와 화자의 관계적 특성에 달려 있다.[7] 이와 같이 특정 단어를 표시하는 다양한 표현방식이 존재한다는 사실은 언어가 다른 국가의 구성원과 거래를 할 때는 언어 표현에 있어 적절한 공식적 수준을 유지하는 것이 매우 중요하다는 사실을 강하게 암시해준다.

한 국가에 두 가지 이상의 언어집단이 존재하고 있음은 그 국가를 구성하고 있는 집단의 다양성을 나타내주는 중요한 신호이며, 소득, 문화적 가치관, 교육수준 등에서도 상당한 차이가 있을 수 있음을 보여주는 것이다. 예를 들어, 인도에는 16개의 공식 언어와 약 3,000개에 달하는 지역어가 존재하고 있는 것으로 알려져 있는데, 이는 인도 사회의 이질

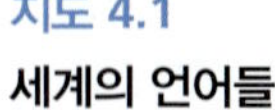

지도 4.1
세계의 언어들

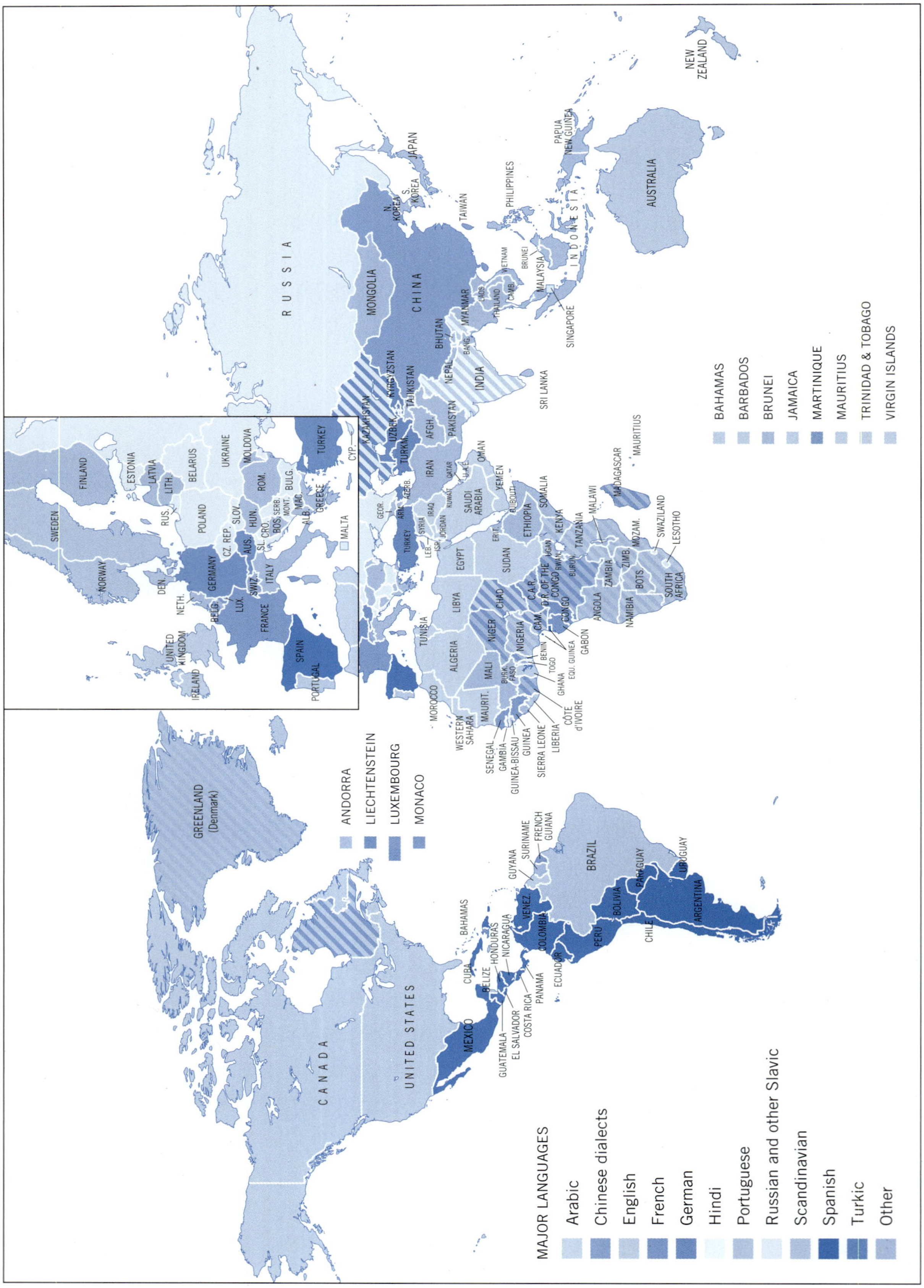

MAJOR LANGUAGES
Arabic
Chinese dialects
English
French
German
Hindi
Portuguese
Russian and other Slavic
Scandinavian
Spanish
Turkic
Other
ANDORRA
LIECHTENSTEIN
LUXEMBOURG
MONACO
BAHAMAS
BARBADOS
BRUNEI
JAMAICA
MARTINIQUE
MAURITIUS
TRINIDAD & TOBAGO
VIRGIN ISLANDS
CANADA
UNITED STATES
GREENLAND (Denmark)
MEXICO
CUBA
BAHAMAS
BELIZE
GUATEMALA
HONDURAS
EL SALVADOR
NICARAGUA
COSTA RICA
PANAMA
VENEZ.
COLOMBIA
GUYANA
SURINAME
FRENCH GUIANA
ECUADOR
PERU
BRAZIL
BOLIVIA
PARAGUAY
CHILE
ARGENTINA
URUGUAY
SWEDEN
FINLAND
NORWAY
ESTONIA
LATVIA
LITH.
RUS.
DEN.
UNITED KINGDOM
IRELAND
NETH.
BELG.
GERMANY
POLAND
BELARUS
UKRAINE
MOLDOVA
CZ. REP.
SLOV.
LUX.
FRANCE
SWIZ.
AUS.
HUN.
ROM.
SL.
CRO.
BOS.
SERB.
MONT.
MAC.
ALB.
BULG.
GREECE
ITALY
SPAIN
PORTUGAL
TURKEY
MALTA
CYP.
RUSSIA
KAZAKHSTAN
GEOR.
ARM.
AZERB.
UZBEK.
TURKM.
KYRGYZSTAN
TAJIKISTAN
MONGOLIA
CHINA
N. KOREA
S. KOREA
JAPAN
MOROCCO
WESTERN SAHARA
ALGERIA
TUNISIA
LIBYA
EGYPT
LEB.
ISR.
SYRIA
IRAQ
JORDAN
KUWAIT
QATAR
U.A.E.
IRAN
AFGH.
PAKISTAN
NEPAL
BHUTAN
INDIA
BANG.
MYANMAR
TAIWAN
SAUDI ARABIA
OMAN
YEMEN
MAURIT.
MALI
NIGER
CHAD
SUDAN
ERIT.
DJIBOUTI
ETHIOPIA
SENEGAL
GAMBIA
GUINEA-BISSAU
GUINEA
SIERRA LEONE
LIBERIA
CÔTE d'IVOIRE
GHANA
BURK. FASO
TOGO
BENIN
NIGERIA
CAM.
C.A.R.
D.R. OF THE CONGO
CONGO
EQU. GUINEA
GABON
UGAN.
RWAN.
BURUN.
KENYA
SOMALIA
TANZANIA
MALAWI
ANGOLA
ZAMBIA
ZIMB.
MOZAM.
NAMIBIA
BOTS.
SOUTH AFRICA
SWAZILAND
LESOTHO
MADAGASCAR
MAURITIUS
SRI LANKA
LAOS
THAILAND
CAMB.
VIETNAM
PHILIPPINES
BRUNEI
MALAYSIA
SINGAPORE
INDONESIA
PAPUA NEW GUINEA
AUSTRALIA
NEW ZEALAND

여러 세기 동안, 우로스(Uros) 사람들은 갈대로 만들어진 부유하는 섬 위에 살아 왔다. 그들의 집은 페루와 볼리비아 국경 사이에 위치한 안데스 산맥 높은 곳에 위치한 티타카카 호수(Lake Titacaca)이다. 두 국가의 산맥 지형에 거주하는 많은 다른 원주민들과 같이, 그들은 스페인어가 아닌 아이마라(Aymara) 언어로 소통한다.

Scott Pustay

성을 보여주는 것이다. 볼리비아, 파라과이, 페루 등과 같은 남미 산악국가에 거주하고 있는 많은 가난한 농민들은 현지 인디언 지역어를 사용하고 있는데, 이들은 스페인어를 사용하는 도시 엘리트 계층과 의사소통하는 데 많은 어려움을 겪고 있다. 일반적으로 하나의 언어를 사용하는 국가는 동질적인 사회인 경향이 많고, 다수의 언어집단으로 구성된 국가는 이질적인 사회의 경향을 많이 보이는데, 이와 같은 사실은 언어가 한 국가 내에서 문화적 차이를 나타내주는 중요한 수단을 제공하고 있음을 보여주는 것이다.

다양한 이질적인 사회에서 사업경험을 보유하고 있는 경영자는 자신의 잠재적 고객들 사이에 존재하는 문화적 차이를 고려하기 위해 이들이 주로 사용하는 언어에 따라 자신의 마케팅 및 경영관리 방식을 적응시킨다. 예를 들어, 마케팅 조사 전문가들에 따르면 영어를 사용하는 캐나다인들은 청결에 특히 강점이 있는 비누를 선호하며, 반면 프랑스어를 사용하는 캐나다인들은 상쾌하고 달콤한 냄새가 나는 비누를 선호하는 것으로 알려져 있다. 따라서 피앤지(P&G)는 Irish Spring 비누제품에 대한 광고에서 영어 사용 캐나다인을 표적으로 한 영어 광고에서는 비누의 탈취효과를 강조하고, 프랑스어 광고에서는 그 비누의 상쾌한 아로마 향에 초점을 맞춘다.[8] 일반적으로 광고업자들은 개별 언어집단에 따라 그들의 마케팅 메시지를 가장 적절하게 전달할 수 있는 매체(신문, 라디오, TV, 잡지 등)를 찾을 수 있어야 한다. 예를 들어, 미국에서 유니비전(Univision)이나 텔레문도(Telemundo)와 같은 스페인어 TV 방송망의 발전은 광고업자들로 하여금 영어를 사용하는 고객들에게 대한 마케팅 메시지 전달 상의 혼란을 최소화하면서도 히스패닉계 시장이라는 특정 시장에 접근하는 데 보다 적합한 광고를 쉽게 만들 수 있도록 해주었다.

경쟁무기로서의 언어 상거래에 있어 의사소통 능력은 매우 중요하기 때문에 언어적 연계는 종종 경쟁우위 창출의 중요한 수단이 되기도 한다. 호주, 뉴질랜드, 영국, 미국 등과 같은 국가 사이에서의 상거래는 영어라는 공동 언어를 통해 더욱 촉진되어질 수 있다. 예를 들어, 자전거 헬멧 제조업자인 미국의 지로(Giro Sport Design) 사가 미국에서의 수출 대신 유럽 현지생산을 결정했을 때, 이 기업은 입지 전문가들에게 영어를 사용하는 유럽 국가들 중에서 적절한 생산입지를 제안해줄 것을 부탁했다. 이 기업의 최고경영자는 이와 관련해 "해외에서 사업 활동을 수행하는 데 발생하는 문제들과 함께, 우리는 언어 때문에 괴로움을 당하고 싶지는 않다"고 천명했다.[9] 결국 이 기업은 아일랜드를 유럽 현지 생산공장의 입지로 결정했고, 이곳에서 외국기업을 위한 다양한 인센티브 지원과 함께 영어를 구사하는 잘 훈련된 근로자들을 충분히 확보할 수 있었다.

이와 유사하게 스페인의 텔레포니카(Telefonica SA) 사는 공격적인 국제화 전략의 일환으로 남미로 진출했다. 이 기업은 국영기업 민영화 프로그램의 덕택으로 과거에 콜롬비아와 페루에서 독점적 지위에 있는 국영 통신사업체의 기업지배권을 확보했다. 산탄데르

지도 4.2

아프리카의 식민지 유산

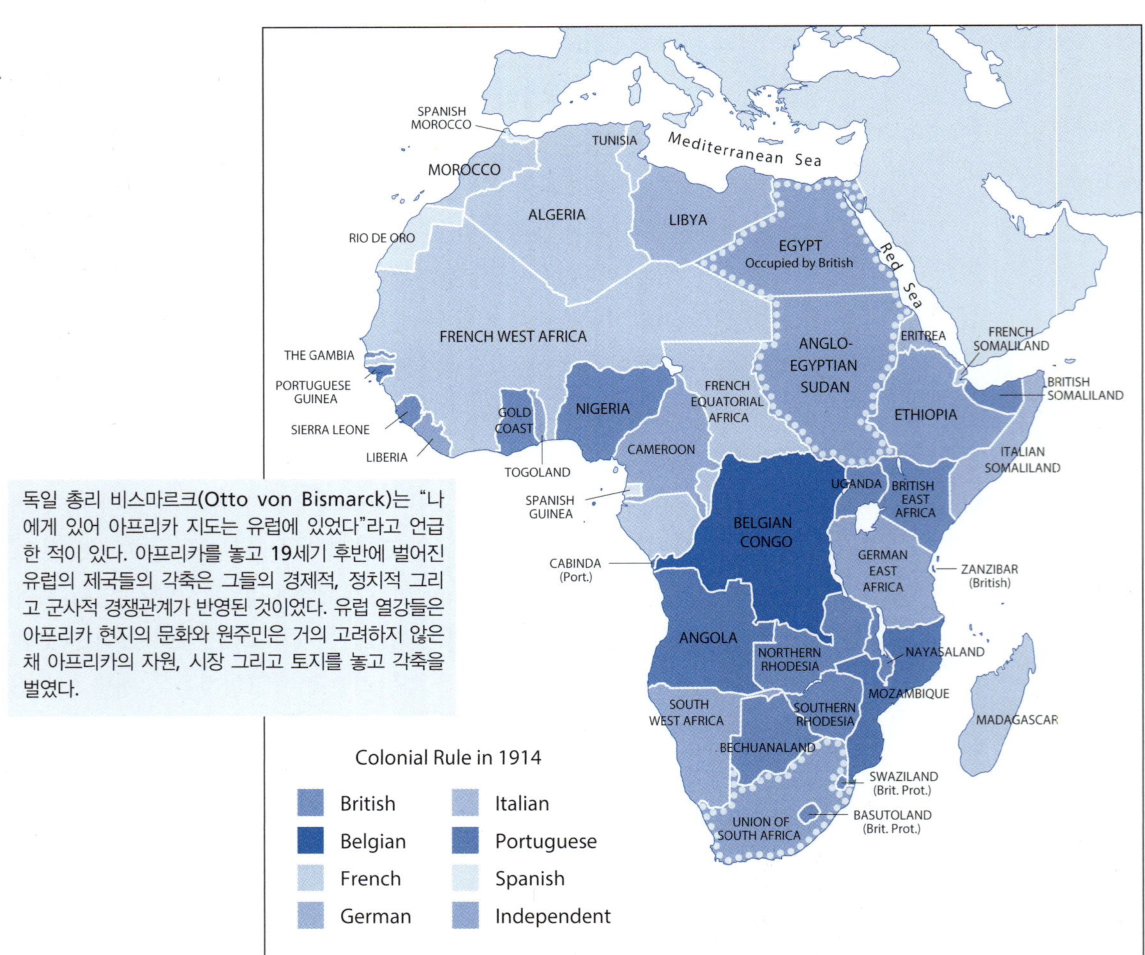

독일 총리 비스마르크(Otto von Bismarck)는 "나에게 있어 아프리카 지도는 유럽에 있었다"라고 언급한 적이 있다. 아프리카를 놓고 19세기 후반에 벌어진 유럽의 제국들의 각축은 그들의 경제적, 정치적 그리고 군사적 경쟁관계가 반영된 것이었다. 유럽 열강들은 아프리카 현지의 문화와 원주민은 거의 고려하지 않은 채 아프리카의 자원, 시장 그리고 토지를 놓고 각축을 벌였다.

(Banco Santander), 빌바오 비즈카야(Banco Bilbao Vizcaya), 센트럴 히스파노(Banco Central Hispano)와 같은 스페인 은행들도 이와 유사한 방법을 채택해 아르헨티나, 칠레, 멕시코, 페루, 푸에르토리코, 우루과이 등지에 대규모로 투자했다.[10] 최근 아제르바이잔, 카자흐스탄, 투르크메니스탄 등과 같은 구소련의 터키어 사용권 국가에서 사업을 수행하는데 있어 터키가 중요한 전진기지가 되고 있는 것도 언어의 공통성 때문이다. [지도 4.2]에서 보는 바와 같이 과거 식민지 시대가 남긴 언어적 유산 또한 기업의 국제경영 활동에 중요한 영향을 미친다.

공통언어(lingua franca) 국제경영에서는 의사소통이 매우 중요하다. 19세기 영국의 경제적, 군사적 지배, 2차대전 이후 미국의 융성으로 영어가 국제 간 거래에서 지배적인 **공통어**로 부상했다. 유럽과 일본 대부분의 공립학교 학생들은 수년 동안 영어를 공부한다. 인도나 싱가포르와 같이 2개 이상의 언어집단으로 구성된 국가들 중 일부 국가는 다양한 언어집단 사이의 의사소통을 원활하게 하기 위해 영어를 공용어로 채택한다. 이와 유사하게 다양한 국적을 가진 경영자들로 구성된 기업에서는 영어를 공식적인 기업 공용어로 사용하기도 한다. 예를 들어, 네덜란드의 다국적 가전기업인 필립스는 1983년 이후로 영어를 기업 내 의사소통 수단으로 사용해왔다. 스위스의 브라운 보바리(Brown Boveri)와 스웨덴의 ASEA도 룩셈부르크의 아르셀로 미탈(Arcelor Mittal)처럼 비록 전체 구성원의 10% 미만이 영어가 모국어임에도 불구하고, 1987년 합병 이래 영어를 합병기업의 공용어로 채택했다.[11] 토탈(Total), 에어 리퀴드(Air Liquide), 프랑스 텔레콤(France Telecom)과 같은 프랑스 기업들조차도 이사회에서는 영어를 사용한다.[12]

하지만 영어를 공통언어로 사용한다고 해서 문화적 차이로 인한 모든 오해가 사라지는 것은 아니다. 예를 들어 영국, 덴마크, 미국과 같은 문화권에서는 화자가 오만하거나 교만하지 않음을 보여주기 위해 자신을 낮추는 유머를 종종 사용하지만 프랑스나 독일과 같은 국가에서는 오히려 자신을 낮추는 유머가 진지하지 못함으로 비춰지는 경우가 많다. 그리고 문화적 차이로 인해서 동일한 단어에 대한 의미의 해석이 달라지는 경우도 있다. 미국인 경영자가 "다음 주 수요일까지 그 일을 마쳤으면 좋겠어요"라고 했을 때, 미국인 동료는 화요일을 그 일의 시한으로 해석하는 반면 태국인 동료는 요구라기보다는 선호로 받아들일 수도 있다.[13]

영어를 많이 사용하는 현상은 특히 캐나다, 영국, 미국 등과 같이 영어가 모국어인 사람들에게 국제상거래에서 일정한 이점을 제공해줄 것으로 여겨진다. 적어도 외형적으로는 그렇다. 하지만 영어 원어민이 제2외국어에 취약한 경우에는 상대방의 아성에서 협상을 하거나 사업을 운영할 때 자신이나 자신이 속한 기업에 결정적인 불이익으로 다가올 수도 있다. 예를 들어, 수년 전에 리오넬 트레인(Lionel Train) 사는 현지의 값싼 인건비를 활용하기 위해 생산공장을 멕시코로 이전했지만 현지 생산 공장을 운영하는 데 필요했던 2개 국어를 구사할 수 있는 경영자를 찾기 어려웠다. 그 결과 그 기업은 결국 멕시코의 현지 생산 공장을 폐쇄하고, 다시 미국으로 옮겨왔다.[14]

언어는 그 사회의 문화를 바라볼 수 있는 창문의 역할을 하기 때문에 많은 국제경영 전문가들은 학생들이 비록 정통할 수는 없더라도 외국의 언어에 많이 노출되어야 한다고 주장한다. 다른 외국어에 정통할 수 있다면 그것이 최선이기는 하겠지만, 학생들은 외국어에 대한 어느 정도의 훈련을 통해 스스로의 국제경영활동에 크게 도움이 되는 현지의 문화적 규범과 태도에 대한 이해의 정도를 높일 수 있다.

번역 물론 언어가 다름으로 발생하는 문제는 번역으로 어느 정도 극복될 수 있다. 하지만 번역과정에서는 특정 언어의 단어들을 단순히 다른 언어의 단어들로 바꾸어 놓는 것 이상의 세심한 주의가 요구된다. 번역가는 단어가 담고 있는 미묘한 함축적 의미까지도 예민해야 하며, 단어 그 자체가 아닌 사고와 의견을 번역하는 데 초점을 맞추어야 한다. 번역이 마케팅에서 참사를 불러일으키는 일이 종종 일어난다. KFC가 자신의 광고를 중국어로 잘못 번역한 것은 고전적인 사례에 속한다. KFC는 "손가락을 핥아먹을 정도로 맛있다(Finger Lickin' Good)"라는 자사의 슬로건을 중국어로 번역하면서 전혀 식욕을 당기게 하지 못하는 "당신의 손가락을 먹어치워라(Eat Your Fingers Off)"로 번역하는 오류를 범한 적이 있다. 이와 유사하게 필스베리(Pillsbury)는 자사의 브랜드인 Jolly Green Giant를 사우디아라비아 시장에서 스스로 의도했던 이미지와는 너무나도 다른 "무서운 초록귀신(intimidating greenogre)"으로 번역하기도 했다. 비록 여전히 어린이 고객들에게는 자사의 완두콩 가공제품의 구매를 유도하는 데 도움이 되기는 하지만 말이다.

기업은 역번역(backtranslation)으로 알려진 기법을 활용함으로써 잘못된 번역으로 고객들에게 잘못된 메시지를 전달할 가능성을 줄일 수 있다. **역번역**이란 한 사람이 원어로 쓰여진 말을 현지어로 번역하고, 또 다른 사람이 현지어로 번역된 동일한 말을 원어로 다시 번역하는 것을 말한다. 이러한 기법을 통해 의도한 메시지가 정확하게 전달되는지를 확인해볼 수 있고, 그리하여 의사소통상의 실수를 피할 수 있게 된다.

외국인과의 의사소통에서 모국어를 사용해야 하는 경우에는 말로 표현하든 글로 표현하든 동일한 단어를 사용해야 하고, 단어에 대한 가장 일반적인 의미만을 사용함으로써 숙어를 활용한 표현을 피해야 한다. 캐터필러(Caterpillar)는 자사의 제품을 사용하는 다양한 국적의 고객들과 의사소통을 해야 하는 문제에 직면해 있는데, 캐터필러는 이 문제를 해결하기 위해 캐터필러 기본영어(Caterpillar Fundamental English: CFE)라 불리는 자기 기업만의 언어훈련 프로그램을 개발해 해외 현지의 제품수리 및 애프터서비스 매뉴얼에 활용한다. CFE는 캐터필러의 제품을 수리하는 데 필요한 800개의 단어(명사 450개, 동사 70개, 전치사 100개, 기타 180개)로 구성되어, 30과 이내의 분량으로 비영어권 사용자들에게 단순하고 축약된 영어를 학습시킬 수 있는 프로그램이다.[15] 이와 유사하게 유럽항공우주산업협회(European Association of Aerospace Industries: EAAI)에서 개발한 "단순영어(Simplified English)"는 협회 회원사들을 위해 항공기 유지보수 매뉴얼에 활용되는 영어를 정리한 것으로, 이 산업에서 국제표준으로 채택되었다.[16]

예스와 노 국제 경영자가 직면하는 또 다른 문화적 어려움은 말이나 단어가 다양한 문화적 배경에 따라 다른 의미를 가질 수 있다는 사실이다. 북미에서는 스페인어 mañana를 글자 그대로 "내일"로 번역하는 것이 보통이나, 중남미 일부 지역에서는 "(오늘이 아닌) 미래의 어느 날"을 의미하는 것으로 사용된다.

문화에 따라 예스와 노의 의미조차 다르다. 계약체결을 위한 협상에서 일본인들은 예스를 "예. 말씀하신 내용을 잘 알겠습니다"라는 의미로 종종 사용한다. 하지만 일본인들과 협상하는 외국인들은 일본인 거래 상대방이 말한 예스를 "예. 당신의 의견에 동의합니다"라고 받아들이고, 계약조건에 동의했다고 생각한 일본인이 나중에서야 그 계약조건을 받아들이지 않을 경우 실망하곤 한다. 중국, 인도, 중동권 국가들뿐만 아니라 일본에서는 직접적으로 "no"라고 말하는 것이 무례하고 불친절한 것으로 여겨지기 때문에 예스라는 말에 대한 오해가 더욱 복잡해질 수 있다. 이들 문화권에서는 협상 당사자들이 상대방의 제안을 수용하기 어려울 때에도 최대한 공손한 태도를 보이기 위해 "많은 어려움이 예상된다"든지 "검토가 더 필요하다"는 식으로 표현하곤 한다.[17] 분명한 "no"를 표현한 것이 아니기 때문에 이와 같은 표현에 익숙하지 않은 외국인들은 오랜 시간을 기다릴 수 있다. 미국에서는 이와 같은 표현이 책임회피성으로 비춰지지만 이들 문화권에서는 상대방에 대한 배려와 공손함을 의미하는 것이다.

의사소통

언어를 활용한 것이든 비언어적 수단을 활용한 것이든 다른 문화권 사이의 의사소통은 국제경영자에게 특히 중요한 자질 중 하나이다. 동일한 문화에 속하는 사람들 사이에도 의사소통이 어긋나는 경우가 종종 있기는 하지만 서로 다른 문화에 속하는 사람들 사이에서는 의사소통상의 오류 가능성이 상당한 정도로 증가한다. 이문화 의사소통의 경우 송신자는 자신이 속한 문화에 특유한 필터를 활용해 메시지를 기호화해 전달하게 되고, 수신자 또한 자신이 속한 문화에 특유한 필터를 활용해 그 메시지를 해독한다. 이와 같이 의사소통에서 다른 문화적 필터를 사용함으로써 송신자와 수신자 사이에 해결하기 매우 어려운 의사소통상의 오해를 낳곤 한다. 예를 들어, 보잉은 일본의 부품공급업체와의 계약에서 보잉 767의 동체 패널에 대해 "mirror finish"를 요구했다. 보잉은 단지 "반짝거리는 표면"만을 요구했는데, 일본의 부품공급업체는 보잉이 초정밀 연마로 매끄러운 표면을 요구한 것으로 오해해 예상보다 훨씬 더 많은 노무비를 부담했다.[18]

비언어 의사소통 사회 구성원들은 말 이외에 다른 수단을 통해서도 서로 의사소통한다. 사실 연구자들은 동일 문화권 구성원들 사이에 전달되어지는 전체 정보량의 80~90%가 비언어적 의사소통 수단에 의한 것이라고 주장한다.[19] 이러한 비언어적 의사소통 수단에는 얼굴 표정, 손동작, 억양, 눈길 마주침, 몸동작과 자세 등이 포함된다. 예를 들어, 미주권 국가에서는 동료, 고객, 공급업자 등과 인사를 할 때 악수로 인사하는 경우가 많다. 브라질에서는 악수뿐만 아니라 성별, 관계유지기간, 신뢰 수준 등에 따라 가벼운 포옹, 뒤에서 끌어안기, 볼 키스 등을 이용한다.[20] 대부분의 사회 구성원은 그 사회에서 일반적으로 활용되는 비언어 의사소통 수단을 쉽게 이해할 수 있으나, 외부인들은 이를 이해하기 어려울 수 있다. [표 4.1]은 일반적으로 활용되는 다양한 비언어 의사소통 수단을 보여준다.

문화적 차이로 인해 비언어 의사소통 수단도 종종 오해를 불러일으키는 경우가 있다. 예를 들어 미국에서는 파티에서 비즈니스를 상담할 때는 20인치 정도 서로 떨어져서 선 채로 대화를 나눈다. 사우디아라비아에서는 서로 정상적인 대화를 나눌 때 9~10인치 정도

표 4.1 비언어 의사소통 수단

의상: 유행하는, 화려한 혹은 보수적인
손동작
얼굴 표정: 미소, 못마땅함, 고개 끄덕임, 눈길 맞춤
헤어스타일
인사: 허리 굽힘, 포옹, 키스, 악수
향수
신체적 접촉: 손잡기, 등 두드리기
자세: 공식적 혹은 여유로운
시간: 제시간, 일찍 혹은 늦게 도착하기
순서 기다리기: 줄을 서거나 혹은 줄을 서지 않는 것
걸음걸이: 빠름, 느림; 집단적으로 혹은 개별적으로; 집단 내에서 리더의 위치

출처: Based on Gary Ferrao, *The Cultural Dimension of International Business*, 6th ed., Prentice Hall, 2010, pp82—105; Lillian Chaney and Jeanette Martin, *Intercultural Business Communication*, 2nd ed., Prentice Hall, 2000, pp.105—128.

떨어져 하는 경우가 보통이다. 미국인이 사우디아라비아인과 파티에서 비즈니스를 상담할 때는 공손하게 다가서며 대화하려는 상대방에 대해 공손한 자세로 물러서야 할 것이다. 예의에 맞고 공손하게 행동해야 할 때는 자신의 문화적 맥락에 기초해 행동하는 것이 맞고, 상대방을 나무랄 때는 상대방의 문화적 맥락에 기초해 행동해야 한다.[21]

손동작이나 얼굴 표정의 의미도 문화에 따라 다르다. 미국에서는 머리를 끄덕이는 행위가 "예스"를 의미하지만 불가리아에서는 "노"를 의미한다. 엄지손가락과 집게손가락을 동그랗게 모으고 나머지 손가락들은 그대로 두는 것이 미국에서는 "okay"를 의미하지만 일본에서는 그것이 돈을 표시하는 동작이며, 프랑스에서는 가치 없는 것, 몰타에서는 남성 동성애자 그리고 동구 여러 지역에서는 천하고 상스러운 것을 의미한다.[22] 두말할 필요도 없이, 국제경영자는 외국 문화권에서 각각의 동작이 무엇을 의미하는지 확신하지 못할 경우에는 동작의 표시에 매우 조심해야 한다.

침묵조차도 의미를 가지고 있다. 미국인들은 미팅이나 개인적인 대화에서 침묵을 혐오하는 경향이 많다. 왜냐하면 침묵은 대화할 의사가 없거나 공감할 수 없음을 의미하는 것으로 믿기 때문이다. 일본에서 침묵은 지금 생각 중이거나 추가적인 대화가 그리 바람직하지 못하다는 사실 정도를 의미할 뿐이다. 미국인과 일본인이 비즈니스 상담을 할 때, 미국인들은 일본인이 보이는 침묵을 잘못 해석해 현재의 소강상태를 타개하기 위해 제공하지 않았어도 될 양보를 제공하는 경우가 종종 있다. 침묵에 대해 보이는 태도는 경영스타일과도 밀접한 관련성을 가진다. 미국에서는 문제를 해결하는 자가 유능한 경영자다. 미국인 경영자들은 자신의 유능함과 리더십을 보여주기 위해 집단토론에 적극 참여하려는 경향을 보인다. 일본에서는 하급자로 하여금 관련되는 모든 집단들이 수용할 수 있는 해결책을 찾도록 조장하고 유도하는 것이 유능한 경영자다. 따라서 일본인 경영자는 침묵으로써 자신의 리더십을 나타내보이며, 그렇게 함으로써 그 미팅에 참여한 하급자 전체의 참여를 유도하고, 집단의 합의를 이끌어낸다.[23]

선물과 접대 선물과 접대는 상거래 문화에서 중요한 의사소통 수단이다. 일본의 상거래 예절에서는 세심한 접대가 필수적이다. 정성스럽게 식사를 대접하고 식사 후에도 여흥을 제공함으로써 참여자들의 개인적 연대와 집단의 결속이 다져진다고 본다. 개인적 연대는 선물의 교환으로 더욱 강화되는데, 선물은 선물을 제공하는 상황이나 주는 자와 받는 자의 지위에 따라 달라진다. 하지만 상거래용 선물은 자신이 제공한 선물에 비해 상대적으로 너무 비싸거나 싸서 선물을 제공한 사람의 체면에 손상이 가지 않도록 열어보아야 한다. 일본인들 사이에서조차도 선물을 제공하는 규칙은 매우 복잡해서, 각각의 상황에 적당한 선물을 알려주는 선물예절 관련 책들도 있다.

일본인과 마찬가지로 아랍인들도 거래 파트너와의 관계의 질이 그 프로젝트의 질만큼이나 중요하다고 생각하기 때문에 거래 파트너와 관계에 대해 매우 유의하는 편이다. 따라서 아랍권 국가들의 상거래 문화에서도 이와 같은 관계의 질에 대한 평가수단으로써 친절하면서도 정성어린 접대와 선물은 매우 중요하다. 하지만 일본과는 달리 선물은 그 제공자의 마음씨 후함이 모든 사람에게 알려지도록 공공연하게 공개된다.

접대 관습도 다르다. 회합을 겸한 점심식사로 고객의 환심을 얻고자 하는 미국인 경영자는 자신의 지위나 영향력을 보여주고자 하는 수단으로, 근사한 식당에서도 가장 눈에 띄는 식탁을 선택하려 한다. 반대로 중국에서는 비즈니스 연회가 상거래 문화상 개인적인 관계를 발전시키는 중요한 수단이다. 하지만 원형탁자에 값비싼 코스 요리로 채워진 이러한 이벤트는 고급 식당의 별도 방에서 이루어지는 경우가 보통이다. 미국인 경영자들은 공개적이면서도 공공연한 접대문화를 가지고 있는 반면 중국인 경영자들은 사적인 접대 관습을 선호한다.[24]

접대 규범은 다양한 문화권에서 나쁜 소식을 전달하는 방식에 조차 영향을 미친다. 미국에서는 나쁜 소식이 발생한 즉시 전달하는 것이 보통이다. 한국에서는 나쁜 소식을 전달받는 사람의 하루 전체를 망치지 않도록 하루가 끝나가는 시간에 전달한다. 더욱이 개인적인 관계를 손상시키지 않도록 나쁜 소식에 대해서는 살짝 힌트만 던져주는 경우도 종종 있다. 일본에서는 프로젝트에 참여하고 있는 참여자들 사이의 인화를 유지하기 위해 특정 프로젝트 팀에 대한 나쁜 소식은 해당 팀의 하급자가 나머지 다른 팀의 상급자에게 비공식적으로 전달한다. 더욱 바람직하게는 집단 혹은 팀 내의 인화를 해치지 않기 위해 제3자가 나쁜 소식을 전달하기도 한다.

종교

종교는 대부분의 사회에 있어 삶의 중요한 부분을 차지하고, 사회 구성원들이 내부 및 외부 구성원들과 관계를 맺으며 살아가는 방식에 영향을 미친다. 세계 총인구의 약 84%에 달하는 69억 명이 어떤 형태로든 종교와 관련성을 맺고 있다. [지도 4.3]에서 볼 수 있는 바와 같이 세계 인구의 77%는 4대 종교[기독교 31.5% (로마카톨릭 17%, 개신교 12%, 그리스정교 4%), 이슬람 23.2%, 힌두교 15%, 불교 7.1%] 중의 하나에 속해 있다.[25]

종교는 직업, 소비, 개인의 책무, 미래에 대한 계획 등에 대한 인간의 태도형성에 영향을 미친다. 예를 들어 사회학자인 막스 베버(Max Weber)는 서부 유럽의 자본주의 발전을 근면, 절약, 신을 찬미하는 수단으로서의 성취를 강조하는 **프로테스탄트 윤리(Protestant ethic)**와 연관시켜 설명했다. 이러한 프로테스탄트 윤리는 높은 저축률의 미덕, 효율성의 끊임없는 추구, 미래의 생산성 향상을 위한 이익의 재투자 등과 같은 전통을 낳았으며, 이

지도 4.3
주요 세계 종교

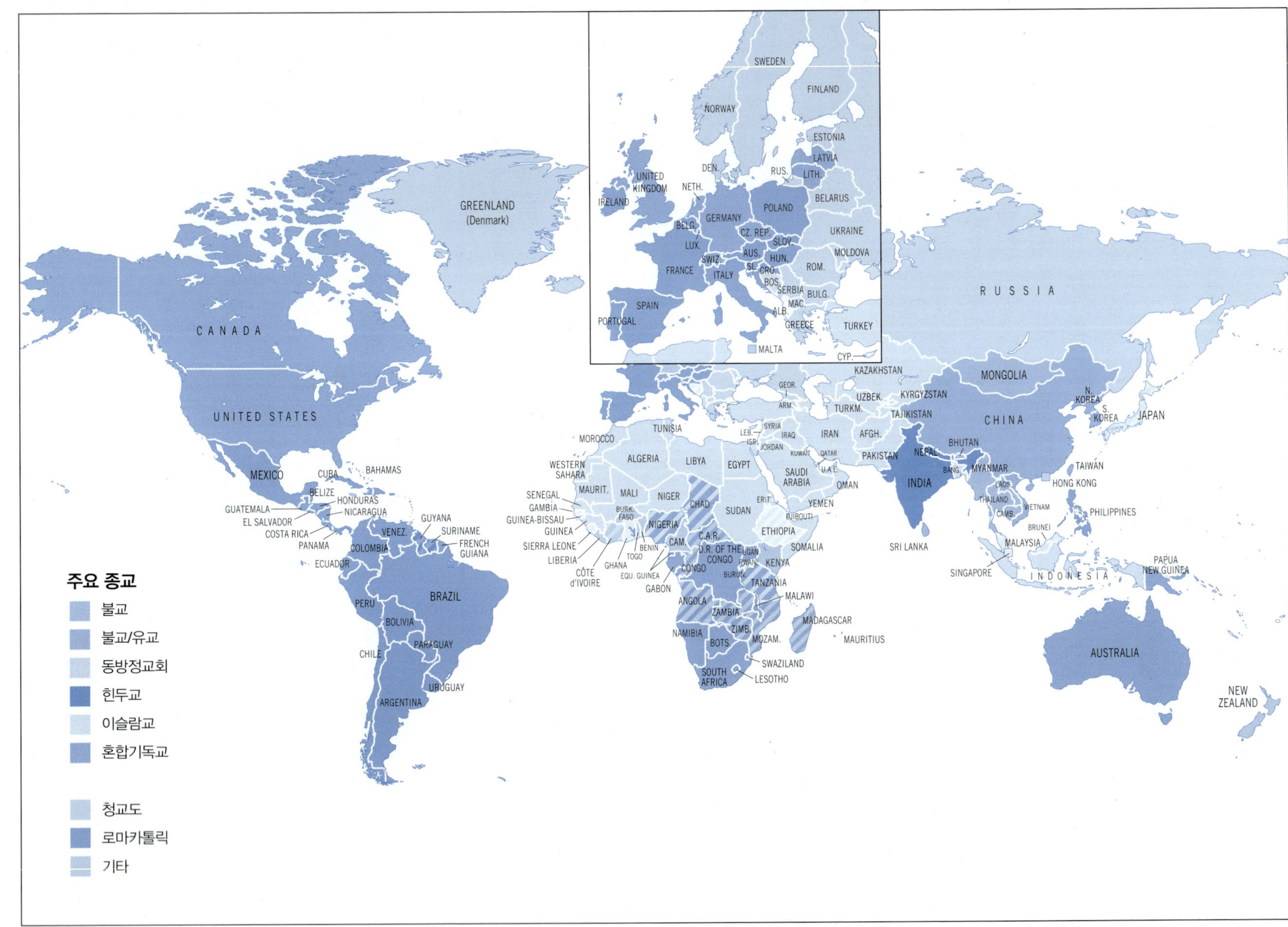

주요 종교
불교
불교/유교
동방정교회
힌두교
이슬람교
혼합기독교
청교도
로마가톨릭
기타
CANADA
UNITED STATES
MEXICO
GREENLAND (Denmark)
CUBA
BAHAMAS
BELIZE
HONDURAS
NICARAGUA
GUATEMALA
EL SALVADOR
COSTA RICA
PANAMA
ECUADOR
VENEZ.
COLOMBIA
GUYANA
SURINAME
FRENCH GUIANA
BRAZIL
PERU
BOLIVIA
PARAGUAY
CHILE
URUGUAY
ARGENTINA
SWEDEN
FINLAND
NORWAY
ESTONIA
LATVIA
LITH.
RUS.
DEN.
UNITED KINGDOM
IRELAND
NETH.
BELARUS
POLAND
GERMANY
BELG.
LUX.
CZ. REP.
SLOV.
UKRAINE
MOLDOVA
AUS.
HUN.
SWIZ.
SL.
CRO.
FRANCE
ITALY
BOS.
ROM.
SERBIA
BULG.
MAC.
ALB.
GREECE
SPAIN
PORTUGAL
TURKEY
MALTA
CYP.
RUSSIA
KAZAKHSTAN
MONGOLIA
GEOR.
ARM.
UZBEK.
KYRGYZSTAN
TURKM.
TAJIKISTAN
N. KOREA
S. KOREA
JAPAN
CHINA
MOROCCO
TUNISIA
LEB.
ISR.
SYRIA
IRAQ
JORDAN
IRAN
AFGH.
BHUTAN
NEPAL
PAKISTAN
KUWAIT
QATAR
U.A.E.
WESTERN SAHARA
ALGERIA
LIBYA
EGYPT
SAUDI ARABIA
BANG.
MYANMAR
TAIWAN
HONG KONG
INDIA
OMAN
MAURIT.
MALI
NIGER
SENEGAL
GAMBIA
GUINEA-BISSAU
GUINEA
SIERRA LEONE
LIBERIA
CÔTE d'IVOIRE
BURK. FASO
GHANA
TOGO
BENIN
EQU. GUINEA
GABON
CHAD
ERIT.
YEMEN
SUDAN
DJIBOUTI
NIGERIA
LAOS
THAILAND
VIETNAM
CAMB.
PHILIPPINES
BRUNEI
ETHIOPIA
CAM.
C.A.R.
D.R. OF THE CONGO
UGAN.
RWAN.
SOMALIA
SRI LANKA
MALAYSIA
CONGO
KENYA
BURUN.
SINGAPORE
INDONESIA
PAPUA NEW GUINEA
TANZANIA
MALAWI
ANGOLA
ZAMBIA
MADAGASCAR
NAMIBIA
ZIMB.
BOTS.
MOZAM.
MAURITIUS
AUSTRALIA
SWAZILAND
SOUTH AFRICA
LESOTHO
NEW ZEALAND

러한 모든 것들은 자본주의 경제체제의 원활한 이행에 필수적인 것들이었다.

이와 대조적으로 힌두교는 경제적 성공보다는 정신적 성취를 강조한다. 힌두교에서는 인간을 생과 사를 반복하는 윤회하는 존재로 보기 때문에 금욕과 고행을 통해 우주적 실재로서 범천인 브라마(Brahma)와의 합일을 성취하고자 하며, 물질의 소유는 인간 영혼의 여정에 오히려 방해가 되는 것으로 본다. 따라서 힌두교는 투자, 부의 축적, 끊임없는 효율성의 추구 등과 같은 자본주의적 가치관에 대해서는 거의 지지를 하지 않는 입장이다.

이슬람교는 자본주의적 가치관과 상당 부분 일치하는 측면이 있지만 사회에 대한 개인의 의무를 보다 강조하는 특징을 가진다. 예를 들어, 이슬람교에서는 공정한 거래로부터 발생한 이익은 전적으로 정당화되지만 기업이 착취나 기만을 통해 이익을 창출해서는 안 된다. 따라서 모든 무슬림은 다른 사람과의 거래에서 자비롭고, 정당하고, 겸손하게 행동해야 한다. 3장에서 설명한 바와 같이 이슬람교에서 이자의 수령과 지급을 금지하고 있는 것은 이와 같은 상관습이 덜 가진 자에 대한 착취로 여겨지기 때문이다. 무슬림 고객과 거래하기를 원하는 기업은 아래의 "Bringing the World into Focus"에서 설명하고 있는 바와 같이 비이슬람권 국가에서조차도 이와 같은 방침과 절차에 적응해야 한다.

종교는 또 다른 중요한 수단을 통해 경영환경에 영향을 미친다. 종교는 한 사회 내에서 개인의 역할에 규제를 가하는 역할을 한다. 예를 들어, 힌두교에서 카스트 제도는 개인이 선택하고자 하는 직업을 제한하고, 이를 통해 노동시장에 영향을 미치고 개인의 사업기회를 미리 봉쇄하는 역할을 한다.[26] 이슬람교를 신봉하는 사우디아라비아와 같은 국가들은 여성의 경우 친척을 제외하고는 성인 남성과의 접촉을 제한해야 한다는 신념으로 여성들의 직업선택 기회를 엄격히 제한한다. 종교는 제품을 판매하는 방식에도 영향을 미친다. 기독교가 지배적인 나이지리아 남부 지역에서는 광고에 섹스를 연상하는 이중적 의미의 말을 입에 담는 매력적인 여성의 출연이 전혀 이상한 일이 아니지만, 무슬림이 대부분인 북부 지역에서는 이와 같은 광고가 전혀 유익하지 않다.[27]

전 세계 인구의 23%를 차지하는 이슬람 신도들은 하루에 5번 기도를 한다. 이러한 기도 의식은 아랍어로 읽는 코란의 구절들과 함께 이루어진다. 신성한 라마단(Ramadan)의 기간 동안에는, 이슬람 신도들은 새벽부터 황혼까지 음식과 음료를 일절 금한다. 이러한 실천은 신도들이 알라(Allah)에게 더 가까이 가기 위함이다.

Vladimir Melnik/Shutterstock

BRINGING THE WORLD INTO FOCUS

이슬람식 금융거래

세계에서 가장 규모가 큰 종교 중 하나인 이슬람교는 아라비아반도의 상거래 전통을 통해 발전했다. 선지자 모하메드는 그의 후계자 아부 바크르(Abu Bakr)와 마찬가지로 상인이었다. 바스코다가마(Vasco da Gama)가 새로운 해상 경로를 개척해 유럽 상인과 선단에 지배권이 넘어가기까지, 7세기 중반에서 15세기 말에 이르는 동안 지중해와 아시아 지역을 연결하는 중요한 상거래 경로는 이슬람 상인들이 지배했다.

선지자 모하메드는 상거래에서 공정과 정직함을 특히 강조했다. 이슬람교의 중요한 율법 중의 하나인 샤리아 율법(Sharia law)은 이자의 수취를 부자가 가난한 자를 착취하는 행위로 금한다. 하지만 신용대출은 현대 상거래에서 중요한 구성요소 중 하나이며, 이슬람교 신봉자들은 현대 국제상거래의 성장에 중요한 기여를 하고 있다. 이슬람 은행, *수쿠크* 채권(sukuk bond), 이슬람 율법의 범위 내에서 운용되는 헤지펀드조차도 점점 더 비약적으로 성장하고 있다.

샤리아 율법은 이자의 수취를 금하고 있지만 위험을 감수하는 데 대한 보상은 주어져야 한다고 인정한다. 따라서 샤리아 율법을 준수한 대출은 전형적으로 위험공유계약의 형태를 지닌다. 이슬람의 은행업자는 대출의 대상이 되는 재산 혹은 물건을 판매자(차용인)로부터 구매해 재산권을 넘겨받고, 차용인에게 더 높은 가격으로 재판매하는 형식을 띠게 된다. 이 차액이 서구 은행에서 대출을 통해 수취하는 이자에 해당하는 금액이다. 전통적인 자동차 대출이나 주택담보대출에서처럼 차용인은 은행에 정기적으로 돈을 지급한다. 지급된 금액은 해당 재산의 사용에 대한 보상이며, 대부인의 재산에 대한 소유권의 일부를 구매한 것에 해당하는 금액이다. 은행업자는 차용인이 재산에 대한 모든 소유권을 구매할 때까지 해당 재산에 대한 권리를 가지게 되며, 소유권 모두를 차용인이 구매하고 난 후에 은행 업자는 이 재산의 권리를 차용인에게 양도한다. 이와 같은 경우 은행의 입장에서는 거래를 통한 이익이지 이자의 수취가 아니기 때문에 현실적으로 가능하다.

또 하나의 일반적인 방식은 구매와 대출을 임대-재구매(lease-buy-back) 거래의 형태로 구조화하는 것이다. 차용인은 약정된 기간 동안 해당 재산의 사용에 대한 보상으로 일정한 금액을 대부인에게 지급한다. 그리고 계약 만기일이 되면 차용인은 해당 재산을 이미 약정된 가격에 구매한다. 이 임대사용료와 최종적인 재구매 금액을 합한 금액이 대부인이 빌려준 원금과 이익을 합한 금액이 된다.

어떤 이슬람 대부업자들은 주택구입에 대한 전혀 새로운 금융기법을 개발했다. 개념적으로는 대부인과 차용인이 주택구입을 위한 제휴관계를 맺는 방식이다. 우선 대부인과 차용인이 공동으로 해당 주택에 대한 공정한 임대가치를 설정한다. 차용인이 지급해야 하는 임대료는 해당 주택에 대한 차용인과 대부인의 지분에 따라 차용자 몫과 대부자 몫으로 나누어지고, 차용인은 대부인의 소유지분에 해당하는 부분을 구매하기 위해 정기적으로 대금을 지급하는 데 동의한다. 이와 같은 공동 임대—지분 지불 방식은 아시아, 유럽, 미주 지역의 비무슬림계 주택소유자들에 의해 사용되는 원리금 상환방식과 유사하지만 그럼에도 불구하고 샤리아 율법에서 요구되는 사항과 양립 가능한 방법으로 수용된다(이 기업에 대한 추가 정보를 얻기를 원하면 미국 최대의 샤리아 식 주택담보대출기업(American Finance House Lariba)의 웹사이트 www.lariba.com을 참조하라).

출처: 'Savings and souls', *The Economist*, September 6, 2008 ; 'Faith—based finance', *The Economist*, September 6, 2008 ; 'Turning towards Mecca', *The Economist*, May 10, 2008 ; William J. Bernstein, A Splendid Exchange: How Trade Shaped the World(New York: Atlantic Monthly Press, 2008) ; 'When interest is forbidden by religion', *Wall Street Journal*, March 9, 2003, p.E.5.

종교는 계절적 소비패턴뿐만 아니라 소비자가 구매하는 제품형태에도 영향을 미친다. 예를 들어, 대부분의 기독교 국가에서는 크리스마스 시즌이 가장 많이 선물을 주고받는 시간이지만 크리스마스 당일에는 거래가 거의 없다. 크리스마스 시즌 동안 소비는 성황을 이루지만 근로자들이 대부분 친구나 가족을 방문하기 위해 떠나기 때문에 생산은 일시정지된다.

기업의 국제경영 활동에서 종교가 지니는 중요성은 해당 국가의 법률체계, 종교적 신념의 동질성, 다른 관점을 지니는 종교에 대한 수용도 등에 따라 국가마다 다르다. 모든 무슬림들이 인생에서 한번쯤은 꼭 순례한다는 메카 성지의 고향인 사우디아라비아를 생각해보자. 사우디아라비아 인구의 99%는 무슬림이다. 사우디아라비아에서 *코란*의 가르침은 자신의 신정주의적 법률체계에 기초를 이루고 있으며, 이슬람의 종교적 전통을 견지하기 위해 국가 내에서는 강력한 정치적 압력이 존재한다. 사우디아리비아 시장에서 외국기업이 생산, 마케팅, 수출, 자금조달 등의 활동을 할 때, 이슬람교의 교리를 이해해야 한다는 사실은 매우 중요하다. 예를 들어, 사우디아라비아에서는 알라신에게 기도하기 위해 하루에 다섯 번은 작업을 중지해야 한다. 무슬림이 아닌 경영자가 생산에 차질을 빚는다는 이유로 이와 같은 관행에 반대하는 것은 너무나도 어리석은 일이다. 외국인일지라도 라마단 기간에는 일출 이후 일몰 시각까지 금식을 해야 하는 독실한 무슬림을 배려해야 한다. 서구 기업의 여성 경영자들은 이슬람교의 특성으로부터 유래하는 여성의 역할에 대한 차별 때문에 추가적인 애로에 직면하기도 한다. 영토 밖에서 행해진 행위조차도 그 국가와의 거래 관계에 영향을 미친다. 예를 들어, 맥도날드는 월드컵축구대회에 참가하는 24개국의 국기를 포장용 백에 인쇄를 했다가 낭패를 당했던 일이 있었다. 사우디 국기에는 "알라만이 유일한 신이며, 모하메드(Mohammed)는 그의 선지자다"라고 쓴 신성한 문양이 새겨져 있는데, 쓰레기통으로 버려질 백에 알라라는 이름이 표기된 것을 이슬람에 대한 모욕으로 여긴 사우디아라비아와 여타 국가의 무슬림들이 크게 격노했기 때문이다. 맥도날드는 이 일에 대해 바로 사과하고, 백의 사용을 중지할 것을 약속했으며, 사우디아라비아와 여타 무슬림 국가에서 이와 같은 일이 일어나지 않도록 기업 전체에 전파했다. 나이키(Nike)도 운동화 로고에 새로운 선의 디자인을 새기면서 이와 비슷한 실수를 범한 적이 있었다. 로고에 새겨진 새로운 선의 디자인이 아랍어로 알라의 뜻을 가지는 신이라는 단어와 비슷했던 것이다. 나이키도 곧바로 해당 제품의 생산을 중단했고, 문제가 된 로고를 다시 디자인했다.[28]

하지만 많은 국가에서는 종교가 중요한 요인이기는 하지만 생활의 모든 측면에 영향을 미치지는 않는다. 예를 들어, 남미 국가에서는 대부분의 인구가 로마 카톨릭에 속하기는 하지만 다른 종교들도 활발한 활동을 하고 있고, 이들 여타 종교들에 대한 수용성도 높다. 카톨릭 교회가 이 사회의 중요한 기둥이기는 하지만 전체 사회 구성원들의 일상에 영향을 미치는 수많은 기관 중 하나에 불과하다. 그러나 이들 국가에서 공식적인 휴일(부활절, 크리스마스)은 기독교적인 교리를 반영하고 있으며, 주노동일수도 이에 따르고 있다(일요일은 안식일). 따라서 이들 국가에서 사업 활동을 수행하고 있는 기업은 근로자와 고객들이 기대하는 바에 따라 생산 및 영업 활동과 근로자의 작업시간표를 조정할 필요가 있다. 전체 국민의 97%가 루터교 신자인 스웨덴에서 활동하고 있는 기업들도 이와 유사한 적응이 필요하다.

역설적으로 종교적 다양성을 포함하고 있는 국가들이 종교로 인해 오히려 더 많은 영향을 받을 수 있다. 바클레이스 은행(Barclays Bank), 호프만-라로체(Hoffmann-LaRoche), IBM처럼 런던이나 뉴욕과 같은 국제적인 도시에서 활동하고 있는 기업들도 종교와 관련된 휴일, 음식과 관련된 규제와 관습, 안식일 등에서의 종교적 차이를 고려함으로써 유대인, 무슬림, 힌두교 근로자와 고객의 요구에 적응해야 한다. 종교적 다양성으로부터 야기되는 이와 같은 요구에 잘 적응하지 못한 기업들은 장기 결근, 사기 저하, 판매부진 등과 같은 어려움을 겪을 수 있다.

가치관과 태도

문화는 사회 구성원의 세속적인 가치관과 태도에도 영향을 미치고 또 이를 반영한다. 가치관은 사회 구성원들에 의해 수용된 원칙과 표준을 의미하며, 태도는 가치관의 결과로 발생하는 행위, 느낌, 사고 등을 포괄하는 의미를 지닌다. 문화적 가치관은 종종 개인의 신앙, 가족, 사회적 계급 등과의 관련 속에서 개인적 입장 혹은 견해에 관한 뿌리 깊은 신념에서 발생한다. 시간, 연령, 지위 등과 같은 요인들에 대한 문화적 태도는 이와 같은 가치관을 반영하며, 이에 따라 특정 문화권에서 활동하는 국제경영자가 보일 수 있는 행위의 패턴을 형성하는 데 영향을 미친다.

시간 시간에 대한 태도는 문화에 따라 매우 다르다. 앵글로색슨 문화권에서 사회 구성원들의 시간에 대한 태도는 한마디로 "시간은 금이다"라는 말에서 잘 나타난다. 시간은 더 많은 것을 생산할 수 있고, 더 많은 수입을 벌 수 있게 하는 것이기 때문에 시간을 낭비해서는 안 된다. 이와 같은 태도의 기저에는 근면을 통해 인생에서 더 나은 지위를 얻어야 하고, "게으른 자가 나쁜 일을 도모한다"는 청교도적인 신념을 조장하는 프로테스탄트적인 윤리가 존재한다. 그 결과로, 미국과 캐나다의 경영자들은 미팅은 정확하게 시간에 맞춰 시작해야 한다고 생각하고, 사람을 기다리게 하는 것은 극도로 무례한 행동이라고 생각한다.

하지만 중남미 지역의 라틴 문화권에서는 미팅이 제시간보다 45분 정도 늦게 시작하는 것을 이상한 일이라고 여기는 사람은 별로 없다.[29] 아랍 문화권에서는 미팅이 제시간보다 늦게 시작하는 경우가 종종 있을 뿐만 아니라 가족이나 친구들과 농담을 나누느라 미팅이 중단되는 경우도 많다. 서구에서는 미팅의 좌장이 이와 같이 미리 예정되어 있지 않았던 이들과 담소를 나누느라 미팅 시간을 넘기는 것을 무례하고 상대방을 무시하는 처사로 이해한다. 하지만 아랍권에서는 전혀 그런 것이 아니다. 아랍권에서는 서로 친구 사이가 되기를 원하는 모든 사람에게 표시하는 환대와 존경을 반영하는 정도로 추측한다.[30]

사업상 미팅이 가지는 취지조차도 국가마다 다를 수 있다. 미팅이 오후 2시로 예정되어 있을 경우 미국, 캐나다, 영국의 사업가들은 오후 1시 55분쯤 미리 도착하고, 오후 2시에 정확하게 미팅이 시작될 것으로 기대한다. 잠시 사교적인 농담을 나눈 후에는 바로 사업으로 돌아와서 미리 미팅 참석자들에게 배포된 회의 일정에 따라 미팅이 진행된다. 미팅에서 각자의 입장은 이미 정해져 있고, 서로 다른 의견은 당연시된다. 이와는 대조적으로 일본과 사우디아라비아에서 첫 미팅은 제시된 안건의 세부 사항에 대한 설명보다는 서로 상대방을 신뢰할 수 있는지 여부와 함께 일할 만한 상대인지를 탐색하는 데 초점을 맞춘다. 하지만 이런 시간이 전혀 헛된 시간은 아니다. 이들 문화권에서는 개인적 관계에 중요한 가치를 부여하기 때문에 잠재적인 사업 파트너로서의 가능성을 평가하는 데 투자되는 시간을 매우 중요하게 여긴다.

연령 연령에 대한 태도에 있어서도 중요한 문화적 차이가 존재한다. 미국에서는 젊음을 장점으로 여긴다. 많은 미국 기업들은 고속승진이 가능한 젊은 인재를 발굴해내는 데 많은 시간과 에너지를 소비하며, 그들에게 외국 파트너와 합작법인의 설립을 협상하는 것과 같은 중요하면서도 힘든 과제를 부여한다. 하지만 아시아와 아랍 문화권에서는 연령이 존중되어야 할 대상으로 경영자로서의 지위나 명성도 연령과 밀접한 상관관계를 가진다. 이와 같은 문화적 차이는 다양한 문제를 야기할 수 있다. 예를 들어, 서구의 많은 외국기업들은 중국의 정부 관계자와 협상하는 자리에 젊고 고속승진한 경영자를 파견하는 실수를 저지른다. 어느 정도 나이가 든 고위직 경영자를 선호하는 중국인들은 서구 기업의 이와 같은 방식에 마음이 상하는 경우가 종종 있다.

일본의 기업문화에서는 연령과 지위가 매우 높은 상관관계를 가지고 있다. 하지만 고위 경영자(정의상으로는 나이가 든 경영자)는 젊은 하위직 경영자들 사이에 의견 일치가 이루어진 이후에야 최종적으로 프로젝트에 합의하고 그 실행을 허가하곤 한다. 서구의 많은 기업들은 일본 기업과의 협상에서 젊은 하위직 경영자를 설득하는 것이 중요한 목표임을 인식하지 못하고, 나이가 든 고위경영자의 의중에 초점을 맞추는 실수를 범하는 경우가 많다. 젊은 경영자들이 일단 프로젝트에 동의하면 나이가 든 고위경영자 또한 이를 승인한다.

교육 국가의 공식적인 공교육 및 사교육 시스템은 그 사회의 문화적 가치관을 반영하는 중요한 매개체이다. 예를 들어, 미국의 초등학교와 중학교는 개인의 역할을 강조하고, 자립정신, 창의성, 자존감의 발달을 중요시한다. 미국은 스스로가 매우 다양한 고등교육의 기회를 제공해주고 있다는 사실에 자부심을 가지고 있다. 연구중심 대학, 학부 대학, 지역사회 대학 등은 서로 다른 소득수준과 지적 능력을 지닌 수많은 학생의 교육요구를 충족시켜주기 위해 공존한다. 이와는 대조적으로 영국은 과거의 계급사회적 특징을 반영해 상대적으로 소수의 학생들에게 엘리트 교육을 제공하는 전통을 유지해오고 있다. 독일은 특정 분야에서 새로운 세대의 숙련된 장인을 훈련하고 양성하는 도제교육이 잘 발달되어 있다. 일본과 프랑스의 교육시스템은 또 다른 특징을 공유한다. 이들 국가의 초등학교와 중등학교는 전국적으로 실시되는 대학입시를 준비하는 데 집중한다. 이 시험에서 고득점자는 일본의 도쿄대학이나 교토대학, 프랑스의 5개 그랑제꼴(grandes ecoles)과 같은 소수의 명문대학 입학이 허용되며, 졸업 후에는 결과적으로 그 사회에서 가장 핵심적인 기업이나 정부기관으로 진출한다.[31]

지위 문화에 따라 사회적 지위나 신분을 얻는 수단도 다르다. 어떤 사회에서는 지위가 부모의 부와 계급에 따라 대물림된다. 또 다른 사회에서는 개인적인 성취나 성과를 통해 지위가 획득되기도 한다. 예를 들어, 유럽의 어떤 국가들에서는 단순한 개인적 성취보다는 귀족의 신분으로 태어났다는 사실 그 자체가 더 높은 지위를 보장해주며, 부모 덕분에 태어나면서부터 부자인 사람은 갑작스럽게 부자가 된 졸부를 얕보기도 한다. 하지만 미국에서는 근면한 기업가를 명예롭게 여기고, 성공한 부모를 두었다 해도 부모의 성공에 미치지 못한 자식들은 경멸의 대상이 되기도 한다.

일본에서 개인의 지위는 그가 속한 집단의 지위에 의해 결정된다. 그리하여 일본인들은 자신을 소개할 때 자신의 이름뿐만 아니라 그가 소속한 조직의 이름을 알려준다. 일본 사회에서는 도쿄대학과 같은 명문대학에 입학했다거나 도요타 자동차 혹은 재무성과 같은 엘리트 조직의 구성원이라는 사실이 개인의 높은 지위를 알려준다.

인도에서는 신분이 개인의 카스트(caste)에 의해 영향을 받는다. 인도의 카스트제도는 사회 구성원들을 *브라만*(*Brahmins*, 승려와 지식인), *크샤트리아*(*Kshatriyas*, 군인과 정치가), *바이샤*(*Vaishyas*, 기업가, 상인), *수드라*(*Sudra*, 농민과 노동자) 그리고 가장 더럽고 천한 일을 하는 불가촉천민 등을 포함하는 다양한 집단으로 나눈다. 힌두교에 따르면 개인의 카스트는 전생에서 개인이 쌓은 덕을 반영한 것이다. 특히 농촌 지역에서 카스트는 개인이 하고 있는 수염의 모양에서부터 가족들이 먹는 음식, 직업 등에 이르기까지 생의 모든 측면에 영향을 미친다.[32] 하지만 농촌 지역에서 카스트제도의 영향력은 정부의 적극적인 태도와 첨단기술산업 분야에서 숙련인력의 부족 사태 등으로 인해 점차 약화되어가고 있는 추세다. 예를 들어, 인포시스(Infosys)는 기업이 필요로 하는 유능한 근로자의 충원을 원활하게 하기 위해 인력 충원의 대상이 되는 대학을 최근 700개로 확대했으며 이들 중 많은 대학들이 낮은 카스트에 속하는 사람들이 살고 있는 반농촌 지역에 위치한다. 10년 전만 해도 인도의 첨단기술기업들은 대부분이 도시 지역에 위치해 있는 50개 대학에서 기업이 필요로 하는 인력들을 충원할 수 있었다.[33]

In Practice

- 소통은 사업 간 오해를 피하는 데 매우 중요하다, 그래서 언어적 동질성은 종종 국가 간 상업적 거래를 촉진시킨다.
- 종교는 종종 노력, 투자, 공정함, 이자 지급, 타인에 대한 대우 등과 관련한 개인의 태도들을 형성하는 데 기여한다.

추가 고려 사항: 당신의 모국의 문화 가치를 어떻게 특징화하여 표현할 것인가?

4.3 나무가 아니라 숲을 보기

국가의 문화를 구성하는 다양한 요소들은 기업과 작업장에서 경영자와 근로자의 행위와 기대에 영향을 미친다. 다른 문화적 배경을 가진 근로자들을 관리하고 동기를 부여해야 하는 국제경영자들은 현지국 문화의 구성요소들을 잘 이해해야 한다. 하지만 국제경영학을 처음 공부하는 학생들에게 문화의 구성요소에 대해서 설명하는 것은 매우 복잡하고 혼란스럽기까지 한 일이다. 더욱이 많은 학생들과 경영자들은 "프랑스에서는 이것을 해야 하고", "사우디아라비아에서는 저것을 해야 하고"하는 등의 많은 경우의 수를 가지는 법칙을 일일이 기억해야 한다는 생각에 허둥댈 수밖에 없다. 다행스럽게도 많은 학자들이 문화적 특징을 이해할 수 있게 하는 다양한 연구들을 시도했다. 이들의 노력을 통해 국제경영자는 많은 국가의 문화적 특징에 대해 큰 그림을 그릴 수 있게 했고, 문화적 특징이 기업의 국제사업에 어떤 영향을 미치는지에 대해 쉽게 이해할 수 있게 되었다. 다양한 연구자들의 이와 같은 노력을 살펴보자.

홀의 고배경-저배경 접근법

국가 간 문화적 차이를 살펴보는 유익한 방법 중의 하나로 홀과 홀(Edward Hall and Mildred Hall)에 의해 제시된 고배경(High-Context)-저배경(Low-Context) 접근법을 들 수 있다.[34] 저배경 문화에서는 말하는 이가 사용한 말(혹은 단어)이 듣는 이에게 솔직하고도

표 4.2

저배경 문화	고배경 문화
독일	중국
스위스	한국
오스트리아	일본
스칸디나비아 국가들	베트남
미국/캐나다	아랍권 국가들
영국	그리스
호주	스페인

명시적인 메시지로 전달된다. 캐나다, 영국, 미국, 독일과 같은 앵글로색슨 계열의 국가들이 저배경 문화의 좋은 예이다([표 4.2] 참조).

고배경 문화에서는 대화가 발생하는 배경(혹은 맥락)이 실제로 말해진 말이나 단어만큼 중요한 의미를 지니며, 대화의 내용을 이해하는 데 있어 문화적 단서(cultural cues)가 매우 중요하다. 아랍권 국가들이나 일본이 이에 해당한다. 고배경 문화의 경영행위와 저배경 문화의 경영행위는 종종 다르게 나타난다. 예를 들어, 독일에서는 광고가 전형적으로 사실을 위주로 하는 반면 일본에서는 보다 더 감정을 위주로 한다.[35] 고배경 문화에서는 사업상의 계약을 체결할지 여부를 결정하는 데 개인적 대인관계를 중요시하며, 협상에서도 상대방을 신뢰할 수 있고, 함께 일을 하기에 편한 상대인지를 알아보기 위해 예비 미팅을 갖는 경우가 종종 있다. 저배경 문화에서는 거래의 구체적인 조건을 훨씬 더 중요하게 생각한다.[36] 캐나다, 영국, 미국과 같은 저배경 문화에서는 협상에서 변호사가 직접 참여해 고객의 이익이 충분히 보호되는지의 여부를 확인하는 경우가 많다. 반대로 사우디아라비아, 일본, 이집트와 같은 고배경 문화에서는 특히 초기 협상에서 변호사가 참여하는 경우, 이는 불신의 의미로 해석될 수 있다. 고배경 문화에서는 장기적인 관계유지를 매우 중요하게 여기기 때문에 신뢰가 가지 않는다는 느낌 그 자체로 협상이 깨지는 경우도 충분히 있을 수 있다. [표 4.3]은 문화에 따라 나타날 수 있는 협상스타일의 차이를 설명한 것이다.

문화군집 접근법

문화군집(cultural cluster) 접근법은 국가의 문화를 이해하고 분류하는 또 다른 기법 중의 하나이다. 국가들의 문화에는 유사성이 존재하고, 이에 따라 경영관행(business practice)을 현지의 문화적 요구에 맞추어야 할 필요성도 줄어들 수 있다. 문화인류학자, 사회학자, 국제경영학자들은 경영관행의 선택에 영향을 주는 유사한 문화적 가치관을 공유하는 국가들의 군집을 규명해보기 위해 직무만족, 작업역할, 작업장 내 대인관계 등과 같은 요인들을 분석해왔다. [지도 4.4]는 이와 같은 연구자 집단 중의 하나인 로렌과 센카(Ronen and Shenkar)가 개발한 8개 국가군집을 보여준다(이들의 연구에서 브라질, 인도, 이스라엘, 일본 등 4개 국가는 어떤 군집에도 포함되지 않았다).

문화군집은 비록 차이점이 여전히 존재하기는 하지만 문화적으로 많은 유사성을 공유하고 있는 국가들로 구성되어 있다. 많은 문화군집은 기본적으로 언어적 유사성에 기초한다. 앵글로(Anglo), 독일권(Germanic), 남미권(Latin American), 아랍권(Arab) 군집은 특

표 4.3 문화에 따른 협상스타일의 차이

일본	북미	남미
감정적 느낌이 매우 중요	감정적 느낌이 덜 중요	감정적 느낌이 중요
감정을 숨김	직선적 혹은 비인격적 협상	감정적으로 정열적임
권력이 미묘하게 작용; 화해	조정 혹은 화해보다는 소송	권력이 강하게 작용; 상대방 약점 활용
고용인에 대한 충성심, 고용인은 피고용인을 돌봄	고용인과의 결속 결여, 필요한 경우 일방에 의한 관계단절	(종종 가족관계의) 고용인에 대한 충성심
집단의사결정과 합의의 중시	팀워크가 의사결정자를 지원	개인이 의사결정 후 하부에 지시
체면이 중요, 다른 사람에게 창피를 주지 않도록 의사결정	비용-편익 관점에서 의사결정, 체면은 문제되지 않음	체면이 중요, 명예와 자존심이 유지되도록 의사결정
의사결정자가 특별이익단체에 공공연히 영향을 받음	의사결정자가 특별이익단체에 영향을 받으나, 비윤리적 행위로 간주됨	의사결정자가 특별이익단체에 영향을 받으며, 이것이 용인됨
논쟁이 활발하지 않음, 옳을 때는 조용히 침묵	옳든 그르든 논쟁이 활발함, 다만 비인격적인 논쟁	옳든 그르든 논쟁이 활발함, 다만 매우 격정적
문서는 유효함, 정확해야 함	증거로서 문서가 매우 중요	문서화를 회피, 일반원칙의 이해에 장애
점진적인 의사결정	방법론상 정교한 의사결정	충동적이며 임의의 의사결정
집단의 이익이 궁극적 목적	이윤 동기 혹은 개인의 이익이 궁극적 목적	집단에 이익이 되는 것이 개인에게도 이익
의사결정을 위해 좋은 감정의 사회적 환경을 형성, 의사결정자와 면식을 틈	비인격적 의사결정, 개입과 이해관계의 충돌을 회피	훌륭한 의사결정을 위해서는 자각적, 자율적 인격을 강조하는 인격주의가 필요

출처: Pierre Casse, *Training for the Multicultural Manager: A Practical and Cross-Cultural Approach to the Management of People*, Sietar International © 1982.

히 그러하고, 북유럽권(Nordic)과 라틴 유럽권(Latin European)은 상대적으로 덜하다. 물론 동일 군집 내의 어떤 국가의 경우에는 논란이 있을 수 있다. 스페인과 남미권 국가들은 많은 문화적 가치관을 공유하고 있고, 이스라엘과 미국 또한 그러하다.

많은 국제기업은 그들의 국제화전략을 수립하는 데 있어 본능적으로 이와 같은 문화군집 접근법을 활용하곤 한다. 미국 기업들은 처음 수출할 때 캐나다와 영국에 초점을 맞추는 경향이 있고, 홍콩과 대만 기업들은 중국 시장에 수출하는 데 많은 성공을 거두어왔다. 이와 유사하게 스페인 기업들은 국제화 과정에서 스페인어를 사용하는 남미권 국가들에 초점을 맞추어 시장을 개척하곤 했다.

문화적 친밀도는 기업의 해외시장 진입방식의 결정에도 영향을 미칠 수 있다. 예를 들어, 연구자들의 연구결과에 따르면 캐나다 기업은 영국 시장에 진입할 때 주로 영국 기업과 합작투자를 선호하는 경향이 높으며, 반면 일본 기업들은 영국 시장에 진출할 때 **신설투자**(greenfield investment) 방식을 선택하는 경우가 많다. 이러한 차이점을 보이는 원인은 무엇인가? 문화군집상 상대적인 친밀도의 차이로 인해, 영국의 파트너와 사업을 하는 것을 일본 기업들에 비해 캐나다 기업들이 보다 편하게 느끼기 때문이다.[37]

홉스테드의 5차원 비교문화 모형

네덜란드의 연구자인 홉스테드(Geert Hofstede)는 전 세계 IBM에 근무하고 있는 116,000명의 근로자를 대상으로 국가 간 문화적 차이를 분석하고 문화적 유사성을 종합하는 매우 중요한 연구를 수행했다. 홉스테드의 연구는 비록 방법론적인 약점과 연구자 스스로의 문

지도 4.4

총체적인 국가군집

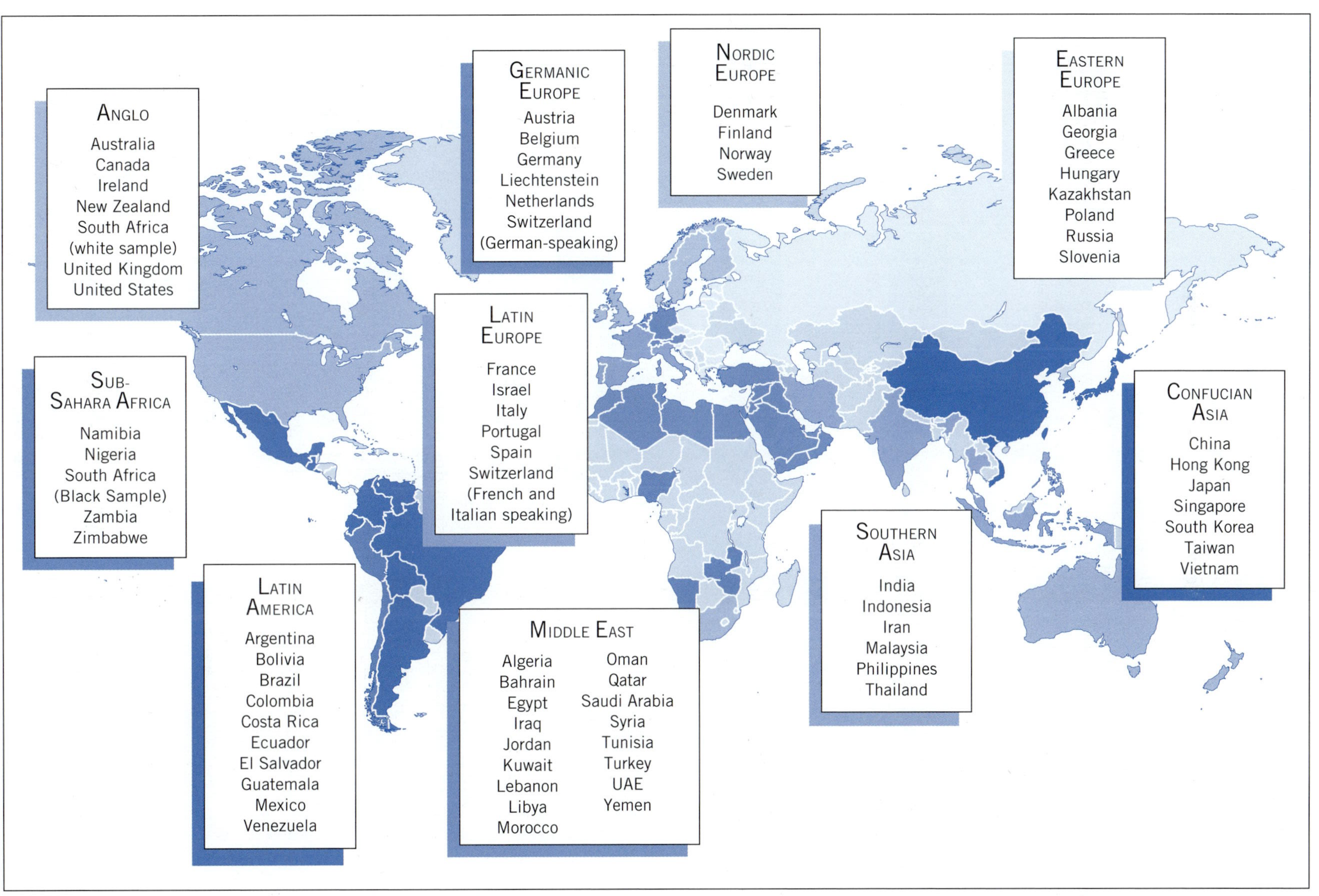

출처: Based on Vas Tara, Piers Steel, and Bradley Kirkman, "Improving national culture indices using a longitudinal meta-analysis of Hofstede's dimensions," *Journal of World Business*, vol. 47 (2012), pp. 329–421; Amir Shoham and Ilan Alon, "Changing cultural clusters: A research note," *International Journal of Business and Globalisation*, vol. 5, no. 3, pp. 328–342 (2010); Mansour Javidan, Peter Dorfman, Mary Sully de Luque, and Robert House, "In the Eye of the Beholder," *Academy of Management Perspectives*, February 2006; Simcha Ronen and Oded Shenkar, "Clustering countries on attitudinal dimensions: A review and synthesis," *Academy of Management Review*, vol. 10, no. 3 (1985)

그림 4.2
홉스테드의 5가지 비교문화 차원

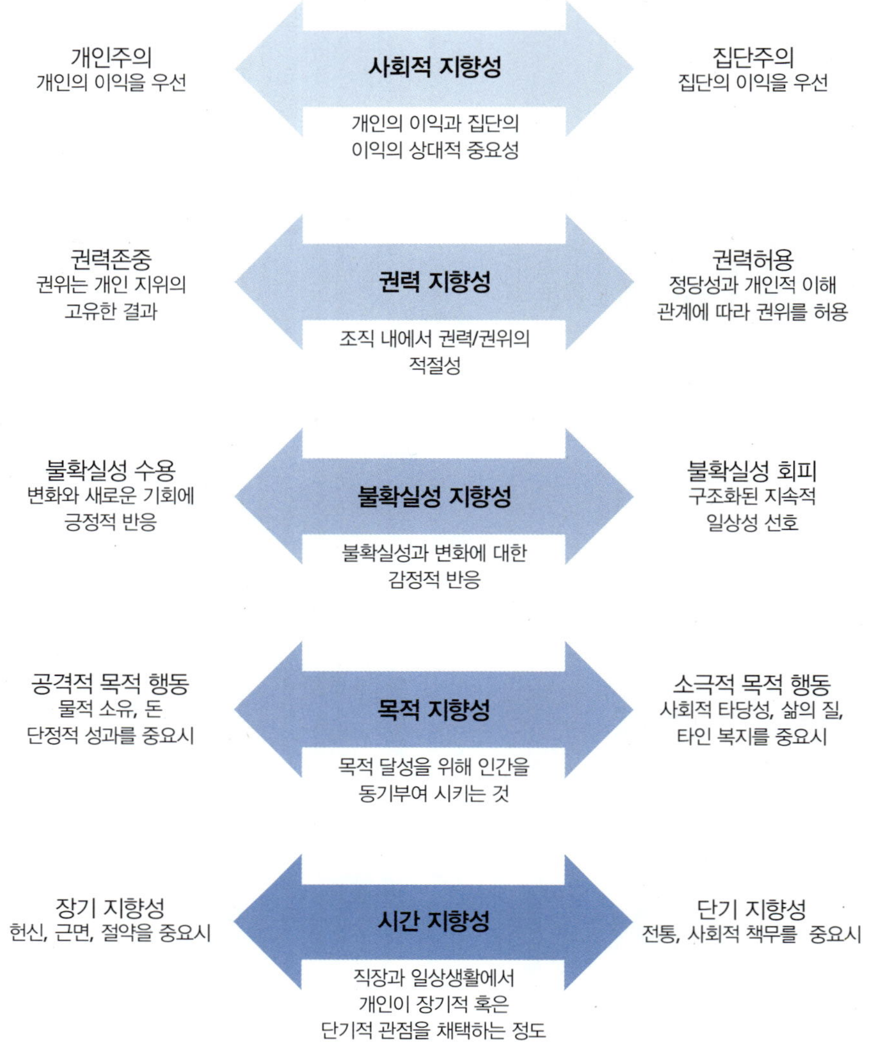

화적 편견으로 비판받고 있지만 여전히 국가 간의 문화적 차이를 규명하는 가장 광범위하고 종합적인 연구결과로 남아 있다. 홉스테드는 문화에 따라 차이를 보이는 5개의 중요한 비교문화 차원을 제시한다. 이와 같은 5개의 비교문화 차원은 [그림 4.2]와 같다. 5개의 비교문화 차원은 국가마다 나타나는 일종의 경향을 반영하는 것이지 절대적인 것은 아니며, 특정 문화 내에서도 개인은 각 비교문화 차원에서 다른 특징을 지닐 수 있다.[38]

사회적 지향성

홉스테드가 제기한 첫 번째 비교문화 차원은 **사회적 지향성(social orientation)**이다.[39] 사회적 지향성은 개인과 그 개인이 속한 집단의 상대적 중요성에 대한 개인의 신념을 말한다. [표 4.4]에서 보여주고 있는 바와 같이 사회적 지향성의 한쪽 끝에는 집단주의가 또 다른 끝에는 개인주의가 위치한다. **개인주의(individualism)**는 개인이 우선이라는 문화적 신념이다. 개인주의적인 인간은 높은 자긍심과 독립성을 핵심적인 가치관으로 한다. 이들은 조직의 이익보다는 스스로의 경력상의 이해관계를 우선순위에 두고, 이들 의사결정이 자기

표 4.4 사회적 지향성의 양 극단(집단주의 대 개인주의)

집단주의	개인주의
아이들이 '나'보다는 '우리'라는 관점에서 먼저 생각하도록 교육한다.	아이들이 '나'를 중심으로 생각하도록 교육하고, '나'라는 단어의 사용을 장려한다.
상호의존성을 강조	독립성을 강조
어떻게 할 것인가(행동)를 교육하는 데 초점	어떻게 배울 것인가(방법)를 교육하는 데 초점
고용자-피고용자 관계가 가족 관계처럼 감정적 관계에 기초	고용자-피고용자 관계는 노동시장에서의 계약관계
집단 내와 집단 외에 적용되는 가치기준이 다름: 배타주의	모든 사람에게 동일한 가치기준 적용: 보편주의
이견과 충돌을 피하고 집단의 화합을 유지하는 것을 중요시	솔직하게 자신의 내심을 표현함
일보다 관계가 우선	관계보다 일이 우선
고배경적인 의사소통(완곡한 표현)	저배경적인 의사소통(직설적이고 명료함)
사회적 네트워크가 정보의 중요한 원천	대중매체가 정보의 중요한 원천

출처: Geert Hofstede, Gert Jan Hofstede, and Michael Minkov. *Cultures and Organizations: Software of the Mind*, Third Edition. New York: McGraw—Hill, 2010.

자신에게 미치는 영향의 관점에서 의사결정을 평가하는 경향이 있다. 홉스테드의 연구에 따르면 미국, 영국, 호주, 캐나다, 뉴질랜드, 네덜란드 등의 국가가 상대적으로 개인주의적인 문화에 해당한다.

개인주의의 반대 개념으로 **집단주의(collectivism)**는 집단이 우선시되어야 한다는 문화적 신념이다. 집단주의적인 사회는 보다 확장된 가족, 부족, 동료 등 잘 정의된 사회적 네트워크를 이루는 특징을 가지고 있다. 사회 구성원들은 개인의 부와 이익, 성공보다는 집단의 이익을 우선하기를 기대한다. 이러한 문화에서는 개인의 행동이 수치심에 의해 많은 영향을 받는다. 집단이 실패할 경우, 그 실패를 자신의 일로 받아들이고 부끄러움을 느끼며, 갈등과 반목을 최소화하면서 자신이 속한 집단을 다시 화합할 수 있도록 애쓴다. 홉스테드에 의하면 멕시코, 그리스, 홍콩, 대만, 페루, 싱가포르, 콜롬비아, 파키스탄 등이 상대적으로 집단주의적인 가치관이 강한 것으로 본다.

국제사업활동을 하는 기업들은 개별 국가의 사회적 지향성의 차이를 잘 이해해야 한다. 개인주의적인 문화에서는 연고주의가 종종 비난을 받지만 집단주의적인 문화에서는 정상적인 채용관행으로 인정되기도 한다. 개인주의적인 성향이 강한 미국과 같은 국가에서는 근로자들은 자신의 성과에 기초해 보상이 이루어져야 한다고 믿으며, 그래야 보상제도가 공정하다고 생각한다. 그래서 미국 기업들은 성과와 보상을 연결시키기 위해 개인의 성과를 평가하는 데 많은 시간과 자원을 투입한다. 여기에 실패하는 기업들은 생산성이 훨씬 높은 근로자를 다른 기업에 빼앗기곤 한다. 일본에서는 집단지향적인 문화적 특성으로 인해 일반적인 보상제도의 관행이 이와 전혀 다르다. 많은 일본 기업에서 개인에 대한 보상은 개인의 성과가 아닌 그가 속한 집단에 따라 달라진다. 비록 일본의 몇몇 기업들이 좀 더 성과지향적인 점을 선호하여 집단 지향적인 접근방식을 버리기 시작하였다고 할지라도 개인지향적인 접근이 일반적인 아니라 예외적인 것이다.

일반에게 널리 알려져 있는 미국 기업과 일본 기업의 CEO 보상시스템의 차이도 이와 같은 문화적 차이를 통해 잘 설명한다. 집단지향적인 일본 기업에서는 CEO에 대한 보상이 집단의 성과에 의해 결정되지만 미국에서는 CEO에 대한 보상이 기업에 대한 CEO 개인의 기여에 의해 결정된다. CEO에 대한 보상수준이 적절한지의 문제가 제기되는 방식조차도 미국의 문화적 가치를 반영한다. 즉 "XYZ 기업의 스미스 회장이 어떻게 천만 불의 가치를 가지고 있는가?"라는 질문은 CEO에 대한보상이 조직에 대한 개인적인 기여를 잘 측정해 반영해야 함을 암묵적으로 가정하고 있는 것이다.

조직 구성원의 경력발전(career progression)과 직무이동(job mobility)에서도 이와 유사한 패턴이 발견된다. 개인주의적인 사회에서는 개인의 경력경로(career path)가 새롭고 도전적인 상황에서 자신의 능력을 입증할 수 있도록 더 많은 보상이 주어지고, 더욱 도전적인 직무를 찾아 다른 기업으로 이직하는 형태로 나타나곤 한다. 하지만 일본과 같은 집단주의적인 문화에서는 이직이 집단의 선(기업)에 대한 불충으로 해석되는 경우가 종종 있으며, 신뢰할 수 없는 사람으로 낙인찍히는 결과마저도 초래될 수 있다.[40] 이와 같은 오명 때문에 일본에서는 전통적으로 다른 기업으로의 이직을 통해 새로운 적절한 직업을 가진다는 것이 상당히 어렵다. 1990년대 이후의 장기불황으로 인해 비록 이와 같은 규범에 변화가 오고 있기는 하지만 미국에 비해 일본에서는 직무이동이 훨씬 느린 편이다.

권력 지향성

홉스테드에 의해 제시된 두 번째 비교문화 차원은 **권력 지향성(power orientation)**이다. 권력 지향성은 기업조직과 같은 위계구조 하에서 나타나는 권력과 권위의 차이가 과연 적절한가에 대해 특정 문화권의 구성원들이 가지고 있는 신념을 의미한다. 권력 지향성의 차원은 [표 4.5]에서 볼 수 있는 바와 같이 두 개의 극단으로 이루어져 있다.

어떤 문화는 권력 지향성에서 **권력존중(power respect)**의 특징을 지니고 있다. 권력존중은 위계조직에서 단순히 상급자가 가지는 지위에 기초해 문화 구성원들이 상급자의 권력과 권위를 인정하는 경향을 의미한다. 이들 문화 구성원들은 그와 같은 권력에 대한 상급자의 권리를 존중하는 성향을 보인다. 기업에서 모든 계층의 구성원은 상위 직급 자체가 의사결정을 하고 지시할 수 있는 권리를 부여해준다는 암묵적인 신념으로 인해서 상급자의 의사결정과 지시를 수용한다. 홉스테드는 프랑스, 스페인, 멕시코, 일본, 브라질, 인도네시아, 싱가포르가 상대적으로 권력존중의 특성을 보이고 있음을 발견했다.

이와는 대조적으로 **권력허용(power tolerance)**의 특징을 보이는 문화 구성원들은 위

표 4.5 권력 지향성의 두 극단

권력허용	권력존중
부모들이 자식들을 자신과 똑같은 인격체로 대우한다.	부모들은 상위자로 취급된다.
선생님은 입증된 진실을 전달하는 전문가다.	선생님은 개인적인 지혜를 전달하는 대가다.
경영자는 경험과 하급자에게 의존한다.	경영자는 상급자와 공식적인 규칙에 의존한다.
위계는 편의상 만들어진 역할의 다름을 의미할 뿐이다.	위계는 상급자와 하급자가 근원적으로 다르고 불평등함을 의미한다.
하급자는 자신에게 협의하기를 기대한다.	하급자는 해야할 일이 지시되기를 기대한다.
분권화가 일반적이다.	집권화가 일반적이다.
모든 사람은 동일한 권리를 가지고 있다.	힘이 센 사람에게는 특권이 있다.
사람들 사이의 불평등은 최소화되어야 한다.	사람들 사이의 불평등이 당연하고 바람직하다.

출처: Geert Hofstede, Gert Jan Hofstede, and Michael Minkov. *Cultures and Organizations: Software of the Mind*, Third Edition. New York: McGraw—Hill, 2010.

계조직에서 개인의 지위에 대해 큰 의미를 부여하지 않는다. 이들은 상급자의 의사결정이나 지시에 대해 기꺼이 의문을 제기하며, 경우에 따라서는 이를 수용하기를 거부하기도 한다. 이들은 지시를 내릴 수 있는 리더의 무형적인 권리 때문이 아닌, 리더가 정당하다고 판단되는 경우 혹은 리더의 지시가 자신의 개인적 이해관계에 부합한다고 인정되는 경우 리더의 지시를 받아들이는 경향을 보인다. 홉스테드는 미국, 이스라엘, 오스트리아, 덴마크, 아일랜드, 노르웨이, 독일, 뉴질랜드 등이 상대적으로 보다 더 권력허용적임을 보여준 바 있다.

권력허용적인 문화 구성원들은 조직에서 위계는 조직상의 문제를 해결하고, 과업을 조정하기 위해 존재한다고 믿는다. 인도네시아나 말레이시아와 같이 권력존중의 문화를 보이는 곳에서는 조직 내에서 누가 권력과 권위를 가지고 있는지를 알려주기 위해 위계가 만들어지는 것으로 가정한다. 새로운 프로젝트를 준비하는 과정에서 권력허용적인 미국인들은 우선 눈앞에 닥친 과업을 정의하고, 그러고 난 후에 프로젝트팀을 구성한다. 이와는 반대로 권력존중적인 인도네시아에서는 먼저 누구를 책임자로 할 것인지 결정하고 난 후에, 그 사람의 리더십 하에 프로젝트가 실현가능성이 있는지를 평가한다. 이와 같은 태도의 차이는 기업의 국제경영에서 매우 중요한 결과를 초래한다. 이 장의 앞부분 "E-World"에서 지적한 바와 같이 인터넷 창업에서는 권력존중의 문화에 비해 권력허용의 문화가 훨씬 적합하다.

조직 내에서 위계의 역할과 관련한 이와 같은 문화적 차이의 중요성은 다음과 같은 서술에 대한 국제경영자들의 반응을 묻는 조사에서 더욱 부각되어 나타난다. "업무의 효율적 추진을 위해서는 위계 조직에서의 계층을 생략하는 것이 종종 필요하다"라는 서술에 대해, 스웨덴, 영국, 미국인 경영자들은 대체로 동의하는 편이다. 이들은 하급자들이 의사결정을 하는데 필요한 모든 정보를 상급자가 반드시 알고 있어야 할 필요는 없으며, 기업의 공식적인 위계구조에 관계없이 하급자가 스스로 의사결정에 요구되는 적정한 정보를 가진 사람을 찾아보는 것이 훨씬 효율적이라는 사실을 확신한다. 반면 이탈리아인 경영자는 이에 대해 결코 동의하지 않는다. 이탈리아의 기업문화하에서는 상급자를 건너뛰어 의사결정이 이루어지는 것은 효율성의 문제가 아니라 불복종의 표시로 여겨진다.[41]

권력 지향성에 대한 다른 문화적 태도는 기업경영에서 상당한 오해를 야기할 수 있다. 예를 들어, 다른 문화권에 속하는 기업들이 협상을 할 때, 권력허용의 문화적 특징을 가지는 기업은 지위나 연공에 대한 고려 없이 해당 분야의 전문가들로 이루어진 협상팀을 파견하는 경향이 있다. 하지만 현안 문제에 대해 전문적인 지식과 식견이 아무리 높다 해도 하급자들로 구성된 팀은 비슷한 지위에 속한 협상팀과 문제를 설명하기를 기대하는 권력존중의 문화적 특징을 지닌 기업의 입장에서는 모욕으로 여겨질 수 있다. 또한, 미국인 경영자가 협상과정에서 협상 상대방의 이름을 부르는 것과 같은 격식을 차리지 않는 행위를 보이는 것은 권력존중의 문화적 특징을 가지는 협상 상대방에게는 위신을 추락시키고 모욕을 주는 의도로 잘못 이해되어질 수 있다. 이와 유사하게 미국인 경영자가 긴급한 상황에서 자신의 소매 끈을 걷어붙이고 생산현장을 돕는 것은 미국인 생산 근로자들의 칭찬을 받을 수도 있지만 인도인 경영자가 그와 같은 미천한 일을 하는 것은 자신의 품위를 떨어뜨

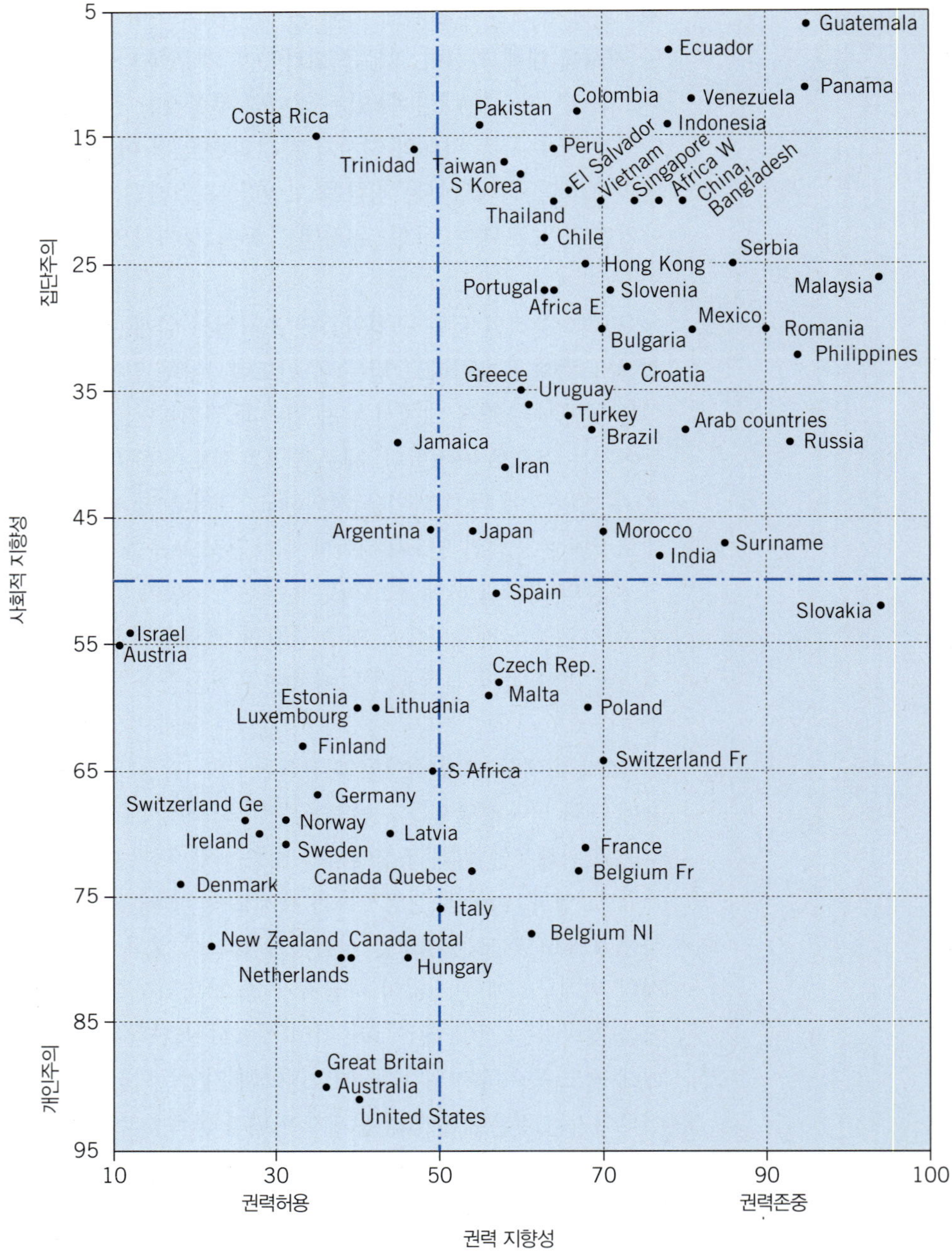

그림 4.3

사회적 지향성과 권력 지향성

출처: Reprinted with permission from Geert Hofstede, Gert Jan Hof- stede, and Michael Minkov, *Cultures and Organizations: Software of the Mind*, Third Edition. New York: McGraw-Hill, 2010.

리는 일이며, 자존감의 부족으로 존경의 가치가 없거나 동료나 부하로부터 복종도 이끌어 낼 수 없는 행위로 여겨진다.[42]

어떤 경우에는 이와 같은 문화적 규범이 참극을 야기하기도 한다. 예를 들어, 1990년대 말 한국의 대한항공은 치명적인 사고 건수가 비정상적인 수준으로까지 증가한 적이 있는데, 비행안전 전문가들은 이와 같은 문제의 원인이 한국 문화의 권력존중적인 규범 때문으로 풀이했다. 행동과학자들은 대한항공의 경우 기장의 실수로 비행기의 안전이 위험에 빠질 수 있는 상황에서조차도 부기장이 기장에게 실수를 알리기를 주저하는 경우가 종종 있음을 발견했다. 대한항공은 비행기 조종사들을 주로 공군의 전역 조종사들에게 의존하고 있는데, 이와 같은 사실이 문제를 더욱 악화시켰다. 왜냐하면 공군 조종사들의 경우 명령 계통에서 내려온 지시에 대해서는 복종하도록 엄격하게 훈련받았기 때문이다. 이와 같은 문제를 해결하기 위해 대한항공은 조종사 채용전략을 변경해 비상상황에서는 기장에게 훨씬 더 편하게 의문을 던질 수 있을 것으로 여겨지는 외국인 조종사와 민간인 조종사의 채용에 초점을 맞추었다. 또한, 조종사 교육훈련 전략도 수정해 조종사들이 하나의 팀으로 업무를 수행할 수 있도록 했다.[43]

홉스테드의 비교문화 차원을 개별적으로가 아닌 조합을 통해 살펴봄으로써 비교문화의 이해에 대해 또 다른 관점을 얻을 수 있다. 예를 들어, 사회적 지향성과 권력 지향성을 묶어서 살펴보면 개인주의와 권력허용적인 국가가 하나의 군집으로 묶이고, 집단주의와 권력존중적인 국가가 다른 군집으로 묶일 수 있다([그림 4.3] 참조).

불확실성 지향성

홉스테드가 제시하고 있는 세 번째 비교문화 차원은 **불확실성 지향성(uncertainty orientation)**이다. 불확실성 지향성은 불확실하고 모호한 상황에 대한 개인의 느낌을 의미한다. 불확실성 지향성은 [표 4.6]에서 볼 수 있는 바와 같이 불확실성의 수용과 회피라는 두 가지 극단으로 설명할 수 있다.

불확실성 수용(uncertainty acceptance) 문화에서는 개인은 변화에 의해 자극받고 새로운 기회를 추구한다. 모호함은 개인이 성장하고, 발전하며, 새로운 기회를 모색 가능하게 하는 배경으로 여긴다. 이러한 문화권에서 확실성은 오히려 단조로움, 반복, 구태의연함 등으로 느껴진다. 홉스테드는 미국, 덴마크, 스웨덴, 캐나다, 싱가포르, 홍콩, 호주 등이 불확실성 수용의 문화에 속하는 것으로 본다.

이와는 대조적으로 **불확실성 회피(uncertainty avoidance)** 문화권에 속하는 개인은 모호함을 싫어하고 가능한 한 이러한 상황을 피하려 한다. 모호함과 변화는 전혀 바람직하지 않은 것으로 여긴다. 이들은 구조화되고 전형적인 경우에 따라서는 관료적인 행동방식을 선호하는 경향을 보인다. 홉스테드는 오스트리아, 일본, 이탈리아, 콜롬비아, 프랑스, 페루, 벨기에와 같은 국가들이 불확실성 회피의 문화에 속하는 것으로 본다.

불확실성 지향성은 기업의 국제사업활동을 관리하는 데 많은 측면에서 영향을 미친다.

표 4.6 불확실성 지향성의 두 극단

불확실성의 수용	불확실성의 회피
모호한 상황과 익숙하지 않은 위험에도 편안한 느낌	모호한 상황과 익숙하지 않은 위험에 두려움
모호함과 혼란에 대한 수용	정확성과 공식성이 필요
학생들은 자유로운 학습상황을 선호하고, 자유로운 토론에 관심	학생들은 구조화된 학습상황을 선호하고, 정확한 해답에 관심
선생님들이 '나도 잘 모르겠는걸'이라 할 수 있음	선생님은 모든 문제에 답을 알고 있어야 함
선생님은 부모들을 참여시킴	선생님은 부모들에게 통지함
다른 것이 호기심을 자극	다르다는 것이 위험스럽게 느껴짐
정말 필요한 것 이외에는 규칙이 필요 없음	규칙을 감정적으로 필요
최고경영자는 전략에 관심	최고경영자가 일상적 운영 활동에도 관심

출처: Geert Hofstede, Gert Jan Hofstede, and Michael Minkov. *Cultures and Organizations: Software of the Mind*, Third Edition. New York: McGraw—Hill, 2010.

예를 들어 불확실성 회피 성향의 국가에서 기업을 운영하는 국제경영자는 보다 엄격한 위계적 조직구조, 보다 정교한 규정과 절차를 선호하는 경향을 보인다. 반대로 불확실성 수용 성향의 문화권에서는 유연한 위계구조, 규정, 절차 등에 대해 훨씬 더 관대한 편이다. 미국과 홍콩처럼 불확실성 수용 성향을 보이는 국가에서는 위험을 감수하는 행위에 상당한 가치를 부여하는 반면 스페인이나 벨기에, 아르헨티나와 같은 불확실성의 회피 성향을 보이는 국가에서는 보수적이며 위험이 낮은 전략을 통해 기업의 현재 위치와 위상을 유지하는 것을 훨씬 중요하게 여긴다. 불확실성을 회피하고자 하는 문화권에 비해 불확실성을 수용하는 문화권에서 전자상거래 등에 기초한 새로운 경제수단이 발달되는 것은 전혀 놀라운 사실이 아니다. 또한, 최근 연구결과에 따르면 프랑스나 독일과 같이 불확실성 회피 문화권에 속하는 국가의 기업들은 자금조달을 위해 은행에 많이 의존하고, 불확실성 수용 문화권의 기업들은 상대적으로 주식시장을 통해 자금을 조달하는 성향을 보인다.[44]

1998년 노바 스코티아(Nova Scotia) 해안에서 일어난 스위스 항공 111편 추락사고를 두고 벌어졌던 논란은 불확실성 지향성이 어떻게 경영관행에 영향을 미치는지를 보여주는 극적인 사례에 속한다. 뉴욕에서 제네바를 향하던 이 비행기에서 갑자기 연기가 객실을 뒤덮었다. 스위스 항공의 조종사는 착륙 전에 남은 연료를 버리기 위해 문제가 생긴 비행기의 방향을 바다쪽으로 돌렸다. 하지만 불행하게도 그 비행기는 안전하게 착륙하기 전에 바다로 추락했다. 이 사건이 일어나자 조종사가 착륙을 시도하기 전에 먼저 비행기를 선회해 연료를 버린 의사결정이 과연 옳았는지에 대해 논란이 일어났다. 미국의 조종사들은 방송 인터뷰를 통해 연기가 발생하자마자 가능한 빨리 비행기를 착륙시켰어야만 했다고 주장했고, 스위스 항공의 관계자는 기장이 항공운행 매뉴얼에서 제시하고 있는 비상상황 조치를 준수했음을 지적하며 사고 비행기 조종사를 옹호했다. 이에 대해 미국 조종사들은 항공사의 매뉴얼 내용에 관계없이 그와 같은 비상상황에서는 기장 스스로의 독자적인 판단에 따라 조치했어야 한다고 반박했고, 스위스 항공 측 역시 매뉴얼에 상세하게 제시된 절차는 비상상황에서 기장이 취해야 할 최선의 조치이며, 따라서 기장이 매뉴얼을 준수한 것은 올바른 일이라고 맞받아쳤다. "규칙은 준수되기 위해 존재한다"는 스위스 항공 관계자의 시각은 바로 불확실성 회피 성향을 보이는 스위스의 문화적 특징을 반영한 것이며, "규칙은 깨지기 위해 존재한다"는 미국 조종사들의 태도는 불확실성 수용 성향을 보이는 미국의 문화적 특징을 반영한 것이다.

불확실성 지향성을 사회적 지향성과 함께 살펴보는 것도 흥미롭다. 직무이동은 불확실성 회피 성향을 보이는 문화에 비해 불확실성 수용의 성향을 보이는 문화에서 흔히 볼 수 있는 현상이다. 일본 기업들은 전통적으로 종신고용의 경영관행을 따랐는데, 이는 일본 문화의 불확실성 회피 성향과 집단주의적 특성에 따른 것이다. 종신고용의 경영관행으로 인해서, 일본 기업들은 입사지원자들이 채용 전에 엄격한 테스트와 인터뷰를 거치게 하는 등 채용에 상당한 주의를 기울인다. 하지만 일단 채용되고 나면 일본 기업의 피고용자들은 고용자와 기업이 안전한 한 자신들의 직업도 안전함을 쉽게 인식한다.

하지만 전통적으로 일본 기업들에 의해 많이 채택되었던 연공 위주의 보상과 승진뿐만 아니라 종신고용의 경영관행도 개인주의적이고 불확실성 수용의 성향이 강한 국가에 이식

표 4.7 목적 지향성의 두 극단

소극적 목적 행동	공격적 목적 행동
사회적 관계와 삶의 질이 중요	도전, 수입, 인정, 승진이 중요
보통 수준의 학생이 표준, 저조한 학생에게 칭찬	최상위 학생이 표준, 탁월한 학생에게 칭찬
학교에서의 실패는 사소한 일	학교에서의 실패는 참극
직업선택의 기준은 적성	직업선택의 기준은 경력기회
타협과 협상을 통한 갈등의 해결	승자독식에 의한 갈등의 해결
평등(통일성)에 기초한 보상	공정성에 기초한 보상
인간은 살기 위해 일함	인간은 일하기 위해 삼
여가시간을 돈보다 선호	돈을 여가시간보다 선호

출처: Geert Hofstede, Gert Jan Hofstede, and Michael Minkov. *Cultures and Organizations: Software of the Mind*, Third Edition. New York: McGraw—Hill, 2010.

될 때는 효과적인 경영 관행이 되기 어렵다. 예를 들어, 캐나다나 미국과 같은 불확실성 수용 성향을 보이는 국가에서 활동하고 있는 일본 기업들은 북미 근로자들이 보이는 개인주의적이며 일본에 비해 직업의 안정성을 훨씬 덜 중요하게 여기는 문화적 특징으로 인해 기업의 보상 및 승진제도를 수정하지 않을 수 없었다.

목적 지향성

홉스테드의 네 번째 비교문화 차원인 **목적 지향성(goal orientation)**은 개인이 다른 목표에 대해 열심히 일하도록 동기 부여되는 방식을 의미한다. 연속선으로 이루어져 있는 목적 지향성의 한 극단에는 **공격적 목적 행동(aggressive goal behavior)**이 있다([표 4.7] 참조). 공격적 목적 행동을 보이는 개인은 물적 소유, 돈, 강한 자기주장 등을 중시하는 성향을 보인다. 또 다른 극단에 위치해 있는 **소극적 목적 행동(passive goal behavior)**을 보이는 개인은 사회적 관계, 생활의 질, 타인에 대한 배려 등을 중요시한다.

홉스테드에 따르면 공격적 목적 행동의 특성을 보이는 문화는 성별에 따른 역할 구분을 엄격히 하는 경향을 보이는 반면 소극적 목적 행동을 강조하는 문화는 그렇지 않다고 한다. 극단적으로 공격적 목적 행동을 보이는 문화에서는, 남성은 전통적으로 남성이 하던 직업에서 밖에서 일을 하고 경력을 쌓는 반면 여성은 일반적으로 집 밖에서 일을 하지 않는 대신 가족을 돌보는 일에 전념하는 특성을 보인다. 설사 여성이 집 밖에서 일을 하는 경우에도, 대개는 전통적으로 여성의 영역으로 간주되는 분야로 국한되는 것이 보통이다. 홉스테드의 연구에 따르면 일본에서는 많은 사람들이 상대적으로 공격적 목적 행동에 강한 특성을 보이며, 독일, 멕시코, 이탈리아, 미국에서는 많은 사람들이 약간 공격적인 목적 행동의 성향을 나타내 보이는 것으로 알려지고 있다. 소극적 목적 행동의 문화에서는 남성과 여성 모두가 다양한 경력을 추구하며, 어떤 직업에도 참여하는 것이 전혀 낯설지 않는 특성을 보인다. 네덜란드, 노르웨이, 스웨덴, 덴마크, 핀란드와 같은 국가들이 상대적으로 소극적 목적 행동에 강한 것으로 알려지고 있다. 예를 들어, 노르웨이는 기업의 이사회 구성 중 최소한 40%를 여성으로 임명하도록 한 최초의 국가다.[45] 스웨덴에서는 법률에 의해 제공되는 13개월의 유급 육아휴가 중 최소 2개월 이상은 아버지에게만 주어지도록 규정하고 있고, 스웨덴인 아버지의 85% 정도가 바로 이 유급 육아휴가를 떠나는 것으로 추산된다. 이와 같은 프로그램은 여성의 사회생활 참여 확대 및 급여상승 효과를 낳았고, 스웨덴의 이혼율을 낮추는 데도 기여한다.[46]

이와 같은 문화적 태도는 다양한 측면에서 기업의 국제경영 관행에 영향을 미친다. 어떤 연구에 따르면 덴마크(소극적 목적 행동 문화) 출신 경영자의 의사결정은 미국, 영국, 독일인(공격적 목적 행동 문화) 경영자의 이익지향적인 의사결정에 비해 상당한 정도로 사회 배려적인 특성을 포함한다.[47] 이와 유사하게 스웨덴의 근로자들을 대상으로 한 연구들은 편안한 작업일정을 선호하는 스웨덴 근로자들의 특징과 스웨덴의 평등주의적 전통으로 인해서 스웨덴 근로자들은 다른 국가 근로자들에 비해 승진을 그리 바람직하게 생각하지 않고 있음을 보여준 바 있다. 스웨덴 근로자들은 대부분 더 높은 급여보다는 복지혜택을 더욱 선호하는 경향을 보인다.[48] 기업에서 여성의 역할이 미치는 영향을 생각해보자. 맞벌이 부부의 비율이 매우 높은 스웨덴에서는 근로자들이 승진을 해서 근무지를 이동해야 하는 경우에는 승진 그 자체를 수용하기 쉽지 않은 경우가 종종 있다. 스웨덴 기업들이 아이를 양육해야 하는 어머니와 아버지에게 제공하고 있는 육아휴가와 기업의 양육지원제도와 같은 복지혜택을 전 세계에서 가장 많이 지원해주고 있다는 사실은 전혀 놀라운 일이 아니다.

시간 지향성

홉스테드의 다섯 번째 비교문화 차원인 시간 지향성(time orientation)은 문화 구성원이 일과 인생, 다른 사회적 측면들에 대해 가지고 있는 어떤 시간적 관점(단기적 vs 장기적)을 가지고 있는가를 나타낸다. 일본, 홍콩, 대만, 한국과 같은 국가의 문화는 헌신, 근면, 인내, 근검절약 등을 중요시하는 장기 혹은 미래 지향적인 특징을 가지고 있다. 반면 파키스탄, 나이지리아, 필리핀 등과 같은 국가는 전통에 대한 존중과 사회적 의무의 수행을 강조하면서 과거와 현재에 초점을 맞추는 성향을 보인다. 홉스테드의 연구에 따르면 미국과 독일은 시간 지향성에서 중간 정도의 특징을 보이는 것으로 나타났다.

In Practice

- 저배경(low-context) 문화권에서는 주어진 문제를 해결하는 것이 관계 형성보다 중요하며 고배경(high-context) 문화권에서는 그 반대이다.
- 홉스테드(Hofstede)의 이론 구조는 한 국가의 문화를 다른 국가의 그것과 구별하는 중요한 다섯 가지의 기준을 제시하고 있다.

추가 고려 사항: 홉스테드(Hofstede)가 제시하는 각 기준에 따라 당신은 자기 자신을 분석해 본다면 어떻게 할 것인가?

4.4 국제경영과 문화적 차이

어떤 전문가들은 통신과 수송 수단의 발달로 인해 각국의 문화는 점점 더 유사해져가고 있다고 믿고 있다. MTV나 CNN 등과 같은 대중매체 덕분으로, 세계의 10대들은 JWoww, Snooky, Pauly D 등의 재치와 지혜를 동시에 즐길 수 있고, 이들의 부모 세대는 다른 국가의 정치, 스캔들, 재해와 문화를 배운다. 세계 항공사 수의 증가로 경쟁이 격화됨에 따라 항공운임이 계속 인하하고 있고, 이로 인해 생긴 더 많은 여행 기회가 다른 문화를 직접 체험하고 배울 수 있게 해주고 있다. 전 세계 소비자들의 라이프스타일과 태도에 초점을 맞춘 광고나 진출하는 곳마다 새로운 경영기법과 기술, 문화를 선보이는 MNC의 활발한 활동 역시 좋든 싫든 세계 각국의 **문화적 수렴**(cultural convergence)을 촉진시키고 있다.

새로운 문화의 이해

그럼에도 불구하고 문화적 차이는 여전히 존재한다. 많은 국제경영자들은 새로운 문화에 접하게 될 때 무의식적으로 자신의 문화적 관점에서 새로운 환경을 평가하는 **자기준거기준**(self-reference criterion)의 오류를 범하는 경향이 있다. 미국인 사업가가 프랑크푸르트에 있는 독일인 고객을 방문해 고객의 가족에 대해 묻는다고 하자. 이는 미국 문화—미국인 사업가의 준거관점—에서는 공손한 행동이지만 독일인 고객의 관점에서는 무례한 일이며, 이 때문에 미국인 사업가는 독일인 고객의 호의를 얻지 못하고 잠재적 고객을 빼앗길 수 있다.[49] 미국에서는 지극히 당연한 행동일 수 있지만, 미국인 사업가는 "누가 외국인인가?"라는 중요한 질문에 대한 답을 잠시 잊어버린 것이다.

외국을 여행하는 국제경영자는 자신이 외국인임을 기억해야 하고, 현지의 문화적 규범에 따라 행동해야 한다. **이문화 소통(cross-cultural literacy)**을 위해 다른 국가에 대한 지식을 획득하는 데에는 많은 수단이 있을 수 있다. 최선의 혹은 가장 일반적인 방법은 개인적인 해외사업 경험—단기 해외 출장 혹은 장기 파견 중 어느 것이라도—이나 기타 형태의 체류 혹은 여행 등을 통한 개인적인 체험을 통한 것이다. 모토롤라(Motorola)와 같은 많은 기업들은 해외 파견이 예정되어 있는 근로자들에게 이문화 적응 훈련 프로그램을 제공한다.[49] 특정 문화에 대한 정보는 다양한 발간물로부터 획득되어 질 수 있다. 예를 들어, 프로퀘스트(ProQuest)는 200개 이상 국가들의 문화에 대해 세심하게 살펴보고 있는 *Culturegrams*를 시리즈로 제공하고 있고, 미국 정부도 국가 연구(Country Studies)라는 제목으로 일련의 보고서를 통해 세계 각국의 경제, 정치체제, 자연자원, 문화 등을 자세하게 설명하고 분석한 책자를 발간한다.

이문화 소통은 상이한 문화의 이해뿐만 아니라 상이한 문화와 양립할 수 있도록 개인의 행동양식을 수정하고 적응해나가는 과정을 의미하는 **문화변용(acculturation)**의 첫 단계다. 문화변용은 해외의 현지 자회사에서 일하고 있는 본사 주재원처럼 현지국 근로자들과 빈번하게 상호작용해야 하는 본국 경영자에게 특히 중요하다.

더욱 복잡한 문제는 많은 국가의 경우 한 국가 내에서도 하나 이상의 다른 문화가 존재한다는 점이다. 비록 개별 국가마다 이와 같은 국가 내 문화적 다양성의 정도에는 차이가 있을지라도 그것은 사실이다. 전체 인구의 99.4%가 단일 민족으로 이루어진 일본은 매우 동질적인 문화적 특징을 가지고 있다. 반대로 앵글로색슨 문화가 지배적이면서도 카리브, 라틴아메리카, 중동, 히스패닉, 아프리카, 아시아 계통도 상당 부분 차지하고 있는 미국

VENTURING ABROAD

맥도날드의 현지화(MCDONALD'S FITS IN) 노력

맥도날드는 119개국에서 34,000개 이상의 점포를 가진 세계에서 가장 성공적인 패스트푸드 프랜차이즈 기업 중 하나이다. 글로벌한 성공을 위한 맥도날드의 핵심적 요인 중 하나는 프랜차이징 활용에 있었다. 기존에 경우, 맥도날드는 빠른 국내 확장을 위해 프랜차이징을 활용하였으며 이 경우 신규 점포를 설립하기 위해 필요한 많은 자본을 제공하였고 가맹점이 오픈될 지역관련 정보 지식과 같은 맥도날드의 또 다른 핵심적 성공 요인들을 제공하기도 하였다. 일리노이 주 오크 브룩에 있는 기업 임원들은 지역별로 거주하는 가족들이 크리스마스 축제 또는 고등학교 미식축구 게임 전 후로 언제 맥도널드 매장을 방문하는지를 알기 매우 어렵다. 그러나 가맹점주들은 그와 같은 세부사항들을 알 수 있으며 나아가 고객이 늘어감에 따라 직원을 늘리거나 고객이 기대하는 제품들을 늘려 나갈 수 있다.

프랜차이징은 맥도날드의 국제적인 성공을 위해 매우 중요했다. 맥도날드가 로고, 브랜딩, 제품의 품질 관리에 표준화를 해 왔지만, 가맹점들로 하여금 지역 문화에 부합된 제품을 맞추어 제공할 수 있도록 지원했다. 일본의 경우, 고객들은 새우버거를 구매하고 녹차 밀크쉐이크로 느끼함을 달랠 수 있다. 그리스에서는 참깨 번 대신에, 버거를 피타 브레드와 함께 주문할 수 있으며, 홍콩의 경우는 두 장의 쌀떡 패티로 덮은 버거가 주문 가능하며 그리고 북아프리카의 경우 맥아라비아(the McArabia)가 플랫브래드로 제공된다. 인도에서는 빅맥을 주문할 수는 없지만 마하라자 맥(닭고기로 만들어진) 또는 채식버거가 주문 가능하다. 이슬람 국가의 경우, 맥도날드는 이슬람 계율에 맞추어 돼지고기를 모든 메뉴에서 제외하였다. 또한, 인도에서는 채식 메뉴만 제공하는 점포를 열 계획이다. 이 점포에서는 빅맥은 제공하지 않을 예정이지만, 맥알루 티키 버거(McAloo Tikki)는 충분히 제공할 수 있을 것이다. 이러한 매운 감자 패티 버거는 인도 맥도날드 매출의 4분의 1 가량을 차지한다. 이러한 작은 조정들은 맥도날드가 각 지역 문화의 요구에 대응하는 전략의 일부이다.

출처: 맥도날드 2012년 연차보고서; "In India, McDonald's Plans Vegetarian Outlets," *월스트리트저널*, 9월 5일, 2012, p. B7

은 문화적으로 상호 이질적인 특징을 보인다. 성공적인 국제 경영자가 되기 위해서는 문화적으로 이질적인 사회에서 중요한 하위문화들뿐만 아니라 지배문화의 속성에 대해서도 잘 이해해야 한다.

In Practice

- 해외사업 실무자들이 자주 하게 되는 공통된 실수 중 하나는 새로운 국가의 문화가 모국의 문화와 같다고 가정을 하고 접근하는 것이다.
- 다행스럽게도, 새로운 문화에 녹아들 수 있게 실무자들을 교육하고 정보를 얻을 수 있는 많은 자료가 있다.

추가 고려 사항: 당신이 동료 혹은 외국에서 온 동료와 일 처리를 할 때 자신만이 설정한 기준을 적용한 적 있는가? 혹 있었다면 어떤 문제는 없었는가?

MyManagementLab®

mymanagementlab.com으로 돌아가 아이콘으로 표시된 문제를 완성하시오 ✪.

CHAPTER REVIEW

요약

국제사업 활동을 수행하는 기업에게 문화적 차이의 이해는 성공의 중요한 열쇠다. 특정 사회의 문화는 바로 그 사회에서 사업 활동을 수행하는 국제기업이 따라야만 하는 정치적, 경제적, 사회적, 윤리적 규칙에 영향을 미친다.

한 사회의 문화는 그 사회의 가치관, 신념체계, 행동양식, 관습, 태도 등을 반영한다. 문화는 그 사회의 한 구성원으로부터 다른 구성원에게로 전이되는 학습된 행동양식이다. 문화의 구성요소는 서로 상호관련되어 있고, 서로 영향을 미친다. 문화의 이러한 구성요소들은 그 사회가 외부로부터 영향을 받으면서 적응하고 변화하는 특성을 지닌다. 문화는 사회 구성원들에 의해 공유될 뿐만 아니라 사회 공동체를 규정짓는 역할을 한다.

문화는 수많은 요소로 구성된다. 사회구조는 특정 문화가 가지고 있는 개인의 역할에 대한 신념과 사회 내에서 계층 이동의 중요성을 반영한다. 언어는 사회 구성원들 상호 간의 의사소통을 가능하게 해주기 때문에 문화의 또 다른 중요한 구성요소다. 전 세계 인구의 약 85%는 특정 종교와 연계되어 있다. 종교는 직업, 투자, 소비, 개인의 책무 등에 대한 태도에 영향을 미친다. 종교는 한 국가의 법률체계에도 영향을 미칠 수 있다.

사회의 문화는 시간, 연령, 지위, 교육 등에 대한 사회 구성원들의 가치관과 태도를 반영하고 또 형성하는 역할을 하며, 이와 같은 가치관과 태도는 채용, 이직, 보상제도의 설계 등과 같은 기업 활동에도 다양한 방식으로 영향을 미친다.

연구자들은 문화적 유사성에 기초해 국가들을 분류해왔다. 홀은 저배경, 고배경 문화 모델을 개발했는데, 이는 특정 문화 내에서 배경의 중요성에 초점을 맞춘 것이다. 문화군집이 존재한다는 사실은 기업이 국제 경영활동을 하는데 나타나는 어려움을 어느 정도 완화시켜준다. 지금까지 많은 연구자들은 많은 국가들이 직무역할, 직무만족, 직무와 관련된 기타 측면들에 있어 유사한 태도를 공유하고 있음을 발견한 바 있으며, 동일한 문화군집 내에 있는 국가들이 종종 공동의 언어를 공유하고 있음도 발견했다.

홉스테드는 그의 선구자적인 연구를 통해 5가지의 비교문화 차원(사회적 지향성, 권력 지향성, 불확실성 지향성, 목적 지향성, 시간 지향성)을 제시했다. 이들 5가지 비교문화 차원에서의 국가별 차이는 기업의 경영행동에 다양한 방식으로 영향을 줌과 동시에 문화적 오해를 야기하기도 한다.

리뷰 질문

4-1. 문화란 무엇인가?

4-2. 문화의 주요 특징은 무엇인가?

4-3. 고배경 문화와 저배경 문화의 차이점을 설명하라.

4-4. 문화군집이란 무엇인가?

4-5. 개인주의와 집단주의는 각각 무엇인가? 이들은 어떻게 다른가?

4-6. 미국과 일본 기업의 보상 시스템의 차이점을 설명해보시오. 문화는 이러한 차이점에 어느 정도 영향을 미치고 있는가?

4-7. 권력 지향성이란 무엇인가?

4-8. 불확실성 지향성이란 무엇인가?

4-9. 공격적 목적 행동과 소극적 목적 행동은 각각 무엇인가? 이들은 어떻게 차이 나는가?

4-10. 자기준거기준이란 무엇인가?

토의용 질문

★ 4-11. 국제경영자는 다른 문화권의 사람과 협상할 때 어떻게 자기준거기준에 의한 판단을 피할 수 있는가?

4-12 미국의 법률은 여성에 대한 직무상의 차별을 금지하고 있지만 많은 국가에서는 이와 같은 차별로부

터 여성을 보호하지 못한다. 당신이 소속한 기업의 해외 공장들에서 여러 가지 직무상의 기회가 새로 나타났다고 가정해보자. 하지만 이들 현지 공장들은 여성의 노동권을 심각한 정도로 제약하는 것에 위치해 있고, 당신 또한 그곳에서 여성 경영자는 효과적이지 않을 수 있을 것으로 걱정한다. 이런 직무들에 대해 성별을 고려하지 않는 선발 방침을 채택해야 하는가? 당신이 선발한 여성 경영자의 신체적 안전을 우려할 만한 충분한 이유가 있다면 어떻게 할 것인가? 여성의 노동권에 대한 제약이 본질적으로 법률에 의한 것이라기보다는 문화적 특성 때문이라면 어떻게 할 것인가?

4-13. 어떤 상황에서 국제경영자는 자신의 문화적 가치관을 국제사업의 상대방인 외국인에게 적용할 수 있는가? 그와 같은 사업 활동이 본국 혹은 현지국에서 이루어짐에 따라 어떤 차이가 있을 수 있는가?

4-14. ABC기업의 국제경영(International Business: IB) 팀장으로써, 당신이 해외국가에 투자를 검토하고 있다면 FDI(해외직접투자)와 당신의 전략관점에서 상위 25개 국가의 투자매력도를 나열해 보라. *(힌트: FDI 신뢰도지수를 참고하여 본 리포트를 작성하라.)*

글로벌 역량 갖추기

이 훈련은 문화적, 사회적 요인들이 어떻게 국제경영의사결정에 영향을 미치는지에 대한 통찰을 제공해주는 데 도움을 준다. 교수는 수강생을 4~5명으로 이루어진 몇 개의 집단으로 나눈 후, 각 집단들에 대해 아래 표의 첫 번째 행에 표시된 제품들 중 세 가지를 선택하게 하고, 또한 두 번째 행에 표시된 국가들 중 세 개의 국가를 임의로 선택하게 한다(교수가 각 집단에 세 가지 제품과 세 개의 국가를 특정해 제시할 수 있다).

제품	국가
수영복	프랑스
CD 플레이어	싱가포르
책상과 책장	폴란드
남성용 넥타이	사우디아라비아
여성용 지갑	대만
목캔디	이탈리아
디지털 카메라	남아프리카공화국
신발	러시아

당신의 회사는 이미 본국에서 그 3가지 제품을 판매한다고 가정하자. 회사는 제품들에서 이미 잘 알려진 상표와 광고 문구를 가지고 있으며, 시장 선도자에 해당한다. 이제 당신의 회사는 3가지 제품을 3개의 국가에 수출하기로 결정했다고 가정하자. 수출에서 회사의 성공 가능성을 극대화하기 위해 포장, 촉진, 광고 등의 활동을 어떻게 현지 문화에 적응시킬 것인가를 결정할 수 있도록 3개 국가의 문화적 특성을 연구해보라. 실제 시장이 존재하는지는 그렇게 걱정할 필요가 없다. 대신 3개의 국가가 가지고 있는 문화적 특성을 고려했을 때 각각의 국가에서 당신의 제품이 어떻게 수용될 수 있을 것인가에 초점을 맞춰라.

4-15. 3개의 국가를 선정하는 데 이용한 주요 정보원은 무엇이었는가? 정보를 찾는 데 얼마나 어렵거나 또는 얼마나 쉬웠는가?

4-16. 다음과 같은 제품은 왜 세계시장에서 인기가 있는 것인가? 그것들은 각 제품이 대표하는 나라의 문화와 어떤 관련이 있는가? (1) 일본자동차, (2) 말레이시아산 고무, (3) 인도영화, (4) 케냐산 차(Tea)

4-17. 국적, 나이, 학력, 그리고 직업을 바탕으로 문화적 특성 군을 만들어라. 사업에 대한 문화의 영향을 토론하라.

CLOSING CASE 일본 고객을 사로잡은 오리 광고

15년 전만 해도 대부분의 미국인은 조지아 주 콜럼버스에 본사를 둔 260억 달러 규모의 AFLAC라는 보험사를 들어본 적조차 없었다. 하지만 AFLAC의 새로운 마스코트 덕분에 이제는 더 이상 그렇지 않다. 2000년에 시작되어 주목을 끌었던 이 회사의 광고 캠페인에는 유익하지만 사람들에게 그의 존재와 회사 이름이 전혀 알려지지 않아 좌절에 빠진 오리 한 마리가 출연한다. 그럼에도 불구하고 오리의 노력은 기대했던 성과를 거두고 있는 것처럼 보인다. 한 광고 조사에 따르면 미국인의 94%가 이제는 AFLAC라는 브랜드를 알고 있고, 더욱 중요한 것은 미국에서 오리 광고가 시작된 이후로 보험계약이 50% 이상 늘어났고, 연간 보험료는 2배 이상 늘었다. 또한, AFLAC의 오리는 단순히 미국 시장 내에서 매출 증대 그 이상의 기여를 했다. AFLAC는 현재 회사 웹사이트에서 오리를 판매해, 그 수익금을 애틀랜타에 소재한 어린이 암센터에 기부하고 있으며, 크리스마스 시즌 동안에는 주요 백화점과 연계해 휴가 기간만을 위해 특별히 제작된 AFLAC 오리를 판매한다. 이를 통해 지금까지 전국의 40개 아동병원에 300만 달러를 기부했다.

오리의 이와 같은 노력에도 불구하고, AFLAC는 미국 시장에서 미미한 존재에 불과하다. 56억 달러에 달하는 AFLAC의 미국 시장 매출액은 AIG, 프루덴셜(Prudential), 메트라이프(MetLife)와 같은 보험사에 비해서는 턱없이 부족한 수준이다. 전체 주민의 25% 정도가 AFLAC의 보험 상품을 구매하고 있는 일본에서는 전혀 그렇지 않다. AFLAC의 전체 사업에서 일본 사업이 차지하는 비중이 75%를 넘는 것으로 알려지고 있다. AFLAC 일본 법인의 자산 규모는 1,140억 달러 규모로써 미국 법인의 170억 달러에 비해서는 훨씬 큰 편이다. 따라서 AFLAC는 미국이 아닌 일본에서 오히려 지배적인 시장위치를 확보하고 있는 매우 드물게 볼 수 있는 미국계 MNC 중의 하나이다.

AFLAC은 암, 장애, 사고 등과 같은 특정 형태의 보험사고들에 대해서만 보장하는 보조보험(supplemental insurance)에 특화되어 있다. 이 기업은 1955년 American Family Life Assurance Company라는 이름으로 소액의 자본으로 창업된 회사이다. 폴(Paul), 빌(Bill), 존 아모스(John Amos) 세 형제가 여기저기서 끌어 모은 4만 달러로 회사를 창업했다. 창업 초기에는 적지 않은 위기에 봉착하기도 했는데, 한번은 현금이 부족해 자신들의 사무실의 가구들을 팔아야만 할 때도 있었다.

AFLAC은 1970년 존 아모스가 오사카에서 열린 세계 박람회에 방문하면서 반전의 호기를 맞이할 수 있게 되었다. 그는 일본인들이 호흡기 감염을 막고자 수술용 마스크를 착용하고 걸어다는 것을 목격했다. 아모스는 이를 보고 이와 같이 건강을 크게 염려하는 일본인들이 보조보험의 주요 잠재적 고객이 될수 있음을 확신했다. 하지만 일본 시장 진출이 동네 소풍가는 것 같지는 않았다. AFLAC이 일본 시장에서 자신의 보험 상품을 판매할 수 있는 이런저런 규제의 장벽을 해소하는데 무려 4년이나 걸렸다.

AFLAC은 초기에는 일본에서 암 보험 상품의 판매에 집중하다가, 일본 시장에 대한 지식이 축적됨에 따라 상해, 간병, 의료, 기타 전문보험 등의 상품을자신의 제품계열에 추가하면서 일본 시장에서 매년 지속적인 성장을 거듭해왔다. 일본 시장에서 AFLAC의 경쟁적 강점은 보험 상품의 유통 및 판매 네트워크에 있다. AFLAC의 보험 상품은 해당 자격증을 소지하고 18,400개의 독립적인 보험 대리점에서 일하고 있는 약 125,000명의 강력한 보험 판매원 군단에 의해 판매된다. 도쿄 증시에 상장되어 있는 기업들의 91%에 해당하는 기업들이 자동 공제방식으로 AFLAC의 보험 서비스를 근로자들에게 제공한다.

AFLAC은 고객들에 양질의 보험 서비스를 제공해 주기 위해 노력한다. AFLAC은 2010년 한 해 동안 고객의 보험금 지급요청을 평균 4 영업일 이내에 해결했고, 업무처리 절차도 현지 시장의 요구에 맞게 계속 개선시켜 왔다. 인적자원관리 제도를 예로 들어보자. AFLAC은 일본 시장에 처음 진출했을 때, 당시 일본에서 가장 일반적이었던 종신고용과 연공에 기초한 보상 및 승진제도를 그대로 채택했다. 과거 몇 년 동안 일본 기업들은 근로자들의 급여를 직무수행에 필요한 자질과 직무수행의 난이도에 따라 결정하는 직무급으로 보상 제도를 전환했는데, AFLAC도 이에 따라 자신의 제도를 변화시켰다.

AFLAC은 일본 사업에서 "미국제"라는 특징도 약간은 덧붙였다. 일본인 근로자의 약 50%에 대해서는 스톡옵션(stock option)을 제공함으로써 회사의 미래에 대한 이들의 몰입을 강화시키고자 했다. 도쿄에는 AFLAC 부모 기숙사를 세워 소아암이나 생명이 위중한 다른 질병의 치료를 위해 자식을 도쿄에 보낼 수밖에 없는 가족들이 머무를 수 있는 장소를 제공했다. AFLAC은 또한 암으로 부모를 잃은 일본의 고등학교 학생들을 위해 장학금도 출연했다.

AFLAC은 이제 일본 제일의 보조보험 서비스 제공자가 되었다. 2012년 일본 시장에서 AFLAC의 보험 매출액은 200억 달러에 달했다. 일본의 노령화 추세(노령 인구들은 보험을 더 많이 드는 경향이 있다), AFLAC 보험상품의 높은 마진율, 일본 의료보험 체계의 부담이 가중됨에 따라 의료비용이 점차 더 많이 고객에게로 전가되는 현상 등으로 인해서 일본 시장에서의 수익률은 계속 증가할 것으로 AFLAC은 믿고 있다.

물론 AFLAC도 수많은 도전에 직면해 있다. 그 동안 AFLAC은 금융서비스 산업에 대해 경쟁과 가격인하를 규제하는 일본 정부의 정책으로 많은 혜택을 받아왔다. 하지만 일본 정부는 10년 이상이나 지속된 장기 불황을 극복하기 위해 금융서비스 산업에 대한 규제완화 조치를 취했다. 2001년 일본 재무성은 일본의 보조보험 시장에 대한 진입제한을 완화해 동경해상화재보험과 일본생명보험과 같은 국내 거대 보험사까지도 보조보험 시장에 진입했다. 보조보험 시장에서의 경쟁이 심화되고 있음에도 불구하고 현재까지는 AFLAC의 시장선도적 지위는 유지된다. AFLAC의 영업비용은 여전히 경쟁사들에 비해 낮은 수준이다. 이와 같은 경쟁적 지위를 유지하기 위해 AFLAC는 보험증서를 온라인으로 발급하고 새로운 온라인 결제 시스템을 도입하는 등 운영관리의 효율성을 제고하기 위해 노력한다. 보험 판매고를 더욱 증대하기 위해 판매원의 채용과 훈련을 강화하고 새로운 보험 상품의 개발에도 박차를 가한다. 일본의 생명보험 시장에서 업계 2위인 제일생명보험과 전략적 제휴 관계를 맺음으로써 제일생명보험의 5만 명에 달하는 보험 판매원이 AFLAC의 보조보험 상품을 판매할 수 있도록 했다. 게다가 AFLAC상품은 372개의 일본 은행과 일본의 1,000개의 우정국 지점에서 이용 가능하다.

2001년 AFLAC는 오리를 일본으로 가져오는 또다른 대담한 조치를 취했다. 오리가 우는 소리인 "quack"의 일본어 번역은 ga-ga이다. 미국인 고객들이 AFLAC의 오리에 대해 그랬던 것처럼 일본인 고객들 또한 그 오리에 대해 "gaga"하며 환호했다. 일본 소비자 조사에 따르면 AFLAC의 오리가 출연한 TV 광고는 인지도 면에서 보험 분야 1위 혹은 2위를 계속 기록해왔다. 2009년 AFLAC는 오리의 디자인을 살짝 바꿔서, 전통적인 *마네키 네코(maneki neko)* 고양이(lucky cat, 招財猫)와 합성해 마네키 네코 오리를 만들었다. 현재 AFLAC는 마네키 네코 오리를 가족보험상품의 광고에 많이 출연시키고 있다.

사례 질문

4-18. AFLAC는 미국 시장에서 자신의 브랜드 인지도를 높이기 위해 AFLAC 오리를 도입했다. 하지만 일본에서는 AFLAC의 브랜드 인지도가 이미 높다. AFLAC는 미국에서 그랬던 것처럼 일본에서도 동일한 광고 캠페인을 활용해야 했는가? 두 시장에서 모두 동일한 광고를 활용하는 데 어떤 이로움이 있을 수 있는가? 일본 시장에서 마네키 네코 오리를 광고에서 활용했는데, 이제 미국 시장에서도 똑같이 그것을 활용해야 하는가?

4-19. AFLAC이 자신의 경영관행을 일본식의 행동양

식에 맞게 적응시키는 것은 얼마나 중요한 조치로 평가할 수 있는가? 일본에서 사업 활동을 수행하는데 있어 AFLAC는 더욱더 일본식으로 행동해야 하는가 아니면 미국식으로 행동해야 하는가?

4-20. AFLAC는 일본 정부의 신규진입 규제정책으로 인해 일본의 보조보험 시장에서 지배적인 위치를 차지할 수 있었다. 하지만 이제 일본 정부는 신규 진입자에 규제를 완화한다. 이러한 상황에서 AFLAC이 자신의 시장지위를 보호하기 위해 취한 조치는 무엇인가? 그 외에 AFLAC는 무엇을 할 수 있었을까?

4-21. AFLAC는 전체 사업에서 일본 사업이 차지하는 비중이 70%나 되는 흔하지 않은 미국 기업 중 하나이다. 일본 시장에 대한 이와 같은 의존도가 AFLAC에게 던져주는 도전은 없는가? 일본 시장에 대한 높은 의존도가 이 기업에게 던져주고 있는 독특한 기회는 없는가?

출처: Based on *AFLAC Incorporated Annual Report for 2012; AFLAC 2012 10-K filing*; "AFLAC: Its Ducks Are Not in a Row," *Businessweek*, February 2, 2004, p. 52; "AFLAC Duck Loses Some Quacking on Way to Japan," *USA Today*, May 7, 2003 (online); *AFLAC Incorporated Annual Report for 2002*; Charles D. Lake II, "Developing new opportunities in a weak Japanese economy: AFLAC adapts to change," *Japan Economic Currents*, May 2002, No. 20, pp. 4ff.; "Bullish on AFLAC's duck," *Businessweek Online*, April 30, 2002; "AFLAC reaches new milestone," *Columbus Ledger-Enquirer*, March 19, 2002 (online); "Duck and coverage," *Fortune*, August 13, 2001 (online); "Duck ads have 'em flocking to AFLAC," *USA Today*, September 18, 2000 (online).

MyManagementLab®

mymanagementlab.com으로 가서 아래의 질문에 답하시오.

4-22. 에드워드 홀(Edward Hall)과 밀드레드 홀(Mildred Hall)이 개발한 고배경(high context)−저배경(low context) 문화 접근방식을 설명하라. 고배경 문화와 저배경 문화권에서 관찰된 사업환경의 가장 큰 차이점은 무엇인가?

4-23. 국가 간 문화적 차이를 분석하는 가장 영향력 있는 방법론 중 하나는 네덜란드 학자, 거트 홉스테드(Geert Hofstede)에 의해 개발되었다. 홉스테드에 의해 개발된 문화의 다양한 차원(5가지 차원)에 대하여 토론하라. 이러한 다양한 차원의 핵심은 무엇인가? 리더십, 보상체계, 고용안정성, 의사결정 등과 같은 기본적인 기업행동의 차이를 이해하는 데 홉스테드의 분석이 어떤 영감을 주는지 적절한 곳에서 예시를 제시하라.

4-24. Mymanagementlab Only에 본 장을 포괄하는 서술형 과제가 있다.

Endnotes

1. "U.S. studios seek inroads into Bollywood," *Financial Times*, May 6, 2013, p. 15; MPPA Theatrical Statistics Summary 2012; Disney Annual Report 2012; "To the next level," *Financial Times*, October 29/30, 2011, p. 5; "Coming to America," *Wall Street Journal*, March 11, 2011, p. D1; "Dream Works animation goes Bollywood with 'Monkeys'," *New York Times*, January 12, 2011; "Rekindling Russia's Bollywood love affair," *Wall Street Journal*, December 22, 2010; "Lights, camera, Africa," *The Economist*, December 16, 2010, p. 85; "Nollywood comes of age," *Financial Times*, October 1, 2010; "On Web, storeroom crooner from Tajikistan is a star," *New York Times*, September 12, 2009; "Bollywood and Hollywood," *The Economist*, June 21, 2008; "India's film industry," *The Economist*, February 9, 2008; "Nollywood dreams," *The Economist*, July 27, 2006; "Hollywood caters to a ravenous global appetite," Washington Post, May 27, 2006, p. A1; "How Hollywood makes the world take notice," *Wall Street Journal*, November 15, 2002, p. W7; "Studios bank on burgeoning overseas box office," *USA Today*, December 13, 2000, p. 6D.
2. "The overseas Chinese: A driving force," *The Economist*, July 18, 1992, pp. 21 – 24.
3. Nancy Adler, *International Dimensions of Organizational Behavior*, 3rd ed. (Cincinnati: South-Western College

Publishing, 1997), 15 – 16.

4. "Show of raw capitalism fails to fire Japan's bosses," *Financial Times*, April 19, 2006, p. 6.
5. Vern Terpstra and Kenneth David, *The Cultural Environment of International Business* (Cincinnati: South-Western College Publishing, 1985), 20.
6. John R. Schermerhorn, Jr., "Language effects in cross-cultural management research: An empirical study and a word of caution," *Proceedings of the Academy of Management*, 1987, p. 103.
7. John C. Condon and Fathi Yousef, *An Introduction to Intercultural Communication*(New York: Bobbs-Merrill, 1975), 174; Jon P. Alston, *The American Samurai:Blending American and Japanese Business Practices*(New York: Walter de Gruyter, 1986), 325.
8. Adler, *International Dimensions of Organizational Behavior*, 16.
9. "Going global," *Wall Street Journal*, October 16, 1992, p. R20.
10. "Spanish firms discover Latin American business as new world of profit," *Wall Street Journal*, May 23, 1996, p. A1.
11. "Plain English gets harder in global era," *Wall Street Journal*, November 5, 2007, p. B1.
12. "French not the lingua franca in the boardroom," *Financial Times*, March 25 – 26, 2006, p. 1.
13. "Plain English gets harder in global era," *Wall Street Journal*, November 5, 2007, p. B1.
14. "Some firms resume manufacturing in U.S. after foreign fiascoes," *Wall Street Journal*, October 14, 1986, p. 1, 27.
15. Terpstra and David, *The Cultural Environment of International Business*, 37.
16. "A word in your ear: keep it slow and simple," *Financial Times*, August 25, 2008(online).
17. "How to tell when yes really means no," *Wall Street Journal*, October 31, 2007(online).
18. Henry W. Lane and Joseph J. Distefano, *International Management Behavior*(Boston: PWS-Kent Publishing, 1992), 214.
19. Lane and Distefano, *International Management Behavior*, 3.
20. "Touchy subject: Doing business where hugs replace handshakes," *Wall Street Journal*, December 19, 2007 (online).
21. Gary P. Ferraro, *The Cultural Dimension of International Business*(Upper Saddle River, NJ: Prentice Hall, 1990), p. 82.
22. Ferraro, *The Cultural Dimension of International Business*, 76.
23. Jon P. Alston, "Wa, Guanxi, and Inhwa: Managerial principles in Japan, China, and Korea," *Business Horizons*, March – April 1989, pp. 26 – 31.
24. "Inside a 'power lunch'," *Wall Street Journal*, January 7, 2008(online).
25. "The world's religious make-up," *The Economist*, December 22, 2012, p. 102.
26. "A village in a million," *The Economist*, December 18, 2010, pp. 59ff.
27. "Nigeria's mad men," *The Economist*, April 28, 2011 (online).
28. "Nike tries to quell two of its disputes," *Houston Chronicle*, June 25, 1997, p. 5C.
29. Ferraro, *The Cultural Dimension of International Business*, 99.
30. Gavin Kennedy, *Doing Business Abroad*(New York: Simon & Schuster, 1985), 97 – 98.
31. "Miyazawa, making waves, seeks to cut the clout of Tokyo University's alumni," *Wall Street Journal*,
March 5, 1992, p. A12.
32. "India's languishing countryside," *The Economist*, December 18, 2010, pp. 59ff.
33. "The caste buster," *New York Times*, December 30, 2010 (online); "Caste away," *Wall Street Journal*, June 23, 2007, p. A1.
34. Edward T. Hall, *Beyond Culture*(Garden City, NY: Anchor Press, 1976).
35. Edward T. Hall and Mildred Reed Hall, *Understanding Cultural Differences*(Yarmouth, ME: Intercultural Press, 1990), 72 – 73.
36. Edward T. Hall and Mildred Reed Hall, *Hidden Differences*(Garden City, NY: Doubleday, 1987), 9 – 10.
37. Bruce Kogut and Harbir Singh, "The effect of national culture on the choice of entry mode," *Journal of International Business Studies*, Fall 1988, pp. 411 – 432.
38. Vas Tara, Piers Steel, and Bradley Kirkman, "Improving national culture indices using a longitudinal metaanalysis of Hofstede's dimensions," Journal of World Business, vol. 47(2012), pp. 329 – 421; Amir Shoham and Ilan Alon, "Changing cultural clusters: A research note," *International Journal of Business and Globalisation*, vol. 5, no. 3, pp. 328 – 342(2010); Geert Hofstede, *Culture's Consequences: International Differences in Work Related Values*(Beverly Hills: Sage, 1980).
39. We have taken the liberty of changing some of the labels Hofstede applied to each of the dimensions. The terms we have chosen are more descriptive, simpler, and more self-evident in their meaning.
40. Ferraro, *The Cultural Dimension of International Business*, 157.
41. Adler, *International Dimensions of Organizational Behavior*, 45 – 46; Andre Laurent, "The cultural diversity of Western conceptions of management," *International Studies of Management and Organization*, vol. XIII, no. 1 – 2(Spring – Summer 1983), pp. 75 – 96.

42. Ferraro, *The Cultural Dimension of International Business*, 162.
43. "Korean Air bucks tradition to fix problems," *Wall Street Journal*, January 9, 2006, p. B1; "Crash near London points to Korean Air poor safety record," *Financial Times*, December 24, 1999, p. 2; "Pilot error is cited in Korea Air crash; FAA is criticized on foreign oversight," *Wall Street Journal*, November 3, 1999, p. A6; "Korean Air confronts dismal safety record rooted in its culture," *Wall Street Journal*, July 7, 1999, p. A1; "Korean Air to hire more foreign pilots," *Wall Street Journal*, April 15, 1999, p. A14.
44. Chuck C.Y. Kwok and Solomon Tadesse, "National culture and financial systems," *Journal of International Business Studies*, vol. 37(2006), pp. 227 – 247.
45. "Behind the rush to add women to Norway's boards," *Wall Street Journal*, December 10, 2007, p. B1.
46. "In Sweden, men can have it all," *New York Times*, June 9, 2010 (online). See also the Swedish government's discussion of its gender equality policies at http://www.sweden.se/eng/home/society/equality/facts/ gender-equality-in-sweden/.
47. B. Bass and L. Eldridge, "Accelerated managers' objectives in twelve countries," *Industrial Relations*, vol. 12 (1973), pp. 158 – 171.
48. Susan C. Schneider, "National versus corporate culture: Implications for human resource management," *Human Resource Management*, vol. 27, no. 2 (Summer 1988), pp. 231 – 246.
49. Kathleen K. Reardon, "It's the thought that counts," *Harvard Business Review*(September – October 1984), pp. 136 – 141.

CHAPTER 5
국제경영의 윤리 및 사회적 책임
Ethics and Social Responsibility in International Business

Photoshot Holdings Ltd.

학습목표

1. 윤리의 본질에 대해 서술한다.
2. 다문화 및 국제적 맥락에서 윤리에 대해 논한다.
3. 윤리적 행동 관리에 대한 핵심 요소들을 규명한다.
4. 다문화 및 국제적 맥락에서 사회적 책임에 대해 논한다.
5. 사회적 책임의 기본적 분야를 규명한다.
6. 기업이 어떻게 사회적 책임을 관리하는지 논한다.
7. 국제적 차원의 윤리 및 사회적 책임에 대한 주요 규정을 파악하고 요약한다.

폭스콘(FOXCONN): 종업원 150만 명을 관리하다

폭스콘 테크놀로지 그룹은 대중에게 있어 낯선 이름일 것이다. 나아가, 이 그룹이 대만의 혼하이(Hon Hai Percision Industry)의 계열사라는 사실을 아는 대중은 또한 더욱 더 드물 것이다. 혼하이는 세계적으로 가장 큰 규모의 전자제품 OEM 생산 공급업체로, 1090억 달러의 매출을 2012년 기준으로 달성하였다. 전문 주문 생산 공급업체로서, 혼하이는 타 기업들의 주문요청에 따라, 제품을 조립 및 생산을 하고 있다. 혼하이의 고객 중, Apple이 가장 크고 의미 있는 고객이지만, 글로벌 전자업계 중 선두 그룹에서 활동을 하고 있는 알려진 브랜드들이 거의 다 포함된다; 쏘니, 토시바, HP, Dell, 시스코 등. 폭스콘은 인디아, 멕시코, 브라질, 체코 공화국, 헝가리, 슬로바키아에 조립 생산시설이 있으며, 무엇보다도 150만 명의 종업원 중 대부분을 차지하고 있는, 가장 중요한 중국을 포함하고 있다. 중국에서의 폭스콘의 규모는 어마어마하다. 그 예로, Shenzhen에 있는 폭스콘의 Longhua 캠퍼스만 본다면 알 수 있는데, 2.5평방킬로미터로 240,000 종업원이 있다고 한다. 그러나 8장 closing case에서 설명하듯이, 중국의 해안도시에서는 노동에 대한 임금이 점점 수직상승으로 높아지고 있어, 폭스콘은 내륙의 지역들로(Zhengzhou와 Chengdu) 새 시설들을 확장하고 있다.

중국과 전 세계의 경제에 너무도 심각하게 영향을 미치고 있는 폭스콘은, 많은 분석가들로부터 미래의 경제 시장의 트랜드와 상황을 파악할 수 있는 주요 매개체로 인식되고 있다. 그러기에 혼하이의 재무제표는 앞으로의 시장전망에 대한 업계 분석의 주요 지표가 되곤 한다. 예를 들어, 2013년에 구정 이후, 폭스콘은 이직률도 낮고 해서 신입사원 채용을 동결하기로 했다. 그러자 분석가들은 이러한 혼하이의 결정은 혹시 중국의 성장이 둔화되고 있는 것은 아닌지, 아니면, iPhone 5의 판매가 생각보다 저조한 것인지 등 많은 추측이 있었다. 일자리 창출이 저조한 시장에서는 이직률이 낮기에 말이다.

종업원들은 한 방에 8명이 같이 공유하는 기업 제공 기숙사에서 거주하며, 기업이 또한 제공하는 카페테리아에서 식사를 한다. 뿐만 아니라, 혼하이는 규모가 큰 자신들의 공장에서는 "learning center"를 통해 기술의 업그레이드와 검정고시를 통한 고등학교 또는 대학 졸업 자격증을 취득할 수 있도록 도와주고 있다. 그 결과, 전체 종업원 중 10% 정도가 이러한 혜택을 활발하게 활용하고 있다고 한다.

폭스콘은 종업원들이 일하는 공장의 환경 때문에 많은 질타를 외부로부터 받곤 했다. 평균 노동시간은 매주 60시간으로 매우 길고 힘든 상황이었다. 그리고 2009년에는 마치 하나의 돌림병처럼 번지며 자주 발생하게 된 자살은, 공장시설들 밖에 단순하게 안정망을 설치해서 극복하려 했다고 해서, 다시 한번 사회로부터 날카로운 비난의 대상이 되기도 했다. 그러자 폭스콘은 단기적인 것이 아닌 장기적인 접근 방법으로 지혜롭게 부정적인 이미지와 이슈들을 해결해 나갔다. 폭스콘은 전반적으로 기본적인 임금을 높이고, 안전시설 및 준수사항들을 탄탄히 하며, overtime을 제한하고 Fair Labor Association으로부터 공식적이고 투명한 감사를 추진했다. 2012년 3월, 혼하이는 받은 감사의 결과에 따라, 종업원들에 대한 건강, 안전, 그리고 overtime 규정 등에 대한 모든 사항들을 개선해 나가기로 약속했다. 아직도 가끔 혼하이에 대한 불만과 비난이 존재하기는 하나, 그래도 오늘날 중국에서 존재하고 있는 전자업체중, 종업원으로서 일하기에 가장 이상적인 기업이라고 여겨지고 있다.

아이러니하게도 이러한 긍정적 변화에 대해 불만을 가지고 있는 종업원들도 많다. 종업원들로부터 가장 불만을 자아내고 있는 부분은 혼하이가 받아들이기로 한 중국의 overtime 관련 평균 노동시간에 대한 규제이다. 아무도 지키지 않으나, 법에 의하면, 중국에서 overtime은 일주일간 9시간을 넘어서는 안 된다는 것이다. 서양의 매체들과의 인터뷰에 의하면, 폭스콘의 종업원들은 이러한 법규가 자신들의 노동의 기회를 가로막고 있다는 것이다. 즉, 돈을 더 벌 수 있는 기회인 overtime을, 더 할 수 있다면 더 하고 싶다는 것이다. 그 배경을 살펴보면, 많은 종업원들이 돈을 벌기 위해 시골에서 해안도시로 왔다는 것이다. 그러므로 폭스콘과 같은 바른 도덕적 접근은 자신들의 목표 달성에 도움이 안 된다는 것이다. 그 결과, 폭스콘보다 덜 양심적이고 윤리적 책임에 예민하지 못한 인근 기업에게로 이직을 하는 상황들이 자주 일어난다고 한다. 애플과 다른 고객사들이 폭스콘제품에 대해 더 높은 가격을 지불할 의향이 없다면, 윤리적인 기업으로 재도약하기 위해 폭스콘은 연간 14억 달러의 노동비용을 추가적으로 부담할 수밖에 없다.[1] ■

세계화는 기업, 종업원 및 기업가에게 새로운 시장의 발굴, 제품의 확장 및 제조 원가의 절감 등 무수히 많은 기회를 제공한다. 더불어 새로운 제품의 등장과 새로운 방식의 비즈니스는 세계 극빈층의 삶을 향상시킬 수 있다. 그러나 세계화는 기업 자신들이 활동하는 시장 및 국가에서 적합한 윤리적 표준 및 사회적 책임 운영에 대한 적합한 정의를 내려야 하는 새로운 도전과제를 제시한다.

기업에게 있어 중요한 사안 중 하나는 종업원들에게 안전한 근무 환경을 제공함과 동시에 자연환경을 성실히 보호하는 것이다. 또 다른 중요한 사안은 글로벌화로 인해 발생되는 비용에 대한 압력에 적절히 대처하는 것이다. 낮은 노동비를 활용하기 위해 기업들은 생산설비나 고도의 기술력이 요하지 않는 산업들을 자국에서 생산비가 낮은 국가로 이전을 해왔다. 그러나 이러한 관행은 가끔 불공정성을 유발시키거나 심지어 인권 침해와 관련된 근본적 문제를 발생시키기도 했다. 예를 들어, 과일 주스 유통업체인 미닛메이드(Minute Maid), 트로피카나(Tropicana) 및 네슬레(Nestle) 등은 수년 동안 남미의 공급업체들로부터 과일 주스를 구매했다. 그러나 위 공급업체들은 아동 노동력에 과도하게 의존했다. 9세 정도의 아동들은 빈곤에 처한 부모들에 의해 퇴학을 당하고 오렌지 수확 농장에 보내졌는데 부모들은 자신들의 행동에 문제가 있음을 인지하지 못했다. 이와 유사한 문제는 네슬레, 카질(Cargill) 및 아처다니엘 미드랜드(Archer Daniels Midland)에서도 제기가 되었

HALEY/SIPA/Newscom

프랑스 최대 식품재벌인 다농(Danone SA)은 샥티도이(Shoktidoi) 요거트 생산을 위해 방글라데시 그라민 은행과 협력했는데 이는 영양실조와 시골 빈곤문제를 다루기 위한 수단이었다. 이 강화 요거트는 아동들이 하루에 필요한 영양의 30%를 제공한다. 다농은 현지 주민들을 유통업자로 채용했는데 이는 그들에게 새로운 고용기회를 제공했다.

다. 이들 기업은 서부 아프리카 농장에서 280,000명의 아동이 생산하는 코코아를 구매했는데 혹자는 그 아동들은 노예보다도 못한 취급을 당한다고 주장했다.[2]

그러나 위와 같은 사안은 보기에 따라 다르게 해석될 수 있다. 예를 들어, 선진국의 많은 사람들은 안전하지 않은 근로조건과 아동 노동력에 의존해 해외에서 위탁 생산하는 방식이 비윤리적이라는 것에 동의할 것이다. 반면 현지국에 있는 노동자들은 마치 자신들이 보기에 안 좋은 외부인들처럼 비춰지는 것에 대해 항변할 것이다. 왜냐하면 그러한 일들은 다른 직업들보다 더 낫다고 생각하기 때문이다.

이 장에서는 위에 설명한 사안에 대해 국제경영 시각으로 탐구한다. 첫째, 국제경영에 있어 윤리와 사회적 책임의 본질에 대해 살펴본다. 둘째, 다문화 및 국제적 시각에서 윤리 문제에 대해 설명한다. 셋째, 기업들이 윤리적 행동을 어떻게 관리하는지에 대해 살펴본다. 넷째, 다문화 및 국제적 관점에서 사회적 책임에 대해서 살펴보고 기업들이 이를 어떻게 관리하는지 살펴본다. 마지막으로 국제적 관점에서 윤리와 사회적 책임을 규제하는 주요 법률들을 살펴본다.

5.1 국제경영의 윤리 및 사회적 책임의 본질

비즈니스가 존재하는 근본적인 이유는 그것의 소유자를 위한 가치(일반적으로 이익의 형태) 창출이다. 더불어 대부분의 사람들은 자신 혹은 자신의 가족들을 부양하기 위해 일을 한다. 결과적으로, 비즈니스에 있어 회사나 개인을 대표해 내려진 결정의 주요 목표는 수익을 증가시키고(회사나 혹은 개인을 위해) 반면 비용을 축소(다시, 회사나 개인을 위해)하는 것이다. 대부분의 경우 비즈니스맨들은 그들 자신의 활동과 조직의 활동을 위해 결정을 내리는데 이러한 결정들은 사회적으로 수용이 가능하다. 그러나 그들의 결정은 가끔 남들이 보기에 수용 범위에서 많이 벗어나기도 한다.

최근 들어 회사를 대신한 행동들 중 사회적으로 수용하기 어려운 사건들이 증가한다. 이러한 증가가 사실인지 아니면 오해인지에 상관없이 문서에 의해 충분히 입증된 엔론(Enron), 월드콤(WorldCom), 타이코(Tyco) 및 아더 앤더슨(Arthur Andersen) 사건의 경우 확실히 세계 도처에 있는 많은 경영자, 투자자 및 규제기관의 관심을 끌기에 충분했다. 이는 미국 회사만의 문제가 아니다. 사티암 컴퓨터 서비스(Satyam Computer Services, 대규모 회계 부정 사건에 연루된 인도의 컴퓨터 서비스 회사), 로열어홀드(Royal Ahold NV, 회계 불법을 저지른 네덜란드의 식료품 체인), 네슬레(개발도상국에서 영아용 조제분유 마케팅을 규제하는 WHO 규칙을 위반해 고발된 스위스 회사) 등과 같은 회사 역시 이미지와는 달리 그들의 부적절한 행동 때문에 사회적 주목을 끌었다.[3] 이에 비즈니스 세계가 점점 더 국제화되어가고 있기 때문에 윤리 및 사회적 책임 또한 점점 중요해지고 있다.

우리는 **윤리**를 의사결정, 행위 및 행동에 대해 그것들이 옳은지 나쁜지에 대한 개인의 신념이라고 정의한다.[4] 그렇기 때문에 윤리적 행동을 구성하는 요소는 사람들마다 다양하다. 예를 들어, 어떤 사람은 빈 방에서 20유로의 지폐를 발견하면 그것을 자신이 가져도 괜찮다고 단순하게 생각할 수 있다. 반면 다른 사람은 이 돈을 유실물센터에 돌려줘야 한다고 생각할 수도 있고, 또 다른 사람은 이 돈을 자선단체에 기부해야 한다고 생각할 수도 있다. 비록 윤리가 한 개인의 신념에 의해 정의된다 할지라도 **윤리적 행동**은 일반적으로 사회규범에 부합하는 행동을 의미한다. 반면 **비윤리적 행동**은 일반적으로 사회규범에 부합되지 않는 행동을 말한다.

개인의 윤리는 다양한 요소의 조합에 의해 결정된다. 인간은 아동기부터 자신의 부모 혹은 다른 어른들의 행동을 인식하고 이에 반응하면서 윤리 체계를 형성하기 시작한다. 어린이가 성장하고 학교에 입학하면 교실과 운동장 등에서 상호작용하는 또래 친구들에 의해 영향을 받는다. 이 어린이들에게 매일 도덕적 선택을 강요하는 일들—숙제 복사를 요청하는 친구, 목격자가 자기 혼자뿐인 상황에서 주차되어 있는 차를 훼손한 아빠 혹은 슈퍼마켓 계산원으로부터 거스름돈을 더 많이 받은 엄마의 행동—은 어린이들이 어른으로 성장하는 과정에서 윤리적 신념과 행동을 형성하는 중요한 요소가 된다. 마찬가지로 종교적 교육 또한 인간의 윤리 형성에 기여한다. 예를 들어, 일부 종교는 그들의 신념에 따라 사람들의 행동과 규범을 엄격하게 규제하지만 반면 다른 종교들은 유연성을 추구하기도 한다. 개인의 가치 또한 윤리규범 형성에 영향을 미친다. 예를 들어, 금전적 소득과 개인의 발전을 인생에 있어 최우선 목표로 생각하는 사람들은 부의 추구를 자신의 윤리규범으로 생각할 것이다. 이에 이들은 다른 사람들이 손해를 보든 말든 상관없이 자신의 노력에 대한 보상을 받기 위해 무자비한 행동을 할 수도 있다. 대조적으로 인생에 있어 가족과 친구를 최우선적으로 생각하는 사람들은 위의 사람들과는 전혀 다른 윤리규범을 가질 것이다.

사회는 통상적으로 그들 구성원들의 윤리적 기준(사회적 규범)을 반영한 공식적 법률을 채택한다. 예를 들어, 대부분의 사람들은 절도를 비윤리적 행동이라고 생각하기 때문에 대부분의 국가에서 그러한 행동을 비윤리적 행동으로 규정하는 법률을 제정하며, 절도를 저지른 사람들을 처벌한다. 하지만 법이 아무리 명확성을 추구한다 할지라도 법의 적용과 해석은 결국 윤리적 모호성으로 이어진다. 예를 들어, 대부분의 사람은 특별한 추가 보상도 없이 직원에게 과도한 근무를 강요하는 것은 비윤리적인 행동이라고 생각할 것이다. 이에 일부 국가들은 노동과 보수 기준을 규정하는 법률을 제정해 통과시킨다. 하지만 이러한 법률을 특정 조직에 적용시키는 것은 다른 방식으로 해석될 모호한 상황에 직면할 수 있다. 예를 들어, 일본의 경우 관습에 의해 신입사원은 선배사원이 모두 퇴근할 때까지 퇴근을 거의 하지 않는다. 반면 미국에서는 사장이 사무실에 마지막까지 남아 있는 경우도 있는데, 이는 어떤 행동을 하게 함에 있어 단순한 법의 존재보다 더욱더 강력한 힘을 발휘한다.

- 각 개인은 윤리적 및 비윤리적 행동을 어떻게 여기느냐에 대한 자신만의 신념을 가지고 있다. 예를 들어, 대부분의 사람은 간단한 행동들(물건 훔치기 또는 주운 물건 돌려주기)만으로도 그것이 윤리적 행동인지 아니면 비윤리적 행동인지 쉽게 설명할 수 있다.
- 같은 문화권에 있는 사람들은 윤리적 및 비윤리적 행동을 어떻게 여기느냐에 대한 유사한 신념—그러나 반드시 같지는 않은—을 가지고 있을 것이다. 예를 들어, 브라질의 중산층들은 직원이 그의 고용주의 재산을 훔치는 행동이 윤리적인지 아니면 비윤리적인지에 대해 서로 유사한 신념을 가지고 있을 것이다.
- 개인은 아마도 상황에 따라 자신의 행동을 합리화할 것이다. 예를 들어, 누가 20유로

지폐를 잃어버렸는지 아는 상태에서 그 지폐를 주운 사람은 즉시 주인에게 지폐를 돌려줄 것이다. 그러나 만약 그 지폐를 빈 방에서 발견했다면 지폐를 주운 사람은 돈의 주인이 지폐를 찾지 않을 것이라고 생각해 자신이 가져도 된다고 자신의 행동을 합리화할 것이다.

- 개인은 상황에 따라 자신의 신념체계에서 일탈할 수 있다. 예를 들어, 일반적인 상황에서 대부분의 사람은 물건을 훔치는 것은 비윤리적 행동이라 생각해 절도를 하지 않는다. 하지만 돈도 음식도 없는 상황에서는 생존을 위한 수단으로 음식을 훔칠 수도 있다.
- 윤리적 가치는 국가 문화 및 관습에 의해 많은 영향을 받는다. 가치란 인간이 중요하다고 느끼는 그 무엇들을 말한다. 4장에서 살펴본 바와 같이 가치는 시간, 나이, 교육 및 지위 등에 초점을 맞춘다. 문화는 그 문화 구성원들의 가치체계에 직접적인 영향을 준다. 결국 가치는 개인이 윤리적 행동과 비윤리적인 행동을 어떻게 정의하는지에 영향을 준다. 예를 들어, 일본에서 개인의 지위는 종종 그 자신이 속해 있는 그룹 구성원의 지위를 바탕으로 평가되기도 한다. 그 결과 자신이 속해 있는 그룹을 돕는 행동이 더 윤리적인 행동으로 간주되며 반면 그룹에게 피해를 주는 행동은 비도덕적인 행동으로 간주될 수 있다. 예를 들어, 2005년 미국에서 발생한 허리케인 카트리나 때문에 뉴올리언즈에서는 대혼란이 있었고 이 당시 사람들은 약탈에 대해 묵인하는 입장이었다. 그 이유는 개인의 생존권이 재산권을 대체할 수 있다고 믿었기 때문이다. 그러나 2011년 일본의 쓰나미 상황에서는 미국보다 훨씬 더 적은 수의 약탈이 있었다.

특정 문화권의 구성원들은 어떤 행동에 대해 그것이 비윤리적이라고 생각하는 반면 다른 문화권의 구성원들은 똑같은 행동을 보고 그것이 완전히 윤리적 행동이라 생각할 수 있다. 예를 들어, 미국에서 세관 직원이 한 사업가에게 수입물품의 통관을 위해 100달러를 봉투에 넣어 자신에게 전달하라고 요청할 경우 사업가는 세관 직원을 경찰에 신고할 것이다. 반면 그 사업가가 케냐 사람이거나 혹은 인도네시아 사람일 경우 세관 직원의 요청이 없어도 먼저 100달러를 봉투에 넣어 전달했을 것이다. 자국의 윤리적 기준과 현지국의 윤리적 기준이 다를 때 이러한 차이는 국제 비즈니스를 수행하는 실무자들에게 윤리적 딜레마를 안겨 줄 수 있다. 그럼에도 불구하고 윤리는 한 조직이 아닌 개인의 신념이라는 점을 강조한다.

In Practice

- 윤리는 옳고 그름에 대한 개인의 믿음이라고 정의한다.
- 한 국가의 관습과 문화가 윤리관 형성에 영향을 준다.

추가 고려 사항: 20달러를 빈 교실 바닥에서 주었다면, 어떻게 할 것인지 2~3명의 교우들과 의논하라. 그에 따른 옳은 행동이 무엇인지 모두 동의했는가? 자신의 의견이 교우들과 의논 후 달라졌는가?

5.2 다문화 및 국제적 맥락에서의 윤리

국제적 혹은 다문화적 맥락에서 윤리적 행동을 특징화시키는 유용한 방법은 세 가지가 있다. 첫째, 조직이 직원들을 어떻게 대하는지, 둘째, 직원들이 조직을 어떻게 대하는지, 마지막으로 조직과 직원들이 기타 경제 행위자들을 어떻게 대하는지이다. [그림 5.1]은 이러한 관계를 잘 묘사한다.

조직의 종업원 대하기

다문화 및 국제적 맥락 윤리문제에 있어 중요한 분야 중 하나는 조직이 종업원을 어떻게 대하는가이다. 조직은 경력개발을 위한 충분한 기회를 제공하고, 적절한 보상 및 이익을 보장하며, 개인의 인권과 존엄성을 존중하면서 최고의 인력을 고용하기 위해 노력을 할 것이다. 다른 한편으로는 경력개발에 대한 기회를 의도적으로 제한하고, 최소한의 보상만을 제공하며, 개인의 존엄성에 대해 큰 관심을 두지 않으며 차별 및 특혜 등을 이용하여 종업원을 고용할 수도 있다.

실무적으로 볼 때, 윤리문제에 있어 가장 민감한 부분은 고용과 해고, 급여, 근로조건, 종업원의 프라이버시 및 존중이다. 일부 국가에서는 종업원의 고용이나 해고는 오로지 개인의 업무수행능력에 대한 능력으로만 할 수 있도록 윤리적으로는 물론이고 법적으로 가이드라인을 제시하고 있다. 반면, 또 다른 일부 국가에서는 개인의 성별, 민족성, 연령 혹은 업무와 직접적으로 관련이 없는 요소들을 바탕으로 하여 특별 취급을 하는 것을 합법화하고 있다. 브라질 최고 부자들만을 대상으로 하는 상파울루의 최고급 여성의류 가게인 다슬루(Daslu)의 예를 살펴보면, 이 가게는 고객들과 동일한 사회적 지위 범주에 있는 사람들만 판매직원으로 고용한다. 판매직원들을 보조하기 위한 소위 *아벤탈진호스*(*aventalzinhos*) 혹은 "작은 앞치마"로 불리는 보조원도 일부 고용한다. 아벤탈진호스들은 통상 적은

그림 5.1
다문화 맥락에서의 윤리

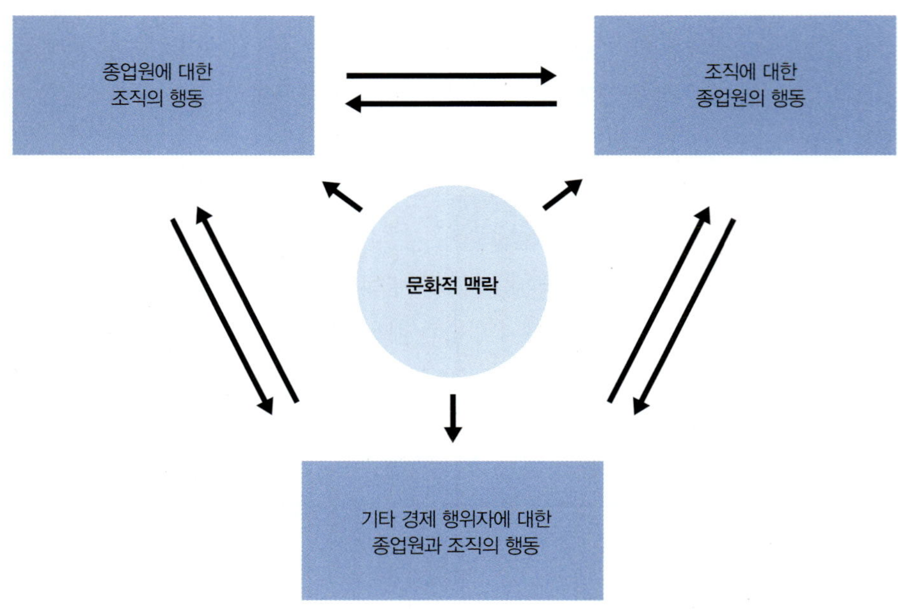

보수를 받으며, 근무시간이 더 길고, 한 가게에서 오랫동안 근무를 하기에 판매직원들보다 제품에 대해 더 많은 지식을 보유하고 있다. 그러나 아벤탈진호스가 판매직원으로 승진하기 어려운데 그 이유는 그들은 하위계층 출신이기 때문이다.[5]

비록 일부 국가에서는 법률로 규제를 하지만 임금 및 근로조건 또한 잠재적 논란거리 중 하나이다. 종업원들이 일자리를 잃어버리는 위험을 감수하고 싶지 않아 하고 더불어 자신들의 업무에 대해 불평을 하지 못한다는 상황을 이용해 그들이 현재 보유하고 있는 가치보다도 더 적은 임금을 주는 경영자는 아마도 비윤리적이라고 여겨질 것이다. 일부 국가에서 조직은 종업원들의 개인 프라이버시를 보호해야 할 의무가 있다고 주장한다. 자신의 종업원이 에이즈에 걸렸다거나 혹은 사내직원과 부적절한 행위가 있다는 유언비어를 퍼트리는 경영자는 개인 프라이버시를 침해했다고 여겨질 것이다. 이와 유사하게, 성희롱과 관련된 사안에 대해 조직의 대처 방법이나 혹은 이를 어떻게 해결하는가도 개인의 프라이버시 혹은 인권문제와 관련이 있다.

국제적 조직의 경영자들은 위와 같은 다양한 도전과제들에 직면해 있다. 경영자들은 자신들의 종업원을 대할 때 해당국가 특유의 윤리적 관점에서 이러한 문제들을 처리해야 함은 물론이고 국제적 비교 관점으로도 접근을 해야 한다. 해외 외주생산과정에서 발생되는 수많은 윤리적 문제에 대해 생각해 보면, 기업들은 생산비 절감을 위해 생산시설을 해외로 이전해야 할 의무가 있다고 주장할 것이다. 이에 반해, 일부는 회사를 위해 많은 헌신을 한 근로자들의 가치를 평가절하시키며 더불어 해직된 근로자들의 고통을 무시하는 비윤리적 행위라 비난할 것이다. 예를 들면, 일본기업들의 매우 공격적인 해외 외주생산정책은 근로자의 강제해고 문제를 야기시켰는데 이는 평생고용계약에 저촉되는 것이었다. 해외로 생산공장을 이전하거나 외주를 준다고 해서 경영자가 직면한 윤리적 문제가 끝나는 것이 아니다. 다국적기업들은 그들의 공급업체들이 근로자들을 공정하게 대하고, 안전한 근로환경을 제공할 수 있도록 책임을 다해야 한다. 예로, 2013년에 방글라데시에서 발생한 옷감 공장의 붕괴로 수백 명의 생명을 앗아가는 불상사가 있었다. 이 방글라데시 공급업체의 사고 이후, 월마트, Gap, H&M, Tesco 및 미국과 유럽의 의류 유통업계는 방글라데시의 공급업체들에게 안전한 업무환경을 개선하는 데 책임을 다하기로 하는 5개년 계획 프로그램을 추진하고 있다.[6]

종업원의 조직 대하기

무수히 많은 윤리적 문제는 종업원이 조직을 어떻게 대하는가와도 연관이 있는데 여기에서 주요 사안은 이해의 상충, 비밀준수 및 정직함 등이 될 수 있다. 이해상충의 중요성에 대한 윤리적 인식은 문화에 따라 매우 다양하다. 공급자가 거래처의 직원에게 선물을 제안하는 간단한 예를 살펴보기로 하자. 일부 기업들은 그러한 선물은 이해의 상충을 발생시킨다고 믿는다. 기업은 자신의 종업원들이 최고의 제품을 공급하는 공급자가 아닌 최고의 선물을 제공하는 공급자에게 혜택을 줄 수 있다는 점에 대해 우려를 표한다. 이러한 위험을 방지하기 위해 많은 기업들은 거래처로부터 선물을 받는 행위를 정책적으로 금지하고 있다. *뉴욕 타임즈*(*New York Times*)와 같은 미국의 신문사 혹은 방송 매체는 자신들의 저널

리즘적 판단과 진실성에 누가 될까봐 외부로부터의 무료식사 요청까지도 거절하고 있다. 반면, 일부 국가의 기업에서는 종업원들이 거래처 고객들과 선물을 교환하는 행위를 수용하기도 한다. 일본의 경우를 예로 들면, 선물교환 기간인 *오츄겐*(*ochugen*) 및 *오세이보*(*oseibo*)에는 선물 교환이 일상적으로 받아들여진다. 7월에 있는 오츄겐의 경우 현대에는 여름에 행운이 있기를 바라는 문화로 발전을 했지만, 원래는 조상들에 대한 존경을 표시하기 위한 것이었다. 12월에 있는 오세이보는 한 해 동안 보여준 호의에 대해 감사를 표시하는 선물을 말한다. 일본의 백화점들은 오츄겐 및 오세이보 기간에 비즈니스맨들이 선물을 교환할 수 있도록 다양한 가격대의 선물들을 비치하고 있는데 이 선물들은 전통적인 문화적 규범에 따라 선물의 수준 및 적정성 등이 잘 분류되어 있다. 선물의 범위와 수준은 지금까지의 거래관계, 거래기간 및 거래금액 등에 달려 있다.

이해의 상충문제에 있어 중국의 경우를 살펴보면, 상당수 비즈니스는 상호 간 인맥 혹은 호의를 바탕으로 하는 *관시*(*guanxi*)에 의해 이루어진다. 관시 때문에 중국에서 운영 중인 미국이나 유럽의 기업들은 중국의 상관습 혹은 문화에 적응하는 데 많은 어려움을 겪고 있다. 통상적으로 고배경, 집단주의 및 권력지향적 문화권에서는 저배경, 개인주의 및 권력 관용 문화권에서보다 선물의 교환은 비즈니스를 수행하는 데 있어 중요한 부분 중 하나로 여겨진다.

일부 국가에서는 기업의 비밀을 누설하는 것은 비윤리적인 행위라 여기지만, 반면 일부 국가에서는 그렇지 않다. 예를 들어, 경쟁이 치열한 전자, 소프트웨어 및 패션 회사 등에서 근무하는 종업원들은 회사의 정보나 경영계획을 경쟁회사에 팔고 싶어하는 유혹에 빠질 수도 있다. 미국의 스틸 울(steel wool, 강철 모) 제조업체인 듀라울(Durawool)의 사례를 살펴보도록 하자. 듀라울의 중국 자회사에 근무하는 한 직원이 회사를 이직 후 얼마 되지 않아 다른 경쟁회사가 듀라울의 기술을 사용하는 것을 알고 큰 충격을 받았다.[7] 미국의 모토로라 및 SI 그룹 역시 위와 비슷한 행위를 한 전직 중국 관리자와 현재 법정 투쟁을 하고 있는 실정이다.[8]

윤리적 문제에 있어 또 다른 분야는 정직함 혹은 진정성이다. 이와 관련된 사안을 예로 들면, 회사 전화를 사적으로 사용하기, 사무용품 훔치기, 경비 부풀리기 등이다. 일부 문화권에서 이러한 행위는 비윤리적으로 여겨지는 반면, 다른 일부 문화권에 있는 종업원들은 "만약 내가 이 회사에서 근무를 한다면 회사는 나의 욕구를 소중히 여겨줄 의무가 있다"라고 생각할 수도 있다. 윤리적 문제에 있어 잠재적 갈등은 위와 같이 일탈적인 윤리적 사고를 가진 사람과 같이 일을 할 때 명백하게 나타난다.

종업원과 조직의 기타 경제행위자 대하기

윤리문제를 어떻게 보느냐에 대한 세 번째 측면은 조직 및 그 조직에 속한 종업원과 기타 경제행위자와의 관계이다. 주요 경제행위자에는 고객, 경쟁사, 주주, 공급자, 딜러 및 노동조합 등이 포함된다. 조직과 경제행위자 간의 행동은 윤리적 모호함의 대상이 될 수 있는데 이에는 광고 및 촉진, 기업 재무정보공개, 주문 및 구매, 선적, 협상 및 기타 비즈니스 유대관계 등이 포함된다.

예를 들면, 글로벌 제약회사들은 신약 혹은 가장 경쟁력 있는 약품에 대해서는 급격하게 가격을 올리는데 이에 대해 계속적으로 비판이 제기되어 왔다.[9] 그러나 글로벌 제약회사들은 신약개발을 위해 과도한 투자가 필요하기 때문에 이러한 투자비용을 감당하기 위해서 가격인상이 필요하다고 주장한다. 사하라사막 이남의 아프리카에서 유행하는 HIV/에이즈와 같은 공공의 건강문제에 대해서, 일부 운동가들은 제약회사들이 빈국에 사는 환자들이 자신들의 질병에 필요한 약품을 구매할 수 있도록 약값을 내리거나 혹은 특허 보호를 완화해야 한다고 주장한다. 최근에 그 우려가 심해지는 사안 중 하나는 바로 기업의 재무정보공개이다. 일반인의 다국적기업의 재무정보 접근에 대한 내재된 복잡성 때문에 일부 다국적 기업들은 자신들의 재무상황을 매우 긍정적으로 공표한다. 심지어 일부 기업은 더 많은 투자자들을 유인하기 위해 예상수익을 과도하게 과장하는 반면, 자신들의 재정적 문제는 감추려고 한다.[10]

각 나라마다 다른 상관습은 기업과 기업의 종업원들에게 추가적인 윤리적 복잡성을 유발시킨다. 일부 국가에서는 소규모의 뇌물이나 별도의 지원금은 일반적이고도 비즈니스의 일부분이라고 관행적으로 받아들인다. 이에 해외 기업들은 자국에서 이러한 윤리적 문제가 어떻게 인식되는가에 상관없이 현지국의 관행을 가끔 따르기도 한다. 중국의 경우를 예로 들면, 신문기자들은 만약 기업이 후원하는 회의를 할 때 자신들의 택시요금은 기업이 지불할 것이라고 기대한다. 인도네시아에서는 외국인이 운전면허증을 취득하는 데 통상 1년 이상이 소요되는데 "신속처리(급행료)"를 위해 별도로 100달러가 필요하다. 루마니아의 경우 빌딩 감수자는 보다 유리한 감수를 위해 통상적으로 "팁"을 기대한다.[11]

가끔은 윤리적 사안과 관련된 비즈니스의 계약금액이 결코 만만치 않다. 미국의 한 발전회사는 중동에서 3억2,000만 달러 상당의 계약을 파기했는데 그 이유는 정부관계자가 300만 달러의 뇌물을 요구했기 때문이다. 이에 일본회사가 뇌물을 주고 그 계약을 성사시켰다. 전하는 바에 따르면, 엔론은 인도에서 대규모 프로젝트를 파기했는데 그 이유는 새로 부임한 정부관료가 뇌물을 요구했기 때문이다. 비록 이러한 뇌물이 미국에서는 불법이지만(물론 다른 국가에서도 불법이지만), 그럼에도 불구하고 경영진들은 중요한 계약을 비윤리적인 경쟁자들에게 빼앗기고 싶어 하지 않는다.

In Practice

- 국가의 문화는 일반적이라 여겨지는 비즈니스적 관행들에 대한 견해가 매우 다르다. 예를 들어 "선물"은, 서로의 돈독함과 긍정적 유대 관계의 매개체라 여겨질 수 있으나, 다른 문화권에서는 불법적인 청탁을 위한 "뇌물"로 여겨진다.
- 국제시장에서의 비즈니스를 진행할 때, 이러한 문화적 차이로 오는 오해를 해소하기 위한 정책이 필요하다.

추가 고려 사항: 예를 들어, 어떤 기업이 중요한 부품을 외국의 업체로부터 구입했다면, 구입을 한 기업은 그 부품 공급업체가 어떻게 자신들의 종업원들을 대하는지에 대한 책임까지 생각해야 하는가?

5.3 국제경영에 있어 윤리적 행동의 관리

윤리의식은 개인에게 달려 있다. 그럼에도 불구하고 많은 기업은 자기 회사에 소속된 경영진이나 직원들이 윤리적인 행동을 할 것이라 기대하면서 그들이 윤리적인 행동을 할 수 있도록 관리에 많은 노력을 하고 있다. 더불어 기업들은 어떤 것이 윤리적인 행동이고 어떤 것이 비윤리적인 행동인지에 대한 모호함을 없애기 위해 적절한 절차를 취하고자 한다. 이를 위한 가장 일반적인 방법은 윤리지침, 윤리강령, 윤리훈련, 조직실천 및 조직문화 등을 통해서이다.

윤리지침과 윤리강령

도요타(Toyota), 지멘스(Siemens), 제너럴 밀스(General Mills), 존슨 앤 존슨(Johnson & Johnson) 등과 같은 많은 MNC는 자사의 종업원들이 공급자, 고객, 경쟁자 및 기타 이해당사자들에게 어떻게 대해야 하는지에 대한 상세내용을 담은 윤리지침을 가지고 있다. 필립스(Philips), 닛산(Nissan), 대우(Daewoo), 월풀(Whirlpool) 및 HP와 같은 다른 기업들은 가치 및 윤리기준을 제시한 공식적 서면으로 된 **윤리강령(code of ethics)**을 가지고 있지만, 설사 이러한 윤리강령이 있다 해도 구성원들이 윤리적인 행동을 할 것이라고 반드시 확신하지는 못한다. 이것이 성공하기 위해서는 조직실천 및 조직문화 등이 뒷받침되어야 한다(Venturing Abroad "지멘스의 뇌물" 참조).

MNC가 이러한 중요한 윤리강령을 수립할 때는 자사의 글로벌 및 지역적 구성단위와 전후 사정을 고려하여 적합한 강령을 수립해야 한다. 예를 들면, 만약 특정 MNC가 해외의 어떤 회사를 인수할 경우, MNC는 인수되는 회사에게 자신의 윤리강령을 적용해야 할지 아니면 인수되는 회사의 윤리강령을 그대로 적용해야 할지 결정해야만 한다. 윤리강령이 가치를 가지기 위해서는 명확해야 함과 동시에 복잡하지 않아야 하며, 기업의 환경과 운영에 관련된 윤리적 행동에 대한 주요 내용만을 다루어야 한다. 윤리강령의 중요성을 무시했던 실질적인 예가 Enron에서 있었다. 그것은, 윤리강령에 위배되기는 하나 이익적으로 굉장히 크게 성공할 수 있는 프로젝트의 기회가 Enron에게 찾아온 것이다. Enron의 이사회는 이익을 우선시하기로 하고 프로젝트가 진행되는 동안에는 윤리 강령을 제거하기로 투표한 후, 프로젝트가 마무리된 후에 윤리강령을 복귀시켰다.

윤리훈련

일부 MNC는 사전적 조치 차원에서 종업원들이 윤리적 딜레마에 대해 어떻게 대처해야 하는지를 윤리 교육을 통해 다룬다. 예를 들면, 보잉(Boeing)의 경우 라인 관리자(line manager)가 근로자의 윤리훈련을 책임지며, 회사는 라인 관리자가 이사회에 직접 보고할 수 있는 권한을 부여한다. 윤리훈련과정은 근로자들이 처하게 될 다양한 윤리적 딜레마 및 그 딜레마에 대해 어떻게 대처해야 하는지에 대해 토의를 통해 이루어진다.

MNC는 윤리훈련을 실시할 때 글로벌로 적합한 훈련을 실시해야 할지 아니면 지역적 전후 사정을 고려하여 그 지역적 특성에 맞는 훈련을 실시해야 할지 결정해야 한다. 어떤 방법을 선택하든지 대부분의 MNC는 자사의 해외주재원들이 해외 업무를 원활히 추진할 수 있도록 현지 상황에 맞는 윤리훈련을 실시한다. BP의 경우, 향후 러시아 비즈니스를 위해 영국 런던 본사에서 관리자들에게 러시아어는 물론이고 현지 상관습, 상 관행 및 윤리적 사안에 대해 교육 훈련을 실시한다.

조직관행과 기업문화

조직관행과 조직문화 역시 윤리적 행동 관리에 큰 역할을 한다. 만약 기업의 최고 경영진이 윤리적으로 행동한다면 그 기업에 소속된 모든 종업원은 회사가 그들에게 윤리적 의사결정 그리고 윤리적 행동을 기대한다고 이해할 것이다. 반면, 기업의 최고 경영진이 기업의 윤리 기준에서 예외로 취급되거나 혹은 윤리적 행동을 무시하고 경시한다면, 종업원들조차 비윤리적인 행동이 기업 내에서 허용되고 혹은 잘못이 면제될 것이라고 생각하는 부

VENTURING ABROAD

지멘스의 뇌물

독일 뮌헨에 소재한 증기터빈, 정보통신기기, 의료용 판독기기 제작 및 기타 정교한 기술력을 보유한 지멘스 사건은 수익성 있는 국제계약을 성사시키기 위해 기업들이 뇌물을 지불해야 할지 아니면 하지 말아야 할지에 대해 도덕적으로 곰곰이 생각해 볼 수 있는 기회를 제공한다. 2007년 10월 독일 법원은 뇌물 제공과 관련해 지멘스에 2억1백만 유로(2억8,400만 달러)의 벌금을 부과했다. 독일 법원기록에 따르면, 지멘스 정보통신기기 자회사의 경영진은 리비아, 러시아 및 나이지리아의 정부관료들을 위해 최소한 77건의 개별적 뇌물공여, 금액으로는 총 1천2백만 유로를 저질렀다. 법원은 이 뇌물이 지멘스에게 2억 유로의 "불법적인 경제적 이익"을 유발시켰다고 예측을 했으며 이는 법원이 지멘스에게 벌금 부과액을 책정할 때 근거가 되었다. 같은 해 초기 독일의 다른 법원은 지멘스 발전시설 자회사가 이태리 정부관료에게 제공한 뇌물사건으로 3,800만 유로의 벌금을 부과했다. 독일 검찰의 수사는 아직 끝나지 않았고, 2008년 4월 검찰은 수사를 더 확대하여 형사소송절차를 고려 중이라고 발표했다.

그러나 최악의 사건은 끝나지 않았다. 지멘스는 미 법무부 및 증권거래위원회로부터 해외부패방지법 위반으로 조사를 받았다. 증권거래위원회에 따르면 지멘스는 자신들의 불법을 감추기 위해 아주 정교한 대금지불방식을 만들어 이용했으며, 회사의 부적절한 통제로 인해 불법 행위가 만연하게 되었다고 주장했다. 이러한 위법행위는 전직 경영진을 포함 회사 전반에 만연해 있었고 지멘스의 기업문화는 오랜 시간 동안 해외부패방지법에 상충됨을 알 수 있었다. 증권거래위원회는 지멘스가 베네수엘라, 중국, 이스라엘, 방글라데쉬, 나이지리아, 아르헨티나, 베트남, 러시아, 멕시코 및 이라크 정부 관료들에게 4,238회에 걸쳐 총 14억 달러 상당의 뇌물을 제공한 사실을 알아냈다. 결국 2008년 12월 지멘스는 미 증권거래위원회의 고소에 대한 3억5,000만 달러, 미 법무부의 벌금에 대한 4억5,000만 달러를 해결하기 위해 미국정부에 총 8억 달러를 지불하기로 합의했다. 지멘스는 추가로 5억6,900만 달러의 벌금을 독일 정부에도 지불해야만 했다. 또한, 지멘스는 세계은행에 1억 달러를 지불하기로 합의했고 향후 2년 동안 세계은행에서 주관하는 국제입찰에 참가하지 않기로 약속했다.

이러한 문제를 인식한 지멘스 감사위원회는 외부 전문가 영입을 통해 수차례 최고경영진을 교체했다. 새로운 법률자문위원인 피터 솔센(Peter Solmssen)은 GE의 전직 이사진이었던 지멘스의 새로운 사장 피터 로셔(Peter Loscher)와 함께 지멘스 및 그들이 직면한 도전과제를 인식하게 되었다. 솔센은 "최근 지멘스에서 발생되는 부패는 '체계적이다'. 불법행위를 하는 것이 비즈니스의 한 수단이라고 허용하는 기업문화가 조직 내에 만연해 있었다. 이제 우리는 이것을 바꿔야 한다."라고 주장했다. 많은 조치들 중 피터 솔센과 피터 로셔가 첫 번째로 실행에 옮긴 것은 행동강령 및 이에 대한 준법관리프로그램의 점검이었다. 더불어, 조직문화 탈바꿈을 위한 일환으로 외부로부터의 명성과 신뢰 회복을 위한 과제를 제시했다. 더불어 속임수를 쓰지 않고 회사의 자원을 손상시키지 않으면서 시장에서의 경쟁력 유지도 필요했다. 긴 시간 동안 그들의 비도덕적 행위에 대해 지멘스가 앞으로도 지속적으로 대가를 지불할지에 대해서는 의심의 여지가 없다.

출처: "Siemens settles with World Bank on bribes," *Wall Street Journal*, July 3, 2009; "SEC charges Siemens AG for engaging in worldwide bribery," U.S. Securities and Exchange Commission, Press Release 2008-294 (December 15, 2008); U.S. District Court for the District of Columbia, *U.S. Securities and Exchange Commission v. Siemens Aktiengesellschaft*, Case: 1:08-cv-02167; "Siemens power unit investigated," *Wall Street Journal*, April 15, 2008 (online); "Siemens amnesty plan assists bribery probe," *Wall Street Journal*, March 5, 2008, p. A12(includes Solmssen's quote); "Siemens internal review hits hurdles," *Wall Street Journal*, January 23, 2008, p. A18; "Inside bribery probe of Siemens," *Wall Street Journal*, December 28, 2007, p. A4; "Siemens ruling details bribery across the globe," Wall Street Journal, November 16, 2007, p. A1; "Siemens fine ends a bribery probe," *Wall Street Journal*, October 5, 2007, p. A2; "Siemens probe spotlights murky role of consultants," *Wall Street Journal*, April 20, 2007, p. A1.

정적 환경이 조성될 것이다.

최근의 한 조사는 이러한 조직관행이 각 나라에서 어떻게 이행되는지 잘 보여주고 있다. 이 조사는 해외 비즈니스에 있어 뇌물의 허용에 대한 것이었다. 조사결과에 따르면 러시아, 중국, 대만 및 한국 기업에서는 뇌물이 상대적으로 허용됨을 알 수 있었다. 그러나 호주, 스웨덴, 스위스, 오스트리아, 캐나다, 이태리, 일본 및 미국 기업에서는 뇌물이 허용되지 않았다.[12]

케냐는 뇌물이 거의 삶의 일상인 국가 중 하나이다. 한 연구에 따르면 케냐 공무원이 관여하는 비즈니스의 약 2/3가 뇌물과 연관이 있다고 예측한다.[13] 중국에서는 뇌물과 부패가 상당히 광범위한데 한 연구에 따르면 부패의 규모가 중국 GDP의 13~16%와 맞먹는다고 예측한다.[14] 구소련 연방의 여러 국가에서도 이와 유사한 문제에 직면했었다. 그러나 기업들은 위와 같은 행동에 연루되기 전에 두 번 혹은 그 이상 생각해봐야 한다. 뇌물 공여자로 인식된 회사는 다른 회사에 의해서도 뇌물 제공을 요구받지만, 그렇지 않은 회사는 요구받지 않는다. 이에 한 전문가는 아래와 같이 주장한다.

> 가능성이 있고 성공할 수 있는 회사는 "아니오"라고 말할 수 있다……. 미국의 모토로라는 남미의 정부 관료가 요구한 뇌물을 거절했을 뿐만 아니라 그 나라의 정권이 바뀔 때까지 아예 비즈니스를 수행하지 않겠다고 했다. 뇌물요구에 대해 거절하기 위해서는 그러한 요구를 거절할 수 있는 기업문화가 뒷받침되어야 한다. 이렇게 하기 위해 가장 효과적인 수단은 관리자, 종업원, 자회사 및 잠재적 파트너를 위한 복잡하지 않고 쉽고 간단한 기업헌장/기업강령(corporate code)의 제정이다. 최소한, 이 기업헌장은 그 기업을 지배하고 외부로부터의 뇌물을 금지하는 법규를 명시해야 한다. 더불어 이 헌장은 뇌물과 관련된 사안에 대해 어떻게 의사결정을 하는지 그 과정을 명시해야 하며, 만약 종업원이 뇌물을 거절했을 경우 기업은 종업원을 지지한다는 확약을 해야 한다.
>
> 기업문화가 뒷받침되어 이러한 강령을 구축하면 그것은 결국 기업에게 경쟁우위를 가져다준다. 세계에서 선도적인 석유 회사인 텍사코(Texaco, 지금은 쉐브론에 인수됨) 경우 뇌물요구에 결코 응하지 않은 회사로서의 명성을 얻었다.[15]

In Practice

- 다국적 기업들은 자신들만의 윤리관을 바탕으로 한 행동강령을 가지고 있고, 또 그에 따른 주기적인 훈련이 있어, 국제시장에서 종업원들이 활동하는 데 불필요한 실수가 없도록 준비시킨다.
- 윤리적으로 건강한 기업문화를 구축하기 위해, 기업의 임원들은 기업의 윤리관에 대한 강력한 이해와 추진을 말과 행동으로 지켜나가야 한다.

추가 고려 사항: 기업을 위해 뇌물을 권할 마음이 있는가? 만약에 그렇다면, 어떠한 조건으로? 아니라면, 왜 안 하겠는가?

5.4 다문화 및 국제적 관점에서의 사회적 책임

앞에서 살펴봤듯이, 비즈니스에 있어 윤리적 문제는 경영진 개개인 및 기타 종업원 그리고 그들의 결정 및 행동과 밀접한 관계가 있다. 조직 그 자체는 윤리를 가지지 못한다. 그러나 조직 내 개인의 윤리적 딜레마 및 윤리적 의사결정 등과 같은 조직 환경과는 연관성이 있다. 이러한 상황은 일반적으로 기업의 사회적 책임 관점과도 연관성이 있다. **사회적 책임**(가끔 기업의 사회적 책임 혹은 CSR이라고도 불림)이란 조직이 현재 활동하고 있는 사회를 보호하고 가치를 향상시키기 위해 행하는 조직의 의무를 말한다. 사회적 책임에 있어 나라마다 다르고 조직마다 다를 수 있으나 그래도 가장 일반적으로 통용되는 CSR의 의미는 "**트리플 바텀 라인**"을 항상 염두에 두고 기업은 의사결정과 전략을 수립할 때, 지속적으로 환경문제, 사회적 책임 및 경제적 성과에 대해 평가하며 균형을 찾아야 한다는 것이다.

- 경제적 목표 달성, 주주들에게 이익 제공, 이해당사자들에게 가치 창출
- 자연환경 보호
- 사회복지 향상

어떤 전문가들은 "트리플 바텀 라인"을 사람, 우주 그리고 이익에 대한 관심과 집중이라 말한다.

경제적 목표

전통적인 이해관계자와 또는 주주와의 구조상, 기업의 목적은 최대한의 이익을 실현하여 주주들에게 돌려주는 것이다. 이것은 글로벌 시장의 경쟁이 심화될수록 생각보다 성취하기 어려운 과제이다. 기업들은 소비자가 구매를 위해 자발적으로 지불하고자 하는 금액에 부합되는 제품만을 제공함으로써 이익을 창출할 수 있으며 나아가 희귀하고 드문 자원을 가능한 적게 사용하며 제품을 생산하려는 압력을 받고 있는 실정이다. 그러나 지난 몇 십 년간 기업과 **이해당사자**와의 구조는 더욱 더 복잡하고 중요해져 주주에게 가치를 제공하는 것이 점 점 더 어려워지고 있다. 이해당사자와의 구조에서, 많은 이들은 이제는 주주 말고도 기업의 활동으로부터 영향을 받는 고객, 종업원등과 같은 이해당사자들도 기업 관련의 의사결정들에 포함하여 결정을 내려야 한다는 것이다. 이해당사자들은 개인, 그룹 또는 조직의 형태로서 기업의 활동과 의사결정에 영향을 받는 부류를 말한다. 또한 이해당사자들을 초기 이해당사자와 이차적인 이해당사자 집단으로 나눌 수 있는데, **초기 이해당사자**들은 앞서 설명한 기업의 활동과 의사결정에 직접적으로 영향을 받고 경제적인 관계가 직접적으로 성립되어있는 종업원, 고객 그리고 투자자이다. **이차적인 이해당사자**들은 기업의 활동에 영향을 받으나 직접적인 경제적인 활동으로 연계가 되어 있지 않은 자들로 미디어, 비정부 조직의 NGO 등이다.

대부분의 기업은 그들의 가장 중요한 주요 세 그룹 : 고객, 종업원 및 투자자들에 대한 책임을 다하기 위해 최선의 노력을 하고 있다. 기업들은 다음 단계로 그들과 특별히 관련이 있거나 혹은 중요한 다른 이해당사자들을 선정하여 그들의 필요와 기대에 부응하기 위해 노력한다. 고객들에 대한 책임을 강조하는 기업들은 고객들을 공평하게 그리고 정직하

게 대하기 위해 많은 노력을 한다. 기업들은 고객들에게 공정한 가격을 제시하고, 제품의 품질보증을 약속하며, 납기를 준수하며, 제품의 품질에 대해 책임질 것을 맹세한다. 종업원을 대함에 있어 사회적 책임을 지는 기업들은 그들의 종업원을 공정하게 대하고, 조직의 일원으로 동참하게 만들며, 종업원의 존엄성과 그들의 기본적 니즈(needs)를 존중한다. 투자자들을 위한 사회적 책임을 유지하기 위해 기업의 경영자들은 적절한 회계 절차를 따라야 하며, 기업의 재무성과에 대한 적절한 정보를 주주들에게 제공해야 하며, 주주들의 권리와 투자금을 보호하기 위해 조직을 관리해야 한다. 더불어 경영자들은 기업의 미래 성장성과 수익성을 평가할 때 정확하고도 정직해야 하며 내부거래, 주가조작 등 부적절한 일에 관여되는 것을 피해야 한다.

지속가능성과 자연환경

사회적 책임과 관련된 두 번째로 중요한 분야는 자연환경이다.[17] 얼마 전까지만 해도 많은 기업은 생산과정에 발생되는 오수나 폐기물 등을 강이나 빈 공터에 무분별하게 버렸다. 1980년대 후반 로열 더치 쉘(Royal Dutch Shell)이 아마존 강 유역에서 원유 굴착 지점을 개척할 당시 나무들을 벌목해 길을 만들었고 오물들을 그대로 내버려두었다. 그러나 지금은 많은 법률들이 폐기물 처리에 대해 규제를 하고 있다. 이제 기업들은 스스로 오염물질의 방출이나 자연환경의 전반적 보호에 대해 많은 사회적 책임을 가지게 되었다. 예를 들면, 로열 더치 쉘이 최근 아마존 강 유역의 다른 지역에서 탐사작업을 할 당시 자연환경보호 감독을 위해 생물학자와 현지 원주민들과 보다 더 효과적인 접촉을 위해 인류학자를 동참시켰다.[18] 이와 유사하게 홈 데포(Home Depot)와 같이 영국의 DIY (Do It Yourself) 건축 소매업체인 윅스(Wickes)는 오로지 친환경 기술로 생산된 검증된 제품만 판매하기로 했다.[19] 그러나 기업들은 자꾸 말만 하기보다는 해야 할 것들이 많다. 예를 들면, BP는 예전 이름인 브리티시 페트롤륨(British Petroleum) 대신 “Beyond Petroleum(석유를 넘어)”란 점을 강조하며 그들의 자연에 대한 관심을 광고하기 위해 수백만 파운드를 사용했으며 또한 녹색에너지 개발을 위해 혁신적인 노력을 다할 것을 약속했다. 그러나 멕시코 연안 새우잡이 어부들, 게잡이 어부들, 모텔 주인들 및 알래스카의 이누피아트(알래스카북부지역에 사는 에스키모인들)들은 위와 같은 BP의 맹세에 대해 아마도 회의적인 반응을 보일 것이다.

1987년, 유엔은 환경개발을 주제로 “우리의 공통된 미래”라는 보고서를 작성하였다. 이 리포트는 브런드란드 리포트라 하는데, 이는 유엔 환경부의 여성위원이며 전 노르웨이의 수상인 Gro Brundtland를 기념하기 위한 것이었다. 브런드란드 리포트는 “현재의 필요한 욕구들을 수용하되 미래의 다음 세대들의 성장에 해가 되지 않도록 하는 범위 내에서” 지속가능한 개발의 중요성을 강조하는 것이었다. 이로 인하여, 다양한 기업들이 대규모이든 소규모이든 이 지속가능한 기업의 활동과 정책들을 개발하고자 노력하였다. 스타벅스(Starbucks)의 경우 만약 커피 공급자가 환경보호 실천을 했을 경우 파운드당 추가로 10센트의 프리미엄을 지불하고 있다. 미국의 위생용품 제조사인 프록터 앤 갬블은 재활용 제품을 사용하는 데 있어 동종 산업의 선도 업체이다. 하얏트(Hyatt)의 경우 호텔에서 발생되는 폐품의 재활용을 위한 새로운 기업을 설립하기도 했다. 남아공 요하네스버그에 소재한 숙박업체인 컨저베이션(Conservation) 사는 가능한 친환경적 숙박시설을 만들기 위해 최선을 다하고 있다. ("People, Planet, and Profits"에서 생태관광이 브런드란드 리포트의 목적을 달성하기 위해 하는 역할을 살펴본다.) 지속적인 비즈니스 개발은 재활용 등의 방법으로 인해 쓸데없는 비용 발생을 절감하게 되어 기업의 이익에 도움이 될 때가 많다.[20] 자연환경과 관련된 사회적 책임에 대해 해야 할 일이 아직 많이 남아 있다. 기업들은 산성비의 감소, 지구온난화 방지, 오존층 감소의 방지 그리고 하수, 유해폐기물 및 일반 쓰레기 처리를 위한 대체 방법 마련 등을 위해 경제적으로 실현 가능한 방법들을 강구해야만 한다.[21] 한편, 인터넷은 환경보호를 위해 잠재적으로 중요한 많은 역할을 할 것으로 보인다. 왜냐하면 전자상거래는 공히 에너지 비용과 공해를 줄여주기 때문이다.[22]

PEOPLE, PLANET, AND PROFITS

사자들과 호랑이들, 그리고 곰들!

트루만 대통령은 글로벌화가 세계적으로 멸종위기에 처한 야생동물들을 돕고 있는 것인지, 아니면 오히려 위협을 하고 있는지에 대한 답을, 무척이나 짜증스럽게 여길 것이다. 한쪽으로 보면, 보존 서식지가 농장지로 또는 세계화를 위한 공장지로 파괴되기도 하고, 또 한편으로는 온실가스 배출물에 대한 걱정과 생태관광의 출현으로 국가들과 현지의 시민들이 보존 서식지에 대해 보호하도록 설득을 했다.

NGO 중 환경보호의 리더인 국제자연보호협회(The Nature Conservancy)는 "생태관광은 자연을 단순히 즐기는 것을 떠나 제대로 존중하기 위해 자연환경에 대해 책임을 다할 수 있는 장소들로 여행을 하는 것"이라고 말한다. 다시 말해, 생태관광은 단기적인 것이 아닌 지속적 현지지역의 보호와 개발을 위한 노력으로 생태계 보호 경험에 주목을 하고 있다. 그러므로 성공적인 생태계 관광 프로그램들은 매우 가난하고 어려운 현지인들에게 생태계 보호를 하게 하는 동기를 부여하게 된다. 르완다의 산 고릴라들을 살펴보면, 이들은 다이안 포시(Dian Fossey)의 책 "안개속의 고릴라들" (나중에 시고니 위버 주연의 영화화되어 버린) 때문에 유명하게 되었는데, 굉장히 열악하고 위험한 환경에 처해 있다. 이 산 고릴라들은 멸종위기 상태로 이들의 서식지를 농업지 확보를 하고자 하는 농부들의 침범과 껍질과 머리 그리고 손을 선호하는 소비자들로 인해 전문 사냥꾼들에게 잡혀 사라져 가고 있다. 그러나, 생태 관광의 성장으로 그리고 이 고릴라들이 야생에서 자유스럽게 살고 있는 것을 선호하는 부유한 외국인들의 기부로 인한 새로운 비즈니스의 출현으로 르완다의 고릴라들은 멸종의 위기에서 구해질 수 있었다. 그리하여 르완다에는 Iby'Iwacu 문화 빌리지가 세워져, 전직 사냥꾼들을 채용하여 야생 사파리의 가이드와 간수로서 이 고릴라 서식지를 보호하고 있다. 그 결과,

생태관광은 르완다의 유명한 산 고릴라들을 멸종위기에서 구할 수 있었고, 고릴라 가죽 및 그 밖의 다른 신체 부위를 소모하기 위한 사냥은 급격히 중단되었다. 또 현지지역 주민들의 삶을 개선함으로서 멸종위기를 초래한 사냥꾼들을 오히려 이 보호지역의 가이드와 관리인들로 채용하여 서식지의 보호에 대한 동기 부여를 지속적으로 지켜내고 있다.

Ricky W. Griffin

사냥에 의한 멸종 위기를 60% 떨어트렸고 생태관광은 40% 성장했다.

케냐에서는 마사이족으로부터 땅을 지불하고 빌려 얼룩말, 사자들 그리고 그 밖의 야생 동물들이 자연스럽게 그들의 서식지로 사용하고 보호받을 수 있도록 사파리 운영자들은 관리를 하고 있다. 또 반드시 서식지의 현지인들이 이러한 생태 관광과 같은 프로젝트에서 혜택을 받을 수 있도록, 현지의 부족들을 가이드와 사냥의 가이드로 채용하여 농업에서 종사하는 것보다 더 많은 임금을 주고 있다. 샌드다이브(Sandibe)라는 보스와나의 사파리 숙소는, 인근 주변의 마을사람들에게 작은 땅을 농경지로 일구는 방법을 가르쳐 과일과 야채를 직접 재배할 수 있는 환경으로 바꿔 놓았다. 그리하여 모든 야채와 과일을 마을로부터 구입을 하여 지속적인 현지지역의 발전을 도모했다.

잘 알려지지는 않았지만, 베트남에서 자국의 곰들을 보호하려는 움직임이 있다. 아시아에서 약의 재료로 사용되는 곰의 웅담 때문에 많은 곰들이 붙잡혀 웅담을 조달하기 위한 대상으로 잔인하게 위협받고 있는 상황이다. 비슷한 예로 인도네시아에서는 생태관광으로 벌어들이는 이익을 가지고 북수마트라에서 멸종위기에 처해 있는 코끼리 보호에 사용되고 있다.

생태관광이 인간의 이기주의에 의해 사라져가고 있는 모든 서식지의 온전한 보호를 가능케 하는 만병통치약은 아니다. 분명 생태관광이라는 명분하에 속임수를 사용하여 본 취지와는 별개로 왜곡된 안타까운 상황들도 존재하기 때문이다. 예를 들어 세랑게티에서 건전하게 생태관광의 정신에 입각해서 운영되는 사파리들도 많지만, 열악한 업체들은 그렇지가 못하다. 야생의 서식지에서 지켜져야 하는 동물과 관광객과의 기본 거리가 있고, 절대 부자연스런 리액션을 유도하기 위해 동물들에게 자극을 주어서는 안되는데, 열악한 사파리에서는 팁을 더 받기 위해 이러한 규칙들을 종종 무시한다. 이런 진실하지 못한 그리고 위험한 상황들이 존재할지라도 현지인들에게 지속적인 동기부여와 의미를 인식시키고, 이에 대한 건전한 금전적 보상 또한 가능케 하여, 생태관광을 통한 멸종위기의 서식지의 보호를 지속적으로 지켜 나가고자 한다.

출처: Based on "Bearing Up," *The Economist*, January 18, 2013; "Gamble in the jungle," *Financial Times*, October 20/21, 2012, p. 8; "Rangers in Congo risk lives for rare gorillas," *Washington Post*, September 21, 2012; "Elephants and eco-tourism in northern Sumatra," www.bbcnews.com, June 10, 2011; Nature Conservancy website, www.nature.org; "Use them or lose them," *The Economist*, March 6, 2008; "Good news, for a change," *The Economist*, January 22, 2004.

전반적 사회복지

많은 사람들은 기업들이 자신들의 이해당사자 및 자연환경에 대한 책임에 더하여 사회 전반의 복지를 촉진해야 한다고 믿고 있다. 자선사업, 자선협회, 비영리단체, 협회 등에 대한 기부 그리고 박물관, 공공라디오 및 TV에 대한 지원 및 공공의 건강과 교육증진을 위한 역할 등이 주요 예로 포함될 수 있다. 사람들은 심지어 정치적 혹은 사회적 불공평을 바로잡기 위해 기업들이 보다 더 광범위하게 행동해야 한다고 믿는다. 이러한 사람들은 아마도 미얀마(버마) 혹은 수단과 같이 인권침해가 심한 국가에서는 비즈니스 활동을 하지 말아야 한다고 주장할 것이다. 최근 미국 기업의 서부 및 중앙아프리카 지역에서의 원유확보에 있어서도 인권에 대한 논쟁이 있었는데, 이에 대해서는 1장의 closing case에 있는 "좋은 의도로 시작한 파이프라인"에서 좀 더 심도 있게 소개하고자 한다.[23] 위의 내용들과 관련은 있지만 최근에 새롭게 주목을 받는 사안은 바로 전 세계적 빈곤문제와 그것을 어떻게 해결하는가이다. 캄보디아의 경우 인구의 30%가 빈곤선(최저생활유지에 필요한 소득 수준) 이하에서 생활을 하고 있다. 42%가 정수된 물 보급 부족 현상을 겪고 있으며, 29%가 영양실조 상태이다. 그러나 일부 국가에서는 빈곤 관련 문제를 해결하기 위한 징후가 보인다. 우간다의 경우 지금도 해외원조가 국가 예산의 상당한 부분을 차지하는 매우 가난한 나라이다. 그러나 1990년 이래로 HIV에 감염된 인구 비율이 10.2%에서 7.2%로 하락했다. 초등학교 입학률의 경우 1986년 58%에서 지금은 94% 이상으로 향상되었다. 더불어 하루 1.25달러 이하로 생활하는 인구수가 1996년 44%에서 지금은 24%로 하락했다.[24] 그러나 [지도 5.1]에 묘사되었듯이, 많은 해결과제들이 지금도 존재하는 국가들이 많다.

지도 5.1

사회적 책임 논쟁 지역 : 성공지역 및 해결과제 공존 지역

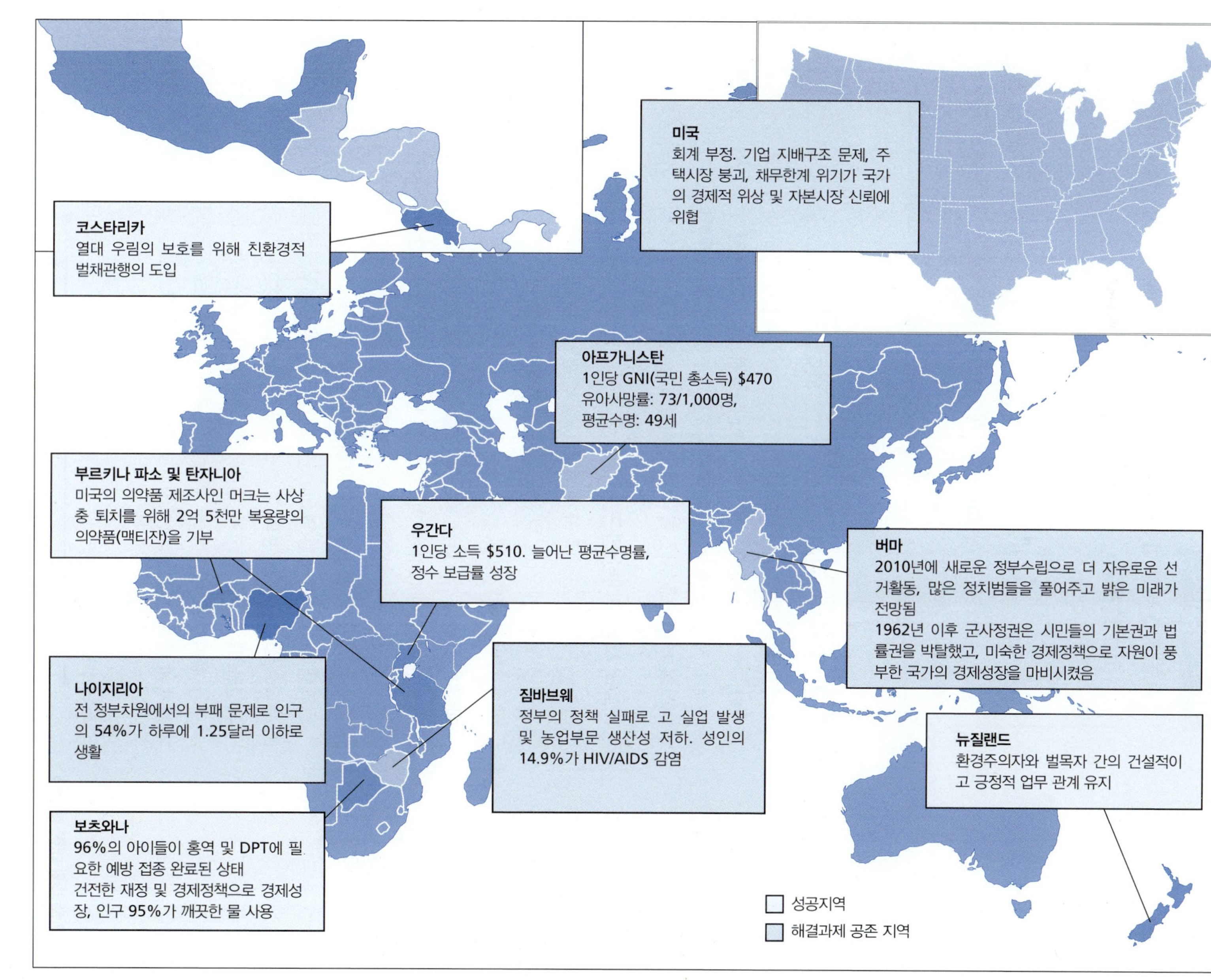

In Practice

- 트리플 바텀 라인이 다국적 기업의 CSR을 가장 기본적으로 설명하고 구축할 수 있는 틀이다.
- 지속가능한 비즈니스 관행의 채택은, 환경을 보호하며 동시에 기업의 이익을 성장시켜 나간다.

추가 고려 사항: 일차적 이해당사자들에게 공정하고 윤리적인 태도와 행동으로 대하는 것은, 기업 주주들의 권리와 이익을 보호하기 위함이다. 반대의 사항을 제시할 만한 상황이 있다면?

5.5 국경을 넘은 사회적 책임의 관리

윤리적 행동 관리와 더불어 기업들은 사회적 책임에 대해 대처하기 위해 많은 노력을 기울인다. 기업들은 사회적 책임에 있어 통상적으로 방해자적 입장, 방어적 입장, 순응적 입장 및 주도적 입장 네 가지 중 하나의 기본적 접근법을 채택한다. 그 기본적 접근법은 사회적 책임의 준법관리, 사회적 책임의 비공식적 측면 및 사회적 책임 노력 등으로 나타난다.

사회적 책임에 대한 접근법

기업은 일반적으로 네 가지 다른 사회적 책임 접근법 중 하나를 선택한다. 그림 5.2에 보여지는 것처럼, 네 가지 입장은 사회적 책임의 가장 낮은 수준부터 가장 높은 수준에 이르기까지 연속선상에 있다.

방해자적 입장　사회적 책임에 있어 **방해자적 입장**을 취하는 조직들은 사회 문제 혹은 환경 문제에 있어 가능한 최소한의 역할만 하려고 한다. 만약 그들이 수용 가능한 관행과 수용이 불가능한 관행 사이에서 윤리적 혹은 법률적 경계를 넘나들 때 그들이 취하는 전형적 반응은 그들의 책임에 있어 그것을 부정하거나 혹은 회피하는 것이다. 예를 들어, 수년 전 스웨덴 소재 아스트라(Astra) 사의 일부 해외지사 경영진들은 성희롱 혹은 기업의 자산을 사적으로 유용하는 등의 부적절한 문제로 고발되었다. 이러한 문제들이 처음으로 표면화되었을 때 그들은 조사가 본격적으로 이뤄지기 전까지는 그들의 범법행위에 대해 부인했다. 이와 유사하게 네슬레 및 다농은 모유의 대체품으로 공급되는 유아용 조제분유의 마케팅 통제에 대해 1981년 국제적으로 합의된 계약 위반으로 고발되었다. 위 합의는 모유수유의

그림 5.2
사회적 책임에 대한 접근들

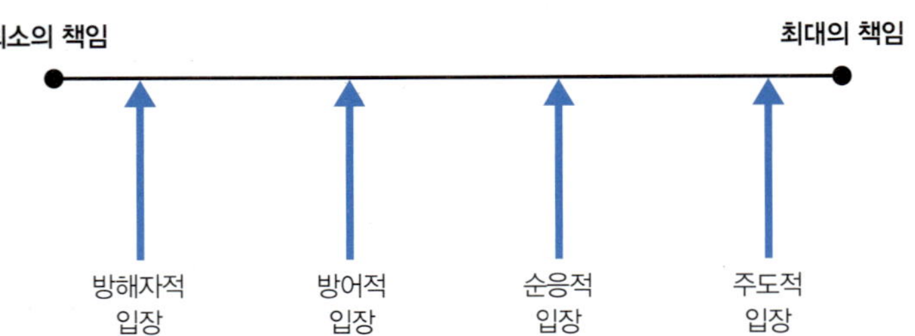

중요성을 강조한 것이다. 전하는 바에 따르면 네슬레 및 다농은 서아프리카 산모들에게 분유의 샘플을 무료로 제공했고 더불어 토고 및 부르키나파소와 같은 나라에서는 유아용 조제분유 라벨 규정을 위반했다. 그러나 이들은 위와 같은 위반을 부정하며 그들의 행위는 모든 측면에 있어 기술적으로 국제적 합의 한도 내에서 이뤄졌다고 주장했다.[25] 나아가 두 기업 공히 HIV/에이즈 사태를 거론하며 조제분유의 활용은 HIV/에이즈에 감염된 산모의 모유수유로부터 질병이 유아로 전염되는 것을 막아준다고 강조하며, 위 국제 조약은 유행에 뒤떨어져 있다고 주장한다.

방어적 입장 방해자적 입장에서 한 발짝 물러선 것은 바로 **방어적 입장**인데 이 입장을 취하는 조직들의 특성은 법률적으로 요구하는 것은 모두 이행하지만 그 외에 대해서는 전혀 관심이 없다는 것이다. 이 입장은 사회적 책임 개념에 대해 아주 냉정하고 매정한 기업들에게 많이 채택된다. 방어적 입장을 취하는 기업의 관리자들은 그들의 직무는 수익을 창출하는 것이라고 주장한다. 예를 들어, 이러한 기업들은 법에서 규정하는 공해방지 설비를 설치하는 반면 공해를 더 방지할 수 있는 보다 나은 시설의 설치에는 관심이 없다. 담배회사들은 그들의 제품 마케팅에 있어 이러한 입장을 취한다. 미국의 경우 담배 겉면에 경고 문구를 삽입하는 것을 법률적으로 규정하고 있으며 미디어를 통해 담배 광고 행위를 제한한다. 그러나 담배회사들은 미국 내에서는 이러한 규정을 준수하지만 위와 같은 법률이 존재하지 않는 외국에서는 매우 강력한 마케팅 방법을 사용한다. 많은 아프리카 나라의 경우를 예로 들면, 건강에 대한 경고 문구가 아예 없거나 혹은 최소한의 문구만 게재된 채 미국에서 판매되는 담배보다 더 많은 타르와 니코틴이 함유된 담배가 판매된다.[26] 이러한 입장을 취하는 기업의 경우 방해자적 입장을 취하는 기업들보다 범법행위를 숨길 가능성이 더 적으며, 더불어 그들의 실수에 대해서는 인정하는 입장을 취한다.

순응적 입장 **순응적 입장**을 취하는 기업은 법적 및 윤리적 준수사항을 따를 뿐만 아니라 경우에 따라서는 더 이상의 것도 준수한다. 이러한 기업들은 사회적 프로그램에 자발적으로 참가하며 그 프로그램은 그들의 협조로 인해 가치가 상승된다. 많은 기업들은 리틀 야구클럽 혹은 청소년 축구프로그램 등에 기부 활동을 하는데 보다폰(Vodafone)의 경우, 남아프리카공화국 프리토리아(Pretoria) 지역 청소년 크리켓 리그를 지원하기도 했다. 그러나 이 입장에서는 어떤 사람이 문을 두드리고 요청해야만 한다—조직이 선제적으로 그런 기여방안을 추구하지 않는다는 점이다.

주도적 입장 기업들이 보일 수 있는 최상의 사회적 책임은 바로 **주도적 입장**을 취하는 것이다. 이러한 입장을 취하는 기업들은 여러 논쟁들에 대해 사회적 책임 관점에서 진심으로 접근을 한다. 기업들은 자신들을 사회의 한 구성원 혹은 사회 시민으로 생각하고 사회에 공헌할 수 있는 기회를 주도적으로 찾는다. 이와 관련해 우수한 사례를 하나 꼽는다면, 맥도날드에 의해 추진된 로날드 맥도날드 하우스 프로그램(Ronald Mcdonald House Program)이다. 이러한 집들은 주요 의료센터 근처에 위치하며 아픈 어린이들이 의료 혜택을 가까이서 그리고 최소한의 비용으로 받을 수 있도록 하는 프로그램이었다. 이와 유사하게, 미국의 아쿠아핀카(Aquafinca)는 세계야생동물협회를 결성했고 미국의 주요 유통업체인 시스코(Sysco)와 코스트코(Costco)는 틸라피아(Tilapia, 아프리카가 원산지인 양식용 민물고기)의 양식에 대한 책임 의식을 가지고 국제적 규범에 맞게 그 물고기를 공급하는 첫 번째 공급자가 되기도 했다.[27] 이와 같은 활동들과 프로그램들은 우리가 위에서 살펴본 순응적 입장보다 한 발자국 더 나아간 것으로써 이는 진정으로 전반적인 사회복지를 향상시키는 것이다. 마찬가지로 애플은 환경에 대한 제품의 영향을 최소화하려는 주도적 정책을 채택했다("People, Planet, and Profits"에서 이 산업에서 우려되는 몇 가지 문제를 토의한다). 이러한 노력의 일환으로 애플은 웹사이트에 각 제품에 대한 환경보고서를 올린다. 바디샵(Body Shop), 밴앤 제리(Ben & Jerry's), 파타고니아(Patagonia) 및 팀버랜드(Timberland)는 사회적 책임에 있어 주도적 입장을 취하는 기업들이라고 칭송을 받는 좋은 예이다.[28]

우리가 기억해야 할 것은 위에서 살펴본 입장들의 분류는 별개가 아닌 서로 연속선상에 있다는 것이다. 다시 말해, 기업들은 항상 한 가지 입장만을 취할 수 없다는 것이다. 로날드 맥도날드 하우스 프로그램은 많은 칭송을 받았지만, 맥도날드는 그들 제품의 영양과 관련된 문제에 있어 고객들에게 질타의 대상이 되기도 했다. 더불어, 비록 아스트라는 위에서 이미 설명한 방해자적 입장을 취했지만 그 기업의 많은 임직원은 자기 회사가 여러 다른 방식으로 사회에 지대한 공헌을 한다는 것에 의문을 제기하지 않는다.

준법관리

날로 증가하는 교양 있고 고등교육을 받은 대중들이 현대의 기업들에게 요구하는 사회적 책임은 점점 더 강화된다. 보다 높은 차원의 윤리적 규범을 충실히 지키지 않는 관리자, 법적 의무를 피하고자 하는 기업들에게는 보이지 않는 위험이 도사리고 있다. 그러므로 기업들은 비즈니스 전략을 수립할 때와 같은 방식으로 사회적 책임에 대해서도 접근할 필요성이 있다. 다시 말해, 기업들은 사회적 책임을 섬세한 계획, 의사결정, 숙고 및 평가가 필요한 주요 도전과제로 바라봐야 한다. 기업들은 사회적 책임을 공식적 및 비공식적 관점에서 관리를 해야 한다. 공식적인 관리의 경우를 예로 들면 법률준수, 윤리 준수 및 자선 활동 등이 포함된 사회적 책임이다.

법률준수 **법률준수**는 조직이 지역, 국가 및 국제 법률을 따르는 정도이다. 법률준수를 관리하는 업무는 일반적으로 적절한 기능별 관리자들에게 할당된다. 예를 들어, 조직의 최고 인사담당자는 직원의 고용, 임금지급, 근무지의 안전 및 보건을 감독하는 규정이 적합하다는 것을 보장해야 하는 책임이 있다. 마찬가지로 재무 담당 최고 책임자는 증권업 및 은행업 등과 관련된 규정의 준수를 감독한다. 조직의 법무부서 또한 법률과 규정의 적절한 해석에 대해 책임이 있다.

윤리준수 **윤리준수**는 조직의 구성원이 행동의 기본윤리(혹은 법적) 표준을 따르는 정도를 말한다. 조직들이 윤리준수 분야에 있어 윤리교육의 제공 혹은 윤리강령의 개발 등을 통해 그들의 노력을 향상 시켜왔다는 것을 이미 앞에서 살펴보았다. 이러한 활동들은 윤리준수를 향상시키기 위한 도구로 작용한다. 많은 조직들은 새로운 프로젝트를 위한 제안을 검토하거나 새로운 고용 전략을 평가하고 또는 새로운 환경 보호 계획을 평가할 수 있도록

CHAPTER REVIEW

요약

윤리는 의사결정, 행위 혹은 행동 등이 옳고 그른지에 대한 각 개인의 신념이다. 어떤 행동이 윤리적 행동인가는 사람에 따라 다양하다. 그러나 윤리적인 행동은 보는 사람의 눈에 따라 다를지라도 일반적으로 보편적인 사회적 규범에 부합하는 행동을 의미한다. 비윤리적 행동은 보편적인 사회적 규범에 부합되지 않는 행동이다. 대체적으로 사회는 그 구성원들이 가지고 있는 일반적인 도덕적 기준(사회적 규범)을 반영한 공식적 법률을 가지고 있다. 그러므로 문화의 차이는 종종 도덕적 혼란을 일으킨다. 어떤 문화에서는 수용될 수 있는 행동이 다른 문화에서는 부도덕한 것으로 보일 수도 있다.

다문화 및 국제적 윤리에 있어 중요한 한 영역은 조직의 직원 대하기다. 실질적으로 윤리적 측면에 있어 가장 민감한 분야는 고용, 해고, 임금, 근로 조건, 직원 개인의 프라이버시 존중 등이다. 수많은 윤리적인 문제들은 또한 직원들이 조직을 어떻게 대하는가와도 관련 있다. 이 관계의 가장 핵심적 윤리 사안은 이해의 상충, 비밀준수 및 정직함 등이다. 윤리의 세 번째 주요 관점은 기업 및 그 기업에 속한 종업원과 기타 경제행위자와의 관계이다. 주요 경제행위자에는 고객, 경쟁사, 주주, 공급자, 딜러, 노동조합 등이 포함된다.

윤리는 개개인에게 달려 있지만 그럼에도 불구하고 많은 기업들은 그들의 관리자와 직원들의 윤리적 행동을 관리하기 위해 노력한다. 기업들은 그들의 관리자와 직원들이 윤리적으로 행동할 것이라 기대하고 그 사실을 확실히 하고 싶어 한다. 또한, 기업은 회사 안에서 일어나는 사건에 대해 윤리 대 비윤리적 행동의 모호함을 가능한 한 제거하기 위해 적절한 조치를 취하기를 원한다. 이를 위한 가장 일반적인 방법은 가이드라인, 윤리 강령, 윤리 교육, 조직 실천, 기업 문화 등이다.

조직은 기업의 사회적 책임을 위해 그들의 정책을 확립할 책임이 있다. 조직은 그들의 이해당사자, 자연 환경 및 일반적 사회복지에 대한 사회적 책임이 있다. 일부 조직은 위의 세 가지 영역에 대해 그들의 책임을 인정하고 각각의 사항을 충족시키기 위해 최선을 다해 노력한다. 반면 다른 조직들은 오직 하나 혹은 둘의 사회적 책임만 다한다. 이에 반해 일부 기업은 사회적 책임에 대해 전혀 인정하지 않는다.

윤리적 행위의 관리를 위해 기업들은 사회적 책임을 다하기 위해 적극적으로 노력한다. 이는 일반적으로 사회적 책임에 관한 기본적인 접근에서부터 시작한다. 그 다음 준법관리, 사회적 책임의 공식적 측면 및 사회적 책임에 대한 그들의 노력에 대한 평가 등으로 범위를 확장한다.

국제윤리 및 사회적 책임의 규제를 위해 많은 시도가 있어왔다. 해외부패방지법(Foreign Corrupt Practices Act), 뇌물수수법(Bribery Act), 외국인 불법행위 피해자를 위한 청구법(The Alien Tort Claims Act), 세계경제협력개발기구 뇌물방지협약(Anti-Bribery Convention of OECD) 및 국제노동기구(International Labor Organization) 등을 예로 들 수 있다.

리뷰 질문

5-1. 윤리란 무엇인가?

5-2. 윤리적, 비윤리적 행동을 구분하라.

5-3. 윤리 형성에 있어 문화가 어떤 영향을 미치는가?

5-4. 조직은 어떻게 국경을 넘어 윤리적 행동을 관리하는가?

5-5. 사회적 책임이란 무엇인가?

5-6. 윤리와 사회적 책임의 차이는 무엇인가?

5-7. 국제 비즈니스에 있어 사회적 책임의 주요 영역을 설명하라.

5-8. 기업이 사회적 책임과 관련해 취할 수 있는 네 가지 일반적인 접근은 무엇인가?

5-9. 내부고발이란 무엇인가?

5-10. 국제 윤리 및 사회적 책임과 관련된 대표적인 법률과 규제를 구분하고 요약하라.

토의용 질문

5-11. 같은 문화권의 사람들은 윤리적 대 비윤리적인 행동을 구성하는 요소에 있어 비슷한 견해를 가지고 있음에도 불구하고, 어떤 요인들이 같은 문화권내에서도 차이의 원인이 되는가?

5-12. 어떤 사람을 "비윤리적이야"라고 묘사하는 것이 타당한가? 그렇다면 그 이유는 무엇인가? 만약 아니라면 그 이유는 무엇인가?

5-13. 영국 사람들과 유사한 도덕적 신념을 가지고 있는 나라는 어디인가? 그 이유는 무엇인가?

5-14. 어떠한 상황에서 윤리 강령이 가장 효과적이며 가장 비효과적인가? 그 이유는 무엇인가?

5-15. 만약 당신의 회사에서 새로운 경영자의 윤리적 행동과 의사결정이 회사의 장기적 기업문화와 일치하지 않을 경우 어떠한 상황이 발생될 것이라고 생각하는가?

★ 5-16. MNC가 사회적 책임은 그들이 진출한 현지국에 맞게 관리되어야 한다고 생각하는가 아니면 글로벌적으로 관리되어야 한다고 생각하는가?

5-17. MNC는 자신에게 이익이 되지 않는 것이 분명한 사회적으로 책임질 일을 할 것인가?

5-18. MNC가 그들의 수익성에 직접적인 이익을 주는 방법으로만 사회적 책임을 다하려고 할 때 발생할 수 있는 위험이나 함정은 무엇인가?

★ 5-19. 어떤 경우에 당신은 내부고발자가 될 수 있는가? 반대로, 어떤 상황에서 당신은 당신의 고용주의 불법행위에 대해 침묵할 것인가?

5-20. 국제적 윤리와 사회적 책임을 규제하기 위해 더 많은 혹은 더 적은 시도가 있어야 한다고 생각하는가?

5-21. 석유산업은 주위의 환경을 파괴한다고 하여 비난을 오랫동안 받아왔다. 경제발전을 위한다는 명목하에 정부들은 비도덕적인 상황들을 묵인해 왔다. 그렇다면, 구체적인 도덕적 가치 추구에 대한 언급이 없다 하더라도 BP나 Shell은 도덕적인 윤리관을 추구해야 하는가? 이러한 사항이 석유산업계의 기업들에게 이익실현과 경쟁구도에 어떻게 영향을 주는가?

5-22. 선물 기부 행위는 고맥락 문화와 저맥락 문화에서 서로 다르게 취급되는가?

5-23. 다음의 시나리오를 생각해보자.

- 특정 해외시장에서 당신 제품의 판매를 촉진하기 위해 그 시장의 고위 공무원에 접근할 수 있는 권한을 가진 "중개자"에게 10%의 수수료를 지불할 것을 제안받았다. 중개자가 수수료를 상품의 판매여부를 결정할 공무원과 나눠가질 것을 의심했지만 확실한 증거는 없다. 이 상황에서 이 거래를 할 것인가? 만약 경쟁자가 일반적으로 이러한 수수료를 지불한다면 어떠한 결론에 도달할 것 같은가?
- 환율 통제를 하는 국가에 오래된 단골 고객한 명을 알고 있다. 그 고객은 당신에게 송장에 25%를 추가로 표시해줄 것을 요청했다. 예를 들어, 그 고객에게 10만 달러어치의 제품을 선적했는데 당신은 송장에 12만5천 달러를 표기해야 한다. 송장 금액에 따라 그 고객은 은행으로부터 12만5천 달러를 수취할 것이다. 그런 다음 그 고객은 당신에게 10만 달러만 지불하고 나머지 25,000달러는 스위스 은행 비밀계좌에 자기 이름으로 예치한다. 이러한 상황에서 당신은 이 거래를 할 것인가? 만약 그 고객이 정치적으로 인기 없는 소수당원이거나 혹은 이러한 사실이 발각되었을 때 그 고객이 해외로 도망갈 수도 있다면 결정은 달라지겠는가?

글로벌 역량 갖추기

당신이 개인적으로 관심을 가지고 있는 산업이나 혹은 주요 MNC를 적어보자. 에너지, 자동차, 가전제품 등을 그 예로 들 수 있다. 그 산업들 중 3개 회사의 웹사이트를 방문해보고, 윤리적 행동과 사회적 책임에 관한 그들의 입장에 대해서 가능한 한 많이 배워보자. 먼저, 이 세 기업 간 공통점과 차이점을 구별해보라. 그 다음 그들의 웹사이트를 기반으로 윤리적 행동과 사회적 책임을 향상시키기 위해 그 회사들의 노력에 대한 효과를 관찰하고, 그 효과를 발전시킬 수 있는 방법을 생각해보자. 마지막으로, 다음의 질문에 대답해보자.

5-24. 방문한 웹사이트를 근거로 윤리적 행동과 사회적 책임 향상을 위해 인터넷이 어떠한 잠재적 역할을 하는가?

5-25. 윤리와 사회적 책임에 있어 어떤 회사가 가장 효과적인 웹사이트를 가지고 있는가? 또한, 생각할 때 왜 그것이 가장 효과적인가?

5-26. 윤리와 사회적 책임에 있어 어떤 회사가 가장 비효과적인 웹사이트를 가지고 있는가? 또한, 생각할 때 왜 그것이 가장 비효과적인가?

5-27. 각 회사의 웹사이트가 잠재적 투자자들에게 어떠한 영향을 주겠는가? 잠재적 직원에게는 어떠한 영향을 주겠는가? 또한, 잠재적 공급자에게는 어떠한 영향을 주겠는가?

5-28. 만약 요청받는다면, 그들의 웹사이트에 반영되도록 윤리적 행동과 사회적 책임에 대한 관심을 높이기 위해 각 기업에 어떠한 조언을 하고 싶은가?

CLOSING CASE BP: 안전이 우선인가 이익이 우선인가?

2010년 4월 20일 멕시코 만에서 해저 유전 시추시설인 딥워터 호라이즌(Deepwater Horizon)이 폭발해 11명의 작업자가 숨지고 17명이 부상을 당하는 사고가 발생했다. 사고의 원인을 조사한 조사관들은 메탄 가스가 고도의 압력에 의해 시추공을 통해 수면으로 팽창되어 불길이 치솟아 결국 비극적인 참사가 발생했다고 결론지었다. 36시간 동안의 화염 끝에 굴착장치는 붕괴되었고 결국 해저로 침몰하고 말았다. 이 사건은 미국 역사상 가장 심각한 환경재앙이었고 멕시코만 전역에 걸친 관광산업과 낚시산업을 파괴시켰으며, 그 이후 해저 굴착사업의 안정성 및 정부의 규제 효율성에 대한 심각한 문제의식을 촉발시켰다.

딥워터 호라이즌은 스위스에 본사를 둔 트랜스오션(Transocean)에 소유되어 운영되었다. 사고 당시 BP(Birtish Petroleum: 영국 석유화학 회사)와의 계약 아래 멕시코만에 위치한 마콘도(Macondo) 유전 탐사를 위한 시추 작업이 거의 마무리 단계에 있었다. 유전 탐사에 경험이 많은 할리벌턴(Halliburton)은 유정에 시멘트 타설 작업을 완료했지만 사고 이후 증언에 의하면 시추 기술자들은 유정 가스의 압력 팽창에 대해 무시했고 더불어 시멘트 작업 자체에 대한 검사를 소홀히 했음을 알 수 있었다. 시추 시설이 폭발된 지 며칠 후 해안경비대는 원유가 굴착지점으로부터 새어 나오고 있음을 알았다. BP 관계자의 초기 예상에 따르면 원유의 일일 분출량은 불과 1,000배럴이었지만 시간이 갈수록 일일 분율량은 35,000배럴~60,000배럴로 급격히 증가했다. 결국 BP가 7월 15일 최종적으로 유정을 봉쇄하기 전까지 87일 동안 총 5,000,000배럴의 원유가 해안으로 유출되었다.

BP, 트랜스오션 및 할리벌턴은 서로 자신의 책임이 아니라며 상대를 헐뜯었으나 조사 기관은 3개 회사 모두의 잘못이며 궁극적으로 마콘도 유정의 소유자인 BP의 잘못으로 결론을 내렸다. 조사기관은 BP의 경영진들은 안전성의 제고보다는 공사비에 대해 더 걱정하고 있었다는 새로운 사실을 알 수 있었다. 마콘도 프로젝트는 당초 예산에서 5,800만 달러를 초과했으며 작업 스케쥴도 6주나 지연이 되어 BP의 경영진들은 본 프로젝트의 조기 완료에 대한 큰 압박감에 시달리고 있음을 내부메모를 통해 알 수 있었다. 오바마 대통령에 의해 지정된 독립 조사기관인 해저유전탐사 국가위원회는 "위험관리에 대한 시스템적 실패작이며 전 산업에 걸쳐 안전문화에 의문을 가진다"라는 결론을 내렸다.

불행하게도 딥워터 호라이즌 재앙은 BP에게 있어 처음의 사건이 아니었다. 2004년 BP 텍사스 정유시설 공장에 화재가 발생했고, 2005년에는 치명적인 폭발이 발생해 15명의 근로자가 사망하고 170명이 부상을 입었다. 미국 에너지 자원부는 BP의 안전에 대한 안이한 문화가 위와 같은 사건의 근본적인 원인이라 지적했다. 미국 직업안전위생관리국(OSHA)은 2009년 정유시설의 감사결과 BP에게 8,700만 달러의 벌금을 부과했다. 또한 OSHA 감사관은 2006년 오하이오 톨레도에 위치한 BP의 정유시설 점검 시 압력 밸브에 문제가 있음을 지적했다. OSHA 감사관이 2009년 다시 위 시설에 점검을 왔을 때 BP는 2006년 당시 문제가 있었던 밸브들은 교체했으나, 예전과 똑같은 압력 문제가 있는 다른 밸브들은 교체가 되어 있지 않음을 발견할 수 있었다. 더불어 알래스카 북쪽 프루더호만에 위치한 BP의 공장에도 안전문제에 대한 논란이 제기되었다. 2006년 5,000배럴 이상의 원유가 유출되었는데 이 유출사건은 부실한 관리와 부적절한 점검에서 기인한 것임이 밝혀졌다. 이 원유유출사건에 대해 BP는 2,000만 달러의 벌금을 내고, 2,500만 달러 상당의 민사소송을 해결해야 했다.

위와 같은 안전문제를 해결하기 위해 BP 이사회는 2007년 5월 토니 헤이워드(Tony Hayward) 사장을 선임했다. 토니 사장은 BP가 지금까지 산업평균에 미치지 못한 2가지 주요 도전과제를 제시했는데 첫 번째는 비용을 줄이는 것이었고, 두 번째는 안전 의식을 향상시키는 것이었다. 그럼에도 불구하고 BP의 문제는 지속되었다. 마콘도 유전의 원유 유출은 2008년 멕시코만의 아틀란티스(Atlantis) 플래폼에서의 소량의 원유 유출에서 기인된 것이다. 초기 193배럴 밖에 달하지 않는 원유의 유출은 불량 펌프에 연결된 철제 튜브의 파열로 인해 발생했는데, BP는 원가 절감을 위해 이를 교체하지 않았던 것이다.

BP의 경영진들은 아틀란티스 원유 유출에 대해 근로자들을 비난하기보다는 린(Lean) 생산시스템을 적용해 예산을 4% 절감한 점에 대해 찬사를 보냈다. 알래스카 유전에서도 문제가 반복되었다. 2008년 9월 천연가스의 압력으로 인해 파이프라인이 파열되어 900피트 이상 치솟아 오르기도 했다. 그 파이프라인들은 지난 10년 동안이나 점검을 하지 않았던 것이다. 2009년 11월에는 파이프라인에 2피트 크기의 흠집이 생겨 1,000배럴의 원유 및 천연가스가 유출되어 툰드라에 손상을 입혔다.

새로운 안전 의식을 강조한 알래스카 공장의 윤리책임자인 필 드즈빈스키(Phi Dziubinski)에 대한 BP의 해고 행위는 다시 한 번 논란거리가 되었으며, 이 일이 있고 난 후 그 다음날 마콘도 유전이 폭발했다. BP는 기업 구조조정의 차원에서 드즈빈스키를 포함해 200명을 해고했다고 항변했다. 그러나 드즈빈스키는 안전문제를 너무 공격적으로 수행했기에 이로 인해 회사로부터 축출당했다고 믿고 있다. 그는 특히 근로자들의 과도한 초과근무에 대해 우려를 표시했는데 근로자들의 피로가 안전을 위험하게 한다는 것이다. 드즈빈스키는 BP의 불법 해고에 대해 소송을 제기했고 이 소송은 나중에 법원에서 해결이 되었다.

위와 같은 일련의 사건에도 불구하고 BP의 경영진은 "BP의 최우선 순위는 안전과 신뢰할 만한 공정"이라며 지속적으로 주장한다.

사례 질문

5-29. BP는 2006년 톨리도 공장에서 OSHA에게 지적받은 벨브를 교체하였다. 비슷한 문제가 있음에도 불구하고 OSHA가 지적하지 않은 것들은 교체하지 않았다. 이러한 사항은 불법인가? 또한 도덕적인 결정인가?

5-30. 당신이 만약 톨리도 공장의 메니저 였다면 어떻게 했을까?

5-31. 만약에 본사로부터 비용이 계획보다 늘어서 비상이라고 연락이 왔다면, 당신의 결정에 영향을 줄 것인가?

5-32. BP는 안전을 우선시해야 하나, 아니면 이익을 우선시해야 하나?

5-33. 기업의 주장에도 불구하고, 비평가들은 BP가 안전에 대해 적절하지 못했다고 지적했다. 이 비평가들이 옳았다면, 그리고 만약에 당신이 새로운 CEO이고 가장 선진적인 안전성개선을 위해 어떠한 노력을 할 것인가?

출처: Based on "Safety was a priority, BP tells spill trial," *Financial Times*, April 16, 2013, p. 24; "Worst is over for BP after opening week of Deepwater courtroom contest," *Financial Times*, March 2/March 3, 2013, p. 12; "BP drilled in 'unsafe' conditions, court told," *Financial Times*, February 28, 2013, p. 14; "BP agrees to penalty in North Slope spill lawsuit settlement," *Anchorage Daily News*, May 4, 2011 (online); "BP will pay fine in spills," *Wall Street Journal*, May 4, 2011, p. B3; "The shores of recovery," *The Economist*, April 23, 2011, p. 31; "BP's safety drive faces rough road," *Wall Street Journal*, February 1, 2011, p. A1; National Commission on the BP Deepwater Oil Spill and Offshore Drilling, *Deep Water: The Gulf Oil Disaster and the Future of Offshore Drilling: Report to the President*, January 2011; "In BP's record, a history of boldness and costly blunders," *New York Times*, July 12, 2010; "As CEO Hayward remade BP, safety, cost drives clash," *Wall Street Journal*, June 29, 2010; U.S. Department of Labor press release 10-234-CHI, March 8, 2010; U.S. Department of Energy, April 2007 at www.hss.doe.gov/csa/csp/advisory/SAd_2007-02.pdf.

MyManagementLab®

mymanagementlab.com으로 가서 아래의 질문에 답하시오.

5-34. CSR를 국경 밖에서 관리할 때, 다국적 기업으로서의 가장 기본적인 어려움은?

5-35. 트리플 바텀 라인이란? 그리고 어떻게 3가지의 항목 속에 다국적 기업들은 균형을 잡아야 하는가? 기업들에게 있어, 균형의 중심이 모든 다 같은가?

5-36. Mymanagementlab Only에 본 장 포괄하는 서술형 과제가 있다.

Endnotes

1. "Apple Shifts From Foxconn to Pegatron," *Wall Street Journal*, May 30, 2013, p. B5; "Hon Hai Looks Beyond Apple," *Wall Street Journal*, May 28, 2013, p. B4; "Gadget Maker Foxconn Freezes Overall China Hiring," *Wall Street Journal*, February 21, 2013, p. B7; "Life Inside Foxconn's Facility in China," *Wall Street Journal*, February 19, 2013; "Foxconn workers in landmark China vote," *Financial Times*, February 4, 2013, p. 1; "Chinese Police Probe Foxconn for Alleged Bribery," *Wall Street Journal*, January 9, 2013, p. B4; "Foxconn Workers Say, 'Keep Our Overtime,'" *Wall Street Journal*, December 18, 2012, p. B1; "When workers dream of a life beyond the factory gates," *The Economist*, December 15, 2012; "iAudit," *The Economist*, March 30, 2012; "Using globalization for good," *The Economist*, February 24, 2012.
2. "Nestle probes child labour in Ivory Coast," *Financial Times*, November 29, 2011, p. 20; "Slave chocolate?" *Forbes*, April 24, 2006, p. 96; "Can we talk?" *Fortune*, September 2, 2002, pp. 102–110; "'Tradition' perpetuating poverty," *Houston Chronicle*, June 23, 2002, p. 28A; "U.S. Child-Labor Law sparks a trade dispute over Brazilian oranges," *Wall Street Journal*, September 9, 1998, p. A1.
3. "Supermarket giant Ahold ousts CEO in big accounting scandal," *Wall Street Journal*, February 25, 2003, pp. A1, A10; "Milk powder makers accused over Africa," *Financial Times*, January 18–19, 2003, p. 4; "As UNICEF battles baby-formula makers, African infants sicken," *Wall Street Journal*, December 5, 2000, p. A1.
4. See Norman Barry, *Business Ethics* (West Lafayette, IN: Purdue University Press, 1999).
5. Rebecca Mead, "Dressing for Lula," *The New Yorker*, March 17, 2003, pp. 82ff.
6. "Bangladesh Passes New Labor Law," *Wall Street Journal*, July 16, 2013, p. B3; "Wal-Mart and Other U.S. Retailers

Commit to Factory Safety in Bangladesh," *Wall Street Journal*, July 10, 2013, p. B3; "Bangladesh Factory Toll Passes 800," *Wall Street Journal*, May 8, 2013, p. A10.

7. "For steel-wool maker, Chinese lessons," *New York Times*, May 28, 1996, p. C5.
8. "Tire suit treads loudly in China," *Wall Street Journal*, May 4, 2011, p. B1; "Data out of the door," *Financial Times*, February 2, 2011, p. 8.
9. "AIDS gaffes in Africa come back to haunt drug industry at home," *Wall Street Journal*, April 23, 2001, p. A1; "Drug companies face assault on prices," *Wall Street Journal*, May 11, 2000, pp. B1, B4.
10. Jeremy Kahn, "Presto chango! Sales are huge," *Fortune*, March 20, 2000, pp. 90 – 96; "More firms falsify revenue to boost stocks," *USA Today*, March 29, 2000, p. 1B.
11. "How U.S. concerns compete in countries where bribes flourish," *Wall Street Journal*, September 29, 1995, pp. A1, A14; Patricia Digh, "Shades of gray in the global marketplace," *HRMagazine*, April 1997, pp. 90 – 98.
12. "Corporate Canada wary of using bribery," *Financial Post*, May 15, 2002, p. FP5.
13. "Bribery drives up the cost of living in Kenya," *Financial Times*, January 19 – 20, 2002, p. 4.
14. "Cancer of corruption spreads throughout the country," *Financial Times*, November 1, 2002, p. 6; "Chinese corruption has sliced up to 16% off GDP over decade, study estimates," *Wall Street Journal*, March 8, 2001, p. A10.
15. "Dealing with an eruption of corruption," *Financial Times*, May 30, 2000, Managing Risk Supplement, p. 15. © Phil Nichols 600 Huntsman Hall 3730 Walnut Street, Philadelphia PA 19104. Used by permission.
16. Thomas Donaldson and Lee E. Preston, "The stakeholder theory of the corporation: Concepts, evidence, and implications," *Academy of Management Review*, vol. 20, no. 1 (1995), pp. 65 – 91. See also Jeffrey S. Harrison and R. Edward Freeman, "Stakeholders, social responsibility, and performance: Empirical evidence and theoretical perspectives," *Academy of Management Journal*, vol. 42, no. 5 (1999), pp. 479 – 495.
17. Aseem Prakash, *Greening the Firm* (Cambridge: Cambridge University Press, 2000); Forest L. Reinhardt, *Down to Earth* (Boston: Harvard Business School Press, 2000).
18. "Oil companies strive to turn a new leaf to save rain forest," *Wall Street Journal*, July 17, 1997, pp. A1, A8.
19. "How Home Depot and activists joined to cut logging abuse," *Wall Street Journal*, September 26, 2000, p. A1.
20. Daniel C. Esty and Andrew S. Winston, *Green to Gold* (New Haven: Yale University Press, 2009).
21. Petra Christmann and Glen Taylor, "Globalization and the environment: Strategies for international voluntary environmental initiatives," *Academy of Management Executive*, vol. 16, no. 3 (2002), pp. 121 – 130.
22. Christine Y. Chen and Greg Lindsay, "Will Amazon(.com) save the Amazon?" *Fortune*, March 20, 2000, pp. 224 – 226.
23. "Human rights in focus as U.S. interest in African oil surges," *Financial Times*, October 29, 2002, p. 8.
24. World Bank, World Development Indicators database, June 24, 2013.
25. "Milk powder makers accused over Africa," *Financial Times*, January 18 – 19, 2003, p. 4.
26. "Inside America's most reviled company," *Businessweek*, November 29, 1999, pp. 176 – 192.
27. "Another side of tilapia, the perfect factory fish," *Wall Street Journal*, May 2, 2011; Regal Springs Tilapia press release, "Regal Springs farm first to be Aquaculture Dialogue compliant," October 22, 2010; Regal Springs Tilapia press release, "Sysco, WWF deal a big boost for 'green' seafood," April 17, 2009.
28. "Doing good and doing well at Timberland," *Wall Street Journal*, September 9, 2003, p. B1.
29. Lynn Sharp Paine, "Managing for organizational integrity," *Harvard Business Review* (March – April 1994), pp. 106 – 115.
30. http://www.merck.com/responsibility/access/accessfeature-mectizan.html (accessed April 26, 2011); *Merck 2007 Annual Review*, p. 12; "Africa recovery," allAfrica.com, April 22, 2003 (online); www.merck.com, press release 090502 (online).
31. "A new way of giving," Time, July 24, 2000, pp. 48 – 51.
32. David M. Messick and Max H. Bazerman, "Ethical leadership and the psychology of decision making," *Sloan Management Review* (Winter 1996), pp. 9 – 22.
33. www.patagonia.com, accessed on May 26, 2011.
34. See Janet P. Near and Marcia P. Miceli, "Whistleblowing: Myth and reality," *Journal of Management*, vol. 22, no. 3 (1996), pp. 507 – 526, for a review of the literature on whistle-blowing.
35. "Executive challenges Xerox's books, is fired," *Wall Street Journal,* February 6, 2001, p. C1.
36. "A louder blast from Japan's whistle-blowers," *Businessweek*, September 2, 2002 (online).
37. Mark Magnier, "Speaking out has high cost," *Los Angeles Times*, at www.soeken.lawsonline.net (online).
38. "A camera-maker obscurer," *Financial Times*, October 22/23, 2011, p. 7; "More than a clash of cultures at Olympus," *Financial Times*, October 15/16, 2011, p. 11; "Scandals put whistle-blowers in heroic light," *Nikkei Weekly*, September 9, 2002 (online).
39. Rob van Tulder and Alex van der Zwart, *International Business-Society Management* (London: Taylor & Fran-

cis, 2006).
40. "Charity at home," *The Economist*, July 9, 2011, p. 38.
41. "Swiss launch bribery probe in Kazakh case," *Wall Street Journal*, May 6, 2003, p. A22; "U.S. bribery probe looks at Mobil," *Wall Street Journal*, April 23, 2003, p. A2; "Former Mobil executive pleads not guilty to Kazak oil kickback," *Wall Street Journal*, April 8, 2003, p. A12.
42. "Lines less blurred," *Financial Times*, July 18, 2011, p. 7; "Cost of turning a blind eye to graft: Corruption probes teach U.S. oil services company a $44m lesson," *Financial Times*, April 10, 2008, p. 12.
43. "U.S. clarifies bribery law to avoid violations," *Financial Times*, November 15, 2012, p. 13
44. "U.K. outlines bribery laws," *Wall Street Journal*, March 31, 2011; "Exports warning as bribery law is delayed," *Financial Times*, January 31, 2011; "U.K. law on bribes has firms in a sweat," *Wall Street Journal*, December 28, 2010.
45. "U.S. bars foreign abuse claims," *Financial Times*, April 18, 2013, p. 15; "Justices Limit Law's Reach for Acts Overseas," *Wall Street Journal*, April 18, 2013, p. A5; "Slave chocolate?" Forbes, April 24, 2006, p. 96; "Making a federal case out of overseas abuses," *Businessweek*, November 25, 2002, p. 78.
46. "Corporate Canada wary of using bribery," *Financial Post*, May 15, 2002, p. FP5.
47. "Do-it-yourself labor standards," *Businessweek*, November 19, 2001, pp. 74–76, 108.

PART 1 CLOSING CASES

중국의 KFC

KFC는 1987년 베이징에서 첫 서양식 타입의 음식점을 개장했다. KFC는 프랜차이즈 및 현지화 전략을 혼합해 빠르게 사업을 확장했다. KFC는 작은 시작에서 출발해 결국 중국에서 가장 큰 외국 패스트푸드 체인이 되었으며 450개의 중국 도시에 2,200개가 넘는 지점이 생겨났다. KFC는 잠재적으로 위험이 높은 중국 시장에서 사업을 시도하려는 다른 다국적 패스트푸드 체인들보다 훨씬 더 큰 기업이 되었다.

중국에서 처음으로 개장한 KFC 매장은 천안문 광장 근처에 위치했다. 이 매장은 여전히 전 세계에서 가장 큰 KFC 매장으로 자리매김하고 있다. KFC와 다른 다국적 패스트푸드 업체들이 중국에서 매장을 열기 시작할 때 그들의 단골손님은 중국에 살고 있던 외국인들이었다. 내국인들은 그곳에서 음식을 사 먹을 형편이 되지 않았다.

얌 브랜드(Yum Brands, 미국의 세계적 외식업체)는 KFC와 피자헛(Pizza Hut) 브랜드를 소유한다. 그들은 성장을 위해서는 단지 잘 알려진 외국 브랜드 이름에만 의지하는 것만으로는 충분하지 않다는 것을 발견했다. 대신 현지시장의 구미 및 라이프스 타일에 적응해야 한다는 중요성을 알게 되었다. 이에 KFC는 중국인에게 잘 알려진 현지의 다양한 요리를 추가해 메뉴를 구성했다.

해가 지날수록 중국에서의 얌의 매출은 증가했다. 얌은 연간 20억 달러의 수익을 벌어들이는 2,500개의 피자헛 지점을 포함해 중국으로 진출한 첫 번째 외국 패스트푸드 기업이었다. 이와 유사한 다국적 패스트푸드 경쟁사인 맥도날드는 중국에 불과 900개의 지점을 가지고 있을 뿐이다. 중국의 패스트푸드 시장은 앞으로도 확장될 여지가 충분하며 외식시장 규모는 연간 280억 달러로 추정이 된다.

2008년 베이징 올림픽 기간 동안 맥도날드가 겨우 125개의 신규 지점을 개설하는 것을 목표로 하는 것에 비해 얌은 425개의 신규 지점을 개설할 계획을 세웠다. 2007년 얌의 중국에서의 영업이익은 3억7,500만 달러로 30%나 증가했다. 이 수치는 얌의 해외 전체 영업이익의 1/4 수준이었다. 얌의 최고경영자 데이비드 노박(David Novak)은 2017년까지 기업 전체 이익의 40%가 중국에서 창출될 것이라고 예상했다.

중국에서 특히 피자헛에 대한 인식은 다른 시장과

는 많이 달랐다. 예를 들어, 유럽과 미국에서 피자헛은 비교적 저렴한 음식으로 간주되지만 중국에서는 고급 음식점으로 간주되었다. 따라서 얌은 약 2억5,000만 명에 달하는 중국의 중산층 소비자를 목표로 삼았다.

얌이 중국에서 성공한 독특한 반전 전략은 건강제품을 도입하면서 KFC가 정크 푸드(Junk Food)라는 기존 인식을 깨는 것이었다. 노박은 2007년 12월 주주들에게 다음과 같이 강조했다. 우리의 가장 성공적인 사업에서 배우자. 우리의 중국 사업에서 배우자.

얌은 중국에서 패스트푸드 치킨 시장을 많이 확보했다고 해서 그것만으로는 만족하지 않았다. 그들은 지금 이스트 다운잉(East Dawning)이라 불리는 중국 전통 패스트푸드 체인점 확대를 계획한다. 10개의 이스트 다운잉 지점들이 2005년부터 상하이에서 운영된다. 얌은 올림픽 이전에 베이징이 가능성 있는 시장인지 이미 검증을 마쳤고 그 결과 현재는 전통 중국요리를 제공한다. 사업 초기 KFC의 새로움이 많은 중국 소비자들의 마음을 사로잡았다. 패스트푸드는 이국적인 것으로 여겨져서 중국 소비자들은 많은 관심을 가졌다. 위와 같은 상황 덕택에 KFC는 사업초기에 비교적 고가의 정책을 채택했다. 그러나 1990년대 중반까지 베이징 주변에 약 100개의 패스트푸드 식당이 들어섰다. 이러한 현상은 중국인들로 하여금 패스트푸드가 자신들의 중국 요리만큼 훌륭하지 않다고 생각하도록 만들었고, 결국 패스트푸드 시장은 예전만큼 빨리 성장하지 못했다. 축제기간 동안 중국 전통 레스토랑에는 손님들로 가득 찼지만 KFC와 맥도날드는 손님이 거의 없었다. 여기에는 많은 이유가 있었다. 경제적, 사회적 혹은 이념적 이유를 포함 가장 중요한 이유는 바로 문화였다.

중국인은 그들의 전통적인 식음료 문화를 가지고 있으며 패스트푸드는 그것들과 비교가 될 수가 없었다. 새로운 패스트푸드 식당에 대한 호기심이 시들해지면 중국인들은 다시 그들의 전통적 음식을 찾는다. 중국 시장에서 살아남고 사업을 번성시키기 위해 KFC는 서로 다른 음식문화를 조합해야 했다. 이는 다시 말해 중국 요리를 흡수해야 한다는 의미였다.

2001년 KFC는 그들의 메뉴에 중국 요리를 선보였다. 그들은 사천(四川)식 피클과 잘게 다진 돼지고기수프를 팔기 시작했다. 그것은 성공적이었고 그 이후 버섯 밥, 토마토 및 계란수프, 치킨롤 또한 메뉴에 추가되었다. 맥도날드도 위와 같이 시도했고 그들 체인점의 디자인을 수정하기 시작했으며 중국 스타일의 수프를 메뉴에 추가했다. 실제로, KFC와 맥도날드 두 기업 모두는 이문화 관리를 위한 연구를 해왔다. 그들은 미국의 문화를 유지하면서 중국의 전통 문화를 그들의 사업에 보충했다. 그들은 미국의 기업문화를 재해석해 현지 상황에 적용하는 현지화 전략을 채택했다.

그러면 왜 KFC가 맥도날드보다 중국에서 훨씬 더 인기 있을까? 그것은 바로 KFC가 다른 패스트푸드보다 더 건강하다는 것을 강조해왔기 때문이다. 중국에는 수많은 치킨 소비자들이 있으며 그들은 햄버거보다 치킨을 더 선호한다. 더불어 KFC는 맥도날드보다 중국인들이 더 좋아하는 메뉴를 가지고 있으며, 쿠폰을 아주 효과적으로 사용하고 있는데 약 50%의 소비자들이 KFC에서 제품을 구매할 때 그 쿠폰을 사용한다.

2004년 1월 16일 KFC는 중국에서 1,000번째 체인점을 개장했다. KFC의 성공은 CHAMPS라 불리는 청결(Cleanliness), 환대(Hospitality), 정확성(Accuracy), 유지 관리(Maintenance), 제품 품질과 서비스(Product quality and Service) 등 과학적 경영관리에 의해 이루어졌다.

처음부터 KFC는 중국의 정치적 변화 및 외국 투자자들을 환영하기 시작한 중국 정부의 태도 변화로부터 많은 혜택을 누릴 수 있었고 중국 시장에서 시너지 효과의 혜택을 받을 수 있었다. 중국의 가금류(닭, 오리 등) 산업은 농업 현대화 계획의 중요한 요소였으며 KFC는 가금류 식품 체인 산업에서 지배적인 역할을 해왔기에 중국 정부로부터 막대한 지원을 받을 수 있었다.

재정적으로 봤을 때 KFC의 중국 시장 진출은 이상적인 타이밍이었다. 펩시코(PepsiCo)는 최근에 KFC를 인수했고 지금은 사업에 있어 막대한 재정적 기반을 보유한다. 중국 시장의 잠재성은 매우 막대하며 닭고기는 소고기보다 대중적일 뿐만 아니라 더 싸고 더 널리 요리에 사용되어왔다. 또한 KFC는 중국 소비자가 걱정하고 있던 이미지와는 거리가 먼 깨끗하고 위생적인 매장 그리고 모든 매장에 걸쳐 높은 품질과 서비스를 강조해왔다.

그러나 여기에는 몇 가지 약점과 잠재적인 위험이 있었다. 중국 정부는 자신들의 국가에 기술을 제공하는 기업에게 더 많은 지원을 했는데 그러나 KFC는 서비스 제공자였다. 하나의 새로운 체인점을 설립하는 데 있어 많은 비용이 들었으며 KFC는 초기에 현지 생산자들로부터 고품질의 공급을 받는 데 큰 어려움이 있었다. 또한 인기 있는 직업을 구하기 위해 종종 집단적 접촉이 이루어지는 중국의 문화에서 인적자원 관리는 매우 어려웠다. 더불어 중국말을 할 줄 아는 매장 관리자가 부족했고 초기에는 현지인 관리에도 어려움이 있었다. 품질기준에 있어서도 자신들이 KFC보다 중국 고객들이 무엇을 원하는지 더 잘 안다고 주장하는 현지 동업자들과 의견 상충도 있었다.

현지시장에 적응하고 현지시장을 공략하기 위한 KFC의 전략은 서양 음식 도전에 열정적인 젊은 소비자들에게 어필할 수 있는 서양식 음식의 개발과 동시에 전통 중국식 패스트푸드를 개발해 두 제품을 서로 혼합해 제공하는 것이었다. 그 결과 중국의 해산물과 서양의 치킨버거, 오렌지주스와 홍콩의 밀크티와 같은 동서양의 음식을 혼합하는 결과를 낳았다. KFC의 세계화 전략으로 인해 미국 브랜드 이미지는 유지되면서 중국의 반찬 문화와의 결합이 현지화 전략의 핵심이었다.

미국과 중국의 주요 문화적 차이 중 하나는 바로 미국인의 개인주의와 중국인의 집단주의 간 사고의 차이였다. 이러한 차이는 중국에서 KFC의 광고 및 판매전략에 영향을 주는 가장 중요한 요소였다. 개인주의는 성취, 자유, 경쟁, 기쁨 및 독립성을 강조한다. 반면 집단주의는 안전성, 계급, 협력, 낮은 경쟁심, 상호의존을 강조한다. 또한 조화와 순응은 집단주의의 핵심이다. 이에 KFC는 그들의 제품이 고객들의 이러한 요구를 어떻게 만족시키는지 소통하기 위해 그들의 광고를 수정해야 했다.

첫 번째 핵심 측면은 가족 및 집단 지향 전략이었다. 광고들은 가족 전체가 함께 즐길 수 있는 KFC 버킷(bucket)을 강조했다. 이는 중국의 가치체계와 매우 잘 맞아떨어졌다. 3대와 친척들이 함께 생활하는 대가족들이 광고의 주요목표였다. 가족뿐만 아니라 KFC 광고는 함께 일하는 직장 동료 및 친구 역시 광고의 주요 목표로 삼았다. 또한 KFC는 중국 시장에서 공감을 일으킬 수 있는 감정에도 호소를 했다. KFC는 애국심, 어른에 대한 존경심, 어린이들을 소중히 여기는 마음, 우정 및 낭만적인 사랑 등에 초점을 맞췄다.

2003년 12월 KFC는 새로운 치킨 포장랩을 개발할 때 중국의 문화를 완전히 이해하지 못한 중요한 실수를 했다. 이로 인해서 KFC는 거만하다는 비난을 받았고 상당한 반발이 있었다. KFC는 그 이후 중국 문화에 저촉되는 행동을 하지 않도록 세심한 주의를 기울여왔다.

모든 외국 제품이나 서비스에 있어 문화제국주의와 서양식 패스트푸드가 중국의 전통 문화를 잠식하려고 하는 비록 눈에는 보이지 않는 문화 침략으로 간주될 수 있다. 중국은 특히, 그들의 젊은 세대가 자신의 전통적인 문화로부터 멀어지는 것에 대해 패스트푸드의 영향력을 우려해왔다. 그러나 이러한 중국인들의 태도는 단지 서양 음식이란 이유로 패스트푸드에 대해 더 이상 매력을 느끼지 않게 변화했다.

KFC는 그들의 편리함이 어떻게 중국인의 생활습관에 맞는지에 대한 아주 중요한 예시이며 중요한 사실은 현재 중국인들의 빠른 생활 속도에 KFC가 적합하다는 것이다. 중국에서 건강에 대한 염려 역시 중요한 요소로 고려되어 왔다. 지금까지 KFC는 영양 가치에 초점을 맞춤으로써 건강 문제와 관련해 특정 문제를 완화하기 위해 노력한다.

KFC의 중국에서의 성공은 의심할 여지없이 현지 국가와 그 문화의 이해에 따른 결과였다. KFC는 현지 문화가 가장 중요한 고려사항이며 표준화된 글로벌 마케팅 전략과 광고도 이 현지문화를 뛰어 넘을 수 없음을 인식했다. 의심의 여지없이 KFC는 중국에서 가장 인기 있는 국제적인 브랜드이며 현지화 전략은 잘 작동된다. 얌 브랜드는 KFC의 성공 사례를 그들의 다른 브랜드에 적용하려고 노력 중이다. 그들은 피자헛이 다음 성공 사례가 될 것으로 믿고 있다. 중국의 경제는 계속 성장하고 있으며 국민의 수입은 늘고 있는데 이러한 두 가지 중요한 사실은 피자헛이 중국에서 주요 브랜드로 성장하는 데 많은 도움이 된다.

타코벨(Taco Bell) 또한 상하이의 한 시험 레스토랑에서 그들의 제품이 중국 시장에 적합한지 검증 중이다. 그들은 이 사업 역시 중국 전역에서 수익 창출을 기대하고 있으며 만약 그렇게 된다면 또 다른 큰 성공사례가 될 것이다.

사례 질문

P1-1. Real Kung Fu는 중국 전역에서 약 200개의 점포를 운영하는 중화요리 체인점이다. 이 기업의 단기성장 계획과 잠재적 문제점은 무엇인가?

P1-2. 얌 브랜드의 기반이 되는 곳은 어디이며 얌 중국 본부가 관리하는 나라들은 어디인가?

P1-3. KFC는 중국에 언제 처음으로 드라이브 스루(drive through, 차에 그대로 탄 채로 주문과 구매를 할 수 있는 방식) 매장을 개장했는가? 피자헛의 경우 현재 얼마나 많은 가정 배달(home delivery) 매장이 운영되고 있는가?

P1-4. 피자헛과 타코벨을 통해 Yum Brands는 KFC가 누린 동급의 성공을 만들어 내고 싶어 한다. 어떻게 그것이 가능한지 의견을 제시하라.

출처 : *China Economic* Net (www.en.ce.cn); *China Daily* (.com); The China Ex Pat(www.thechinaexpat.com);China Herald(www.chinaherald.net); *People's Daily*(www.english. peopledaily.com.cn); All Business(www.allbusiness.com); Eats Online(www.eats.com).

좋은 의도로 시작한 파이프라인

개발 경제학자와 빈곤 전문가들은 종종 가난한 나라에서 석유의 발견이 오히려 빈곤과 사회 문제 증가를 유발시키는 역설적인 상황을 설명할 때 "석유의 저주(oil curse)"라는 용어를 사용한다. 1990년대 남부 차드(Chad)의 도바(Doba) 분지에서 석유가 처음 발견되었을 때 많은 사람들은 차드에도 석유의 저주가 발생할 것이라고 예상했다. 불과 몇 안 되는 천연자원을 가진 사막 지대인 차드는 지구에서 가장 가난한 나라 중 하나다. 1,100만 명의 인구를 가진 나라이지만 불과 몇 백 명의 의사만 있으며 1/3의 아이들이 영양실조로 고통 받고 있다. 1960년 프랑스로부터 독립한 이후 차드는 수단의 반정부 세력 및 리비아 침략뿐만 아니라 독재와 내전에 시달려왔다. 질서를 재정비하기 위해 네 차례에 걸쳐 프랑스 군대가 파견되기도 했다.

도바분지의 석유 매장량이 20억 배럴로 추정되었지만 차드는 육지로 둘러싸인 내륙지방이다. 이 석유를 국제시장에 공급하려면 1,070km에 달하는 파이프라인이 차드에서부터 카메룬에 있는 항구까지 설치되어야 했다([지도 5.2] 참조). 차드 정부에 지불해야 하는 상대적으로 낮은 로열티(생산량의 1/8)에도 불구하고 이 유전을 발견한 외국 기업 컨소시엄 엑손모빌(Exxon Mobil), 말레이시아의 페트로나스(PETRONAS) 및 쉐브론은 차드의 국내 정치적 위험, 고가의 파이프라인 운영과 그곳에서 생산되는 저품질의 원유 때문에 도바분지 개발을 주저했다.

하지만 컨소시엄 회원들과 차드 및 카메룬 정부는 41억 달러에 달하는 이 프로젝트에 대해 자금을 융자하기 위해 세계은행을 이용하기로 했다. 1999년 세계은행은 4억 달러를 제공하기로 합의했고, 컨소시엄 석유회사들이 35억 달러를 투자했다. 엑손이 40%, 쉐브론이 25%, 말레이시아의 페트로나스가 35%를 지불했다. 나머지 자금은 유럽 투자은행들로부터 조달했다. 파이프라인은 차드와 카데룬에 각각 소재한 두 개의 합작회사가 소유하고 관리했다. 이 두 정부는 각각의 합작회사에 소주주가 될 수 있었다.

41억 달러 중 세계은행의 몫은 아주 작은 금액에 불과했지만 세계은행이 이 거래에 참여했다는 것이 의미가 있었다. 왜냐하면 세계은행은 차드 정부로부터 아직까지 받지 못한 다른 대출금이 있었기에 차드 정부는 아마도 세계은행과의 관계를 위태롭게 만들지 못할 것이다. 이에 엑손과 다른 석유 회사들은 세계은행의 참여가 차드에서의 정치적 위험을 감소시킬 것이라고 믿었다. 그러나 최근 두 명의 세계은행 회장인 제임스 울펀슨(James Wolfensohn)과 폴 울포위츠(Paul Wolfowitz)는 경제 발전에 있어 부정부패의 영향에 대해 점점 우려하기 시작했다. 이 문제는 확실히 차드와 밀접한 관계가 있는 일이었다. 매년 부패 조사를 실시하고 있는 비정부기구인 국제투명성기구(Transparency International)는 차드를 아프리카에서 가장 부패한 정부 중 하나로 평가했다. 많은 나라의 경우 석유수익의 사용에서 회계 및 투명성 부족이 부패를 촉진시켰다. 이 프로젝트의 경우 파이프라인에 의해 얻는 수익은 굉장할 것으로 예상되었다. 이 수익은 25년의 기간에 걸쳐 차드 정부에게 약 20억 달러, 카메룬 정부에게는 약 5억 달러의 수익을 가져다줄 것으로 예측되었다.

이러한 상황에서 세계은행은 유전을 통한 수익을 국가의 빈곤 완화에 사용할 것이라는 보증을 받은 프로젝트에 대해서만 돈을 빌려주는 것에 합의했다. 세계은행의 대출 승인을 얻기 위해 차드 정부는 석유수익관리법을 제정하기로 합의했다. 이 법률에 의거해 차드 정부는 석유 수익 로열티를 씨티은행의 런던 지점에 예치해야 했다. 로열티의 10%는 차드의 미래 세대에게 도움이 될 수 있도록 별도의 펀드에 예치해야 했다. 나머지로열티 수익은 정부의 일반 행정에 15%, 보건 및 교육서비스에 80%, 석유 생산지인 도바 지역에 5%가 사용되었다.

처음 몇 년간은 모든 것이 계획대로 진행되었다. 석유회사들은 도바에서 200개 이상의 유정을 굴착했고, 석유는 즉시 파이프라인을 통해 흘러나왔다. 파이프라인은 지역경제를 촉진시켰고 정부의 재원을 뒷받침했다. 그 파이프라인 프로젝트는 차드에서 7,300명을 고용했는데 그 중 83%가 차드 국적인이고, 카메룬에서는 1,100명을 고용했고 그 중 90%가 카메룬 국적인이었다. 컨소시엄 회원들도 항 콜레라, 항 말라리아, 에이즈, 교육프로그램 등 건강 증진을 위한 다양한 프로그램을 후원했다. 엑손은 현지에 20억 달러 이상 투자했고 그 지역의 도로 및 교량 300마일을 새로 단장했다. 더불어 연간 12,000명 이상의 환자를 돌볼 수 있는 다

지도 5.2
차드 파이프라인

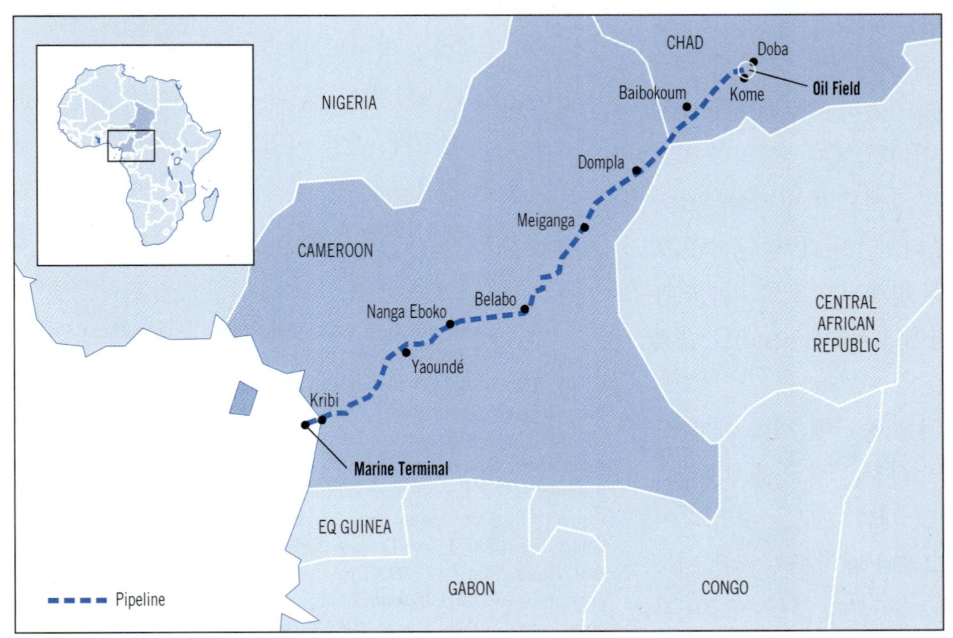

수의 의료시설 건설에도 투자했다.

생산 첫 해에 파이프라인은 차드 정부 예산의 약 42%에 달하는 1억3,100만 달러의 수익을 가져다주었다. 2006년 중반까지 차드는 파이프라인을 통해 5억 3,700만 달러의 수익을 얻었다. 이러한 수입 중 2억 9,500만 달러가 건강, 교육, 도로개발 등을 위해 우선적으로 사용되었고 1,900만 달러는 유전이 위치한 도바 지역 개발 프로젝트를 위해 사용되었다.

하지만 불행하게도 차드 정부는 예산 문제에 어려움을 겪게 되었다. 이드리스 데비(Idriss Deby) 대통령은 이웃 나라인 수단의 다르푸르(Darfur) 지역 분쟁을 피해온 수많은 피난민들을 위해 사용되는 비용의 상승 때문에 차드 정부는 더 이상 세계은행과의 계약을 존중할 수 없다고 주장했다.

2005년 12월 차드 국회는 석유수익관리법을 개정하기로 결의했다. 새로운 개정안에 따르면 차드 정부는 미래 세대를 위해 석유 수익금의 일부를 보존하는 특별기금을 폐지했다. 또한 이 법률은 차드 정부가 외부의 감독 없이 사용할 수 있는 석유 수익금 비율을 30%로까지 증액시켰고 더불어 수익금의 지출 분야를 교육, 보건, 도로 보수 외 국가안보 영역을 새로이 추가했다.

세계은행은 이러한 차드 정부의 행동을 그들의 의무를 위반한 계약위반으로 간주하고 신속하게 행동했다. 2006년 1월 세계은행은 차드 정부에 대해 모든 신규 보조금 및 대출을 중단시켰고 기존 프로젝트에 대해서는 추가 지출을 제한했다. 이러한 세계은행의 조치는 차드 8개 은행이 지원하는 프로젝트의 미지불금 1억 2400만 달러에 큰 영향을 줬다. 엎친 데 덮친 격으로 2006년 4월 수단 정부에 의해 발생된 것으로 의심되는 반란군이 차드의 수도인 은자메나(N'Djamena)를 습격했다.

엑손이 주도하는 컨소시엄은 중간에 끼어 애매 모호한 입장이 되고 말았다. 컨소시엄은 결국 세계은행과 차드 정부 간의 분쟁이 해결될 때까지 모든 수익의 지불을 보류하기로 결정했다. 그러나 데비 대통령은 컨소시엄이 차드 정부에게 자금을 제공하지 않으면 도바 분지에서의 석유 생산을 중단시키겠다고 발표했다. 만약 그렇게 된다면 컨소시엄은 차드에서 그들의 운영권을 잃을 수 있었다. 반면 컨소시엄이 차드 정부에게 자금을 제공할 경우 세계은행 및 국제투명성기구와 같은 단체로부터 노여움의 대상이 될 수도 있다.

사례 질문

P1-5. "석유의 저주(oil curse)"란 무엇인가? 왜 이것이 발생한다고 생각하는가?

P1-6. 차드-카메룬 파이프라인 프로젝트에 세계은행의 참여가 왜 중요한가?

P1-7. 세계은행이 주권국가인 차드의 석유수익에 대한 지출을 세계은행 자신들이 적당하다고 생각하는 방법으로 사용하도록 요구할 권리가 있는가?

P1-8. 세계은행과 차드 정부가 석유수익관리법의 개정에 대한 분쟁을 해결하는 데 실패했다면 컨소시엄은 무엇을 해야 했는가? 그들은 세계은행의 요구에 반하는 행동, 즉 차드 정부에 자금을 제공해야 했는가?

P1-9. 파이프라인 협정 체결 이후 세계 원유가격이 크게 상승했다. 차드의 절망적인 빈곤을 생각했을 때 차드 정부와 세계은행 간 분쟁이 해결된 이후 석유회사들은 차드 정부에 지불하는 로열티를 더 높여야만 했었는가?

P1-10. 2008년 9월 차드 정부는 세계은행에 모든 대출을 상환했다. 만약 사업의 주체들이 본 프로젝트를 처음 구상할 때 이러한 일들이 발생할지 알고 있었다면 그들은 이 프로젝트를 진행했었을까?

출처: www.worldbank.org; Chad/Cameroon Development Project Update 29, Annual Report 2010; International Advisory Group, Chad—Cameroon Petroleum Development and Pipeline Project : Final Report (September 3, 2009), Esso Exploration and Production Chad, Inc.; 'A vaunted model development project goes awry,' *The Economist*, September 27, 2008 (online); 'A regime saved, for the moment,' *The Economist*, February 9, 2008, p. 53; 'Chad Export Project : Project Update No. 22,' Esso Exploration and Production Chad, Inc. (2007); 'An ill—advised leap into the unknown?' *Financial Times*, March 1, 2006, p. 7; 'Exxon faces a dilemma on Chad project,' *Wall Street Journal*, February 28, 2006, p. A4; 'The 'resource curse' anew : Why a grand World Bank oil project has fast run into the sand,' *Financial Times*, January 23, 2006, p. 13; 'World Bank pulls Chad pipeline loan,' Houston Chronicle, January, 2006, p. D3; 'As Exxon pursues African oil, charity becomes political issue,' *Wall Street Journal*, January 10, 2006, p. A1; 'Chad Export Project : Project Update No. 19, Annual Report 2005,' Esso Exploration and Production Chad, Inc. (2006); 'A regime change,' *The Economist*, June 4, 2005, p. 65; 'African pipeline has yet to deliver lasting benefits,' *Houston Chronicle*, June 29, 2003, p. 5D; 'In war on poverty, Chad's pipeline plays unusual role,' *Wall Street Journal*, June 24, 2003, p. A8.

석유의 저주

앞의 사례에서 개발 경제학자와 빈곤 전문가는 종종 석유의 발견이 오히려 축복보다는 저주가 될 수도 있다고 설명했다. 나이지리아의 경우를 생각해 보자. 이 나라는 1억 6,200만 명이 사는 아프리카에서 가장 인구가 많은 나라이다. 1914년 영국의 보호국으로 선언되면서 이 나라는 비록 4개의 그룹[나이지리아의 북쪽의 하우사(Hausa, 29%), 남서쪽의 요루바(Yoruba, 21%), 남동쪽의 이보(Ibo, 18%) 및 이조(Ijaw, 10%)]이 다수를 차지하지만 250개 이상의 소수 민족으로 구성되었다.

1960년 나이지리아가 영국으로부터 독립이 되기바로 직전인 1958년 나이저 델타(Niger Delta)에서 석유가 처음 발견되었다. 1967년 남동부 해안 지역의 이보와 다른 소수 민족들은 그들의 땅을 비아프라공화국이라 선언하며 나이지리아로부터 독립하려고 시도했다. 비아프라의 독립은 결국 그들이 나이저 델타 지역의 석유 및 자원으로부터 창출되는 수익을 모두 통제하겠다는 의도였다. 이것을 깨달은 하우사, 풀아니, 요루바 등의 수뇌부는 비아프라의 독립을 격렬하게 반대했다. 연방군은 2년간의 전쟁에서 그들의 이탈 시도를 잔인하게 진압했다. 결국 1970년대 초 휴전이 체결되었고, 비아프라는 나이지리아에 다시 흡수되었다.

현재 나이지리아의 석유 산업은 나이저 델타의 포타코트(Port Harcourt)를 중심으로 이루어지고 있다. 일일 2,400만 배럴의 석유를 생산할 수 있는 나이지리아는 아프리카에서 최대 산유국이다. 석유 산업의 수익은 수출의 95%, GDP의 20%, 정부 수익의 80%를 차지한다. 그러나 이 국가는 1인당 국민소득 약 1,140달러, 평균수명이 47세밖에 되지 않는, 여전히 가난한 나라다.

불행히도 그 짧은 역사 속에서 나이지리아는 석유 수익의 잘못된 사용 때문에 부패라는 홍역을 치러왔다. 또한 나이지리아는 지금까지 좋은 정부를 가진적이 없었다. 최악의 정부는 사니 아바차(Sani Abacha)의 군사정권으로써 그는 1993년부터 1998년까지 나이지리아를 지배했다. 아바차 정권의 행동 중 최악의 경우는 나이저 델타 지역의 환경보호와 인권을 향상시키기 위해 노력해왔던 정치 활동가인 켄사로 위아(Ken Saro-Wiwa)에 대한 엉터리 재판과 사형집행이었다. 16년 동안의 군사정권 이후 1999년 올루세군 오바산조(Olusegun Obasanjo)는 비교적 공정한 선거를 통해 대통령으로 선출되었다. 그는 2003년 재선에서 다시 당선되었다. 2007년 그는 국제 옵서버가 굉장히 부패해 있다고 간주하는 선거에서 우마르 무사 야라두아(Umaru Musa Yar'Adua)에게 대통령직을 승계했다. 야라두아는 2010년 그의 사무실에서 죽음을 맞이했다. 그 당시 부대통령이었던 조나단 굿럭(Jonathan Goodluck)이 대통령직을 승계했으며, 그 이후 2011년 비교적 청렴한 선거라고 인식된 선거에서 조나단 굿럭은 다시 대통령으로 당선되었다.

석유생산에도 불구하고 나이저 델타 지역 현지 주민들은 그 혜택을 거의 받지 못했다. 석유로부터 창출되는 막대한 수익에도 불구하고 대부분의 현지인들은 절대적 빈곤과 의료, 교육 및 전기 공급 등 복지로부터 외면을 당했다. 또한 석유시추로부터 발생되는 오염은 습지를 파괴했으며 어업산업에까지 막대한 지장을 줬다.

대통령이었던 오바산조, 야라두아, 굿럭은 나이저 델타 지역사회의 지도자들에 의해 제기된 문제들을 해결하려고 했음에도 불구하고 지속되는 폭동은 정치적인 대화를 힘들게 만들었다. 2002년에는 수백 명의 나이지리아 여성들은 에스끄라보스(Escravos) 섬에 위치한 쉐브론의 석유처리 시설에 침입을 해서 그들에게 학교, 진료소, 일자리 등을 제공할 것을 요구했다.

2004년 나이저 델타 인민 의용군이라고 불리는 반정부그룹은 외국 기업들에게 나이저 델타 지역에서 석유생산 활동을 중단하거나 아니면 전면전을 위협했다. 무장한 군대는 포타코트에서 정부세력과 충돌해 수백 명의 시민이 사망했으며 이러한 사태는 쉘, 쉐브론 등 외국 석유기업들이 그들의 설비를 유지 및 보수하고 지속적으로 석유를 생산해 운송하는 데 막대한 지장을 줬다. 이 반정부 단체의 목적은 중앙 정부의 통제에서 이조 지역 사람들을 해방시키고 이조 지역에서 생산되는 석유수익으로부터 혜택을 누릴 수 있도록 해 달라는 것이었다. 나이지리아 정부는 위와 같은 그들의 요구는 석유 도둑과 다를 것이 없다며 그들의 요구를 무시했다.

나이저 델타에서 많은 석유 절도사건이 발생했다. 무장한 갱들은 약 5% 이상의 석유를 번커링(Bunkering)이라는 작전을 통해 빼돌린다. 이 작전은 밤에 작은 배를 사용해 먼 지역에 비교적 감시가 약한 파이프라인을 연결해 석유를 뽑아 올리는 방법이다. 훔친 기름은 중개인들을 거치고 거쳐 국제 시장에서 거래된다. 그러나 인권운동가들은 이러한 문제는 지역의 폭력배들에 의해서만 발생되는 것이 아니라 경찰, 군대, 지역 정치인, 심지어 석유회사까지 이러한 번커링 작전에 가담한다고 주장한다. 이러한 불법적인 행동은 수익보다 비용을 더 많이 발생시킨다. 2006년 라고스(Lagos)에서 동쪽으로 30마일쯤 떨어진 작은 어촌 마을인 이나베(Inagbe) 지역의 휘발유 파이프라인 폭발로 인해 약 200여 명의 주민이 사망했다. 전문가들은 이 폭발은 휘발유를 불법으로 뽑아 올리기 위해 파이프라인에 구멍을 뚫은 것이 폭발의 원인이었다고 믿고 있다.

치안 상황은 계속해서 악화되었다. 2006년 초 또 다른 반정부그룹(MEND)의 사령관은 해외석유운영에 대해 전면적 전쟁을 선포했다. MEND는 석유가 생산되는 지역에게 석유로부터 창출되는 부에 관한 지배권리를 돌려줄 것과 더불어 돈 세탁과 반역죄로 잡혀 있는 이조족 2명의 지도자 석방을 요구했다. 위와 같은 목적을 달성하기 위해 그들은 오일펌프 시설을 파괴했고, 수송선을 공격했으며, 해양시추시설에서 외국의 근로자들을 납치했다. MEND의 이러한 행동은 정부, 산업체 및 기타 나라들에게 수 십억 달러의 손실을 가져다주었으며, 나이저 델타지역에서 하루에 455,000배럴의 석유 생산을 감소시켰다. 예를 들어 쉘은 직원의 안전에 대한 우려로 하루 115,000배럴을 생산하는 나이저 델타 남부에 있는 한 석유 생산지역을 포기하기도 했다.

폭동 또한 MEND에게만 한정될 수 없었다. 2006년 5월 이탈리아 석유회사인 ENI 소속 세 명의 해외주재인이 포타코트에서 납치되었고, 미국의 베이커 휴스(Baker Hughes) 소속 직원은 살해되기도 했다. 2006년 6월에는 노르웨이의 프레드 올슨(Fred Olsen) 자회사 소속 8명의 근로자들이 해변에서 납치되었고 그들 모두 그 다음날 풀려났다. MEND는 이러한 살인과 납치는 몸값을 요구하는 다른 갱들의 책임이지 자신들의 책임이 아니라고 주장했다. 그러나 몇 주 뒤 MEND와 다른 반군들은 서로 협력해 포타코트의 석유 시설에 그 전보다 훨씬 강력한 공격을 가하기 시작했다. 그들은 석유 시추 장비를 파괴했고, 두 대의 배를 침몰시켰으며, 다수의 군인들을 죽이고, 5명의 한국인 노동자들을 유괴했다. 6명의 쉐브론 직원들 역시 2007년 5월 납치되었다. 다행히 그들은 한 달 후에 무사히 풀려났다. 2008년 MEND는 해안에서 120km 떨어진 곳에 위치한 쉘의 봉가(Bonga)지역 석유 시설을 공격하기 시작했다. 이렇듯 그들의 공격으로부터 안전한 석유 시설은 없었다. 2009년 MEND와 정부는 사면에 합의했다. 그 이후 폭동은 점점 감소했지만 MEND의 전 지휘관이 이끄는 일부 반정부조직은 평화의 조짐을 거부했다. 예를 들어, 2010년 11월 엑손 소속 7명의 직원이 납치되었고 2011년 3월에는 이탈리아 AGIP 소유의 내륙에 위치한 석유 시설이 폭파되기도 했다.

위와 같은 어려운 환경과 더불어 그 지역에서 사업을 운영하는 주요 석유회사의 명성 역시 많은 공격을 받았다. 쉐브론과 같은 회사들이 비난의 표적이 되었는데, 로열 더치 쉘은 서구 활동가들과 지역 시민들에게 엄청난 비난의 대상이 되었다. 글로벌 익스체인지(Global Exchange)나 에센셜액션(Essential Action)과 같은 환경보호단체나 NGO 단체들은 석유회사들이 지역을 오염시키고 석유 유출로 인한 피해를 은폐할 수 있는 환경법률의 혜택을 받고 있다고 주장했다. 다른 환경 활동가들은 쉘이 관리 부족으로 인한 기름의 유출을 은폐하기 위해 파이프라인을 의도적으로 파괴한다고 주장했다. 인권 보호 활동가들은 해외석유회사들이 그 지역의 정치적 이견과 반군의 활동을 진압하려는 나이지리아 정부의 인권 침해 활동에 가담한다고 주장했다.

사례 질문

P1-11. 나이저 델타에서 활동하는 해외 석유회사가 직면한 위험에 대해 평가하라. 보안이 향상될 때까지 그들은 그 지역에서의 사업 활동을 중단해야하는가?

P1-12. 로열 더치 쉘과 쉐브론과 같은 서구 석유회사의 현지 지역사회에 대한 책임은 무엇인가?

P1-13. 프레드 올슨 에너지(Fred Olsen Energy)와 같은 기업들의 자사 직원들에 대한 책임은 무엇인가? 만약 자사의 직원이 금전을 요구하는 단체에게 납치된 경우 기업은 몸값을 지불해야 하는가?

P1-14. 석유의 발견은 축복인가 저주인가?

출처: "Oil Thefts Plague Nigeria," *Wall Street Journal*, April 12, 2013, p. B1; "Shell Weighs Closing Nigeria Oil Line," *Wall Street Journal*, March 5, 2013, p. B2; "Law set to be a 'game-changer'," *Financial Times*, July 24, 2012, p. 1; "The real thing," *The Economist*, April 23, 2011, p. 50; "Shell stands firm on Nigerian spill," *Houston Chronicle*, January 27, 2011, p. D6; "The president is threatened by a fraying amnesty," *The Economist*, January 1, 2011; "Hints of a new chapter," *The Economist*, November 14, 2010; "Nigeria's oil-export reliability at risk," *Wall Street Journal*, February 11, 2008, p. A14; "Nigeria's gang violence escalates," *New York Times*, November 9, 2007 (online); "In Nigeria's violent delta, hostage negotiators thrive," *Wall Street Journal*, June 7, 2007, p. A1; "Militants attack Nigeria oil field," *CNN.com*, June 7, 2006; "Nigerian kidnappers release foreign oil workers," *Wall Street Journal*, June 4, 2006 (online); "Nigerian gunmen abduct 8 workers from oil platform," *Wall Street Journal*, June 3, 2006, p. A5; "Gasoline pipeline explodes in Nigeria, killing about 200," *New York Times*, May 13, 2006, p. A3; "Africa: Nigeria: Gunmen kidnap 3 foreign oil workers," *New York Times*, May 12, 2006 (online); "As oil supplies are stretched, rebels, terrorists get new clout," *Wall Street Journal*, April 10, 2006, p. A1; "Oil giants to steer clear until Nigeria has a truce," *Houston Chronicle*, April 6, 2006, p. D8; "Insecurity in Nigerian oil delta here to stay," *Houston Chronicle*, March 24, 2006, p. A19; "Nigeria militants threaten more attacks," *Houston Chronicle*, March 6, 2006, p. A8; "Poverty in the midst of wealth," *Houston Chronicle*, March 1, 2006, p. D8; "Militants say the plan is to take more hostages," *Houston Chronicle*, February 23, 2006, p. D3; "Nigeria oil 'total war' warning," *BBC News*, February 17, 2006 (online); "SEC widens Nigeria bribery probe with Shell subpoena," *Financial Times*, October 13, 2005, p. 4; "Nigerian army warns oil rebels," *BBC News*, September 28, 2004 (online); "Nigeria's oil capital under siege," *BBC News*, September 8, 2004 (online); "Women storm Nigeria oil plant," *BBC News*, July 9, 2002 (online); "Nigeria oil rig workers seized," *BBC News*, April 23, 2002 (online); *The World Factbook*, www.cia.gov (online).

PART 2 국제환경

CHAPTER 6

국제 무역과 투자

International Trade and Investment

John Warburton-Lee Photography/Alamy

학습목표

1. 국제무역에 대한 동기를 이해한다.
2. 고전적 국가기준 무역이론들에 대한 차이점을 설명하고 요약한다.
3. 현대 기업기준 무역이론들을 이용하여 기업에서 채택한 글로벌 전략을 설명한다.
4. 국제투자의 다른 형태별로 분류하고 서술한다.
5. 해외직접투자를 하는 이유를 설명한다.
6. 수요, 공급 그리고 정치적 요인들이 해외직접투자에 영향을 미치는 방법에 대해 요약한다.

무역이 개화되고 있다

발렌틴 축제일(Valentine's Day)에 주거나 받고 있는 붉은 장미가 어디에서 왔을까 하고 한번 의문을 한 적이 있는가? 만일 당신이 북미지역의 거주자라면, 이 장미는 컬럼비아나 에콰도르 산기슭에서 자랐을 것이다. 유럽지역의 거주라면, 아마 에티오피아나 케냐에서 왔을 것이고 그리고 아시아지역에 있다면 장미의 원산지는 중국 위난성의 지방도시인 쿤밍일 수 있다. 꽃다발을 받은 대부분의 사람들은 이 아름다운 꽃들이 어디에서 재배되었는지를 거의 생각하지 않지만 이 꽃들은 꽃과 식물에 대한 국제무역이 개화되고 있는 것을 알리고 있다. 한때 현지 시장에 종사하는 소규모 가내 재배자의 영역이 1장에서 논의한 화훼산업의 글로벌화 즉 기술적 변화, 무역자유화, 핵심역량 육성욕구, 새로운 경쟁에 대한 대응필요 등에 대한 주제로 변하고 있다. 신선한 꽃이장미나 사랑스런 엄마의 마음을 전달에 필요한 공급 망과 기술은 스마트폰, PC, 대형화면 TV의 하이테크 제조기술에 사용하는 것과는 별다르지 않다.

네덜란드는 오랫동안 국제 상업 화훼산업 중심이 되고 있다. 네덜란드농부는 중세이후 과일, 꽃 그리고 야채를 재배하는데 온실을 사용하였고, 이들의 대학, 재배자 그리고 꽃연구센터에서 새로운 식물종자개발에 수 세기 동안 선도적인 역할을 하여왔다. 네덜란드는 세계수출시장에서 약 65%를 점유하여 가장 중요한 꽃과 식물의 수출 국가이다. 세계에서 가장 중요한 꽃경매회사로서 FloraHolland가 있는데 대부분 국가들의 뛰어난 경매는 이곳에 소속되어 있다. 이 FloraHolland는 5,000회원사(원래 재배자회사) 조합으로 구성된 회사로 2008년 6개국의 꽃경매시장의 합병으로 탄생되었으며 그중 Aalsmeer(Schipol공항 부근 소재)가 가장 크고 그 다음이 Naaldwijk 그리고 Rijinsburg가 그 다음으로 크다. 2011년에 FloraHolland는 42억 유로어치에 해당하는 125억 이상의 꽃과 식물을 경매하였다. 이 수입의 약 57%는 꽃이꽃이었다. 놀라운 일이 아닌 것은 장미꽃이 가장 중요한 꽃이었고 7억6,100만 유로가 경매되었고 그 다음이 국화와 튤립이 뒤따르고 있다. 대부분의 꽃이꽃(절화)은 유럽연합(EU)시장으로 나가는 것이다; 화분용 식물과 구근은 덜 부서져서 시장이 더 넓다. 예컨대 미국시장이 네덜란드 구근 수출의 약 1/4을 담당하고 있다.

그런데 이러한 통계수치만으로 FloraHolland의 중요성에 대한 전체적인 이야기를 하지는 못하고 있다. 이 회사의 큰 거래로 인하여 튤립, 장미 그리고 다른 꽃들에 대한 선물시장이 창설되었다. 꽃들을 선물거래로 구매하여, 대형 꽃도매업자들은 예기치 못한 꽃 가격의 변동으로 발생되는 두려움이 없이 미래에 대한 꽃을 실제 배달하고 꽃값을 지불하면서 발생되는 이윤을 확보하여 고객들에게 꽃을 선전하고 배달할 수 있다. 꽃에 대한 선물거래의 유용성 으로 인하여 FloraHolland에 거래하는 구매자와 매도자들을 더 많아지고, 그래서 이곳에서 거래량과 유동성이 높아지고 있다.

지역시장을 넘어 영향력이 확대되어 꽃거래는 e-commerce를 경매시스템에 통합하게 되었다. 독일, 프랑스 그리고 다른 유럽 국가에 있는 구매자들은 Aalsmeer까지 여행할 필요도 없이 집에 있는 컴퓨터를 통하여 튤립, 장미, 그리고 국화에 대한 경매를 검색할 수 있다. 또한 경매웹사이트를 통하여 주문을 할 수 있다. 이러한 새로운 기술을 전통적인 경매방법에 결합하여 FloraHolland는 국제꽃시장에서 중요한 역할을 계속할 수 있을 것이라고 확신하고 있다.

적응도 중요한데, 왜냐하면 네덜란드는 노임과 토지비용이 높기 때문에 그래서 다른 국가들의 재배자들에 대한 기회를 제공하고 있는 셈이다. 미국 꽃 도매업자와 소매업자들이 수입하는 꽃의 절반 이상을 생각하더라도 콜롬비아 농부들은 저렴한 비용, 지리적 위치 그리고 유리한 기후조건의 혜택을 받아 북미시장 꽃이꽃의 주요한 원산지가 되고 있다. 이웃 에콰도르는 기후조건이 유리하여 장미를 특화하고 있고 케냐와 에티오피아는 유럽시장의 주요 공급자가되고 있다. 중국은—특히 위난성에 있는 쿤밍시—아시아시장에서 공급자로 성장하고 있다. 중국정부는 온실과 냉동트럭에 대한 저리대출을 통하여 산업의 성장을 촉진시키고 있다. 네덜란드, 한국 그리고 일본기업들은 이 지역이 아시아 시장에 저렴한 비용으로 꽃 공급의 원천이 될 수 있다고 판단하여 투자를 시작하고 있다. 또한 중국 내수시장도 중산층의 성장으로 인하여 급속히 확장되고 있다.

꽃과 식물에 대한 국제교역의 증가로 인하여 다른 산업에도 영향을 주고 있다. 항공산업은 화훼산업의 변화욕구에 대하여 빠르게 적응하고 있다. 꽃은 부패하기 쉬워 비행기운항일정계획 서비스의 신뢰도가 고객의 욕구에서 중요하게 되었다. 게다가 대부분 여객기는 여행승객의 짐을 싣고 난 후에 사용하지 않는 짐을 넣을 공간이 있다. 꽃 역시 무게에 비례하여 고가이고 조그만 상자로 포장하여 쉽게 현대 제트항공의 짐칸에 넣을 수 있다. 그리고 꽃이 목적지 공항에 도착한 후에 꽃은 특수한 운송업자가 공항에서 도매업자나 소매업자에게 냉동상태를 유지하는 것이 필요하게 되어, 혁신적인 트럭회사에 새로운 기회를 창출하고 물류서비스를 번영하게 한다.[1] ■

프로라홀랜드(FloraHolland)와 그 회원사는 글로벌 장터에서 성공적으로 경쟁을 할 수 있는 기술, 지식 그리고 자원을 기업이 마음대로 전 세계적으로 사용하는 기업의 주요한 사례이다. 이 장에서 화훼산업의 기업과 수 천 개의 다른 산업의 기업이 수행하고 있는 국제비즈니스 거래를 형성하고 구성하는 근본적인 경제력을 분석하고 있다. 또한 국제무역과 국제투자활동을 설명하고 예견되는 주요 이론을 논의하고 있다. 이러한 이론을 통해 글로벌 비즈니스 전략을 기업이 더 분명히 할 수 있도록 도와주고, 약속한 수출과 투자 기회를 확인하여 외국경쟁자들이 제기하는 위협에 대하여 대응하게 된다. 기업들이 경쟁하고 있는 경제 환경을 도입하여 보면 노임이 높은데도 불구하고 왜 네덜란드의 화훼기업이 국제시장에서 성공할 수 있는가에 대한 이해를 할 수 있는 이론들을 알게 될 것이다.

6.1 국제 무역과 세계 경제

무역(trade)은 한사람이나 조직과 다른 사람이나 조직 간에 서로 자발적으로 재화, 서비스, 자산이나 자금의 교환이다. 자발적이기 때문에 거래하는 양 당사자 간에 교환을 통하여 이득이 발생되고 그렇지 않으면 거래가 완성되지 않는다고 믿는다. **국제무역(International trade)**은 두 나라의 거주자간의 교역이다. 거주자는 개인, 기업. 비영리조직 또는 협회의 다른 형태일 수 있다.

왜 국제교역이 발생하는가? 무역의 정의로부터 직접 해답을 얻을 수 있다. 거래하는 양 당사자들은 다른 두 나라에서 거주하는 거주자인데, 그들은 자발적 거래를 통하여 수익을 얻을 수 있다고 믿는다. 이러한 단순한 진리의 배후에 경제이론, 사업관행, 정부정책 그리고 국제적 갈등 등이 여기와 다음 네 개의 장에 있는 주제이다.

[그림 6.1]에서 나타난 것처럼 세계무역은 제2차 세계대전 말 이후 반세기만에 극적으로 성장하였다. 2012년에 총 국제 상품무역은 18.4조 달러 또는 약 세계 71.7조 달러어치의 총 국내생산(GDP)의 26%였다; 서비스무역은 같은 해에 4.4조 달러에 달했다. 유럽연합(EU), 미국, 캐나다, 일본이 세계 상품수출의 46.8%를 기록했다([그림 6.2] 참조); 중국은 11.1%; 그리고 다른 국가들은 42.1%였다. 이러한 국제무역은 국가경제에 직접 그리고 간접 효과가 있다. 한편 수출은 국내경제에서 추가적인 경제활동을 촉진하고 있다. 캐터필러(Caterpillar)와 같은 선도수출기업을 생각하여 보자. 이들의 228억 달러 수출로 인하여 미국 공급납품업자의 주문, 미국 노동자의 임금, 미국 주주의 배당금 등이 발생하게 되고 이러한 모든 것이 현지 자동차 판매자들, 식품점들 그리고 다른 사람들의 소득을 창출하게 되고 이것은 다시 이 기업 자신의 급여에 추가하게 된다. 다른 한편 수입은 국내 공급업자에게 그들의 납품가격을 낮출 수 있게 압력을 넣게 되고 그들의 경쟁력을 개선시키게 된다. 해외 경쟁에서 실패하게 되면 공장을 닫게 되고 노동자를 해고하게 된다.

사업가, 소비자, 그리고 노동자에게 국제무역의 분명한 중요성 때문에 학자들은 이러한 무역을 하게 되는 동기 부여에 대한 힘을 설명하고 예측하는 이론을 개발하는 시도를 하게 된다. 정부는 정부가 국가의 산업과 시민들이 혜택 받기를 원하는 정책을 설계할 때 이러한 이론을 활용하는 것이다. 기업가들은 유망한 시장과 수익성이 있는 국제화전략을 확인

그림 6.1

1950년 이후 세계 수출 성장

출처: International Monetary Fund Supplement on Trade Statistics (International Monetary Fund, Washington, DC: 1990); World Trade Organization website (www.wto.org), June 2013

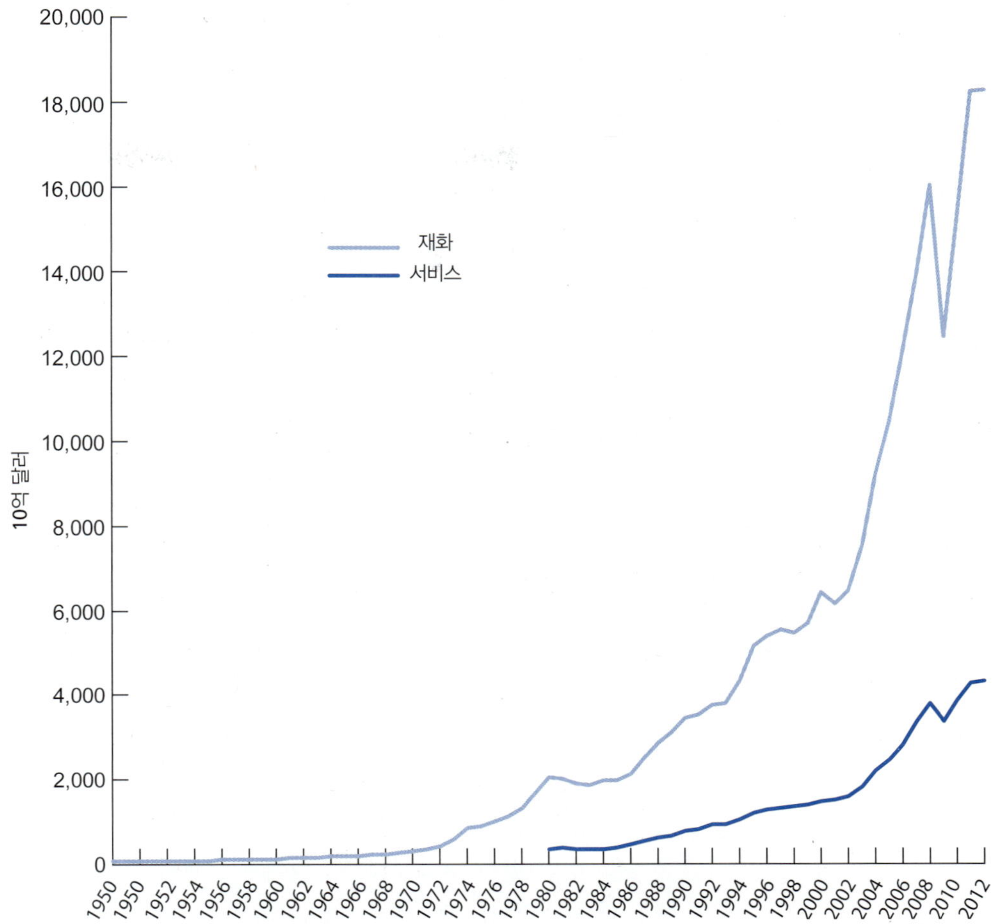

그림 6.2

세계 2012년 상품수출의 국가별 원천

출처: World Trade Organization (www.wto.org), April 2013.

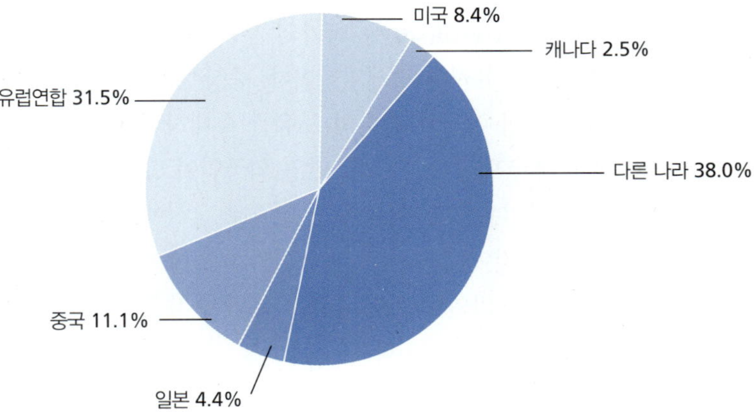

하기 위해 이러한 이론을 이용하는 것이다.

In Practice

- 무역은 거래 당사자들에게 혜택이 돌아온다. 그렇지 않다면 왜 거래하기를 동의하는가?
- 재화와 서비스의 국제무역은 지난 30년 사이에 급속히 성장하였다.

추가 고려 사항: 국제교역이 어떻게 생활수준에 영향을 미치고 있는가?

6.2 고전적 국가기준 무역이론

국제무역에서 첫 이론은 16세기 대 유럽국가의 부흥으로 전개되었다. 초기 이론들이 수출과 수입의 유형을 검토하면서 개별 국가에 초점을 두고 있는 놀라운 일이 아니었다. 이 장의 뒤에 좀 더 자세히 설명하겠지만, 국가기준의 이론들은 상표보다 전형적으로 매입한 원유, 설탕, 또는 목재와 같은 표준화되고 제품차별이 없는 상품교역에 대한 설명을 하는데 특히 유용하다. 그런데 20세기의 중간에 다국적기업(MNCs)이 세력을 얻게 되어 학자들이 국제무역을 촉진하는 기업의 역할에 그들의 관심을 옮기게 되었다. 제2차 세계대전 이후에 전개된 기업기준 이론들은 상표이름이 고객의 구매의사결정에 중요한 요인이 되고 있는 자동차, 소비자용 전자제품, 개인 위생제품과 같은 차별화되는 제품에 대한 무역의 유형을 설명하는데 유용하다. 이 절에서 고전적인 국가기준 무역이론을 검토하고 다음 절에서 더 현대적인 기업기준이론을 살펴보자.

중상주의

중상주의(mercantilism)는 국가의 부가 그 국가가 보유하는 금과 은의 양으로 측정되는 16세기에부터 유지된 경제철학이다. 중상주의에 따라, 국가의 목표는 수출을 촉진하고 수입을 억제하여 이러한 금은의 보유를 확대하여야만 하는 것이다. 이 논리가 16세기 정책입안자에게 명백히 드러났다: 만일 외국인이 당신이 구매한 것보다 더 많이 구매하게 되면 그러면 외국인은 그 차이를 금과 은으로 당신에게 지불하여야만 되어 당신이 더 재산을 축적하게 되는 것이다. 중상주의 용어가 오늘날까지 사용되고 있는데, 예컨대 텔레비전 해설자나 신문 헤드라인에 어떤 국가가 무역 수지 "역조"로 시달렸다는 것은 즉 그 나라 수출이 수입보다 적었다는 것이다.

중상주의는 그 시대에 건전한 경제정책처럼 보인다. 금과 은을 대량 보유한다는 것은 지배군주가 다른 나라와 전쟁을 할 수 있는 군인을 고용할 수 있고 그래서 그들의 영역을 넓혀 나갈 수 있다는 의미였다. 정치적으로 중상주의는 많은 제조업자들과 노동자에게 인기가 있었다. 수출위주의 제조업자는 해외에 판매를 촉진시키기 위해 보조금이나 세금 환불과 같은 것을 수립하는 중상주의 무역정책을 선호하였다. 해외 수입으로 위협을 받는 국내제조업자들은 해외경쟁으로부터 제조업을 보호하기 위하여 관세나 쿼터를 부과하는 중상주의 무역정책을 지지하였다. 제조업자들이 가지고 있는 생산시설이 있는 지역사회를 대표하는 사업가, 노동자, 납품업자 그리고 현지 정치가들 모두가 군주의 중상주의 정책에 대한 지혜를 칭송하였다.

그런데 사회의 많은 구성원들이 이러한 정책으로 피해를 입고 있다. 어떤 산업의 수출에 대한 정부의 보조금은 높은 세금으로 납세자가 지불한 것이다. 정부의 수입규제는 해외생산자로부터 덜 경쟁적인 국내기업 때문에 고객인 소비자가 더 높은 가격으로 지불한 것으로 할 수 있다. 제국주의 시대동안 정부는 중상주의 정책에 대한 부담을 때때로 식민지로 옮기게 되었다. 예컨대, 1660년의 항해법(Navigation Act)에 따르면 미국 식민지에서 수입된 모든 유럽 재화는 영국으로부터 선적되어야 한다고 되어 있다. 영국은 모자, 완성된 철제, 모직과 같은 영국 공장에서 나오는 제품과 경쟁을 하게 되는 특정 재화에 대해 식민지의 기업이 수출하는 것을 금지하였다. 영국제품을 위해 저비용의 부품공급을 적절히 확보하기 위해 영국은 어떤 식민지 산업에서 나오는 부품을 영국기업에만 판매하도록 요구하였다. 이러한 결과의 제품으로 쌀, 담배, 그리고 선박용품들(선박건조에 사용하는 산림제품)이 포함되었다.[2] 이러한 특정 중상주의 전략은 궁극적으로 미국 식민지에서 영국왕실 전복을 유도하게 되는 비극이 일어나게 되는 맞불을 놓게 되었다.

중상주의로 인해 사회의 몇몇은 혜택을 받고 있기 때문에 중상주의정책은 아직도 여전히 어떤 기업과 그 기업의 노동자들에게 매력적이다. 이러한 정책에 대한 오늘날 지지자를 신중상주의자들 또는 보호주의자들이라고 하는데, 미국 연방 산업조직의 노동자 위원회, 섬유 제조업자, 철강회사, 사탕수수 재배업자 그리고 땅콩 농부와 같은 다양한 그룹이 포함되고 있다.

보호주의자들의 사고방식은 미국에만 한정된 것도 아니다. 북아메리카와 유럽은 오랫동안 일본이 일본시장에서 외국제품의 접근을 제한하고 있는 것에 대해 불평을 하고 있다. 예를 들면, 일본이 외국 쌀을 수입할 수 있도록 허가를 하는 것에 대해 1990년대에 마지못해 승인하는데도 40년이나 걸렸고 이것조차도 일본시장에 10% 미만으로 쌀을 수입하게 허용하고 있다. 아시아와 북미 기업들은 유럽 국가들이 쇠고기, 바나나 그리고 다른 농산물과 같은 상품수입에 대하여 무역장벽을 치고 있다고 비난하고 있다. 거의 대부분의 국가는 그 나라 경제에서 핵심 산업을 보호하기 위해 어떤 신보호주의 정책을 채택하고 있다는 이러한 비난들은 충분히 확인될 수 있다.

절대우위

신중상주의 이념은 국가의 경제를 강화시키기를 원하는 애국자들에게 특히 피상적인 설득력이 있다. 국가가 왜 금과 은의 보유를 극대화하지 않는가? 자유시장경제의 대부로 간주되고 있는 스코트랜드 출신 경제학자인 아담스미스(Adam Smith)에 의하면 중상주의의 근본적인 문제는 금은과 같은 보물의 취득을 부의 취득으로 혼돈하고 있다는 것이다. *국가의 부에 대한 성질과 원인에 대한 고찰*(1776)에서 스미스는 중상주의의 지적 기반을 공격하였고 중상주의는 개인의 자유로운 교역할 능력을 빼앗고 그리고 자발적인 거래로부터의 혜택을 탈취하기 때문에 실제로 국가를 약하게 만든다는 것을 증명하였다. 게다가 모든 비

표 6.1 절대우위 이론: 사례

	노동시간 당 산출량	
	프랑스	일본
포도주	2	1
시계 라디오	3	5

용에 수입을 회피하는 과정에서 국가는 생산에 적당하지 않는 재화생산 자원을 남용하게 된다. 중상주의에 의한 비효율성으로 인하여 비록 어떤 특정 이해그룹들은 혜택을 받을 수 있을지라도 국가의 부 전체가 감소하게 된다.

스미스는 국가의 부를 확대하는 수단으로 국가들 간의 자유무역을 옹호하였다. 자유무역으로 인하여 국가는 어떤 재화나 서비스 생산에 특화를 하고 국가들간에 무역을 함으로써 그 국가에 유용한 재화나 서비스의 양을 확대할 수 있다. 그런데 어떤 재화와 서비스를 국가가 수출하여야 하고 수입을 하여야 하는가? 이러한 의문에 대한 답으로 스미스는 **절대우위 이론(theory of absolute advantage)**을 개발하였는데, 다른 국가보다 더 생산적인 재화와 서비스를 생산하는 국가는 수출하여야 하고 다른 나라가 그 국가보다 더 생산적인 재화와 서비스를 수입하여 한다는 것을 의미하고 있다.

절대우위는 수치 예시를 통하여 증명될 수 있다. 단순화를 시키기 위해, 세계에 프랑스와 일본, 단지 2 나라만; 단지 2 재화 포도주와 시계 라디오; 그리고 유일한 생산요소 노동만 있다고 가정하자. [표 6.1]에서 두 나라에서 노동시간당 2 재화의 산출을 보여주고 있다. 프랑스에서 노동 1시간으로 포도주 2병을 생산하거나 시계 라디오 3개를 생산할 수 있다. 일본에서 노동 1시간으로 포도주 1병이나 세계 라디오 5개를 생산할 수 있다. 프랑스는 포도주생산에 절대우위를 가지고 있다: 1시간의 노동으로 프랑스는 포도주 2병을 생산하는데 일본은 단지 1병을 생산한다. 일본은 시계 라디오 생산에 절대우위를 가지고 있다: 1시간의 노동으로 일본에서 시계 라디오 5개를 생산하고 프랑스는 단지 3개를 생산한다.

만일 프랑스와 일본이 서로 무역을 한다면 양국은 더 좋아질 것이다. 프랑스가 4개의 시계 라디오에 대하여 2병의 포도주와 거래하기로 합의한다고 가정하자. 프랑스 노동 단지 1시간으로 일본을 위하여 포도주 2병 생산에 필요한 노동시간이 된다. 반대로 프랑스는 일본으로부터 4개의 시계 라디오를 얻을 수 있다. 이 4개의 시계 라디오는 일본으로부터 구입하지 않고 생산을 한다면 프랑스의 노동력 1.33시간이 요구된다. 세계 라디오를 생산하는 것보다 일본과 무역을 하여 프랑스는 0.33시간의 노동을 절약할 수 있다. 프랑스는 이 남는 자유노동을 포도주를 더 생산하는 데 사용할 수 있고, 그렇게 되면 노동력은 프랑스시민에 의해 소비될 수 있고 또는 일본에 더 많은 시계 라디오를 거래할 수 있을 것이다. 희소 노동자원을 일본보다 더 많이 생산하는 재화를 생산에 분배하고 그래서 포도주를 일본에 거래할 수 있다. 프랑스는 무역이 없을 때보다 더 많은 재화를 소비할 수 있다.

일본도 마찬가지로 더 좋아지게 된다. 일본은 프랑스 포도주 2병과 교환하기 위해 4개의 시계 라디오를 생산하기 위해 노동 0.8시간을 사용한다. 일본에서 포도주 2병을 생산하기 위해 2시간의 노동력이 필요하다. 그래서 일본에서 시계 라디오를 생산하고 프랑스와 무역을 한다면 일본은 노동 1.2시간을 절약할 수 있고 이것으로 더 시계라디오 생산을 할 수 있으며 일본은 더 많이 소비하거나 프랑스의 포도주에 대해 더 많은 거래를 할 수 있다.

비교우위

절대우위이론은 직감으로 통할 수 있다. 불행히도 이 이론은 결함이 있다. 만일 한 국가가 절대우위를 가지고 있는데 두 국가가 같이 생산하여 무역을 하게 되면 어떻게 될까? 절대우위이론은 어떤 무역도 일어나지 않아야 된다며 옳지 않게 제안하고 있다. 데이비드 리카도(David Ricardo)는 19세기 초 영국 이코노미스트로, 이러한 문제를 **비교우위 이론(theory of comparative advantage)**을 개발하여 해결하였는데, 이 이론에서 다른 국가보다 *상대적으로* 더 생산적인 재화와 서비스를 이 국가가 생산과 수출을 하여야만 하고 다른 국가가 *상대적으로* 더 생산적으로 생산된 재화와 서비스를 수입하는 것이라고 설명하고 있다.[3]

두 이론의 차이는 미묘하다: 절대우위는 절대 생산성차이를 보고 있다; 비교우위는 상대적인 생산성 차이이다. 비교우위는 어떤 국가가 생산하여야만 되는 재화를 결정하는 기회비용의 개념을 포함하고 있기 때문에 분명히 차이가 발생한다. 어떤 재화의 **기회비용(opportunity)**은 그 재화를 갖기 위하여 포기하는 가치이다. 대부분 비교우위의 원리와 실현하지 않은 기회비용을 적용하고 있다. 이웃에 10대가 되는 아들보다 잔디를 더 잘 깎는 일과 뇌수술 둘 다 모두 잘하는 뇌전문 외과의사를 생각하여 보자. 만일 외과의사가 잔디 깎기보다 상대적으로 외과 수술을 더 잘한다면 대부분 시간을 수술실에서 보내게 될 것이고 10대에게 잔디를 깎은 돈을 지불하게 될 것이다. 뇌전문 외과의사는 잔디 깎는 시간에 외과수술을 할 시간이 없어 잔디 깎는 기회비용이 너무 높기 때문에 이렇게 행동하고 있다.

절대우위와 비교우위를 비교하기 위해 [표 6.1]에 있는 예시로 다시 돌아가자. 프랑스는 포도주에 절대우위에 있고 일본은 세계 라디오에 절대우위에 있다는 것을 상기하자. 절대우위이론에 의하면 프랑스는 포도주를 일본으로 수출하여야만 하고 일본은 시계 라디오를 프랑스로 수출하여야만 한다. [표 6.1]에서 본 바와 같이 프랑스는 또한 포도주에 비교우위가 있다: 1시간의 노동으로 프랑스는 일본에 비해 2배만큼 더 많은 포도주를 생산하나 시계 라디오는 단지 0.6배 많이 생산한다. 그래서 프랑스는 포도주에 상대적으로 더 생산성이 있다. 일본은 시계 라디오에 상대적 우위가 있다: 1시간의 노동으로 일본은 프랑스에 비해 1.67배 많이 시계 라디오를 생산하나 단지 0.5배 만큼 포도주를 생산한다. 그래서 일본은 시계 라디오에 상대적으로 더 생산성이 있다. 비교우위이론에 의하면 프랑스는 일본에 포도주를 수출하여야만 하고 일본은 프랑스에 시계 라디오를 수출하여야 한다. [표 6.1]에 예시한 것처럼, 절대우위이론과 비교우위이론 모두 같은 결과가 일어난다.

사실을 변화시켜보자. 생산성이 일본에서와 같이 같다고 하고 새로운 직업프로그램의 결과로 프랑스에 2배라고 한다. [표 6.2]는 이러한 새로운 상황을 나타내고 있다. 프랑스는 이제 노동 1시간당 4병을 생산하거나 6개의 라디오 시계를 생산한다. 프랑스는 현재 포도주와 라디오 시계 모두 절대우위에 있다: 노동시간당 각자에 대하여 프랑스는 일본이 생산

표 6.2 비교우위 이론: 사례

	노동시간 당 산출량	
	프랑스	일본
포도주	4	1
시계 라디오	6	5

할 수 있는 것보다 포도주 3병(4−1)을 더 생산하거나 1개(6−5) 더 생산할 수 있다. 절대우위이론에 따라 재화를 모두 생산하는데 일본보다 프랑스가 더 생산적이기 때문에 교역은 발생하지 않는다.

한편 비교우위이론에 의하면 무역이 여전히 발생되어야 한다. 프랑스는 일본보다 포도주 생산을 4배 더 많이 할 수 있는데 시계 라디오는 단지 1.2배 더 생산을 할 수 있다. (그렇지 않으면, 일본은 프랑스처럼 포도주 생산에 단지 0.25배만큼이고 그러나 시계 라디오 생산에 0.83배 이다.) 프랑스는 포도주 생산에 일본보다 비교우위에 있고 일본은 시계 라디오 생산에 비교우위가 있다.

비교우위이론에 따라 프랑스는 일본으로 포도주를 수출해야하고 일본은 시계 라디오를 프랑스로 수출하여야 한다. 만일 그렇게 되면 양국 모두 좋아질 것이다. 무역이 없다면 프랑스에서 포도주 1병으로 1.5개의 시계 라디오를 팔았을 것이고 일본은 5개의 시계 라디오로 판매되었을 것이다. 만일 일본이 포도주 1병에 시계 라디오 2개와 거래하자는 제의를 한다면 프랑스는 시계 라디오 생산에 절대적 우위가 있을지라도 좋아질 것이다. 무역 없이 프랑스는 1병의 포도주를 희생하여 증대된 생산으로 단지 1.5개의 시계 라디오를 받을 수 있을 것이다. 무역을 통하여 프랑스는 일본에게 1병의 포도주를 포기하는 대신에 2개의 시계 라디오를 받을 수 있을 것이다. 프랑스는 국내에서 시계라디오를 생산하는 것보다 일본과 교역을 통하여 포도주를 1병당 포기하는 대신 더 많은 시계 라디오를 받게 되는 것이다.

일본도 역시 이득이 있다. 무역 없이 일본은 1병 이상의 포도주를 얻기 위해 단지 2개의 시계 라디오를 포기해야 된다. 일본은 국내에서 포도주를 생산하는 것보다 프랑스와 무역을 통하여 개당 시계 라디오를 포기하는 대신 더 많은 포도주를 받게 된다. 프랑스는 포도주와 시계 라디오 생산 모두 절대우위가 있지만 두 국가가 이러한 무역을 통하여 이득이 발생 하게 되는 것이다. 무역을 하게 되는 것은 절대우위가 아니라 비교우위이다. 비교우위를 통한 다른 직관과 신중상주의에서 발생되는 문제는 "Bringing the World into Focus"를 참조하라.

통화를 고려한 비교우위

비교우위이론으로부터의 교훈은 단순하나 영향력이 있다: 상대적으로 잘 할 수 있는 것에 특화를 하면 더 좋아질 것이다. 상대적으로 최선으로 생산할 수 있는 재화와 서비스를 생산(수출)하고 상대적으로 더 잘 생산할 수 있는 다른 재화와 서비스를 매입하여라.

물론 [표 6.1]과 [표 6.2]는 단순하고 인위적이다. 세계경제는 2개 이상의 재화와 서비스를 생산하고 2 국가보다 더 많이 구성되어 있다. 무역 장벽이 존재할 수 있고 시장에 재화

베트남의 저노임, 비옥한 토지 그리고 풍부한 강수량으로 인하여 쌀 재배에 비교우위가 있다. 베트남은 태국에 이어 2번째로 큰 쌀 수출 국가이다.

degist/Fotolia

를 운송하기 위해 지불하고 그리고 재화생산을 위하여 노동 이외 다른 것을 투입하고 있다.

더 중요한 것은 세계경제에서 거래수단으로 통화를 사용하고 있다는 점이다. [표 6.3]에서 무역에 대한 논의를 하는데 통화를 도입하고 다음과 같은 가정을 포함하고 있다.

1. 프랑스와 일본에서 세계 라디오와 포도주에 대한 노동시간당 산출량은 [표 6.2]와 같다.
2. 프랑스에서 시간당 노임률은 €12이다.

BRINGING THE WORLD INTO FOCUS

링컨(Lincoln) 오류

수 세기 동안 해외 무역정책은 정치가, 전문가 그리고 대학교수들에 의하여 논쟁되고 있다. 자유무역의 지지자들은 국내 무역과 해외무역을 거의 구분하지 않고 있다. 만일 동일한 국가에서 두 거주자들 사이에 재화, 서비스, 그리고 자산에 대해 자발적인 거래가 조성되면 거래한 두 당사자들은 혜택을 받게 되기 때문에, 같은 논리로 국내 거주자와 해외 거주자들 사이에 자발적 거래에 적용하여도 진실이 된다. 그러나 다른 그룹들은 정부 정책은 해외 생산자에 대하여 국내 생산자들 유리하게 하여야만 한다고 주장하고 있다. 이들의 관점에서, 해외 무역은 해외국가들의 경제를 확립하게 하고 반면 국내경제를 약화시킨다는 것이다. 예컨대, 애브라햄 링컨(Abraham Lincoln)은 이러한 입장

(계속)

을 그의 분명한 특성으로 드러냈다: "나는 이것에 대해 잘 알고 있습니다. 해외에서 제조한 제품을 구매하면, 우리는 재화를 받게 되고 외국인은 돈을 받게 됩니다. 국내에서 제조한 제품을 구매하면 우리는 재화와 돈 모두를 받게 됩니다."

링컨의 연설은 국민들의 일자리 기회를 촉진시켜 주고 국가경제를 강화시키는 것에 관련된 애국자들에게 상식적인 연설로 들렸을지 모르만, 반면 무역 전문가들은 그의 주장이 오해를 불러일으키고 불완전하다는 것을 알고 있다. 외국에서 제조한 재화를 구매하여 해외로 돈을 송금하는 반면 국내에서 제조한 재화를 구매하여 돈을 자국에서 보유한다는 주장은 링컨이 옳다. 그의 논점에서 고려하지 못하는 것은 원천 즉 재화를 창출하는 데 필요한 생산요소이다. 국내에서 생산된 재화를 구매할 때 노동, 토지, 그리고 자연자원과 같은 국내 생산요소들이 소비되어야 하고 그래서 다른 사용으로 쓰지 못하여야 한다. 외국인에 의하여 생산된 재화를 구매할 때 국내 생산요소는 다른 목적으로 사용되도록 하고 외국 자원이 사용되어야 한다. 물론 아담스미스와 데이비드 리카도와 같은 옹호자의 시각에서 이것은 자유무역의 혜택이다: 국가가 비교우위를 가지는 재화를 생산하는 데 국가가 국내 자원을 분배하게 하는 것이다.

그래서 더 완전하고 적절한 분석일 수 있다: "국내에서 생산된 재화를 구매할 때, 재화와 돈을 받게 되는데, 그런데 이러한 것을 하기 위해 다른 재화를 생산하는데 사용할 수 있는 국가의 자원을 사용하여야만 한다. 해외에서 제조된 재화를 구매할 때, 재화를 받고 다른 한편 이 재화를 국내 생산에 필요한 자원을 보유하는 것이다: 외국인은 우리의 돈을 받고 우리에게 판매한 재화를 만든 자원을 소비하여야만 한다." 만일 해외 무역 상대자와 함께 비교우위가 있는 재화생산에 특화를 하기 위해 자유롭게 자원을 사용한다면 우리와 우리 무역 상대자 모두 국제무역에 참여한 후에 더 많은 재화를 소비하게 될 것이다.

특화와 무역으로부터의 이득은 대부분 일상생활을 어떻게 보내고 있는가 하는 것을 반영한 것이다. 생산자로서 배관공으로 배수구를 제거하거나 컴퓨터 프로그래머로 코드를 쓰고 있거나 하는 단일 서비스를 공급하는데 전문화하면서 주당노동일을 보내고 있다. 소비자로서 다른 전문가들이 소비하는 거의 모든 것을 구매한다. 식품을 얻기 위해 슈퍼마켓의 식료잡화점들에게 돈으로 거래하고; 옷을 구하기 위해 의류 소매상에서 진이나 셔츠를 돈으로 거래한다. 식료품 잡화상에서 식품을 구매할 때 우리는 식품을 받고 식료품 잡화상은 돈을 받고 이러한 거래를 통하여 우리 모두 혜택을 받는다. 만일 우리가 식품을 재배하게 되면 이러한 일을 하는데 더 많은 시간과 노력을 하여야 하고 컴퓨터 일이나 배관 일을 하는 시간을 줄이게 된다. 만일 전문적으로 생산하는데 에너지에 많이 초점을 두고 다른 사람이 생산한 재화와 서비스를 거래하면서 대부분 일상 생활수준을 더 높이는 일을 신속히 결정하게 된다. 이러한 개념을 개인과 마찬가지로 국가에 적용하여 보자. 비교우위에 있는 재화생산에 특화하여 자유롭게 거래하면 그 국가의 생산은 증대하고 그래서 시민들이 더 많이 소비하게 되고 만일 거래가 관세, 쿼터 그리고 다른 장벽으로 제한되어 있을 때보다도 더 높은 생활수준을 가지게 될 것이다.

표 6.3 통화를 고려한 비교우위 이론: 사례

	프랑스에서 재화의 비용		일본에서 재화의 비용	
	프랑스 산	일본 산	프랑스 산	일본 산
포도주	€3	€8	¥375	¥1,000
시계 라디오	€2	€1.6	¥250	¥200

주: 예컨대, 프랑스 노동의 1시간 가치는 총비용 12유로나 병당 3유로의 평균비용에 포도주 4병을 생산할 수 있다. 유로화당 125엔 환율로 프랑스산 포도주 1병은 375엔(375 = 3 × 125)

3. 일본에서 시간당 노임률은 ¥1,000이다.

4. 1€의 가치는 ¥125이다.

이러한 가정에서 무역이 없다면 프랑스에서 포도주 1병의 값은 €3이고 ¥375과 같은 가치를 가지며, 시계 라디오비용은 €2이고 ¥250의 가치와 같다. 일본에서 포도주 1병의 값은 ¥1,000(€8)이고 시계 라디오의 비용은 ¥200(€1.60)이다.

이 경우 프랑스와 일본에서 개인 기업의 이익(또는 이윤을 위한 기회)을 위해 무역이 발생하게 된다. 파리 주요 백화점인 갈러리 라파에트(Galeries Lafayette) 구매업자들을 가정하여 보면, 구매업자들은 프랑스에서 시계라디오가 €2인데 일본에서 동일한 것이 단지 €1.60이라는 것을 알게 된다. 이 재화의 비용을 낮게 유지하기 위해, 이 구매업자들은 일본에서 값이 싼 시계 라디오를 일본에서 주문하여 비싸게 팔리는 프랑스에 팔게 될 것이다.

수 세기동안 불르바르드 하우스만에 소재하면서 파리사람들을 사로잡은 우아한 갈러리 라파에트 백화점(Galeries Lafayette department) 매장은 세계 전역에서 온 국제쇼핑객이 원하는 패션과 디자인으로 매력을 끌고 있는 곳이다.

Zandra Pustay

따라서 비교우위법칙에서 예견한 바와 같이 시계라디오는 일본에서 수출하고 프랑스에서 수입하게 된다. 마찬가지로 일본 포도주 유통 상인들은 일본에서 포도주 1병에 ￥1,000이나 동일한 가치가 있는 것이 프랑스에서 단지 ￥375이라는 것을 알게 된다. 가능한 이 재화의 비용을 유지하면, 일본 포도주 유통구매 상인들은 싼 프랑스에서 포도주를 구입하여 비싼 일본에서 팔게 될 것이다. 비교우위 법칙에서 예견한 것과 같이 포도주는 프랑스에서 수출하게 되고 일본에서 수입하게 될 것이다.

이러한 사업가들은 비교우위 이론에 대해 어떤 것을 알 필요는 없다. 이들은 단지 두 시장에서 가격 차이가 있다는 것을 보았고 가능한 최저 비용으로 공급 받기를 원하는 기준을 사업 의사결정으로 하였다. 그래서 자유 시장에서 형성된 가격은 국가의 비교우위를 반영하기 때문에 이들은 비교우위 혜택을 받고 있다.

상대적 요소부존

비교우위 이론은 더 광범위한 문제를 유발하고 있다: 국가가 비교우위를 가지기 위해 어떠한 것을 생산할 것인가? 이러한 질문에 답을 하기 위하여, 두 스웨덴 경제학자인 엘리 핵셔(Eli Hecksher)와 베르틸 오린(Bertil Ohlin)이 **상대적 요소 부존 이론(theory of relative factor endowments)**을 개발하였고 오늘날 종종 **헥셔–오린 이론(Heckscher-Ohlin theory)**이라고도 한다. 이 경제학자들은 두 가지 기본적인 관찰을 하였다.

1. *요소부존(또는 자원의 유형)*은 국가들 사이에 변한다. 예컨대 아르헨티나는 비옥한 토지를 가졌고, 사우디 아라비아는 거대한 원유를 보유하고 있고 방글라데시는 많은 미숙련 노동력을 지니고 있다.
2. *생산에 사용될 수 있는 요소의 유형에 따라 재화는 다르다.* 예컨대, 밀을 생산하기 위하여 비옥한 토지, 원유생산을 위하여 원유유전 보유 그리고 의류제조를 위하여 미숙련 노동력이 필요하다.

이러한 관찰을 통하여, 헥셔와 오린은 그들의 이론을 개발하였다: 국가는 자원(생산요소)을 집약적으로 사용한 재화생산에 비교우위가 있다. 그래서 아르헨티나는 비옥한 토지가 풍부하기 때문에 밀을 재배하는데 비교우위를 가지고 있다; 사우디 아라비아는 풍부한 원유보유를 하고 있기 때문에 원유생산에 비교우위를 가지고 있다; 그리고 방글라데시는 풍부한 미숙련 노동 때문에 의류제조에 비교우위가 있다.

헥셔−오린 이론은 국가에서 상대적으로 풍부한 생산요소를 집약적으로 사용할 수 있는 재화를 수출하여만 된다는 의미이다. 제2차 세계대전 이후 경제학자 워시리 레온티에프(Wassily Leontief)가 경제부문 간에 상호관계를 측정하는 수리기법인 투입산출 분석을 이용하여 이론이 실증적으로 검증되었다. 레온티에프는 미국은 자본이 풍부하고 노동이 희소한 경제였다고 생각하였다. 그래서 헥셔-오린 이론에 따라 미국은 화학물품과 철강재와 같은 자본집약 재화를 수출해야만 하고 의류와 신발과 같은 노동집약적 재화를 수입하여야 된다고 추론하였다.

레온티에프는 그의 미국경제 투입산출 모형을 사용하여 1947년에 미국에서 1백만 달러어치의 수출과 수입에 대한 "총 거래"에 필요한 노동과 자본을 추정하였다([그림 6.3] 참조). (각 총 거래는 1947년 미국 총 수출이나 수입의 평균가중치였다.) 그는 1947년에 미국 공장은 255만 1천만 달러의 자본과 연 182.3명의 노동 또는 연 1개인당 13,993달러의 자본을 사용하여 총 1백만 달러어치의 수출가액을 생산할 수 있다고 그는 또한 309만3천 달러의 자본과 연 170명의 연간 노동 또는 연 1개인당 18,194달러의 자본을 사용하여 그 해에 1백만 달러어치의 수입가액을 생산하는 데 사용하였다. 그래서 미국 수입은 미국 수출보다 더 자본집약적이다. 수입하기 위하여 수출보다 더 연 개인당 노동의 자본을 4,201

그림 6.3
1947년 미국 수출입: 레온티에프(Leontief) 역설

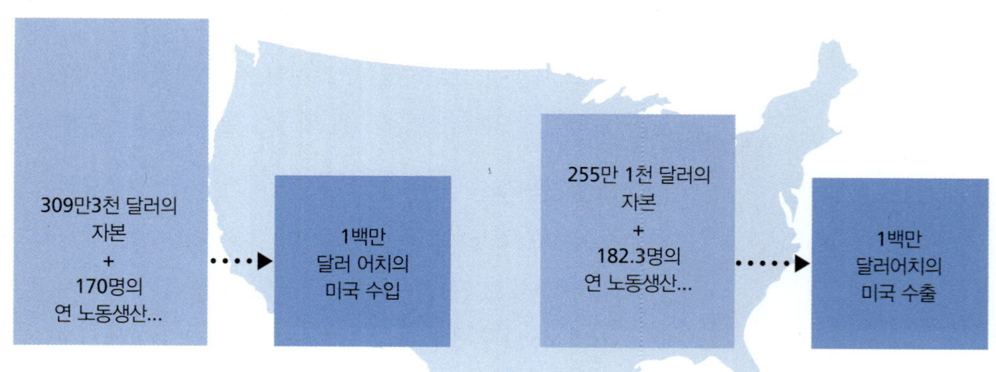

달러($ 18,194 − $ 13,993)를 더 사용하였다.

이러한 결과는 헥셔−오린 이론의 예측과는 일치하지 않았다: 미국 수입은 미국 수출보다 거의 30%이상 더 자본집약적이었다. 경제학의 전문가로서 혼란스러웠다. 헥셔−오린 이론은 직감적이나 레온티에프가 관찰한 것은 이 이론의 기대와는 반대였다. 그래서 **레온티에프의 역설(Leontief paradox)**이 탄생하게 되었다.

과거 60년 동안 수많은 경제학자들이 역설을 해결하기 위한 시도로 레온티에프의 초기 연구를 반복하였다. 그러한 첫 연구는 레온티에프 자신에 의해 수행되었다. 그는 세계 2차대전 이후 세계경제는 아주 많이 회복되었기 때문에 무역흐름이 1947년에 왜곡되었다고 생각하였다. 1951년 자료를 사용하여 그는 미국 수입이 미국 수출보다 6% 더 자본집약적이었다는 것을 발견하게 되었다. 이러한 수치는 그의 처음연구보다 적었지만 여전히 헥셔-오린 이론에서 예견한 것과는 일치하지 않았다.

다른 경제학자들은 레온티에프의 연구에서 측정문제로 결함이 발생한 것이라고 주장하고 있다. 레온티에프는 생산의 동질적인 2요소: 노동과 자본이 있다고 가정하였다. 그런데 토지, 인적 자본 그리고 기술과 같은 생산의 다른 요소들이 존재하는데 레온티에프의 분석에서는 이러한 것이 포함되어 있지 않았다. 이러한 요소를 포함하지 않았기 때문에 미국 수출입의 노동 집약도를 잘못 측정할 수 있었다. 수많은 미국 수출품은 토지 집약적(농산물과 같은 것)이거나 인적 지식(컴퓨터, 항공기 그리고 서비스) 집약적이다. 미국 주도 수출업자의 하나인 보잉에서 판매된 제품을 고려하여 보면, 레온티에프의 접근방식은 물리적 자본(설비, 물적 자산 그리고 장치)과 보잉 항공기를 제작하는 물리적 노동만 측정하고 기업운영에서 인적 자본과 기술의 역할을 적절하게 계산하지는 못하였다. 아직도 인적 자원(항공기를 조립하는 고도의 숙련된 기계공과 항공기를 설계하는 잘 교육된 엔지니어)과 기술(세계에서 가장 큰 조립라인을 통제하는 세밀한 경영기술)이 단순한 물리적 자본과 물리적 노동보다 보잉의 성공에 더 중요하다. 국제무역 유형을 결정하는 다른 생산요소가 작동하는 역할을 레온티에프의 측정 실패로 인하여 역설적 결과가 초래하였을 수가 있다.

In Practice

- 국가기준 무역이론은 국제시장에서 국가의 경쟁력을 설명하는 기준으로 국가자원에 초점을 두고 있다.
- 비교우위이론으로 어떤 국가가 다른 국가보다 더 생산적인 재화를 수출하고 있는지를 예측할 수 있다.

추가 고려 사항: 그룹프로젝트에서 업무를 할당할 때나 일상생활에서 "비교우위"를 사용하고 있는가?

6.3 현대 기업기준 무역이론

세계 2차대전 이후 국제기업연구는 국제무역을 촉진시키는 국가보다 기업의 역할에 초점을 두었다. 기업기준 이론은 다음과 같이 여러 가지 이유로 개발되었다: (1) 전후 국제경제에서 MNCs의 중요성 증대; (2) 국제무역의 존재와 성장을 설명하고 예측할 국가기준 이론의 무능력(다음 절에서 정의함); 그리고 (3) 레온티에프와 다른 연구자들이 실증적으로 국가기준 헥셔-오린이론을 입증하는데 실패. 국가기준 이론과 달리 기업기준 이론들은 질, 기술, 상표 그리고 고객 충성도와 같은 요소들을 무역흐름의 설명에 포함시키고 있다. 왜냐하면 기업들은 국가와 달리 국제무역을 위한 대리인들이고 새로운 이론이 수출과 수입을 촉진시키는 데에서 기업의 역할을 개발하고 있다.

제품수명주기 이론

제품수명주기 이론(product life cycle theory)은 원래 마케팅분야에서 제품성숙으로 마케팅전략과정을 설명하기 위해 사용한 것을 하버드 경영대학원의 레이몬드 버논(Raymond Vernon)이 기업기준의 국제무역이론(그리고 국제투자에서 볼 수 있는 것과 같이)을 개발하기 위해 수정되었다. 국제 제품수명주기 이론은 국제 생산, 무역 그리고 투자 의사결정에서 글로벌 라이벌의 혁신, 시장 확장, 비교우위 그리고 전략적인 대응에 대한 역할을 추적하고 있다. 버논의 이론에 따라, [그림 6.4]에서 예시한 것과 같이, 국제 제품수명주기는 3단계인 신 제품, 성숙제품 그리고 표준제품으로 구성되어 있다:

1단계에서, *신제품 단계*, 기업은 국내시장에서 감지한 요구에 부응하여 복사기나 개인용 컴퓨터와 같은 혁신제품을 개발하고 도입한다. 제품이 새롭기 때문에, 혁신적인 기업은 제품에 대한 시장 수익성이 있을지가 불확실하다. 기업의 마케팅 임원들은 새로운 제품이 고객의 욕구를 만족시키는 것을 확인하기 위해 고객의 반응을 면밀히 관찰하여야만 한다. 신속한 시장 피드백이 중요하고 그래서 제품이 전형적으로 일본, 독일 또는 미국과 같은 선진국으로, 제품에 대한 연구와 개발이 일어난 국가에서 처음으로 생산될 수 있다. 더구나 시장규모가 역시 불확실하기 때문에 기업은 보통 제품에 대한 제조능력을 최소화하는 투자를 하게 될 것이다. 대부분 초기 생산된 것은 국내시장에서 판매되고 그리고 수출판매는 제한된다.

예컨대, 개인용 컴퓨터산업의 초기시절에 산업에 인구가 많은 소생산자들 이 제품에 대한 급성장하는 수요를 맞추기 위해 완전 가동을 하였다. 애플컴퓨터(Apple Computer)는 이러한 문제를 대표하고 있었다. 1976년 4월 만우절에 창립하여, 초기 조립공장은 공동창립자인 스티브 잡스(Steve Job)의 차고지에 위치하였다. 미국 본국제조 애플컴퓨터의 첫 대량주문은 현지 컴퓨터 취미전문 가계로부터 50대였는데, 필요한 부품을 살 자금조달이 되지 않아 애플이 거의 파산하였다.[4] 애플은 창설된 곳인 캘리포니아의 실리콘 벨리(Silicon Valley)에서 양성이 가능한 환경 때문에 소생하였다. 휴렛패카드(Hewlett-Packard), 인텔(Intel) 그리고 국가 반도체와 같은 주요 전자기업의 본토로 실리콘 벨리는 "제2의 제록스(Xerox)"를 찾는 벤처 자본가들과 애플제품을 설계하고 조립할 수 있는 전자 엔지니어들이 가득하였다. 애플판매가 1976년에 제로에서 1978년 780만 달러 그리고 2012년 1,560억 달러로 성장하게 한 완전한 지역이었다.

2단계에서, *성숙제품단계*, 제품에 대한 수요는 고객이 그 제품의 가치를 인식하게 되어

그림 6.4

국제제품 수명주기

자료: Raymond Vermon and Louis T. Wells, Jr., *The Economic Environment of International Business*, 5th ed. (©1991, p. 85. Adapted by permission of Prentice Hall, Upper Saddle River, NJ).

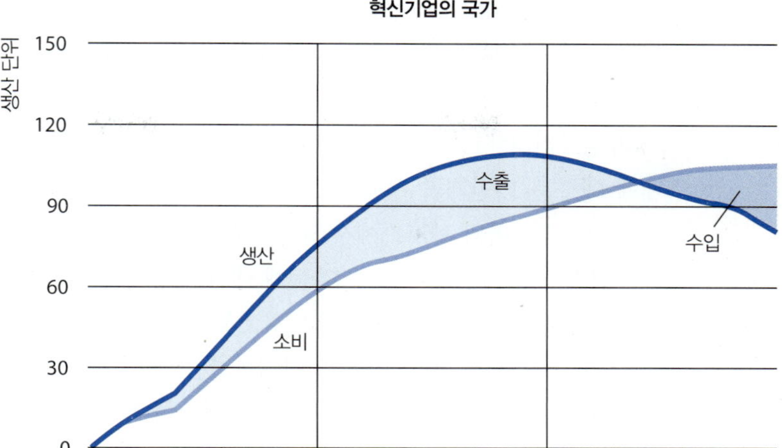

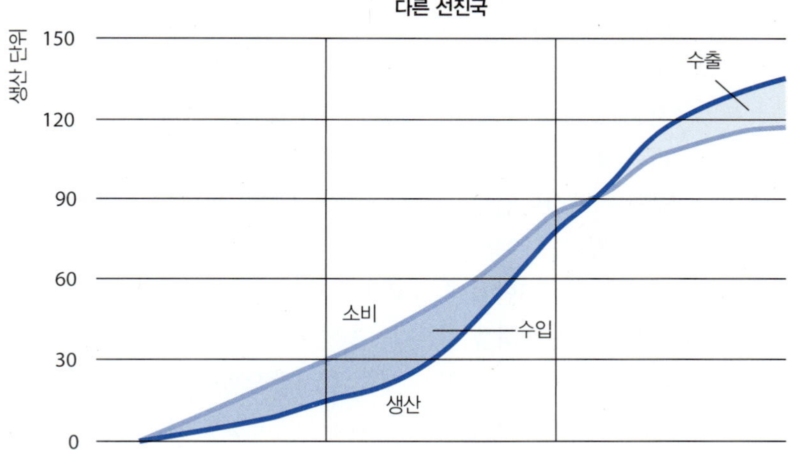

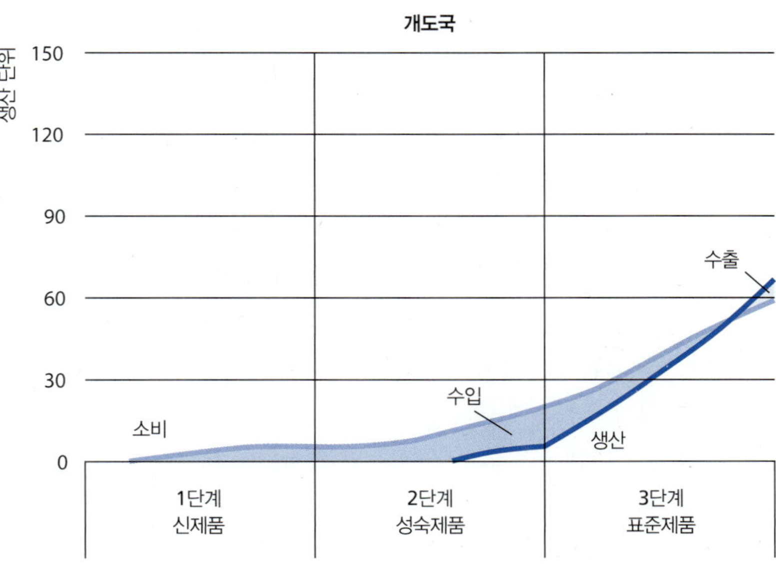

극적으로 확대되고 있다. 혁신 기업은 생산능력을 확대하기 위해 새로운 공장을 건설하고 그리고 제품에 대한 국내와 외국 수요를 만족시키게 된다. 수익성이 좋은 이윤전망으로 유인되어 국내와 외국 경쟁자가 나타나기 시작한다. 애플의 경우, 1977년의 봄에 샌 프란시스코 컴퓨터 전시회에 애플Ⅱ, 2번째 모형을 손으로 조립한 버전으로 출시하였다. 3년 이내에 애플은 13만개를 판매하였고 잡스의 차고지에서 떠나 생산시설을 확장하였다. 애플Ⅱ는 캘리포니아와 텍사스에서 제조되었고 미국과 네덜란드에 있는 창고에서 유통되었다.

3단계에서, *표준제품단계*, 제품에 대한 시장은 안정된다. 제품은 더 상품화되고 그리고 기업은 낮은 노임국가에 생산설비를 가능한 옮겨 제조비용을 낮추라는 압력을 받게 된다. 그 결과, 제품은 혁신기업의 본국(또는 기업이나 그 경쟁자) 시장으로 수입되기 시작한다. 어떤 경우, 수입으로 인하여 국내생산이 완전히 제거되는 결과가 올 수 있다.

개인용 컴퓨터 산업은 표준제품단계에 진입하였다. 레노보(Lenovo)와 같은 중국 컴퓨터 회사와 아수스텍(Asustek), 혼 하이(Hon Hai), 따퉁(Tatung) 미텍 인터내셔날(Mitac International), 그리고 퍼스트 인터내셔날(First International)과 같은 대만 제조업자는 미국의 가계이름이 아니면서 미국과 다른 국가로 연간 수백만 대 개인용 컴퓨터를 수출하면서 이들 대부분 애플, 델(Dell), HP와 같은 주도 PC 판매상과 계약하여 생산하고 있다. 이러한 조정은 제품수명주기 전형적 단계에서, 상대적으로 낮은 비용으로 제조하는 입지로 알맞게 생산이전하나 혁신국가에서 상표와 마케팅 기능이 유지되는 것이 이루어진다.[5]

국제 제품수명주기 이론에 따라, 국내생산은 1단계에서 시작하여, 2단계에 정점을 이루고 그리고 3단계에 침체하게 된다. 혁신기업의 국가에서 수출은 또한 1단계에서 시작하고 2단계에 절정을 이룬다. 그러나 3단계에는 혁신기업의 국가는 제품의 순 수입국가가 된다. 다른 선진국 기업이 제품의 시장잠재력을 인식하고 제1단계 끝에 외국기업과의 경쟁이 나타나기 시작한다. 2단계에서 외국경쟁자는 생산능력을 확장하고 그래서 그들 본국시장의 증대된 몫에 서비스를 제공하고 아마 순 수출을 시작하게 된다. 2단계에서 경쟁이 심화되고 그런데 혁신기업 그리고 그 기업의 국내와 외국의 라이벌은 후진국가의 저비용 생산지로 이동하여 생산비용을 낮출 수 있는 곳을 탐색하고 있다. 결국, 3단계에서, 후진국은 제품의 순 수출국가가 될 수 있다.

국가유사성 이론

비교우위 이론과 같은 국가기준 이론들은 국가들 사이에 산업간 무역을 설명하는데 좋은 일거리이다. **산업간 무역(interindustry trade)**은 프랑스 포도주와 일본 시계 라디오를 교환하는 것처럼 국가A의 한 산업에서 생산된 재화와 국가B의 다른 산업에서 생산한 재화를 교환하는 것이다. 아직도 대부분 국제무역은 **산업내 무역(intraindustry trade)**으로 구성되고 있는데 즉 같은 산업에서 생산된 재화에 대한 2 국가간의 무역이다. 예컨대 일본은 도요타를 독일로 수출하고 반면 독일은 BMW를 일본으로 수출한다. 산업내 무역은 세계무역의 약 40%로 생각하고 있고 국가기반이론에 의해 예견되지 않았다.

1961년에 스웨덴 경제학자 스테판 린더(Steffan Linder)은 산업내 무역현상을 설명할 수 있는 것을 찾았다. 린더는 제조품의 국제무역이 같은 경제발전 단계에 있는 국가의 소비자들 사이에 있는 선호의 유사성 결과로부터 발생된다고 가정하였다. 그의 관점에 따르면, 기업은 처음에 기업의 국내시장을 위해 서비스를 제공할 재화를 제조한다. 수출 기회를 개발할 때, 가장 유망한 외국시장은 소비자 선호가 그들 자신의 국내시장과 비슷한 국가이다. 일본시장은, 예컨대, 부유하고, 권위적이며, 그리고 성과지향적인 자동차 구매자들과 유사한 BMW를 공급하고 있다. 독일 시장은 질을 의식하고 가치지향적인 고객들에게 도요타를 공급한다. 각 회사가 다른 국내시장을 목표로 할 때, 산업내 무역이 발생된다. 린더의 **국가 유사성이론(country similarity)**은 제조한 재화의 대부분 무역이 국가간에 1인당 국민소득이 유사한 국가들 간에 이루어져야 하고 제조된 재화에 대한 산업간 무역은 일반적이다. 이 이론은 자동차, 값비싼 전자 장비 그리고 개인 의료 제품과 같은 **차별화된 재화**에 대한 무역을 설명하고 특히 소비자의사결정에서 그 재화의 상표이름과 제품평판이 중요한 역할을 하기 때문에 유용하다. (석탄, 석유 그리고 사탕과 같은 **차별화되지 않은 재화**는 그들 상표와 제품 평판을 위한 것이고 소비자 구매의사결정에 최소역할을 하는 것이다.)

신 무역이론

소위 신 무역이론은 엘하넨 헬프맨(Elhanen Helpman), 폴 크루그만(Paul Krugman),[6] 그리고 캘빈 랜 캐스터(Kelevin Lancaster)[7]에 의하여 개발되었는데, 1970년대와 1980년대에 차별화된 재화로 규모의 경제가 무역에 영향을 미치는 것을 포함하여 린더의 분석을 확장하였다. **규모의 경제(economies of scale)**는 기업 재화의 산출량이 증가함에 따라 재화 생산의 평균비용이 감소하여 발생하는 것이다. 자동차의 제조와 마케팅이 규모의 경제로 혜택을 받는다고 생각하여보자. 만일 BMW와 도요타 모두 그들의 본국시장을 넘어서 판매가 확장된다면 각자 낮은 평균비용으로 혜택을 받을 수 있고 각자 더 작은기업에 비하여 경쟁을 개선할 수 있을 것이다. 규모의 경제가 중요한 산업에서 기업이 특히 공격적으로 그 산업의 국내시장을 넘어서게 될 것이다.

린더의 접근과 마찬가지로, 신무역이론으로 산업내 무역이 일반화될 것이라고 예측하고 있다. 또한 동일 산업내에 있는 케터필러와 고마쯔, 유니레버와 P&G, 그리고 에어버스와 보잉과 같은 MCN는 규모의 경제를 포착하기 위해 글로벌기준으로 서로 지속적으로 쫓고 쫓기는 게임을 하게 될 것이다. 종종 MCN들은 그들 자신의 힘을 미치게 하고 그들의 라이벌을 무력화하게 하는 수단으로 즐기게 되는 어떤 지속가능한 경쟁우위를 활용하고자 한다.

글로벌시장에서 경쟁하는 기업은 지속가능한 경쟁우위를 얻기 위해 여러 가지 방법을 가지고 있다. 가장 더 일반적인 것은 지적재산권 보유, 연구개발(R&D) 투자, 범위의 경제 획득, 그리고 경험곡선 개발 등이다. 다음에 이러한 선택에 대해 논의할 것이다.

지적재산권 소유 지적재산권—상표, 상호, 특허 또는 출판권—을 소유한 기업은 종종 그의 경쟁자들에 비해 우위가 있다. 예를 들어, 아일랜드의 워터포드 웨지우드회사(Waterford Wedgwood Company)와 프랑스의 루이뷔통은 권위적인 상표로 그들의 상류계층용 고급제품에 프리미엄 가격을 부과하고 있다. 그리고 코카콜라와 펩시는 세계적으로 고객을 위해 그들의 상호와 상표로 경쟁을 하고 있다.

연구개발(R&D) 투자 R&D (research and development)는 고기술 제품의 총비용에서 중요한 구성요소이다. 예컨대, 에어버스(Airbus)는 신형 슈퍼점보 제트기인 A380항공기 개발에 120억 달러 이상 사용하였다. 컴퓨터 기업, 제약회사, 그리고 반도체 산업은 또한 그들의 경쟁을 유지하기 위해 R&D에 거액을 쓰고 있다. 이러한 소위 "진입"비용 때문에 다른 기업들이 기존 기업과 경쟁을 하여 머뭇거리게 된다. 그래서 처음 진입한 기업은 종종 선도-주자 우위의 이득을 누리고 있다.

그러나 지식은 국적이 없다. 선두에 미리 투자하고 선두 우위를 확보한 기업은 R&D에 집약적으로 투자한 상품에 대한 세계시장에서 지배적으로 기회를 가지고 있다. 그래서 국가 경쟁과 무역흐름은 필요한 R&D지출을 한 기업에 의하여 결정된다. 왜 EU는 상업용 항공기의 대형 수출국인가? 왜냐하면 에어버스는 새로운 항공기를 개발하는데 필요한 대형 자금을 기꺼이 사용할 수 있는 몇몇 기업들중에서 하나이고 유럽에 본사가 있기 때문이다.

대단위 국내시장이 있는 기업들은 첨단기술 시장에서 이들은 고객으로부터 더 신속하고 풍부한 피드백을 종종 받을 수 있기 때문에 외국경쟁자들에 대하여 우위를 가지고 있다. 이러한 피드백으로 기업은 R&D노력으로 미세조정을 할 수 있고 기업들이 국내 고객의 욕구를 더 잘 맞출 수 있다. 이러한 지식을 외국 고객에게 제공하는 데 사용할 수 있다.

예컨대, 미국 몬산토(Monsanto)와 엘리 리리(Eli Lilly)와 같은 농업용 화학물 생산자는 콩살충제 개발에서 일본 경쟁업자에 대해 우위를 가지고 있는데 이는 이러한 살충제에 대한 미국시장은 크고 그런데 일본시장은 좁기 때문이다. 미국 살충제시장에서 획득한 지식으로 쉽게 일본 농부들의 욕구를 맞추기 위해 쉽게 이전할 수 있다.

범위의 경제 달성(achieving economies of scope) 범위의 경제는 국제시장에서 지속적인 경쟁우위를 획득할 수 있는 다른 기회를 제공하고 있다. 범위의 경제는 기업이 판매하고 있는 다른 제품의 수가 증가함으로서 이 기업의 평균비용이 감소할 때 일어난다. 범위의 경제를 달성할 수 있는 기업은 낮은 평균비용을 향유할 수 있고, 이러한 것이 기업에게 글로벌 라이벌에 대하여 경쟁우위를 주게 된다. e-소매업자인 아마존닷컴(Amazon.com)을 보면 이 기업은 규모와 범위 경제, 모두의 혜택을 받고 있다. 이 기업은 웹사이트를 개발하여 유지하고 그리고 고객 기초자료를 확보하는 데 거대 금액이 들어갔다. 이러한 비용의 대부분은 고정되어 있기 때문에 기업의 매출신장으로 매출당 평균비용이 내려간다. 규모의 경제를 유도하는 거래량을 파악하기 위해 아마존닷컴은 운영을 국제시장으로 확대하게 되었다. 게다가 추가적 제품라인에서 웹사이트에 더 들어가는 한계비용은 상대적으로 적었다. 따라서 이 기업은 범위의 경제를 달성하기 위해 서적에서부터 컴팩 디스크, DVD, 수많은 다른 제품으로 확대하였다.

경험곡선 개발(exploiting the experience curve) 국제무역에서 특정 기업에 우위가 있게 할 수 있는 다른 원천이 경험곡선의 개발이다. 기업이 제품을 제조하는 데 더 많은 경험을 얻어서 어떤 제품 유형은 생산비용이 감소할 수 있다. 경험곡선이 이러한 의미가 있어 어떤 산업에서 기업들이 글로벌 경쟁을 하는데 운영하고 있다. 예컨대, 반도체 칩 생산에서 기업의 누적 칩 생산을 각각 두 배로 하여 단위 원가를 25%에서 30%로 절감하는 것은 드물지는 않다.[8] DRAM메모리 칩과 같은 소위 상품용 칩이라는 저비용 생산자가 시도하는 것으로 만일 기업의 라이벌이 생산한 것 보다 경험곡선에 따라 이동하여 기업이 생산한다면 기업의 목표에 도달하게 된다는 것이다. 미국과 아시아 칩 제조업자들 모두 현재 생산원가 이하로 종종 신제품의 가격을 책정하게 되는데, 이는 제조업자들이 미래에 생산원가를 낮출 수 있는 생산경험을 할 수 있도록 사전에 필요한 판매량을 맞추어 생산하는 것이다. 제조기술 선도, 기업의 공격경영 전략, 가격 삭감 전략 때문에 하이닉스(Hynix)와 삼성(Samsung)과 같은 아시아 반도체 제조업자들이 저비용에 표준화된 반도체 칩 생산을 주도하고 있다.[9] 마찬가지로 인텔(Intel)과 어드벤스드 마이크로 디바이스(Advanced Micro Devices)와 같은 미국 혁신적인 반도체 기업들은 더 새로운 마이크로 컴퓨터의 두뇌역할을 형성하는 고가의 독점적인 칩의 생산을 주도하기 위해서 경험곡선을 활용하고 있다.

포터의 국가경쟁력 이론

하버드 경영대학원 마이클 포터(Michael Porter) 교수의 **국가경쟁우위 이론(theory of national competitive advantage)**은 국제무역이론에 최근에 추가된 것이다. 포터는 국제무역에서 성공은 국가의 4가지—기업 특정 요인: 요소 조건; 수요조건; 연관된 지원 산업; 그리고 기업 전략, 구조, 경쟁관계—상호작용으로 일어난다고 믿고 있다.

요소 조건(factor conditions) 생산에서 국가의 부존요소가 국제적으로 경쟁할 수 있는 능력에 영향을 미치고 있다. 부존요소는 헥셔-오린 이론의 핵심이지만 포터는 고전적인 무역이론에서 고려하는 토지, 노동, 자본과 같은 기본적 요인을 넘어서 국가 인프라의 질과 노동력의 교육수준과 같은 더 진보적인 요소를 포함하고 있다. 그의 저서에서 훈련, 연구, 그리고 혁신을 통하여 요소를 창출하는 역할을 강조하고 있다.

수요조건(demand conditions) 크고 민감한 국내 소비자 기준이 존재하여 기업들이 국내시장에서 지배경쟁을 하게 하는 혁신제품의 개발과 유통을 종종 촉진하고 있다. 그런데 국내 소비자의 욕구회의에서 기업들은 역시 국제적으로 마케팅을 할 수 있는 제품을 개발하고 미세조정하고 있다. 그래서 개척적인 기업들은 마찬가지로 국제경쟁자들에 앞서 있을 수 있다. 예컨대, 일본 소비자 전자 생산업자들은 소니, 도시바 그리고 마쓰시타와 같은 최대 전자업체상품을 구매할 수 있는 일본의 대형, 부유한 중산층의 기호 때문에 국제적으로 경쟁의 첨단을 유지하고 있다. 국내시장에서 미세조정을 거치고 난후, 일본 디지털 카메라, 대형화면 TV 그리고 블루레이 플레이어(blu-ray player)의 신형모형들은 유럽과 북미 소비자들이 사고 싶어지게 되어 팔리게 된다. 비슷한 현상이 북미 소비자들에 의하여 인터넷과 스마트폰의 신속하게 채택한 통신시장에서도 일어나고 있고 그리고 트위터, 페이스북, 이베이 그리고 아마존과 같은 회사들이 이러한 시장의 국내와 국제적 욕구를 충족시키기 위해 새로운 제품을 개발하고 맞추기도 하면서 회사를 위한 비옥한 분위기를 창출하고 있다.

연관과 지원 산업(related and supporting industries) 산업의 출연으로 종종 현지 공급업자들이 이 산업의 생산, 마케팅 그리고 유통에 대한 욕구를 충족시키기를 원하게 자극을 네덜란드의 부자 농장과 좋은 기후조건으로 세계 최대—연간 90억 달러로 추정되는 튤립과 수선화 구근 생산자가 있다. 네덜란드 생산자들은 네덜란드 꽃 위원회(Dutch Flower Council), 네덜란드 꽃 재배 연구협회(Association of Dutch Flower Growers Research Groups)와 같은 민감한 지원 산업과 무역협회로부터 혜택을 받고 그리고 프로라 홀랜드 꽃경매(Flora Holland flower auction)에서 네덜란드 꽃 재배 경쟁을 촉진시키고 있다.

Scott Pustay

시키고 있다. 공급자들이 인접한 산업들은 이러한 공급업자들과 더 좋은 소통과 비용절약 아이디어의 교환 그리고 발명도 할 수 있을 것이다. 투입공급업자들 사이에 경쟁이 일어나서 가격을 낮추고 제품의 질이 높아지고 그리고 투입시장에서 기술혁신이 일어나, 반대로 세계시장에서 산업의 경쟁우위를 강화하게 된다. 예컨대 할리우드의 세계영상산업에서 지배적 우위에 있는 것은 배역 감독, 스턴트 코디네이터, 의상 그리고 장치 디자인너, 해체 전문가, 만화영화 제작자, 특별 효과 회사 그리고 동물 사육조련사와 같은 전문 투입공급자를 현지에서 유용할 수 있는 기반이 일부 구축되어 있다.

기업 전략, 구조와 경쟁(firm strategy, structure, and rivalry) 기업이 경쟁하는 국내환경이 국제시장에서 경쟁할 수 있는 능력을 형성하게 하고 있다. 살아남기 위해, 기업은 국내에서 치열한 경쟁을 직면하게 되어 지속적으로 비용을 줄이고 질을 높이며 생산성을 높이고 혁신적 제품을 개발하여야 한다. 이러한 방법으로 검증하여 온 기업들은 종종 국제적으로 성공할 수 있는 기법을 개발한다. 더 나아가 국내시장(예컨대, R&D, 품질관리, 상표 이미지, 종업원 훈련)에서 성공할 수 있도록 기업이 한 많은 투자는 낮은 비용으로 국제시장으로 이전될 수 있다. 이러한 기업은 해외시장을 확대할 때 첨단에 있게 된다. 그래서 포터의 이론에 따라, 일본의 자동차제조업자 그리고 소비자 전자 제조업자의 성공과 헐리우드 영상 서튜디오의 성공은 이러한 기업의 국가에서 강력한 국가경쟁에 의하여 도움을 받은 결과이다.

포터는 국가정책이 또한 기업의 국제전략과 기회에 더 미묘하게 영향을 미칠 수 있다고 주장한다. 독일 자동차시장을 생각하여보자. 독일 노동비용은 아주 높고, 그래서 독일

지도 6.1
서유럽 핵심 산업클러스터

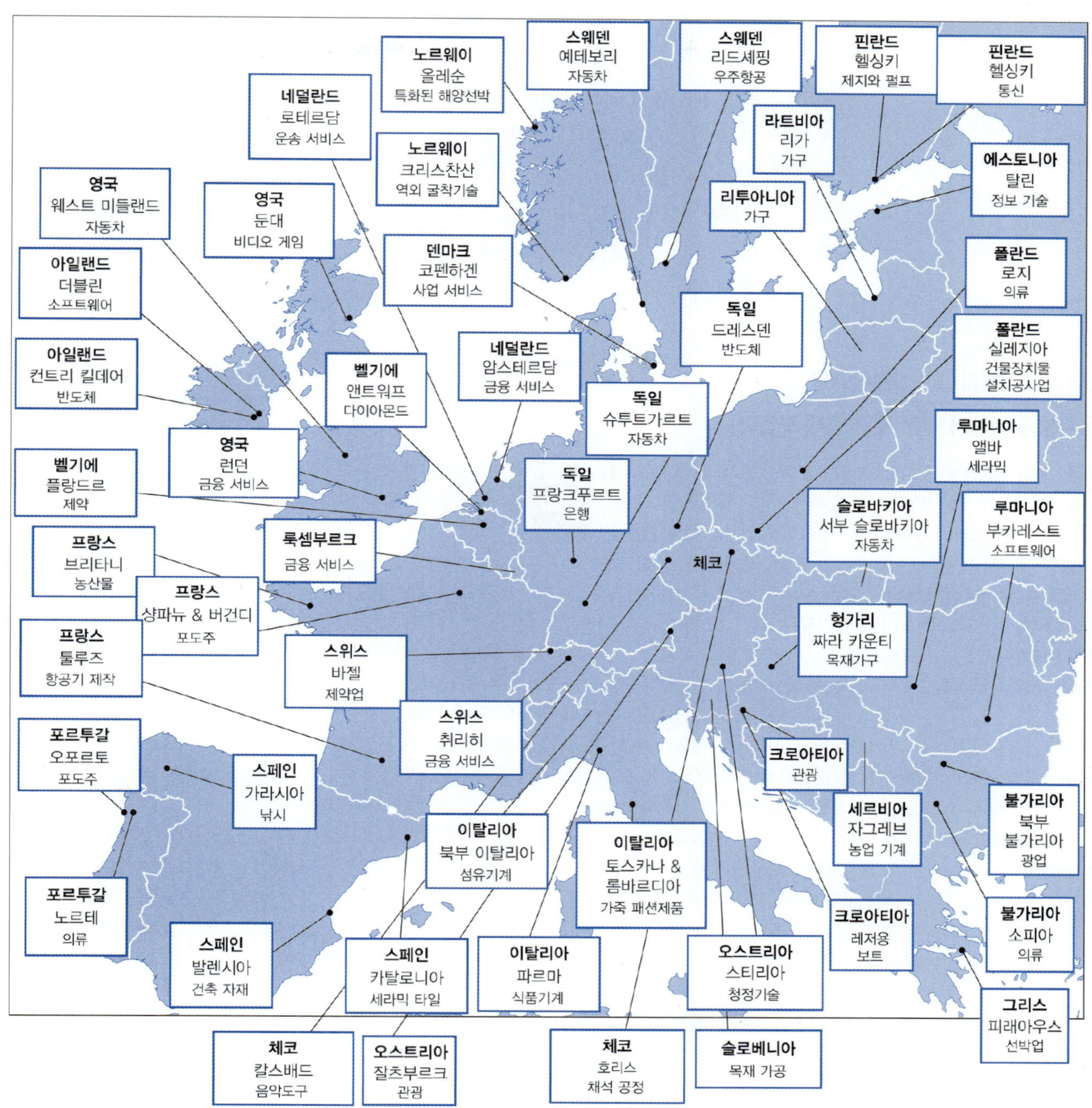

자동차제조업자들은 가격측면에서 국제적으로 경쟁을 하는 것이 어렵다는 것을 알게 된다. 대부분 자동차 애호가는 그런데, 독일의 유명한 아우토반의 많은 구간에 속도제한 규정이 없다는 것을 알고 있다. 그래서 독일 벤츠(Daimler-Benz), 포르쉐(Porsche), BMW와 같은 자동차제조업자는 경쟁의 기준으로 고속주행의 스트레스를 견디어 낼 수 있는 차대 엔지니어, 엔진, 브레이커, 그리고 서스펜션 등과 같은 질과 높은 성능을 선택을하였다.

결국, 이러한 기업들은 고성능 자동차로 세계시장을 지배하고 있다.

포터의 이론은 혼합되어 있다: 부존요소를 강조하는 전통적인 국가기준이론과 개별기업의 활동에 초점을 둔 기업기준이론을 섞고 있다. 국가(또는 그들의 정부)는 기업이 국제적으로 경쟁을 할 수 있는 능력을 도와주거나 헤치는 환경을 만드는 중요한 역할을 하고 있으나 기업들은 실제 국제무역에 참여하는 연기자들이다. 몇몇 기업들은 국제적으로 성공했다; 다른 기업은 그러지 못했다. 포르쉐, 벤츠, 그리고 BMW는 독일 고속도로에서 무한대의 속도를 허용한 독일 의사결정과 자동차산업에서 세계적인 고성능의 틈새를 잡을 수 있는 기회를 성공적으로 잡았다. 반대로 폭스바겐(Volkswagen)과 오펠(Opel)은 독일 자동차시장의 더 광범위한 중간계층에 초점을 두는 선택을 하여 궁극적으로 이들의 국제화 선택은 제한되었다.

VENTURING ABROAD

유유상종(날개가 같은 새가 함께 모인다)

무역이론의 발전에서 국가경쟁력 우위에 대한 포터의 이론도 역시 국제기업 활동의 다른 현상인 집적경제에서 발생된 산업내의 기업의 지역적 **클러스터(clustering)**가 존재하고 있다는 것을 설명하고 있다. 일정한 지역에서 기업의 수가 증가함에 따라 생산비용이 하락하여 **집적경제(agglomeration economies)**의 효과가 발생하게 된다. 이 지역에서 추가적으로 생산투입 공급자가 늘어나게 됨에 따라 가격경쟁력이 발생되고 공급자간에도 혁신이 일어나게 된다. 고객의 기반이 증가함에 따라 공급자들은 전체적으로 클러스터의 혜택을 입어 특별한 능력이나 전문화를 하게 된다. 클러스터들은 혁신과 기업가정신을 촉진시키게 된다. 경쟁이 강화되고 기업들은 살아남기 위해 그들의 제품을 개선시키고 생산성을 향상시키게 된다. 기업인들은 자세한 지역 지식네트워커에 접근할 수 있게 된다. 게다가 현지 은행과 금융업자들은 현지 산업에서 들어오고 나가는 것을 이해하게 되어 이 기업들이 대출이나 자금을 요청할 때 더 좋은 아이디어를 인식할 수 있다. 그래서 클러스터 안에 있는 기업들은 클러스터 밖에 있는 기업들보다 더 경쟁에서 중요한 이점을 향유하게 된다. 지도 6.1에서 서유럽의 핵심 산업클러스터를 보여주고 있다.

캘리포니아 로스앤젤레스에 있는 영화오락산업, 나파와 소노마 카운티를 중심으로 포도주산업, 실리콘 밸리를 중심으로 한 PC와 같은 3가지 산업을 생각하여 보자. 각 산업은 잘 시작되고 있고 지원적 부존요소와 수요조건으로부터 혜택을 받고 있다. 지역기업이 번창하고 동일업종 내에 있는 다른 기업들은 선도적인 성공한 기업을 모방할 수 있는 지역으로 유도하게 된다. 그래서 고객의 수가 확대되고 이에 따라 공급업자를 재배치하게 되는 것이다. 시간이 지남에 따라 클러스터는 강력하게 되고 클러스터에 있지 않는 기업들은 심각한 불이익이 초래된다. 최고의 감독, 영화촬영자, 시나리오작가, 배우들 등이 필요로 하는 영화스튜디오는 할리우드에서 이들을 구할 수 있다. 불꽃놀이, 동물분장, 특수한 효과 그리고 장치 디자인 같은 전문화된 서비스의 공급업자들은 마찬가지로 활용될 수 있다. 마찬가지로 대형 포도원 경영기술과 포도재배 기술에 대하여 찾고 있는 기업들은 데이비스에 있는 캘리포니아 대학부근 또는 나파나 소노마 카운티에서 구할 수 있을 것이다. 포도주 제조와 포도수확 장비, 포도주 통, 코르크 마개, 병 그리고 상표 디자인 등을 공급하거나 제조하는 데 전문화한 기업들이 마찬가지로 번창하고 지역의 포도원을 튼튼하게 하고 혜택을 받게 된다. 소셜네트워크라는 영화에서 묘사된 것처럼 매사추세츠 케임브리지에서부터 실리콘밸리에 이르는 페이스북으로 이동을 생각하여 보자. 그런데 페이스북(Facebook)의 창업자인 마크 주크버그(Mark Zuckerbrg)는 실리콘 벨리에서 만일 소셜네트워크시장을 장악한다면 최고로 공급하고 있는 전문화된 원천이나 재능에 대한 접근을 실현시키고 있는 셈이다.

포터는 클러스터가 국제경정력을 촉진시키는 데 주요한 역할을 하고 있다고 주장하고 있다. 이러한 경쟁은 기업대 기업기준에서부터 클러스터대 클러스터기준으로 전환되고 있다. 예컨대 포도주의 경우 프랑스 포도원 샤또 라피트 로칠드나 샤또 몽트레나와 같은 캘리포니아 포도재배간의 경쟁을 종종 고려하게 된다. 그런데 클러스터관점에서 경쟁의 성질이 변한다. 켈리포니아의 소도마와 나파벨리의 포도주 제조자는 프랑스의 뷔르군디와 샴파뉴지방의 포도주 제조자 그리고 오스트레일리아 바로사 벨리의 포도 재배자와 서로 경쟁을 한다. 포터의 관점에서 아마 현지 대학에 연구자금을 지원하거나 전체적으로 클러스터에 혜택이 돌아가도록 기반시설을 개선시켜 클러스터를 번성하게 하는 것이 현명한 정책도입이라고 볼 수 있다.

출처: Based on Havard Business School, " Global Wine War 2009: New World versus Old, " Case number 9-910-405(2009); Harvard Business School, "Finland and Nokia: Creating the World's Most Competitive Economy,"Case number 9-702-427(2008); Michael Porter, " Clusters and New Economics of Competition," *Harvard Business Review*, November-December 1998,pp.77-90; Michael Porter, " The competitive Advantage of Nations," *Harvard Business Review*, March-April 1990, pp.73-93.

그림 6.5
국제무역 이론들

국가기준 이론들	기업기준 이론들
국가가 분석단위 2차 세계대전 전에 출현 경제학자에 의해 개발 산업 상호 무역 설명 포함: 중상주의 절대우위 비교우위 상대 부존요소 (헥셔-오린)	기업이 분석단위 2차 세계대전 이후 출현 경영학 교수들에 의하여 개발 산업 내 무역을 설명 포함: 국가 유사이론 제품수명주기 신 무역이론 국가 경쟁우위

요약하면 국제무역 이론에서 어떠한 이론도 국가들 간의 모든 무역흐름을 설명할 수 없다. 고전적 국가기준이론은 농산품, 원자재, 철강과 알루미늄과 같은 가공재화와 같은 동질적인 차별화되지 않는 제품의 산업간 무역을 설명하는 데 유용하다. 기업기준이론은 소니 TV와 캐터필러 불도저와 같이 그들의 상호와 평판에 의하여 많이 판매되고 있는 이질적이고 차별화된 제품의 산업내 무역을 이해하는 데 더 도움이 된다. 더구나 여러 측면에서 포터의 이론은 기존 국가기준과 기업기준 이론의 특징을 합성하였다. [그림 6.5]에서 주요 국제무역이론들을 요약하고 있다.

In Practice

- 기업기준 무역이론은 국제무역과 국제투자흐름에서 다국적기업의 중요성을 강조하고 있다.
- 산업내에서 기업의 지역클러스터는 기업과 국가에 대한 중요한 경쟁우위의 원천이 될 수 있다.

추가 고려 사항: 무차별적인 재화에 예산이 몇 퍼센트가 소비되느냐? 혹은 차별적인 재화에는 몇 퍼센트?

6.4 국제투자 개요

무역은 가장 분명하지만 그러나 국제경영의 유일한 유형은 아니다. 다른 주요 유형은 국제투자이고 그것은 한 나라 거주자가 다른 나라로 자본을 공급하는 것이다.

국제투자의 유형(Types of International Investments)

1장에서 논의한 국제투자는 2가지 유형: 해외 포트폴리오 투자(FPI)와 해외 직접투자(FDI)로 나누어진다. 이 두 가지의 구분은 통제의 질문: 투자자는 기업에서 능동적 경영역할을 찾고 있는가? 또는 단순한 수익을 추구하는가?에 달려있다.

해외 포트폴리오투자(foreign portfolio investments)는 해외주식, 채권 다른 금융자산과 같은 증권으로 이것으로 투자자가 증권 발행자를 대신하여 능동적으로 경영하거나 통제를 할 수 없으면서 이 증권들을 수동적 보유하는 것을 의미하고 있다. 현대 재무이론

(금융이론)에서 포트폴리오투자는 자신의 투자포트폴리오를 지리적으로 다양화시켜 나오는 위험감소뿐만 아니라 매력적인 수익률을 찾기 위한 시도에 의한 것이다. 뉴욕, 런던, 프랑크푸르트, 도쿄 그리고 다른 금융센터에 있는 세련된 자금관리자들은 국제 분산의 이점을 잘 알고 있다. 2012년에 예컨대, 미국 시민이 개인적으로 1억4,500만 달러어치 해외증권을 매입하여 그러한 증권들의 총보유가 7조5천억 달러가 되었다. 해외 공적 그리고 사적 투자자는 미국 기업, 연방정부, 주정부 그리고 현지 증권을 7,640억 달러어치를 매입하여 이러한 증권의 총 보유가액이 12조5천억 달러어치로 올리게 되었다.[10]

VENTURING ABROAD

글로벌 자본시장의 새로운 참여자: 국부펀드

국부펀드(SWF)는 세계경제에서 아마 최신 역설적인 자본의 원천의 하나이다. 국부펀드는 정부가 통제하는 집합자본인데 2012년에 5조달러어치의 자산에 이르는 것으로 추정되고 있다.

SWF는 대부분 석유자원이 풍부한 정부가 보유하고 있다. 아부다비 투자청이 현재 최대규모 보유국으로 6,270억 달러에 이르고 다음으로 노르웨이 연금기금으로 6,110억 달러이다. 다른 국부펀드는 중국투자공사(4,400억 달러), 싱가포르의 테마세크지주(1,570억 달러) 그리고 싱가포르 정부투자공사(2,480억 달러)와 같이 대규모 국제수지 흑자국가에서 속하는 정부가 소유하고 있다.

예컨대, 중국은 국제수지 흑자의 결과로 3조4,000억 달러의 외환보유고를 축적하였다. 이 외환보유자금중에 2,000억 달러를 중국투자공사(CIC)로 이전하여 투자에 대한 정부의 투자수익률을 개선하기를 기대하면서 관리되고 있다. CIC에서 처음으로 투자한 곳이 미국의 사적지분회사인 블랙스톤그룹에 30억 달러였다.

SWF의 상승은 글로벌 경제에 신흥시장의 성장을 반영하고 있다. 세계의 생산적인 자산에 대한 국부펀드의 소유지분이 세계 GDP에서 차지하는 지분의 증가에 따라 연계되어 늘어나고 있다. SWF는 다양한 산업에 투자되고 있다. 예컨대, 두바이 국제캐피탈은 두바이 통치자들이 소유하고 있는데 유럽 에어로노틱 디펜스엔 스페이스(에러버스의 모회사), 소니, HSBC의 지분을 소유하고 있다. 또한 런던 거래소, Nasdq주식시장 그리고 스칸디나비아와 발틱지역에 있는 7개 거래소를 관리하고 OMX AB 등을 통하여 지분소유권을 매입하였다. 카타르 투자청은 폭스바겐, 포르쉐, 토탈, 바클레이, J 세인스베리 그리고 헤로드의 주요 지분을 보유하고 있다. 마찬가지로 타마세크는 신회사(Shin Corporation)의 지배지분을 매입하였고 태국에 있는 최대공급자회사를 매입하였다.

SWF는 특히 2008~2009년의 글로벌 침체기 동안 미국 저당시장 혼란으로 타격을 받은 국제은행, 헷지펀드, 사적지분회사 등의 대차대조표 수지를 메워주는 데 중요한 역할을 하였다. UBS는 금융위기 때 370억 달러 손실을 초래하였지만 싱가포르 투자공사로부터 새로운 지분에 97억 달러를 받았고 또한 중동으로부터 미확인 투자자로부터 추가로 18억 달러를 받았다. 싱가포르 국부펀드는 이 투자의 결과로 스위스은행의 약 9%지분을 소유하게 되었다. 중국투자공사는 모르겐 스텐리에 50억 투자를 하였고 아부다비 투자청은 75억 달러로 시티그룹에 4.9%지분을 매입하였고 13억5천만 달러로 카라일그룹에 7.5%지분을 보유하였다.

SWF의 대부분 투자는 적극적으로 자산을 지배하기보다는 금융수익을 추구하기 위해 수동적 성격을 가지고 있다. 스스로 전문분야를 개발하지 않고 SWF는 투자분야에 미묘한 지식정보를 이용하여 대부분 지분투자로 매입하였다. Exon-Florio법(미국 대통령이 국가안보를 위하여 어떤 특정 외국 국가의 투자를 기각할 수 있는 법)과 같이 정치적 문제를 피하고 국가투자규제를 허용하여 이러한 투자는 SWF에게 이사 자격을 갖지 못하게 하고 있다.

그렇더라도 SWF의 성장으로 인하여 여러 국가에서 정치적으로 쉽지 않았다. 그 결과 통화펀드에서 자발적인 행위규정을 개발하고 있다. 이그 결과 IMF에서 국부펀드에 대해 자발적인 윤리강령을 마련중이다. 이 강령의 주요 목적은 국부펀드의 투자는 정부 소유자의 정치적 목적을 달성하는 비밀수단이라기 보다는 순전히 상업적 목적을 위하는 것이라는 것을 확인하는 것이다.

출처: Based on "China's forex reserves reeach $3.4tn,"*Financial Times*, April 11, 2013; "Here, there and everywhere, *Financial Times*, March 19, 2013, p. 7; "Norway's national nest egg," *Financial Times*, August 20, 2012, p. 5; "Wealth funds fight for reputation," *Wall Street Journal*, May 10, 2011, p. C3 "Beijing to give wealth fund $200bn," *Financial Times*, April 26, 2011, p. 4; "China's wealth-fund chief warns on global growth," *Wall Street Journal*, April 18, 2011, p. A7;www.swfinstitute.org; "IMF clears way for development of sovereign wealth fund codes," *Wall Street Journal*, March 24. 2008, p.A12 ; "Code set for state-run funds," *Wall Street Journal*, March 21, 2008. p. A4 ; "Temasek rising," *The Deal.com*, February 22, 2008(online); "Dubai investment fund plans to spend in Asia," *International Herald Tribune*, February 19, 2008(online); "Ascent of sovereign-wealth funds illustrates new world order," *Wall Street Journal*, January 28, 2008, 2008, p. A2; "Asset-backed insecurity," *The Economist*, January 19, 2008, pp. 78ff.; "Gulf states seen raising foreign-asset holdings," *Wall Street Journal*, January 17, 2008, p.A10; "$9.4 billion write-down at Morgan Stanley," *New York Times*, December 20, 2007(online); "UBS gains two new investors, writes down $10 billion," *Wall Street Journal*, December 10, 2007(online); "Abu Dhabi to bolster Citigroup with $7.5 billion capital infusion," *Wall Street Journal*, November 27, 2007, p. A3.

해외직접투자(foreign direct investment)는 통제할 목적으로 해외자산을 취득하는 것이다. 미국 정부 통계학자는 FDI를 "기업의 투표권이 있는 증권을 10% 이상 소유 또는 통제하거나 법인조직이 아닌 사업에 이와 동등한 이해를 소유하거나 통제하는 것"으로 정의하고 있다.[11] FDI는 해외에 있는 기존 자산을 매입, 부동산, 설비와 장치에 신규 투자 그리고 현지 파트너와 합작투자로 참여를 포함하여 다양한 형태를 취할 수 있다. 아마 미국에서 역사적으로 의미 있는 FDI는 네덜란드 탐험가 피터 미누에트(Peter Minuet)가 맨하턴 섬의 가격으로 현지 미국 원주민에게 지불한 24달러였다.[12] 그 결과 뉴욕시가 세계 주도적 금융과 상업 중심지가 되었다.

해외직접투자의 성장

지난 30년 동안 해외직접투자의 성장은 놀랄 만한 것이었다. 그림 6.6에 나타난 것처럼, 1980년에 국가별 세계적으로 받은 FDI의 총 잔액(또는 누적 가치)은 1,000억 달러를 약간 넘었다. 2011년의 세계전체 FDI가 17조 7천억 달러로 정점에 달하였다. FDI에서 이러한 놀랄만한 성장—1990년대에 가속적으로 성장시작—은 세계경제의 글로벌화를 반영한다. 기대한 대로 대부분의 FDI는 선진국에서 발생하고 있다. 놀랍게도, 대부분의 FDI는 또한 선진국으로 가고 있다. 이 장 뒤에서 FDI의 이러한 폭발적인 성장이유에 대하여 논하고 있다.

그림 6.6
수혜국별 해외직접투자 잔액 (조 달러)

출처: Based on data from United Nations Conference on Trade and Development, World Investment Report (online at www.unctad.org/wir).

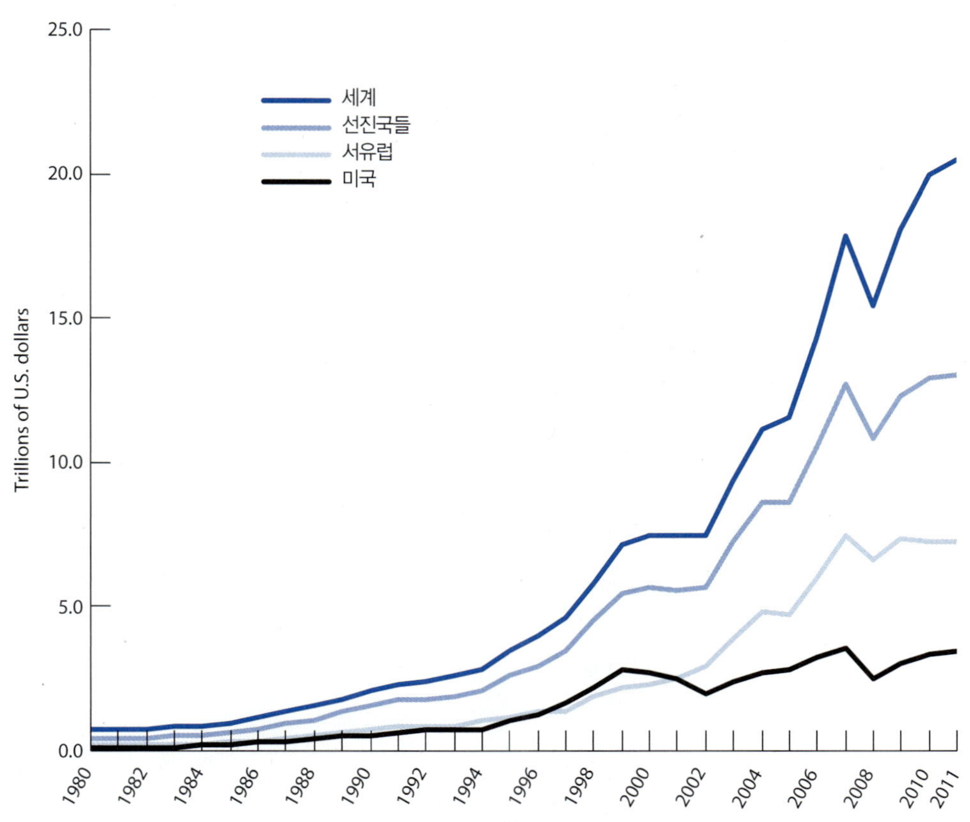

해외직접투자와 미국

개별 국가에서 FDI를 보면 추가적으로 FDI에 대한 직관을 얻을 수 있다. 미국에서 FDI의 잔액을 보면 2012년 말([표 6.4(a)] 참조)에 총 2조3천억 달러(과거 원가로 측정)이다. 영국은 이러한 FDI의 가장 중요한 원천으로 4,888억 달러로 또는 세계 총 FDI의 18%를 설명하였다. [표 6.4(a)]에서 국가별 목록에서 미국 총 FDI의 87%를 설명하고 있다.

2012년 말([표 6.4(b)] 참조)에 해외에 있는 미국 거주자에 의한 FDI의 잔액은 총 3조9천억 달러에 달하였다. 이러한 FDI의 대부분은 다른 선진 국가들이었는데 특히, 네덜란드(5,214억 달러)이고 영국(5,084억 달러)이었다. [표 6.4(b)]에서 국별 목록이 되어 있는 국가들이 미국으로부터 총 FDI의 87%를 설명하고 있다.

[표 6.4]를 보면, 버뮤다, 바하마, 그리고 다른 작은 카리브 섬들이 이렇게 중요하다는 것을 알고 놀랄 것이다. 이들은 8장에서 논의하게 될 역외금융센터로서 활동을 하고 있다. 많은 미국 회사들이 낮은 세금과 기업친화적인 규제에 대한 이점을 이용하기 위해 이러한 센터에 금융자회사를 설립하고 있다. 마찬가지로 다른 나라에 있는 많은 금융서비스회사는 그들의 미국 운영회사들의 법적 소유자로서 이러한 자회사를 설립하고 있다.

표 6.4 2012년 말 미국 해외직접투자 잔액(10억 달러)

a. 미국 FDI의 원천	
영국	488.8
일본	308.3
네덜란드	274.9
독일	225.3
캐나다	209.1
스위스	204.0
프랑스	202.3
룩셈부르그	199.0
오스트레일리아	88.7
벨기에	68.6
버뮤다 바하마스와 캐리비안 군도	47.4
다른 유럽 국가	137.4
다른 모든 국가	197.0
총계	2650.8
b. 미국으로부터 DFI의 목적지	
네덜란드	645.1
영국	597.8
버뮤다 바하마스와 캐리비안 군도	537.5
캐나다	383.6
룩셈부르그	351.5
아일랜드	203.8
스위스	138.6
오스트레일리아	134.0
일본	132.8
싱가포르	130.3
독일	121.2
다른 유럽 국가	288.1
다른 모든 국가	788.7
총계	4453.0

출처: Based on data from *Survey of Current Business*, July 2013, pp. 40 and 42.

그림 6.7

1982~2012년 미국 해외직접투자 유출과 유입

출처: Based on *Survey of Current Business*, July 2013, pp. 26.

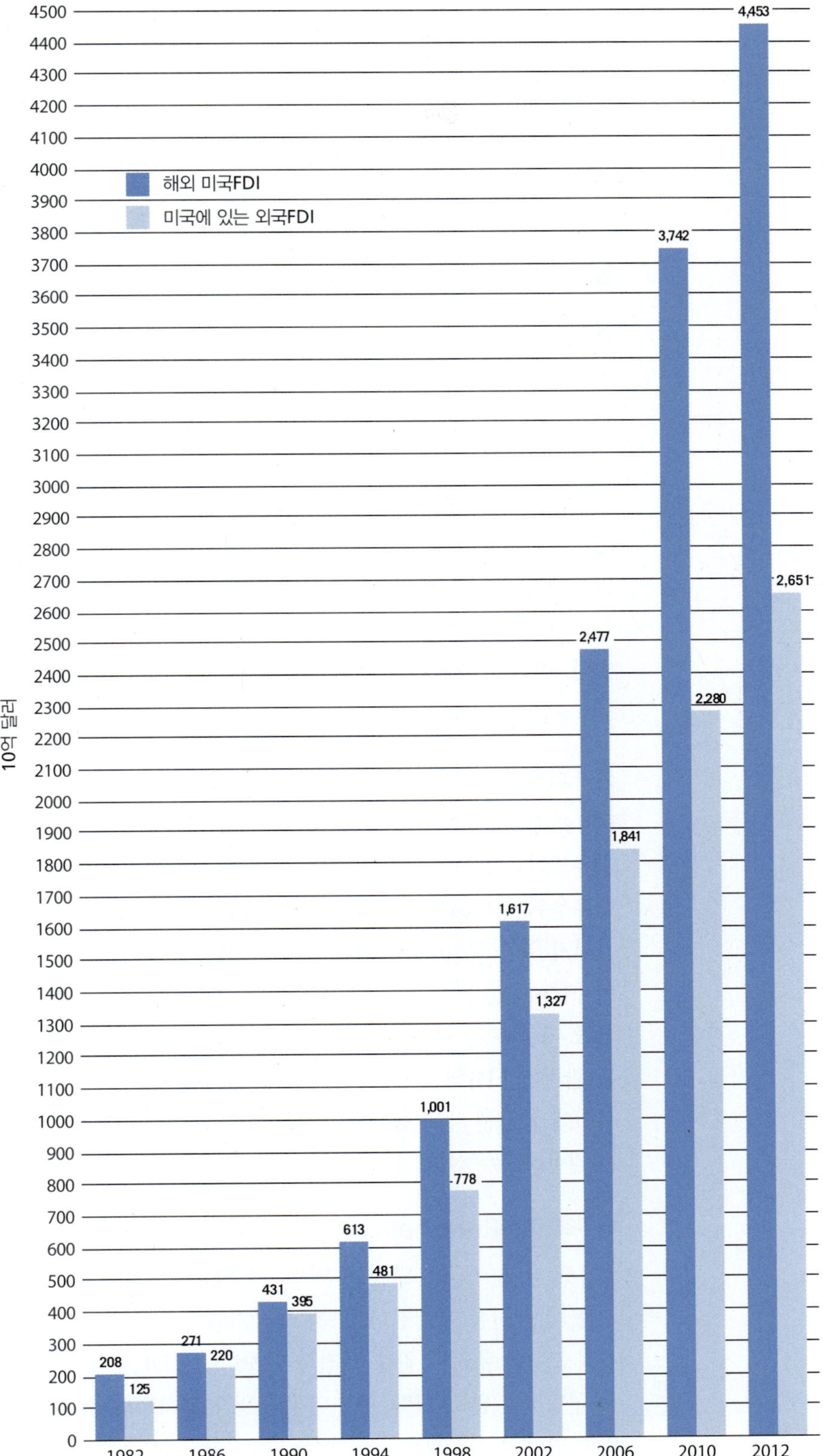

지난 10년 동안에 미국의 경우, FDI 유출은 FDI유입보다 더 큰 상태에 있으나([그림 6.7] 참조) 두 유형 모두 규모가 3배로 되었다. FDI 유입과 유출의 흐름이 정확히 일치하지 않지만, 그 유형은 분명하다: 대부분 FDI는 가장 번영하는 국가들에 의하여 만들어지고 이들 국가로 향하고 있다. 다음 절에서 FDI에 MNC의 역할이 중요하다는 것을 논의하게 될 것이다.

6.5 국제투자 이론

왜 FDI가 일어나는가? 금융(재무) 강의코스로 택한 대학 2학년은 분명히 답을 할 수 있을 것이다: 해외시장에서 평균수익률이 더 높다는 것이다. 방금 논의한 두 나라에서 주어진 FDI유형을 고려하면 이러한 답은 만족스럽지 못하다. 캐나다와 영국 모두 미국 FDI의 주요 원천이 되고 미국으로부터 FDI의 중요한 목적지이다. 캐나다와 영국에서의 평균수익률은 미국(미국 유입FDI를 입증하는 수익률)보다 동시에 아래가 될 수 없고 미국의 수익률(미국 유출 FDI를 입증하는 수익률) 이상이 될 수 없다. 양방향 투자의 같은 유형이 산업기준에서 발생하고 있다. 2012년 말에 예컨대, 미국 기업은 110억 달러를 네덜란드 화학산업에 투자를 하였는데, 반면에 네덜란드기업은 미국 화학 산업에 276억 달러를 투자하였다. 이러한 유형은 국가나 산업의 수익률 차이로 설명할 수 없다. FDI에 대한 다른 설명을 조사하여야 한다.

소유권 우위(Ownership Advantages)

FDI에 대한 더 강력히 유력한 설명으로 기업의 역할에 초점을 두고 있다. 기업 경쟁우위의 소유권이 FDI에 어떻게 영향을 미치고 있는가에 대해 주도적으로 연구자들이 탐구하였다. **소유우위 이론(ownership advantage theory)**에서 국내에서 경쟁우위를 창출할 수 있는 가치가 있는 자산을 소유한 기업은 FDI를 통해서 해외시장을 진입하기위해 이러한 우위를 이용할 수 있다는 것을 제시하고 있다. 이러한 자산은 예컨대, 우수한 고급기술, 잘 알려진 상표 이름 또는 규모의 경제일 수 있다. 이 이론은 이미 이 장 초기에 설명한 국제와 산업간 관찰된 FDI의 유형으로 구성되어 있다. 예컨대 캐터필러는 아시아, 유럽, 남미 그리고 북미에 공장을 세워 등록된 기술과 상표이름을 활용하고 있다. 이 회사의 라이벌인 고마쯔는 같은 이유로 아시아, 유럽 그리고 미국에 설비공장을 건설하였다.

내부화 이론(Internalization Theory)

소유권 우위 이론은 단지 부분적으로 FDI가 왜 일어났는지를 설명하고 있다. 기업이 제품수출, 상표이름 가맹점화, 또는 외국기업에 기술면허 승인과 같은 다른 수단을 통하여 국제적으로 소유권 우위를 개척하기 보다는 FDI를 통하여 해외시장 진출을 선택하는 이유를 설명하지 않고 있다. 예컨대 맥도날드(McDonald)는 패스트푸드 영업을 가맹점화 하여 미국 밖에서 성공적으로 국제화하였고 한편 보잉(Boeing)은 외국 고객을 서브하는 수출에 의존하였다.

내부화 이론은 이러한 문제를 다루고 있다. 그래서 이 이론은 거래비용의 개념에 아주

의존하고 있다. **거래비용(transaction cost)**은 거래진입비용 즉 계약 협상, 감시 그리고 이행강화를 연결하는 것들이다. 기업은 해외 자신 공장을 소유하고 운영하는 것이 더 좋은지 또는 프랜차이즈, 라이센싱 또는 공급납품합의를 통하여 해외기업과 계약을 통하여 이것을 운영할 지를 결정하여야만 한다. **내부화이론(internalization theory)**은 FDI가 더 쉽게 일어나고—즉 국제생산은 기업내에서 내부화될 것이다—2차적인 기업과 계약을 협상하고, 감시하며 그리고 이행하게 하는 비용은 높다는 것을 암시하고 있다. 예컨대, 도요타의 주요 경쟁우위는 높은 질에 대한 평판이고 이 기업의 세밀한 제조기술은 계약에 의하여 쉽게 전달되는 것이 아니다. 그 결과 도요타는 해외 자동차 조립공장의 소유권을 유지하는 선택을 하였다.

반대로 국제화이론은 거래비용이 낮을 때, 기업은 더 많이 외부사업자와 계약을 하고 자신의 상호이름으로 면허승인을 하거나 사업경영을 가맹점화 하여 국제화한다고 하고 있다. 예컨대, 맥도날드는 미국에서 가맹점화에 대한 협의를 쉽게 강화하는 것을 마련하는 최고 전문가이다. 왜냐하면 맥도날드는 자신과 프랜차이즈를 하는 사업자간에 거래비용을 감소하는데 성공하여 국제적 운영에도 가맹점화 사업에 계속 의존하고 있다.

더닝의 절충이론

내부화이론이 기업이 국제시장에 진입하는 유형으로 FDI를 선택하는 이유를 설명하고 있을지라도 이 이론은 기업이나 계약자들이 왜 해외에서 생산을 하여야만 되는가하는 문제를 무시하고 있다. 달리 말하자면, 해외에서 생산하는 데 입지 우위가 있는가? 하는 것이다. 이러한 이슈는 존 던닝(John Dunning)에 의하여 포함하게 되었는데 그의 **절충이론(eclectic theory)**은 소유권 우위, 입지 우위, 그리고 내부화 우위를 결합하여 통합된 FDI 이론을 형성하고 있다. 이 이론은 FDI가 국제경영활동과 기업 내부 경영활동 모두를 반영하고 있다는 것을 인식하고 있다. 더닝에 의하면, 다음 3가지 조건이 만족되면 FDI가 발생할 것이라는 것이다.

1. *소유권 우위.* 기업은 본거지에서 외국기업과 경쟁을 하는데 불리한 점을 극복할 수 있는 자신의 어떤 독특한 경쟁우위를 지녀야만 한다. 이러한 우위는 상표이름, 면허기술의 소유권, 경제 규모의 혜택 그리고 기타 등등 일 수 있다. 예컨대, 캐터필러는 브라질에서 현지 기업에 비해 이러한 3가지 모두 우위를 가지고 있다.
2. *입지 우위.* 사업 활동을 하는 것은 국내 입지에서 보다 해외입지에서 더 많은 수익성이 있어야 한다. 예컨대, 캐터필러는 브라질에서 불도저를 저 노임으로 생산하고 미국 공장에서 수출한 제품에 대한 높은 관세장벽을 피할 수 있다.
3. *내부화 우위.* 기업은 서비스를 제공하는 독립적인 현지기업을 고용하는 것보다 해외 경영 활동을 통제하는 것에서 더 많은 혜택을 받아야 한다. 통제는 이점이 있는데, 예컨대 현지 기업의 계약 성과를 감시하고 강화하는 것은 값비싸게 될 때, 현지기업이 부적절한 면허 기술이거나 또는 기업의 평판과 상표이름이 현지 기업의 빈약한 행위로 인해 위험하여 질 수도 있다. 이러한 모든 요소들이 캐터필러에게 중요하다.

In Practice

- 국제투자는 포트폴리오투자나 직접투자의 형태를 취할 수 있다. 이 투자형태는 투자가 지배목적여부에 따라 구별된다.
- 더닝의 절충이론에서 기업이 해외시장에 진출할 때 기업의 소유권, 입지 그리고 내부화의 이점에 따라서 해외직접투자를 결정하게 된다고 주장하고 있다.

추가 고려 사항: 해외직접투자는 여러분들이나 여러분들의 커뮤니티에 영향을 주고 있는가? 만일 그렇다면 어떻게 주고 있는가?

6.6 해외직접투자에 영향을 미치는 요인

기업이 다른 국가에서 직면하게 되는 글로벌 경제의 복잡성과 기회의 다양성으로 인해 많은 요소들이 기업의 FDI를 하는 의사결정에 영향을 미칠 수 있다는 것은 놀라운 일이 아니다. 이러한 것들은 공급요소, 수요요소, 그리고 정치요소로 분류할 수 있다([표 6.5] 참조).

공급요소

기업이 FDI를 하는 의사결정은 생산비용, 물류, 자연자원의 가용성 그리고 핵심기술의 접근을 포함하는 공급요소들에 의하여 영향을 받을 수 있다.

생산비용(production costs) 기업은 생산비용을 낮추기 위해 FDI를 종종 하게 된다. 해외입지가 국내보다 더 저렴한 토지비용, 세율, 상업용 부동산임대 혹은 더 좋은 많은 이용가능성과 숙련 또는 비숙련 노동의 저렴한 비용 때문에 더 매력적이다. 예컨대, 인텔(Intel)은 중국에서 먼 쓰촨성 청두에 새로운 싼 공장을 건설하였는데, 노임과 토지 가격이 이미 3개 공장이 운영하고 있는 중인 상해보다 아주 낮았기 때문이다.[13] 마찬가지로 2011년에 노끼아(Nokia)는 2억7,500만 달러의 이동통신조립공장을 북부 베트남에 저렴한 노동의 이점을 이용하기 위해 건설할 것이라고 발표하였다.[14]

물류(logistics) 만일 운송비용이 중요하게 차지한다면 국내공장에서 수출하는 것보다 해외시장에서 생산하게 될 것이다. 예컨대, 하이네켄(Heineken)은 국제화 전략의 일환으로 광범위하게 FDI를 활용하였는데 왜냐하면 제품이 주로 물이기 때문이다. 해외소비자들이 거주하는 가까운 곳에 음료를 양조하는 것이 이 회사 네덜란드 양조장에서 음료를 먼 거리로 운송하는 것 보다 하이네켄의 입장에서 더 저렴하였다. 국제기업들은 또한 물류비용을

표 6.5 해외직접투자 결정에 영향을 미치는 요인

공급요소	수요요소	정치요소
생산비용 물류 자원 가용성 기술 접근	고객 접근 마케팅 우위 경쟁 우위 개발 고객 이동성	무역장벽 회피 경제개발 우대조치

낮추기 위해 투자유치국에 투자를 하고 있다. 예컨대, 시트로비아(Citrovia), 오렌지주스 농축생산자, 는 브라질에서 직영하는 유럽 식품 제인으로 운송하는 것보다 안트워프 항에서 창고와 물류터미날을 운영하고 있다. 시트로비아는 브라질에서 벨지움 항구까지 산적화물로 재화를 운송하여 낮은 해운 운임료의 이점을 이용할 수 있다. 이 회사는 그래서 재포장하는 안티워프 시설을 사용하여 프랑스, 독일 그리고 베네룩스에 있는 고객에게 집중적으로 배송하고 있다.

자연자원의 가용성(availability of natural resources) 기업은 운영하는 데 중요한 자연자원을 접근하기 위해 FDI를 활용할 수 있다. 예컨대, 미국에서 원유생산의 감소로 인하여 미국 원유 회사들은 새로운 유전을 확보하기 위해 세계적인 중요한 투자를 하게 되었다. 종종 국제경영자들은 투자유치국과 FDI 대신 원자재를 획득하기 위해 협상을 하고 있다. 예컨대, 2007년에 중국국영석유회사(China National Petroleum Company)는 국유 페트로레스 더 베네즈엘라(Petróleos de Vnezuela)와 합작투자로 100억 달러를 투자하여 추출, 정제 그리고 하루 1백만 배럴을 베네즈엘라의 오리노꼬 분지에서 운송할 것이다.[15]

핵심기술 접근(access to key technology) FDI에 대한 다른 동인은 기술접근으로부터의 이득이다. 기업은 신흥기술을 개발하거나 재생산하는 연구과학자들을 집안그룹으로 모으는 것보다 기존 회사에 이해관계 소유권을 획득하는 것이 더 유리하다는 것을 알고 있다. 예컨대, 많은 스위스 제약제조업자들은 첨단 바이오기술을 얻기 위해 소규모 미국 유전공학회사에 투자하였다. 마찬가지로 2007년에 한국 두산인프라코어(Doosan Infracore)는 잉그솔-랜드(Ingersoll-Rand)의 밥캐트(Bobcat) 사업부문에서 밥캐트의 고기술, 뛰어난 유통네트워크 그리고 숙련된 경영팀 등의 혜택을 받기 위해 49억 달러를 지불했다.[16] 스타벅스는 최근 코스타리카에 600에이커 면적을 구매하여 새로운 다양한 커피개발과 커피재배 신기술을 개발하게 되었다.[17]

수요요소

기업은 또한 그들 제품의 시장을 화대하기 위해 FDI에 참여하기도 한다. FDI를 활성화하는 수요 요소로 고객접근, 마케팅 우위, 경쟁우위 개발 그리고 고객이동성이 포함되고 있다.

고객 접근(customer access) 많은 유형의 국제기업은 기업이 시장에서 실물을 접할 수 있도록 하고 있다. 예컨대, 패스트푸드 식당과 소매상들은 경쟁 때문에 그들의 직매점에 편리하게 접근하여만 된다. KFC는 미국에 있는 식당에서 일본 고객들에게 신선하게 준비된 튀김 치킨을 제공할 수 없다; 이렇게 하기 위해 일본에 직매장을 설치하여야 하다. 마찬가지로 IKEA가 스웨덴 본국시장을 넘어 고객기반을 확대하는데 성공한 것은 수많은 새로운 매장을 세계적으로 개설하였기 때문이다.

마케팅 우위(marketing advantage) FDI는 여러 가지 유형의 마케팅 우위가 유발될 수 있다. 외국공장의 실물이 나타나게 되면 투자유치국 시장에서 외국기업 제품을 눈에 잘 보이게 할 수 있다. 외국기업 역시 투자유치국 고객의 "현지 매입"에 대한 태도로부터 이득을 얻을 수 있다. 예컨대, *타임 앤 스포츠 일러스트레이트*(*Time and Sports Illustrated*)와 같은 잡지 광고를 통해 도요타는 미국 경제에서 미국 공장과 부품매입에 대한 혜택의 영향을 홍보하였다. 기업들은 또한 그들의 고객서비스를 개선하기 위해 FDI에 참여하고 있다. 대만의 델타(Delta) 제조공장은 랩톱 컴퓨터 배터리 팩을 제조하고 있는데, 미국 고객의 욕구를 충족하기 위해 있는 중국과 대만 공장으로부터 충분히 신속하고 유연성이 있을 수도 없는 것과 관련되어 있다. 이 회사 임원중의 하나가 만일 "극동에 건설하였으면 너무 멀리 떨어져 있어 제품은 대양 위에 있어 마지막 순간 고칠 수 없게 될 수 있어" 라는 메모를 하였다. 이에 따라 델타는 미국 고객에게 더 나은 서비스를 제공하기 위해 애리조나 노게일스(Nogales)의 국경에 바로 접하고 있는 맥시코 공장으로 생산을 이동하였다.[18]

경쟁 우위 활용(exploitation of competitive advantages) FDI는 이미 누리고 있는 경쟁우위를 활용하는 기업의 최고 수단일 수 있다. 가치 있는 상표, 제품명 또는 기술 소유자는 제품을 수출하기보다는 외국에서 경영을 하는 것을 선택할 수 있다. 이러한 결정은 종종 제품의 성질에 따라 좌우된다. 예를 들면 프록 엔 갬블(Procter and Gamble), 네슬레(Nestlé), 그리고 유니레버(Unilever)와 같은 회사는 그들의 제품을 판매하는 나라에서 공장부지를 종종 선택하고 있다. 그렇게 함으로서, 그들은 현지 기호에 어울릴 수 있는 그들의 제품을 맞출 수 있는 능력을 강화하고 한편으로 그들의 제품 이름과 제조 솜씨 능력으로부터 혜택을 받고 있다.

고객 이동성(customer mobility) 기업의 FDI는 또한 고객이나 의뢰인의 FDI에 의하여 일어날 수 있다. 만일 기업의 기존 고객들 중에서 하나가 해외에 공장을 건설한다면 그 기업은 부근에 자신의 새 공장을 세우게 되는 결정을 하게 될 것이고, 그래서 그 고객들에게 신속히 의도적으로 계속 공급하게 될 수 있게 된다. 마찬가지로 중요한 새로운 공장으로 인하여 투자유치국에서 경쟁자가 고객을 확보하거나 빼앗는 가능성을 줄이게 된다. 예컨대, 일본 주요 자동차업체에 일본 부품 공급업자들은 그들 자신의 공장, 창고 그리고 연구시설을 건설하여 미국에서 일본소유 자동차 조립공장의 건설에 부응하였다. 미국에서 이러한 시설입지 욕구는 재고관리 기법으로서 자동차제조업의 즉시재고(JIT)를 활용할 수 있도록 부각되었다; JIT는 일본에 입지한 아주 불리한 부품공급시설을 대신하여, 조립공장에 보유한 부품재고량을 최소화하고 있다. 마찬가지로 삼성(Samsung)은 영국동북에 있는 전자공장을 건설하고 운영하기로 결정한 후, 한국 6개 부품공급업자는 또한 이 부근에 공장을 건설하였다.[19]

정치요소

정치적 요소는 역시 기업이 FDI를 할 수 있게 하는 의사결정의 한 요소이다. 기업은 투자유치국의 무역 장벽을 회피하기 위해 해외에 투자하기도 하고 투자유치국 정부에서 제공하는 경제개발 우대조치를 이용할 수 있다. 그러나 "해외진출 벤처"에서 제신한 바와 같이, 정치적 요소가 또한 FDI를 실망하게 할 수도 있다.

무역장벽 회피(avoidance of trade barriers) 기업은 가끔 무역장벽을 우회하기 위해 해외에 공장을 건설한다. 예컨대, 2011년에 혼 하이 정밀 산업(Hon Hai Precision Industires)은 대만 선도 위탁 제조업인데, 수입 소비전자제품에 대한 높은 관세를 피하기 위해 브라질에 새로운 전자제조공장을 건설할 것을 발표하였다. 정부의 다른 정책유형도 또한 FDI에 영향을 미치고 있다. 마이크로소프트(Microsoft)는, 예컨대 브리티시 콜롬비아 리치몬드(Richmond)에 소프트웨어 개발센터가 입지하였는데, 일부 어떤 특정 해에 H-IB노동 비자를 받을 수 있는 고도의 숙련 이민 노동자들의 수를 미국 정부에 의하여 제한하는 것을 피하기 위해 입지하고 있다.[20]

경제개발 우대조치(economic incentives) 대부분 민주적으로 선출된 정부는—현지, 주, 국가—그들의 시민, 대부분 물론 유권자들의 경제 복지를 촉진시키는 것에 대단히 중요한 관계가 있다. 대부분 정부는 정부의 관할권내에서 기업이 새로운 시설입지를 유도하기 위해 기업에게 우대조치를 제공하고 있다. FDI의 중요한 촉매제일 수 있는 정부우대조치는 공공요금 인하, 종업원 훈련 프로그램, 추가 사회 기반시설(새로운 도로와 철도 스퍼스와 같은), 세금삭감 또는 면세기간을 포함하고 있다. 대부분 MNC는 회사와 회사에서 발생하는 일자리를 열심히 유인하기 위해 지역사회들의 유치경쟁으로부터 혜택을 받고 있다. 예컨대, 켄터키 개발금융공사는 켄터키 조지타운 조립공장 확장에 5억3,100만 달러를 투자하는 대가로 1억4,500만 달러에 해당되는 세금을 공제하기로 도요타와 합의하였다. 신규투자로 2015년에 시작하여 도요타는 60,000 렉스ES세단을 생산하여 750명의 신규고용 창출할 것이다.[21]

In Practice

- 해외직접투자는 공급, 수요 그리고 정치적 요소의 동인으로 하게 된다.
- 국가들은 가끔 해외직접투자를 촉진하고, 해외직접투자가 창출하는 일자리를 위하여 경제개발 우대조치를 제공하고 있다.

추가 고려 사항: 경제개발 우대조치를 제공하는 것이 정부세입을 현명하게 사용하는 것이라고 생각하는가?

MyManagementLab®

mymanagementlab.com으로 돌아가 아이콘으로 표시된 문제를 완성하시오 ✪.

CHAPTER REVIEW

요약

국제무역은 국제경영의 중요한 유형으로 2012년에 다른 국가의 거주자간에 재화와 서비스가 22조8천억 달러 이상 거래되었다. 국제무역은 직접 그리고 간접적 모두 국내경제에 영향을 주고 있다. 수출은 제품에 대한 추가적 수요를 유발하여 그래서 소득과 고용 이득이 발생되고 있다. 수입은 소비자 가격을 낮추고 국내기업이 더 효율적이고 생산적으로 되게 압력을 주고 있다.

사업과 정부에서 무역이 세계적으로 중요하기 때문에 학자들이 그것의 존재를 위한 여러 가지 설명을 하였다. 절대우위, 비교우위, 그리고 상대 요소 부존자원과 같은 초기 이론들은 수출입의 유형을 설명하기 위한 국가의 특성에 의존하였다. 이러한 국가기준 이론들은 밀, 설탕, 그리고 철강과 같은 차별화할 수 없는 재화의 무역을 설명하는데 도움을 주고 있다.

2차대전 후기, 다국적기업의 대두와 일치하여 연구가 국제무역에 대한 기업기준의 설명에 초점을 두고 있다. 제품수명주기, 국가 유사성, 신 무역이론들은 무역과 투자를 발생하게 하는 대리인으로서 기업에 초점을 두고 있다. 이러한 기업기준 이론들은 산업간 무역, 자동차, 개인 생활용품, 소비자 전자제품과 같은 차별화된 재화 무역을 설명하는데 도움을 주고 있다.

국제투자는 기업이 국제경영을 하는데 두 번째로 중요하다. 국제투자는 2가지 유형: 해외 포트폴리오 투자와 해외투자(FDI)가 있다. 해외직접투자는 다국적기업(MNCs)의 규모와 수가 증가함에 따라 중요성이 증가하고 있다.

더닝의 절충이론은 다음 세 가지 조건이 될 때 해외직접투자가 일어날 수 있을 것이라고 제의하고 있다: (1) 기업이 기업 본거지에서 외국기업과 경쟁에 불리한 점을 극복할 수 있는 경쟁적 우위를 보유하고 있다; (2) 해외입지가 국내입지보다 더 우월하다; 그리고 (3) 외국기업을 고용하는 것보다 스스로 제품을 생산하는 것이(높은 거래비용 때문에) 더 저렴하다는 것을 알게 된다.

여러 가지 요소들이 기업이 해외직접투자에 대한 의사결정을 하는 데 영향을 미친다. 어떤 해외직접투자는 기업의 비용을 절감하기 위해 할 수 있다. 이러한 공급요소는 생산비용, 물류, 자연자원의 가용성 그리고 핵심 기술의 접근을 포함하고 있다. 해외직접투자를 하게 되 는 의사결정은 신규 고객을 위한 접근개발, 현지 생산을 통한 마케팅 우위 획득, 경쟁적 우위 개발 그리고 국제화 운영으로 고객에게 가깝게 유지하는 것과 같은 수요요인에 의하여 영향을 받게 된다. 정치적인 고려도 해외직접투자에 중요한 역할을 한다. 가끔 기업은 무역 장벽을 회피하거나 경제개발을 위해 투자유치국 정부에서 제공하는 우대조치를 위해 해외직접투자를 사용하고 있다.

리뷰 질문

6-1. 국제무역은 무엇인가? 왜 국제무역이 일어나는가?
6-2. 절대우위이론과 상대적 우위이론이 어떻게 다른가?
6-3. 레온티에프의 발견이 왜 역설적으로 불리는가?
6-4. 국가기준 이론들이 국제무역을 설명하는데 어떻게 유용한가?
6-5. 산업상호간과 산업간 무역이 어떻게 다른가?
6-6. 국제무역과 국제투자에서 제품수명주기의 영향을 설명하여라.
6-7. 기업이 국제시장에서 경쟁을 위하여 사용하는 경쟁적 우위의 중요한 원천이 무엇인가?
6-8. 포터의 국가경쟁 우위이론의 4가지요인은 무엇인가?
6-9. 해외 포트폴리오 투자와 해외직접투자는 어떻게 다른가?
6-10. 더닝의 절충이론의 3부분은 무엇인가?
6-11. 정치적 요소는 어떻게 국제무역과 국제투자에 영향을 미치는가?

토의용 질문

6-12. 프랑스 포도주를 일본 시계라디오와 무역을 하는 예에서 인위적으로 2개 시계라디오로 1병의 포도주로 가격비율로 교역을 한다고 가정하고 있다. 두 나라에서 어떤 가격범위 이상일 때 무역이 발생될 수 있는가?(힌트: 무역이 없을 때, 프랑스에서 포도주의 조건으로 시계라디오의 가격이 무엇인가? 일본에서 무엇?) 만일 [표 6.1] 대신 [표 6.2]를 보면 답이 다르다.

6-13. 북미 무역협정의 비준에 대한 대중논쟁에서 로스 페로트(Ross Perot)는 멕시코에서 낮은 임금률 때문에 남부 미국 일자리로부터 "거대한 괴물처럼 일자리를 삼킬 것 같다"고 들었다고 말했다. 비교우위의 이론을 사용하여 페로트의 두려움이 유효한지에 대하여 논의하여라.

6-14. 산업간 무역은 국가기준 무역이론으로 왜 국제무역이 예견되지 않는가?

6-15. 현대는 앨라배마에 새로운 자동차조립공장을 건설하기로 결정하였다.

a. 현대가 공장 부지로 앨라배마를 선정하는데 무슨 요인들을 고려하였느냐?

b. 앨라배마에서 새로운 공장에서 누가 혜택을 받고 누가 손실을 입게 되는가?

c. 새로운 공장을 건설하는 기업의 의사결정이 더닝의 절충이론과 일치하는가?

6-16. 왜 클러스터가 설립되었는가? 그리고 그들이 국제교역에 중요한가? 예를 들어 답을 하여라.

글로벌 역량 갖추기

미국 컴퓨터시장은 델, 휴렛팩커드, 그리고 애플과 같은 국내기업이 지배하고 있다. 미국 소비자 전자시장은 일본기업과 소니, JVC, 파나소닉, 미쓰비시 그리고 도시바와 같은 상표에 지배되고 있다. 그러나 미국자동차시장은 포드와 GM과 같은 국내기업과 도요타와 혼다와 같은 만만치 않은 일본 경쟁자를 포함하고 있다.

수강 학생을 4그룹 또는 5그룹으로 나누고 각 그룹을 3산업으로 할당하여라. 그룹내에 개인적으로 이러한 산업에 다른 유형이 왜 존재하는지에 대하여 논의를 시작하여라.

다음에 이 장에서 논의한 국제무역의 국가기준이론과 기업기준이론의 관점에서 각 할당된 그룹에서 산업을 분석하여라. 어떤 특정산업에 대한 어떤 이론이 가장 적합한 예측자이고 어떤 것이 가장 나쁜 예측자인가에 대하여 합의하라.

다시 수업으로 돌아와 각 그룹의 대표자를 선정하여라. 각 대표자는 논의한 개별그룹과 선정된 이론이 최고와 최악상태인 것을 확인하여라. 어느 그룹에 누가 같은 산업에 동의하고 있는지를 메모하라.

끝으로 소그룹으로 다시 나누고 공통적인 불일치분야에 대해 토론을 하여라. 또한 다음 질문에 대해 설명하라.

6-17. 어떤 이론은 다른 사업에 다른 이론보다 보다 더 잘 맞는가? 이유는 무엇인가?

6-18. 다른 산업은 세 가지유형 중에서 한 가지만 적합하다고 생각하는가?

6-19. 이러한 산업에 예측을 잘 하기 위해 같은 이론이 작동하는가?

6-20. 일본시장을 대한 근거로 미국에 있는 컴퓨터, 소비자 전자와 같은 유형의 경쟁이 있는 지를 결정하고 그리고 또한 자동차 산업이 일본시장에서 사실인지 결정하여라. 왜 또는 왜 그렇지 않은가?

CLOSING CASE 포도재배로 무역증가

포도주는 인류의 가장 오래되고 가장 중요한 산업의 하나이다. 포도주생산에 관한 고고학적 증거는 기원전 3,000년에서 상형문자로 이집트인들은 포도주의 기념컵으로 사용하였으며 기원전 6,000년까지 올라가고 있다. 성경에서 예수의 첫 기적으로 가나에서 결혼축제의 물을 포도주로 바꾸었다.

오늘날 약 1억 8,500만 에이커의 땅이 포도농장으로 사용되고 있고 여기서 매년 260억 리터의 포도주가 생산되고 있다. EU에서 이 포도주의 60%를 생산하고 있는데, 이 중에서 프랑스, 이탈리아, 스페인에서 대단위로 생산되고 있다. 대량으로 생산하고 있는 유럽생산국가가 아닌 국가로 미국, 아르헨티나, 그리고 오스트레일리아가 있다.

1980년대까지 프랑스 포도원이 국제포도주 무역을 주도 하였고 그 다음이 이탈리아, 스페인 그리고 독일이었다. 구세계에서 생산자들은 수세기의 전통과 포도주의 질과 섬세함의 명성을 누려왔었다. 프랑스 포도주를 신비한 것으로 만든 것은 포도전문가의 믿음이었다. 각 포도원 포도주에 유일한 특성을 창출하는 데 기여하는 것은 포도자체의 특성과 포도주가 만들어지는 *자연환경*이다. (Terroir의 뜻은 "장소의 멋"과 포도주의 특성을 만들어 가는 여러 가지 토양화학, 지형학 그리고 개별 토지의 좁은 입지에 나타나는 기후특성 등을 포함하고 있다.) 프랑스 포도주산업에 포도주가 만들어지는 자연환경은 아주 중요하였고 19세기에 프랑스에서 공식적으로 각 프랑스 포도농장에서 생산되는 포도주의 질을 평가하였는데, 그들의 입지여건과 질에 따라 특급(Grand cru), 일급(Premier cru) 등등으로 포도주를 등급을 평가하는 세밀한 등급평가표의 기준을 만들었다. 오늘날 알려진 원산지 심사받은 표시인 AOC로 알려진 것은 프랑스 정부가 프랑스 포도주 애호가들을 위한 소비자보호와 품질을 보증하였다. 예컨대 AOC 시스템에서 "Champagne"라는 라벨이 붙은 포도주는 반드시 프랑스 북동부지역에 있는 샹파뉴에서 자란 포도로 숙성하여야만 된다. 특급 샹파뉴는 AOC에서 명칭을 부여받았으면 이 지역 포도 원산지가 되어야 한다. 이탈리아와 독일정부도 이와 비슷한 프로그램을 만들었다.

구세계(Old World) 생산자들은 비록 우월하지만 글로벌 경쟁에는 끄떡없지는 않았는데, 파리에 거주하는 영국포도상인들이 프랑스산과 캘리포니아산에 대해 눈가리고 맛보기경연을 한 특히 1976년에 소위 "파리의 판정" 이후에 변하였다. 거의 모든 사람들이 놀란 것은 포도주 맛보기경연결과 캘리포니아산포도주가 프랑스산포도주보다 좋았다는 판정이 났다. (*Bottle Shock*, 2008년 배우 알란 리크맨이 파리의 판정 사건을 영화화한 작품에 등장) 그럼에도 불구하고 프랑스산 포도주는 수출시장에서 오스트레일리아, 아르헨티나, 칠레 또는 미국산 포도주 가격이 리터당 단지 $3.00에 비교하면 평균 $6.00이상으로 거래되고 있다.

AOC시스템은 비록 마케팅상 유리한 점이 있지만 몇가지 불리한 점도 있다. 소비자들이 현명한 포도주구매를 할 수 있는 공정한 정보를 가질 수 있도록 하고 있다. 게다가 개별 포도농장은 예측 불허한 기후에 취약하다. 만일 대자연에 잘 적응이 되지 않아 포도원 포도성장시기에 강우량이나 일조량이 너무 많거나 적은 경우, 포도 질은 매년 변할 수 있다. 이러한 사실로 인하여 구세계 포도주에 대한 구매자들에게 속물근성을 자극하는 요소—이 포도원이나 저 포도원을 친구들에게 추천하여 감명을 줄 수 있는 요인이 된다. 그러나 많은 소비자들은 특히 첫 구매자들은 완전히 혼돈하게 된다. 왜냐하면 AOC제도에서 포도주 상표가 포도가 재배되는 토지와 연계시켜 놓았다. 구세계 포도주상인들은 기술적 변화와 규모의 경제로부터 수혜를 받는데 제한되어 있다. 만일 어떤 사람이 포도수확시설을 개발하였다고 하더라도 규모의 경제를 달성한 이웃들을 불필요하게 매입을 하지 않고—즉 그의 토지가 다른 포도주가 만들어지는 자연환경이고 아마 정부로부터 다른 숙성등급을 받고 있을 수 있다. 그 결과 프랑스의 포도원크기는 오스트레일리아 167에이커 그리고 미국 213에이커에 비교하여 단지 7.4에이커이고 이태리는 1.3에이커이다.

파리의 판정과 소비형태의 변화 이후 포도주생산은 1970년대, 1980년대, 1990년대 그리고 미국과 같은 신세계(New World) 국가에서 새로운 세기에 접어든 이후 서서히 증가하였다. 신세계 포도주 제조업자들이 포도를 재배하는 특정 포도원이나 성채(chateau)보다는 오히려 다양한 포도종류—피노 노아르, 카비네 쇼비용 등등—에 따라 포도주를 차별화하였다. 게다가 신세계 포도주 제조업자는 포도원의 이름보다 제품 판매되는 상표에 의존하였다. 이렇게 함으로서 몇 가지 잇점이 있다. 첫째, 까다롭지 않는 구매자는 애매하고 작은 프랑스 포도원을 기억하는 것보다 컬럼비아 크레스트나 엘로테일과 같은 상표이름을 기억하는 것이 단순하다. 둘째, 신세계 포도주 판매상들은 기후의 변화에 관계없이 매년 일정한 맛을 유지하는 포도주를 생산하는 다양한 포도원으로부터 포도를 상표화할 수 있었다. 셋째, 테스코, 마르크앤 스펜스, 크로거 그리고 월마트와 같은 대형 소매상을 통하여 더 쉽게 제품을 유통시킬 수 있고 상표이름으로 시장에 대량으로 공급할 수 있었다. 그 결과 신세계 포도주 도매상은 구세계 도매상라이벌 보다 훨씬 커서 최근 기술적인 투입과 노동절약적인 기법을 이용하여 규모의 경제를 이루게 할 수 있다. 예컨대 미국에서 4개의 큰 기업들이 미국 판매량의 56%를 지배하고; 오스트레일리아는 62%, 칠레는 82%를 지배하고 있다. 프랑스는 4개의 큰 기업들이 단지 매출액의 16%만 차지하고 스페인은 매출액의 21%, 이탈리아는 10%에 불과하다.

수출시장은 구와 신세계 포도농장 모두에게 아주 중요하다. 약 40억 리터의 포도주가 매년 거래되고 있다. 포도주 수출시장의 36%가 EU에 10%가 미국인데 주로 캘리포니아로부터 시작되고 있다. 왜냐하면 양쪽은 모두 포도주 주요 소비자이고 생산된 포도주를 국내에 대량소비하고 있다. 이러한 것은 오스트레일리아와 중국의 경우는 아니고 연간 포도주를 7억 리터를 수출한다. 예컨대 오스트레일리아는 글로벌 생산량의 5%를 점하고 글로벌 포도주 수출의 15%를 점유하고 있다.

사례 질문

6-21. 구세계와 신세계 포도원들은 글로벌 시장에서 경쟁을 하고 있다. 구세계 포도원은 무슨 경쟁적 이점이 있고 불리한 점이 있는가? 신세계 포도원은 어떤 이점과 불리한 점이 있는가?

6-22. 프랑스 포도주는 수출시장에서 어떠한 가격프리미엄으로 거래될 수 있는가?

6-23. 프랑스 정부가 AOC시스템을 완화한다면 프랑스 포도주 판매상들은 규모의 경제에 도달하기 위하여 그들의 포도농원을 확장할까? 왜 하느냐 아니면 왜 아니냐?

6-24. 미국정부는 미국 포도주의 수출시장에 대한 포도주에 대한 질을 확보하기 위하여 AOC제도를 채택하여야만 하는가?

6-25. "Bottle shops"에서—고급포도주를 전문으로 판매하는 소규모 직판점—주문을 받았을 때 특정 포도주 한 두 상자 정도 구매할 수 있다. (상자는 전형적으로 750밀리리터병 한 다스로 되어있다.) 테스코나 월마트와 같은 대형회사 구매자들은 동시에 수천 상자를 종종 주문하는 때도 있다. 구세계 포도주에 전문화한 소매상은 어떤 유형인가? 신세계 포도주를 전문화한 소매상은? 이 답에 대한 이유를 설명하여라.

출처: "China as a Vast Wine Market" *Wall Street Journal*, March 25, 2013; p. B6 ; "The Future of French Wine: Overcoming 'Terroirisme' and Stagnation," *Knowledge@Wharton*, January 2,2013; WWTG Vini-Viticultural Data, World Wine Trade Group, November 2012; Kym Aderson, "The Southern Hemisphere and Global Wine Markets to 2030; Case Study of Australia,"Giannini Foundation of Agriculture Economics, University of California; Kym Anderson and Glyn Wittwer,"Modelling the impact of exchange rate movements on the world wine markets, 2007-2011." Wine Economics Research Centre Working Paper No.0312, November 2012, University of Adelaide; James Simpson, *Creating Wine*(Princeton University Press; Princeton, 2011); Kym Anderson and S. Nelgen, *Global Wine Markets, 1961 to 2009*: *A Statistical Compendium*(Adelaide: University of Adelaide press, 2011);"Wine Word Markets and Trade," U.S. Department of Agriculture,Foreign Agricultural Service, April, 2010.

MyManagementLab®

mymanagementlab.com으로 가서 아래의 질문에 답하시오.

6-26. 국가기준 무역이론과 기업기준 무역이론에 대한 강점과 약점에 대하여 논의하여라.

6-27. 해외직접투자에 영향을 미치는 중요한 요소는 무엇인가?

6-28. Mymanagementlab Only에 본 장을 포괄하는 서술형 과제가 있다.

Endnotes

1. "Kenya flower farmers braced for poll threat," *Financial Times*, February 5, 2013, p. 5; FloraHolland 2011 Annual report; "Flower Power," *China Daily*, May 27, 2011; "The Secrets Behind your flowers," *Smithsonian*, February, 2011; "With flights grounded, Kenya's produce wilts, *New York Times*, April 19, 2010; "Houston to take on Miami for global flower market," *Houston Chronicle*, October 9, 2009; www.floraholland.com; http:// en.kunming.cn; "Yunnan's flower industry blooms," *China International Business*, June 10, 2009; "Flower market has rosy outlook," *Boston Globe*, February 6, 2008.
2. Arthur M. Schlesinger, *The Colonial Merchants and the American Revolution 1763–1776* (New York: Facsimile Library, 1939), pp. 16 – 20.
3. David Ricardo, *The Principles of Political Economy and Taxation* (Homewood: Irwin, 1963). (Ricardo's book was first published in 1817.)
4. Michael Moritz, *The Little Kingdom: The Private Story of Apple Computer* (New York: William Morrow, 1984).
5. "Taiwan eases rules for Chinese investors," *Financial Times*, February 28, 2011, p. 20.
6. P. Krugman, "Intraindustry specialization and the gains from trade," *Journal of Political Economy*, vol. 89 (October 1981), pp. 959 – 973.
7. K. Lancaster, "Intra-industry trade under perfect monopolistic competition," *Journal of International Economics*, vol. 10 (May 1980), pp. 151 – 175.
8. Andrew R. Dick, "Learning by doing and dumping in the semiconductor industry," *Journal of Law and Economics*, vol. 34, no. 1 (April 1991), p. 134.
9. Fred Warshofsky, *The Chip War* (New York: Scribner's, 1989), pp. 131 – 132.
10. The investment statistics for this section are taken from the *Survey of Current Business*, July 2013, pp. 14ff.
11. A. Quijana, "A guide to BEA statistics on foreign direct investment in the United States," *Survey of Current Business*, February 1990, pp. 29 – 37.
12. Grant T. Hammond, *Countertrade, Offsets and Barter in International Political Economy* (St. Martin's Press: New York, 1990), p. 3.
13. "Intel pushes chip production deep into China's hinterland," *Wall Street Journal*, May 23, 2006, p. B1.
14. "Nokia to establish new manufacturing site in Vietnam," Nokia press release dated March 1, 2011.
15. "China joins Venezuela in heavy-oil venture," *Houston Chronicle*, September 11, 2007 (online).
16. "Korea finds a new way to exploit expertise," *Financial Times*, August 16, 2007 (www.ft.com).
17. "Starbucks Buys Its First Coffee Farm," *Wall Street Journal*, March 19, 2013, p. B3.
18. "Asian investment floods into Mexican border region," *Wall Street Journal*, September 6, 1996, p. A10.
19. "Samsung attracts six Korean suppliers," *Financial Times*, April 24, 1996, p. 9.
20. "Limit reached on Visas for skilled workers after one week," Wall Street Journal, April 9, 2008, p. A12; "Firms get creative to work around Visa bottlenecks," *Wall Street Journal*, August 27, 2007, p. B1; "Microsoft plans Canada software enter," *Wall Street Journal*, July 6, 2007 (online).
21. "Toyota to build Lexus in U.S. for first time," *Chicago Tribune*, April 17, 2013.

CHAPTER 7
국제통화제도와 국제수지

The International Monetary System and the Balance of Payments

Nik Wheeler/CORBIS

학습목표

1. 국제무역과 투자를 촉진시키는 데 있어 국제통화제도의 역할을 설명한다.
2. 금본위제도의 기능과 변천을 설명한다.
3. 2차 세계대전 후 브레튼우즈에서 확립된 국제통화제도에서 세계은행과 국제통화기금의 역할을 요약한다.
4. 변동환율제도 변천을 설명한다.
5. 국제수지회계시스템의 기능과 구조를 설명한다.
6. 국제수지 흑자와 적자에 대한 다양한 의견의 차이점을 설명한다.

글로벌 통화전쟁?

전문가들은 2008년에서 2009년에 발생한 글로벌 경기침체기 이후부터 전 세계적으로 전쟁이 발생했다고 걱정한다. 이 전쟁은 이념적 문제의 확산 또는 영토의 확장의 문제가 아니라 자국의 고용증대와 경제발전을 그 목적으로 한다. 이 전쟁은 총을 사용하지 않고 환율로 싸운다. 다른 나라의 통화에 대한 자국 통화의 가치를 나타내는 환율은 한 국가의 수출업자의 경쟁력, 외국 수입품에 취약한 국내 기업의 위협 정도 또는 해외직접투자를 유치할 수 있는 한 국가의 여건에 까지 영향을 미치기 때문에 선택할 수 있는 무기가 된다.

정치인들은 장기간 환율을 조작한 외국 국가들로 인해 자국에 손해를 미치게 되는 것에 대해 우려한다. 예를 들어 중국의 경우 오랫동안 인위적으로 위안화의 가치를 절하시킨 국가로 밝혀졌다. 이러한 행위는 외국 소비자에게 중국 상품을 저렴하게 만들고 외국제품은 중국 소비자에게 비싸게 팔리도록 하여 중국 노동자의 고용을 증대시킬 수 있는 기회를 제공한다.

2008년부터 2009년까지 글로벌 경기침체의 결과로 여러 정부는 국내 경제에 활력을 불어넣을 수 있는 정책들을 채택했다. 미국은 총 수요를 진작시키기 위해 1조 달러의 적자를 감수했고, 미국 연방은행은 공격적인 양적완화 프로그램을 통하여 거의 제로 금리까지 끌어 내렸다. 영란은행(Bank of England)과 유럽중앙은행도 이와 비슷한 양적완화정책을 시행했다. 그러나 저금리의 영향 중 하나는 해당 국가의 환율을 하락시키는 압력으로 작용한다. 저금리는 투자자의 자금을 고금리를 주는 시장으로 이동시키려는 유인이 작용한다. 그렇게 함으로써 투자자들은 저금리 국가에서 투자 자산을 매도(그 국가 통화 가격의 하락)하고 고금리 국가의 통화 수요를 증가시킨다. 예를 들면, 브라질 정부는 미국 연방은행의 양적완화정책을 비판한다. 브라질은 여러 농산물 분야에서 미국과 경쟁자 관계에 있어 브라질의 레알화 대비 미국 달러화의 가치하락은 여러 남미 경쟁국들과의 오렌지쥬스, 콩, 목화 등의 교역에 유리한 고지를 점한다. 그러나 이러한 행위는 최근 글로벌 경기침체의 동기를 제공한 미국, 스페인, 아일랜드의 주택 시장에서와 같이 새로운 자산버블을 야기 시킬 수 있다는 점을 우려한다. 예를 들면, 스위스중앙은행은 안전한 피난처를 찾는 외국 투자자의 자금이 스위스의 주택시장을 휩쓸어 버릴 것을 우려하여 국내 모기지시장에 새로운 자본 요구 조건(capital requirement)을 부과했다.

2012년 12월 선출된 일본 신정부의 총리 아베 신조(Shinzo Abe)는 장기간 지속되어온 일본경제의 침체를 벗어나기 위해 이와 비슷한 정책을 실행했다. 아베는 일본의 국내수요는 디플레이션에 기인한 것으로 믿고 있다(만일 소비자가 가까운 미래에 물가가 하락할 것으로 생각하고 있다면, 그들의 구매를 연기하는 경향이 있다). 그래서 아베는 일본에 약간의 인플레이션을 일으킬 정도의 금융완화를 실시하여 일본 소비자들이 소비를 연기하지 않고 지금 상품을 구매하기를 원했다. 중국투자공사(4,400억 달러 상당의 자산가치를 운용하는 국부펀드) 의장 가오 시칭(Gao Xiqing)는 이웃국가를 쓰레기장 취급을 하고 통화전쟁을 시작하는 것은 다른 국가에 위험한 일이며, 궁극적으로 일본 자신에게 악영향을 미칠 것이라고 아베에게 강력한 경고를 했다. 그리고 책임 있는 정부로서 그러한 일을 하지 않을 것을 희망한다고 덧붙였다. 독일 총리인 앙겔라 마르켈(Angela Merkel) 역시 중앙은행의 임무가 나쁜 정책 결정 및 경쟁력 결여를 정당화하기 위한 기관이 아니라고 말하면서 일본의 행동에 대해 비판했다. 미국 재무부도 일본이 자국의 수출을 진작하기 위해 엔화 가치를 낮추는 행위를 하지 말도록 촉구하면서 비슷한 우려를 표명했다. 일본 은행의 새로운 총재인 구로다 하루히코(Haruhiko Kuroda)는 이러한 논평은 사실과 다르다고 말하면서, 일본은행의 통화정책은 통화가치를 끌어내리는 것이 목표가 아니라고 주장했다. 과감한 금융정책을 통하여 가능한 신속하게 디플레이션을 탈출하면 일본을 위해서도 좋을 뿐만 아니라, 아시아 경제 및 세계경제에도 이로울 것이라는 것이다. 이러한 일본의 행동은 전 세계 시장에서 일본산 전자제품과 경쟁하는 중국, 한국, 대만을 압박한다. 러시아와 한국의 고위층은 일본의 행동에 대비하여 자국의 통화 가치를 하락시킬 것을 고려하고 있다.

중앙은행 및 재무부 관계자는 난관에 봉착할지 모른다. 금융완화는 모두가 원하는 경제성장의 촉진을 위한 것이다. 또한, 금융완화는 모두가 원하지 않는 통화전쟁을 촉발시킬 수 있다. 이제는 상호간 조화를 이루는 방법을 찾는 것이 가장 큰 도전이다.[1] ■

본 장에서 논의하였듯이 통화전쟁이 전 세계 경제를 위협한 것은 처음이 아니다. 1930년대 이와 비슷한 경제적 갈등이 있었다. 여러 국제경제학자들은 미국, 영국, 프랑스, 스위스, 벨기에 등에 의한 통화가치의 조작은 대공황을 심화시키고 십 년 정도 연장시켰다고 믿고 있다. 따라서, 통화전쟁을 피하고 세계 상거래를 증진시키기 위해 국제통화제도가 효율적으로 작동하는 것은 세계의 지도자, 중앙은행 관계자, 사업가들에게 중요하다.

대부분의 국가들이 각각 자국통화를 가지고 있기 때문에 국제통화제도가 존재한다. 만일 국경을 넘어 사업이 이루어지면 자국통화를 교환하는 수단이 필요하다. **국제통화제도**

(international monetary system)는 각 국가의 통화의 가치를 결정하고 교환하는 규칙을 정한다. 또한 국제통화제도는 국가간 국제지출과 수입의 불균형을 개선하는 메커니즘을 제공한다. 더욱이 외국환을 국내통화로 바꾸는 환율(국제무역의 수익성에 상당한 영향을 미치는 변수)은 이는 국제통화제도가 원활하게 작동될 때 결정된다.

또한 국제사업가들은 **국제수지(balance of payment: BOP)**라고 불리우는 국제통화제도의 회계시스템을 모니터링한다. 국제수지회계시스템은 국제거래를 기록하고 국가경제의 건전성에 대한 중요한 정보를 제공하고, 재정정책과 통화정책의 변화를 유발시키기도 한다. 국제수지통계는 궁극적으로 정부의 무역장벽, 금리상승, 인플레이션 상승, 총수요감소, 한 국가에서 사업비의 일반적인 변동 등을 일으킬 수 있는 문제를 사전에 탐지하는데 사용된다.

7.1 국제통화제도의 역사

오늘날의 국제통화제도는 과거 부족 간의 거래와 그 후 도시국가 간 교환의 매개체로 사용된 고대 금 또는 은과 같은 귀금속에서 그 기원을 찾을 수 있다. 예를 들어 은(silver)은 기원전 7세기 초기에 인도, 바빌론, 페니키아 사이의 무역에 사용되었다.[2] 현대 도시국가는 16세기에서 17세기에 그 형태를 갖추게 되었는데, 이때 사용된 동전은 금과 은의 함유량을 기준으로 거래되었다.

금본위제도

고대 국제 교역의 매개로 사용되었던 금화를 국제통화제도로 채택한 것이 금본위제도로 알려졌다. 금본위제도(gold standard)하에서는 중상주의의 금 비축과는 달리 각 국가들은 기업 또는 개인들이 언제든지 요구하면 금으로 바꾸어 줄 수 있는 지폐를 통용하도록 했고, 금괴 및 금화의 자유로운 수출을 허용했다. 금본위제도는 1821년 영국에서 처음 도입했다. 19세기에 대부분의 주요 교역국인 러시아, 오스트리아 · 헝가리제국, 프랑스, 독일, 미국 등 주요 교역국가가 금본위제도에 동참했다.

금본위제도는 자연스럽게 **고정환율제도(fixed exchange rate system)**를 탄생시켰다. 환율은 하나의 통화에 대한 다른 통화의 가격을 말한다. 고정환율제도하에서 한 통화에 대한 가치는 각각 다른 통화에 대해 고정되어 있다. 각 국가의 통화가치는 금에 연계되어 있기 때문에 금본위제도는 고정환율제도를 탄생시킨 것이다. 예를 들어 영국에서는 금 1온스에 4.247파운드에 거래할 수 있도록 정해놓았으며, 이를 파운드화의 액면가 또는 금에 대한 파운드화의 공식가격이라 한다. 미국의 경우는 금 1온스 가격을 20.67달러로 합의했다. 이 경우 파운드화와 달러화 사이의 고정환율이 1파운드당 4.867달러(£1=$4.867 또는 $20.67/£4.247)라는 것을 말한다.

기업들이 원할 때마다 미리 정한 환율로 금과의 교환이 원활히 이루어진다면, 대다수의 기업들은 통화로 지불하는 것을 선호한다. 통화를 대신해 금으로 거래하는 경우는 비용을 수반하게 된다. 예를 들어 홍콩의 무역업체인 자딘매디슨(Jardine Matheson)이 런던의 홍

1815년 나폴레옹의 워털루 전쟁 패배 이후 국제통화제도는 금본위제도를 기반으로 한다. 금본위제도하에서 각 국가의 통화는 금 가격에 연계하여 통화를 사고팔 수 있도록 한다.

nobeastsofierce/Fotolia

차 유통업자인 Twining & Company에게 100,000 파운드 만큼의 홍차를 판매했다고 가정하자. 만일 자딘이 Twining & Company에게 홍차를 인도하고 금으로 대금을 지불받기를 원하면 자딘은 금을 선적하는 비용, 도난방지비용, 운송비, 재난으로부터 보호하기 위한 보험료 등의 비용을 부담해야 한다. 더욱이 선박은 운송속도가 매우 느리기 때문에 자딘은 금이 런던에서 홍콩까지 운송되는 기간 동안의 100,000파운드에 대한 이자를 받을 수 없다. 그러나 영국의 파운드화로 지불받기로 한다면 Twining & Company는 자딘에 수표를 발행해 런던지사에 지불할 수가 있다. 그러면 런던지사는 런던에 소재하면서 이자를 지급하는 자딘 명의의 계좌에 입금하거나 또는 홍콩에 있는 본사 계좌에 송금할 수 있다.

1821년부터 1918년 1차 세계대전이 끝날 때까지 국제무역의 기축통화는 영국의 파운드화였는데, 이는 나폴레옹전쟁 이후 영국이 유럽지역에서의 경제력이나 군사력에서 지배적인 우위를 지키고 있었기 때문이다. 전 세계적으로 대부분의 기업은 거래의 지급수단으로 금 또는 영국의 파운드화를 사용했다. 결과적으로 이 기간 동안 국제통화제도는 **스털링 기반의 금본위제도(sterling-based gold standard)**라 말한다. 대영제국이 영토를 확장함으로써 세계교역에서 파운드화의 역할은 더욱 강화되었다. "해가 지지 않는 대영제국"이라 불릴 만큼 영국국기는 세계 여러 나라([지도 7.1] 참조)에 휘날렸는데, 그 국가들을 열거해 보면 현재의 캐나다, 오스트레일리아, 뉴질랜드, 홍콩, 싱가포르, 인도, 파키스탄, 방글라데시, 케냐, 짐바브웨, 남아프리카 공화국, 지브롤터, 버뮤다, 브라질 등이다. 각 식민지에 영국은행들은 지점을 개설해 파운드화가 그들 간의 국제무역에 사용될 수 있도록 했다. 영국 통화의 국제적 신뢰로 인해 런던은 19세기 지배적인 국제금융센터가 되었으며, 이러한 상황은 지금까지 지속된다. 바클레이(Barclay)은행, 토마스쿡(Tomas Cook), 로이드(Lloyd's

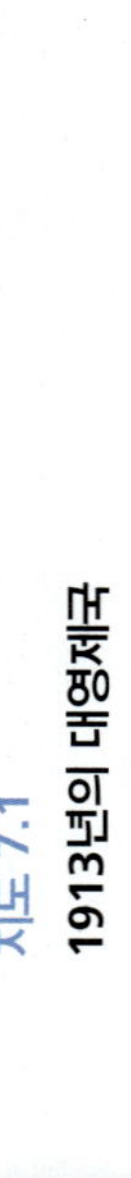

지도 7.1
1913년의 대영제국

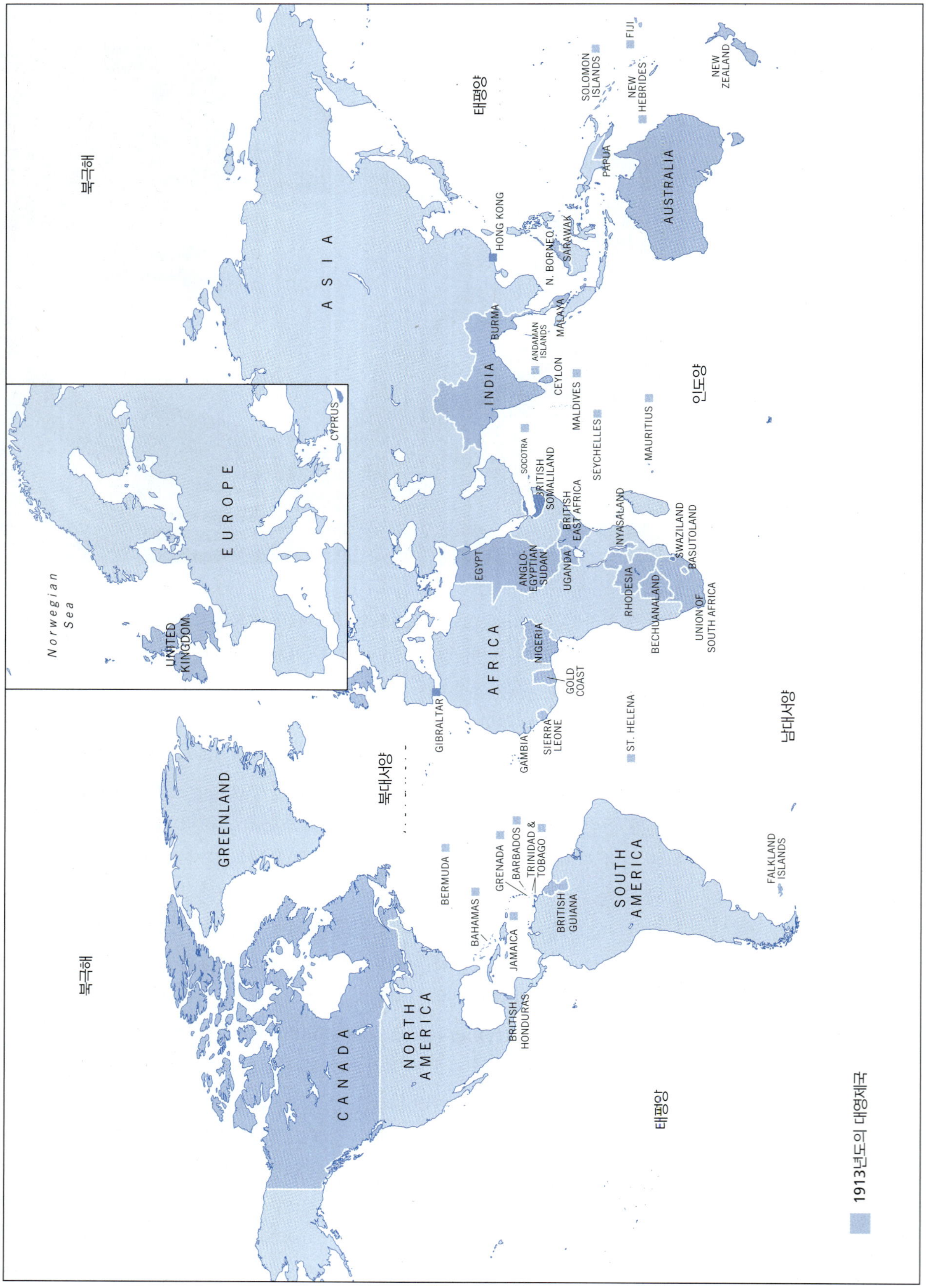

of London)와 같은 영국기업의 국제적 명성과 경쟁력은 19세기 금본위제도 시절의 파운드화의 역할로부터 유래되었다.

금본위제도의 붕괴

1차 세계대전 동안 스털링기반의 금본위제도는 붕괴되기 시작했다. 전쟁의 발발과 함께 연합국(프랑스, 러시아, 영국)과 동맹국(오스트리아 · 헝가리제국, 독일, 오스만제국) 간의 통상적인 상거래는 중단되었다. 여러 국가들이 전쟁으로 인한 경제적 압박으로 각 국가 통화의 액면가로 금을 거래할 수 없게 되었다. 전후 브뤼셀(1920)과 제노바(1922) 협의에서 주요 경제 강대국들이 전쟁 전의 금본위제도로 복귀하는 합의를 도출했다. 미국, 영국, 프랑스를 포함한 대부분의 국가들은 유럽을 괴롭히는 높은 인플레이션, 실업률, 정치적 불안정에도 불구하고 1920년대에 금본위제도를 다시 채택했다.

그러나 세계대공황으로부터의 경제적 압박 때문에 금본위제도는 지속되지 못했다. 영국의 중앙은행인 영란은행(Bank of England)은 파운드화 가치를 유지하지 못했다. 1931년 9월 21일에 파운드화의 가치가 변동하도록 조치했는데, 이는 파운드화의 가치는 수요와 공급에 의하여 결정되고, 영란은행이 더 이상 금을 영국지폐의 액면가로 거래할 수 없다는 것을 의미한다.

영국이 금본위제도를 폐지한 후 주로 영연방 국가를 중심으로 스털링 통용지역이 출현했는데, 이 방식은 영연방 국가의 통화가치를 파운드화에 고정시키고, 대외준비금(international reserve)을 런던에 파운드화 잔고로 유지하는 것이다. 그 외 다른 국가들의 통화가치는 미국 달러화나 프랑스 프랑화에 고정했다. 미국을 포함한 프랑스, 영국, 벨기에, 라트비아, 네덜란드, 스위스, 이탈리아 등의 국가들이 통화를 경쟁적으로 평가절하시키면서 국제통화제도의 결속력은 약화되기 시작했다. 각 국가는 통화가치를 인위적으로 낮추어 해외시장에서의 본국상품 값을 저렴하게 하여 수입을 줄이고 수출을 진작시키고자 했다. 그러나 그러한 이득은 다른 국가의 통화가 평가절하함으로써 사라지게 된다(만일 두 국가가 자국통화를 각각 20%씩 평가절하하면 각국 통화의 상대적 가치는 변하지 않게 되어 두 국가 모두에게 이익이나 장점은 사라지게 된다). 또한 대부분의 국가들이 수입품과 경쟁관계에 있는 산업의 국내 일자리를 보호하기 위해 수입품에 부과되는 관세를 올렸다. 점차적으로 많은 국가들이 **근린궁핍화정책(beggar-thy-neighbour policies**: 다른 나라의 희생을 기초로 자국의 번영이나 경기회복을 도모하는 대외정책)을 도입하면서 국제무역은 후퇴했고, 각국의 수출산업의 고용수준은 타격을 받았다. 더욱더 불길하게도 국제경제의 갈등은 머지않아 1936년 2차 세계대전 발발과 같은 국제 군사적 충돌로 나타났다.

브레튼우즈 시대

다수의 정치인이나 역사학자들은 국제통화제도의 몰락과 1차대전 직후의 국제교역의 축소가 2차 세계대전을 촉발하게 한 경제적 조건을 만들었다고 말한다. 인플레이션, 실업, 전쟁으로 피폐해진 경제를 복구하는 비용은 파시스트와 사회주의 독재자들이 각국 정부의 통제권을 장악할 빌미를 제공하는 정치적 불안을 야기시켰다. 서방 진영은 2차 세계대전의 발발과 같은 전철을 되풀이하지 않도록 세계 평화와 번영을 증진시키기 위한 전후 경제 환경 조성을 희망했다. 이러한 목적 달성을 위해 1944년 44개국 대표가 뉴햄프셔주의 휴양지인 브레튼우즈에 모였다. 브레튼우즈 참석자들은 상당부분 수정된 금본위제도를 재개하기로 합의했다. 또한 참가국들은 세계경제와 국제통화제도의 재건을 확립하기 위해 세계은행(IBRD)과 국제통화기금(IMF)을 설립하는 데 합의했다.

세계은행 **IBRD**(international bank for reconstruction and development)는 **세계은행(World Bank)**의 공식 명칭이다. 1945년에 설립된 세계은행의 첫 번째 목표는 전쟁으로 폐허가 된 유럽 경제를 재건하는 데 필요한 자금을 제공하는 데 있다. 마셜플랜(Marshall Plan)의 도움으로 세계은행은 1950년 중반에 유럽경제 재건을 완료했다. 그 후 세계은행은 개발도상국의 경제도약이라는 새로운 임무를 설정했다.

세계은행은 임무를 지속적으로 확장하면서 세 개의 산하기관을 설립했다.

1. 국제개발협회(International Development Association)
2. 국제금융공사(International Finance Corporation)
3. 국제투자보증기구(Multilateral Investment Guarantee Agency)

세계은행과 함께 이들 세 개 조직은 세계은행그룹(World Bank Group)을 구성한다([그림 7.1] 참조). 현재 1,340억 달러를 대출중인 세계은행은 188개 국가가 지분을 소유한다. 의사결정을 위해 세계은행은 회원국의 경제력과 기여도를 반영하는 가중치 투표방식제도를 사용한다. 미국이 현재 가장 높은 투표권(15.0%)을 장악하고 있으며, 그 다음으로 일본(8.8%), 독일(4.7%), 영국(4.2%), 프랑스(4.2%), 중국(3.2%)이 뒤를 따른다. 투표가중치는 경제력변동이나 세계은행에 새로운 회원이 가입했을 때 재평가된다. 세계은행은 대출운영에 자금을 조달하기 위해 자신의 명의로 국제자본시장에서 자금을 차입한다. 세계은행이 대출한 대출금에서 벌어들인 이자는 추가적인 대출능력을 창출한다. 세계은행은

그림 7.1
세계은행그룹의 조직도

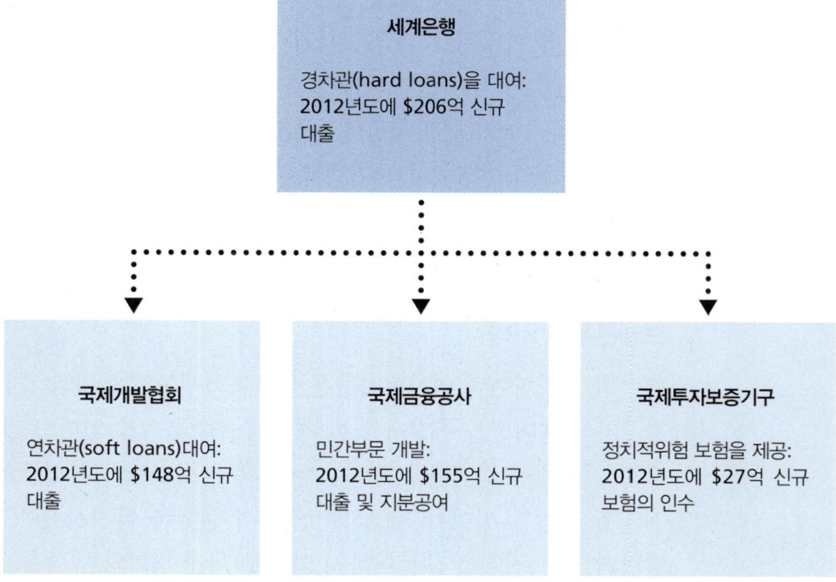

2012년에 206억 달러의 신규 대출약정을 맺었다.

헌장에 따르면 세계은행은 수혜국가의 경제성장을 촉진할 수 있는 "생산적 목적(productive purposes)"만을 위해 대출해 줄 수 있다. 그 예가 바로 국가 고속도로 근대화와 교통안전성 개선을 위해 인도네시아에 제공된 20억 달러이다. 세계은행은 무역적자에 자금을 조달해 줄 수는 없지만 국가경제에 이바지할 수 있는 새로운 철도나 항만시설과 같은 기반시설 프로젝트와 국가차원에서 보증이 이루어지는 프로젝트나 정부에만 대출해 줄 수 있으며, 그 대출금은 그 어느 국가로부터 상품 또는 서비스를 구매해도 상관없다. 무엇보다 중요한 것은 세계은행은 반드시 **경차관정책(hard loans policy)**을 준수해야 한다는 것이다. 즉, 대출금이 상환될 수 있는 타당성이 있을 때만 대출을 해줄 수 있다.

경차관(hard loans)정책은 1950년대 빈곤 국가들이 세계은행으로부터 대출을 받을 수 없게 만든다는 이유로 비판을 받았다. 이에 대해 세계은행은 **국제개발협회(International Development Association: IDA)**를 1960년에 설립했다. 국제개발협회는 연차관(soft loans), 즉 상환 받지 못할 수 있는 신용위험을 감수하고 대출을 제공한다. 국제개발협회의 대출금은 대출자로부터 서비스요금(현재는 0.75%)만을 수령할 뿐 이자는 없다. 또한 이 대출은 상환기간이 35~40년으로 장기이며, 자금을 빌린 국가가 대출금을 상환하기 전 10년의 거치기간을 둔다. 국제개발협회의 대출은 저 개발 국가에 집중된다. 전형적인 예가 수질오염 경감과 물을 매개로 하는 질병을 줄이기 위해 아프리카 기니에 제공된 2,500만 달러이다. 국제개발협회는 회원국들의 초기 가입비, 세계은행에서 발생된 이익, 정기적으로 부유한 국가로부터 기부 받은 보충금으로 재원을 충당한다. 2012년 국제개발협회는 148억 달러에 달하는 새로운 대출약정(loan commitment)을 맺었다.

세계은행 그룹의 다른 두 산하기관의 임무는 다소 제한적이다. 1956년에 창설된 **국제금융공사(International Finance Corporation: IFC)**는 개발도상국들의 민간부문 발전을 촉진시키는 임무를 맡는다. 국제금융공사는 투자은행과 같은 역할을 하면서 민간투자자들과 협력해 전망 있는 상업활동을 위한 부채와 자기자본을 제공한다. 예를 들어 국제금융공사는 방글라데시의 Lafarge Surma Cement Ltd.에 1,000만 달러의 납입자본과 3,500만 달러의 대출금을 연간 120만 톤의 시멘트를 생산할 수 있는 6,000만 달러 상당의 공장을 건설하는 데 제공했다. 또한 국제금융공사는 중소기업을 지원하는 데도 관심을 두고 있다. 2012년도에 국제금융공사는 총 155억 달러의 자금을 융자해주었다.

또 다른 산하기관인 **국제투자보증기구(Multilateral Investment Guarantee Agency: MIGA)**가 1988년에 정치적 위험(3장 참조)요소 때문에 민간분야가 개발도상국에 투자를 기피하는 점을 극복하기 위해 설립되었다. 국제투자보증기구는 민간투자자들에게 비상업적 위험요소에 대한 보험을 제공함으로써 개발도상국에 직접 투자할 것을 장려한다. 예를 들어 국제투자보증기구는 SociétéNationale des Télécommunications du Sénégal (SONATEL)가 말리(Mali)의 전화회사인 Ikate SA에 대한 투자를 보호하기 위해 1,800만 달러의 정치적 위험보험을 발행해주었고, 우간다에 부자갈리(Bujagali) 수력발전소건설에도 1억1,500만 달러의 보험을 발행했다. 2012년도에 국제투자보증기구는 총 27억 달러의 정치적 위험보험을 인수했다.

세계은행과 함께 아프리카개발은행, 아시아개발은행, 미주개발은행과 같은 **지역개발은행(regional development banks)**들이 같은 노력을 기울이고 있다. 이들 기관들은 각 해당 지역에서 빈곤국가의 경제개발을 촉진시키고 있다. 가장 최근에 창설된 지역개발은행은 바로 유럽부흥개발은행(European Bank for Reconstruction and Development: EBRD)이다. EBRD는 동유럽권의 공산주의가 붕괴된 후 중앙유럽과 동유럽의 재건을 돕기 위해 서방국가들에 의해 설립되었다. 지역개발은행과 세계은행은 개발프로젝트를 위해 함께 작업하기도 한다. 예를 들어 2012년 아시아개발은행은 우즈베키스탄에 2개의 수자원 프로젝트를 지원하기 위해 6,300만 달러를 출자했고, 세계은행에서 지원하는 프로그램인 중앙아시아 지역경제협의회 프로그램의 일부인 아프가니스탄의 75킬로미터의 철도 건설에 1억6,500만 달러를 출자했다.[3]

국제통화기금 브레튼우즈 참석자들은 1차 세계대전 이후 국제무역의 쇠퇴는 국제교역을 어렵게 만들고 있는 경쟁적인 환율의 평가절하에 있다고 생각했다. 2차 세계대전 이후의 통화제도가 국제교역을 촉진시킬 수 있도록 브레튼우즈 협정서에는 국제통화제도의 기능을 감독할 수 있는 국제통화기금(International Monetary Fund: IMF)의 창설을 요청했다. IMF 협정문 제1조에 조직의 목적이 나열되어 있다.

1. 국제통화협력을 촉진한다.
2. 국제무역의 확대와 균형성장을 촉진한다.
3. 회원국 간의 환율 안정을 촉진하고, 질서 있는 환율제도를 유지하면서 환율의 경쟁적인 평가절하를 피한다.
4. 다자간 결제시스템 구축을 지원한다.
5. 국제수지에 문제가 있는 회원국에 일반적인 재원을 제공하여 국제수지 균형을 회복시킨다.
6. 회원국들의 국제수지 불균형 정도를 줄이고 회복기간을 단축시킨다.

IMF의 회원국은 조직의 규칙과 규제사항에 동의하는 모든 국가로 한다. 2013년 기준으로 188개의 회원국이 있다. IMF에 가입하기 위해서 국가는 **쿼터(quota)**라고 불리는 출자금을 지불해야 하는데, 일부는 금으로, 일부는 자국의 화폐로 구성되어 있다. 쿼터의 규모는 정치적 변수가 있지만, 기본적으로 그 국가의 경제에 대한 세계의 중요도를 반영한다. 쿼터의 규모는 몇 가지 이유 때문에 중요하다.

1. 한 국가의 쿼터는 IMF 내에서의 의사결정권을 결정한다. 현재 미국은 IMF에 16.8%의 투표권을 장악하고 있고, 일본이 6.2%, 독일 5.8%, 프랑스와 영국이 각각 4.3%, 중국 3.8%, 이탈리아 3.2%, 사우디아라비아 2.8%, 캐나다 2.6%, 러시아가 2.4%이다. 그러나 이러한 의사결정권은 변한다. 2010년에 IMF 이사회는 신흥국가와 개발도상국들이 세계경제에 미치는 중요성을 인식하고 조직 내 6%의 의사결정권을 선진국에서 신흥국가와 개발도상국으로 전환할 것을 제안했다.[4]
2. 한 국가의 쿼터는 준비자산(official reserve)의 한 부분으로서 역할을 수행한다(본 장의 후반부에서 언급됨).

표 7.2 주요국의 중앙은행

국가	은행
캐나다	Bank of Canada
유럽연합(유로화를 사용하는 회원국)	European Central Bank
일본	Bank of Japan
영국	Bank of England
미국	Federal Reserve Bank

자메이카합의(Jamaica Agreement)의 결과에 따르면 자국의 여건에 가장 적합한 형태의 환율제도를 자유롭게 선택할 수 있게 했다. 미국은 변동환율제도를 채택했다. 다른 나라들은 달러화나 프랑스의 프랑화 또는 다른 국가의 통화에 대해 자국의 통화를 연계(peg)시키는 고정환율제도를 채택했다. 또 다른 국가들은 환율을 일정한 기간마다 조금씩 조정하는 **크롤링 페그(crawling pegs)**를 활용한다.

EU 회원국들이 변동환율제도가 유럽경제 통합을 저해한다고 믿고 특별한 전략을 채택했다. 1979년 EU 회원국들은 그들 국가 사이의 통화연계성을 관리하기 위해 **유럽통화제도(European Monetary System: EMS)**를 창설했다. 대부분의 EMS 회원국들은 **EU의 환율제도(Exchange rate mechanism: ERM)**에 동참하기로 했다. ERM 참여국들은 액면가의 ±2.25% 범위 내에서 통화간 고정환율을 시행하고 미국 달러화와 다른 통화에 대해서는 변동환율을 유지할 것을 선언했다. EU의 환율제도(ERM)는 1999년 유로화라는 새로운 EU의 단일 화폐의 탄생을 이루어 냈다. 이 문제는 10장에서 더욱 자세히 다룬다.

현재의 국제 통화제도는 고정환율제도와 변동환율제도가 혼재되어 있다. 예를 들어 이미 설명한 바와 같이 EU의 대부분 회원국들은 공동통화를 채택했고, 반면 다른 국가들은

BRINGING THE WORLD INTO FOCUS

고정환율과 변동환율

고정환율제도와 변동환율제도 사이에서 한 가지 중요한 차이점은 환율이 균형상태에 이르는 방법에 있다. 금본위제도(1821~1914)와 브레튼우즈 체제(1945~1971)와 같은 고정환율제도하에서는 각 국가가 자국 통화가치를 금이나 다른 통화와 같은 몇 가지 기준에 의하여 유지하기로 약속한 것이다. 만일 국가의 통화가치가 액면가 이하로 하락하면 그 나라의 중앙은행은 외환시장에서 자국통화를 매입하거나, 보유한 금이나 자유교환가능통화(convertible currency)를 매각해 통화가치를 끌어 올린다. 반면 통화가치가 액면가보다 올라가면 중앙은행은 외환시장에서 자국의 통화를 매각하고, 이 과정에서 추가로 금이나 외국통화를 매입한다. 장기균형 상태는 외환시장에서 중앙은행의 조치에 의해 그 국가의 화폐공급량이 변화해 경기후퇴나 경기호황의 형태로 나타난다.

비록 이러한 자동조절과정은 19세기의 금본위제도에서는 잘 작동했으나, 브레튼우즈 체제에서는 그렇지 못했다. 실제로 브레튼우즈 체제하의 조절과정은 비대칭적이다. 국제수지 흑자상태의 국가의 경우는 외환이나 금을 축적하고자 하면 특별한 일이 없다. 국제수지적자에 시달리고 있는 국가는 준비자산의 지속적인 감소를 겪게 된다. 준비자산이 소진되기 전에 국제수지 문제를 잘 해결해야 한다. 만일 아무런 조치를 취하지 않는다면 준비자산이 감소하게 될 것이고, 이를 지켜보는 다른 국가의 투자자들이 통화의 액면가를 유지한다는 약속을 지킬 수 있는 국가의 능력을 불신한다. 그렇게 되면 외국인들은 보유하고 있는 통화를 집중적으로 매도하고, 그 국가의 준비자산의 유출이 더욱 심화된다. 결국 정부는 고정환율로 교환하겠다는 약속을 어기게 되고, 통화가치를 절하할 수밖에 없게 된다. 바로 이런 상황이 1967년 영국, 1969년 프랑스, 1971년 미국에서 일어난 것이다.

이와 반대로 변동환율제도하에서는 환율이 각 통화의 수요와 공급에 의해 정해진다. 한 국가의 중앙은행이 이러한 시장에 의한 메커니즘을 따른다면 소비자와 투자자들이 이기적 거래를 통해 화폐가치가 결정되기 때문에 국가의 준비자산이 소진되지 않는다.

미국달러화와 유로화, 또는 몇몇 다른 통화에 연계시키는 고정환율을 채택했다. 캐나다, 일본, 영국, 미국 등의 다른 여러 국가들은 자국의 통화가 변동하도록 두었다. 따라서 현재의 국제통화시스템 하에서는 한 국가그룹의 통화는 다른 국가그룹의 통화에 대해 변동한다. 예를 들어 미국 달러와 미국 달러화에 고정한 통화들은 유로화와 유로화에 고정한 통화들에 대해서 변동하도록 되어 있다. 또한 유로화와 미국 달러화는 캐나다 달러화, 호주 달러화, 스위스의 프랑화와 같이 독립적으로 환율이 변동하는 통화에 대해 변동한다.

2차대전 후 체결된 협정 세계의 모든 중앙은행들이 자메이카 협정을 기반으로 만들어진 국제통화제도를 선호하지는 않는다. 1976년 이래로 중앙은행들은 국가 간에 일어난 정책상 갈등을 해소하기 위해 많은 회동을 했다. 예를 들어 미국의 경우 과대평가된 달러화가 미국 수출 경쟁력을 약화시켰고, 값싼 수입품들이 미국 산업에 피해를 끼치고 있다고 주장해, 5개국 그룹([표 7.1] 참조)의 재무장관들이 1985년 9월 뉴욕의 플라자호텔에 모였다. 이 모임에서 **플라자합의(Plaza Accord)**를 이끌어 냈는데, 이 합의에서는 중앙은행들은 외환시장에서 달러화 가치를 하락시킬 것에 동의했고, 실제로 그렇게 되었다. 달러화 가치는 1985년 2월 정점을 찍고 난 뒤에, 1987년 초까지 독일의 마르크화에 대해 46%, 엔화 대비 41%로 하락했다. 지속된 달러화의 평가절하가 세계무역을 저해하게 될 것이라는 우려로 1987년 2월 파리에서 5개국 재무장관이 다시 모이게 되었다. **루브르협정(Louvre Accord)**은 달러화 가치를 안정화시키기 위한 협약이다. 그러나 외환시장은 1990년 페르시아만의 갈등으로 인하여 또다시 혼란에 빠지게 되었다. 주요통화의 가치가 21세기 말까지 계

그림 7.2
엔화, 유로화, 독일마르크화에 대한 달러화 환율 (1960~2012)

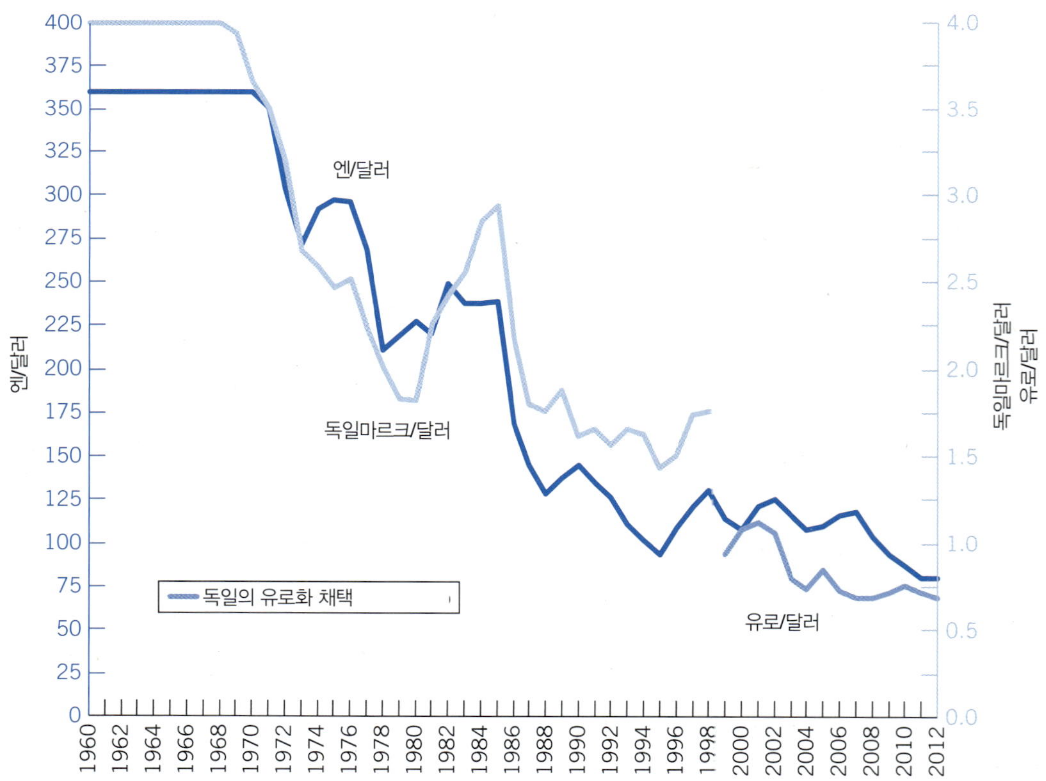

속 요동쳤다. [그림 7.2]는 브레튼우즈 체제의 붕괴 이후 일본과 독일 통화가치에 대한 달러화의 가치의 변화를 보여준다.

이러한 통화가치의 변동은 국제경영 입장에서 매우 중요한 의미를 가지고 있다. 외환시장에서 자국통화의 가치가 상승하면 기업의 상품 수출이 하락하고, 외국 수입품의 위협으로부터 자국시장을 보호하기란 더욱 어려워지며, 국내에서 외국으로 생산기반을 이전 하는 것이 더욱 이익이 된다. 국내 통화가치 하락은 정반대의 효과를 나타낸다. 유능한 국제경영인들은 그들의 경영기회에 통화가치변동의 영향력에 주의를 기울인다. 예를 들어 독일의 화훼재배자들은 외환시장에서 유로화 가치가 하락할 때 상품과 서비스를 수출하는 것이 더 용이하고, 반대로 유로화의 가치가 상승할 때 독일과 유로화를 기반으로 하는 기업들은 북아메리카 또는 아시아의 라이벌들과 경쟁하기가 어렵다는 것을 알고 있다. 이렇게 환율변동에 의해 발생하는 문제점들 때문에 여러 전문가들은 브레튼우즈 체제 부활을 선호하기도 한다("Bring the World into Focus" 참조).

국제 부채위기 1973년에 제도화된 변동환율제도는 즉시 혹독한 검증을 거치게 되었다. 1973년 아랍—이스라엘전에서 이스라엘이 승리하자 아랍 국가들은 미국, 네덜란드와 같은 친이스라엘국가들에 대한 원유공급 중단을 선언했다. 그 결과 OPEC은 1973년 10월 배럴당 3달러이던 원유가격을 1974년 3월에는 배럴당 12달러로 4배 상승시켰다. 가파른 원유가격 인상은 원유수입국들에 대해 인플레이션 압박을 가했다. 예를 들어 미국의 인플레이션은 1973년 6.1%에서 1974년 11.1%로 상승했다. 1974년도 한 해에만 600억 달러의 부가 원유수입국에서 원유수출국으로 흘러들어 갔다. 새로운 국제통화제도가 원유시장의 이러한 대변동에 의해 일어난 충격을 어느 정도 흡수했는데, 그 이유는 환율이 각 국의 원유수출이나 또는 수입의 가치변화를 반영하여 조정되었기 때문이다. 일반적으로 원유수출국의 통화는 강세가 되었으며, 반면 원유수입국의 통화는 약세가 되었다.

부의 엄청난 이전은 경제적 우려를 불러 일으켰다. 한층 높아진 원유가격은 원유수입국들의 경제에 세금으로 작용했다. 몇몇 경제학자들은 부유한 국가 소비자의 수요하락이 전세계적인 경기침체로 발전되는 것을 우려했다. 또 다른 경제학자들은 원유거래가 달러화로 이루어지기 때문에 OPEC의 은행계좌에 쌓이는 달러만큼 국제적 유동성이 축소될 것을 염려했다. 그러나 그중 어떤 일도 일어나지 않았다. 많은 원유 수출국들이 새롭게 얻은 부를 사회기반시설을 개선하거나, 미래 세대가 부를 일구도록 원유정제시설과 같은 곳에 엄청나게 투자했다. 사용되지 않고 남은 오일달러는 런던과 뉴욕과 같은 국제금융센터에 있는 은행에 예치되었다. 국제은행협회는 이러한 오일달러를 원유가격 상승으로 인해 피해를 입은 경제를 되살리도록 국제적 대출 활동을 통해 재활용했다.

안타깝게도 국제은행들이 이러한 오일달러를 너무 과도하게 재활용했다는 것이다. 많은 국가들이 되갚을 수 있는 능력 이상으로 돈을 차입했다. 예를 들어 멕시코는 900억 달러를 차입했고, 브라질은 670억 달러를 신규 차입했다. 이러한 채무국들의 재정상태는 1978~1979년의 이란국왕의 권력상실에 의해 촉발된 오일쇼크 이후 매우 위태로워졌다. 원유가격은 1978년 배럴당 13달러에서 1980년 배럴당 30달러로 하늘 높이 치솟아 전 세계적으로 또 한차례의 인플레이션을 유발했다. 변동금리로 차입한 대출금의 이자율은 상승했고, 특히 많은 채무를 지고 있던 채무국들에게는 더욱 큰 부담을 안겨 주었다. 1982년 8월 멕시코가 대외채무이행을 포기한다고 선포하면서 국제적 채무위기가 공식적으로 시작되었다. 멕시코는 부채상환시기와 원금변제에 대한 지불유예 기간 조정을 요청했고 IMF로부터 대출을 신청했다. 멕시코는 곧 브라질과 아르헨티나와 연합했다. 아시아, 아프리카, 라틴아메리카의 40여 개국이 대외부채의 경감을 원했다. 채권국, 채무국, 민간은행, 국제기구들의 사이의 협상이 1980년대에 계속되었다.

다양한 방법들이 이 위기를 타개하기 위해 사용되었다. 미 재무부장관 제임스 베이커(James Baker)의 이름을 딴 **베이커 플랜(Baker Plan)**은 1985년 부채 상환일정 조정의 중요성, 국내 통화정책과 재정정책에 대한 IMF의 긴축정책의 부과, 지속적인 대출을 강조했고 이를 통해 경제성장을 이루어 채권국에 대한 채무이행을 할 수 있도록 하는 것이다. 멕시코의 경우 IMF는 멕시코의 부채를 가지고 있는 민간 외국은행들이 대출금 상환일정을 조정하고, 추가적인 재정지원에 동의하는 경우에만 구제금융을 제공하기로 했다. 그러나 채무국들의 대출상환이 거의 진전을 보이지 못했다. 채무국과 채권국 모두는 새로운 해결방법이 필요하다는 데 의견을 같이했다. 부시행정부의 재무장관인 니콜라스 브래디(Nicholas Brady)의 이름을 딴 **브래디플랜(Brady Plan)**은 문제를 안고 있는 국가들의 채무 일부를 탕감해 주거나, 액면가 이하로 대출증서를 되살 수 있도록 자금을 공여해 주는 방법으로 부채를 줄여 줄 필요성에 중점을 두고 있다.

국제부채위기는 1990년대에 감소했는데, 이는 채무국들의 채무이행 요구조건들이 IMF의 대출, 대출상환시기조정, 정부의 경제정책 변화 등의 적절한 조합을 통해 보다 관리가 용이해졌기 때문이었다(2장의 멕시코, 아르헨티나, 브라질의 경제개혁에 대한 논의를 참조). 그 위기의 영향은 상당했는데 여러 전문가들이 1980년대는 라틴아메리카의 경제발전에 있어 "잃어버린 10년"이라 말한다.

1997년 7월 태국의 채무자들이 해외대출금을 상환할 능력과 태국정부의 바트화의 가치를 유지시킬 수 있는 능력에 대한 투자자들의 불신이 생기면서, 달러화 중심의 바스켓에 연계시켰던 태국 바트화가 달러화에 고정시키지 못하면서 아시아의 통화위기는 발생했다. 가치가 하락할 통화를 보유하고 싶지 않았던 국내 · 외 투자자들은 보유한 바트화를 달러나 다른 통화로 환전했다. 태국의 중앙은행은 바트화의 고정환율을 필사적으로 유지시키기 위해 준비자산을 소진해 버렸다. 태국이 7월 2일 달러화에 연계를 포기하고 나서 바트화의 가치는 바로 20% 하락했다. 투자자들은 주변국들이 태국과 같이 외국의 단기자본에 과잉의존한다고 판단하면서 그 주변국의 통화 역시 공격을 받게 되었고, 주식시장에도 엄청난 충격을 받았다. 인도네시아가 이른바 아시아 국가로의 확산으로 가장 큰 피해를 입었다. 인도네시아의 루피화의 가치는 73% 하락했고, 주식시장은 80% 이상 폭락했다. 위기의 후폭풍이 라틴아메리카와 러시아로 번져갔고 러시아 정부는 효과적으로 외국부채를 채무 불이행했다. 모두 합해서 IMF와 선진국들은 위기로 부터 경제회복을 위해 1,000억 달러의 대출지원을 약속했다.

최근 국제자본시장을 괴롭히는 금융위기는 미국의 주택버블이 꺼지는 결과를 초래한 소위 서브프라임의 붕괴이다. 이러한 붕괴로부터 생겨난 문제점들이 전 세계 금융시장에

BRINGING THE WORLD INTO FOCUS

브레튼우즈 체제는 부활되어야 하는가?

국제정책수립자들은 브레튼우즈 체제의 부활이 가치 있는 일인가에 대해 논쟁을 벌였다. 브레튼우즈 체제의 지지자들은 고정환율이 국제경영에 여러 가지 장점을 제공해 준다고 말한다. 고정환율제도 하에서 환율은 일별, 주별, 월별 변동 폭이 크지 않아 국제무역거래의 위험성은 줄어들게 되고 기업들은 외환가치의 안정성을 더욱 보장받는다. 또한 준비자산의 감소는 그 국가 경제에서 인플레이션을 방지하는 역할을 하기 때문에 고정환율은 중요한 반 인플레이션 도구가 된다. 또한 브레튼우즈 체제의 지지자들은 변동환율제도 하에서 주요 통화들의 가치들이 크게 변동하면 건전한 국제투자에 대한 의사결정을 저해할 수 있다고 주장한다.

변동환율제도의 지지자들은 다른 측면을 주장한다. 만일 국제수지 균형이 환율변화를 통해 이루어질 수 있으면 국내 정책수립자들은 그들의 정책에 따른 국제수지의 결과와는 무관하게 국내 경제적 이슈에만 집중할 수 있다. 변동환율제도는 또한 국내 경제정책들이 타국에 미치는 영향을 줄여주고, 개별의 국가가 독자적인 경제정책을 수행할 수 있게 해준다. 예를 들어 멕시코의 통화당국이 주요 교역상대국들의 정책보다 더 인플레이션이 높고 성장 중심의 경제정책을 선택하더라도 환율의 변화가 국제수지균형을 가져다준다. 변동환율제도는 1970년대에 있었던 2건의 원유수출금지와 같은 외부경제사건에 의한 피해의 충격을 흡수할 수 있었다. 변동환율을 지지하는 이들은 고정환율제도는 통화가치의 투기적 변동성에 대해 약점이 있다고 말하면서, 1967년 파운드화, 1969년 프랑스 프랑화, 1971년 미국 달러화의 평가절하의 경우를 예로 들고 있다. 이와 유사하게 1997~1998년 태국, 인도네시아와 다른 동남아시아 국가들이 채택했던 고정환율제도의 붕괴로 발생한 혼란과 고통을 지적했다.

영향을 미쳤고 2008~2009년의 전 세계적 경기침체를 야기시켰다.

위기의 신호를 알려주는 피해국의 국제수지를 모니터해온 분석가들에게는 이러한 위기들은 그리 놀라운 것도 아니었다. 국제수지 회계시스템은 위기국가들의 악화일로의 실적과 과대한 대외 부채 상태에 대해 분명한 경고를 했다. 국제수지 통계치를 자세히 살펴보았다면 최악의 투자와 위험스러운 대출로부터 국제은행을 보호할 수 있었을 것이다. 국제수지 회계시스템이 귀중한 경제적 정보를 제공하므로 다음 부분에서 이를 자세하게 살펴보자.

In Practice

- 변동환율제도와 고정환율제도라는 두 개의 기본적인 환율시스템이 있다.
- 브레튼우즈 체제가 붕괴된 후 두 개의 환율제도가 사용되고 있다.

추가 고려 사항: 고정환율제도를 채용한 국가와 변동환율제도를 채용한 국가 중 어떤 나라에 투자하고 싶은가?

7.2 국제수지회계시스템

해마다 국가들은 수조 달러의 상품, 서비스, 자산을 상호 구매한다. 국제수지회계시스템은 특정기간 동안 한 국가의 거주자들과 다른 모든 국가의 거주자들 사이의 경제적 거래를 측정하고 기록하기 위해 만들어진 복식부기체제이다. 정책수립가는 국제시장에서 이들 자료를 통하여 각 국가의 경제적 성과를 이해한다. 또한 이 자료는 국가간 경쟁력의 기본적인 변화를 알려주고, 정책수립가가 이러한 변화에 대응하면서 적절한 정책을 만들어 낼 수 있도록 도와준다.

국제 기업인들은 다음과 같은 이유 때문에 국가들의 국제수지 통계자료에 주목할 필요가 있다.

1. 국제수지 통계자료는 상품과 서비스를 판매할 신흥시장을 찾는데 도움이 된다.
2. 국제수지 통계자료는 국가의 기업환경을 쇄신시킬 수 있는 새로운 정책에 대해 평가를 할 수 있고, 그를 통해 그 국가에서 기업운영의 수익성에 영향을 미친다. 예를 들면 한 국가의 수입이 급격히 늘어나는 것은 경제가 과열되었다는 조짐이 될 수 있고, 국내 통화 공급의 감소에 대한 전조가 될 수 있다. 이러한 경우 사려 깊은 경영인들은 소비자 수요가 감소할 것으로 예상을 하면서 재고를 줄여갈 것이다.
3. 국제수지 통계자료는 국가의 외환보유고가 감소하고 있다는 징후를 알려주는데, 이는 그 국가의 통화가 1997년 태국에서 발생할 것과 같이 앞으로 절하될 수 있다는 것을 의미한다. 그런 나라에 수출을 하는 국가는 국내 생산업자들이 보다 가격 경쟁력을 가지게 된다는 것을 알게 될 것이다.
4. 국제 부채위기에서와 같이 국제수지 통계자료는 특정 국가의 대출 위험도가 증가할 것이라는 것을 알려줄 수 있다.

국제수지회계시스템의 네 가지 중요한 측면은 강조할 필요가 있다.

1. 국제수지회계시스템은 예를 들어 "1년 동안"과 같은 특정 기간 동안 이루어진 국제적 거래를 기록한다.
2. 국제수지는 금전적 가치가 있는 경제적 거래만을 기록한다.
3. 국제수지는 한 국가의 거주자들과 다른 모든 국가들의 거주자들 사이의 거래를 기록한다. 거주자들은 개인, 기업, 정부기관, 비영리단체가 될 수 있지만, 거주(residency)를 정의하는 것은 때로 쉽지 않다. 여행, 학생, 군인, 외교관과 같이 한 나라에 일시적으로 체류하는 사람들은 국제수지 계산 목적상 본국 거주자로 분류된다. 기업은 편입한 국가의 거주자로 간주된다. 기업은 지점의 형태 또는 외국의 자회사의 형태로 국제경영활동을 수행한다. 지점이란 비법인조직으로 모회사와 합법적으로 구별되지 않으므로 모회사의 모국 거주자로 간주된다. 자회사는 별도의 법인체로 인정되므로 기업활동을 하는 국가의 거주자다. 대부분의 경우 자회사는 운영상 법률적인 이득을 취할 수 있는 현지국가를 거주지로 삼는다.
4. 국제수지회계시스템은 복식부기시스템이다. 각각의 거래는 같은 액수의 대변(credit)항목과 차변(debit)항목에 기입한다. 대부분의 국제기업거래에서 첫 번째 항목은 상품, 서비스, 또는 자산을 사고파는 거래이다. 두 번째 항목은 사고 판 것에 대해 지불하거나 지불받는 것을 기록한다. 어느 것이 국제수지 차변항목(지출항목)인지 어느 것이 대변항목(수입항목)인지 대부분 사람들은 교육을 통해 학습해야 한다. 여러 전문가들이 재무제표와 자금의 유입과 지출표를 비교한다. 차변항목은 자금의 사용을 나타내며, 대변항목은 자금의 유입을 나타낸다. 이러한 맥락에서 구매하는 것은 차변에 판매한 것은 대변항목에 기록한다.

국제수지 회계시스템의 주요 구성요소

국제수지 회계시스템은 개념적으로 4개의 주요 계정으로 나눌 수 있다. 처음 두 개의 항목은 경상계정(current account)과 자본계정(capital account)인데 민간부문과 공공부문에서의 상품, 서비스, 자산의 구매를 기록한다. 준비자산 증감(official reserve account)도 외환시장에서 중앙은행개입의 영향을 반영한다. 마지막으로 오차 및 누락(error and omissions) 계정은 국제수지거래를 기록하면서 생긴 실수를 계상한다.

경상계정 경상계정에는 다른 국가들의 거주자 사이의 네 가지 거래형태를 기록한다.

1. 상품의 수출과 수입
2. 서비스의 수출과 수입
3. 투자수입
4. 무상원조(gifts) 또는 이전수지

[표 7.3]은 경상계정의 거래에서 차변(지불)항목과 대변(수입)항목을 요약한 것이다.

예를 들어 독일의 메르세데스 벤츠자동차를 프랑스 마르세유에 거주하는 의사에게 판매했다면 **상품수출(merchandise export)**이 되고, 독일거주자가 프랑스의 돔 페리뇽샴페인을 매입했다면 **상품수입(merchandise import)**이 된다(영국에서는 **유형무역(trade in visibles)**을 상품무역을 지칭한다). 한 나라에서 상품수출과 수입의 차이를 **상품수지(balance on merchandise trade)**라 한다. 상품 수출보다 수입이 더 많은 미국은 *상품수지 적자*이며, 상품수입보다 수출을 더 많이 하는 중국의 경우는 *상품수지 흑자*이다.

서비스 계정(services account)은 운송, 관광, 의료, 원거리통신, 광고, 금융서비스, 교육과 같은 서비스의 구매나 판매를 기록한다. 다른 나라 거주자에게 서비스를 판매하는 것은 **서비스수출(service export)**이고, 다른 나라 거주민에 의해 구입되는 것은 **서비스수입(service import)**이다(영국은 서비스 교역을 *무형무역(trade in invisibles)*이라는 용어를 사용한다). 예를 들어 독일의 입장에서 독일인 학생이 파리의 소르본느에서 공부하면서 1년 동안 체류하는 것은 서비스 수입이고, 이탈리아 관광객이 독일의 옥토버페스트(Oktoberfest) 기간 동안 뮌헨에서 집으로 건 전화통화는 서비스 수출이라 할 수 있다. 한 국가의 서비스 수출과 서비스 수입 사이에 있는 차액은 **서비스수지(balance on services trade)**라 한다.

경상계정에 기록된 세 번째 거래 형태는 투자소득이다. 독일인이 외국투자에서 벌어들인 소득은 독일 입장에서 **자본서비스수출(export of the services of capital)**이라 한다. 이

표 7.3 국제수지 항목, 경상계정

구 분	차변	대변
상품	매입	매도
서비스	매입	매도
배당 및 이자(투자수입)	지불	수령
무상원조	제공	수령

국제서비스교역은 2012년 기준 총 1조4,000억 달러이다. 12세기 크메르제국(Khmer empire)의 수도로 건설된 캄보디아 절의 도시인 앙코르와트는 영화 라라 크로프트(Lara Croft)의 툼레이더(tomb raider)를 포함하여 수 세기 동안 수백만의 관광객의 관심을 끌었다. 관광객과 영화제작진이 음식, 숙박, 교통에 소비한 금액은 캄보디아의 국제수지에 서비스수출로 기록된다.

러한 소득의 형태는 독일인이 해외 주식, 채권, 예금계좌에서 벌어들인 이자와 배당금이나 또는 독일기업이 소유한 다른 나라의 자회사로부터 독일로 송금되는 이윤과 같은 것이다. 물론 외국인들도 독일에서 투자활동을 한다. 독일에서 투자활동을 통해 외국인이 벌어들인 소득은 독일 입장에서 **자본서비스수입(import of the services of capital)**이라 한다. 이러한 소득에는 외국인이 소유한 주식, 채권, 예금계좌에서 독일에 있는 기업이 지불하는 이자와 배당금뿐만 아니라, 독일에 있는 외국 소유의 자회사가 본국의 모회사(본사)로 송금하는 이윤도 포함된다.

경상계정에서 네 번째 거래 유형은 한 나라의 거주자와 다른 나라 거주자 사이에서 발생한 **이전수지(unilateral transfer)** 또는 무상원조이다. 이전수지는 사적인 것과 공적인 무상원조를 포함한다. 예를 들어 쿠웨이트에 사는 파키스탄 태생 거주자가 본국에 있는 친척들에게 소득의 일부를 송금하는 것은 사적인 이전거래에 속한다. 이와 대조적으로 방글라데시에서 홍수 조절 프로젝트에 사용된 영국이 지원한 정부차원의 원조금은 공적인 이전거래이다. 두 가지 경우 모두 받은 쪽은 기증자에게 어떠한 보상을 할 필요가 없다.

경상수지(current account balance)는 상품교역, 서비스교역, 투자수익, 이전수지에서의 순 잔고를 측정한다. 경상수지는 한 국가의 현재 국제시장 경쟁력을 폭넓게 반영하기 때문에 정부 관리자와 정책수립가는 이를 면밀하게 검토한다.

자본계정 국제수지회계시스템에서 두 번째 주 계정은 **자본계정(capital account)**이며, 자본계정은 한 나라에 있는 거주민과 다른 나라 거주민 사이에서 일어나는 자산의 매입과 매도와 같은 자본거래를 기록한다(미국의 국제수지회계시스템은 자본계정과 금융계정을

표 7.4 자본계정거래

구 분	만기	투자동기	주요 투자 형태
단기간접투자	1년 또는 1년 이하	투자소득 또는 국제무역 촉진	당좌예금 정기예금 기업어음 은행융자금
장기간접투자	1년 이상	투자소득	국채 주식, 회사채
해외직접투자	결정 불가	경영권 지배 (적어도 10% 이상의 의결권 있는 주식 소유)	해외 자회사 해외 공장 국제합작투자

구분한다. 설명을 간단하게 하기 위해 이들 두 개 계정을 합산한 것으로 간주한다).[7] 자본계정거래([표 7.4] 참조)는 해외직접투자(FDI)와 해외간접투자(FPI)의 두 범주로 나누어진다.

해외직접투자는 투표권한이 있는 보통주의 상당한 지분 소유권을 통해 경영권 지배를 목적으로 행해지는 모든 투자를 말한다. 미국의 국제수지회계표준에서 한 회사의 의결권 주식을 적어도 10% 소유한 경우 통제라고 정의한다. 해외간접투자는 단기투자와 장기투자의 두 개 하위범주로 나누어진다. **단기해외간접투자(short-term foreign portfolio investments)**는 만기가 1년 또는 그 이하인 금융상품에 대한 투자를 말한다. 기업어음; 당좌예금, 정기예금, 해외은행에 국내거주자 또는 국내은행에 외국인이 소유한 양도성예금증서(certificate of deposit); 매출채권, 국제 기업으로 부터의 예금, 상업대출과 같은 은행의 단기 국제 대출서비스와 같은 것들이 이 범주에 속한다. **장기해외간접투자(long-term foreign portfolio investments)**는 주식, 채권, 경영권 지배 이 외의 목적으로 사적, 공적 조직에서 발행한 1년 이상의 만기를 가지는 금융상품에 대한 투자를 말한다. 예를 들어 IBM이 뉴욕에서 보다 더 높은 금리를 얻으려고 파리은행에 초과 보유한 현금을 하루 동안 투자하면 단기간접투자를 하는 것이다. 캘리포니아주 공무원퇴직연금기금이 영국항공(British Airway) 주식을 매입하면 장기간접투자를 하고 있는 것이다. 크래프트(Kraft)사가 캐드배리(Cadbury PLC.)의 모든 보통주를 구매하는 것은 해외직접투자를 하는 것이다.

경상계정거래는 자본계정의 단기적 요소에 영향을 준다. 그 이유는 무엇일까? 이 장의 앞부분에서 설명한 바와 같이 복식기장 국제수지회계시스템의 첫 번째 항목은 상품, 서비스, 자산에 대한 구매와 판매를 기록한다. 두 번째 항목은 사거나 팔린 물품에 대한 지불 또는 수령을 기록한다. 대부분의 경우에 두 번째 항목은 국제수지회계시스템에서 단기 자본계정거래인 당좌예금 잔고의 변화를 기록한다(이 장의 끝부분에 나오는 "글로벌 역량 갖추기"에서 경상계정과 자본계정의 관련성을 자세히 설명한다).

자본유입은 국제수지회계시스템에서 대변에 해당하고, 대변거래는 두 가지 방식으로 발생할 수 있다.

1. *국내에서 외국소유권의 자산이 증가한다*: 미국으로 들어온 자본유입의 한 예는 이스라엘의 제네릭(generic: 특정한 상표를 부착하지 않은 복제약) 제약회사인 Teva

제약사(Tevapharmacyticals)가 펜실베니아에 있는 생명의약품회사인 세팔론(Cephalon)사를 2011년에 68억 달러에 인수한 것이다.[8] 또한 자본유입은 외국기업이 미국은행에 수표를 예치할 때에도 발생한다. 이런 경우 구매되는 자산은 당좌예금잔고에 나타나는 만큼의 미국은행의 권리(claim)를 나타낸다.

2. *국내 거주자가 외국자산의 소유권을 감소시킨다*: 포드자동차가 2008년에 Jaguar와 Land Rove브랜드를 인도의 Tata Motors에 25억 달러에 매각했을 때, 미국에는 자본유입이 발생한다. 이와 유사하게 IBM이 도쿄은행에서 IBM계좌로부터 일본인 플래시드라이브(flash drive)공급업자에게 대금을 지불하면 IBM의 일본 당좌계정 잔고는 감소하고, IBM이 외국자산의 소유권을 일부 청산했기 때문에 미국에는 자본이 유입된다.

자본유출은 국제수지회계시스템에서 차변항목이다. 이것도 역시 두 가지 방식으로 발생할 수 있다.

1. *국내 거주자가 외국자산의 소유권을 증가시킨다*: 펩시가 러시아 음료회사인 OAO 레베디안스키(OAO Lebedyansky) 주식의 74%인 14억 달러에 해당하는 지분 인수는 미국으로부터 자본유출이 일어난 것을 나타낸다. 미국의 자본 유출은 델타항공이 영국은행에 있는 계좌로 런던기업가로부터 받은 수표를 예금 할 때에도 발생한다.
2. *국내에서 외국소유권의 자산이 감소한다*. 독일뮤추얼펀드의 포트폴리오에서 GM의 보통주 100,000주를 미국거주자에게 매각하면, 미국으로부터의 자본유출이 발생한다. 미국의 자본유출은 일본 항공사가 호놀룰루 공항에서 연료비를 지불하기 위해 하와이은행에 있는 계좌에서 발행받은 수표를 연료공급자에게 지급할 때에도 발생한다. 두 가지 경우 모두 외국인들은 그들의 미국자산의 일부분을 처분한 것이다.

[표 7.5]에 국제수지회계시스템에서 다양한 자본수지거래의 영향을 요약했다.

준비자산증감 국제수지회계시스템에서 세 번째로 중요한 계정인 **준비자산증감(official**

표 7.5 국제수지 항목, 자본계정

구 분	차변(유출)	다변(유입)
단기간접투자	외국인으로부터 대금 수령 단기해외자산 매입 해외소유자로부터 단기 국내자산 회수	외국인에게 대금 지불 국내 단기자산을 외국인에게 매각 과거 매입한 단기해외자산을 매각
장기간접투자	장기외국자산 매입(경영권 지배 목적이 아님) 장기국내자산을 외국 소유주로부터 매입(경영권 지배 목적이 아님)	국내장기자산을 외국인에게 매각(경영권 지배 목적이 아님) 과거 매입한 장기외국자산을 매각(경영권 지배 목적이 아님)
해외직접투자	경영권 지배 목적으로 외국자산 매입 경영권 지배 목적으로 외국인이 매입했던 국내자산을 회수	국내자산을 경영권 지배가 목적인 외국인에게 매각 경영권 지배 목적으로 과거 매입한 외국자산의 매각

reserve account)은 정부가 보유한 준비자산 수준을 기록한다. 이러한 준비금은 다른 중앙은행들과의 거래와 외환시장에 개입하기 위해 사용된다. 준비자산은 다음의 네 가지 유형의 자산으로 이루어진다.

1. 금
2. 자유교환가능통화
3. 특별인출권(SDR)
4. IMF 준비포지션

공식적 금보유량은 한 나라의 재무장관 또는 재무부가 정한 액면가를 이용해 측정된다. 자유교환가능통화는 세계 통화시장에서 자유롭게 환전가능한 통화이다. 가장 흔하게 사용되는 자유교환가능통화는 미국달러화, 유로화, 엔화이다. SDR과 IMF 준비포지션(쿼터에서 IMF 차관을 차감한 값)에 대한 내용은 이 장 앞부분에서 다루었다.

오차 및 누락 국제수지회계시스템에서 마지막 계정은 오차 및 누락(errors and omission) 계정이다. 국제수지회계시스템의 한 가지 분명한 사실은 국제수지가 반드시 균형을 이루어야 한다는 것이다. 이론상 다음의 등식은 성립해야 한다.

$$\text{경상계정} + \text{자본계정} + \text{준비자산증감} = 0$$

그러나 이러한 등식에서 측정오류 때문에 실제로 정확한 등식이 성립하지 않는다. 오차 및 누락계정은 다음과 같이 국제수지가 균형 상태가 되도록 사용한다.

$$\text{경상계정} + \text{자본계정} + \text{준비자산증감} + \text{오차 및 누락} = 0$$

오차 및 누락계정은 상당히 클 수도 있다. 예를 들어 2012년에 미국의 오차 및 누락계정은 총 59억 달러에 달하고 있다. 전문가들은 오차 및 누락계정 잔고 비중이 높은 것은 자본계정 처리를 실제 이하로 기록했기 때문이라 추정한다. 즉각적이고 24시간 계속되는 외환거래, 복잡한 통화스왑과 헤지, MMF(단기금융자산 투자신탁)와 같은 혁신상품들이 가장 높은 이자율을 찾아 국가 간 발생하는 합법적인 단기자금흐름이 늘어나 정부통계당국이 거래량을 추적할 수 없게 만들고 있다.

오차 및 누락은 가끔 마약밀매, 돈세탁, 본국 정부가 부과하는 통화 및 투자통제의 회피와 같은 불법적인 활동에 연루된 개인의 의도적인 행동 때문일 때도 있다. 미국처럼 안정된 국가들은 **도피자본(flight capital)**의 종착지가 되고 있는데, 도피자본이란 외국거주자들이 그들 자신의 안전한 도피처로 보낸 돈이며 자국정부 몰래 숨겨 놓은 자금을 말한다. 도피자금이 불법이라는 성격 때문에 미국으로 자본을 보낸 사람들은 그들의 거래가 공식적으로 알려지는 것을 피하려고 해, 정부의 국제수지통계 당국이 측정하기 어렵다. "Bringing the World in Focus"에서 제시하고 있는 바와 같이, 자국의 통화 안정성을 믿지 못하는 외국 거주자들은 보다 영향력 있는 달러화나 유로화 같은 통화를 통해 사업 상거래를 하거나 저축하려 한다.[9]

경상계정 내에서도 몇 가지 오류가 발생할 수 있다. 대부분 국가의 세관에서 상품수입은 세금징수 목적으로 면밀하게 조사하기 때문에 수입에 대한 통계수치는 비교적 정확

BRINGING THE WORLD INTO FOCUS

세계의 여행객 벤자민 프랭클린

미국 외의 지역에서 누가 가장 유명한 미국인일까? 버락 오바마? 브래드 피트? 비욘세? 미국의 100달러짜리 지폐를 장식하고 있는 벤자민 프랭클린(Ben Franklin)이 아닐까? 미국 연방준비은행(Fed)의 경제학자와 회계사들은 외국인들이 4,540억 달러정도는 보유한다고 추정한다. 외국인이 보유한 대부분의 통화는 100달러짜리 지폐이고, 미국 소비자들은 작은 단위의 지폐사용을 선호한다.

해외에서 보유하고 있는 달러 총액을 추적하는 것은 다소 복잡한 일이고, 정교한 경제모델, 소비자 설문조사, 경험을 바탕으로 한 추정들을 기본으로 한다. 1995년 Fed의 미국 세대별 조사에서 미국정부가 발행한 100달러짜리 지폐의 단 3%만을 설명할 수 있었다. Fed 스텝들은 LA와 뉴욕지사가 상대적으로 다른 지사에 비해 엄청난 수의 100달러 지폐를 유통시킨다는 것도 알고 있다. 1990년에서 1996년까지 100달러짜리 새 지폐의 84%가 이 2개 지사에서 발행된 것이다. 전문가들은 이 화폐의 대부분이 경제적 또는 정치적으로 불안정한 국가의 국민들에게 흘러 들어간다고 믿고 있다. 예를 들어 베트남의 경우 인플레이션 통제를 위해 상당한 노력을 하고 있기 때문에 베트남거주자들은 약 50억 달러에 달하는 미국 화폐를 마루 밑이나 옷장 속에 숨겨둔다. 러시아, 구소련 공화국, 중동, 라틴아메리카들도 미국 달러화를 많이 보유한다.

또 다른 큰 요인은 라틴아메리카의 "달러통용화(dollarization)"이다. 2001년 1월 1일 엘살바도르는 미국 달러화를 법정통화로 삼았다. 엘살바도르의 중앙준비은행은 이 제도를 실행하기 위해 4억5,000만 달러의 미국통화를 사들였다. 에콰도르는 2000년 중반에 유사한 제도를 채택했고, 과테말라도 역시 달러통용화 단계를 밟아가고 있다.

달러통화의 해외 보유분은 무이자대출과 같은 역할을 효과적으로 해주기 때문에 미국 재무부와 궁극적으로 미국의 납세자에게 많은 이득을 가져다준다. 일반적으로 미국 부채에 대한 자금을 조성하기 위해 미국 재무부는 채권, 장기국채, 단기국채의 형태로 대출금을 빌려야 한다. 통화보유고가 그러한 대출금을 대신하게 되고, 재무부가 빌려야할 총액을 줄여준다. 만약 30년짜리 국채가 5%의 금리를 지불해야 한다면 미국 납세자는 미국 달러화의 해외 보유 덕분에 연간 227억 달러(4,540억 달러의 5%)에 달하는 이자를 절약할 수 있다. 이것이 미국의 경제, 정치적 안정 덕분에 국민들이 얻는 이득 중의 하나이다. 특히 유로화를 사용하는 EU 회원국들과 같은 나라들도 해외 거주자들이 보유하는 통화 덕분에 이득을 본다.

출처: *Survey of Current Business*, July 2013, p. 21; 'Vietnam battles dark side of boom,' *Wall Street Journal*, December 16, 2010, p. C1; 'El Salvador switching to U.S. dollar,' *Houston Chronicle*, December 30, 2000, p. 1C; 'Dollar's share of world reserves grows,' *Wall Street Journal*, September 10, 1997, p. A2; 'Russia counts cost of change as U.S. set to issue new $100 bill,' *Financial Times*, January 16, 1996, p. 20; 'Where's the buck? Dollars make the world go around, Fed says,' *Houston Chronicle*, October 13, 1995, p. 2C.

한 것으로 파악된다. 이러한 조사는 증빙자료를 많이 남기기 때문에 정확한 통계자료수집이 용이하다. 그러나 수출품에 과세를 하는 국가는 거의 없다. 그래서 세관 서비스는 상품수출과 관련된 통계수치의 정확성을 평가할 수 있는 동기가 부족하다. 서비스 교역에 대한 통계수치들도 또한 부정확하다. 많은 서비스 교역 통계치는 설문조사를 통하여 이루어진다. 예를 들어 미국 관광 수출은 며칠 동안이나 미국에 머물렀는지, 하루에 얼마 정도 비용이 들었는지에 대해 외국 관광객들에게 조사하여 측정한다. 만일 관광객들이 매일 소비한 비용을 과소평가하면, 미국의 서비스 수출은 과소평가된다. 국제수지회계의 이해를 돕기 위해 2012년 미국의 국제거래에 대해 살펴보자.

2012년 미국의 국제수지

경상계정의 첫 번째 구성요소는 상품의 수출과 수입이다. [표 7.6]에서와 같이 2012년 미국의 상품수출은 총 1조 5,612억 달러이다. [그림 7.3(a)]는 미국의 주요 수출품에 대한 상세한 현황을 보여준다. 자동차와 자동차부품이 미국 상품 수출의 가장 큰 비중을 차지하고, 금액으로는 1,461억 달러에 달한다. 미국의 자동차 수출의 40%가 캐나다로 수출되며, 이는 미국과 캐나다가 1965년 체결한 자동차 협정의 결과로 탄생한 북미 자동차 생산의 통합을 반영하는 것이다(캐나다에 있는 GM, 포드, 크라이슬러 공장에서 647억 달러 상당의 자동차와 자동차 부품을 미국에 수출했다). [그림 7.3(a)]에 나타나 있듯이 6개 산업이 2012년 미국 상품수출의 45%를 차지했다.

[표 7.6]에서 미국의 상품수입이 2012년 총 2조3,027억 달러였다는 것을 알 수 있다. [그림 7.4(b)]에서와 같이 주요 수입품목이 석유제품이었고, 수입의 19%에 달했고 금액으로는 총 4,339억 달러이다. 6개 산업에서 1조2,260억 달러 만큼을 수입했고, 총 미국 상품수입의 53%를 차지한다.

경상계정의 두 번째 구성요소는 서비스교역이다. 미국의 서비스 수출은 2012년에 6,493억 달러이었고, 그 중 관광업이 1,656억 달러로 가장 큰 부분을 차지하고 있다. 미국의 서비스 수입(service imports)은 4,425억 달러에 달하고, 관광업이 1,181억 달러로 가장 큰 비중을 차지했다. 미국은 2,068억 달러에 달하는 서비스교역에 양(+)의 잔고를 가지고 있다([표 7.6] 참조).

[그림 7.4]는 미국의 주요 무역 상대국에 대한 수출과 수입을 보여 주고 있으며, 상품과 서비스의 교역을 나타내고 있다. 이 그림으로부터 미국은 무역 상대국들에게 수출보다 더

표 7.6 2012년 미국의 국제수지(단위: $10만)

경상계정		
상품		
수출	1,561.2	
수입	−2,302.7	
상품수지	−741.5	
서비스		
수출	649.3	
수입	−442.5	
서비스수지	206.8	
투자소득		
수입	776.4	
지급	−552.4	
투자소득수지	224.0	
(순)이전거래	−129.7	
(−는 받는 무상증여보다 주는 무상 증여가 크다는 것을 의미함)		
경상수지		−440.4
자본계정		
단기 간접투자(순 유출)	141.1	
장기 간접투자		
미국내 신규 외국인투자	707.7	
미국외 신규 해외투자	−176.1	
해외직접투자(FDI)		
미국내 신규 FDI	116.4	
미국외 신규 FDI	−388.3	
자본수지		450.8
준비자산증감		−4.5
오차 및 누락		−5.9
총 계		0

그림 7.3

미국의 주요 상품수출과 수입 (2012)

출처: *Survey of Current Business*, July 2013.

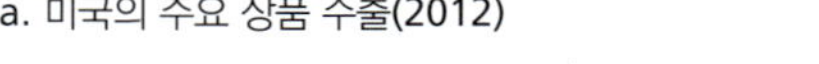

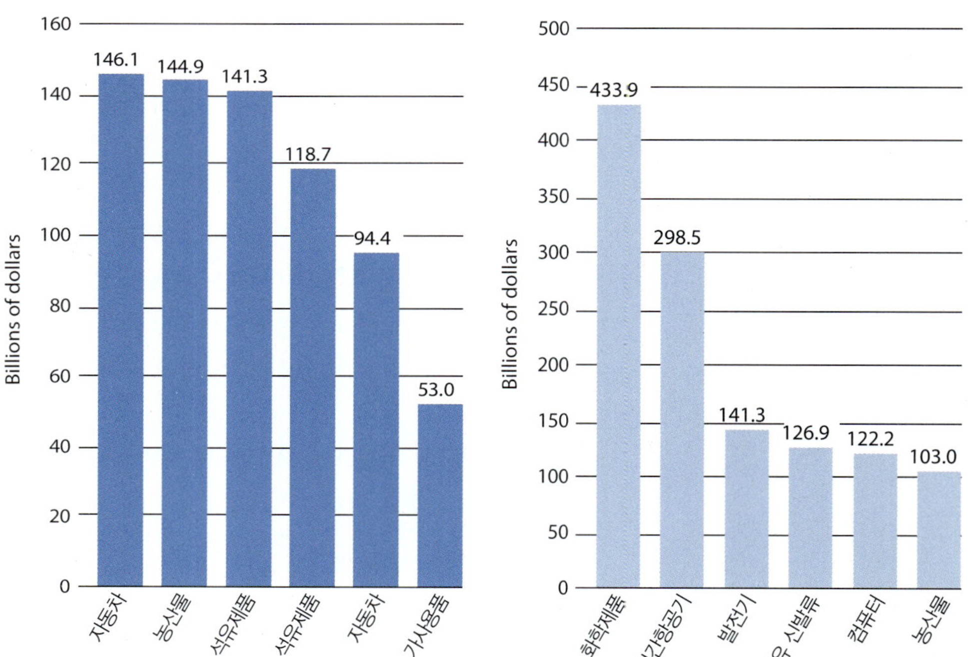

그림 7.4

미국과 주요 거래 상대국과의 무역현황(2012)

출처: *Survey of Current Business*, July 2013

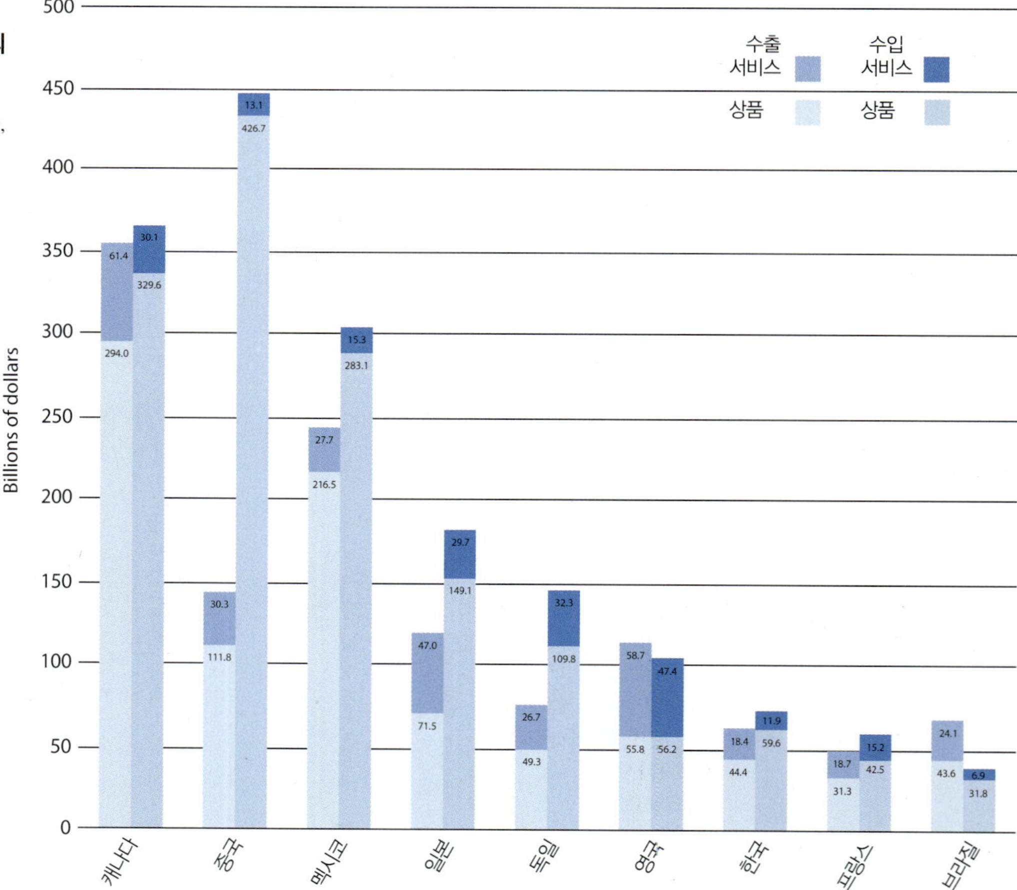

많은 상품을 수입하는 경향이 있음을 알 수 있다. 또한 미국은 서비스를 수입보다 무역 상대국에게 더 많이 수출한다.

경상계정의 세 번째 구성요소는 투자소득이다([표 7.6] 참조). 2012년 미국 거주자는 외국인 투자로 7,764억 달러를 받았고, 외국인에게 5,524억 달러를 지급하여 순 투자수익 수지는 2,240억 달러이었다. 미국은 경상계정의 네 번째 구성요소인 이전 거래에서 1,297억 달러의 순 적자를 보았다. 네 가지의 구성요소들이 모두 합쳐져 2012년 경상계정에서 4,404억 달러에 달하는 순 적자를 보았다.

자본계정은 두 번째로 중요한 국제수지계정이다([표 7.6] 참조). 2012년 신규로 유출된 미국 FDI는 3,883억 달러이고, 반면 신규 유입된 FDI는 총 1,664억 달러다. 신규 미국의 장기 해외간접투자는 2012년에 1,761억 달러였고, 반면 미국 내 신규 외국 장기 간접투자는 7,077억 달러였다. 또한 미국에서부터의 단기 간접투자의 순유출은 총 1,411억 달러에 달한다. 자본수지는 2012년 4,508억 달러였고, 2012년에 미국이 외국자산을 구매한 것보다는 외국인들이 미국자산을 더 많이 구매했다.

미국의 준비자산증감은 −45억 달러였다. 만일 국제수지 통계자료 합산이 완벽하면 경상수지, 자본수지, 준비자산증감의 합은 0과 같아야 한다. 차액이 발생하면 오차 및 누락계정에 산입된다. 2012년에 −59억 달러의 차이가 발생했다. 그러므로 2012년 미국의 국제수지는 다음과 같은 등식이 성립한다.

경상계정	+	자본계정	+	준비자산증감	+	오차 및 누락	= 0
(−$4,404억)		(+$4,508억)		(−$45억)		(−$59억)	

국제수지 흑자와 적자의 정의

매월 연방정부는 월간 국제수지 통계자료를 출간할 때면, 국제시장에서의 미국기업들의 성과를 발표한다. 과거 10년 거의 매월 뉴스진행자들은 저녁 뉴스시간마다 진지하게 미국의 국제수지가 적자상태에 있다고 보도했다.

뉴스 담당자의 말이 무엇을 의미하는 것일까? 우리는 항상 국제수지는 균형을 이룬다고(0과 같다) 말했다. 그러면 어떻게 국제수지가 적자일 수가 있는가? 실제로 전문가(또는 뉴스진행자)들이 국제수지 흑자나 적자에 대한 얘기를 할 때, 그들은 그저 국제수지 계정의 하위계정에 대한 것을 언급하고 있는 것이다. 대부분의 뉴스진행자들은 사실상 상품과 서비스의 무역 잔고만을 보도한다. 한 국가가 수입보다 수출이 더 많으면 무역흑자를 기록한다. 반면 수출보다 더 많은 상품과 서비스를 수입하면 무역적자를 기록한다.

상품과 서비스에 대한 수지는 이해하기 쉽고, 뉴스매체에서도 자주 등장하기 때문에 대중의 관심을 받을 수 있다. 그러나 서비스수지, 상품수지, 경상수지와 같은 다른 수지도 있다. 자세하게 살펴볼 또 다른 수지는 공적결제수지이다. **공적결제수지(official settlements balance)**는 국가의 준비자산의 변화를 반영한다. 특히 공적결제수지는 외환시장에서 국내통화를 안정시키는 중앙은행의 개입에 의한 순 영향을 기록한다.

이들 국제수지 잔고 중에 어느 것이 중요한 국제수지(balance of payments)인가? 이 질문에는 정말 답하기 어렵다. 한 국가의 전체적인 경제성과를 측정하는 척도는 단 하나만

Emmanuel LaCoste/Alamy

2012년 중국은 미국에 4,270억 달러의 상품을 수출했고, 1,120억 달러의 상품을 수입했다. 두 국가 사이의 높은 무역의 불균형은 국내 실업률을 걱정하는 미국의 여러 정치인의 관심을 끌었다. 그렇지만 미국 소비자는 국제무역으로부터 선택의 다양성과 저렴한 가격으로부터 혜택을 받는다.

존재하는 것이 아니다. 오히려 맹인이 코끼리를 만지는 우화에서처럼 각각의 수지는 국제경제 내에서 그 국가의 지위에 대한 다른 관점을 나타내고 있다. 어떤 국제수지 개념을 사용할지는 국제경영인이나 정부의 정책수립가들이 직면한 문제에 따라 상이하다. 상품수지는 제조업분야의 경쟁력을 반영하며, 서비스수지는 서비스 분야의 국제경쟁력을 반영한다. 비록 상품수지가 더 많은 대중의 관심을 받고 있지만, 서비스분야의 비중이 커지고 있기 때문에 서비스수지의 중요성이 커지고 있다. 상품과 서비스수지는 제조업과 서비스 분야에 대한 통합된 국제경쟁력을 반영해준다. 경상계정은 제조업과 서비스분야의 통합된 성과를 보여주고, 또한 그 국가 국민의 관대함(이전거래)뿐만 아니라 과거 투자에 의해 발생되는 소득도 반영한다. 공적결제수지는 중앙은행보다는 모든 시장 참여자들에 의한 국가통화의 수요와 공급에 대한 순수량(net quantity)을 반영한다.[9]

[그림 7.5]은 1969년 이래 다양한 척도에 따른 미국의 국제수지를 보여준다.

In Practice

- 국제수지는 한 국가의 거주자들과 다른 모든 국가들의 거주자들 사이의 거래를 기록한다
- 국제수지는 한 국가의 경제정책의 잠재적 변화에 대한 조기경보시스템 역할을 한다.

추가 고려 사항: 무역이 적자로 돌아서면 그 국가에 이로운가 또는 불리한가?

그림 7.5
다양한 척도에 의한 미국 국제수지 현황

출처: *Survey of Current Business*, July 2013.

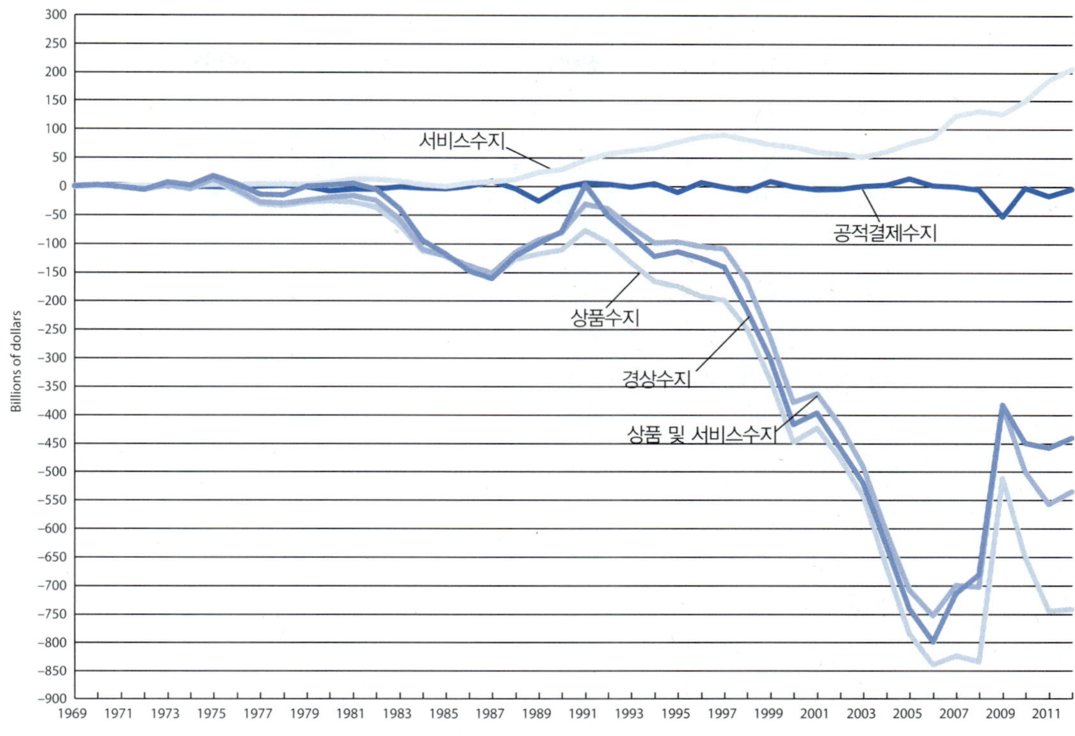

MyManagementLab®

mymanagementlab.com으로 돌아가 아이콘으로 표시된 문제를 완성하시오 ✪.

CHAPTER REVIEW

요약

정상적인 상업활동을 하면서, 국제기업들은 자국 통화보다는 외국 통화를 자주 다룬다. 국제통상이 번성하기 위해서는 저렴한 비용으로 통화를 평가하고 교환하는 시스템이 있어야 한다. 국제통화제도는 다른 통화를 평가하고 교환하는 규칙을 수립함으로써 이런 문제를 해결한다.

19세기 경제성장은 어느 정도 고정환율을 기본으로 하는 안정되고 믿을 수 있는 국제통화제도를 제공해 주는 금본위제도의 성공 때문이라 할 수 있다. 그러나 금본위제도는 1차 세계대전 동안 붕괴되었으며, 두 차례의 세계대전을 거치면서 부활하지 못했다.

1944년 브레튼우즈협정에서 2차 세계대전 후의 국제통화제도를 구축했다. 세계 재건과 발전을 위한 IBRD(세계은행)와 IMF를 신설한 것 이외에 고정환율제도를 재도입하고 이런 과정에서 미국의 달러화가 국제거래에서 중요한 역할을 담당한다. 그러나 외국인이 보유하는 달러화가 늘어남에 따라 국제시장은 브레튼우즈협정에서 결의한 금 1온스당 35달러로 태환할 수 있는 미국의 능력을 불신했다. 미국은 달러화에 대한 투기 위험을 극복한 후 1971년 8월 브레튼우즈협정을 포기했다.

그때부터 국제통화제도는 고정환율제도와 변동환율제도가 혼합하여 사용했다. 어떤 국가는 자국통화를 변동환율제로 허용하는 반면, EU 회원국들은 그들 통화 사이에서 고정환율을 유지했다. 그 시스템은 1973~1974년 원유수출금지 이후 부(wealth)가 원유소비국에서 원유 생산국으로 이동한다거나, 1980년 국제부채 위기, 1997~1998년 아시아 통화위기, 2008~2009년 세계경제침체와 같은 세계경제의 주요 충격에 즉각적으로 반응했다.

국제거래를 기록하는 데 사용되는 국제수지회계시스템은 국제경영인들에게 중요하다. 국제수지시스템은 국가산업의 국제경쟁력, 재정정책과 통화정책의 변화 가능성, 국제 채무를 변제할 능력과 같은 유용한 자료를 제공한다.

국제수지회계시스템은 네 가지 계정으로 이루어져 있다. 경상계정은 상품의 수입과 수출, 서비스의 수입과 수출, 투자소득과 무상원조를 반영한다. 자본계정은 국가 간의 금융 및 자본거래를 기록하고, 해외직접투자와 간접투자를 포함한다. 간접투자는 장기투자와 단기투자로 구분된다. 준비자산증감은 중앙은행이 보유한 금, 자유교환가능통화, SDR, IMF의 준비금 등을 포함하는 한 국가의 준비자산의 변화를 기록한다. 오차 및 누락 계정은 개인이 정부로부터 숨기고 싶어 하는 거래의 결과로 나오는 통계적 불일치를 기록한다.

국제수지의 흑자와 적자를 측정하는 데는 수많은 방법이 있다. 그 각각의 방법은 국가의 세계경제성과에 대한 다른 관점을 나타낸다. 상품수지는 상품의 수입과 수출의 차이를 측정한다. 서비스수지는 많은 국가에서 서비스 분야의 비중이 증가하고 있기 때문에 그 중요성이 커지고 있다. 상품과 서비스수지는 그 국가의 상품과 서비스교역을 측정한다. 경상수지는 상품의 교역과 서비스교역을 반영하고, 순 투자소득과 무상원조를 반영한다. 공적결제수지는 한 국가의 준비자산에 대한 변화를 보여준다.

리뷰 질문

7-1. 국제통화시스템의 기능은 무엇인가?

7-2. 국제통화시스템에서 무엇이 금본위제도의 붕괴를 가속화시켰는가?

7-3. 국제무역과 관련한 주요 국제기구는 어떤 것이 있는가?

7-4. 국제금융공사(IFC)이 무엇이며, 설립목적은 무엇인가?

7-5. IMF 회원국들에게 쿼터는 왜 중요한가?

7-6. 1971년 왜 브레튼우즈 체제가 붕괴하였는가?

7-7. 세계은행과 국제통화기금의 기관 의무(institutional duties)의 차이점에 대해 설명하라.

7-8. 국제수지회계시스템의 주요 계정과 그 구성요소들을 나열하라.

7-9. 국제수지계정에서 어떤 요소들이 측정오류를 야기하는가?

7-10. 국제수지 흑자와 적자의 여러 다른 유형에 대해 설명하라.

토의용 질문

✪ 7-11. 19세기 국제통화제도에서 영국 파운드화의 역할과 1945년 이래 미국 달러화와의 역할사이에는 어떤 유사점이 있는가?

✪ 7-12. 브레튼우즈 체제에서 달러화가 담당한 역할이 미국에는 이익이 되는가? 아니면 해가 되는가?

7-13. 오늘날 어떤 조건하에서 국가의 통화가 평가절하되는가?

✪ 7-14. 국가가 통화가치 상승을 희망하는 환경이 있는가?

7-15. 홍콩이 고정환율제도를 사용하는 경제권의 예이다. 고정환율제도가 홍콩의 무역에 어떻게 영향을 미치는지 설명하시오.

7-16. 경상계정와 자본계정 사이에는 어떤 연계성이 존재하는가?

글로벌 역량 갖추기

이 연습문제를 통하여 미국정부 통계학자들이 국제거래를 계산하는 방식을 알아보자. [표 7.3]과 [표 7.5]를 참조하고, 자본유입과 자본유출의 정의를 참조하시오.

예제 1

월마트가 일본 소니(sony)로부터 100만 달러에 상당하는 블루레이 플레이어(Bluray player)를 수입한다고 가정해 보자. 차변항목은 상품수입(merchandise imports)이 100만 달러가 된다.

여기에서 곤란한 부분이 있다. 반대의 대변항목은 무엇인가? 그 답은 단기간접계정에 영향을 주는 자본유입이다. 자본유입은 외국이 소유한 미국자산의 증가나 미국이 소유한 외국자산의 감소 때문에 발생한다는 것을 상기하라. 만약 월마트가 소니에게 100만 달러를 당좌수료로 지불하고 소니가 예금거래를 하는 미국은행에 당좌수표 100만 달러를 예금하면, 미국 내 외국소유자산은 증가하게 되므로 단기자본유입이 된다. 만일 월마트가 도쿄은행에 있는 당좌예금계좌 잔고에서 엔화로 인출하여 소니에 지불하면 외국에 있는 미국소유의 자산이 감소하게 되므로 이 또한 단기자금유입이 된다. 어느 쪽이든 당좌예금계정잔고의 변화만큼 블루레이 플레이어 대금이 지불되었기 때문에 단기자본유입이 발생한다.

만일 월마트가 소니에게 100만 달러짜리 수표로 지불하지만 소니가 엔화를 원한다면 어떻게 될까? 소니는 그 수표를 은행에서 환전을 요청하게 된다. 미국은행은 다음의 두 가지 방법 중 하나의 방법으로 소니에 편의를 제공한다.

1. 미국은행이 이미 보유하고 있는 엔화를 소니에게 인도한다. 즉 미국 소유의 외국자산이 감소한다.
2. 100만 달러를 보유한 일본은행으로 그 수표를 보내고 소니에 그만큼의 엔화를 인도한다. 즉 외국인(일본은행)이 보유한 미국자산이 증가한다.

어느 경우든 자본유입이 발생한다. 그래서 월마트가 소니로부터 블루레이 플레이어를 구매하면 미국 국제수지 계정에 다음과 같이 기입된다.

	차변	대변
상품 수입(import) 계정	$100만	
단기간접투자 계정		$100만

상품수입 계정은 자금사용을 반영하기 때문에 차변에 기입된다. 지출자체는 외국인이 미국자산을 구매했기 때문에 대변에 기록한다(미국에 대한 외국권리가 증가하나, 외국에 대한 미국권리가 감소한다). 경상계정과 자본계정 사이의 연관관계에 주목하라.

예제 2

LA에 거주하는 탈북자 식당주인이 평양에 있는 친척에게 1,000달러를 몰래 밀반출했다. 미국 국제수지계정은 이러한 거래를 다음과 같이 기록해야 한다.

	차변	대변
이전 거래 계정	$1,000	
단기 간접투자 계정		$1,000

이 거래는 1,000달러가 무상증여이기 때문에 이전거래에 해당한다. 무상증여는 미국 거주민이 보냈기 때문에 차변항목이다. 자본수지는 외국인이 미국에 대한 권리(claim)가 증가했기 때문에 대변항목이 된다(한 국가의 통화는 상품, 서비스, 자산에 대한 권리를 반영한다). 만일 식당주인이 1,000달러를 현금대신에 스테레오 시스템으로 보냈다면, 대변항목은 상품수출이 되었을 것이다.

첫 번째 문장에서 한정사 *해야 한다(should)*의 사용을 주목하라. 만일 미국정부의 통계학자들이 전지전능하다면 이 거래는 이미 설명한 바대로 기록하게 된다. 그러나 만일 식당주인이 정부로부터 그 거래를 숨기면 통계학자들은 그런 사실을 알지 못한다. 정치적 소요를 겪고 있는 국가 내에서 달러화를 보편적으로 사용한다는 사실을 반영해 볼 때, 오차 및 누락계정이 그만큼 커지는 것도 놀랄 일은 아니다.

예제 3

미쓰비시는 록펠러 가족신탁(family trust)으로부터 8억 4,600만 달러에 록펠러센터의 지분 51%를 구입한다. 이 거래는 미국 국제수지 계정에 다음과 같이 기록된다.

	차변	대변
해외 직접투자 계정		$8억4,600만
단기 간접투자 계정	$8억4,600만	

이 거래에서 두 자산은 교환된다. 일본은 록펠러센터라는 장기자산을 경영권지배 목적으로 매입했고, 미국은 외국인에 대한 권리 증가나 미국에 대한 외국권리의 감소라 할 수 있는 단기자산을 매입했다. 미국 국제수지는 미국자본의 외국소유권(경영권 지배 목적)이 증가했기 때문에 8억4,600만 달러의 장기 해외직접투자(FDI)자본유입으로 대변에 기록 했다. 그러나 8억4,600만 달러에 대한 실제적인 지분은 단기 자본 유출로 차변에 기입한다. 일본 소유의 미국 내 당좌계좌잔고가 8억4,600만 달러로 감소하거나 미국 소유의 일본 내 당좌계좌 잔고가 8억4,600만 달러로 증가한 것이다.

예제 1과 예제 2와 달리 이 거래는 경상계정 항목과 자본계정 항목이 같이 포함되지 않는다. 차변항목과 대변항목 모두가 자본계정에 영향을 준다. 그러나 예제 1의 경우에서처럼 누군가의 당좌예금계좌의 잔고는 이 거래에 의해 영향을 받는다.

다음의 연습문제를 풀어라. 다음의 거래는 미국 국제수지계정에 어떻게 기록될 것인가?

7-17. 2012 런던 하계 올림픽에서 기념품을 팔고자 하는 한 미국인 기업가가 영국 운송업체인 영국항공에 LA－런던 간 왕복 비행기 값 1,500달러를 지불한다.

7-18. 미국인 기업가는 미국 항공사인 유나이티드에어라인에 LA－런던 간 왕복 비행기 값 1,500달러를 지불한다.

7-19. 미국의 포드자동차 회사가 영국의 재규어 자동차 회사의 모든 보통주를 매입하기 위해 25억 달러를 지불한다.

7-20. 영국정부가 르완다에 5억 달러 상당의 식량을 굶주리는 난민에게 나누어준다.

CLOSING CASE 최근 미국 국제수지성과는 추락하고 있는가?

지난 10년 동안 미국 국제수지 성과는 다음과 같은 특징이 있다.

- 미국의 경상계정은 연간 큰 적자를 기록했다.
- 미국의 자본계정은 경상계정의 적자분만큼 연간 큰 흑자를 기록했다.
- 준비자산 증감 계정의 변화는 경상계정 적자 크기에 비해 상대적으로 작다.

위의 사실을 기반으로 두 개의 시나리오가 만들어 질 수 있다.

- 하늘이 무너진다(비관론). 미국 산업들은 국제시장에서 경쟁력이 없다(위의 첫 번째 특징). 그리고 외국인들은 가치 있는 미국 자산을 사들이고, 역사상 미국을 가장 큰 국제적 채무자로 전환시킴으로써 미국을 점령해 가고 있다(위의 두 번째 특징).
- 모든 것이 좋다(낙관론). 외국인들은 경제민주주의 본보기인 미국 시장에 미래 전망이 있어 미국경제에 적극적으로 투자하려 한다(두 번째 특징). 그러나 그렇게 할 수 있는 유일한 방법은 미국에 대해 경상계정 흑자를 계속 유지하는 것이다(첫 번째 특징).

말할 것도 없이 두 개의 시나리오는 미국 국제수지 성과자료를 적절하게 해석하고 있지만, 이 두 개의 시나리오는 서로 모순이다. 이 시나리오는 보호무역주의와 자유무역론자, 노동조합과 MNC, 자유주의자와 보수주의자들, 외국수입에 의해 위협을 받는 기업과 수출위주 회사 사이에서 일어나고 있는 정책적인 논란을 반영한다.

비관론자들은 미국이 무역수지적자를 줄여야 한다고 주장한다. 그들은 미국기업들이 세계시장에서 점점 경쟁력을 잃어가고 있으며, 근로자 훈련 프로그램, 기반구조시설에의 투자 증대, 연구개발에 의한 세금우대, 투자확장과 같은 적극적인 정부정책을 통해 내실을 강화시켜야만 한다고 주장한다. 이들은 미국기업이 외국기업과 정부에 의한 불공정무역 관행 때문에 희생되었다고 단호하게 말한다. 그래서 보다 엄격한 관세와 쿼터를 수입품에 부과하고, 연방정부는 미국 수출품을 더욱 촉진하고 미국자산에 대한 외국 소유권을 제한해야 한다고 믿는다.

낙관론자들은 최상의 정책은 미국을 투자하기 매력적인 경제로 만드는 것이라 말한다. 낮은 세율과 적당한 정부규제를 유지하면, 미국은 외국 자본을 끌어들이게 된다. 미국 산업, 소비자, 근로자는 자본 투자가 늘어나고 이런 투자의 결과로 나타나는 생산성의 증대로부터 이득을 볼 것이다. 미국 소비자들은 낮은 가격에 품질이 좋은 수입품과 서비스를 이용할 수 있게 된다. 게다가 미국 기업들은 외국 경쟁 기업들과 대응하는 데 보다 노력을 하게 될 것이다.

낙관론에 대한 다른 형태는 이미 작고했지만 시카고 대학 출신의 적극적인 자유시장 옹호자인 노벨수상자 밀턴 프리드먼(Milton Friedman)에 의해 제기되었다. 프리드먼은 외국기업들이 외국소비자들로부터 달러화를 벌어들이기 위해 블루레이 플레이어, 호화로운 자동차, 스마트폰을 열심히 만들어 왔다고 주장했다. 만일 이 기업들이 기꺼이 그들의 제품을 달러화로 교환하는데 만족하고, 미국시민들이 기꺼이 그 제품을 구입하기 위해 달러를 지불하는 데 만족한다면 왜 걱정해야 하는가?

여러분이 이러한 다양한 견해를 깊이 고찰해 보면, 이런 견해들이 국제수지 적자가 무엇을 나타내는가에 대한 매우 다른 두 가지 관점 때문에 생겨나고 발전해 왔다는 것을 알게 된다. 비관론을 지지하는 사람들은 상품수지에 초점을 맞추고 외국기업이 미국에 제품을 판매하는 만큼 미국기업들도 외국에 제품을 판매할 수 있을지 없을지를 평가한다. 낙관론을 지지하는 사람들은 시장 내 자발적인 거래에 중점을 둔다. 그들의 견해에 따르면, 만약 미국 시민들이 본인의 이익에 따라 외국제품에 대한 순 구매자가 되고, 외국인들도 본인의 이익에 따라 미국자산에 순 구매자가 된다는 것이다. 그렇다면 무엇이 문제가 되겠는가?

국제수지통계 수치들이 국제무역정책에 대해 진행중인 국내 정치적 대결에 영향을 미치기 때문에 실질적으로 모든 미국 기업에 중요하다. 외국인 직접투자에 내부 FDI에 의한 직업창출로 지역 공동체가 이득을 보는 것처럼 수출위주의 기업과 근로자는 낙관주의자의 무리에 의해 촉진되는 자유무역정책으로 이득을 보게 된다. 수입품이나 외국 경쟁업체들에 의해 건설된 새로운 국내 공장들에서 질 좋은 제품 때문에 위협을 받는 기업과 근로자는 비관론자의 견해를 더 지지할 가능성이 더 크다.

사례질문

7-21. 수출과 외국자본유입 중에서 어떤 것이 경제에 더 중요한가?

7-22. 미국 경상계정 적자와 자본계정 흑자 사이의 연계성은 무엇인가?

7-23. 미국 국제수지에 대한 비관론자의 견해를 더 많이 지지할 것 같은 그룹은 다음 중 어느 것인가?

- 직물 생산업체와 같이 수입에 의해 위협을 받는 기업
- 직물업체 종사 근로자
- 현금이 필요한 캘리포니아 생명기술회사
- 메릴린치(Merrill Lynch)
- 국가에서 가장 큰 수출업체 중 하나인 보잉사
- 소비자

MyManagementLab®

mymanagementlab.com으로 가서 아래의 질문에 답하시오.

7-24. 브레튼우즈 회담의 주요 성과는 무엇인가?

7-25. 국제수지에서 주요 계정은 무엇인가?

7-26. Mymanagementlab Only에 본 장을 포괄하는 서술형 과제가 있다.

Endnotes

1. 'Resources boomerang,' *The Economist*, April 20, 2013, p. 44; 'Treasury Warns Japan on Yen,' *Wall Street Journal*, April 12, 2013, p. A1; 'China Fund Warns Japan Against a 'Currency War',' *Wall Street Journal*, March 7, 2013, p. A9; 'CIC President Warns Japan on Yen Devaluation,' *Wall Street Journal*, March 5, 2013; 'A New Guest Arrives at the Easy-Money Party,' *Wall Street Journal*, February 25, 2013, page A2; 'On Currencies, What's Fair is Hard to Say,' *Wall Street Journal*, February 22, 2013, p. 13; 'G7 move to stabilize currencies backfires,' *Financial Times*, February 13, 2013, p. 1; 'G20 ministers braced for currency war talks,' *Financial Times*, February 12, 2013, p. 3; 'Merkel Takes a Swipe at Japan over Yen,' *Wall Street Journal*, January 25, 2013; 'Currency Rally Hems in Latin America,' *Wall Street Journal*, January 23, 2012, p. C4.
2. Del Mar, A History of Money in Ancient Countries (New York: Burt Franklin, 1968; originally published in 1885), p. 71.
3. Asian Development Bank Annual Report 2012.
4. 'IMF executive board approves major overhaul of quotas and governance,' IMF Press Release No. 10/418, November 5, 2010.
5. 'South Korea reaches accord with IMF over terms of bailout,' *Wall Street Journal*, December 1, 1997, p. A15; 'Group offers Indonesia loans of up to $40 billion,' *Houston Chronicle*, November 1, 1997, p. 1C.
6. International Monetary Fund, Factsheet: Special Drawing Rights, March 31, 2011.
7. In the U.S. accounting system, the Capital Account measures transfers of capital assets between foreign residents and U.S. residents. The Financial Account measures changes in the level of financial claims between foreign residents and U.S. residents.
8. 'Teva agrees $6.8bn Cephalon deal,' *Financial Times*, May 3, 2011, p. 19; 'Teva buying Cephalon for $6.8 billion,' *Wall Street Journal*, May 2, 2011 (online).
9. *Survey of Current Business*, July 2008, p. 44.
10. 'Basic truths,' *The Economist*, August 24, 1991, p. 68.

CHAPTER 8
외환시장과 국제금융시장
Foreign Exchange and International Financial Markets

Phillip MacCallum/Getty Images

학습목표

1. 외환의 가격을 결정하는 어떠한 수요와 공급에 대한 설명한다.
2. 외환 시장에서 국제은행의 역할에 대해 토론한다.
3. 기업들이 국제거래결제를 위해 현물과 선물시장을 활용할 수 있는 여러 가지 다른 방법들을 평가한다.
4. 외환시장에서 차익거래에 대한 역할을 요약한다.
5. 국제자본시장의 중요한 측면에 대해 설명한다.

캐나다 달러(loonie) 고공 행진

옛 속담에 "네가 바라던 것을 조심해라"라는 말이 있다. 수년 동안 캐나다 시민들은 캐나다 달러가 미 달러에 비해 할인하여 팔렸다는 사실에 한탄을 했다. 그러나 2007년 9월에 캐나다 달러는 남쪽 이웃 미국 달러와 동등한 가치인 캐나다 1달러는 미국 1달러와 같게 되었다. 11월에는 1루니(a loonie)를 매입하기 위해 미 1.10달러를 지불해야 했다. 이 루니는 한 측면에서 보면 아비새와 같은 특징이 있는 캐나다 1달러 동전에 붙은 매력적인 별명이다. 2007년 내내 루니가 미 달러에 비해 24%나 치솟아 올랐다.

2008~2009년을 제외하고 외환시장은 글로벌침체로인하여 영향을 받았는데, 캐나다 달러에 대한 미국 달러화 환율은 평가기준으로 ±5% 수준으로 등락을 하였다. 예컨대 2013년 7월에 캐나다 $1.04로 미국 $1.00를 매입하였다. 이런 경우가 항상 있는 것이 아니었다. 2002년에 1.6143 캐나다 달러로 미 1달러를 매입했다. 그러나 5년이 지난 뒤에 루니는 미 달러에 비해 상대적으로 38%나 상승했다. 루니의 가치상승의 원인은 상품가격(2장 마감 사례에 참조)의 폭등 때문이었고, 이는 캐나다와 같은 원자재 생산업자의 수익이 되었다. 그리고 높은 원유가격으로 인하여 앨버타주(Alberta)의 Athabascan tar sand에 거대한 투자를 유치하게 되었는데, 이는 1.6조 배럴 정도의 원유가 추정되며, 그 중 3억 5,000만 배럴 정도가 땅에서 얻을 수 있다고 감정되었다. 2008~2009년 글로벌 불황으로 인해 상품가격이 완화되었을 때, 미 달러화에 비해 루니의 가치는 하락했다. 글로벌 경제성장이 재개되었을 때 루니는 다시 빛을 찾았다. 오스트렐리아 달러, 브라질 레알 그리고 칠레 페소와 같은 원자재가 풍부한 다른 국가들의 통화가치는 상품가격과 유사한 상관관계를 나타내고 있었다.

루니의 가치상승으로 국경의 양측에 있는 수많은 개인들, 회사들 그리고 시장들은 영향을 받고 있다. 캐나다 소비자들은 미국에서 제조한 상품을 사는데 낮은 가격으로 지불하는 반면 캐나다 휴가 여행객들은 플로리다나 애리조나로 향한 겨울여행에 낮은 비용으로 즐기고 있다. 상승된 루니의 가치로 인해 월드시리즈나 스탠리컵(Stanley Cup)에서 누가 승리를 할 것인가에 대해 영향을 받을지도 모른다. 미 달러화가 높게 되었을 때 캐나다 야구나 하키 팀들은 불리하였다. 왜냐하면 그들의 입장료 수입은 캐나다통화에 달려있고 반면 선수비용은 미 달러에 묶여 있었기 때문이었다. 루니의 가치가 함께 상승하면 이 결점은 사라진다. 예컨대, 토론토 블루 제이(Toronto Blue Jay) 비용은 캐나다 달러의 가치가 1센트 매번 오를 때마다 자유계약 대리인에게 더 공격적으로 값을 부르고 핵심 선발선수들을 확보하기 위해 고액연봉을 제의하기 때문에 600.000 미 달러가 감소되었다. 마찬가지로 캐나다 국가 하키 리그의 6개 캐나다 팀은 캐나다 달러의 가치가 낮기 때문에 명백히 불이익을 받았었다. 그러나 최근 캐나다 달러 가치의 상승으로 이들 팀들은 재능 있는 선수들과 경쟁을 할 수 있는 것과 마찬가지로 미국 소속 하키 팀과 더 좋은 경기를 할 수 있는 락커 룸, 사무실, 그리고 훈련시설을 개선할 수 있었다.

그러나 루니의 가치가 높으면 부정적인 면도 있다. 2장에 언급한 것처럼, 캐나다 경제는 수출 지향적이고, 수출 대상국은 대부분 미국이다. 어떤 몇몇 경제학자들은 캐나다는 미국으로의 수출 감소로 인하여 150,000개의 일자리를 잃을 것이라고 추정하고 있다. 특히 온타리오 지역 제조업분야에 강타하였다. Collins & Aikman, Crane Value, Siemens와 같은 기업—Bick's Pickle과 같은 지방 피클을 주도하는 기업조차도 국경의 남쪽 새로운 지역을 선호하여 캐나다에서 운문을 폐쇄하였다. 소수 윈저(Windsor) 카지노에 자주 가는 미국인들이나, 국경도시의 캐나다 소매상들은 미국상점으로 가는 고객을 잃어 가고 있다. 캐나다 소매협회는 지금 상대적으로 저렴한 미국 상품들에서 이득을 보기 위해 남쪽으로 향하는 캐나다인들의 수가 많아져 캐나다에서 5% 정도 소매판매 가격이 조정될 것이라고 믿고 있다. 많은 캐나다 소매상인들은 고객의 확보출혈을 멈추기 위해 가격을 대폭 낮추었는데, 그러나 이러한 가격인하로 그들의 이윤폭도 줄어 손해를 보게 되었다. 캐나다 자동차 판매인들은 싼 물건을 추구하는 행태에 특히 취약하다. 그리고 온타리오주 해밀턴에 있는 철강제조업체인 도파스코(Dofasco)와 같은 기업들도 그들의 매출은 미 달러로 표시되고 반면 그들의 비용은 캐나다의 통화로 표시되기 때문에 타격을 입었다. 루니의 가치가 상승하게 되면 수출지향적인 기업들의 이윤폭도 상당한 정도로 감소된다. 가련한 캐나다 크리스마스 트리 재배자들도 또한 마찬가지다. 일반적으로 그들은 크리스마스 무렵이 되면 약 2.5백만 그루 트리를 미국으로 수출하고 다정하게 "메리 크리스마스"라고 인사한다. 그러나 루니의 상승으로 이렇게 말했던 인사가 "흥, 사기당한 것 같군"이라고 할 정도로 변하게 되었는데, 이는 미국으로 캐나다산 크리스마스트리 수출이 20%나 감소가 되었고, 노바 스코티아(Nova Scotia)의 커크 산림제품(Kirk forest product)과 같은 몇몇 기업들은 폐업하거나, 다른 대부분 캐나다 재배자들의 이윤이 대폭 삭감되었기 때문이다.[1] ■

국내경영과 국제경영을 명백히 구별할 수 있는 한 가지 요소는 상거래에서 한 종류 이상의 통화를 사용한다는 점이다. 만일 영국의 선도적인 백화점 중에 하나인 막스 앤 스펜서가 영국 공급자로부터 주방용품을 구매했다고 가정한다면, 즉 이 국내거래는 전부 파운드로 거래가 완료될 것이다. 그런데 만일 막스 앤 스펜서가 미시간에 본사를 둔 월풀기업으로부터 가전제품을 구매를 선택했다면, 이 국제거래에서 파운드화(막스 앤 스펜서의 본국통화)와 미 달러화(월풀의 본국통화)를 교환하는 메커니즘을 요구하게 될 것이다. 외환시장 이러한 통화의 전환을 가능하게 하기 위하여 존재하며, 이렇게 함으로써 기업들이 국경을 넘어 더 효율적으로 무역거래를 할 수 있게 되는 것이다. 외환시장은 또한 국제투자와 자본흐름을 가능하게 한다. 기업들은 세계 곳곳에 있는 자본시장에서 저렴한 비용으로 자금을 조달하고, 외환시장을 이용해 그들이 조달한 외국자금을 그들이 요구하는 어떤 통화로 전환하게 된다. 그런데 오프닝 사례에서 나타냈듯이 환율 변화가 소비자들이 지불하는 가격, 그들이 쇼핑한 시장, 그리고 기업들의 이윤에 영향을 미치고 있다.

8.1 외환 경제학

외환(foreign exchange)은 자신 이외의 국가에서 발행된 통화로 구성된 상품이다. 다른 상품들의 가격처럼, 외환의 가격—주어진 변동환율제도—은 시장에서 수요와 공급으로 정해진다.

예를 들어 미국 달러와 일본 엔 간에 시장을 이용하게 된다면, 이것은 무엇을 의미하는지를 더 자세히 살펴보자. [그림 8.1]은 일본 엔에 대한 수요곡선을 나타내고 있다. 경제학자들은 이 수요곡선을 *파생수요*곡선이라 부른다. 왜냐하면 엔에 대한 수요는 외국인이 일본 제품, 서비스 그리고 자산을 얻고자 하는 욕구에서 나오기 때문이다. 일본제품을 구입하기 위해서 외국인들은 첫 번째로 일본 엔을 구입할 필요가 있다. 우하향을 하는 다른 수요곡선처럼, 엔의 가격이 떨어지면, 엔 수요 수량은 증가한다. 이것은 수요곡선상에서 점 A에서 점 B로 움직임을 보여주고 있다.

그림 8.1
일본 엔에 대한 수요는 일본제품에 대한 외국인의 수요에서 나온다.

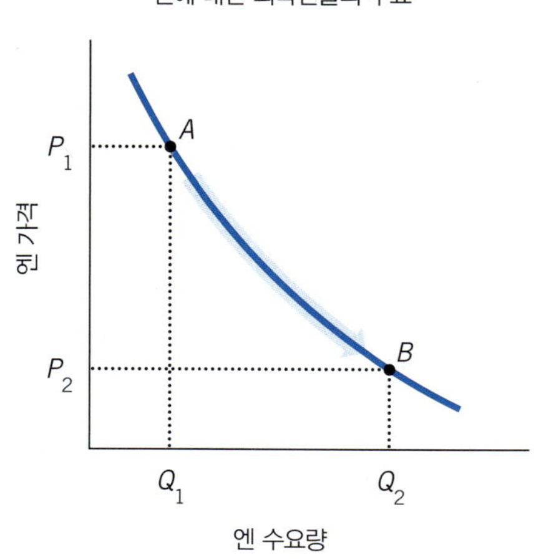

그림 8.2
엔의 공급은 외국 제품에 대한 일본인 수요에서 나온다.

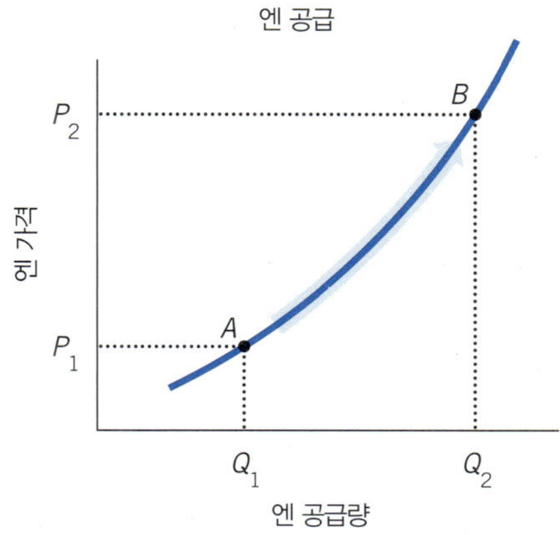

[그림 8.2]는 엔화의 공급곡선을 나타내고 있다. 엔에 대한 근본적인 공급곡선은 일본인들이 외국 제품, 서비스 그리고 자산을 얻고자 하는 욕구이다. 외국제품을 사기위해 일본인들은 외화획득이 필요하고, 그래서 그들은 엔을 팔고 외화를 사는 과정을 거친다. 엔 매도는 외환시장에서 엔을 공급하는 효과를 가지고 있다. 다른 재화와 마찬가지로 엔의 가격이 상승될 때, 공급 수량이 또한 상승한다; [그림 8.2]에서 공급곡선을 따라 점 A에서 점 B로 움직임을 볼 수 있다. 따라서 엔에 대한 공급곡선은 다른 공급곡선처럼 행동한다: 엔 가격이 상승할 때 더 많은 엔을 팔려고 내놓게 된다.[2] [그림 8.3]은 엔의 균형가격이 결정되는 점을 그린 것이다. 수직축을 따라 찍힌 점은 달러로 표시된 엔 가격을 보여 주고 있다—각 엔을 구입하는 데 얼마나 많은 달러를 지불해야만 하느냐. 수평축을 따라 찍힌 점은

Michael Pustay

피카소, 반 고호, 모네, 달리, 모딜리아니 그리고 몬드리안을 포함하는 여러 화가들이 파리의 가장 높은 언덕 중의 하나에 속하고, 자리 잡고 있는 몽마르트에 스튜디오를 설립하였다. 오늘날 이 지역은 자신의 초상화 스케치를 원하거나 아직 미 발굴된 화과의 작품을 구입하러오는 관광객들의 인기를 끌고 있다. 몽마르트의 조망과 쇼핑을 즐기는 관광객들의 능력으로 인하여 저렴하게 관광객의 본국통화를 유로화로 전환하게 허용할 수 있는 외환시장의 효율성을 용이하게 하고 있다.

그림 8.3
엔화에 대한 시장

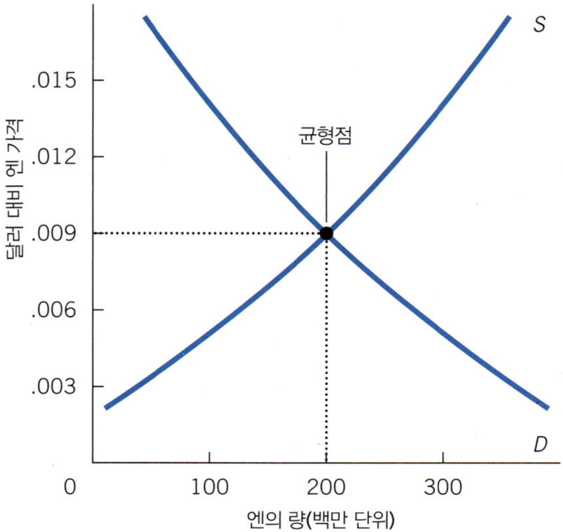

엔의 양을 보여 주고 있다. 다른 시장처럼, 공급곡선(S)과 수요곡선(D)의 교차점에서 시장 청산을 하여, 수요와 공급에 의한 균형가격($.009/엔 이 사례)과 균형수량(2억 엔)이 된다. 7장을 상기하면 이 균형가격을 *환율*이라고 하고, 다른 나라 통화를 조건으로 한 나라 통화의 가격이다.

[그림 8.3]에서 달러-엔 외환시장을 설명하였지만, 유사한 그림은 세계 통화의 각 각 가능한 통화 짝에 대해 그리고 그 통화 짝은 개별시장을 구성하고 있으며, 그 각 각의 통화 짝은 수요와 공급에 의해 결정된 통화들의 균형가격으로 그려질 수도 있다. 환율은 매일 세계적으로 가장 주요한 신문에 게재된다. [그림 8.4]는 2013년 7월 17일의 환율을 나타내고 있다. 이 환율은 두 가지 방법으로 호가된다. 직접환율(또는 직접호가)은 외국통화 한 단위에 대한 자국통화의 가치를 말한다. 예를 들어, 미국 거주자의 관점에서, 7월 17일 수요일 미국 달러($)와 엔(¥)의 직접환율은 $.010043/1¥이었다. **간접환율**(또는 **간접호가**)은 외국통화에 대한 본국통화의 가격이다. 미국 거주자의 관점에서, 7월 17일 수요일의 간접환율은 ¥99.58/$1이었다. 수학적으로, 직접환율과 간접환율은 서로 역수이다. 전통적으로—때때로 편의에 따라서—어떤 환율은 전형적으로 직접기준으로, 그리고 다른 환율은 간접기준으로 호가된다. 보통 미국 관행은 영국 파운드를 직접기준으로 호가하지만 일본 엔은 간접기준으로 호가한다.

만일 어떤 통화가 직접환율인지 간접환율인지 혼동된다면, 보통 무엇을 살 때 직접환율을 사용한다는 것을 바로 떠올려 봐라. 만일 빵을 사러 가게에 간다면, 이때 가격은 전형적인 직접환율을 사용한 것이다. 빵 한 덩어리가격이 $2.89. 간접환율은 달러당 빵 0.346덩어리가 된다. "Bringing the World into Focus"에서 외환시장을 이해하는 데 추가적인 힌트를 제공하고 있다.

그림 8.4

직접과 간접 환율

출처: *Wall Street Journal*, July 17, 2013. p. C5와 July 18, 2013. P. C5를 기초로 한 자료와 Financial Times, July 18, 2013, p. 19, Financial Times, July 17, 2013, p. 17, *New York Times*(online); *Houston Chronicle*, July 18, 2013, p. D6와 July 17, 2013, p. D4.

	미 달러 등가		미 달러 당 통화	
국가/ 통화	Wednesday July 17, 2013	Tuesday July 16, 2013	Wednesday July 17, 2013	Tuesday July 16, 2013
Argentina peso	0.1839	0.1840	5.4384	5.4338
Australia dollar	0.9238	0.9253	1.0824	1.0808
1-mos forward	0.9218	0.9231	1.0849	1.0833
3-mos forward	0.9178	0.9193	1.0896	1.0878
6-mos forward	0.9123	0.9136	1.0962	1.0946
Bahrain dinar	2.6535	2.6519	0.3769	0.3771
Bolivia boliviano	0.1447	0.1447	6.9100	6.9100
Brazil real	0.4497	0.4437	2.2239	2.2537
Canada dollar	0.9610	0.9643	1.0406	1.0370
Chile peso	0.002009	0.001993	497.70	501.66
China yuan	0.163	0.1618	6.1345	6.1819
Colombia peso	0.0005330	0.0005319	1876.14	1880.06
Costa Rica colon	0.002005	0.002005	498.730	498.765
Czech Rep. koruna	0.05066	0.5080	19.738	19.687
Denmark krone	0.1760	0.1765	5.6824	5.6657
Ecuador U.S. dollar	1	1	1	1
Eqypt pound	0.1428	0.1434	7.0015	6.9756
Euro area euro	1.3125	1.3163	0.7619	0.7597
Hong Kong dollar	0.1289	0.1289	7.7575	7.7575
Hungary forint	0.004484	0.004497	223.01	222.35
India rupee	0.01686	0.01696	59.307	58.945
Indonesia rupiah	0.0000986	0.0000970	10145	10310
Iran rial	.00008070	0.00008144	12391	12278.5
Israel shekel	0.2796	0.2809	3.5764	3.5603
Japan yen	0.010043	0.010090	99.58	99.10
1-mos forward	0.010044	0.010092	99.56	99.09
3-mos forward	0.010047	0.010095	99.53	99.06
6-mos forward	0.010055	0.010104	99.45	98.97
Jordan dinar	1.4119	1.4115	0.7083	0.7085
Kenya shilling	0.01151	0.01151	86.9	86.9
Kuwait dinar	3.5057	3.5063	0.2853	0.2852
Lebanon pound	0.0006614	0.0006642	1511.95	1505.55
Malaysia ringgit	0.3132	0.3136	3.1925	3.1891
Mexico peso	0.0802	0.07920	12.4618	12.6228
New Zealand dollar	0.7906	0.7894	1.2649	1.2668
Nigeria naira	0.006196	0.006204	161.4000	161.175
Norway krone	0.1670	0.1669	5.9891	5.9900
Pakistan rupee	0.00996	0.00996	100.37	100.37
Peru new sol	0.3625	0.3628	2.759	2.756
Philippines peso	0.0231	0.0231	43.342	43.336
Poland zloty	0.3091	0.3094	3.2350	3.2316
Romania leu	0.2951	0.2963	3.3891	3.3755
Russia ruble	0.03093	0.03085	32.327	32.413
Saudi Arabia riyal	0.2667	0.2666	3.7498	3.7505
Singapore dollar	0.7932	0.7942	1.2608	1.2592
South Africa rand	0.1018	0.1014	9.8252	9.8572
South Korea won	0.0008934	0.0009003	1119.36	1110.73
Sweden krona	0.1523	0.1519	6.5675	6.5814
Switzerland franc	1.0626	1.0649	0.9411	0.9390
1-mos forward	1.0629	1.0652	0.9408	0.9388
3-mos forward	1.0635	1.0658	0.9403	0.9383
6-mos forward	1.0646	1.0669	0.9393	0.9373
Taiwan dollar	0.03345	0.03354	29.895	29.818
Thailand baht	0.03228	0.03220	30.978	31.055
Tunisia dinar	0.6021	0.6039	1.6608	1.6559
Turkey lira	0.5232	0.5207	1.9114	1.9203
UAE dirham	0.2723	0.2722	3.673	3.6732
UK pound	1.5212	1.5159	0.6574	0.6597
1-mos forward	1.5209	1.5155	0.6575	0.6598
3-mos forward	1.5203	1.5149	0.6578	0.6601
6-mos forward	1.5196	1.5142	0.6581	0.6604
Ukraine hrywnja	8.1566	0.1226	8.1550	8.155
Uruguay peso	0.04755	0.04752	21.029	21.042
Venezuela b. fuerte	0.15748	0.15748	6.35	6.35
Vietnam dong	0.00004738	0.00004720	21105	21188

In Practice

- 외환의 가격은—그 환율—수많은 다른 시장의 가격처럼 수요와 공급에 의하여 결정된다.
- 환율은 직접 호가나 간접 호가를 사용하여 호가되어 질 수 있다. 호가의 유형은 일반적으로 사용되는 관례(편의성)에 따라 결정된다.

추가 고려 사항: [그림 8.4]에서 달러와 엔 사이의 환율을 보자. 직접호가나 간접호가를 사용하는 것이 더 쉬운가?

8.2 외환시장의 구조

외환시장은 전 세계국가에서 발행된 통화에 대한 매도자들과 매입자들로 구성되어 있다. 한 통화로 표시된 화폐를 소유한 어떤 사람과 이 화폐로 두 번째 통화로 전환을 원하는 어떤 사람이 외환시장에 참여한다. 파키스탄 여행자들은 ㅎ스로 공항에서 루피를 영국 파운드로 환전하는 데 외환시장을 이용하며, 도요타 또한 일본 공장으로부터 캐나다로 자동차를 수출할 때 이용하며, 그리고 영국 정부가 방글라데시의 몬순으로 황폐된 경제를 재건하기 위해 수백만 파운드의 대출을 준비할 때도 이용하게 된다. 외환거래의 전 세계적 거래량은 하루 에 약 $5.3조로 추정된다. 외환거래는 세계 어디에서든지 하루 매분마다 거래되고 있다([지도 8.1] 참조). 제일 큰 외환시장은 런던이고 그 다음으로 뉴욕, 싱가포르 그리고 도쿄이다. [그림 8.5]에서 나타나듯, 거래의 약 87퍼센트가 미 달러를 포함하고 있는데, 이는 브레튼우즈 체제에서 달러의 역할에 지배적인 근간을 두고 있다. 왜냐하면 달러는 대부분 통화 환전을 용이하게 하는 데 사용되기 때문에 이것은 외환시장에서 주요 거래통화로 알려져 있다.

은행의 역할

뉴욕, 런던, 도쿄, 싱가포르, 그리고 홍콩과 같은 주요 금융센터에 있는 JP모건체이스(JP Morgan Chase), 바크레이즈(Barclays), 그리고 도이체 방크(Deutsche Bank)와 같은 대형 국제은행의 외환부서가 외환시장에서 주된 역할을 하고 있다. 이러한 은행들은 주요 거래통화들을 언제나 매입 또는 매도할 준비가 되어 있다. 은행들이 외환시장으로부터 여러 가지 방법으로 이윤을 얻고 있다. 그들 이윤의 많은 부분은 외환거래에서 매입과 매도 가격 차이인 스프레드에서부터 나온다. 만일 제피 모르간 체이스가 1천만 스위스 프랑(SwFr)을 한 고객으로부터 SwFr 1.649/$1의 가격으로 사고, 이 스위스 프랑들을 다른 고객에게 SwFr 1.648/$1의 가격으로 판다고 가정해보자: JPMorgan Chase는 $3,679.78를 만들 수 있다. (계산기에서 벗어나 연산을 해보자! JP는 스위스 프랑을 매입하여 10,000,000÷1.649, 또는 $6,064,281.38, 그리고 스위스 프랑을 매드한다. 10,000,000÷1.648 또는 $6,6067,961.16, 그래서 $3,679.78의 이윤을 얻는다.) 때때로 국제은행들은 투기자들처럼 행동하는데 그들은 환율이 오를 것이라 추측되면 돈을 건다. 그러한 투기는 막대한 이득을 얻을 수 있지만 이는 항상 위험하다. 그리고 이 장 뒤에 언급된 것처럼, 은행들은 또한 외

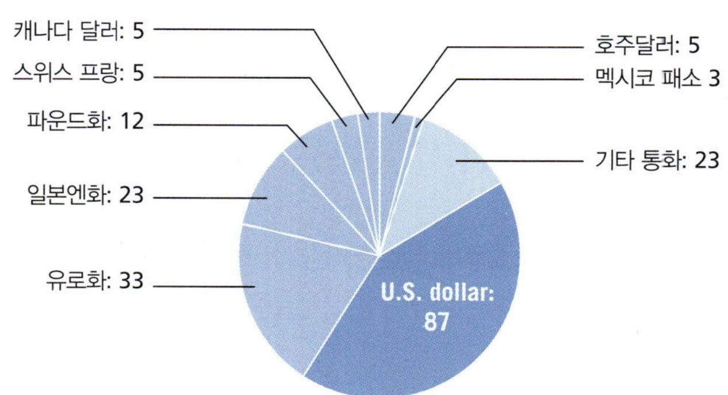

그림 8.5
외환시장에서 거래되는 통화

출처: Bank for International Settlements의 자료에 근거하여, *Triennial Central Bank Survey*: Foreign Exchange turnover April 2013: preliminary global results (September 2013, p. 12).

지도 8.1

외환거래의 하루

전통적으로, 국제날짜변경선의 서쪽에 놓여 있는 오클랜드, 뉴질랜드부터 거래일이 시작된다. 지구가 자전함에 따라 외환시장은 시드니, 도쿄, 홍콩, 싱카포르, 바레인, 프랑크푸르트, 취리히, 파리, 런던, 뉴욕, 시카고, 샌프라시스코를 포함한 도시들에서 열린다.

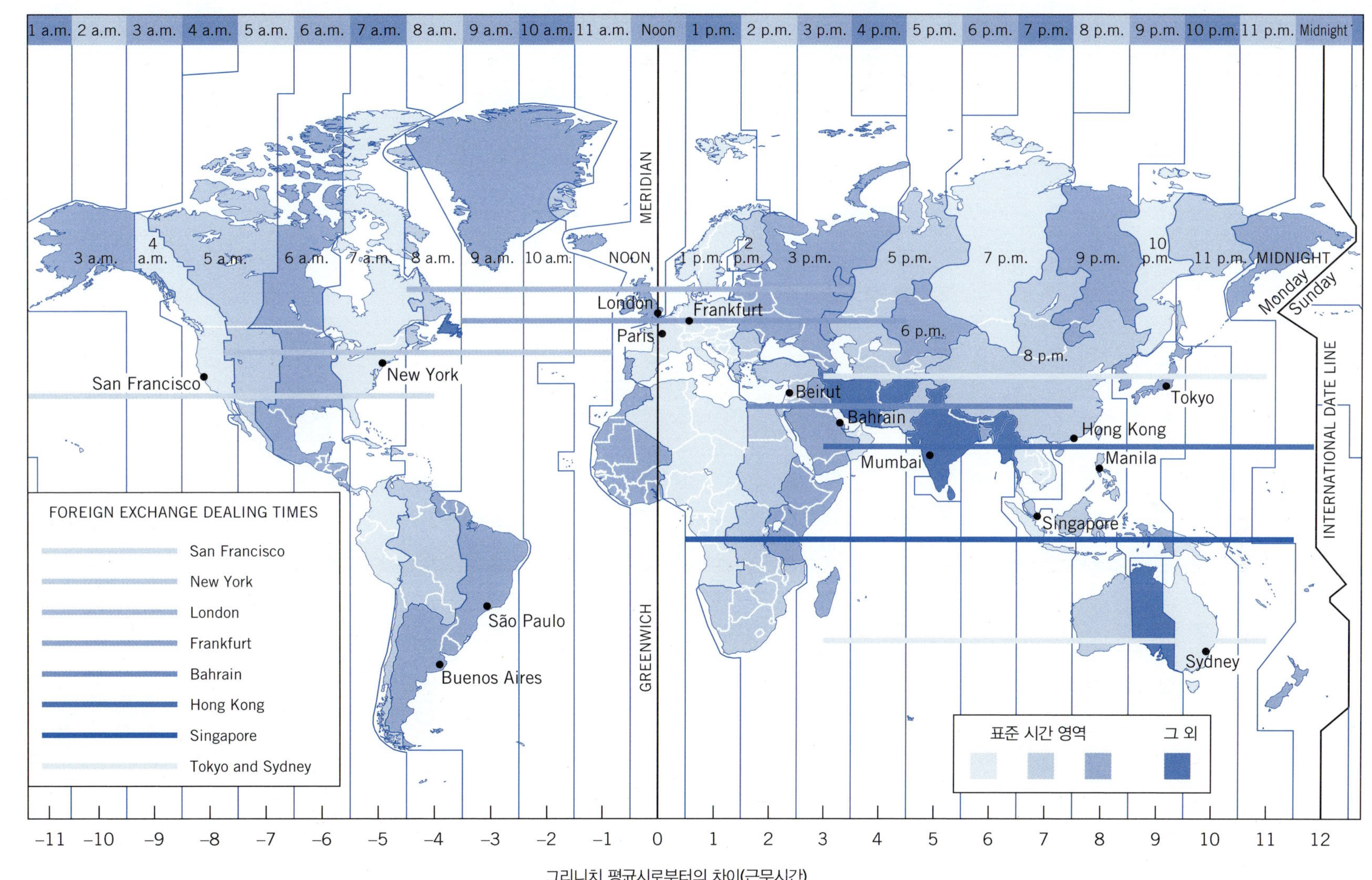

환시장에서 차익거래자로서 행동할 수도 있다.

국제은행들은 외환거래 도매시장에서 핵심 참가자들로서, 그들 자신의 계좌 또는 큰 영업고객들을 대신하여 거래를 한다. 은행간거래는 전형적으로 최소한 백만 달러(또는 그에 상당하는 외화)를 수반하며, 외환거래의 다수를 차지하고 있다. 기업 회계담당자, 연금기금, 헤지펀드, 그리고 보험회사들 또한 외환시장의 중요한 참가자들이다. 인터넷, 컴퓨터, 전화기, e-메일 그리고 팩스를 사용하면서, 은행들과 기관투자자들은 이 시장에서 다른 시장에 있는 그들의 상대방과 최상의 통화가격을 찾기 위해 끊임없이 서로 접촉을 하고 있다. 온라인 통화거래는 이 시장의 성장요소이고, 헤지펀드나 뮤추얼 펀드와 같이 기관투자가의 역할을 하고 있다.[3] 국제은행은 또한, 거액이나 소액의 외화를 매입하거나 매도하기를 원하는 개인고객들과 거래하면서, 외환을 거래하는 소매시장에서 핵심역할을 하고 있다. 전형적으로 외환에 소매고객이 지불한 가격은 널리 알려진 도매 환율에 프리미엄을 더한 것이다. 프리미엄의 크기는 결국 거래규모의 크기와 은행에서 고객의 중요성 비중과의 함수이다. 덴마크 음악 체인스토어가 필요로 하는 것은 레이디 가가나 엠 아이 에이(M.I.A)가 최신 발매한 10,000장 CD에 대해 지불해야 하는 $50,000로서 제너럴 모터스가 영국 투자자들에게 상환하기 위해 ￡2,000만이 필요할 때보다 외국통화에 대해 더 높은 프리미엄을 지불하게 될 것이다. 그리고 물론, 외국관광객이 은행이나 환전소에서 여행자수표를 현지통화로 현금으로 바꾸면서 더 높은 프리미엄까지 지불하고 있다.

은행 외환부서의 고객들은 다음 같이 분류되고 있다.

- *영업고객들(commercial customers)*은 그들의 상품이나 서비스의 수출입, 외국원천으로부터의 이자와 배당금 수취나 지불, 외국자산과 투자의 매입 또는 매도와 같은 정상 영업활동의 한 부분으로서 외환거래에 참여한다. 몇몇 영업고객들은 미래에 지불하거나 받아야 하는 통화에 대한 환율이 잠재적으로 불리하게 변화하기 때문에 그 위험을 헤지 하거나, 줄이기 위해 또한 시장을 이용할 수 있다.
- *투기자들(speculators)*은 통화의 시장가치 변화를 정확히 예측할 수 있길 희망하면서,

BRINGING THE WORLD INTO FOCUS

간략한 힌트

이 책을 읽는 모든 독자들이 금융전공이 아닐 수 있다. 몇몇 독자는 통화매입을 위한 통화 사용의 개념과 통화가치의 상승과 하락이 무엇을 의미하고 있는지에 대한 개념이 어려울 수도 있다. 만일 이해하는 것이 어렵다면, 간단한 요령이 있다. [그림 8.3]에서 매입되거나 매도되는 통화를 "빵 한 덩어리"(또는 다른 유형상품의 이름)라는 구절로 대체한다. 만일 이렇게 하고 그래서 수직축은 빵 한 단위의 달러 가격 그리고 수평축은 판매된 빵의 양—을 놓고 보면, 기초 경제학 강의에서 볼 수 있는 공급과 수요 그래프가 된다. 공급과 수요 그래프 양축의 라벨을 제외하곤 아무것도 바뀌지 않았다. 엔은 단지 빵 또는 위젯처럼 재화라는 개념으로 편안하게 생각해라. 이 책의 나머지 부분을 읽는 동안, 통화가치가 상승하거나 하락한다는 얘기를 할 때, 무엇이 오르고 내리는지에 대해 혼동이 되면, 똑같은 요령을 적용할 수 있다. 예컨대, 월요일에 영국 파운드가 $2.01이고, 화요일에 $2.02라고 가정해보자. 월요일부터 화요일까지 파운드 가치는 상승했고 반면 달러 가치는 떨어졌다. 만일 이것이 이해된다면 그것으로 충분하다. 만일 그렇지 않다면 "파운드"를 "빵 한 덩어리"로 대체해보자. 그러면 이 사례에 대한 설명은 "월요일에 빵 한 덩어리의 가치가 $2.01이고, 화요일에 빵 한 덩어리 가치가 $2.02이다."로 된다. 결론적으로 화요일에 그것을 사는데 더 많은 달러가 필요하게 되었기 때문에 빵 한 덩어리 가치는 상승했다. 역으로 화요일에 달러로 살 수 있는 빵이 적어지기 때문에 달러 가치는 하락했다고 할 수 있다.

Dan Silverman/Getty Images

이 텔아비브 외환거래자는 국제외환시장에 하루당 5조3천 달러로 중요한 연결고리이다. 가장 큰 외환거래의 중심지는 런던이고 그 뒤를 이어 뉴욕과 싱가포르이다.

계획적으로 환위험을 통화 포지션 획득으로 할 수 있다고 가정하고 있다. 환투기는 만일 옳게 추측한다면 매우 수익성이 있을 수 있지만, 그러나 그렇지 못하면 극도로 위험하다.

- *차익거래자(arbitrageurs)*는 시장간 통화가격의 조그만 차이를 이용하려고 하고 있다. 그들은 통화가격이 낮은 시장에서 통화를 매입하고 동시에 통화가격이 더 높은 시장에서 통화를 매도하여 무위험 이윤 획득을 추구하고 있다.

국가의 중앙은행과 재무부서는 또한 외환시장에서 주요 참가자들이다. 7장에서 논의한 것처럼, 금본위제도와 브레튼 우즈 체제 아래에서 한 국가의 중앙은행은 통화 액면가격에 가까운 그 국가통화의 시장가치를 보증하기 위해 외환시장 개입이 요구되었다. 통화를 다른 국가 통화에 고정하기로 선택한 국가들 통화도 같이 변동해야 한다. 그리고 물론, 통화 변동을 허용한 국가들의 중앙은행은 그들의 통화에 대한 시장가치에 영향을 주기위해 원한다면 외환시장에 자유롭게 개입한다.

미 달러, 유로, 영국 파운드, 그리고 일본 엔을 포함하지 않은 다른 몇몇 소수 통화로 된 통화의 쌍이 실제로 활성화되어 거래되는 시장이 있다. 스웨덴의 메리야스 공장이 메리노 양털 100,000파운드에 대한 지불을 하기 위해 뉴질랜드 달러가 필요하다고 가정해보자. 스웨덴 크로나와 뉴질랜드 달러 간의 외환시장은 아주 작다—사실, 이 두 통화를 직접 거래하는 어떤 활성화된 시장은 존재하지 않는다. 종종, 미 달러는 이러한 거래가 가능하도록 하는 매개통화로서 사용된다. 메리야스 공장의 스웨덴 은행가는 미 달러를 얻기 위해 먼저 스웨덴 크로나를 팔고, 그 후 뉴질랜드 달러를 얻기 위해 미 달러를 팔아서 필요한 뉴질랜드 달러를 얻을 것이다. 이러한 거래과정이 국제은행들의 일상적인 일이다.

국내법은 외환시장에서 거래통화 능력을 제한할 수도 있다. 자유롭게 거래하고 완전히 전환이 되는 통화를 **전환통화(convertible currencies)**라고 한다. 또한 **경화(hard cur-**

rencies)라고 하는 것들에 유로, 영국 파운드, 스웨덴 크로나, 캐나다 달러, 스위스 프랑, 일본 엔, 그리고 미국 달러가 포함되어 있다. 자유롭게 거래되지 않는 통화는 국내법이나 외국인들이 보유하기를 원하지 않기 때문에 **전환불가능통화(inconvertible currencies)** 또는 **연화(soft currencies)**라고 말한다. 많은 개도국의 통화는 이 연화 범주에 속하고 있다.

현물과 선물환 시장

많은 국제비지니스 거래는 미래에 할 지불을 수반하고 있다. 이러한 거래는 대출활동이나 신용구매를 포함하고 있다. 통화가치에서 변화가 흔하기 때문에 이러한 국제거래는 브레튼 우즈 이후에 위험이 나타나고 있다. 기업이 어떻게 외국통화의 미래 가치를 확실히 알 수 있을까? 다행히도, 지리적 영역을 추가하여, 외환시장은 또한 시간적 영역을 지니고 있다. 통화는 매입되거나 매도되어 즉시 인도되거나 미래 어느 날에 인도될 수 있다. **현물시장(spot market)**은 즉시 완료되는 외환거래로 구성된다. (즉시란 보통 거래일 이후 2일로 정의하는데, 이는 국제은행시스템의 청산 지불에 필요한 시간이 필요하기 때문이다.) 현물거래는 모든 외환거래의 33%를 차지하고 있다.

선물환시장(forward market)은 미래의 어느 시점에 일어나는 외환거래로 구성된다. 가격은 미래에 인도되는 1개월물, 3개월물, 그리고 6개월물로 인도되는 외환으로 종종 발표되고 있다. 예를 들어, 2013년 7월17일 수요일에 영국 파운드 현물가격은 $1.5212이었고, 반면에 1개월 뒤에 인도되는 파운드 선물환 가격은 $1.5209 그리고 6개월 뒤에 인도되는 선물환 가격은 $1.5196이었다.

통화	미 달러 등가		미 1달러당	
	수요일	목요일	수요일	목요일
영국(파운드)	1.5212	1.5159	.6574	.6597
1개월물 선물환	1.5209	1.5155	.6575	.6598
3개월물 선물환	1.5203	1.5149	.6578	.6601
6개월물 선물환	1.5196	1.5142	.6581	.6604

많은 선물환 시장의 이용자들은 스왑거래에도 참여하고 있다. **스왑거래(swap transaction)**는 같은 통화를 동시에 사고 그리고 파는 거래를 말하나 인도시점은 2개의 다른 시점으로 정해지고 있다. 예컨대, 전형적으로 "선물환에 대한 현물거래" 스왑에서, 미국 제조업체는 1개월 동안 1천만 파운드를 영국 은행으로부터 차입하였는데, 필요한 달러는 현물시장에 미국 달러를 구입하기 위해 1천만 파운드를 매도하여 동시에 1개월 후에 파운드 대출금을 상환하기 위해 1천만 파운드(이자를 지불하여야 하는 파운드를 더한 것)를 1개월물 선물환시장에서 매입하게 될 것이다.

정상적으로, 현물이나 선물환 기준으로 외환을 매입하거나 매도하길 원하는 국제기업은 이렇게 하기 위해 국제은행과 계약을 할 것이다. 이 국제은행은 기업에게 통화에 대해 알려진 도매환율에 서비스로 약간의 프리미엄을 더하여 부과할 것이다. 외환시장에서 은행이 아주 광범위하게 관련되어 있기 때문에, 고객의 특정한 요구에 맞춰 현물, 선물환 또는 스왑계약을 전형적으로 기꺼이 자발적으로 맞출 수 있는 능력이 있다. 예컨대, 지멘스가 스위스 고객으로부터 42일 이내에 1,070만 프랑을 받는 것을 기대하고 있다면, 이 은행이 지멘스로부터 42일 이내에 인도하는 스위스 프랑을 매입하는 선물환계약을 하는데 보통 동의할 것이다.

외환시장은 미래에 외환을 취득하는 것을 기업에게 허용하기 위해 두 가지 다른 방법으로 발전되고 있다. 그런데, 국제은행이 제의하는 금액도 만기 날짜도 융통성이 있게 공급하지 못하고 있다. 첫 번째 방법은 **통화선물(currency future)**이다. 공개적으로 많은 거래소에서 세계적으로 거래되고 있는데, 통화선물은 선물환계약과 비슷한 계약이다. 그러나 선물환계약과 달리, 통화선물은 표준화된 인도일(예컨대, 계약만기 달의 세 번째 수요일)에 대한 표준화된 양(예컨대, 1,250백만 또는 SwFr 125,000)이다. 선물환계약에서 처럼, 통화선물계약에 서명한 기업은 반드시 특정한 가격과 시간에 외화의 특정한 양을 매입하거나 또는 매도하여 거래를 완료하여야 한다. 이 의무가 자주 문제가 되진 않지만, 그러나 통화선물 의무에서 벗어나고자 하는 기업은 간단히 반대거래를 할 수 있다. 실제, 통화선물의 98%가 이런 방법으로 결제된다. 통화선물은 단지 외환시장의 1%를 대표하고 있다.

두 번째 방법은 **통화옵션(currency option)**으로, 이 통화옵션은 기업이 특정한 날짜까지 어 제든지 특정한 가격으로 특정한 외화의 양을 매입하거나 매도하는 것을 허용하나 요구하지는 않는다. **콜옵션(call option)**은 불확실한 외화를 살 수 있는 권리를 승인하고 있다; **풋옵션(put option)**은 외화를 팔 권리를 승인하고 있다. 통화옵션은 공개적으로 조직화된 거래소에서 세계적으로 거래되고 있다. 예컨대, 풋과 콜옵션은 시카고상품거래소(100,000캐나다달러 계약규모로)와 필라델피아 거래소(50,000캐나다달러 계약규모로)에서 캐나다 달러에 대한 거래를 할 수 있다. 공개적인 거래옵션은 융통성이 없기 때문에, 국제은행가들은 종종 그들의 기업고객들을 위한 만기일과 금액을 맞춤식으로 한 통화옵션을 기꺼이 발행하고 있다. 통화옵션은 외환시장활동의 5%를 차지하고 있다.

선물환시장, 통화옵션, 그리고 통화선물을 이용하여, 기업이 국제거래에 내재하고 있는 외환위험을 헷징하거나 줄이게 할 수 있게 하여, 국제무역과 투자가 활성화되고 있다. 인도일에 지불하면서 미래 3개월 뒤에 ¥8억을 인도하는 조건의 소니 플레이 스테이션3 게임 콘솔을 구매하는 가장 좋은 구매 방법을 가정해보자. 오늘 엔을 매입하기보다 3개월 가지고 있으면서, 가장 좋은 구매방법은 간단하게 은행에 가서 3개월 뒤 인도하는 조건으로 ¥8억으로 사는 계약을 하는 것이다. 기업의 은행은 3개월물 선물환 도매시장에서 엔의 현재 가격을 기준으로 평가한 이러한 엔에 대해 한편 가장 좋은 구매 방법을 부담해야 할 것이다. 좋은 구매방법은 통화옵션 또는 외국환선물을 구매함으로써 엔 가격의 상승으로부터 스스로 보호하는 것이다. (18장에서 이러한 다른 헷징기법의 이점과 단점을 보다 더 자세히 논의하고 있다.)

외화 선물환가격은 현물가격과는 가끔 다르다. 만일 선물환가격(직접호가 사용)이 현물가격보다 적다면, 그 통화는 **선물환 할인(forward discount)**으로 매도한 것이다. 만일 선물환가격이 현물가격보다 더 높다면, 그 통화는 **선물환 할증(forward premium)**으로 매도한 것이다. 예컨대, [그림 8.4]에서 나타낸 것과 같이, 2013년 7월 17일의 영국 파운드 현물가격은 $1.5212이었다. 같은 날 3개월물 선물환가격은 $1.5203이었고, 파운드가 선물할인으로 매도되었다는 것을 나타내고 있다. 연간으로 환산한 파운드의 선물환 할증이나 선물환 할인은 다음 공식을 사용하여 계산할 수 있다.

$$\text{연간으로 환산한 선물할증이나 선물할인} = \frac{P_f - P_s}{P_s} \times n$$

위의 사용한 예에서,

P_f = 3개월물 선물환가격 = \$1.5203

P_s = 현물가격 = \$1.5212

n = 연기간의 수 = 4

(3개월물 선물환율에서 n은 4와 같다; 1년 동안에 3개월은 4번이기 때문이다.) 그러므로,

$$\text{연간으로 환산한 선물환 할증이나 선물환 할인} = \frac{\$1.5203 - \$1.5212}{\$1.5212} \times 4$$

$$= -.0024 = -.24\%$$

이 등식의 결과가 음수인 이유는 파운드가 선물환 할인으로 매도되었기 때문이다. 만일 파운드 선물환가격이 현물가격(직접호가 사용)보다 높았다면, 등식의 사인은 양수이었을 것이고 공식은 파운드를 연간으로 환산한 선물환 할증으로 산출한 것이다.

선물환가격은 미래 환율의 현물가격에 대한 시장의 총체적 예측을 나타내고 있다. 그래서 선물환가격은 국제경영자들이 환율의 미래 변화를 예측하는 데 도움을 주고 있다. 이러한 변화는 수입요소의 가격뿐만 아니라 기업들의 수출 경쟁력과 수익성에 영향을 줄 수 있다. 만일 어떤 통화가 선물환 할인으로 팔린다면, 외환시장에서 그 통화는 시간이 지남에 따라 절하될 것으로 생각할 수 있다. 기업들은 그러한 통화로 표시된 자산을 보유를 줄이거나 부채를 늘이기를 원할 것이다. 국제수지(BOP) 무역 적자나 높은 인플레율인 국가들의 통화는 종종 선물환 할인으로 매도되고 있다. 역으로, 만일 어떤 통화가 선물환 프리미엄으로 매도된다고 하면, 외환시장에서 그 통화는 시간이 지남에 따라 절상될 것이라고 생각하고 있다. 기업들은 그러한 통화로 표시된 그들의 보유한 자산을 늘리고 부채를 줄이기를 원하게 될 것이다. 국제수지 무역 흑자나 낮은 인플레율을 선호하는 국가들의 통화는 가끔 선물환 할증으로 매도되고 있다. 그래서 어떤 국가통화들의 현물과 선물환가격의 차이는 종종 그 국가경제정책과 전망을 고려한 시장의 기대에 대한 신호를 나타내고 있다.

차익거래와 통화시장

외환시장의 또 다른 중요 요소는 차익거래 활동이다. 차익거래는 가격차이로부터 이익을 얻기 위해 한 시장에서 상품을 매입하고 다른 시장에 즉각 되판매하여 위험이 없이 매입하는 것이다. 외환시장에 영향을 미치는 2가지 유형의 차익거래활동인 재화의 차익거래와 통화의 차익거래를 탐구해 보자.

재화의 차익거래-구매력평가(arbitrage of goods-purchase power parity) 근본적인 재화의 차익거래는 매우 간단한 개념이다. 만일 재화의 가격이 2시장에서 차이가 발생하면 상대적으로 낮은 가격으로 재화를 판매하는 "싼" 시장에서 사서, 그래서 이것을 더 높은 가

격인 "비싼" 시장에 되판매를 하는 것이다. *일물일가의 법칙*에서, 그러한 차익거래는 두 시장에서 재화의 가격이 동일할 때까지 계속될 것이다(거래비용, 운송비용 세금 등등을 제외하고). 이 개념을 통해, 6장의 사례인 갤러리 라파예트의 구매담당자가 일본에서 시계 라디오를 사고 그리고 그것을 프랑스로 수출을 할 수 있게 유도되었다.

이러한 국경을 넘어서 거래되는 재화에 대한 차익거래는 **구매력 평가이론(theory of purchase power parity)**으로 대표될 수 있다. 이 이론에 의하면 교역재화의 가격은 환율변화의 결과로서 국제적으로 균형을 이루게 된다. 구매력평가는 싼 시장에서 재화를 사서 비싼 시장에 되팔게 되면 수요에 영향을 미치게 되는 과정이 있기 때문에, 그래서 외국통화의 가격은 문제의 두 제품시장에서 그 재화자체의 시장가격처럼 발생하고 있다. 예컨대, 미국과 캐나다 달러에 대한 환율 US $0.8 = Can $1라고 가정하자. 미국에서 레비(Levi) 청바지가 $48에 판매되고, 캐나다에서 Can $60에 판매된다고 가정하자. 이 경우 구매력평가(PPP)가 존재할 수 있다. 존재하는 환율에

$$\frac{\text{US\$0.80}}{\text{Can \$1}} \times \text{Can \$60} = \text{US \$48.}$$

그래서 레비 청바지는 두 시장에서 가격이 같게 되며(미 달러나 캐나다 달러로 표현), 미국이나 캐나다 거주자들은 어떤 누구도 다른 국가에서 청바지를 구매하기 위해 그들의 공동 국경을 건널 어떠한 이유도 없을 것이다.

이제 캐나다 기업이 북미자유무역협정(NAFTA)에 의해 창출된 기회의 결과로서 멕시코에 그들의 투자를 늘리기로 결정한다고 가정해보자. 캐나다인들은 멕시코 페소를 사기위해 그들의 통화를 팔음으로서, 외환시장에서 캐나다 달러의 공급을 증가시키게 되어, 캐나다 달러가치 하락의 원인이 된다. 미 달러와 캐나다 달러 사이의 새로운 환율이 US $0.60 = Can $1이라고 가정해보자. 구매력 평가는 더 이상 존재하지 않을 수 있다. 이 새로운 환율에서 미국 거주자들은 Can $60를 US $36로 교환하여, 그래서 캐나다에서 레비를 사고. 그 결과로 그들은 US $12를 절약하기 때문에, 국경을 넘을 것이다

이러한 차익거래의 과정은 세 시장에 영향을 미치고 있다: 미국과 캐나다 달러간의 외환시장; 미국 레비 시장; 캐나다 레비 시장. 첫째로, 캐나다에서 그 청바지를 삼으로써, 미국 거주자들은 외환시장에서 미 달러 공급을 증가시키고 있다, 그렇게 함으로써, 미국 달러에 대한 캐나다 달러의 가치를 높이게 된다. 두 번째로, 미국 거주자들의 행동은 그곳에서 그들의 가격을 낮춤으로써, 미국에서 레비 수요를 줄이고 있다, 셋째로, 미국 거주자들의 행동은 그곳에서 그들의 가격을 높임으로써, 캐나다에서 레비 수요를 늘린다. 이 차익거래 활동은 일물일가의 법칙에 일치할 때 까지 계속될 것이다—캐나다 달러나 미국 달러로 표시된, 레비의 청바지 가격이 두 나라에서 같다. 이것은 두 재화시장에서의 변화와 환율변화의 결합을 통해 발생할 것이다.

이런 일이 정말로 일어날 수 있는 일인가? 분명히, 플로리다 마이애미에 사는 십대들은 청바지 한 벌을 사는 데 US $12를 절약하기 위해 앨버타 캘거리로 날아가지는 않는다. 그러나 온타리오 수세인트마리와 미시간 수세인트마리; 메인, 칼레와 뉴브런즈윅, 성 스테판; 그리고 시애틀, 워싱턴, 그리고 브리티시컬럼비아, 밴쿠버, 그 국경을 벗어나지 않는 짧은

여행거리에 있는 거주자들은 차익거래를 하기 위해 국경을 넘어 쇼핑이 가능하다. 봄방학에 스키나 스노보드를 타는 사람들이 캐나다 달러와 미국 달러사이의 환율에 따라서, 크레스티드 뷰트를 넘어 휘슬러(Whistler)산이나 킬링턴을 넘어 트랑블랑(Tremblant)을 선택하였다.

물론, 캐나다-미국 환율은 두 나라에서 상대적인 청바지가격, 두 개 수세인트마리 같은 도시들의 변경무역, 또는 봄방학의 스키어보다 더 많은 것들에 의해 결정된다, 그렇지만, 만일 청바지(또는 다른 교역재화)에 대한 두 나라 간에 구매력평가가 존재하지 않는다면, 싼 시장에서 재화를 살 것이고 그리고 그것을 비싼 시장으로 이동시킬 것이며, 그래서 두 제품시장에서 가격에 영향을 미쳐, 외환시장에서 수요와 공급처럼 된다. 이것은 구매력평가이론이 교역재화의 가격은 동일하게 되는 *경향*이 있다는 이유를 명시하고 있다.

국제경제학자들은 구매력평가를 각 국가 간 생활수준을 비교하는 기준으로 사용하고 있다. 예컨대, 독일과 일본을 생각해보자. 2011년 유로로 측정된 독일의 1인당 국민소득을 2011년 유로와 미국 달러 간 환율평균을 사용하여 미국 달러로 전환하면 $44,270가 산출된다. 20011년 일본의 1인당 국민소득을 미 달러로 전환했을 때 산출되는 값은 $44,900이었다. 이 수치는 평균적으로 일본 시민들이 독일 시민들보다 더 높은 수입을 향유하고 있다는 것을 보여준다. 그런데, 이러한 비교는 두 국가 사이의 가격수준차이를 고려하지 않았기에 잘못되었다. 구매력으로 조정한 후에, 독일의 1인당 국민소득은 $40,230으로 하락하고 반면 일본은 $35,330으로 하락하여,[4] 평균 독일 시민들이 평균 일본 시민들보다 더 나은 삶을 누리고 있음을 보여주고 있다. 이러한 가격수준에 의한 왜곡 때문에, 어떤 시장에 진입할 것인가 또는 상품의 포지션을 어떻게 할 것인가를 결정을 할 때, 국제소득 자료를 사용하는 국제경영자들은 그 자료가 구매력평가로 조정이 되었는지 아닌지 여부를 확인하여 세심하게 주의를 하여야만 한다.

외환분석가들 또한 구매력평가이론을 장기 환율변화를 예측하기 위해 사용한다. 분석가들은 두 국가간 광범한 구매력 불균형은 환율 변화가능성 신호라고 생각하고 있다. 환율의 불일치를 평가하는 보다 빠르고 교활한 방법으로써 영국 주간경제지 이코노미스트가 있는데 이는 세계에 있는 맥도날드의 빅맥 가격을 주기적으로 보도하고 있다("Bringing the World into Focus" 참고). 비록 완벽한 지표는 아니지만—빅맥 가격은 세금이나 현지 임대와 같은 비교역 투입물에 영향을 받는다—빅맥 지수는 외환시장에서 통화가 과대 또는 과소평가되었는지를 알 수 있고 도움이 되는 신호로 입증되어왔다.

통화 차익거래(arbitrage of money) 재화의 차익거래에서 장기 중요성이 감소되는 것을 원하지 않지만, 외환시장에서의 영향은 단기 통화 차익거래의 경우에 미비하다. 외환의 일별거래에서 $5.3조의 대부분은 금융차익거래에 기인하고 있다. 자금시장 투자은행에서 활동하는 전문 거래자들과 다른 금융기구는 다른 시장에서 작은 외환가격차이로부터 이익을 추구하고 있다. 비록 통화시장에서의 모든 거래량이 차익거래활동을 반영하지 않지만, 외환시장에서 실물활동(재화나 서비스를 구매하는 것)에 비해 금융활동의 중요성은 일일 국제무역($620억)에 대한 일일 외환거래($5.3조)의 비율로 나타내고 있다.

외환시장이 균형을 이루지 못할 땐, 전문 거래자들은 통화 차익거래를 통하여 이익을

BRINGING THE WORLD INTO FOCUS

빅 맥(Big Mac) 지수

	빅맥 가격				
	지역통화	미 달러	PPP존재 하에 암묵환율	2013년 7월 22일 실제 환율	저(-) 또는 고(+)로 평가된 가치 대 미 달러
미국	$4.56	$4.56	–	–	–
아르헨티나	Peso 21	3.85	4.61	5.46	–16%
오스트레일리아	A$5.04	4.66	1.11	1.08	2%
브라질	Real 12	5.37	2.63	2.23	18%
영국	£2.69	4.13	0.59	0.65	–9%
캐나다	C$5.53	5.35	1.21	1.03	17%
칠레	Peso 2000	3.97	439	504	–13%
중국	Yuan 16	2.61	3.51	6.14	–43%
콜롬비아	Peso 8600	4.57	1886.0	1882.3	0%
코스타리카	Colones 2150	4.31	471.5	498.6	–5%
체코공화국	Koruna 70.45	3.58	15.45	19.66	–21%
덴마크	DK 28.50	5.04	6.25	5.66	10%
이집트	Pound 16.75	2.39	3.67	7.00	–48%
유로존	€ 3.62	4.78	0.79	0.76	5%
홍콩	HK$ 17	2.19	3.73	7.76	–52%
헝가리	Forint 860	3.85	188.6	223.1	–15%
인도	Rupee 90	1.51	19.74	59.73	–67%
인도네시아	Rupiah 27939	2.78	6127	10065	–39%
이스라엘	Shekel 17.50	4.90	3.84	3.57	8%
일본	¥320	3.21	70.18	99.67	–30%
Latvia	Lats 1.69	3.18	0.371	0.532	–30%
Lithuania	Litas 8.60	3.29	1.886	2.617	–28%
말레이시아	Ringgit 7.30	2.30	1.60	3.18	–50%
멕시코	Peso 37	2.96	8.11	12.50	–35%
뉴질랜드	NZ$5.50	4.38	1.21	1.26	–4%
노르웨이	Kroner 46	7.75	10.09	5.93	70%
파키스탄	Rupee 300	2.98	65.8	100.6	–35%
페루	Sol 10	3.61	2.193	2.767	–21%
필리핀	Peso 115.21	2.66	25.27	43.24	–42%
폴란드	Zloty 9.20	2.88	2.02	3.19	–37%
러시아	Rouble 87	2.69	19.08	32.34	–41%
사우디아라비아	Riyal 10	2.67	2.19	3.75	–42%
싱가포르	S$4.70	3.73	1.03	1.26	–18%
남아프리카	Rand 18.33	1.87	4.02	9.81	–59%
남한	Won 3900	3.49	855.3	1118.9	–24%
Sri Lanka	Rupee 370	2.81	81.14	131.5	–38%
스웨덴	SKr 41.61	6.41	9.13	6.49	41%
스위스	SFr 6.50	6.94	1.43	0.94	52%
타이완	NT$ 79	2.64	17.3	29.9	–42%
태국	Baht 89	2.88	19.5	30.9	–37%
터키	Lira 8.50	4.45	1.86	1.91	–2%
UAE	Dirhams 12	3.27	2.63	3.67	–28%
우크라인	Hryvnia 19	2.33	4.17	8.14	–49%
우루과이	Peso 105	5.02	23.0	20.9	10%
베네주엘라	Bolivar 45	7.09	9.87	6.35	55%

출처: Based on data from www.economist.com accessed Juky 23,2013, *Wall Street Journal*, July 23, 2013, p C5; *Houston Chronicle*, July 23. 2013,p B7; *Financial Times*, July 23, 2013,p.19; www.exchangerates,org,uk, accessed July 23,2013.

낼 수 있다. 외환 차익거래는 수많은 유형이 가능할 수 있지만, 일반적 3가지 사례인 2점간 차익거래, 3점간 차익거래, 카버된 이자차익거래를 논의하여 보자.

2지점간 차익거래(two-point arbitrage)는 또한 **지리적 차익거래(geographic arbitrage)**라고도 하는데, 지리적으로 떨어진 시장에서 가격차이로부터 이익을 수반하고 있다. 뉴욕에서 ￡1가 $2.00로 거래되고 영국에서는 $1.80으로 거래된다고 가정해보자. 수익성이 있는 차익거래에 대한 기회가 있어 이용가능하다. 제이피 모르간 체이스의 외환거래자는 $1.80을 가지고 런던외환시장에서 ￡1를 사는 데 사용할 수 있다. 이 거래자는 이 때 매입하여 가진 파운드로 뉴욕 외환시장에 $2.00로 되팔 수 있다. 이 2점간 또는 지리적 차익거래를 통해, 제이피 모르간 체이스 거래자는 어떤 위험 없이 $1.80을 $2.00로 전환하고 있다.

물론, 다른 은행 외화 거래자들은 단기 수익 기회를 유념할 것이다. 차익거래자들이 런던에서 달러를 팔고 파운드를 사기 때문에 런던시장에서 달러의 파운드에 대한 상대가치가 떨어진다. 차익거래자들이 뉴욕시장에서는 파운드를 팔고 달러를 사면, 시장에서 달러에 대한 파운드의 상대가치가 떨어진다. 이러한 과정은 파운드−달러 환율이 두 시장에서 동일해 질 때까지 계속될 것이다. 수익성이 있는 차익거래의 가능성이 사라질 때, 외환시장은 균형을 이루게 될 것이다.

주의사항을 하나 더 추가하면, 만일 차익거래비용이 컸다면, 거기에 거래비용의 크기를 반영한 두 시장에서 환율차이가 존재할 수 있을 것이다. 그러나, 주요 외환통화는 매우 크고, 잘 알려지고 그리고 신뢰할 수 있는 국제은행에서 거액으로 매도된다. 따라서 거래비용은 아주 작고, 그리고 2지점간 차익거래로 인하여 일반적으로 모든 시장에서 두 주요 통화간의 환율이 동일하게 될 것이다.

다른 예를 고려해보자. 뉴욕, 도쿄 그리고 런던에서 ￡1로 $2를 살 수 있고, 이 세 시장에서 $1로 ￥120을 살 수 있으며, 세 시장 모두에서 ￡1르 ￥200을 살 수 있다고 가정하자. 각 통화 짝 간에 환율이 각 국가에서 같기 때문에, 수익적인 2점간 차익거래의 가능성이 존재하지 않는다. 그러나 수익성이 있는 **3점간 차익거래**의 기회가 존재하고 있다. 3지점간 차익거래는 무위험 수익을 만들기 위해서 서로 다른 세 가지 통화를 사고 그리고 판다는 것이다. [그림 8.6]은 이러한 과정이 어떻게 작용되고 있는지를 보여준다.

1단계: ￡1을 $2로 전환
2단계: $2를 ￥240으로 전환
3단계: ￥240을 ￡1.2로 전환

이 3단계를 통해, ￡1는 ￡1.2로 전환되었고, ￡0.2의 무위험 수익이 발생되었다([그림 8.6] 참조).

전문 통화거래자는 통화를 살 때 비용이 바로(파운드를 사용하여 엔화를 살 때처럼) 교차환율과 다를 때마다, 3점간 차익거래를 통해서 수익을 만들 수 있다. 교차환율은 세 번째 통화(파운드를 사용하여 달러를 사고 그리고 나서 달러를 사용해서 엔화를 사는 것같이)를 사용하여 계산된 두 통화 간의 환율이다. 달러 표시 통화시장들의 깊이와 유동성 때문에,

그림 8.6
3지점(3국)간 차익거래

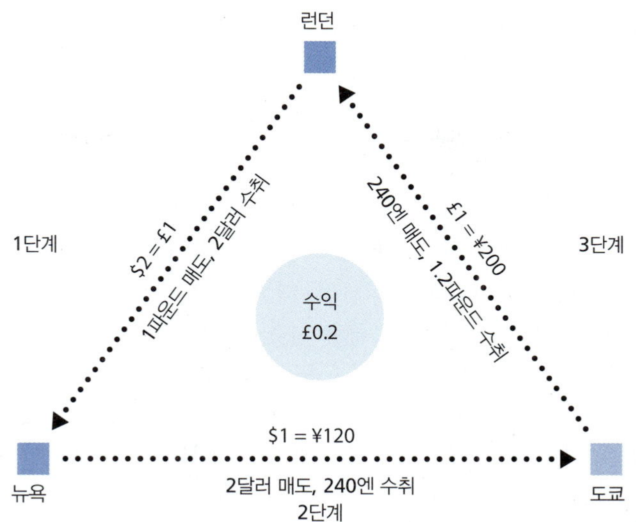

미 달러는 교차환율을 계산할 때 사용한 주요 세 번째 통화이다. 앞의 예에서, 파운드와 엔의 직접호가는 £1/¥200이고, 한편 그 교차환율은

$$\frac{£1}{\$2} \times \frac{\$1}{¥120} = \frac{£1}{¥240}$$

이 두 환율 간의 차이로 인하여 외환시장 전문거래자에게 차익거래의 수익을 제공하고 있다. 세 통화에 대한 시장은 오직 차익거래 수익이 존재하지 않을 때만 균형을 이루게 될 것이며, 그리고 세 통화들의 가능한 짝에 대한 직접호가와 교차환율이 같아질 때 일어나고 있다.

3지점간 차익거래에 대한 진정한 의미는 각 개별 외환시장을 함께 연결하고 있다는 것이다. 파운드/달러 시장의 변동은 직접호가–교차환율 균형관계 때문에 엔/파운드 시장과 달러/엔 시장 모두 영향을 줄 것이다. 이러한 변동은 달러/유로 시장이나 엔/유로 시장, 그리고 파운드/유로 시장과 같은 다른 시장에 차례로 영향을 줄 것이다. 3점간 차익거래 때문에, 어떤 한 외환시장의 변동은 다른 모든 외환시장의 가격에 영향을 줄 수 있다.

논의한 차익거래의 세 번째 유형은 커버된 이자차익거래이다. **커버된 이자차익거래 (covered-interest arbitrage)**는 2 국가들의 이자율 차이가 그들 통화의 선물환 할인/할증으로 나타나서 동일하지 않을 때 발생하는 차익거래이다. 실제로, 외환시장에서 차익거래의 유형은 가장 중요하다. 왜냐하면 국제은행가, 보험회사, 기업회계담당자들이 단기 초과 현금잔고에 대한 가장 적당한 수익과 단기 대출에 대한 가장 낮은 금리를 얻기 위해 지속적으로 자금시장을 세계적으로 검토하기 때문에 차익거래가 일어나고 있다. 그러나 이렇게 함으로써, 그들은 외환 리스크로부터 그들 자신을 종종 보호하거나 방어(그래서 *커버된 이자차익거래*란 용어)하기를 원하고 있다.

어떻게 커버된 이자차익거래가 이루어지는지를 간단한 예로 살펴보자. 3개월간 예금에 대한 연 이자율이 런던에서 12%이고 그리고 뉴욕에서 8%라고 가정하자. 뉴욕 투자자들은 런던에서 더 높은 이득을 이용할 수 있는 수익을 취득하기를 희망할 것이다. 그러기 위해서 그들은 런던에 투자하기 위해 당일 달러를 파운드로 전환해야만 한다. 그러나 궁극적으로 뉴욕 투자자는 파운드가 아닌 달러를 원하여, 그래서 그들은 그 파운드를 다시 달러로 3개월 말에 재전환해야만 한다. 그런데 만일 파운드의 가치가 그 기간 동안 하락한다면 어떻게 될까? 그들이 3개월 후에 파운드를 달러로 환전할 때 겪는 손실로 뉴욕커들이 런던에서 벌 수 있는 추가이자가 상쇄될 수 있을 것이다.

뉴욕 투자자들은 파운드 가치의 잠재적 하락에 대해 노출해 선물환시장에서 커버함으로써 환율 위험을 회피하여, 더 높은 런던의 이자율 이득을 잡을 수 있다. 뉴욕 투자자들이 $1백만을 가지고 투자하고 있으며, 현물 파운드가 $2.00에 팔리고, 3개월물 선물환 파운드는 $1.99에 팔린다고 가정해보자. 그러면 뉴욕 투자자들은 2가지 선택을 할 수 있다:

1. 뉴욕에 8%이자율로 그들 자금을 투자할 수 있다.
2. 뉴욕 투자자들은 오늘 그들의 달러를 파운드로 전환할 수 있으며, 12% 이자율인 런던에 투자할 수 있고, 3개월 뒤에 그들의 런던 투자금을 청산하고 그리고 그것을 다시 달러로 전환하는 것이다.

만일 뉴욕투자가가 첫 번째 옵션을 선택하고 그들의 자금을 뉴욕 자금시장에 3개월물로 연 8% 이자(또는 3개월에 2%)로 투자한다면, 3개월 말에 그들의 투자금은

$$\$1,000,000 \times 1.02 = \$1,020,000$$

또는 뉴욕 투자자들은 그들의 자금을 3개월 동안 런던시장에 투자할 수 있다. 그러기 위해, 그들은 우선 그들의 $1,000,000을 현물환율 $2.00/£1에 전환하여 £500,000가 된다. 런던에 연간 12% 이자율(또는 3개월에 3%)로 사용할 수 있으며, 그들의 투자금은 3개월에 성장하여 다음과 같이 될 것이다.

$$£500,000 \times 1.03 = £515,000$$

만일 뉴욕 투자자들이 환율 변동기복에 노출을 피하기를 원한다면, 그들은 당일 £515,000 3개월물 선물환시장에서 현재 3개월물 선물환율인 $1.99/£1에 팔 수 있고, 3개월 말 만기에 수익이 다음과 같이 발생하게 될 것이다.

$$£515,000 \times \$1.99/£1 = \$1,024,850$$

뉴욕커들은 그래서 런던에 투자함으로써 그들이 본국인 미국에 있을 때 보다 더 많은 돈을 벌고 있다($24,850 대 $20,000). 커버된 이자차익거래를 통하여 뉴욕 투자자들이 선물환시장을 사용함으로써 환율변동으로부터 스스로 커버하고 있는 동안 런던에서 더 높은 이자율을 얻을 있게 된다. 그래서 단기 투자자금은 더 높은 커버된 수익을 추구하여, 뉴욕에서 런던으로 흐를 것이다.

이러한 차익거래가 일어날 때, 두 대출시장과 외환시장엔 무슨 일이 일어날까? 자금이 뉴욕에서 런던으로 이동할 때, 뉴욕에서 대출 가능한 자금공급이 감소하기 때문에, 뉴욕에서 이자율이 상승할 것이다. 런던에서 대출 가능한 자금공급이 증가하기 때문에, 이자율이 런던에서 하락할 것이다. 현물환 시장에서 파운드 수요가 증가하고, 그렇기 때문에 파운드

현물환 가격은 상승한다. 3개월물 선물환 시장에서 파운드 공급이 증가하고 그렇기 때문에 파운드 선물환 가격은 하락한다. 대출 가능한 자금은 커버된 투자금에 대한 수익률이 뉴욕과 런던이 같아질 때까지 뉴욕에서 런던으로 계속적으로 흐를 것이다. 그때서야 수익성이 있는 커버된 이자차익거래에 대한 모든 가능성이 고갈될 것이다. ("Venturing Abroad"에서 캐리 트레이드로 알려진 커버되지 않은 이자차익거래의 커진 역할을 논의하고 있다.)

국제투자자의 수익은 같아질 것이다—그리고 차익거래주도, 단기 국제자본흐름은 끝날 것이다—두 시장 사이에서 이자율 차이는 파운드 3개월물 선물환 할인율이 같아지게 될 때이다. 또 다른 방법을 말하면, 커버된 이자차익거래는 만일 런던시장에서 투자자들이 더 높은 이자율로 수익을 얻는다면 바로 뉴욕 투자자들이 당일 달러에서 파운드로의 전환한 것과 3개월 후에 그들의 파운드를 달러로 다시 재전환한 것으로부터 받는 환손실로 상쇄되고 있다. (파운드 선물환 할인율은 "현물 대 선물환" 스왑거래에 대한 환율손실을 백분율 용어로 측정하고 있다고 메모하고 있다.)

커버된 이자차익거래의 결과로 단기 자본이 흐르기 때문에 외환시장에 매우 중요한데, 실제로, 두 국가들 간의 단기 이자율차이가 이 두 국가들 통화에 대한 선물환 할인이나 선물환 할증을 결정하게 된다.

마지막으로 또 다른 의문이 일어나고 있다: 왜 이자율은 첫 번째 국가들 사이에서 변화하여만 되는가? 1930년대 이 질문에 대해, 예일대 경제학자 어빙 피셔(Irving Fisher)는 국가의 명목이자율은 실질이자율(그는 국가들에서 일정하다고 가정하였다)에 그 국가의 기대 인플레이션을 더한 값이라고 증명하였다. 기대 인플레이션율에 대한 국가적 차이는 그래서 국가들 사이에서 명목이자율의 차이에서 일어나고, 이 현상은 **국제피셔효과(International Fisher effect)**로 알려져 있다. 국제피셔효과와 커버된 이자차익거래 때문에, 어떤 국가에서 기대 인플레이션율의 상승은 그 국가에서 더 높은 이자율이 된다는 것을 의미하고 있다. 이는 결국 외환시장에서 그 국가의 통화에 대해 선물환 할증이 움츠리거나 또는 선물환 할인이 확대로 유도될 것이다. 인플레이션과 환율의 기대변동 간에 이러한 연결 때문에 국제사업가들과 외환거래자들은 국가들의 인플레이션 추세를 주의하여 관찰하고 있다. 인플레이션과 환율 간의 연결은 또한 국제통화제도에도 영향을 주고 있다. 예컨대, 고정 환율제도에서 만일 인플레이션율이 이 제도에 참여하는 많은 국가 사이에 폭넓게 변화하고 있다면, 고정 환율제도는 빈약하게 작용하고 있다.

요약하면, 차익거래 활동은 몇 가지 이유로 중요하다. 차익거래는 각각 일상근무일에 글로 벌하게 거래되는 통화에서 $5.3조로 주요한 부분을 구성하고 있다. 이는 세계 각 주요 거래통화의 수요와 공급에 영향을 미치고 있다. 이는 또한 외환시장을 서로 연결시켜 주고 있어, 그렇게 함으로써 지리적 차이(두 점간 차익거래)를 극복하며, 통화유형(세 점간 차익거래), 시간(커버된 이자차익거래)의 차이를 극복시키고 있다. 차익거래로 인하여 진정으로 외환시장이 글로벌화 되고 있다.

In Practice

- 대형 국제은행들은 외환시장에서 소매거래와 도매거래 두 거래 모두 중요한 역할을 하고 있다.
- 외환시장에서 매일거래 회전율이(하루 5.3조 달러) 아주 높은 것은 바로 차익거래 활동의 결과이다.

추가 고려 사항: 만일 외환시장이 비효율적이고 사용하는데 비용이 많이 든다면 국제교역에 어떠한 영향을 미치게 될 것인가?

8.3 국제자본시장

국제은행들은 외환시장과 차익거래의 기능에서 중요성뿐 아니라 상업은행가와 투자은행가로서 모두 활동하면서, 국제경영의 자금조달운영에서 또한 중요한 역할을 하고 있다. 상업은행가로서, 국제은행들은 수입과 수출 금융, 예금 인수, 운용자금 대출, 그리고 민감한 현금관리서비스를 고객에게 제공하고 있다. 투자은행가로서, 투자은행가들은 인수하거나 현지, 외국, 또는 다국적 대출을 신디케이트하고 그리고 중개인, 금융편의시설, 혹은 합병과 외국과 국내기업 간 합작투자에 금융지원을 할지 모른다. 대형 국제은행들은 세계적으로 차입자의 욕구를 충족하기 위해 새로운 금융상품을 지속적으로 개발하고 있다. 불행하게도 시장참여자들은 새로운 금융수단들에 대한 내재한 위험을 완전히 평가할 수도 없는데, 그런 한 위험은 2008~2009년 글로벌침체에 대한 폭과 깊이에 기인하고 있다.

주요 국제은행

국제은행제도는 세계 금융 중심지—일본, 미국, 그리고 유럽연합(EU)와 같은—대형 자금시장에 은행본사를 두고 중심에 위치하고 있다. 이러한 은행들은 글로벌 규모로 국제교역을 수반하고 있다([표 8.1] 참고).

국제은행은 많은 유형을 띠고 있다. 원래, 대부분 국제은행은 서로 다른 나라에 위치한 은행들 상호간 코레스 관계를 통하여 이루어 졌다. **코레스 관계(correspondent relationship)**는 대리관계인데 이에 의해 어떤 한 은행은 외환결제 제휴자나 대리인으로서 행동하고, 다른 은행에 대해 본국에 있는 처음인 주 은행과 같이 행동하고 그리고 그 반대의 경우도 같다. 예컨대, 미국은행은 미국에 있는 덴마크은행의 코레스가 될 수 있는 한편, 덴마크은행은 덴마크에서 미 은행의 코레스가 될 수 있다. 서비스는 외국자금 지불 또는 추심, 신용정보 제공, 그리고 지불승인 신용장을 포함한 코레스 은행에 의해 수행되고 있다. 이러한 거래를 용이하게 하기 위해, 각 은행은 현지 통화로 표시된 다른 은행의 계좌를 유지하고 있다.

대형 은행들이 그들의 영업활동을 국제화함으로써, 국제적으로 경쟁을 할 수 있는 능력을 개선시키기 위해 코레스은행을 이용하는 것보다 그들 자신이 해외 운영하는 것이 점점 더 많아지고 있다. 은행자신 스스로 운영하는 은행은 예금의 새로운 원천에 더 좋게 접

표 8.1 세계 20대 대형은행

순위	기업	국가	수입(십억 달러)
1	Industrial & Commercial Bank of China	China	133.6
2	ING	Netherlands	128.3
3	BNP Paribas	France	123.0
4	China Construction Bank	China	113.4
5	JPMorgan Chase & Co	United States	108.2
6	Banco Santander	Spain	106.1
7	HSBC Holdings	United Kingdom	105.3
8	Société Générale	France	105.1
9	Agricultural Bank of China	China	103.5
10	Bank of America	United States	100.1
11	Bank of China	China	98.4
12	Crédit Agricole	France	95.2
13	Wells Fargo	United States	91.2
14	Citigroup	United States	90.8
15	Lloyds Banking Group	United Kingdom	86.8
16	Banco do Brasil	Brazil	72.1
17	Deutsche Bank	Germany	67.5
18	Groupe BPCE	France	67.0
19	Mitsubishi UFJ Financial Group	Japan	57.4
20	Banco Bradesco	Brazil	56.0

출처: *Fortune*, July 22, 2013, p. F1ff; annual reports, various companies

근할 수 있고 수익성 있는 대출 기회가 있다. 국내고객이 국제화를 하는 것과 같이, 마찬가지로 중요하고, 은행은 이러한 고객들의 국제화은행업무 욕구를 더 잘 충족시켜줄 수 있을 것이다. 그래서 그것은 국내고객의 국제경영 사업을 유지시키고 몇몇의 다른 국제은행이 이러한 욕구충족을 몰래 차지할 위험을 줄이고 있다.

해외운용은행은 여러 가지 유형으로 설립될 수 있다. 만일 모은행에서 분리되어 주식회사로 조직되면, 그것을 **자회사 은행(subsidiary bank)**이라고 한다; 만일 분리되어 있지 않고 조직되면, 이를 **지점은행(branch bank)**이라 부른다. 때때로 국제은행은 현지나 또는 외국 파트너와 함께 참여하고 일부 소유하면서 해외운영을 하는 **제휴은행(affiliated bank)**을 창설하는 것을 선택할 수도 있다,

상업은행 서비스 국제은행과 그들의 해외 운영은 국제상업은행 서비스의 중요한 공급자이다. 수출업자와 관광객들은 그들의 본국통화나 국내 여행자수표를 현지통화로 교환 할 때 은행의 이러한 서비스를 이용하고 있다. 비록 다른 나라 통화를 어떤 한 나라의 지폐통화로 실물교환은 국제은행 운영업무의 한 부분이긴 하지만, 아주 더 중요한 것은 매일 상업거래에 대하여 융자하고 그리고 상업거래를 용이하게 하는 것을 수반한다. 예컨대, 홀마크가 ¥1억의 가치가 있는 헬로키티 상품을 일본 제조업체 산리오(Sanrio)로부터 주문할 때, 90일 만기에 지불하는 조건으로, 홀마크는 다음과 같은 은행서비스를 요구할지도 모른다.

- 단기 매입 자금 조달
- 국제적으로 전자자금이체

VENTURING ABOARD:

캐리 트레이드(carry trade)

커버된 이자차익거래는 외환시장에서 중요한 요소이고, 한편 커버되지 않은 이자차익거래는—**캐리 트레이드**라고 불리는—늘어나는 현상이다. 캐리 트레이드는 국가들 간의 이자율 차이를 이용하려 하고 있다. 왜냐하면 일본 이자율이 주요 거래국가들 사이에서 가장 낮기 때문에, 엔이 캐리 트레이드에서 선호되는 통화이다. 이 전략은 간단하다: 엔을 낮은 이자율로 빌리고, 오스트레일리아 달러나 뉴질랜드 달러 같은 더 높은 이자를 지불하는 통화로 표시된 채권, 증서 또는 예금증서를 사기 위해 빌린 엔을 사용한다. 이 전략은 위험하다: 만일 엔 가치가 이차적인 통화에 비해 상승한다면, 캐리 트레이드들은 많은 자금을 아주 빠르게 잃을 수 있다. 몇몇 전문가들은 이것을 움직이는 증기 롤러 앞에서—아무 문제가 없는 한, 손쉬운 돈인—니켈(동전)을 줍는 것에 비유하였다. 이들의 시각에서 보면, 캐리 트레이드는 높은 위험에 낮은 보상이다.

그렇기는 하지만, 투자자와 투기자들은 특히 외환시장의 낮은 변동성에 관련하여 캐리 트레이드의 유혹에 종종 빠지게 된다. FX컨셉트라는 뉴욕에 기반을 둔 $130억 헤지펀드가 종종 캐리 트레이드에 투자하고 있다. 2007년에, 예컨대 엔을 빌려, 1% 미만 이자율을 지불하고 그리고 이것을 오스트레일리아 달러와 뉴질랜드 달러로 된 6~8% 수익이 나는 증권에 투자하였다. 그런데 캐리 트레이드는 또한 미숙한 전문 투자자들도 꾀어내었다. 일본은행에서 제공하는 낮은 이자율을 피하려고, 수많은 일본 기혼여성은, 관례적으로 가정재무를 관리하고 있는데, 일상적으로 통화를 거래하고 그리고 온라인 거래 플랫폼을 사용하여 캐리 트레이드에 참여하고 있다. 투자 모임, 책, 그리고 온라인 블로그의 가내 공업이 이러한 수많은 가정주부 통화거래자들을 도우려고 버섯처럼 번성하게 되었다. 통틀어 2009년에 일본 개인투자자들이 엔 현물거래에 30%, 오스트레일리아 달러 거래에 5%, 영국 파운드에 4%거래를 한 것으로 추정되었다.

통화시장 변동성은 캐리 트레이드에 독성이 있다. 예컨대, 서브프라임 모기지의 문제가 2007년 여름 동안 더 널리 알려짐으로써, 통화와 자본시장은 아주 많이 급변하게 되어 전전긍긍하게 되었다. 2007년 8월 한 주동안, 엔은 달러에 비해 4%가 상승했고, 오스트레일리아 달러에 대해 9%, 그리고 뉴질랜드 달러에 대해 11%가 상승했다. 엔이 상승하기 시작하였을 때, 캐리 트레이드들은 그들의 오픈포지션을 닫기 위해 엔을 매입하여, 손실을 줄이기 위해 노력하였다. 매수주문의 갑작스런 폭주가 엔 가치를 상승시켰고, 캐리 트레이 드들에 대해 쥐어짬을 더욱 악화시켰다. 개인 온라인 일본인 통화거래자들은 그 달에 약 $25억으로 추정되는 손실을 입었다.

출처: "Forex tips from the Far East," *Wall Street Journal*, February 25, 2011; "Japan limits Forex trades of 'Mrs Watanabes'," Financial Times, August 2, 2010, p. 13; "In Japan, currency traders stay in game," *Wall Street Journal*, November 28, 2008; "Japanese housewives sweat in secret as markets reel," *New York Times*, September 16, 2007 (online); "Currency "carry trade" becomes harder play amid aversion to risk," *Wall Street Journal*, August 18, 2007, p. B1; "Japan faces scrutiny over carry trade," Financial Times, August 2, 2007 (online);"Two-thirds of a problem," Financial Times, July 1, 2007 (online).

- 일본 엔의 선물환 구매
- 수입과 재화에 대한 지불에 대한 적절한 서류작업에 대한 자문

회사의 은행 국제부서는 일반적 상업은행 활동의 한 부분으로서 이러한 서비스의 일부 또는 전부를 제공할 것이다.

투자은행 서비스 상업은행 서비스에 추가하여, 대부분 국제은행은 투자은행 서비스를 제공하고 있다. 투자은행 서비스는 노무라, 모건 스탠리, 골드만 삭스, 메릴 린치와 같은 대규모 증권회사에 의해 제공되고 있다. 기업고객들은 투자은행이 장기 부채와 주식형펀드를 일괄조사처리하고 그리고 국내와 국외기업의 합병과 인수를 조정하는 투자은행을 물색하고 있다. 경쟁으로 인해 투자은행가들은 가능한 가장 낮은 가격으로 고객자본을 보호하기 위해 운영활동을 글로벌화하게 된다.

유로커런시 시장

국제금융제도의 또 다른 중요한 측면은 유로커런시 시장이다. 원래 유로달러시장이라고 불리던, 유로커런시 시장은 1950년대 초반부터 유래되어, 이때 공산주의에 의해 지배된 중유럽과 동유럽정부들이 그들의 국제무역을 하기 위해 조달할 달러가 필요하였는데 그러나

미국 정부가 정치적 이유로 미 은행에서 그들이 보유자산을 몰수하거나 동결할 것을 우려하였던 시기이다. 공산주의 정부들은 그들에게 달러계좌를 기꺼이 유지하여 주었던 유럽은행을 이용함으로써 이 문제를 해결하였다. 이와 같이, **유로달러(Eurodollars)**—유럽은행 계좌에 예금된 미 달러—가 탄생했다. 다른 세계적인 은행들처럼, 특히 캐나다와 일본에서, 달러표시 저축예금계좌를 내놓기 시작했고, *유로달러*란 용어는 미국의 밖에서 어떤 은행계좌에 미 달러로 예금된 것을 의미하고 있다. 다른 통화들이 전후에—세계 2차대전 시대—더 강해짐에 따라, 특히 엔, 파운드, 그리고 독일 마르크—유로통화시장은 유로엔, 유로 파운드 그리고 다른 통화들을 포함하여 더 넓어졌다. 오늘날 **유로커런시(Eurocurrency)**는 통화발행국가의 밖에서 있는 예금통화로 정의하고 있다.

유로대출시장은 유로통화시장과 함께 성장해왔다. 유로대출시장은 매우 경쟁적이며, 대출자들은 적은 이윤으로 운용하고 있다. 유로대출은 종종 런던 은행간 대출금리(London Interbank Offer Rate: LIBOR)에 근거하여 리보로 호가되고, 이 리보는 런던은행이 단기 유로통화 대출을 위해 서로 부과하는 이자율이다. 유로대출시장은 다음 3가지 이유로 정부와 대형 다국적 기업(MNEs)과 같은 대규모, 신용할 만한 차입자들을 위한 종종 대출에 대한 저비용의 원천이 되고 있다. 첫째로, 유로대출은 국내 자금공급을 통제하나 그런데 대출비용을 상승하도록 설계된, 법정준비금과 같은 비용이 들어가는 정부 은행규제로부터 면제되고 있다. 둘째로, 유로대출은 큰 거래를 수반하여, 그래서 대출금에 드는 비용을 낮추고 있다. 셋째로, 가장 신용도가 높은 차입자들만 유로대출시장을 이용하기 때문에, 대출자들이 부담하기 위험 프리미엄이 또한 더 낮다.

1970년대 동안, 미국 은행들은 연방 준비은행 이사회에서 부과한 법정 준비금과 다른 값비싼 규제에 대해 불평하였고, 이 당시 유로대출시장의 절반 이상을 차지하고 있던 달러표시 국제대출금을 발행하는 유럽과 아시아 은행들과의 경쟁으로부터 연방 준비은행 이사회가 미국 은행들을 보호하였다. 그러나 유로달러를 대출하는 외국은행은 규제대상이 아니었다. 이러한 문제를 고려하여, 1981년 연방 준비은행 이사회는 국제금융취급계정을 창출할 권한을 부여하였다. **국제금융취급계정(international banking facilities: IBF)**은 국내 영업은행과는 법적으로 다르고 오직 국제은행 서비스만을 제공하는 미국 은행의 독립실체이다. 국제금융취급계정에서 수많은 미국 국내 은행규제를 살펴볼 필요가 없다. 물론, 연방 준비은행 이사회가 국제금융취급계정이 국내 은행 서비스에 참여하지 못하도록 다양한 규제조치를 하였다. 예컨대, 국제금융취급계정은 오직 미국 비거주자로부터만 예금을 받거나 대출할 수 있다. 그럼에도 불구하고, 국제금융취급계정은 미국 은행들과 중요한 유로대출시장에서 더 대등한 위치로 다른 국제은행가들과 경쟁을 할 수 있다.

국제채권 시장

국제채권 시장은 세계의 정부들, 국제기구들, 그리고 더 큰 규모 기업들이 부채를 조달하는 주요 원천을 나타내고 있다. 이 시장은 전통적으로 2가지 유형의 채권, 외채와 유로채권으로 구성되어 있다. **외채(foreign bond)**는 A국가의 거주자에 의해 발행되나 그러나 B국가의 거주자에게 팔리거나 B국가의 통화로 표시된 채권이다. 예컨대 네슬레 기업은, 스

그림 8.7

통화별 2012년 12월 국제 채권과 증서 잔액 (10억 미 달러)

출처: Bank of International Settlements, "International bonds and notes, Table 13B," *BIS Quarterly Review*, March 2013, p. A124.

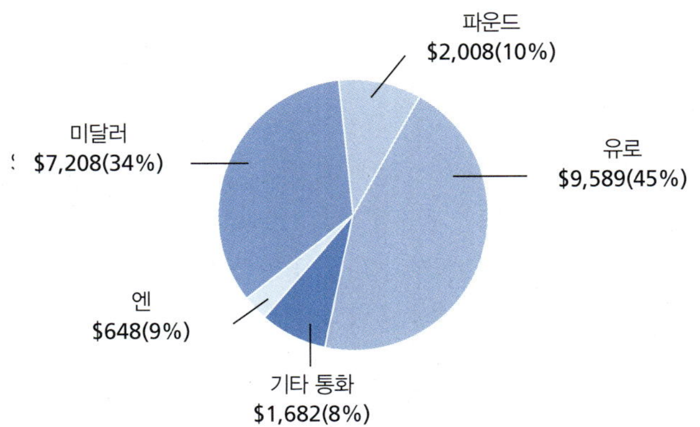

위스 거주자로 엔으로 표시된 외채를 발행하고, 주로 일본의 거주자에게 팔았다. **유로채권(Eurobond)**은 A국가의 통화로 발행되나 그러나 다른 국가의 거주자에게 팔린 채권이다. 예컨대, 미국 항공사는 덴마크와 독일의 거주자에게 달러로 표시된 유로채권을 팔음으로써 새로운 항공기 구입자금 조달을 위해서 $5억을 빌릴 수 있다. 유로와 미국 달러는 국제채권시장에서 주도하고 있는 통화이다([그림 8.7] 참조).

글로벌자본시장이 발전하게 되어, 국제채권시장은 점점 더 복잡하게 성장하여 왔다. 투자은행, 증권회사, 그리고 상업은행의 신디케이트는 주요 다국적기업(MNEs), 국가정부, 그리고 국제기구와 같은 크거나, 신용할 만한 차입자들이 차입에 필요한 것을 지원하기 위해 국제채권을 복잡하고 일괄적으로 처리한 것이다. 글로벌 채권은 혁신적인 금융상품의 하나이다. **글로벌 채권(global bond)**은 크고, 언제 어디서든 거래 가능한 유동금융자산이다. 이 채권은 세계은행에 의해 개척되어 사용되었는데, 그리고 그것은 동시에 미 달러 표시 $15억의 글로벌 채권으로 북미, 유럽, 일본에 팔렸고, 약 0.225퍼센트 포인트로 발행되어 이자비용을 낮추는 데 성공했다. 비록 0.225퍼센트 포인트가 많아 보이지 않을지라도, $15억의 금액을 곱하여, 은행이 연간 금융조달비용을 $3,375,000 감소하게 되었다고 나타난다. 세계은행의 발행성공에 의해 매료되어, 마쯔시타전기(Matsushita Electric), 온타리오주정부(the Province of Ontrio), 시티코프(Citicorp), 그리고 하우스홀드파이넌스(Household Finance)와 같은 많은 다른 거대 기구들도 글로벌 채권을 발행하였다.

또 다른 혁신적인 기회가 채권시장에 존재하고 있다. 예컨대, 차입자의 옵션, 채권이자는 한통화로 지불되고 그리고 원금은 다른 통화로 지불될 수도 있다. 또는 차입자는 금이나 특별인출권의 가치로 원금재상환을 고정한 인플레이션 보장을 제공하는 더 낮은 이자율을 확보 할 수도 있다.

유로대출시장처럼, 국제채권시장은 경쟁이 심하고, 차입자는 아주 유리한 조건으로 자금을 조달할 수 있다. 더 큰 거래규모, 신용할 만한 차입자, 그리고 국내 자본시장에 규제비용으로부터 면제 등은 이 대출에 부과하는 이자율을 낮추기 위해 모든 도움이 되고 있다.

글로벌 주식시장

전기통신기술에서 다국적 운영과 개선의 중요성이 커지게 됨에 따라 주식시장은 또한 더 글로벌화 되고 있다. 신생기업들은 국내 원천으로만 새로운 주식을 발행하는 것을 더 이상 제한되지 않고 있다. 예컨대, 스위스 제약회사들은 미국의 새로운 생명공학회사에 지분 자본의 주요 원천이다. 기존 기업들도 또한 글로벌 주식시장에 진출하고 있다. 해외시장으로 확대할 때, 기업은 해외시장에서 해외 자회사로부터 자본을 조달하는 것을 선택할 수도 있다. 예컨대, 월트 디즈니 회사는 초기에 프랑스 투자자에게 파리 디즈니랜드 프로젝트로 51%가 팔렸다. 수많은 다국적기업 또한 복합증권거래소에 그들의 보통주를 상호 상장한다. 예컨대, 도요타는 도쿄, 런던, 그리고 뉴욕 증권거래소에 상장되어 있고, 그렇게 함으로써, 아시아, 유럽, 그리고 아메리카 투자자들이 그 주식의 몫을 편리하게 매입할 수 있게 하고 있다. 다른 혁신은 국가 펀드의 개발이다. **국가 펀드(country fund)**는 특정한 국가의 기업에 투자하는 것을 전문화한 뮤추얼 펀드이다.

주식시장의 글로벌화는 금융 서비스 산업의 글로벌화가 됨으로써 용이하게 되어져 왔다. 메릴 린치, 다이와 증권, 도이치 은행과 같은 최대 주요 금융서비스기업은 그들의 국내 기반으로부터 주요 국제금융센터로 운영을 확대하여 왔다. 이러한 금융 서비스기업들은 자본증식, 투자자문 제공, 주식시장분석 제공 그리고 세계 어느 곳에 있는 고객들을 위한 자금거래를 모두 함께 하고 싶어 한다.

역외금융센터

역외금융센터는 비거주자 고객에게 은행업무와 다른 금융서비스를 제공하는 것에 초점을 두고 있다. 많은 이러한 센터들은 바하마, 바레인, 케이맨제도, 버뮤다, 네덜란드 엔틸레스, 싱가포르와 같은 섬 국가들에 위치하고 있다. 룩셈부르크와 스위스는 비록 섬은 아닐지라도 또한 중요한 "역외"금융센터이다.

관광객들이 큐라소의 수도, 웰렘스타드의 조그만 예쁜 엽서 그림에 있는 거리를 탐험하러 돌아다니고 있다. 그런데 큐라소는 개인과 기업들이 절세하고 비밀 은행계좌를 쉽고 신속하게 개설할 수 있는 서비스를 제공하는 중요한 역외금융센터가 또한 있는 곳이다.

Michael Pustay

MNE는 종종 낮은 비용으로 유로통화 대출을 취득하기 위해서 역외금융센터를 이용하고 있다. 많은 MNE들은 이러한 센터에 그들이 제공하는 혜택을 이용하기 위해 금융자회사를 위치시키고 있다. 이러한 혜택으로 정치적 안정, 국제 자본거래를 용이하게 하는 규제환경, 다른 금융센터에 우수한 통신 연결, 그리고 법, 회계, 금융, 그리고 큰 패키지대출에 필요한 다른 전문지식에 대한 이용가능성이 있다. 세계 고객에게 예금을 유치하고 그리고 이러한 자금을 대출하는 역외금융센터의 효율성은 자본시장의 글로벌화로 성장하는 데 중요한 요소이다.

In Practice

- 대형 국제은행은 자본시장의 글로벌화에서 중추적인 역할을 하고 있다. 자금조달을 위해 글로벌 채권이나 주식시장에서 찾은 기업들은 종종 이러한 국제은행의 전문가에 의존하게 된다.
- 유로통화는 신용도가 높은 차입자들이 저렴하게 대출을 할 수 있는 원천이 되고 있는 유로대출시장에서 쉽게 성장할 수 있다.

추가 고려 사항: [표 8.1]을 분석하여라. 이 리스트에 있는 은행의 국적을 보고 놀랐는가? 만일 그랬다면 왜 놀랐는가?

MyManagementLab®

mymanagementlab.com으로 돌아가 아이콘으로 표시된 문제를 완성하시오 ✪.

CHAPTER REVIEW

요약

외환시장에서 통화의 가격은 통화의 수요와 공급의 상호작용에 의해서 결정된다. 특정 통화에 대한 근본적인 수요는 통화발행국가의 재화, 서비스 그리고 자산을 사고 싶어 하는 외국인들의 욕구이다. 근본적인 공급은 외국인이 소유하고 있는 재화, 서비스, 그리고 자산을 구매하고 싶어 하는 거주자의 욕구이다.

런던, 홍콩, 싱가포르, 도쿄, 그리고 뉴욕 같은 금융센터에 위치한 주요 국제은행은 외환 시장의 기능에서 중요한 역할을 하고 있다. 도매 시장의 주요 참가자들인 이러한 은행들이 외환거래에서 가장 많은 다수를 차지하고 있다. 그들 고객의 요구에 맞추어 서비스하기 위해, 은행들은 또한 소매 시장에서 중요 구성요소가 되고 있다. 그들은 현물과 선물환시장 두 곳에서 외화를 취득하려는 상업고객, 투기자, 그리고 차익거래자들을 지원하고 있다.

외환시장의 중요한 특징은 시간영역이다. 국제경영자들은 즉시 인도하는 현물시장이나 또는 미래에 인도하는 선물환시장에서 통화를 매입할 수 있다. 선물환시장, 통화선물과 통화옵션을 통하여 기업은 불리할 수 있는 미래

환율의 변동으로부터 보호할 수 있다.

차익거래활동은 외환의 수요와 공급에 영향을 미치고 있다. 구매력평가이론(PPP)에서 교역 가능한 재화의 가격은 국가들 사이에서 동일하게 되는 경향이 있다고 하고 있다. 외환 차익거래 자체가 더 중요하다. 2점간 차익거래는 두 통화간의 환율이 모든 지리적 통화시장에서 같아지게 될 것이라는 것을 의미하고 있다. 3점간 차익거래는 각각 개별적인 외환시장을 모두 연결하고 있다. 커버된 이자 차익거래가 이자율간 지리적 차이를 현물과 선물환의 환율간의 차이를 같아지게 하고 있다.

국제자본시장은 전기통신과 컴퓨터의 기술진보 결과로서 세련되게 전문화되면서 성장하고 있다. 주요 국제은행들은 여전히 그들의 전통적인 코레스 관계를 다른 은행과 함께 활용하고, 또한 그들 스스로 해외은행 운영에 참여를 늘리고 있다. 유로통화시장에서 어느 국가 은행들은 그들 고객이 요구하는 것이 어떤 통화이든 간에 대출활동을 수행할 수 있도록 하게 하여 그 통화를 조달하고 있다. MNE는 이제 주로, 부채와 주식 모두 다를 통하여, 글로벌 기준으로 조달비용이 가장 낮은 곳 어디에서나, 자본을 조달하고 있다.

리뷰 질문

8-1. 외환시장에서 어떤 특정 통화에 대한 수요는 무엇이 결정하는가?

8-2. 외환시장에서 어떤 특정 통화에 대한 공급은 무엇이 결정하는가?

8-3. 외환시장에서 가격은 어떻게 정해지는가?

8-4. 외환시장에서 국제은행의 역할은 무엇인가?

8-5. 기업이 미래 환율변화로부터 그들 스스로 보호하기 위해 사용할 수 있는 다른 기법들에 대해 설명해 보아라.

8-6. 외환시장에서 영향을 미치는 차익거래활동의 주요 유형들에 대해 논의하여 보아라.

8-7. 은행이 해외에서 활동에서 택할 수 있는 다양한 유형에 대해 서술하여라.

8-8. 차익거래는 무엇인가? 사례를 들어라

8-9. 유로커런시의 기능을 설명하고 국제거래에서 어떻게 사용되고 있는지 설명하여라.

토의용 질문

8-10. EU 중앙은행은 유로화의 이자에 대한 담당을 하고 있다. 어떻게 유로경제에 영향을 미치고 있는가?

✪ 8-11. 통신과 컴퓨터 기술이 외환시장에서 원활한 기능을 하는데 얼마나 중요한가? 과거 40년 동안 기술진보가 없었다면—가령, 컴퓨터나 위성통신이 없으면—외환시장은 어떻게 영향을 받을 것인가?

✪ 8-12. 미 달러가 외환시장에서 주요 통화로서의 위치를 유지하거나 또는 유로나 중국 위안화가 이를 대신한다고 기대하고 있는가? 그 해답을 설명해보아라.

8-13. 현물 파운드와 3개월물 선물환 파운드가 $2.00에 팔리고 있는 반면, 미 이자율은 10%이고 영국 이자율은 6%라고 가정하자. 커버된 이자율 차익거래이론을 사용하여, 차익거래자가 이 시장에 진입하여 활동하고 있을 때, 각각 미국 이자율과 영국이자율로서 파운드의 현물가격과 3개월물 선물환 가격에 무슨 일이 일어날지를 서술하여 보아라.

8-14. 미국 은행 산업의 국제경쟁력을 위하여 국제금융취급계정의 창출이 얼마나 중요한가?

✪ 8-15. 만일 한 통화만이 존재한다면, 국제무역과 투자에 무슨 영향이 있을까?

글로벌 역량 갖추기

[그림 8.4]를 참조하여 다음 질문에 답을 하여라:

8-16. 미 달러 결제조건으로 수요일에 영국 파운드의 현물환율은 얼마인가? (또는, 다르게 표현하여, 파운드 비용에 얼마나 많은 달러가 드는가? 또는, 미국 관점에서, 파운드에 대한 직접 호가는 무엇인가?)

8-17. 스위스 프랑 결제조건으로 수요일 달러 현물환가격

은 무엇인가? (또는, 미국 관점에서, 스위스 프랑의 간접호가환율은 무엇인가?)

8-18. 영국 파운드와 스위스 프랑 간의 교차환율을 계산하여 보아라.

8-19. 6개월물 엔 선물환율의 연간 선물환 할증율이나 할인율을 계산하여 보아라.

8-20. 만일 이번 여름에 일본에 갈 계획이 있다면, 엔을 오늘 사야 하는가? 왜 또는 왜 그렇게 하지 않은가?

8-21. 커버된 이자차익거래 이론에 따라, 미국이나 일본이 더 높은 이자율이 될 것으로 기대하는가?

8-22. 커버된 이자차익거래 이론에 따라, 미국과 일본에서 무엇이 이자율간 차이를 기대하게 되는가?

8-23. 어떤 국가에서 인플레이션율과 이자율을 연계한 등식이 무엇인가? 사례를 들어 논하라.

8-24. 화요일과 수요일간에 캐나다 달러의 가치가 상승 또는 하락하였는가?

CLOSING CASE 중국 제조업 다음은 무엇이 될 것인가?

중국의 성공적인 산업화와 1976년 마오쩌둥 사후 10년간의 괄목할 만한 경제발전은 6장에서 논의한 헥셔오린이론과 비교우위이론의 훌륭한 사례를 제공하고 있다. 등샤오핑과 그들의 후계자에 의하여 이어온 경제정책은 중국 기업인의 기업가 자질을 개발시키고 수백만 중국농민들을 농촌 빈곤의 고리로부터 해방시켰다.

경제적 기적은 중국 노동자에게 지불되는 저임금과 해외직접투자를 통해 종종 이전되어지는 외국 기술채택에 의하여 대부분 이루어졌다. 저임금은 농촌지역 농가에서 벌어들이는 저소득과 낙후된 노동에서 탈출하고자 하는 수백만 농촌이주자에 의하여 일어나게 되었다. 농촌지역에 거주하는 수많은 사람들은 전형적인 소규모 땅에서 기계적인 경작의 혜택을 받을 수 없었다 ; 풍성하게 수확하기 위해 작물을 심고 씨를 뿌리는 작물주기의 각 단계가 수작업으로 행하여 졌다. 등소평이 중국경제정책을 자유화하여, 중국 농촌 내륙지역 거주자들 특히 십대와 젊은 성인들은 부모와 조부모부터 내려온 땅으로 빠듯하게 살아가게 만든 처지에 있었던 거주민들이 처음으로 신경제지역으로 이주한 곳이 심천과 샤먼이고 다음에 새로운 공장을 창설하려고 하는 천진과 청도와 같은 해안지역 도시였다. 매년 수천 개 공장들이 건설되고 그리고 매년 수백만 중국 농촌사람들이 새로운 생활에 희망을 가지고 모여들었다. 중국 농민 해안도시지역의 이주여행은 약 2억 5천만 명으로 세계역사에 가장 큰 이주기록이었다. 왜냐하면 새로운 노동의 흐름은 새로운 공장의 수요에 맞추어 지고 노임을 낮게 유지하게 하였다.

비교우위 이론에 따라 중국은 저비용, 미숙련노동으로 만든 재화에 비교우위를 가지고 있었다. 사실 10년전에 CEO와 유명 경영학자들이 사용하는 유행어로 "중국가격"이 있었는데, 이 말의 의미는 만일 잠재 공급업자들이 부품판매를 원하면 중국의 제조비용을 맞추거나 극복할 수 있어야 한다는 것이다. 유럽과 북미에 있는 많은 기업들은 국내공장에서 중국가격으로 만들 수 없다는 것을 알게 되었다. 그 결과 이들은 중국에 부품을 생산을 하게 되어 중국에 자신의 공장을 건설하고 그렇게 하지 않으면 중국경쟁자들에게 사업실패를 하게 되었다.

경제학을 종종 우울한 학문(dismal science)라고 부르는 이유중 하나는 경제적 성공이 종종 경제적 실패를 불러오기 때문이다. 중국의 경우, 1990년대와 2000년대에 성공으로 이끈 요소들이 현재 국가의 지속적 경제성장을 하는 문제점을 형성하고 있다. 인구학적 여건이 변하였다(제1장 closing case 참조). 중국의 노동가능 인구가 20년 전에 급격히 팽창하였는데 이제는 축소되기 시작하고 있다. 2005년 인구통계학자 추정으로 15~19세 집단들이 1억 2,100만 명이었는데, 2010년에 1억 5백만으로 줄어들었고 2015년에 9,500만 명으로 떨어지게 될 것이라고 하였다. 급속한 해변도시의 성장으로 인하여 사업비용이 올라가고 혼잡으로 고통을 받고 있다. 그리고 과잉 농촌노동이 도시로 이주하고 그 결과 이 농촌지역에 남아있는 노동자의 임금이 상승하였다. 게다가 농촌이주자를 계속 유인하고 있어 해안지역에 있는 고용자는 임금을 인상하지 않을 수 없었다. 노동자들이 노임을 조금 올려도 초과근무수당이 좋아도, 심지어 공장식당에서 음식이 조금 좋아도 직장을 떠나 다른 공장으로 이동하기 때문에 근무교대도 문제가 발생되고 있다.

예컨대 2012년 첫 6개월에 도시노동자 임금소득이 농촌노동자에 비하여 13%와 14.9% 올랐다. 이것은 2000년대 10년 동안 연 12%에서 14%로 노임의 연 상승률에서 최고로 높은 수준이다. 중국의 대형 2대 개인고용자를 생각하여보자. 혼하이 정밀산업회사(5장 opening case 참조)의 임률은 2012년에 1백만 노동자들에게 10%올려 지급하였고, 반면 윰브랜드 패스트푸드식당은 400,000 종업원들에게 17%를 올려 지급했다. 보스턴 컨설팅 그룹에 의하면 중국 노동비용은 현재 노동생산성차이를 조정한 후 보면 멕시코보다 높은 편이라고 한다. 게다가 맥시코는 대형 북미시장의 지리적 잇점이 있다. 운송비용뿐만 아니라 패션에 민감한 물건을 판매하는 회사나 고객이 디자인을 하는 제품은 공급선이 짧은 것을 선호한다. 예컨대, 폭스콘(Foxconn)은 중국에 표준화된 조립 랩탑을 생산하는 공장이 있는데, 맞춤형 랩탑은—하루 35,000대—엘파소 미국 국경을 지나 멕시코 시우다드 화레스에 있는 공장에서 조립한다. 플랙트로닉스는 싱가포르에 본사를 두고 있는 계약 제조업자인데 중국에서 시간당 평균노임은 $2.5(2000년 $0.60에서 상승)로 추정하고 있어 멕시코의 시간당 $3.5에 비교할 수 있다고 한다.

임금상승만 관련된 것이 아니다. 해변지역의 산업공단이 성장하면서 교통혼잡비용과 토지값 상승, 환경과 안전규제가 높아지고 세금도 많아지게 되었다. 더 큰 걱정은 위안화의 가치가 상승하는 것이다. 7장 opening case에서 본 것처럼 미국과 유럽의 정치인들은 공장에 소요되는 이러한 비용압력을 중국은 통화의 가치를 압력을 통하여 해소하고 있다고 믿고 있다. 위안화의 가치가 상승하면 노임이 저렴한 베트남과 방글라데시와 같은 아시아경쟁자나 멕시코 경쟁자에 대하여 중국수출업자가 혜택을 받은 가격이점을 잠식하게 된다. 중국 농촌과 도시간의 넓은 소득수준차이로 인하여 공산당 당원들은 중국 수출이 고갈되면 사회적 불안과 관리할 권한도전에 대하여 불안을 느끼고 있다.

아직까지 중국에서 생산하고 구매하는 것이 여러 산업들에게 매력적이다, 중국공장들은 중국 국내시장 붐을 일으킬 좋은 입지에 있다. 중국에서 최종 재화의 생산자는 부품을 디자인하고 제조하는 부근 공장 클러스 단지로부터 혜택을 받고 있다. 공급체인을 확신하는 것은 다른 나라에서 쉽게 복사할 수 없다는 것이다. 중국의 제조업자들은 임금상승률을 해결하기 위하여 노동절약적 기술을 채택하는 것이 증가하고 있다. 아직도 많은 기업들은 현재 중국보다 더 낮은 임금을 주고 있는 베트남, 캄보디아, 인도네시아 또는 방글라데시 같은 나라에 새로운 공장을 건설하는 중국+1전략을 채택하고 있다.

사례 질문

8-25. 중국의 경제적 기적은 저비용 미숙련노동이 풍부한 것에 기인한다. 헥셔오린의 예측에 의하면 중국은 어떤 재화의 유형을 수출하여야 하는가? 왜?

8-26. 중국은 심각한 문제에 직면하고 있다. 중국경제 성공의 기반이 더 이상 작동하지 않을 수 있다. 중국은 무엇을 하여야 하나?

8-27. 중국은 왜 중국통화의 가치를 상승시키지 않고 유지시키려고 하는가? 만일 위안화가 가치가 상승하면 중국경제, 중국 노동자 그리고 소비자들에게 어떠한 영향을 미치게 되는가?

8-28. 만일 당신이 베트남정부나 방글라데시정부의 대표자라면 미국과 유럽의 외교관들이 중국에게 중국통화가치를 상승시켜 라고 압력을 넣는 것

을 지지할 것인가? 왜?

8-29. 만일 당신이 멕시코 개발공사의 관료라고 하자. 북미소비자에게 판매하는 기업들이 그들의 중국 공장에서 멕시코로 왜 재배치하여야 된다고 하는 것을 한 페이지짜리 메모를 써보아라.

8-30. 어떤 전문가들은 중국은 수출제조기반의 경제에서 국내소비와 높은 서비스분야에 기반을 둔 경제로 전환하는 것이 필요하다고 한다. 이러한 전환을 위해 중국은 경제정책과 다른 공공정책의 변화가 필요한가?

출처: "China Flips Switch to Fancy Exports,"*Wall Street Journal*, March 25, 2013, p.B1; "Old-age problem comes home to roost for China's one-child policy,"Financial Times, February2/3, 2013, p.; "China approaching the turning point,"The Economist, January 31,2013;"Peak toil,"The Economist, January, 2013; "Cambodia benefits from rising Chinese Wages, Financial Times, January 8, 2013, p2; "For Mexico an Edge on China, *Wall Street Journal*, September 16,2012; "Wage Rises in China May Ease Slowdown, "*Wall Street Journal*, July 15, 2012;"The end of cheap China,"The Economist, March 10, 2012.

MyManagementLab®

mymanagementlab.com으로 가서 아래의 질문에 답하시오.

8-31. 미래에 발생할 외환거래에 지불될 가격으로 기업이 고정시켜 놓을 수 있는 여러 기법에 대하여 논의하여라.

8-32. 외환시장에 영향을 미치는 주요 차익거래형태는 무엇인가?

8-33. Mymanagementlab Only에 본 장을 포괄하는 서술형 과제가 있다.

Endnotes

1. "U.S. Trees, Fake Firs Denting Canada's Christmas Tree Industry," *Wall Street Journal*, December 21, 2012; "Canadian dollar makes gains as commodities rise," *The Globe and Mail*, October 30, 2012; "Ontario has to learn to live with high dollar," *The Star*, February 20, 2012; "Rise and rise of the Canadian dollar," *Wall Street Journal*, January 12, 2011; "Currency rise helps Canadian N.H.L. teams," *New York Times*, December 1, 2009; "Wallet check: It's pain or gain," *Wall Street Journal*, October 19, 2009, p. C1; "Development interest lacking in Kirk Forest Products land," Bridgewater Bulletin, February 19, 2008, p. A10; "Land of the spree," *Wall Street Journal*, December 15, 2007, p. W1: "They can only dream of a green Christmas," *Houston Chronicle*, December 9, 2007, p. D6; "Loonie's rise yields splitting pain for Canada," *Wall Street Journal*, November 12, 2007, p. C1; "Canada is giddy about the loonie and twitting U.S.," *Wall Street Journal*, September 22, 2007, p. A1.
2. To simplify the exposition, we assumed the foreign- exchange supply curve is upward sloping like most supply curves. Unfortunately, foreign-exchange supply curves may bend backward, a complication that can be left for graduate students in economics and finance to deal with.
3. "Currency trading soars," *Wall Street Journal*, September 1, 2010, p. A1.
4. Data are taken from the World Bank's World Development Indicators data bank, accessed April 16, 2013.

CHAPTER 9
국가 무역정책 수립
Formulation of National Trade Policies

Tyrone Siu/Reuters/Newscom

학습목표

1. 국제무역에 정부가 개입하는 것에 대하여 찬성하고 반대하는 주요 주장을 제시한다.
2. 산업정책을 채택하는 데 유리한 점과 불리한 점을 확인한다.
3. 한 나라의 국제무역정책을 수립하는 과정에서 국내정치의 역할을 분석한다.
4. 국가의 무역제한을 위한 주요 정책수단들을 설명한다.
5. 국가의 무역촉진을 위한 정책기법들을 분명히 명시한다.
6. 불공정무역관행에 반대하여 국가가 스스로 보호하는 방법을 설명한다.

화웨이(HUAWEI)가 주도하고 있다.

Huawei(화웨이로 발음)는 중국의 가장 성공적인 다국적기업으로 주장할 수 있다. 심천에 본사를 두고 140,000명의 종업원들이 140개국에 있다. 2012년에 화웨이의 매출은 350억 달러에 이르고 통신장비제조업계의 정상에 있는 스웨덴 에릭손(Ericsson)을 제치고 세계 최대 통신장비제조사가 되었다. 그래서 모바일과 고정 브로드밴드망 장비의 주요 공급자가 되었다. 현재 미국시장에서 비교적 소규모이지만 세 번째로 큰 스마트폰판매업자이다. 화웨이는 세계최대 백색가전제조업체인 하이어 그리고 PC제조를 선도하는 레노보를 따라 중국기업으로 다국적에 성공한 선두기업에 속하고 있다.

화웨이는 1987년 런(Ren Zhengfei)에 의하여 설립되었는데, 그는 중국인민해방군(PLA)에서 엔지니어로서 경력을 시작하였다. 군을 제대한 후 그는 홍콩에서 제조한 전환장비를 판매하였다. 그는 바로 화웨이 이름으로 이 장비를 제조하였다. 저렴한 가격으로 판매되는 고품질제품을 생산하는 회사를 렌이 설립하였다. 화웨이는 처음에 경쟁이 심하지 않은 중국내륙의 소도시와 농촌지역에 중점을 두었다. 그 후 점차 대도시로 확장해 나갔다. 1992년에 화웨이는 주종 통신시장에서 자신의 디지털 전화 전환장비를 개발하였다. 2년 후에 화웨이는 장거리 전환장비에 진출하였다. 창설한지 10년 후에 화웨이는 국제적인 마케팅을 위해 지상통신망장비를 홍콩의 헛친슨 왐포아(Hutchison Whampoa)로 갔다. 화웨이는 1999년에 R&D센터를 인도에 설립하고 2000년에 스웨덴에 그리고 그 후 미국에 단기에 4개를 창설하였다. 2000년대에 3콤 통신사, 지멘스, 모토롤라, 그리고 시멘텍과 함께 R&D합작투자회사를 창설하였다. 아주 경쟁적이고 고도의 창의적인 통신장비시장에서 위상을 유지하기 위해 화웨이는 2012년에 수입의 48억 달러를 R&D에 계속 투입하였다. 화웨이의 전략이 맞아 들어 갔다: 차후 5년 동안 매년 10%의 수입이 증가할 것으로 예측하였는데 중국 모바일, 중국 통신, 그리고 중국 유니콤 등 중국 3대 모바일 회사에 의하여 부분적으로 LTE 모바일 폰 네트워커에 의하여 이행되었다. 10억 고객을 대상으로 한 LTE 업그레이드를 통하여 화웨이는 새로운 수입을 창출할 수 있었다.

국내시장에서 성공과 더불어 화웨이는 중국 밖에서 회사수입의 70%에 이루어지고 있어 국제시장에서도 역시 성공적으로 경쟁을 하게 되었다. 그런데 화웨이의 새로운 틈새시장으로 진입에 대한 노력이 점차 투자유치국에서 무역과 투자 장벽으로 인하여 점차 심하게 저지를 받게 되었다. 오스트레일리아는 화웨이의 전국적인 초고속 광대역망 공동건설에 대한 제의를 거절하였다. 인도는 화웨이의 인도에서 사업 확장을 제한하였다. 캐나다 정부는 정부보안 통신망 건설참여에 화웨이를 배제시켰다. 화웨이는 국가보안에 관련된 여러 분야의 미국시장진출에 금지되어 있다.

이러한 정부의 조치는 런이 PLA(팔레스타인 해방군)와 관련이 있다고 의심을 하고 있기 때문이다. 화웨이의 정보인프라의 핵심 요소로 점차 중요성이 높아져가고 있는 것은 사이버보안에 대한 관심에서 유발되고 있다. 공포심을 유발하고 있는 것은 화웨이가 통신장비에 컴퓨터 코드를 심어 넣어 산업스파이와 사이버공격을 할 수 있다는 것이다. 2012년에 미국 하원 상설 특별위원회에서 정보보고서에서 PLA와 관련된 헤커들은 다양한 미국 군사, 상업 그리고 언론기관을 대상한 체계적 사이버공격에 책임이 있다고 발표하였다. 이러한 의회보고서로 인하여 보안에 관련되어 미국에서 화웨이가 사업을 하는 것이 금지를 하여야 한다는 것이 논쟁되었다. 영국 의회 위원회에서 마찬가지로 화웨이를 사이버보안과 관련되어 검토를 하였다.

화웨이는 마찬가지로 다른 전쟁을 하고 있다. 2003년에 시스코는 중국 경쟁자는 스위처와 라우터를 통제하는 원천코드를 훔치고 특허를 침해하였다는 주장을 하면서 화웨이를 고소하였다. 모토로라는 2010년에 비슷한 불평으로 고소하였다. 이러한 고소들은 소송되지 않고 타협으로 해결되었고 그리고 신뢰협약으로 은폐되었다. 유럽위원회(10장 참조)는 중국 정부로부터 공여된 저금리 대출과 호의적인 수출신용과 같은 보조금으로 불공정한 특혜를 받은 것에 대한 여부를 조사하기 시작하였다. 화웨이는 국유기업(SOE)이 아니라고 주장하면서 이러한 특혜를 부정하고 있다. 그런데 화웨이의 비밀스럽고 모호한 소유구조로 인하여 이러한 공격에 취약하다. 회사의 대변인의 발표에 의하면 런은 화웨이 주식의 1.4%를 소유하고 있고 나머지 다른 주식은 대부분 고용인 소유주식이다. 그러나 화웨이는 이사회의 이사선임절차, 이사회 소유구조 또는 주식지분의 이전등과 같은 핵심 기업지배구조에 대한 정보를 공개하고 있지 않고 있다. 화웨이는 이러한 것을 보호주의 논쟁으로 일축하면서 비판을 받아들이고 있지 않다. 런의 딸이고 회사 재무책임자인 캐디 멍(Meng)은 "무역 보호주의로 시장에서 경쟁에 개입하게 될 때마다, 결국 희생되는 것은 소비자이다"라고 지적하고 있다.

화웨이는 국제확장전략으로 어려움에 직면한 유일한 중국기업이 아니다. 버락 오바마 대통령은 중국기업이 군사기지에 아주 가까이 있다고 생각되는 오레곤 풍력발전단지를 매입하려는 시도에 대한 신청을 기각을 하였다. 중국 경제성장의 핵심요소이고 불투명한 국유기업의 재등장으로 중국 공산당과 PLA와 연관되어 있다면 외교적, 정치적 그리고 경제적 의제들이 상업적 기회만큼 의사결정을 주도하게 될 것으로 보인다. 국유기업은 정부정책으로부터 다음과 같은 혜택을 받고 있다고 비판하고 있다. 저렴한 대출과 토지와 국내와 해외 경쟁자로부터 보호받고 우대받을 수 있게 접근하는 것이 포함되어 있다. 국영기업들이 부정부패에 깊숙이 개입되어 있고, 연고주의를 조장하는 것으로 전해진다. 종종 국영기업들은 국가에 배당금을 소액 지급하거나 아예 지급하지 않는다; 회사 경영진들이 이윤을 유용하고 당 정치 후원자들과 공유한다. 국영기업의 마케팅 능력을 위협하는 신제품 개발 및 출시를 할 수 있는 중소기업의 능력을 국영기업 권력자들이 방해하고 있다.[1] ■

오늘날 글로벌경제에서, 많은 기업들은 해외시장을 추가적인 고객의 풍부한 원천으로 개척하면서 국제무역을 통해 혜택을 받고 있다. 수출은 국내 일자리를 만들어내고, 그래서 많은 국가정부는 그 나라의 국내기업들이 국제시장에서 성공하도록 장려하고 있다. 그러나 때때로 기업들은 자신들의 해외경쟁자들이 이들 정부가 채택한 정책의 결과로 불공정한 이득을 얻어 왔다고 믿고 있다. 그 결과, 통신시장 사례와 같이, 기업은 자신의 국가정부에게 해외 기업으로부터의 보호를 요구한다. 이 장에서 해외경쟁자로부터 국내기업을 보호하고 국가가 수출을 촉진하는데 도움을 주는 국가무역정책의 발달과정을 논의하고 있다. 또한 정부가 수행하는 이러한 정책과 수단에 대한 합리적인 이유들을 탐구한다.

9.1 무역개입에 대한 합리화

정치가, 경제학자, 기업인들은 국제무역에 대한 정부정책에 대하여 수 세기 동안 논쟁하여 왔다. 무역정책에 관한 논쟁에서 두 가지의 주요한 쟁점이 형성되었다.

1. 정부가 국내시장으로 들어오는 외국제품에 대하여 관세를 부과하거나 혹은 수입에 대하여 다른 장벽을 만들어서 국내기업을 보호하기 위하여 개입하여야 한다는 것이다.
2. 정부는 수출보조금, 정부와 정부 간의 협상, 그리고 대출보증 프로그램을 통하여 국내기업이 해외 판매를 증대할 수 있도록 직접 지원하여야 한다는 것이다.

북미에서, 최근 정부가 "자유무역" 혹은 "공정무역"을 촉진해야 하는가 하는 초점에서 무역정책 논쟁이 있었다. **자유무역(free trade)**은 정부가 민간기업과 개인의 수출입활동 의사결정에 최소한의 영향을 미치도록 한다는 의미이다. **공정무역(fair trade)**, 때때로 소위 **관리무역(managed trade)**은 정부가 국내기업들이 해외시장에서 동등한 몫의 수출을 할 수 있을 정도로, 또 특정산업에서 시장 몫과 국내 일자리 잃는 것을 최소화하게 할 수 있도록 수입이 통제될 정도로 적극적으로 개입하여야 한다는 것을 의미한다. 또한 어떤 공정무역거래자는 정부가 국내기업과 외국기업이 같은 조건으로 경쟁할 수 있는 소위 "동등한 입장"을 확보하여야 한다고 주장하고 있다. 그런데 그럴 듯하게 들릴지라도, "동등한 입장"의 주장은 외국경쟁을 제한하는 정책을 정당화하기 위하여 종종 사용되고 있다.

논쟁의 결과는 국제경영자들에게 아주 중요하다. 각 국가에서 채택하는 정책은 해외시장과 투자의 규모와 수익성에 영향을 미치고, 마찬가지로 국내시장에서 해외수입에 의하여 기업이 받는 위협정도에도 영향을 미치고 있다. 수출재화를 생산하는 효율적이고 성공적인 기업뿐만 아니라, 기업의 노동력과 그들의 공장이 위치한 지역사회로부터 정부는 세계에서 보다 더 자유로운 무역을 지원하는 정책을 채택하라는 압력을 계속해서 받고 있다. 소니, 폭스바겐, 그리고 카터필러와 같은 기업들은 국제무역 장벽이 낮추어지는 때에 해외시장에서 판매증가와 투자기회를 얻고 있다. 동시에 정부들은 해외 경쟁자들과 항상 경쟁하는 기업뿐만 아니라, 기업의 노동력, 그리고 그들의 공장이 위치한 지역사회로부터 공정무역 정책을 채택하여 수입재화에 대한 장벽을 더 올려달라는 청원을 받기도 한다. 왜냐하면 국제무역 장벽이 있을 때, 기업들은 국내 시장에서 판매증대기회를 얻기 때문이다.

이 논쟁을 통하여 자동차, 의류, 텔레비전, 그리고 수많은 다른 재화에 지불하는 가격이 영향을 받고 각 나라의 소비자들도 영향을 받는다. 예컨대, 미국 정부가 섬유와 설탕에 대해 적용시킨 무역장벽으로 인해, 부모들이 아이들에게 입히고 먹이는 데 지불하는 가격이 상승하게 된다.

산업수준에 대한 논쟁

자유무역에 대한 논쟁은 6장에서 개요를 서술한 아담 스미스(Adam Smith)의 분석을 따르고 있다: 자발적 거래는 거래당사자들 모두 더 부유하게 하고 자원을 최고 가치로 사용할 수 있게 배분한다. 스미스의 관점에서 국가와 시민의 복지는 이기적인 개인들이 그들이 어디에 살고 있던지 그들에게 적당한 재화, 서비스, 그리고 자산을 거래하도록 허용함으로써 가장 잘 촉진하게 되는 것이다. 그러나 많은 기업가, 정치가, 그리고 정책입안자들은 어떤 환경에서 자유무역에서 이탈하는 것이 적절하다고 믿고 있다. 이 절에서 자유무역에 대해 반대하고 정부개입을 옹호하는 주요 논쟁을 살펴보고, 그리고 주요 개별 산업의 필요성에 초점을 두는 무역정책을 검토한다. 그 다음 절에서 보다 더 광범한 국가 수준의 정책들을 검토한다.

국가 방어 논쟁(national defence argument) 정부는 국방을 위해 특정한 산업에 대한 정부보호가 필요하다는 이유로 가끔 이용하고 있다. 왜냐하면 세계적 사건으로 인해 국가이익에 반하여 갑자기 적대적으로 바뀔 수 있는 일이 일어나기 때문에 **국가 방어 논쟁(national defence argument)**은 국가가 중요한 원자재, 기계, 그리고 기술 혹은 외국의 위협에 취약한 부문에 대하여 자족할 만큼 확보하고 있어야 한다는 것이다. 예컨대 제2차 세계대전 기간에 연합군 잠수함들이 일본 무역선단에 큰 손해를 가하여 일본의 공급노선 취약성이 입증되었다. 제2차 대전 이후 일본은 주식 원료의 국내 자급자족을 촉진하기 위하여 쌀 수입을 금지하였다. 유사하게 미국은 전쟁기간 동안 조선 기술과 전문가를 보유하기 위해, 미국 조선 산업을 지원하는 여러 가지 프로그램을 개발하였다. 예컨대, 모든 미국 해군함정은 미국 조선소에서 건조하게 하였고, 그리고 미국 항구들을 이용하는 해상운송은 미국에서 건조한 배만 이용하게 하였다. 이러한 연방정부의 보호가 없었다면 미국 조선 산업에서 수많은 일자리들이 없어지게 되었을 것이다. 왜냐하면 미국 조선소는 한국, 노르웨이, 중국, 혹은 베트남의 경우에 비하여 경쟁력이 없었기 때문이다. 화웨이의 글로벌 시장으로 확장하는 것에 대해 사이버보안, 사이버공격을 우려하는 정부관료들에 의하여 제한되었다.

국가 방어 논쟁은 자국이 중요한 자원을 통제하는 다른 국가에 의하여 차별대우를 받게 될 것이라고 염려하는 일반 대중에게 호소력이 있다. 많은 특정한 이익집단들은 이러한 정치적으로 호소력이 있는 논쟁을 이용하여 해외경쟁으로부터 그들의 산업을 보호하여 왔다. 예컨대, 미국 모헤어 산업은 과거에 군복으로 사용된 털을 생산하고 있다. 이 산업은 국가의 전략적 이해관계라는 취지에서 산업을 보호한 1954년 국가모직법(1954 National Wool Act)의 통과에 따라 연방보조금을 받았다. 비록 군대가 양모를 합성직물로 대체한 지가 오래되었을지라도, 보조금은 40년 이상 동안 실제로 남아 있었다. 국방과 관련된 제강,

Reuters/Corbis

중요한 기술과 훈련이 국내에서 확보하기 위해 미국 정부는 메인 배스 철강소(Bath Iron Works)에 건조되는 미사일정착 구축함과 마찬가지로 모든 미국 해군 함정이 미국 조선소에서 건조되어야 한다는 것을 요구한다.

전자, 기계장치, 그리고 상업용 선박 등 다른 미국산업도 정부의 호혜적 대우를 받는다.[2]

유치산업 논쟁(infant industry argument) 초대 미국 재무장관 알렉산더 해밀턴(Alexander Hamilton)은 1791년에 **유치산업 논쟁(infant industry argument)**을 표출하였다. 해밀턴은 신생 독립국가의 유치제조부문은 궁극적으로 국제시장에서 성장을 위하여 비교우위를 가져야 한다고 믿었다. 그러나 그는 신생국가의 제조업자들이 보다 더 성숙한 유럽기업들과의 치열해지는 경쟁 때문에 유년기와 청년기에도 살아남지 못할 것을 두려워하였다. 그래서 해밀톤은 미국 기업들이 충분히 성장할 수 있을 때까지 해외경쟁으로부터 이들을 *일시적으로* 보호하기 위하여 수많은 수입 제조품에 대해 관세를 부과하였다. 그의 철학은 전 세계 여러 나라에 의해 채택되어 왔다. 일본은 그들의 국내 산업들을 육성하는데 특히 유효하게 적용하여 왔다. 제2차 세계대전 말 이후, 일본은 중요한 천연자원이 부족하였음에도 불구하고 금속조립산업(철강, 알루미늄, 동, 그리고 아연)을 발전시켰다. 일본은 이를 위하여 원광석과 정광석의 수입에 대해 관세를 부과하지 않는 반면에 가공되고 조립된 금속에 대하여는 높은 관세를 부과하였다. 예컨대, 1970년 일본은 수입된 동광원석에 관세를 부과하지 않았으나, 가공된 동제품에 대해 22%나 되는 높은 관세를 부과했다. 일본의 금속조립 산업이 성숙함에 따라 일본은 수입보호 수준을 낮추었다. 오늘날 동제품에 대한 일본의 관세는 무시할 만한 수준이다.[3]

궁극적으로 비교우위를 가져올 정부의 국내산업 육성은, 전후 일본의 경제적 성공에서 보듯이, 하나의 강력한 경제개발전략일 수 있다. 그러나 어느 산업이 유치산업보호를 받을 만한지에 대한 결정은 경제적인 기준보다는 정치적인 기준으로 종종 이루어졌다. 기업, 노동자, 그리고 주주들은 수입보호 혹은 수출보조금에 대한 지원을 그들의 산업을 위해 보강하고자 유치산업보호 논쟁을 주저하지 않고 이용한다. 더욱이, 특정한 산업이 일단 보호를 받으면 보호를 포기하려고 하지 않는다. 많은 유치산업들이 노령기에 접어들게 되면 보호가 끝나게 된다.

기존 일자리의 유지(maintenance existing jobs) 기초가 튼튼한 기업들과 그들의 노동자들은 특히, 고임금 국가에서, 저임금 국가의 수입으로부터 종종 위협을 받고 있다. 기존 고용수준을 유지하기 위하여, 기업들과 노동자들은 종종 외국경쟁자에 대한 구조보호를 위해 정부에 청원을 하게 된다. 공장들이 폐쇄될 때 노동자와 지역사회에 가해지는 인간적 및 경제적 고통을 피하기 위하여, 정부 관리들은 이러한 청원에 동정심을 갖고 귀를 기울이는 경향이 있다. 이러한 지원은 다음 절에서 보다 더 상세하게 검토할 관세, 수입할당, 혹은 다른 장벽의 형태가 될 수 있다. 할리-데이비드슨(Harley-Davidson)이 1980년대 중반 5년 동안 일본수입으로부터 관세보호를 받아 기업이 사업운영을 개혁하여 시장에서 기업 이미지를 회복한 것처럼 지원은 일시적일 수 있다. 반대로, 지원은 미국의 상업용 조선산업에 대한 정부 보호의 경우처럼 장기적일 수 있는데, 그래서 조선 산업의 생명을 40년 이상 연장시켰다.

전략적 무역정책(strategic trade theory) 기업과 노동조합 관리자들은 국제적으로 경쟁하는데 유리하도록 지원하는 정부개입을 청원할 때, 이러한 노력에 의한 정부개입은 궁극적으로 경제손실이 유발한다고 경제학자들이 보통 비판을 하고 있다. 경제학자들의 이러한 주장은 6장에서 논의된 고전 무역이론인 절대우위와 비교우위에 근거를 하고 있다. 그러나 이러한 무역이론들은 기업들이 경제학 교과서에서만 존재하는 완전경쟁시장에서 사업운영을 하는 것을 가정하고 있다. 또한 이 이론들은 각 나라의 소비자들이 세계에서 가장 효율적인 생산자들로부터 가장 낮은 가격으로 재화와 용역을 구매할 수 있다는 것을 가정하고 있다. 이 고전이론에 따르면, 소비자들에게 이러한 구매기회를 주지 않는 정부의 개입은 비록 그 사회 내의 특정한 집단을 더 부유하게 할 수 있을지라도 그 나라 전체를 더욱 더 빈곤하게 할 것이라는 것이다.

그런데 1980년대 초에 새로운 국제무역 모형들이—총괄하여 알려진 **전략적 무역이론(strategic trade theory)**이—개발되었다. 이 모형에 따라 정부의 무역개입은 이론적으로 새롭게 정당화되었고, 그래서 기업들의 보호요청에 대하여 정부가 지원을 하게 되었다. 전략적 무역이론은 기업들이 운영을 하는 산업 환경에 대해 고전이론보다 매우 다른 가정을 하고 있다. 전략적 무역이론은 아마도 높은 제품개발비용 혹은 강한 경험곡선효과 때문에 세계적으로 몇몇 소수 기업들만을 지원할 수 있는 산업들에 적용된다. 기업이 이러한 고도로 집중된 산업에서 소수 몇몇 기업들 중에서 하나라도 성공할 수 있다면, 그 기업은 독점이익을 얻을 수 있을 것이다. 전략적 무역이론은 만일 정부가 이러한 과점산업에서 국내기업의 경쟁력을 개선하는 무역정책을 채택한다면 그 나라를 더 부유하게 살 수 있다는 것을 시사하고 있다.

전기에너지를 안전하게 그리고 저렴하게 공급하는 새로운 핵발전소 설계에 대한 잠재시장을 생각하여 보자. 규모의 경제 때문에 하나의—그리고 오직 한—기업이 그 시장에 진

그림 9.1
성과 매트릭스: 핵발전소 개발 수익(10억 달러)

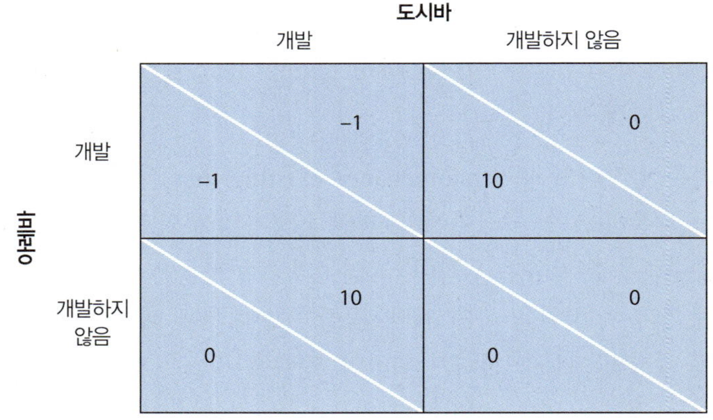

입할 것을 결정한다면, 시장은 엄청나게 수익성이 있을 것이라는 것을 가정하고 있다. 게다가 오직 두 기업—프랑스의 아레바(Areva)와 일본의 도시바(Toshiba)가—이 새로운 발전소 설계를 개발하기 위한 공학적인 기능과 금융자원을 가지고 있고 또한 두 기업 모두 동등하게 이 프로젝트를 성공적으로 수행할 수 있다고 가정하여 보자. [그림 9.1]에서 두 기업에 대한 성과 매트릭스가 나타나 있다. 도시바가 발전소 설계를 개발하기로 결정하고 아레바가 이를 하지 않는다면(아래 왼쪽 귀퉁이를 보아라), 도시바는 100억 달러의 수익을 얻고 반면에 아레바는 이익이 없다. 아레바가 발전소 설계를 개발하기로 결정하고 도시바가 이를 하지 않는다면, 아레바는 100억 달러의 수익을 얻고 반면에 도시바는 이익이 없다(위쪽의 오른편 귀퉁이를 보아라). 만일 어느 기업도 발전소 설계를 개발하지 않고자 한다면, 그들 둘은 얻는 이익이 없다(아래 오른쪽 귀퉁이를 보아라). 두 기업 모두 발전소 설계를 개발하기로 결정한다면, 둘은 시장이 너무 협소하여 두 기업 모두에게 수익을 내줄 수 없기 때문에 10억 달러의 손해를 볼 것이다. 어느 기업도 자신의 경쟁자가 어떤 전략을 선택하든 관계없이 따라야 할 전략을 가지고 있지 않다.

현재 프랑스 정부가 프랑스 기업이 새로운 핵발전소 설계의 유일한 개발자이고, 이 기업이 얻을 수 있는 거대한 수익에 대하여 알고 있다고 가정하자. 만일 프랑스 정부가 새로운 핵개발 기술을 개발하기 위한 20억 달러의 보조금을 아레바에게 제공한다면, 성과 매트릭스는 [그림 9.2]와 같이 변할 것이다. 보조금 때문에, 아레바의 성과는 기술을 개발하기

그림 9.2
성과 매트릭스: 아레바에게 20억 달러 보조금을 지급한 결과의 수익

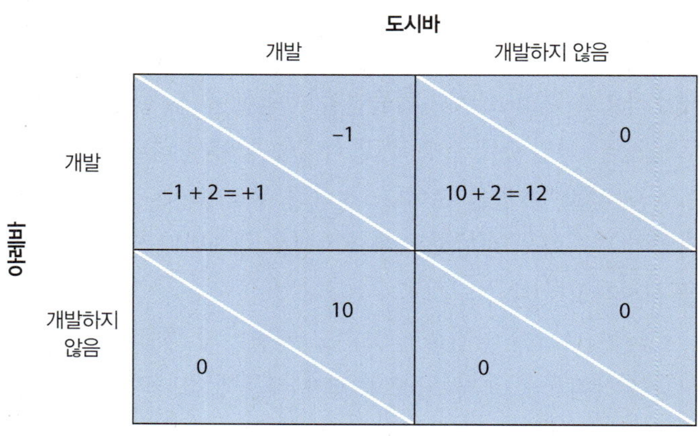

만 하면 20억 달러만큼 증가하게 된다(첫째 줄을 보아라). 아레바가 개발하지 않는 것보다 개발함으로써 더 많은 돈을 벌 수 있기 때문에 도시바가 어떤 전략을 선택하든 관계없이, 보조금을 받은 아레바는 기술을 개발할 것이다. 만일 도시바가 개발을 한다면, 아레바는 개발하지 않을 경우에 돈을 벌 수 없고, 개발하는 경우에 10억 달러를 벌게 된다. 만일 도시바가 개발하지 않기로 한다면, 아레바는 개발하지 않을 경우에 돈을 벌 수 없고, 개발하는 경우에 120억 달러를 벌게 된다. 그래서 아레바는 항상 개발하기로 할 것이다. 그런데 만일 도시바가 아레바는 항상 개발할 것이라는 것을 알고 있다면, 그러면 도시바가 개발하지 않는 것이 가장 최선의 전략이다.

프랑스 정부는 20억 달러 보조금으로 무엇을 달성하였는가?

1. 프랑스 정부는 아레바가 새로운 핵발전소 기술을 개발하도록 유도하였다.
2. 프랑스 정부는 일본기업이 시장에 참여하지 못하게 유도하였다.
3. 프랑스 정부는 프랑스 납세자들이 지불한 단지 20억 달러의 비용을 들여 프랑스 기업이 120억 달러 수익을 얻게 하는데 성공하였다.

독점이윤을 얻을 수 있는 시장에서 전략적 무역정책을 채택함으로써, 프랑스 정부는 프랑스 거주자들을 집단적으로 100억 달러(= 수익 120억 달러 − 보조금 20억 달러)만큼 더 잘 살게 한 셈이다.

그러나 전략적 무역정책은 세계기준으로 볼 때 수많은 기업을 지원할 수 없는 시장들에만 적용되고 있다. (전략적 무역정책의 요건을 만족시킬 수 있는 하나의 산업은 상업용 항공기이다; 다음 10장 closing case, "점보 제트기를 능가하는 점보싸움"를 보아라). 대부분 글로벌 산업들은 이보다 더 경쟁적이다. 한 나라가 광범한 산업집단을 포괄하는 전략적 무역정책을 대량으로 채택하면 특정한 산업에 유리한 것은 필히 다른 산업들을 해치기 때문에 실제로 그 나라의 전체 국가경쟁력이 감소될 수도 있다. 예컨대, 프랑스 정부가 핵 발전 산업에 보조금을 주기로 한다면, 핵 발전 산업이 필요로 하는 기계 기술자, 컴퓨터 프로그래머, 그리고 시스템분석자들에 대한 수요와 이들에게 지급되는 급료는 증가할 것이고, 그래서 이러한 숙련된 인력을 요구하는 다른 프랑스 산업들의 국제경쟁력을 약화시킬 것이다. 더욱이 보조금의 혜택은 다른 나라가 유사한 전략을 채택한다면 효과가 없게 될 것이다. 만일 일본 정부가 프랑스의 20억 달러 보조금에 대응하여 도시바에게 30억 달러 보조금을 준다고 하면, 성과 매트릭스는 변하게 될 것이다: 도시바도 마찬가지로 발전소를 개발하는 것에 대해 지지를 받을 것이다. 만일 두 나라가 전면적으로 보조금 전쟁에 돌입한다면, 기대독점이윤은 흩어져 사라지게 될 수 있을 것이다.

국가 무역정책

지금까지 검토된 정책들은 개별 산업들에 필요한 것을 다루고 있다. 국가는 또한 경제전반적인 관점에서부터 시작하는 무역정책도 개발할 수 있다. 국가 경제의 필요성을 평가한 후, 정부는 그 나라 전체 경제계획 일정(agenda)을 홍보하기 위해 산업대 산업별 정책을 그 때 채택하고 있다.

경제개발 프로그램(economic development program) 많은 정부들, 특히 개발도상국 정부들의 중요한 정책목적은 경제개발이다. 국제통상은 경제개발 프로그램에 있어 중요한 역할을 할 수 있다. 단순히 하나의 수출품에 의존하는 나라들은 주된 수출품에 대한 수확감소와 가격하락 등과 같은 영향을 감소시키기 위하여 경제 다양화를 종종 선택한다. 예컨대, 서부아프리카의 가나는 주로 과거에 코코아에 주로 의존하였는데, 코코아 가격의 변동으로부터 가나를 보호하기 위해 산업화 프로그램에 착수하였다. 두바이는 원유판매에 대한 지나친 의존으로부터 벗어나게 다양화하기로 선택하여, 두바이를 비즈니스 센터와 비행 허브지역으로 만들기로 정하였다. 두바이의 국제공항은 이미 세계 제3위의 최대공항인데, 80억 달러 규모의 확장계획이 완공되면 1년에 1억 6천만 명의 승객들을 수용할 수 있게 된다.[4]

2장에서 논의한 바와 같이, 싱가포르, 한국, 그리고 대만과 같은 국가들은 제2차 세계대전 이후에 과도한 수출의존 경제개발에 기초하였다. 이러한 **수출촉진전략(export promotion strategy)**에 따라, 국가는 자신이 소유하고 있는 저임금노동력과 같은 우위요소를 이용하여 기업을 해외시장에서 경쟁할 수 있도록 북돋우고 있다. 호주, 아르헨티나, 인도, 그리고 브라질과 같은 다른 국가들은 **수입대체전략(import substitution strategy)**을 제2차 세계대전 이후에 채택하였다; 이러한 전략은 수입재화에 대해 높은 무역장벽을 세워 국내 제조업 성장을 촉진시키는 것이다. 이러한 국가에 있는 많은 다국적 기업들은 높은 장벽에 따라 발생하는 비용을 회피하기 위하여 이러한 나라들에 생산시설을 입지함으로써 대응하였다. 일반적으로 수출촉진전략은 2장에서 보여준 바와 같이 수입대체전략보다 보다 더 성공적이었다.

산업정책(industrial policy) 수많은 국가들의 경우, 정부가 국가경제를 관리하는 데 적극적인 역할을 하고 있다. 때때로 이러한 과업에서 중요한 요소는 유리한 정부우대조치를 받는 특정한 산업을 결정하는 것이다. 예컨대, 일본 통상산업성(MITI) 관료들은 새로 등장하는 기술과 제품을 확인하고, 그리고 일본기업들이 이러한 시장에 진입하도록 보조금, 공개성명, 막후전략을 통하여 격려하고 있다. (2001년에 MITI의 명칭은 경제무역산업성으로 바뀌었다.) 1950년대와 1960년대에, 통상산업성은 섬유와 같은 낮은 부가가치의 노동집약적 산업에서 제강 및 자동차와 같은 높은 부가가치의 자본집약적 중공업에 희소한 신용과 외환을 사용하여 산업정책을 전환하였다. 1970년대와 1980년대에, 통상산업성은 반도체, 항공우주, 생명공학, 세라믹과 같은 잠재 고성장 산업을 돋표로 하였다. 한국정부는 경제개발전략으로 성공한 일본모형을 따랐다.

제2차 세계대전 이후 일본과 한국의 경제적 성공 때문에, 많은 국가들의 정부들이 어떤 **산업정책(industrial policy)**을 채택할 것인가에 대해 논쟁하여 왔는데, 산업정책은 정부가 국가의 미래 경제성장에 핵심적으로 중요한 국내 산업들을 확인하고, 그리고 이들의 경쟁력을 촉진할 프로그램을 형성하는 것이다. 더 말할 나위 없이, 산업정책은 중요하고 성장하는 글로벌시장에서 큰 몫을 차지하고 있는 한 국가의 기업들을 지원하고 있는데, 이는 MITI가 일본 다국적기업들을 지원한 것과 같다.

그러나 많은 전문가들은 산업정책이 한 국가의 기업들의 글로벌 경쟁력을 개선시킬 수 있는 만병통치약으로는 보고 있지 않다. 전문가들은 정부 관료들이 이러한 정책으로 혜택을 받을 수 있는 적절한 산업을 완벽하게 파악할 수 없다고 주장한다. 예컨대, 전문가들은 프랑스를 인용하고 있는데, 프랑스에서 전후 산업정책의 목표로 지정된 자동차, 컴퓨터, 군용 및 상용 항공기, 그리고 전기통신기업들은 막대한 정부보조금을 요구하면서도 어떤 뚜렷하게 수익성이 없는 기업들을 창출하였다. 이러한 산업들은 새로운 부의 원동력이 되는 것보다 오히려 프랑스 경제의 장애물이 되었다. 마찬가지로 아르헨티나는 티에라델푸에고에 활기찬 전자제품 제조센터를 창설하였는데, 이 지역에서 먼 곳에서 조립한 제품에 대하여 가차 없이 세금을 부과하고 수입된 전자제품에 대한 수입면허를 통제를 하고 부가가치세를 두 배로 부과하여 그 결과 아르헨티나 소비자들은 이웃에 있는 칠레([지도 9.1] 참조)[5] 거래상대방에 비하여 전자제품에 대하여 가끔 두 배 더 많이 지불하게 되었다. 일본도 결코 오류가 없었던 것은 아니었다. 1980년대 초기에 MITI 관료들은 일본 가전 기업들에게 고선명도 텔레비전(HDTV)을 개발하도록 하였는데, 이는 일본의 선도로 아날로그에 기초한 TV기술에 의존한 것이었다. 불행하게도 미국과 유럽의 규제기관에서 채택된 HDTV의 송출기술표준은 MITI가 일본기업들에게 강요한 낡은 아날로그 기술보다는 오히려 유럽기업들이 개발한 보다 더 정교한 디지털 기술에 의존하는 것으로 결정되었다. 결론적으로 선도적인 일본 가전 기업들이 아날로그에 기반한 HDTV에 투입된 수십억 달러 투자가 총 손실로 나타났다.

또한 산업정책에 대한 반대자들은 정부보조를 받는 선택된 산업들이 그들의 잠재적인 국제경쟁력보다는 오히려 국내 정치적 영향력에 더 의존하게 되는 것을 우려하고 있다. 반대자들에 의하면, 산업정책으로 인하여 선택된 산업이 국제시장에서 미래 승리자로 선택되지 않고 대신 선심성 정치에 더 민감하게 될 것이라는 것이다.

산업정책 논쟁에서 핵심은 시장경제에서 정부의 적절한 역할은 무엇인가?에 대한 문제이다. 놀랄 것도 없이, 미국에서 최근 공화당 행정부는 경제에서 정부의 역할을 제한하여야 한다는 이유로 산업정책의 채택을 공식적으로 거부하여 왔다. 반대로, 민주당 행정부는 미국 기업들의 글로벌 경쟁력을 개선하는 것이 아주 중요하기 때문에 민간부문으로 둘 수 없다고 믿었다. 이러한 신념을 관철시키기 위해, 첫 임기 동안에 클린턴 행정부는 증가한 연방 연구개발(R&D) 지원을 증가해서 받을 5개로 구성된 유전학, 건강보호 정보체계, 전자, 자동차와 고속도로 시스템, 그리고 컴퓨터 소프트웨어들을 신흥기술로 선정하였다. 마찬가지로 오바마 행정부도 세금공제, R&D지원 그리고 수용 가능한 행정규제를 통하여 재생에너지와 전기차 개발을 촉진시키고 있다.

공공선택 분석(public choice analysis) 비록 정부의 무역개입을 지지하는 많은 주장들이 국가이익이라는 말로 표현할 수 있지만, 이러한 개입은 전형적으로 특정 이익집단에 도움을 주고 항상 다른 국내 이익집단과 일반 대중에게 피해를 끼치고 있다. 예컨대, 부시 대통령이 그의 첫 공직임기동안에 수입된 제강에 대해 관세를 부과한 결정은 미국 제강 생산업자들에게는 도움을 주었지만, 제강을 사용하는 수많은 국내기업들에게 손실을 입게 하여 위험에 빠뜨리게 하였다. 이와 같은 결정으로 볼티모어, 뉴욕, 휴스턴, 롱비치, 그리고 다른 항구도시에서 외국제강을 하역하는 부두노동자들이 이용할 수 있는 일감이 감소되었고,

지도 9.1
아르헨티나

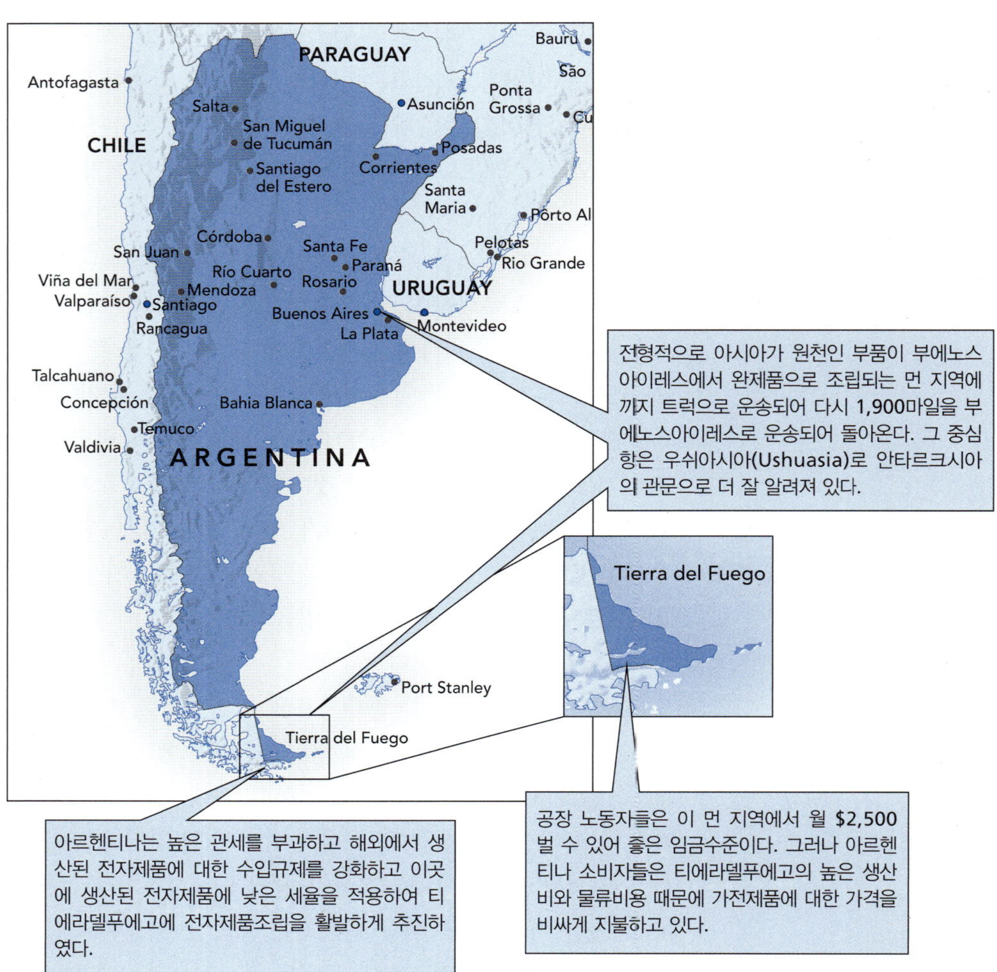

또한 미국 소비자들이 사용하는 자동차, 냉장고, 그리고 제강을 사용하여 생산한 다른 제품들에 대하여 지불하는 가격이 인상되었다. 마찬가지로 아르헨티나의 산업정책은 티에라델 푸에고에 있는 전자제품분야에 있는 노동자와 제조업자들에게 도움을 주었으나 국내소비자에게 피해를 입혔다.

비록 정부정책이 그 사회 내 소집단에게 이익을 줄 수 있을 지라도, 국가정부는 왜 국제기업에게 장애가 되고 그 국가 시민 모두에게 손실을 입히는 공공정책을 채택하는가? **공공선택 분석**, 즉 경제학의 한 분파로 공공 의사결정 분석에 따르면, 특정 이해관계는 단순한 이유 때문에 특정 쟁점에 대해 일반 이해관계를 종종 지배할 수 있다고 본다. 그 이유는 일반 대중이 그들의 이익에 불리한 법을 무효화하기 위하여 기꺼이 일하는 것보다 특정 이익집단은 그들의 이익에 유리한 법을 통과시키기 위하여 더욱 더 기꺼이 열심히 일한다는 것이다. 예컨대, 1920년 존스 법(1920 Jones Act)에서, 미국은 외국선박이 미국 항구들 간의 운송서비스를 제공하지 못하도록 규제하였다. 이 규제로 인해 연간 6억3천만 달러로 추

지도 9.2

존스 법(Jones Act)의 효과

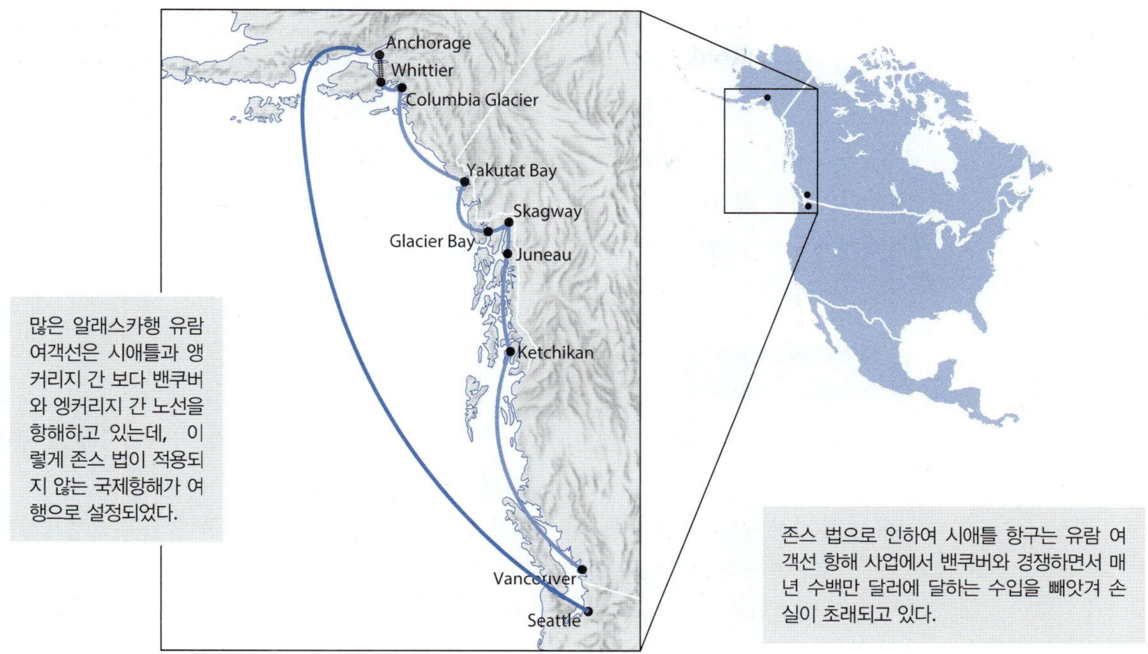

정되는 수익을 증가시킨 미국 원양선박 소유자들이 이 규제를 지지하였다. 그러나 존스 법으로 인하여 소비자들이 지불하는 수송비용은 매년 105억 달러, 혹은 1인당 35달러씩 더 많이 지불한 것으로 추정되었다. 더욱이, 자유무역에 대한 다른 규제처럼, 존스 법도 [지도 9.2]에서 제시하는 바와 같이 의도되지 않은 결과를 가져왔다.

공공선택 분석에 의하면, 어떤 소비자들도 존스 법이 그들에게 어떻게 영향을 주는지를 알려고 하거나, 혹은 35달러와 같은 사소한 돈을 아끼기 위해 그들이 선출한 공무원들에게 편지를 쓰고 전화를 하려고 하지도 않는다는 것이다. 그러나 선박 소유자들과 미국 선원노조 회원들과 같은 특정 이해집단은 존스 법의 속성을 알려고 하고, 또 그들이 수고한 만큼 얻을 수 있기 때문에 존스 법 무효화를 막으려고 한다. 그 결과, 의회 의원들은 존스 법 유지 · 보존의 중요성에 대하여 특정 이익집단으로부터 항상 직접적으로 듣고 있는 데 반하여, 소비자들은 이 이슈에 대하여 침묵하고 있다.[6] 존스 법을 폐기하면 특정한 이익집단에 의해 피해를 받게 되고 일반 대중이 보상도 해주지 않을 것이라는 것을 알면서, 의회 의원들은 이 이슈에 대하여 특정한 이해관계를 갖고서 합리적으로 투표할 것이다.

공공선택 분석에 따르면, 국제기업에 영향을 주는 국내 무역정책은 한 국가의 국제적 책임이라는 거대한 비전에서 나오는 것이 아니라, 오히려 선출되는 정치인들의 일상적인 상호작용에서 나온다. 누가 정치인을 선출하는가? 의회 선거구에 있는 국민이다. 그래서 전 하원의장 오닐은 "모든 정치는 지방색처럼 지역우선이다."라고 뛰어난 통찰을 하였다. 좋은 예로 수입쌀에 대한 일본시장 개방에 대한 일본의 저항인데, 그 이유는 일본 의회에서 지방농민들의 표를 유지하려고 하는 일본 집권당의 필요성 때문이다. 이 정책이 텍사스 쌀 농민, 휴스턴 항구, 혹은 세계경제에 미치는 영향에 대해서 국내 정치인들은 거의 관심이 없다.

현실을 잘 이해하는 국제기업인들은 이러한 정치적 현실을 인식하고 있다. 종종 외국기업은 자신에 대해 간섭하는 국내 정치적 동맹을 찾아낼 필요가 있다. 예컨대, 닛산과 도요타는 미국 시장으로 수출하는 그들의 규모에 대하여 많은 비난을 받았는데, 그래서 1980년대에 그들은 미국에 새로운 공장을 짓기 시작하였다. 공장이 위치한 주의 의회대표들은 일본기업에서 일하는 그들의 선거구민들의 일자리를 보호하기 위하여 기업을 법적으로 지원하는 것을 기대할 수 있다. 분명히, 도요타와 닛산은 모든 정책은 현지화하여야 된다는 것은 이해했다.

In Practice

- 무역정책 논쟁의 중심은 정부가 "자유"무역을 촉진하는가 아니면 "공정" 무역을 촉진하는가에 있다.
- 유치산업논쟁, 국가방어논쟁, 기존 일자리 유지, 그리고 전략적 무역정책들은 국제무역에 정부개입을 하게 하는 주요한 쟁점들이다.

추가 고려 사항: 자유교역을 선호할 수 있는 기업을 특징지어라.

9.2 국제무역 장벽

국내정치는 종종 국가들이 무역장벽을 세움으로써 외국 경쟁자로부터 그들의 국내기업을 보호하는 요인이라는 것을 보았다. 이러한 정부개입 형태는 두 가지의 범주—관세장벽과 비관세장벽—로 나누어질 수 있다. 국가들은 16세기, 현대 민족국가의 창설 이후 국민소득 증대, 경제성장 촉진, 그리고/혹은 그들 시민생활수준 향상 등을 희망하며 무역장벽을 세워왔다. 때때로, 방금 읽은 바와 같이, 특정한 이익집단에 이익을 주는 국가무역정책은 일반 대중 혹은 사회를 전체적으로 희생시켜서 채택되었다.

관세

관세(tariff)는 국제적으로 거래되는 재화에 부과되는 세금이다. 어떤 관세는 재화가 국가를 떠날 때 재화에 대하여 징수되거나[**수출관세(export tariff)**] 혹은 재화가 다른 국가로 향하여 한 국가를 통과할 때 징수된다[**통과관세(transit tariff)**]. 그러나 대부분은 수입된 재화에 대하여 징수된다[**수입관세(import tariff)**]. 수입관세의 형태는 세 가지가 있다.

1. **종가세(ad valorem tariff)**는 수입재화의 시장가격의 비율로서 측정된다. 예컨대, [표 9.1](미국 기존 관세법에서 인용된 것임)에서 2.1%의 종가세는 설탕절임 수입 파인애플에 대하여 부과되었다.
2. **종량세(specific tariff)**는 수입되는 재화의 수량 단위당 혹은 다른 표준치당 특정한 달러 양으로서 측정된다. [표 9.1]이 보여주는 바와 같이, 설탕절임 수입감귤류 과일

은 킬로그램당 6%의 종량세를 부담한다.

3. **복합관세(compound tariff)**는 종가세 요소와 종량세 요소 모두가 있다. 설탕절임 수입버찌는 6.4%의 종가세와 킬로그램당 9.9세트의 종량세가 징수된다.

실제로 선진국에 의해 부과된 대부분 관세는 종가세이다. 관세율은 제품가격에 적용되는데, 이 제품가격은 전형적으로 제품이 그 국가에 들어가는 판매 가격이다. 타케트(Target)는 필리핀 식품가공업자로부터 톤당 400달러에 설탕절임 통조림 파인애플을 대형 선적화물로 구매한다고 가정해보자. 파인애플이 로스앤젤레스 항구에 도착하였을 때, 타게트는 수입한 것에 대하여 매 톤당 400달러의 2.1%에 달하는 관세 혹은 8.40달러를 미국 관세청에 지불할 것이고, 이 비용을 자신의 소비자들에게 전가할 것이다.

대부분 국가들은 수입재화에 대하여 **국제통일상품분류 관세율표(harmonized tariffschedule: HTS)**라고 불리는 세부적인 분류표를 채택하여 왔다. 그것이 복잡하기 때문에, 국제통일상품분류 관세율표(HTS)를 사용하기가 때때로 어려울 수가 있다. 수입업자에게 직면하는 첫 번째 문제는 세관원들이 결정하는 것이 수입재화에 적절한 관세분류라고 기대하고 있다는 것이다. 예컨대, 미국에 수입된 가죽스키 장갑은 5.5%의 종가세로 측정되지만, 장갑이 국가 간의 스키를 위해 특별히 디자인되었다면, 종가세는 단지 3.5%이다.

관세법은 매우 복잡하고, 그래서 세관공무원들이 수입재화에 대하여 수업업자들이 기대한 것보다 더 높은 관세율을 부과한다면, 수입업자들의 기대 거래 수익마진은 줄어들거

VENTURING ABROAD

에미리트 항공(Emirates Airline) 확장: 캐나다 시장 사례

두바이의 비행기 운송업자 "에미리트 항공"(Emirates Airline)은 아랍 에미리트 공화국(UAE)에서 가장 빨리 성장하는 기업들 중의 하나로 등장하였고, 또 아시아를 유럽과 미국에 연결하는 우수한 서비스에 대하여 400개 이상의 글로벌 상을 받았다. 더욱이 에미리트는 국제적으로 확장하고 아시아 고객들의 증가하는 수요에 맞추려고 노력을 하였다. 에미리트는 두바이에서 토론토, 캘거리, 그리고 밴쿠버 공항까지 매일 서비스하기 위해 토론토 피어슨 국제공항에 취항하는 에미리트의 주당 3편에 대한 캐나다 정부의 현행 쿼터를 증편시켜줄 것을 요구하였다.

두 국가 사이에서 협상은 수년 동안 걸렸다. 2010년 4/4분기에 캐나다 정부는, 더 많은 착륙권을 주장하는 것은 캐나다의 항공시장에서 불공정한 "수용능력 덤핑"이 될 것이라고 주장하면서, 에미리트의 캐나다취항에 대하여 비관세장벽(NTB)을 유지하기로 결정하였다.

에미리트 항공과는 달리, 캐나다의 선도 항공(에어 캐나다)은 동남아, 아프리카, 그리고 중동에 있는 대부분 주요한 도시들에 서비스를 제공하지 않고, 여행객을 이러한 항로까지 수송하는 것을 캐나다 항공의 유럽 파트너들에게 의존하고 있다. 따라서 외국 경쟁자에 대하여 주요 국가기업을 보호함으로써 캐나다 정부는 여행자들(주로 캐나다인)로부터 보다 더 짧은 여행시간, 그리고 가격과 서비스에 대한 보다 더 많은 선택을 빼앗았다. UAE정부는 더욱이 캐나다의 조치에 대한 보복으로, UAE(캐나다의 제7위 최대 수출국임)와 거래하는 몇 개의 캐나다 기업들에 대하여 규제를 하였고, 또한 비자면제프로그램에서 캐나다를 제외시켰으며, 그래서 모든 캐나다 시민들은 UAE로 여행하기 전에 입국비자를 받아야만 되었다.

에미리트의 주장에 의하면, 현행 편수를 증가하고 더 많은 도시들을 에미리트의 항공망에 추가하게 되면 캐나다에서 2,800개의 일자리가 창출되지만, 반면에 캐나다 국제항공 서비스에서 차지하는 에미리트의 비중은 2%미만에 불과하다는 것이다. 한편, 에어 캐나다는 캐나다 정부로부터 수백만 달러를 지원받았음에도 불구하고 나쁜 서비스와 관련하여 고객들로부터 비난이 증가하는 데 직면하고 있다.

현재 캐나다 시장에서 에미리트 항공의 확장노력은 캐나다의 항공회사 보호정책 변화에 달려 있는 것으로 보인다. 그 결과로, 에미리트는 캐나다가 이러한 노력으로부터 얻을 수 있는 혜택을 그려 보이는 여러 가지 캠페인을 추진하여 왔고, 또 에미리트의 노력을 다른 북미 및 남미 국가들로 더욱 확장하는 데 집중하여 왔다. 그 때문에, 2012년 1월을 시작으로, 에미리트는 6개 미국 도시들에 취항하게 되었는데, 이 중 몇 도시는 하루에 2 내지 3편 정도가 있다. 그래서 아시아 고객들이 캐나다 도시들에 대한 연결로서 미국까지 에미리트 항로를 이용하기 시작할 것인지는 더 두고 볼 일이다.

표 9.1 미국 관세율 표(HTS)

항목/소항목	통계/접미부호	품목설명	수량단위	세율
2006.00		설탕절임(건조한, 냉동한, 혹은 정제된) 과일, 견과, 과일껍질, 그리고 식물 부품		
2006.00.20	00	버찌	kg	9.9₵/kg+6.4%
2006.00.30	00	생강 뿌리	kg	12.4%
2006.00.40	00	파인애플 혼합물을 포함하는 기타	kg	2.1%
2006.00.50	00	혼합물	kg	16%
2006.00.60	00	감귤류 과일; 혹은 감귤류 혹은 다른 과일의 껍질	kg	6₵/kg
2006.00.70	00	기타 과일과 견과	kg	8%
2006.00.90	00	기타	kg	16%

출처: U.S. International Trade Commission, *Harmonized Tariff Schedule of the United States* (Washington, DC: ITC Trade Data Base as of July 14. 2013).

나 혹은 사라질 것이다. 이러한 위험을 줄이기 위하여, 미국 수입업자들은 미국 관세청에 신청하여 각 수입에 대한 사전 관세분류를 요구할 수 있다. 이러한 사전 관세분류를 무시하는 수입업자들은 종종 값비싼 소송에 휩싸이게 된다.

관세는 역사적으로 다음의 두 가지 이유 때문에 부과되어 왔다:

1. 관세는 국가 정부수입을 증대시키고 있다. 관세수입은 가나, 토고, 베냉, 에티오피아와 같은 개발도상국의 정부수입에서 중요한 몫을 차지한다. 이러한 나라들은 생계 농업에 크게 의존하고 있고, 그래서 국내재원으로부터 중요한 세수를 모으는 것이 어렵다. 그러나 관세를 징수하기는 상당히 쉽다. 더욱이 수입재화는 사회의 부유한 구성원들에 의하여 구매되는 경향이 있고, 그래서 수입관세에 많이 의존하여 점차 국내 조세제도에 첨가되고 있다. 반대로 태국, 이집트, 그리고 멕시코와 같은 폭넓은 과세기준을 사용하는 더 발달된 국가에서는 정부수입에서 차지하는 국제무역 관세의 비중이 상대적으로 낮다.

2. 관세는 무역장벽으로 작용하고 있다. 관세는 외국 재화에 대하여 국내 소비자들이 지불하는 가격을 올리기 때문에, 이러한 관세가 국내생산 대체재의 수요를 증가시키고 있다.

관세는 국내와 외국 특정 이익집단 모두에게도 영향을 미치고 있다. 예컨대, 미국 정부가 수입된 SUV 차량에 대하여 2,000달러의 종량세를 부과한다고 가정하자. SUV차량의 외국생산자들은 그들의 미국 가격을 올려야 하는데, 그러면 그들의 미국 판매는 줄어들게 된다. 그런데 외국산 SUV차량과 미국산 SUV차량은 대치재이다. 그래서 외국산 SUV차량의 더 높은 가격은 미국산 SUV차량에 대한 수요를 증가시키게 될 것이다. [그림 9.3]에서 보면, 미국산 SUV차량에 대한 수요는 곡선 D에서부터 곡선 D_1으로 이동하였고, 그 결과, 보다 더 많은 국내 자동차들이 더 높은 가격으로 판매되고 있다. 2,000달러의 종량세는 승자와 패자를 만들어냈다. 승자는 첫째, 미국에서 미국산 SUV 차량을 판매하는 GM, 포드, 그리고 크라이슬러 판매대리점, 둘째, 미국에서 국내 생산자에 대한 납품공급자, 셋째,

그림 9.3
미국 제조 SUV 차량수요에 대한 수입관세의 영향

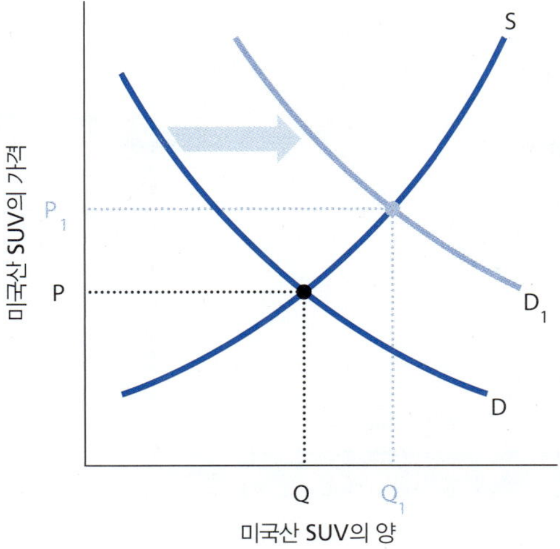

미국에서 국내 GM, 포드, 그리고 크라이슬러 SUV차량 조립공장에 있는 노동자, 그리고 넷째, 미국에서 국내 SUV차량 공장이 입지한 지역사회들이다. 미국에서 국내 SUV차량과 외국 SUV차량 모두 값을 더 높은 가격을 지불하기 때문에, 미국에서 미국 내 소비자들은 패자이다. 외국생산자들도 역시 패자이다. 외국생산자들에 의존하는 사람과 기업, 즉 미국의 도요타와 마쯔다 판매 대리점, 일본 노동자와 공급자, 그리고 SUV차량이 제조되는 일본 지역사회도 마찬가지로 패자이다.

비관세장벽

비관세장벽은 국제무역에 대하여 정부통제가 이루어지는 두 번째 범주이다. 국제무역을 방해하는 효과를 가지는 관세 이외의 모든 정부규제, 정책, 혹은 절차는 **비관세장벽(non-tariff barrier：NTB)**이라고 한다. 이 절에서 세 가지 종류의 비관세장벽, 즉 쿼터, 수출수량통제, 그리고 기타 비관세장벽을 검토하여 보자.

수량제한(쿼터, quotas) 국가들은 수량제한을 부과함으로써 국제무역을 제한할 수 있다. **수량제한(quota)**은 1년과 같은 특정한 기간 동안에 한 국가로 수입될 수 있는 재화의 양에 대하여 가해지는 수량제한이다. 수량제한은 일본, 한국, 대만, 그리고 필리핀에서 쌀 수입을 제한하는데 수량제한을 사용하는 것과 마찬가지로 경쟁의 위협으로부터 농업, 자동차, 그리고 섬유와 같이 정치적으로 세력 있는 산업들을 보호하기 위하여 전통적으로 이용되어 왔다. 그러나 우루과이 라운드(10장 참조)와 같은 무역협정의 결과로, 많은 국가들은 수량제한을 관세율쿼터로 바꾸었다. **관세율쿼터(tariff rate quota：TRQ)**는 특정한 재화가 수량제한된 수준 내에서 수입되면 낮은 관세율을 부과하고, 이 수준을 넘어서면 엄청나게 높은 관세율을 부과하는 것이다. 이 상황은 [그림 9.4]에서 묘사되고 있다. 그림 9.4에서 한 국가에 수입되는 처음 100,000개 부품에는 저관세율 TL이 적용되고, 처음 100,000개 이후에 수입되는 모든 부품에는 고관세율 TH가 적용된다. 예컨대, 캐나다는 계란, 낙농제품, 그리고 닭고기의 수입에 대한 이전의 수량제한을 관세율쿼터로 대체하였다. 수량제한 수준을 넘어서는 이러한 제품들의 수입에 350%의 높은 관세율이 따라붙는다. 일본은 수량

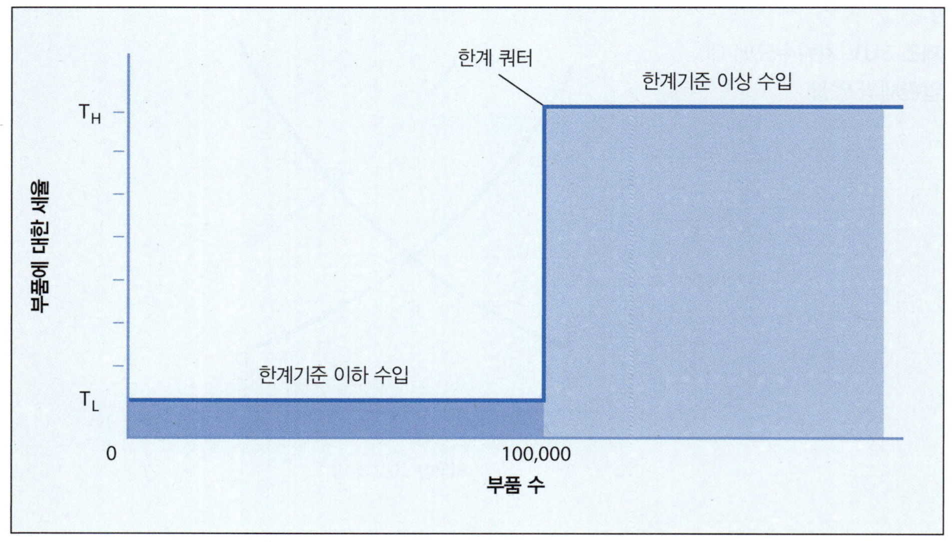

그림 9.4

부품에 대한 관세율 쿼터

출처: 관세율 쿼터는 한계수준 이상에 대해 높은 세율을 부과한다.

제한을 초과하여 수입된 쌀에 대하여 341엔의 관세를 부과하는데, 이는 400%의 관세율과 동등한 것이다.[7] 한국은 수량제한을 초과하는 꿀 수입에 대하여는 243%의 관세를, 감자 수입에 대하여는 304%의 관세를 부과한다.[8] 단기적으로, 이러한 높은 관세는 수량제한과 같은 동일한 효과를 가진다. 즉 그것은 재화의 수입을 수량제한 수준까지 통상적으로 제한한다. 그러나 최소한 개념적으로, 수출업자들은 높은 관세를 지불할 의사가 있는 동안에는 그 국가에 대한 판매를 증가할 수 있게 되어 있다. 그리고 관세는 수량제한보다 더 명백하기 때문에, 대부분 전문가들은 수량제한을 관세율쿼터로 전환하는 것이 시간이 지나서 무역협상을 통하여 이러한 종류의 무역장벽들을 제거하는 것이 더 쉽다고 생각하고 있다.

수량제한 혹은 관세율쿼터는 문제가 되는 재화의 국내 생산자들에게는 도움을 주지만, 국내 소비자들에게는 언제나 손해를 준다. 설탕에 부과되는 관세율쿼터의 미국시장에 대한 영향을 고려해보자. 미국정부는 연간 200만 톤을 초과하여 미국에 수입되는 설탕에 대하여 파운드당 17%의 종량세를 적용함으로써 외국설탕이 이보다 적은 수준으로 수입될 수 있게 수량제한을 한다(국내 생산자들은 통상적으로 매년 800만 내지 900만 톤의 설탕을 생산한다).[9] 설탕가격은 세계 다른 곳보다 미국에서 더 높은데, 왜냐하면 관세율쿼터가 가격 균등을 위해 미국시장에 더 많은 수입이 들어오지 못하게 하기 때문이다. 예컨대, 2011년 8월 미국 설탕가격은 파운드당 39센트이었고, 반면에 세계가격은 파운드당 28센트에 불과하였다.

누가 관세율쿼터에서 이득을 얻는가? 루이지애나 사탕수수재배 업자와 노스 다고타 사탕무 재배 업자와 같은 국내 설탕생산 업자들은 혜택을 보는데, 왜냐하면 미국 국내 설탕생산이 증가되고 미국 국내 공급업자가 받는 가격이 오르기 때문이다. 옥수수에서 나온 과당 감미료의 최대 미국 국내생산자인 아처 다니엘 미드랜드(Archer Daniels Midland)와 같은 설탕 대체품의 생산자들과 과당 감미료용 옥수수를 공급하는 옥수수지대 농부들은, 감미료 제품의 제조업자들이 설탕을 더 저렴한 과당 감미료로 대체하기 때문에, 역시 이득을 본다. 관세율쿼터 정책에서 손해를 입는 쪽은 설탕 값으로 더 높은 가격을 지불해야 하는 미국 국내 사탕과자 제조업자와 음료제조업자들뿐만 아니라, 설탕이 포함된 모든 제품에 더 높은 가격—연간 추정규모 150억 달러—을 지불하는 미국 소비자들이다. 샌프란시스코의 지라르델리초콜릿회사(Ghirardelli Chocolate Company) 혹은 코르시카나(Corsicana), 텍사스의 콜린 스트릿 베이커리(Collin Street Bakery)와 같은 미국 기업은 높은 설탕함량의 제품을 수출하고 있는데, 설탕쿼터가 제품의 재료비용을 올렸기 때문에 세계시장에서 덜 경쟁적이게 되었다.[10] 2006년 미국 상무부 연구에 의하면, 설탕쿼터 때문에 제과회사에서 10,000명 이상의 미국 노동자들이 1997년과 2002년 사이에 일자리를 잃었다는 것이다.[11]

200만 톤 수준 이내에 미국으로 설탕을 수입할 권리를 가진 사람들은 설탕을 더 낮은 가격으로 사서 그것을 미국에 더 높은 미국가격으로 되팔 수 있었기 때문에, 역시 이득을 보았다. 이러한 이유로 미국정부는 이러한 권리를 외교정책과 외국원조의 수단으로서 사용하고 있다. 미국에 정치적으로 동조하는 국가이거나 미국이 지지를 호소하고자 하는 국가는 관대한 권리를 종종 받고 있는데, 반면에 미국에 적대적인 국가들은 그들의 권리가 축소되거나 혹은 제거되고 있다.

수출수량통제(numerical export controls) 어떤 한 국가는 자신이 수출할 재화의 양에 대하여 수량제한을 하는 형태로 수량무역장벽을 부과할 수도 있다. **수출자율규제(voluntary export restraint: VER)**는 어떤 한 국가가 다른 국가로 재화를 피해 입은 시장의 특정 수량 혹은 비율까지 수출하는 것을 제한하는 약속이다. 종종 이것은 달리 우호적인 무역파트너와의 무역 갈등을 해결하거나 회피하기 위해 실행되었다. 예컨대, 1982년 이후 미국과 캐나다는 캐나다가 정부소유의 삼림에서 낮은 입목벌채(벌채 권리) 수수료를 부과함으로써 캐나다 목재산업을 보조하였다는 문제로 다투어 왔다. 갈등을 중단하기 위하여, 캐나다는 1996년에 5년 동안 수출자율규제를 채택하는 것에 동의하였는데, 그 내용은 캐나다가 앨버타, 브리티시 콜롬비아, 온타리오, 그리고 퀘벡에서 나오는 침엽수목재의 연간 미국 수출을 147억 보드 피트(널빤지 부피 bd. ft)까지 제한하는 것이었다. 캐나다는 그 제한수준 이상 미국으로 가는 수출에 대해 상당한 세금을 징수하겠다고 또한 약속하였다. 그러나 5년 실행기간이 종료된 후에, 미국은 캐나다 침엽수 재목 수입에 대하여 27% 세금을 부과하였고, 나중에는 10%로 낮추었다. 캐나다는 북미자유무역협정과 세계무역기구가 후원하는 법정에서 미국에 반대하는 여러 가지 불만들을 제소하였다; 캐나다 입장이 전체적으로 지지를 받고 있는 동안, 캐나다는 미국 반응에 대해 실망하였다. 2006년에 미국과 캐나다는 다른 합의를 협상하였다. 미국은 캐나다 침엽수 재목 수출에 대하여 관세를 제거하였고 미국이 징수한 돈을 캐나다에게 돌려주었다. 그 대신에, 캐나다는 캐나다 생산업자가 미국 침엽수 목재시장의 34% 몫까지만 수출을 하는 수출자율규제에 다시 한 번 동의하였다. 기존 침엽수 목재 분쟁의 말썽이 많고 장기적인 성격을 고려하면, 두 국가가 2015년에 종료될 계획인 2006년의 합의 이행에 관하여 계속해서 다투는 것은 놀랄 일이 아니다.[12]

수출수량규제는 어떤 한 국가의 정치적인 적을 처벌하기 위하여 역시 채택될 수도 있다. **엠바고(embargo)**—특정 목적지로 향하는 재화의 수출(그리고/혹은 수입)에 대한 절대적인 금지—는 어떤 국가 혹은 국제정부당국이 다른 국가를 통제하기 위해 채택되고 있다. 예컨대, 이라크가 1990년에 쿠웨이트를 침공한 이후에, UN은 이라크와의 무역에 대한 통상금지를 부과하였고, 한편 미국은 1960년 이후로 쿠바와의 무역에 대한 통상금지를 하였다.

수출수량규제는 한 국가의 산업정책을 촉진하거나 혹은 그 국가 산업들의 경쟁력을 촉진하기 위해 역시 이용될 수 있다. 러시아는 러시아의 목재가공 산업을 장려하기 위해 통나무와 원형 목재의 수출을 제한하고 있다: 수출수량규제는 러시아 목재가공업자들이 지불하는 가격을 더 낮추지만, 그들 외국 경쟁자들의 투입비용을 증대시키게 된다.[13] 유사한 이유로, 중국은 안티몬, 보크사이트, 그리고 형석과 같은 많은 광산물수출을 제한하고 있다. 이러한 광산물에 관해서, 중국은 세계 최대 공급업자들 가운데 하나이다.[14] "Bringing the World into Focus"는 중국의 수출수량규제가 희토류 시장에 미치는 영향을 검토하고 있다.

기타 비관세장벽 국가들은 또한 외국경쟁으로부터 자신들을 보호하기 위하여 여러 가지 다른 비관세장벽을 사용하고 있다. 어떤 비관세장벽은 정당한 국내 공공정책 이유를 위해 채택되지만, 무역을 제한하는 효과를 가지고 있다. 그러나 대부분 비관세장벽은 노골적인 보호주의이다. 10장에서 논의한 것과 같이, 2차 세계대전 이후 국제협상들은 관세와 쿼터의 사용을 감소시켜 왔다. 이러한 이유로, 비수량적인 비관세장벽은 국제무역 성장에 주요한 방해가 되어 왔다. 이러한 비관세장벽은 종종 관료적 절차에 파묻혀 있고 그리고 빨리 변화될 수 없기 때문에 관세와 쿼터보다 제거하기가 더 어렵다. 비수량적인 비관세장벽의 가장 보편적인 형태 가운데는 다음과 같은 것이 있다.

- 제품과 검사 표준
- 유통 네트워크 접근제한
- 공공부문 조달정책
- 현지부품 사용요구
- 규제제한
- 외환통제
- 투자통제

다음 절에서 이러한 것들을 검토하여 보자.

제품과 검사 표준(product and testing standard) 비관세장벽의 보편적인 형태는 외국재화가 특정한 국가에 판매를 위하여 제공되기 전에 그 국가의 제품표준이나 검사표준을 만족시켜야 한다는 요건이다. 외국기업들은 이러한 표준이 그들의 제품을 차별대우하는 것이라고 종종 주장한다. 예컨대, 브라질은 새로운 의약제품에 대하여, 비록 그들이 다른 곳에서 유사한 심사를 이미 받았고 미국 식약청과 같은 외국 규제기관으로부터 승인을 받았을지라도, 브라질에서 임상검사를 받을 것을 요구하고 있다.[15] 한국은 국가정보서비스가 암호화로 되어 있는 어떠한 통신망 장비에 대해 승인받을 것을 요구하고 있고,[16] 마찬가지로 러시아는 암호화 기술을 사용하고 있는 어떤 제품을 수입하는 데 제한을 하고 있다.[17]

© Richard Ellis/Alamy

중국은 영화관에서 상영되는 외국영화의 수를 총상영시간의 1/3 이상이 넘으면 규제하고 있다. 또한 매표소 수입의 몫이 외국영화 소유자에게 배분되는 것을 규제하고 있다. 헐리우드 영화제작소는 이러한 관행으로 인하여 제품표절을 용이하게 하고 크게 성장하고 있는 중국시장에서 경쟁을 제한하고 있다고 불평을 하고 있다.

유통 네트워크 접근제한(restricted access to distribution networks) 통상적인 유통경로에 대한 외국 공급업자들의 접근을 제한하는 것은 비관세장벽으로서 역시 기능할 수 있다. 중국은 수입된 설탕 및 석유는 국영무역기업에 의해서만 배분 · 유통되어야 한다는 것을 요구하고 있고, 반면 인도네시아는 국가공기관에게만 배타적으로 쌀수입을 할 권리를 부여하고 있다.[18] 외국영화는 중국영화관에서 상영시간이 단지 1/3만 차지하도록 되어 있어, 이러한 제한으로 인하여 외국영화촬영소의 수익을 감소시키고 DVD의 광범한 모조품을 조장하고 있다. 인도네시아도 마찬가지로 영화관에서 외국영화의 상영시간을 60%까지만 방영되도록 제한을 하고 있다.[19]

까르푸, 마크스 앤드 스펜서(Marks & Spencer), 그리고 월마트와 같은 서유럽 연쇄점과의 경쟁으로 인하여 인도 다수의 소규모 소매업자들이 황폐될 것을 우려하여, 인도는 소매부문에 대한 외국인 참여를 과거부터 제한하여 왔다. 인도는 무역당사자들에 의하여 이러한 규제 철폐압력을 받고 있다. 인도정부는 신중하게 대응하고 있다: 2012년에 단일상표 점포에 대한 규제를 완화하여 외국투자자들은 정부승인아래 이러한 점포시설의 51%를 소유할 수 있게 되었다. 그러나 외국인들이 다수상표 점포를 소유하는 것이 현재 허용되지 않고 있다.[20]

공공부문 조달정책(public-sector procurement policies) 국내 기업에게 특혜대우를 해주는 공공부문 조달정책은 비관세장벽의 또 다른 형태이다. 미국에서 "미국제품 구매하기(Buy American)" 제한은 연방, 주, 그리고 지방자치단체 수준에서 공통적으로 적용되고 있다. 예컨대, 2009년 미국 복구 및 재투자 법은 공공건축 및 공공토목공사를 건축하거나 수선하기 위해 이 법에 의해 제공된 자금으로 구매되는 철, 제강, 그리고 제조제품은 미국에서 생산되어야 한다는 것을 요구하고 있다. 연방정부는 미국정부 기금으로 구매되는 국

BRINGING THE WORLD INTO FOCUS

희토류에 대한 경쟁

대부분 무역 갈등은 한 국가가 재화수입에 대해 장벽을 세우는 것으로부터 발생하고 있다. 2010년에 중국은 2011년의 수출을 2010년 수준보다 35% 삭감하겠다고 발표하면서, 희토류에 대한 수출통제를 강화하기로 결정하였다. 이러한 희소한 광물에 대하여 일어난 강렬한 다툼은 공급사슬의 글로벌화와 또한 중국경제를 저부가가치 재화제조에서부터 고부가가치 재화생산으로 전환을 하고자 하는 중국의 희망을 목표로 하였다.

희토류는 스마트폰, 컴퓨터 칩, 그리고 하이브리드 승용차의 전지와 같은 많은 고기술제품을 생산하는 데 결정적인 17개 다른 광산물들을 표시하기 위하여 사용된 용어이다. 예컨대, 세륨 산화물은 하드 드라이브를 윤을 내게 하는 데 사용되고, 반면에 1페니도 안 되는 네오디뮴은 휴대전화를 진동하게 하고 있다. 그들의 이름에도 불구하고 희토류는 희귀한 것이 아니다. 그러나 그들은 생산하는 데 비싸고, 그리고 그들을 정제하는 데 사용되는 유독성 화학제품을 주의하여 다루지 않는다면 환경피해가 발생할 수 있다. 더욱이 새로 발견된 광산에서 생산을 하는 데 수 년이 걸릴 수도 있다.

중국은, 비록 세계전체 매장량의 단지 1/3을 소유하고 있다고 할지라도, 현재 세계 희토류 생산의 90% 이상을 차지한다. 중국은 2010년에 이 광물을 10억 달러 정도 수출하였다. 시장에서 중국의 우월적인 지위는 중국 광산들이 1990년대부터 부과하기 시작한 낮은 가격에 기인하고 있다. 가격이 떨어졌기 때문에, 외국 생산자들은 "중국 가격"과 경쟁할 수 없는 그들의 광산을 폐쇄하였다.

중국은 중국에서 수출통제는 환경을 보호하고, 에너지를 절약하며, 그리고 국가자원을 보호하는 중국의 욕구에서 동기가 유발된 것이라고 주장하였다. 유럽, 북미, 그리고 일본의 비평가들은 덜 온당한 이유들이라고 보고 있다. 그들이 우려하는 것은 수출통제가 외국 사용자에게 핵심 투입부품 비용을 올리고 그래서 외국 첨단기술 기업들이 생산시설을 중국으로 다시 이전하게 장려함으로써 첨단기술 제품의 중국생산을 증가하기 위해 계획된 것이라는 점이다. 그들의 지적에 의하면, 중국 자원부가 발표한 2009년 정책보고서에서 중국이 희토류 수출에 대하여 받는 가격을 올리게 되면, 쿼터를 통하여 중국 자원부가 정부 산업정책을 촉진할 수 있고 그리고 시장에서 수요-공급관계에 영향을 줄 수 있다고 강조하였다. 더욱이 중국 자원부는 이 광물들을 비축할 계획을 발표하였고, 또한 중국에 입지한 어떤 공장들은 필요로 하는 희토류에 대한 접근을 계속해서 가질 수 있다는 것을 외국기업들에게 확신시켰다.

중국 정책으로 인하여 기업들은 그들의 희토류 조달원천을 다변화를 추구하게 되었다. 일본은 연간 사용량의 약 20%를 차지하는 가장 큰 희토류 수입국이다. 일본 정부는 북경에 대한 의존을 줄이기 위해, 재활용을 촉진하고 그리고 로봇식 심해저 채굴과 같은 분야에서 연구개발 노력에 대해 금융지원을 하고 있다. 2010년 말에, 일본의 도요타 추쇼 사(Toyota Tsusho Corporation)는 인도에 새로운 희토류 가공공장을 건설하기 위하여 인도 희토류 주식회사(Indian Rare Earths Ltd.)와 협정을 체결하였다. 미국에 기지를 둔 몰리코프 사(Molycorp.), 호주의 라나 사(Lynas Corporation), 브라질의 베일(Vale)과 같은 몇몇 기업들은 1990년대에 중국 경쟁자들이 부과한 낮은 가격 때문에 폐쇄되었던 희토류광산을 열거나 혹은 재개한다는 계획을 발표하였다.

자유무역 옹호자들은 중국정부에 의하여 이루어지는 희토류 시장의 공공연한 조작으로 인하여 다른 국가들이 주요한 자원에 대하여 쿼터를 부과하거나 혹은 새로운 희토류 광산에 보조금을 지원하고 그리고 중국 광산에 대한 의존을 줄이기 위해 희토류 수입에 대한 무역장벽을 높여서, 보복을 하게 될 것이라고 주장하였다. 최악의 시나리오 경우에, 자유무역 옹호자들은 세계 도처의 보호주의자들이 중국의 희토류 쿼터를 그들의 국가 경제안전보장에 중요하다고 보는 재화무역에 대해 장벽을 높이는 것을 정당화하는 계기로 삼는 것을 두려워하고 있다.

출처: "China April Rare-Earth Exports 2,196 Tons, up 28% on Month," *Wall Street Journal*, May 21, 2013; "Postcards from the Rare-Earth Front," *Wall Street Journal*, March 27, 2013; "Miners ready to call on rare earth 'heavies'," *Financial Times*, December 31, 2012, p. 13; "Rare earths," *The Economist*, March 17, 2012; "Brazil's Vale gears up for rare earths," *Financial Times*, May 31, 2011, p. 13; "China rare earth metals soar as Beijing cuts sales," *Financial Times*, May 27, 2011, p. 21; "Rare-earth metals add heat," *Wall Street Journal*, March 23, 2011, p. B4; Office of the U.S. Trade Representative, *National Trade Estimate Report on Foreign Trade Barriers 2013*, p. 78; "Trade judges see flaw in China policies," *Wall Street Journal*, February 18, 2011; "India and Japan look to expand rare-earth alliance," *Wall Street Journal*, February 16, 2011; "China moves to strengthen grip over supply of rare-earth metals," *Wall Street Journal*, February 7, 2011, p. B1; "Rare action," *The Economist*, January 22, 2011; "Rare earth quotas: Big bark, less bite," *Wall Street Journal*, January 19, 2011; "Rare earths and China," *The Economist*, October 2, 2010.

제항공여행에서 미국 항공을 이용할 것을 일반적으로 요구하고 있다. 중국은 국유기업의 많은 근로자들에게 유사한 제한을 부과하고 있다.

공공부문 조달정책은 산업의 국가소유가 광범하게 퍼져 있는 국가들과 국가소유가 보편화되어 있는 산업들에서 특히 중요하다. 만일 국가정부가 현지 기업에 유리한 조달정책을 채택한다면, 외국 기업들은 그 시장에 들어오지 못하게 된다. 이집트는 국유기업에게 공공계약에 관하여 15%의 입찰 우대를 주고, 한편 아르헨티나는 국내 소유 기업에게 5 내지 7%의 우대를, 터키는 15%, 태국은 7% 그리고 파라과이는 20% 우대를 부여하고 있다.[21] 러시아는 제약계약에 대하여 현지기업에게 15% 우대를 제공하고 있고 그리고 케냐 공공조달 및 처분 법에서 특정 정부계약들은 케냐 시민들에게만 주어진다고 되어 있다.[22]

현지 물품 구매요구(local-purchase requirements) 현지 정부(host government)는 기업들에게 현지 공급납품업자들로부터 재화 혹은 용역을 구매하도록 요구함으로써 외국기업들이 현지로 수출하거나 현지 투자유치국에서 사업 운영을 하는 것을 못하게 할 수도 있다. 인도네시아는 제약회사들이 판매용으로 승인받기를 바라는 약이 있다면 현지에서 제조할 것을 추천하고 있다.[23] 중국은 모든 여행 대리점이 중국 여행객을 위한 비행기를 예약할 때 중국 국가소유 예약 서비스를 이용할 것을 요구하고 있다.[24] 카자흐스탄은 석유회사들에게 카자흐스탄 소유회사로부터 필요한 서비스를 구매하는 권한을 위임하고 있다.[25] 필리핀은 현지 원료로 만들어진 증류 주정에 대해 더 낮은 소비세를 부과하고 있다.[26] 이집트는 신종 컴퓨터 관련 회사의 경영자 중 60%가 이집트 시장에 진입한 지 3년 이내에 이집트국적을 취득하여야 한다는 것을 요구하고 있다.[27]

캐나다 정부는 공중파 TV 방송국에 의해 방송된 프로그램에서 최소 60%가 캐나다 원산지 로 되어야 한다고 요구하고 있다; 캐나다 정부는 유선 방송국에 대해서는 프로그램의 대부분을 캐나다 프로그램으로 한정하고 마찬가지로 라디오방송국에 의해 연주되는 음악 35%의 캐나다 음악이 방송되어야 한다고 요구하고 있다.[28] 한국 TV방송국에서 방영되는 쇼의 20% 이상은 해외에서 유래될 수 있다.[29] 프랑스 정부는 테에프엥(TFI) 또는 Canal Plus와 같은 현지 TV서비스가 서비스 시간의 최소 40%를 프랑스산 영화로 상영하고 그리고 최소 60%를 유럽산 영화로 상영할 것을 요구하고 있는데, 이와 같이 비유럽 영화들에게 이용될 수 있는 시장을 제한하고 있다. 이러한 쿼터는 라디오방송국에서도 역시 존재한다. 황금시간 대에 적어도 프랑스의 1,700AM과 FM방송국에서 연주되는 노래 40%는 프랑스 혹은 불어권 예술가들에 의해 작곡되거나 불리어져야만 한다.[30] 유럽연합, 말레이시아, 한국, 그리고 호주는 방송업자들에 대하여 유사한 요구조건들을 가지고 있다.[31] 미국 정부는 이러한 요구조건들이 미국 음악, 영화, 텔레비전 제작자들과의 까다로운 경쟁을 제한하기 위해 계획된 것이라고 주장하면서 이들에 대하여 강력하게 항의하였다.

규제제한(regulatory controls) 정부는 건강과 안전검사 이행, 환경규제 강화, 사업운영을 시작하거나 혹은 새로운 공장을 건설하기 이전에 기업들에게 허가권을 얻도록 요청하는 것, 그리고 투자유치국 시장에서 경쟁하는 국제기업의 능력에 영향을 주는 공공서비스에 대한 세금과 수수료를 부과하는 것 등과 같은 규제제한을 채택함으로써 비관세장벽을 창설할 수 있다. 예컨대, 싱가포르는 엔진배기량에 기준을 둔 단계적 세제제도를 채택하고 있는데, 그 결과 대형오토바이 판매 하락에 직접 영향을 주고 있다. 대만의 교통부장관은 500CC 이상인 오토바이가 하루 종일 고속도로 주행을 하도록 허용하는 규정을 하고 있는 반면 태국은 고속도로 주행을 금지하고 있다.[32] 개인정보보호를 강화하기 위하여 한국은 금융서비스회사가 한국에 컴퓨터 서버를 설치하는 경우 클라우드 컴퓨팅 회사를 어디에서 운영하든지 담보권을 실행할 수 있도록 위임하고 있다.[33] 브라질은 건강과 체력단련기구,

가공식료품, 그리고 화장품의 생산 업자들이 제품을 보건부에 등록할 것을 요구하고 있는데; 이러한 승인을 받는 데 통상적으로 3 내지 6개월이 걸리고 있다.[34] 여러 제품 범주에 있는 재화들—미국에서 중국으로 수출하는 재화의 약 1/5에 상당하는 것—을 판매하기 이전에 중국 의무 인증 마크를 받아야 한다는 중국 요구사항으로 인하여 수입업자들을 위축시키고 있다. 전형적으로 이러한 인증서는 중국 시설들에서만 시행되는데, 이것조차도 종종 밀려있다. 추가비용과 시간 지체로 인해 중국 시장에서 수입재화의 경쟁력이 감소하고 있다.[35]

외환통제(currency control) 많은 국가들, 특히 개발도상국들과 중앙계획경제 국가들은 외환통제를 통하여 국제무역에 대한 장벽을 높이고 있다. 재화 수출업자들은 외국시장에서 국내 생산업자들이 매력적인 판매출구로 만들기 위해 유리한 환율로 외국통화 거래를 하고 있다. 수입업자들은 중앙은행으로부터 불리한 환율로 외환을 구매할 수밖에 없는데, 그래서 외국 재화의 국내가격을 올리게 된다. 여행자들은 개별적인 환율을 제공받을 수 있는데, 이 환율은 가능한 자유롭게 소비하는 외국인들이 많은 외환거래를 하도록 만들어진 것이다.

예컨대, 베네수엘라는 2003년에 베네수엘라 외환보유를 보호하기 위하여 외환통제를 실시하였다. 베네수엘라는 현재 이중환율제도를 사용하고 있는데, 특정한 호감을 받고 있는 거래는 공식 환율로 외환을 취득할 수 있다; 그 나머지 거래들은 이보다 불리한 환율이 적용되고 있다. 통제는 필수재화가 아닌 보통 재화의 수입업자들이 외환을 획득하는 것을 더 어렵게 하였다.[36] 마찬가지로 에티오피아 국립은행은 수입업자들이 부족한 외환을 취득하는 것을 종종 어렵게 하고 있는데, 그러나 국가소유 기업이나 집권당이 지배하는 기업들의 경우 통상 이러한 문제들은 발생되지 않는다.[37]

투자통제(investment control) 외국 투자와 소유에 대한 통제는 특히 방송, 공익사업, 항공교통, 국방계약, 그리고 금융서비스와 같은 핵심 산업에 보편화되어 있다. 이러한 통제로 인하여 외국기업이 이러한 시장에 효과적으로 진출하는 것을 종종 어렵게 하고 있다. 필리핀은 광고에서 30%까지, 그리고 통신사에서 40%까지 외국인 소유를 제한하고 있는 반면에 태국에서는 현지 회계법인의 49%까지 한국은 의결권 50%까지 소유할 수 있다.[38] 태국과 카자흐스탄은 통신회사의 외국인 소유권을 49%까지 보유할 수 있는데,[39] 한편으로 외국인들은 페루 방송회사의 49% 이상 그리고 남아프리카 방송회사의 20% 소유권을 보유할 수 있다.[40] 인도네시아는 통신, 영화와 비디오 유통, 건설 산업에 대한 외국인 소유를 제한하고 있다. 미국도 마찬가지로 항공사와 방송국의 외국인 소유를 제한하고 있다.

이러한 비관세장벽은 관세보다 더 국제무역에 대한 현재 중요한 장애물이다. 그래서 그들은 강력한 국내정책 이유로 인하여 때때로 부여되지만 외국 기업의 경쟁력에 영향을 주고 있기 때문에, 비관세장벽은 심각한 국제 갈등을 급속히 야기할 수 있다. 비관세장벽으로 사업운영에 영향을 받는 국제기업들은 이러한 문제를 해결하는 데 투자모국 정부의 지원이 종종 필요하고 있다. [그림 9.5]는 무역장벽이 취할 수 있는 여러 가지 유형을 요약하고 있다.

그림 9.5

국제무역에서 장벽 유형: 요약

In Practice

- 주요한 무역장벽은 관세, 쿼터 그리고 다른 장벽들을 포함하고 있다.
- 유통망접근, 공공부문 조달정책, 외환접근 등을 통제하는 정부규제도 무역장벽의 역할을 한다.

추가 고려 사항: 방송국에서 프랑스 음악이 아닌 음악에 대한 프랑스의 제한정책을 고려하여 보자. 프랑스 문화 보호를 위한 프랑스 정부의 시도는 무역장벽인가 적절한 조치인가?

9.3 국제무역 촉진

정부가 외국 기업활동을 제한하기 위해 사용하는 몇 가지 기법을 방금 살펴보았다. 이 절에서 국제기업 경영을 촉진하는 정부정책들인 보조금, 외국무역지대 설치, 그리고 수출금융프로그램을 논의하고 있다. 전형적으로 이러한 프로그램들은 수출부문에서 일자리를 창출하거나 혹은 경제적으로 낙후된 지역에 투자를 유치하기 위해 계획되어 있다.

보조금

국가들은 기업들의 사업운영 비용을 축소하기 위해 계획된 보조금을 제공함으로써 수출을 자극하려고 가끔 노력하고 있다. 예컨대, 브라질은 수출원동력에 대하여 다양한 세금과 관세와 금융혜택을 제공해 주고 있는 반면에, 요르단은 여러 산업으로부터 생성되는 소득세에서 수출로 인하여 발생되는 이윤을 면세하고 있다.[41] 터키 곡물위원회는 파스타와 밀가루 수출업자에 대하여 밀의 가격을 낮추어 주고 있다.[42] Opening Case에서 화웨이가 중국정부로부터 보조금 혜택을 받고 있었다는 사실을 미국과 유럽연합 정치인들이 우려하고 있음을 자세히 보았다.

국가, 주, 그리고 지방 정부는 경제개발 인센티브—다른 종류의 보조금—즉 일자리를 제공하고 현지 세입기반을 증대하기 위해 기업들이 그들의 지역사회에서 공장시설을 입지하거나 확장하도록 유인하는 것을 종종 제공하고 있다. 이러한 인센티브는 재산세 경감, 무상 토지제공, 노동인력 훈련, 공공시설이용 요금감면, 새로운 고속도로 건설 등의 형태일 수도 있다. 예컨대, 조지아 주는 기아 자동차(Kia Motors)에게 최초 공장과 이 기업 생산에 추정되는 2,500개의 일자리를 위해 이 기업에게 인센티브로 4억 달러를 제공하는 데 합의하였다.[43] 마찬가지로 미국 버지니아 아일랜드는 세인트 크루아(St. Croix)에 있는 포춘 브랜드(Fortune Brand)의 럼주 양조장을 확장하는 것을 도와주고 그리고 그를 위한 새로운 오수처리시설을 건설하기 위해 1억 달러를 지출하기로 서약했다.[44]

보조금이 사업운영 비용을 축소하기 때문에, 보조금은 수출시장에서 기업의 경쟁력을 인위적으로 개선함으로써 혹은 국내 기업이 외국수입을 퇴치하게 도와줌으로써 국제무역에 영향을 줄 수 있기 때문이다. 그러나 보조금이 너무 크게 증가되어 국제무역의 정상적인 유형을 붕괴시킬 수도 있을 수 있다. 조선, 밀, 그리고 버터산업은 높은 수준의 보조금 때문에 무역이 왜곡되어 있는 시장에서 악명 높은 사례들이다. 보조금에서 큰 패자는 대규모 보조금이 없는 국가들에 있는 효율적인 생산 업자들, 즉 호주의 밀 산업 혹은 뉴질랜드의 낙농산업을 들 수 있다. "People, Planet, and Profits"에서 면화시장에 대한 보조금의 영향을 논의하고 있다.

외국무역지대

외국무역지대(foreign trade zone: FTZ)는 수입된 혹은 수출된 재화가 우대관세조치를 받는 지리적인 영역이다. FTZ는 창고 혹은 공장부지(일리노이 모스빌에 있는 캐터필러 디젤 엔진 시설과 같은) 정도로 작을 수도 있고, 혹은 중국 심천(홍콩 이웃에 있는)의 도시전체 정도로 클 수도 있다.[45] FTZ는 지역경제개발에 박차를 가하기 위해 전 세계 정부들에 의해 활용되고 있다. 예컨대, FTZ는 모리셔스(Mauritius)라는 작은 아프리카 섬나라의 경제개발에서 핵심 역할을 해 왔다([지도 9.3] 참조). FTZ의 이용을 통하여, 기업은 전형적으로 관세를 감소시키고, 연기할 수도 있고, 혹은 때때로 완전히 관세를 제거할 수 있다. 일반적으로 기업은 구성품목을 FTZ로 수입할 수 있고, 그것을 더욱 가공하여 그리고 나서 가공된 재화를 해외로 수출할 수 있으며, 또한 수입된 구성품목의 가액에 대한 관세지불을 회피할 수 있다.

마킬라도라 제도는 FTZ를 이용한 다른 사례이다. **마킬라도라(maquiladora)**는 멕시코 FTZ에 입지한 공장이다; 대부분 미국 국경 근처에 위치해 있다. 이 공장들은 반제품 혹은 구성부품을 수입하여, 재화 혹은 부품을 더 가공한 후 그리고 그들을 재수출한다. 마킬라도라에서 생산한 재화는 우대관세와 세금우대조치를 받고 있다. 멕시코는 마킬라도라에서 수입한 반제품에 대하여, 그 재화가 멕시코에서 더 가공된 이후에 재수출된다면, 관세를 징수하지 않는다. 멕시코로 수입되고 마킬라도라에서 사용된 기계에 대한 관세가 역시 면제된다. 마킬라도라의 수출에 대한 미국 관세는 멕시코에서 작업된 가공의 가액에 대해서만 적용된다. 오늘날 마킬라도라 산업은 멕시코 경제에서 제2위의 큰 부문(석유생산 다

지도 9.3

모리셔스의 외국무역지대

과거 프랑스 해군기지였던 모리셔스는 워싱턴D.C. 면적의 약 $10^{1/2}$배에 달하는 적도의 섬이다. 모리셔스의 역사를 보면 모리셔스의 120만 명 거주민들은 사탕수수에 의존하였고, 오늘날에도 모리셔스의 경작된 토지의 90%는 이 작물을 재배하고 있다.

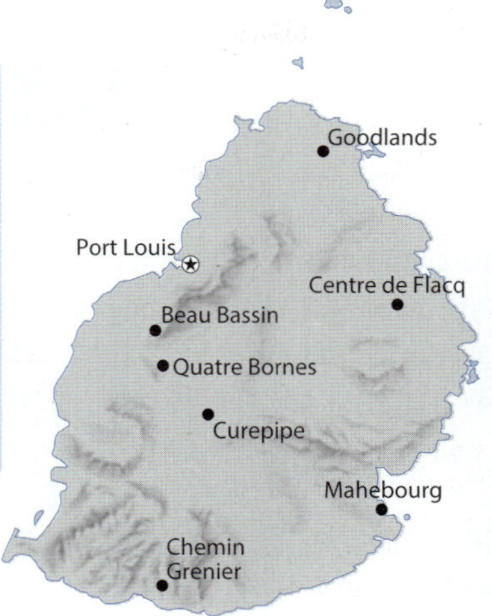

모리셔스는 모리셔스의 경제를 다양화하고 제조업을 육성하기 위하여 외국무역지대(FTZ)를 창설하였다. 오늘날 모리셔스는 섬유, 의복, 기타 재화 16억 달러어치 이상을 유럽과 미국에 수출한다. FTZ의 성공 때문에 모리셔스 경제는 지난 10년 동안 연간 5% 성장을 달성하였다.

음으로)이고, 또한 멕시코의 외화수입중 제2위로 큰 원천이다. 그러나 북미 자유무역협정(NAFTA)의 결과로 마킬라도라만이 과거에 누렸던 많은 관세이점들은 멕시코 전체에 있는 공장들에게 현재 이용될 수 있다. 그래서 몬테레이(Monterry)와 살티요(Saltillo)와 같은 마킬라도라의 내부 도시들은 북미 시장에 공급하는 새로운 공장을 유치하는 조건으로 누에보 라레도(Nuevo Laredo)와 마타모로스(Matamoros)와 같은 국경 지역사회와 더 대등한 지위를 취하고 있다.

수출금융 프로그램

항공기, 역외 굴착장비, 그리고 대규모 건설프로젝트와 같은 많은 대형 수주품목에 대해 수출에서 성공 혹은 실패한 기업은 고품질 제품을 생산하여 판매한 후에도 믿을 수 있는 수선 서비스를 제공하고, 그리고—종종 결정적인 요소—매력적인 금융패키지를 제공하는 것에 좌우되고 있다. 예컨대, 보잉은 에어 캐나다(Air Canada)에게 200 좌석 근거리 항공기를 팔기 위하여 에어버스(Airbus)와 경쟁하고 있다. 에어 캐나다가 어느 기업의 항공기를 구매할지를 결정할 때, 에어 캐나다는 가격, 판매 후 기술지원, 항공기 운영비용, 그리고 금융지출을 조심스럽게 비교 검토한다. 모든 다른 것들이 동등하더라도, 에어 캐나다에 제공되는 금융조건은 어느 기업이 계약을 체결할 것인가에 대한 에어 캐나다의 의사결정에서 중요할 수 있다.

금융패키지의 중요성 때문에 대부분 중요한 무역 국가들은 크고 작은 모든 수출판매에 대한 금융을 준비하고 있는데 그들의 국내기업을 지원하는 정부소유기관들을 창설하여 왔다. **미국 수출입은행(Export-Import Bank of the United States: Eximbank)**는 직접 대출과 대출보증을 통해서 미국 수출을 위한 금융을 제공하고 있다; 2012년에 Eximbank는

PEOPLE, PLANET, AND PROFITS

면화 보조금과 세계빈곤

수년 동안 미국과 유럽연합은 그들의 자금을 농업부문에 보조하는 데 쏟아 부었다. 이 보조금은 케언즈 그룹(Cairns Group), 이 그룹은 미국과 유럽연합 보조금이 농산물 교역을 왜곡시키고 있다고 믿고 있는 효율적인 농산품생산자들의 기구로 부터 비난을 받아 왔다. 이 비판자들은 개도국 빈곤완화에 관심이 있는 주장자들과 최근 제휴하였다; 이 주장자들은 옥스팜(Oxfam)과 유투(U-2)의 주역 가수, 이러한 보조금이 개도국에 있는 농부들의 개선에 기여할 것으로 믿고 있는 보노(Bono)와 같은 비정부기구(NGO)들을 포함하고 있다. 유럽보조금으로 인해 세계 버터가격이 20% 정도 낮추어지고, 한편 유럽연합의 설탕 보조금으로 인해 매년 태국이 1억5천만 달러 그리고 브라질이 5억 달러 비용을 치르고 있다고 옥스팜은 추정하고 있다.

면화는 이러한 현상의 다른 사례를 제공하고 있다. 세계무역기구(WTO)에 제출된 제소에서, 브라질은 미국 농부들에게 지급된 매년 30억 달러의 보조금이 미국 면화생산을 29%만큼 증가시키고 그래서 세계 면화가격을 12.6%만큼 낮추고 있다고 주장하였다. 브라질 관리들은 이러한 미국 보조금으로 인해 브라질 농부가 판매 손실로 인해서 6억 달러 비용을 치르고 있다고 추정하고 있다. WTO가 브라질을 지지하여 평결한 후에, 두 국가들은 미국 정부가 브라질 면화 농부들에게 연간 보조금으로 1억4,700만 달러를 제공할 것을 요구하는 합의를 협상하였다.

이 합의는 미국 면화 보조금이 면화생산에 과중하게 의존하고 있는 중부와 서부 아프리카에 대하여 미치는 충격을 완화하지는 못하였다. 베냉, 부르키나 파소, 차드, 그리고 말리에 있는 1천만 명의 농부들은—많은 사람들이 빈곤선 이하에서 살고 있는—그들의 생계를 위해 면화재배를 하고 있다. 옥스팜의 추정에 의하면, 미국 농부들에게 지급된 보조금은 이 국가들에게 매년 3억 달러를 비용으로 치르게 하고, 또한 그들의 수출을 1/10만큼 감소시키고 있다는 것이다. 그리고 보조금으로 인해 서유럽 국가들이 중서부 아프리카 국가들에게 제공한 원조가 무엇이든 무효로 만든다. 예컨대, 2001년 옥스팜의 추정에 의하면, 미국 면화 보조금으로 인해 말리는 4,300만 달러를 비용을 치르게 하였고, 그래서 미국이 말리에게 제공한 대외원조 3,800만 달러가 상쇄되었다는 것이다.

미국은 면화 농부들에게 보조금을 지불하는 유일한 국가가 아니다. 중국은 농부들에게 12억 달러로 추정된 보조금을 제공하고, 한편 유럽연합은, 주로 스페인과 그리스에 있는 유럽연 합, 면화재배 업자들에게 매년 7억 달러나 보조금을 지불하고 있다. 중국과 미국은 세계 면화공급량의 약 45%를 생산하고 있다.

출처: "Why the U.S. is also giving Brazilians farm subsidies," *Time*, April 9, 2010; "U.S. and Brazil reach agreement on cotton dispute," *New York Times*, April 6, 2010; "WTO allows Brazil to fine U.S.," *Wall Street Journal*, August 1, 2009; "In fight against farm subsidies, even farmers are joining foes," *Wall Street Journal*, March 14, 2006, p. A7; "Unpicking cotton subsidies," *The Economist*, April 30, 2004(online); "Cultivating poverty," Oxfarm Briefing Paper 30, Oxfarm International; "A great yarn," *The Economist*, December 20, 2003, pp. 43ff.; "WTO chief leads cotton review," BBC News Online, September 12, 2003.

ISSOUF SANOGO/AFP/Getty Images/Newscom

브라질은 미국과 유럽연합이 그들의 면화농부에게 제공하는 거액의 보조금을 중단하라고 주장하면서, 세계무역기구에 불만을 제소했다. 세계 빈곤과 싸우는 선도적인 NGO의 하나인 옥스팜은 이러한 보조금으로 인해 아프리카 면화농부들이 판매 손실과 낮추어진 가격으로 인한 손실로 감당할 수 없는 돈인 3억 달러 이상이라고 믿고 있다.

358억 달러에 달하는 3,800개 이상의 수출거래에 대하여 금융을 제공하였다. 보잉과 같은 대기업은 중요한 고객이지만, 수출입은행은 작은 미국 수출업자들도 지원한다. 예컨대, 수출입은행으로부터 940만 달러 은행대출을 보증받은, 2개의 소기업을 포함하는 3개의 중서부 기업들은 터키에서 수력발전 댐을 건설하는데 필요한 장비를 수출하였다.[46] 다른 미국 정부후원기구인 **해외민간투자공사(Oversea Private Investment Corporation: OPIC)**는 매우 다른 형태의 보험—3장에서 다룬 주제, 정치적 위험 보험을 제공하고 있다. 만일 외국이 피보험 기업의 재화 혹은 자산을 몰수한다면, OPIC는 기업에게 손실을 보상해줄 것이다. 대부분 중요한 무역 국가들은 수출금융, 상업보험, 그리고 정치적 위험 보험을 제공하는 유사한 기구를 들고 있다. 중국에서 국가소유 은행들은 이러한 서비스를 제공함으로써 중국 수출성장을 지원하는 데 핵심적 역할을 하고 있다.[47] 말레이시아와 같은 다른 국가들은 값싼 수출금융을 제공하는 그들의 중앙은행에 의존하고 있다.

In Practice

- 정부는 가끔 경제적으로 침체된 지역에 투자를 유도하거나 일자리를 창출하기 위해 국제무역에서 국내기업의 역할을 확장하는 정책을 수립하기도 한다.
- 이러한 정책에는 보조금, 외국무역지대 설립, 그리고 수출금융프로그램을 포함할 수 있다.

추가 고려 사항: 이러한 정책으로 어떤 기업에게 혜택이 초래하지만 이러한 정책들로 인하여 혜택을 받지 못한 기업에게는 불공정하지 않는가?

9.4 불공정 무역관행 통제

세계 도처에 있는 정부들이 수입으로부터 국내 산업을 보호하려는 프로그램과 그들의 수출을 촉진하려는 다른 프로그램을 채택하고 있기 때문에, 경쟁자들이 종종 반칙을 범한다는 것은 놀랄 만한 일이 아니다. 이러한 불만들에 대응하여, 많은 국가들은 불공정 무역관행으로부터 그들의 국내기업을 보호하는 법을 집행하여 왔다.

미국에서 불공정 무역관행으로 인하여 피해를 입었다고 주장하는 기업의 고소는 미국 상무성의 한 부서인 국제무역 행정국(ITA)에 의해 먼저 조사되는데, 여기에서 불공정 무역관행발생 여부를 결정하고 있다. 미국 상무성은 불공정 무역에 대해 확인된 사건을 독립된 정부기구인 미국 국제무역위원회(ITC)로 이송하고 있다. ITC 위원 6명의 다수가 미국 생산업자가 "물질적인 피해"를 받았다고 결정하면, ITC는 불공정 무역관행에 대응하기 위해 위반한 수입에 대하여 관세를 부과하게 될 것이다. 캐나다 국제무역재판소와 세계에 있는 다른 유사한 정부기구와 마찬가지로, ITC는 두 가지 형태의 불공정 무역관행; 즉 무역을 왜곡하는 정부보조금과 불공정 가격관행에 초점을 두고 있다.

상계관세

대부분 국가들은 모국 정부에서 증여하는 보조금으로 혜택을 받고 있는 외국 경쟁자들로부터 현지 국내기업을 보호하고 있다. **상계관세(countervailing duty: CVD)**는 외국 보조금의 영향에 대응하기 위해 수입국가가 수입한 재화에 대하여 부과하는 종가세이다. 상계관세는 수출업자가 보조금으로부터 수혜를 받는 이익을 상쇄하는 것으로 산정된다. 이렇게 해서 무역은 정부가 기업에게 제공하는 보조금에 의해서 보다 오히려 개별기업의 경쟁력과 비교우위의 법칙에 의해서 유도될 수 있다. 예컨대, 유럽연합과 미국은, 중국 생산업자들이 값싼 정부금융과 토지판매거래로부터 혜택을 받았다고 믿고, 중국에서 수입된 고급 광택 종이에 대하여 각각 대응관세를 부과하였다.[48]

모든 정부 보조금이 국내 시장에서 외국 기업에게 불공정한 이익을 주는 것은 아니다. 대부분 국가들은 제품에 대한 외국 보조가 국제무역의 왜곡을 초래할 때에만 상계관세를 부과하고 있다. 예컨대, 미국은 CVD 법규를 집행함에 있어, 특정 보조금이 한 국가의 모든 산업에 일반적으로 이용될 수 있는 경우에 CVD를 적용하지 않을 것이다; 혹은 보조금이 특정 산업에 국한되는 경우에 CVD가 적용될 수 있다는 것을 결정 하려고 한다. 외국 정부가 장애노동자들을 훈련하기 위해 모든 고용자들에게 세금공제를 부여한다면, 세금공제가 그 국가의 모든 기업들에게 이용될 수 있기 때문에 CVD는 적용되지 않을 것이다. 그런데 만일 세금공제가 신발산업에 국한되어 있다면, CVD는 세금공제 가액에 동등한 수입된 신발에 부과될 수 있다.

CVD 고소는 어떤 다른 정부행위를 극복하기 위해 계획된 어떤 정부행위에 의해 가끔 유발된다. 예컨대, 유럽연합의 공동농업정책은 유럽 곡물농부들에게 지불된 가격을 올리는 효과를 가졌다. 불행하게도 사료곡물의 고비용은 유럽 돼지 생산 업자들의 비용을 올렸고, 또한 세계시장에서 그들의 식육가공제품을 경쟁력이 없게 만들었다. 높은 곡물가격 때문에 돼지 생산 업자들에게 야기된 손해를 원상태로 돌리기 위하여, 유럽연합은 통조림 햄과 다른 가공된 식육가공품에 대하여 수출보조금을 제공하는 데 합의하였다. 이러한 보조금의 지원으로 덴마크와 네덜란드의 돼지고기 가공업자들은 캐나다산 통조림 햄과 통조림 런천 미트 시장의 25%를 차지할 수 있었다. 그 결과 캐나다의 돼지고기 포장회사들은 덴마크와 네덜란드의 통조림 돼지고기 제품에 대한 CVD를 부과하기 위해 캐나다 국제무역 재판소에 성공적으로 청원하였다.

반 덤핑규제

많은 국가들은 또한 국내기업들이 덤핑과 같은 외국 기업들의 차별적이거나 약탈적인 가격관행에 의해 희생되는 것에 대해 두려워하고 있다. 두 가지 유형의 덤핑이 있다. **덤핑(dumping)**은 기업이 자신의 본국시장에서 거래하는 가격보다 낮은 가격으로 자신의 제품을 외국 시장에서 팔 때 발생할 수 있다. 이러한 유형의 덤핑은 국제가격 차별화의 유형이다. 덤핑의 두 번째 유형은 기업이 자신의 제품을 외국시장에서 원가이하로 판매하는 것을 포함하고 있는데, 이 경우 덤핑은 약탈적 가격의 유형이다. 약탈적 가격에 대한 우려는 외국 기업이 현지 국가에서 자신의 가격을 낮추어서, 현지국가 기업을 시장에서 쫓아내게 되며, 그리고 그 다음에 일단 경쟁자들이 제거된 후에 현지국가 소비자들에게 독점가격으로 부담시키고 있다. 반덤핑법은 외국 기업에 의한 덤핑으로부터 현지산업을 보호하고 있다.

덤핑의 첫 번째 유형—가격차별—이 실제로 발생하였는지를 결정하는 것은 항상 쉬운 일은 아니다. 예컨대, 많은 서유럽 정치가들은 일본제품들이 뉴욕시에서보다 도쿄에서 더 높은 가격에 종종 소매로 판매된다고 지적하면서, 일본 기업들을 덤핑한다고 부적절하게 비난하고 있다. 그러나 소매가격은 덤핑이 발생하였는지를 결정하는 데 있어서 관련이 없다. 비교를 하려면 공장에서 외국 고객과 국내 고객에게 부여되는 도매가격들 사이에서 이루어져야 한다; 그러나 이러한 가격들은 구하기가 가끔 어렵다. 도쿄에서 높은 소매가격은 비효율적인 일본 유통체계를 반영하거나 혹은 제조업자들에 의한 덤핑보다는 오히려 도쿄 높은 소매비용을 반영할 수도 있다.

덤핑의 두 번째 유형—약탈적 가격—에서 비용을 정하는 것은 도요타, 닛산과 같은 거대한, 다중부문으로 되어 있는 다국적기업을 다룰 때 특히 복잡하다. 예컨대, ITA가 도요타 시에나 미니밴 자동차의 "비용"을 결정할 때, ITA는 한 대 더 시에나를 생산하는 한계비용을 비용으로 측정하여야 하는 것인가? ITA는 도요타의 미니밴에 관련 R&D 비용의 일부를 포함하여야 하는가? 혹은 ITA는 이러한 연구개발 비용이 미국 시장이 존재하거나 하지 않거나에 불구하고 초래될 것으로 단순히 인식해야 할 것인가? ITA는 도요타 기업의 간접비용을 포함하여야 할 것인가? 덤핑의 경우, 외국기업들의 유죄 혹은 무죄는 이러한 회계문제들에 대한 해답에 가끔 달려있다.

국가들은 불공정 무역관행법을 시행해야 할 것인가?

많은 경제학자들이 불공정 무역관행법 철폐에 대해 다투고 있는 것을 배우는 것은 놀랄만한 일이 아니다. 누가, 결국, 불공정 무역을 조장하는 것에 지지할 것인가? 불공정 무역관행법 철폐 주장자들은 일반적으로 이러한 법들의 목적에 의견이 일치하고 있다:

- 재화를 가장 효율적으로 생산할 수 있는 국가에서 생산을 유도함으로써 글로벌 효율성을 촉진한다.
- 무역이 정부 보조금의 규모가 아니라, 비교우위를 기초로 발생하는 것을 보장한다.
- 약탈적 행동으로부터 소비자들을 보호한다.

그러나 철폐 주장자들은 실제로 이러한 법은 도움이 되기보다는 더 해가 된다고 주장하고 있다. 그들이 우려하는 것은 대부분 법이 시행되는 방법에 있다. 미국에서 재화를 덤핑한 혐의를 받고 있는 외국 기업은 그들의 가격과 회계절차에 대한 포괄적인 서류를 미국 회계절차, 미국 일반회계원칙(GAAP)를 사용하여, 영어로 제출하여야 한다. 이 서류들을 제출하는 짧은 기한에 응하지 못하는 기업들은 국제무역위원회(ITC) 앞에서 자신을 옹호해야 하는 데 불리한 입장에 처하게 된다. 더욱이 불공정 무역관행 법에 대한 비판자들의 주장에 의하면, ITC의 비용 계산방법은 결점이 있다는 것, 또 덤핑이 존재하지 않을 때 덤핑을 발견하는 쪽으로 편향되어 있다고 주장하고 있다. 예컨대, 뉴질랜드 키위과일은 미국시장에서 거의 10년 동안 높은 덤핑관세를 받았는데, 이에 대하여 많은 전문가들은 보잘 것 없는 증거로 간주하고 있다. 사실 대부분 중요한 무역 국가들은 미국의 불공정 무역관행법 시행령이 법이 아닌 정치에 근거하고 있고, 그래서 법령이 보호주의적인 무역장벽으로서 기여하고 있다고 믿고 있다.

일부 경제학자들은 불공정 무역관행법을 더 나아가 매우 경멸하고 있다. 이러한 법은 소비자들에게 손해를 유발하기 때문에, 이론이나 혹은 실제에서 어떤 이치에도 닿지 않기 때문이다. 이러한 경제학자들은 수십 년의 경제연구에서 약탈적 가격 행위에 대한 많은 현실세계 사례들을 발견되지 않았다고 주장하면서, 약탈적 가격논쟁에 대하여 회의적이다. 국제가격차별화 혹은 정부 보조금에 관하여, 경제학자들은 외국 기업들이 그들의 재화를 현지국가에서 비용보다 싸게 판매할 정도로 충분히 친절하다면(혹은 충분히 우둔하다면), 우리는 왜 불평해야 하는가? 라고 주장한다.

긴급 수입제한조치(세이프 가드, safeguards)

앞 절에서 불공정 무역관행에 대해 언급하고 있다. 국제무역법은 또한 비록 재화가 공정하게 거래되었을지라도, 국가들이 수입재화의 갑작스러운 증가로부터 자국을 보호하도록 허용하고 있는데, 이는 변화된 경제 환경에 조정할 시간을 주기위해 허용하고 있는 것이다. 이러한 조치들은 "긴급 수입제한조치 조항" 혹은 "예외 조항"을 이용한다. 미국 무역법, 1974년 통상법(Trade Act of 1974)의 201조에서, 국제무역위원회(ITC)가 증가된 수입으로 미국 기업이 심각하게 피해를 입었다는 것을 발견하고 대통령이 국제무역위원회의 발견을 승인하면, 연방정부는 잠정적인 관세, 수량제한, 혹은 다른 관세장벽을 부과하도록 허용하고 있다.

예컨대, 2009년에 오바마 대통령은 미국 타이어 제조업자들이 수입 급증으로 노동력 5,000명을 정리해고하는 피해를 입었다는 국제무역위원회의 결정이 있은 이후에 중국에서 수입된 타이어에 대하여 3년 동안 잠정적인 관세를 부과하였다. 2004년과 2008년 사이에 국제무역위원회는 중국 타이어의 미국시장 점유비율이 4.7%에서 16.7%로 증가하였고 또한 그 결과로 4개 미국 타이어 공장들이 문을 닫게 되었다는 것을 알았다. 오바마는 1년 동안 중국 타이어에 대하여 35% 관세를 징수하기로 선택하였다. 대통령은 관세가 두 번째 해에 30%로, 최종년도에 25%로 떨어질 것이라는 것도 결정하였다. 원래 고충을 제소한 미국 철강 노조는 대통령의 결정에 기뻐했고, 한편 많은 미국 타이어 도매업자들은 자신들의 비용을 떨어뜨리는 수입에 의존하기 때문에 기뻐하지 않았다.[49]

In Practice

- 많은 국가들은 불공정 무역관행을 통하여 국내기업을 보호하는 법을 수행하여 왔다.
- 두 가지 주요 불공정 무역관행은 국제무역을 왜곡하는 정부정책과 덤핑으로부터 발생한다.

추가 고려 사항: 정부는 불공정 무역관행법을 시행해야만 하는가?

MyManagementLab®

mymanagementlab.com으로 돌아가 아이콘으로 표시된 문제를 완성하시오 ✪.

CHAPTER REVIEW

요약

시민들의 경제적 이익을 증진시키는 무역정책 수립은 대부분 국가정부에 당면하는 중요한 과업이다. 비록 일부 정책입안자들이 자유무역이 가장 적절한 정책이라고 제시할지라도, 수많은 기업, 정부관료, 그리고 다른 이해당사자들은 국제무역에 있어 적극적인 정부 개입을 주장한다.

정부간섭에 대한 일부 논리들은 어떤 산업의 특정한 필요(국가방어, 유치산업, 기존 일자리의 유지, 그리고 전략적 무역논쟁)에 초점을 두고, 반면에 다른 논리들은 국가 전체적인 필요(경제개발과 산업정책)에 초점을 두고 있다. 수 세기에 걸쳐서 정부들이 여러 가지 무역장벽들을 개발하였다. 수입관세는 정부의 세수를 증가시킬 뿐만 아니라 국내에서 생산된 제품을 도와 수입된 재화와 경쟁하게 하고 있다.

쿼터와 수출자율규제는 수입되거나 혹은 수출되는 재화의 양에 수적 제한을 두고 있다. 다른 비관세장벽은 시장에서 외국제품을 불리하게 할 수도 있다. 이러한 장벽들은 제품과 검사 표준, 유통시스템 접근 제한, 현지기업에 유리한 공공조달정책, 현지물품 구매요구, 규제력, 그리고 외환 및 투자 통제를 포함하고 있다.

국가정부들은 다른 프로그램을 통하여 국제무역에서 국내기업의 이익을 역시 촉진하려고 한다. 정부들은 국제시장에서 더 경쟁력이 있도록 하기 위해 재화와 용역의 현지생산에 보조금을 지원할 수 있다. 그들은 또한 국내기업을 도와 재화를 수출할 수 있게 하기 위해 외국 무역지대의 설치를 정식으로 인정할 수도 있다. 수출금융 프로그램은 수출업자들이 재화를 시장에 내놓는 것을 지원하기 위해 개발되었다.

국가정부들은 불공정 무역법을 제정함으로써 불공정한 외국경쟁으로부터 현지생산업자들을 보호하고 있다. CVD가 국제무역을 왜곡시키는 정부보조금으로부터 혜택을 받는 외국제품에 대하여 부과되고 있다. 반덤핑법으로 통하여 외국기업들의 약탈적 가격 혹은 가격차별화정책에 의해 희생되는 것으로부터 국내 생산업자들을 보호하고 있다.

리뷰 질문

9-1. 자유무역은 어떻게 소비자에게 혜택을 주게 되는가?

9-2. 국가 방위논쟁은 무엇인가?

9-3. 관세의 다른 유형은 무엇인가?

9-4. 왜 수입업자가 사전 관세분류표를 미국 관세청에서 구하는 것이 유용한가?

9-5. 왜 국가는 수출자율규제를 채택하는가?

9-6. 비관세장벽의 주요한 형태는 무엇인가?

9-7. 보조금은 무엇인가?

9-8. 미국 해외민간투자공사(OPIC)의 역할은 무엇인가?

9-9. CVD의 목적은 무엇인가?

9-10. 덤핑의 두 가지 정의는 무엇인가?

토의용 질문

9-12. 국제시장에서 일본이 성공한 것 때문에, 일본은 일

본 현지시장에 대한 외국기업의 접근을 제한한다는 수많은 불평들의 표적이 되어 왔다. 일본이 수입재화에 대한 일본의 장벽을 낮춤에 따라, 누가 낮아진 장벽으로부터 이득을 볼 것 같은가? 누가 낮아진 장벽으로부터 손해를 볼 것 같은가?

9-13. 전략적 무역이론을 채택에 대한 주요한 불리한 점이 당신의 생각으로 무엇인가? 최소한 세 가지 불리한 점을 간단히 설명하고 열거하여 보아라.

9-14. 265쪽 [그림 9.2]를 참조하여라. 프랑스가 아레바에게 20억 달러의 보조금을 주었다는 것을 알고 난 후에, 만일 일본이 도시바에게 15억 달러의 보조금을 제공하였다면 어떻게 될까?

9-15. 캐나다는 캐나다 공항에 외국항공기 착륙권한을 제한하는 에미레이트 항공사(두바이 국적항공기) 운항에 대하여 비관세장벽(NTB)을 부과하였다. 만일 캐나다정부가 이 NTB을 제거한다면 캐나다 기업(에어 캐나다를 포함하여 국내 항공회사)과 경제에 대한 이러한 결정의 의미는 무엇인가?

9-16. 외국 기업들이 제품을 값싸게 판다면 우리는 걱정을 해야 할까?

글로벌 역량 갖추기

무역장벽 평가

기업들이 외국에서 그들의 제품을 판매하는 능력은 개별 국가들이 부과한 무역장벽에 의해 종종 영향을 받는다. 숙제는 하나의 산업 혹은 제품을 골라 5개 국가들이 이에 대하여 부과하는 무역 혹은 투자 장벽에 관하여 보고서를 제출하는 것이다. 유럽연합 회원국들이 공동 무역정책을 채택하기 때문에, 5개 국가에서 단 하나만 유럽연합 회원국이 될 수 있다.

다행하게도 유용한 정보에 대한 수많은 출처들이 발간된 형태와 인터넷에서 이용될 수 있다. 미국 통상대표부(USTR)의 사무소는 다른 국가들이 부과한 무역장벽 분석—외국 무역장벽에 대한 국가무역 평가보고서라는 제목을 가짐—을 매년 발간한다. 이 연구는 또한 미국과 세계 다른 나라들 사이에서 일어난 현행 무역 갈등의 진전에 대하여 상세한 설명을 제공하고 있다. 유럽위원회는 웹사이트 무역 부문(http://ec.europa.eu/trade/를 보라)에서 유럽연합에 대한 비슷한 정보를 제공하고 있다. 미국 관세청의 웹사이트는 미국에 의해 부과되는 관세에 관한 정보를 제공하고 있다. 세계무역기구(WTO)와 산업무역단체와 같은 다른 그룹들은 유용한 정보를 역시 발간하고 있다.

CLOSING CASE 그린 에너지와 자유 무역

2008~2009년 글로벌 침체의 충격은 세계 도처에 있는 정치가들이 그들의 발버둥치는 경제를 회복하는 새로운 방법을 추구하는 동기가 되었다. 많은 것들이 경제회복 프로그램의 결정적인 요소로서 녹색 에너지를 장려하는데 초점을 두고 있었다(녹색 에너지는 태양, 풍력, 파도와 조류, 지열 매장량, 바이오매스 연료, 그리고 저 충돌 전기발전과 같은 지속가능한, 재생 가능한 원천에 의하여 발생된 발전력을 포함하고 있다). 2008년 당시에 대통령후보 버락 오바마는 "미국을 위한 새로운 에너지" 계획을 제안하였는데, 이 계획은 청정에너지를 촉진하고, 외국 석유에 대한 의존을 감축하며, 온실가스 방출을 낮추고, 500만 개 일자리를 창출하기 위해 10년에 걸쳐서 1,500억 달러를 투자하려는 것이었다. 새로운 녹색 에너지기술을 자극함으로써, 대통령후보 오바마는 미국이 미래 녹색에너지시장에서 지배적인 수출업자가 될 것이라고 믿었다. 2010년 선거캠페인 동안에 영국 수상 데이비드 캐머런은 200억 파운드 녹색 가정 계획을 창설하기로 약속하였다. 독일

수상 앙겔라 메르켈은 독일의 전기발전을 하는 데 있어 재생가능 원천들의 역할을 40년에 걸쳐서 증가시키기 위해 계획된 9개 중점 프로그램을 발표하였다. 2020년에 메르켈은 독일 전기수요의 35%를 제공할 수 있는 재생가능 원천을 가지는 목표를 설정하였다. 캐나다 지방 온타리오의 2009년 녹색 에너지와 녹색 경제법은 녹색 에너지 생산을 활성화하고, 또한 에너지 효율성을 증가시킬 것을 약속하였다. 유사한 녹색 에너지 프로그램들이 중국 정부(2,200억 달러 가격에 달함), 한국(600억 달러), 그리고 일본(350억 달러)에 의해 발표되었다.

이러한 녹색 에너지 계획들은 전형적으로 두 가지 목적을 가지고 있다: 침체된 경제를 회복시키고, 또한 글로벌 기후변화 문제를 처리하는 것이다. 1997년 당사국 총회의 결과인 교토 의정서와 2009년 유엔기후변화회의 산물인 코펜하겐 협정은 온실가스 방출을 감축할 필요성을 강조하였다. 이러한 두 개의 국제회의에서 많은 기후전문가들이 원한 만큼 성공하지 못하였을지라도—미국은 교토 의정서를 비준하지 않았고 코펜하겐 협정은 법적으로 구속력이 있는 조약으로 형성되지 않았다—국가 지도자들은 글로벌 기후변화 위협의 규모를 인식하였다.

그러나 이러한 잘 의도되고 정치적으로 호소력 있는 녹색 에너지 계획들의 두 가지 목적에 따라 세계 무역 공무원들은 수많은 문제들을 안게 되었다. 다음 장에서 자세히 논의할 것인데, 대부분 국가들은 세계무역기구(WTO)의 회원국이고, 또한 국제무역에 대한 장벽을 낮추기로 약속하였다. 이러한 많은 녹색 에너지 계획들은 아직도 WTO에 대한 국가들의 의무에 반대하는 조항을 포함하고 있다. 예컨대, 석탄화력 전기발전에 대한 의존을 축소하기 위해, 온타리오의 녹색 에너지와 녹색 경제법은 태양에너지와 풍력으로 생성한 증가된 전력을 사용하고 있다. 불행히도 태양에너지 전지판 혹은 풍력터빈을 사용해서 전기를 생산하는 비용은 석탄을 태워 생산하는 것보다 더 비싸다. 이러한 장애물을 극복하기 위해, 온타리오는 전기 사용자들에게 재생 가능한 공급납품업자들이 생산한 전력을 시장보다 높은 가격으로 구매할 것을 요구하고 있다.

이러한 "발전차액지원제도(feed-in tariff)"는 녹색에너지 사용을 촉진하는 법들의 보편적인 특징이다. 본질적으로 그들은 녹색 에너지생산 업자들에게 그들의 비싼 에너지를 파는 시장을 보장해주고 있다. 발전차액지원제도의 수준은 다른 정책목적을 촉진하기 위해 조작될 수 있다. 예컨대, 스페인 제도에서 대규모 공급업자에 의한 것보다 소규모 공급업자에 의해 생산된 전기에 대하여 더 높은 관세를 제안하고 있다. 물론, 전기를 생산하는 평균비용을 올림으로써 그들은 산업과 가정의 전기 사용자들이 지불하는 가격을 올리고 있다. 발전차액지원제도의 지지자들은 단기적으로 더 높은 가격이 녹색 에너지 시설을 건설하기 위한 투자자를 유치하는데 필요하다고 주장하고 있다. 장기적으로 그들이 바라는 것은 녹색 에너지 시장을 확장함으로써 녹색 에너지 재화의 생산업자들이 규모의 경제를 획득하고, 그에 의해서 녹색 에너지를 석탄화력 발전기와 비교하여 비용을 더 경쟁적으로 만드는 것이다.

그러나 발전차액지원제도는 정치적인 문제를 야기한다. 그들은 투표자들에게 전기비용을 증가시키고 있다. 그들은 현지 제조업자들에게 전기비용을 역시 증가시키는데, 이렇게 되면 현지 제조업자들은 발전차액지원제도에 의해 영향을 받지 않은 해외 경쟁자들이 생산한 재화와 이제는 더 이상 경쟁할 수 없기 때문에 문을 닫아야 할 수도 있다. 이러한 우려를 다루기 위해, 온타리오는 발전차액지원제도로부터 수혜를 받고 있는 녹색 에너지 시설의 25% 내지 50%는 현지에서 조달되게 위임하였다. 이러한 방법으로, 전기비용이 오를 수 있는 반면에, 현지 일자리는 역시 창출될 것이다. 사실 삼성, 지멘스, 썬에디슨(SunEdison), 그리고 셀레스티카(Celestica)는 2009년 법을 이용하여 온타리오에 공장을 지을 것이라고 발표했다.

다른 국가들은 역시 그들의 녹색 에너지 프로그램에서 현지부품 사용규정을 채택하였다. 중국의 풍력에너지 프로그램은 70%의 현지부품 사용규정을 활용하였다(중국은 미국 통상 관리들로부터 외교적인 압력을 받고서 2009년에 이 요건을 철폐하였다). 인도 쟈바하르랄 네루 국가 태양 본부(Jawaharlal Nehru Solar National Mission)는 2022년까지 20,000메가와트의 태양에너지 전력을 추가할 것을 계획하고 있다. 정부의 200억 달러 보조금은 현지부품 사용요건의 30%를 포함하고 있다. 불행히도 이러한 현지부품 사용규정은 세계무역기구의 법에 반대될 수도 있다. 예컨대, 일본은 캐나다에 항의하여 WTO에 이미 제소하였다.

녹색 에너지를 장려하는 많은 국가프로그램들은 공급납품업자들 혹은 소비자들에게 보조금을 제공하고 있다. 인도 정부는 자가 소유자들에게 옥상 태양에너지 전지판을 설치하는 비용의 30%를 보조하고 있다. 2009년 미국 재건 및 재투자 법은 그들의 집을 더 에너지 효율적으로 만들었거나 혹은 전기매체를 구매한 미국인들에게 세금우대를 제공하였다. 중국 정부는 국유은행으로부터 값싼 신용을 제공하는 것뿐만 아니라 태양에너지 설비 구매와 태양에너지 전력의 발생을 보조함으로써 태양에너지 전지판 공급 사업에 진출한 현지회사들을 보조하였다. 중국이 태양에너지 전지판 제조업자들에게 제공한 총보조금은 300억 달러로 추정되고 있다. 한 매사추세츠 태양에너지 전지판 공장은 주정부 보조금으로 4,300만 달러를 받았는데, 중국 보조금이 너무 매력적이어서 무시할 수 없었기 때문에, 800개의 미국 일자리를 잃게 하면서, 중국으로 생산공장을 이동했다.

이러한 보조금으로 세계무역기구와 자유무역 주장자들의 우려가 증대되고 있다. 녹색기술로 구현하는 재화의 제조업자들에게 직접적인 보조금을 받은 수혜자들은 수출시장에서 경쟁우위를 갖게 되고, 또한 보조금을 제공하지 않는 국가들에 있는 제조업자들은 국내 뿐만 아니라 국제적으로 경쟁하는 것이 더 어렵게 되고 있다. 예컨대, 중국은 부분적으로 중국정부가 생산업자들에게 제공한 보조금 때문에 태양에너지 전지판의 세계 최대 생산자가 되었다.

자유무역 주장자들의 다른 우려는 규제적인 "노동 및 환경 기준완화경쟁(race to the bottom)"으로부터 수혜를 받아 온 수입재화에 대해 제안된 국경조세조정(BTA) 혹은 관세를 포함하고 있다. 만일 A국가는 국내 제조업자들에게 그들의 온실가스 방출을 감소시키기 위해 고가의 기술을 채택할 것을 요구하고, 반면에 B국가는 그렇지 않다고 가정하자. A국가의 제조업자들은 생산과 기업이 생산비용이 더 싼 B국가로 이동할 것이라고 주장할 수 있다. 그래서 B국가는 "노동 및 환경 기준완화경쟁"으로부터 수혜를 받고 있다. 새로운 투자와 산업을 유치하기 위해 국가들이 환경규제를 낮추지 못하게 할 목적으로, 미국과 유럽연합을 포함하는 몇 몇 일부 국가들은 환경기준이 그들의 것보다 더 낮은 국가들로부터 수입된 재화에 대해 국경조세조정을 부과할 것을 제안하고 있다. 세계은행에서 발표한 어떤 연구에 따르면 이산화탄소에 대한 톤당 50달러 세금은 전형적인 중국의 수입에 대한 10% 관세와 동등할 것이다. 개발전문가들이 우려하는 것은 이 정도의 국경조세조정은 중국 제조부문의 골격을 형성하는 중소 제조업자들에게 선진국 시장에서 경쟁할 능력을 해칠 수 있다는 것이다. 반대로 환경전문가들이 우려하는 것은 중소 제조업자들이 더 높은 환경기준에 응하지 않는다면 온실가스 방출을 통제하는 노력은 실패로 끝날 것이라는 것이다.

사례 질문

9-17. 왜 많은 정부들은 녹색에너지 계획에 보조금을 주는 것을 선택하였는가? 이 프로그램들 모두 성공적일 수가 있는가?

9-18. 중국은 미국이 온실가스의 가장 큰 방출자라고 통과하였는데, 이는 글로벌 기후변화에 대해 우려하는 환경학자들을 불쾌하게 하였다. 중국은 중국의 녹색 에너지 제조업자들을 보조하여 그들이 태양에너지 전지판과 같은 핵심 사업을 지배하도록 허용하여 왔는데, 이는 자유무역 주장자들을 불쾌하게 하였다. 그러면 중국이 무엇을 해야 할 것인지를 추천할 것인가? 중국은 중국에

대한 비판들을 수용할 것인가? 중국은 그들의 비판을 무시할 것인가?

9-19. 국경조세조정(BTA)의 원리는 무엇인가? 어떤 조건에서, 어느 경우에 국가들은 국경조세조정을 부여하도록 허용될 것인가?

9-20. 자유무역을 촉진하는 것과 녹색에너지를 촉진하는 것 사이에서 적절한 교환이 무엇인가? 녹색에너지를 다룰 때, WTO규정은 보류되어야 할 것인가?

출처: "EU hands China Solar reprieve," *Financial Times*, June 5, 2013, p. 2; "China solar panel makers negotiate with U.S. and EU, *Financial Times*, May 24, 2013. p. 2; "The Cloudy Logic of Europe's Solar Tariffs," *Wall Street Journal*, May 13, 2013, p. C8; "EU Plans Tariffs Up to 67.9% on Chinese Solar Panels," *Wall Street Journal*, May 9, 2013, p. B3; "Europe's Green Central Planning," *Wall Street Journal*, May 9, 2013; "Chinese sun panels face Eu levies," *Financial Times*, May 6, 2013, p. 2; "india Plans Subsidies to Boost Solar-Power Sector." *Wall Street Journal*, April 21, 2013; "Wind Power Subsidies ? No Thanks," *Wall Street Journal*, April 2, 2013, P.A13; "Suntech Rattles Inveators in U.S.," *Wall Street Journal* March 21, 2013. p. B 5; "Suntech's China solar panel venture declares bankruptcy," *Financial Times*, March 21, 2013, p. 11; "U.S. Fuels global energy battlewith solar trade case against India, *Financial Times*, February 7, 2013, p. 1;" Washington to Hit Beijing With Solar Panel Tariffs." *Wall Street Journal*, Novemver 8, 2012, A15; "China Files WTO Complaint on EU Solar Subsidies," Wall Sreet Journal, November, 2012; "The Way the world turns," *Financial Times*, November 29, 2011. p. 10; "Overrun by Chinese Rivals, U.S. Solar Company Falters," *Wall Street Journal*, August 17, 2011, p. B1; Office of U.S. Trade Representative, *National Trade Estimate Report on Foreign Trade Barriers 2011*, pp. 54, 181; "Wind power hits a trough," *Wall Street Journal*, April 4, 2011; "Indian solar rules burn U.S.," *Wall Street Journal*, February 8, 2011; "U.S. seals energy deals as Hu arrives for visit," *Wall Street Journal*, January 19, 2011; "U.S. pushes India to lift solar import restrictions," *Wall Street Journal*, December 15, 2010; "Japan questions local-content requirements in Canadian province's energy programme," May 21, 2010, www.wto.org; "Asia's green tech rivals," *The Economist*, November 13, 2009; "Obama lays out clean-energy plans," *Washington Post*, March 24, 2009; "Barack Obama and Joe Biden: New energy for America," www.barackobama,com; G. Atikinson, Hamilton G.Ruta, and D. van der Mensbrugghe, 2009, "Trade in 'Virtual Carbon': Empirical Results and Implications for Policy," Background paper for the World Development Report 2010; German government press release at http://www.germany.ihfo/Vertretung/usa/en/-pr/P.Wash/2010/09/07-EnergyPlan-PR, ArchiveCtx=1992696.html

MyManagementLab®

mymanagementlab.com으로 가서 아래의 질문에 답하시오.

9-21. 외국경쟁에서 국내기업을 보호하기 위해 국가가 설립하는 중요 장벽들에 대하여 논하여라. 이러한 장벽의 수립으로 누가 혜택을 받고 누가 손실을 보게 되는가?

9-22. 역설적으로 반덤핑법의 강화. 왜 이러한 것이 일어나게 되었는지를 논하여라. 국가는 반덤핑법을 강화하여야만 하는가? 대답으로 방어하여 보라.

9-23. Mymanagementlab Only에 본 장을 포괄하는 서술형 과제가 있다.

Endnotes

1. "U.K. Raises Cybersecurity Concerns Over Huawei," *Wall Street Journal*, June 7, 2013, p. A8; "Huawei shifts focus after U.S. U-turn," *Financial Times*, April 30, 2013, p. 15; "Huawei predicts 10% annual rise in revenues," *Financial Times*, April 9, 2013, p. 17; "China's Huawei Sees Wireless Growth Despite U.S. Shutout," *Wall Street Journal*, April 4, 2013, p. B4; "Huawei dismisses claims over Beijing ties," *Financial Times*, March 1, 2013, p. 13; "Huawei builds clout through R&D," *Wall Street Journal*, February 25, 2013, page B1; "Clear as mud," *The Economist*, February 2, 2013; "China Eyes Electronics Clout," *Wall Street Journal*, January 23, 2013, p. B10; "ZTE Girds for Loss, While Huawei Forecasts 33% Rise in Net," *Wall Street Journal*, January 22, 2013, p. B3; "Huawei in pledge to disclose more information," *Financial Times*, January 22, 2013, p. 15; "Huawei pins hope on fresh face," *Financial Times*, January 22, 2013, p. 17; "Not just tilting at windmills," *The Economist*, October 6, 2012; "Who's afraid of Huawei?," *The Economist*, August 4, 2012.
2. "The trough," *The Economist*, June 27, 1992, p. 22.
3. Edward J. Lincoln, *Japan's Unequal Trade* (Washington, DC: The Brookings Institution, 1990), p. 112.

4. "Climbing through the clouds," *The Economist*, July 9, 2011 (online).
5. "Taxes put Chill on Electronics," *Wall Street Journal*, February 27, 2012, p. B1.
6. "Torpedo shipping protectionism," *Wall Street Journal*, November 26, 1991, p. A14.
7. Office of the U.S. Trade Representative, *National Trade Estimate Report on Foreign Trade Barriers 2011*, p. 195; Office of the U.S. Trade Representative, *National Trade Estimate Report on Foreign Trade Barriers 2006*, p. 352. Current tariff found at http://www.customs.go.jp/english/tariff/2011_4/data/i201104e_10.htm.
8. Office of the U.S. Trade Representative, *National Trade Estimate Report on Foreign Trade Barriers 2011*, p. 226.
9. "U.S. faces sugar squeeze," *Wall Street Journal*, May 2, 2011, p. C8.
10. "A Sugar Showdown," *Wall Street Journal*, June 13, 2012, p. A14; "Bitter about sugar prices," *Houston Chronicle*, April 27, 2006, p. D3.
11. "Shielding sugar industry 'costs thousands of jobs'," *Financial Times*, February 15, 2006, p. 6.
12. Office of the U.S. Trade Representative, *National Trade Estimate Report on Foreign Trade Barriers 2013*, p. 55; Office of the U.S. Trade Representative, *National Trade Estimate Report on Foreign Trade Barriers 2011*, pp. 52, 53; "U.S., Canada have tentative deal in dispute over softwood lumber," *Wall Street Journal*, April 28, 2006, p. A4; "U.S. will lift a lumber duty in a trade deal with Canada," *New York Times* (online), April 28, 2006.
13. Office of the U.S. Trade Representative, *National Trade Estimate Report on Foreign Trade Barriers 2013*, p. 317; Office of the U.S. Trade Representative, *National Trade Estimate Report on Foreign Trade Barriers 2011*, p. 309.
14. Office of the U.S. Trade Representative, National Trade Estimate Report on Foreign Trade Barriers 2013, p. 77.
15. Office of the U.S. Trade Representative, *National Trade Estimate Report on Foreign Trade Barriers 2013*, p. 41.
16. Office of the U.S. Trade Representative, *2013 Report on Technical Barriers to Trade*, p. 237.
17. Office of the U.S. Trade Representative, *National Trade Estimate Report on Foreign Trade Barriers 2013*, p. 315.
18. Office of the U.S. Trade Representative, *National Trade Estimate Report on Foreign Trade Barriers 2013*, pp. 71 and 194.
19. Office of the U.S. Trade Representative, *National Trade Estimate Report on Foreign Trade Barriers 2013*, pp. 88 and 197.
20. Office of the U.S. Trade Representative, *National Trade Estimate Report on Foreign Trade Barriers 2013*, p. 185.
21. Office of the U.S. Trade Representative, *National Trade Estimate Report on Foreign Trade Barriers 2013*, pp. 24, 127, 265, 294, and 355.
22. Office of the U.S. Trade Representative, *National Trade Estimate Report on Foreign Trade Barriers 2013*, pp. 230 and 316.
23. Office of the U.S. Trade Representative, *National Trade Estimate Report on Foreign Trade Barriers 2011*, p. 184.
24. Office of the U.S. Trade Representative, *National Trade Estimate Report on Foreign Trade Barriers 2013*, p. 89; Office of the U.S. Trade Representative, National Trade Estimate Report on Foreign Trade Barriers 2008, pp. 126ff.
25. Office of the U.S. Trade Representative, *National Trade Estimate Report on Foreign Trade Barriers 2011*, p. 219.
26. Office of the U.S. Trade Representative, *National Trade Estimate Report on Foreign Trade Barriers 2011*, p. 296.
27. Office of the U.S. Trade Representative, *National Trade Estimate Report on Foreign Trade Barriers 2013*, p. 129.
28. Office of the U.S. Trade Representative, *National Trade Estimate Report on Foreign Trade Barriers 2013*, p. 59.
29. Office of the U.S. Trade Representative, *National Trade Estimate Report on Foreign Trade Barriers 2013*, pp. 238 and 253.
30. Office of the U.S. Trade Representative, *National Trade Estimate Report on Foreign Trade Barriers 2013*, p. 150.
31. Office of the U.S. Trade Representative, *National Trade Estimate Report on Foreign Trade Barriers 2013*, pp. 30, 149, 229, and 246.
32. Office of the U.S. Trade Representative, *National Trade Estimate Report on Foreign Trade Barriers 2013*, pp. 327, 346, and 354.
33. Office of the U.S. Trade Representative, *National Trade Estimate Report on Foreign Trade Barriers 2013*, p. 239.
34. Office of the U.S. Trade Representative, *National Trade Estimate Report on Foreign Trade Barriers 2011*, p. 40.
35. Office of the U.S. Trade Representative, *2011 Report on Technical Barriers to Trade*, p. 64.
36. Office of the U.S. Trade Representative, *National Trade Estimate Report on Foreign Trade Barriers 2013*, p. 376; "Venezuela Takes Aim At Dollar Shortage," Wall Street Journal, March 20, 2013, p. C3.
37. Office of the U.S. Trade Representative, *National Trade Estimate Report on Foreign Trade Barriers 2013*, p. 135.
38. Office of the U.S. Trade Representative, *National Trade Estimate Report on Foreign Trade Barriers s 2013*, pp. 240 and 258; Office of the U.S. Trade Representative, *National Trade Estimate Report on Foreign Trade Barriers 2011*, pp. 298, 299.
39. Office of the U.S. Trade Representative, *National Trade Estimate Report on Foreign Trade Barriers 2013*, p. 226 and 356.
40. Office of the U.S. Trade Representative, *National Trade*

Estimate Report on Foreign Trade Barriers 2013, p. 299 and 333.

41. Office of the U.S. Trade Representative, *National Trade Estimate Report on Foreign Trade Barriers 2013*, pp. 40 and 221.
42. Office of the U.S. Trade Representative, *National Trade Estimate Report on Foreign Trade Barriers 2013*, p 362.
43. "U.S. States Become Addicted to Use of Economic Sweeteners," *Financial Times*, March 23, 2006, p. 19.
44. "Rum Maker Wins Incentives," *Wall Street Journal*, October 7, 2009, p. B6.
45. Committee on Ways and Means, *Operation of the Foreign Trade Zones Program of the United States and Its Implications for the U.S. Economy and U.S. International Trade*, October 1989, Serial 101–56, pp. 281 and 326.
46. Export-Import Bank of the United States, *2012 Annual Report* (Washington, DC: Eximbank, 2013); Export- Import Bank of the United States, *2010 Annual Report* (Washington, DC: Eximbank, 2011).
47. "U.S. export terms pose test for Beijing," *Wall Street Journal*, January 12, 2011, p. A11.
48. "Stakes raised in EU bid to curb China exports," *Financial Times*, May 16, 2011, p. 2; "Glossy paper from China, Indonesia to face U.S. anti-subsidy import duties," *Bloomberg News*, October 22, 2010.
49. "Get-Tough Policy on Chinese Tires Falls Flat," *Wall Street Journal*, January 20, 2012, p. B1; "WTO backs U.S. in tire dispute with China," *Wall Street Journal*, December 13, 2010; "U.S. to impose tariff on tires from China," *Washington Post*, September 12, 2009; "U.S. adds tariffs on Chinese tires," *New York Times*, September 11, 2009.

CHAPTER 10
국가 간 국제협력
International Cooperation Among Nations

Danita Delimont/Alamy

학습목표

1. 국제비즈니스에 있어 GATT와 WTO의 중요성을 설명한다.
2. 협력 국가 간의 상이한 경제통합의 유형을 비교한다.
3. EU의 역내 시장의 통합에 의하여 만들어진 국제비즈니스 기회를 분석한다.
4. 세계 경제의 다른 주요한 무역 블록을 서술한다.

무역과 번영: 멕시코의 사례

경제개발을 촉진시키는 최선의 수단은 무역인가 아니면 원조인가? 이에 관한 분명한 대답은 멕시코에서 얻을 수 있다. 1917년부터 1982년까지 멕시코의 무역은 내부지향적인 경제정책들 예를 들어 수입억제를 위한 고관세장벽, 자국경제에서 외국의 존재를 감소시키기 위하여 해외직접투자(FDI)에 대한 각종 규제들에 의존하였다. 중요 산업에 대한 정부 소유권 그리고 강력하고 보수적인 관료집단이 기업가 정신과 혁신의 목을 조이고 있었다. 비록 이 기간 동안에 멕시코의 경제도 성장하였지만 그 성과는 홍콩이나 한국과 같은 수출 주도형 경제의 성과에는 비할 바가 아니다. 지난 6명의 멕시코 대통령들은 이러한 정책들을 뒤집고 보다 낮은 관세, FDI 유치, 주정부 소유 기업의 민영화 그리고 GATT, WTO 가입 등을 진행하였다. 이들의 리더십 아래서 멕시코는 미국과 캐나다, EU, 이스라엘, 일본, 칠레 그리고 중앙아메리카 인근 5개국 등을 포함하여 44국과 일련의 자유무역협정을 체결하였다.

화두는 NAFTA이다. 1994년 멕시코 기업에 대한 미국과 캐나다 시장의 개방에 따라 멕시코의 값싼 노동력의 이점을 기업이 활용할 수 있게 되었다. 대다수 신문의 헤드라인은 자동차 또는 섬유와 같은 거대산업에 대한 NAFTA의 영향에 초점을 두었지만 멕시코의 기업가들은 새로운 기회를 재빨리 창출하였다. 예를 들어 멕시코에서는 연간 1억 달러 상당의 치과 관련 공급비즈니스가 NAFTA의 결과로 발생하여 구강 튜브, 치수질환치료용 파일 그리고 치과치아용 왁스 등과 같은 노동집약적 제품들이 생산되었다. 기업들이 멕시코에 콜센터, 정보처리시설 그리고 다른 고객서비스 기구를 설립함으로서 멕시코의 서비스 분야도 많은 혜택을 받고 있다. 예를 들어 Segate Technology의 멕시코의 Reynosa에 위치한 시설은 북미 고객의 사후 서비스 관리를 제공하고 있다. 2012년에는 이와 같은 비즈니스 서비스의 미국에 대한 수출이 33억 달러를 초과하였다.

불행하게도 2001년 중국의 WTO가입은 미국경제의 하강과 맞물려 멕시코 수출의 증가에 찬물을 끼얹었다. 장난감이나 의류처럼 낮은 마진과 낮은 부가가치 제품을 생산하는 많은 제조업체들과 노동집약적 조립을 요하는 제조업체들이 낮은 인건비의 이점을 이유로 중국으로 이전하였다.

그러나 제8장의 closing case "중국 제조업 다음은 무엇이 될 것인가?"에서 주목한 바와 같이, 지난 수년 동안 중국에서 이러한 제품들의 생산에 따른 경제적인 이점은 위축되었다. 중국의 임금은 지난 10년간 매년 두 자릿수로 증가하였다. 평균 시간당 제조업 임금은 중국이 3달러이고 멕시코는 3.5달러로 추정되지만 노동생산성은 멕시코가 보다 높다. 그 결과 일부 기업들은 미국시장에 대한 근접성과 북미기업들의 공급사슬의 통합에 대한 이점을 얻기 위하여 자신들의 제조활동을 멕시코로 재배치하였다. 예를 들어 Samsung, Sony 그리고 Vizio와 같은 HDTV 평면 패널 제조업체들은 멕시코가 북미 고객용 제품을 조립하기에 편리한 위치라고 여기고 있다. 현재 위탁제조업체 홍 하이 정밀(5장 opening case 참조)은 중국 공장에서는 표준화된 모델을 대량생산하는 반면에 Ciudad Juárez에서는 Dell의 주문 컴퓨터를 조립생산하고 있다. 멕시코 중앙 고원에 있는 식민시대의 도시 Queretaro는 항공우주 기업들의 허브가 되고 있다. GE는 Airbus와 Boeing의 대형 여객기의 동체용 엔진을 디자인하는 Queretaro R&D 센터에 1,300여 명의 엔지니어를 고용하고 있으며, Bombardier사의 1,600여 명의 노동자들은 Bombardier사의 기업용 제트기의 최신 라인의 동체, 전기시스템 그리고 수평 및 수직적인 안정장치를 만들고 있다. 멕시코 자동차 산업 또한 호황을 누리고 있다. 2012년 현재 210만 대의 자동차를 수출한 세계 제4위의 자동차 수출국이다. 그리고 산업의 성공은 자동차부품 공급업자들의 거액 투자를 유발하고 있다. Pirelli는 멕시코의 자동차 조립공장들을 지원하기 위하여 Silao의 타이어공장에 4억 달러를 투자하였다. 마찬가지로, 독일의 Bosch, 일본의 Akebono Brake Industry와 일본제철(Nippon Steel), 그리고 미국의 Delphi는 멕시코의 생산라인에 거대한 투자를 하였다.

물론 멕시코는 여전히 많은 도전에 직면하고 있다. 라이벌 마약 갱단 사이의 폭력의 증가는 일부 외국인 투자가를 멀리하게 하고 있다. 예를 들어 스웨덴의 거대한 생활가전 제조업자 Electrolux AB는 안전을 이유로 멕시코가 아닌 미국 Tennessee주의 Memphis에 최신의 공장을 설립하였다. 북쪽의 이웃나라 미국에 대한 멕시코 수출의 비중은 약 80%이지만, 멕시코 수출업자들은 미국의 경기하강에 취약하다. 더욱이 멕시코 정부는 만약 멕시코가 글로벌 경제에서 성공적인 경쟁을 지속하기 위해서는 노동 생산성의 향상과 인프라를 개선해야 한다고 인식하고 있다.[1] ■

9장에서 우리는 정부가 국제무역과 투자에 개입하는 방법을 살펴보았다. 어느 한 나라가 국제적인 상거래에 규제를 가할 때는 적어도 일부의 생산자와 노동자에게는 이익이 될 수 있을 것이다. 그러나 다른 나라도 이와 비슷하게 손쉽게 취할 수 있는 유사한 규제로 앙갚음을 할 수 있다. 규제가 증가하면 증가할수록 국제무역의 기회는 감소한다. 그리고 모든 국가에게 결국은 손해가 된다. 이때서야 비로소 모든 국가들은 만약 모든 나라들이 무역규제의 철폐에 협력하고 합의를 한다면 각 나라들은 훨씬 형편이 나아지고 부유해질 것이라는 사실을 깨달게 될 것이다. 규제의 증가는 국제무역 기회의 후퇴로 모든 나라가 결국에는 손해가 된다. 만일 무역규제의 중단에 대한 합의와 협력을 한다면 각 나라는 한결 나아질 것이다. 이러한 정책의 변화가 앞서 논의한 멕시코 경제의 전환에 대한 밑바탕이 되었다.

국제적인 협력협정은 국제비즈니스가 전개되는 경제적인 환경의 주요 부분을 형성하고 있다. 성공하기 위해서는 국제비즈니스인들은 이러한 협정이나 협의에 대하여 해박한 지식을 가지고 있어야 하며 자사의 비즈니스 창출에 이를 이용하여야 하며 그리고 또한 경쟁자의 행동을 좌절시키는 데 이를 이용하여야만 한다. 특히 중요한 것은 회원국 간에 무역장벽을 줄이기 위해 만들어진 메르코수르 협정과 NAFTA와 같은 지역적 무역 블록의 증가이다. 이러한 지역경제통합 노력 중에서 가장 대담한 것은 바로 EU이며, 대부분의 EU 회원국들은 단일 통화 즉 유로화(euro)로 자국 통화 화폐를 대체하거나 대체할 계획이다.

10.1 관세 및 무역에 관한 일반협정과 WTO

세계 1차대전과 세계 2차대전 사이의 대공황 기간의 국제경제의 붕괴는 각국의 과도한 관세 부과, 수입물량 할당(quotas) 그리고 수입제품에 대한 여러 보호무역주의 조치에 기인한 것이라고 비난받아 왔다. 국제비지니스에 대한 무역과 투자의 기회들이 나라 간의 연이은 "근린 궁핍화(자국중심적인 보호주의)"에 의해 거의 말라버리고 있다. 각국은 관세 증대와 쿼터장벽의 실시가 비록 다른 나라의 산업과 국민들에게 해가 되는 것일지라도 자국 산업과 국민들에게는 도움이 될 것으로 믿었다. 예를 들어 1930년 미국은 스무트 할리 관세법이라는 법규 아래 평균 53%의 높은 관세를 부과시킴으로써 수입 경쟁자들로부터 자국 산업을 보호하고자 하였다. 그러나 영국, 이탈리아 그리고 프랑스와 같은 나라들이 유사한 높은 관세장벽을 구축함에 따라 다른 나라들에 대한 어떠한 경쟁적 이익도 얻지 못하였으며 국제 무역거래가 감소함에 따라 수출시장이 축소하게 되어 결국은 모든 나라들이 고통을 받았다.

1947년 제2차 세계대전 이후의 세계평화가 무역전쟁과 같은 이유로 위협받지 않도록 하기 위하여 선도적인 무역구가의 대표들이 쿠바의 하바나에서 세계무역기구(International Trade Organization) 창설을 위한 모임을 가졌다. 그러나 ITO의 사명은 국제무역의 증진이었으나 ITO의 권한을 어느 정도의 범위로 하여야 할 것인가를 둘러싼 논쟁으로 결국 ITO 조직은 현실로 실현되지 못하였다. 대신에 ITO의 계획된 사명은 **GATT (General Agreement on Tariff and Trade)**에 양도되고, Havana 컨퍼런스 준비의 일부로 발전되었다. 1947년에서 1994년에 걸쳐 GATT의 가맹국들은 국제 무역 장벽을 축소하는 데 노력을 하였다. GATT는 일반적인 관심사(common concern)에 대한 정책과 문제들이 논의될 수 있도록 무역장관들에게 포럼을 제공하였고 그 결과 1995년 1월, GATT의 사명을 채택한 WTO (World Trade Organization)에 대체되었다.

관세 및 무역에 관한 일반협정(GATT)의 역할

GATT의 목표는 다수의 다국적기업(MNCs)에게 객관적으로 지지받는 효율적인 생산자에게 도움이 되도록 자유롭고 경쟁적인 국제무역환경을 증진시키는 것이다. GATT는 관세, 쿼터 그리고 다른 비관세장벽들을 감소시키기 위한 다자간 협상을 후원함으로써 이를 달성하였다. 원래 높은 관세는 세계무역에 가장 심각한 장애물 이였기에 처음에 GATT는 관세보호의 일반적인 수준을 감소시키는 데 초점을 두었다. GATT는 존속기간 동안 8개의 일련의 협상 "round"("round"는 일반적으로 각각의 협상 라운드가 시작된 지역 뒤에 명명하였다. [표 10.1] 참조)를 후원하였고, GATT의 8개 라운드의 축적된 효과는 관세의 현저한 감소로 나타났다. 개발도상국들의 관세는 1948년 평균 40% 이상에서 2005년 대략 3% 정도까지 인하되었다. [그림 6.1]에 나타내는 바와 같이 GATT 협상은 2차대전 이후 세계무역의 비약적인 성장을 이끌었다.

국적을 불문하고 세계시장에서 경쟁하는 국제비지니스기업들을 돕기 위하여 GATT는 국제무역은 비차별적 기반 위에서 이루어져야 한다는 점을 확실하게 하기 위하여 노력하였다. 이는 어느 한 나라에게 승인된 특별대우는 모든 국가에 확장 적용되어야 함을 요구하는 최혜국 대우(most favored nation: MFN) 원칙의 활용을 통하여 달성되었다(MFN의 보다 심도 깊은 논의는 "Bringing the World into Focus"를 참고). GATT의 규정 아래 모든 회원국들은 다른 회원국들과의 거래에서 MFN 원칙이 적용되었다. 예를 들어 미국정부가 영국산 트럭 수입에 부과하는 관세를 20% 인하한다면 다른 모든 회원국들로부터 수입되는 트럭에 부과하는 관세도 또한 20% 줄여야 한다. MFN 원칙 때문에 양자 간보다는 다자간 무역협상이 촉진되었는데 이로 인하여 GATT의 역할은 더욱 강화되었다.

MFN 원칙에는 다음의 2가지 중요한 예외가 존재한다.

1. 가난한 나라들의 경제개발 노력을 지원하기 위하여 GATT는 가맹국들이 선진국

표 10.1 GATT 협상 라운드

라운드	일시	참가국 수	Average Tariff Cut(%) (평균 관세 인하율)
Geneva	1947	23	35
Annecy	1949	13	NA
Torquay	1950~1951	38	25
Geneva	1956	26	NA
Dillon	1960~1962	45	NA
Kennedy	1964~1967	62	35
Tokyo	1973~1979	99	33
Uruguay	1986~1994	117	36

PEOPLE, PLANET, AND PROFITS

멸종위기 종을 보호하기

대부분의 무역협약은 무역을 촉진시키기 위해 출범하였지만, CITES (Convention on International Trade in Endangered Species of Wild Fauna and Flora: 1973년 178 개국이 합의하여 발효된 멸종위기에 처한 야생동식물을 보호하기 위해 무역을 제한하는 협약)의 경우 무역을 금지하거나 제한하기 위해 출범했다. CITES 협약에서는 총 33,000여종(식물 28,000종, 동물 5,000종)의 동식물의 무역을 금지하거나 제한하고 있다. 가장 공론화된 종의 문제점은 아무래도 코끼리, 코뿔소 그리고 사자의 경우일 것이다. 코끼리는 상아, 코뿔소는 뿔 그리고 호랑이는 뼈가 약에 좋다는 아시아의 문화적 배경 때문에(특히 중국) 많은 밀렵이 일어난다. 불행하게도, CITES 협약이 이러한 멸종위기종 동물의 죽음을 감소시키는 데에는 큰 도움이 되지 않았다. 한 해에 약 25,000마리의 코끼리가 밀렵을 당하는데, 이는 아프리카 대륙에 있는 전체 코끼리의 5%에 해당하는 숫자이다. 1975년 호랑이가 무역 금지대상으로 지정되었음에도 불구하고, 근 20년 동안 개체수는 절반으로 줄었다. 1976년부터 코뿔소의 뿔은 무역 금지대상으로 지정되었지만, 2012년 한 해에만, 668마리의 코뿔소가 밀렵꾼들에 의해 죽었다.

이상하게도, 이러한 동물들에 대한 무역 규제가 이 동물들에게는 더 안 좋은 결과를 가져다주었다. 코끼리 상아는 파운드당 $800, 그리고 호랑이 가죽이나 코뿔소의 뿔은 파운드당 코끼리 상아의 20배 정도의 높은 가격은 불법밀수꾼들에게 많은 이윤을 가져다주었다. 케냐 정부의 발표에 따르면, 상아의 높은 가격 때문에 국제범죄조직은 상아채취를 위한 먹잇감 추적을 위하여 헬리콥터나, 정교한 무기를 동원하고 있다고 한다. 케냐 정부는 이러한 동물들의 무역거래를 근절하기 위하여 더욱 강화된 국제적인 노력이 필요하다고 강조하고 있다.

그러나, 일부 전문가들은 모니터링을 강화하고 제한된 합법적인 무역 규제를 만드는 것이 더 낫다고 지적하고 있다. 통제된 시장을 만듦으로써, 사람들로 하여금 멸종위기종을 보호하게끔 동기부여를 하자는 것이 그들의 생각이다.

이를테면, 중국에서는 호랑이 뼈를 추출해 류머티즘 치료제로 사용하기 위해 약 5,000마리의 호랑이를 사육하고 있는데, 이는 야생호랑이의 밀렵을 줄이는 동기부여가 된다. 코끼리의 경우 자연사로 죽었을 때 상아를 경매에서 구입할 수 있게 하는 것이 오히려 코끼리를 보호하려는 생각으로 바꿀 수 있을 것이다. 이는 예산의 제약에 직면하고 있거나 사용할 곳은 많고 부족한 정부예산에서 사용가능한 금액이 매우 제한적인 개발도상국에서는 어려운 일일지 모르나, 매우 중요한 일이다.

그러나 반면에, 야생 환경보존 비정부단체는 이러한 접근이 과거에도 있었지만, 별다른 효과가 없었다고 지적하고 있다. CITES 가맹국들은 1997년 그리고 2007년에 다시 한 번 제한적이지만 합법적인 상아의 판매를 허용하기로 합의하였다. 야생 환경보존 비정부단체들은 이러한 합법적인 판매가 밀렵을 부추기고, 밀렵꾼들이 불법적으로 채취한 상아마저도 합법적으로 거래를 가능하게 할 것이라고 믿고 있다. 야생 환경보존 비정부단체들은 또한 35개국의 아프리카 국가중 적어도 절반 이상이 CITES에 동참해야만 상아 무역에 대한 효과적인 제재가 가능할 것이라고 지적하고 있다.

Ricky W. Griffin

한 해에 대략 2만 5천 마리의 코끼리들이 밀렵꾼들에 의하여 죽임을 당한다. CITES의 위원들은 코끼리들이 법적으로 통제된 상아 거래로 더 잘 보호될 것인지 아니면 상아 거래의 전면 금지에 의한 방법으로 더 잘 보호될 것인지를 결정하려고 노력하고 있다.

출처: "Horn of Scarcity," *The Economist*, April 20, 2013, p. 47; "On the way out," *The Economist*, March 16, 2013; "Governments Pledge to Protect More Sharks," *Wall Street Journal*, March 14, 2013; "A Trumpet in the Wild," *Wall Street Journal*, March 14, 2013; "Trade protection," *The Economist*, March 5, 2013; "China Backs Tortoise in Race to Protect Endangered Species," *Wall Street Journal*, March 4, 2013; "Thailand Plans to Put a Stop to Trading in Ivory," *Wall Street Journal*, March 3, 2013; "Debate Over Trading Ivory Heats Up," *Wall Street Journal*, February 28, 2013; "China, Thailand Criticized Over Ivory," *Wall Street Journal*, February 21, 2013.

(more developed countries)에 대한 관세인하를 동반하지 않고 개발도상국(developing countries)에 대하여 낮은 관세를 부과하는 것을 허용한다. 개발도상국에 제공되는 감소 비율은 **일반특혜관세제도(generalized system of preferences: GSP)**로 알려져 있는데, 개별 나라는 GSP 대우가 적용되는 개발도상국을 자유롭게 선택할 수 있다. 예를 들어 냉전기간 동안 미국은 소련에 대항하여 외교적으로 동맹을 맺은 국가들에 대한 GSP 관세율을 더 낮게 해 주었다. 명백히 이러한 관세의 경감, GSP는 개발도상국의 수입품과의 경쟁에 노출된 국내기업에 대한 부담을 증가시켰다. 그러나 반대로 다국적기업들(MNCs)은 GSP 혜택을 받는 나라로 자신들의 공장과 조립시설물들을 이전시킴으로써 투입 및 생산비용을 감소시킬 수 있었다.

2. 두 번째 예외는 EU와 NAFTA와 같은 경제적 통합을 촉진시키는 포괄적인 무역협정이다.

비록 GATT의 근본적인 원리는 숭고하지만, 이 원리의 입안자들은 국내의 정치적 압력 때문에 나라들이 순수한 자유무역정책에서 멀어져 갈 수밖에 없음을 잘 알고 있다. GATT의 규정에 따라 국가의 관세 이용이 제한되어 있지만, GATT는 개별 국가들이 비차별적인 근거에 의거하여 자국의 산업을 보호하고자 하는 것은 인정한다. 쿼터와 다른 비관세 장벽은 때때로 비차별적으로 적용될 수 있고 그리고 이는 훨씬 덜 "투명한 것"이다. 즉 때때로 경쟁에 미치는 이들 쿼터와 비관세장벽의 영향을 판단하기가 매우 어렵다. 그러나 많은 나라들이 쿼터제도와 다른 비관세장벽들을 채택하고 있음에도 불구하고 여전히 GATT에 존재하고 있는 것처럼 이러한 규정에도 허점이 존재한다. 예를 들어 1955년 GATT의 규정으로부터 "한시적으로" 면제를 인정받은 땅콩, 설탕 그리고 다른 농산품의 수입을 규제하는

BRINGING THE WORLD INTO FOCUS

대부분의 국가가 최대수혜국이 된다

GATT와 WTO의 회원국 규정의 일부분으로, 모든 회원국은 서로에게 최혜국의 지위를 부여해야 한다. 그러나 회원국들이 비회원국들에게 최혜국 지위를 부여하는 것 또한 통제받지 않는다. 예를 들어 미국은 거의 모든 국가에 최혜국 지위를 부여하고 있다. 쿠바와 북한과 같은 외교적으로 적대적인 관계에 있는 것으로 보이는 몇몇 국가들은 배제되고 있다.

클린턴 정부는 "최혜국(MFN)" 대신에 "정상무역관계(Normal Trade Relations: NTR)" 라는 용어를 택하기로 결정했다. 거기에는 두 가지 이유가 있었다. 공식적인 이유는 정상무역관계라는 용어가 더 정확한 설명이 가능하다는 것이다. 거의 대부분의 국가가 이러한 대우를 받는다면, 그 관행은 "최혜(most favored)"라기 보다는 "정상적인(normal)" 것이기 때문이다. 정치적인 이유 또한 있다. 미 행정부는 중국의 WTO가입 허용을 위한 합의의 일부로써 중국에게 영구적인 최혜국 지위를 보장해주기 위하여 노력 중이었다. 클린턴 정부는 중국을 최혜국 대우를 제공하기보다는 평소와 다름없이 정상적으로 대우하였을 때 국민의 마음을 움직이기 쉽고 국회에서도 표를 얻을 수 있을 것이라 판단했다. 이런 이유로 미국 무역 서류에서는 최혜국이라는 용어가 정상무역관계로 바뀌게 되었다.

미국의 쿼터는 수십 년간 유효하게 남아 있다. 각 나라들은 국가 안전을 유지하지 위하여 또는 국제수지 문제를 해결하기 위하여 면제를 인정한다. 또한 GATT 역시 국가가 어떤 상황에서 "너무 많은" 외국 경쟁에 대항하여 자국을 보호하는 것을 허용한다.

제8차이자 마지막 GATT 협상의 라운드가 1986년 9월 우루과이에서 시작되었다. 1994년 4월 모로코에서 GATT 회원국들이 비준한 **우루과이 라운드** 합의는 1995년 에 발효되었다. 앞서 7차례의 라운드와 같이 우루과이 라운드는 수입품에 대한 관세를 삭감한다. 수입품의 경우 평균 4.7%에서부터 3%까지 관세가 인하되었다. 그러나 평균 관세율이 줄어들면서 대부분의 나라들은 비관세장벽이 세계무역 성장에 보다 중요한 걸림돌이 될 것으로 인식하였다. 그래서 우루과이 라운드는 비관세장벽들을 또한 역시 언급하였다. 예를 들어 참가자들은 개별 국가들이 현재 존재하는 쿼터를 관세율 쿼터로 전환시키는 것을 장려함으로써 쿼터제 폐지를 위한 상당한 진전을 거두었다(9장을 참조). 보다 중요한 것은 우루과이 라운드 참가자들이 WTO 창설에 합의한 사실이다. 참가자들은 초기 의제를 설정하고 그리고 GATT보다 무역장벽에 대처하는 보다 많은 권한을 인정하였다.

세계무역기구

세계무역기구(WTO)는 1995년 1월 1일 창설되었다. 스위스의 제네바에 본부가 있는 WTO는 153여 개의 회원국, 30개국의 옵서버를 두고 있다. 회원국들은 국제무역을 위한 자국 시장의 개방과 WTO 규칙 준수가 요구된다. WTO의 3가지 주요 목표는 다음과 같다.

1. 비차별적이고 예측 가능한 무역정책을 채택하도록 독려함으로써 무역거래의 흐름(무역거래의 교역량)을 촉진([그림 10.1] 참조).
2. 다자간협상을 통하여 남아 있는 무역장벽들을 감소. 무역장벽이 잔존하는 처음 몇

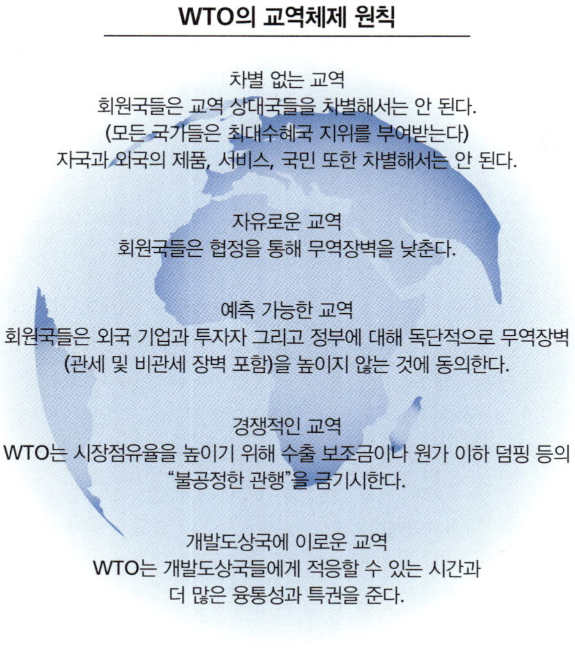

그림 10.1
WTO의 교역체제 원칙

WTO의 교역체제 원칙

차별 없는 교역
회원국들은 교역 상대국들을 차별해서는 안 된다.
(모든 국가들은 최대수혜국 지위를 부여받는다)
자국과 외국의 제품, 서비스, 국민 또한 차별해서는 안 된다.

자유로운 교역
회원국들은 협정을 통해 무역장벽을 낮춘다.

예측 가능한 교역
회원국들은 외국 기업과 투자자 그리고 정부에 대해 독단적으로 무역장벽(관세 및 비관세 장벽 포함)을 높이지 않는 것에 동의한다.

경쟁적인 교역
WTO는 시장점유율을 높이기 위해 수출 보조금이나 원가 이하 덤핑 등의 "불공정한 관행"을 금기시한다.

개발도상국에 이로운 교역
WTO는 개발도상국들에게 적응할 수 있는 시간과 더 많은 융통성과 특권을 준다.

년 동안 WTO는 세계경제의 특정한 부문들에 초점을 둔 협상을 강조하였다. 예를 들면 컴퓨터, 소프트웨어, 팩스기기 그리고 휴대용 소형 무선호출기와 같은 생산품에 부과되는 관세를 제거하기 위하여 1996 Information Technology Agreement를 후원하였다. 유사하게 재무적 서비스와 텔레커뮤니케이션을 망라하는 협정은 1997년에 이루어졌다. 2001년 WTO의 첫 번째 무역협상인 **Doha Round**가 시작되었다. 도하협상은 2005년 1월까지 마무리가 될 것으로 생각되었다. 그러나 회담은 몇 가지 문제성의 이슈들로 인하여 교착상태에 빠졌다. 개발도상국에 수출되는 공산품에 부과되는 관세를 감소시키는 것과 서비스 분야의 자유무역이 걸림돌임이 입증되었으며, Doha 라운드의 협상가들이 직면한 가장 논란이 되었던 이슈는 GATT를 또한 좌절시켰던 농산품의 자유무역이었다. 여러 농산품의 교역은 수출 보조금, 수입 제한 그리고 다른 무역 장벽들에 의하여 왜곡되어 왔다. 아르헨티나, 호주, 브라질, 캐나다 그리고 태국이 선도하는 주요 농산물 수출업자들의 모임인 케언스 그룹은 Doha Round가 농산물 교역의 장벽들을 현저하게 감소시켜야 한다고 다른 WTO의 회원국들에게 압력을 가하였다. 그러나 아직까지 중국, 인도, 일본 그리고 많은 다른 나라들을 만족시키는 조건을 구조화시키지는 못하고 있다. 도하 협상들이 아직 종료되지 않았음에도 불구하고 가까운 시기에 어떤 중요한 돌파구를 기대하는 무역 전문가는 소수에 지나지 않는다.[2]

3. 회원국들 간의 무역 논쟁들을 해결하기 위한 공평한 절차의 수립.

WTO는 명백하게 GATT의 성공을 토대로 세워지고 확대하게 되어 있었다. 실제로 GATT의 합의는 WTO 합의에 통합되었다. WTO는 2가지의 중요한 차원에서 GATT와 차이가 있다. 첫 번째는 GATT가 공산품 교역의 증진에 초점을 두고 있었던 반면에 공산품 교역, 서비스 교역, 국제적인 지적 재산권 보호 그리고 무역 관련 투자에 걸친 WTO의 권한은 훨씬 광범위하다는 점이다. 두 번째는 WTO의 강제력이 GATT에 부여된 강제력보다 훨씬 더 강하다는 점이다.

서비스 무역에 관한 일반협정(GATS) WTO가 직면하고 있는 또 다른 도전은 서비스 교역에 대한 장벽을 줄이는 것이다. 우루과이 라운드는 이러한 교역이 수행된다는 전제에서 일련의 원칙들을 개발하였었다. 예를 들어 서비스 교역에 대한 정부의 통제는 비차별적인 방식으로 집행되어야 한다. 한 가지 비차별적 접근은 어느 한 나라가 외국기업들도 자국기업을 취급하는 똑같은 방식으로 취급하는 내국민 대우(national treatment)의 활용이다. 예를 들어 만약에 국민보험담당자(national insurance regulators)가 국내기업에게 미지급증권(outstanding polices)의 10% 상당의 지급준비금(reserves)의 유지를 요구하고 있다면 동일한 요구사항이 그 나라에서 운영하는 외국기업에게도 부과되어야 한다. 서비스 산업은 매우 다양하나 우루과이 라운드에 포함된 특별한 서비스 산업에 관한 구체적인 합의는 거의 없다. WTO 회원국들은 2000년 새로운 GATS 합의에 대한 협상을 시작하였지만 진척은 더딘 상태이다.

무역 관련 지적재산권에 관한 협정(TRIPS) 기업가, 예술가 그리고 발명가는 불법 사용

금지, 복사 또는 지적재산권의 무단복제를 금지하는 많은 국가의 법률상의 부적절한 집행으로 상처 받고 있다. 이러한 문제들은 특히 음악, 필름 엔터테인먼트(filmed entertainment) 그리고 컴퓨터 소프트웨어 산업에 널리 퍼져 있다. 서류상 우루과이 라운드 협정은 지적재산권 소유자에 대한 보호를 한층 강화하였으며 시행도 진전되었고 그리고 위반자 처벌에 대한 해결과정도 충분히 논의되고 있다. 그러나 불행하게도 많은 지적재산에 대한 소유권자들은 지적재산권 침해가 우루과이 라운드 이후 보다 노골적이고 보다 광범위해졌다고 믿고 있으며 또한 이는 상당 부분 지적재산권에 대한 우루과이 라운드 약속에 부응하지 않은 정부의 느슨한 시행 때문이라고 믿고 있다.

무역관련투자조치(TRIMS) WTO의 회원국들은 무역과 투자의 관계에 대해 잘 인식하고 있다. 대략적으로 상품과 서비스부문의 연간 교역금액 15조9천억 달러의 3분의 1은 모기업(다국적기업)의 자회사간의 거래이다. 그러나 개발도상국들은 FDI(해외직접투자)가 경제성장과 기술이전 그리고 산업화를 촉진시키는 중요한 메커니즘이 될 수 있을 것으로 믿고 있으며 이러한 연유로 FDI에 대한 통제나 규제를 포기하려 하지 않고 있다. 따라서 우루과이 라운드의 TRIMS 협정은 국제무역을 방해하거나 또는 제한할 수 있는 FDI에 대한 국가의 규제를 제거하기 위한 순수한 시작이었다. TRIMS 협정은 다음과 같은 점에 영향을 미친다.

- *무역수지 균등의 원칙(Trade-balancing rules)*: 국가는 외국투자가에 현지생산(local production)의 수출과 동등한 양에 대한 투입으로서의 수입 제한을 요구하지 않는다.
- *외환 접근(Foreign-exchange access)*: 국가는 외환에 더한 외국 투자가의 접근을 제한하지 않는다.
- *생산제품의 국내 판매의무(Domestic sales requirements)*: 국가는 투자가에게 현지시장(local market)에서의 공장 산출에 대한 어떠한 퍼센트도 요구하지 않는다.[3]

그러나 일정한 환경 하에서 개발도상국들은 이러한 요구들을 철회할 수 있다.

WTO 결정의 집행력 GATT의 집행권한은 약하기로 유명하였다. 어느 나라가 GATT의 의무사항을 위반하였음을 발견하고 중재 위원회(arbitration panel)가 실제 "만약 우리가 당신을 처벌한다면 받아들이겠는가?"라고 묻는다면 대부분의 국가는 이미 당신이 예상하는 바와 같이 "no"라고 대답할 것이며 이걸로 이 문제는 종결된다. WTO의 규칙하에서도 마찬가지이다. 예를 들어 WTO 합의에 반하는 비관세장벽을 부과하는 등으로 인하여 합의도달에 실패한 국가는 이에 대한 불만으로 가득찰 것이다. 만일 WTO 패널이 규칙을 위반한 국가를 발견하게 된다면 그 패널은 마찬가지로 무역장벽의 제거를 해당 국가에 요구할 것이다. 만약 이에 대하여 해당 국가가 이를 거절한다면 WTO는 제소국가(complaining country)가 위반국가(offending country)에게 무역장벽으로 인하여 발생한 피해와 동일한 유형의 무역장벽을 부과하는 것을 허용한다. 뿐만 아니라 위반국가가 제소국가에 대하여 새로운 무역장벽을 부과함으로써 보복하고자 하는 것을 허용하지도 않는다. 실제로 WTO는 캐나다가 지역 제트기 제조업체 Bombardier가 17억 달러 상당의 주문 건에서 브라질의 경쟁업자 Embraer를 물리칠 수 있도록 하기 위하여 WTO 규칙에 위배되는 저금리대출(low-interest loans)을 제공하였다는 사실을 발견한 이후 브라질의 캐나다에 대한 2억 4,800만 달러 상당의 무역제재 부과를 인정하였다.[4] 마찬가지로, 9장의 closing case에서 논의된 것처럼, WTO의 항소절차가 소진되면 WTO 규칙에 반하여 그린에너지 산업에 보조금을 지원한 국가에 대해 부과된 무역규제를 승인할 가능성이 크다.

여전히 국제무역과 투자에 장벽들이 잔존하고 있으며, WTO가 탄생하자마자 여리고성(the walls of Jericho)처럼 이러한 무역장벽들이 와르르 무너질 것으로 믿는 사람은 아무도 없다. 대부분의 무역전문가들은 WTO가 설립되고 처음 십 년 동안에 이룩한 텔레커뮤니케이션, 정보기술(IT) 그리고 재정적 서비스 등에서의 분야별 합의와 같은 성과에 대하여 후한 점수를 준다. 그러나 Doha Round 협상의 교착상태를 타개에 대한 WTO의 실패로 인해 무역장벽의 감소와 WTO 조직의 효과에 대한 염려 또한 부인할 수 없다.[5] 더욱이 증가하는 WTO에 대한 중요성이 WTO의 행동에 대한 반대를 끌어오고 있다. 예를 들어 환경론자들과 인권운동가들은 WTO의 무형의 요구들은 이러한 의사결정에서 요구되는 환경과 인권에 매우 민감한 것들이라고 믿고 있다. 노동조합과 근로자 그룹은 WTO의 의사결정이 자신들의 교섭력을 약화시키고 그리고 구성원들의 직업보장을 위협할 것이라고 두려워한다.

In Practice

- GATT와 그 후계자 WTO는 제2차 세계대전 이후에 상품과 서비스의 자유 무역을 촉진했다.
- WTO의 권한은 보다 강력하고 그 의제(agenda)는 GATT보다 훨씬 더 광범위하다.

추가 고려 사항: 자유무역과 인권보호, 자유무역과 환경보호 사이의 적절한 트레이드오프(tradeoff)는 무엇인가?

10.2 지역경제통합

국제무역의 자유화를 촉진하는 지역 연합(regional alliances)들은 세계 2차대전 이후의 국제정세의 중요한 특징이다. 비록 모든 협정이 실질적인 영향을 가지는 것은 아니지만 200개 이상의 이러한 협정이 존재한다.

이들 협정은 국제기업에게 무수히 많은 기회와 도전을 제공한다. 특히 과거 십년은 국가가 자국의 기업에게는 새로운 시장을 개발하기 위하여 그리고 자국의 소비자에게는 보다 낮은 가격의 제품을 제공하기 위하여 보다 친밀하게 경제를 통합하고자 함에 따라 많은 수의 무역블록(trading blocks)이 발생하였다.

경제통합의 유형

지역적 무역블록은 유형과 기능에서 현저한 차이가 있다. 국제비지니스에 있어서 가장 중요한 특성은 회원국과 비회원국의 기업이 이용할 수 있는 수출과 투자 기회에 영향을 미칠 수 있기 때문에 블록 회원국 간의 경제통합의 정도이다. 지역적 경제통합에는 5가지의 다른 유형, 즉 자유무역지역(free trade area), 관세동맹(customs union), 공동 시장(common market), 경제 연합(economic union) 그리고 정치 연합(political union)이 있다.

자유무역지역(FTA) **자유무역지역**은 회원국 간의 무역장벽[관세, 쿼터 그리고 기타 비관세 장벽(NTBs)을 제거함으로써 회원국 간의 무역을 촉진시켜준다. 이와 같은 사례로는 캐나다, 멕시코 그리고 미국 간의 무역에 대한 관세와 NTBs를 줄인 NAFTA가 있다.

비록 FTA가 회원국 간의 무역장벽을 감소시킨다 하더라도 개별 회원국은 비가맹 회원국에 대하여 자국만의 독자적인 무역정책을 자유롭게 만든다. 그 결과 FTA 회원국들은 종종 비회원국들이 대외적으로 가장 낮은 무역장벽을 가지고 있는 회원국가에게 그들의 수출을 편향(우회)시키는 이른바 **역편향**의 문제에 대해 공격받기 쉽다. 예를 들어 캐나다가 비회원국의 제품 수입을 억제하기 위하여 높은 관세 또는 쿼터를 이용하는 반면에 미국은 비회원국의 동일 제품의 수입에 약간의 제한을 부과할 수 있다. 후자의 낮은 장벽의 이점을 얻기 위하여 비회원국들은 그들의 캐나다행 수출품을 처음에는 미국행으로 선적하고 그리고 그 다음에 이것을 미국에서 캐나다로 재수출함으로써 자신들의 캐나다행 수출을 진척시킬 것이다. 비회원국에 대한 회원국의 무역정책을 무너뜨리는 무역편향을 방지하기 위하여 대부분의 FTA는 회원국 상품 또는 비회원국 상품으로 상품을 분류하는 상세한 조건, 즉 **원산지 규정(rules of origin)**을 명확하게 명시한다. 예를 들어 NAFTA의 원산지 규정하에서 대부분의 상품들은 상품들이 실질적인 과정을 거쳤거나 아니면 멕시코, 캐나다 또는 미국에서 조립이 이루어졌을 경우에만 북미산 제품으로서 특별우대의 자격을 갖는다.

관세동맹 관세동맹은 회원국 간의 내부 무역장벽의 제거와 비회원국에 대한 일반적인 대외무역정책의 적용을 결합한 것이다. 비회원국 제품에 대하여 동일하고 획일적인 취급을 하기 때문에 관세동맹은 무역편향을 피할 수 있다. 비회원국의 기업은 관세동맹의 어떤 회원국에 대한 수출에 있어서도 동일한 관세율을 지불한다.

역사적으로 가장 중요한 관세동맹은 현재 독일의 몇몇의 독립된 공국들이 1934년에 만든 졸퍼라인(Zollverein)이다. 1871년 독일의 통일이 독일 공국(Germanic principalities) 간의 경제적인 뼈대를 더욱 단단히 하고 그들의 정치적인 동맹을 용이하게 하여줄 관세동맹을 촉진시켰다. 관세동맹의 가장 최근의 사례는 아르헨티나, 브라질, 파라과이 그리고 우루과이가 자신들 간의 무역을 촉진시키기 위하여 서명한 메르코수르 협정이다. 2010년 러시아, 벨라루스 그리고 카자흐스탄은 유사하게 관세동맹의 설립에 합의하였다.

공동 시장 **공동 시장**은 전체 경제통합으로 가는 3번째 단계이다. 관세동맹에서와 같이 공동시장의 회원국들은 회원국들 간의 내부 무역장벽을 제거하고 비회원국에 대해서는 공통적인 대외 무역정책을 채택한다. 그러나 공동 시장은 회원국들 간의 노동, 자본 그리고 기술과 같은 생산요소의 이동을 금지하는 장벽들을 제거하기 위하여 한층 더 나아간 단계이다. 노동자들은 본국에서 다른 회원국가로 이동하여 자신의 전문성을 활용할 수도 있고 또는 사업을 전개할 수도 있다. 기업은 공동시장 내 어느 곳에서든지 생산설비를 위치할 수 있고 다른 비즈니스에 투자할 수 있으며 자신들의 기술을 이용할 수 있다. 공동시장 내의 생산성은 생산요소가 최적인 곳으로의 자유로운 이전이 가능하기 때문에 증가할 것이다. 공동시장의 대표적인 예로는 EU 회원국들과 다른 몇몇의 유럽 국가들이 자신들 간의 노동과 자본 그리고 기술의 자유로운 이동을 촉진하기 위하여 합의한 EEA (European Economic Area)가 있다.

경제 연합 **경제 연합**은 둘 또는 그 이상의 국가의 완전한 경제통합을 의미한다. 내부 무역장벽의 제거, 공통적인 대외 무역정책의 채택 그리고 회원국 간의 생산요소의 이동에 대한 제한의 폐지에 더하여 경제 연합에서는 회원국들에게 단일 공동체로서의 경제통합을 위하여 경제정책(통화정택, 재정정책, 세금 그리고 사회복지 프로그램)의 협력이 요구된다. 자국의 통화로서 유로(euro)를 채택한 EU의 회원국들은 자신들 간의 경제 연합을 창출하는 과정에 있다.

정치 연합 **정치 연합**은 둘 또는 이상의 경제 연합과 마찬가지로 정치와 관련된 내용을 완전하게 함으로써 효과적으로 이들을 하나의 국가로 만드는 것이다. 정치 연합의 예로는 새로운 국가 즉 미국의 건설을 위한 연방조약(Articles of a Confederation)하에서 일어난 13개 독립 주들의 통합이 있다. [그림 10.2]는 경제통합의 5가지 유형을 요약한 것이다.

기업에 대한 경제통합의 영향

개별기업의 관점에서 5가지 유형의 경제통합 모두에게 적용되는 일반적인 특성이라고 할 수 있는 내부 무역장벽의 철폐를 고려할 때 지역 통합은 양날의 칼이다. 지역적 무역블록 안에서 관세를 낮춘다는 것은 모든 회원국의 기업에게 회원국 시장의 개방을 의미한다. 기업은 무역블록 내에 자신들의 고객 기반을 확대함에 따라 규모의 경제를 확보하고 이를 통하여 평균 생산비용과 유통비용을 낮출 수 있다. 보다 저렴한 비용 구조는 또한 기업이 국

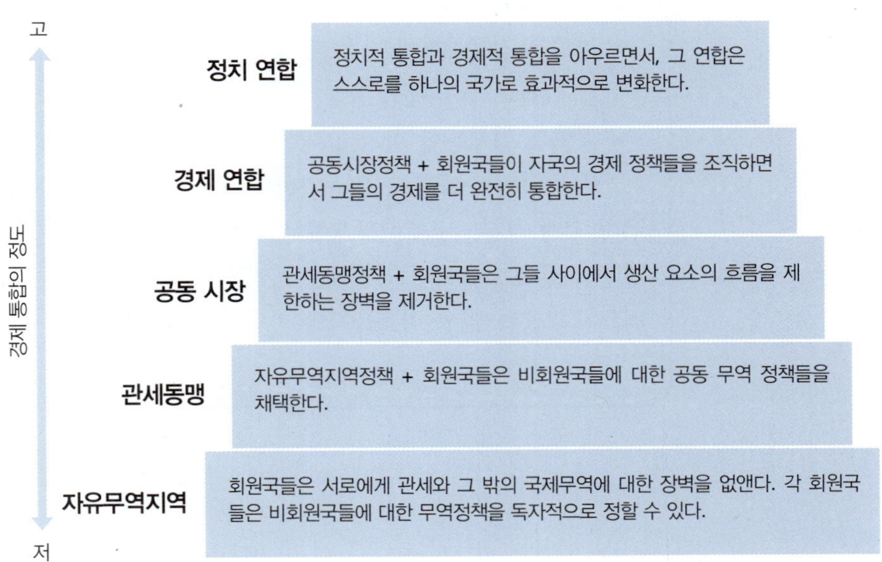

그림 10.2
경제적 통합의 정도에 따른 경제통합의 유형

제적으로 외부 무역블록과의 경쟁에 도움을 줄 수 있다. 예를 들어 많은 캐나다 제조업체들은 미국과의 자유무역 협정을 지지하고 있다. 그들은 거대한 미국시장에 대한 개선된 접근성이 캐나다 공장에서 보다 장기적인 생산 운영을 가능하게 하고 또한 자신들의 평균비용을 낮출 수 있게 함으로써 캐나다 상품들이 FTA 내 · 외부의 국제시장에서 보다 경쟁력 있게 만들 것이라고 믿고 있기 때문이다. 그러나 무역장벽의 제거는 또한 기업의 본국시장이 다른 회원국에 위치하는 기업들과의 경쟁에 노출되는 결과를 가져오기 때문에 비효율적인 기업에게는 위협이 된다.

또한 지역적 무역블록은 블록 외부의 기업이 블록 안에 생산설비시설을 설립함으로써 내부자 신분의 기업이 갖는 편익을 추구하기 때문에 비회원국으로부터 해외직접투자(FDI)를 이끌어 낼 수 있다. General Mills, Toyota 그리고 삼성과 같은 대부분의 비EU 다국적기업(MNCs)들은 유럽의 점증하는 경제통합의 이점을 살리기 위하여 EU내 투자를 아주 많이 하고 있다. 이러한 투자가 유럽 노동자의 생산성을 개선하고 유럽 소비자들의 이용 가능한 선택을 증가시키지만 유니레버, 르노, 지멘스와 같은 기존의 유럽기업에게는 위협이 되고 있다.

전형적으로, 각각의 경제통합 유형은 전체로서의 국가경제에 이점(benefits)을 제공하지만 때때로 해당 경제내의 특정 분야와 공동체에 피해를 입히기도 한다. 결과적으로 어떠한 유형의 경제통합 협상도 쉽지 않다. 경제통합 협정으로 손해를 볼 것이라고 생각하는 특별이익집단(special-interest groups)들은 이에 반대하는 로비를 할 것이다. 예를 들어 미국과 캐나다의 자동차노동자들은 Ford, GM 그리고 Chrysler가 저임금 노동의 이점을 추구하기 위하여 멕시코로 생산시설을 이전할 수 있음을 두려워하여 NAFTA에 반대하는 로비를 하였다. 이와 같은 내부 정치 압력의 결과로 경제통합 협정이 "순수하게(pure)" 이루어진 경우는 거의 드물다. 즉, 대부분의 경우 정치적이고 강력한 내부의 특별이익집단을 조용하게 해줄 일정한 예외규정을 가지고 있다.

In Practice

- 지역적 경제통합의 다섯 가지 유형: 자유무역지대, 관세동맹, 공동 시장, 경제 통합 그리고 정치 통합.
- 지역적 경제통합 협정에 대한 협상의 복잡성은 우리가 한 유형에서 다른 유형으로 이동함에 따라 크게 증가한다.

추가 고려 사항: 지역적 경제통합은 일반적으로 소비자에게 도움이 된다. 마찬가지로 경쟁력 있고 효율적인 기업들은 이익을 얻을 수 있지만, 지역적 경제통합 협정이 이행될 때, 경쟁력 없고 비효율적인 기업들은 새로운 경쟁 상대들의 유입으로 고통 받을 수 있다.

표 10.2 EU, 2011년 자료

국가	총인구(백만)	총 GDP (10억달러)	GDP per capita (일인당 GDP)	가입년도	이사회 투표권	의회 투표권
오스트리아	8.4	418	49,608	1995	10	17
벨기에	11.0	514	46,662	1957	12	22
불가리아	7.5	54	7,158	2007	10	17
크로아티아	4.4	62	14,180	2013	7	12
사이프러스	1.1	25	30,670	2004	4	6
체첸	10.6	217	20,759	2004	12	22
덴마크	5.6	334	59,852	1973	7	13
에스토니아	1.3	22	16,553	2004	4	6
핀란드	5.4	263	48,823	1995	7	13
프랑스	65.4	2,773	42,377	1957	29	72
독일	81.7	3,601	44,059	1957	29	99
그리스	11.3	290	25,621	1981	12	22
헝가리	10.0	140	14,043	2004	12	22
이란	4.5	217	48,423	1973	7	12
이탈리아	60.8	2,194	36,102	1957	29	72
라트비아	2.2	28	12,726	2004	4	8
리투아니아	3.2	43	13,339	2004	7	12
룩셈부르크	0.5	59	114,508	1957	4	6
말타	0.4	9	21,209	2004	3	5
네덜란드	16.7	836	50,076	1957	13	25
폴란드	38.2	515	13,462	2004	27	50
포르투갈	10.6	237	22,315	1986	12	22
루마니아	21.4	180	8,405	2007	14	33
슬로바키아	5.4	96	17,645	2004	7	13
슬로베니아	2.1	50	24,141	2004	4	7
스페인	46.2	1,477	31,942	1986	27	50
스웨덴	9.5	540	57,091	1995	10	18
영국	62.6	2,445	39,038	1973	29	72
Total	508	17,639			352	748

출처: Based on data from World Bank, World Development Indicators data base, accessed July 14, 2013; European Union website, accessed July 14, 2013.

*In U.S. dollars.

10.3 EU

오늘날 세계에서 가장 중요한 지역적 무역블록은 EU이다. 인구 5억 800만여 명의 유럽 28개국은 전체 GDP 17조6천억 달러 혹은 세계경제의 약 25% 규모의 세계에서 가장 부유한 시장 중의 하나이다([표 10.2]와 [지도 10.1]을 참조).

IMF, 세계은행, GATT와 같이 EU의 탄생은 전쟁으로 피폐해진 유럽의 경제적, 정치적 협동을 통하여 평화와 번영을 증진시키고자 하는 욕구가 계기가 되었다. 이러한 목적을 심화시키기 위하여 유럽의 6개국—프랑스, 서독, 이탈리아 그리고 **베네룩스의 국가**들(벨기에, 네덜란드 그리고 룩셈부르크)가 1957년 **로마조약(Treaty of Rome)**에 서약하였다. 로

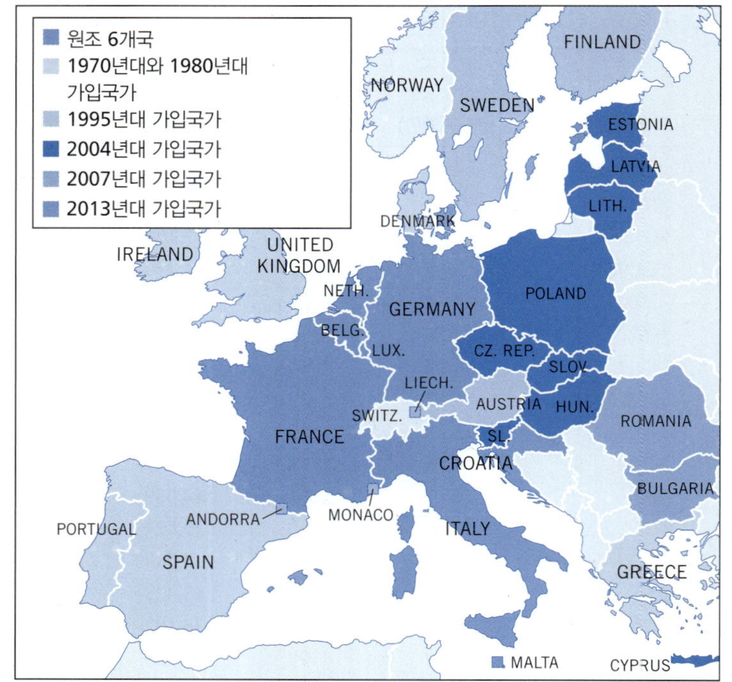

지도 10.1
The European Union

마조약은 유럽경제공동체(European Economic Community: EEC)를 설치하고 6개회원국 간의 공동 시장(common market) 개발을 공식적으로 요구하였다.

이로부터 50여 년 동안 EEC는 명칭을 두 번이나 바뀌었고 회원국도 극적으로 확대되었다. 1970년대 영국, 덴마크 그리고 아일랜드가 EEC에 가입하였고 이를 계기로 통상 EC로 언급되었다. 1980년대에는 그리스, 포르투갈 그리고 스페인이 EC에 가입하여 12개 회원국이 되었다. 1993년 EU 12개 회원국들은 마스트리히트 조약(Treaty of Maastricht)에 서명하였다. 이 합의의 결과로 EC는 EU로 알려지기 시작하였다. 1995년 오스트리아, 핀란드 그리고 스웨덴이 EU에 가입하였고 사이프러스, 체코, 에스토니아, 헝가리, 라트비아, 리투아니아, 몰타, 폴란드, 슬로바키아 그리고 슬로베니아가 2004년에 EU의 회원국이 되었다. 2007년 불가리아와 루마니아가, 2013년 크로아티다가 EU에 가입하여 전체 회원국은 28개국이 되었다.

EU의 지배구조

EU는 독특한 기관이다. EU 회원 국가는 주권국가이지만 때때로 마지못해 EU에 권한을 양도해야만 한다. EU는 "정부 간의 정부(intergovernmental government, 국가 정부의 정부이기 때문에)" "초국가적인 정부(supernational government, 국가단위를 초월하는 권한을 행사하기 때문에)"의 양쪽 모두의 특성을 갖는다고 할 수 있다.

EU는 집행, 행정, 법률 그리고 사법 기능을 수행하는 5개 조직으로 운영된다.

- The European Council(유럽이사회, 벨기에의 브뤼셀에서 소집)
- The Council of the European Union(유럽연합이사회, 본부는 벨기에의 브뤼셀)
- The European Commission(유럽연합 집행위원회, 벨기에의 브뤼셀)

- The European Parliament(유럽의회, 통상 프랑스의 Strasbourg에서 소집)
- The European Court of Justice(유럽사법재판소, 룩셈브루크에 설치)

대다수의 캐나다인들이 자신들의 정부를 "오타와(Ottawa)"라고 말하고 또는 많은 미국인들이 정부를 "워싱턴(Washington)"으로 지칭하는 것과 같은 방법으로 대부분의 유럽인들은 EU 관련기관이 브뤼셀(Brussels)에 위치하고 있기 때문에 EU 정부를 "브뤼셀(Brussels)"이라고 지칭한다.

유럽이사회 **유럽이사회**는 각국의 정부 또는 국가의 수반과 유럽이사회 의장 그리고 유럽연합 집행위원장으로 구성된다. EU의 외교 및 안보 정책 담당의 고위대표가 또한 이 회의에 참가한다. 통상적으로 6개월마다 두 번 소집되는 유럽이사회에서 EU의 정치적인 우선순위와 정책 아젠다의 원형이 만들어진다. 유럽이사회의 의사결정은 EU 조약이 특별한 투표규칙을 요구하지 않는 한 일반적으로 합의에 근거해 이루어진다. 이러한 의사결정에 도달하는 데 단지 정부 수반들이 투표할 수 있다. 비록, 유럽이사회는 비공식적으로는 1974년부터 시작하였지만 리스본 조약이 발효된 2009년에야 비로소 공식적인 EU의 기구가 되었다.

EU이사회 **유럽연합이사회**[이전에는 각료이사회(Council of Ministers)라 불렸다]는 각국에서 선출된 28명의 대표들로 구성되어 있다. 한 나라의 대표자는 이사회의 아젠다에 근거하여 소집된 회의에 파견된다. 예를 들어 만약 이사회가 농업정책을 다룬다면 각국은 농업담당 장관을 파견한다. 이사회 의장은 6개월마다 회원국 간에 교대로 맡는다. 대부분의 이사회 결정에서는 가중투표제도(weighted voting system)가 이용된다. 프랑스, 독일, 이탈리아 그리고 영국은 각각 가장 많은 29개의 투표권을 가지고 작은 나라 몰타는 가장 적은 3개의 투표권을 갖는다. 투표권의 배분은 대략 인구 비율과 회원구의 경제적 중요성에 따른다.

이사회는 EU의 가장 권위 있는 의사결정체이다. 각 대표는 자국의 관심사를 추구한다. 이사회의 강력한 권한은 회원국들이 자국의 이해에 지극히 중대한 것으로 여기는 이슈에 대하여 브뤼셀에 권한을 양도하는 것을 꺼려하였기 때문이다. 그 결과 새 회원국의 가입, 세율, 외교안보 정책의 발의 그리고 EU 조약의 수정 등과 같은 일부 이사회의 결정은 만장일치의 승인이 요구된다. 회원국 간의 이해관계에 덜 위협적이라고 생각되는 문제들에 대한 이사회 결정은 의례적으로 가중다수결(352 투표 중 찬성 260 투표 또는 739%)만을 요구한다. 사실상 거대한 세 나라와 하나의 보다 작은 나라의 연합이 의사결정을 봉쇄할 수가 있다. 그러나 EU는 모든 이슈에 대하여 합의를 이끌어내려고 노력하고 때로는 이러한 심사숙고함이 모든 회원국들에게 수정 가능한 타협안에 대한 개발을 더디게 하기도 한다. 결과적으로 투표규칙에 관계없이 이사회 결정의 압도적인 비율이 만장일치로 이루어진다.

EU 집행위원회 **유럽연합 집행위원회**는 1회원국당 1명씩 5년 주기로 선출된 28명으로 구성된다. 그러나 일단 이들 개개인이 실무에 들어가게 되면 이들의 충성도(loyalty)는 자국이 아닌 EU 그 자체에 있어야 한다. 집행위원회의 주요 위임은 "조약을 지키는 수호자(guardian of Treaties)"가 되어야 한다. 집행위원회는 또한 EU의 행정부와 같은 역할을 수행하며 EU의 연간 예산 134조 유로를 관리한다. 유럽연합 집행위원회의 주요 기능은 다음과 같다.

- 이사회가 심의할 법률의 제안
- 로마조약과 EU 조약의 규정을 구현
- 정치적인 논쟁, 특히 이사회 심의에서 EU의 이해관계를 보호
- EU의 관세동맹, 공동농업정책(Common Agricultural Policy) 그리고 역내 시장 통합을 구현하는 데 광범위한 권한을 보유
- 대중적으로 "Eurocrate"로 알려진 약 38,000여 명의 EU 상주 직원에 대한 관리. 이들의 3분의 2는 브뤼셀의 위원회 본부에서 근무하고 있음. EU는 24개 공식 언어를 가지고 있기 때문에 번역예산으로 1년에 10억 달러 이상이 사용된다. 또한 어떤 공식 언어를 다른 어떤 공식 언어(276조합 가능)로 번역할 수 있는 능력을 가지고 있는 1,750명의 수 개 국어에 능통한 사람들을 고용하고 있다.

유럽 의회 **유럽 의회**는 각국에서 선출된 임기 5년의 736명의 대표들로 구성된다. 의석은 비록 아주 작은 나라(몰타, 사이프러스, 룩셈브루크)는 기준을 초과하기도 하지만 대체적으로 인구비율로 할당된다. 예를 들어 독일은 99석, 프랑스, 이탈리아 그리고 영국은 각각 72의석이며 사이프러스와 룩셈브루크는 6의석 그리고 몰타는 5의석이다([표 10.2]를 참고). 원래 EU의 통치기관인 의회는 약하였다. 처음에는 EU 정책입안의 자문역할만을 가지고 있었을 뿐이었다. 그러나 EU의 관리기관 내에서 의회의 영향을 확대하기 위하여 의회의 예산에 대한 권한(budgetary power)이 이용되었고 그리고 이 장 후반에 논의하겠지만 마스트리히트, 암스테르담, 니스 그리고 리스본 조약에 따라 또한 추가적인 힘을 얻게 되었다.

유럽의회의 점증하는 중요성에 대하여 가장 많이 회자되는 사례는 1999년 의회의 조사에서 여러 위원회의 관리 프로그램에서 사기, 부적절한 관리, 편애 그리고 책임감의 결여가 발견된 이후에 일어난 EU 위원들의 대규모의 사직이다. 많은 유럽인들은 EU의 프로그램에 대한 책임감의 결여와 의사결정 과정에서의 민주의식의 결여를 염려하고 있기 때문에 유럽의회의 역할은 확대되고 시간이 지남에 따라 그 권한도 커질 것이다.

유럽사법재판소 **유럽사법재판소**는 임기 6년의 27명의 판사로 구성되는데, 이들은 회원국 정부가 공동으로 선출한다. 법원은 EU 법을 해석하고 회원국들의 EU 규제와 정책의 준수를 확인한다. 각국 정부는 EU의 정책을 수행하기 때문에 EU재판부에 도착하는 많은 사례는 EU법의 해석을 요구하는 개별국가의 법원으로부터 온 것들이다. 예를 들어 재판소는 맥주 첨가물을 규제하는 독일의 450년 된 순수맥주제조법을 불법이라고 규정하면서, 이 법은 부당하게 독일로 맥주 수입을 제한하고 있다고 판결을 내렸다. 또한 이 장 후반에 논의하겠지만 *카시스 드 디종*의 판례는 로마협정에서 요구하는 공동 시장의 창출에 대한 방법을 유연하게 하였다.

입법 절차 EU의 입법 과정은 비록 일단 이해를 하였다 하더라도 "집행위원회 제안, 의회 자문, 이사회 처리(the Commission proposes, the Parliament advises, the Council

유럽의회(European parliament)는 처음에 EU이사회 중 가장 약한 단체였다. 그러나 새로운 합의가 로마조약을 수정함에 따라 점차 권력을 획득하게 되었다. EU예산을 책정하는 책임을 유럽연합 집행위원회(European Commission)와 함께 가지며 불신임투표로 3분의 2의 동의를 얻으면 유럽연합 집행위원회를 해산시킬 수 있다.

AFP/Getty Images

disposes)" 라는 캐치프레이즈(catch phrase)가 담은 바와 같이 결코 단순하지 않다. 의회가 점증된 권한을 얻게 됨에 따라 입법화의 복잡성은 기하급수적으로 증가하였다. [그림 10.3]은 공동 의사결정 절차에서의 의사결정을 묘사한 것이다. 공동 의사결정 절차는 교육, 환경 보호, 보건, 소비자 정책 그리고 노동자의 자유이동을 포함한 대부분의 이슈를 해결하는 데 이용된다. 공동 의사결정 절차가 적용되지 않는 이슈상의 과정은 보다 단순하고 의회의 권한은 훨씬 약하다.

EU는 새로운 법안을 채택하기 전에 회원국 간 이슈에 대해 합의를 도출하기를 원하

그림 10. 3

공동의사 결정 절차(유럽연합의 조약문 189b)

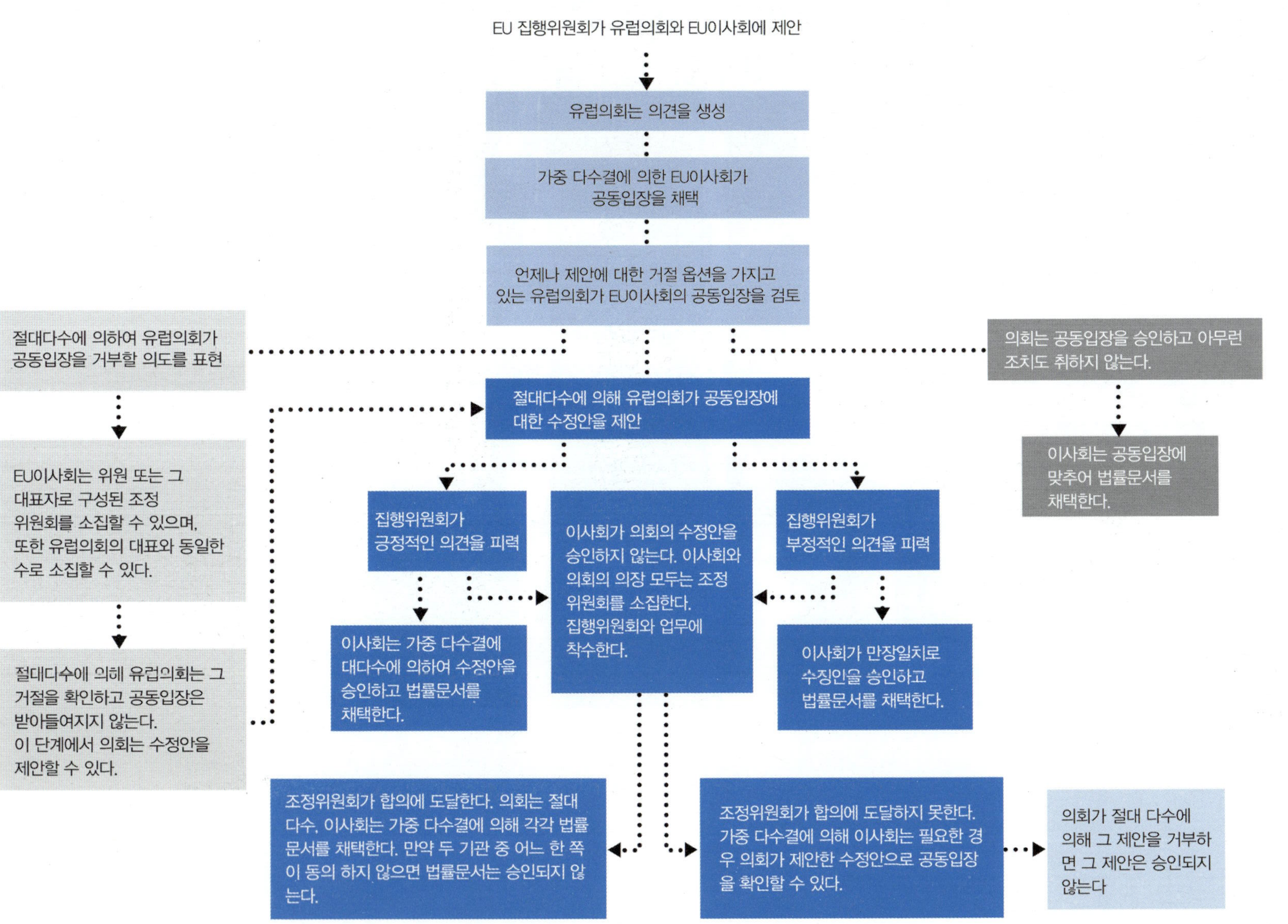

출처: Source: Based on the European Union, Luxembourg: Office for Official Publications of the European Communities, 1997, pp. 24 – 25.

기 때문에, 집행위원회의 제안이 EU의 법이 되고, 그 다음에 그 법이 각 국가의 법으로 시행되기까지 종종 수년이 걸린다. EU의 복잡한 지배구조 체계는 자국의 주권을 유지하고자 하는 회원국들의 열망과 미국, 중국, 일본과 동등한 국제 정치적 그리고 경제적인 위상을 갖는 초국가적 정부를 만들고자 하는 그들의 바람 사이에서 계속되고 있는 다툼을 반영한 것이다. "Venturing Abroad"가 시사하는 바와 같이 많은 다국적기업(MNCs)들은 자신들의 이익을 위하여 권력 투쟁을 활용한다. 국가의 주권과 초국가정부를 둘러싼 논쟁은 또 다른 방법으로 명시되어 있다. 비록 EU가 정책을 만들지라도—대부분의 경우 회원국의 국가에서 시행이 되지만—이 정책을 자신들의 독특한 환경에 맞추어 시행할 수 있도록 회원국 정부에게는 부가적인 유연성이 부여되고 있다.

공동시장 창출을 위한 노력

공동시장 창출이라는 로마조약의 목표는 참으로 선견지명이었다. 불행하게도 EU 존속의 처음 35년 동안에는 잔인한 신기루에 지나지 않았다. 상품, 서비스, 노동, 자본 그리고 기술의 자유로운 이동을 허용하는 공동시장을 만들기 위하여 EU 회원국 각각은 다른 EU 회원국들과 양립할 수 있도록 수천여 개에 달하는 자국의 법률, 제품 표준 그리고 규제의 변경에 동의하여야만 하였다. 실제 회원국들은 자국 내의 특수이해관계 집단들의 정치적인 압력을 이유로 조심스럽게 움직였다.

결과적으로 유럽에서 구매되는 거의 모든 상품과 서비스에 영향을 주는 국가 규제의 충돌은 무역과 공동시장의 완성을 방해하였다. 예를 들어 스페인은 스페인어에서 일반적으로 사용되는 악센트 표시(accent mark) "tilde(기호)" 키를 탑재한 키보드의 판매를 주장하였다. 다른 EU 국가에서 이와 같은 규제를 기술한 나라는 없었다. 이탈리아는 파스타는 durum wheat(마카로니 등에 사용되는 밀의 종류)로 만들어야 한다고 주장하였으나 다른 EU 회원국들이 이를 받아들여주지 않았다.

EU는 처음에는 이러한 충돌을 제거하기 위하여 **조화(harmonization)**의 과정에 의존하였다. EU는 회원국들에게 상품과 서비스 그리고 자원 이동의 EU내 무역(intra-EU trade)에 영향을 주는 공통의 EU-wide ("harmonized") 규제를 자발적으로 채택하도록 독려하였다. 그러나 조화의 과정은 회원국 안의 변화에 저항하는 내부 정치적인 힘 때문에 서서히 진행되었다. 예를 들어 언어의 순수성을 보호하기 위하여 스페인은 물결표(~) 문제(tilde issue)에 대한 양보를 거부하였다. EU 생산자들은 상이한 국가 규제들을 준수하기 위하여 2600억 달러(1988년 기준)로 추정되는 비용을 낭비하였다.[6] 이러한 비용 증가는 유럽 소비자가 지불하는 가격을 인상시키고 유럽 제조업자의 글로벌 경쟁력을 감소시킨다.

제품 표준화와 관련한 충돌을 제거하기 위한 진전은 일부 비판론자들이 EU가 붕괴될 것이라고 믿었을 정도로 너무 천천히 진행되었다. 그러나 1979년 유럽사법재판소는 지금은 유명한 *Cassis de dijon* 사례에 대한 견해를 표명하였다. 독일의 도매업자 Rewe Zentral AG는 블랙커런트(Blackcurrant)로 만든 프랑스의 리큐어(liqueur) Cassis de dijon(디종의 카시스)를 독일로 수입하기 원했다. Cassis de dijon은 알코올 함유량이 너무 낮아 독일 규제 표준에 맞추는 데 실패하였다. Rewe Zentral은 독일이 상품의 자유로운 이동을 촉진시키고자 하는 로마 조약의 의무를 위반하였다고 주장하면서 제소하였다. 유럽사법재판부는 독일의 도매업자에서 유리한 판결을 내렸다. 이러한 판결을 통하여 재판부는 만약 어느 한 회원국의 정부가 제품이 판매에 적절하다고 결정을 내린다면 다른 EU 회원국 모두는 또한 로마조약의 규정에 의하여 그렇게 하여야 한다는 상호인정(mutual recognition)의 개념을 만들었다. 프랑스가 Cassis de dijon을 적법한 리큐어라고 결정하였기 때문에 독일도 동일하게 Cassis de dijon의 판매를 허용하여야 한다는 것이다.

비록 재판부의 판결이 약간의 허점을 가지고 있다 할지라도 *Cassis de dijon* 사례의 함축된 의미는 심오하다. 더딘 조화의 과정이 우회될 수 있음을 의미하는 상호 인정의 개념을 채택함에 따라 제품 표준을 둘러싼 충돌이 이제 더 이상 EU 회원국 간의 무역장벽으로 작용하지 않게 된 것이다. 이 사례의 타이밍(시의적절함)도 또한 행운이었다. 즉 많은 유럽의 경제 및 정치적인 지도자들이 세계시장에서의 유럽기업의 경쟁력을 걱정하기 시작하였기 때문이다. 이들의 염려가 로마 조약에서 촉구한 공동시장의 완성에 대한 EU의 공약(약속)에 새로운 활력을 불어넣었다.

1985년 유럽연합 집행위원회는 *역내 시장 통합에 관한 백서(White Paper on Completing the Internal Market)*를 발간하였다. *백서*에서는 회원국 간의 상품, 서비스, 자본 그리고 노동의 자유로운 이동상의 모든 무역 장벽과 규제를 종결시키는 가속된 진전을 촉구하였다. *백서*의 비전을 수용함에 따라 1986년 2월 회원국들은 단일유럽의정서(Single European Act)에 서명하였고 이는 1987년 7월 1일부로 발효되었다. 이 의정서는 1992년 12월 31일까지 역내 시장(internal market, 유로의 관료들이 "common market"의 의미로 개발한 개념)의 완전한 형성에 도움을 주기 위한 것이었다. 단일유럽의정서에 따라 역내 시장통합을 위한 279개의 광범위한 규제가 개정되었다. 비록 이 모든 개정이 1992년의 시한까지 완전히 수행되지는 못하였지만 공동시장의 창출이라는 로마 조약의 목표 실현이 임박하였다(실은 35년의 세월이 더 소요되었음)고 믿었을 정도로 충분한 진전을 거두었다. 그러나 여전히 도전의 중요성을 생각한다면—그렇게 많은 정부가 광범위한 활동 범위에서 평화적으로 협력해 가는 것—아마도 35년이란 시간은 매우 짧은 기간이다.

유럽기업, 경제 그리고 노동자에 있어 공동시장 창출의 이익은 상당하다. 공동시장은 기업에게 무역장벽으로부터 자유로운 거대하고 풍요로운 시장에서 자신들의 상품을 판매할 수 있는 기회를 제공해준다. 그러나 EU 회원국의 기업이 비록 거대 시장에 대한 개선된 접근성을 얻게 되었지만 그들은 또한 다른 회원국 기업으로부터 자국 시장에서의 경쟁심화에 직면한다. 이 경쟁 심화는 EU를 통하여 소비자에게 이익을 제공한다. 기업은 일반적으로 28개의 독립된 국가 규제 대신에 일련의 EU 차원의 규제 하나만 대응하면 되기 때문에 마케팅, 제품생산 그리고 연구개발(R&D) 비용은 감소한다. 많은 기업들은 규모의 경제를 실현하기 위하여 또한 자신들의 생산비용을 낮추기 위하여 유럽의 제조공정을 재구축할 수 있었다. 그리고 EU는 수익성 좋은 유럽시장에 참여하고자 하는 다른 외국 기업들과 유럽의 공동시장에서 이익을 보고자 하는 다른 외국 기업들의 매력적인 투자처가 되었다. EU에 대한 미국의 해외직접투자(FDI)는 *백서*가 처음 발간된 1985년의 840억 달러에

VENTURING ABROAD

EU 로비하기

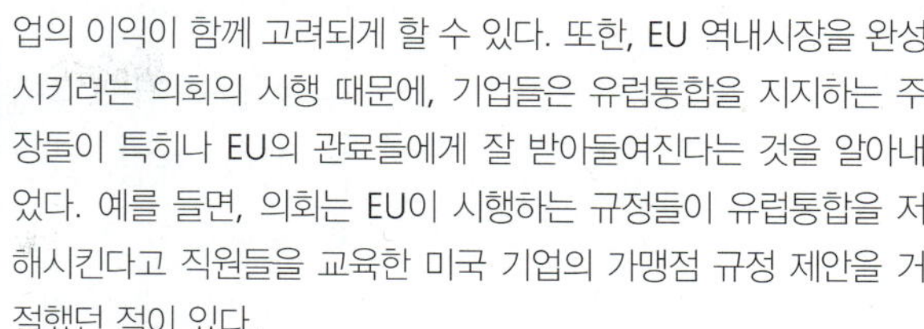

EU(유럽연합) 정부는 항공사에서 초과 예약으로 인해 비행기를 못 탄 승객들에게 회계기준에 따라 비용을 조정해주는 등, 국제 기업들에 영향을 미치는 많은 활동에 연관되어 있다. 기업들에게 방대한 유럽시장들을 열어주고 닫는 결정을 내리는 EU의 영향력 때문에 대부분의 국가들은 경제적인 이익에 손해 보는 일이 없도록 하기 위하여 유럽연합과 외교적인 관계를 유지한다. 예를 들어, 미국은 대사자격을 갖춘 국무성 고위관리가 이끄는 미국 기관을 EU에 두고 있다.

한편, 감각 있는 국제 사업가들은 불리한 EU의 규정에 직면하였을 때, 자국 정부의 보호에만 전적으로 의존하지 않는다. 실제로 약 만 오천 명으로 추산되는 로비스트들이 EU의 정책과 결정에 영향을 주기 위해 브뤼셀에서 일하고 있다. 그들의 성공의 열쇠는 EU 내에서의 권력관계를 이해하는 것이다—특히 자국의 이익을 지키는 유럽연합의회와, 통합된 유럽의 이익을 증진시키려 하는 유럽연합실행위원회와의 관계가 중요하다. EU 규정으로 위협받고 있는 기업들은 2가지 전략을 생각해보아야 한다.

1. 기업은 EU의 규정을 기업에 더 이로운 규정으로 바꿀 수 있도록 의회와 의회의 복잡한 관료들에 로비할 수 있을 것이다. 의회는 EU 회원국들의 다양한 이익을 계속해서 자주 반영해 주어야 하기 때문에, 기업은 의회로 하여금 자기 기업의 이익을 다른 요소들과 함께 그 긴 목록에 추가되도록 하여 의회의 상정안에 따라 자기기업의 이익이 함께 고려되게 할 수 있다. 또한, EU 역내시장을 완성시키려는 의회의 시행 때문에, 기업들은 유럽통합을 지지하는 주장들이 특히나 EU의 관료들에게 잘 받아들여진다는 것을 알아내었다. 예를 들면, 의회는 EU이 시행하는 규정들이 유럽통합을 저해시킨다고 직원들을 교육한 미국 기업의 가맹점 규정 제안을 거절했던 적이 있다.
2. 기업은 의회의 동맹국들에게 로비할 수 있을 것이다. 예를 들어, "모든 정책은 현지 지향적이다(all politics is local)"라는 문구를 기억해보라. 영국에 조립공장을 건설했던 일본 자동차 회사는 자국의 일자리를 보존하는 것에 관심이 있었던 영국 의회의 대표에게 프랑스와 이탈리아 자동차회사들이 EU로 하여금 영국에 있는 조립공장들에게 불리한 조항을 통과시키도록 부추길 때 도움을 요청할 수 있었다.

출처: "Astroturfing takes root," *Financial Times*, June 27, 2013, p. 7; Europe proposes U.S.-style measures aimed at lobbyists," *Wall Street Journal*, May 4, 2006, p. A10; James N. Gardner, "Lobbying, European-style," Europe, November 1991 (Number 311), pp. 29–30; "European bureaucrats are writing the rules Americans will live by," *Wall Street Journal*, May 17, 1989, p. A1; "Lobbying Brussels in anticipation of 1992," *Wall Street Journal*, March 6, 1989, p. A12.

서 2000년에는 1조9천억 달러로 증가하였다. 비슷하게 1985년 이래 500여 개 이상의 일본 기업들이 EU에 운영법인을 설치하였다. 가장 최근에 EU는 중국기업의 표적이 되었다. 2008년부터 2010년 사이에 중국기업들은 EU 지역의 풍부한 소비시장과 정교한 기술에 대한 접근을 위하여 EU에게 440억 달러를 투자하였다.[7]

공동 시장에서 유럽 연합으로

EU 회원국들은 단일유럽의정서에 근거하여 달성된 진전을 자랑하고 있는데 그것은 당연하다. 필수적인 개혁이 완료되고 있을 때 냉전이 끝났다. 소련연방은 붕괴되었고 동유럽과 중유럽의 국가들은 공산주의를 포기하였으며 핵전쟁의 위험은 감소하였다. 미국만이 세계의 유일한 초강대국으로 홀로 서게 되었다. 일부 유럽의 정치인들은 유럽이 세계무대에서 다시 존재감을 발휘할 것이고 또한 미국의 지정학적 지배로부터 벗어날 것이라고 믿었다. 그런 반면에 유럽의 경제학자들은 북미와 아시아의 경쟁자들과 비교할 때 이렇게 많은 다른 화폐(통화)로 비즈니스를 전개하는 것과 관련된 위험과 비용 때문에 경쟁상의 불리함이 여전히 존재한다고 주장하였다. 이러한 염려들이 강조됨에 따라 EU의 경제적, 정치적 미래를 논의하기 위하여 1991년 12월 네덜란드의 Maastricht에서 EU 각료이사회가 개최되었다.

그 결과는 로마 조약을 수정한 새로운 조약이었다. 이 새로운 조약은 공식적으로는 **유럽연합 조약(Treaty on European Union)**으로 비공식적으로는 **마스트리히트 조약(Maastricht Treaty)** 알려져 있다. 12개 EU 회원국들이 비준한 이후 마스트리히트 조약은 1993년 11월 1일 공포되었다.

마스트리히트 조약은 EU의 경제 및 정치적인 통합을 개선하기 위하여 고안된 3가지 핵심 축(three pillars, 삼주체제)에 기초하고 있다.

1. 회원국 간의 공동의 외교안보정책을 만들기 위한 새로운 합의
2. 치안, 사법 그리고 공공안전 문제에 관한 협조를 위한 새로운 합의
3. 오랫동안 친숙한 유럽 공동체에 회원국 정부 간의 경제와 화폐의 통합을 만들기 위한 새로운 조항

이 조약이 시행된 후 유럽 공동체(European Community)는 일반적으로 증가하는 유럽 통합의 인식 속에서 유럽 연합(European Union)으로 알려지기 시작하였다. 마스트리히트 조약은 시민들에게 생존의 권리, 노동의 권리, 투표의 권리 그리고 EU 내 어느 곳에서든지 선거에 출마할 권리를 인정하였다 그리고 EU 입법기관(legislative body, 입법부), 즉 예산, 국제 무역, 문화 그리고 건강 문제를 다루는 유럽 의회의 권한을 강화하였다. 이 조약은 또한 새로운 **결속기금(cohesion fund)**을 만들었는데 이는 1인당 GDP가 EU 평균의 90% 이하의 나라들에 대한 경제개발 원조를 제공하는 수단이다. 처음 결속기금을 받은 나라는 스페인, 포르투갈, 그리스 그리고 아이슬란드였다. 아이슬란드는 경제의 활성화로 1인당 수입이 EU의 평균을 상화하였기에 2004년 결속기금이 종결되었다. 최근 EU에 가입한 12개 회원국 또한 결속기금의 원조를 받을 자격을 부여받았다.

의심할 것도 없이 마스트리히트 조약의 가장 중요한 측면은 **경제 통화연맹(economic and monetary union)**의 설립이다. EMU의 주된 임무는 현존하는 국가 통화를 대체하기 위한 유로라 불리는 단일 통화를 만드는 것이다. 2013년 시점에서 17개 EU 국가들이 유로를 사용하고 있다. EU의 처음 15개 회원국 중에서 단일 통화 블록을 선택하지 않은 나라는 덴마크, 스웨덴 그리고 영국에 지나지 않았다. 최근에 가입한 13개 회원국 중에 다른 회원국들이 단일통화 채택에 필요한 국가별 거시경제지표의 수렴조건을 충족시키지 못하고 있는 반면 사이프러스, 에스토니아, 몰타, 슬로바키아 그리고 슬로베니아는 자신들의 통화로 유로를 채택하였다.

경제 통화동맹의 설계자들은 동맹이 성공하려면 동맹 가맹국들의 경제 정책의 수렴이 필요하다고 믿었기 때문에 국가별 거시경제지표의 수렴조건을 개발하였다. 이에 따르면 유로를 채택하고자 하는 EU 회원국들은 누구나 다 다음의 5가지 국가별 거시경제지표의 **수렴조건**을 충족시켜야만 한다.

1. 국가의 인플레율(inflation rate)은 인플레율이 가장 낮은 3개 EU 회원국의 평균보다 1.5퍼센트 포인트 이상 높지 않아야 한다.
2. 국가의 장기금리(long-term interest rates)는 장기금리가 가장 낮은 3개 EU 회원국의 평균 금리보다 2퍼센트 포인트 이상 높지 않아야 한다.
3. 국가는 2년간 EU의 개정된 환율 메커니즘(exchange-rate mechanism, ERM II)의 구성원이어야 하며, 해당 기간 동안 해당 국가는 ±5% 범위 내에서 유로화에 대한 자국 통화에 대한 가치를 유지하기 위하여 노력하고(즉 적어도 2년간은 EU의 환율

메커니즘에서 정한 통상의 변동 폭을 지켜야 함을 의미), 또한 해당 기간 동안 자국의 통화를 평가절하하지 않아야 한다.

4. 국가의 정부 재정적자(budget deficit)는 해당국 GDP의 3%를 초과하지 않아야 한다.
5. 국가의 정부 미지불 부채(outstanding government debt)는 해당국 GDP의 60%를 초과하지 않아야 한다.

1999년 1월 1일 유로가 도입되었다. 이 날에 맞추어 참가국들은 자국통화 가치를 변경할 수 없게 유로에 고정하였다. 그러나 유로 동전과 지폐(bank note)는 즉시 사용되지는 않았다. 3년의 이행 기간(1999~2001년) 동안에 유로는 EU의 통화 통합에 참여하는 회원국 정부와 은행 시스템 간의 거래를 해결하기 위하여 장부상의 통화로만 존재하였다. 2002년 1월 1일 새해 첫날, 유로 동전과 지폐가 유통됨에 따라 일반 시민들은 자신들의 일상적인 비즈니스 거래에 유로 사용이 가능하게 되었다. 두 달간의 이행 기간을 거친 후 회원국들의 국가 통화(nation currencies)는 화폐 유통에서 사라졌고 그리고 더 이상 법정통화(legal tender)로서 인정되지 않았다.

유로의 탄생은 환율위험과 유로 존에서 비즈니스를 영위하는 기업의 환전비용을 감소시켰다. 유로가 출현하기 전에는 유럽 내 국경을 넘어 비즈니스를 영위하던 기업들이 프랑스 프랑을 벨기에 프랑으로, 네덜란드 길더를 오스트리아 실링 등등으로 전환하기를 바랄 때에는 언제나 통상 거래금액의 0.4%에서 2%의 범위에서 은행에 수수료를 지불하여야만 하였다. 뿐만 아니라 8장에서 논의한 바와 같이 기업은 이러한 거래에서 환율위험까지 견

Zandra Pustay

유로존 소비자(유로화 사용국민)들은 유로화의 탄생으로 이득을 보고 있다. 단일화폐는 가격비교를 용이하게 하였고 환전비용과 유로존 국가들 사이에서의 비용 헤징을 없애주었다.

더야 하였다. 비록 외환시장에 이 위험을 줄이기(또는 분산하기) 위하여 다양한 기술이 개발되었지만, 이러한 기술에도 불구하고 은행이나 브로커에 대한 수수료는 지불하여야 했다. EU 사무국은 유로의 탄생으로 환전과 헷징비용으로 연간 250억 달러에서 300억 달러 정도가 절약될 것으로 추정하고 있다.

단일통화의 탄생에는 어떠한 이견도 없었지만, 참가 회원국들은 자국의 통화 공급과 경제적 운명에 대한 통제를 상실하였다. 새롭게 창설된 **유럽중앙은행(European Central Bank)**은 현재 유로존의 통화 공급과 금리 그리고 인플레이션 관리에 대한 책임을 지고 있다. 뿐만 아니라 안정 및 성장에 관한 협약(Stability and Growth Pact)의 조건에 따라 유로존 참가국들은 자신들의 연간 재정적자가 GDP의 3%를 초과하지 않는다는 제한에 동의하였다. 따라서 경제성장을 촉진하기 위해 재정정책을 이용할 수 있는 능력은 엄격하게 축소되었다. 예를 들어 2003년 독일정부는 그 당시 0.25%에 불과한 빈약한 독일경제의 성장에도 불구하고 3% 규정에 맞추기 위하여 세금을 인상하였다. 그 결과 회원국 정부는 단기재정 문제들(short-term pocketbook issues) 때문에 선거 패배에 취약하였다. 다른 비평가들은 유로 존 전체에 "널리 적용되게 만든(one size fits all)" 통화 정책은 유로 존 국가들의 국가경제가 상이한 비즈니스 순환의 단계에 있을 때마다 경제적 문제를 야기할 것이라고 우려한다.

예를 들어 2000년대 중반에 아일랜드 경제는 이탈리아, 프랑스 그리고 독일의 경제가 정체된 반면에 과열된 상태였다. 다른 나라 관계자들이 보다 팽창적인 통화정책을 주장한 반면에 아일랜드 정부 관계자는 아일랜드 경제를 냉각시키고자 하는 희망에서 유럽중앙은행이 공격적으로 금리를 인상하기를 바랐다.[8] 계속되는 아일랜드 주택시장의 거품과 주택시장 거품의 붕괴는 2010~2011년 EU의 구제금융 위기를 초래하였다.

유럽조약[암스테르담 조약(The Treaty of Amsterdam)으로 보다 잘 알려진 **The Treaty of Europe]**으로 유럽통합 과정은 성공적으로 이루어졌다. 1997년에 서명한 암스테르담 조약의 가장 중요한 구성요소는 다음을 포함한다.

- EU의 만성적인 높은 실업수준(특히 젊은 세대)에 대처하기 위한 강력한 관여
- 역내 회원국 증가에 따라 공동 결정 절차(co-decision procedure)가 요구되는 유럽의회의 역할 강화에 대한 계획
- 전체적으로 회원 그룹(groups of members)이 EU보다 빠른 경제 및 정치 통합을 진행하는 것을 허용하는 2 트랙 시스템의 확립

2003년 2월부터 정식으로 발효된 **니스 조약(Treaty of Nice)**에 의하여 EU 조직운영의 협의(governance arrangement)에서 적절한 조정이 이루어짐에 따라 통합과정이 지속되고 있다. 예를 들어 회원국 수의 증가에 따른 정치적 교착상태의 위험을 감소시키기 위하여 이 조약에서는 유럽의회 승인에 만장일치가 요구되는 영역의 수를 줄였다. 가중다수결 결정에서 각국의 의회 위원에게 할당된 투표 수 또한 조정되었다.

유럽의 지도자들은 EU의 의사결정 체계 과정을 개혁하는데 더 중요한 조치가 필요하다고 인식하였다. 즉 6개 회원국이 고안한 조직구조는 확대된 EU의 니즈에 더 이상 적합하지 않았던 것이다. 일부 회원국들은 자국의 이해관계를 보호하는 이사회의 권한은 약해

지고 유럽전체를 대표하는 유럽집행위원회의 권한은 강화될 것이라고 믿었다. 그러나 다른 회원국들은 자국의 주권 손실에 대한 두려움 때문에 이 제안을 반대하였다. EU 회원국들은 이러한 충돌을 해결하기 위하여 유럽협약(European Convention)을 만들기로 합의하였다.

2002년에 심의가 시작된 협약에서 2004년 EU 회원국 정부의 지도자들이 인준함으로써 발의된 헌법 초안을 작성하였다. 그 때 발의된 헌법(유럽헌법조약)은 각각의 정부가 자체 승인 프로세스를 결정함으로써 회원국 정부가 만장일치로 승인했어야 했다. 일부 회원국 정부는 그들의 의회가 헌법을 비준하도록 선택하였으며, 다른 회원국 정부들은 유권자 국민투표를 선택하였다. 프랑스와 네덜란드는 헌법 승인을 국민투표에 붙이기로 하였다. 2005년 5월 프랑스 유권자들은 유럽헌법조약을 거부하였으며, 1주일 뒤 네덜란드 유권자들도 효과적으로 유럽헌법조약을 거부하였다

유럽헌법조약의 소멸에 이은 "숙고의 기간(period of reflection)" 2년 후, EU 회원국 정부는 **리스본 조약(Treaty of Lisbon)**을 지지하기로 합의하였다. 이른바 **개정조약**으로 불리는 리스본 조약은 헌법 조약에 의해 제안된 많은 조직운영에 대한 변화를 반영한 것이다. 리스본 조약은 2009년 12월에 정식 발효되었다. 이러한 변화들 중 가장 중요한 것은 30개월 임기(1차례 연임 가능)의 유럽연합의 대통령직(상임의장)을 신설하는 것과 세계무대에서 EU를 대표하여 연합의 외교 안보정책을 담당하는 고위 대표자를 지명하는 것 그리고 2014년부터 적용하는 의회 의사결정에 대한 투표규정의 변화이다. 이외에도 유럽연합 집행위원회가 보다 효율적으로 관리될 수 있도록 정원의 감축을 용인하는 것과 사법 및 본국의 이슈를 포함한 보다 많은 영역으로 공동의사결정과정을 확대하여 적용시킴으로서 유럽의회의 권한을 강화하는 것 등이 있다. 리스본 조약은 또한 발의된 EU 입법 사항에 대하여 회원국가 입법부가 의견을 제시할 수 있는 공식적인 권리를 인정하였다. 만약 각 국가 의회가 일정한 수 이상 법률의 입안에 반대한다면(대부분 경우 3분의 1, 사법과 본국에서의 자치입법의 경우에는 입법부의 4분의 1), 유럽연합 집행위원회는 발의된 법안을 회원국가의 입법부의 우려를 존중한다는 관점에서 재검토하여야 한다.

미래 EU 도전과제 물론 정치적인 충돌은 여전히 존재하지만("Venturing Abroad" 참조), EU 회원국들은 로마조약의 목표 실행에 주목할 만한 진전을 이루었다. 의견이 갈리는 문제의 하나는 산업에 대한 정부 보조이다. EU 규정에서는 국가 정부는 경쟁을 "왜곡"시키는 기업에 대한 보조금을 제공하지 않아야 한다. 여전히 정부는 자국 기업이 파산하는 것을 꺼려한다. 자국의 일자리가 위협받을 경우에는 특히 그러하다. 이는 정부가 자국 국내은행의 실패를 감소시키기 위한 프로그램을 시행하던 최근의 글로벌 경기 침체기에 특별한 문제로 되기 시작하였다. 보조금 또는 자국의 국내은행을 지원하기 위한 프로그램은 로마 조약과 단일 시장의 정신에 반하여 다른 EU 국가 은행에 대한 자국 국내은행의 경쟁을 명백하게 도와주는 것이다. 프랑스, 이탈리아, 폴란드 그리고 스페인 등을 포함하는 일부국가는 EU 차원의 자본시장을 만들고자 한 로마 조약의 목표에 반하여 다른 EU 국가에 본부를 둔 기업에 의하여 적대적 기업인수로부터 자국 국내 기업들을 보호하고자 하였다.[9] 프랑스와 영국은 영국의 이해에는 손상을 초래하고 프랑스 농가에게는 불균형하게 혜택을

VENTURING ABROAD

The Tobin Tax(토빈세)

유럽 연합(EU) 회원국을 분열시키는 한 가지 논쟁적인 문제는 예일 대 경제학 교수이자 노벨 수상자인 제임스 토빈(James Tobin)의 이름을 따서 명명된 이른바 토빈세(Tobin tax)의 부과이다. 1960년대에 Tobin은 주식 및 채권 판매와 같은 금융 거래에 약간의 세금(0.1%)을 부과할 것을 제안했다. Tobin은 세금이 투기를 억제하고, 변동성을 줄이며 수익을 올리는 수단이라고 생각했다. 2012년, Tobin의 추측을 인용해 유럽연합 집행위원회(European Commission)는 주식 및 채권 판매에 대해 0.1%의 토빈세를 적용하고, 파생상품 거래에 대해 0.1%의 세금을 적용 할 것을 제안했다. EC는 연간 세금이 300~350억 유로 증가할 것으로 추정했다. 유럽연합 고위공무원(Eurocrats)에게 세금은 인기가 없는 두 그룹에 부과된다는 사실은 언급되지 않았다. 첫 번째 그룹은 일반적으로 말하는 은행가와 금융가인데, 일반적 시각에서 그들은 바로 글로벌 경기 침체를 초래한 장본인이고, 정부가 경기침체로 인한 추가적인 경제재앙을 피하기 위해 구제 금융을 제공할 때 이익을 챙긴 그룹이다. 두 번째 그룹은 바로 영국정부이다. 보수당의 David Cameron 총리가 이끄는 영국 정부는 EU의 예산증액(영국은 예산의 축소를 원함)과 EU 차원의 은행규제(영국은 반대)를 포함하여 유럽 집행위원회가 선호하는 다양한 조치를 반대하는 주된 장해물이었다. 또한 세계 자본시장의 가장 중요한 중심은 City of London(런던의 금융 중심지)이기 때문에 세금의 대부분은 영국에 기반을 둔 기관이 부담하게 될 것이기 때문이다.

영국 정부는 EU가 부과한 토빈세가 금융거래를 런던에서 뉴욕, 도쿄, 싱가포르, 홍콩 등과 같은 다른 국제 금융센터로 유도하고, 그 결과 영국 경제의 주력 중 하나를 파괴할 것이라고 주장한다.

유럽 대륙에 거주하는 일부 유럽인(영국 외의 유럽인)의 관점에서 볼 때, 이는 작은 대가에 불과하다.

출처: "Britain challenges EU over Tobin tax," *Financial Times*, April 20/21, 2013, p. 3; British leaders must act fast to save the Square Mile," *Financial Times*, March 7, 2013, p. 9; "The whys and wherefores of an EU "Tobin tax'," *Financial Times*, March 4, 2013, p. 14; "U.S. banks fire warning as EU prepares to unveil 'Tobin tax'," *Financial Times*, February 14, 2013, p. 13.

주고 있으며 또한 EU와 미국, WTO 그리고 케언스 그룹(Cairns Group)과의 관계를 손상시킴으로써 유럽의 다국적기업들이(MNCs) 해를 입고 있다고 EU의 공동농업정책(Common Agricultural Policy: CAP)을 둘러싸고 논쟁을 계속하고 있다. 다른 나라들은 EU 내의 민주성의 부족과 책임성의 결여를 우려하고 있다. 그들은 EU에서 유일하게 직접 선출한 운영기구인 유럽의회에 보다 많은 권한이 주어져야 한다고 믿는다. EU가 직면한 도전과제는 본 장의 closing case에서 자세하게 다룬다.

In Practice

- 28개국 구성의 유럽 연합(EU)은 세계에서 가장 중요하고 가장 포괄적인 지역경제 통합 협정을 맺고 있다.
- 그렇더라도 EU는 여전히 수많은 도전에 직면하고 있다. 부분적으로는 이질적인 구성원들이 경제적, 정치적, 인구 통계적 그리고 거버넌스 문제들에 대한 합의에 도달하기 어렵기 때문에 발생하는 것이지만, 이 역시 EU가 해결해야 할 도전들이다.

추가 고려 사항: 유럽 연합(EU)은 성공인가 실패인가? 답을 정당화하라.

10.4 다른 지역 무역 블록들

무역촉진을 통하여 회원국들을 보다 부유하게 한 EU의 성공은 다른 지역의 무역 블록의 발전을 자극하였다. 현재 사람이 거주하는 모든 대륙은 적어도 하나의 지역 무역그룹에 속해있다. 예를 들어 유럽의 경우 **European Free Trade Association(유럽자유무역연합)**과 같은 많은 다른 소규모의 무역 블록을 가지고 있다. EFTA의 회원국에는 아이슬란드, 리히텐슈타인, 노르웨이 그리고 스위스가 있다. 이들 중 먼저 세 나라가 회원국 간의 상품, 서비스, 노동 그리고 자본의 자유로운 이동을 촉진하기 위한 **유럽경제지역(European Economic Area)**으로 알려진 공동시장을 창출하기 위해하여 EU에 가입하였다. 2010년, 러시아, 벨라루스(Belarus) 그리고 카자흐스탄은 2012년 공동시장 창출을 목표로 관세동맹을 형성하였다.

NAFTA

지역경제통합의 또 다른 중요한 사례는 NAFTA(the North American Free Trade Agreement)이다. 캐나다, 멕시코 그리고 미국 간의 무역과 투자에 관한 장벽을 줄이기 위하여 1994년에 시행된 NAFTA는 1988년 캐나다와 미국 간의 자유무역협정(FTA)을 기반으로 만들어진 것이다. 캐나다와 미국은 세계 최대 규모의 양자 간 무역관계를 맺고 있었고, 2012년 양방 간의 전체 무역은 7,150억 달러에 달하였다. 멕시코가 미국에게 3번째(캐나다와 중국을 이어)로 큰 무역 파트너인 반면에 미국은 멕시코의 가장 거대한 무역 파트너이다. 2012년 354억 달러에 달한 캐나다와 멕시코 간의 무역은 NAFTA 창설 이후 6배 이상 증가하였다.

NAFTA는 북미경제통합을 증진시켰다. 15년 기간에 관세장벽은 낮아졌고, 비관세장벽은 줄어들었으며 3개국 기업들의 투자기회는 증가하였다. 그러나 일부 산업은 합의에서 특별한 대우를 받았다. 모든 3개국 협상단은 특정 이슈나 산업의 정치적인 민감성을 인식하고 협정의 비준을 확고히 하기 위하여 NAFTA 내에서의 이들 산업에 대한 특별한 대우에 타협을 한 것이다. 예를 들어 캐나다는 미국 미디어의 지배를 두려워하였기에 NAFTA는 캐나다가 자국의 문화산업(출판, 음악, 텔레비전, 라디오 그리고 영화)에 대한 외국인 투자 제한을 허락하였다. 유사하게 미국이 자국의 항공과 방송 산업에 대한 외국 소유를 금할 수 있었던 반면에 멕시코는 자국의 에너지 분야에 대한 외국투자를 저지할 수 있었다.

미국과 캐나다 협상단은 또한 비회원국 기업들이 미국과 캐나다의 관세를 피할 수단으로 멕시코에 이른바 screwdriver plants를 설립할 수 있음을 염려하였다. **스크루드라이버 공장(screwdriver plants)**이란 제품의 변형이 거의 수행되지 않는 공장이다. 은유적으로 말하자면 이러한 공장에서는 노동자가 필요로 하는 유일한 도구가 제품을 조립하는 데 이용하는 스크루드라이버이다. 그래서 협상단들은 제품의 기원이 북미인가 여부를 규정하는 구체적인 원산지 규정을 개발하였고 이를 통하여 특혜관세지위를 부여하였다. 예를 들어 자동차 산업에서 미국과 캐나다의 노동조합은 유럽과 아시아의 자동차메이커들이 주요 부품은 다른 곳에서 생산하고 북미에서는 단지 자동차를 조립하는 공장을 설립함으로써 조약을 부당하게 이용하고 그 결과로 캐나다와 미국의 부품 생산 공장에서 일자리를 잃어버릴까 우려하였다. 이 문제를 줄이기 위하여 NAFTA는 자동차에 대한 북미 제품의 지위를 부여받기 위해서는 제품 가치의 62.5%가 반드시 캐나다, 멕시코 또는 미국에서 생산되어야 한다고 명시하였다. 유사하게 섬유산업의 일자리 보호를 위하여 의류와 다른 직물제품들이 NAFTA의 특혜관세대우혜택을 받기 위해서는 반드시 북미에서 생산된 섬유를 이용하여야 한다.

비록 NAFTA로 인한 이익이나 혜택이 NAFTA가 주장한 기대보다는 캐나다와 미국에서 그다지 대단하지는 않지만 대부분의 전문가들은 NAFTA는 세 나라 모두에게 혜택이라고 믿고 있다. 이 장 opening case에서 지적한 바와 같이 멕시코 경제에 대한 NAFTA의 전반적인 영향은 매우 극적이었다.

미주 지역의 다른 FTA

다른 많은 국가들은 양자 간 또는 다자간을 기본으로 FTA를 협상중이거나 또는 시행중이다. 예를 들어 멕시코는 중미의 이웃 5개국—코스타리카, 엘살바도르, 과테말라, 온두라스 그리고 니카라과—과 자유무역협정(free trade pacts)을 협상하고 있다.

카리브연안특혜제도 1983년 미국은 중앙아메리카와 카리브 연안 국가들의 경제개발을 촉진하기 위하여 **카리브연안특혜제도(the Caribbean Basin Initiative)**를 만들었다. 카리브연안특혜제도(CBI)는 2개의 자유무역지역, 즉 중앙아메리카 공동시장(Central American Common Market)과 카리브 공동시장(Caribbean Community and Common Market, 이들 회원국 명단은 [표 10.3]과 [지도 10.2]를 참조)을 합쳐놓은 것이다. 단일 지향성의 자유무역협정 법안인 CBI는 카리브 연안 국가에서 산출한 상품이나 또는 미국에서 생산된 부품으로 카리브 연안지역에서 조립된 상품의 미국으로의 면세 수입을 허용하였다. 그러나 정치적으로 무수히 민감한 제품들은 CBI로부터 배제되었는데, 직물류, 참치 캔, 어패럴, 신발, 석유 그리고 석유제품을 포함한 배제된 제품 대부분은 이 지역의 전통적인 수출품이다. 미국시장에 대한 면세 유형의 접근을 통하여 미국은 카리브 연안 국가들의 새로운 산업에 대한 미국 내 자국기업 또는 다른 외국 기업의 투자가 활성화되기를 바랐다.

중앙아메리카-도미니카 공화국 자유무역협정(CAFTA-DR) 미국과 중미 5개국(코스타리카, 엘살바도르, 과테말라, 온두라스 그리고 니카라과) 그리고 도미니카 공화국 간의 이 협정은 2004년 체결되었다. CAFTA-DR은 회원국 간 상거래에 대한 관세 축소, 비관세 장벽 및 투자 장벽의 철폐를 공식적으로 요구하고 있다. 미국의 이들 국가에 대한 수출과 수입의 대략 80%는 CAFTA-DR 또는 다른 무역 협정의 결과로 즉각 면세가 될 것이다. 나머지 관세는 10년에 걸쳐 단계적으로 폐기할 예정이다.

메르코수르 협정 1991년 아르헨티나, 브라질, 파라과이 그리고 우루과이 정부는 자신들 간의 관세동맹을 만들기 위한 합의, 메르코수르 협정에(Mercosur Accord)에 서명하였다. 4개국 정부는 공동의 역외관세를 만들고 4년 동안 메르코수르내 무역의 85%에 달하는 상품에 대한 역내 관세를 감소시키기로 합의하였다. 이 관세동맹의 본격 시행은 1995년에 시작되었다. 볼리비아, 칠레, 콜롬비아, 에콰도르, 페루 그리고 베네수엘라는 협정의 자유무역지대 구성원으로 참여가 가능한 준회원으로 메르코수르에 나중에 참여하였다. 10개국 기업들은 3억 9,400만 명의 사람과 전체 GDP 4조2,000억 달러의 결합시장에 대하여 특

표 10.3 주요지역적 무역협정

Acronym	Full Name/Members
AFTA	ASEAN Free Trade Area Brunei, Cambodia, Indonesia, Laos, Malaysia, Myanmar, Philippines, Singapore, Thailand, Vietnam
ANCOM	Andean Community Bolivia, Colombia, Ecuador, Peru; Associate Members: Argentina, Brazil, Chile, Paraguay, Uruguay
APEC	Asia-Pacific Economic Cooperation Australia, Brunei, Canada, Chile, China, Hong Kong, Indonesia, Japan, Malaysia, Mexico, New Zealand, Papua New Guinea, Peru, Philippines, Russia, Singapore, South Korea, Taiwan, Thailand, United States, Vietnam
CACM	Central American Common Market Costa Rica, El Salvador, Guatemala, Honduras, Nicaragua
CARICOM	Caribbean Community and Common Market Antigua and Barbuda, The Bahamas, Barbados, Belize, Dominica, Grenada, Guyana, Haiti, Jamaica, Montserrat, St. Kitts and Nevis, St. Lucia, St. Vincent and the Grenadines, Suriname, Trinidad and Tobago
CEMAC	Economic and Monetary Community of Central Africa Cameroon, Central African Republic, Chad, Republic of the Congo, Equatorial Guinea, Gabon
CER	Australia–New Zealand Closer Economic Trade Relations Agreement Australia, New Zealand
EAEC	Eurasian Economic Community Belarus, Kazakhstan, Kyrgyzstan, Russia, Tajikistan
ECOWAS	Economic Community of West African States Benin, Burkina Faso, Cape Verde, Cote d'Ivoire, The Gambia, Ghana, Guinea, Guinea-Bissau, Liberia, Mali, Niger, Nigeria, Senegal, Sierra Leone, Togo
EU	European Union Austria, Belgium, Bulgaria, Croatia, Cyprus, Czech Republic, Denmark, Estonia, Finland, France, Germany, Greece, Hungary, Ireland, Italy, Latvia, Lithuania, Luxembourg, Malta, Netherlands, Poland, Portugal, Romania, Spain, Sweden, Slovenia, Slovakia, United Kingdom
EFTA	European Free Trade Association Iceland, Liechtenstein, Norway, Switzerland
GCC	Gulf Cooperation Council Bahrain, Kuwait, Oman, Qatar, Saudi Arabia, United Arab Emirates
MERCOSUR	Southern Cone Customs Union Argentina, Brazil, Paraguay, Uruguay, Venezuela; Associate Members: Bolivia, Chile, Colombia, Ecuador, Peru
NAFTA	North American Free Trade Agreement Canada, Mexico, United States
SADC	Southern African Development Community Angola, Botswana, Democratic Republic of the Congo, Lesotho, Madagascar, Malawi, Mauritius, Mozambique, Namibia, Seychelles, South Africa, Swaziland, Tanzania, Zambia, Zimbabwe

혜에 따른 우선적 접근을 할 수 있게 되었다.

메르코수르 협정은 다른 지역적 무역블록의 성장에 대한 직접적인 반응이다. 또한 이 협정은 1989년에 선출된 아르헨티나와 브라질 정부가 자국의 정체된 경제를 활성화시키기 위하여 채택한 자유 시장 지향적 경제개혁의 핵심 요소이다. 메르코수르가 설립된 이래, 메르코수르는 회원국 간의 무역을 촉진하는 데 성공하였다. 2011년에는 회원국의 상품

지도 10.2

중남미 그리고 카리브연안의 자유무역협정

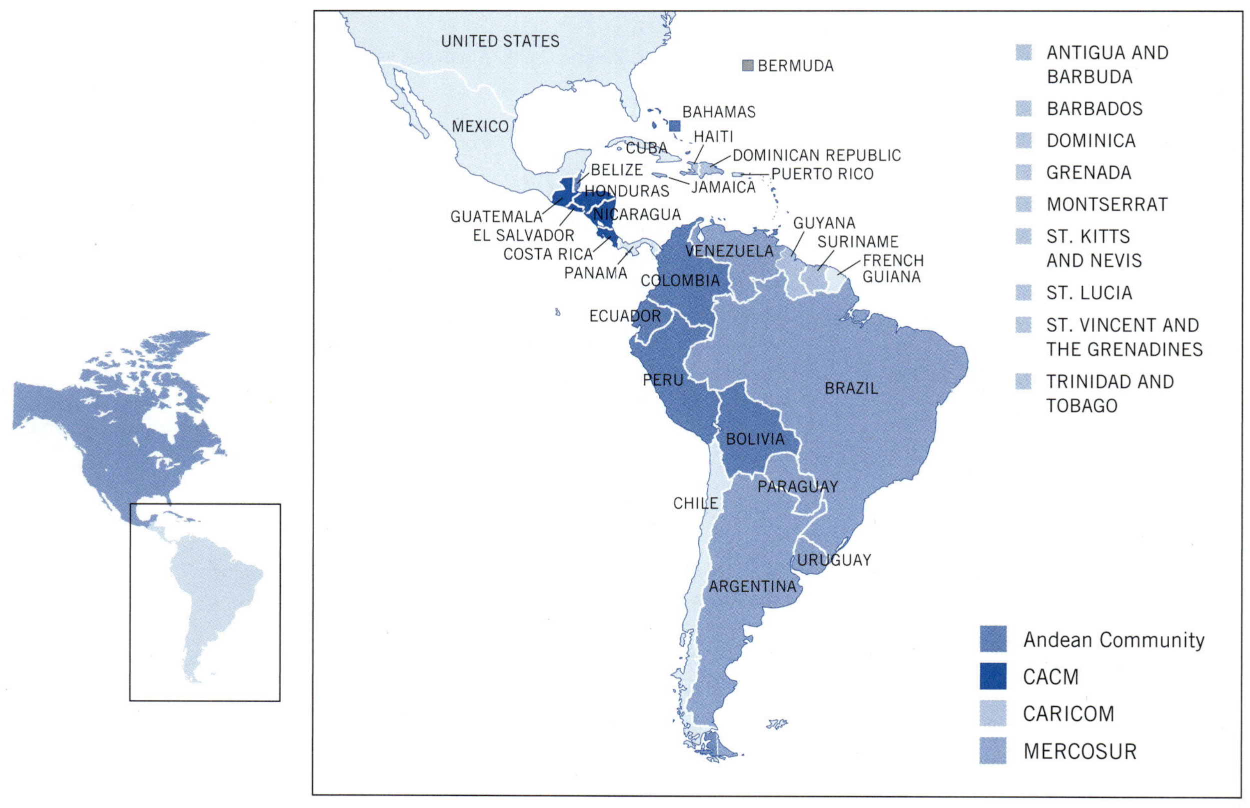

무역 3,540억 달러의 약 15%는 다른 메르코수르 회원국들에게 있었다. 메르코스루(특히 브라질)는 중국의 급속한 성장과 도시화 및 자동차 제조 부분의 확장으로 인하여 원재료에 대한 폭발적인 수요에 힘입어 해외직접투자의 매력적인 곳이 되었다. 브라질의 해외직접투자의 잔고는 2000년의 1,220억 달러에서 2011년에는 6,700억 달러로 증가하였다.[10]

안데스 공동체 **안데스 공동체(Andean Community)**는 남미대륙의 대국과의 경쟁에서 자신들을 보다 경쟁력 있게 하기 위하여 남미의 중소국 5개국 간의—볼리비아, 칠레, 콜롬비아, 에콰도르 그리고 페루—자유무역을 촉진하기 위하여 체결한 1969년 협정의 결과이다. 1973년 베네수엘라가 조약에 가입하였으나, 1976년 칠레는 탈퇴하였다. 처음 20년 동안 협정은 그다지 성공적이지 않았다. 회원국들 간의 무역은 자신들 전체 무역의 5%에 지나지 않았다. 이 실패는 지정학적인 요인에 크게 기인한다. 협정에도 그 이름을 가져왔지만 안데스 산맥으로 인해 일부 회원국 간의 상품의 육로 운송에는 비용이 많이 든다. 보다 더 중요한 것은 대부분의 회원국들은 무역을 방해하는 보호주의, 수입 대체 정책을 채택하고 있었다는 사실이다.

1991년, 메르코수르의 잠재 위협에 대응하여 안데스 공동체의 회원국들은 자신들의 협정에 활기를 불어넣기로 합의하였다. 1년 후 회원국들은 대부분의 상품에 대한 자신들 간의 관세 제거, 공동 외부관세 그리고 자본이동, 이민 및 농업분야에 대한 통일 규제 등에 관한 관세동맹을 만들었다. 이 새로운 접근은 소박한 성공을 거두었다. 2009년, 회원국들의 상품 수출 780억 달러의 약 8%는 다른 안데스 공동체 회원국들에 의해 구매되었다. 여전히 자유화가 부드럽게 진행되고 있지는 않다. 공동의 외부관세 창출이 적절한 관세 수준과 구조를 둘러싼 정치적 다툼으로 인하여 지연되고 있다. 페루는 관세 동맹 협정이 회원국들의 자국 기업에 대한 보조금을 허용한다거나 수입상품에 대한 무역장벽의 설립을 허용하는 등 너무나 많은 허점을 용인하고 있다고 판단한 이후 그룹의 구성원 자격을 정지하였다. 이러한 차질에도 불구하고 지역 내 무역은 시간이 흐를수록 보다 자유로워질 것이다. 2005년, 안데스 공동체는 메르코수르와 협력 협약(cooperative agreement)을 협상하였다. 이 협상의 일환으로 안데스 공동체의 국가들이 메르코수르의 준회원이 되었던 것처럼 아르헨티나, 브라질, 파라과이 그리고 우루과이가 준회원으로 안데스 공동체에 가입하였다. 그러나 2006년, 베네수엘라는 미국과의 무역증진 협정에 대한 콜롬비아와 페루의 서명에 대한 저항으로 안데스 공동체를 탈퇴하였다.

아시아-태평양 지역의 무역협정

무역그룹은 또한 아시아 태평양 지역에서 그 중요성이 증가하고 있다. 가장 오래 지속된 것 중 하나는 호주-뉴질랜드 간의 경제 관계 긴밀화협정(Closer Economic Relations Trade Agreement: CERTA)이다. 보다 최근에는 동남아시아 국가연합(Association of Southeast Asian Nations: ASEAN)이 자유무역협정을 시작하였다. 또한 아시아태평양 경제협력체(Asia-Pacific Economic Cooperation: APEC)회원국들은 자신들 간의 무역장벽을 줄이기 시작하였다.

호주-뉴질랜드 무역협정 그들 역사의 대부분에 있어, 호주와 뉴질랜드는 모두 다 원자재 생산자(commodities producer)였으므로 무역 경쟁자였다. 영국 연방(British Commonwealth)의 회원국으로서 양국은 영국시장에서 특혜를 받았다. 그러나 영국이 EU에 가입한 이후, 양국은 영국시장에서의 우대지위를 상실하게 되었다. 이 변화로 특히 농업부문이 많은 피해를 입게 되었다. 1970년대의 뉴질랜드와 호주 양국 경제의 낮은 성장과 보다 낙담한 뉴질랜드로부터 호주로의 인적 자본의 흐름은 결과적으로 양국 간의 긴밀한 경제 관계에 대한 요구를 이끌게 되었다. **ANZCERTA** 또는 보다 단순하게 **CER**로 알려진 **호주-뉴질랜드 긴밀 경제관계 무역협정(Australia-New Zealand Closer Economic Relations Trade Agreement)**은 1983년 1월 1일 발효되었다. 이후 양국 간의 관세와 NTBs가 제거되었다. CER은 또한 투자, 마케팅, 사람들의 이동, 관광 그리고 운송과 같은 다양한 분야에서 강화하고 연계와 협력을 발전시키고 있다. 비록 방송, 우편서비스 그리고 항공 교통통제와 같은 일부 분야는 CER로부터 제외되었지만, 대부분의 분석가들은 CER이 세계적으로 가장 성공적인 자유무역협정의 하나라고 믿고 있다.

동남아시아 국가 연합(ASEAN) **동남아시아 국가 연합(The Association of Southeast Asian Nations)**은 지역의 정치 · 경제적인 협력을 증진하기 위하여([지도 10.3]을 참조)

지도 10.3
아세안 가맹국

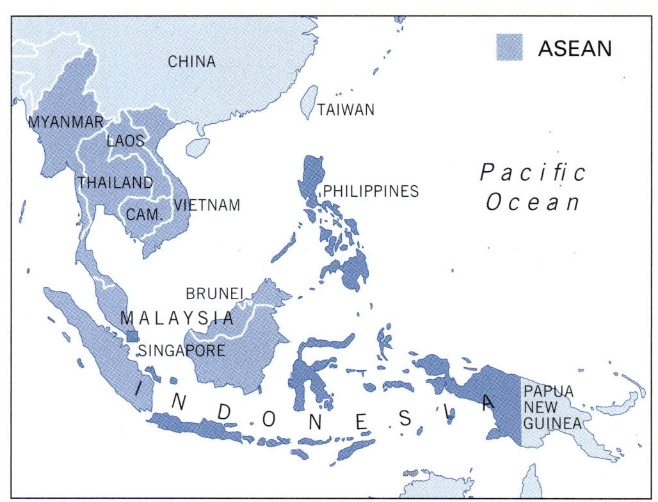

1967년 8월에 설립되었다. 아세안의 창설 회원국들은 브루나이, 인도네시아, 말레이시아, 필리핀, 싱가포르 그리고 태국이었다. 캄보디아, 라오스, 미얀마 그리고 베트남은 1990년대에 가입하였다. 베트남의 1인당 소득이 1,400달러에 불과한 반면에 오일 부국 브루나이의 2011년 1인당 소득은 40,300달러였을 정도로 이들 국가들은 결코 동질적이지 않다.

아세안 역내 무역을 촉진시키기 위하여 회원국들은 1993년 1월 1일 발효의 **아세안 자유무역지역(ASEAN Free Trade Area: AFTA)**을 설립하였다. AFTA의 회원국들은 2003년까지는 대부분의 생산 제품에 대하여 그리고 2010년까지는 모든 제품에 대한 관세를 5% 이하로 삭감시키기로 약속하였다. 특혜 관세의 자격을 얻기 위해서는 적어도 상품 부가가치의 40%가 AFTA 안에서 수행되어야 한다.[11] 메르코수르 조약과 안데스 공동체와 마찬가지로 ASEAN 무역블록의 창출은 2가지 요인에 기인한다. 하나는 국내 경제에 대한 정부 통제의 감소가 국내 기업가를 자극하고 해외지접투자(FDI)의 마음을 끌었다는 점이고 다른 하나는 EU와 NAFTA와 같은 다른 지역 무역블록의 성장에 대한 방어적인 대응이다. 아세안 역내 무역은 현재 그룹의 1조2천억 달러 상품 무역의 약 25%를 나타내고 있다. 최근의 아세안 장관 모임에서는 서비스무역, NTB 철폐 그리고 아세안 자유 투자지역(ASEAN Free Investment Area)의 설치가 강조되었다. ASEAN은 2003년 중국과의 자유무역협정으로 세계시장에서의 그 중요성이 증가하고 있으며 2004년 첫 번째 관세 인하가 개시되었다.[12]

다른 무역블록에서와 같이 기업은 AFTA에 의하여 만들어진 기회를 이용하기 위하여 빠르게 반응하였다. 예를 들어 협정이 협상된 직후 필리핀의 맥주 양조업체 San Miguel(자국시장의 90%를 점유)은 자카르타를 기반으로 인도네시아 맥주시장의 40%를 점유하고 있는 Delta 맥주를 인수하였다. 재빠르게 움직임으로써 San Miguel은 AFTA를 계기로 실행될 관세율 인하에 앞서 전체 아세안 시장을 장악하길 원하였던 것이다.

지도 10.4

아시아-태평양 경제협력기구

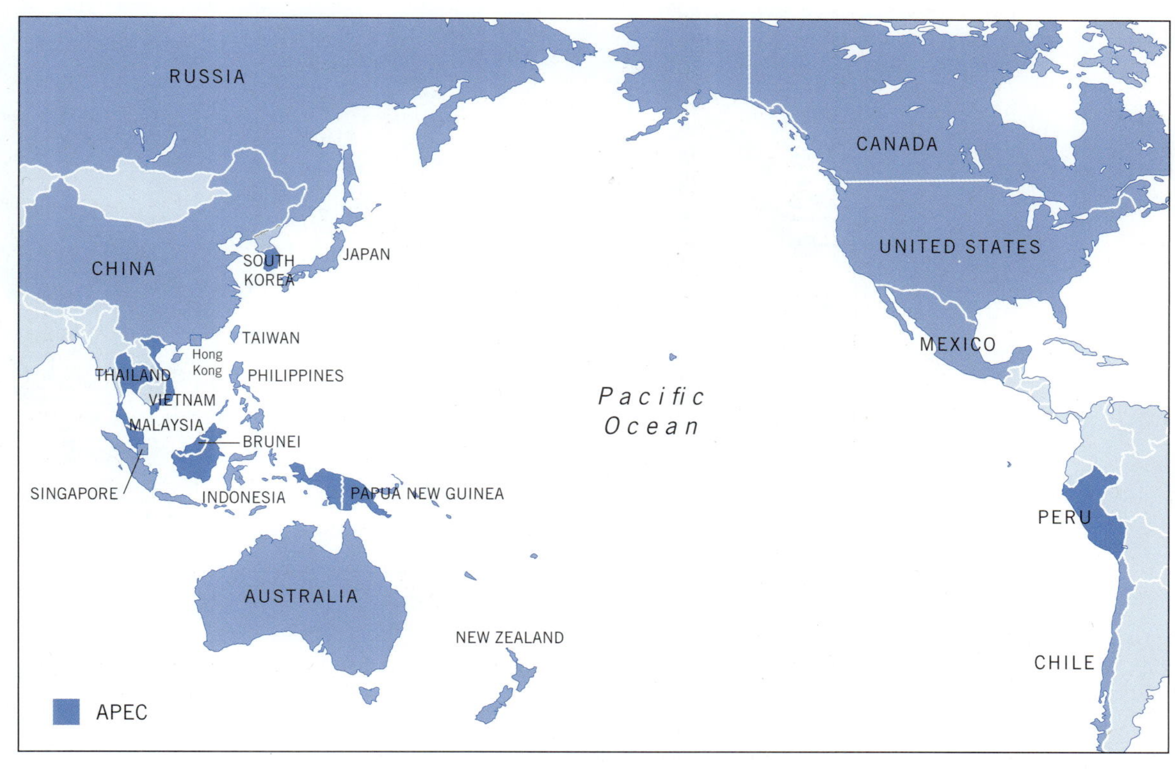

아시아 태평양 경제협력기구 **아시아 태평양 경제협력기구(APEC)**는 태평양의 양 측면으로부터 21개국을 포함한다([지도 10.4] 참조)APEC은 1989년 아시아-태평양 경제의 증가하는 내부의존에 대한 대응으로 설립되었다. 1994년 인도네시아에서 열린 총회에서 선진국 경제는 2010년까지 그리고 개발도상국 경제는 2020년까지 회원국 간의 상품, 서비스 그리고 투자의 자유무역을 달성하기 위한 회원들의 선언이 이루어졌다. 이 목적은 마닐라에서 열린 1996년 APEC 총회에서 보다 진전되었다. 그리고 이 총회에서 많은 나라들은 아시아 태평양 무역에 대한 장벽을 감소키기 위한 명시적 서약을 하였다. 2011년, APEC 회원국들의 상품 수출은 8조7천억 달러 이상이고 이는 전체 세계 상품 수출의 약 47%에 이른다.[13]

아프라카 이니셔티브

많은 아프리카 국가들 또한 지역 무역블록을 만들었다. [표 10.3]과 [지도 10.5]에서 보는 바와 같이, 이들 그룹 중에서 가장 중요한 것은 **남아프리카개발공동체(Southern African Development Community: SADC)**, **중앙아프리카 경제 통화 공동체(the Economic and Monetary Community of Central Africa: CEMAC)** 그리고 **서아프리카 국가의 경제 공동체(the Economic Community of West African States: ECOWAS)**이다. 이들

지도 10.5
아프리카의 자유무역협정

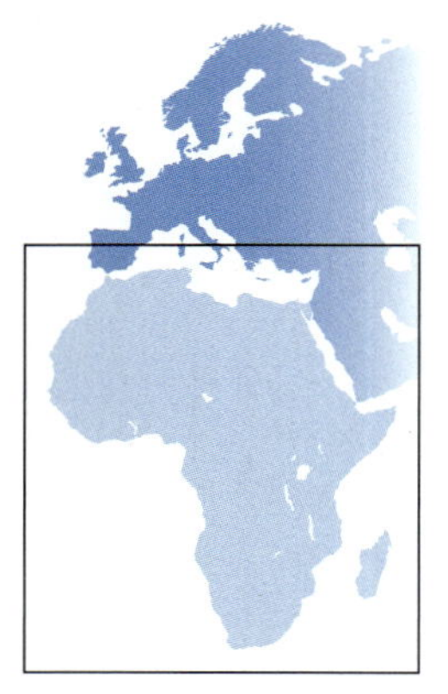

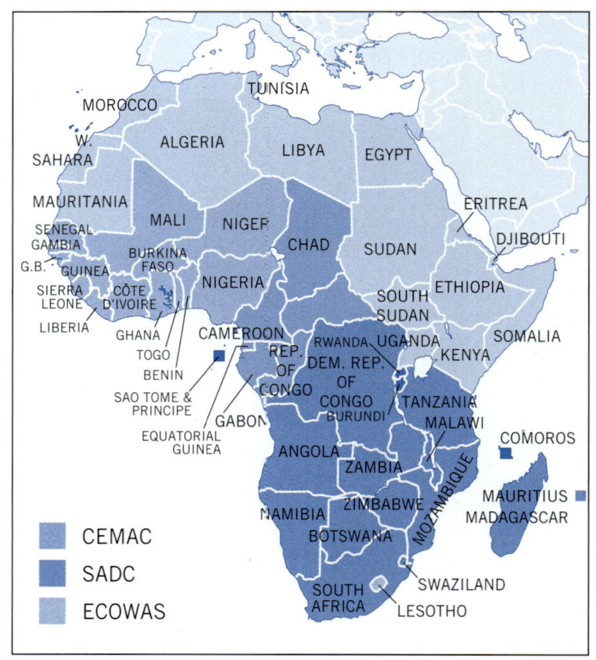

그룹은 1970년대와 1980년대 초반에 설립되었음에도 불구하고, 지역 무역에 주된 영향을 미치지는 못하였다. 이는 부적절한 역내 운송시설과 중요한 지역 무역을 장려하는 경제적이고 정치적인 체계를 만들기 위한 대부분의 현지 정부의 실패에 기인한다.[14] 아프리카 역내 무역은 대륙 전체 수출의 11%에도 미치지 못한다.

In Practice

- 사람이 살고 있는 모든 대륙은 적어도 하나 이상의 지역경제통합 협정을 가지고 있다.
- ASEAN과 APEC 협정은 아시아 시장의 급속한 성장과 거대한 규모로 인하여 매우 크고 중요한 지역경제통합 협정이 될 것이다. 그러나 과감한 행동을 실행하기 위한 다양한 구성원들의 동의를 얻어내는 것은 쉽지 않았다.

추가 고려 사항: 당신은 지역경제통합 협정의 증가에 대하여 긍정적인가 부정적인가?

MyManagementLab®

mymanagementlab.com으로 돌아가 아이콘으로 표시된 문제를 완성하시오 ✪.

CHAPTER REVIEW

요약

국가들은 국제 경제에서 상호의 이익을 증진시키기 위해 수많은 국제 조약이나 조직을 만드는 데 함께 힘써왔다. 가장 중요한 것들 중 하나가 GATT(관세 및 무역에 관한 일반협정)이다. 1947에 성립된 이 조약의 목적은 국제 무역의 장벽을 없애는 것으로 국제 번영을 증진시키는 것이었다. 47년 동안의 연속적인 협정을 통해, GATT는 수출업자들이 지불하던 관세의 평균지수를 상당하게 낮추었다. 가장 최근의 GATT 협정이었던 우루과이 협정에서는, 관세와 비관세를 줄이는 추세를 지속하였다. 1995년에 GATT 역할은 WTO가 넘겨받았다.

국가들은 또한 그들의 경제를 지역적으로 통합하기 위해 다양한 방법으로 뭉칠 수 있다. 자유무역지역은 회원국들 사이의 무역 장벽을 폐지함으로써 경제통합을 증진시킨다. 관세동맹의 회원국들은 무역을 하기 위해 내부 장벽을 없애는 만큼이나 일반적인 외부장벽을 받아들여서 지역경제통합을 위해 한 걸음 더 나아가게 된다. 공동시장은 관세동맹의 특성과 회원국들 사이의 노동, 자본 그리고 기술의 자유로운 이동을 통제하는 요소를 제거하는 것을 결합시킨 것이다. 경제연합은 공동시장의 특징에 경제 정책의 조화를 더하게 된다. 정치연합은 둘 이상 국가의 경제 통합과 함께 완전한 정치적 통합을 수반하고 있다.

지역경제 연합의 가장 중요한 사례는 5억 800만 명의 소비자와 통합 GDP 17조6,000억 달러를 갖춘 EU이다. 1987년 유럽연합의 회원국들은 유럽통합법안의 통과에 박차를 가하여 그들 사이의 물리적, 기술적, 국가 재정적인 장벽의 대부분을 해체했다. 마스트리히트 조약에 따라, 많은 유럽연합의 회원국들이 공동화폐조약을 받아들였고, 1957년 로마 조약에 의해 처음 구상된 경제공동체를 넘어서는 진정한 경제연합을 만들고자 노력하고 있다.

두 번째이지만 가히 더 새로운 지역통합의 노력은 북미에서 일어나고 있다. 미국, 멕시코 그리고 캐나다는 1994년 시행된 NAFTA(북미 자유 무역 협정)를 도입하였다. NAFTA의 실행은 북미 국가 간의 경제적 연대를 굳건히 해주는 시행의 신호이다.

유럽과 북미의 지역적 무역 블록의 발전은 다른 대륙들의 지역 경제 연합을 고취시키는 데 자극이 되었다. 남미는 메르코수르 조약과 안데스 공동체의 발상지이다. 많은 남미 국가들이 받아들인 경제 개혁과 국제 시장에서의 자국 제품을 경쟁력 있게 만든 혁신으로 인해 그들 미래의 성공을 위한 기회들은 증가하였다. 호주와 뉴질랜드 그리고 아세안 국가들도 지역경제통합을 증진시키기 위해 비슷하게 자유무역지역들을 만들었다. 다양한 아프리카 국가 간에 협정된 지역경제통합과 관련한 여러 조약들은 아직 많은 약속들을 실행해야 하는 단계에 있다.

리뷰 질문

10-1. *최혜국(MFN)*은 무엇을 뜻하는가?

10-2. WTO 회원국들이 서로 간에 거래할 때 MFN을 사용 할 수 없게 하는 조건이 무엇인가?

10-3. WTO는 GATT와 어떻게 다른가?

10-4. 다양한 형태의 경제적 통합이 어떻게 다른가?

10-5. 자유무역지역은 왜 원산지 규정을 필요로 하는가?

10-6. 로마 조약의 목적이 무엇인가?

10-7. EU를 통치하는 5개의 주요 기관을 설명하라.

10-8. NAFTA의 주요 조항들은 무엇이 있는가?

10-9. 카리브지역 무관세 수혜제도(CBI)가 무엇인가? 그것의 목적은 무엇인가?

10-10. 남미의 국가들이 그들의 경제를 지역적으로 통합하기 위해 어떠한 노력을 했는가?

토의용 질문

10-11. 본 단원의 첫 사례를 생각해 보라. 멕시코의 성공이 미국과 캐나다의 경제에 어떤 영향을 미쳤는가?

✪ 10-12. 당신이 미국 시장을 위한 공장을 중국에 지을지 멕시코에 지을지 결정한다고 가정해 보라. 당신의 지역 선택에 영향을 미치는 요소들은 어떤 것인가? 유가가 갑자기 상승한다고 가정해보라. 이 현상은 당신의 결정에 어떤 영향을 미칠 것인가?

✪ 10-13. WTO가 거대한 MNCs 의 운영에 어떻게 영향을 미치고 있습니까? MNCs가 우루과이 협정에서의 성공적인 완결에 있어 이익을 보았는가?

10-14. 국제 기업들은 지역 무역 블록의 생성을 반겨야 합니까 아니면 거기에 맞서 싸워야 하는가?

✪ 10-15. 북미와 아시아 기업들이 방대한 EU 시장에 접근하려면 어떤 전략을 받아들여야 하는가?

10-16. 남미 정부들의 수입대체정책의 포기가 안데스 공동체와 메르코수르 조약의 성공에 필수적인 조건인가?

10-17. 원산지 규정이 국제 기업들에 있어서 어떻게 중요한가?

10-18. 왜 MFN 원칙이 WTO 회원국들 사이에서 쌍방보다 다자간의 협정을 촉진시키는가?

글로벌 역량 갖추기

NAFTA는 미국에게 새로운 시장의 주요한 기회를 만들어준 공으로 찬사를 받았다. 미국기업들은 저임금 노동을 통해 이득을 받으려고 생산시설을 멕시코로 옮기기 때문에 국내 일자리 손실의 잠재성을 가지고 있어 사람들에게 비판을 받았었다. 이 장을 통해 NAFTA가 다양한 기업들에 미친 영향들에 대해서 더 배울 수 있을 것이다.

당신의 강사가 반을 4~5명의 학생들로 나눌 것이다. 같은 조의 일원들과 함께하여, NAFTA에 속한 3국의 기업들에서 만들어진 4개의 제품을 찾아본다. 4개의 제품 중 두 개는 NAFTA가 좋은 영향을 미친 경우로, 다른 두 개는 NAFTA의 결과로써 다른 두 회원국들의 경쟁기업들에게 위협을 받고 있는 경우로 찾아보아야 한다. 예를 들어, 미국 혹은 멕시코에서 주요 시장의 잠재성을 지닌 캐나다 기업의 제품 두 가지와, 미국이나 멕시코 기업에서 새로운 경쟁상대를 만난 듯한 캐나다 기업의 제품 다른 두 가지를 찾아보는 것이다. 각각의 그룹은 총합 12개의 제품들을 찾아내야 한다.

다음으로, 같은 조의 일원들과 함께하여 각각의 제품들이 NAFTA 시장에서 어떻게 보이고 있는지 평가하고 가늠해본다. 각각의 시장점유율과 국내의 경쟁 품목 등을 조사해본다. NAFTA 조약의 시행 전과 이후에 각각의 제품이 얼마나 성행했었는지 알아본다. NAFTA가 각각의 제품에게 어떤 영향을 주었는지, 혹은 잠재적으로 어떤 영향을 줄 수 있는지 논의해본다.

10-19. NAFTA는 당신이 찾아낸 제품에 새로운 시장기회를 주었는가? 그 이유는?

10-20. NAFTA가 다른 생산자들과의 경쟁을 증진시켰는가?

10-21. 각각의 제품에 대한 NAFTA의 영향이 NAFTA가 예측했던 옹호나 비판과 일치하는가?

CLOSING CASE 유럽연합의 위기

우리가 이 장에서 알 수 있듯이, EU의 구성원들은 하나의 공동 시장(common market)을 만들고, 28개국의 평화와 번영을 증진시키는 데 괄목할 만한 진전을 이루어왔다. 그러나, 불행하게도 EU는 2008년~2009년의 세계적 불황(global recession) 이후의 매끄럽지 못하고 임기응변적인 대처로 인하여, 연합 60년 역사 이래 가장 성가시고 논쟁을 초래할 만한 문제들에 직면하고 있다. 이러한 문제의 일부는 연합의 구조적 원인이 그리고 다른 일부는 정치적인 요인에 의한 것으로 보인다.

EU는 현재 인구통계학적 도전에 직면해 있다. 우리가 제1장의 closing case에서도 강조한 바와 같이, 많은 EU 국가의 인구수는 줄어들고 고령화에 따라 노인 부양비율[old-age dependency ratios, 생산가능 인구 대비 노인(은퇴자) 인구의 비율]가 증가하고 있다. 또한, 많은 EU 국가들은 광범위한 사회안전망을 구축하고 있다. 따라서 이러한 인구통계학적 변화는 은퇴 소득자의 부양을 위하여 젊은 소득자로 하여금 더 많은 세금의 부담을 필요로 하고, 은퇴한 소득자는 은퇴 후 보장받아야 될 혜택이 축소되거나 또는 EU 국가들이 이민을 장려해야 함을 의미한다.

위에서 언급한 세 가지 사안은, 일반적으로 정치적으로는 인기 없는 사안이고, 또한 이러한 안건들을 지지하는 공직자(officeholder)들은 선거에서 탈락하여 자리에서 물러나게 될 가능성이 높은 사안이다. 룩셈부르크의 전 수상인, 장클로드 융커는 이러한 상황에 대해 다음과 같이 말했다. "우리는 모두 이 일에 대해 무엇을 어떻게 대처해야 하는지는 알고 있지만, 그 일 다음에는 우리가 재선되는 방법을 모르고 있을 뿐이다." 물론 또 다른 네 번째 대안으로는 다양한 세금우대조치들과 공공보조금 지원책을 통하여 더 높은 출산율을 장려 하는 것이다. 그러나 이러한 장려정책들은 아이를 양육하는 데 들어가는 비용에 비해서는 턱없이 부족하고, 성공적인 정책이라는 확증도 없다. 스웨덴은 매우 드문 경우이다. 스웨덴의 경우, 새로운 자녀를 둔 부모들은 매우 자유롭게 육아휴직 제도를 사용할 수 있는데, 이는 남자와 여자 모두에 해당된다. 그 결과로, 스웨덴의 출산율은 여성 1인당 1.94명으로, 독일 1.41명, 이탈리아 1.40명에 비해 다소 높은 수치이다.

유럽연합의 두 번째 도전은 이념적인 차이에서 비롯된다. 유럽연합 회원국들은 경제영역에서 국가의 역할에 대한 근본적인 이견이 있다. 영국의 경우, 특히나 보수당 정부가 들어섰을 때, 재화와 서비스에 대한 자유 시장, 사용자의 임의고용의 원칙(employment-at-will principle)에 따른 노동 시장 등을 주장한다. 그러나 덴마크, 아일랜드 그리고 네덜란드 등의 국가에서는 제품, 자본 그리고 기술 등이 EU 국가들 전체에 걸쳐 자유로운 이동을 가능하게 하고 또한 촉진하는 유럽연합국가의 내부 시장의 완전성을 강조한다. 다른 유럽연합 국가들, 특히 프랑스의 경우, 정부는 경제적, 사회적 정의를 촉진시키기 위하여 적극 개입해야 하며, 그리고 무엇보다도 근로자에게는 강력한 근로 권리와 보호책이 주어져야 한다고 믿고 있다. 예를 들자면, 프랑스의 프랑수아 올랑드 대통령의 경우, 자동차 회사 PSA Peugeot Citroen이 8,000명 이상의 구조조정과 파리 근교의 조립공장을 폐쇄하려 했을 때, 해당 기업을 국유화하겠다고 위협하였을 정도였다. 독일과 오스트리아의 경우 사회적 시장 시스템을 지향하고 있는데, 이는 시장 자본주의와 광범위한 사회보장 그리고 노동조합의 강력한 단체교섭권 보호 등이 결합된 형태이다. 따라서 EU는 경제정책에 있어는 철학적인 충돌에 의한 분열 양상을 보인다고 할 수 있다. 정부는 근로자의 일자리를 보호하기 위해 재무적인 어려움에 처해있는 기업들을 위한 긴급 구제를 해야 하는가? 아니면, 이러한 노력은 로마조약에서 약속한 공동시장의 사고에 반하는 것이 되는가? EU 연합국들은 육아휴직과 시간제 근로자의 권리에 대해 동일한 정책을 펼쳐야 할 것인가? 아니면 이러한 사안들은 자체적으로 해결하게 남겨둬야 하나? 때로 이러한 문제들은 일부 국가에는 유리할 수 있지만, 다른 국가의 이익을 해칠 가능성이 있다. (예를 들어 p.310의 토빈세 논쟁에서; 만약 토빈세가 적용이 된다면, 글로벌 금융시장에서의 런던 혹은 룩셈부르크의 경쟁력에 초래할 영향을 생각해보자)더욱 복잡한 문제는, EU 예산 편성에 대한 커다란 균열이 존재한다는 것이다. 영국, 독일, 스웨덴, 네덜란드와 같은 부유한 나라들은 브뤼셀의 지출(EU 예산)을 줄이고자 하는데 반해, 상대적으로 빈곤한 남부, 동부 그리고 중부유럽의 나라들은 EU의 지역개발을 위한 경비 지출과 그 밖의 지출에 대한 예산 프로그램을 확대하고자 로비활동을 하고 있다.

세 번째 도전은 제도적인 장치에 대한 문제이다. EU는 회원국들의 경제적 위기에 대처하는 EU차원의 제도적 장치가 부족하다. 2008~2009년 사이의 글로벌 경기침체를 생각해보자. 부시와 오바마 정부는 재무부의 부실자산구제 프로그램(TARP), 미국 경제회복 및 재투자법안(ARRA)과 같은 프로그램을 만들어 금융위기를 극복하고자 했다. 미국 연방준비은행(FRB)은 양적완화 프로그램을 통해 자금 유동성을 원활하게 하고 은행대출을 장려했다. 이와는 대조적으로 EU는 시장에 그와 같은 제도적인 조치를 취할 기관을 가지고 있지 않았다. 금융위기를 겪었던 국가들은 다른 EU국가들과의 수차례에 걸친 특별 협상 덕분에 재정지원을 받을 수 있었다. 유럽 중앙은행(ECB)과 영국 중앙은행(BOE)은 자금 유동성 회복과 유럽 금융기관의 신뢰를 회복시키기 위하여 각자가 서로 다른 정책을 개발했다.

또한, EU는 회원국 간의 경제적 갈등을 덜어줄 수 있는 지역 간의 안정장치들이 부족하다. 미국의 주나 지역들이 서로 다른 비즈니스 사이클에 직면하였을 때 어떠한 일이 일어날 것인지를 생각해보자. 고유가의 경우, 고유가로 텍사스의 경기는 호황을 누릴 수 있는 반면에, 자동차 공업이 발달된 미시간 주에서는 고유가가 자동차에 대한 수요를 떨어뜨려 경기를 침체시킬 수 있을 것이다. 결과적으로, 텍사스에서는 실업률이 낮아질 것이지만, 미시간에서는 실업률이 높아질 것이다. 그런 다음에는 무슨 일이 일어날까? 천천히 그러나 분명히 일부 미시간 사람들은 자신들의 고향을 떠나 텍사스(Lone Star State)로 이동하게 될 것이다. 그에 따른 결과로, 미시간에서는 실업률이 떨어질 것이고, 텍사스에서의 실업률은 다시 높아질 것이다. 미시간과 텍사스 두 주에서의 실업률은 같아질까? 꼭 그렇지는 않겠지만, 두 주 간의 노동자와 노동자의 가족의 이동은 두 주 간의 경제상황을 비슷하게 만들 것이다. 그런데 과연, 유럽연합 회원국들 사이에서도 동일한 현상이 발생할까? 만약 독일의 경기는 좋은 반면에 그리스의 경기는 침체 상태라면, 그리스인들은 일자리를 구하기 위해 독일로 이동하게 될까? 물론, 그리스인들이 독일로 일자리를 찾아 떠나는 것은 로마 조약과 마스트리히트 조약에 따라서 법적으로는 가능하지만, 미시간 주 사람들이 텍사스 주로 이주하는 것만큼의 비율에는 미치지 못할 것이다. 그리스에서 독일로 이주하는 것이 미시간 주에서 텍사스 주로 이동하는 것보다 문화적, 언어적 장벽이 크기 때문이다. 두 번째로 지역 간의 안정장치 역할을 하는 것은 바로 조세 제도이다. 만약 텍사스 주의 경기는 좋고, 미시간 주는 경기 침체에 고통을 받고 있다고 한다면, 텍사스 주민들이 내는 연방소득세는 증가할 것이고, 미시간 주민들이 내는 세금은 줄어들 것이다. 뿐만 아니라, 연방정부가 지원하는 보조금 지원, 세금 감면, 실업 보험 그리고 이와 유사한 정책들은 텍사스 주의 자금을 미시간 주로 이동시키는 효과를 가져 올 수 있고, 다시 두 주간의 격차를 해소시킬 수 있을 것이다. 그러나 이러한 지역 간 격차를 해소하기 위한 안정장치로서의 세금 조정은 유럽연합 내에선 통하지 않을 것이다. 독일 시민들의 경우만 봐도 그리스를 돕기 위해 자신들의 세금이 인상되는 것에 동의하지 않을 것이다.

EU가 직면하고 있는 네 번째 도전은 안건의 의결(governance issue)을 둘러싸고 나타난 문제이다. EU의 규모가 커져감에 따라, 1957년 로마조약하의 6개국 EEC 회원들을 위하여 만들어진 의결구조(governance structure)는 다양한 방면에서 문제가 드러나기 시작했다. 유럽의회 회의에서, 만약 모든 의회 구성원들이 자기소개와 중요한 안건에 대한 자국의 견해를 단지 5분 이내로 간략하게 설명한다고 해도 무려 두 시간이 넘는 시간이 소요될 것이다. 다수의 의결을 얻어야 처리되는 안건은 수개월, 길게는 수년에 걸쳐 공들인 협상 끝에나 처리될 것이다. EU의 의결 절차(governance procedures) 간소화에 대한 많은 제안들은 EU 의회와 회원국들의 역할을 약화시킬 것이지만, 반대로 EU 공무원들의 힘은 강화시키는 것이 될 수 있다. 영국 주도의 많은 국가들에서 이러한 결의안이 부결되고 있다.

부수적인 문제는 바로 EU 내에 민주주의가 부족하다는 것이다. EU 회원국 국민들이 직접 투표하여 선출하는 유일한 EU 관료는 유럽의회 멤버들(MEP)이다. 그러나 대부분의 EU 회원국 국민들은 자신이 뽑은 유럽의회의 멤버가 누구인지, 그의 정책이 무엇인지를 잘 알지 못한다. 설문조사에서 나타난 바와 같이, EU 회원국 국민들은 유럽의회 구성원들을 뽑을 때 유럽의회 후보자가 제시하는 정책에 의한 판단보다는 자국 정부에 얼마나 호의적인지를 기준으로 투표한다. 심지어 EU 회원국 국민들은 EU에서 막대한 영향력을 행사하는 EU 대통령, 외교안보 정책 고위대표(High Representative of the Union for Foreign Affairs and Security Policy), 유럽연합 집행위원회(European Commission) 의장은 물론 그 멤버들에 대한 투표권조차 가지고 있지 않다.

사례 질문

10-22. 노인부양 비율의 증가는 경제적으로 어떠한 의미가 있는가?

10-23. 이탈리아의 노인부양비율은 2012년에는 0.28이고, 2050년까지 0.68이 될 전망이다. 당신이라면 2050년에 이탈리아에 새로운 공장을 건설할 것인가? 또한, 2050년의 이탈리아의 청소년들이 직장에서 내야 할 높은 세금 비율을 알게 된다면, 학교에서 공부를 열심히 하게 될까?

10-24. 2012년에 자동차 회사 Peugeot는 Aulnay-sous-Blois의 자사 공장을 폐쇄할 것이며, 직원 8,000명을 해고하겠다고 발표했다. 프랑스 대통령 올랑드는 즉시 이러한 발표를 맹비난하며, 이러한 계획 및 사업전략의 수정을 권고했다. 올랑드 대통령은 만약 Peugeot가 공장폐쇄 계획을 재고하고, 이사회에 근로자와 정부대표를 추가할 경우 70억 유로를 지원해 주겠다고 제안했다. 당신은 올랑드 대통령의 이러한 조치에 동의하는가? 그의 행동은 공동시장을 활성화시키자는 로마조약에 동의한 프랑스의 의무와 일치한 행동인가?

10-25. 유럽연합 집행위원회가 근로자가 매년 1개월 휴가를 사용할 수 있도록 EU전체 규정을 바꾼다고 가정해보자. 공동시장을 활성화시키기 위해 모든 EU 회원국들은 이와 같은 휴가 제도를 갖는 것이 필요할까? 아니면, EU 회원국 각자가 알아서 하게 해야 하는가?

10-26. 당신 나라의 시민 (또는 시민단체)이 당신 나라의 정부가 취한 결정에 영향을 줄 수 있는 다양한 방법들을 열거하라. EU 회원국의 시민 (또는 시민단체)이 자신의 중앙 정부가 취한 결정에 영향을 줄 수 있는 다양한 방법을 열거하라. 그런 다음 이제 EU 회원국의 시민이 EU가 취한 결정에 영향을 줄 수 있는 방법을 열거하라. 세 가지 목록 간에 어떤 유사점과 차이점이 있는가?

출처: "European Parliament Flexes Muscle," *Wall Street Journal*, May 14, 2013, p. A8; "Renault in 'historic' union deal for job cuts," *Financial Times*, March 14, 2013, p. 16; "Renault Reaches Risky Deal in France," *Wall Street Journal*, March 14, 2013, p. B7; "A loaded chamber," *Financial Times*, March 6, 2013, p. 7; "Rome's bad spell," *The Economist*, March 2, 2013; "Send in the clowns," *The Economist*, March 2, 2013, p. 13; 'Peugeot Wins EU Approval of Crucial Loan Guarantee," *Wall Street Journal*, February 12, 2013, p. B3; "UK claims victory as France shows displeasure with deal," *Financial Times*, February 9/10, 2013, p. 3; "EU Budget: the trillion-euro split," *Financial Times*, November 21, 2012, p. 7; "Paris closes in on €7bn Peugeot rescue plan," *Financial Times*, October 24, 2012, p. 15; "Forward and Reverse," *The Economist*, October 24, 2012.

MyManagementLab®

mymanagementlab.com으로 가서 아래의 질문에 답하시오.

10-27. 지역경제통합의 다섯 가지 유형은 무엇인가? 각각의 유형은 서로 어떻게 다른가?

10-28. EU의 역사에 대하여 토론하라. EU가 현재의 탁월함에 도달하기 위해 극복해야 할 주된 도전은 무엇인가?

10-29. Mymanagementlab Only에 본 장을 포괄하는 서술형 과제가 있다.

Endnotes

1. "Canada Firm Places Bet on Mexico Border," *Wall Street Journal*, March 20, 2013; "Aztec tiger," *Financial Times*, January 31, 2013, p. 7; "Coming home," *The Economist*, January 19, 2013; "Señores, start your engines," *The Economist*, November 24, 2012; "In Mexico, Auto Plants Hit the Gas," *Wall Street Journal*, November 19, 2012, p. A1; "For Mexico, an Edge on China," *The Economist*, September 16, 2012; "The newest Learjet ... now Mexican made," *Wall Street Journal*, July 29, 2011, p. B1; *Survey of Current Business*, July 2011, p. 103; "Mexico's GDP expands 4.6%, below expectations," *Wall Street Journal*, May 19, 2011; "Mexico plants back in business," *The Bryan College Station Eagle*, January 24, 2011, p. A13; "Companies shun violent Mexico," *Wall Street Journal*, December 17, 2010, p. B1; "Strains on auto parts industry in Mexico reflect U.S. woes," *Houston Chronicle*, January 2, 2008, p. D1; "Mexico seeks a lasting share of aerospace boom," *Wall Street Journal*, November 26, 2007, p. A2; "Flat-panel TVs display effects of globalization," USA Today, May 8, 2007, p. 1B; "Mexico industry: Maquiladoras get fitter," *The Economist Intelligence Unit*, March 13, 2006 (online); Organization for Economic Co-operation and Development, Economic Survey of Mexico 2005: *Economic Performance and Key Challenges* (Paris, 2005); "Mexico targets skilled U.S. jobs," *Wall Street Journal*, March 5, 2004, p. A8; "Mexico's maquiladoras may be putting a comeback together," *Wall Street Journal*, July 25, 2003, p. A12; "Wasting away," *Businessweek*, June 2, 2003, p. 42; "Toyota plans to build truck plant near Tijuana," *Houston Chronicle*, January 6, 2002, p. 2D; "Mexican truckers not rushing north," *Houston Chronicle*, December 29, 2001, p. 1C; "The world's new tiger on the export scene isn't Asian; it's Mexico," *Wall Street Journal*, May 9, 2000, p. A1; "A new market for Mexico's work force," *Wall Street Journal*, April 14, 2000, p. A15; "Mexico, EU sign free-trade agreement," *Wall Street Journal*, March 24, 2000, p. A15; "How a need for speed turned Guadalajara into a high-tech hub," *Wall Street Journal*, March 2, 2000, p. A1; "Mexico's Next Big Export: Your Teeth," *Wall Street Journal*, March 14, 2000, p. B6; "First came assembly; now, services soar," *Wall Street Journal*, February 28, 2000, p. A1; "European carmakers converge on Mexican gateway to the U.S.," *Financial Times*, January 5, 2000, p. 5.
2. "A deadline for Doha," *The Economist*, January 29, 2011; "Mandelson says U.S. largely alone on WTO farm demands," *New York Times*, May 4, 2006 (online); "Doha talks in crisis as farm reform deadline set to be missed," *Financial Times*, March 31, 2003, p. 1; "Sides line up to contest farm reform," *Financial Times*, February 14, 2003, p. 7; "WTO tries to break deadlock on medicines access," *Financial Times*, January 28, 2003, p. 6.
3. United Nations Conference on Trade and Development, *The Outcome of the Uruguay Round*: An Initial Assessment (Supporting Papers to the trade and Development Report, 1994) (New York: United Nations, 1994), p. 143.
4. "WTO rules in favor of Brazil," *Financial Times*, February 18, 2003, p. 4; "WTO allows Brazilian sanctions on Canada," *Wall Street Journal*, December 24, 2002, p. A8.
5. "Mandelson says U.S. largely alone on WTO farm demands." *New York Times*, May 4, 2006 (online).
6. Consumer *Policy in the Single Market* (Luxembourg: Office for Official Publications of the European Communities, 1991), pp. 7 – 8.
7. "Chinese companies embark on shopping spree in Europe," *Wall Street Journal*, June 7, 2011, p. A1.
8. "Doubts swirl about EU future," *Wall Street Journal*, June 3, 2005, p. A2.
9. "GDF-Suez deal sets up EU-Paris fight," *Wall Street Journal*, September 4, 2007, p. A8.; "Europe's unreformed economies," *The Economist*, March 24, 2006; "Closing the borders to business," *The Economist*, February 27, 2006 (online); "Fighting for their slice of Europe," *Financial Times*, October 5, 2005, p. 13.
10. United Nations Conference on World Trade and Investment, *World Investment Report* 2012, Annex table 1.2.
11. "Doubts cloud South-East Asia's free trade dreams," *Financial Times*, December 30, 2002, p. 3.
12. "With aggressive trade pacts, China quietly builds clout in region," *Wall Street Journal*, March 19, 2003, p. A12.
13. APEC website at http://statistics.apec.org/index.php/

key_indicator/kid_result_list/1, accessed on June 8, 2011.
14. "Africa's trade flows clogged up at dockside," *Financial Times*, January 8, 2002, p. 6.
15. Whirlpool Corporation, *1993 Annual Report*, p. 15.

PART 2 CLOSING CASES

21세기의 해적들

대부분의 경제학자들은 지적재산권(IPR)은 시장시스템이 제대로 작용하기 위한 중요한 구성요소 중의 하나라는 점에 동의할 것이다. 경제학자들은 발명가들이 새로운 기술 개발을 통하여 소비자의 편익이나 생산비 절감을 할 수 있도록 장려하고, 기업들이 소비자가 신뢰할 수 있는 제품이나 브랜드를 개발하도록 동기를 부여한다. 많은 기업들에 있어 지적재산권의 소유권은 세계시장에서의 경쟁력을 갖게 해 준다. 그러나 여전히 글로벌로 인한 예기치 못한 결과들 중 하나는 기업의 수익성을 위협하고 때로는 지적 재산에 사활을 걸고 투자한 기업의 존재까지도 위협하는 해적 상품(짝퉁)의 증가이다.

예를 들어, 한 제약회사는 R&D(연구개발)에 아무런 투자도 하지 않고, 혁신적인 기술들을 훔쳐가는 경쟁 기업에게 데미지를 주기 위해 이익의 20%를 R&D에 쏟아 부었다. 미국의 소프트웨어 저작권 보호 단체(Business Software Alliance)는 매년 630억 달러에 달하는 소프트웨어가 불법으로 팔리고 있다고 판단한다. 불법으로 유통되는 음반이나 복제된 DVD들이 음반과 영화회사에 매년 180억 달러에 달하는 손해를 끼친다고 한다. 불법 복제약은 매년 합법적인 제약 제조업체에 370억 달러에 달하는 손해를 끼친다고 한다. 아시아, 유럽, 미국의 길거리에서 팔리는 가짜 롤렉스시계, 루이비통 가방, 프라다 핸드백 그리고 다른 모조 명품들이 지적재산권을 소유한 기업들에게 수백만 달러의 부당한 손해를 끼친다고 한다.

중국은 많은 범죄자들의 근원지로 나타났다. 유엔(UN)의 최신 연구에 의하면 전 세계에서 팔리는 모조품의 3분의 2가 중국에서 만들어진 것이라고 한다. 미국의 소프트웨어 저작권 보호 단체에 따르면 중국에서 팔린 소프트웨어 중 77%가 불법복제 프로그램이며, 음반의 85~90%도 불법으로 유통되고 있는 것으로 추산된다고 한다. 영화회사들(movie studios)은 중국의 불법 모조품 때문에 연간 2억8천만 달러의 손해를 보고 있다고 한다. 엔터테인먼트 회사들은 그들의 손실을 막기 위해 다양한 방법들을 이용한다고 한다. 워너브라더스(Warner Brothers)는 중국 길거리에서 보통 1달러에 팔리는 불법 복제품으로부터의 손실을 막기 위해 최신 DVD가격을 4달러에서 2달러로 대폭 줄였다. 회사는 또한 미국에서 개봉한 영화를 불법으로 레코딩하여 복제품을 만들어 중국에서 유통시킬 가능성을 줄이기 위해 미국과 중국에서 영화가 동시에 개봉될 수 있도록 영화 개봉일도 바꿔버렸다. 캘리포니아에 기반을 둔 비디오 게임의 개발자이자 마케팅 담당업체인 일렉트로닉 아트(Electronic Arts)는 중국에서 불법 복제품을 방지하기 위하여 유통전략을 바꾸기로 결정했다. CD나 DVD로 쉽게 복제되는 게임의 유통 대신에, 캘리포니아 회사는 중국에서 이미 5억4천만 달러의 비즈니스로 성장한 온라인 라이브 다중 플레이어 게임에 더 집중하기로 결정하였다.

이런 문제는 비단 엔터테인먼트 제품(Entertainment Products)에만 국한되는 것은 아니다. 일부 중국 회사들은 오염된 물질로 가짜 제약 제품을 만들거나 주성분의 정량을 무시한 채 약을 만들어서 공공의 안전을 위협하고, 제약 회사들의 명성에 해를 끼친다. 예를 들어, 앙골라 정부는 2012년, 광저우의 한 수출업자를 추적해서 노바르티스(Novartis 스위스 제약회사)에서 개발한 말라리아 예방 약, Coartem을 불법으로 복제한 가짜 약을 140만 개 정도 찾았다. 매년 백만 명 정도의 목숨을 앗아가는 말라리아를 예방하기 위해 필요한 그 어떤 성분도 들어 있지 않은 약이었다.

인디애나 주에 위치한 회사 Abro Industries는 에폭시 수지(강력접착제의 일종), 풀, 접착테이프 등의 접착제를 판매하는데, 제품뿐만 아니라, 회사 자체를 복제당한 것으로 보인다. Abro사와 아무런 관련이 없는 중국의 Hunan Magic Power Industry사는 Abro사의 40여개 이상의 제품을 시장에 유통했다. Hunan Magic Power Industry 회사의 CEO인 Hunan은 심지어 Abro 로고가 적힌 명함을 이용하기까지 했다. Abro사는 Hunan Magic Power와 다른 복제품 회사들을 제소하기 위하여 60만 달러 이상을 썼지만, 중국의 법체계로 좌절하고 말았다. 지금까지, 중국 정부가 Hunan magic power의 CEO에게 부과한 벌금은 단돈 600달러에 불과하다. IKEA, Apple, Dairy Queen, Subway 등의 회사는 다른 문제에 직면하고 있다. 중국 현지의 사업가들이 이런 회사들을 흉내 낸 그들만의 가게를 낸 후, 소비자들에게 진짜 브랜드와 비슷한 서비스를 제공하고 있기 때문이다.

중국 당국이 지적재산권(IPR)을 집행하고 있지 않다는 것은 아니다. 예를 들어, Nontong(상하이에 근접한 도시) 중급 법원은 LVMH(Louis Vuitton Moet Henessy)의 명품 향수의 모조품을 만들어 유통한 혐의로 두 명의 남자에게 각각 3년형과 4년형을 선고하고, 그들에게 10만5천 달러의 벌금을 부과했다. 그러나 중국에서 이런 판결은 굉장히 드물다. 2006년, 미국 무역대표가 발행한 보고서는 "지적재산권 분야에서, 중국이 법이나 규정을 정확하게 만들어서 주목할 만한 개선을 하지 않는 이상, 이에 대한 법적 시행은 주요 과제로 남을 것"(93페이지)이라고 언급하고 있다. 또한 동 보고서에서는 "중국의 불법 복제품과 가짜 제품들은 사실상 미국 경제의 전 분야에 심각한 손실을 야기하고 있다."(121페이지)고 지적하고 있다. 제소된 대부분의 현지 기업들은 행정 재판소로부터 적은 금액의 벌금을 물게 되는데, 이를 사업비용으로 생각하고 있을 정도이다. 지적재산권 위반에 대한 처벌은 너무 가볍다. 2004년에는 6,000건이 넘는 상표나 저작권 위반 사건들 중 200개 이하의 사건만이 중국 당국에 의해 조사되어 형사법원으로 넘어갔다. 전해진 바에 의하면 많은 범법자들 중 특히 CD나 DVD를 불법 복제한 범죄자들은 국가공무원이나 군대와 연관된 기업들이 소유한 회사라고 한다. 놀랄 것도 없이 지방 관료들은 정치적으로 정부와 관련 있는 회사들을 적극적으로 기소하려 하지 않는다.

물론 불법 복제품의 문제가 오직 중국에만 국한되진 않는다. 예를 들어 북한은 매년 불법으로 복제된 20억 개로 추정되는 담배 블제품의 1차적 출처이다. 메이저 담배회사들은 북한 정부가 이 불법 무역을 주도하는 범죄 조직에게 매년 8천만 달러에서 1억6천만 달러의 수입을 얻는다고 믿고 있다. 하지만 중국이 지적 재산권 문제로 가장 많은 관심을 받는 이유는 세계 경제에서의 중국의 존재감이 커지고 있기 때문이다. 일부 전문가들은 중국 현지 기업들에게 지적 재산권이 중요한 문제로 인식될 때까지 중국은 지적재산권을 보호하기 위해 큰 노력을 기울이지 않을 것으로 보고 있다.

이것을 끝내기 위해서 중국의 지적재산권으로 인한 손실이 가장 큰 회사 중 하나인 마이크로소프트사는, 현지 기업들이 중국 당국이 좀 더 적극적으로 지적재산권 절도에 대해 행동을 취할 수 있게 만들기를 바라면서 중국의 소프트웨어 산업의 기반 구축을 도와주기로 결정했다. 예를 들어, 상하이에 합작회사 Wicresoft사를 만들었는데, 이는 다른 중국 현지 소프트웨어 회사들을 위하여 고객 서비스를 제공한다.

2006년 중국 정부는 지적 재산권 절도를 막기 위해 다시 한 번 새롭게 바람을 불어 넣겠다고 동의했다. 그들은 지적재산권 침해에 대한 벌금을 올리고, 이를 민사보다는 형사적으로 취급하는 등 지적재산권으로 인한 피해에 좀 더 적극적으로 대응하기로 굳게 약속했다. 그리고 50여 개의 도시에 지적재산권 문제를 전문적으로 다루는 기관을 설립하기로 했다. 또 다른 중요한 방법은 컴퓨터 운영 체제와 관련됐다. 정부의 압력을 받아들여 중국에서 가장 큰 세 개의 컴퓨터 회사(Lenovo, Founder, Tsinghua Tongfang)가 PC에 컴퓨터 운영체제(Operating system)를 미리 설치한 후 운송하는 것에 동의한 것이다. 이전에는, 중국에서 판매되는 대부분의 PC들이 운영체제가 설치되지 않은 채로 판매되었다. 소비자는 1달러나 2달러만 주면 간단하게 구할 수 있는 Window 7 복제품이나 비슷한 제품들을 PC에 옮겨담아 사용해왔다. 이번 정책은 마이크로소프트와 같은 소프트웨어 회사들의 지적재산권을 보장한다.

사례 질문

P2-1. 세계 경제에 지적 재산권이 얼마나 중요한가?

P2-2. 일반 소비자들은 도둑맞은 지적 재산권에 대해 걱정을 해야 하는가? 일반 시민들은 어떤가? 일반 직장인들은?

P2-3. 지적 재산권 절도는 자유 시장 시스템에 나쁜 영향을 끼치는가?

P2-4. 중국의 지적재산권에 대한 미미한 법 시행이 중국의 경제개발에 단기적으로 끼치는 영향은 무엇인가? 장기적으로 끼치는 영향은?

출처: "Fake-Pill Pipeline Undercuts Africa's Battle With Malaria," *Wall Street Journal*, May 29, 2013, p. A1; "For Asian Gangs, Fake Goods as Profitable as Drugs," *Wall Street Journal*, April 17, 2013, p. A11; "Made in China: Fake Stores," *Wall Street Journal*, August 3, 2011, p. B1; "A cloud up in the air," *Financial Times*, August 1, 2011, p. 5; Seventh Annual BSA Global Software Piracy Study, 2010; "Disney tries new antipiracy tack," *Wall Street Journal*, May 31, 2006, p. B3; "Handbags at dawn," *The Economist*, April 21, 2006 (online); "U.S., China begin talks to ease tensions on market access, piracy," *Wall Street Journal*, April 12, 2006, p. A4; "China to crack down on computer piracy," Houston Chronicle, April 12, 2006, p. D8; "Chinese PC maker agrees to address Microsoft piracy," *Wall Street Journal*, April 6, 2006, p. B5; Office of the U.S. Trade Representative, 2006 National Trade Estimate Report on Foreign Trade Barriers; "China jails two for luxury goods piracy," *Financial Times*, March 4/5, 2006, p. 3; "As luxury industry goes global, knock-off merchants follow," *Wall Street Journal*, January 31, 2006, p. A1; "Tobacco firms trace fakes to North Korea," *Wall Street Journal*, January 27, 2006, p. B1; "As Pfizer battles fakes in China, nation's police are uneasy allies," *Wall Street Journal*, January 24, 2006, p. A1; "Media counter piracy in China in new ways," *Wall Street Journal*, September 26, 2005, p. B1; "China won't protect IP until it gets its own IT," Fortune, June 27, 2005, p. 54; "Movie, music giants try new weapon against pirates: Price," *Wall Street Journal*, March 7, 2005, p. B1; James McGregor, One Billion Customers (New York: Free Press, 2005); "Stuck on you: A tiny glue seller claims identity theft," *Wall Street Journal*, November 22, 2004, p. A1.

대형 제트여객기(jumbo jets)를 두고 벌어진 거대한 싸움

1969년, 상업 비행기가 처음 등장한 이래로, 보잉 747기는 세계에서 가장 큰 상업 항공기로서의 지위를 얻었다. 보잉 747의 수송인원은 최대 495명까지 가능하였기에 좌석 마일당 비용(costs-per-seat-mile)은 다른 항공기보다 낮았다. 보잉 747기가 저비용이어서 대서양 횡단이나, 대륙횡단에 유리했지만, 전세기, 태평양 횡단, 화물운송에 쓰이는 것도 아주 중요했다. 대형 제트여객기 분야에서의 보잉社의 독점은 에어버스社의 소형 항공기 판매에 도움을 주었다. 항공기의 스페어 부품은 같은 항공기 제조사에서 생산된 것이라면, 항공기 모델이 다르더라도 호환이 가능했는데, 이는 항공사로 하여금 에어버스社의 비행기대신에 보잉社의 비행기를 선택하게 하는 이점이 되었다.

에어버스社는 수년간 보잉 747기를 목표로 하였다. 그리고 2000년 에어버스社는 650명을 수용할 수 있는 A380의 개발을 완료하고, 보잉 747기를 왜소해 보이게 만들었다. A380은 디자인, 인증절차, 각종 시운전에 매우 광범위한 검증을 마쳤다. 2007년, 싱가포르 에어라인에서 싱가포르-시드니 노선에 상업 비행기로서의 A380을 처음 도입했다.

에어버스社의 경영진들은 A380 항공기가 대형 제트여객기 시장에서의 보잉 747이 가지고 있는 수익성 좋은 독점을 파괴할 수 있을 것이라고 믿었다. 에어버스社의 시산에 의하면 A380의 좌석 마일당 비용은 747기보다 17% 앞섰다. 그러나 A380의 연구개발 비용은 120억 달러에서 160억 달러에 이를 것으로 추정되었다. 이러한 초기 투입비용(up-front cost)을 충당하기 위해 에어버스社는 독일, 프랑스 및 영국 정부로부터 35억 달러를 이른바 "Launch aid"라는 저비용 대출을 받았다(에어버스社의 원래 투자자는 프랑스, 독일, 스페인, 영국이다). 보잉社의 관계자는 에어버스社에 대한 이러한 대출은 정부 보조금에 불과하며 국제 무역법에 의해 금지되어야 한다고 주장했다. 뿐만 아니라 보잉社는 에어버스社가 시장의 규모를 과대평가 했다고 믿었다. 에어버스社는 대형 제트여객기(superjumbo jets) 시장은 향후 20년간 1,500대 정도로 증가 할 것으로 판단했고, 따라서 A380의 성공을 확신했다. 보잉社는 대형 제트여객기의 실제 시장은 에어버스社에서 예상한 수치의 1/4 내지 1/3 정도밖에 되지 않고, A380은 재정적 위기가 올 것이라고 주장했다. 보잉社의 예상이 맞을 경우, 에어버스社에 대한 정부의 대출은 탕감될 수도 있다. 게다가 A380의 생산이 지속된다면 보잉 747의 수익성을 떨어트리게 될 것이다.

EU와 미국은 이전에도 이러한 이슈로 논쟁을 한 적이 있다. 미국 정부는 이전에 에어버스社에 대한 유럽 대출이 무용지물이 되었고, 항공기 제조사에 불법적인 보조금을 지급했다고 이의를 제기했다. 예를 들면, 1999년 초에 독일 재무부는 A330과 A340 제트여객기의 제작을 맡은 DaimlerChrysler Aerospace AG의 7억 5천만 달러 대출금을 면제해줬다. 미국 정부의 이러한 반응에 EU측에서는, 보잉社의 상업 비행기 부서가 미 정부로부터 비밀 지원금 특혜를 받았다고 주장했다. 또한, EU측에서는 보잉社가 새로운 항공기 기술을 개발하기 위해, 일반 미국 기업들에게는 매우 접근하기 힘든 미국 국방부와의 계약을 통해 지원을 받았다고 밝혔다. 보잉社는 국방부와의 계약을 통해, 새로운 항공기 기술을 습득했고, 이를 상업 비행기에 적용할 수 있었다.

1992년 EU와 미국이 맺은 한 협약으로 이러한 언쟁은 휴전을 맞이하였다. 이 협약에 따라 국방부와의 계약을 통하여 보잉社에게 줄 수 있는 간접지원 금액에 제한이 생긴 반면, 유럽정부들은 에어버스社의 새로운 여객기 개발에 대한 제한적인 대출만을 허용하기로 하였다. 그러나 이 협약은 WTO 이전에 맺어졌고 (10장 WTO의 논의편 참조), WTO 회원국에는 새로운 의무가 주어졌다. 그래서 2004년, 미 정부는 1992년에 맺은 협정을 취소하고, WTO에 A380이 불법 지원금을 받아 개발됐다고 제소하였다. EU 또한 발 빠르게 보잉社를 맞고소했다. 2010년, WTO는 에어버스社의 A380뿐만 아니라 A300, A310, A320, A330, A340 등이 유럽연합의 "Launch Aid"라는 불법 지원금을 받아 개발되었다는 것이 법적 위반 사항임을 판결했다. 결과적으로, WTO는 일반적인 상업 대출(commercial lending) 시장에서는 상상할 수도 없는 좋은 조건으로 200억 달러가 넘는 돈을 에어버스社에게만 특별 지원했기 때문에 부적합한 수출지원금이라고 간주했다. 또한, 2011년 WTO는 보잉社가 미국 국방부와 NASA와의 계약을 통해 53억 달러의 불법 보조금을 받은 사실이 있다고 판결했다. EU와 미국 모두 WTO의 판결에 항소했지만, 대부분의 전문가들은 미국과 EU은 궁극적으로는 이러한 논쟁에 많은 돈이 얽혀 있으므로, 해결을 위한 협상이 진행될 것으로 보고 있다.

사례 질문

P2-5. 왜 유럽연합은 에어버스社를 지원하고, 미국은 보잉社를 지원하였을까?

P2-6. 이러한 지원 속에 혜택을 많이 받은 쪽은 어느 쪽이고 누가 졌는가?

P2-7. 만약 미국 정부의 보잉社에 대한 지원과 EU의 에어버스社에 대한 지원을 둘 다 취소했다고 한다면, 이 지원제도의 승자와 패자가 있을까?

P2-8. 2013년 델타 에어라인은 보잉社의 비행기를 구입해 델타 에어라인의 경쟁력을 감소시킨 외국 회사에게 매우 낮은 이자율의 대출을 허가해준 미국 수출입은행을 제소했다. 28개 항공사 47,000명의 항공사 노조 미국 민간항공 조종사 협회(ALPA)는 이러한 델타 에어라인의 법적 소송을 지지하였다. 델타의 법적 소송의 논리는 무엇인가? 당신은 델타항공 및 ALPA의 의견에 동의하는가?

출처: "Boeing Subsidy Ruling Upheld," *Wall Street Journal*, March 13, 2013, p. B3; "WTO gives Airbus a mixed win," *Wall Street Journal*, May 19, 2011, p. B3; "Twin WTO ruling on Airbus dispute," *Financial Times*, May 19, 2011, p. 4; "W.T.O. ruling on Airbus subsidies upheld on appeal," *New York Times*, May 18, 2011; "WTO rules that Boeing received $5.3bn in aid," *Financial Times*, April 1, 2011, p. 19; "EU appeals Boeing ruling," *Wall Street Journal*, April 1, 2011; "WTO lowers boom on Boeing," *Wall Street Journal*, January 31, 2011, p. B1; "WTO finds EU aid to Airbus is illegal," *Wall Street Journal*, March 24, 2010, p. A10; "W.T.O. affirms ruling of improper Airbus aid," *New York Times*, March 23, 2010; Office of the U.S. Trade Representative, National Trade Estimate Report on Foreign Trade Barriers 2006, p. 253; "Balance of power starts to shift as Boeing fights back," *Financial Times*, June 13, 2005, p. 6; "Airbus's free ride," *Wall Street Journal*, March 10, 2005, p. A18; "Airbus beats Boeing in war over big order," *Financial Times*, October 15, 2002, p. 17; "Airbus wins first order for super jumbo from emirates," *Financial Times*, May 2, 2000, p. 1; "U.S. critical of UK aid to Airbus super jumbo project," *Financial Times*, March 14, 2000, p. 1; "UK backing for Airbus ' superjumbo,'" *Financial Times*, March 14, 2000, p. 9; "Loan sparks U.S. charge of illegal subsidy," *Financial Times*, March 14, 2000, p. 9; "U.S. questions need for loans by Britain to British Aerospace," *Wall Street Journal*, March 14, 2000, p. A27; "U.S. delay on Airbus challenge concerns Boeing," *Wall Street Journal*, January 24, 2000, p. A3.

유럽에서 Whirlpool은 돌풍을 일으킬까?

수년간, 국제 기업들은 EU의 단일 통합시장에 대해 많은 기대감을 표출했다. 이러한 국제 기업들 중에서는 소위 말하는 냉장고, 식기세척기, 오븐, 세탁기, 건조기 등 "백색가전"을 생산하는 업체들도 있었다(옛날부터 부엌이나 세탁방에서 사용하는 기기들은 대개 흰색상이 주를 이루었기에, 백색가전이란 말이 업계에서 사용되기 시작했고, 다른 예로, 라디오, 텔레비전, 오디오 등과 같은 소비재는 주로 갈색으로 출시되었기에 "갈색가전" 이라고 불렸다. 오늘날에는 다양한 색상으로 가전제품이 출시되다 보니, 이러한 개념은 다소 시대착오적이라고 할 수 있다).

유럽에서의 단일 시장의 등장은, 백색가전 제조사들로 하여금 사업에 대한 새로운 방법을 모색하게 했다. 단일 시장을 갖기 이전 제조사들은, EU 28개국 정부에서 필요로 하는 사항들을 일일이 충족시켜야 했다. 다행스럽게도, 유럽통합법안(Single European Act) 덕택에 통일된 제품표준이 만들어졌고, 가전제품 제조사들도 제품 개발과 생산 비용을 줄일 수 있게 되었다. EU내의 무역 장벽의 감소는 기업들로 하여금 전체 유럽시장을 공략할 수 있는 단일 공장에서의 생산을 집중하게끔 해주었다. 이에 따라, 기업들의 해외광고비 지출의 감소는 범 유럽 브랜드를 쉽게 만들 수 있게 되고, 그 결과 마케팅비와 유통비를 줄일 수 있었다. 또한, 국경 통과 지점에서의 물리적 장벽을 없애고, 국가 간 트럭 운송에 대한 제한을 없앰으로써 물류 및 물류 관리의 생산성을 향상시켰다.

유럽시장을 점령하기 위해 가장 적극적으로 노력하고 있는 회사 중 하나인 Whirlpool社는 세계에서 가장 큰 백색 가전(세탁기, 냉장고 등) 업체들 중 한 곳이다. Whirlpool社의 매니저는 유럽 시장에 대해 명확하게 규정된 시각을 갖고 있다.

> 유럽의 생활가전제품 시장에 대한 사실 중에서, Whirlpool社가 특히 관심을 갖는 두 가지가 있는데 : 첫 번째는, 유럽의 소비자들은 소비자의 "가치 차이(value gap)"를 만들기 위하여 가전제품을 구입하는데, 미국의 소비자들에 비해 가계 소득의 두 배정도의 돈을 쓴다는 점이다. 두 번째는, 전통적으로 유럽의 산업 이익마진이 북미의 제조업체들보다 훨씬 낮다는 점이다. 그 이유는 문화적인 것과 관련이 있다. 역사상 이 산업은 내재적인 비용의 비효율 때문에 국내시장에서 개별적으로 사업을 하도록 체계화됐다. 그렇지만, 이제 범 유럽의 비즈니스 장벽이 사라짐에 따라 Whirlpool社는 이 특이한 지역상황을 이용하여 고객들에게 보다 큰 가전제품의 가치를 제공하고, 결국 이로 인하여 회사의 경쟁우위를 만들 수 있을 것이라고 믿고 있다. 소비자의 가치인식에 도움이 되지 않는 비용을 제거하고, 거기서 절약한 금액을 제품과 서비스 특성에 투자하여 가치 인식을 더해준다면 그 효과는 상당할 것이다.[15]

지난 10년 동안, Whirlpool社의 매니저들은 이론적인 지식들을 행동으로 옮김으로써, 유럽의 백색 가전 시장을 공략해왔다. 이 회사의 여러 핵심 전략들 중 하나는, 전 세계적으로 가전제품으로 유명한 네덜란드의 다국적기업 필립스의 가전 사업부를 매수하는 것이었다. 이 전략은 Whirlpool社가 필립스의 유럽내 백색 가전제품의 생산시설과 유통시스템을 통제할 수 있게 해줬다. Whirlpool社는 또한 다른 많은 경영 및 마케팅상의 경제성을 추구하였다.

- 세 개의 성공한 범 유럽적 브랜드를 만들고 시장에 내놓았다: 부유층을 공략해 프리미엄 제품을 판매하는 Bauknecht, 백색 가전제품 시장의 폭넓은 중산층을 공략한 Whirlpool, 가격에 민감한 소비자들을 겨냥한 저가격의 "가치" 브랜드 Ignis. 이러한 포괄적인 제품 전략으로 Whirlpool社는 유럽의 모든 소득계층의 소비자를 대상으로 유럽의 생산 설비시설과 유통 시스템과 시장에 자신의 제품을 완전히 활용할 수 있게 되었다.
- 세 브랜드(Bauknecht, Whirlpool, Ignis)를 위한 13개국의 영업부를 5개의 지역조직으로 합병시켜 비용을 절감하였고, 범 유럽적 판매홍보 캠페인을 만들었으며, 판매 인력의 생산성을 강화시켰다.
- Whirlpool社는 유럽 전역에서 창고 물품 관리와 유통을 쉽게 하기 위하여 유럽의 물류사업과 정보통신기술(IT) 그리고 소비자 서비스를 중앙집권화 하였다.
- 무역 장벽이 허물어진 이점을 활용하기 위해 제조 능력을 재배치시켰다. 예를 들어, 이탈리아의 Trento 지역에 유럽 소비자들을 대상으로 하는 냉장고 생산을 집중시켰다. 그리고 독일의 Schondorf 지역에는 자동세탁기 생산을 집중시켰다. 이러한 효율적인 생산의 결과 규모의 경제를 실현하였다. 유사한 사례로, 2005년, 폴란드의 Wroclaw 공장에서는 전체 유럽시장을 대상으로 하는 쿡탑과 오븐제품을 생산하였다.
- 유럽의 사업부를 중앙집권화 함으로서 유럽과 북미의 사업체들 간의 기술이전이 활성화되었다. 예를 들어, 현재 Whirlpool 유럽은 세탁물을 넣고 빼기 쉽고, 옷에 해를 덜 끼치는 세탁 건조기를 생산하는데, 이러한 기술은 미국 오하이오 주의 Marion에 위치한 Whirlpool의 부서에서 처음 개발되었다. 반대로, 유럽의 Whirlpool社 기술자들이 북미 시장에서 에너지 효율이 좋은 수평축 세탁기(유럽에서 흔한 형태)를 채택할 수 있도록 미국 Whirlpool社의 기술자들을 돕기도 한다. 이는 미 연방의 에너지 효율 표준에 맞추기 위한 것이다.

Whirlpool社는 유럽 시장의 두 가지 중요한 세분시장을 표적으로 한다: 즉, 가격에 민감한 소비자가 대부분인 중부와 동부 유럽시장과 고급 제품을 위해서는 높은 가격을 기꺼이 지불하는 소비자가 많은 부유한 서유럽 시장이다. 유럽에서의 전략 실행을 위하여 Whirlpool社는 제조와 유통 능력을 확대시키고자 30억 달러를 투자하였다. 이에 더하여, Whirlpool社는 유럽 공장들의 수준 향상과 현대화를 위하여 전략적인 인수를 하였다. 예를 들어, Whirlpool社는 유럽 전역에 활용 가능한 저비용 생산 플랫폼을 제공하는 폴란드의 가전 제조업체 Polar SA를 인수했다. 2007년에는 마진이 높고, 빠르게 성장하는 분야에서의 점유율을 높이기 위해 유럽 시장에 고급 생활가전제품을 생산하는 Kitchen Aid 라인을 도입하였다.

물론, 유럽의 경쟁업체들이 Whirlpool社가 자신들의 안방에 침입하는 동안 아무것도 하지 않고 가만히 있었던 것은 아니다. 예를 들어, 독일의 보쉬社(Bosch Siemens Hausgerate)는 자사 가전제품의 혁신성 유지를 위한 R&D에 많은 돈을 쏟아부었다. 그 결과, 20년 전에 만든 식기세척기와 비교했을 때, 에너지 사용량은 62%로 줄이고, 물 사용량은 34%로 줄이는 등 식기세척기의 효율성이 극적으로 증가했다. 또한, 독일 내의 생산 설비시설을 자동화시키고, 고비용의 독일 노동자에 대한 의존을 낮추기 위하여 폴란드, 스페인, 체코에 새로운 공장을 짓는 데 3억5천 달러를 사용했다. 스웨덴의 일렉트로룩스(Electrolux)社는 다임러 AG(-Daimler AG)로부터 아에게(AEG Hausgerate)의 생활가전 사업부를 인수하였다. 이미 유럽에서 20%에서 25% 사이를 시장을 점유하고 있던 Electrolux社는 이 인수를 통하여 6% 정도의 시장점유율을 증가시켰다. Electrolux社는 또한 25개 공장들을 폐쇄하고, 1만 2천명의 급여 대상자를 줄이는 등 비용 통제에 적극적으로 움직이고 있다.

이러한 과열된 경쟁에도 불구하고 Whirlpool社의

유럽 진출 전략은 성공할 것으로 낙관한다. Whirlpool社는 이미 유럽에서 백색 가전제품 제조사로는 3위의 지위를 달성하였다. 2012년에는 Whirlpool社가 전 세계에서 벌어들인 181억 달러의 수익 중 16%인 28억 달러의 수익을 유럽에서 창출하였다. 그리고 Whirlpool社 브랜드의 빠른 침투와 함께 새로운 제품의 혁신은 유럽에서의 시장점유율 상승과 이윤을 증가시켰다.

사례 질문

P2-9. 유럽에서 제품라인의 생산을 하나의 공장으로 통합시킨 것의 장점은 무엇인가? 단점은 무엇이 있는가?

P2-10. Whirlpool社는 유럽에서 백색 가전제품 시장 전체를 공략하기 위해 계속해서 세 가지의 제품라인(Bauknecht, Whirlpool, Ignis)을 생산하여 판매해야 하는가? 아니면, 하나의 틈새시장에 집중해야 하는가?

P2-11. Whirlpoo의 브랜드명이 북미 브랜드에서 글로벌 브랜드의 하나로 확장됨에 따라 Whirlpool이 얻게 될 이점은 무엇인가?

P2-12. Electrolux와 Bosch의 공격적인 반응에 비추어 봤을 때, Whirlpool은 그들의 유럽 전략을 수정하거나 또는 포기하여야 하는 가?

P2-13. 전 세계에 똑 같은 가전제품을 디자인하고 판매하는 것이 가능하다고 생각하는가?

출처: Whirlpool Corporation, *2012 Annual Report*; "U.S. antitrust review backs Whirlpool-Maytag merger," *New York Times*, March 30, 2006 (online); "Suds law," *The Economist*, July 23, 2005, p. 60; "Whirlpool expected easy going in Europe, and it got a big shock," *Wall Street Journal*, April 10, 1998, p. A1; "Whirlpool net doubled in 4th quarter; gains in Europe, revamping are cited," *Wall Street Journal*, February 4, 1998, p. A6; "Despite setbacks, Whirlpool pursues overseas markets," *Wall Street Journal*, December 9, 1997, p. B4; "Rough and tumble industry," *Financial Times*, July 2, 1997, p. 13; "Whirlpool to build washing machines with European, fuel-efficient design," *Wall Street Journal*, August 19, 1994; Rahul Jacob, "The big rise," Fortune, May 30, 1994, pp. 74 – 90; "If you can't stand the heat, upgrade the kitchen," *Businessweek*, April 25, 1994; "A chance to clean up in European white goods," *Financial Times*, December 13, 1993, p. 23; Maytag, *1993 Annual Report*.

PART 3 국제경영 관리

CHAPTER 11

국제전략경영

International Strategic Management

T.M.O. Travel/Alamy

학습목표

1. 국제전략경영의 도전적 과제를 서술한다.
2. 기본적 전략적 대안을 평가한다.
3. 국제전략경영의 요소를 구분하고 분석한다.
4. 국제전략경영의 절차를 서술한다.
5. 국제전략경영의 수준을 구분한다.

미키마우스의 세계화

미키마우스는 코카콜라나 맥도날드처럼 전 세계적으로 대중적인 인기를 끌고 있다. 그러나 월트디즈니(Walt Disney Company: 디즈니)는 놀랍게도 다양한 제품의 글로벌 잠재력을 활용하는 능력이 크게 부족했다. 예를 들어 2012년 디즈니의 423억 달러 매출의 75%는 미국과 캐나다에서만 발생되었고, 이 두 나라는 전 세계 인구의 단지 5%만 차지하는 것이다. 이는 코카콜라나 맥도날드가 매출액의 2/3 이상을 미국을 제외한 전 세계 시장에서 올리는 것과는 매우 대조적인 것이다.

디즈니의 국제화에 대한 가장 큰 노력은 아마도 테마파크의 운영일 것이다. 첫 번째 테마파크인 디즈니랜드(Disney land)는 1955년 캘리포니아 애너하임에 개장 되었는데 이는 곧 대단한 이익을 창출한다.그 다음 테마파크인 월트디즈니월드(Walt Disney World)는 1971년 플로리다 올랜도에 개장되었는데 이 또한 대단한 성공을 거두었다.

해외시장에서 디즈니 캐릭터의 대단한 인기를 고려했을 때, 디즈니는 해외시장에서 테마파크의 운영 확장 기회를 모색한다. 그들의 첫 번째 해외시장 테마파크는 1983년에 개장된 도쿄디즈니랜드(Tokyo Disneyland)이다. 일본인들은 오랜 시간 동안 디즈니의 팬이었고 매년 수많은 관광객들이 디즈니랜드와 디즈니월드를 방문한다. 하지만 위험을 제한하기 위해 디즈니는 테마파크에 직접적으로 투자를 하지 않았는데 이러한 결정은 결국 디즈니 경영진을 후회하게 만들었다. 대신 일본의 투자회사인 오리엔탈 랜드(Oriental Land Company)가 파이낸싱을 하고 그들이 도쿄디즈니랜드의 소율권을 전적으로 가지게 된다. 디즈니는 테마파크의 건설을 감독 및 관리했지만 단지 로열티만 받는다. 도쿄디즈니랜드는 개장 이후 지금까지 대단한 성공을 거두었고 개장 이후 불과 8년 만에 1억 번째 방문자를 맞게 되었고(이는 미국 디즈니랜드가 16년 만에 걸쳐 이뤄낸 성과) 도쿄디즈니랜드는 일본인들의 첫 번째 관광지로 자리매김한다.

도쿄디즈니랜드의 성공은 디즈니가 타 해외시장에 눈을 돌리도록 해 주었다. 유럽 전역에 대한 잠재적 후보지를 평가 후 프랑스 파리 외곽을 최종 후보지로 선택을 했다. 이 당시 디즈니는 테미파크의 소유권과 이익분배에 대해 보다 더 적극적으로 참여를 하고 싶었으나 프랑스 정부는 소유권을 49%(나머지 51%는 유럽 주식시장에서 매수 또는 매도 가능 하도록 하고) 이하로 법령으로 규정함으로써 디즈니는 이러한 소유권 구조를 수용한다. 프랑스 정부의 다양한 경제적 인센티브는 디즈니가 최종 결정을 하는 데 큰 역할을 했다. 프랑스 정부는 테마파크용 부지를 헐값에 매각했고 향후 건설된 테마파크 정문까지 철로 시스템을 확장하기로 동의했다. 그러나 사업이 구체화되기 시작하자 먹구름의 조짐이 보이기 시작했다. 파리의 문화 엘리트 집단들은 본 사업이 프랑스 문화전통에 대한 모독이라며 맹비난했고 특히 농부들은 자신들의 땅을 디즈니에 매각할 수밖에 없도록 프랑스 정부가 조장한다며 규탄했다. 이에 디즈니는 디즈니사가 종업원들에게 요구하는 직장 내에서의 보수적인 옷차림, 엄격한 교육과 트레이닝 그리고 테마파크 안에서의 무알코올 정책들에 대한 비난을 옹호하기에 이른다.

유로디즈니의 개장 시점인 1992년 디즈니에게 타이밍상 더 이상 나쁠 수가 없었다. 유로디즈니가 개장하자 곧 유럽 전역에 불황이 닥쳤다. 이에 디즈니는 테마파크 주변에 자신들이 소유하고 있던 부지를 현지 개발업자들에게 매각해 부채를 갚겠다는 계획을 중지할 수밖에 없었다.

디즈니는 유럽에서 많은 것을 배웠다. 2002년 디즈니랜드파리 인근에 디즈니 스튜디어 테마파크(Disney Studio Theme Park)를 개장했을 때, 운영에 있어 비록 작아 보이지만 큰 변화가 있었다. 미국의 배우 브루스 윌리스 대신, 유럽의 디즈니에서는 제레미 아이언스, 나타샤 킨스키 그리고 이사벨라 로셀리니와 같은 유럽 배우들의 목소리가 디즈니스튜디오의 트렘 등 놀이기구에 안내 목소리로 사용되었다. 디즈니랜드파리는 고객들에게 오로지 프랑스식 소시지만 제공했는데 이는 독일, 이태리 및 영국고객들을 불쾌하게 만들었다. 그러나 디즈니 스튜디오 테마파크의 음식점은 다양한 종류의 소시지를 제공했으며 더불어 스튜디오의 쇼 배경을 미국 할리우드 스타일이 아닌 유럽 스타일(세인트 트로페즈)로 바꿨다. 비록 작은 문제인 것처럼 보이지만 위와 같은 세심함은 테마파크를 찾는 고객들을 더 편안하게 느낄 수 있도록 해줬다.

디즈니의 그 다음 해외시장 진입 성과는 2005년 디즈니랜드 홍콩을 개장하면서 실현되었는데 개장식 축제행사의 퍼레이드는 디즈니 캐릭터와 더불어 현지 전통문화인 불꽃놀이, 사자춤 등을 절충해 거행했다. 디즈니는 단지 3억1,400만 달러의 투자만으로 36억 달러 상당의 프로젝트에서 43% 지분을 받았다. 홍콩 정부는 나머지 57%의 지분을 가졌고 29억 달러를 부지 및 기반시설에 투자했다. 디즈니는 홍콩 테마파크에 풍수 개념을 접목해 디자인에 주의를 기울였다.

그러나 유럽에서 그랬던 것처럼 디즈니는 홍콩 시장에서의 방식을 다시 재구상하거나 혹은 수정해야 했다. 테마파크를 개장했을 때 방문객들의 숫자 및 그들의 지출비용이 초기 예상보다 낮게 나타났으며, 급격하에 하락했다. 디즈니는 또 다시 현지 시장에 대한 이해에 실패를 한다. 많은 중국인들은 예상과 달리 다양한 디즈니 캐릭터 및 최고 수준의 구경거리 문화에 익숙하지 않았으며, 대부분의 방문객들은 테마파크가 너무나 "이국적"이라고 느꼈다. 이를 극복하기 위해 디즈니는 그들의 전통적인 캐릭터의 출현을 체계적으로 줄였으며 대신 보다 더 중국풍으로 중국의 "부"의 신으로 수염 난 Cai Shen Ye 등으로 대체시켰으며, 미키마우스나 미니마우스의 의상 또한 중국의 신년 복장인 붉은색으로 변경시켰다. 더불어 매일 거행되는 퍼레이드 또한 용, 새 꼭두각시, 물고기, 꽃 등 전통적인 중국

풍으로 수정했다. 이러한 노력은 성과를 거두었고, 2011년 디즈니의 홍콩시장 확장 시기였으며 그 대표적인 것이 Buzz Lightyear, Woody 및 Friends로 대표되는 장난감 이야기 천국(Toy Story Land)이다.

디즈니랜드홍콩에 이어 디즈니는 13억 중국 시장을 위해 상하이에 지사를 개설한다. 현재 중국 전역에 걸쳐 디즈니채널 및 디즈니 만화가 방영 중에 있으며 1,800개의 백화점 "디즈니코너"에서는 디즈니 브랜드 상품이 판매된다. 디즈니는 베이징 및 상하이에 15개의 학습센터를 운영 중에 있는데 이곳에서는 인어공주 및 미키마우스 캐릭터를 이용해 2~12세까지의 7,000명의 중국 청소년들에게 영어를 가르치는 커리큘럼을 운영한다. 이 사업은 2015년까지 150,000명의 학생들을 목표로 시설을 150개로 확장할 계획인데 이러한 접근은 중국 신세대들의 영어 실력 향상은 물론이고 그들이 디즈니캐릭터에 친숙하도록 하기 위함이다. 중국에서 디즈니의 이러한 방법은 수익을 거두기 시작했으며, 10년의 협상 끝에 2011년 상하이에 44억 달러 규모의 테마파크 공사를 착공했다. 디즈니 이 새로운 벤처에 43%를 소유할 것이며, 나머지는 3개의 도시가 공동 소유하는 기업들이 관리를 할 것이다.

디즈니는 인도 역시 수익성이 높은 시장이라 판단해 2004년 인도 가정용 프로그램을 제작하는 디즈니 채널 앤툰(Disney Channel and Toon)을 설립했다. 디즈니는 인도 시장에서의 시작 작품으로 *High School Musical*을 제작했는데 이 영화의 주요 줄거리에서 야구경기는 크리켓 경기로 대체되었다. 디즈니는 2012년에 UTV라는 여섯 개의 인도 최고의 리더 방송채널들을 갖고 있는, 인도의 가장 큰 규모의 TV와 영화 스튜디오를 구입했다. 더불어 중국어 및 러시아어로 된 *High School Musical*도 제작 중에 있다. 이와 동시에 일본, 인도, 중국, 아랍 그리고 러시아 시장을 타겟으로 한 여러 영화가 진행 중이다.

디즈니는 전 세계 어디에서나 비즈니스 기회에 대해 관심을 가지고 있다. 디즈니그룹에서 소비재를 담당하는 부서는 세계적으로 유명한 주요 소매업체인 까르푸(Carrefour), 아스다(ASDA, 월마트의 영국 자회사) 및 메트로(Metro) 등에 제품을 공급하기 위해 판매 및 마케팅 팀을 설립하기도 했다. 또한 디즈니 채널 월드와이드(Disney Channels Worldwide)는 2012년에 러시아와 터키로 진출했고, 167개국에 35가 언어로 제작되고 있고 전 세계 3.2억 가정이 디즈니 채널을 시청한다. ESPN 인터내셔널은 29개의 국제적 네트워크를 보유하고 있는데 특정 지역의 팬들을 만족시키기 위해 ESPN Classic Sport Europe, ESPN Latin America, ESPN Asia 등을 보유한다. 그러나, 이들의 해외 사업 부분은, 총매출의 25% 정도만을 차지하고 있어, 아직도 성장을 기대할 수 있는 부분이 크다고 본다.[1] ■

글로벌시장에서 생존하기 위해 기업들은 세계 도처에 존재하고 있는 기회를 빨리 개척해야 하며 국내 및 해외시장에서 발생되는 변화에 대처해야 한다. 이를 위해서는 기업의 미션 및 그 미션을 달성하기 위한 비전에 대한 명확한 이해, 기업이 어떻게 경쟁회사들과 경쟁을 해야 하는지에 대한 분명한 이해가 요구된다. 위와 같은 이해를 위해 기업들은 현재 및 미래의 고객들에 대한 정치적, 경제적, 사회적 변화를 평가하고 더불어 새로운 기술의 영향을 분석함으로써 자신의 강점과 약점을 경쟁사들의 그것들과 비교해야 한다.

도쿄디즈니랜드, 디즈니랜드파리, 디즈니스튜디오파리 및 홍콩디즈니랜드 등 해외시장에서의 테마파크 건설 결정은 월트디즈니의 글로벌 엔터테인먼트 기업 실현이라는 전략적 일관성이 있었기 때문에 가능했다. 이러한 노력은 전 세계적으로 디즈니 캐릭터에 대한 라이센스는 물론이고 디즈니 채널에 대한 시청자의 수를 확장시키는 데 큰 도움이 되었다. 그러나 그들은 디즈니랜드 파리에서 초기 노력에 비해 실패를 맛보았고 그들의 경쟁자들은 시장점유율 확보를 위해 지속적으로 경쟁을 한다는 사실을 알게 되었다. 예를 들어 유럽의 휴가 여행자들은 파리에 있는 디즈니랜드보다는 덴마크의 레고랜드(Lego land)나 프랑스의 파크 아스테릭스(ParcAsterix) 등 다른 놀이동산에서 휴가를 즐기며, 미키마우스는 영국의 페딩턴 곰(Paddington Bear), 일본의 헬로우 키티(Hello Kitty) 및 벨기에의 스머프(Smurfs) 등과 경쟁해야 한다. 더불어 타임워너의 만화 채널은 디즈니 만화보다 성과면에서 수년 동안 능가했다. 이에 디즈니의 최고경영진들은 전 세계 고객들을 더 확보하기 위해 끊임없는 경쟁해야 한다는 것을 알고 있다. 그들이 원하는 수준의 수익, 성장 및 시장 점유율의 달성을 위해서는 회사의 자원을 효율적으로 배치 및 사용하는 것은 그들에게 달려 있다.

11.1 국제전략경영의 도전 과제들

다른 국제기업들처럼 월트디즈니의 경영진들은 위와 같은 도전 과제들을 다루기 위해 전략경영을 활용해야 한다. **국제전략경영**은 기업이 국제시장에서 효과적으로 경쟁하기 위해 전략을 수립하고 이행하는 종합적인 경영계획 절차를 말한다. 특정 국제전략의 개발 절차를 흔히 **전략적 계획**이라 한다. 전략적 계획의 수립은 대체적으로 기업 본사의 최고경영진 혹은 국내 및 해외 계열사에 주재하는 경영진의 책임이다. 대부분의 대기업들은 최고 경영진들이 전략을 수립할 수 있도록 그들에게 기술적인 도움을 제공하는 인력을 보유하고 있다. 예를 들어 월트디즈니 기획실 스태프의 경우 최고 의사결정권자들이 프랑스 파리 및 중국 상하이 테마파크 건설에 대한 최종 의사결정을 할 수 있도록 인구통계학적 자료는 물론이고 경제적 자료들을 수집해 제공한다.

국제전략경영은 기업의 궁극적인 목표를 달성하기 위한 종합적 체계인 다양한 **국제전략**의 발전을 유발시킨다. 개념적으로 볼 때, 단일국가에서 경쟁하기 위한 전략 개발과 다수국가에서 경쟁하기 위한 전략 개발에는 많은 유사점이 있다. 이 두 가지 경우, 전략 수립자들은 다음과 같은 근본적인 물음에 대해 답할 수 있어야 한다.

- 기업은 어떠한 제품/서비스를 판매하고 싶어 하는가?
- 기업은 어디서 혹은 어떻게 제품/서비스를 생산하는가?
- 기업은 어디서 혹은 어떻게 제품/서비스를 판매하는가?
- 기업은 어디서 혹은 어떻게 필요한 자원을 획득하는가?
- 기업은 어떻게 경쟁자들보다 더 나은 성과를 기대하는가?[2]

그러나 국제전략의 개발은 국내전략 개발보다 훨씬 더 복잡하다.[3] 국내기업을 위한 전략을 개발하는 경영자는 단지 동일 통화, 회계시스템, 동일한 정치적 및 법률적 시스템, 하나의 언어 및 동질의 문화만 다루면 된다. 그러나 국제기업을 위한 전략을 개발하는 경영자는 다양한 통화, 회계시스템, 정치적 및 법률적 시스템, 다양한 언어 및 문화에 대한 이해가 있어야 한다.

나아가 국제경영을 담당하는 경영자들은 다른 시간대, 이질의 문화 및 상이한 경제적 환경에 처한 세계 도처에 있는 자회사들의 전략 이행을 조율해야 할 뿐만 아니라 그들의 경영성과를 모니터링하고 통제해야 한다. 그러나 일반적으로 관리자들은 이러한 복잡한 과정은 기업의 글로벌 확장에 따르는 추가적 기회를 위한 업무라고 생각한다. 실로, 국제경영은 국내경영에서는 볼 수 없는 아래 세 가지의 경쟁우위 원천을 활용할 수 있다.

- *글로벌 효율성*(*Global efficiencies*): 국제기업들은 국내기업에게는 존재하지 않는 다양한 방법들을 통해 효율성을 향상시킬 수 있다. 국제기업들은 세계도처에 자신들의 생

산 시설을 건설해 저렴한 생산비로 제품을 생산하고 유통시켜 고객들에게 서비스의 품질을 제고함으로써 입지적 효율성을 확보할 수 있다. 예를 들어, 운동화 생산은 매우 노동집약적인 산업으로써 나이키를 비롯한 많은 운동화 업체들의 생산 시설은 인건비가 특별히 저렴한 국가에 위치한다.[4] 이와 유사하게 국제기업들은 *규모의 경제*(*economies of scale*)를 확보함으로써 생산비를 절감할 수도 있다. 예를 들어 메르세데스 벤츠(Mercedes-Benz)는 그들의 첫 번째 SUV 차량의 생산을 여러 공장에 분산시키기보다는 오로지 미국의 앨라바마(Alabama) 공장에서만 생산함으로써 규모의 경제 혜택을 누릴 수 있었다.[5] 결론적으로 국제기업들은 그들의 생산라인을 그들이 진출한 여러 국가로 확장함으로써 *범위의 경제*(*economies of scope*)를 실현함으로써 생산비와 마케팅 비용을 절감할 수 있다. 애플(Apple)의 경우 단지 PC 판매자로부터 데스크 탑, 랩톱, 아이폰, 아이패드 등 다양한 정보통신기구 회사로의 전환은 연구개발비, 브랜딩 비용 및 유통비용을 절감할 수 있게 했다. 결과적으로 애플의 제품당 연구개발비, 브랜딩 비용 및 유통비용은 예전에 단지 PC 판매에만 치중했던 시절에 비해 훨씬 낮아졌다.

- *다국적 유연성*(*Multinational flexibility*): 제3장 및 4장에서 설명했듯이 각 나라별로 각기 다른 정치적, 경제적, 법적 및 문화적 환경의 차이가 있다. 이러한 환경들은 거시적으로는 새로운 법률의 통과, 새로운 정부의 탄생 및 경제정책의 변화, 미시적으로는 새로운 경쟁자의 출현 혹은 쇠퇴 등을 통해 지속적으로 변화한다. 그렇기 때문에 국제기업들은 위와 같은 다양하고도 변화하는 환경에 대처해야 하는 도전에 직면해 있다. 단일 시장에서 단일 환경변화에 대처하는 국내기업과는 달리 국제기업들은 한 특정 나라에서 환경적 변화에 대처하면서 동시에 또 다른 나라에서의 변화에 대처해야 한다. 치킨 가공업체인 타이슨 푸드(Tyson Foods)의 경우를 예를 들어, 미국 소비자의 닭 가슴살에 대한 선호에 따라 증가하는 수요 물량 때문에 큰 혜택을 봤다. 더 많은 닭 가슴살을 생산하는 과정에서 타이슨은 미국 소비자들은 별로 선호하지 않는 닭다리, 닭발 또한 더 많이 생산할 수밖에 없었다. 이에 타이슨은 남아도는 닭다리, 닭발을 활용하기 위해 러시아와 중국 시장을 목표시장으로 선정했다. 왜냐하면 러시아 사람들은 Dark Meat(닭다리와 같이 암적색 고기)를 선호하며, 중국에서는 닭발을 별미로 여기기 때문이었다.[6] 타이슨은 러시아와 중국에 약 7억 달러 상당의 닭다리와 닭발을 수출했다. 이처럼 국제비즈니스는 국내 비즈니스에 비해 환경의 변화 혹은 차이를 보다 더 잘 활용할 수 있다.
- *전 세계적 학습*: MNC의 다양한 운영환경은 조직학습에 도움을 준다.[7] 상이한 환경은 MNC들이 여러 나라에서 각기 다른 방식으로 기업 운영을 하게끔 한다. 기민한 기업들은 이러한 차이들을 학습해 이것을 다른 나라로 이전시켜 그곳에서 활용할 것이다.[8] 예를 들어 맥도날드의 미국 경영자들은 매장이 교외나 혹은 중소도시에 위치해야 한다고 믿고 있다. 그러나 일본 경영자의 경우 매장은 도심 지역 사무실 빌딩에 위치해야 한다고 확신한다. 일본에서의 성공은 맥도날드 본사 경영진에게 매장 위치 선정기준에 대해 다시 한번 생각해볼 수 있는 기회를 제공했다. 사무실 빌딩, 대형 마트, 공항처럼 예전에는 비전통적인 입지로 여겨졌던 장소들이 지금은 맥도날드의 아주 중요한 수익창출

원천으로 자리매김한다. “Emerging Opportunities”는 전 세계적 학습 혜택의 또 다른 예를 제공한다.

불행하게도 위에서 살펴본 세 가지 요소를 동시에 활용하는 것은 매우 어렵다. 기업의 단일 단위(부서)에게 특정 업무에 대해 전 세계적 책임을 부여했을 경우 글로벌 효율성은 쉽게 획득될 수 있다. BMW 뮌헨 본사의 엔지니어들은 단지 신차 연구 및 디자인 개발에만 책임이 있다. 한 장소에서 연구개발에만 집중함으로써 그 엔지니어들이 디자인한 신규 자동변속장치는 다른 공장에서 제작한 엔진들과 보다 더 잘 조화되어 작동이 될 것이다. 그러나 연구개발 활동에 대한 통제는 그들의 제품이 세계 여러 소비자들의 각기 다른 구미에 부합되는 것을 방해할 수 있다. 간단한 예로 컵 받침대를 생각해보자. BMW 엔지니어들은 독일 아우토반처럼 고속질주가 일반적인 경우 컵 받침대는 운전자에게 불필요할 뿐만 아니라 위험하다고 생각했으며, 독일 사람들보다 저속으로 운전을 하는 미국 사람들에게는 컵 받침대는 매우 편리한 기능이라 생각했다. 독일 본사 BMW 엔지니어들과 미국 마케팅 담당자 간의 컵 받침대에 대한 장시간에 걸친 논쟁은 일반인들에게는 마치 사소한 것처럼 보일 수 있다. 그러나 약 10년의 논쟁 끝에 컵 받침대는 북미 지역에서 판매되는 차량의 표준기능으로 최종적으로 결정되었다. 그러나 BMW 일부 모델에서는 컵 받침대가 에어컨 통풍구 바로 앞에 위치해 운전자들이 음료수를 자신들이 원하는 온도로 유지하기 힘들게 한다.

위의 예처럼 만약 기업의 단일 단위(부서)에 권력이 집중되면 다른 시장 고객들의 구미를 무시할 수 있는 위험성이 있다. 반대로 현지 자회사 관리자들에게 권한을 이양하면 다국적 유연성을 제고할 수 있다. 현지 관리자에게 권한의 부여는 맞춤형 마케팅을 통해 현지 고객의 욕구 및 구미에 부합할 수 있도록 한다. 그러나 과도한 유연성은 기업들의, 특히 생산, 마케팅 및 연구개발 분야에서, 글로벌 효율성 획득 능력을 감소시킬 수 있다.

나아가 통제되지 않은 글로벌 효율성 및 다국적 유연성의 추구는 기업의 전 세계적 학습을 억제할 수도 있다. 글로벌 효율성을 확보하기 위해 단일 부서에 권력이 과도하게 집중되면 다른 부서에서 획득한 정보나 교훈들이 무시될 위험성이 있다. 현지 자회사 책임자들에의 권력 이양은 위와 유사한 문제를 야기시킬 수도 있다. 분권화된 구조는 한 자회사로부터 다른 자회사로의 학습 이전을 어렵게 만들 수도 있다. 전 세계적 학습을 추구하는 기업이라면 본사와 여러 자회사 간 지식이 이동될 수 있는 조직구조를 만들어야 한다. 또한 본사나 해외 자회사 관리자들이 전 세계적 학습기회를 획득하고, 이를 전파하고, 이에 맞게 행동 할 수 있도록 동기를 부여하는 인센티브 조직을 만들어야 한다.

예를 들어, 1990년대 후반 P&G 경영진들은 그들의 조직구조에 대해 많은 근심을 했다. 그 당시 P&G의 조직은 지역적 경계를 바탕으로 구성이 되었는데 이는 한 지역에서 획득된 정보가 다른 지역으로 이전되기에는 매우 어려운 구조였다. 이에 P&G는 현지 지역 관리자의 전문성을 유지하면서도 제품의 라인 관리자들에게 보다 더 많은 권한을 주는 매트릭스 조직을 만듦으로써 대대적인 구조조정을 단행했다. 그 과정은 쉽지도 않았고 빨리 진행되지도 않았다. 실제적으로 위와 같은 구조조정을 단행한 CEO는 18개월 후에 해고가 되었다. 그러나 후임 CEO는 P&G의 제품들이, 예를 들면 일본 지사에서 개발된 스위퍼

EMERGING OPPORTUNITIES

일본 기업이 중국 시장에서 어떻게 경쟁을 해야 하는가? … 더 미국인처럼 행동하라.

2008년 도요타는 세계 최대 자동차 생산업체로서의 꿈은 달성했지만 세계에서 가장 빠르게 성장하는 중국 시장에서는 초기에 고군분투해야 했다. 2005년 도요타는 중국에서 겨우 183,000대의 자동차를 판매했는데 이는 폭스바겐, GM, 현대, 혼다 등에는 한참 뒤진 것으로 판매량 순위 9위에 머물렀다. 이러한 도요타의 성과는 2010년까지 중국 시장에서 한 해 동안 100만대를 판매하겠다는 목표 기준에 한참이나 미치지 못했다. 도요타가 현지 업체인 First Auto Works Group (FAW)과 합작투자로 중국에 진출했을 때 자동차 생산은 2002년까지 지연되었다. 도요타-FAW가 처음으로 생산한 비오스(Vios)는 시장에서 인기를 끄는 데 실패했는데 그 이유는 평범한 디자인에도 불구하고 현지에서 가장 많이 판매되는 자동차 모델보다 3배나 더 비쌌기 때문이다.

그러나 도요타의 진짜 어려움은 지연된 생산의 문제가 아니었다. 반면 그들이 직면한 진짜 문제는 중국 시장이 일본 시장과 유사할 것이라고 예측한 점이었다. 곧 알게 되었지만 중국은 일본 시장보다는 미국 시장과 더 유사하다는 점이었다.

일본의 판매사원들은 월급을 받으며 고객들에게 최상의 서비스를 제공하면서 천천히 고객망을 구축한다. 이와 유사하게 대부분의 일본 자동차 딜러들은 한 가지 브랜드만 판매하면서 그 브랜드에 대해 충성도를 제고한다. 일본은 민족학적으로 볼 때 동종의 인구로 구성된 비교적 작은 국가이다. 따라서 도요타는 일본에서 그들의 제품을 판매할 때 전국적으로 통용이 가능한 광고를 활용했다.

그러나 중국 시장에서는 달랐다. 판매사원들은 월급이 아닌 수수료에 의지했고 대부분의 딜러들은 다양한 브랜드의 자동차를 판매했다. 이에 브랜드 충성도로 판매사원이나 딜러들에게 동기를 부여하기에는 역부족이었고 그들은 제품을 천천히 판매하기보다는 보다 더 수익성이 있는 제품을 찾아 나섰다. 더불어 중국은 매우 다양하고 방대한 시장이었기에 광고 효과에 있어서도 일본과는 많은 차이점이 있었다.

중국 시장에서의 실패를 만회하기 위해 도요타는 최근 미국 시장에서의 성공을 지휘한 38세의 요시이나바(Yoshi Inaba)를 중국으로 전근시켰다. 이나바는 미국에서 그와 같이 근무한 2명의 미국인 선임 마케팅 책임자를 고용해 새로운 팀을 구성했다. 그 팀의 중국에서 첫 번째 업무는 32개의 FAW-도요타 지역딜러협회를 구축하는 것이었다. 미국의 경우 이러한 협회는 현지 시장에 적합한 광고 캠페인을 개발하는 데 많은 도움이 되었다. 그 팀은 연간 딜러 모임 또한 개편했다. 지금까지 적용한 지루하고 고루한 일본식 방식이 아닌 딜러들이 브랜드에 대해 보다 더 열정을 가질 수 있도록 미국식 방식으로 딜러 모임을 개편했다. 더불어 그 팀은 미국 시장에서 적용했던 더 많은 자동차를 판매하는 딜러에게는 베스트셀링 자동차를 포함해 딜러가 원하는 자동차를 더 많이 할당하는 "Turn(or Sell) and Earn(파는 만큼 번다)" 시스템을 채택했다. 이러한 방법을 통해 딜러들이 다른 제품을 판매하기보다는 도요타 제품에 집중하게 함으로써 그들에게 보상과 동기를 동시에 부여하고자 했다.

중국 시장에서의 경쟁은 매우 치열했다. 그러나 미국 시장에서 배운 교훈을 중국 시장에 적용함으로써 성공을 거두기 시작했다. 2011년 도요타는 거의 900,000대의 자동차를 판매했는데 비록 이는 100만대 판매 목표에는 미치지 못하지만 2005년에 비해 아주 놀라운 성장이었다. 미국식 경영방식을 아무리 따라간다 하도 중국 소비자의 눈에는 토요타는 일본의 기업이다. 그에 따라 토요타의 2012년 중국에서의 매출은, 센가꾸/다이노이 섬에 대한 일본정부의 주권 주장에 화가 난 중국소비자들의 보이콧으로 인해 떨어졌다(제3장의 closing case "Tiny Island, Big Trouble" 참조할 것).

출처: "Toyota predicts China sales won't fully recover before fall," www.japantimes.co.jp, April 22, 2013; "Toyota plots China fightback with new, no-frills car," *The Economic Times*, April 20, 2013; "Japanese Car Sales Plunge Amid China Rage," *Wall Street Journal*, October 9, 2012; "After the quake," *The Economist*, May 19, 2011; "Toyota expands again in China," www.edmunds.com, March 11, 2008; "VW holds lead in China, Toyota comes in second," *Wall Street Journal*, January 11, 2008 (online); "In Chinese market, Toycta's strategy is made in U.S.A.," *Wall Street Journal*, May 26, 2006, p. A1; "The birth of the Prius," *Fortune*, March 6, 2006, p. 111; "China and Japan: So hard to be friends," *The Economist*, March 26, 2005, p. 23; "The Americanization of Toyota," *Fortune*, December 23, 2003, p. 165.

스위퍼(Swiffer Sweeper: 막대걸레) 혹은 SK-II 피부 클린징 시스템 등이 전 세계시장으로 보다 빨리 그리고 보다 더 수익성 있게 이동될 수 있도록 함으로써 구조조정의 실행에 있어 전임 CEO보다 더 성공적이었다.[9]

GE는 부서 간 학습의 이전을 가능하게 하기 위해 다른 방법을 채택했다. GE는 서로 다른 자회사에 소속된 선임 경영진으로 구성된 12개의 경영협의회를 설립했다. 분기별 회의에서 각 구성원들은 다른 자회사들이 사용 혹은 적용할 수 있는 새로운 아이디어를 발표해야 했다. 이러한 방법을 통해 새로운 기술, 정보, 시장 기회는 GE의 여러 부서 및 지사로 빠르게 전파될 수 있었다.

SK-II는 일본의 한 과학자가 일본 사케(일본 정종) 공장에서 일하는 부드럽고 더 젊어 보이는 여인의 피부를 알아차린 이후 P&G 일본 자회사에 의해 개발되었다. 아시아, 미국, 영국 등을 포함한 SK-II의 타시장으로의 확장은 한 지역으로부터 다른 지역으로 새로운 제품과 기술의 이전을 가능하게 설계된 구조조정으로 인해 가속화 되었다.

In Practice

- 글로벌 효율성, 다국적 유연성, 그리고 전 세계적 학습으로부터 다국적기업들은 많은 혜택을 누린다. 순수 국내기업들에게는 이러한 혜택은 주어지지 않는다.
- 이같이 3가지의 혜택을 누릴 수 있는 조직 구조를 구축하기 어렵다.

추가 고려 사항: 이 3가지 중 가장 중요한 것은? 그리고 이 답은 모든 기업들에게 같은가?

11.2 전략적 대안

MNC들은 글로벌 효율성, 다국적 유연성 및 전 세계적 학습에 대해 균형을 맞추기 위해 아래 네 가지 중 한 가지 전략적 대안을 채택한다.

전략적 대안 중 첫 번째는 *본국 복제 전략(home replication strategy)*이다. 이는 기업들이 해외시장에 진출할 때 본국에서 이미 개발한 핵심역량이나 기업 특유의 장점을 주요 경쟁적 무기로 활용하는 것이다. 이 방법은 자국 시장에서 예외적으로 이미 성공한 전략을 채택 및 복제해 해외시장에 그대로 적용시키는 것이다. 벤츠의 본국 복제전략은 예를 들어, 벤츠의 이미 잘 알려진 브랜드, 뛰어난 설계 및 고속 주행 중에도 안전한 고급스러움과 같은 평판에 크게 의존했다. 단지 몇몇 국가들만이 높은 소득수준과 함께 벤츠 제품에 어울리는 최고속도제한을 가지고 있다는 사실에도 불구하고 벤츠가 국제적으로 활용하고자

한 것은 바로 이 세분시장이다. 이 차의 신비감에 매료된 아시아, 유럽, 미국의 소비자들은 현지 경찰이 눈만 감아준다면 시간당 150마일로 새 차를 운전할 수 있다는 것을 잘 알기에 벤츠를 사고 싶어 안달이다.

국제기업들이 선택할 수 있는 두 번째 전략적 대안은 *다국적 전략*(*multidomestic strategy*)이다.[10] MNC들은 자신들을 각각의 특정 시장에 집중하는 독립된 자회사들의 집합체라 생각한다. 더불어 이러한 개개의 자회사들은 현지 고객들의 욕구에 부합하기 위해 제품, 마케팅 및 운영 등을 자유롭게 현지화할 수 있는 권한이 있다. 국가별 접근법은 여러 국가 사이에 차이점이 뚜렷할 때 효과적이다. 예를 들어, 각 국가 간 생산에 있어 규모의 경제, 유통비용, 마케팅비용이 다르다거나 혹은 모기업과 자회사 간의 협력 비용이 높을 때 등이다. MNC의 각 자회사들은 현지 시장에 부응해야 하기에 대체적으로 모기업은 각각의 자회사에 상당한 권한을 부여한다. 2차 세계대전 이전에 많은 MNC들은 가끔 이러한 방식을 채택했는데 그 이유는 원거리에 있는 해외 자회사를 그 당시에는 통제하기가 매우 어려웠기 때문이다.

세 번째 전략적 대안은 *글로벌 전략*(*global strategy*)이다. 글로벌기업들은 세계를 하나의 단일 시장으로 바라보며 그들의 주요 목적은 전 세계 고객들에게 통용될 수 있는 표준화된 제품과 서비스를 개발하는 것이다. 글로벌 전략은 국가별 전략과는 거의 정반대 개념이다. 국가별 전략을 추구하는 기업들은 각국의 고객들은 다른 나라의 고객들과는 근본적으로 다르기에 각각의 특성에 맞게 접근해야 한다고 생각하는 반면 글로벌 전략을 추구하는 글로벌 기업들은 국적에 관계없이 모든 고객들은 근본적으로 똑같다고 가정한다. 그러므로 글로벌 기업들은 제품의 개발, 생산 및 판매에 있어 세계시장을 단일 시장으로 생각한다. 글로벌 기업들은 전 세계 생산 및 마케팅 전략을 조율해야 하기에 권한과 의사결정권 등은 통상적으로 중앙 본사에 집중되어 있다.

본국 복제 전략과 글로벌 전략은 유사한 점을 상호 공유한다. 이 둘 중 어느 전략을 사용하든 기업들은 세계 어느 곳에서든지 같은 방식으로 비즈니스를 수행한다. 하지만 이 둘에는 중요한 차이점 또한 있다. 본국 복제 전략을 활용하는 기업들은 국내시장에서 사용한 방식을 해외시장에 그대로 적용한다. 이 전략을 사용하는 기업들은 만약 그들의 비즈니스 방법이 국내시장에서 유효했다면 그것은 해외시장에서도 유효하다고 믿는다. 반대로 글로벌전략을 사용하는 기업의 경우 위와 같은 본국에 대한 편향성을 가지지 않는다. 글로벌 기업들은 비즈니스에 있어 본국과는 연관성이 없으며, 모든 곳을 하나의 시장으로 생각을 하기에 국내시장 혹은 해외시장으로 시장을 세분화하지 않는다. 이에 글로벌 기업들은 글로벌시장의 전 고객들에게 부응할 수 있는 최선의 방법을 찾기 위해 노력을 한다.

네 번째 전략적 대안은 *초국적 전략*(*transnational strategy*)이다. 초국적 기업은 글로벌 기업이 추구하는 글로벌 규모의 효율성의 이익과 국가별 기업의 목표인 현지 적응화의 이익 및 장점을 결합시키기 위해 노력한다. 이를 위해 초국적 기업들은 권한이나 의사결정권 등을 기계적으로 집중화시키거나 혹은 분권화시키지 않는다. 대신 조직 각각의 부서들이 효율성과 유연성 두 가지 목적을 달성할 수 있도록 각각의 업무에 대해 조심스럽게 권한을 부여한다.

초국적 기업들은 연구개발과 자금 운영 등과 같이 특정 업무에 대한 의사결정권은 대체적으로 본사로 권한을 집중시킨다. 그러나 인적자원관리, 마케팅 등 기타 업무에 대해서는 자회사의 책임자들이 현지의 문화와 비즈니스 환경에 보다 더 적절하게 대처할 수 있도록 그들에게 권한을 분권화 한다. 가끔 초국적기업들은 일국의 자회사에게 한 개의 특정 제품에 대해서만 권한을 부여하고 다른 일국의 자회사에게는 또 다른 1개의 제품에 대해서만 권한을 부여한다. 이 둘의 기능을 상호 결합시키기 위해 초국적 기업들은 여러 자회사 간의 통합 및 조정에 상당한 주의를 기울인다. "Venturing Abroad"에서 IKEA가 현지 조건에 적응하면서 어떻게 글로벌 차원 규모의 효율성 달성을 위해 노력하는지에 대해 설명한다.

[그림 11.1]은 현지적응화 및 글로벌 통합의 필요성 두 가지 기준을 바탕으로 위에서 살펴본 네 가지 전략적 대안을 평가한다. 각 나라 고객들의 구미와 기호가 서로 다르고, 현지 법률, 경제 상황, 인프라 등에서 상당한 차이점이 있을 경우 기업들은 현지 시장 상황에 상당한 주의를 기울여야 한다. 그러나 농산물, 화학 제품, 저가의 반도체칩 등과 같이 품질과 특성에 있어 큰 차별성을 가지는 못하는 정형화된 제품의 판매에 있어서는 기업들은 글로벌 통합이라는 압력을 받는다. 만약 특정 제품에 대해 무역장벽이 낮고 운송비용이 저렴할 경우 기업들은 가능한 한 저 비용으로 그 제품을 생산해야 한다. 반대로, 특정 제품에 있어 각 나라마다 고객의 기호가 다르고 또한 기업이 그 제품에 대해 브랜드, A/S, 품질 등으로 다른 회사 제품과 차별화를 할 수 있다면 그 기업의 글로벌 통합 압력은 줄어든다.

[그림 11.1]의 왼쪽 아래에서 보듯이 기업들은 글로벌 통합 압력과 현지 적응화의 필요성이 공히 낮을 때 본국 복제전략을 채택한다. 토이저러스(Toys 'R' Us)를 예를 들어 이 기업은 국제화 과정에서 본국 복제전략을 채택했다. 그들은 그들의 미국 소매 아웃렛에서 개발한 마케팅, 조달 및 유통기술을 해외 매장에서도 그대로 사용 했다. 그 회사의 경영진들은 창고 및 매장의 건설, 구매, 가격 정책 및 시장 확보 등에 있어 성공의 길은 국내시장이나 해외시장이나 공히 똑같다고 굳게 믿고 있었다. 이에 토이저러스는 해외시장에 진입할

그림 11.1

글로벌 통합과 현지적응화 압력의 균형을 위한 전략적 대안

출처: Based on Sumantra Ghoshal and Nitin Nohria, "Horses for courses: Organizational forms for multinational corporations," *Sloan Management Review* (Winter 1993), pp. 27 and 31.

글로벌 효율성에 대한 압력	낮음	높음
높음	**글로벌 전략** 기업은 세계시장을 하나의 단일 시장으로 간주한다. 그들의 주요 목적은 표준화된 제품을 생산하여 전 세계 고객들에게공급하는 것이다.	**초국적 전략** 기업은 글로벌 규모 효율성의 혜택과 현지 대응의 혜택을 상호 통합하려고 노력한다.
낮음	**본국 복제 전략** 기업은 해외시장에 진출할 때 그들이 국내시장에서 이미 개발한 핵심역량과 기업 특유의 우위를 주요 경쟁력 무기로 활용한다.	**국가별 전략** 기업은 자신들을 각각의 현지 시장에 집중하여 독자적으로 운영되는 자회사의 집합체라고 여긴다.

현지적응 및 유연성에 대한 압력

때 그들의 국내 전략을 새롭게 조정할 필요성을 크게 느끼지 못했다.

VENTURING ABROAD

가구 세계의 달인 – IKEA

1943년 그의 나이 17세 때 잉그바르 캄프라드(Ingvar Kamprad)는 우편주문에 의해 여러 가지 제품을 판매하는 이케아(IKEA)를 설립했다. 몇 년 후 그는 가구를 취급했고 곧이어 직접 가구를 디자인하기 시작했다. 이어 이케아는 보다 더 저렴한 평탄형 포장방식이 가능한 조립되지 않은 가구를 배달하는 아이디어를 개발했다. 1958년 IKEA는 스웨덴의 작은 마을 알름훌트(Almhult)에 유럽에서 첫 번째 물류 창고를 개장했다. 이러한 혁신을 통해 이케아는 전 세계 37개국에 316개의 매장을 보유한 개척자적인 소매회사로 성장했다.

이케아 제품은 스웨덴 타입의 고급성, 실용성 및 적당한 가격의 조합으로 잘 알려져 있다. 소파를 예로 들어 가격은 약 200달러 정도이며 커버는 세탁이 가능하고 내구성이 강한 천으로 되어 있다. 이케아는 보다 더 좋고 보다 저비용의 디자인이 서민들의 삶을 변화시킬 수 있다고 믿었다. *Industrial Design A-Z*의 저자인 피터 피엘(Peter Fiell)은 소매업체의 경영 철학은 "어떻게 최소한의 가격으로 최대한의 사람들에게 최고의 품질을 제공하는가"라고 강조했다. 더불어 그는 "그것이 바로 모더니즘의 핵심이다"라고 강조했다.

이케아는 특이하게도 "민주적 디자인"이라고 불리는 절제와 공정성을 강조한 스칸디나비아 문화를 개발했다. 이 슬로건은 제품뿐만 아니라 조직 및 업무디자인에도 적용했다. 전 세계 다양한 고객들의 수요에 부응하기 위해 이케아는 글로벌 생산 및 유통으로 표준화에 의존했다. 러시아, 말레이시아, 미국에 있는 고객들 모두에게 똑같은 형태의 장롱이 공급되었다. 전 세계 모든 고객들은 이미 예정된 똑같은 경로를 따라 똑같이 구성된 매장의 제품들을 둘러보았다. 이케아는 오랫동안 내구재로 인식되던 것의 최근에 "소모성(throw-away)"가구의 소비를 진작시킨다. 이 회사의 북미 마케팅 매니저인 크리스찬 매듀는 전통적인 태도에 대해 다음과 같이 말했다. "미국인들은 평생 동안 1.5배로 식탁을 바꾸듯이 배우자를 바꾼다." 이러한 사고방식을 바꾸기 위해, 이케아는 운보링(unböring)이라는 새로운 광고 캠페인에 착수했다. 여기에는 빗속에 놓여있는 버려진 램프가 부각된다. 다음과 같은 대사가 나온다. "당신들은 이 램프를 보고 마음 아파한다. 그것은 당신들이 미쳤기 때문이다." 리드벅-두몽트도 다음과 같이 말하면서 동의한다. "당신은 당신을 곤란에 빠뜨리지 않는 것에 가치를 둔다. 그것은 돌보기가 매우 쉽다." 시사하는 바는 당신이 의상을 갈아입는 것만큼 자주 집(home)을 새롭게 할 수 있고 새롭게 해야 한다.

이케아는 세계화 과정에서 초기에 약간의 실수를 했다. 예를 들면, 1억9천 8백만 개의 카탈로그를 25개의 다른 언어로 프린트했다. 미국에서는 침대가 표준화된 시트 사이즈와 맞지 않았다. 다른 실수를 살펴보면 6온스짜리 컵은 미국인에게는 너무 작았다. 과거 이케아 매니저였던 켄트 노딘이 말하기를 "사람들은 우리 꽃병으로 물을 마신다고 우리들에게 말했다". 침실용 장롱은 너무나 많은 작은 서랍이 있었고 이는 미국인들의 부피가 큰 스웨터를 넣을 수 없었다. 수납공간은 미국인의 표준 규격 코트용 옷걸이를 수용할 사이즈가 되지 않았다. 결국 이케아의 최고경영진들은 미국인들에게 작은 코트용 옷걸이를 사용하라고 하는 것은 말이 되지 않음을 알게 되었다. 오늘날 이케아는 현지 소비자의 기호에 맞추고 있다. 이케아는 현재 미국에서 최고 가구 소매업체 중의 하나가 되었으며 미국 10가구 중 1가구에서 최소한 이케아 제품을 하나씩 보유한다.

이케아는 부엌살림에서부터 목욕 타올까지 이케아 제품으로 갖춰진 공동체 아파트의 디자인 및 건설 부분으로 그들의 새로운 사업을 확장시켰다. 이를 통해 그들은 경쟁자보다 25%나 더 저렴하게 주택을 제공할 수 있었다. 이케아의 사회공학(시스팀공학의 기법과 사회현상 간의 상호작용에 관한 경험적 규칙성을 응용해서 실천적으로 사회문제의 해결을 도모하는 것)에 대한 강조는 공동체 정원의 디자인에서부터 협력적 거버넌스까지 모든 면에 영향을 미쳤다. 이에 대해 많은 찬사가 이어졌지만 혹자는 이러한 개념은 스웨덴을 제외한 다른 나라에서는 통용되지 않는다고 느꼈다. 이에 *이상적 도시*의 저자인 루스 이턴(Ruth Eaton)은 이렇게 말했다. "이상적인 작은 거리를 만들겠다는 아이디어는 칭찬할 만하다. 그러나 당신은 이 생각을 모든 곳에 적용시킬 수는 없다. 만약 모든 곳에 적용시키려고 한다면 유토피아가 엉뚱한 방향으로 간다……당신은 모든 세상을 가질 수 없는데 그 이유는 상황이 모두 다르기 때문이다. 스톡홀름에서는 'Yes'인 것이 아주 멀리 떨어진 도시에서는 'No'가 될 수 있기 때문이다."

이케아는 아마도 가구 산업에 있어서는 달인일 것이다. 그러나 그들의 능력과 기술이 도시가 아닌 교외 지역에서도 통할지 아직은 불확실하다. 이케아가 세계시장을 지배하기 위해서는 아직까지 갈 길이 멀다. 그러나 2012년 276억 유로에 달하는 그들의 매출을 볼 때 IKEA는 자신의 길을 묵묵히 잘 가고 있음을 알 수 있다.

출처: "India Clears IKEA's $1.95 Billion Investment Plan," *Wall Street Journal*, May 2, 2013; "IKEA's Parent Plans a Hotel Brand," *Wall Street Journal*, March 5, 2013, p. B3; "IKEA Chief Takes Aim at Red Tape," *Wall Street Journal*, January 23, 2013, p. B3; "IKEA eyes kitchen recycling ingreen push," *Financial Times*, October 23, 2012, p. 19; "The secret of IKEA's success," *The Economist*, February 24, 2011; www.ikea.com; "Ikea supersizes Beijing store," *Washington Times*, April 11, 2006 (online); "IKEA expects Vietnam business, with its cheap supplies, to surge," *Wall Street Journal*, September 24, 2003, p. B13A; "To Russia, with love: The multinationals' song." *Businessweek*, September 16, 2002, pp. 44–46; Eryn Brown, "Putting Eames within reach," *Fortune*, October 30, 2002, pp. 98–100; "A prefab utopia," *New York Times Magazine*, December 1, 2002, pp. 92–96.

국가별 전략은 현지 시장 상황에 대응 할 필요성이 높고 반면 글로벌 통합에 대한 압력이 낮을 때 사용될 수 있다. 브랜드화 된 음식품을 판매하는 많은 회사들이 이 방식을 채택한다. 생산비용 절감의 이익을 의식하지 않는 것은 아니지만, 크래프트(Kraft), 유니레버(Unilever), 네슬레 등과 같이 마케팅 지향 기업들은 현지 고객에 대해 큰 관심을 가지며 그들의 기호에 부응하고자 많은 노력을 한다. 이러한 이유로 인해 현지 고객들은 위 기업들이 판매하는 제품들에 대해 프리미엄 가격을 지불하고서라도 지속적으로 그들의 제품을 구매한다. 나아가 위 기업들은 현지 고객들이 현지 슈퍼마켓에서 보다 더 신선하고 고품질의 제품을 구매할 수 있도록 현지 생산시설에 의존한다.

글로벌 전략은 글로벌 통합 압력이 높고 반면 현지적응화의 필요성이 낮을 때 선택할 수 있는 가장 적절한 전략이다. 이 전략을 선택할 경우, 기업들은 표준화된 제품, 마케팅 방법 및 유통시스템에 집중할 수 있다. 이 전략은 소니, 마쓰시타(Matsushita) 등과 같이 전 세계 시장을 염두에 두고 제품을 생산한 일본 전자업체들이 많이 사용한 방법이다. 각국의 사소한 전자 시스템의 차이 등을 무시하고 이들 기업들은 최소한의 현지화를 통해 디지털 카메라, TV 등의 제품을 전 세계 고객들에게 판매할 수 있었다. 이에 이들 기업들은 생산에 있어 규모의 경제를 확보함으로써 글로벌 효율성을 꾀할 수 있었다.

초국적 전략은 글로벌 통합의 압력과 현지 적응 필요성이 공히 높을 때 사용할 수 있는 방법이다. 포드(Ford)가 이 전략을 채택하려고 시도했다. 예를 들어, 포드는 현재 글로벌 시장용 엔진과 자동변속장치의 개발을 단지 한 명의 관리자가 책임을 지고 있다. 다른 관리자들은 디자인, 연구개발, 생산 및 마케팅 등에 유사한 책임을 지고 있다. 그러나 각각의 관리자들은 포드 자동차가 세계 각국 현지 고객의 기호와 선호에 부합하는지 여부에 대한 책임 또한 지고 있다. 예를 들어, 영국에서 팔리는 자동차의 경우 운전자의 핸들은 반드시 오른쪽에 장착되어야 한다. 세계 각국 현지 고객들에게 어필할 수 있도록 차체 스타일 또한 각 시장에 맞게 조금씩 변형해 생산해야 한다.

전 세계적 학습은 모회사에서 자회사로, 자회사에서 모회사로, 각각의 자회사간 정보와 경험의 이전을 요구한다. 본국 복제전략은 모회사의 핵심역량이 해외 자회사로 이전이 된다. 국가별 전략은 해외 자회사가 현지 상황에 신속하고 용이하게 대응할 수 있도록 그들에게 권한을 부여한다. 글로벌 전략은 기업의 글로벌 통합을 달성하기 위해 의사결정권을 본사로 집중시킨다.

초국적 전략은 특정 업무에 대한 집권화와 다른 특정 업무에 대한 분권화를 상호 혼합해 글로벌 학습을 더 용이하게 촉진할 수 있다. 이에 초국적 기업들은 자회사간 지식의 이전을 촉진시키기 위해 매트릭스 조직 설계, 프로젝트 팀 및 비공식 경영자 네트워크 기법 등과 함께 기업문화를 적절히 활용한다. 한편 기업들은 홈 복제전략, 다국적 전략 및 글로벌 전략을 통해도 전 세계적 학습을 촉진할 수 있다. 그러나 기업들은 이러한 방법을 성공적으로 활용하기 위해서는 체계적인 노력이 필요하다.

In Practice

- 국제적으로 경쟁할 때 기업들은 4가지의 방법 중에서 선택을 한다—본국 복제전략, 다국적 전략, 글로벌전략, 초국적 전략.
- 국제시장에서 경쟁 시 기업들은, 글로벌 효율성과 현지시장의 차이점 등, 무게를 어디에 더 두어야 하는가를 고민해야 한다.

추가 고려 사항: 잘 아는 3~4개의 기업들을 골라서 [그림 11.1]의 어느 칸에 넣을것인가? 왜 그들이 이와 같은 접근 방법을 택했다고 생각하는가?

11.3 국제전략의 구성요소

기업의 전반적인 국제전략 철학을 결정한 후, 국제전략 계획에 참여를 하는 경영자들은 전략 개발의 네 가지 기본적인 구성요소를 점검해야 한다. 네 가지 구성요소는 차별적 역량, 운영 범위, 자원배치 및 시너지이다.[11]

차별적 역량

국제전략의 첫 번째 구성요소인 **차별적역량(distinctive competence)**은 "우리회사를 경쟁사와 비교했을 때 우리는 특히 무엇을 잘 하는가?"라는 질문에 답하는 것과 관련이 있다. 기업의 차별적 역량은 최첨단 기술, 효율적인 유통 네트워크, 우수한 조직 관행 혹은 존경받는 브랜드 네임 등이 포함된다. 6장 중 더닝(Dunning)의 절충이론에서 주장하듯이, 기업이 차별적 역량(더닝은 이를 '소유우위'라 했다)을 보유한다는 말은 그 기업이 자국시장 밖에서 성공적으로 경쟁을 할 수 있는 필요조건을 보유했다는 의미라고 많은 전문가들은 생각한다. 차별적 역량을 보유하지 못한 해외기업들은 현지시장에 대해 더 잘 알고 있는 현지기업들과의 경쟁에서 많은 어려움에 직면한다. 예를 들어, 디즈니의 상호, 이미지 및 캐릭터 등은 디즈니가 해외시장에서 성공할 수 있도록 만든 차별적 역량이라 할 수 있다. 이와 유사하게, 윈도우 운영체제와 호환이 가능하도록 설계된 소프트웨어는 마이크로소프트(Microsoft)가 해외시장에서 현지기업들과의 경쟁에서 경쟁우위를 점할 수 있도록 해준 차별적 역량이라 할 수 있다.

그것이 어떠한 형태이든지, 차별적 역량은 기업을 대표하는 매우 중요한 자원이다.[12] 기업들은 그들의 자원이 허용되는 한 사업을 해외 여러 시장으로 확장을 하면서 그들의 차별적 역량을 활용하려고 한다. 크게 볼 때, 기업이 채택한 국제화 전략은 그 기업이 보유한 차별적 역량과 해외시장에서의 비즈니스 기회와의 상호작용을 반영한다고 볼 수 있다.[13]

이와 유사하게 프랑크푸르트 소재 글라스바우한(Glasbau Hahn)은 자체 온도조절 기능과 태양광 조명 기능을 갖춘 유리 진열장을 생산한다. 글라스바우한이 제작한 진열장들은 세계 최고의 제품으로 인정을 받기 때문에 값을 매길 수 없는 미술품, 조각물 및 공예품 등을 전시하기 위해 많은 박물관들은 개당 10만 달러를 주고 구매를 한다. 이처럼 특화된 시장에서 자신들의 차별적 역량을 활용해 글라스바우한은 국제적으로 수백만 달러 상당의 매출을 달성했다. 유사하게, 유리눈알 생산에 16대에 걸쳐 특화된 기술을 갖고 있는 위스바덴뮬러 손(Wiesbaden's F. AD. Muller Sohne)은, 고차원적인 특화된 장인들과 1860년부터 고안된 특수기술이 오랫동안 성공을 지켜낸 비결이다.[14]

운영 범위

국제전략의 두 번째 요소인 **운영범위(scope of operation)**는 "우리 회사는 어디에서 비즈니스를 수행할 것인가?"라는 질문에 답을 하는 것과 관련이 있다. 범위란 국가, 국가 내 지역 혹은 여러 국가들의 군집 등과 같이 지리적 위치로 정의될 수 있다. 또한 범위란 하나 혹은 그 이상의 지역 내에 있는 시장 혹은 제품 틈새를 말하기도 하는데 예를 들어 프리미엄 틈새시장, 저가 틈새시장 혹은 기타 전문화된 틈새시장 등이 포함된다. 모든 기업은 한정된 자원을 보유하고 있고 더불어 시장은 다양한 제품들에 대해 반응하는 매력도가 상대적으로 다르기 때문에 관리자들은 어떤 시장이 자신들에게 가장 매력적인지 결정해야 한다. 물론 범위란 기업의 차별적 역량과 밀접한 관계가 있다. 만약 기업이 특정 지역 혹은 특정 제품에 대해 자신만의 차별적 역량을 보유한다면 그 기업의 운영범위는 당연히 자신의 차별적 역량을 활용할 수 있는 지역이 될 것이다.

예를 들어, 디즈니의 경우 테마파크 운영의 지리적 범위는 미국, 일본, 프랑스, 홍콩이지만 반면 영화 보급과 상품 판매의 지리적 범위는 약 200여 개 국가로 테마파크 운영범위보다 훨씬 넓다. 한편 맥주, 구리, 은행, 호텔, 열차, 통신 및 목장운영 등 다양한 사업을 운영하는 가족소유 대기업 집단인 그루포 럭시스(Grupo Luksics)는 비록 다양한 사업에 참여하지만 비즈니스 운영범위는 칠레와 그 인접국으로 제한을 한다. 반대로 미국 네브래스카 소재 소기업인 발렌타인 스트롱(Ballantyne Strong, 연 매출 1억6,900만 달러)은 그들의 주력 제품인 필름 프로젝터로 미국뿐만 아니라 세계시장을 점령했다.[15] 이와 유사하게, 반도체 산업에 있어 많은 기업들은 특정 틈새 제품의 생산을 위해 운영범위를 제한한다. 삼성전자나 하이닉스(Hynix)와 같은 아시아 반도체 기업들은 글로벌 메모리칩 시장을 지배한다. 캘리포니아 소재 인텔(Intel)은 PC에 사용되는 마이크로프로세서 생산에 주력한다. 텍사스 인스트루먼트(Texas Instruments)는 아날로그 신호를 디지털 신호로 바꾸는 분야에 집중하고 있는데 이러한 칩들은 컴퓨터 모뎀에서부터 스테레오 시스템 및 휴대폰에까지 다양하게 사용된다. 인피니언 테크놀로지(Infineon Technologies AG, 1999년에 지멘스에서 분사)는 자동차용, 산업용 및 통신용 칩 생산에 집중한다. 위에서 살펴본 것처럼 국제전략 계획에 있어 일부 기업들은 단지 몇 개 분야에서만 경쟁하기를 원하며, 다른 기업들(디즈니처럼)은 여러 분야에서 경쟁하기 원한다. 요약하면 기업들은 자신들이 관여하고 있는 비즈니스의 특성에 따라 서로 다른 운영범위를 선택한다.

자원 배치

자원배치(resource deployment)는 "만약 우리가 여러 시장에서 경쟁한다면 우리는 어떻게 우리의 자원을 각각의 시장에 배치할 것인가?"라는 질문에 답하는 것과 관련이 있다. 예를 들어, 비록 디즈니가 4개 국가에서 테마파크를 운영하고 있지만 각각의 시장에 동일한 자원을 배치하는 것은 아니다. 디즈니는 도쿄디즈니랜드에는 그 어떤 투자도 하지 않았으며, 파리 디즈니랜드에는 소유지분을 49%, 홍콩 디즈니랜드에는 43%로 제한했다. 그러나 미국 디즈니랜드에는 테마파크 운영 및 영화 산업을 위해 지속적으로 막대한 투자를 했다.

자원의 배치는 제품의 생산 라인 및 지리적 위치 혹은 이 두 가지 모두에 따라 영향을 받을 수 있다.[16] 기업은 제한된 자원을 보유하고 있기에 상대적으로 우선 순위가 높은 곳에 자원을 배치한다. 일부 MNC들은 전 세계적으로 자신들의 자원을 배치한다. 예를 들어 일본 오사카에 소재한 샤프(Sharp)는 전 세계에 위치한 공장들에서 전자제품을 생산했다. 하지만 다른 기업들은 한 공장에서만 생산하는 방법을 선택하기도 한다. 미국의 수출을 선도하는 보잉의 경우 시애틀 지역에서만 상업용 항공기의 최종 조립 작업을 집중적으로 실시한다. 다임러의 경우 10여 개 이상 국가에 생산공장이 있지만(오스트리아, 브라질, 중국, 미국을 포함하여) 대부분의 벤츠 차량은 여전히 독일에서 생산된다.[17] 비록 이러한 기업들은 글로벌시장에서 원자재를 구매하고 그들의 제품을 판매하지만 이들 대부분은 자신들의 생산자원 분할에 있어서는 본국 내로 제한을 한다.

시너지

국제전략의 네 번째 요소인 **시너지(synergy)**는 "우리 회사의 다른 요소들이 서로 간 어떤 이익을 줄 수 있을까?"라는 질문에 답하는 것과 관련이 있다. 시너지의 목표는 전체가 각 부분의 합보다 큰 상황을 창출하는 것이다. 디즈니는 미국에서 시너지를 창출하기 위해 많은 노력을 했다. 사람들은 TV를 통해 디즈니 캐릭터들을 잘 알고 있기 때문에 디즈니 테마파크로 소풍을 갈 계획을 세운다. 테마파크에서 새로운 디즈니 영화에 대한 정보의 홍수에 빠지게 되고 디즈니 캐릭터 상품을 구매한다. 이 캐릭터 상품들은 사람들을 디즈니 관련 TV 프로그램을 더욱더 보고 싶게 만든다. 이러한 사이클은 계속 반복된다. 그러나 앞에서 설명한 바와 같이 디즈니는 국제시장보다는 국내시장에서 시너지를 더 효과적으로 창출해 왔다.

In Practice

- 국제 전략의 4가지 요소는 차별적 역량, 운영의 범위, 자원배치, 시너지이다.
- 12장에서 활발히 논의될 것으로 차별적 역량의 소유는 국제시장에서의 경쟁에 필요한 기본적 역량이다.

추가 고려 사항: 잘 아는 3~4개의 기업들을 고르라. 이들의 어떠한 역량들이 국제시장에서 경쟁을 할 때 성공적이게 하는가?

11.4 국제전략 개발

국제전략 개발은 1차원적 과정이 아니다. 기업들은 일반적으로 전략수립과 전략이행의 두 가지 측면에서 국제전략 관리를 이행할 수 있어야 한다. 쉽게 말해 전략수립은 무엇을 할 것인가를 결정하는 것이고 전략 실행은 실제로 그것을 행하는 것을 말한다.

*전략수립*에 있어 기업은 자신들의 목표를 달성할 수 있는 계획을 수립해야 한다. 국제전략 수립에서 관리자들은 자신들이 진입할(혹은 철수할) 시장들을 개발해야 하며 각각의 시장에서 어떻게 경쟁해야 할지를 생각해야 한다.

*전략실행*에서 기업들은 이미 수립된 국제전략을 달성하기 위한 구체적 전략을 개발해야 한다. 디즈니의 홍콩 디즈니 건설에 대한 결정은 전략수립의 한 부분이라 할 수 있다. 그러나 여러 곳 중 어느 곳을 포함시킬지, 언제 개장을 할지, 입장료는 얼마로 할지 등은 전략실행의 한 부분이라 할 수 있다. 전략실행은 통상적으로 조직 디자인, 직원들의 업무, 조직의 통제 시스템 등을 통해 달성이 된다. 14장 및 15장에서 전략실행과 관련된 주요 사항을 살펴본다.

각각의 전략계획 과정은 그 나름대로 독특하고 가치가 있지만 그럼에도 불구하고 전략계획에 있어 많은 관리자들이 일반적으로 따르는 절차가 있다. 이러한 절차는 [그림 11.2]에 잘 나타나 있다.

미션스테이트먼트(사명서)

대부분의 조직들은 그들의 목적, 가치 및 방향 등을 명료하게 규명한 **미션스테이트먼트(mission statemen)**를 개발함으로써 국제전략 계획 절차를 시작한다. 미션스테이트먼트는 기업의 전략적 방향에 대해 관심을 가지고 있는 내부 혹은 외부 기관 및 이해당사자와의 의사소통 방법으로 종종 사용된다. 미션스테이트먼트는 기업의 목표 고객, 시장, 주요 제품 및 서비스, 비즈니스의 지역적 범위, 핵심 기술, 생존전략, 향후 성장 및 수익에 대한 계획, 기본 철학 및 기업 이미지 구축 방안 등의 내용들을 명시한다.[18] 예를 들어, 이케아의 목표는 "다수에게 더 나은 일상생활을 창조해 내는 것"이고, 디즈니는 "엔터테인먼트와 정보의 제작과 보급의 세계적 리더"가 되는 것이다.

MNC들은 다수의 미션스테이트먼트를 동시에 보유할 수도 있는데 하나는 기업 전체를 위한 것이며 다른 것들은 해외에 소재한 각 자회사를 위한 것이다. 비록 다수의 미션스테이트먼트가 있을지라도 이들은 상호 양립되어야 한다.

환경탐색 및 SWOT 분석

전략의 개발에 있어 두 번째 절차는 **SWOT 분석**이다. SWOT란 강점(Strengths), 약점(Weaknesses), 기회(Opportunities), 위협(Threats)의 머리글자이다. 기업은 일반적으로 비즈니스 **환경탐색(environmental scan)**을 통해 SWOT 분석을 하는데, 이는 기업을 둘러싼 외부 환경과 내부환경에 대한 데이터의 체계적인 수집 절차로 이에는 시장환경, 법률적 문제, 경쟁사의 동향, 생산비 및 노동생산성 등이 포함된다.[19]

전략 담당자가 외부환경을 탐색할 때 그들은 기업이 직면한 *기회요인*(SWOT에서 O)과 *위협요인*(SWOT에서 T)을 규명하기 위해 노력한다. 그들은 각 시장의 경제, 금융, 정치, 법률, 사회 및 경쟁환경에 대한 정보를 수집한다(그러한 정보는 3장에서 설명했듯이

그림 11.2
국제전략 수립의 단계

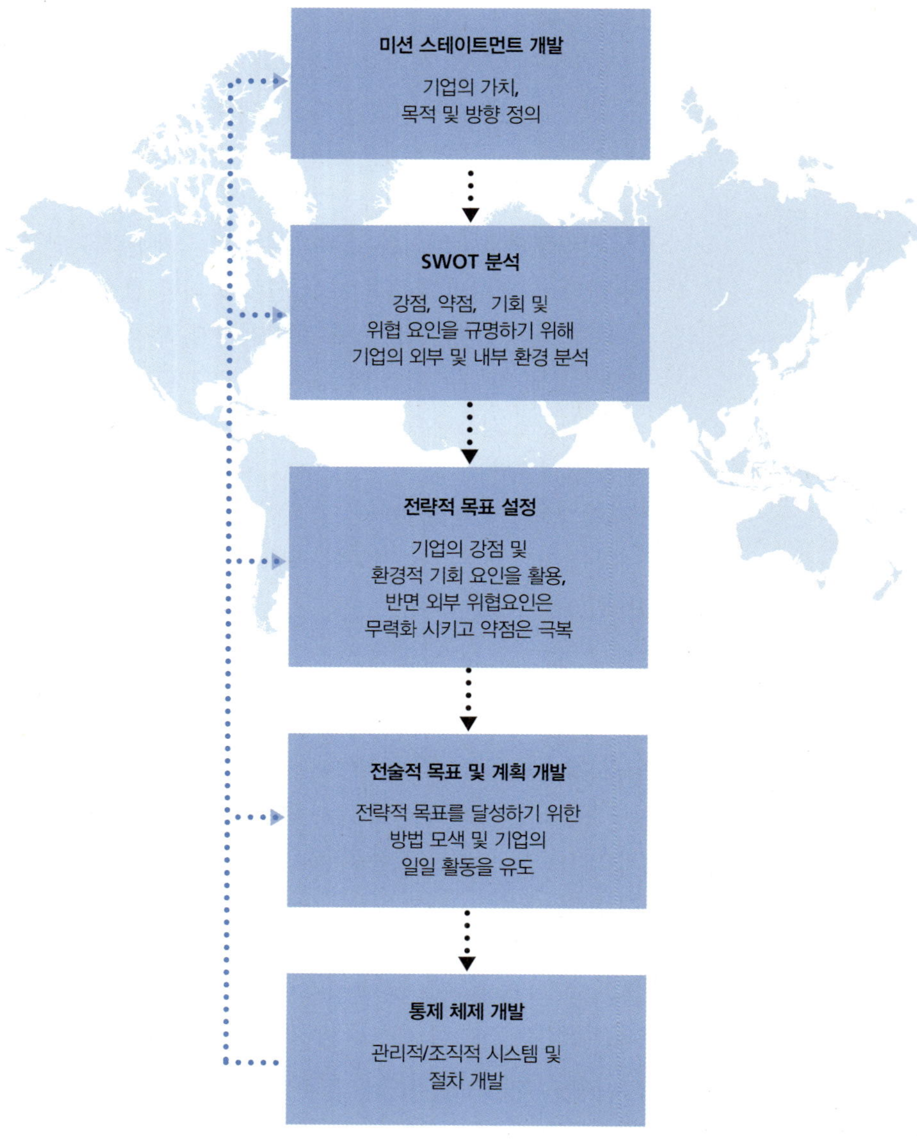

정치적 위험 분석에도 사용되며 12장에서 설명될 국가시장 분석에도 이용된다). 예를 들어, 보잉은 항공여행에 영향을 줄 수 있는 정치적 및 경제적 변수의 변화에 대해 끊임없이 모니터링한다. 1990년대 초반 중국의 정치적 변혁은 국영항공사인 CAAC를 분할시켜 지역 항공사와 경쟁하도록 함으로써 항공산업의 경쟁이 심화되었고 더불어 홍콩의 캐세이퍼시픽(Cathay Pacific) 항공사에게 중국 취항을 허락하기도 했다. 보잉의 환경탐색에 따르면 급속히 증가하는 항공여행에 대한 수요로 인해 중국이 새로운 기회의 시장으로 부상했다고 주장한다. 이에 따라 보잉은 베이징에 새로운 판매사무소를 설립했으며, 이제 중국은 보잉에게 있어 가장 중요한 시장 중 한 곳이 되었다.

외부환경 탐색에 있어 기업에게 위협을 줄 수 있는 요인들, 즉 시장의 축소, 경쟁의 심화, 정부의 새로운 규제, 정치적 불안정 및 기업의 생산 활동에 영향을 줄 수 있는 새로운 기술의 등장 등에 대한 정보도 수집해야 한다. 예를 들어, 디즈니에 대한 위협요인을 살펴보면 유니버셜스튜디오, 식스 플래그(Six Flags) 및 기타 테마파크의 등장으로 인한 미국 내에서의 경쟁 심화, 유럽의 여러 테마파크로 인한 유럽 내에서의 잠재적 경쟁, 미국의 군사적 행동 및 외교적 정책에 따른 외국의 분노, 환율의 변동 및 9.11 사태로 인한 미국 비자 취득의 어려움 등이 포함될 수 있다. BMW에 대한 위협요인을 살펴보면 미국 자동차 연비 규정의 변화, 고급 자동차 부문에 있어 일본 기업의 약진으로 인한 경쟁심화, 유로화의 평가절상 및 독일 내에서의 높은 인건비 등이 포함될 수 있다. 미국의 화물 특송업체인 페덱스(Federal Express)의 경우를 살펴보면 DHL 및 TNT로 인해 국제화물운송에 있어 경쟁이 심화될 뿐만 아니라 급속한 정보통신기술의 발달로 인해 고객들이 이메일 등을 통해 메시지를 발송함으로써 위협에 직면해 있는 상황이다.

SWOT 분석의 이행에 있어 전략 담당자는 기업의 내부환경, 즉 *강점* 및 *약점*(SWOT에서 S와 W) 요인 또한 평가를 해야 한다. 기업의 강점요인으로는 경쟁사에 비해 그 기업이 보유하고 있는 특별한 기술, 자원 및 기타 우위 등이 포함 된다. 기업의 차별적 역량의 기초가 되는 잠재적 강점요인으로는 풍부한 경영능력, 최신기술, 잘 알려진 브랜드, 풍부한 현금, 기업의 좋은 이미지 및 주요시장에서의 높은 시장점유율이 포함될 수 있다. 디즈니의 강점 요인으로는 낮은 부채비율과 전 세계적으로 잘 알려진 캐릭터 일 것이다. BMW의 강점요인으로는 숙련된 노동력, 혁신적인 엔지니어 및 최고 품질의 자동차를 생산해내는 명성 등이다.

기업은 그들의 약점 요인 또한 인식을 해야 한다. 이들 약점 요인들은 기업의 경쟁력 창출을 방해할 수 있는 기술과 자원의 부족 혹은 결점을 반영한다. 약점요인으로는 해외시장에서의 열악한 유통네트워크, 심각한 노사관계, 국제적 시각을 가진 관리자의 부족 및 경쟁사에 뒤떨어지는 제품 개발에 대한 노력 부족 등이 포함된다. 디즈니랜드 파리의 약점요인으로는 높은 운영비용, 공공의 부정적 이미지, 충분히 활용되지 못하는 호텔 객실 등이 될 수 있다. BMW의 약점요인으로는 극도로 높은 독일 내 인건비다.

기업의 강점과 약점요인을 평가하는 한 가지 방법이 있는데 바로 **가치사슬**이다. 하버드 비즈니스스쿨 마이클 포터(Michael Porter) 교수가 개발한 가치사슬은 기업을 생산, 마케팅, 인적자원관리 등 아주 중요한 활동들로 분류 한 것이다. [그림 11.3]에 나타나 있는 각각의 본원적 활동과 보조적 활동들은 기업의 강점(차별적 역량) 혹은 약점의 근원이 될 수 있다. 예를 들어 캐터필러 제품의 품질(위 그림에서 연구개발 및 제품 디자인)과 세계적으로 퍼져 있는 강력한 대리점 네트워크(위 그림에서 유통 및 애프터서비스)는 그들의 강점요인이며, 반면 분쟁이 많은 노사문제는 그들의 약점요인이 된다.

관리자들은 효과적인 특정 전략을 개발하기 위해 SWOT 분석을 통해 도출된 정보에 많이 의존한다. 효과적인 전략이란 환경적 기회요인과 기업의 강점요인은 적극 활용하고, 위협요인은 억제를 하며, 약점요인은 극복을 하는 것이다. 예를 들어 BMW가 미국 남캘리포니아에 자동차 생산공장을 건설하고자 한 결정은 미국 시장에서 BMW 브랜드 이미지에 대한 강점요인을 확보하기 위한 것이다. 더불어 이 결정은 BMW의 내부적 약점요인인 독일 내에서의 높은 인건비를 상쇄하기 위함은 물론이고 만약 유로화가 미국 달러에 비해 상

그림 11.3

가치사슬

출처: Based on *Competitive Advan-tage: Creating and Sustaining Superior Performance*, by Michael E. Porter, The Free Press, a Divisionof Simon & Schuster Copyright©1985 by Michael E. Porterand *Strategic Managementand Competitive Advantage: Conceptsand Cases*, 4th edition, by Jay B. Barney and William S. Hesterly, © 2012 by Pearson Education, Inc., publishingas Prentice Hall.

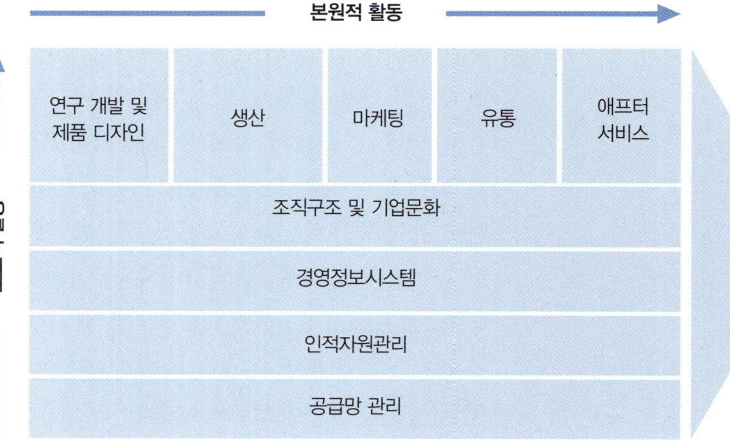

대적으로 평가절상이 되었을 경우 미국 고객을 잃어버릴 수도 있는 취약점에 대해 대비를 하기 위한 것이었다.

전략적 목표

기업의 국제전략계획은 전략적 목표의 설정에 의해 체계화가 된다. **전략적 목표**는 기업이 특정 활동의 추구를 통해 이루고자 하는 주요 목표들이다. 전략적 목표는 측정가능해야 하며, 실행 가능해야 하며 제한된 시간 내에 성취가 가능해야 한다("얼마나, 어떻게, 언제까지"에 대한 답이기도 하다). 예를 들어 디즈니는 디즈니랜드 파리에 놀러 올 여행객의 예상 수, 매출액 및 기타 요소 등을 바탕으로 전략적 목표를 설정했다. 그러나 스코틀랜드 시인 로버트 번즈가 말한 것처럼 "생쥐와 인간이 아무리 정교하게 계략을 꾸민다 해도, 그 계

나이키는 그들의 기업역량을 가치사슬의 한 요소인 마케팅 분야에 집중시켰고 반면 제조 분야는 덜 강조했다. 나이키는 신발 및 의류를 전 세계 도처에 있는 제조사들과 아웃소싱 계약을 통해 생산한다. 약 5만 명의 베트남 근로자들이 나이키에 고용되어 공장에서 일한다.

Steve Raymer/CORBIS

략은 자주 빗나가기 일쑤다." 그 결과로 발생한 재정적 문제로 인해 디즈니의 전략적 목표는 실현되지 못했다. 이에 디즈니는 첫 해 적자 운영을 통해 배운 뼈아픈 경험을 바탕으로 전략적 계획과 목표를 수정해야 했다. 더불어 지난 10년여 동안 잘 유지되어 온 노키아(Nokia)의 제품도 아이폰(iPhone)과 같은 새로운 경쟁제품이 시장에 출현하자 갑자기 진부한 구식의 제품이 되고 말았다.

전술

[그림 11.2]에서 살펴봤듯이, SWOT 분석 및 전략적 목표 설정 후 그 다음 단계는 구체적 전술적 목표 및 계획을 수립하는 것이다. **전술**은 대체적으로 중간관리자들이 주축이 되어 기업의 전략적 목표를 이행하기 위한 개개의 세부 내용에 치중하는 것을 말한다. 예를 들어, 세계 최대의 소비재 제품 업체인 디아지오(Diageo PLC)는 영국의 식품 업체인 그랜드 메트로폴리탄(Grand Metropolitan)과 영국의 주류업체인 기네스(Guinness)가 서로 합병해 만들어진 회사이다. 두 회사 간의 합병은 전략적 의사결정을 반영한 결과이다. 그러나 합병계획이 발표된 후, 두 회사의 중간관리자들은 각기 다른 두 회사의 요소들을 하나로 통합해야 하는 도전 과제에 직면했다. 전술적 사안들 예를 들어, 회계 및 정보시스템의 통합, 인적자원관리와 관련된 고용, 보상, 경력관리 시스템의 일원화 및 물류와 관련된 선적, 운송, 창고관리 등 업무를 한 방향으로 통합해야 했다.

E-WORLD

노키아: 이제 더 이상 휴대전화시장의 강자가 아니다.

글로벌경제 체제에서 기업들이 직면하는 기회 및 도전 과제와 관련해서 노키아는 아주 유용한 사례연구의 대상이다. 더불어 노키아 사례는 급속도로 변화하는 글로벌시장에 적절하게 대처하지 못하는 기업들에게 많은 교훈을 제공한다.

노키아는 핀란드의 엔지니어 프레드릭 이데스탐(Fredrik Idestam)에 의해 설립되었다. 그의 초기성공은 비교우위 이론과 일치한다. 이데스탐은 핀란드 노키아 강변(이것이 회사 이름이 됨)에 처음 회사를 설립했는데 초기에는 그 지역의 산림을 이용해 펄프와 종이를 생산했다. 노키아는 설립 후 처음 100년 동안은 전적으로 국내시장에 집중했기에 국제적으로 이름이 알려지지 않았다.

1960년대 노키아의 최고경영진은 주변 지역으로 사업의 확장을 결심했다. 1967년 정부의 도움으로 노키아는 고무산업 및 케이블산업과 관련된 2개의 국영기업체를 인수한다. 1981년 노키아의 운명은 한 가지 사건에 의해 극적으로 바뀌게 된다. 고무산업과 케이블산업을 성공적으로 잘 운영하는 노키아의 모습을 본 정부는 국영기업체인 핀란드정보통신회사의 지분 51%를 인수하라고 노키아에게 제안한다.

노키아는 이미 디지털 기술에 있어 역량을 키워왔기에 위와 같은 정부의 제안을 바로 받아들여 다양한 정보통신 산업으로 공격적으로 진출한다. 예를 들어 1982년 노키아는 유럽에서 처음으로 디지털 전화 네트워크를 개발했다. 노키아의 계속된 관련 산업 인수 활동은 노키아가 세계 휴대폰 시장에서 선도적 위치로 발돋움하는 데 큰 동력이 되었다.

세계 휴대폰 산업은 미국, 독일 및 일본이 선도해 나가야 하는 것처럼 보였다. 그러나 핀란드의 지리적 상황은 노키아의 성공에 있어 아주 독특한 촉매제가 되었다. 핀란드 국토의 많은 부분은 울창한 산림으로 덮여 있고 대부분 지역의 인구밀도 또한 드문드문 구성되어 있었다. 이에 일반 유선통신 네트워크의 개발보다는 차라리 무선디지털시스템의 개발이 시간 및 비용 측면에서 상대적으로 효율성이 있었다.

지난 10여 년 동안 노키아는 휴대폰 시장에서 노다지를 캤다. 노키아는 고가의 N시리즈 휴대폰을 4천만 대 이상 판매했는데 이 제품들은 경쟁사의 제품들보다 그래픽 면에서 매우 훌륭했고 사용자들이 비디오게임을 다운로드해 게임을 할 수 있는 기능을 제공했다. 나아가 노키아는 신흥시장 고객들의 기호에 맞게 가격적인 측면에서 경쟁력있는 제품을 개발해 신흥시장에도 공격적으로 진출했다. 2007년 말 노키아는 전 세계 휴대폰 시장 점유율 40%를 차지하며 휴대폰 산업에 있어 최강자가 되었고 영업이익 또한 최고를 기록한다.

불행하게도 노키아의 시장 지배는 눈 깜박할 사이에 수그러들기 시작했다. 2007년 6월 애플이 미국에서 아이폰 판매를 개시했고 5개월 후 유럽에서도 판매가 시작되었다. 아이폰의 등장으로 세계 휴대폰 시장의 경쟁법칙은 재정의 되어야만 했다. 하드웨어가 아닌 소프트웨어가 핵심으로 떠올랐다. 불행하게도 노키아의 강점은 하드웨어 부분에 있었지 소프트웨어 부분에 있지 않았다. 노키아의 어설픈 심비안(Symbian) 운영시스템은 아이폰의 쉬운 iOS 운영시스템과 경쟁이 되지 않았다. 상황이 더 악화되어, 신흥시장에서 노키아의 시장점유율 또한 감소했는데 이는 중국 업체들이 안드로이드(Android)를 기반으로 한 저가의 휴대폰을 개발해 시장에 진출했기 때문이다. 2011년 1분기 노키아의 세계시장 점유율은 25%로 급감했고, 이에 노키아는 2011년 및 2012년 영업이익이 예상에 훨씬 미치지 못할 것이라고 발표했다.

출처: "Nokia Yet to Get Up to Speed," *Wall Street Journal*, April 19, 2013, p. B5; "Global Mobile Phone Sales Fell in 2012," *Wall Street Journal*, February 13, 2013; "Gartner: Worldwide mobile phone sales fall, Apple and Samsung stay on tcp," www.zdnet.com, February 13, 2013; "Investors hang up on Nokia," *Wall Street Journal*, June 1, 2011, p. B1; "Nokia shares slump," *Wall Street Journal*, June 1, 2011; "Nokia to cut 7,000 globally," *Wall Street Journal*, April 28, 2011, p. B3; "The hands-on manager trying to revive a struggling giant," *Financial Times*, April 12, 2011, p. 10; "Downwardly mobile," *Financial Times*, February 25, 2011, p. 9; "Nokia rivals prepare to pounce on market share," *Financial Times*, February 17, 2011. p.14; "Doomsday memo from Nokia," *Financial Times*, February 10, 2011, p. 15; "Nokia plays own game on phones," *Wall Street Journal*, April 4, 2008, p. B6; "Nokia moves subtly to regain U.S. share," *Wall Street Journal*, March 27, 2008, p. B1; *Hoover's Handbook of World Business 2006* (Austin, TX: Hoover's Business Press, 2006), pp. 236–237.

통제 체제

전략수립의 가장 마지막 단계는 **통제 체제**의 개발로 이는 전략적 목표를 향해 앞으로 나아갈 수 있도록 기업을 유지시키는 관리적/조직적 절차라 할 수 있다. 예를 들어 디즈니 파리의 첫 해 예상 방문객 수는 1,200만 명이었다. 그러나 이 예상은 맞지 않았고, 결국 디즈니는 방문객 수를 늘리기 위해 광고 횟수를 늘렸으며, 비용을 줄이기 위해 일부 호텔까지 일시적으로 폐장을 해야 했다. 만약 방문객 수가 초기 예상에 미쳤다면 디즈니는 아마도 광고 횟수를 오히려 줄였을 것이다. 기업의 각각 대처방법은 기업이 다른 방향으로 빗나가지 않고 예정된 방향으로 나아갈 수 있도록 하기 위해 수립된 통제체제로부터 생겨난다. 위 [그림 11.2]의 피드백 고리에서 볼 수 있듯이, 통제체제는 전략수립 과정의 각 단계에서 어떤 문제가 발생되면 그 이전 단계의 절차를 개선 혹은 수정할 수 있도록 해준다.[20] 통제체제에 대해서는 14장에서 자세히 설명한다.

In Practice

- 기업의 목적, 가치, 그리고 방향을 명시하는 사명서를 작성함으로써 전략계획 과정을 시작한다.
- 환경 탐색은 기업의 내부 강점, 약점을 파악하고 시장기회와 위협을 인식하는 것을 돕는다.

추가 고려 사항: 현지기업에 대한 SWOT 분석을 하라. 1 페이지 안에 기업의 가장 중요한 강점과 약점 3~4개와 기업이 직면한 가장 중요한 기회와 위협을 3~4개 나열하라.

11.5 국제전략의 수준

국제전략경영의 복잡성 때문에 많은 기업들은, 특히 MNC들은 각각의 차이가 뚜렷한 세 가지 수준의 전략 개발의 중요성을 인식한다. [그림 11.4]에 명시된 세 가지 수준의 국제전

그림 11.4
MNC의 세 가지 수준의 전략

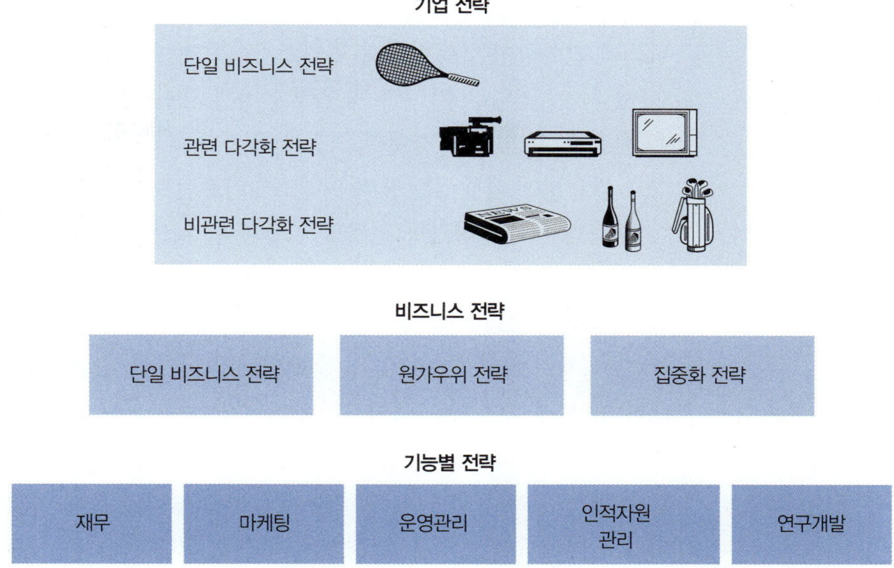

략은 기업 전략, 비즈니스 전략 및 기능별 전략이다.[21]

기업 전략

기업전략(기업수준 전략 혹은 전사적 전략)은 특정 기업이 운영하고자 하는 비즈니스의 범위를 정의하는 데 치중한다. 일본의 주요 전자업체를 예로 들어, 소니는 소비자용 전자제품에 치중하면서 다른 분야로는 비즈니스범위를 확장하지 않았다. 그러나 마쓰시타는 소비자용 전자제품, 가전제품 및 주방용품 등 모든 산업에 진출했고, 파이오니어(Pioneer)는 오로지 오디오 및 비디오 부문에만 치중했다. 위의 예처럼 모든 기업들은 그들이 진출하고자 하는 비즈니스 범위가 각각 다르다. 기업별로 비즈니스의 범위가 다르다는 말은 각 기업의 강점과 약점이 다를 뿐만 아니라 글로벌경제 및 정치적 환경에서 발생되는 기회와 위협요인들을 각기 다르게 평가한다는 뜻이다. 기업들은 세 가지 형태의 기업수준전략을 채택한다. 세 가지 구체적인 기업전략은 단일 비즈니스 전략, 관련다각화 전략 및 비관련 다각화 전략이다.

단일 비즈니스전략 **단일비즈니스 전략**을 채택한 기업은 단지 한 가지 비즈니스, 제품 혹은 서비스에 그들의 매출을 전적으로 의존한다. 이 전략을 채택할 경우 가장 큰 장점은 기업은 오로지 한 가지 제품 및 서비스에 그들의 모든 자원과 역량을 집중시킬 수 있다. 그러나 이 전략을 채택 할 경우 기업들은 외부환경의 변화와 경쟁에 있어 많은 취약점을 드러낼 수 있다. 예를 들어 플로피 디스크드라이브(floppy disk drives: FDD) 생산에만 집중하는 하는 기업은 썸드라이브(thumb drive, 컴퓨터의 USB 포트에 꽂아 사용할 수 있는 휴대용 데이터 저장 기기)와 같은 혁신적인 제품이 등장하면 적기에 새로운 제품을 개발하지 못하기에 결국 시장에서 도태가 될 것이다. 그럼에도 불구하고 싱가포르항공, 맥도날드, 페이스북과 같은 일부 MNC들은 단일비즈니스 전략만을 고수한다.

관련다각화 기업전략 중 가장 흔한 **관련다각화**는 비록 기업이 각기 다른 여러 개의 비즈니스에 관여하지만 동시에 비즈니스, 산업 및 시장적인 측면에서 근본적으로 서로 관련성이 있다. 이 전략은 기업이 경쟁사에 비해 자신만의 경쟁력을 강화하기 위해 차별적 역량을 활용할 수 있도록 지렛대 역할을 해준다. 이 전략의 주요목적과 다양한 비즈니스 간의 상호 관련성에 대해서는 흔히 미션스테이트먼트에 명시가 된다.

디즈니는 관련다각화 전략을 사용한다. 디즈니의 각각 사업주체들은 캐릭터, 로고, 전체적인 주제 및 고품질의 가족 예능프로그램의 제공이라는 공통의 관련성을 가지고 서로 간 긴밀히 연결되어 있다. 디즈니 영화 및 TV쇼는 디즈니 테마파크의 홍보에 많은 도움을 준다. 세계적으로 유명한 호텔 운영업체인 아코르(Accor SA) 또한 관련다각화 전략을 채택한다. 본래 레스토랑 체인사업으로 출발한 프랑스 파리에 소재한 아코르는 고급 호텔체인인 소피텔(Sofitel) 및 중저가 호텔 체인인 모텔 6(Motel 6) 등을 인수하면서 본격적으로 호텔 사업에 진출했다. 호텔의 투숙률을 높이기 위해 아코르는 여행 패키지 사업 및 렌터카 사업에도 진출했다. 관광업의 촉진을 위해 아코르는 프랑스 만화 캐릭터인 아스테릭스 더 골(Asterix the Gaul)을 바탕으로 하여 파리 북부 지역에 자체 테마파크까지 개장했다.[22]

관련다각화는 많은 장점을 가지고 있다. 첫째, 기업은 단지 한 가지 제품 및 서비스에 의존할 필요가 없으며 이는 경쟁 및 경제적 위협으로부터 보다 덜 취약하다.[23] 예를 들어, 만약 디즈니가 고도의 경쟁으로 인해 테마파크 사업 운영에 있어 어려움에 직면한다면 디즈니의 영화 및 TV 산업이 테마파크의 매출 부진을 상쇄할 수 있을 것이다. 더불어 이러한 디즈니의 관련다각화 때문에 경쟁자들은 디즈니와의 경쟁이 매우 어렵다는 것을 인식하게 될 것이다. 예를 들어, 디즈니와 관련성이 없는 만화 영화 제작업체들은 디즈니 방송채널을 통한 영화 상영에 많은 어려움이 있을 것이다. 이 업체들은 정가의 광고비용을 지불해야 하는 반면 디즈니는 이들 업체보다 훨씬 저렴한 광고비용을 지불하면 된다. 위와 같은 유사한 예는 테마파크 운영에서도 볼 수 있는데, 디즈니의 테마파크는 디즈니 방송, 채널 및 전 세계적으로 모든 연령대가 입는 티셔츠나 모자 등을 통해 홍보가 된다.

둘째, 관련다각화는 규모의 경제를 유발시킬 수 있다. 예를 들어 미국의 의류 유통회사인 리미티드브랜드(Limited Brands)는 다양한 사이즈의 의류를 보유한 장점을 가지고 있는데 이로 인해 많은 아시아업체들이 합리적인 가격으로 다양한 제품을 구매할 수 있다. 디즈니의 경우를 살펴보면 디즈니는 전략적 소싱(Strategic Sourcing)이라 불리는 새로운 부서를 설립했다. 이 부서의 주요 업무는 글로벌시장에서의 구매를 가능한 한 통합하는 것이다. 예를 들어, 디즈니는 모든 포장재를 단지 한 공급자로부터 구매한다. 이에 디즈니랜드 파리, LA 소재 디즈니 가게, 런던의 *라이언 킹*(*Lion King*) 쇼, 디즈니 웹사이트 혹은 우편 등으로 디즈니 관련 상품을 구매한 모든 고객들은 동일한 포장재로 포장된 제품을 받아보게될 것이다. 이러한 방식으로 인해 디즈니는 결과적으로 매년 3억 달러 이상을 아낄 수 있다고 예측한다.[24]

셋째, 관련다각화는 기업이 한 시장에서 이미 개발한 기술 혹은 전문지식을 다른 시장에 진출할 때보다 더 저렴하고 용이하게 사용할 수 있도록 한다. 예를 들어, 피렐리(Pirelli

SpA)는 세계에서 다섯 번째로 큰 자동차 타이어 생산업체가 되기까지 고무제품과 절연케이블 생산에 그들의 전문지식을 활용했다. 더불어 이 회사는 그들의 고무케이블 생산 기술과 지식을 활용 및 이전함으로써 결국 광섬유케이블의 주요 생산업체가 되었다. 카시오(Casio)의 경우 1970년대 전자계산기 산업분야에서 얻은 그들의 전문성과 지식을 전자디지털시계, 음악 신디사이저(musical synthesizer) 및 포켓 TV생산 분야로 이전했다. 이러한 잠재적 시너지효과는 관련다각화 전략의 주요 장점이라 할 수 있다.

그러나 관련다각화의 첫 번째 잠재적 단점은 관련부서 간의 조화 및 운영에 대한 비용문제이다. 두 번째 단점은 모든 부서가 경제적 환경 변화에 대해 동시에 영향을 받을 수 있는 가능성이 있다는 점이다. 예를 들어, 디즈니는 TV 네트워크에 테마파크를 홍보함으로써 시너지를 창출할 수 있다. 그러나 디즈니의 모든 사업부서는 소비자의 가처분 소득을 위축시키는 경기침체에 취약하다. 따라서 월트 디즈니로 여행하는 가족들과 ESPN과 디즈니 채널에 광고를 계획하는 마케터들을 위축시킨다.

비관련 다각화 기업전략의 세 번째는 **비관련다각화**로 이는 기업이 서로 관련성이 없는 여러 산업이나 비즈니스를 운영하는 것을 말한다. 예를 들어 GE는 전구, 의료기술, 항공기 엔진, 가전제품 및 투자은행 등 다양한 사업에 진출한다. 이러한 사업들은 서로 관련성이 없으며, 상호 시너지 효과를 기대하기도 힘들다.

비관련다각화는 1960년대 투자전략으로 각광받았다. ITT, 걸프 앤 웨스턴(Gulf and Western), LTV, 텍스트론(Textron) 등 많은 대기업들은 비관련 사업으로 구성된 거대 **복합기업(conglomerates)**이 되었다. 비관련 다각화 전략은 많은 이득을 창출한다. 첫째, 모기업은 그들의 계열사 혹은 자회사보다 더욱 더 용이하게 자금을 조달할 수 있으며 조달된 자금을 가장 수익률이 좋고 우량한 자회사에 할당할 수 있다. 둘째, 이 전략을 채택하는 기업들은 비즈니스 사이클 변동에 보다 더 적게 영향을 받기 때문에 전체적인 위험부담이 감소될 수 있다. 예를 들어, 일시적으로 한 특정 사업이 어려움에 직면했을 때 다른 사업이 성공함으로써 손실을 상쇄할 수 있기 때문이다. 셋째, 기업은 경쟁적 위협에 대해 보다 덜 취약할 수 있는데 그 이유는 그러한 위협은 기업의 전체 운영에 영향을 주는 것이 아니라 일부 부분에만 영향을 주기 때문이다. 넷째, 기업은 수익이 나지 않는 계열사나 자회사를 쉽게 포기할 수 있는데 그 이유는 이들 기업들은 모두 독자적으로 운영되기 때문이다. 더불어 기업들은 새로운 사업을 보다 수월하게 운영할 수 있으며 또한 이들 새로운 사업을 기존의 사업과 어떻게 연계 혹은 통합해야 할지에 대한 큰 걱정도 할 필요가 없다.

그럼에도 불구하고, 오늘날 월스트리트에서는 비관련 다각화 전략을 통한 거대 복합기업의 출현은 소외당하고 있는 실정인데 그 주요 이유는 비관련 사업을 통해 시너지 효과를 기대할 수 없기 때문이다. 각각의 사업들 간에 상호 연관성이 없기 때문에 어떤 특정 사업이 다른 사업의 지속적 성공 및 유지를 위해 도움을 줄 수 없다. 예를 들어, GE의 관리자들은 전구사업에서 개발 및 획득한 그들의 경쟁우위를 항공기 엔진 사업에는 활용하지 않는다. 나아가 기업의 본사에 있는 종업원들이 비관련 다양한 사업들을 효과적으로 관리하기에는 많은 어려움이 있는데 그 이유는 비관련 다양한 사업들에 대한 폭넓은 이해가 필요하기 때문이다. 이는 결국 각각의 사업에 대한 성과의 모니터링을 복잡하게 만든다. 결과적으로, GE와 텍스트론같은 기업들은 비관련 다각화 전략을 지속적으로 추진하지만 반면 다른 많은 기업들은 비관련 다각화 전략을 일부 수정하거나 혹은 전체적으로 포기하고 있는 실정이다. 다임러 경우를 예로 들면 비관련 다각화에서 보다 더 관련다각화 방향으로 전략을 전환했다. 다임러는 예전에 승용차, 트럭, 금융, 정보통신, 항공우주, 철도, 디젤엔진, 자동차용 전자부품 등의 사업을 동시에 운영했다. 그러나 다임러는 다른 사업은 매각하면서 점점 자동차 관련 사업분야에 매진하고 있다.[25] 그러나 재벌 기업들은 개발도상국들에게 매우 중요한 매개체이다. 12장에 나열된 closing case인 타타 가문이 바로 그 예다.

비즈니스 전략

기업전략이 조직의 전반적 부분을 취급하는 반면 비즈니스 전략(비즈니스 수준의 전략)은 조직 내의 특정 사업, 자회사 혹은 사업단위에 초점을 둔다. 다시 말해 "우리는 우리가 진출하고자 하는 각각의 시장에서 어떻게 경쟁을 해야 하는가?"라는 물음에 대한 답변과 연관이 있다.

관련다각화 혹은 비 관련다각화 기업전략을 추구하는 기업들은 **전략적 사업단위(strategic business units: SBUs)**로 그 사업들을 묶으려는 경향이 있다. 관련다각화 전략을 채택하는 기업의 경우 각각 전략적 사업단위의 제품과 서비스는 서로 유사한 점이 많다. 예를 들어, 디즈니의 경우 전략적 사업단위를 테마파크 및 리조트, 스튜디오 엔터테인먼트(Touchstone, Buena Vista, Pixar Studio), 소비자용 상품(디즈니 출판물, 캐릭터 라이센싱, 디즈니 매장), 미디어 네트워크(ABC, 디즈니 채널, ESPN) 등으로 분류했다. 반면 비관련 다각화 전략을 채택하는 기업의 경우 각각 전략적 사업단위의 제품과 서비스에서는 상호 유사점을 발견할 수가 없다. 텍스트론의 경우를 예로 들어 항공기, 자동차용품, 금융 및 공산품 등 네 가지 전략적 사업단위로 구성되어 있다.

각각의 전략적 사업단위가 경쟁적 환경에 집중함으로써 비즈니스전략은 기업들이 자신들만의 차별화된 역량을 향상시킬 수 있도록 도와준다. 기업이 어느 한 전략적 사업단위를 위해 특정 비즈니스전략을 일단 채택하면 기업은 그 전략적 사업단위가 진출하고 있는 모든 시장에 그 비즈니스전략을 적용한다. 기업은 각각의 전략적 사업단위를 위해 독특한 비즈니스전략을 개발하거나 혹은 모든 전략적 사업단위를 위해 동일한 비즈니스전략을 추구한다. 세 가지 형태의 기본적 비즈니스전략은 차별화전략, 원가우위전략 및 집중화 전략이다.[26]

차별화전략 **차별화전략**은 매우 흔히 사용되는 비즈니스전략이다. 이 전략은 각 전략적 사업단위의 제품과 서비스가 동일한 특정 세분 시장에서 경쟁하는 다른 제품과 서비스와는 근본적으로 차별화된다는 이미지(진짜 이미지 혹은 인지적 이미지)를 창출하고 유지하려고 노력한다. 오늘날 많은 기업들은 제품의 품질을 차별적 요소로 많이 활용한다. 만약 기업이 고품질의 이미지를 한 번 쌓아놓으면 그 기업은 그들의 제품과 서비스를 구매하는 고객들에게 고가를 청구할 수 있다. 예를 들어 롤렉스(Rolex)는 시계제품을 전 세계에 매우 할증된 가격으로 판매한다. 롤렉스의 경우 모든 지역에 대해 제한된 몇명의 딜러와 공급 계약을 맺고 있으며, 광고를 통해 제품의 품질에 대해 강조하며, 가격 할인은 거의 해주라쟌 타타의 지휘 아래, 타타 그룹은 세계적으로 가장 큰 제벌 그룹이 되었다. 2012년에 $1,000억의 매출, 그리고 90개의 계열사로 철강, 자동차, IT, 그리고 차 등 다양한 산업군에 자리 잡고 있다. 그리고 타타 컨설팅 서비스 회사는 인도에서 가장 큰 인력 아웃소싱 기업이다.

CTK/Alamy

지 않고 있다. 차별화 전략을 매우 효과적으로 활용하고 있는 다른 기업들을 보면 코카콜라(CocaCola), 니콘(Nikon), 캘빈클라인(Calvin Klein) 및 워터포드 웨지우드(Waterford Wedgewood, 영국의 고급 도자기 회사) 등이 해당된다.

다른 기업들은 가치를 차별적 요소로 활용한다. 이들 기업들은 자신들의 고품질 제품과 서비스에 대해 합리적인 가격을 부과함으로써 경쟁자와 경쟁한다. 막스 앤 스펜서(Marks and Spencer, 영국의 백화점)는 영국과 유럽대륙에서 그들의 가치를 차별화의 요소로 활용한다. 한편 타겟(Target)과 코올스(Kohl's)는 북미시장에서 유사한 접근법을 채택하였다.

원가우위전략 **원가우위전략**은 한 기업이 경쟁기업들보다 원가(혹은 비용)측면에서 우위를 가지기 위해 고도로 효율적인 생산(혹은 운영)절차를 성취하기 위해 집중하는 것을 말한다. 이는 곧 기업은 그들의 제품과 서비스를 경쟁업체들보다 더 저렴한 가격으로 판매할 수 있도록 해준다. 성공적인 원가우위전략은 저렴한 판매가격에 따른 낮은 수준의 이익률 그러나 판매량의 확대에 따른 전체적으로 높은 이익률로부터 기인된다. 예를 들어, 프랑스 소재 볼펜 회사인 빅 펜(Bic Pen)은 1945년 회사 창설 이래 세계 볼펜시장을 지배해 왔다. 가능한 낮은 원가로 볼펜을 생산함으로써 빅 펜은 매우 저렴한 가격으로 제품을 판매할 수 있었다. 더불어 대단위 양산시설과 전 세계적으르 구축된 유통채널 때문에 빅 펜의 사업은 번영할 수 있었다. 원가우위전략을 채택한 다른 기업들을 보면 타이맥스(Timex, 시계), 비지오(Vizio, 고화질 TV), 현대, 엘지(LG Group) 및 하이닉스(DRAM 메모리 칩) 등이 있다.

집중화 전략 **집중화전략**은 임신복 혹은 대형 사이즈 의류유통업체들처럼 기업이 특정 부류의 고객, 그룹 및 시장을 위한 특정 제품에 집중하는 것을 말한다. 이들 특정부류 고객들은 지역, 민족, 구매력, 패션에 대한 감각 및 그들의 구매 패턴에 영향을 주는 많은 요소들에 의해 분류될 수 있다. 예를 들어, 미국 의류업체인 아버크롬비 앤 피치(Abercrombie & Fitch)의 자회사인 홀리스터(Hollister)는 캐쥬얼 시장에 집중했다. 그들의 웹사이트에 "외향적인 소년 및 소녀들을 위해 맞춤 제작된 가장 열정적인 남부 칼리(Cali) 스타일의 의류"라고 되어 있듯이 홀리스터는 청소년층을 위한 캐쥬얼 의류판매에 집중했다.[27] 덴마크의 뱅 앤 울룹슨(Bang & Olufsen)은 아주 고급스럽게 디자인된 오디오 제품 생산에 집중함으로써 형태와 기능면에서 고객들을 만족시킬 수 있었다.

기능별 전략

기능별 전략은 "우리는 어떻게 기업전략 및 비즈니스전략과 일치되게 금융, 마케팅, 운영, 인적자원관리 및 연구개발 등 기능별 업무를 관리해야 하는가?"에 대한 물음에 답변과 같다. 여기에서는 각각의 기능별 전략에 대해 간단히 살펴보고 더 구체적인 내용은 다음의 각 장에서 살펴본다.

국제*재무*전략은 기업의 자금구조, 투자정책, 외환보유고, 위험관리기법, 부채정책 및 운영자금 관리 등을 다룬다. 일반적으로 국제기업들은 전사적 재무전략은 물론이고 각각의 전략적 사업단위를 위해 재무전략을 수립한다. 국제재무전략에 대한 자세한 내용은 제18장에서 다루기로 한다. 국제*마케팅*전략은 제품과 서비스의 유통 및 판매와 관련 있으며 제품믹스, 광고, 촉진, 가격 및 유통 등의 내용을 다룬다. 16장에서 국제마케팅전략에 대해 더 구체적으로 살펴본다.

국제*운영*전략은 원재료의 조달 및 구매, 공장위치, 공장의 레이아웃 및 디자인, 기술력 및 재고관리 등의 내용을 다룬다. 17장에서 국제운영전략에 대해 구체적으로 살펴본다. 국제*인적자원*전략은 조직 내에서 근무하고 있는 직원들과 관련된 것으로 채용, 교육훈련, 평가 및 보상 및 노사관계 등의 내용을 다룬다. 국제인적자원 전략에 대해서는 19장에서 더 구체적으로 살펴본다. 국제연구개발전략은 새로운 제품 혹은 기술개발과 관련해 기업의 전반적 투자방향에 대한 내용을 다룬다.

국제전략 수립에 있어 다음 단계는 어떤 해외시장에는 진출하고, 반면 어떤 해외시장은 피해야 하는지를 결정하는 것이다. 그 다음 단계로, 선택된 해외시장에 어떤 방법으로 진입해야 하는지를 결정해야 한다. 이 두 내용에 대해서는 12장 및 13장에서 각각 설명한다.

In Practice

- 기업들은 기능별, 비즈니스적 그리고 기업적 부분에서 모두 성공된 전략을 추구하기 원한다.
- 비즈니스 전략의 기본적 방법은 차별화, 비용절감, 그리고 선택과 집중이다.

추가 고려 사항: 당신의 주위에 성공한 기업 중 차별적 전략, 비용절감을 통한 전략 또는 집중전략으로 성공한 기업이 있는가?

MyManagementLab®

mymanagementlab.com으로 돌아가 아이콘으로 표시된 문제를 완성하시오 ✪.

CHAPTER REVIEW

요약

국제전략경영은 기업이 각기 다른 시장에서 효과적으로 경쟁할 수 있도록 전략의 수립과 이행에 초점이 맞추어진 종합적이고 지속적인 경영계획절차이다. 비록 국내전략의 수립과 국제전략의 수립과정에는 유사한 점이 많지만 국제기업들은 국내기업들이 가지지 못한 세 가지 경쟁우위의 원천을 추가로 보유한다. 이 세 가지는 글로벌 효율성, 다국적 유연성 및 전 세계적 학습이다.

국제비즈니스에 관여하는 기업들은 통상적으로 아래의 네 가지 전략적 대안 중 하나를 채택하는데 그 네 가지 전략적 대안은 본국 복제 전략, 국가별 전략, 글로벌 전략 및 초국적 전략으로 각각의 전략은 나름대로 장점과 단점을 가지고 있다.

잘 계획된 전략은 아래의 네 가지 기본적 요소로 구성되어 있다. 차별적 역량이란 기업이 예외적으로 특히 잘하는 것을 말한다. 운영범위는 기업이 목표로 삼고 있는 시장의 배열을 말한다. 자원배치란 기업이 어떻게 자산을 효율적으로 분산 배치하는가를 말한다. 마지막으로 시너지란 동일 기업 내 각기 다른 운영 주체 간 혜택 혹은 이익의 정도를 말한다.

국제전략 수립은 기업의 국제전략 개발 절차를 말한다. 구체적 전술을 통해 위와 같은 전략을 이행하는 절차를 *국제전략 실행*이라 일컫는다. 국제전략 수립에 있어 기업은 아래의 3가지 일반적 단계를 따른다. 첫째, 기업의 가치, 목적 및 방향 등을 명시한 미션스테이트먼트를 개발한다. 둘째, 기업은 자신들의 강점 및 약점 요인, 환경적으로 존재하고 있는 기회와 위협 요인들을 분석한다. 마지막으로, 전략적 목표를 설정하고, 전술적 목표 및 계획을 명시하며 마지막으로 통제 체제를 구축한다.

대부분의 기업들은 세 가지 수준의 전략을 개발한다. 기업전략은 "우리는 어떤 비즈니스를 운영할 것인가?"라는 질문에 대한 답과도 같다. 기업전략에는 단일 비즈니스 전략, 관련 다각화 전략 및 비관련 다각화 전략 등이 있다.

비즈니스전략은 “우리는 우리가 진출하기로 선택한 시장에서 어떻게 경쟁을 해야 하는가?”라는 질문에 대한 답변과도 같다. 비즈니스전략에는 차별화 전략, 원가우위전략 및 집중화 전략 등이 있다. 마지막으로 기능별전략은 기업이 어떻게 재무, 마케팅, 운영, 인적자원관리 및 연구개발 등의 문제를 다루는가를 말한다.

리뷰 질문

11-1. 국제전략 경영이란 무엇인가?

11-2. 대부분의 MNC들에서 취하는 전략경영의 네 가지 기본적 철학은 무엇인가?

11-3. 국제전략 수립과 국제전략 실행은 어떻게 다른가?

11-4. 국제전략 수립 절차에 대해 설명하라. 이 절차는 각 기업마다 다른가?

11-5. 국제전략의 네 가지 요소는 무엇인가?

11-6. 국제전략 수립에 있어 차별적 역량은 무엇이며, 이것의 중요성에 대해 서술하라.

11-7. 국제전략의 세 가지 수준은 무엇인가? 이 세 가지 수준을 구분하는 것이 왜 중요한가?

11-8. 기업전략에 있어 세 가지 일반적인 방법을 구분하고 각각에 대해 서술하라.

11-9. 비즈니스전략에 있어 세 가지 일반적인 방법을 구분하고 각각에 대해 서술하라.

11-10. 기능별 전략에 있어 기업들이 일반적으로 채택하는 기본적 전략은 무엇인가? 일부 기업들은 다른 기능별 전략을 채택하는가?

토의용 질문

11-11. 국내전략과 국제전략의 기본적 차이점은 무엇인가?

11-12. 국제전략의 수립과정 및 이행과정에 동일한 관리자가 참여를 해야 하는가? 아니면 각각의 과정은 각기 다른 관리자들에 의해 취급되어야 하는가? 그 이유는 무엇인가?

11-13. 글로벌 혹은 초국적 접근법이 성공하기 위해서는 본사와 자회사 간의 높은 수준의 조화와 신속한 정보의 이동이 요구된다. 그렇다면 19세기에 기업들은 이러한 방식을 채택했는가? 2차대전 이전에는 어떠했는가? PC가 보급되기 전에는 어떠했는가?

11-14. 먼저 몇몇 국제기업들의 미션스테이트먼트를 검토하라. 그것들은 서로 어떻게 다른가? 상호 유사점은 없는가?

11-15. 미흡한 SWOT 분석은 전략계획에 어떤 영향을 미치는가?

11-16. 왜 비교적 소수의 국제기업들만이 단일제품전략을 추구하는가?

11-17. 국제전략 요소들(운영범위, 자원배치, 차별적 역량 및 시너지)은 기업전략의 종류(단일 비즈니스, 관련 다각화 및 비관련 다각화)에 따라 어떻게 달라질 수 있는가?

11-18. 중국 상하이 디즈니 파크는 조만간 개장이 될 예정이다. 상하이 디즈니파크의 성공적인 개장을 위해 디즈니의 다른 계열사 혹은 부서들이 도움을 줄 수 있는 최소한 다섯 가지 방법에 대해 생각해 보라.

11-19. 관련 다각화 전략을 채택한 기업 및 비관련 다각화 전략을 채택한 기업은 그들의 모든 전략적 사업단 위를 위해 동일한 비즈니스전략을 사용해야 하는가? 그렇다면 그 이유는 무엇이며, 아니라면 또 그 이유는 무엇인가?

11-20. 세 가지 비즈니스 전략을 사용해 국제기업들이 생산한 여러분들이 일상적으로 사용하고 있는 제품들을 찾아보라.

11-21. 기업들은 관련다각화 및 비관련 다각화 중 전적으로 한 가지만을 선택하지 않고 중간 방법을 선택하려고 하는 경향이 있는데 그 이유에 대해 설명하라.

글로벌 역량 갖추기

3~4명의 학생을 구성원으로 하여 한 팀을 만들어라. 여러분들의 팀은 한 회사의 전략기획실이라 가정하자. 여러분의 회사는 비관련 다각화 전략을 추구하며 단지 국내시장에만 치중하는 제조업체이다. 여러분의 회사는 현재 아래의 네 가지 제품을 생산한다.

1. 전천후 여가용 오토바이: 주요 제품은 소형 이륜 및 삼륜 여가용 오토바이. 가장 인기 있는 제품은 휘발유용 산악 오토바이.
2. 컬러 TV: 고품질, 광폭 화면 및 LED TV.
3. 여행용 가방: 저렴한 알루미늄 프레임으로 제작된 저가의 여행용 가방. 가장 인기 있는 제품은 배낭
4. 필기도구: 저가제품인 빅과 고가제품의 몽블랑(Montblanc)의 중간 가격대인 필기도구.

여러분 회사의 CEO는 현재 해외시장으로 사업의 확장을 고려중이다. 그런데 CEO는 회사의 수익률을 높이기 위해 관련다각화 전략을 추구해야 한다고 믿고 있다. 즉 이 말은 일부 사업을 매각하거나 혹은 일부 사업을 매입하거나 아니면 새로운 사업을 시작할 수도 있다는 의미이다. 이에 CEO는 여러분들에게 좋은 대안을 개발하고, 그것을 평가하여 회사가 어떠한 방향으로 나아가야 할지에 대해 보고하라고 지시했다. 위의 내용을 명심하고, 아래의 절차에 따라라.

11-22. 위 네 가지 사업에 대해 회사가 현재 추구하고 있는 비즈니스 전략에 대해 설명하라.

11-23. 위 네 가지 사업들 사이에 어떤 연관성이 있는지에 대해 평가하라.

11-24. 여러분들이 선호하는 어떤 기준을 이용해, 네 가지 사업 중 계속 유지되어야 한다고 추천하고 싶은 한 가지 사업과 매각해야 한다고 추천하고 싶은 세 가지 사업을 선정하라.

11-25. 계속 유지되어야 한다고 선정한 사업의 현존하고 있는 국 · 내외 경쟁자들에 대해 설명하라.

11-26. 선택한 사업의 확장을 위해 잠재적 가능성이 있는 해외시장 세 곳을 선정하라. 선정 이유는 무엇인가?

11-27. 유지하고자 선정한 사업과 연관성이 있는 최소한 두 가지 다른 사업들에 대해 생각해보고 그 사업들의 인수합병에 대해서도 생각해보라.

CLOSING CASE 새로운 정복자

1990년대 경제 정책의 변화가 일어나면서 남미대륙은 가장 인기 있는 시장 중의 하나로 떠올랐다. 브라질(철광석), 칠레(구리), 볼리비아(주석), 베네수엘라(석유)와 같은 나라들이 원자재 수출의 급등으로 경제에 불을 붙이는 동안, 민영화, 규제 완화, 지역 경제 통합은 남미대륙의 기업가들의 상상력과 에너지의 한계를 해방시키고 외국인 투자자들의 이목을 집중시켰다.

이러한 정책의 변화들에 직접적으로 영향을 받은 산업은 바로 통신산업이다. 한때 비효율성과 과도한 직원채용으로 조용히 관리되는 국유사업이었던 통신산업은, 새로운 기업들과 신기술들을 끌어들이는 자석이 되었다. 가장 역동적인 참여자는 텔레포니카(중남미 최대 이동통신 회사)이다. 텔레포니카의 경영진은 독점적인 국유 통신 산업의 문제들을 너무 잘 알고 있었다. 텔레포니카는 정부가 운영하던 에스파냐 텔레포니카(Telefonica de Espana)의 전신이기 때문이다. 텔레포니카는 1924년에 최초로 스페인 통신서비스 사업의 독점권리를 얻었다. 이 회사는 원래 민영기업이었으나, 정부가 기업소유의 지분 41%를 완전히 차지하면서 1945년 국유화되었다.

40여 년 동안 이 기업은 독점기업의 순탄한 생활을 누렸으나, 1986년에 스페인이 EU에 가입하면서 변화

의 씨앗이 심어졌다. 텔레포니카는 통신서비스의 폭발적인 성장과 형편없는 서비스에 따르는 불평의 연속을 감당하기엔 너무 허술했다. 게다가 단일시장계획의 일환으로 EU는 1998년까지 정부지원의 통신 독점기업을 없애야 한다고 발표했다. 그러면 유럽통신회사들이 EU 지역 내 어디서라도 서비스를 제공할 수 있을 것이다.

유럽의 경쟁업체들의 새로운 시장 진출 위협에 직면해, 치열해진 경쟁과 낮은 가격, 보다 적은 마진이 예상되었다. 텔레포니카의 경영자들은 회사를 변화시켜야 한다는 것을 깨달았다. 경영자들이 방만해진 부분을 가다듬고, 수익을 내지 못하는 사업부분을 과감하게 포기하고 또한 새로운 기술과 시설에 대한 투자를 강화함에 따라 탄탄하고 경쟁력을 갖춘 회사가 탄생했다. EU가 유도한 정부지원의 통신 독점기업의 종말로 텔레포니카의 경영자들은 새로운 전략적 문제에 직면했다. 그들의 사업영역에 변화를 주어야만 하는가? 스페인에 요새를 세우고 EU 경쟁업체들을 막아야만 하는가? 다른 EU 시장으로 확장해야 하는가? 혹은 또 다른 무언가를 해야 하는가?

그들의 전략적 선택을 분석하면서 텔레포니카의 경영자들은 자신들이 스페인에서 유리한 위치에 있고, 통신서비스에 대한 국내 수요가 상대적으로 서비스가 낙후한 스페인 시장에서 계속해서 성장할 것이라는 것을 인식했다. 따라서 그들은 스페인에서 계속해서 새로운 장비와 기술에 투자했다. 이 접근이 통했다. 텔레포니카는 자국시장에서 1,200만 유선전화 가입자와 2,400만 휴대전화 고객을 보유하게 되었다. EU의 경쟁유도에도 불구하고 2012년 말 텔레포니카는 스페인 유선전화사업의 69%와 모바일폰 시장의 41%를 점유하고 있다.

그들의 국제적인 전망을 평가할 때, 텔레포니카의 경영자들은 텔레포니카가 영국통신과 독일통신과 같은 유럽의 경쟁업체들에 대항할 경쟁우위요소가 부족하다고 판단했다. 텔레포니카는 최신기술에 대한 접근성이나 경영적 자질 면에서 다른 두 기업과 동등하거나 더 나을 것이 없는 수준이었다. 따라서 적어도 초기에는 다른 유럽시장으로의 진출을 배제하기로 했다. 그러나 그들은 남미의 많은 국가들이 국영 독점 통신기업들을 민영화 하려 한다는 것에 주목했고, 이러한 기업에 투자하는 것이 전략적으로 설득력이 있었다. 텔레포니카는 현지 기업에 관한 한 기술과 자본, 경영적 자질에 접근하는데 있어 확실히 경쟁적 이점을 가지고 있었다. 뿐만 아니라 스페인과 남미 사이의 언어적 문화적 연결 때문에 남미시장에 진출하려는 다른 유럽의 경쟁업체들에 비해 경쟁력이 있다고 믿었다.

텔레포니카는 1990년에 남미시장으로의 침략을 개시했다. 그때 칠레통신(Compania de Telefonos de-Chile)의 소액주주 지분을 획득했고, 아르헨티나 통신시스템의 남쪽 절반을 관리하기로 계약을 체결했다. 1995년에 페루 정부 소유의 독점 통신기업인 페루통신(Telefonica del Peru)의 지배기업지분을 구입했다. 1년 후 한 정부 지원의 경매에서 브라질의 지역 통신업체의 지분 35%를 획득했다. 텔레포니카는 또한 아르헨티나에서 가장 큰 케이블 업체의 지분과 디지털 위성 TV 공급업체의 지분을 획득했다. 그리고 결국 스페인 정부가 마지막으로 경영권에 대한 지위를 매각하면서 텔레포니카가 완전한 민영기업이 되었다. 1998년에 기업명을 Telefonica SA로 변경했고, 이전에 브라질의 국영 통신 거대기업이었던 텔레브라스(Telebras)의 유선과 무선사업 경영권을 획득하기 위해 경매에서 49억 달러를 지불했다. 2000년에 모토로라는 멕시코의 무선통신 사업부를 텔레포니카에 26억 달러에 매각했다. 2006년에 텔레포니카는 콜롬비아의 국영 통신기업의 지분 50%(+1주)를 구입했고, 그 결과로 콜롬비아 국내에서 가장 큰 유선사업자가 되었다. 2010년에 포루투칼의 파트너의 지분을 75억 파운드에 매수하여 브라질의 모바일폰 JV인 Brazilcel의 완벽한 주권을 인수하였다.

전체적으로 텔레포니카는 남미에서 640억 달러 이상을 투자했다. 남미대륙에서 가장 큰 통신 기업으로 현재는 스페인보다 더 많은 2,400만 명의 유선통신 고객을 보유하고 있다. 무선통신 자회사인 텔레포니카모바일은 남미지역에 1억 5,200만 명의 고객을 보유하고 있다. 새롭게 진출하는 국가에서도 이와 비슷한 과정으로 진행했다. 과도한 인건비는 가차 없이 잘라내고 생산능력을 적극적으로 확대시켰다. 예를 들어 아르헨티나의 자회사에서 2만 2천 명의 근로자들 중 절반을 해고하면서 동시에 지역의 네트워크는 400만 라인으로 2배 증가시켰다.

그러나 남미에서의 텔레포니카의 행동에 대해 비판이 없었던 건 아니다. 텔레포니카의 전술은 "정복자 자본주의"라고 현지의 회의론자들의 비판을 받았다. 텔레브라스 경매에서 승리한 이후, 텔레포니카는 수천 명의 노동자들을 정리해고하고 재빠르게 브라질의 상업중심지 상파울로로 서비스를 확대했다. 서비스의 대혼란이 수많은 불평을 초래함에 따라 작은 인력으로 더 많은 일을 하는 이 전략은 역효과를 내었다. 소액주주들은 또한 텔레포니카가 남미의 자회사들에게 자신들의 지분 가치를 감소시키는 과도한 관리비용을 청구하고 있다고 불평했다. 예를 들어, 아르헨티나의 자회사는 모회사가 제공하는 관리 서비스에 대해 텔레포니카에게 매출의 4.6%를 지불하고 있다.

소액주주들은 또한 고성장 잠재력을 지닌 생산라인을 자회사에서 모회사로 이전시키는 텔레포니카의 경영에 항의했다. 예를 들어, 텔레포니카는 테라네트웍스(Terra Networks SA)를 만들어 남미지역의 인터넷 사업을 모두 합병했다. 그리고 나서 테라네트웍스의 30%를 일반대중에게 팔고 70%만을 보유했으며, 마드리드와 미국의 증권거래소에 상장했다. 이 거래에서 텔레포니카는 칠레의 자회사인 인터넷 사업부를 테라 네트웍스에 4천만 달러에 넘겼다. 소수의 지분보유자들은 가격이 그 금액의 2배는 되었어야 한다고 믿었다. 다른 자회사들의 소수 지분보유자들도 비슷한 불만을 했다. 마찬가지로 텔레포니카는 합병된 사업이 제공하는 규모의 경제에서 이익을 얻을 것이라고 주장하면서 남미의 자회사인 텔레마케팅 사업부를 마드리드의 엄브렐라회사(umbrella company)로 이전시켰다.

텔레포니카는 또한 운영상의 어려움에 직면한다. 1999년에는 부실한 서비스로 인해 상파울로 고객들에게 800만 달러를 환불해야만 했다. 또한 1998년에 브라질의 화폐가치 절하로 인한 통화손실로 3억 달러를 손실처리해야했고, 2010년에는 베네수엘라의 화폐 볼리바르가 평가 절하되어 베네수엘라 자산 18억 유로를 줄여야만 했다. 게다가 정부 정책의 변화는 경쟁을 더욱 심화시켰다. 예를 들어 아르헨티나와 페루 정부는 2000년에 통신서비스의 독점공급에 대한 의존성을 끝내면서 통신 산업의 규제를 철폐하기 시작했다. 그리고 텔레포니카의 성공은 새로운 경쟁업체들을 끌어들였다. 1999년을 예로 들면 벨 사우스(BellSouth)가 상파울로에서 1백만 명의 모바일 폰고객을 유치했는데, 이는 사업시작 10개월 만에 시장의 50%에 육박하는 고객을 유치한 것이다. 그러나 벨 사우스 경영진은 자신의 수익성에 만족하지 못했고 2004년도에 텔레포니카가 벨 사우스의 남미자회사를 59억 달러에 사들이면서 자금이 충분하고 기술면에서 정교한 경쟁업체를 제거하게 되었다.

스페인과 남미에 탄탄한 기반을 세우면서 2005년 텔레포니카는 다시 유럽으로 관심을 돌렸다. 체코의 유선무선통신서비스의 선두업체인 체스키텔레콤(Cesky Telecom)을 사들였다. 2006년에는 영국에서 가장 큰 모바일 폰 서비스 공급업체인 O2를 사들였다. 2007년에는 텔레콤이탈리아(Telecom Italia)의 소액주주 지위를 획득했다. 2009년에는 9억1,300만 유로를 지불하고 독일의 통신서비스업체인 한세네트(HanseNet)를 매수했다. 텔레포니카는 현재 스페인 자국 시장을 제외하고 약 5,100만 유럽 내 고객에게 서비스를 제공하고 있다. 2005년에 중국 내 유선서비스 공급업체로는 두 번째로 큰 차이나넷콤(China Netcom)의 지분 5%를 구입했다. 2008년에는 3억9백만 유로를 주고 이 회사 지분의 2.2%를 추가로 구입하는 데 합의했다. 차이나유니콤(China Unicom)이 차이나넷콤을 인수한 이후, 텔레포니카는 차이나유니콤과 전략적 제휴에 들어갔고 동 회사의 소유지분을 9.7%까지 증가시켰다.

전반적으로 이 전략은 제대로 맞아 떨어진 것으로

보인다. 2012년에 텔레포니카는 624억 유로의 매출에 59억 유로의 수익을 올렸다. 2000년부터 회사의 CEO인 Cesar Alierta의 경영하에서 텔레포니카는 시가 총액 면에서 전 세계에서 두 번째로 큰 통신업체가 되었다. 텔레포니카는 현재 25개국에서 사업 중이며 4,100만 명의 유선고객과 2억 4,700만 명의 모바일 폰 고객을 보유하고 있다.

사례 질문

11-28. 1998년 EU가 국유 독점 통신기업들을 제거하는 지시를 내린 것이 텔레포니카의 전략형성에 얼마나 중요했는가? 만약 스페인이 EU에 가입하지 않았더라면 오늘날 텔레포니카가 어떤 모습이었을까?

11-29. 문화적 연관성이 텔레포니카의 남미에서의 성공을 결정짓는데 얼마나 중요했는가?

11-30. 왜 초기에 텔레포니카는 더 큰 프랑스나 독일시장이 아닌 체코시장 진입을 택했는가?

11-31. 텔레포니카가 지닌 스페인 통신회사 시장에서의 방대하고 지속적인 시장 점유율을 고려할 때, EU의 지시가 유럽 통신 산업에서의 경쟁을 증진시키는 데 얼마나 성공적으로 작용했는가?

11-32. 텔레포니카의 남미 자회사에 속한 소수 투자자들이 지배회사에 대해 불만을 품고 있다. 여러분이 지배회사의 고위 간부라고 가정하자. 이 소수투자자들에 관련한 문제를 어떻게 다룰 것인가? CEO로 하여금 소수투자자들에게 어떤 조치를 취할 것을 권하겠는가?

출처 : www.telefonica.com, accessed on June 8, 2011; "Telefónica to list stake in unit," *Wall Street Journal*, May 26, 2011; "Telefónica battles rising costs," *Wall Street Journal*, May 13, 2011; Telefónica Annual Report for the year ending December 31, 2010; "Brazil calling," *The Economist*, July 28, 2010; "Get off the line," *The Economist*, May 22, 2010; "Telecom Italia's shares plunge as debt-reduction plan disappoints," *Wall Street Journal*, March 7, 2008(online); "Telefónica adds to stake in China Netcom Group," *Wall Street Journal*, January 21, 2008 (online); "Telefónica insists major deals are out," *Wall Street Journal*, July 16, 2007, p. A8; Hoover's Handbook of World Business 2006, p. 338; "Telefónica revamps its structure," *Financial Times*, July 27, 2006, p 18; "Telefónica's growing pains," *Wall Street Journal*, May 23, 2006, p. C4; "Enlarged EU expected to open opportunities for Telefónica," *Financial Times*, June 14, 2005, p. 4; "The information technology 100," BusinessWeek online (undated); "Telefónica aims to become world's fifth largest telecommunications group," *Financial Times*, December 21, 2002, p. 4; "Telefónica digs in to Mexican mobiles market," *Financial Times*, November 27, 2002, p. 19; "Wrong numbers dog Telecom Argentina," *Financial Times*, March 19, 2002, p. 17; "Telefónica makes its move into Mexico," *Wall Street Journal*, October 5, 2000, p. A19; "Telefónica posts 43% jump in earnings," *Wall Street Journal*, November 19, 1999, p. A18; "Spain's Telefónica jolts Latin America with tough tactics," *Wall Street Journal*, November 18, 1999, p. A1.

MyManagementLab®

mymanagementlab.com으로 가서 아래의 질문에 답하시오.

11-33. 내수기업에게는 기회가 없는 국제시장에서 활동하는 기업들에게만 가능한 3개의 경쟁우위의 원천은?

11-34. 기업이 자신들의 기업적 차원 또는 비즈니스적 차원의 전략들을 바꾸고자 할 때 신경 써야 하는 부분은? 예를 들어 다국적기업이 관련된 다양화 전략에서 비관련 다양화 전략으로 어떻게 바꿀 수 있는가?

11-35. Mymanagementlab Only에 본 장을 포괄하는 서술형 과제가 있다.

Endnotes

1. "The real Disney," *The Economist*, March 30, 2013; "Hong Kong Disneyland Posts Profit," *Wall Street Journal*, February 19, 2013, p. B4; *The Walt Disney Company 2012 Annual Report; The Walt Disney Company 10-K filing, 2012*; "For Hong Kong Disney, Profit Comes True," *Wall Street Journal*, November 30, 2012, p. B7; "Disney to expand language schools in China," *Financial Times*, July

7, 2010, p. 1; "Disney Indian adventure rewarded," *Financial Times*, November 12, 2008, p. 18; "Main Street, H.K.," *Wall Street Journal*, January 23, 2008, pp. B1, B2; "Disney tailors 'stitch' tale for the Japanese market," *Wall Street Journal*, March 7, 2008, p. B3; "Walt Disney to tap into Japanese animators," *Tokyo Financial Times*, March 6, 2008; "Disney rewrites script to win fans in India," *Wall Street Journal*, June 11, 2007, p. A1; "Chinese lessons for Disney," *Wall Street Journal*, June 12, 2006, p. B1; "Hong Kong Disneyland opens," *Wall Street Journal*, September 13, 2005, p. D6; "Transformer of a Mickey Mouse outfit," *Financial Times*, May 28, 2003, p. 10; "Euro Disney alters royalty payments plan," *Financial Times*, March 31, 2003, p. 23; "Euro Disney shares jump 8.5%," *Financial Times*, January 23, 2003, p. 1; "Disney hopes new theme park in Hong Kong opens up China," *Wall Street Journal*, January 15, 2003, p. B4B; "Empire of the mouse expands in Europe," *Financial Times*, March 17, 2002, p. 9; "A certain 'je ne sais quoi' at Disney's new park," *Wall Street Journal*, March 12, 2002, p. B1; The Walt Disney Company 2002 Annual Report; "Mickey stumbles at the border," *Forbes*, June 12, 2000, p. 58; "Euro Disney's sales climb 17%," *Wall Street Journal*, January 22, 1998, p. A15; "Fans like Euro Disney but its parent's goofs weigh the park down," *Wall Street Journal*, March 10, 1994, p. A1; "Euro Disney rescue package wins approval," *Wall Street Journal*, March 15, 1994, p. A3; "How Disney snared a princely sum," *Businessweek*, June 20, 1994, pp. 61 – 62; "Euro Disney—oui or non?" *Travel & Leisure*, August 1992, pp. 80 – 115.

2. See Charles W. L. Hill and Gareth R. Jones, *Strategic Management: An Analytical Approach*, 6th ed. (Boston: Houghton Mifflin, 2004), for an overview of strategy and strategic management. See also Bjorn Lovas and Sumantra Ghoshal, "Strategy as guided evolution," *Strategic Management Journal*, vol. 21, no. 9 (2000), pp. 875 – 896.
3. Howard Thomas, Timothy Pollock, and Philip Gorman, "Global strategic analyses: Frameworks and approaches," *Academy of Management Executive*, vol. 13, no. 1 (1999), pp. 70ff.
4. Kasra Ferdows, "Making the most of foreign factories," *Harvard Business Review* (March – April 1997), pp. 73 – 88.
5. "Mercedes bends rules," *USA Today*, July 16, 1997, pp. B1, B2.
6. Tyson Foods, Inc. Fiscal 2012 Fact Book; "Tyson foods' exports helped by weaker dollar," *The Morning News*, November 30, 2007 (online).
7. Luis Alfonso Dau, "Learning across geographic space: Pro-market reforms, multinationalization strategy, and profitability," *Journal of International Business Studies*, vol. 44, no. 3, (2013), pp. 235 – 262; Anil K. Gupta and Vijay Govindarajan, "Knowledge flows within multinational corporations," *Strategic Management* Journal, vol. 21, no. 4 (2000), pp. 473 – 496.
8. Christopher A. Bartlett and Sumantra Ghoshal, *Transnational Management*, 2nd ed. (Chicago: Richard D. Irwin, 1995), pp. 237 – 242. See also Tatiana Kostova, "Transnational transfer of strategic organizational practices: A contextual perspective," *Academy of Management Review*, vol. 24, no. 2 (1999), pp. 308 – 324.
9. Harvard Business School. "P&G Japan: The SK-II Globalization Project," Case 9-303-003 (March 2004).
10. Bartlett and Ghoshal label this strategy the multinational strategy. We have altered their terminology to avoid confusion with other uses of the term *multinational*.
11. See Hill and Jones, *Strategic Management*.
12. See T. S. Frost, J. M. Birkinshaw, and P. C. Ensign, "Centers of excellence in multinational corporations," *Strategic Management Journal*, vol. 23, no. 11 (November 2002), pp. 997 – 1018.
13. Bruce Kogut, "Designing global strategies: Comparative and competitive value-added chains," *Sloan Management Review* (Summer 1985), pp. 15 – 28.
14. "A focus on the future," *Financial Times*, November 15, 2012, p. 10; "Think small," *Businessweek*, November 4, 1991, p. 58.
15. Ballantyne Strong, *Annual Report for the Year 2012; Ballantyne of Omaha, Inc. 10-K Statement for Year Ending December 31, 2005;* "Producer of featurefilm projectors reels in fat profit as cinemas expand," *Wall Street Journal*, October 22, 1996, p. B5; "Chile's Luksics: Battle-tested and on the prowl," *Wall Street Journal*, December 1, 1995, p. A10.
16. Olav Sorenson, "Letting the market work for you: An evolutionary perspective on product strategy," *Strategic Management Journal*, vol. 21 (2000), pp. 577 – 592.
17. "European auto makers show signs of bouncing back," *Wall Street Journal*, September 15, 1994, p. B4.
18. John A. Pearce II and Fred David, "Corporate mission statements: The bottom line," *The Academy of Management Executive* (May 1987), pp. 109 – 115.
19. See Anil Gupta and Vijay Govindarajan, "Knowledge flows within multinational corporations," *Strategic Management Journal*, vol. 21 (2000), pp. 473 – 496.
20. D. E. W. Marginson, "Management control systems and their effects on strategy formation at middle-management levels: Evidence from a U.K. organization," *Strategic Management Journal* (November 2002), pp. 1019 – 1032.
21. Hill and Jones, op. cit.
22. *Accor SA Annual Report* 2012.
23. For example, see J. Michael Geringer, Stephen Tallman, and David M. Olsen, "Product and international diversification among Japanese multinational firms," *Strategic*

Management Journal, vol. 21, no. 1 (2000), pp. 51 – 80.
24. *The Walt Disney Company Annual Report 1999*.
25. "DaimlerChrysler's focus may be narrowing," *Wall Street Journal*, October 18, 1999, pp. A37, A39.
26. C. Campbell-Hunt, "What have we learned about generic competitive strategy? A meta-analysis," *Strategic Management Journal*, vol. 21, no. 2 (2000), pp. 127 – 154.
27. "About Hollister Co.," www.hollisterco.com, October 19, 2006.

CHAPTER 12

해외시장 분석 및 진입 전략

Strategies for Analyzing and Entering Foreign Markets

steven gillis hd9 imaging/Alamy

학습목표

1. 기업들이 어떻게 해외시장을 분석하는지 논한다.
2. 기업들이 어떻게 해외시장 진입 방식을 선택하는지 그 절차에 대해 설명한다.
3. 수출의 유형 및 기업의 수출에 도움을 주는 중개인의 종류에 대해 설명한다.
4. 국제 라이센싱의 본질에 대해 알 수 있고 이것의 장 · 단점에 대해 논한다.
5. 국제 프랜차이징의 본질에 대해 알 수 있고 이것의 장 · 단점에 대해 논한다.
6. 기타 전문적 진입전략인 계약생산, 경영계약 및 턴키프로젝트에 대해 설명한다.
7. FDI의 형태 중 신설투자와 인수전략을 특징지을 수 있다.

럭셔리 비즈니스

크리스찬 디올, 지방시, 돔페리뇽, 루이뷔통. 이러한 이름들은 대부분의 우리들에게 있어, 삶의 최상, 가장 풍족한 고품격의 호화로움으로 일컬어진다. 그러나 281억 유로의 가치를 지닌 패션재벌 Louis Vuitton Moet Hennessy SA(줄여서 LVMH)의 회장이자 최고경영자인 베르나르 아르노(Bernard Arnault)에게는, 그의 인생 작, 삶 자체이다. 많은 프랑스 기업들처럼, LVMH는 가족소유의, 즉 가족에 의해 운영되는 기업이다. LVMH의 경우, 아르노 가족은 46.4%의 주식을 보유하고 있고, 그러나 62.7%의 의결권을 행사하는 권리를 가지고 있다. 나머지 중, 45%는 미국, 프랑스와 그 밖의 유럽 기관 투자가들이 보유하고 있고 그리고 남아 있는 주식은 개인 투자가들이 소유하고 있다.

LVMH는 고품격을 판매하는 사업에 종사하고 있다. 이들의 연간 회계 보고서만 보아도 지루한 전형적인 방식으로 나열한 기존의 재무제표 보고서와 현저히 다르게, 마치 패션잡지를 보는 것처럼 화려한 색감으로 자사의 브랜드 포트폴리오를 선보이고 있다. LVMH사는 그들의 브랜드 제고를 위해 고대 유산을 활용했다. 예를 들어, 2010년 뵈브 끌리코(Veuve Clicquot; 프랑스 와인)병이 발트해의 19세기 난파선의 잔해 한가운데서 발견되었다. 이에 LVMH 홍보담당자는 이번에 발견된 샴페인은 "감탄할 만한 감각적인 품질"을 유지한다고 말했다. 루이뷔통의 가방 사업은 1854년에 시작되었지만 자매 브랜드인 돔페리뇽의 역사는 1688년으로 거슬러 올라간다. 더불어 태그 호이어(Tag Heuer)는 설립 150주년을 기념하기 위해 1887년 제품을 기반으로 하여 2010년에 시계를 재생산했고, 쇼메(Chaumet)는 나폴레옹 부인의 이름을 바탕으로 하여 새로운 조세핀(Josephine) 컬렉션을 선보이기도 했는데 이는 고객들로 하여금 황실의 혈통을 이어준다는 이미지를 주기 위함이었다.

LVMH는 관련다각화 전략을 채택하고 있다. 뛰어난 럭셔리 고품격 브랜드를 바탕으로 패션과 가죽제품, 와인 및 주류, 향수와 화장품, 시계와 보석, 그리고 선택적 유통체널 전략사업 조직을 구축하고 있다. LVMH의 브랜드 포트폴리오의 성장의 원천은 고품격 제품의 생산과 마케팅에 특화된 능력을 가지고 있는 가족 소유의 기업들을 주로 인수함에 있다. 전통적으로 LVMH는 인수 기업들을 독립된 자회사 형태로 운영하지만 모회사는 자원관리, 광고, 금융 및 부동산의 구입 업무 등을 중앙집권화 시킴으로써 비용절감을 위해 노력한다. 예를 들어, 2011년 3월 LVMH는 이탈리아의 고급 보석제조사인 불가리(Bulgari)를 60억 달러에 인수했다. 불가리는 그들 지분의 51%를 LVMH 지분 1,650만 달러와 교환했다. 불가리 인수는 LVMH의 시계 및 보석 매출을 2배로 증가시켰다. 비록 불가리는 독립적으로 운영되지만 아르노는 불가리의 시계 및 보석의 수익은 LVMH의 전문성, 금융의 규모, 매장위치, 재료의 조달 공급 등 여러 요소들에 의해 창출된다고 믿고 있다. 더불어 LVMH는 불가리의 아시아 시장에 확장에도 도움을 줄 것이다. 물론 Hermes International을 인수하려 했던 것처럼 LVMH가 항상 기업인수에 있어 성공한 것은 아니다. 한때 LVMH는 조용히 Hermes의 주식 20%를 사들였지만 Hermes 설립자 티에리 에르메스(Thierry Hermes)의 후손들이 LVMH의 인수에 대응하기 위해 가족지주회사를 설립했다.

제품 및 산업 고유의 고품격 성향에도 불구하고, LVMH는 전 세계를 강타한 경기 침체를 잘 이겨냈다. 비록 회사는 2009년 세계적인 경기 침체 상황에서 매출의 침체 및 이익률 감소에 시달렸지만 점차 매출과 이익률이 급성장했다. 이렇듯, 2012년에는 2010년 대비 10% 성장한 59억 유로의 이익을 냈고, 회복과 성공의 일등 공신으로 가죽 제품 사업이 이익 33억 유로와 99억 유로의 매출을 기록하였다. LVMH는 그들의 성공 요인을 "스타 브랜드 가치의 지속성, 창의성, 제품의 완벽성 및 우수한 환경을 확보하기 위한 노력"이라고 믿고 있다.

유럽에서 오랜 전통과 역사를 가진 회사로서 LVMH는 선진국 외의 다른 나라에 살고 있는 소비자들에게 자사의 매력을 호소해야 함을 인식하고 있다. LVMH 매출의 11%는 자국인 프랑스에서 다른 20%는 기타 유럽국가들에서 발생된다. 미국은 23%, 일본은 8%를 차지한다. 그외 놀랍게도 아시아 국가들이 매출의 28%를 기여하고 있는데 이는 이 지역이 세계경제에 있어 점점 중요해지고 있으며 더불어 이 지역 소비자의 욕구를 충족하기 위해 LVMH가 왜 노력해야 함을 시사한다. LVMH는 2020년까지 중국이 명품의 최대 시장이 될 것으로 예상한다. 예를 들어, 중국은 지난 3년 동안 유명한 코냑인 헤네시(Hennessy)의 소비가 두 자릿수 성장을 했다. 위와 같은 중국의 성장을 인식해 루이뷔통은, 최근 남성 가방 광고를 대만-캐나다 계 TV 스타이자 모델인 가드프리 가오(Godfrey Gao)를 주연으로 발탁했다.[1] ■

11장에서는 기업이 국제전략을 수립하는 과정에 초점을 맞췄다. 이제 이 장에서는 전략수립 후 다음 단계인 전략실행(진출하고자 하는 시장의 선택과 시장 진입 방식)에 대해 설명한다. 앞의 사례에서 살펴봤듯이 LVMH의 주요 시장 진입 방식은 LVMH의 고급스러운 제품과 융합이 될 수 있도록 우수한 품질의 제품을 공급해주는 납품업자를 확보하는 것이었다. 그중 몇몇 브랜드는 LVMH가 자체적으로 운영을 하고 그 외 브랜드는 고급소매업체에 의존을 했다. 다른 한편으로 LVMH는 현지 파트너들과의 라이센싱 계약을 통해 사업적 이익을 도모했다. 우리가 이 장에서 설명하듯이, 만약 잘 구성된 회사라면 해외시장 진입 방식의 결정에 있어 그들이 진출하고자 하는 시장의 독특한 기회요인과 기업 내부의 강점 및 약점 요인들을 잘 조화시킬 것이다. LVMH는 그들이 진입한 많은 시장에서 위와 같은 일들을 성공적으로 수행한 기업이다.

12.1 해외시장 분석

대부분의 국제기업들은 그들의 전략과 상관없이 시장점유율, 수익 및 이익의 확대를 기본 목표로 삼고 있다. 그들은 종종 새로운 시장에 진입하거나 혹은 그들이 이미 존재감을 가지고 있는 시장에 새로운 제품을 소개함으로써 위와 같은 목표를 달성한다. 기업들이 위와 같은 일들을 효과적으로 이행하는 능력은 전적으로 그들에게 주어진 지리적 조건과 시장의 이해에 달려 있다.[2] 기업들은 시장 점유율, 수익 및 이익을 성공적으로 증가시키기 위해 일반적으로 다음의 3가지 단계를 이행해야 한다. (1) 대체시장을 평가하고, (2) 각 시장의 진입에 따른 비용, 효익, 리스크를 평가하고, (3) 진입 혹은 향후 확장 측면에서 가장 가능성 있는 시장을 선택한다.

대체 해외시장 평가

대체 해외시장 평가에 있어 기업은 그 시장의 현재 및 잠재적 규모, 기업이 직면하게 될 경쟁의 수준, 시장의 법률 및 정치적 환경, 기업의 운영에 영향을 미치는 사회문화적 요인 등 다양한 요소들을 고려해야 한다.[3] [표 12.1]은 이러한 요인들 중 중요한 몇 가지를 보여준다.

위와 같은 요소들에 대한 정보는 비교적 객관적이고 수집하기에 용이하다. 예를 들어, 한 국가의 통화 안정성은 그 나라에 수출을 생각하거나 혹은 그 나라에서 수입을 생각하고 있는 기업 또는 그 나라에 투자 기회를 분석하는 기업에게 매우 중요한 요소다. 이러한 항목들에 대한 객관적인 정보는 그 기업의 본국에서 출판 공개된 자료 혹은 인터넷 등을 통해 쉽게 얻을 수 있다. 해외시장에 대한 추가적인 다른 정보는 훨씬 더 주관적이며 구하기가 매우 어려울 수도 있다. 예를 들어, 지방 정부 공무원의 정직성이나 인·허가를 취득하는 과정에 대한 정보를 취득하는 것은 매우 어려울 수 있다. 이러한 정보를 취득하기 위해서는 때에 따라 일찍이 목표로 한 해외시장을 방문할 필요가 있다. 그 이유는 필요한 정보를 얻기 위해 대사관 직원 및 상공회의소 임원들과 같은 현지 전문가들과 대화를 하거나 혹은 컨설팅 회사와 계약을 맺어 필요한 정보를 취득하기 위해서다.[4]

시장 잠재성 해외시장 선택에 있어 첫 단계는 시장의 잠재력을 평가하는 것이다. 제2장의 "글로벌 역량 갖추기"에 나열되어 있는 것처럼 많은 자료들은 인구, GDP, 1인당 GDP, 공공 인프라, 자동차 및 TV 보유율 등 다양한 정보를 제공한다. 이러한 자료들은 기업이 다양한 해외시장을 "신속하고 간편"하게 예비점검을 수행할 수 있도록 도와준다.

이러한 정보로부터 결정된 기업의 의사결정은 종종 경쟁사에 비해 자사 제품의 포지셔

표 12.1 새로운 시장 기회 분석

평가 주제	고려해야 할 항목
시장 잠재력	오늘날, 시장의 규모는? 시장의 성장 속도는 얼마나 빠른가? 어떤 산업 분야가 확대되고 어디는 줄어들까? 어떤 산업군을 타겟 목표로 삼고 싶은지? 이 시장을 성공적으로 이끄는 데 있어야 할 핵심요소들은? 이 핵심 요소들이 우리들의 능력과 부합되는가? 만약에 이 시장에 변화가 있다면 앞으로 어떤 것들이 있을까?
경쟁의 구조 및 단계	경쟁자의 수는? 기존 경쟁자들의 핵심 강점과 약점은? 현재 시장규모가 커지고 있는 기업은? 반대로 빠지고 있는 기업은? 그리고 그 이유는? 기존의 경쟁 기업들 대비 우리의 역량은? 산업군 자체가 포화 상태인가? 그래서 충돌은 일반적인 것인가? 외국기업들이 성공적으로 시장에서 활동하고 있는가? 기존의 유통채널은? 이 유통채널들이 우리에게도 사용 가능할 수 있게 열려 있나? 다른 경쟁자들도 이 시장에 진입하고자 하는 생각들이 많나?
법적 그리고 정치적 환경	정부는 자국 내에 외국기업들의 활동에 대해 보수적인가? 아니면 긍정적인가? 정부는 시장에 무역장벽을 세웠는가? 그렇다면, 얼마나 높은가? 정부는 현지 기업만 환영하나? 정경유착이 강한가? 뇌물수수에 대해 얼마나 관대한가? 법의 적용에 대해 얼마나 신뢰하고 의지할 수 있는가? 지적재산권에 대한 보호가 얼마나 심각한가? 현지국과 본국 사이의 정부는 관계가 우호적인가? 적대적인가?
사회문화적 영향	우리의 제품이 현지국의 문화와 우호적으로 호환되는가? 이 시장은 그동안 경험해온 다른 시장들과 어떻게 다른가? 이 문화권에서는 종업원들이 어떠한 것에 동기부여가 되는가? 외국브랜드를 소비자들이 선호하는가? 소비자들의 교육수준이 얼마나 되는가? 인구가 주로 젊은가 아니면 노년층이 많은가? 또 주로 도시위주 아니면 지방 위주에 주거하는가? 우리의 제품을 선호하는 인구가 많은가?

닝에 의존하는 경향이 있다. 프리미엄 가격으로 고품질의 제품을 생산하는 기업은 매력적인 부유한 시장에 쉽게 진출하겠지만 반면 가난한 시장에 진입을 하기에는 어려움이 있을 수 있다. 반대로, 낮은 가격과 저품질의 제품에 특화된 기업은 부유한 시장보다 가난한 시장에 진출할 것이다("Venturing Abroad" 참조).

그 다음 기업은 현재 고려 중인 특정 제품에 관련된 자료를 수집해야 한다. 예를 들어 피렐리가 태국에 타이어를 수출하고자 할 경우 그 회사의 관리자는 태국의 교통 인프라, 교통 대안, 휘발유 가격, 차량 보급 성장률 등에 대한 자료를 수집해야 한다. 더불어 피렐리는 태국시장에 대해 마케팅에 집중을 해야 할지 아니면 OEM (original equipment manufacturing: 주문자 위탁생산 혹은 주문자상표부착생산)형태로 사업을 운영할지에 대한 판단을 위해 자동차의 평균수명 및 태국의 자동차 생산능력 등에 대한 자료가 필요하다. 어떤 경우에는 기업은 대용 혹은 대체 자료에 의존할 수도 있다. 예를 들어 월풀이 인도네시아 식기세척기 시장에 진입할지 말지 여부를 결정할 때 다른 가전제품의 판매량, 1

인당 전력 소비량 혹은 맞벌이 가족의 수를 검토할 수 있다. 월풀은 또한 인도네시아의 소득분포에 대해 관심을 가질 수도 있다.

그러나 이러한 자료들은 과거를 반영하지 미래를 반영하지 않는다. 기업은 객관적 및 주관적 측정을 모두 사용해 국가의 경제성장 잠재력을 고려해야 한다. 객관적인 측정에는 1인당 소득 변화, 에너지 소비, GDP 및 자동차와 같은 내구 소비재의 보유량 등이 포함된다. 성장 잠재력을 평가할 때 주관적인 사항도 고려되어야 한다. 예를 들어 중앙 및 동유럽의 공산주의 경제체제 붕괴 이후 많은 서구기업들은 이들 국가의 부정적 경제 성장을 나타내는 자료들을 무시했다. 대신 서구기업들은 이들 국가들이 새로운 경제정책을 채택해 미래에 성장할 것이라는 전망에만 초점을 맞추었다. 그 결과 P&G와 유니레버 등은 이들 국가들이 자본주의 체제에 적응하는 과정에서 경제가 성장했기에 그 시장에서 선두주자로써 우위를 확보하기 위해 생산시설 및 유통 채널을 설립하고 브랜드 인지도를 제고했다.

이와 유사하게 사하라사막 이남의 아프리카는 비록 세계 GDP의 2%만을 차지하고 있지만 그곳의 거대한 잠재력 때문에 큰 관심을 받고 있다. 이 지역은 지난 10년간 연간 5.7%의 성장률을 기록했다.[5] 예를 들어, 구글은 아프리카의 현재 낮은 인터넷 보급률은 인프라가 점점 개선됨으로써 막대한 성장가능성이 있을 것이라 믿고 있기에 아프리카 대륙을 발전가능이 큰 시장으로 내다본다. 더불어 구글 맵(Google Map)과 지메일(Gmail)과 같은 서비스의 수요를 늘릴 수 있는 휴대전화의 사용량 역시 폭증한다. 2000년대에 나이지리아에서만 7,500만 명의 휴대전화 가입자가 증가했다. Publicis Groupe SA, WPP 및 Omnicom 등과 같은 주요 글로벌 광고 기업들은 다수의 아프리카 국가에서 그들의 사업을 확장하고 있거나 혹은 현지 고객들에게 대응하기 위해 현지 광고대행사를 인수한다. 아프리카 대륙의 최대 경제 강국인 남아프리카공화국과 더불어 가나, 케냐, 앙골라 및 나이지리아가 특히 주목받고 있다.[6]

경쟁의 수준 기업이 해외시장 선택에 있어 고려해야 하는 또 다른 요인은 시장에서의 경쟁 수준이다. 이때는 현재 수준과 미래 수준 모두 고려 대상이 되어야 한다. 경쟁 환경을 평가하기 위해 기업들은 목표 시장에서 이미 경쟁하고 있는 경쟁사의 수 및 규모, 그들의 시장 점유율, 그들의 가격 및 유통전략, 그들의 강점과 약점 등에 대해 개별적 혹은 총체적으로 확인을 해야 한다. 그 다음 기업들은 위와 같은 요소들을 실제 시장환경에 맞춰 가중치를 부여해야 하며 자신만의 경쟁적 위치를 확보해야 한다. 예를 들어 기아자동차는 한국 공장의 비교적 낮은 노동비용 때문에 지엠, 포드, 도요타, 폭스바겐과 같은 경쟁회사들보다 더 낮은 가격으로 자동차를 판매할 수 있다는 믿음 때문에 경쟁이 아주 치열한 북미 자동차 시장에 몇 년 전에 진입했다.

성공적인 기업 대부분은 그들에게 제공되는 기회를 활용하기 위해 지속적으로 주요 시장을 모니터링한다. 이는 기술 또는 규제의 변화에 직면한 산업에 있어 특히 중요하다. 정보통신산업은 이러한 현상의 중요한 예가 될 수 있다. 국가에 의해 운영되어 비효율적이고, 긴장감 없고, 독점적이었던 이 산업은 이제 광섬유, 스마트폰, 태블릿, 4G 휴대전화 서비스, 위성 네트워크 등 새로운 기술과 제품의 융합 진원지가 된다. 많은 정보통신 기업들은 특히 유럽과 라틴아메리카에서 민영화되고 있다. 11장의 "closing case: 새로운 정복자"

EMERGING OPPORTUNITIES

피라미드의 밑바닥

[그림 2.1]에 나타난 바와 같이 세계경제 활동의 대부분은 유럽연합, 미국, 캐나다와 같은 선진국 및 일본, 한국, 호주, 뉴질랜드, 대만, 홍콩, 싱가포르 등 아시아 및 오세아니아의 선진국에서 이루어지고 있다. 이러한 수익성 있는 시장들은 세계기업가들은 물론이고 기업들로부터 많은 관심을 받고 있는 것에는 의심의 여지가 없다.

C.K 프라할라드(C.K. Prahalad)는 2004년 그의 저서 *피라미드 밑바닥에서의 부(The Fortune at the Bottom of the Pyramid)*에서 국제기업들과 기업인들은 중국, 인도, 및 기타 신흥 시장의 1일 소득이 2달러 미만에 불과한 빈곤층 약 40억 명의 사람들에게 관심을 가져야 한다고 주장했다. 왜냐하면 이제 이들이 시장경제의 한 부분이 되고 있기 때문이다. 구매력 평가(PPP: purchasing power parity) 조정 후, 프라할라드는 이 시장들의 잠재성이 매우 거대하다고 생각하지만 지금까지 선진시장에 초점을 맞춰왔던 기업들은 가난한 사람들의 요구를 충족시키기 위해 어떻게 제품을 만들고 팔 것인지에 대해 인식할 필요가 있다고 믿는다. 예를 들어 아주 간단한 한 방식은 치약이나 샴푸처럼 1회용 제품을 판매하는 것이다. 그럼에도 불구하고 그는 기업들이 피라미드의 밑바닥 부분을 목표로 하여 자신들의 수익성을 높이고 또한 빈곤층의 빈곤을 완화할 수 있다고 믿고 있다.

그러나 다른 학자들은 여기에 대해 확신이 없다. 아넬 카나니(Aneel Karnani)는 구매력을 위해 가난한 사람들의 소득을 조정하는 것은 국제비즈니스에 있어 시장의 중요성을 과장할 수 있다고 지적한다. 결국 자국통화로 표시된 MNC들의 잠재적 매출 및 이익은 PPP 조정비율이 아닌 실제 환율을 통해 계산된다. 이에 카나니는 신흥시장의 피라미드 밑바닥 부분 크기는 프라할라드가 예상했던 것보다 훨씬 작다고 주장한다. 그러므로 이러한 시장에서 실제로 이익을 내기에는 문제가 많다는 것이다. MNC들은 피라미드의 밑바닥 부분에 사람들에게 판매할 수 있는 수준의 상품을 생산하기 위해 그들의 생산비용을 줄이는 데 많은 어려움이 있다. 또한 피라미드의 밑바닥에 있는 대부분 사람들의 소득은 식품 및 기타 생활필수품에 한해 사용된다. 또한 신흥시장의 인프라 부족 때문에 MNC들의 운영비용이 예상 외로 높게 발생되고 있는 실정이다.

출처: Aneel Karnani, "Fortune at the bottom of the pyramid: A mirage," *California Management Review*, Vol. 49, No. 4 (Summer 2007); C. K. Prahalad, *The Fortune at the Bottom of the Pyramid: Eradicating Poverty through Profits* (Wharton School Publishing, 2004).

에 소개된 텔레포니카(Telefonica)가 라틴아메리카에서 민영화된 것처럼 민영화는 정보통신 기업들이 새로운 지역과 시장에 진입할 수 있도록 진입과 혁신에 대한 규제 장벽의 철폐와 결부되어 이뤄져 왔다.

법적 정치적 환경 특정 시장에 진입을 고려중인 기업은 그 국가의 무역정책과 전반적인 법적 및 정치적 환경을 이해할 필요가 있다. 기업은 아마도 그들의 상품 수출에 있어 높은 관세와 기타 무역규제를 하는 나라에는 수출을 포기하고 반면 낮은 무역 장벽을 가진 나라에 수출할 것이다. 반대로, 무역정책 혹은 무역장벽은 기업들이 해외직접투자를 통해 시장에 진입하도록 유인할 수도 있다. 예를 들어 포드, 지엠, 아우디(Audi), 메르세데스 벤츠 등은 브라질의 높은 관세를 피하고 더불어 다른 메르코수르 회원국(아르헨티나 · 브라질 · 파라과이 · 우루과이 4개국으로 구성된 라틴아메리카 공동시장)에 진입을 위한 생산 거점으로 활용하고자 아예 브라질에 자동차 공장을 건설했다. 일부 국가는 현지 합작투자 파트너와 협력할 수 있도록 외국기업들에게 현지에 생산 시설을 설립할 것을 요구하기도 한다.

정부의 안정성은 해외시장 평가에 있어 매우 중요한 요소다. 일부 개발도상국들에서는 군사 쿠데타나 이와 유사한 혼란들이 발생할 여지가 있다. 이러한 나라에서는 가격과 판촉 활동에 대해 정부의 규제가 있는지 고려해볼 필요가 있다. 예를 들면 많은 정부들은 담배와 알코올 제품의 광고를 제한하기 때문에 해당 제품의 제조업체들은 이러한 제한들이 이들 국가에서 자신의 상품 판매능력에 어떤 영향을 미치는지 이해해야 한다. 더불어 진출하고자 하는 나라의 정치적 민감성에 반하는 행동을 하지 않도록 주의해야 한다. 대만을 설명하는 데 사용되는 정치적 언어의 함축성을 예로 들어 보자. 중화인민공화국(People's

Republic of China: PRC), 즉 중국은 중화민국(Republic of China: ROC), 즉 대만을 이탈한 지역으로 간주하면서 독립된 국가로 인정하지 않는다. 만약 이 책에서 대만을 중화민국으로 명명한다면 중국에서 판매가 금지될지도 모른다. 반대의 경우에는 대만에서 판매가 금지될 수도 있다.

사회 문화적 영향 해외시장을 평가하는 관리자들은 종종 정량화하기 힘든 사회문화적 영향 또한 고려해야 한다. 이러한 요소들과 관련된 불확실성을 줄이기 위해 기업들은 종종 자국의 문화와 유사한 시장에서 그들이 수행한 국제화 활동에 대해 관심을 가진다.[7] 예를 들어 캐나다는 스타벅스와 홀리스터의 첫 번째 국제 직매장이었다.

만약 기업이 다른 국가에서 제품을 생산한 후 그것을 목표 시장에 수출하고자 한다면 이러한 상황에서 소비자와 관련된 사회문화적 요소들을 고려해야 한다. 진출하고자 하는 국가의 소비자 욕구와 취향을 인식하는 데 실패한 기업은 종종 많은 문제에 직면한다. 예를 들어 덴마크의 뱅 앤 올룹슨이라는 유명한 스테레오 시스템 제조업체는 기능이 아닌 디자인에만 집중한 탓에 일부 시장에서 실패를 겪었다. 한편 일본의 경쟁업체는 스타일과 디자인보다 기능과 혁신에 집중했다. 뱅 앤 올룹슨의 관리자는 미국과 같은 시장의 소비자들은 일반적으로 디자인보다 기능에 더 큰 관심을 가지며, 흥미로운 외관을 가진 제품보다 새로운 기술을 보유한 제품을 더 구매하려고 한다는 것을 인식하지 못했었다.[8]

공장 혹은 유통센터 등에 해외직접투자를 고려하는 기업은 향후 그들의 잠재 직원들과 관련된 사회 문화적 요인을 고려해야 한다.[9] 기업은 직원들의 업무동기가 무엇인지, 노동시간 및 임금에 대한 규범이 어떤지, 노동조합의 역할이 무엇인지에 대해 이해할 필요가 있다. 이에 외국 기업들은 현지관리자를 고용하고 그들의 의견을 경청함으로써 문화적 갈등이나 충돌을 피하거나 줄일 수 있다.

비용, 효익 및 위험의 평가

해외시장 평가의 다음 단계는 특정 해외시장에서 사업을 수행할 때 관련된 비용, 효익 및 위험을 신중하게 평가하는 것이다.

비용 직접비용과 기회비용 두 가지 관점으로 비용의 유형을 나눌 수 있다. 직접 비용은 기업이 신규 해외시장에 진출하는 과정에서 발생되는 비용이다. 이에는 시설을 임대하거나 구입하는 비용, 직원의 파견 비용, 장비와 상품의 선적비용 등이 포함된다. 기업은 기회비용도 발생시킨다. 기업은 한정된 자원을 가지고 있기 때문에 하나의 특정 시장(첫 번째 시장)에의 진입은 다른 시장(두 번째 시장)에의 진입을 포기하게 하거나 지연 시키게 만든다. 이렇듯, 두 번째 시장에서 획득할 수 있었던 이익이 기회비용인데 기업은 다른 시장에 먼저 진입하기 위해 또 다른 이익의 기회를 상실하거나 연기시킨다. 따라서 기업의 경영자는 가능한 모든 대안을 신중하게 평가해야 한다.

효익 새로운 시장에 진입하는 것은 기업에게 많은 잠재적인 효익을 제공한다. 그렇지 않다면 기업들이 왜 진입을 하겠는가? 많은 잠재적 효익들 중 가장 확실한 잠재적 이득은 시장에서 기대되는 매출과 이익이다. 그 외 효익에는 낮은 제조비용(만약 원재료나 노동력이 싼 경우), 시장에서 경쟁자를 봉쇄(경쟁자가 이익을 내는 것을 제한), 경쟁우위 확보, 새로운 기술 획득 및 다른 활동들과 결합해 시너지 효과를 창출할 수 있는 기회 등이다.

위험 앞 장들에서 국제 비즈니스에 있어 기업이 직면할 수 있는 위험의 특정 유형에 대해 전반적으로 살펴보았다. 일반적으로, 새로운 시장에 진입하려는 기업은 환율 변동 위험, 추가 운영의 복잡성, 시장 잠재력의 부정확한 예측으로 인해 발생되는 직접적인 재정 손실 등의 위험에 직면할 수 있다. 극단적인 경우 전쟁, 정부 재산의 압류 또는 전쟁이나 테러로 인한 손실의 위험에 직면할 수 있다.

해외시장을 평가할 때 기업이 고려해야 할 많은 요인들은 부담처럼 보일 수 있다. 그럼에도 불구하고 성공적인 국제기업들은 가능한 모든 기회들을 발견하고 그것들을 활용하기 위해 이러한 요인들을 신중하게 분석한다. 부실한 시장평가는 아무리 낙관해도 기업의 수익 기회를 잃게 만들 뿐이다. 그러나 최악의 경우, 올바른 의사 결정을 내릴 수 없는 지속적인 무능력함은 회사의 존립 자체를 위협할 수 있다.

In Practice

- 글로벌화는 새로운 시장에 진출할 수 있는 다양한 기회를 제공해줌으로써 기업의 이익은 늘어난다.
- 기업들은 조심스럽게 다양한 부분을 분석하고 준비하여야 한다. 현지국의 법률, 정치적 그리고 문화적 환경을 분석해 리스크를 줄이려고 노력해야 한다.

추가 고려 사항: 6장에서 린더의 국가유사성 이론을 소개했다. 기업들은 자사의 본국과 비슷한 나라에 진출하는 이유가 게으름 또는 공포 때문인가 아니면 위에서 의논한 이유들 때문인가?

12.2 진입 방법의 선택

어떤 시장에 진입할 것인가를 결정하고 나면 기업은 이제 다른 의사 결정에 직면한다. 그것은 바로 어떤 진입 방법을 사용해야 하는가?이다. 6장에서 설명한 더닝의 절충 이론은 본국에서 생산(수출), 현지국에서 공장을 소유해 생산(해외직접투자 혹은 합작투자) 혹은 현지국에서 제3자에 의해 생산(라이센싱, 프랜차이징 및 계약 생산)중 어떤 것을 선택해야 하는지에 영향을 미치는 요인들에 대해 잘 설명한다. 절충 이론은 소유우위, 입지우위 및 내부화 우위 이 세 가지 요소를 강조했다.[10] 기업이 고려해야 할 기타 요인으로는 통제 필요성, 자원의 가용성 및 글로벌 전략 등이 있다. 진입 방법 결정에 있어 이러한 요인들의 역할은 [그림 12.1]에 잘 설명되어 있다.

소유 우위(ownership advantages)란 동종업계의 경쟁자들을 뛰어넘어 특정 기업에게 더 많은 경쟁우위를 가져다주는 그 기업이 소유한 유형 및 무형자원들이다. 캐나다 토론토에 소재한 베일 캐나다(Vale Canada, 브라질 광산 대기업 베일의 자회사)는 풍부한 니

그림 12.1
진입방법의 선택

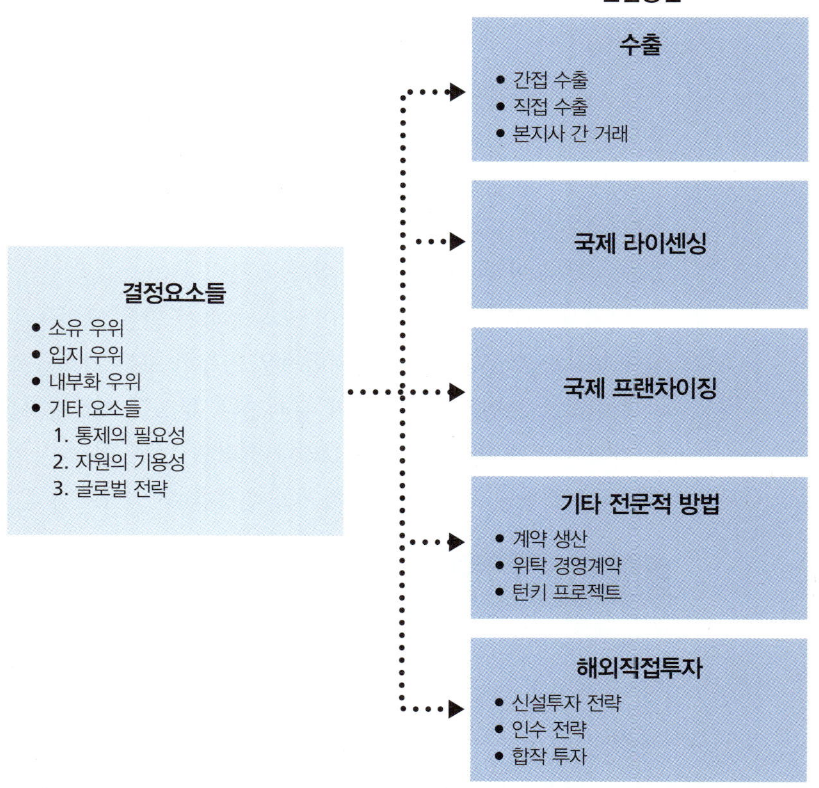

켈 함유 광석의 소유로 인해 이 기업은 니켈 및 니켈 금속 합금 생산을 지배할 수 있었다. 비록 니켈 광석 광산보다 무형의 자원이지만 돔페리뇽 샴페인과 크리스찬디올(Christian Dior)의 향수—둘 모두 프랑스 루이뷔통의 제품—의 고급스러운 매력은 글로벌시장에서 다른 경쟁업체보다 경쟁우위를 가지게 했다. 현지 기업이 외국기업보다 자신의 지역에 대해 더 잘 안다고 가정하면 새로운 시장에 진입을 고려하는 외국 기업은 **외국인비용(liability of foreignness)**을 극복할 수 있도록 일부 소유우위를 보유하고 있어야 한다. 외국인비용은 외국기업이 현지 국가에서 현지기업과 경쟁할 때 직면하는 정보, 정치, 문화적 불이익을 반영한다. 이 장의 뒷부분에서 설명하듯이, 기업의 소유우위 특성은 진입방법의 선택에 영향을 미친다. 예를 들어, 원천기술은 지분투자 형태로 이전되지만 반면, 잘 알려진 브랜드가 경쟁우위인 기업은 라이센싱이나 프랜차이징을 통해 해외시장에 진입한다. 나아가 기업의 소유우위는 협상력 강화의 주요 결정요소이기 때문에 이은 진입방식 협상결과에 큰 영향을 미칠 수 있다.

입지우위(location advantage)는 자국에서 생산하는 것보다 현지국가에서 생산하는 것이 상대적으로 더 바람직함에 영향을 미치는 요인에 관한 것이다. 기업은 생산 시설의 위치를 결정할 때 국내시장과 해외시장의 경제적 및 비경제적 요인들을 상호 비교한다. 자국에서의 생산이 현지국가의 생산보다 더 바람직한 것으로 판단될 경우 기업은 통상 수출을 통해 현지 국가 시장 진입을 선택할 것이다. 예를 들어, 세계에서 가장 낮은 비용으로 제품을 생산하는 업체 중 하나인 시암 시멘트(Siam Cement)는 초기에 ASEAN 시장을 공략하기 위해 태국 밖에 생산 설비를 설치하는 것보다 오히려 현대화된 국내 공장에서 제품을 생산해 수출하는 방식에 크게 의존했다. 반대로, 현지국가에서의 생산이 더 바람직하다고 판단될 경우, 국제화 전략을 이행해 온 스타벅스처럼 기업들은 외국 시설에 투자하거나 혹은 현지 국가 생산자들에게 브랜드 네임이나 기술 사용에 대한 라이센스를 부여할 수도 있다.

자국생산과 현지생산 중 하나를 선택하는 과정에는 많은 요소들이 영향을 미친다. 상대적 임금 비율과 토지 취득 비용은 매우 중요하다. 더불어 기업은 기존 공장의 남아돌거나 혹은 사용되지 않는 생산능력, 연구개발시설에 대한 접근, 물류, 고객의 요구 및 시설 관리를 위한 추가 행정 비용에 대한 사항들도 고려해야 한다. 정치적 위험 역시 고려해야 한다. 내전, 공무원의 부패, 불안정한 정부 등은 기업들로 하여금 현지국가에 상당한 자원을 쏟아붓게 만들기 때문에 기업들의 투자를 위축시킬 수 있다.

정부 정책 역시 중요한 영향을 미칠 수 있다.[11] 높은 관세장벽은 수출을 위축시키며, 높은 법인세와 과실 송금에 대한 정부의 규제는 해외직접투자를 억제시킨다. 하지만 정부의 무 대책 역시 입지선정에 영향을 미칠 수 있다. 맥도날드는 햄버거를 만들기 위한 햄버거 빵을 이집트로 수입할 때마다 수십 가지의 확인 절차와 서명을 요구하는 이집트 세관 관료들에 대한 불만을 해결하기 위해 1990년대 후반 카이로에 베이커리 공장을 설립했다.[12]

입지우위는 문화와도 관계가 있다. 터키는 구소련 연방의 중앙아시아, 코카서스 지역 국가들과 지리적, 종교적, 언어적, 문화적 유대 관계 때문에 많은 혜택을 얻었다([지도 12.1] 참조). 지멘스, JP 모건 체이스(JP Morgan Chase) 및 굿이어(Goodyear)와 같은 MNC들은 자신들의 지역 본부와 수출 본부를 이스탄불에 두고 있는데 그 이유는 이곳이 전 유럽 시장을 공략할 수 있는 이상적인 교두보라고 생각하기 때문이다.

내부화 우위(internalization advantages)는 다른 회사와 계약을 체결해 제품을 생산하는 것보다 기업 자체적으로 제품이나 서비스를 생산하는 것이 더 바람직함에 영향을 미치는 요인에 관한 것이다. 거래 비용(협상, 모니터링 및 계약 집행 비용)의 수준이 이러한 결정에 있어 아주 중요한 요소다. 만약 위와 같은 거래비용들이 높을 경우 기업은 진입 방법으로 해외직접투자나 합작투자에 의존하는 경우가 많다. 만약 거래 비용이 낮은 경우 기업은 프랜차이징, 라이센싱 혹은 계약생산의 방법을 사용할 것이다. 이러한 결정에 있어 기업은 공히 자신들이 보유하고 있는 소유우위의 본질 및 현지 기업과 생산적이고 조화롭게 협력 관계를 유지할 수 있을 것인가에 대한 자신들의 능력을 고려해야 한다. 예를 들어 도요타는 두 가지 중요한 소유우위를 보유하고 있는데 그것은 효율적인 생산 기술과 고품질의 자동차를 생산한다는 명성이다. 위 둘의 어느 자산도 쉽게 다른 회사에 팔리거나 양도될 수 없다. 그러므로, 도요타는 해외자동차 생산에 있어 프랜차이징이나 라이센싱 방법을 사용하는 대신 해외직접투자나 합작투자 방식을 사용한다.

제약 회사는 일반적으로 진입 방법으로 라이센싱을 사용한다. 제약산업에 있어 두 가지 일반적인 소유우위는 독특한 의료 소유권을 가진 특허와 지역 유통 네트워크의 소유권이다. 이 두 가지 모두를 소유하기에는 비용이 많이 든다. 연구개발 및 새로운 약품을 검증하려면 수백만 달러의 비용이 소요되고 더불어 사업의 효율성을 고려했을 때 유통 네트워

지도 12.1

터키: 중앙아시아와 코카서스의 관문

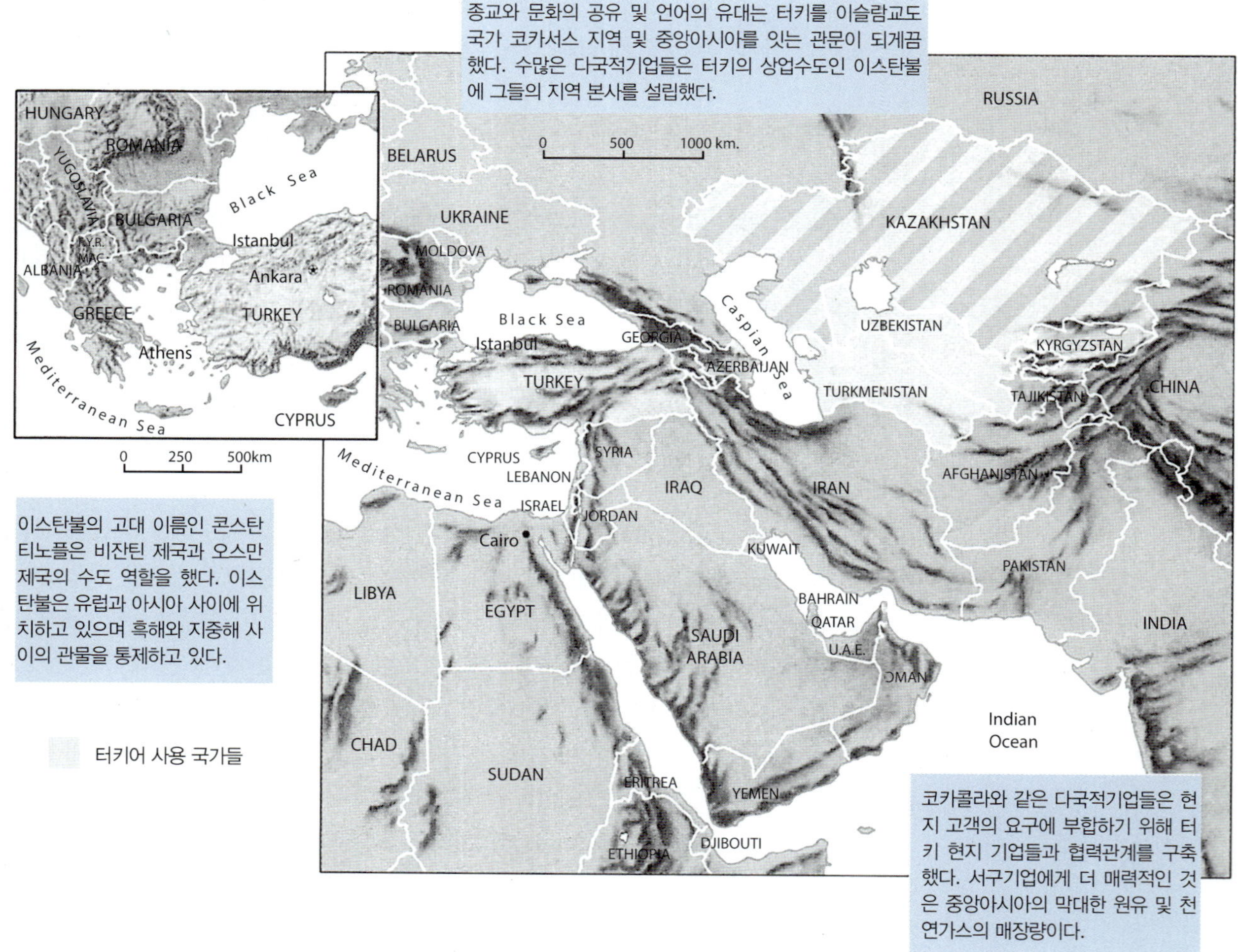

크 또한 규모가 커야 한다. 예를 들어 일본에서는 처방약(의사의 처방전이 필요한 약)을 시장에 효율적으로 판매하기 위해서는 적어도 1,000명의 판매 인력이 필요하다.[13] 제약 회사가 일단 신약을 개발하고 특허를 취득하면 그들은 국내 및 해외시장 모두에서 지금까지 소요된 연구개발비를 상환받고자 한다. 많은 제약회사들은 해외생산설비 및 외국 유통 네트워크를 설립하는 비용 및 시간이 소요되는 과정을 피하고 싶어한다. 대신 그들은 현지 기업에게 로열티 지불에 대한 대가로 특허 의약품을 제조하고 배포할수 있는 권리를 부여한다. 예를 들어, 머크는 이스라엘에서 자체적으로 의약품을 제조 및 판매하기 위한 영업 인력을 구축하는 비용을 절약하기 위해 이스라엘의 테바(Teva) 제약회사에게 라이센싱을 부여했다. 한편 라이센싱은 현지 국가 내에서 의약품의 품질 및 판매를 모니터링하는데 있어 비교적 저렴하기 때문에 매우 매력적이다.

다른 요인도 진입 방법 선택에 영향을 미칠 수 있다. 예를 들어, 기업은 통제 및 자원의

Ricky W. Griffin

이스탄불은 관광과 비즈니스의 중심지로 왕성한 터키와 중앙아시아의 경제성장에 참여하고자 하는 이들에게 주목 받고 있다. 관광객들이 가장 선호하는 첫 번째 명소는 불루 모스크이다.

가용성에 대한 필요성을 검토할 수 있다.[14] 해외시장에서의 경험부족은 기업에게 일정수준 불확실성의 원인이 될 수 있다. 이러한 불확실성을 줄이기 위해 일부 기업들은 그들에게 높은 수준의 통제를 제공하는 초기 진입 방법을 선호할 수 있다.[15] 그러나 자본의 부족 및 경영진의 얇은 경영 능력 등은 기업이 큰 자본투자를 못하게 할 수 있다. 대신 그들은 그들의 재무 및 경영 몰입을 경감시켜주는 라이센싱과 같은 진입 방법을 선호할 수 있다. 반면 현금이 풍부한 기업은 높은 잠재적인 이익과 그들의 젊은 직원들을 보다 더 국제적으로 교육시키기 위해 해외직접투자를 선호할 수도 있다.

기업의 전반적인 글로벌 전략 역시 진입 방법 선택에 영향을 미칠 수 있다. 규모의 경제와 국내사업과 해외사업 간의 시너지 효과를 활용하고자 하는 포드와 같은 기업들은 소유우위 진입 방법을 선호할 것이다. 반대로 마이크로소프트와 나이키같이 시장 변화에 빨리 반응하는 유연성을 강점으로 가진 기업들은 현지국가의 상황에서 이미 검증된 그 어떤 혹은 모든 진입방법을 사용할 것이다.[16] 또한 기업의 진입방법선택은 모든 시장에서 그들의 활동들을 조정하기 위한 필요성에 의해 달라질 수 있다. 이는 글로벌 전략의 일환이다. 이러한 이유로 인해 IBM은 글로벌 전략의 일환으로 전통적으로 소유우위 진입 방법을 선호해왔다.[17]

요약하면 대부분의 비즈니스 활동과 마찬가지로 해외시장 진입 방법의 선택은 기업이 감수해야 하는 위험의 수준, 시장에서 얻을 수 있는 잠재적 가치, 시장에서 효과적으로 경쟁하기 위해 필요한 자원의 투입 규모 및 기업이 원하는 통제 수준 간 상호절충하는 과정이라 할 수 있다.

In Practice

- 더닝의 절충이론은 해외시장 진출 시 필요한 부분을 분석하기에 알맞다.
- 외국기업이 현지기업과 경쟁할 때, 현지기업이 현지관습, 문화, 정치적 절차에 대해 외국기업보다 더 잘 알기 때문에 외국기업이 불리한 상황에 처한다는 것을 외국인비용 이라고 한다.

추가 고려 사항: 1장에서 게마왓트의 GAGE 모델에 대하여 이야기했다. CAGE 모델은 외국인비용 개념과 어떻게 관련되어 있는가?

12.3 해외시장으로의 수출

국내 사업을 국제화할 수 있는 가장 간단한 형태는 아마도 수출일 것이다. 수출을 포함 다양한 진입 방법들에 대한 장점과 단점은 [표 12.2]에 잘 요약되어 있다. 수출은 현지에서의 사용 또는 판매를 위해 상품이나 서비스를 한 나라에서 다른 나라로 내보내는 과정임을 1장에서 이미 공부했다. 2012년 세계 상품 수출 총액은 18조4천억 달러로 이는 세계 총 경

표 12.2 다양한 시장 진입 방법별 장점 및 단점

방법	장점	단점
수출	상대적으로 낮은 재무 노출 점진적인 시장 진입이 가능 현지 시장에 대한 지식 습득 외국인 투자에 대한 규제 회피	관세 및 비관세 장벽에 취약성 물류의 복잡성 유통업체와 충돌 가능성
라이센싱	낮은 재무 위험 시장 잠재력을 평가함에 있어 저비용 외국인 투자에 대한 규제, 관세 및 비관세 장벽회피 라이센시(licensee)로부터 현지 시장에 대한 정보 습득	제한된 시장 기회 및 이익 라이센시(licensee)에 대한 의존성 라이센시(licensee)와의 충돌 가능성 미래의 경쟁자를 만들 가능성
프랜차이징	낮은 재무 위험 시장 잠재력을 평가함에 있어 저비용 외국인 투자에 대한 규제, 관세 및 비관세 장벽으로부터 피할 수 있음 라이센싱보다 더 많은 통제권을 가짐 프랜차이지(franchisee)로부터 현지 시장에 대한 정보 습득	제한된 시장 기회 및 이익 프랜차이지(franchisee)에 대한 의존성 프랜차이지(franchisee)와의 충돌 가능성 미래의 경쟁자를 만들 가능성
계약 생산	낮은 재무 위험 생산에 필요한 자원의 최소화 가치사슬 상 다른 부분에 회사의 자원을 집중할 수 있음	통제의 미약(품질 및 납품 일정 등에 영향을 미칠 수 있음) 잠재적 학습효과의 감소 홍보 문제
위탁경영계약	전문영역에 회사의 자원을 집중 할 수 있음 최소의 재무적 노출	제한된 잠재 수익성(계약에 의거 통제) 무심코 독점적 지식과 기술을 계약 상대방에게 양도할 가능성
턴키 프로젝트	전문영역에 회사의 자원을 집중할 수 있음 장기 운영 위험의 회피	재무 위험(예. 비용 초과 등) 건설 위험(예. 건설 지연, 공급 업체와의 문제 등)
해외직접 투자	높은 수익 잠재성 운영 통제의 유지 현지 시장에 대한 지식 습득 관세 및 비관세장벽회피	큰 자금 및 경영 투자의 필요성 높은 정치적 위험에 노출 외국인 투자에 대한 규제에 취약 매우 큰 관리의 복잡성

제 활동의 26%를 차지한다. 한편 서비스의 수출 총액은 4조4천억 달러에 달했다.

수출은 기업에게 많은 장점을 제공한다. 첫째, 기업은 자신이 진출하고자 하는 현지 시장에서 그들의 재무 노출을 통제할 수 있다. 만약 자사 제품을 판매해 줄 현지 회사를 고용한다면 자본투자가 전혀 필요하지 않을 수 있다. 이 경우 기업의 재무 노출은 시장 조사, 현지 판매 대리점 선정, 현지 광고비용 및 상품의 선적비용 등과 같은 초기 개시비용으로 제한된다. 대안으로써 기업은 그들의 마케팅 활동을 통제하기 위해 자사 제품을 자체 유통시킬 수 있다. 이런 경우 기업은 그들의 판매가격을 더 인상할 수 있는데 그 이유는 중간에 중개인이 필요 없기 때문이다. 그러나 기업이 자체 물류센터를 직접 운영하고, 직원을 직접 고용하며, 자체적으로 판매 활동을 한다면 투자비용과 금융 노출은 실질적으로 더 증가될 수 있다.

둘째, 수출은 그 자체로 인해 현지 지역의 상황을 평가하고, 현지국 소비자의 특정 요구를 충족하기 위해 자사의 제품을 세부적으로 조정할 수 있기 때문에 점진적으로 해외시장에 진출할 수 있게 한다. 만약 현지소비자의 구미에 맞게 수출이 잘 이루어진 경우, 기업은 그 시장에 보다 광범위한 진입을 위해 이 전문성을 활용할 것이다. 예를 들어 만약 기업이 현지에서 생산비용과 유통비용을 절감하고 품질을 개선할 수 있는 방법을 찾아낸다면 현지의 유통업자를 인수하거나 혹은 현지에 공장을 직접 설립할 수 있다. 예를 들어, 세계 최대 와인 유통업체인 컨스텔레이션 브랜드(Constellation Brands)는 2011년 중국 현지에 자체 마케팅 및 유통 네트워크를 설립했는데 이는 중국의 연간 와인 소비 성장률 20%를 적극 활용하기 위함이었다.[18]

수출에 대해 기업들은 적극적 혹은 수동적 동기를 가질 수 있다. *적극적 동기*(선행적 동기)는 해외시장의 많은 잠재적 기회 때문에 기업들을 해외시장으로 끌어당기는*(pull)* 것을 말한다. 예를 들어, 텍스-맥스(Tex-Mex, 미국 텍사스와 멕시코적 요소가 혼합된) 식품 제조업체인 산안토니오 소재 페이스(Pace, Inc.)는 미국 소비자 못지않게 멕시코 소비자들이 삐칸테 소스(Picante sauce)를 즐긴다는 사실을 발견한 후 멕시코 시장에 적극적으로 수출을 시작했다.[19] 더불어 이 회사는 기술적 우위를 활용하기 위해 보다 더 적극적으로 수출에 임 할 것이며 이로 인해 국내 및 해외시장 모두에서 보다 더 경쟁력 있는 가격으로 제품을 제공할 수 있을 것이다. 예를 들어 만약 에어버스와 보잉이 그들의 여객기를 국내시장으로 판매를 제한한다면 이로 인해 여객기의 손익분기 가격이 급등할 것이다.

수동적 동기(후행적 동기)는 국내시장에서의 판매 기회가 점점 감소하기 때문에 기업들을 해외시장으로 *밀어내는(push)* 것을 말한다. 많은 기업들은 국내수요의 감소 혹은 국내 수요량이 생산라인의 공급량보다 더 적을 경우 해외시장에서 보다 더 많은 이익을 얻기 위해 수출로 눈길을 돌린다. 서브 프라임 사태로 인해 큰 타격을 입은 미국 건설업계의 두 기업을 예로 들어보자. 콘크리트 방수 및 부식 방지를 위한 첨가제를 제조하는 뉴저지 소재 하이크리트(Hycrete Inc.)는 그들의 사업기반을 국내시장에서 건설업이 활황인 중동, 아시아 및 동유럽 시장으로 옮겼다. 공기 정화장치를 제조하고 설치하는 일리노이 소재 프로마크 어소시에이트(ProMark Associates) 역시 미국 건설 시장의 침체에 대응해 하이크리트와 유사한 전략을 채택했다.[20]

그림 12.2
수출의 형태

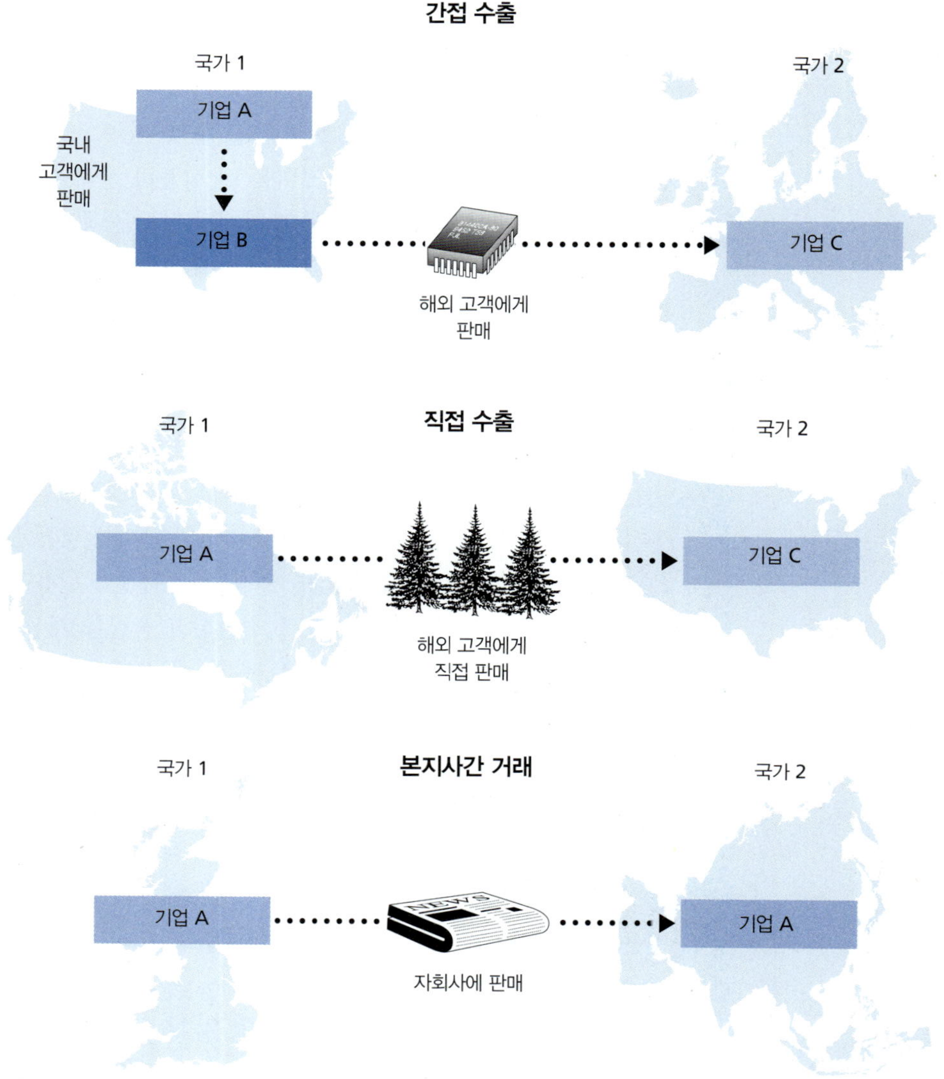

수출의 형태

수출은 간접 수출, 직접 수출 및 본지사 간 거래 등의 형태가 있다([그림 12.2] 참조).

간접 수출 **간접 수출**은 기업이 자사의 제품을 국내고객에게 판매 한 후 그 국내고객은 다시 그 제품을 원래 그대로의 형태나 혹은 개조하여 해외시장에 수출하는 것을 말한다. 예를 들어, 미국의 대형 트럭 제조업체인 켄워스(Kenworth)가 커민스(Cummins, 역시 미국 기업)로부터 디젤 엔진을 구매해 완성된 트럭을 제작한 후 콜롬비아로 그들의 트럭을 수출 할 경우, 커민스의 엔진은 간접적으로 수출되었다고 할 수 있다. 또는 기업은 해외시장에 제품을 판매하는 도매상에게 그들의 제품을 판매할 수도 있으며, 또한 제품을 해외시장으로 유통시키는 외국 기업의 현지 자회사에 판매할 수 있는데 이러한 형태도 간접 수출로 볼 수 있다.

간접 수출은 국내생산자들의 조심스런 접근 상황을 알려주고 있다. 예를 들어 과테말라

커피 협회는 국제선의 탑승자에게 국제비행을 위해 탑승하는 순간까지도 커피를 판매하여 매출도 올리고 자사제품에 대한 홍보를 활성화한다. 그러나 간접투자는 국제화전략에 집중을 하고 있지는 않다. 그러므로 기업이 해외에서 활동을 할 때 그다지 의미 있는 노하우를 전해주지는 못한다. 또한 간접투자는 남의 눈치를 보며 수동적이다 보니, 장기적이든 단기적이든 이익창출의 혜택에 있어 많은 제약을 받는다.

직접 수출 **직접 수출**은 기업의 본국이 아닌 해외에 위치한 유통업자 또는 최종 소비자에게 제품을 판매하는 것을 말한다. 한 연구에 의하면 기업의 해외시장으로의 초기 직접 수출은 1/3의 경우 상대방측의 자발적인 주문의 결과로 이루어진다고 한다. 그러나 국제적으로 사업을 확장하기 위한 의도적인 노력은 일반적으로 직접 수출을 발생시킨다. 이 경우, 기업은 적극적으로 그들이 판매할 제품을 선택하고, 어떤 해외시장에 진출할 것인지 선택하고 해외시장에 그들의 제품을 유통시킬 수단을 선택한다. 직접 수출 활동을 통해 기업은 회사를 국제적으로 운영하는 유용한 전문 지식을 얻고 더불어 개별 국가에 대한 특정 지식을 얻게 된다. 수출의 성공은 종종 추가적인 수출의 성공을 낳는다. 수출과 함께 증가하는 경험은 가끔 기업이 새로운 국제 수출 기회를 활용하는 데 더 공격적인 기업이 되게 한다.[21] 이러한 경험은 향후 기업이 해외직접투자를 수행할 때에도 도움이 된다. 예를 들어 베스킨 라빈스(Baskin Robbins)는 러시아 시장에 진출할 때 아래와 같은 의도적인 방식을 사용했다. 베스킨 라빈스는 1990년 캐나다와 텍사스에 위치한 공장에서 러시아에 아이스크림을 수출하기 시작했다. 베스킨 라빈스는 5년 동안 신중하게 현지 소비자의 기호를 관찰한 후 러시아의 파트너와 협력해 74개의 소매점을 개장했다. 러시아 시장에 대해 완벽한 이해 후 베스킨 라빈스는 자모카 알몬드 퍼지(Jamoca Almond Fudge)와 적어도 30가지 다른 맛의 아이스크림이 지속적으로 러시아 사람들의 입맛을 만족시킬 것이라는 확신을 갖게 되었다. 그 이후 모스크바에 아이스크림 공장을 건설하기 위해 3000만 달러를 투자했다.[22]

본지사 간 거래 수출 활동의 세 번째 형태는 본지사 간 거래이다. 이 형태는 MNC의 규모가 증가하는 것만큼 그 중요성도 날로 증가한다. **본지사 간 거래**는 한 나라의 기업이 다른 나라에 있는 자회사에게 제품을 판매하는 것을 말한다. 예를 들어 BP가 쿠웨이트에 있는 자신의 원유 보관시설에서 호주에 있는 자회사에 원유를 선적했다면 이 거래는 쿠웨이트 측에는 수출로, 호주 측에는 수입으로 기록이 되겠지만 그러나 매출은 같은 회사 즉 BP 측에 기록된다.

국제무역에 있어 본지사 간 거래는 매우 중요한 부분을 차지한다. 이는 미국의 전체 상품 수출 · 입의 약 31%를 차지한다. 많은 MNC들은 생산비를 절감하기 위해 반제품이나 부품의 수출 혹은 수입 등을 위해 지속적으로 본지사 간 거래에 참여한다. 그렇게 함으로써 MNC들은 그들의 국내 혹은 해외 공장의 생산능력을 보다 효율적으로 활용할 수 있고, 특정 공장에서 각각의 제품 생산에 집중할 수 있으며 필요에 따라 이 제품을 다른 공장으로 선적할 수 있다. 이에 대한 구체적 내용은 17장 MNC의 글로벌 소싱 전략에서 살펴본다.

이러한 거래는 서비스 분야에서도 통상적으로 발생된다. 예를 들어, 다우존스앤컴퍼니(Dow Jones & Company)는 미국 판에 더해 아시아 판 및 유럽 판의 *월 스트리트 저널(Wall Street Journal)*을 발행한다. 비록 각각 판은 현지에서 발행이 되고 일부 기사는 현지 독자들을 위함이지만 나머지 판들은 일괄적으로 한 지역에서 발행된다. 한 나라의 다우존스 자회사에 의해 발행된 기사를 다른 나라의 다우존스 자회사가 다시 사용할 경우 이는 본지사 간 서비스 거래라 볼 수 있다.

추가 고려사항

수출을 해외시장 진입방법으로 선택할 경우 기업은 어떤 형태의 수출방법을 사용할 것인가에 더해 (1) 정부정책, (2) 마케팅, (3) 물류, (4) 유통 등과 같은 추가적인 요소들도 고려해야 한다.

정부정책 수출 촉진 정책, 수출금융 프로그램 및 수출보조금 정책 등은 기업이 수출을 해외시장진입 방법으로 선택하는 데 기여한다. 반대로 현지국이 수입물품에 대해 높은 관세와 비관세 장벽을 부과할 경우 이는 기업이 수출을 진입방법으로 선택하는 데 방해요인이 된다. 이와 유사하게, 일본 정부의 일본 자동차에 대한 수출자율규제(voluntary export restraints: VERs, 수출국이 스스로 특정 상품의 수출이 과도하게 이뤄지지 않도록 조절하는 것)부과는 일본의 자동차 수출을 감소시키게 한 반면 정부의 이러한 정책은 일본 자동차 회사들이 미국 현지에 조립공장을 건설하도록 하는 데 기여했다.

마케팅 이미지, 유통, 고객에 대한 대응 등과 같이 마케팅에 관련된 사항들 역시 수출을 진입방법으로 선택하는 데 영향을 준다. 가끔 외국 제품들은 국내에서 생산된 제품들이 모방할 수 없는 제품 그 자체의 이미지나 특징을 가지고 있다. 예를 들어, 돔페리뇽 샴페인의 구매자는 적어도 일정 부분에 있어 프랑스 최고의 샴페인이라는 매력 때문에 이 샴페인을 구매한다. 만약 루이뷔통이 이 샴페인을 프랑스가 아닌 미국 텍사스의 러벅(Lubbock) 지역에서 생산을 하겠다고 결정한다면 이 샴페인의 매력은 금방 시들해질 것이다. 비록 러벅에서는 현지에서 갈채를 받는 라노 에스터카도(Llano Estacado)라는 와인을 생산한다고 해도 말이다. 위 샴페인과 같이 스위스의 시계, 독일의 자동차, 이태리의 구두, 쿠바의 씨가(cigar), 스코틀랜드의 양모 등도 좋은 예가 될 수 있다.

기업이 수출을 진입방법으로 선택하는 데 있어 고객으로부터의 빠르고 지속적인 피드백의 필요성 또한 영향을 미친다. 이러한 피드백은 칫솔이나 커피포트와 같이 디자인이 천천히 바뀌는 규격화된 제품에 있어서는 그 중요성이 덜하다. 반면 PC나 스마트폰 같은 제품의 제조업체는 그들의 제품이 급속하게 변하는 고객의 구미에 부합하는지 지속적으로 모니터링해야 한다. 예를 들어, 현대는 한국공장에서 생산하던 PC 생산을 미국으로 옮겼는데 이는 미국 현지 고객들에게 더 가깝게 다가가기 위함이었다.

물류 수출에 있어 물류 또한 아주 중요한 요소다. 기업은 창고 보관, 포장, 운송 및 유통과 관련된 물류비용뿐 아니라 재고 유지비용에 대해서도 고려해야 한다. 통상적으로 이러한 물류비용은 국내 소비용 제품보다 수출용 제품이 더 비싸다. 그러나 물류는 단순히 비용의 문제만이 아니다. 그 이유는 수출이란 장기적 공급을 의미하고 더불어 해외 고객과의 일부 제품(특히 고급제품)의 매력은 그 제품의 원산지에 의해 더욱더 강화된다. 스위스산 시계의 수요는 시계 조립을 매우 정교하게 하는 장인들의 솜씨에 대한 명성에 많이 달려 있다.

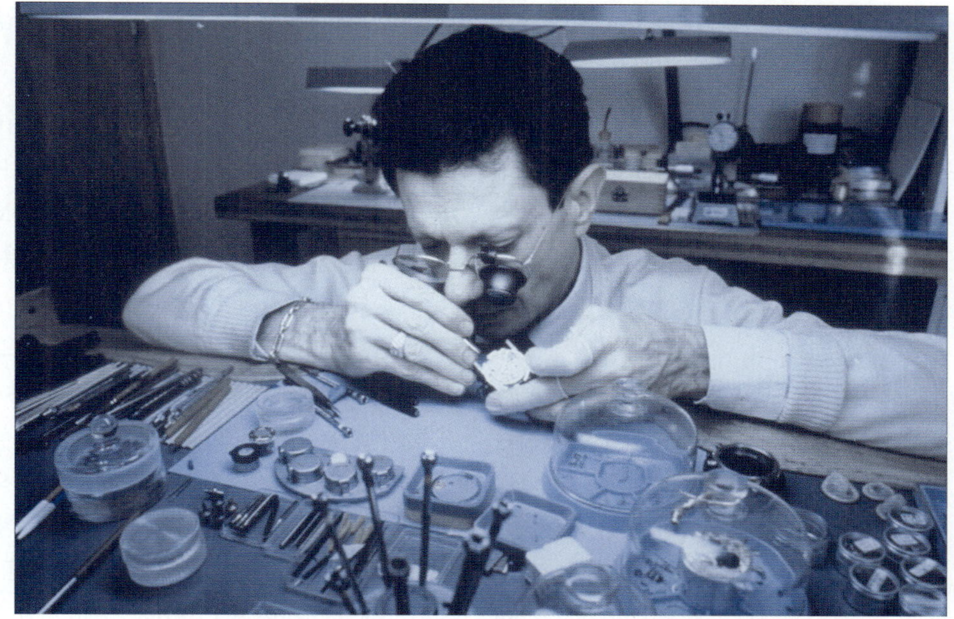

Raymond Reuter/CORBIS

VENTURING ABROAD

드나타(DNATA)–글로벌 성장전략

1959년 설립된 드나타(Dnata)는 두바이에 본사를 둔 해외여행서비스 회사이다. 이 회사는 항공기, 수화물 처리, 엔지니어링, 정보기술에 대한 서비스 제공뿐만 아니라 여행과 관련된 서비스, 기내 및 기관 행사에 음식공급을 하는 등 다양한 서비스를 제공한다. 드나타는 공항서비스, 수화물 및 대행사 등 크게 3가지 부서로 구성 되어 있다. 이 회사는 5개 대륙에 약 20,000명의 직원을 보유한 세계에서 4번째로 규모가 큰 복합 항공서비스 업체다. 에미레이트(Emirates) 그룹의 핵심 회사로써 드나타는 전 세계 73개 국제공항에서 에미레이트 항공은 물론이고 세계 유수의 기타 항공사들에게 지상 서비스를 제공한다. 현재 이 회사의 사업은 전 세계 38개국으로 확장되었다.

최근 세계 경기 침체에도 불구하고 드나타의 매출은 놀라울 정도로 증가했는데 이는 지난 몇 년에 비해 거의 4배 수준이다. 드나타의 이러한 성공 비결은 다름 아닌 진보적(선제적) 사고와 글로벌 사고방식이었다. 드나타는 글로벌 성장전략을 추구해오고 있으며 이 전략에 의거해 그들의 사업단위를 구축했다. 이 회사는 드나타 인터내셔널(Dnata International)로 불리는 하나의 전문 행정 및 관리 부서를 두고 있는데, 이 부서의 주요 업무는 아랍에미리트를 제외한 글로벌 지사의 판매를 점검하고 세계 8개국에 소재한 자회사 및 합작회사의 운영을 감독하는 것이다. 드나타는 세계시장에서 더 많은 기회를 확보하기 위해 그들의 전략적 적합성을 기반으로 지속적으로 세계시장을 면밀히 관찰해왔다. 이 회사의 사장은 우리의 이러한 접근은 수익성에 전념한 극도로 조심스러운 경영계획의 산물이라고 주장한다. 드나타는 2004년 세계에서 가장 크고 분주한 공항 중 하나를 보유한 싱가포르 시장에 진출해 창이 국제 공항서비스(Changi International Airport Service)를 인수했고 그 이후 상호를 드나타 싱가폴(Dnata Singapore)로 개명했으며, Dnata Sin-gapore은 30개 이상의 항공사들에게 다양한 지상 서비스를 제공한다. 지난 몇 년간 드나타는 호주, 중국, 파키스탄, 필리핀, 스위스, 영국 및 이라크에서 현지 회사의 지분을 인수하거나 혹은 합작투자회사를 설립했다. 이들 중 가장 중요한 합작투자회사는 호주의 톨 홀딩스(Toll Holdings)와 설립한 톨 드나타 공항서비스(Toll Dnata Airport Service: TDAS) 및 중국의 West Airport Group과 체결한 시안 드나타 항공서비스 주식회사(Xian Dnata Aviation Services Co., Ltd.)이다. UAE 밖에서 전략적 인수로 그들의 사업을 확장해 온 드나타는 그 다음으로 세계의 많은 여행사들과 전략적 제휴를 통해 폭넓은 글로벌 판매사무소를 구축했다. 이러한 전략적 제휴를 통해 드나타는 대규모의 금융투자 없이 세계시장에 진입할 수 있었으며 더불어 상호 윈윈할 수 있는 기회를 제공했다.

그들의 글로벌 성공에 이어, 드나타는 최근에 추가 글로벌 성장 의지를 담은 회사로고 및 미션스테이트먼트를 개발했다. 새로운 미션스테이트먼트는 그들의 글로벌 가치와 전 세계 20,000명 직원의 통합을 강조한다. 경쟁이 점점 치열해지는 현재의 항공산업 환경에서 어떻게 드나타를 지켜낼 것인가라는 질문을 받았을 때 드나타의 사장은 두바이를 중심으로 한 비즈니스보다는 글로벌시장을 중심으로 한 비즈니스가 회사를 성장시키고 경쟁력을 유지하는 데 도움이 된다고 말했다.

출처: Dnata company website, www.dnata.com/english/; "Dnata reveals new brand identity following global success," *AMEinfo.com*, April 28, 2011, tinyurl.com/mrf6xou; "Dnata president on coping with Middle East and North Africa unrest," *BBC News UK*, May 8, 2011, www.bbc.co.uk/news/business-13314208.

소통에 있어 많은 어려움이 있기 때문에 기업들은 수출을 진입방법으로 선택할 때 그들의 해외고객들에게 일정 수준의 경쟁력 있는 서비스 제공을 유지할 수 있는지 고려해야 한다.

유통 수출을 진입방법으로 선택하는 데 있어 마지막으로 영향을 주는 요소는 유통이다. 수출을 이미 경험한 기업들은 그들의 핵심시장에 자체적인 유통채널 설립의 중요성을 알 것이다. 예를 들어 일본의 전자제품 제조업체인 소니, 미놀타(Minolta) 및 히타치(Hitachi) 같은 기업들은 그들의 제품을 현지 도매상이나 소매상에게 유통시키기 위해 현지국의 자체 유통채널에 크게 의존한다. 현지 자체 유통채널의 설립 및 운영 비용은 다음의 두 가지 혜택에 의해 상쇄될 수 있다. 첫째, 자체 유통기능을 활용함으로써 추가적인 매출을 달성할 수 있다. 둘째, 유통과정을 자체적으로 통제함으로써 여러 문제로부터 회피할 수 있는데 이에 대해서는 다음 단락에서 살펴본다.

그러나 중소기업이나 이제 막 수출을 시작한 기업들은 해외시장에서의 마케팅 전문성이 결여 되어 있기 때문에 그들의 제품을 취급해줄 수 있는 현지 유통업자를 찾는 경우도 있다. 이런 경우 기업의 성공은 충분한 전문성과 자원(자금력, 인력, 시설 및 현지평판)을 보유한 적절한 현지 유통업자의 선정에 달려 있다. 그러나 최고의 현지 유통업자들은 이미 다른 회사의 제품들을 취급하고 있는 경우가 많다. 결과적으로, 기업은 충분한 경험을 보유한 유통업자와 오직 자신들의 제품만 독점적으로 취급해 줄 수 있는 비교적 경험이 없는 유통업자 중 하나를 선택해야 하는 상황에 직면한다.

해외시장 수출에 있어 수익률과 성장 잠재력은 현지 유통업자와의 계약 조건에 의해서도 영향을 받는다. 유통업자는 자신의 서비스에 대해 당연히 보상을 원할 것이다. 이 보상은 기업(수출자)의 수출 이익 마진을 감소시킬 것이다. 나아가 수출자와 현지 유통업체는 비즈니스 유대관계를 확립하고 유지하기 위해 상호 의존적인 관계에 놓이게 된다. 만약 현지 유통업체가 부적절하게 제품을 판매 및 유통한다면 결국 수출자는 매출 부진에 허덕이게 되고 그들의 명성에 타격을 입게 될 것이다. 예를 들어, 애플의 일본에서의 PC 시장 초기 점유율은 그들이 고용한 현지 유통업자(캐논의 자회사)의 형편없는 실적으로 인해 큰 타격을 입었다. 이에 애플은 이 유통업무를 즉시 인수해 자체적으로 유통시킴으로써 매출을 5배나 신장시켰다.[23]

만약 수출자와 현지 유통업자 간 판단이 서로 다를 때 문제가 발생될 수도 있다. 수출자와 유통업체간 가격정책에 있어 상호 이견을 보일 수 있는데, 수출자는 판매를 촉진시키기 위해 소매가격을 낮추기를 선호하는 반면 유통업자는 자신들의 이익 마진을 위해 오히려 높은 가격을 선호할 수 있다. 수출자는 판매물량을 높이기 위해 유통업체가 더 공격적으로 마케팅해 주길 바라며, 반면 유통업체는 이러한 전략이 결국 추가로 발생되는 경비를 상쇄하지 못할 것이라 생각할 수 있다. 그러므로 수출자와 상호 양립할 수 있는 비즈니스 목표와 철학을 가진 유통업체를 선정하는 것이 그만큼 중요하다.

수출 중개인

수출자는 수출과 수입업무에 특화된 제3자들, 즉 하나 혹은 그 이상의 **중개인들(intermediaries)**을 활용함으로써 그들의 제품을 국제시장에 유통시킬 수 있다. 이러한 전문적 업체들은 단지 운송 및 서류 작업 등 제한된 업무만 제공할 수 있다. 혹은 어떤 업체들은 수출품에 대해 소유권을 양도받아 수출금융까지 전적으로 책임지는 등 보다 폭넓은 역할을 한다. 다양한 종류의 서비스를 제공하는 중개인들에는 수출관리회사, 웹 포머린(Webb-Pomerene)조합 및 국제무역회사 등이 있다.

수출관리회사 **수출관리회사(export management company : EMC)**는 고객의 수출부서와 같은 역할을 하는 회사를 말한다. 이러한 회사들은 대부분 규모가 작으며 다루기 힘든 전문적인 업무를 취급한다. EMC의 직원들은 대체적으로 법률, 금융, 물류 등의 분야에 전문적인 지식을 보유한다. EMC는 종종 수출자가 진출하고자 하는 해외시장의 고객 요구 혹은 유통채널 등에 대한 조언을 제공하기도 한다.

EMC는 통상 두 가지 방법 중 한 가지 방법에 의해 운영이 된다. 일부 EMC들은 수출자로부터 수수료를 받고 서비스를 제공한다. 그들은 상호 약정된 수수료를 받고 선적, 통관, 서류작성 등의 서비스를 제공한다. 다른 EMC들은 제품의 소유권을 아예 인수한다. 그들은 수출자로부터 제품을 구매해 이 제품을 해외고객에게 다시 판매함으로써 이익을 창출한다. 이 경우 EMC들은 고객들에게 금융, 디자인, 광고, 판매 캠페인 등과 관련된 다양한 서비스들을 제공한다.

Webb-Pomerene조합 **웹-포머린조합(Webb-Pomerene Association : WPA)**은 미국의 동종 산업 내에서 운영되는 기업들의 단체로 독점금지법 침해에 대한 걱정없이 그들의 수출 활동을 상호조율 및 협력할 수 있다. 이는 법률에 의해 허용되어 있다. 1918년 수출무역법(Export Trade Act)에 의해 공인된 WPA는 시장조사, 해외 판촉 활동, 화물공동배송, 계약 협상 및 협회 회원사를 위한 서비스제공 등의 업무를 한다. 더불어 WPA는 회원사로부터 제품을 구매한 후 WPA를 대신해 그 제품을 해외시장에 다시 판매함으로 수출업무에 관여하기도 한다. 원래 WPA는 소규모 기업들만 가입을 하도록 설계되었지만 그러나 지금은 대기업들에 의해 대부분 운영이 이루어지고 있다. 사실 WPA는 국제 비즈니스에 있어 큰 역할을 하지 못했다. 현재 약 25개의 협회가 운영되고 있으며, 이들 협회 대부분은 펄프, 인광석 등 원자재 산업에만 집중되어 있다.

국제무역회사 **국제무역회사(international trading company : ITC)**는 다양한 제품들에 대해 자신의 계정(이름)으로 수출 및 수입 업무에 직접적으로 관여하는 회사를 말한다. ITC의 역할은 EMC의 그것과는 다르다. ITC는 시장분석, 세관서류, 국제운송, 현지에서의 유통, 마케팅 및 금융 등 전반적인 서비스를 제공한다. 통상적으로 ITC는 전 세계적으로 자신들의 대리점이나 사무소를 운영하고 있으며, 이들을 통해 얻은 세계시장에 대한 경제 정보는 ITC의 경쟁적 무기 중 하나이다.

글로벌시장에서 가장 중요한 ITC는 일본의 종합상사(sogo shosha)로 이는 일본의 대기업 집단인 *계열(keiretsu)*을 구성하는 회사 중 하나이다. 종합상사는 여러 이유로 인해 지금까지 사업에 성공했다. 전 세계에 퍼져 있는 그들의 네트워크를 이용해 소고 쇼사는 세계 도처의 경제상황 및 비즈니스 기회들에 대한 정보를 지속적으로 수집한다. 계열을 구성하는 한 회사로서 종합상사는 무역금융을 쉽게 조달할 수 있으며(같은 계열에 속해 있는

표 12.3 일본 5대 종합상사

순위	회사명	2012년 매출(백만 달러)	주요 계열사 및 자회사
1	미쓰비시 상사(Mitsubishi Corporation)	71.9	- Kirin Brewery (주류) - The Mitsubishi Bank, Ltd. (은행) - Mitsubishi Heavy Industries, Ltd. (중공업) - Mitsubishi Motor Corporation (자동차) - Nikon Corporation (카메라 및 비디오) - The Tokyo Marine and Fire Insurance Company (보험)
2	미쯔이 상사(Mitsui & Company)	59.1	- Japan Steel Works, Ltd. (철강) - Mitsui Construction Company, Ltd. (건설) - Mitsukoshi, Ltd. (백화점) - Mitsui Mutual Life Insurance Company, Ltd. (보험) - Onoda Cement Company, Ltd. (시멘트) - Sakura Bank (은행)
3	마루베니 상사(Marubeni)	58.5	- Archer Pipe and Tube Company (강철 파이프) - Bactec Corporation (살충제) - Columbia Grain International (곡물 무역) - Fremont Beef Company (육류가공) - Kubota Tractor Company (농장용 기계) - Precision Tools Service, Inc. (기계 장비)
4	이토추 상사(Itochu Corporation)	55.2	- American Isuzu Motors (자동차 도매) - ATR Wires & Cable Company (타이어 코드) - Century 21 Real Estate of Japan, Ltd.(부동산) - Dunhill Group Japan, Inc. (남성용 의류) - Mazda Motor of America (자동차 도매) - Time Warner Entertainment of Japan (25% 지분) - VIDEOSAT, Inc. (비디오 위성 전송)
5	스미토모 그룹(Sumitomo Group)	36.3	- Asahi Breweries, Ltd. (주류) - NEC Corp. (전자) - Nippon Sheet Glass Company (유리) - The Sumitomo Bank, Ltd. (은행) - Sumitomo Cement Company, Ltd. (시멘트) - Sumitomo Chemical Company, Ltd. (화학) - Sumitomo Coal Mining Company, Ltd.(탄광) - Sumitomo Forestry Company, Ltd. (산림) - Sumitomo Metal Industries, Ltd. (금속) - Sumitomo Realty & Development Company, Ltd. (부동산)

출처: Based on *Fortune*, July 22, 2013, pp. F1f.; various corporate websites.

은행으로부터) 고정된 고객(같은 계열에 속해 있는 다른 회사들)을 확보할 수 있다. 이 고정된 고객들은 종합상사가 고객 유치 활동에 소요되는 비용을 절감할 수 있도록 해주며 더불어 판매 물량 및 운송측면에 있어 규모의 경제를 달성할 수 있도록 해준다. 나아가 종합상사는 천연자원 사업분야에 투자함으로써 지난 10년간 상당한 수익을 거두었다. 판매 물량 측면에서 일본의 종합상사는 전 세계에서 규모가 가장 큰 기업집단이다.[24] 일본의 5대 종합상사에 대해서는 [표 12.3]에 잘 나타나 있다.

기타 중개인 위에 명시된 중개인들 외 기타 서비스를 제공하는 다양한 유형의 중개인들도 있다. 예를 들어 **제조자대리점(manufacturer's agents)**은 일반적으로 수수료약정을 통해 해외제조자를 대신해 국내업체를 대상으로 주문업무를 담당한다. **제조자수출대리점(manufacturer's export agents)**은 국내 제조자를 대신해 해외수출 업무를 담당한다. **수출 및 수입브로커(export and import broker)**는 커피, 코코아 및 곡물 등의 상품들에 대해 판매자와 구매자를 상호 연결시켜주는 역할을 한다. **화물운송업체 혹은 화물운송 주선인(freight forwarder)**은 제품의 운송, 통관 서류작성 및 운송 정보 제공 업무 등에 특화된 기업이다. 이렇듯 다양한 업무를 취급하는 기업들이 너무나 많기에 모두를 서술하는 것은 불가능하다고 할 수 있다. 사실 국제무역에서 수출업자 및 수입업자가 필요로 하는 거의 모든 서비스를 제공할 수 있는 전문가들이 많이 있다.

In Practice

- 수출은 국제경영 활동 중에서 가장 활발한 활동이다. 2012년에 세계 재화 및 서비스 총 수출액은 22.8조 달러에 달한다.
- 미국의 무역 비중 중 31%가 본지사거래다. 이는 세계시장에서 다국적 기업의 중요성을 시사해주는 것이다.

추가 고려 사항: 국제무역과 해외직접투자는 서로를 대체할 수 있는가? 아니면, 상호 보완적인가?

12.4 국제 라이센싱

해외시장 진입의 다른 수단 중 하나는 국제 라이센싱이다. 이는 기술, 작업방식, 특허, 저작권, 브랜드 및 상표 등 지적재산권의 사용을 임대(양도)해주는 라이센서(licensor, 허가자)와 그것들의 사용 대가로 사용료(로열티)를 지불하는 라이센시(licensee, 사용권자)로 구성된다. 국제 라이센싱에 대한 절차는 [그림 12.3]에 묘사되어 있다. 해외시장 진입방법으로 국제 라이센싱의 사용은 현지국의 정책에 의해 많은 영향을 받는다. 만약 지적재산권에 대한 보호가 허술한 나라에서는 국제 라이센싱 방법의 사용을 권장하지 않는다. 반면 높은 관세와 비관세장벽으로 수입을 억제하거나, 해외직접투자나 수익의 본국송금을 규제하는 나라에서는 국제 라이센싱의 사용이 권장된다.

그림 12.3
국제 라이센싱의 절차

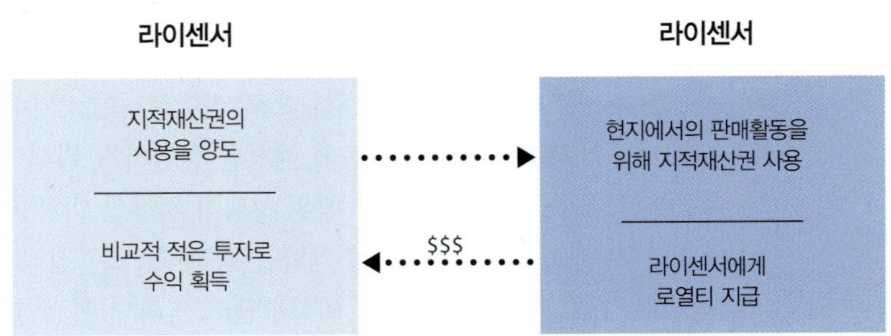

Picture Colour Library/SuperStock

삭스는 국제시장 진입에 있어 라이센싱을 주요방법으로 선택했다. 두바이의 명성 있는 버주만 몰(BurJuman Mall)에 위치한 이 삭스 매장은 8만 평방피트의 공간을 차지하고 있다.

라이센싱은 해외시장 진입에 있어 유용한 방법인데 그 이유는 초기 비용이 적게 소요되기 때문이다. 라이센서는 자신들의 지적재산권 개발 과정에서 이미 많은 경비를 지출했기 때문에 더 이상의 비용 지출은 그들에게 부담이 될 수 있기 때문이다. 더불어 라이센싱은 소유권, 경영, 투자 등과 관련된 분쟁의 발생 없이 해외생산의 지역적 이점을 누릴 수 있다.

라이센싱은 국제기업 전략의 중요한 한 요소다. 비디오게임 제어판과 게임을 생산하는 닌텐도(Nintendo)를 예로 들어보자. 닌텐도는 디자인 업무 및 게임 개발에 있어 많은 회사들과 라이센싱 계약을 맺고 있다. 라이센싱 계약의 한 부분으로 닌텐도는 게임 디자이너들에게 자신들의 기술명세서를 제공한다. 이를 바탕으로 디자인 회사들은 게임을 개발하며 게임 생산을 위해 닌텐도에게 사용료를 지불한다. 다른 일부 회사들은 자체적으로 게임을 개발하고 있는데 그러나 이들은 여전히 닌텐도에게 특허권 사용료를 지불해야 한다. 라이센싱을 통해 닌텐도는 새로운 수익을 창출할 뿐만 아니라 새로운 비디오게임의 개발에 박차를 가할 수 있다. 위와 같은 라이센싱 방식은 많은 비디오게임 및 소프트웨어 회사들이 사용한다.[25]

삭스(Saks) 또한 국제전략의 일환으로 라이센싱에 의존한다. 그들은 사우디아라비아, 두바이, 바레인 및 멕시코 시티 등에 매장을 운영하기 위해 현지 기업들과 라이센싱 계약을 체결했다. 삭스 경영진은 이제 매우 경쟁적 시장인 미국 시장에 관심을 가져야 할 필요성이 있다고 믿고 있다. 라이센싱 계약을 통해 삭스는 점점 성장하는 해외시장에 진출할 수 있으며, 자금 투자 필요 없이, 위험부담도 거의 없이 로열티를 통한 수익을 창출할 수 있으며 더불어 현지 소매 시장의 복잡성을 이해해야 하는 수고도 할 필요가 없다.[26]

국제 라이센싱의 기본적 이슈

대부분의 국제 라이센싱 계약은 기업 전략의 다양성, 경쟁의 수준, 제품의 본질 및 라이센서와 라이센시의 이익 등의 이유로 인해 각기 고유한 특성을 가지고 있다. 일반적으로 라이센싱 계약의 내용 및 조건은 구체적인 법률적 계약으로 명시되는데 주요 사항으로는 (1) 계약의 경계(범위) 명시, (2) 보상료 결정, (3) 권리 · 특권 및 제약 조건 설정, (4) 계약 기간 명시 등이다.

계약의 경계(범위) 설정 라이센서와 라이센시는 계약에 있어 어떤 권리와 특권이 양도되고 반면 어떤 것들이 양도되지 않는지에 대해 결정해야 한다. 예를 들어 하이네켄은 네덜란드에서 펩시콜라를 독점적으로 생산하고 판매할 수 있는 라이센싱을 부여받은 회사이다. 펩시코는 하이네켄에게 탄산음료생산 배합 기술 혹은 농축 콜라 시럽 중 하나를 제공해야 한다. 그 후 하이네켄은 탄산수의 주입, 음료를 적절한 용기에 포장 후 네덜란드 시장에 유통시킬 수 있는 권한을 부여받는다. 계약에 의거 펩시코는 자신들의 제품 판매를 위해 네덜란드 내 다른 업체와 라이센싱을 체결할 수 없으며, 하이네켄 역시 별도의 개별 계약이 없이는 펩시코가 소유한 다른 제품(예를 들어 Lay's 감자칩)을 판매할 수 없다. 더불어 하이네켄은 펩시코의 배합 기술을 변경할 수 없으며, 펩시코의 제품을 마치 자신의 제품인 것처럼 마케팅할 수 없으며, 제품을 네덜란드 밖으로 수출하는 것도 허용되지 않는다.

보상료 결정 보상 문제는 라이센싱 계약에 있어 구체적으로 명시되어야 하는 주요 항목 중 하나이다. 너무나도 당연히 라이센서는 가능한 많은 보상액을 받기 원할 것이고, 반면 라이센시는 가능한 적은 보상액 지불을 원할 것이다. 그럼에도 불구하고 양쪽 모두는 각자 계약의 의무를 기꺼이 수행하여 상호 이익이 될 수 있는 방향으로 계약이 체결되길 원한다. 라이센시는 라이센서에게 사용료를 지불하고 자신들이 목표한 이익 수준에 도달할 수 있는지 주의 깊게 점검해야 한다. 그 이유는 라이센서는 협상비용, 계약비용, 변동비용 및 그들의 지적재산권 개발과 관련된 고정 투자금의 일부를 복구할 수 있는 금액 등을 감안해 보상료를 설정하고자 할 것이기 때문이다. 물론 라이센서 입장에서 본다면 보상료는, 변동비용 차감 후 자신들이 다른 방식으로 시장에 진출했을 때 획득할 수 있었던 기회비용을 초과해야 한다.

라이센싱 계약으로부터 받는 보상액을 **로열티(royalty)**라 한다. 로열티는 라이센시가 라이센서에게 지불한다. 로열티 산정의 기준은 판매된 제품의 개당 고정 수수료 형태로 산정되거나 혹은 전체 판매액의 몇 %로 산정하는데 후자가 가장 일반적인 방법이다. 로열티는 가끔 지배적인 시장 메커니즘에 의해 결정되지만 통상적으로 매출의 3~5% 정도가 가장 합리적이고 적절한 수준인 것으로 오랫동안 인식되어 오고 있다. 하지만 일부 라이센싱 계약은 최소한의 로열티만 요구하는데 이는 국내 경쟁사가 라이센스를 획득하지 못하게 라이센스를 획득해 장롱 속에 넣어두기보다는 외국 라이센시가 시장 가치를 최대한 활용할 수 있도록 하기 위함이다.

권리, 특권 및 제약 조건의 설정 라이센싱 계약에 있어 다뤄져야 할 또 다른 중요한 사안은 라이센시에게 부여되는 권리와 특권 및 라이센서로부터 부과되는 제약 조건이다. 예를 들어, 만약 라이센시가 더 많은 이익을 얻기 위해 저 품질의 재료를 사용한다면 이는 결국 라이센서의 제품 이미지에 큰 타격을 주게 된다. 이와 유사하게 만약 계약서에 기술이전, 생산공정, 작업방식 등에 대한 내용이 포함되어 있다면 라이센시는 이러한 정보들을 다른 회사에 팔려고 시도할 것이며 만약 그렇게 된다면 이는 결국 라이센서에게 큰 피해를 준다. 혹은 라이센싱 수수료를 줄이기 위한 수단으로써 라이센시는 라이센서에게 제품의 매출을 축소 보고할 수 있다.

위와 같은 일들을 방지하기 위해 라이센싱 계약은 통상적으로 라이센시가 라이센서로부터 획득한 정보를 제3자에게 누설하지 못하도록 라이센시의 자유를 제한한다. 더불어 라이센싱 계약은 라이센시가 비밀로 지켜야 할 정보의 유형을 명시한다. 또한 비용이 많이 드는 법적 소송을 방지하기 위해 라이센싱 계약은 라이센서와 라이센시 간 의견충돌 혹은 분쟁이 발생했을 때 이를 어떻게 해결할 것인지에 대해서도 명시해야 한다. 많은 라이센싱 계약의 경우 이러한 분쟁은 제3의 중재기관을 통해 해결하도록 명시한다.

계약 기간 명시 라이센서에게 있어 라이센싱 계약은 비교적 적은 비용과 위험으로 해외 시장에 대한 지식과 정보를 획득할 수 있도록 설계된 단기적인 전략이라고 볼 수 있다. 만약 제품이나 서비스의 판매가 잘 된다면 라이센서는 라이센싱 계약 만료 후 자신들이 직접 제품의 마케팅이나 판매를 하고자 할 것이다. 그렇기 때문에 라이센서는 단기 계약을 원한다. 반면 계약 기간이 너무 짧다면 라이센시는 고객 조사, 유통 네트워크, 생산 설비 등에 필요한 투자를 하지 않으려고 할 것이다. 그 이유는 자신들이 투자한 금액을 짧은 계약 기간 동안에 회수하기가 불가능하다고 믿기 때문이다. 일반적으로 라이센서는 라이센시가 시장 개발에 최선의 노력을 다 해줄 것을 원한다. 따라서 라이센시가 더 많은 투자를 하면 할수록 라이센싱 계약의 기간은 더 길어질 것이다. 예를 들어 도쿄디즈니랜드를 건설한 라이센시는 테마파크 건설에 필요한 수백만 달러를 투자하기도 전에 월트 디즈니에게 100년 동안의 라이센싱 계약을 체결하자고 요구했다. 그러나 대부분의 라이센싱 계약은 이보다 훨씬 더 짧은 기간으로 체결된다.

국제 라이센싱의 장점 및 단점

라이센싱 계약은 상대적으로 낮은 재무 위험을 수반하며 더불어 라이센서에게 시장기회와 라이센시의 능력을 검증할 수 있는 기회를 제공한다. 더불어 라이센싱 계약은 라이센서에게 특별한 재무 및 경영 자원의 투자 없이 새로운 시장에서의 제품 및 서비스의 판매 잠재성을 타진해볼 수 있는 기회를 제공한다. 한편 라이센시는 상대적으로 적은 연구개발 비용으로 다른 시장에서 수익성이 이미 입증된 상품을 생산하고 판매할 수 있는 혜택을 얻게 된다.

그러나 라이센싱 계약은 기회 비용을 포함한다. 이는 라이센서와 라이센시 모두에게 다른 시장기회들을 제한한다. 예를 들어, 하이네켄과 펩시코 간의 라이센싱 계약이 유지되는 한 펩시코는 네덜란드의 탄산음료 시장에 진출할 수 없으며 마찬가지로 하이네켄 역시 코카콜라와 같은 펩시코의 경쟁 제품을 네덜란드에서 판매할 수 없다. 나아가 라이센서와 라이센시는 제품의 품질을 유지하고 브랜드 이미지를 제고하기 위해 상호 의존해야 한다. 일방의 부적절한 행동은 상대방에게 손실을 주게 된다. 더불어, 라이센서 혹은 라이센시가 계약 조건을 준수하지 않으면 많은 비용이 소요되고 지루한 소송 때문에 양쪽 모두 큰 타격을 입을 수 있다.

계약의 문구를 아무리 주의 깊게 살펴보고 라이센싱 계약을 체결한다고 해도 항상 문제나 오해의 위험이 있을 수 있다. 예를 들어, 몇 년 전 올레 까시니(Oleg Cassini)는 미국 시장에서 그들의 제품을 판매하기 위해 런던 글락소스미스클라인(GlaxoSmithKline)의 자회사인 미국의 요반(Jovan)에게 라이센싱을 부여했다. 그러나 계약 체결 후 또 다른 회사인 다이앤 본 퍼스텐버크 코스메틱(Diane Von Furstenberg Cosmetics)은 더 나은 계약조건으로 요반에게 라이센싱 계약을 제안한다. 이에 요반은 까시니 대신 본 퍼스텐버크의 제품을 판매하기 위해 그들과 라이센싱 계약을 체결한다. 결국 까시니는 그들의 라이센시 없이 홀로 미국 시장에 남게 된다. 문제를 더 복잡하게 만든 것은 까시니와 요반 간 체결된 계약서 문구에 따르면 까시니는 미국 내에서 요반 외 다른 회사에게는 라이센싱을 부여하지 못하게 되어 있었던 점이다. 이에 까시니는 7억8,900만 달러 상당의 소송을 요반에게 제기한다. 결국 법원에서 분쟁이 해결되었지만 그러나 까시니는 원래 자신들이 목표로 했던 시간보다 3년이나 더 미국 시장에서 손해를 보게 되었다.[27] 로라 애슐리(Laura Ashley) 역시 그들의 화장품, 세면용품 및 향수의 판매를 위해 로레알에게 20년의 독점권을 부여한 후 까시니와 유사한 문제에 직면했다. 결국 영국 회사인 로라 애슐리는 프랑스 회사인 로레알에게 소송을 제기하는데 그 이유는 6년의 계약기간 동안 로레알은 단지 한 가지 향수제품만 판매를 했을 뿐 다른 제품의 판매 활동에는 소홀히 하여 결국 로라 애슐리 제품의 진정한 잠재력이 개발되지 못했기 때문이다.[28]

라이센싱 계약에 있어 마지막 쟁점 사항은 바로 기술이다. 많은 기업들은 그들의 기술을 서로 공유하는 것은 미래의 경쟁자를 양산하기 때문에 많은 주의를 기울인다. 라이센시는 라이센서의 생산기술이나 비밀을 습득할 수 있으며 혹은 자체적으로 새로운 생산 기술을 개발할 수 있다. 더불어 라이센시는 라이센싱 계약 기간 동안 생산 및 판매에 있어 그들만의 독자적인 명성을 쌓을 수 있다. 비록 라이센싱 계약이 라이센시에게 제품의 생산 및 판매에 대해 지역적으로 제한하지만 한번 계약이 종료되면 예전의 라이센시는 라이센서의 기존 시장으로 그들의 사업범위를 확장할 것이다. 이는 시장진입 방법으로 라이센싱 계약을 선택하는 한 라이센서가 감수해야 하는 위험이다.

In Practice

- 국제 라이센싱은 새로운 시장을 추가의 비용이나 인적자원 없이 진출할 수 있어 이익을 많이 볼 수 있다.
- 라이센싱의 단점은 라이센스를 제공할 때 라이센시에 대한 통제력의 상실이다.

추가 고려 사항: 성공적인 라이센싱이 될 3개의 브랜드와 또 반대인 경우를 나열하고, 그 이유를 설명하세요.

12.5 국제 프랜차이징

비즈니스의 국제화를 위한 또 다른 유용한 전략은 프랜차이징인데 이는 라이센싱 계약의 특별한 형태라고 볼 수 있다. **프랜차이징(franchising)**은 프랜차이저(franchisor)가 프랜차이지(franchisee)에게 더 많은 통제를 할 수 있다. 더불어 앞에서 살펴본 라이센서-라이센시 관계에 비해 프랜차이저가 프랜차이지에게 더 많은 지원을 한다. 국제 프랜차이징은 오늘날 국제 비즈니스 활동에 있어 가장 빠르게 성장하는 방법 중 하나이다. 프랜차이징 계약은 **프랜차이지(franchisee)**라 불리는 독자적 사업가 혹은 기업이 프랜차이저(franchisor)라 불리는 사람 혹은 기업명의로 사업을 운영한 후 그 대가로 수수료를 지불하는 것을 말한다. 프랜차이저는 프랜차이지에게 상표권, 운영 시스템, 제품 명성뿐만 아니라 광고, 훈련, 예약 서비스(호텔의 경우) 및 품질보증 등에 대한 서비스를 지속적으로 제공한다.

국제 프랜차이징의 기본적 이슈

국제 프랜차이징은 다음과 같은 확실한 시장조건이 뒷받침될 때 성공할 가능성이 높다. 첫째, 프랜차이저가 국내시장에서 독특한 제품과 우위적인 운영 절차 및 시스템으로 성공적으로 사업을 운영했다면 국제 프랜차이징은 성공 가능성이 높다. 맥도날드는 초기에 성공을 거뒀는데 그 이유는 일관된 메뉴와 빠르고 효율적인 서비스의 제공 때문이었다. 둘째, 국내시장에서 성공요인이 해외시장으로 이전 가능하다면 국제 프랜차이징은 효과적일 수 있다. 맥도날드는 저렴한 가격 및 효율적 "미국" 음식이라는 전 세계 고객의 가치 및 외국인이 미국에 방문을 했을 때 가보고 싶은 곳이라고 여겨졌기 때문에 성공할 수 있었다. 셋째, 만약 프랜차이저가 국내시장에서 이미 상당한 성공을 거뒀다면 국제 프랜차이징 계약은 실현가능성이 높은 선택이 될 수 있다. 예를 들어, 맥도날드가 해외에 가맹점을 첫 개장하기 이전부터 미국 내에는 수많은 맥도날드 매장이 운영 중이었다. 마지막으로, 해외 투자자가 국제 프랜차이징 계약에 흥미가 있어야 한다. 맥도날드와 같이 유명한 프랜차이저라면 해외 투자자는 아무런 고민 없이 그들과 계약을 체결할 것이다.

라이센싱 계약과 마찬가지로 프랜차이징 계약도 여러 조항들이 공식적인 계약형태로 상세하게 명시된다. 프랜차이저는 일반적으로 정액보장(고정 지불금)에 더해 로열티를 받는데 이 로열티는 프랜차이지가 프랜차이저의 명의, 상표권, 배합기술 및 운영 절차 등의 사용에 대한 대가이다. 프랜차이지는 매장의 외관, 재무실적 보고 및 운영절차 등에 대해 프랜차이저가 요구하는 조건을 일반적으로 따르게 된다. 그러나 프랜차이저는 프랜차이지가 현지 관습 및 현지 고객의 구미에 부합할 수 있도록 일정 부분의 유연성을 허락하기도 한다. 라이센싱 계약과 마찬가지로 프랜차이지가 프랜차이저에게 제공해야 할 서비스 중 하나는 현지시장의 문화 및 관습 등에 대한 지식과 정보이다. 예를 들어 맥도날드는 독일과 스위스에서는 맥주를 판매하고 있으며 프랑스에서는 와인을 판매한다. 결국 프랜차이저는 대부분의 경우 프랜차이지가 비즈니스를 성공적으로 운영할 수 있도록 전문지식, 광고, 기업 이미지 제고 등에 대한 서비스를 제공한다.

많은 MNC들은 그들의 비즈니스를 국제화하기 위해 프랜차이징에 의존한다. 맥도날드, 던킨 도너츠(Dunkin Donuts), 베스킨 라빈스, 피자헛, KFC 등과 같은 패스트푸드 기업들은 전 세계적으로 프랜차이징 매장을 보유한다. 베네통(Benetton) 역시 그들의 의류 판매를 위해 전 세계 120여 개국에 프랜차이징 매장을 운영하고 있으며, 일본의 브릿지 스톤(Bridge stone)도 미국과 다른 나라에서 프랜차이징 소매 아웃렛을 운영하고 있다.

국제 프랜차이징의 장점 및 단점

프랜차이징 계약을 긍정적인 측면에서 본다면 프랜차이지는 제품과 운영 시스템이 이미 검증된 사업에 대해 투자한다는 것이고, 프랜차이저는 비교적 낮은 비용과 위험으로 국제시장으로 자신들의 사업을 확장할 수 있다는 것이다. 더불어 프랜차이저는 프랜차이징 계약이 아닌 다른 방법으로는 취득하기 힘든 현지시장의 관습 및 문화에 대한 중요한 정보를 프랜차이지로부터 획득할 수 있다. 맥도날드 경우 이러한 전 세계적 학습으로부터 많은 혜택을 누릴 수 있었다(11장 참조). 맥도날드의 경영진들은 한때 그들의 매장이 교외나 중소도시에 독립적인 건물로 존재해야 사업이 성공할 것으로 굳게 믿고 있었다. 그러나 일본의 프랜차이지는 도심 지역 사무실이 밀집한 건물에 매장을 오픈하겠다고 맥도날드를 설득했고, 결국 이 매장은 단기간에 맥도날드의 여러 매장 중 가장 인기 있는 매장이 되었다. 일본 프랜차이지의 비즈니스 안목 때문에 현재 맥도날드는 전 세계 여러 도심 지역 내에 매장을 보유하고 있다.

프랜차이징 계약을 부정적인 측면에서 본다면 라이센싱 계약과 마찬가지로 프랜차이저와 프랜차이지는 수익을 분배해야 한다. 또한 국제 프랜차이징은 국내 프랜차이징에 비해 훨씬 더 복잡하다. 예를 들어, 맥도날드가 러시아 시장에 진출했을 때 현지 농부들에게 맥도날드의 표준에 맞는 감자 생산방법을 교육해야 했다. 더불어 통제문제 또한 국제 프랜차이징에 있어 주요한 쟁점 사안이다. 맥도날드는 한때 프랑스 투자자에게 부여했던 프랜차이징 권리를 취소한 적이 있는데 그 이유는 그 프랜차이지가 맥도날드의 표준에 어긋나게 매장을 운영했기 때문이다.

In Practice

- 프렌차이징은 새로운 시장에 빨리 접근할 수 있는 방법이다. 프렌차이징을 통해 맥도날드 같은 회사는 현지의 지식과 노하우를 쉽게 전수 받게 된다.
- 프렌차이지의 의사결정이 프랜차이저의 브랜드명과 브랜드 이미지를 손상시키지 않도록 하기 위하여 프랜차이저는 프랜차이지를 감독할 필요가 있다.

추가 고려 사항: 프랜차이징은 외국인 비용을 극복하는 데 도움이 된다. 그러므로 나라들이 다르면 다를수록 프렌차이징을 통한 외국시장의 진출이 자주 일어난다고 볼수 있나? 있다면, 왜 그런가? 아니면 왜 아닌가?

12.6 기타 전문적 진입방법

기업들은 장기적인 투자 없이도 기타 다양한 전문적인 해외시장 진입전략을 사용할 수 있다. 이러한 방법들에는 계약생산, 경영계약 및 턴키 프로젝트가 있다.

계약생산

계약생산(contract manufacturing)은 대기업 혹은 중소기업 공히 사용하는 방법으로써 그들이 필요로 하는 생산의 대부분 혹은 전부를 다른 회사에게 위탁하는 것을 말한다. 이 전략은 제품생산에 물리적으로 요구되는 기업의 금융 및 인적 자원을 절감할 수 있다. 예를 들어, 나이키는 동남아시아 소재 여러 기업들과 계약을 통해 그들의 운동화와 의류를 생산하고 있는데 반해 본사는 그들의 에너지를 오로지 마케팅에만 쏟고 있다. 이와 유사하게 Victoria Secret 그리고 J.C. Penny도 계약생산에 의지한다. 이러한 방법을 통해 국제기업들은 자신들이 차별적 역량을 보유한 가치사슬상의 특정 업무에 집중할 수 있으며 더불어 자국의 생산 시설에서는 획득하지 못한 입지적 우위를 타국에서 확보할 수 있다. 그러나 국제기업들은 계약생산에 있어 품질 문제나 기타 예상하지 못한 뜻밖의 사건들에 직면할 수 있다. 예를 들어, 나이키의 경우 운동화를 대량으로 생산해내는 베트남 소재 공장들의 위험하고 열악한 근무 환경에 대한 보도 때문에 기업의 이미지에 큰 타격을 주는 시련에 시달려야만 했다. 또 한번 비슷하게 Bennetton 그리고 Loblaw도 아웃소싱을 하게 되어 원하지 않은 사건에 휘말리게 됐는데, 1,100명의 생명을 앗아간 무너진 방글라데시 공장 사고이다.[29] 비즈니스 생산 개발의 아웃소싱은 계약생산과 비슷한 것으로 "Emerging Opportunities"에서 살펴보자.

경영 계약

경영계약(management contract)은 한 회사가 약정된 기간 동안 다른 회사에게 경영지원, 전문 기술지식 혹은 특화된 서비스를 제공하고 그에 대한 대가로 금전적 보상을 받는 것을 말한다. 위와 같은 서비스 제공에 있어 기업은 처음에는 고정 수수료를 받거나 혹은 매출의 몇 %를 받는다. 더불어 경영계약은 수익률, 매출 성장률 혹은 품질 등을 기초로 하여 성과 보너스를 명시하기도 한다. 이 계약은 그 어떠한 투자 위험이나 의무감 없이 기업에게 추가적인 재정적 수입을 가져다준다. 예를 들어 힐튼호텔은 자신들이 소유하지 않지만 힐튼 로고를 부착한 업체에게 호텔 관리 및 예약 서비스를 맡기고 있다. 이와 유사하게, 에어 프랑스(Air France), 브리티시 에어(British Airways) 및 KLM(네덜란드 항공)과 같은 주요 항공사들은 개발도상국에 소재한 소규모 국적 항공사들에게 자신들의 경영 노하우를 판매하기도 한다.

턴키 프로젝트

국제 비즈니스에 진출하기 위한 또 다른 전문화된 전략은 턴키 프로젝트이다. **턴키프로젝트(turnkey project)**는 한 기업(건설자)이 설계, 건설, 시공, 장비의 설치 등 공사를 처음부터 끝까지 모두 책임지고 마친 후 발주자에게 넘겨주는 방식을 말한다. 턴키 프로젝트는 통상적으로 고정계약금액으로 진행되는데 이 경우 건설자는 건설에 소요되는 비용이 계약금액을 상회하지 않도록 비용을 최대한 절감함으로써 수익을 창출한다. 다른 방법으로는 초과된 비용의 위험을 발주자에게 전가하는 원가가산기준(Cost-plus basis) 방식으로 진행된다.

국제 턴키 프로젝트는 일반적으로 원자력발전소, 공항, 원유정제 공장 건설 등 대규모 건설사업에 이용된다. 이러한 대규모 건설 사업은 상당한 전문성이 요구되기 때문에 벡텔(Bechtel), KBR, 현대, 플레쳐 챌린지(Fletcher Challenge), 프레드릭 크루프(Friedrich Krupp) 등 대형 건설회사에 의해 수행이 된다. 예를 들어 KBR은 사우디아라비아의 아람코(Aramco)와 미국의 다우 케미컬(Dow Chemical) 간 합작회사에 의해 건설되는 220억 달러 상당의 석유화학공장 건설에 프로젝트 관리 회사로 선정되었다.[30] 수익성이 매우 큰 턴키프로젝트의 수주는 수출입은행을 통한 금융 등 종종 정부의 금융조달이 필요하며 또한 발주국과 수주국간 정부의 긴밀한 유대관계도 필요하다. 미국의 건설회사들은 사우디아라비아에서 많은 계약을 수주했는데 이는 미국과 사우디아라비아 두 정부의 긴밀한 유대관계 덕택이었다. 반면 프랑스의 건설회사들은 프랑스어권 아프리카에서 많은 계약을 수주해왔다.

EMERGING OPPORTUNITIES

BPO

BPO (business process outsourcing, 업무처리 아웃소싱)는 다양한 비즈니스 기능을 포함하는데 그 범위는 일상적인 콜센터 업무와 관련된 텔레마케팅, 고객서비스 업무부터 재무분석, 세금환급서류준비, 법률적 서류 검토 등 보다 기술적이고 정교한 업무까지 포함한다. 인도는 BPO 시장에 있어 선도자이다. 인도가 BPO 분야에서 초기에 성공할 수 있었던 이유는 영어로 대화가 가능한 잘 훈련된 대학을 졸업한 우수 인력 때문이었다. 그러나 BPO 시장이 급속도로 확장되고 있음에도 불구하고 인도 BPO 업체들은 새롭게 창출되는 업무를 담당하기에는 많은 어려움을 겪고 있다. 이러한 현상은 특히, 벵갈로 및 뉴델리 지역에서 빈번하게 발생되고 있는데 결과적으로 BPO 시장의 임금도 상승하고 있는 추세다. 이에 인도의 BPO 업체들은 그들의 이익률을 유지하기 위해 상대적으로 부가가치가 높은 분야를 목표시장으로 삼고 있다. 예를 들어 시티그룹과 GE 같은 MNC들은 그들의 일상적인 법률업무를 인도 BPO 업체들에게 외주를 주기 시작했는데 그 비용은 같은 업무를 하는 미국 업체들에 비해 1/4 혹은 1/3 정도 수준밖에 되지 않는다. 더불어 인도의 일부 BPO 업체들은 고객의 건물에 누가 입 · 출입을 하는지를 원격으로 감시하는 원격 사회기반시설 관리업무에도 진출했다.

다른 나라의 업체들도 BPO 산업의 호황에 힘입어 많은 혜택을 누리고 있는데 특히, 이들 업체들은 인도 기업들이 보유하지 못한 특정시장에 특화된 자신들만의 우위를 가지고 있다. 예를 들어 네덜란드의 콜센터 업체인 샌드리스 BSC (Cendris BSC)는 네덜란드에 있는 고객들에게 서비스를 제공하기 위해 남아프리카공화국 케이프타운에 그들의 콜센터를 설립했다. 그 이유는 네덜란드의 인건비가 너무 비싼 반면 남아프리카공화국은 약 30~40%의 높은 실업률 때문에 인건비가 상대적으로 저렴하기 때문이다. 그러나 단지 저렴한 인건비 때문만이 아니었다. 유럽과 남아프리카공화국은 동일 시간대에 위치하고 있으며, 더불어 2003년 유럽과 남아공을 서로 잇는 해저 광섬유 케이블이 설치되어 통신요금이 많이 인하되었기 때문이다. 더 중요한 것은 약 600만 명의 남아공 국민들은 17세기 네덜란드어에서 진화된 아프리칸스어(Afrikaans)를 구사할 수 있다. 비록 양국 간에 문화적 차이가 다소 있지만 샌드리스 BSC (Cendris BSC)는 아프리칸스어를 구사할 줄 아는 사람들은 단지 3개월의 집중적인 훈련만 거치면 네덜란드어를 유창하게 구사한다는 사실을 발견했다.

스웨덴 스톡홀름에 본사를 둔 트랜스콤 월드와이드(Transcom Worldwide SA)는 다른 전략을 채택했다. EU의 새로운 회원국 국민들의 언어능력과 낮은 임금을 활용하기 위해 발트 3국(에스토니아, 리투아니아, 라트비아), 헝가리 및 폴란드에 콜센터를 설립했다. 예를 들어 많은 에스토니아 국민들은 영어, 에스토니아어, 핀란드어 및 러시아어를 구사할 수 있는데 이는 트랜스콤이 그 지역에 진출해 있는 페덱스, IBM, 쉘 등과 같은 고객들에게 서비스를 제공할 수 있도록 해줬다. 더불어 프랑스 고객들에게는 모로코에 있는 프랑스어를 구사하는 인력이 서비스를 제공한다. 그러나 역설적이게도 트랜스콤의 스페인 콜센터가 스웨덴인 시장에서 서비스를 제공한다. 왜냐하면 추위를 피해 스페인에 살고 있는 스웨덴 사람들이 꽤 많이 있기 때문이다.

출처: "On the turn," The Economist, January 19, 2013; "'Sunnyvale, you have a problem'," *Wall Street Journal*, May 18, 2006, p. B2; "U.S. law firms outsource to India," *Financial Times*, September 29, 2005, p. 30; "More U.S. legal work moves to India's low-cost lawyers," *Wall Street Journal*, September 28, 2005, p. B1; "Cape call center boom offers good hope for S. Africa jobs," *Financial Times*, June 1, 2005, p. 16; "Recruiting trails increasingly take callcenter firms off beaten track," *Wall Street Journal*, March 15, 2005, p. A18; "Eastern Europe cuts in on India," *Wall Street Journal*, March 15, 2005, p. A18; "Africa eager for piece of call-center business," *Houston Chronicle*, February 3, 2005, p. D8.

한편 턴키프로젝트에서 다소 변형된 것으로 **BOT (Build, Operate and Transfer) 방식**이 있는데 이는 건설자가 건설을 하고(build), 일정기간 동안 운영 후(operate) 나중에 발주처에 소유권을 넘겨주는(transfer) 방식을 말한다. 이 방식을 통해 건설자는 프로젝트의 운영기간 동안 소유권을 보유함과 동시에 투자비의 회수 및 이익을 낼 수 있으나 반면 이 기간 동안 발생되는 금융 위험 역시 감수해야 한다. 예를 들어 아프리카 가봉 정부는 국민들에게 공급되는 전기와 식수의 품질을 개선하고 싶어했다. 세계은행의 일원인 국제금융공사(International Finance Corporation)의 원조를 받아 가봉정부는 아일랜드의 Electricity Supply Board International과 프랑스의 Compagnie Generale des Eaux와 계약을 체결해 20년 동안 그들에게 전기 및 식수 시스템 운영을 맡겼다. 위 두 기업은 총 6억 달러를 투자했으며, 20년 후 계약이 만료되면 전기 및 식수 시스템의 운영권은 가봉 정부로 이전될 것이다.

In Practice

- 계약생산은 기업들이 자신들의 가장 큰 경쟁우위에 노력과 자원을 집중할 수 있게 해준다(11장을 참조).
- 경영계약은 기업들에게 별도의 투자금 없이 특화된 지식을 가지고 새로운 시장을 진출할 수 있도록 도와준다.

추가 고려 사항: 계약생산 시 나이키는 계약 생산을 진행하는 담당기업의 운영방침—안전하지 못하고 비인간적인 종업원들에 대한 태도—에 대해 책임져야 하는가?

12.7 해외직접투자

지금까지 설명한 수출, 라이센싱, 프랜차이징 및 기타 전문적 방법들은 공장이나 설비에 대한 투자 없이 기업이 해외시장에 진입하는 방법들이다. 그러나 많은 기업들은 현지국에서 자산에 대한 통제권과 소유권을 확보하면서 해외시장에 진출하는 것을 선호한다. 많은 기업들은 처음에는 수출, 라이센싱, 프랜차이징 혹은 계약생산 등의 방법을 통해 해외시장에서 자신들의 입지를 마련한다. 이러한 방법들을 통해 현지시장에 대한 정보 및 운영 노하우를 획득하고, 최종적으로 생산설비와 유통시설에 대한 소유권을 확보하는 형태로 그들의 시장을 넓혀간다. 베스킨 라빈스가 러시아에 진출할 때 위와 같은 전략을 사용했다.

기업들은 해외직접투자(foreign direct investment: FDI)를 통해 사업운영에 대한 통제권의 확보뿐만 아니라 미래의 잠재적 이익에 대해 보다 많은 기대를 할 수 있다. 특히, 통제권은 기업에게 있어 매우 중요하다. 예를 들어 IBM이 지금까지 해왔던 것처럼 기업이 전략적 시너지 효과를 창출하기 위해 자신들의 해외 자회사와 긴밀한 협조관계를 원하거나 혹은 기술, 생산 노하우 및 기타 지적재산권 등을 충분히 활용하고자 할 때 통제권이 필요하다.

한 연구 결과에 따르면 미국인 소유 MNC들의 영국 자회사들이 영국인 소유의 MNC

들보다 영국시장에서 보다 더 효율적으로 사업을 운영함을 알 수 있었다. 그 주된 이유는 미국의 모회사가 영국의 자회사에게 그들의 기술과 경영 노하우를 이전해주기 때문이다.[31]

현지국 고객들이 현지 공장과의 거래를 선호한다면 FDI는 효익이 있다. 많은 기업들과 정부들은 현지국의 경제를 활성화하기 위해 "Buy American" 혹은 "Buy Korean"처럼 현지에서 만든 제품을 선호하는 프로그램에 참여한다. 더불어 많은 구매 담당자들은 현지 생산을 통해 보다 신뢰성 있는 공급, 빠른 서비스 및 공급업자들과의 효과적인 소통이 가능하다고 믿고 있다.

한편 FDI는 기업들에게 경제적 및 정치적 위험, 운영의 복잡성을 안겨준다. 더불어 만약 환율이 불리하게 변동하면 투자가치를 악화시키는 잠재적 위험이 있다. 정부의 정책 또한 기업의 FDI 결정에 영향을 준다. 제3장에서 설명되었듯이, 현지국 정부들의 해외자본에 대한 직접적 통제, 외국인의 현지 기업 인수 금지 및 배당금과 수익의 본국 송금의 금지 등은 FDI를 위축 시킬 수 있다. 이에 기업들은 위와 같은 정치적 위험에 대해 보험과 같은 수단을 통해 FDI를 촉진 시킬 수 있다. 더불어 FDI를 채택하는 기업들은 그들 본국의 정치, 법률 및 문화적 환경과 상이한 장애물에 직면하게 될 것이며 현지 자회사의 관리, 운영 및 금융조달과 같은 일반적인 문제에 대처해야 한다.

FDI에는 (1) 새로운 시설의 건설(greenfield 전략이라 부름), (2) 현지국의 기존 자산을 매입(**인수전략** 혹은 **brownfield 전략**이라 부름), (3) 합작투자 등 3가지 방법이 있다.

신설투자 전략(Greenfield Strategy)

신설투자(greenfield) 전략은 새로운 부지에서 사업을 시작한다는 의미다(*그린필드*란 단어는 미개간지의 새로운 부지에 건물을 짓고 사업을 시작한다는 의미에서 유래). 그린필드 투자는 기업이 부지를 임대하거나 혹은 매입하여 그 위에 새로운 시설을 건설하고, 관리자나 직원을 신규 고용하거나 혹은 본사에서 파견해 사업을 운영하는 것을 말한다. 삼성의 미국 텍사스 반도체칩 제조시설, 메르세데스 벤츠의 앨라배마 조립공장 및 닛산의 영국 선더랜드 공장이 신설투자의 대표적인 예다.

신설투자는 몇 가지 장점이 있다. 무엇보다도 기업은 자신의 요구에 부합하고 최신 시설을 건설할 수 있는 최적의 부지를 선정할 수 있다. 현지 지역사회는 외국기업의 투자가 새로운 일자리를 창출하기 때문에 위와 같은 투자를 유치하기 위해 다양한 인센티브를 제공하며, 이러한 인센티브는 기업들의 비용을 절감시킨다. 더불어 기업은 새롭게 사업을 시작할 수 있다. 경영진들은 기존의 부채, 낡은 설비 혹은 비타협적인 노동조합에 의해 유지되는 오래된 업무관행 등의 문제들에 대해 골치 아파할 필요가 없다. 예를 들어, GM 경영진들은 옛 동독 아이제나흐(Eisenach) 지역에 신규공장을 설립함에 있어 가장 큰 장점은 첫째, 일본 스타일의 생산 기술을 도입할 수 있다는 것과 둘째, 오래된 업무관행을 고집하는 근로자들과 노동정책에 대해 논쟁할 필요가 없다는 것이었다. 나아가 기업은 새롭게 습득하는 비즈니스 문화의 관리에 있어 일시적인 책임만 지는 것이 아니라 자신의 상황과 속도에 맞게 새로운 환경에 순응할 수 있다. 한 연구 결과에 따르면 본국과 현지국 간 문화 차이가 크면 클수록, 기업들은 현지의 기존 기업을 인수하기보다는 차라리 자체적으로 새

로운 공장을 건설한다고 한다.[32]

반면 그린필드 투자는 몇 가지 단점 또한 가지고 있다. 무엇보다 먼저 투자의 성공적인 이행을 위해서 많은 시간과 인내가 필요하다. 그 다음으로 기업이 필요로 하는 부지가 없거나 혹은 너무 비싸 적당한 부지를 마련하지 못할 수도 있다. 더불어 신규공장 설립에 있어 기업은 현지 지역 혹은 국가의 규제를 받는다. 공장 건설에 있어서는 모든 과정을 세심히 관리 감독해야 한다. 또한 기업들은 현지에서 노동 인력을 고용해 자신의 표준에 맞는 훈련을 제공해야 한다. 마지막으로 새로운 공장이 건설됨으로써 현지인들은 외국인 기업이라는 강한 인식을 가지게 될 것이다.

디즈니가 디즈니랜드 파리를 건설할 때 위와 같은 많은 어려움에 직면했었다. 비록 프랑스 정부가 디즈니에게 비교적 저렴한 가격으로 부지를 매각했지만 그러나 그 당시 디즈니는 프랑스 건설업체와의 협상에 있어 충분한 준비가 되어 있지 않았다. 예를 들어, 디즈니 경영진은 약 20가지의 다른 분홍색을 호텔에 도색하려는 페인트 업체와의 소통에 있어 많은 어려움이 있었다. 더불어 현지 업체들은 시간 외 작업에 대한 대가로 1억5천만 달러의 추가 금액을 요구했는데 이 때문에 테마파크의 개장에도 큰 위협을 받았다. 여기에 더해 디즈니는 프랑스 직원들에게 미국식 근로가치와 차림새(복장 등 몸단장) 규정을 적용하려 했고 이에 반발하는 프랑스 직원들과 충돌도 있었다.[33]

인수전략

FDI에 있어 두 번째 전략은 현지국에서 운영중인 기존의 기업을 인수하는 것이다. 비록 실제 인수작업은 은행, 법률가, 인수 합병 전문가 등 많은 사람들이 관여되기에 그 절차가 복잡하다는 것에는 의심의 의지가 없지만 그러나 그 기본적 동기는 매우 간단하다. 현재 운영 중인 기업을 인수함으로써 인수자는 인수되는 기업의 공장, 직원, 기술, 브랜드 네임 및 유통 네트워크 등에 대한 통제권을 바로 확보할 수 있다. 인수되는 기업 또한 지속적으로 수익을 창출할 수 있는데 그 이유는 인수자가 국제전략 차원에서 통합해 관리하기 때문이다. 그린필드 전략과는 달리 인수전략은 기존의 기업을 인수하기 때문에 동종산업 내 생산능력에는 영향을 주지 않으며 이 전략은 생산이 과잉인 상황일 때 적절한 전략이다. 이 장의 opening case에서 살펴봤듯이 인수전략은 베르나르 아르노(Bernard Arnault)가 루이뷔통을 설립할 때 이용했던 방식이다.

국제기업들은 가끔 현지기업들을 인수하는데 이는 새로운 시장에 진입하기 위한 수단이다. 예를 들어 멕시코의 세멕스(Cemex SA)가 영국 기업인 RMC Group를 58억 달러에 인수한 이후 세멕스는 세계에서 가장 큰 레미콘(ready-mix concrete) 생산업체가 되었다. 세멕스가 RMC를 인수한 이유는 지금까지 RMC가 지배해 온 유럽의 시멘트 및 콘크리트 시장을 공략하기 위해서였다.[34] 이와 유사하게 베스트 바이(Best Buy)는 중국 시장에 진출하기 위해 Jiangsu Five Star Appliance를 인수했다. 136개의 점포와 소매체인을 인수함으로써 베스트 바이는 원재료 조달, 마케팅 및 유통에 있어 규모의 경제를 달성하고, 중국 시장에서 빠르게 두각을 나타낼 수 있었다.[35] 앞에서 이미 언급했듯이, 베스트바이는 베스트바이 브랜드를 단 중국소매점을 폐쇄하고 있지만, 중국 고객의 니즈에 보다 더 적합한

형태인 FiveFstar 브랜드를 단 소매점은 계속 개장하고 있다.[36]

한편 기업이 주요 전략적 변화를 꾀하고자 할 때 그 수단으로 인수전략이 사용되기도 한다. 예를 들어, 사우디아라비아 국영 석유회사는 필리핀 최대의 원유 정제회사인 페트론(Petron) 및 한국의 정제회사인 쌍용정유 등 다운스트림(Downstream) 분야에 특화된 기업들을 인수함으로써 지금까지 원유 생산과 같이 업스트림(Upstream) 부분에만 치중해왔던 사업에서 탈피하고자 노력했다. 이와 유사하게 신흥시장과 무탄산음료 시장에서 입지를 마련하고자 펩시코는 러시아에서 시장점유율 74%를 확보하고 있는 OAO 레베디안스키(OAO Lebedyansky)에게 14억 달러를 지불하는 데 동의했다.[37]

그러나 인수전략은 몇 가지 단점을 가지고 있다. 인수자는 인수되는 기업의 금융, 경영 등을 포함한 모든 업무에 대해 책임져야 한다. 만약 인수되는 기업이 노사관계, 직원들의 연금 및 환경오염 등과 관련해 문제들을 가지고 있으면 인수기업은 위와 같은 문제를 해결하기 위해 재정적으로 책임을 져야 한다. 통상적으로 인수기업은 인수대금을 선불로 지급해야 한다. 예를 들어, 2010년 크래프트가 영국의 캐드버리(Cadbury PLC)를 190억 달러에 인수할 때 양사 간 거래가 체결되자마자 크래프트는 바로 대금을 지불해야 했다. 이에 반해 신설투자 전략은 시간을 두고 천천히 투자를 확장해 나갈 수 있다.

합작투자

FDI의 또 다른 형태는 합작투자이다. **합작투자(joint venture : JV)**는 두 개 혹은 그 이상의 기업이 상호 이익을 위해 특정기업체의 운영에 있어 공동으로 참여하는 해외투자 방식이다. 기술 및 통신의 급속한 발달로 인해 JV는 급증하는 추세에 있으며 더불어 각국 정부의 정책 역시 JV의 기회를 활용하고자 기업들 못지않게 적극적이다. 국제기업 간 협력의 중요성이 증가하고 있고 더불어 JV는 국제기업들에게 특수한 도전과제를 제공하고 있기에 13장에서 JV에 대해 더 구체적으로 살펴본다.

In Practice

- 현재 총 $20조 이상이 직접투자이다. 이는 주로 기존 기업들의 인수로 인해 생긴 것이다.
- 인수를 활용하는 기업은 기존 기업을 인수할 때, 인수할 기업의 잠재적 부채를 평가하는 데 주의를 기울여야 한다.

추가 고려 사항: 신설투자전략의 우위는? 어려움은 무엇인가?

MyManagementLab®

mymanagementlab.com으로 돌아가 아이콘으로 표시된 문제를 완성하시오 ✪.

CHAPTER REVIEW

요약

국제전략 수립에 있어 중요한 한 측면은 어느 시장에 진입해야 할지 결정하는 것이다. 이와 같은 결정을 하기 위해 기업은 시장 잠재성, 경쟁의 정도, 법률 및 정치적 환경, 사회문화적 영향 등 많은 요소들을 고려해야 한다. 더불어 기업은 각각의 시장에 대해 비용, 효익 및 위험에 대해서도 세심하게 평가해야 한다. 일단 기업이 그들의 사업을 확장하기로 결정하고 잠재적 해외시장을 평가했다면 이제 기업은 선정된 해외시장에 어떻게 진입하고 효과적으로 경쟁해야 하는지 결정해야 한다. 해외시장진입 방법 선택에 있어 기업은 소유우위, 입지우위 및 내부화우위에 대해 세밀히 평가해야 한다.

초기 해외진입 방법으로 가장 일반적으로 사용되는 수출은 제품이나 서비스를 한 나라에서 다른 나라로 내보내는 것을 말한다. 수출은 지속적으로 증가하고 있는 추세이다. 수출의 방법에는 간접 수출, 직접 수출 및 본지사 간 거래 등이 있다. 수출을 선택함에 있어 기업은 정부정책, 마케팅, 물류 및 유통에 관련된 사항들을 고려해야 한다. 수출을 촉진시키기 위해 기업들은 종종 중개인들을 이용한다. 수출중개인에는 수출관리 회사, 웹 포머린 조합 및 국제무역회사 등이 있다.

또 다른 진입 방법인 국제 라이센싱은 한 기업이 다른 기업에게 자신의 지적재산권 사용을 임대해주는 것이다. 국제 라이센싱에 있어 쟁점 사항은 계약의 경계(범위) 설정, 보상료 결정, 권리나 특권 및 제약 조건의 설정, 계약기간 명시 등이다.

국제 프랜차이징 또한 해외시장 진입방법으로 많이 사용된다. 프랜차이징 계약은 프랜차이지(franchisee)라고 불리는 독자적 사업가 혹은 기업이 프랜차이저(franchisor)라 불리는 사람 혹은 기업의 명의로 사업을 운영한 후 그 대가로 수수료를 지불하는 것을 말한다. 프랜차이즈 사업에 있어 성공하려면 몇 가지 확실한 시장조건이 뒷받침되어야 한다. 라이센싱 계약과 마찬가지로 프랜차이징 계약의 조건도 구체적으로 명시가 된다.

세 가지 전문적인 진입방법에는 계약생산, 위탁경영계약 및 턴키 프로젝트가 있다. 계약생산은 기업이 필요로 하는 생산의 대부분 혹은 전부를 다른 회사에게 위탁하는 것을 말한다. 위탁경영계약은 한 회사가 약정된 기간 동안 다른 회사에게 경영지원, 전문 기술지식 혹은 특화된 서비스를 제공하고 그에 대한 대가로 금전적 보상받는 것을 말한다. 턴키 프로젝트는 한 기업이 설계, 건설, 시공, 장비의 설치 등 공사를 처음부터 끝까지 모두 책임지고 마친 후 발주자에게 넘겨주는 방식을 말한다.

가장 복잡한 진입 방법은 FDI(해외직접투자)이다. FDI는 해외시장의 자산에 대한 통제권과 소유권의 확보와 관련이 있다. FDI에 있어 첫 번째 형태인 그린필드 전략은 미개간지의 새로운 부지에 건물을 짓고 사업을 시작하는 것을 말한다. 두 번째 형태인 인수전략은 현지국에서 현재 운영중인 기존의 기업을 인수하는 것을 말한다. 세 번째 형태인 합작투자에서는 통제권과 소유권이 두 개 혹은 그 이상의 회사에게 분산이 된다.

리뷰 질문

12-1. 해외시장분석의 절차는 어떻게 진행되는가?

12-2. 기업이 새로운 해외시장에 대한 진입방법을 선택할 때 직면하는 기본적 문제는 어떤 것들이 있는가?

12-3. 수출이란 무엇인가? 최근 수출이 왜 급속히 증가하고 있는가?

12-4. 수출의 주요 장점과 단점은 무엇인가?

12-5. 수출의 세 가지 형태는 무엇인가?

12-6. 수출중개인이란 무엇인가? 그들의 역할은 무엇인가? 수출 중개인의 종류에는 어떤 것들이 있는가?

12-7. 국제 라이센싱이란 무엇인가? 이것의 장점과 단점은 무엇인가?

12-8. 국제 프랜차이징이란 무엇인가? 이것의 장점과 단

점은 무엇인가?

12-9. 국제 비즈니스에 있어 세 가지 전문적인 시장진입 방법은 무엇인가?

12-10. FDI란 무엇인가? FDI의 세 가지 형태는 무엇인가? 각각의 장점과 단점은 무엇인가?

토의용 질문

12-11. 어떤 기업이 특정 해외시장에 대한 진입방법을 선택할 때 그 시장을 단 한 번도 방문하지 않고서도 진입방법을 선택할 수 있다고 생각하는가? 그렇다면 이유는 무엇인가? 만약 그렇지 않다면 이유는 무엇인가?

12-12. 특정 해외시장에 대한 비용, 이득 및 위험에 대한 평가가 얼마나 쉽거나 혹은 어렵다고 생각하는가?

✪ 12-13. 더닝의 절충이론 중 각각의 우위(소유우위, 입지우위 및 내부화 우위)가 기업의 진입방법 선택 의사결정에 어떤 영향을 미친다고 생각하는가?

12-14. 초기 진입방법으로 수출이 가장 많이 사용되는 이유는 무엇인가?

12-15. 기업은 어떠한 요소들 때문에 수출을 진입방법으로 채택하지 않는가?

12-16. 본지사 간 거래가 비용적으로 효율적이 되기 위해 어떤 상황들이 뒷받침되어야 하는가?

12-17. 당신의 회사는 이제 막 수출하려고 한다. 수출 중개인을 선정함에 있어 당신은 어떤 특징을 가진 중개인을 찾는가?

12-18. 일본의 종합상사 같은 무역회사들이 미국에서도 보편화될 수 있다고 생각하는가? 그렇다면 이유는 무엇인가? 만약 그렇지 않다면 이유는 무엇인가?

✪ 12-19. 해외시장에서 당신의 제품을 생산해 판매하고 싶다는 라이센시의 제안이 있을 때 당신은 무슨 이유 때문에 위 라이센시의 제안을 거절하겠는가?

✪ 12-20. 기업은 어떠한 상황에서 신설투자 전략을 채택하는가? 어떠한 상황에서 인수전략을 선택하는가?

글로벌 역량 갖추기

하이네켄은 글로벌 시장에서 3번째로 큰 규모의 맥주 재조업체로 매출이 184억 유로이다. 암스테르담을 본사로 매출의 80%가 서유럽 밖에서 발생된다. 하이네켄이 새로운 시장을 진출하면, 그 시장에서의 성공을 위해 몇 가지의 단계를 밟는다.

1) 제품의 브랜드를 서서히 새로운 시장에 키우고 알리기 위해 수출을 시작한다.
2) 매출이 긍정적으로 평가되면 현지의 제조업자에게 라이센싱 계약을 추진한다. 이로 인해 하이네켄의 브랜드는 서서히 홍보효과가 늘어나고 현지의 유통채널과도 자연스럽게 가까워진다.
3) 라이센싱이 우호적이고 또한 유통채널과의 호흡이 긍정적이면, 하이네켄은 현지 제조업체를 일부 인수하여 파트너로서 또는 JV를 통해 그 관계를 더욱 돈독히 발전시킨다. 그래서 높은 가격대에는 하이네켄을 그리고 낮은 가격대에는 현지 제조업자의 브랜드를 두어, 제조공장, 영업팀 그리고 유통채널을 함께 공유하여 비용절감을 만들어 낸다. 하이네켄의 이야기를 읽고 팀으로 나눠 의견을 나누도록 한다.

12-21. 하이네켄의 방식대로 해외 시장을 진출하는 5개 정도의 기업들을 알아본다.

12-22. 반대로 하이네켄의 해외 진출 전략이 가능한 기업을 5개 정도 알아본다.

12-23. 10개의 리스트를 다른 팀과 교환하여 가능한 기업과 불가능한 기업으로 나누어서 서로 의견 교환을 해본다.

12-24. 교환 후 서로 동의한다면 또는 반대한다면, 명확한 이유를 나열하라.

12-25. 하이네켄이 사용하는 정략 방법이 어떻게 차별화 되어있는지? 타 기업이 따라하기 어려운 그 요소

들은 무엇인가? 그리고 하이네켄의 방식을 사용하기 불가능한 산업 군들은 어떠한 것들이 있는가?

12-26. 이 실습은 국제 비즈니스에 대해 어떠한 시사점을 던져 주는가?

CLOSING CASE 타타그룹

1장에서 언급했듯이 개발도상국들의 활약이 세계경제 시장에서 두드러지게 지속적으로 활발해 지고 있다. 그러기에 이러한 개발도상국들의 다국적 기업들의 활약이 커지고 있는 것은 놀랄 일이 아니다. *포춘*지의 글로벌 500만 해도 2002년에는 21개였으나, 2012년에는 그 수가 81개로 늘어났다.

개발도상국의 다국적 기업 중 가장 의미 있는 기업은 인도 뭄바이의 타타그룹이다. 1868년에 자메치 타타에 의해 설립되어, 현재 90개의 계열사로 7개의 산업군에 종사하고 있으며, 산업 제품과 일반 소비제품과 테크 분야로 나뉜다. 31개의 기업들, 특히 정보기술의 전문 집단으로 유명한 타타 컨설팅 서비스를 포함해서 모두 상장되어 있고, 나머지는 모두 비상장이다. 타타그룹은 2012년에는 천억 달러의 매출과 456,000명의 종업원을 두고 있다. 여기서 매출의 59%는 모두 인도 시장 밖에서 이루어지고 있다.

타타그룹은 세계의 많은 일반적인 대기업들과 조직의 구성이 비슷하다. 대부분의 국가들처럼, 많은 대기업들은 정실주위에 입각한 가족 소유의, 가족 중심의 또는 은행 중심의 한국의 *재벌*시스템, 일본의 *계열* 또는 라틴 아메리카의 *그루포스*와 같다. 대영제국의 전통인 전문 경영인의 활동과 주주와의 독립적인 체계를 갖고 있는 앵글로색슨적인 구조와 관리가 실은 남다르다고 볼 수 있다. 본 12장의 오프닝 케이스 스터디에서 해외전략으로 시장을 넓히려는 프랑스의 LVMH 그룹만 보아도 가족을 중심으로 특화된 럭셔리 재벌 그룹이다.

개발도상국에 이러한 다양한 능력의 재벌들이 존재하는 이유는, 자국의 국내시장의 열악함 때문에 자체적인 극복을 해서 자신의 위치를 지키기 위함이다. 시장을 통해서 미약한 부분들을 채워가는 것보다 수직적 통합을 하여 그룹 대 그룹으로 해결해 나간다.

그런데 타타그룹은 기존의 정실주위에 입각한 일반적인 재벌 시스템과 다른 체제의 기업이라는 것이다. 타타그룹은 굉장히 강한 사회에 대한 책임의식을 가지고 있는데, 창시자인 자메치 타타는 인디아에서는 최초로 융통성이 뛰어난 운영방식으로 기업을 이끌어 왔다. 예를 들어 타 기업들과는 다르게 짧은 근무시간. 그리고 1892년에는 JN 타타가 기부금을 설립해서 고등교육을 희망하는 인디아의 학생들을 위해 노력했다. 또 다른 다양한 기부활동을 통해 건강, 과학기술, 그리고 교육 등을 발전시키고 지켜내기 위해 노력했다. 현제 타타그룹으로부터 설립된 많은 기부 관련 조직들은 타타와 아들들 이라는 계열사를 3분의 2만큼 갖고 있고 이로 인해 타타그룹의 주요기업들을 소유하고 통제하고 있다.

각 타타그룹의 계열사들은 보두 독립적으로 운영되며, 각각의 운영 팀과 보드멤버 그리고 주주들을 가지고 있다. 그러나 타타그룹은 무엇보다도 기업문화, 나아가서 타타라는 브랜드를 건강하고 명예스럽게 지켜야 하는 것을 으뜸으로 여긴다는 것. 그러므로 타타라는 이름으로 활동을 하고자 했던 독립계열사들은 타타의 비즈니스 모델에 따라 주어야 했다. 또 각각의 종업원들도 타타그룹의 행동강령에 싸인을 하고 명예로움을 지켜나가야 했다.

명예로움에 대한 집중의 극치는 20년 전에 라탄 타타가 타타그룹의 총수가 되고 더욱 강화되었다. 라탄은 300개의 제멋대로인 계열사들을 발견했고, 인도 정부의 보호무역주의로 나약해진 기업들이 많아진 것. 이들을 다시 능력 있고 효율성이 높은 집단으로 만들기 위해 구조조정과, 매각 그리고 여러 분야의 투자(R&D, 교육, 브랜드력 강화)를 통해, 특히 수출시장에서의 경쟁우위를 지키려고 노력했다.

라탄 타타의 브랜드력 강화 전략은, 해외의 외국기업들을 인수하는 것이었다. 그래서 2000년에는 영국의 테틀리 티(Tetley Tea)를 4억200만 달러에 인수, 2004년에는 대우 자동차의 선업 및 트럭 부분을 인수, 2008년에는 랜드로바와 재규어를 포드사로부터 23억 달러 인수하였다. 또 타타화학은 2005년에 영국의 브루너 몬드 그룹을, 그리고 같은 해에 싱가포르의 NatSteel를 3억 달러 그리고 2007년에는 엥글로 더치 계열의 철회사 Corus를 130억 달러에 인수했다.

타 기업들과 다르게, 타타그룹은 기업을 인수 후, 인수한 기업의 종업원과 관리자들에 대해 변화를 주려고 하지 않는다. 대신해서 기업투자, 투자금, 또는 자원을 제공해서 브랜드력을 올리려고 노력했다. 그러다 보니 기존의 타타 관리자들은 새로운 배움의 경험을 갖게 된다. 예를 들어 테틀리는 타타그룹의 차 생산, 제품에 대한 브랜드력 그리고 수출 시장의 확대에 대해 배우고자 했다. 그래서 현재 세계 2위인 큰 차 생산자와 판매자로 타타 글로벌 음료수 기업은 자리잡고 있다. Corus의 경우, 고급적 성향의 철 생산을 배워 매번 자라나고 있는 인디아의 자동차 업계를 이끌고자 했다. 그리하여 현제 타타그룹은 이 제품에 대해서는 세계적으로 10번째로 큰 기업이고, 재규어와 랜드로버는 럭셔리 시장에서 의미 있는 제품들로 자리 잡게 되었다. 2012년에는 358,000대의 자동차를 팔았고 전년대비 30% 성장한 것이다. 타타의 자동차 기업은 2억1,900만 달러를 영국의 엔진 생산센터에 투자하여 자동차의 퍼포먼스에 대한 업그레이드와 엔진의 배출물을 줄이려는 데 노력하고자 한다.

타타그룹의 가장 큰 위기는 독보적인 능력가인 리더의 퇴장이다. 라탄 타타가 2012년 말에 그룹의 총수자리에서 내려와 은퇴를 했다. 사이러스 미스트리(Cyrus Mistry)라는 타타그룹의 최초 전문 경영인이 그룹 총수의 자리에 올랐다. 사이러스는 부담이 굉장히 클 것이다.

사례 질문

12.27. 타타그룹은 재벌 그룹이라는 부분에 있어 갖게 되는 경쟁우위는 무엇인가?

12-28. 구조적인 결함이란 무엇인가? 이 결함은 왜 기업들이 재벌의 체제를 개발도상국에 위치해 있을때 선호하는 것인가?

12-29. 인수와 합병이 일어나면, 매수한 기업이 인수된 기업을 대상으로 구조조정이 일어나는데, 왜 타타그룹은 아무런 변화를 주도하지도 않고 인수한 기업들의 독립성을 존중한 것인가?

12-30. 타타그룹은 사회적 책임에 대해 매우 심각하게 생각하며, 이에 많은 노력을 하고 있다. 이런 사회적 책임에 대한 자세 및 행동이 타타그룹이 시장에서 활동을 할 때 어떠한 경쟁우위를 확보하게 하는 것인가?

12-31. 사이러스 미스트리에게 어떠한 조언을 주겠는가? 사이러스의 주요 위기는 어떠한 것들이 있는 것인가? 타타그룹의 정책과 과정의 형성에 있어 어떠한 변화를 주고 싶은가?

출처 : "Dream on wheels," *The Economist*, April 20, 2013; "Tata Consultancy Profit Tops Forecast," *Wall Street Journal*, April 17, 2013; www.tata.com accessed on April 15, 2013; "Jaguar Land Rover Increasing Engine Plant Investment," *Wall Street Journal*, March 5, 2013; "Tata Pushes Upscale SUVs," *Wall Street Journal*, February 13, 2013, p. B8; "The patriarch of Indian business—a hard act to follow," *Financial Times*, December 27, 2012, p. 5; "Ratan Tata's legacy," *The Economist*, December 1, 2012; "From pupil to master," The Economist, December 1, 2012; "Tata: Building an auto empire in India," money.cnn.com, April 18, 2011; "A new kind of global company is on the rise: Diversified multinationals from emerging markets," *The Economist*, March 5, 2011; "Ratan Tata turned a family conglomerate into a tiger," *The Economist*, August 14, 2010; "Troublesome trophy," *Financial Times*, July 31, 2009, p. 6; "Pharaoh capitalism," *The Economist*, February 12, 2009 (online); www.tata.com; "Merger, Indian style: Buy a brand, leave it alone," *Wall Street Journal*, March 22, 2008, p. 9.

MyManagementLab®

mymanagementlab.com으로 가서 아래의 질문에 답하시오.

12-32. 기업이 해외 시장 진입 여부를 결정할 때 고려해야 할 요소는 무엇입니까?

12-33. 주요 해외 시장 진입 방식을 토의하시오. 진입 방식 각각의 장단점은 무엇입니까?

12-34. Mymanagementlab Only에 본 장을 포괄하는 서술형 과제가 있다.

Endnotes

1. "LVMH makes a virtue out of necessity," *Financial Times*, May 25/26, 2013, p. 9; "Louis Vuitton Sports a Richer Price Tag," *Wall Street Journal*, April 17, 2013, p. B9; "Unfashionably Late to China," *Wall Street Journal*, March 27, 2013, p. B10; *LVMH Annual Report 2012*; "The Empire of Desire," *The Economist*, June 2, 2012; "The glossy posse," *The Economist*, October 1, 2011; "Bulgari gives LVMH a bump," *Wall Street Journal*, March 8, 2011; "LVMH's highly priced Bulgari jewel," *Wall Street Journal*, March 8, 2011; "LVMH to take control of Italy's Bulgari," *New York Times Deal Book*, March 6, 2011 (online); LVMH Annual Report 2010; "China to be top luxury buyer by 2020," *Wall Street Journal*, February 5, 2011; "Luxury shoppers return to LVMH," *Wall Street Journal*, February 5, 2011; "At LV, this year's man is Chinese," *Wall Street Journal*, January 14, 2011; "Hermès clan wins approval for defensive move," *Wall Street Journal*, January 7, 2011.
2. Anoop Madhok, "Cost, value, and foreign market entry mode: The transaction and the firm," *Strategic Management Journal*, vol. 18 (1997), p. 37.
3. See George S. Yip and George A. Coundouriotis, "Diagnosing global strategy potential: The world chocolate confectionery industry," Planning Review, January – February 1991, pp. 4 – 14, for an example of how this can be done.
4. William H. Davidson, "The role of global scanning in business planning," *Organizational Dynamics*, Winter 1991, pp. 4 – 16.
5. "The Lion Kings?," *The Economist*, January 6, 2011 (online).
6. "Nigeria's mad men," *The Economist*, April 30, 2011, p. 72; "Global ad agencies flocking to Africa," *Wall Street Journal*, October 22, 2010; "In Africa, Google sows seeds for future growth," *Wall Street Journal*, May 18, 2010, p. B1.
7. M. Krishna Erramilli, "The experience factor in foreign market entry behavior of service firms," *Journal of International Business Studies*, vol. 22, no. 3 (Third Quarter 1991), pp. 479 – 501.
8. "A beautiful face is not enough," *Forbes*, May 13, 1991, pp. 105 – 106.
9. Susan C. Schneider and Arnoud De Mayer, "Interpreting and responding to strategic issues: The impact of national culture," *Strategic Management Journal*, vol. 12 (1991), pp. 307 – 320.
10. John H. Dunning, "Trade, location of economic activity and the MNE: A search for an eclectic approach," in Bertil Ohlin et al., eds., *The International Allocation of Economic Activity* (London: Macmillan, 1977); Alan M. Rugman, "A new theory of the multinational enterprise: Internationalization versus internalization," *Columbia Journal of World Business* (1980), pp. 23 – 29.
11. Jean J. Boddewyn, "Political aspects of MNE theory," *Journal of International Business Studies*, vol. 19, no. 1 (1988), pp. 341 – 363; Thomas L. Brewer, "Effects of government policies on foreign direct investment as a strategic choice of firms: An expansion of internalization theory," *The International Trade Journal*, vol. 7, no. 1 (Fall 1992), pp. 111 – 129.
12. "Egypt suddenly is a magnet for investors," *Wall Street Journal*, April 10, 1997, p. A6.
13. "Westerners profit as Japan opens its drug market," *Wall Street Journal*, December 2, 2002, pp. A1, A20; Kenichi Ohmae, "The global logic of strategic alliances," *Harvard Business Review* (March – April 1989), p. 151.
14. John M. Stopford and Louis T. Wells, *Managing the Multinational Enterprise: Organization of the Firm and Ownership of the Subsidiaries* (New York: Basic Books, 1972).
15. M. Krishna Erramilli, "The experience factor in foreign market entry behavior of service firms," *The Journal of International Business Studies*, vol. 22, no. 3 (Third Quarter 1991), pp. 479 – 502.
16. Bruce Kogut, "Designing global strategies: Profiting from operational flexibility," *Sloan Management Review* (Fall 1985), pp. 27 – 38; Edward W. Desmond, "Byting Japan," *Time*, October 5, 1992, pp. 68 – 69.
17. W. Chan Kim and Peter Hwang, "Global strategy and multinationals' entry mode choice," *Journal of International Business Studies*, vol. 23, no. 1 (First Quarter 1992), pp. 29 – 54; see also Sumantra Ghoshal, "Global

strategy: An organizing framework," *Strategic Management Journal*, vol. 8 (1987), pp. 425 – 440.

18. "Wine firm ramps up its Chinese operations," *Wall Street Journal*, May 19, 2011, p. B8.
19. "Latin links," *Wall Street Journal*, September 24, 1992, p. R6.
20. "Looking abroad for a bigger boost in business," *Wall Street Journal*, September 9, 2008, p. B4.
21. Geir Gripsud, "The determinants of export decisions and attitudes to a distant market: Norwegian fishery exports to Japan," *The Journal of International Business Studies*, vol. 21, no. 3 (Third Quarter 1990), pp. 469 – 494.
22. "Baskin-Robbins to open plant in Moscow," *Bryan College Station Eagle*, August 14, 1995, p. A1.
23. Desmond, op. cit.
24. "New tricks for Japan's old dogs," *Wall Street Journal*, April 7, 2005, p. A12.
25. "Nintendo to ease restrictions on U.S. game designers," *Wall Street Journal*, October 22, 1991, pp. B1, B4.
26. "Saks to follow luxury brands into China," *Wall Street Journal*, April 18, 2006, p. B1.
27. "Oleg Cassini, Inc., sues firm over licensing," *Wall Street Journal*, March 28, 1984, p. 5.
28. "L. Ashley sues L'Oréal for £18m," *Financial Times*, October 15, 2002, p. 23.
29. "Bangladesh Factory Toll Passes 800," *Wall Street Journal*, May 9, 2013, p. A10; "Before Dhaka Collapse, Some Firms Fled Risk," *Wall Street Journal*, May 8, 2013, p. A7; "Unsafe conditions at Nike factory in Vietnam revealed in '96 audit," *Houston Chronicle*, November 10, 1997, p. 18A.
30. "Saudi Aramco and Dow Chemical select KBR," news .dow.com, July 12, 2007; "Dow Chemical, Aramco finalize venture," *Wall Street Journal*, May 14, 2007, p. A3.
31. J. H. Dunning, *American Investment in British Manufacturing Industry* (London: George Allen and Unwin, 1958).
32. Bruce Kogut and Harbir Singh, "The effect of national culture on the choice of entry mode," *Journal of International Business Studies*, vol. 19 (Fall 1988), pp. 411 – 432.
33. "Disney's rough ride in France," *Fortune*, March 23, 1992, p. 14.
34. "Cemex prowls for deals in both China and India," *Wall Street Journal*, January 27, 2006, p. C4.
35. "Best Buy will pay $180 million for majority of China's Jiangsu," *Wall Street Journal*, May 13 – 14, 2006, p. A6.
36. "Best Buy to close China stores," *Wall Street Journal*, February 21, 2010.
37. "Pepsi uncaps Russian juice deal," *Wall Street Journal*, March 21, 2008, p. B4.
38. "Argentina's YPF Inherits New Jersey River Mess," *Wall Street Journal*, February 28, 2013, p. B8.

CHAPTER 13
국제 전략적 제휴
International Strategic Alliances

Francis Joseph Dean/Newscom

학습목표

1. 합작투자와 다른 형태의 전략적 제휴를 비교한다.
2. 전략적 제휴의 이익을 유형화한다.
3. 전략적 제휴의 범위를 서술한다.
4. 전략적 제휴를 활용한 경영형태에 대해 토의한다.
5. 전략적 제휴의 한계점을 인식한다.

유럽의 시리얼 전쟁

켈로그(Kellogg)는 사실상 유럽의 아침식사대용으로서 시리얼 시장을 만들었다. 켈로그는 Kellogg's Corn Flake, Rice Krispies, Frosted Flakes와 같은 대중적 인기브랜드를 소유하고 하고 있는 메이커인데, 1920년대 영국에 그들의 제품을 소개하기 시작하여 1950년대에는 유럽대륙으로 확장하였다. 그러나 전통적으로 유럽인들은 아침식사로 구운 빵, 과일, 계란 그리고 고기류 등을 선호하였기에 판매에 많은 어려움을 겪었다. 그래서 실제 유럽인들이 선택 가능한 아침식사로서 시리얼을 받아들이기까지 십여 년의 시간이 걸렸다.

다행히 1980년대와 1990년대에 걸쳐 유럽의 소비자들이 보다 건강 지향적이 되어 계란과 고기류 등을 대신하는 아침식사 대용을 추구하기 시작함에 따라 시리얼에 대한 수요가 폭발적으로 증가하였다. 맞벌이 가정의 증가와 슈퍼마켓의 등장이 프리패키지 식품에 대한 수요에 박차를 가하였기 때문이다. 전통적으로 유럽에서는 소규모의 전문점이 대부분의 식료품을 판매하는데 이들은 매장 내의 선반 공간을 많이 차지하는 시리얼의 판매를 달가워하지 않았다. 그러나 최근 수년 동안 보다 많은 풀 라인의 대형 슈퍼마켓이 문을 열게 됨에 따라 형태와 모양, 크기 등이 서로 상이한 제품들을 수용 가능한 거대한 선반공간을 이용할 수 있게 되었다. 마지막으로 유럽에서의 상업적 TV매체의 성장이 기업이 광고를 통하여 자사의 브랜드 인식의 제고와 함께 수요를 촉진시키는 데 도움을 주었다. 말할 것도 없이 유럽시리얼 시장에 대한 엄청난 잠재력은 켈로그의 경쟁업자에게도 매력적이었다.

미국에서 켈로그의 거대한 경쟁업자중의 하나는 Cheerios, Golden Graham과 같은 대중적인 인기 브랜드를 생산하는 General Mills이다. 전통적으로 북미시장에 집중하였던 General Mills은 1989년 유럽시장 진출을 결정하였다. 그러나 General Mills은 전 세계 시리얼 시장의 50%를 점유하고 유럽시장에서도 지배적인 지위를 점유하고 있는 켈로그를 극복한다는 것은 기념비적인 전투가 될 것임을 잘 알고 있었다.

신중한 고려 끝에 General Mills의 CEO Bruce Atwater는 만약 유럽시장에 근거를 두고 있는 기업과 전략적인 제휴를 통하여 진출할 수가 있다면 유럽에서 보다 효율적인 경쟁이 가능할 것이라고 생각하고 그 파트너로 세계에서 가장 큰 식품가공기업 네슬레를 선택하였다. 네슬레는 잘 구축된 유통시스템과 세계 각국에 제조공장을 가지고 있는 유럽에서 매우 잘 알려진 기업이다. 그러나 네슬레가 성공하지 못한 주요 영역 중의 하나가 시리얼시장이었다. 그래서 Atwater는 네슬레가 합리적으로 기꺼이 General Mills의 파트너가 되어 줄 것으로 생각하였다.

General Mills의 CEO Bruce Atwater는 네슬레의 제휴 담당자(counterpart)와의 접촉과정에서 네슬레가 이미 협정(arrangement)과 같은 형태로 General Mills와의 접촉을 고려하였다는 사실을 발견하고 매우 놀랐다. 네슬레의 입장에서 General Mills의 시리얼 기술에 대한 전문지식과 이미 증명된 다양한 제품들 그리고 소비자 특히 어린이를 대상으로 하는 시리얼 마케팅의 전문성이 많은 도움을 줄 것으로 생각한 것이다.

양사의 최고경영자가 만나 일사천리로 세부방책(plan of attack)에 대한 개략을 발표한다. 양사는 Cereal Partner Worldwide (CPW)라는 새로운 회사를 만들기로 하고 8천만 달러씩 출자하였다. CPW의 본사는 스위스 Lausanne에 설치하기로 하였다. General Mills는 네슬레사의 기존 공장에 자사 고유의 생산시스템을 접목시키고 시리얼 제품 생산을 감독하고 광고개발에 협력하기로 합의하였다. 그 대신 네슬레는 유럽전역에서 생산된 제품에 국제적으로 잘 알려진 자사의 이름을 사용할 수 있음을 물론 생산된 제품의 판매와 유통에 활용하는 것에 합의한다. 양사는 CPW에 2가지 큰 목표를 설정하였는데, 이는 CPW가 연간 10억 달러의 매출과 2000년 북미 이외 지역에서 시장점유율 2위의 강력한 기업이 되는 것이었다.

거의 모든 측면에서 CPW는 가파른 성공을 거두었다. 첫 번째 쾌거 중의 하나는 시리얼의 판매촉진을 위하여 디즈니의 캐릭터를 활용하고 프랑스 테마파크의 호텔과 레스토랑에 아침식사용 시리얼을 공급하기로 디즈니랜드 파리와 계약을 체결한 것이다. CPW는 영국에서 25%의 인상적인 시장점유율을 차지하는 등 유럽 시리얼 시장에서 확고한 기업으로서 지위를 매우 빨리 구축하게 되었다. 유럽에서 단단한 교두보를 확보한 CPW는 라틴아메리카와 아시아 시장으로 사업영역을 확장하였다. 2011년에는 20억 달러의 수익을 올렸고 지금은 세계에서 가장 큰 시리얼 제조업체중의 하나가 되었다. CPW는 140여 개국 시장을 대상으로 50여개의 브랜드를 운영하면서 모회사인 네슬레와 General Mills에게 안정적이고 지속적인 수익원으로서의 역할을 다하고 있다.[1] ■

글로벌화는 매우 비싼 과정이 될 수 있다. 특히 기업이 세계시장에서의 성공을 위하여 연구개발, 제품생산, 유통, 마케팅 및 재무적인 의사결정의 완벽한 조화가 요구될 때는 더욱 그러하다. 기업이 국제적으로 라이벌 기업에 대하여 효과적인 경쟁력을 확보하기 위해서는 필요한 모든 내부자원에 있어서 부족한 것이 무엇인가를 알아야 한다. 단독으로 신제품을 개발하고 조사하기에는 많은 비용이 들어가고 이는 기업 예산을 증가시킨다. 그래서 기업은 이러한 비용을 공유할 파트너를 찾는다. 설령 새로운 기술을 개발하더라도 진출하고자 하는 모든 국제시장에서 유통망과 생산설비의 부족을 느낄 수 있다. 따라서 기업은 사례로 제시한 네슬레와 General Mills이 합작하게 된 동기가 된 요인에서 지적하는 바와 같이 협상을 통하여 자사의 부족함을 보완해줄 수 있는 기술과 장점을 가지고 있는 다른 기업을 찾아야 할 것이다.

13.1 국제 기업 협력

국제 기업 간 협력은 독자적인 기술에 대한 사용권 공유(cross-licensing), 제품생산설비의 공유, 연구프로젝트에 대한 공동출자, 양사 제품의 마케팅활동에 기존의 유통망을 이용하는 등의 다양한 형태로 가능하다. 이러한 협력의 형태는 둘 또는 둘 이상의 기업이 상호 이익을 위해 협력을 선택하는 사업 협정(business arrangement)인 전략적 제휴로 잘 알려져 있다. **전략적 제휴**에서 파트너는 공동의 R&D 활동, 마케팅지식, 경영관리 등의 분야에서 협의가 가능하다. 예를 들면, 1990년대 초반 필름시장에서의 격렬한 경쟁자였던 코닥과 후지 필름은 카메라와 필름에 대한 새로운 표준화(손쉽고 보다 간편하게 촬영과 현상인화가 가능한 선진적 포토시스템 APS)를 만들기 위하여 카메라 제조업체인 캐논, 미놀타, 니콘과 전략적 제휴를 맺기도 하였다.[2]

합작투자(joint venture)는 둘 또는 이상의 기업이 법적으로 모기업과 분리되고 구분되는 새로운 사업체를 만들기 위하여 공동 참여하는 전략적 제휴의 특별한 유형이다. 합작투자는 일반적으로 협력으로 설립되고 모기업 간의 협상 비율별로 지분이 소유된다. 비록 불균등한 소유권(ownership)이 일반적이지만 CPW의 제휴사례와 같이 대부분은 일정 비율로 균등하게 소유한다.

전략적 제휴는 기업이 국제적 운영에 참여하거나 확장할 수 있는 방법이다. 이미 12장에서 살펴본 바와 같이 수출, 라이선싱, 프랜차이징, 해외직접투자(FDI) 등과 같은 다른 선택대안이 존재한다. 그러나 이러한 선택대안은 기업이 독자적으로 행동하거나 또는 예를 들어 유통망이 부족할 때 자사의 입장에 서서 행동하도록 개인이나 기업을 고용하는 것이다. 이에 반하여 전략적 제휴는 둘 또는 그 이상의 기업 간 협력의 결과이다. 전략적 제휴에 참여하는 각각의 당사자들은 개인적인 관심사를 증대시키기 위한 동기부여에 강한 영향을 받지만 일단 제휴에 참여한 참여당사자들은 목표달성을 위한 최선의 방법으로서 협력을 결정한다.

협력계약을 관리하는 데 어떤 수단이 필요하다. 독립적인 법인체로서 합작투자기업은 독자적인 경영진과 이사회를 가지고 있어야 한다. 합작투자 기업은 3유형으로 관리되는데,

첫 번째는 설립된 기업을 각각의 참여당사자들이 파견한 핵심인물을 통하여 공동으로 경영 분담하는 것이다. 두 번째는 참여당사자의 대표기업이 주된 책임을 지고 운영하는 것이며 마지막 세 번째는 합작투자 기업을 관리하는 독립적 경영진을 구성하는 것이다. 세 번째 방법이 비교적 선호되는 편인데 왜냐하면 독립된 경영자는 창립기업의 보스를 달래는 노력보다는 무엇이 합작투자기업에 있어 최선인가에 초점을 두기 때문이다.[3] 전략적 제휴의 또 다른 유형들은 보다 비공식적으로 관리되는데 예를 들어 참여당사자의 종업원들로 구성하여 제휴의 목표 달성의 진척을 감독하는 조정위원회를 통하여 관리하기도 한다.

다른 유형의 전략적 제휴보다는 목적과 운영 범위의 확대 그리고 존속기간의 확대를 위하여 합작투자에서는 공식적인 경영조직이 허용되기도 한다. 비합작투자 유형의 전략적 제휴가 단지 단기간에 참여당사자가 직면한 장애물을 극복하기 위하여 만들어지기도 한다. 만약에 합작에 참여하는 양사가 보다 폭 넓고 장기적인 관계유지를 위한 계획을 가지고 있다면 합작투자는 많이 도움이 된다. 전형적인 비합작투자의 유형의 전략적 제휴는 캐나다 시장에서의 새로운 스마트폰의 마케팅과 같이 그 목적과 범위가 매우 협소하다. 그러나 만약에 기업들이 북미시장에서 디자인, 생산 그리고 보다 폭 넓은 통신장비선을 판매하고자 한다면 합작투자가 될 것이다. 비합작투자의 전략적 제휴들은 때때로 특별한 목적을 위하여 형성되기도 하는데 이는 자연스러운 종말을 맞이하기도 한다. 예를 들어 카메라 제조업체 캐논, 미놀타 그리고 니콘과 필름 제조업체 후지와 코닥 간에 카메라와 필름을 위한 APS시스템을 만들기 위하여 체결한 협정은 새로운 표준이 개발된 1996년에 종결되었다. 각각의 참여당사자들은 자사의 제품을 시장에 내놓을 때, 코닥은 Advatix, 미놀타는 Vectics, 니콘은 Nuvis라는 이름으로 출시하였다.[4] 그러나 합작투자는 법적인 실체가 분리되기 때문에 대체적으로 장기간 지속된다. CPW사와 같은 합작투자는 네슬레와 General Mills 양 기업이 그 성과에 만족하는 한 지속될 것이다.

제한적인 미션(mission)과 공식 운영조직의 결여 때문에 비합작투자는 전략적 제휴로 합작투자보다 비교적 덜 안정적이다. 예를 들면 1988년 United Airline과 British Airways는 북미와 유럽노선에 관하여 전략적인 마케팅 제휴협정에 합의하였다. 그 당시 UA는 최대의 라이벌 Delta 항공과 American Airline 양사의 폭넓은 서비스로 인하여 유럽시장에서의 대응에 한계를 직면하고 있었고 또한 시장점유율도 하락하고 있었다. 이러한 문제를 해결하기 위하여 UA는 BA사와 항공운항협력을 맺었다. 그 결과 유럽과 미국을 묶어 여행하는 사람들에게 폭넓은 국내비행 스케줄을 이용하고 또한 이들이 대서양을 횡단하는 BA로 승환할 수 있는 편리함도 제공할 수 있게 되었다. 양사는 유럽과 미국을 대표하는 대리점을 방문하여 적극적인 마케팅 캠페인에 나서는 것에도 동의하였다. 그러나 일 년도 채 되지 않아 Pan Am 항공사의 런던 노선이 경매로 나오자 UA는 이들 노선을 재빨리 사들이고 Pan Am과 전략적인 제휴관계를 갖게 된다. 일단 UA가 독자적으로 런던 취항이 가능하게 되자 UA에 있어 BA의 이용가치는 거의 없게 되었다. 그리하여 대서양 횡단의 파트너가 필요한 BA는 1993년에 US Air와 유사한 전략적 제휴를 맺게 된다. 3년 후 American Airline과 BA는 독립적인 전략적 동맹의 형성에 합의하였다. 이에 3유형의 제휴에서 가장 약한 파트너로 생각되는 US Air는 지체 없이 BA를 고소하였고 양사의 제휴도 종결되었다.

In Practice

- 전략적 제휴는 둘 이상의 기업이 상호 목적 달성을 위해 협력하기로 합의할 때 발생한다.
- 합작투자는 새로운 기업이나 조직으로 만들어진 전략적 제휴이다. 합작투자는 계획된 전략적 제휴가 복잡하고 장기적으로 지속될 것으로 예상될 때 주로 이용한다.

추가 고려 사항: 두 개 이상 국가의 기업들과 관련된 합작투자가 성행하게 된 이유는?

13.2 전략적 제휴에 따른 이익

기업은 일반적으로 하나 또는 그 이상의 이익을 기대하며 전략적 제휴를 한다.[5] [그림 13.1]에 나타내는 바와 같이 국제적인 비즈니스에서 기업은 전략적 제휴를 통하여 시장진입의 용이함, 위험분담, 전문적인 지식과 경험의 공유 그리고 시너지효과와 경쟁우위라는 4가지 이익을 얻을 수 있다.[6]

시장진입의 용이함

새로운 시장에 진출하고자 하는 기업은 종종 경쟁기업의 확고한 경쟁력이나 또는 비우호적인 정부규제와 같은 주요 장애물에 직면하게 된다. 현지기업과의 협력은 때론 이러한 장벽을 제거하는 데 도움이 된다. 다른 한편으로 마케팅과 유통에서의 규모의 경제와 범위의 경제는 적극적으로 재빨리 거대시장에 진입하고자 하는 기업에게 이익을 가져온다.[7] 여전히 신속성과 대담성의 비용은 높고 단일 기업의 능력을 초월한다. 전략적 제휴는 기업이 비용감축이라는 추세가 유지되는 동안에는 신속한 진입이라는 성과를 걷을 수 있게 해준다.

예를 들어 Imax사는 최근에 영화산업의 중요한 성장시장으로 중국을 겨냥하였다. 신

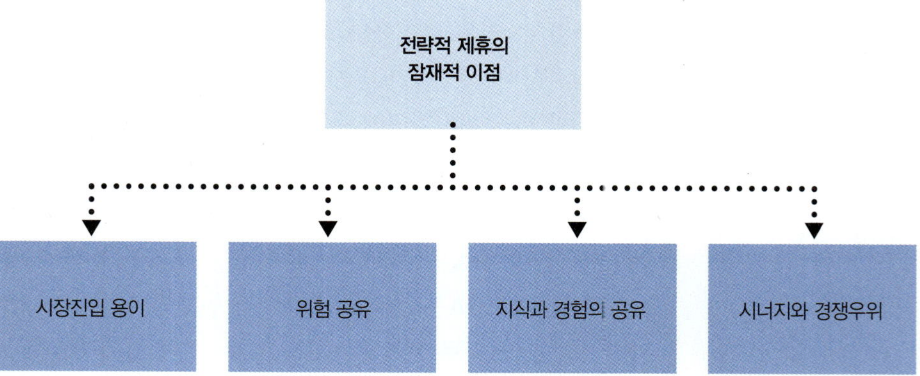

그림 13.1
전략적 제휴의 이점

속한 진입을 위하여 중국 내 최대의 영화관체인운영회사 Wanda Cinema Line과 중국 내에 75개의 아이맥스 영화관을 짓기 위하여 4천만 달러의 합작투자를 하였다.[8] Imax사는 Wanda가 영화관을 지으면 특수한 영상장비를 제공할 예정이다. 이와 유사하게 미국의 거대보험사 Cigna사와 브라질 최대의 민간 은행 중 하나인 Banco Excel Economico사는 브라질에서 개인보험을 판매하기 위하여 서로의 장점을 합작투자로 접목시킨 경우이다. Cigna사는 고객에게 생명보험, 상해보험 및 신용보험 판매에 관한 전문적 지식을 제공하고 Banco Excel사는 브라질 소매시장 고객에 접근하기 위한 정보뿐만 아니라 재정설계서비스 산업에 대한 정보와 지식을 제공한다. 양 사는 950만 달러씩 출자하여 Excel Cigna Segurador이라는 새로운 회사를 설립하였다.[9]

각국 정부의 규제 또한 합작투자에 영향을 준다. 많은 나라들은 그들의 경제에 미치는 외국기업의 영향에 대해 많은 관심을 갖기 때문에 만약 다국적기업이(MNCs) 자국에서 사업을 하고자 한다면 자국의 기업과 합작의 형태로 하길 원하기도 한다.[10] 예를 들어 아프리카의 나미비아(Namibia) 정부는 외국투자가들에게 현지파트너와 해안주변에서 고기잡이 선단의 운영을 요구한다. 어떤 때에는 또 다른 정책목표를 달성하기 위하여 외국기업에게 합작투자를 강하게 주문하기도 한다. 중국의 경우에는 자동차산업에 대한 기술이전의 수단으로 외국 자동차 회사들에게 현지기업과의 합작투자를 요구한다. 현지의 합작파트너는 복잡한 현지 법률과 관습에 대한 대응을 용이하게 해준다. 실례로 중국 내 매장된 광물 탐사를 위하여 호주의 광업회사 Rio Tinto는 중국의 선도적인 알루미늄회사 Chinalco과 합작투자 하였다. Rio Tinto사의 전문성과 Chianlco사의 현지 법률과 비즈니스관행 등에 관한 경험과 지식은 합작투자 기업에 큰 이익을 가져다 줄 것이다.[11]

위험 분담

오늘날 주요 산업들은 매우 경쟁적이어서 새로운 시장에 진출하거나 새로운 제품을 개발할 때 성공이 보장되는 기업은 하나도 없다. 전략적 제휴는 개별기업의 위험을 감소시키거나 통제를 목적으로 활용되기도 한다. 예를 들면 보잉사는 보잉 777 제트기의 제품개발과 생산에 대한 재무적인 위험을 줄이기 위하여 다수의 일본기업과 전략적 제휴를 하였다. 새로운 항공기 모델에 대한 연구조사, 디자인 그리고 안정성 검사 등에 수십억 달러의 비용이 소요되고 또한 제조업체가 시장에서 항공기에 대한 좋은 평판을 만들기까지는 또 그만큼의 비용이 소요된다. 비록 보잉사가 상업항공기의 제조업체로서 많은 성공을 거두기는 하였지만, 777프로젝트에 따른 재무적인 위험을 줄이고자 하였다. 그래서 777프로젝트를 일본의 세 파트너 후지, 미츠비시 그리고 가와사키사와 같이 협력하여 진행하였다. 이들은 777기체 제작 20%를 담당하기로 하였다. 또한 보잉사(통제 파트너)는 Japan Air Line과 All Nippon Airways 등과 같은 일본의 대형 고객들에 대한 새로운 항공기 판매에 도움이 되길 희망하였다. 보잉사는 최신에 제트기 787 Dreamliner의 디자인과 생산에 이를 활용함으로써 이 협정이 매우 성공적이었음을 증명하였다.

이전에 검토한 코닥과 후지 Film 그리고 3곳의 일본 카메라회사간의 전략적 제휴를 생각해보자. 겉보기에는 양사가 만들고 판매할 새로운 필름의 개발에 가장 거대한 경쟁자 후지와의 협력에 동의한 코닥이 이상하게 보일 것이다. 그러나 엄밀하게 살펴보면 이 협정이 코닥의 위험을 상당부분 감소시킬 것이다. 코닥의 경영자는 만약에 후지를 제외한 코닥과 3곳의 일본 카메라 회사가 단독으로 필름을 개발하게 된다면 후지는 시장혁신에 적극적이고 격렬하게 대응하여 싸울 것이고 또한 코닥은 필름의 새로운 표준에 대한 소비자의 수용을 얻기 위하여 엄청 노력하여야 할 것임을 잘 알고 있었다. 보다 최악인 경우는 후지가 독자적으로 새로운 필름표준을 개발하기로 결정하게 된다면 이는 코닥의 R&D 투자를 위태롭게 하고 이에 일본의 지배적인 카메라 제조 산업에서 코닥 방식보다는 후지 방식이 채택되는 것이다. VCR 표준화에서 Betamax 방식이 아닌 VHS방식이 채택됨으로써 Sony가 큰 재무적인 손실을 입었다는 사실이 코닥을 후지와의 협력을 선택하게 하였다. 이 전략적 제휴를 통하여 코닥은 비록 잠재적인 수익은 감소할 것이지만 위험도 상당히 줄어들 것이다. 위험분담은 기업이 이제 막 개방된 시장에 진출할 때 또는 불확실성과 불안정성으로 가득한 시장에 진입할 때 특히나 중요하게 고려되어야 한다.

경험과 전문지식의 공유

전략적 제휴에 대한 또 다른 일반적인 이유는 기업에게 있어 자신에게 부족한 경험이나 전문적인 지식을 얻을 수 있다는 가능성이다.

기업은 제품에 대한 생산방식과 자원에 대한 획득방법, 현지정부의 규제에 대한 대응방법 또는 자국과 상이한 환경 속에서 파트너가 제공해주는 정보를 어떻게 관리할 것인가 등에 관하여 알기를 원한다.[12] 게다가 기업은 새롭게 획득한 정보를 다른 목적으로 이용할 수가 있다. 실례로 2006년 무디스(Moody's)는 China Cheng Xin International Credit Rating Company과의 합작투자를 통하여 해외자금조달(cross-border financings) 참가자들을 위한 공동의 신용평가를 제공하였다. 즉 중국회사는 중국 내 기업에 대한 신용평가를 제공하고 Moody's는 국제기업에 대한 신용평가를 제공하였다.[13] 그리고 앞에서 검토한 CPW사는 네슬레의 경험과 General Mills의 전문적 지식이 잘 혼합된 매우 성공적인 사례임을 입증하고 있다.

시너지효과와 경쟁우위

기업은 시너지효과와 경쟁우위의 획득을 위하여 전략적 제휴를 하기도 한다. 이에 관련된 장점들은 이 장에서 이야기하는 다른 장점들과의 조합을 반영한다. 즉 시장진입, 위험분담 그리고 잠재적 학습을 이용한 여러 조합을 통하여 각각의 제휴기업들은 새로운 시장이나 산업으로의 진입을 단독으로 시도할 때보다는 보다 많은 성과를 거둘 수 있을 것이고 또한 보다 효과적으로 경쟁할 수 있을 것이라는 사고이다.[14]

예를 들어 효율적인 유통망을 구축하는 것과 자사제품의 판매를 위한 매장내 선반공간의 확보를 위하여 소매상에 대한 영향력을 획득하기까지 많은 비용과 시간이 요구되는 것처럼 고객의 마음에 호의적인 브랜드 이미지를 만들어 내는 일은 매우 많은 비용과 시간이 소요되는 과정이다. 이러한 요인들로 인해 소프트음료 세계 2위 Pepsi는 미국의 즉석차 음료(ready-to-drink tea)의 생산과 판로개척을 위하여 Unilever 계열인 Lipton사와의 합작투자회사를 설립했다. Lipton사는 즉석차 음료시장에서의 글로벌 리더로 합작투자회사에 브랜드와 제조기술을 제공하고 Pepsi는 미국내의 광범위한 유통망과 경험을 제공하였다.[15] 또한 기업은 글로벌 비즈니스 관계를 돈독히 하고 강화하기 위하여 합작투자를 함으로써 시너지효과를 창출한다. 예를 들어, 엑슨 모빌과 Qatar Petroleum International은 텍사스 Port Arthur에 LNG 수입 설비를 건설하고 운영하기 위하여 Golden Pass Products LLC 라는 합작회사를 만들었다. 텍사스에서 쉐일기반 천연가스 생산의 활황으로(2장 closing case 참조), 두 파트너는 LNG 수출을 위하여 100억 달러의 설비확장을 계획하고 있다. 각 파트너는 재무적 강점, 기술적 경험, 상대방의 정치적 커넥션으로부터 혜택을 입고 있기 때문에, Golden Pass는 두 기업이 협력하고 있는 많은 프로젝트 중 단지 하나일 뿐이다.[16]

In Practice

- 합작투자는 때로 시장진입과 위험 분담, 전문적인 지식과 경험의 이전을 용이하게 해주며 또한 시너지 효과와 경쟁우위를 더욱 촉진시켜준다.
- 많은 합작투자에 있어서 한 파트너들의 장점은 다른 파트너의 약점이며 그 반대도 또한 같다.

추가 고려 사항: 많은 합작투자에는 본국 기업과 우수한 기술을 보유한 외국 현지 기업이 관여한다. 왜 그럴까?

13.3 전략적 제휴의 범위

[그림 13.2]에서 보는 바와 같이 기업 간 협력의 범위는 상당히 다양하다. 예를 들어 포괄적인 제휴는 제품 디자인에서 제조, 마케팅에 이르기까지 비즈니스 전개의 모든 면에서 파트너들이 참여하는 것을 의미한다. 그러나 제휴는 연구개발과 같은 비즈니스의 특정한 요소에 초점을 두고 보다 한정적으로 이루어질 수도 있다(기능별 제휴). 이러한 협력의 정도는 개별파트너의 기본 목표에 달려 있다.

포괄적 제휴

포괄적인 제휴는 재화나 서비스가 시장에 제공되기까지의 전체과정, 예를 들어 R&D, 디자인, 생산, 마케팅 그리고 유통 등의 여러 단계에 걸쳐 공동실행이 합의될 때 발생한다. 광범위한 제휴의 범위 때문에 기업은 제휴의 성공을 위하여 재무, 생산 그리고 마케팅 등과 같은 기능적인 영역에서의 융합을 위하여 공식적인 절차를 만들 필요가 있다. 공식적인 조직구조가 없는 상태에서 광범위한 범위에 걸쳐 기능적 활동에 대한 모기업의 상이한 운영절차를 통합하기가 어렵다. 따라서 대부분의 포괄적인 제휴는 합작투자로 운영된다. 독립된 법인체로서 합작투자회사는 모기업의 부조화한 절차에 맞추고자 하기보다는 자신이 추구하는 특별한 니즈에 적합한 운영 절차를 채택할 수 있다.

더구나 완전한 통합노력을 통하여 포괄적 제휴에 참여하는 기업들은 순전히 제휴의 규모 자체와 전체자원으로 인하여 보다 큰 시너지를 달성할 수 있다. 실례로 앞서 소개한 유

그림 13.2
전략적 제휴의 범위

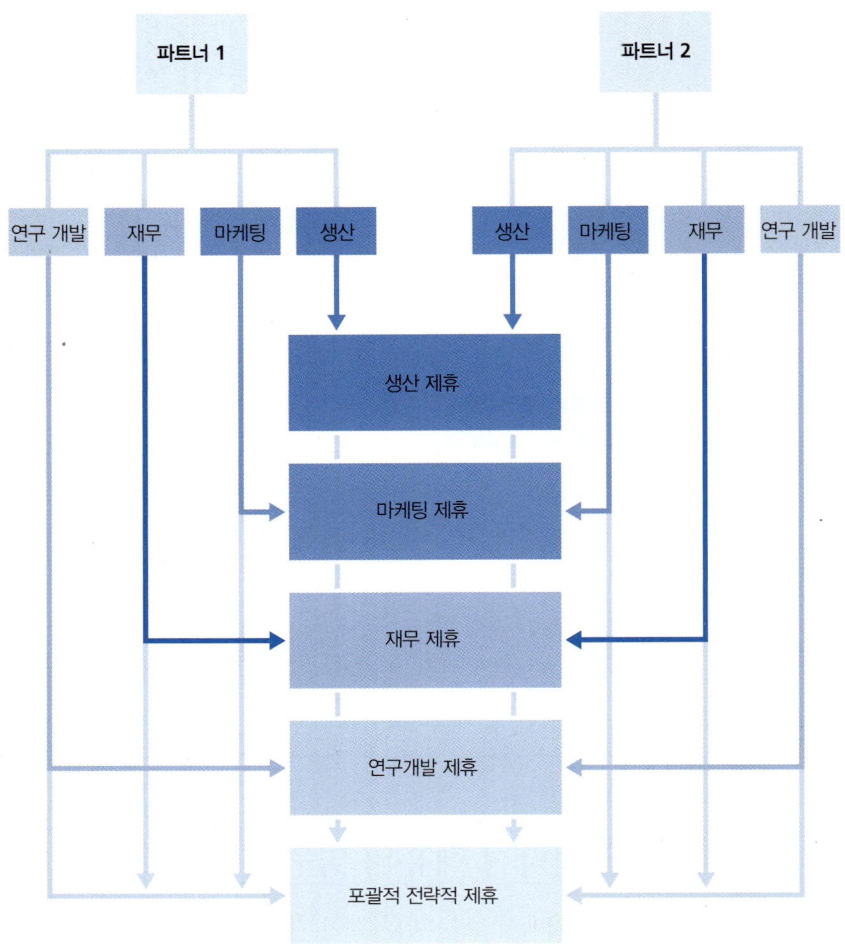

럽의 강력하고 공고한 경쟁사인 켈로그가 버티고 있는 시리얼 시장에 진출하기 위하여 General Mills와 네슬레 간 포괄적인 제휴를 통하여 합작투자회사를 만들었다. General Mills은 합작투자회사에게 자신의 시리얼 제조기술을 지공하였고 네슬레는 자신의 유럽 내 유통망과 브랜드 인지도를 제공하였다. 만약 합작투자회사가 마케팅과 같은 단일 기능 측면에서의 제휴에 머물렀었다면 CPW는 아마도 힘겨운 전투를 치러야만 하였을 것이다. 그러나 양사 각각의 비교적 장점인 부분들의 완전한 융합의 결과로 켈로그사에 만만치 않은 경쟁자가 될 수 있었던 것이다. 비슷한 사례로 Dow Chemical과 사우디아라비아의 국영석유회사 Aramco는 2015년 가동을 목표로 190억 달러를 투자하여 주베일 인근에 석유화학복합공장을 설립 운영하기 위하여 Sadara Chemical Company라는 합작투자회사를 설립하였다. Aramco사는 공장에 공급 원료를 제공하고 Dow Chemical은 석유화학제품의 생산에 필요한 기술과 전문적인 지식과 노하우를 제공하기로 한 것이다.[17]

기능별 제휴

전략적 제휴는 또한 단지 비즈니스의 단일의 기능적 영역에 한정되어 좁은 범위에서 이루어지기도 한다. 이와 같은 경우는 모기업의 니즈를 통합하는 것이 그다지 복잡하지 않다.

그래서 기능적 영역에 기반을 둔 제휴는 비록 합작투자가 여전히 보다 일반적인 조직의 형태이기는 하지만 때때로 합작투자의 형태를 취하지 않기도 한다. 기능적 제휴의 유형에는 제품생산 제휴, 마케팅 제휴, 재무적 제휴 그리고 R&D 제휴가 있다.

생산제휴(Production Alliances) **생산제휴**는 둘 이상의 기업이 공유 또는 공동시설에서 제품을 생산하거나 서비스를 제공하는 기능적 제휴다. 생산제휴는 한쪽 파트너가 소유한 기존 시설을 활용할 수 있다. 예를 들면, 이 장 뒷부분에서 설명될 GM이 과거에 패쇄했던 캘리포니아 조립공장에 도요타와 합작투자회사인 NUMMI가 입주하였다. 또 다른 사례로는 서일본에서 Sony와 Sharp가 고화질 TV 액정 크리스털 디스플레이를 생산하는 새로운 공장을 건립하기 위하여 35억 달러를 투자하여 만들 합작투자를 들 수 있다.[18] 어떤 때

VENTURING ABROAD

항공사 제휴

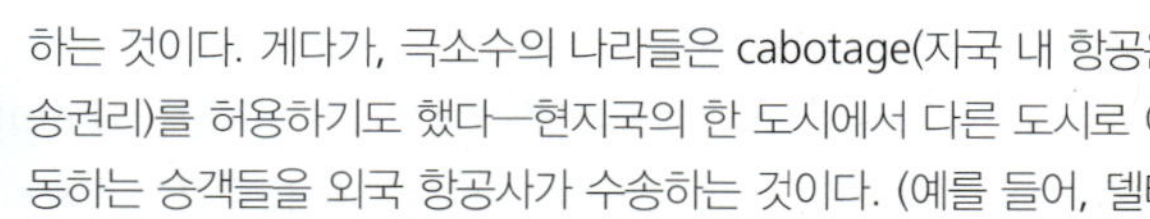

마케팅 제휴는 하나의 기업이 특정 시장에서 갖고 있는 문제점을 해결하기 위해 성립되는 것으로, 사실상 즉석에서(임시방편으로) 이루어진다. 그러나 이제 국제 항공 산업에서는, 대형 연합 마케팅이 산업 안에서 경쟁을 일으키게 되었다. 3개의 거대 연합체들(mega-alliances)은 세계 항공의 여객마일(승객 1인 1마일 수송원가) 이윤의 대다수와 관련이 있다. 1997년 설립된 스타 얼라이언스(Star Alliance)는 업계에서 가장 큰 최초의 거대 연합체였다. 27개의 멤버들로 이루어진 연합에는 United, USAir, Lufthansa, SAS, Air Canada, Air China, South African Airways, 그리고 Singapore Airlines 등이 포함되었다. 스타 얼라이언스는 매일 181개국의 1,160개 항공사에 21,000번의 항공편을 제공한다. 13개의 멤버를 가진 스카이 팀은(SkyTeam alliance)은 Air France, KLM, Delta, Aeromexico, Korean Air Lines, 그리고 Aeroflot을 포함하고 있다. 이 연합체는 매일 169개국의 900개 도시에 13,000번의 항공편을 제공한다. 12개의 멤버들로 구성된 원월드 얼라이언스는(OneWorld alliance)은 American Airlines, British Airways, Qantas, Cathay Pacific, Japan Airlines 등을 포함하고 있으며, 세계에서 세 번째로 큰 연합체이다. 원월드 얼라이언스의 항공사들은 매일 145개국의 750개가 넘는 도시에 9,300번의 항공편을 제공한다.

연합체들은 국제 항공 산업에서 일어나는 경쟁에서 빠질 수 없는 부분이 되었는데, 1944년 시카고에서 개최한 국제민간항공 회의에서 이루어진 결정들 때문이었다. 1944년의 브레턴우즈회의와 비슷했던 시카고 회의는, 2차 세계대전 이후의 경제 환경의 일환을 구축하기 위하여 개최된 것이었다. 이 경우에는, 민간항공 사업의 그것을 위한 것이었다. 시카고 회의의 참석자들은 각각의 정부가 국제항공서비스에 대한 통제를 서로 주고받는 것에 승낙하였다. 대부분의 국가들은 상호국의 민간항공사에게 운항권를 부여하기로 했다. 만약 B국이 A국에게, A국의 도시와 B국의 도시 사이를 운행할 A국의 항공사를 지정할 권리를 준다면 A국도 B국에게 A국의 도시와 B국의 도시 사이를 운행할 B국의 항공사를 지정할 수 있게 하는 것이다. 게다가, 극소수의 나라들은 cabotage(자국 내 항공운송권리)를 허용하기도 했다—현지국의 한 도시에서 다른 도시로 이동하는 승객들을 외국 항공사가 수송하는 것이다. (예를 들어, 델타 항공사는 밴쿠버에서 몬트리올로 승객들을 수송한다.)

따라서, 델타 같은 항공사는 애틀랜타의 허가를 받아 대도시 거점 노선 운항방식을 정교하게 만들어서, 미국의 버팔로 같은 도시에서 손님을 데려가 애틀랜타로 수송하고, 앨버커키(Albuquerque)로 가는 델타항공에 편승시킬 수도 있는 것이다. 대도시 거점 노선 운항방식을 이용하여, 델타 항공사는 버펄로에서 앨버커키로 가는 승객들에게 편리한 서비스를 제공할 수 있고, 심지어 버펄로에서 앨버커키로 가고 싶어 하는 소수의 승객들에게도 항상 운항 서비스 제공이 가능하다. 그러나 이러한 이점은 바다를 넘어서는 이루어지지 못했다. 시카고 회의로 인해 델타사는 비슷한 운행거점을 유럽이나 아시아에 설치할 수 없었기 때문이다. 하지만, 델타는 스카이팀에 가입하여 파리에 있는 Air France의 운행 거점과 서울에 있는 KLM의 운행거점의 이득을 취할 수 있었다. 따라서 델타를 비롯한 스카이팀의 멤버들은 전체 운항의 아주 적은 퍼센트만 운행해도, 매일 169개국의 900개 도시에 있는 13,000번이 넘는 항공편을 광고하고 제공할 수 있게 되었다.

게다가 고객들에게 더 많은 비행과 목적지를 제공하는, 이러한 마케팅제휴는 고객들이 제휴 멤버들 간의 항공편들을 편승하는 것을 더 쉽게 만들었고, 고객들이 한 항공사에서 쌓은 항공 마일리지를 다른 항공사에 이용하여 무료로 항공편을 이용하는 것을 허가했다. 항공사들은 또한 수준 높은 서비스를 일관되게 유지하기 위하여, 그리고 한결같은 고객 서비스 정책을 증진시키기 위하여 분투했다. 예를 들어 스카이팀은, 각각 다른 스카이팀의 항공편을 이용하는 승객들이 매번 다른 영화를 볼 수 있게끔 기내 비디오 서비스를 조정했다.

출처: www.starallianca.com;www.skyteam.com;www.oneworldalliance.com, accessed July 27, 2013.

에는 제휴는 꽤나 협소할 수도 있다. 예를 들어 파라마운트 영화사(Paramount Pictures)와 국영 중국영화채널(China Movie Channel)은 중국에서 영화 후속편인 Transfomers 4를 공동제작하기로 합의하였다.[19]

마케팅 제휴(Marketing Alliances) **마케팅 제휴**는 둘 또는 그 이상의 기업들이 마케팅 서비스 또는 전문적인 지식이나 노하우를 공유하는 기능적 제휴이다. 대부분의 경우, 일방의 파트너가 이미 다른 파트너사가 진출하고 있는 시장에 자신의 제품이나 서비스를 도입하는 경우이다. 기존 기업은 자사의 제품 서비스의 판매촉진, 광고, 유통 등을 통하여 새롭게 시장에 진입하려는 기업에 도움을 준다. 기존기업은 지원에 대한 대가로 고정가격을 협상하거나 신규진입자의 매출 또는 이익의 일정 비율을 공유할 수 있다. 또한 기업들은 상호호혜적인 기반 위에서 각사의 제품을 시장에 판매하는 것에 합의한다. 예를 들어 미국의 장난감 업체 Mattel과 일본의 Bandai는 1999년 전략적 마케팅 제휴를 체결하였다. Bandai는 일본에서 Mattel의 Barbie 인형, Hot Wheels, Fisher Price 장난감을 유통시키고 Mattel는 Bandai가 아직 구축하지 못하였지만 자신은 강력한 유통망을 가지고 있었던 라틴아메리카에서 Bandai사의 Power Ranger, Digimon을 유통시키는 데 합의하였다.[20] 마케팅 제휴는 또한 "Venturing Abroad"가 나타내는 바와 같이 국제항공산업에 있어서는 매우 일반적이다. 그러나 마케팅 제휴가 성립되면 파트너기업들은 자신들의 기대와 요구가 상호간에 잘 이해될 수 있도록 주의를 기울여야만 한다.

재무 제휴(Financial Alliances) **재무적 제휴**는 프로젝트와 관련된 재무적 위기를 감소시키고자 하는 기업들의 기능적 제휴이다. 파트너들은 프로젝트에 소요되는 재무적 기여를 동등하게 분담하거나, 어느 일방의 파트너가 대부분의 재무적인 측면을 담당하고 다른 일방의 파트너는 특별한 전문적인 지식이나 노하우를 제공하거나 또는 자신의 재무적인 투

스타얼라이언스는 전 세계 여행객들이게 제공하는 서비스를 향상시키기 위해 국제 항공사들이 형성한 거대 연합체중 가장 큰 규모이다. 최근 Air Canada와 Shanhai Airlines가 가입하였으며 이를 축하하기 위해 Shanghai Airlines는 베이징에서 스타얼라이언스 가입 축하행사를 진행하고 있다.

Hu Xuebai/Newscom

자부족분을 어느 정도 상쇄할 만한 다른 종류의 공헌을 하는 것이다. 보잉과 일본의 3곳의 기업파트너 간의 전략적 제휴는 기본적으로 재무적인 목적으로 형성된 것이었다. 즉 보잉은 다른 기업들이 R&D 비용과 생산비용을 담당해주길 원하였다. 반면에 이들 일본기업들은 이익뿐만 아니라 상용항공기 제조상의 의미 있는 경험을 획득하기 위함이었다. 유사한 사례로 Marriott International과 호텔 투자펀드 SAMHI Hotels Pvt Ltd는 인도시장에서 Marriott midtier Fairfield 호텔 체인을 설립하기 위하여 재무적 제휴를 하였다.[21] 그리고 20th Century Fox와 Paramount Pictures는 재무적 제휴를 통해 역사상 가장 성공적인 영화의 하나인 *Titanic*을 만들었다.

연구 및 개발 제휴(Research and Development Alliances) 하이테크 산업에서의 급속한 기술적 변화와 이와 병행하여 폭발적으로 증가하는 유지비용의 폭등이라는 환경의 변화가 R&D에 초점을 둔 기능적 제휴의 증가를 촉진시키고 있다. **R&D 제휴**에 있어 파트너들은 신제품과 서비스를 개발하기 위한 공동 연구 착수에 합의한다. 전형적인 R&D 제휴의 일례는 차세대 전기자동차를 위한 배터리 연구를 수행하기 위하여 BMW와 도요타 사에에 2011년 형성된 제휴다.[22] 유사한 사례로 Bayer AG가 신약개발을 위한 공동연구를 보다 강력하게 하기 위하여 Millennium Pharmaceutical 그리고 MorphoSys와 같은 소규모의 바이오테크놀로지 기업과 체결한 R&D 제휴가 있다.[23]

과학적 지식은 개인 연구 발표회, 과학 논문의 교환, 연구실 방문 등을 통하여 파트너들간에 전달될 수 있기 때문에 이러한 제휴는 일반적으로 합작투자의 형태를 취하지는 않는다. 게다가 독립적인 법인을 설립하고 각 파트너의 스태프를 파견하여 함께 연구팀을 구성하는 것은 각 파트너의 실험실에서 진행 중인 과학적 연구작업을 방해할 수 있다. 대신에 개별 파트너 자신의 연구실에서 개발된 새로운 기술에 대한 크로스라이센싱을 함으로써 서로 부담 없이 특허를 마음대로 사용할 수 있다. 그 결과 각각의 파트너는 기술적 개발 경쟁에서 서로를 낙마시키지 않겠다는 보증협정이라 할 수 있는 제휴를 통하여 개발된 모든 기술에 대하여 공평한 접근이 가능하게 된다. 또한 파트너들은 특허의 소유권과 타당성에 관하여 자신들 간의 법적 분쟁에서 자유롭게 된다. 예를 들면 코닥과 후지필름 그리고 3곳의 일본 카메라 제조사 간에 단순히 R&D에 초점을 두고 이루어진 제휴이다. 코닥과 후지는 자신들이 개발한 새로운 필름에 대한 생산을 허락하였고 이에 3곳의 일본 카메라 제조사는 이를 이용하여 카메라 판매가 용이하게 되었다.

세계경제에 있어 하이테크 산업의 중요성 때문에 대부분의 나라들은 산업정책의 한 부분으로 R&D 컨소시엄을 지원한다. **R&D 컨소시엄**은 세계시장을 위한 신제품의 연구와 개발 그리고 그 과정들을 하나로 묶는 조직들의 연합이다. 이는 정부의 지원이 컨소시엄의 형성과 지속적인 운영에 중요한 역할을 하는 전략적 제휴의 특별한 경우임을 잘 나타낸다. 일본기업은 수년 동안 이러한 유형의 협정을 성공적으로 실행하여 왔다.[24] 예를 들어서 20여 년 전 일본정부는 NTT, 미츠비시, Matsushita 그리고 3곳의 다른 일본기업들은 새로운 유형의 대용량 고집적 메모리칩 개발을 위한 공동 작업에 합의하고 수년 동안 이 시장을 지배할 수 있을 정도로 크게 성공하였다. 유사한 예로 EU는 하이테크 시장에 있어서 미국과 일본의 기업들에 대항하여 EU의 기업들이 경쟁할 수 있도록 ESPRIT, RACE, BRITE,

EURAM, JOULE 그리고 SCIENCE와 같은 독창적이고 교묘한 두문자어(acronyms)를 이용한 광범위한 일련의 공동연구 노력들을 개발하였다.

In Practice

- 전략적 제휴는 다양한 규모와 범위에서 가능하다. 마케팅과 같은 단일기능에 관여하는 좁은 범위에서 제품디자인에서 제조 생산, 마케팅 그리고 제품 서비스의 유통에 이르는 모든 측면을 포함하는 포괄적인 범위에 이르기까지 그 범위는 상당히 다양하다.
- 흔히 연구개발 제휴는 진행 중인 연구 업무의 방해를 피하기 위하여 합작투자 형태로 만들어지지 않는다.

추가 고려 사항: 생산 제휴와 재무 제휴를 생각해 보자. 합작투자를 이끌어낼 가능성이 더 높은 유형은 어느 유형일까? 그 이유는?

13.4 전략적 제휴의 실행

11장에서 살펴본 바와 같이 전략적 제휴 유형의 결정은 기업의 전략계획과정에서 개발되어야 한다. 이러한 결정을 하기 위해서 경영자는 협정이 어떻게 관리될 것인가에 관하여 단계별로 몇 가지 중요한 문제들에 진지하게 몰두하여야만 한다.[25] 이러한 중요한 문제들은 파트너 선정, 소유권 형태, 공동경영상의 고려요인 등이다.

파트너 선정

어떠한 협력이든 성공은 적절한 파트너의 선택에 달려 있다. 연구결과는 만약 파트너의 기술이나 경영자원이 각각의 파트너는 다른 파트너에게 부족한 조직적인 장점을 제공할 수 있을 정도로 상호보완적일 때 전략적 제휴가 성공적으로 이루어질 수 있음을 보여준다.[26] 전략적 제휴를 하고자 하는 기업은 파트너를 선정함에 있어 적어도 다음과 같은 4가지 요인 즉 (1) 양립성 (2) 잠재적 파트너의 제품이나 서비스의 본질 (3) 제휴의 상대적 안전성 (4) 제휴의 학습 잠재력을 고려하여야 한다.

양립성 기업은 신뢰할 수 있고 그리고 함께 효과적으로 일을 수행할 수 있는 방법이나 생각 등에 있어 양립가능한 파트너를 선택해야 한다. 상호 간의 신뢰 없는 전략적 제휴는 성공하지 못한다. 그러나 기업운영철학에 있어 호환성의 결여는 제휴를 불행한 결말로 이끌 수 있다. 예를 들면 General Electric Corporation(미국의 GE가 아닌 동명의 영국기업)와 독일의 Simens 간의 제휴는 서로 양립할 수 없는 경영스타일 때문에 실패하였다. 전자의 GEC는 재무전문가들에 의하여 운영되고 후자의 Simens는 엔지니어에 의하여 운영되는 기업이다. GEC의 재무관련 경영자들은 언제나 단기수익성, 재무관련 고려요인 등의 현실적인 문제들을 우려한 반면에 Simens의 관리자는 반대로 기술혁신, 디자인 그리고 제품의 생산에 보다 많은 주의를 기울였으며 재무적인 문제들에 관해서는 그다지 큰 관심을 나타내지는 않았다.[27] 반대로 CPW의 주된 성공 요인은 General Mills와 네슬레 간에 높은 수준의 양립성이었다.

잠재적 파트너의 제품 혹은 서비스의 성격 고려할 또 다른 요인은 잠재적 파트너의 제품 또는 서비스에 대한 본질이다. 특정시장에서 치열한 경쟁을 전개하고 있는 바로 그 기업이 또 다른 시장에서는 서로 협력한다는 것은 때때로 어려운 일이다. 그러한 상황에서는 각각의 파트너는 또 다른 제3의 시장에서 기업을 대상으로 그 지식을 이용하려는 파트너를 두려워하는 또 다른 파트너에게 자신의 전문적인 지식이나 노하우를 모두 드러내려 하지 않을 것이다.

대부분의 전문가들은 기업은 상호보완적이지만 직접적인 경쟁관계가 아닌 제품이나 서비스를 가지고 있는 파트너와 제휴관계를 맺는다고 믿는다. General Mills와 네슬레 간의 합작 투자는 이러한 기본원리의 대표적인 사례이다. 양사는 식품가공기업이지만, 네슬레는 시리얼을 생산하는 것이 아니라 General Mills와의 협력에 의한 제품만을 생산한다. 유사한 사례로 Pepsi와 Lipton은 서로 경쟁하지 않고 상호보완적이었다. 따라서 이는 그들의 합작투자회사가 미국의 즉석 음료 차 시장에 진입을 함에 있어 성공을 이끌 수 있었다.

제휴의 상대적 안전성(The Relative Safeness of the Alliances) 복잡성, 협정 실패에 따른 잠재적 비용 등으로 경영자는 전략적 제휴를 하기 전에 잠재적 파트너에 관하여 가능한 많은 정보를 수집해야 한다. 예를 들면 경영자는 사전에 잠재적 파트너와 전략적 제휴의 성공과 실패를 평가해야 한다. 또한 마찬가지로 이는 다른 기업의 관점에서 잠재적인 거래 분석과도 일치하여야 한다. 예를 들어 잠재적 파트너가 협정에서 얻고자 하는 바는 무엇인지? 파트너의 장점과 단점은 무엇인지? 투자에 어떻게 기여할 것인지? 제안된 협정이 전략적인 목표와는 일치하는지? 등에 관한 점에서 이러한 거래가 양쪽 모두에게 훌륭한 비즈니스로 인식의 일치를 보인다면 성공확률은 증가할 것이다.[28]

예를 들면 Corning Inc는 대형 TV 진공관 생산업체 Asahi Glass의 사업(operations)과 자사의 TV 화면(glass) 제품을 통합한 Asahi Video Product Company라는 합작투자회사를 설립하였다. Corning사는 다음과 같은 이유로 공동투자를 신뢰하였다.

- Asahi Glass의 대형 TV 진공관에 관한 전문지식과 기술은 다른 진공관 크기에서의 Corning사의 장점을 보다 완전하게 보완하여 줄 것이다.
- 합작투자 회사는 북미시장에 설립하는 일본의 TV 생산업체의 증가와 연관하여 Asahi Glass의 지속적인 사업연계로 도움을 얻을 것이다.
- 양 기업 장점의 결합이 비디오 디스플레이 산업의 기술적인 혁신에 뒤지지 않게 하여 줄 것이다.
- Asahi Glass는 미국시장에서 Corning사의 기술과 마케팅 영향력의 도움을 얻을 것이다.
- Corning는 1965년 이후 Asahi Glass와의 다른 합작투자를 성공적으로 운영해 오고 있다.

사실, Corning는 자사 이익의 절반을 PPG, Dow Chemical, Samsung과 같은 MNCs의 선두기업과의 합작투자 개발에 수완이 있다.

제휴의 학습 잠재력 전략적 제휴를 맺기 전에 파트너들은 또한 서로에게 배울 수 있는 학습 잠재성에 대하여 평가하여야 한다. 학습의 영역은 예를 들어 재고품에 대한 보다 효과적인 방법, 종업원에 대한 보다 효과적인 훈련 방법과 같은 매우 구체적인 것에서부터 기업 문화에 대한 조정 방법 내지는 보다 전략적인 관리 방법 등과 같은 극히 일반적인 범위에 이른다. 그러나 동시에 각각의 파트너는 자신들의 정보 가치를 주의 깊게 평가하여야 하며 그리고 제휴가 종결되면 바로 경쟁적인 불리를 초래할 수 있는 그 어떠한 것도 다른 파트너에게 제공하지 않아야 한다. 다음 섹션에서 다시 살펴보기로 한다.[29] "Venturing Abroad"는 학습을 목적으로 이루어진 성공적인 제휴에 관하여 논의한다.

소유권의 형태

전략적 제휴를 체결할 때의 또 다른 이슈는 이용되는 법인의 정확한 형태이다. 거의 대부분의 합작투자는 주식회사의 형태를 취하고 일반적으로 비즈니스를 수행할 국가에서 법인화한다. 어떤 경우에는 세금이나 법적인 이점이 제공되는 경우에는 다른 나라에서 법인화하기도 한다. 예를 들어 Bahamas는 때때로 합작투자 법인에 있어 매력적인 조세회피지역으로 보인다.

법인형태는 파트너들이 이익이 되는 세금구조의 마련과 새롭고 참신한 소유권 협정을 시행할 수 있게 해주며 그리고 그들의 다른 자산을 보다 잘 보호할 수 있게 해준다. 이런 법인형태는 또한 파트너들의 정체성과는 다른 자신만의 정체성 창출을 가능하게 한다. 물론 만약 파트너의 어느 일방 또는 양쪽 모두가 좋은 평판을 얻고 있다면 아마도 새로운 회사는 합작투자 회사의 일부로 파트너들의 이름들을 사용할 것이다.

새로운 법인은 또한 파트너들이 비즈니스를 할 수 있는 중립적인 환경을 제공한다. 만약 파트너들 간의 상호작용이 외부의 그들 소유의 생산시설이나 조직에서 발생한다면 충

VENTURING ABROAD

행동으로 배우다

도요타와 GM은 미국에서 성공하고 장수한 합작 투자회사들 중 하나였다. 1982년 GM은 캘리포니아의 프리몬트에 있던 오래된 자동차 제조공장을 닫았는데, 가동하기에 비효율적이고 비용이 너무 비싸졌기 때문이었다. 1984년에 도요타는 그 공장을 다시 열어 NUMMI(신 통합 모터제조 주식회사)라는 합작투자를 통해 경영하는 것에 동의했다. NUMMI는 두 동업기업이 평등하게 소유한 투자임에도 불구하고, 도요타는 두 기업을 위해 시설을 관리하고 자동차를 조립했다. 각각의 기업들이 주로 지식을 습득하기 위해 거래에 합류했다. 도요타는 미국 시장에서 자동차 부품기업들과 노동자들을 어떻게 다뤄야 할지 더 배우고 싶어 했다; GM은 우선 일본의 경영 기법을 관찰하고 싶어 했다. 도요타는 1988년, 켄터키 주의 조지타운에 제조공장을 열었을 때 새로 습득한 지식을 적용했다. GM은 NUMMI에서 배운 지식들을 Saturn 실험 자동차 부서를 개발하고 경영하는 데와 독일 아이제나하(Eisenach)에 있는 신 유럽조립공장을 구성하는 데 적용했다. 결과적으로, 이곳에서의 GM의 생산성은 미국에서의 그것보다 2배로 뛰어올랐다. 1997년 GM이 뷰익(승용차)을 제조하러 상하이 자동차 산업회사와 함께 16억 원의 합작투자에 합류했을 때, NUMMI에서 배웠던 지식들이 합작투자에서 놀라운 성공을 거두는 데 결정적인 역할을 하였다. 그러나 2000년대 후반에는 동업기업들을 위해 NUMMI로부터 중요한 전략이었던 지식을 배우는 행위가 줄어들었다. 재정 위기와 뒤따른 파산이 한창이었던 2009년에, GM은 합작투자에서 물러나겠다고 선언했다. 그런 일이 있었지만 NUMMI는 성공으로서 인정이 되어야 한다. 두 기업 모두가 합작투자의 설립에서 찾던 지식을 습득했기 때문이다.

출처: "A giant falls," *The Economist*, June 4, 2009; "The car company in front," *The Economist*, January 27, 2005; "Testing GM's shock absorbers," *The Economist*, April 29, 1999; "Making a global alliance work," *Fortune*, December 17, 1990, pp. 121 – 126.

돌이나 마찰에 대한 잠재력은 줄어들 것이다. 또한 법인이 만약 파트너 어느 쪽에 편향된 종업원들에 의존하지 않고 합작투자 회사에 먼저 충성하는 경영진이나 근로자들을 고용하여 운영된다면 잠재적 충돌이나 마찰은 줄어들 것이다.

예를 들어 Corning과 Genentech가 설립한 합작투자회사는 기대만큼의 성과를 거두지 못하였다. Corning사는 곧 성과실행의 어려움에 대한 원인의 하나로 Genentech에서 파견된 관리자가 있음을 발견하였다. 즉 이들 관리자들이 Genentech와 합작투자회사 간을 구별하지 못한 채 충성한 것을 알게 되었고 Corning은 Genentech에게 이들 관리자들의 사직을 요청하였다. 그 일 이후로 합작회사의 성과는 급속하게 개선되었다.[30]

드문 경우이긴 하지만 합작투자에 대한 법인화가 가능하지도 바람직하지도 않은 경우도 있다. 예를 들어 법인에 대한 국가 특유의 규제가 법인화가 최적이 아닐 정도로 매우 엄격하거나 부담스러운 경우이다. 이런 경우 파트너들은 일반적으로 합자회사 협정 하에서 이를 운영한다. 합자회사에서는 매니징 파트너(무한 파트너)는 자신의 투자금에 관계없이 합자투자에 대한 모든 재정적 책임을 진다. 다른 파트너(유한 파트너)는 자신의 투자분에 합당한 책임을 질 뿐이다. 분명 이 같은 협정은 매니징 파트너에게 훨씬 위험하다.

민관합작(Public-Private Venture) 합작투자의 특별한 형태인 **민관합작(public-private venture)**은 민간 기업과 정부 간에 동반자적 관계를 수반하는 유형이다. 이와 같은 협정은 어떤 특정 상황하에서 이루어진다(민간부문과 비영리조직들 간의 증가하는 제휴에 대한 토론을 위한 "PEOPLE, PLANET, AND PROFITS"를 보라.).

한 나라의 정부가 개발하고자 하는 자원을 통제하고 있을 때 그 자원과 관련한 전문적인 지식과 노하우를 가진 기업의 참여를 요청하게 된다. 예를 들면 남미의 국가들은 우림 숲으로 둘러싸인 지역의 개발을 위하여 Weyerhaeuser사와 같은 다수의 외국 벌목 기업을 이용한다. 유사한 형태는 유전의 발견, 탐사, 개발에서도 존재한다. 유전에 대한 접근 및 소유권을 가지고 있는 정부는 시추와 석유정제 관련 기술에 대한 전문적인 지식이나 노하우가 부족하다. 그 반면에 글로벌 석유회사는 요구되는 관련 지식과 전문적인 노하우를 가지고 있으나 필수적인 개발권이 없다. 이 때문에 정부는 석유 시추권리를 주고 기업은 자본과 전문적 지식 및 노하우를 제공하는 합작투자를 하는 것이 일반적이다. 예를 들어 2006년에 Exxon Mobil은 아부다비 정부와 아부다비 Upper Zakum field의 수익금 28%를 받기로 하는 합작투자를 하였다. 협상의 일부로 아부다비에 기술 연구소를 설립하고 또한 첨단의 선진 시추기술과 정유저장 관리기술을 이용하여 공장의 생산량을 50% 이상 비약적으로 증대시키기로 합의하였다.[31]

유사하게 만약 어떤 특정국가가 외국기업의 완전소유를 허용하지 않는다면 기업은 아마 민관합작을 추진할 것이다. 만약 그 기업이 적절한 현지파트너를 찾지 못한다면 정부 스스로가 합작투자에 참여하거나 또는 정부는 소유권 분담을 요구할 것이다. 석유산업에서 민관합작은 전형적이다. 투자에 따른 기회와 문제점을 평가함에 있어 기업은 직면하게 될 정치적 그리고 법적인 환경의 다양한 측면을 고려해야 한다. 이 중에서도 가장 중요한 것은 정부의 안정성이다. 정치적으로 불안정한 나라에서는 현재의 정부가 다른 정부로 대체될 수 있으며 그 결과 그 기업은 심각한 도전들에 직면할 수 있기 때문이다. 최선은 투자

PEOPLE, PLANET, AND PROFITS

선을 위한 제휴

비정부기구(NGO)와 크고 작은 기업 간의 제휴가 중요해지고 있다. 대부분의 NGO는 인권, 노동자 권리 또는 환경 보호와 같은 운동을 추진하는 데 중점을 두고 있다. 종종 초기 접근 방식은 정치적으로 조직된 다음, 지방정부가 그들의 의제를 달성하기 위한 입법안을 통과하도록 로비하는 것이었다. 그러나 정부는 행동을 취하는 데 시간이 걸리고 일단 제정된 법안을 시행하고 집행하는 데 종종 비효율적인 반면에 민간 부문 조직은 일단 동기부여가 된다면 더 빠르고 효율적으로 대응할 수 있다.

따라서 NGO는 민간 조직과의 제휴에 관심을 돌렸다. 예를 들어, 세계야생동물기금(World Wildlife Fund)은 현재 글로벌시장에서 가장 큰 100개 회사에 초점을 맞추고 있다. "이 회사들이 자신들의 경영관행을 바꾸면 자신들이 운영하는 시장의 절반에 영향을 미칠 것이며, 우리가 관심 갖는 장소들을 보호하는 데 엄청난 영향을 미칠 것이다. 이것이 바로 우리가 하는 일 중 가장 빠르게 성장하는 부분이며, 우리가 주목하는 가장 큰 동력이기도 하다."

때때로 비즈니스 파트너가 진심으로 NGO의 사명을 신뢰하기 때문에 제휴가 이루어지기도 한다. 비즈니스 파트너가 한 NGO에 의해 시작된 부정적인 언론보도를 겪고 난 후, 그 NGO와 제휴를 맺기도 한다. 나이키(Nike)는 대표적인 사례이다. 1990년대에 나이키는 계약을 체결한 제조사의 공장이 안전하지 못하고 노동을 착취하는 근무환경에 대해서 NGO들의 비난을 받았다. 처음에 나이키는 공장 근로자들이 직원이 아니기 때문에 근무환경에 대한 책임이 없다고 주장했다. 그 주장은 여론 법정에서 설득력이 없었다. 몇 차례의 실패 이후, 나이키는 노동권 보호에 힘쓰는 NGO들과 강력한 협력 관계를 구축하고 하청업체 공장의 근무환경을 적극적으로 모니터링하기로 합의했으며, 그 결과는 웹 사이트 www.nikeinc.com에서 확인할 수 있다. 공장 근무환경이 완벽해지지는 않았지만 이제 나이키는 NGO 공동체들로부터 노동자 권리증진에 있어 적이 아닌 파트너로 간주된다.

IKEA와 Kingfisher(우럽의 선도적인 주택개선용품 판매업체)는 산림관리협의회(Forest Stewardship Council), 열대우림연합(Rainforest Alliance) 및 세계야생동물기금(World Wildlife Fund)과 협력하여 중국 산림을 보호하기 의하여 환경적으로 건전한 방식으로 절단된 것으로 인증받은 목재만을 구매한다. Limited Brands는 환경보호 단체인 숲의 윤리(ForestEthics)로루터 압력을 받은 후, 지속 가능한 친환경 공급업체로부터 4억 부의 카탈르그를 구매하기로 합의했다. 월마트는 식료품 매장 운영을 위해 현지생산 농산물의 구매를 3배로 늘리려고 노력하고 있다. 그렇게 함으로써 지역 소농을 지원하고, 운송으로 인한 온실 가스 배출량을 줄이고 있다. 국가자원 방위위원회, 세계 야생생물기금 및 환경 방위기금의 전문가와 상의하여 이 새로운 조달(sourcing)전략을 구축했다.

NGO들은 종종 신흥 시장에서 소규모 기업과 협력하기도 한다. 예를 들어, 세계야생동물기금(World Wildlife Fund)의 브라질 지부는 에이커(Acre)주의 주 정부와 지방 농가 협동조합과 제휴하여 지속 가능한 친환경 농업 관행을 촉진시키고 풍부한 열대우림에 대한 의존도를 높이고 있다. 예를 들어, 2,000명 규모의 협동조합인 Cooperacre는 야생에서 수집한 브라질 견과류를 모아서 껍질을 까고 포장을 한다. 700명이 회원인 Natex는 야생 고무나무에서 모은 라텍스를 구입하여 콘돔을 만들고, 정부가 에이즈 퇴치를 위해 이를 구입한다.

출처: "Asian paper giant agrees to stop cutting Indonesia's natural rain forests," *Washington Post*, February 5, 2013; "The new rubber boomlet," *The Economist*, December 1, 2012; "Going bananas," *The Economist*, March 31, 2012; "Wal-Mart pledges more purchases from local farmers across the world," Washington Post, October 14, 2010; "The long road to sustainability," *The Economist*, September 23, 2010; "Strange bedfellows," *The Economist*, May 22, 2008.

guentermanaus/Fotolia

열대우림은 수백만 종의 식물 및 동물군에 중요한 서식처를 제공하며, 지구 온실 가스 배출을 통제하는 데 중요한 역할을 한다. 많은 NGO와 목재 소매업자들은 열대우림 서식지를 보호하고 지속 가능한 친환경 임업 관행을 장려하기 위한 제휴관계를 형성했다. 이러한 제휴관계는 생태학적으로 해로운 방법인 완전벌목(clear cutting)법의 사용을 막으려고 노력한다.

가 과거 정부와 연관되어 있기 때문에 새로운 정부에게는 덜 중요한 것으로 여겨지는 것이며, 최악의 경우는 기업의 투자가 완전히 고갈되거나 자산이 감소되고 그리고 투자기업의 운영이 소멸되거나 정지되는 경우이다. 그러나 만약에 협상이 적절하게 이루어지거나 지방정부가 비교적 안정적인 경우라면 민관 합작투자는 상당히 유익할 것이다. 정부는 친절하고 유순하게 행동할 것이고 그리고 기업의 합작투자를 허용할 것이다. 또한 경쟁적인 비즈니스 활동을 제한함으로써, 지방정부는 자신의 투자를 보호하고, 따라서 파트너의 투자를 보호하기 위하여 우월적 지위를 활용할 수 있다.

민관합작투자를 하고자 하는 기업은 현지진출 정부와 잠재적인 비즈니스 파트너 양쪽 모두의 기대와 관심사항에 관하여 철저하게 이해를 하고 있어야 한다. 이러한 점이 가장 명확하게 나타나는 곳은 중국이다. 중국시장의 거대한 규모와 성장에 대한 가능성으로 많은 기업들은 중국에 대한 투자 기회에 관심을 가지고 있으며, 지방자치정부 소유의 기업과의 합작투자는 다국적기업(MNCs)의 일반적인 진입모델이다. 많은 서구기업들은 다음과 같은 협정을 통하여 성공을 하였다. 예를 들어, 상하이 자동차(SAIC)와 GM의 합작투자회사 SAIC-GM JV는 거대하고 빠르게 성장하는 중국 시장의 선두 주자이다. SAIC-GM JV는 중국 시장에 적합한 신차개발과 조립 생산능력의 확대 그리고 수백 명의 신규 딜러 모집을 위해 2016년까지 추가로 110억 달러를 투자할 계획이다.

그러나 다른 서구의 기업들은 이러한 협정과 관련한 문제점들에 공감하고 있다. 중국에서 철수한 기업들 사이에서는 "합작투자 파트너에게 기대하는 질적 수준은?" "절대 회사에 출근하지 않는 사람"과 같은 쓰디쓴 농담을 통하여 관련 문제들에 공감하였다. 예로 Daimler-Benz는 1995년 지방자치정부 소유의 Nanfang South China Motor Corporation과 미니밴 생산을 위하여 합작투자회사를 설립하였다. 2년 뒤 양사는 다양한 이슈와 관련한 논쟁 때문에 아무 것도 할 수 없었다. 예를 들어 Nanfang은 2곳의 공장에서 미니밴을 조립하기를 원한 반면에 Daimler-Benz 이사회는 규모의 경제 획득을 위하여 단일공장에서의 생산을 원하였다.[32] Unilever는 다른 문제를 갖고 있었다. 상하이의 합작투자회사 파트너는 합작투자회사에서 생산하는 Unilever 제품(Omo)과 경쟁관계에 있는 White Cat이라는 자신의 합성세제 브랜드를 계속 판매하였을 뿐만 아니라 Omo의 생산방식을 그대로 베끼고 Omo의 것과 거의 유사하게 보이도록 세제 포장을 하기도 하였다. New Balance의 이사회는 Unilever의 이러한 상황에 공감하였다. 중국의 제조 파트너가 가짜의 위조 스니커즈를 생산하고 그리고 이러한 제품을 New Balance의 법적인 허락을 받은 제품이라고 하면서 직접 영국과 호주의 할인점에 판매한 사실을 알게 되었다.[33]

공동경영상의 고려요인

전략적 제휴를 어떻게 관리할 것인가와 관련한 보다 심화된 이슈와 질문들이 존재한다.[34] 공동으로 전략적 제휴를 관리하기 위하여 다음과 같은 3가지의 표준 방식이 이용된다. 즉 관리계약(shared management agreement), 선임협정(assigned arrangement) 그리고 대표협정(delegated arrangement)이다.

관리계약(shared management agreement)에서 각각의 파트너는 완전히 그리고 적

그림 13.3
전략적 제휴의 관리

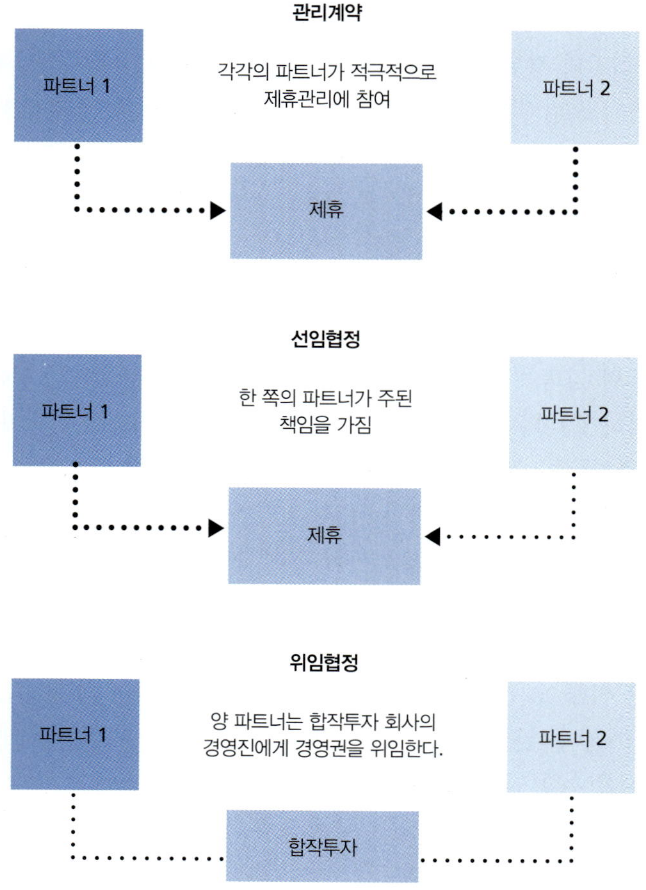

극적으로 제휴관리에 참여한다. 파트너들은 제휴를 관리하고 그리고 파트너기업의 관리자들은 정기적으로 제휴 관리자를 통하여 제휴에 관련한 세부사항들을 지시한다. 제휴 관리자의 권한은 제한적이고 대부분의 의사결정은 모기업 경영자의 의사를 전적으로 따라야만 한다. 이러한 유형의 협정은 참여 파트너 간의 높은 수준의 조정과 거의 완벽한 수준의 합의가 요구된다. 그래서 이러한 유형은 유지하기 힘들고 파트너 간에 충돌하기 너무 쉬운 유형이다. 합작투자의 경영에서 이러한 유형의 대표적인 사례는 코카콜라와 프랑스 Danone 그룹이 남미와 유럽에서 코카콜라의 Minute Maid 오렌지주스를 유통시키기 위하여 체결한 경우이다. 이 합작투자는 Danone(다농은 이들 지역의 슈퍼마켓에서 팔리는 낙농유제품의 15~30%를 제공하고 있음)의 유통망과 생산설비를 Minute Maid 브랜드와 결합한 것이다. 이 합작투자회사는 관리계약 협정에 의하여 운영된다. 즉 양사는 합작투자회사의 운영위원회에 임원 3명씩을 파견하기로 하고 Danone은 합작투자회사의 운영을 그리고 코카콜라는 마케팅과 재정을 담당하기로 한다.[35]

선임협정(assigned arrangement)에서는 어느 한쪽의 파트너가 전략적 제휴 운영에 관한 주된 책임을 갖는다. 실례로 헝가리의 트럭, 엔진, 트랙터 생산업자 Raba와의 합작투자회사 주식의 67% 소유한 GM은 합작투자회사의 운영 전반에 걸쳐서 관리 통제를 부여받았다.[36] 보잉은 777과 787 상용비행기의 디자인과 생산을 위하여 후지, 미츠비시 그리고 가와사키와 체결한 전략적 제휴의 전반적인 운영을 담당하였다. 선임협정에서 지배적인 파트너는 새로운 사업단위를 위하여 스스로가 어떤 현안이나 의제를 실행할 수 있는 권한, 의사결정자 간의 어떠한 협의도 깨뜨릴 수 있을 정도의 권한 심지어 상대 파트너를 압도할 만한 강력한 권한을 가지고 있기 때문에 제휴동맹의 관리는 매우 단순하고 간결하다. 물론 이러한 행동들이 대립과 충돌을 불러일으키고 동등한 파트너들이 의사결정에 동의할 수 없는 일들이 일어난다면 그 동맹제휴는 매우 위태로워질 것이다.

위임협정(delegated arrangement)은 합작투자회사에 적합한 형태로서, 파트너들이 현재 영업운영에 참여하지 않으며, 따라서 합작투자회사의 경영진에게 경영통제권을 위임한다. 이러한 집행부는 새로운 회사의 운영을 위하여 특별하게 고용되거나 참여한 기업으로부터 전권을 위임을 받는다. 이들은 일상적 의사결정에 대하여 그리고 합작기업에 대한 관리와 전략 실행에 대한 책임을 갖는다. 그 결과 이들은 실질적인 권한과 자율성을 가지고 스스로 중요한 의사결정을 할 수 있으며, 심지어 파트너기업의 관리자들에게 의사결정에 관하여 설명할 필요도 없다. 예를 들어 American Motors와 Beijing Automotive Works은 Beijing Jeep의 운영을 위하여 그들의 경영 팀이 현대적인 자동차 생산관리와 중국의 운영 상황을 배울 수 있도록 경험 있는 경영자들을 고용하였다. 뿐만 아니라 이들 경영자들은 합작투자회사의 운영에 대한 전권을 부여받았다.

합작투자회사를 관리함에 있어 공식적인 규칙에 의해 회사가 운영되는 것에 동의함이 중요하지만, 요령 있는 국제적인 사업가라면 경우에 따라 비공식적인 규칙도 동일하게 중요함을 인식하여야 한다. "Emerging Opportunities"이 설명하는 바와 같이 비공식적인 규칙에 주목하지 않았을 경우 합작투자 파트너들이 크게 피해를 당할 수 있다.

In Practice

- 파트너 선정은 전략적 제휴의 성공 또는 실패에 있어서 중대한 사안이다. 각 기업은 제휴의 학습 잠재력, 잠재적 파트너 제품 또는 서비스의 특성, 그리고 제휴의 상대적 안정성을 면밀하게 분석해야 한다.
- 결혼 생활에서와 마찬가지로, 유망한 파트너의 양립가능성은 성공이나 실패의 가장 중요한 결정 요인이 될 수 있다. 제휴가 우호적인 비즈니스 감각을 만들 수도 있지만, 파트너들이 협조하지 않는다면 실패하기가 쉽기 때문이다.

추가 고려 사항: 합작투자를 위한 3가지 접근법(관리계약, 선임협정, 위임협정)을 생각해보자. 이 중에서 합작투자 파트너 간에 가장 큰 신뢰가 요구되는 접근법은?

13.5 전략적 제휴의 보이지 않은 위험

건설적인 전략적 제휴를 위한 기업의 심사숙고에도 불구하고 여전히 한계와 보이지 않는 위험을 고려해야 한다. [그림 13.4]는 전략적 제휴의 실행가능성을 위협하는 5가지의 근본 문제를 정리한 것이다. 즉 파트너의 부적합성, 정보에 대한 접근, 수익분배를 둘러싼 충돌

그림 13.4
전략적 제휴의 보이지 않은 위험

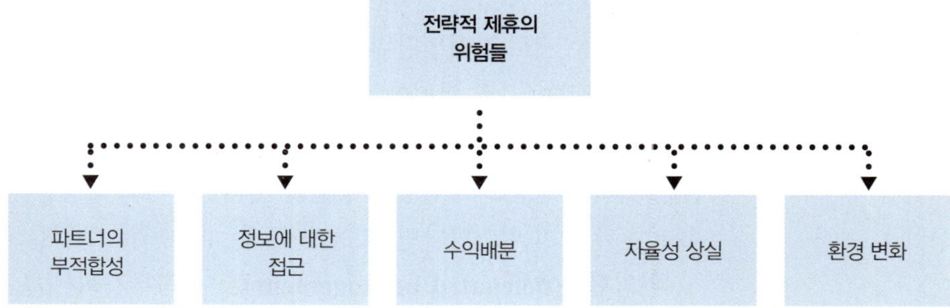

EMERGING OPPORTUNITIES

책임자 시진핑

웹스터 영어사전에서는 공산주의를 "재산을 동등하게 분배하거나 모든 국민의 이득을 위해 공동재산을 소유하는 등의 방식으로, 부의 불평등의 폐지를 조장하는 사회제도"라 정의하고 있다. 이러한 정의에 따르면, 현대의 중국은 완전한 공산주의라 말하기 어렵긴 하지만, 그렇다고 중국에서 사업을 펼치거나 중국과 공동사업을 추진할 때, 그들이 공산당임이 중요하지 않다고 볼 수도 없다.

중국에서는 어느 정도 규모의 경영조직에서는 지배력에 있어 가장 막강한 영향력을 행사하는 사람은 일반적으로 조직의 당 비서인 경우가 많다. 당 비서는 중국공산당의 당원으로 조직 내에서 중국공산당의 대표로 임명되는 사람을 말한다. 중국 기업 또는 중국 파트너와의 합작 투자 사업(JV)이 공식적으로는 이사회에 의해 운영된다 할지라도, 사실 궁극적인 영향력은 당 비서에 있다. 경영진과 고위간부의 임명, 또는 주요한 전략적 판단들은 반드시 당 비서의 승인을 받아야만 한다. 종종 당 비서는 당에서 이루어진 결정사항을 이사회에 통지하고, 이사회는 이를 통지받은 대로 시행해야만 한다.

이러한 현상을 보여주는 대표적인 한 가지 예로 2004년 11월 중국 내 가장 규모가 큰 3개 통신사(China Telecom, China Mobile, China Unicom)의 최고 경영자에게 내린 정부의 결정을 들 수 있다. 정부당국은 3개 통신사의 최고 경영자들이 자기들끼리 스스로 일자리를 바꾸도록 했다. 비록 세 기업 모두 정부소유의 기업이긴 하지만, 그 중 두 회사는 공식적으로 의미 있는 정도의 소액주주가 명단에 있는 기업이었다. 그럼에도 이들 기업 이사회의 공식적인 역할이나 희망과는 관계없이, 중국공산당의 지도자가 결정을 내리면, 세 기업의 이사회는 이를 충실히 승인 이행할 뿐이었다.

해외기업은 이러한 비공식적이면서도 성문화되지 못한 경영지배(governance)방식을 이해하지 않으면 안 된다. 그렇지 못하면 세계에서 가장 큰 유제품 수출기업, 뉴질랜드의 Fonterra가 그 원통함을 깨우친 것과도 같은 결과에 직면할 것이기 때문이다. 2005년 Fonterra는 중국 최고의 유제품 기업인 Sanlu와 합작 투자 사업을 추진하기 위한 합의서에 서명하였다. 합작 투자 사업을 진행하기 위해 Fonterra는 Sanlu 지분 43%를 받고, Sanlu 이사회 의석 3자리를 제공받았다. Sanlu의 급진적인 성장은 지역농민들에게서 우유를 사들이는 중개인(middlemen)에게서 우유를 대량으로 몰아서 살 수 있었기 때문이다. Sanlu는 당시 시장을 주도하던 영아용 조제분유를 제조하던 2008년 초부터, 구매한 우유가 멜라민이 가미되어 있다는 제보를 간헐적으로나마(scattered) 받기 시작했다. 멜라민 성분이 외견상 우유의 단백질 함유량을 끌어올려 판매자들이 가격을 올려 받을 수 있게 만들지만, 이는 실은 신장 결석, 방광암과 더불어 생식계통까지 손상을 입힐 수 있는 매우 유독한 물질이다. 2008년 7월말까지 Sanlu는 실험을 통하여 그 문제를 확실하게 확인하였다.

Sanlu와 Tian Wenhua 의장(여, Sanlu의 당 비서 역임)은 공중위생뿐만 아니라 정치적 면에서도 재난을 겪었다. 베이징 올림픽이 2008년 8월 8일 개막을 앞두고 있었고, 그래서 중국공산당은 부정적인 언론의 관심이 하계올림픽 성공에 영향을 미치지 않도록 이를 명확히 하였다. Fonterra의 회의록에 따르면, 중국 공산당이 Sanlu의 이사회와 만남을 가졌던 8월 2일, 전량 리콜에 투표하였다고 한다. 한편, Sanlu의 회의록에는 세간과 스포츠 마니아들의 이목이 베이징에 쏠려 있는 틈을 타 식품 안전에 대한 스캔들을 숨기기 위한 중국공산당의 지시를 염두에 둔 제품안전담당 부시장의 조정의 결과로, 한정된 양만의 제품 회수에 대한 합의가 기재되어 있었다. 전량 제품 리콜은 그 이후 9월, 뉴질랜드 대사가 중국 정부에 이 문제를 알리게 된 후로부터 뒤늦게 시작되었다. 비록 Fonterra의 경영진이 그들은 멜라닌의 오염에 대한 이야기를 8월 2일 이사회에서 처음 들었다고 주장하였음에도 불구하고, 기업 평판의 손상은 쉽게 회복되지 않았다. Fonterra는 이사회나 경영진이 아닌 당 비서에 책임이 있다는 사실을 너무도 늦게 깨달았던 것이다.

출처: Richard McGregor, The Party (New York: HarperCollins, 2010); "Convicted Sanlu boss blames Fonterra," *nzherald.co.nz*, January 28, 2009 (online); Xinting, Jia, "Corporate Governance in State Controlled Enterprises, *Journal of Business Systems, Governance, and Ethics*, Vol 1., No. 3; "China bank chiefs hit at Communist party role," *Financial Times*, April 28, 2005 (online); www.webster-dictionary.org.

ITAR-TASS Photo Agency/Alamy

공산당에 의해 임명된 당서기는 이전의 역할에 상관없이 중국기업과 합작투자에 가장 영향력 있는 결정권자이다. 중국 공산당의 총서기직은 2012년부터 시진핑이 맡고 있으며 당에서 가장 높은 직책의 관료로 국가의 지도자이기도 하다.

과 대립, 자율성 상실 그리고 환경 변화이다.

파트너의 부적합성

전략적 제휴 파트너 간의 부적합성(불협화음, 부조화)은 이러한 협정 실패의 주된 원인이다. 부적합성(불협화음)이 일반적으로 제휴의 빈약한 성과로 이어지긴 하지만 때때로 이는 전면적이고 완전한 대립을 초래할 수 있다. 우리는 이미 전장에서 Siemen사의 기술 지향적 관리와 GE사의 재무 지향적 관리 사이의 충돌 사례에 주목하였다. 부적합성은 기업문화, 국가 문화, 목표와 목적 또는 두 파트너들을 연결시키는 다른 어떤 근본적인 차원에서의 차이점을 이유로 생겨날 수 있다. 예를 들어 GM은 AvtoVAZ의 디자인에 Chevrolet 브랜드를 입힌 소형 스포츠 유틸리티 자동차를 만들기 위하여 러시아의 자동차 제조업체 OAO AvtoVAZ와 3억4천만 달러의 합작투자회사를 설립하였다. 그런데 이 합작투자회사는 양 파트너 간의 부품 가격의 설정, 제품 디자인, 시장 개발 그리고 합작투자회사의 전략적 방향성에 대한 조정 등 전반에 대한 불협화음으로 허우적거리고 있다.[37] 마찬가지로 폭스바겐 경영자는 스즈키와의 합작투자회사의 느린 시동걸림에 실망하였다. 이는 일본 파트너의 꼼꼼하지만 시간소모적인 의사결정 방식 때문이다.[38]

대부분의 경우 부적합성의 문제는 파트너들이 처음부터 각자가 제휴하고자 하는 이유에 관해 주의 깊게 토론하고 분석한다면 충분히 예측할 수 있다. 두 파트너의 최고 경영자 간의 상호 관심사, 목표 그리고 전략에 관한 믿음(신뢰)을 상의하기 위한 만남이야말로 의미 있는 출발점이 될 것이다. 그런 만남을 통해 경영자들이 함께 일할 수 있도록 이끌어낸 방법이 전략적 제휴에서 그들의 능력을 잘 협력할 수 있게 하는 중요한 계기가 될 수 있을 것이다.

명백하게 만약 파트너들이 제휴 비즈니스 단위에 위임하는 의사결정력은 어느 정도할 것인지, 제휴 전략이 추구하는 바가 무엇인지, 제휴의 조직 또는 스텝 구성은 어떻게 할 것인지 등과 같은 기본적인 이슈에 동의할 수 없다면 타협이나 절충은 아마도 성공하기 어려울 것이며 제휴는 성공하지 못할 것이다. 예를 들어 AT&T와 이탈리아의 Olivetti 간의 마케팅 제휴는 신속하고 허세 좋게 발표되었으나 양사가 제휴를 통하여 얻고자 하는 바가 무엇인지 그리고 공동 작업은 어떻게 계획할 것인지 등의 마케팅전략에 대한 합의에 이르지 못한 끝에 실패하였다.

정보에 대한 접근

정보에 대한 제한적인 접근은 많은 전략적 제휴의 또 다른 결점(문제점)이다. 협력이 효과적이기 위해서는 어느 일방(또는 양방)파트너는 다른 파트너에게 비밀이 유지되길 바라는 정보를 제공해야 한다. 그러나 기업은 어떤 확실한 정보에 대한 공유를 예측하지 못한 채 협정을 할 수 있기 때문에 일반적으로 사전에 비밀유지와 같은 이러한 요구를 확인하기 어렵다. 이러한 상황이 현실화될 때 기업은 정보와 관련하여 협력의 효과성을 예측하거나 또는 다른 타협을 하여야 한다.[39]

예를 들어 미국의 컴퓨터 회사 Unisys는 일본의 전자회사 Hitachi와 합작투자에 관한 협상을 하였다. 그런데 합작투자가 진행된 이후에야 비로소 Unisys는 컴퓨터 제조에 이용되는 기술설명서의 대부분을 Hitachi에게 제공하여야 한다는 사실을 알게 되었다. 비록 Unisys의 경영자는 Hitachi에게 마지못해 이러한 정보를 제공하긴 하였으나 그들은 이러한 정보들이 자사의 경쟁력에 손해를 입히게 될까 두려워하였다. 그리고 신형 포드 세단의 디자인 작업을 위한 Ford와 Matsuda 간의 제휴는 마쯔다 관계자가 포드 관계자의 자사 연구소 방문을 허락하지 않았을 때 거의 정지되었다. 수 주간의 논쟁 끝에 제한된 시간 내에서 Ford 기술자의 연구소 출입을 허락하는 것으로 타협을 하였다.

수익배분을 둘러싼 충돌

전략적 제휴의 명백한 한계는 수익 배분과 관련되어 있다. 파트너들은 위험과 비용을 분담하기 때문에 이익도 공유하고자 하기 때문이다. 예를 들어 General Mills와 네슬레는 유럽의 합작투자회사에서 발생하는 이익금을 50 대 50의 베이스로 나누었다. 물론 협력계약의 이러한 측면은 사전에 공지되고 또한 거의 언제나 최초 합의의 일부로서 협상되기도 한다.

그러나 기본적인 수익배분을 뛰어넘어 의견충돌이나 불일치의 원인이 될 수 있는 또 다른 재무적인 고려사항들이 있다. 파트너들은 또한 사업에 재투자되는 것이 아니라 자신들에게 귀속되는 합작투자의 수입 비율에 합의하여야 하며 또한 수입이나 이익을 계산하는 데 이용되는 회계과정 그리고 거래되는 이전가격 조정의 방법 등에 관하여 합의를 하여야만 한다. 예를 들어 1990년대 Rubbermaid사는 유럽, 북아프리카 그리고 중동 도처에 천연고무와 플라스틱 가재도구 제품을 생산하고 판매하기 위한 합작투자를, Rubbermaid의 현지 파트너(독일의 화학회사 DSM Group NV)가 Rubbermaid가 선호하는 만큼의 합작투자회사의 판매를 확장하기 위하여 신제품 개발에 이익금을 재투자하는 것에 격렬하게 저항하였기 때문에 종결지었다.[40]

자율성 상실

전략적 제휴의 또 다른 함정은 잠재적인 자율성의 상실이다. 기업이 위험과 이익을 공유하는 것과 같이 또한 그들은 통제도 공유하고 그래서 서로가 할 수 있는 것에 제한을 받는다. 새로운 제품이나 서비스를 도입하기 위한 그리고 제휴의 비즈니스 방법을 변화시키기 위한 또는 어떠한 조직적인 변화를 도입하고자 하는 대부분의 시도들은 무엇보다도 먼저 논의되고 협상되어야만 한다. 이와 같은 문제를 극복하기 위하여 FedEx는 중국의 합작투자 파트너 Tianjin Datian W Group을 4억 달러에 인수하기로 한다. 2006년의 구매를 통하여 FedEX의 글로벌 네트워크에 합작투자의 90 픽셀의 포장 처리시설과 3천명의 종업원이 보다 잘 통합될 수 있었다.[41] 반대로 Genernal Mills와의 계약의 일부로서 네슬레는 만일 합작투자가 종료된다면 네슬레는 북미 시리얼 시장에 적어도 10년간은 진입할 수 없다고 합의할 수밖에 없었다.

극단적으로 전략적 제휴는 인수를 위한 첫 단계일 수 있다. 1980년대 초반, 일본의 기업 Fujitsu는 영국의 컴퓨터 회사 ICL과 전략적 제휴를 협상하였고, 공동으로 비즈니스를 수행한 지 9년 후 Fujitsu는 ICL의 지분 80%를 사들였다. 전략적 제휴가 종결된 150개 기업에 대한 한 조사에서 4분의 3 이상의 전략적 제휴가 일본 기업이 비일본 기업 파트너를 인수했기 때문에 종결되었음을 발견할 수 있다.[42] 다른 경우, 파트너들은 서로가 자사에 불공정한 이점을 얻기 위하여 각자의 기회적인 행동을 고소하기도 한다. 예를 들어 Walt Disney Company와 SKY Television(영국 pay-TV 채널 운영권자) 사이의 합작투자는 Sky사가 Disney 쪽에서 제공하기로 약속한 프로그램을 의도적으로 지연하였다고 고소함으로써 해소되었다. 이에 반하여 Disney는 이에 관한 어떠한 상의나 상담도 없이 너무 성급하게 진행하였다고 SKY의 일련의 행위에 대하여 고소하였다.[43]

환경 변화

환경 변화는 또한 전략적 제휴의 실행 가능성에 영향을 준다. 협력적인 합의의 동기가 되었던 경제적인 상황이 더 이상 존재하지 않거나 또는 기술적인 진보가 합의를 더 이상 쓸모없게 하기도 한다. 예를 들어, 2011년 말 삼성 전자는 HDTV용 LCD화면을 생산하기 위하여 소니와 공동으로 만든 7년차 합작회사(S-LCD)의 소니지분을 인수하였다(합작사업 해소). 비록 합작기업이 수년간 이윤을 창출했지만, 산업의 공급과잉으로 2010년 영업손실을 초래했기 때문이다.[44] 유사하게 2011년 Johnson Controls는 프랑스의 배터리 제조업체인 Saft Groupe SA와 자동차 산업용 리튬이온 배터리를 제조하는 합작투자의 해소를 위한 소송을 제기하였다. 미국의 기업은 시장 주도권을 유지하는 데 필요한 재빠른 기술적 변화와 투자는 합작투자에 효과적이지 못한다고 주장하였다. 이에 대하여 프랑스의 파트너는 동의하지 않았다.[45]

In Practice

- 전략적 제휴가 실패하는 가장 중요한 이유는 파트너의 부적합성, 정보에 접근을 둘러싼 충돌, 수익배분을 둘러싼 의견의 불일치, 자율성 상실 그리고 환경의 변화 등이다.
- 예상되는 제휴 파트너와의 실사와 토론은 이러한 문제들(issues)이 발생할 가능성을 줄일 수 있다. 예를 들어, 정보에 대한 접근과 수익 배분 정책은 협정체결 전에 모든 당사자들이 이해하지 않으면 안 된다.

추가 고려 사항: 25년 후에 해체된 합작투자회사 NUMMI를 생각해보자. 이 합작투자는 성공인가 실패인가? 그 이유는?

MyManagementLab®

mymanagementlab.com으로 돌아가 아이콘으로 표시된 문제를 완성하시오 ✪.

CHAPTER REVIEW

요약

2개 이상의 기업이 상호이윤을 위해 협력하는 전략적 제휴는 국제 사업에서 그 인기가 올라가고 있다. 전략적 제휴의 일반적인 타입인 합작 투자는, 두 개 이상의 기업이 모여 지배회사로부터 합법적으로 분리된 별개의 독립체를 수반하는 것이다.

전략적 제휴는 멤버 기업들에게 여러 가지 이점을 제공한다. 첫째로, 기업의 시장진입을 용이하게 해준다. 둘째로, 지배회사로 하여금 위험부담을 나누게끔 해준다. 셋째로, 기업들이 서로 새로운 지식과 전문지식을 나누는 것을 쉽게 해준다. 최종적으로, 동반 상승효과와 동업 기업들 사이의 경쟁적인 이점을 조성해준다.

전략적 제휴에서 얻을 수 있는 기회는 아주 다양하다. 포괄적 제휴는 사업 활동과 운영의 모든 것을 수반한다. 제조, 마케팅, 재정, 연구개발과 같은 사업의 오직 한 측면만을 수반하는 기능적인 제휴 또한 일반적이다.

전략적 제휴를 형성하기 위한 결정은, 여러 다른 사항들을 고려할 필요가 있다. 물론 동업기업을 선택하는 것이 가장 중요한 일이므로, 우리 회사와의 융화성, 제품과 서비스에 대한 잠재성, 상대적 안정성, 학습 잠재성 또한 고려할 필요가 있다. 조직의 형태를 선택하는 것도 제휴의 성공에 있어서 아주 중요한 요소이다. 전략적 제휴의 특별한 경우에는 공기업과 사기업을 수반하기도 한다. 전략적 제휴의 경영구조 또한 주의 깊은 고려를 필요로 한다.

전략 제휴에 속한 동업 기업들은 그들이 협력하고 있는 주석의 성공기반을 약화시킬 수 있는 여러 위험에 대해 인지하고 있어야 한다. 이러한 위험들에는 동업기업 간의 비융화성, 정보에 대한 접근, 수익분배에 대한 갈등, 자치권의 상실, 그리고 환경의 변화 등이 포함된다.

리뷰 질문

13-1. 합작 투자와 다른 형태의 전략적 제휴의 기본적인 차이점들에는 무엇이 있는가?

13-2. 왜 최근 몇 년간 전략 제휴가 인기를 얻으며 성장하였는가?

13-3. 동업 기업들이 그들의 전략적 제휴로부터 얻을 만한 기본적인 이점에는 무엇이 있는가? 하나씩 간단히 설명하시오.

13-4. 포괄적 제휴의 기본적인 성격은 어떤 것인가? 그것은 어떤 형태를 취하는가?

13-5. 기능제휴의 일반적인 형태 4가지는 무엇인가? 하나씩 간단히 설명하시오.

13-6. 연구개발 협력단이란 무엇인가?

13-7. 전략 제휴의 동업기업을 선택하는 데 어떤 요소들이 고려되어야 하는가?

13-8. 전략 제휴를 운영하는 세 가지 기본 방식은 무엇인가?

13-9. 어떠한 환경에서 전략제휴가 공기업, 사기업들과 함께 맺어질 수 있는가?

13-10. 전략적 제휴가 지닌 잠재적 위험에는 어떤 것들이 있는가?

토의용 질문

13-11. 당신 나라에서는 전략적 제휴가 일반적인가? 전략적 제휴의 현재의 추세는?

13-12. 당신이 전략적 제휴 대상의 외국파트너 선정을 결정하는 거대한 국제기업의 매니저이며, 합작구조(collaboration) 결정에 관여하고 있다고 가정해보자. 어떠한 영향을 미칠지는 모르지만, 합작투자회사(JV)와 같은 합작구조에 대한 그 결정이 당신 개인과 경력에 주는 영향은 무엇인가?

13-13. 당신 나라에서 전략적 제휴가 순조롭지 못한 사례를 찾아보자. 그 이유는 무엇인가?

13-14. 당신 나라에서 성공적인 전략적 제휴 사례를 찾아보자. 그 이유는 무엇인가?

13-15. 전략적 제휴에 관한 성공적인 몇 가지 명확한 사례들을 참고로, 당신 나라에서 성공적인 전략적 제휴를 위한 적절한 공식은 무엇이라고 생각하나요?

13-16. 기업이 그 자신이 가지고 있는 너무나 가치 있는 정보들을 제공해주지는 않으면서 전략적 제휴 파트너로부터 배우고자 하는 것과 관련된 문제들은 무엇인가?

13-17. 기업이 전략적 제휴를 활용하는 것보다 자력으로 새로운 시장에 진입을 결정하는 이유는?

13-18. 당신 나라에서 전략적 제휴를 맺고자 한다면 글로벌 비즈니스가 고려해야 할 특별한 관심사나 문제를 파악하여야 한다.

13-19. 신흥시장은 비즈니스의 큰 기회를 제공한다. 그 기회는 기업이 현지 파트너를 참여시킴으로써 선도자 우위(first-mover advantage)를 획득할 수 있다면 특히 유리할 것이다.

글로벌 역량 갖추기

4명 혹은 5명의 사람들로 한 조를 이루어라. 당신의 조가 Resteaze 주식회사의 이사회(즉, 고위간부)들이라고 가정하라. Resteaze는 매트리스, 박스스프링, 물침대를 만드는 큰 제조회사이다. 이 상장기업은 미국 침구시장에서 가장 큰 기업 중 하나이다. 이 기업은 15개의 공장을 가동하고, 5,000명이 넘는 직원을 쓰고 있으며, 작년에는 3억8천만 달러의 수익 중 2천만 달러의 수익을 만들었다. Resteaze의 제품은 백화점, 가구점, 전문점 등에서 팔려나가고 있으며 좋은 품질에 중간 가격이라는 평가를 받고 있다.

당신의 위원회는 유럽 침대 시장에 진출할 것을 생각하고 있다. 당신은 유럽 시장에 대해서 조금밖에 알지 못하기 때문에, 합작투자를 구성할 것을 고려하고 있다. 당신의 위원회는 이 구성을 위해 3개의 후보기업들을 찾아냈다.

한 후보기업은 Bedrest이다. Bedrest는 프랑스 기업으로 역시 침구를 만든다. 불운하게도, Bedrest의 상품들은 유럽에서 나쁜 평가를 받고 있으며 판매되는 대부분의 제품들은 사실상 값이 유난히 싸기 때문에 팔리는 것들이다. 그러나 이 기업은 동유럽에서 성장할 가능성이 있다. Bedrest를 당신의 위원회에게 후보로서 추천해준 상담가는, Resteaze의 더 좋은 품질의 제품들이 Bestrest의 값 싼 제품들과 서로 잘 맞물릴 것이라고 얘기한다. Bedrest는 판매량의 감소로 재정적인 어려움을 갖고 있는 것으로 알려져 있다. 그러나 컨설턴트는 이 기업이 곧 나아질 것이라고 생각한다.

두 번째 후보기업은 고품질의 가구를 제조하는 독일기업인 Home Furnishings 주식회사이다. 이 기업의 침실가구(침대 머리판, 옷장, 서랍장, 등등)들은 유럽에서 가장 인기가 많다. 이 기업은 또한 미국 가구시장에 진출하는 것에 관심을 갖고 있는 것으로 알려졌다. Home Furnishings은 재정 상태가 아주 좋다고 여겨지는 민영기업이다. 그러나 제품가격 때문에 동유럽에서는 그다지 경쟁력이 없을 것이라고 예상되는 기업이기도 하다.

마지막 후보인 Pacific Enterprises 주식회사는 이제 막 유럽시장에 진출한 일본의 복합기업이다. 이 기업은 아직 유럽에서 아무런 영업을 하고 있지 않지만 기업이 밀고 나가게 될 어떤 새로운 사업이라도 감당할 수 있는 엄청난 재정을 비축하고 있다. 이 기업의 주요 생산라인은 기계 공구, 자동차 대체 부품, 통신 장비 그리고 가전제품이다.

당신이 할 일은 이 각각의 유망한 기업들의 상대적인 장점과 단점을 Resteaze를 위해 평가해 보는 것이다. 유럽 시장은 당신에게 아주 중요하며, 이것은 당신에게 있어 첫 번째 해외 사업이고, 당신은 성공의 가능성을 최대한으로 끌어올리고 싶어 한다. 각각의 후보에 대한 평가가 끝나면, 후보기업이 당신의 기업을 매료시키는 정도에 따라 순위를 매겨 보아라.

13-20. 3개 후보기업들의 가치를 평가하고 순위를 매기는 일이 얼마나 간단했는가? 혹은 얼마나 애매했는가?

13-21. 수업에 참여한 다양한 조들의 일원이, 서로 동의하는 정도와 반대하는 정도를 알아내고 논의해보아라.

CLOSING CASE 잘 생각해보고 행동하라

다농 SA그룹은 파리에 위치한 요거트, 무알콜음료, 유아식 판매업체로 이 분야에 정통한 경쟁업체이다. 10만 천 명의 직원을 두고 2010년 영업은 매출은 총 170억 유로로 그 중 45퍼센트는 서유럽 외의 지역에서 이루어낸 실적이다. 전 세계에서 가장 규모가 큰 신선한 유제품 판매업체이고 두 번째로 큰 생수와 유아영양제품 판매 업체이기도 하다. 다른 다국적기업들처럼 다농은 현재 판매의 3분의 1을 차지하고 있는 신흥시장이 성장을 위한 중요한 기회를 제공한다고 믿는다. 다농 그룹은 현지 업체들과 협력하는 전략을 세워 가능성 있는 신흥시장에 진출하고자 한다. 다농은 그들의 재정적 영향력, 제조 노하우, 정교한 영업기술을 합작투자들에 건네주고, 현지 업체들은 자국의 법제와 정치적 과정 유통경로, 현지소비자들의 소비습관 등을 전수한다.

예를 들어 방글라데시에서 다농은 그라민 그룹과 합작투자를 설립했다(167페이지 참조) 다농은 방글라데시의 1억 5,900만 인구를 미개발 시장으로 보았다. 그라민은 두 가지 다르지만 칭찬받을 만한 목표를 가졌다. 첫째는 더 건강한 음식을 제공하여 현지의 영양 상태를 개선시키고, 둘째는 방글라데시 농부들에게 새로운 시장을 개척해주어 가난을 줄여주고자 하였다. 그라민의 목표에 협조하기 위해 다농은 그들의 일반적인 비즈니스 관행에 약간의 변화를 주어야만 했다. 예를 들어, 일자리 창출을 극대화하기 위해 현지 공장은 가능한 한 자동화시키지 않는다. 그리고 다농 연구원들은 수입해야 하는 설탕 사용을 줄이기 위해 제품공식에 변화를 주었다. 그라민 다농의 첫 번째 제품은 저가의 shoktidoi 요거트(방글라어로 건강하게 만드는 요거트라는 의미)였는데 시골지역 아이들의 영양 결핍을 막기 위해 비타민으로 영양을 강화시켰다. Shoktidoi 요거트는 현지농부가 제공한 우유로 만들어졌고 현지에서 생산된 대추에서 뽑아낸 당밀로 달콤함을 더했다.

다농은 중국과 인도 시장에 진입하는 데 있어 비슷한 전략을 채택했다. 다농은 종칭하우(Zon Qinghou)와 합작투자회사를 설립했다. 그는 1980년대에 항저우 와하하(Hangzhou Wahaha) 그룹을 세운 기업가로 음료제조업체이며 중국에서 가장 유명한 브랜드 중 하나의 소유주이다. 1996년부터 다농과 와하하그룹은 총 38개의 합작투자를 설립했는데 청량음료, 스포츠음료, 차, 생수 등을 생산했다. 다농이 51퍼센트, 와하하가 49퍼센트의 소유지분을 가졌다.

서류상으로 이 합작투자들은 꽤 성공적이었고 대부분은 큰 성장전망과 함께 높은 시장점유율을 차지했다. 예를 들어, 와하하는 중국에서 가장 큰 생수 판매업체로 39퍼센트의 시장점유율을 차지하고 있다. 다농과 항저우 와하하의 합작투자와 다른 작은 파트너업체는 다농을 시장점유율 18퍼센트의 중국 내에서 가장 큰 청량음료 생산업체로 만들어 주었다. 지난 몇 년 동안 다농의 청량음료 판매는 10에서 15퍼센트의 연간 성장률을 이루어 내었다.

이러한 시장 성공에도 불구하고, 다농과 항저우의 관계는 무너져버렸다. 다농은 항저우 와하하의 설립자 종칭허우가 판매 누적 총액이 14억6천 달러에 달하는 20개의 유사한 청량음료 사업을 허가 없이 시작하였고 이것은 다농-항저우 협약에 반하는 것이라고 주장하였다. 종칭하우는 이 사실을 부인하지 않았고 오히려 와하하 브랜드를 보호하기 위해 어쩔 수 없었다고 대답했다. 또한 다농이 합작투자 경영에 투자하는 것에 적극적이지 않았기 때문이라고 했다. 종칭하우는 다농 또한 그들의 합작회사와 경쟁관계에 있는 멍귀유업과 과일음료 제조사인 휘유안 같은 다른 중국회사에 투자하면서 정직하지 못했다고 주장했다. 이익 분배를 박탈한 것뿐만 아니라, 다농의 입장에서는 유사 사업 확장이 소비자에게 제품들이 합법적으로 판매되었는지 결정짓는 것을 불가능하게 만들었다. 따라서 다농은 종칭하우와 항저우 와하하를 합작투자협약 위반 혐의로 중국, 스웨덴 미국 법정에 고소했다. 다농은 중국법정에서 성공하지 못했다. 다농은 그들의 합작투자가 와하하 이름에 대한 권리가 있다고 주장했다. 그러나 항저우 와하하가 그들의 계약에서 요구되었듯이 처음 와하하 브랜드 이름을 합작투자로 이전하기 위해 청원서를 제출했을 때, 중국의 규제기관이 승인하지 않았다. 그 이후 요청 재신청은 이루어지지 않았다. 따라서 2007년 12월 항저우 중재위원회는 와하하가 와하하 브랜드의 소유권을 그들이 합작투자로 이전시키는 요구를 너무 오래 기다렸다고 판결을 내렸다. 이 판결 이후 다농은 중국 정부가 외국기업의 법적 권리 보호의 중요성을 인식하고 또한 중국과 프랑스 정부가 이 논쟁을 해결할 수 있도록 중재해 줄 것을 바라면서 이 소송을 중단하였다. 정치적 해결에 대한 다농의 희망은 수포로 돌아갔다. 그리하여 2009년에 다농은 권리를 포기하기로 하였다. 합작투자 주식의 51퍼센트를 3억 유로에 와하하에 팔고 이 논쟁을 마무리하였다.

다농은 인도에서 정반대의 문제가 생겼다. 다농과 와디아(Wadia) 가문은 인도 합작투자인 브리타니아 산업의 약 4분의 1씩을 각각 소유하고 나머지는 정부가 소유하였다. 다농은 인도에 새로운 식품을 출시하는 데 더 적극적이었다. 안타깝게도 인도에서의 식품류 판매를 위한 와디아 가문과의 협약의 일부로 1995년 계약에서 와디아 가문의 동의하에만 인도시장에 새로운 식품을 출시할 수 있다고 명시하였고, 와디아 가문은 새로운 식품판매를 원하지 않았다. 중국에서 와하하 합작투자의 경우처럼 다농은 2009년에 브리타니아 산업의 주식을 와디아 가문에 1억7천만 달러에 팔아버렸다.

사례 질문

13-22. 그라민 다농은 비영리기업인 그라민과 영리추구기업인 다농 SA가 만나 이룬 합작투자이다. 이 합작투자가 각각의 기업에게 가져다 줄 이점에는 어떤 것들이 있는가? 왜 각각의 기업들은 합작투자에 합류하는 것을 택했을까?

13-23. 각각의 제휴기업들의 관점으로 볼 때, 이 합작투자에 합류하는 것에 잠재적인 위험이 있는가?

13-24. 다농의 중국에 있는 합작투자를 생각해보라. 이 합작투자가 각각의 기업들에게 가져다 준 이점들은 무엇이었는가? 왜 각각의 기업들은 이 합작투자에 합류하는 것을 택했을까?

13-25. 다농이 중국과 인도에서 맞닥뜨린 문제들을 회피하기 위해서 어떠한 일들을 할 수 있었을까?

출처: www.danone.com, accessed April 25, 2013; "Danone juice JV with Chiquita dogged by 'mismanagement,'" www.beveragedaily.com, January 25, 2013; *Danone Annual Report* 2012; "Danone's cheap trick," Time, August 23, 2010; "Danone exits China venture after years of legal dispute," *New York Times*, October 1, 2009; "Danone to quit joint venture with Wahaha," *Financial Times*, September 30, 2009; "Danone ends partnership with Wadia," *Financial Times*, April 14, 2009; "Danone's Wahaha appeal is dismissed," *Wall Street Journal*, August 6, 2008, p. B2; "Partners fight over Wahaha in China," *Wall Street Journal*, July 28, 2008, p. B1; "Arbiter rejects Danone's claims on China venture," *Wall Street Journal*, July 14, 2008, p. B3; "Danone willing to drop Wahaha suits," *Wall Street Journal*, December 14, 2007 (online); "Trademark ruling favors Wahaha," *Wall Street Journal*, December 11, 2007, p. B5; "Danone venture woes now crop up in India: Breakup may loom," *Wall Street Journal*, June 22, 2007, p. B3; 'Danone's China strategy is set back," *Wall Street Journal*, June 15, 2007, p. A10; "China venture partner blames feud on Danone," *Wall Street Journal*, June 14, 2007 (online); "Danone seeks ways to fix China joint venture," *Wall Street Journal*, June 13, 2007, p. A8; "Danone China jointventure chief quits amid feud," *Wall Street Journal*, June 8, 2007, p. A11; *Danone Social and Economic Report 2006*.

MyManagementLab®

mymanagementlab.com으로 가서 아래의 질문에 답하시오.

13-26. 합작투자회사를 관리할 수 있는 3가지 주요 수단은 무엇인가? 이러한 3가지 접근법의 장점과 단점은 무엇인가?

13-27. 기업이 전략적 제휴 파트너를 선택하는데 고려할 요소는 무엇인가?

13-28. Mymanagementlab Only에 본 장을 포괄하는 서술형 과제가 있다.

Endnotes

1. www.cerealpartners.co.uk/about-us/ accessed April 24, 2013; "Cereals—he next food frontier," *Wall Street Journal*, February 3, 2011; *General Mills 2005 Annual Report*; Ian Friendly, *Cereal Partners Worldwide: A World of Opportunity*, Vevey, Switzerland, June 8, 2005 (mimeo); "Breakfast cereals: The international market," *Euromonitor International*, June 9, 2000; "General Mills reports record earnings of 78 cents per share for fiscal 1997 third quarter," *PR Newswire*, March 12, 1997; "Cereal partners venture shakes up Kellogg's," *Eurofood*, July 1995, p. 24; Christopher Knowlton, "Europe cooks up a cereal brawl," *Fortune*, June 3, 1992, pp. 175 – 79; "Cafe au lait, a croissant—nd Trix," *Businessweek*, August 24, 1992, pp. 50 – 2.
2. "For Kodak's Advantix, double exposure as company relaunches camera system," *Wall Street Journal*, April 23, 1997, p. B1; "Camera system is developed but not delivered," *Wall Street Journal*, August 7, 1996, p. B1; "Kodak joins Fuji, others for project," *USA Today*, March 26, 1992, p. B1.
3. Peter J. Killing, "How to make a global joint venture work," *Harvard Business Review* (May – une 1982), pp. 120 – 27.

4. "Camera system is developed but not delivered," op. cit.
5. See Balaji Koka and John Prescott, "Strategic alliances as social capital: A multidimensional view," *Strategic Management Journal*, vol. 22 (2002), pp. 795 – 16.
6. David Lei and John W. Slocum, Jr., "Global strategic alliances: Payoffs and pitfalls," *Organizational Dynamics* (Winter 1991), pp. 44 – 2.
7. Michael E. Porter, *Competitive Strategy* (New York: Free Press, 1980), p. 275.
8. "Imax to open 75 China cinemas," *Financial Times*, March 25, 2011, p. 19.
9. "Cigna enters retail alliance in Brazil," *Financial Times*, March 21, 1997, p. 18.
10. Farok J. Contractor, "Ownership pattern of U.S. joint ventures abroad and the liberalization of foreign government regulations in the 1980s: Evidence from the benchmark surveys," *Journal of International Business Studies*, vol. 21, no. 1 (First Quarter 1990), pp. 55 – 3.
11. "Digging with the dragon," *The Economist*, December 18, 2010, p. 130.
12. Bruce Kogut, "Joint ventures: Theoretical and empirical perspectives," *Strategic Management Journal*, vol. 9 (1988), pp. 319 – 32; Andrew C. Inkpen and Paul W. Beamish, "Knowledge, bargaining power, and the instability of international joint ventures," *Academy of Management Review*, vol. 22, no. 1 (1997), pp. 177 – 02.
13. "Moody's grabs foothold in China," *Wall Street Journal*, April 14, 2006, p. C3.
14. See Duane Ireland, Michael Hitt, and Deepa Vaidyanath, "Alliance management as a source of competitive advantage," *Journal of Management*, vol. 28, no. 3 (2002), pp. 413 – 46.
15. "PepsiCo planning tea-drink venture with Unilever unit," *Wall Street Journal*, December 4, 1991, p. B8.
16. "Deal opens way for new LNG export terminal," *Houston Chronicle*, May 11, 2013, p. D1.
17. "Dow Chemical Forms JV With Saudi Aramco," *Wall Street Journal*, November 28, 2011.
18. "Sony, Sharp form venture to make LCD-TV panels," *Wall Street Journal*, February 27, 2008, p. B2.
19. "Paramount, Chinese Partners Join Forces on 'Transformers 4'," *Wall Street Journal*, April 3, 2013, p. B8
20. "Mattel forms an alliance with Bandai of Japan," *Wall Street Journal*, July 22, 1999, p. A20.
21. "Marriott plans India hotel expansion," *Wall Street Journal*, April 6, 2011, p. B8.
22. "BMW, Toyota in Partnership," *Wall Street Journal*, December 2, 2011, p. B4; "BMW in deal to supply diesel engines to Toyota," *Financial Times*, December 2, 2011, p. 18.
23. "Bayer forms research partnership for antibodies with MorphoSys," *Wall Street Journal*, December 23, 1999, p. A14.
24. Mariko Sakakibara, "Formation of R&D consortia: Industry and company effects," *Strategic Management Journal*, vol. 23 (2002), pp. 1033 – 050.
25. See Yadong Luo, "Contract, cooperation, and performance in international joint ventures," *Strategic Management Journal*, vol. 23 (2002), pp. 903 – 19; see also Jeffrey Dyer, Prashant Kale, and Harbir Singh, "How to make strategic alliances work," *MIT Sloan Management Review* (Summer 2001), pp. 37 – 6.
26. J. Michael Geringer, "Strategic determinants of partner selection criteria in international joint ventures," *Journal of International Business Studies*, vol. 22, no. 1 (First Quarter 1991), pp. 41 – 2; Kathryn R. Harrigan, Strategies for *Joint Venture Success* (Lexington, MA: Lexington, 1985); Keith D. Brouthers, Lance Eliot Brouthers, and Timothy J. Wilkinson, "Strategic alliances: Choose your partners," *Long Range Planning*, vol. 28, no. 3 (1995), pp. 18 – 5.
27. Main, op. cit.
28. Stephen J. Kohn, "The benefits and pitfalls of joint ventures," *The Bankers Magazine* (May/June 1990), pp. 12 – 8.
29. See Eric Tsang, "Acquiring knowledge by foreign partners from international joint ventures in a transition economy," *Strategic Management Journal*, vol. 23 (2002), pp. 835 – 54.
30. Joseph E. Pattison, "Global joint ventures," *Overseas Business* (Winter 1990), pp. 24 – 9.
31. "The well," *Houston Chronicle*, April 2, 2006, p. D2; "Exxon Mobil gains piece of oil field in Abu Dhabi," *Houston Chronicle*, March 28, 2006, p. D10.
32. "Daimler-Benz may pull out of venture to build cars with Chinese company," *Wall Street Journal*, May 23, 1997, p. A8; "Going it alone," *The Economist*, April 19, 1997, pp. 54 – 5; "Ford hopes small investment in China will pay off big," *Wall Street Journal*, November 9, 1995, p. B3.
33. "A sneaker maker says China partner became its rival," *Wall Street Journal*, December 19, 2002, pp. A1, A8.
34. See R. Duane Ireland, Michael A. Hitt, and Deepa Vaidyanath, "Alliance management as a source of competitive advantage," *Journal of Management*, vol. 28, no. 3 (2002), pp. 413 – 46.
35. "Coke in venture with France's Danone to distribute orange juice overseas," *Wall Street Journal*, September 25, 1996, p. B8.
36. Nicholas Denton, "GM puts further DM100m into its Hungary venture," *Financial Times*, November 6, 1991, p. 7.
37. "Russian car maker comes under sway of old pal of Pu-

tin," *Wall Street Journal*, May 19, 2006, p. A1; "GM sees Russia as fertile ground," *Wall Street Journal*, April 7, 2006, p. A4.

38. "A Deep Divide Separates Old Allies Suzuki and VW," *Wall Street Journal*, November 30, 2011, p. B6; "VW accuses its partner Suzuki of 'infringement'," *Financial Times*, September 12, 2011, p. 20; "VW off to a slow start with Suzuki," *Financial Times*, March 11, 2011, p. 16.
39. Karen J. Hladik and Lawrence H. Linden, "Is an international joint venture in R&D for you?" *Research Technology Management* (July – ugust 1989), pp. 11 – 3.
40. "Rubbermaid ends venture in Europe, signaling desire to call its own shots," *Wall Street Journal*, June 1, 1994, p. A4.
41. "Flying start to FedEx's growth in China," *Financial Times*, February 15, 2006, p. 18.
42. Main, op. cit.
43. "Murdoch firm sues Disney, alleges violation of pact for pay TV in Britain," *Wall Street Journal*, May 17, 1989, p. B6.
44. "Samsung to Buy Out Stake In LCD Venture With Sony," *Wall Street Journal*, December 27, 2011, p. B3.
45. "Johnson controls seeks to dissolve battery venture," *Wall Street Journal*, May 18, 2011.

CHAPTER 14
국제조직설계와 통제
International Organization Design and Control

Qilai Shen/Newscom

학습목표

1. 국제조직설계의 본질에 대해 정의하고 토의해보자. 국제경영 활동이 조직설계에 미치는 영향을 제시하고 설명한다.
2. 5개의 국제조직설계 모델을 제시하고 설명해보자. 혼합형 글로벌 조직설계 모델에 대해 토의한다.
3. 글로벌 조직설계에 관련되는 이슈들을 제시하고 설명한다.
4. 국제경영에서 통제의 일반적 목적과 통제수준에 대해 설명한다.
5. 국제기업들은 어떻게 통제기능을 관리하는지 설명한다.

레노보(Lenovo)가 글로벌 날개를 펼치다

레노보는 1986년 중국인 기업가 Liu Chuanzhi에 의해 베이징에서 창업되었다. 이 기업은 다양한 하이테크 산업에 손을 대다가 PC 시장에 집중하기 시작했다. 비록 레노보가 1990년에 독자 브랜드의 PC 제품을 처음 출시하고, 1997년에는 중국 시장에서 최고의 PC 제조업체로 부상했지만 초기에 레노보는 대표적으로 AST Research와 같은 기업고객을 위해 컴퓨터를 만드는 기업이었다. 레노보가 점차 성장함에 따라 Liu는 생산, 마케팅, 재무 등과 같은 전통적인 기능분야를 중심으로 조직을 설계했으나, 독립적인 연구개발(R&D) 집단은 분리해 새로운 기술의 탐색과 기존 기술의 상업화를 책임지게 했다. 이들 기능부서의 장들은 의사결정과 전략의 수립 등에 Liu와 한 팀으로 같이 참여했다.

하지만 불행하게도, 중국 밖에서 레노보의 PC 제품은 고객들로부터 충분히 인정을 받지는 못했으며, IBM, 델(Dell), 소니, 도시바(Toshiba) 등과 같은 PC 산업의 선두주자들로부터는 점점 뒤처지고 있었다. 낮은 브랜드 인지도가 그 원인 중의 하나였고, 충분한 글로벌 사업경험을 가진 최고경영층을 확보하지 못하고 있는 점도 또 다른 원인 중의 하나였다. 이 때문에 레노보는 해외시장에 대해 깊이 이해하지도 못했고, 이들 시장에 어떻게 침투해 들어가야 하는지, 글로벌시장에서 어떻게 경쟁해야 하는지를 알지 못했다.

하지만 2005년부터 변화가 시작되었다. 2000년대 초반 기간 동안, 세계 PC 시장에서 인지도가 가장 높았던 IBM이 기업고객에 초점을 맞춘 정보기술과 경영서비스 분야를 강조하는 전략의 변화를 시도했다. 당시 IBM은 데스크톱과 랩톱(특히 ThinkPad 랩톱 제품계열) 모두에서 세계 PC 시장의 선두주자였다. 하지만 IBM 경영진은 PC 제품의 경우 가격이 매우 빠르게 떨어져서 PC 시장에서 적정한 마진을 지속적으로 유지하는 것은 매우 어렵다고 판단하고 있었다. 2005년 IBM은 자신의 PC 사업을 매각하기로 결정했고, 레노보는 재빨리 그 기회를 잡고 17.5억 달러에 IBM의 전체 PC 사업부문을 사들였다. IBM이라는 브랜드는 2007년까지 계속 사용할 수 있도록 허용되었고, 그 이후에는 레노보라는 브랜드를 사용하기로 했다.

레노보는 IBM의 PC 사업부와 함께 글로벌 PC 시장에 정통한 숙련된 최고경영층이라는 또 다른 형태의 엄청나게 중요한 자산을 획득할 수 있게 되었다. IBM의 고위 임원들은 레노보의 최고경영층으로 빠르게 통합되었고, 그들 중 한 사람인 Stephen Ward는 레노보의 최고경영자로 임명되었다. 대신 Liu는 Ward와 같은 노련한 리더를 통해서만이 레노보가 해외시장점유율을 제고시킬 수 있을 것이라 생각하고 이사직만 유지한 채 경영 일선에서는 후퇴했다.

하지만 바로 문제는 표면화되기 시작했다. 예를 들어 Ward는 집권화와 명령 및 통제의 강화를 강조하는 극도로 관료주의적인 경영자였다. 최고경영자로 취임한 후 그가 취한 첫 번째 조치는 최고경영층들 간의 회의를 줄이는 것이었다. 왜냐하면 그는 기능 부서를 책임지고 있는 부사장들은 최고경영자인 자신과 만나는 시간보다는 기능 부서를 운영하는 데 더 많이 투입해야 한다는 믿음을 가지고 있었기 때문이다. 최고경영자와의 만남 기회가 줄어든 기능 부서의 중국인 부사장들은 불행하게도 이를 자신들의 권한이 축소된 것으로 받아들였다. 예를 들어 Liu는 의사결정을 위해 함께 일하는 고위 임원팀에 많이 의존했지만 Ward는 대부분의 주요 의사결정을 스스로 했다. 또한 일반 관리부문에서도 미국인 경영자들은 과거에 비해 엄격하고 집권적이며 관료화된 구조를 전체 조직에 확립하기 위해 노력했다. 그러는 사이에 합의에 기초한 과거의 의사결정 구조를 선호하던 중국인 경영자들은 새로운 미국인 경영자들의 이와 같은 노력에 크게 저항했다.

대략 몇 개월이 지나지 않아 문제가 터졌다. 여러 가지 변화들 중에서도 Ward가 최고경영자 직에서 축출되었고, 델 컴퓨터 아시아/태평양 사업부문의 고위 임원으로 대단한 성공을 거둔 William Amelio가 그의 뒤를 이었다. Amelio는 즉각적으로 레노보가 과거 전통적인 중국식 조직 구조를 지향할 것임을 시사했다. 또한 그는 레노보가 새로운 관점을 받아들임으로써 보다 나아질 수 있다는 생각에서 델, 모토로라, 삼성, 도시바 등과 같은 글로벌 하이테크 기업으로부터 새로운 임원을 공격적으로 채용하기 시작했다. 그는 또한 엄격한 기능식 구조를 완화하고, 기능 부서들 사이의 조정을 강화하기 위해 새로운 조정 팀을 설치했다.

그럼에도 불구하고 레노보에서 Amelio의 노력은 일장 일단의 결과를 낳았다. 한편으로 그는 오늘날까지 유지되고 있는 정교하고도 장기적인 국제전략의 발전을 이끌었고, 구 IBM과 레노보 사이에 존재하던 수많은 사업부와 기능 부서들을 성공적으로 통합했다. 하지만 중요한 문제들도 야기시켰다. 우선 그는 많은 의사결정권한을 여전히 자신이 보유하고, Ward의 사임 원인이 되었던 명령과 통제 중심의 방식을 계속 유지하는 등 의사결정과정의 중요한 변화를 이끌어내지는 못했다. 또 다른 문제는 레노보의 시장점유율이 하락하기 시작했다는 사실이다. 레노보의 신제품은 기대와는 달리 시장에서 잘 수용되지 못했고, 이에 따라 기업의 수익성은 떨어졌다. 구 IBM 출신 임원, 창업부터 레노보를 성장시켜온 중국인 임원, 다른 기업으로부터 새로 영입된 임원 등 출신이 다른 3개 진영 임원들 사이의 내부적 갈등도 보다 심화되었다.

결국 Liu Chuanzhi는 2010년 단호한 조치를 취하기로 결심했다. 그는 Amelio를 사임시키고 스스로가 경영권을 장악했다. 그러고 난 후 그는 재빨리 레노보의 조직구조를 전통적인 중국식 방식에 맞게 재구축했다. Amelio의 미국식 방식 하에서는 CEO 자신이 대부분의 주요 의사결정을 수행하고, 각각의 사업 단위들이 이를 실행하도록 했다. 하지만 Liu는 8명의 레노보 최고경영자들을 긴밀하게 연계된 팀으로 재구성하고, 그들이 계획을 수립하고 의사결정을 하는데 서로 협력하도록 했다. 합의에 의해 의사결정이 이루어진 후에도 전체 기업의 관점에서 계획이 효과적으로 실행되고 있는지를 확인할 수 있도록 협력하도록 했다. 하지만 그는 독립된 기능 부서들을 보다 통합적으로 운영하고자 하는 Amelio의 방식은 계속 계승하기로 결정했고, 해외 지역별 사업을 담당하는 지역 부서들의 중요성은 더욱 확대되었다.

오늘날 레노보의 본사는 홍콩에 소재하고 있지만 주요 사업 활동은 베이징, 싱가포르, 노스캐롤라이나의 Morriville에서 행해지고 있다. PC, 워크스테이션, 서버, 저장장치, IT 서비스가 주요 제품들이다. 2010년 현재 레노보는 166억 달러의 매출에 1.29억 달러의 이익을 기록하고 있으며, 22,000명 이상의 근로자들을 고용한다. 레노보의 변화가 성공할지 못할지는 판단하기에는 아직 이르다. 하지만 Liu는 "오래된 중국식 사고방식과 현대적인 글로벌 사고방식의 조화"로 스스로 부르고 있는 자신의 새로운 방식이 곧 실현되리라 확신한다.[1] ■

레노보 사례는 국제경영에서 직면하는 가장 기본적인 이슈 중의 하나인 "기업에서 얼마나 많은 권한을 상위 조직에서 가져야 하고 혹은 하부 조직에 위양해야 하는가" 하는 문제를 잘 보여준다. 레노보는 초기에는 권한에 대한 합의 지향적인 방식을 채택해왔다. 하지만 기업의 글로벌화가 시도되면서 미국인 경영자가 영입되어 기업은 보다 집권적이고 명령과 통제를 중시하는 방식으로 전환되었다. 하지만 결국은 기업의 최고경영층이 중국인 임원들에 의해 지배되면서, 레노보는 다시 초기의 합의 지향적인 방식으로 되돌아왔다. 이 장에서 볼 수 있는 바와 같이 이러한 문제는 국제조직설계와 통제 문제를 관리하는데 있어 매우 중요한 요소 중의 하나이다.

이 장에서 우리는 기업의 전략적 목표를 달성하기 위해 국제경영에서 활용되는 다양한 조직설계 모델을 설명할 것이다. 이와 같은 조직설계는 기업의 국제화가 심화됨에 따라 잘 정의된 전형적인 경로를 따라 진화되기 때문에 우리는 기업이 국제화를 처음 시도할 때 사용하는 초기의 조직설계 모델부터 우선 설명할 것이다.[2] 그 후 기업의 국제경영 참여 범위가 확대되고 종국적으로는 진정한 MNC의 단계로 발전하는 과정에서 기업이 채택하는 보다 발전된 조직설계 모델에 대해 분석한다. 그 다음으로 글로벌 조직설계와 관련된 여러 가지 이슈들에 대해 토의하며, 조직 설계와 관련되는 중요한 관리 기능으로서 통제를 설명한다.

14.1 국제 조직설계의 본질

조직설계(organizational design) 혹은 *조직구조(organizational structure)*는 전체 조직을 관리하기 위해 사용되는 구조적 요소와 그 배치의 전반적인 형태를 의미한다.[3] 조직을 적절하게 설계하기 위해서는 기업이 활동하는 국가의 문화뿐만 아니라 기업의 규모, 전략, 기술, 환경 등을 고려해야 한다. 또한 조직설계는 기업의 전략이 궁극적으로 실행되고, 조직의 과업이 실제로 수행되어지는 기본 도구가 된다.

기업은 그 기업을 구성하는 다양한 구조적 요소들이 적절하게 조합되지 못하면 제대로 기능을 못한다.[4] 조직설계는 기업에서 4가지 기능을 한다. 첫째, 조직설계는 조직의 자원을 할당하는 역할을 한다. 둘째, 조직설계는 구성원들에게 과업을 배분한다. 셋째, 조직설계는 구성원들에게 기업의 규칙, 절차, 직무성과에 대한 기대를 알려준다. 넷째, 조직설계는 문제해결, 의사결정, 효과적인 조직 통제에 필요한 정보를 모으고 전달하는 역할을 한다.[5] 이 마지막 기능은 특히 거대 MNC에게 특히 중요하다. 왜냐하면 MNC의 경우 본사와 현지 자회사, 전 세계적으로 분산 배치되어 있는 조직 구성원들 사이에 엄청난 양의 정보 흐름과 공유를 관리해야 하기 때문이다.

조직구조는 한번 만들어지면 고정되는 것이 아니다. 조직설계는 계속적으로 변화하는 과정이다. 실제로 경영자는 기업의 조직설계를 지속적으로 변화시킨다. 어떤 연구에 따르면 대부분의 기업과 대기업의 사업부는 1년에 한 번 정도 약간의 구조 변화를 경험하고, 4년에 한 번 정도는 중요한 조직설계의 변화가 일어난다고 한다.[6] 이러한 변화는 종종 기업의 전략 변화로 인해 야기되는데, 이는 레노보가 추구했던 바와 같이 기업의 전략과 그것에 적합한 조직설계 혹은 조직구조를 갖추는 능력이 성공적인 기업의 중요한 특징이기 때문이다.[7] 예를 들어 창업 후 불과 30년밖에 지나지 않은 레노보조차도 수백 번에 걸친 사소한 변화 외에도 수십 번의 중요한 조직설계의 변화를 경험했다. 국제화의 촉진과 같은 전략적 요구가 기업의 조직 설계에 중요한 영향을 미칠 것이라는 사실은 너무나도 자명하다.

어떻게 이런 일이 발생하는지 알아보기 위해 우선 해외에서는 전혀 매출을 기록하지 못하고 있는 국내 기업을 고려해보자. 미국, 일본, 독일 등과 같이 특히 규모가 큰 국가의 경우 많은 기업가들은 국제 시장에 대해서는 거의 관심을 가지지 않은 채 내수시장에서 포착된 새로운 시장기회에 대한 대응으로 새로운 기업을 창업한다. 또한 소규모의 많은 내수지향적 기업들은 12장에서 설명한 바와 같이 간접수출을 통해 수동적으로 해외시장에 진출한다. 이와 같은 간접수출은 기업의 전형적인 국내 사업의 일환으로 발생하기 때문에 기업의 조직설계의 변화는 전혀 일어날 필요가 없다.

이제 소규모로 직접수출을 하고 있는 가상의 어떤 기업을 가정해보자. 해외 판매와 주문에 대한 기업의 초기 대응방식은 이와 같은 주문을 처리하는 책임을 재무나 마케팅과 같은 기존 부서에 소속된 구성원에게 맡기는 **귀결적 방법(corollary approach)**이다. 이와 같은 방법을 통해 기업은 기존 조직설계를 계속 활용한다. 이러한 방법은 국제 활동의 비중이 극히 작은 기업에서 전형적으로 나타난다.

하지만 기업의 수출 규모가 상당한 수준으로 늘어나게 되면 다음 단계의 조직설계 변화로 별도의 수출부서가 생겨난다. **수출부서(export department)**에서는 기업의 국제 활동에 대한 감독, 수출마케팅, 주문처리, 해외 중간상 관리, 수출금융 등과 같은 업무에 대한 책임을 지게 된다. 처음에는 수출부서의 장이 마케팅이나 재무부서의 경영자에게 보고할 수도 있겠지만 중소기업에서 수출규모가 늘어 수출의 중요성이 커지면 수출부서는 재무, 마케팅, 인사, 여타 기능부서와 동등한 조직상의 지위를 획득할 수 있게 된다.

해외 고객에게 판매하는 것과 국내 고객에게 판매하는 것이 기본적으로 다르지 않다면 수출부서는 해외 시장에 대한 지식을 거의 얻지 못할 수도 있다. 하지만 기업의 국제 활동이 증가함에 따라 기업은 기존의 수출부서만으로는 해외시장과 고객의 요구를 충분히 충족시켜주지 못할 수 있다는 사실을 깨닫게 된다. 일단 기업이 해외에 근로자를 파견하거나 해외에서 제품을 생산, 유통, 혹은 마케팅하는 자회사를 설립하면 관리적 책임소재, 조정의 복잡성, 정보의 필요성 등 모든 것이 기존 수출부서의 능력과 전문성만으로는 소화될 수 없는 상태에 이르게 된다. 해외시장에 대한 지식이 더욱 중요해지고, 이에 따라 새로운 조직상의 방법이 요구되어진다.

기업은 이와 같이 급증하는 국제경영 활동을 조정해야 하는 도전에 직면해 기업의 국제 사업에 전문화된 국제사업부의 설립 등과 같은 조직설계의 변화를 통해 대응한다. 국제사업부(international division)는 기업의 기존 국내 사업 활동과는 별도로 기업의 국제 사업 활동에 초점을 맞춘 특별 프로그램을 마련하거나 이에 기업의 자원을 집중할 수 있게 해준다.

In Practice

- 기업이 국제경영활동을 할 때는, 조직 구조의 변경이 필요할 것이다.
- 국제경영활동의 규모가 증가할 때도, 기업의 구조는 증가하는 규모에 따라 변화해야 할 것이다.

추가 고려 사항: 모든 기업은 당연한 접근 방식, 똑같은 진행방식으로 해외사업부, 수출부서 등을 두고 있다고 생각하는가? 그렇다면 왜 그러한가? 그렇지 않다면 왜 그렇지 않은가?

14.2 글로벌 조직설계

기업은 대체적으로 국제 활동의 기능을 부분적으로 가진 내수중심 단계에서 글로벌화의 야망을 담은 진정한 MNC 단계로 발전함에 따라 국제사업부 조직을 포기한다. 국제사업부 대신 기업은 전 세계적으로 분포되어 있는 자신의 사업 활동 사이에 시너지를 창출하고, 기업의 전략을 실행하기 위한 글로벌 조직설계를 확립하는 것이 보통이다.[8] 예를 들어, 애트나(Aetna)는 수년 동안 규모는 작지만 계속 성장하고 있는 자신의 국제 사업을 관리하기 위해 별도의 사업부를 운영해왔다. 하지만 해외 사업 부문의 매출이 3년 동안 두 배나 증가하자 이 기업은 기존의 국제사업부 조직을 폐기하고, 애트나 신 글로벌 계획을 구현할 수 있는 새로운 조직설계 방안을 발표했다. 애트나의 한 고위경영자는 기업의 새로운 조직설계가 해외시장 간 지식과 기술의 원활한 이전을 보다 용이하게 할 수 있을 것이라고 밝혔다.[9] 실제로 기업에 의해 채택되는 어떤 글로벌 조직설계라도 해외시장에서 효과적으로 경쟁하기 위해 다음과 같은 세 가지 형태의 지식을 통합할 수 있어야 한다.[10]

- 지역 지식: 경영자는 자신의 기업이 사업을 하는 외국 시장의 문화적, 상업적, 사회적, 경제적 조건을 이해해야 한다.
- 제품 지식: 경영자는 자신의 기업이 만들고 판매하는 제품에 영향을 미치는 기술적 추세, 고객의 욕구, 경쟁 요소 등과 같은 요인들을 이해해야 한다.
- 기능 지식: 경영자는 생산, 마케팅, 재무, 회계, 인적자원관리, 정보기술 등과 같은 기본적인 경영 기능에 대해 전문성을 가지는 동료들이 있어야 한다.

가장 일반적인 글로벌 조직설계 유형은 제품, 지역, 기능, 고객, 매트릭스 조직 등 다섯 가지 유형이다. 앞으로 설명하겠지만 각각의 조직설계 유형은 어떤 한 가지 지식에 특히 집중하도록 하고 있으며, 다른 유형의 지식이 기업의 의사결정과정에 반영되도록 하기는 매우 어렵다. 따라서 MNC가 선택하는 글로벌 조직설계의 유형은 MNC 단위 조직들 사이의 조정 필요성, 기업특유의 우위의 원천, 세계시장에서 자신의 시장지위에 관한 경영철학과 같은 요인들뿐만 아니라 기업의 경영 활동에 필요한 세 가지 지식 형태의 상대적 중요성을 반영한다.[11]

MNC는 보통 조직설계와 마케팅과 같은 기능에 대한 기업의 접근방식을 알려주는 세 가지 경영철학 중에서 어느 한 가지를 선택한다. 자민족중심적(ethnocentric) 방식은 국내 사업과 동일한 방식으로 해외 사업을 운영하는 기업들에 의해 활용된다. 현지중심적(polycentric) 방식은 그들이 진출한 각각의 해외시장에 대해 자신의 경영 활동을 적응시키는 것을 중시하는 기업들이 채택한다. 지구중심적(geocentric) 방식은 고객의 욕구를 전 세계적으로 분석하고 그들이 진출한 모든 국가들에 대해 표준화된 경영 활동을 채택하는 기업들에 의해 사용되는 방식이다(16장에서 보다 구체적으로 설명한다).

글로벌 제품 조직설계

MNC가 가장 일반적으로 채택하는 조직설계 유형은 글로벌 제품 조직설계다. **글로벌 제품 조직설계(global product design)**는 특정 제품 혹은 제품군에 대한 전 세계적 책임을 기업 내 독립적인 운영 사업부에 부여한다. 이러한 조직설계는 기업이 다양한 제품계열로 이루어져 있고, 이들 제품계열이 세계의 다양한 시장에서 판매되고 있으며, 이에 따라 제품계열들 사이의 조정 필요성은 상대적으로 덜 중요할 때 가장 적합한 조직설계 유형이다. 만약 제품들이 상호관련 되어 있을 경우에는 흔히들 M형 조직설계라 불리는 조직구조를 취하게 되고, 제품들의 상호관련성이 낮을 경우에는 H형 조직설계로 흔히 불리는 조직구조를 취한다. M형에서 M은 "*다사업부제(multidivisional)*"의 M으로 기업의 다양한 사업부들이 상호 관련된 부가가치 활동들을 보통 자기 충족적으로 운영한다. H형에서 H는 "*지주회사(holding company)*"의 H로 상호 관련성이 없는 다양한 사업부들이 상호 의존함이 없이 독립적으로 운영되는 조직구조를 의미한다.

삼성그룹은 한국에서 가장 큰 재벌이다. 거의 80여 개의 자회사를 갖고 있으며 그 중 19개의 자회사가 한국증권거래소에 개별적으로 상장되어 있다. 삼성은 [그림 14.1]에서 볼 수 있는 바와 같이 H형 글로벌 제품 조직을 취한다. 이 기업은 전자 부문, 화학제품 부문, 금융서비스 부문, 기타 사업 부문 등 네 개의 주요 사업부문으로 구성되어 있다. 이들 각각의 사업부문들은 다른 부문과 공통성이 거의 없고, 각자 독립적으로 운영된다. 기타 사업 부문 역시 이와 유사하게 상호 관련성이 거의 없는 기업들로 구성되어 있으며, 여기에는 음식공급 사업, 호텔 체인, 놀이공원, 프로 스포츠, 병원 및 의료센터 등의 사업이 포함된다.

글로벌 제품 조직설계는 다양한 잠재적 경쟁우위를 제공해준다. 첫째, 각 제품 사업부는 하나의 제품 혹은 제품군에만 초점을 맞추고 있기 때문에 제품 사업부의 경영자는 제품 혹은 제품군의 모든 측면에 대해 전문성을 확보할 수 있으며, 이에 따라 세계시장에서 효

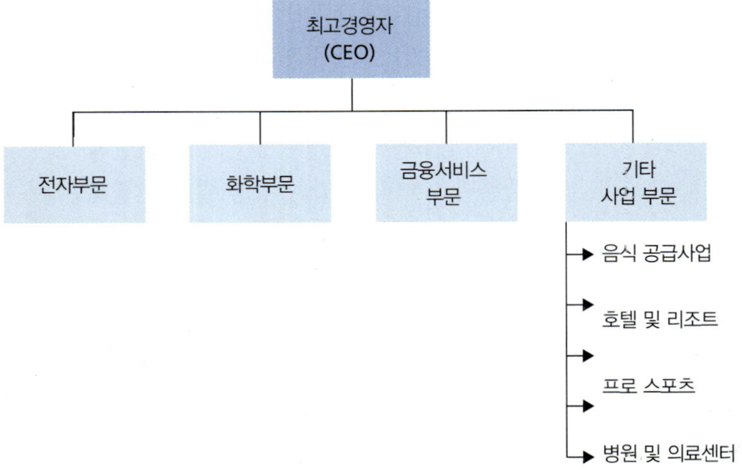

그림 14.1
삼성그룹의 글로벌 제품 조직 설계

과적으로 경쟁할 수 있도록 해준다. 둘째, 제품 사업부의 경영자는 세계 어디서든 생산비용이 가장 낮은 곳에서 생산할 수 있는 자율성을 가질 수 있어, 제품 생산에서 효율성을 높일 수 있다. 글로벌 제품 조직설계는 각국 시장에서 수요 및 비용 여건이 변화함에 따라 세계 각 나라에 퍼져 있는 생산공장의 생산량을 상호 조정할 수 있게 해준다. 나아가 이러한 조직설계 유형 하에서 경영자는 제품에 대한 광범위한 지식을 보유하고 있기 때문에 새로운 기술을 자신의 제품에 보다 잘 접목시킬 수 있으며, 시장에 영향을 미치는 기술변화에도 빠르고 유연하게 대처할 수 있다. 글로벌 제품 조직설계는 제품에 대한 글로벌 마케팅의 효율성을 높여주기도 한다. 이러한 조직설계 유형을 채택하고 있는 기업은 각 제품이나 제품군의 출시, 촉진, 유통 등의 활동에서 유연성을 제공해준다. 전체 기업에 포괄적으로 적용되는 하나의 마케팅 계획에 제약을 받기 보다는, 개별 제품계열에 속한 경영자들은 자신들의 제품 혹은 제품군에 적합한 계획을 추구할 수 있게 된다. 마지막으로, 글로벌 제품 조직설계는 경영자로 하여금 범세계적인 사고를 갖게 해주기 때문에 지구중심적인 경영철학을 강화시켜주는 장점을 가지고 있다. 이는 기업 내부적으로 자신의 국제경영 노하우를 보다 더 강화하기 위해 기업이 꼭 갖고 있어야 하는 사고방식이다.[12]

하지만 글로벌 제품 조직설계에도 단점이 있다. 우선 글로벌 제품 조직설계에서 각 제품 혹은 제품군은 마케팅, 재무, 경영정보관리 등과 같은 독립적인 기능분야의 지식을 가지고 있어야 하고 생산, 유통, 연구개발 등의 분야에서 독립적인 물적 시설을 보유해야 하기 때문에 이들 기능분야에 대한 지식과 시설의 중복 낭비를 초래할 가능성이 크다. 이와 유사하게 각 제품군은 자신이 진출한 다양한 지역과 국가 시장의 문화적, 법률적, 정치적 환경에 대한 지식을 스스로 확보하고 발전시켜야 한다. 제품군 상호 간의 조정과 기업 내부 학습 또한 훨씬 어려워진다. 만약 이와 같은 조정이 기업의 국제경영전략에서 훨씬 중요하다면 글로벌 지역 조직설계와 같은 다른 유형의 글로벌 조직설계가 훨씬 나을 수도 있다. 따라서 기업은 자신이 처해 있는 특정한 상황에 대해 최선의 조직설계 유형을 선택하는데 있어 글로벌 제품 조직설계가 가지고 있는 이와 같은 상대적인 장점과 단점을 주의 깊게 고려해야 한다.

삼성그룹은 약 80여 개의 계열사를 가진 한국의 최대 규모의 *재벌*이다. 삼성그룹은 H-form 형태의 글로벌 제품 조직 형태를 사용한다. 삼성은 전자계열, 화학계열, 금융계열, 그리고 중소기업군 등 크게 4개의 주요 사업 분야로 나뉘어져 있다. 위에서 계열부문의 기업들은 다른 계열사와 공통점이 적고 개별적으로 운영된다. 마찬가지로 기타 관련 기업들도 외식사업, 소규모 호텔 체인, 놀이공원, 프로야구팀, 중소규모의 병원 및 의료센터 등과 같이 관련이 없는 사업들을 운영하고 있다.

imagebroker/Alamy

글로벌 지역 조직설계

글로벌 지역 조직설계(global area design)는 세계의 특정 지역 혹은 권역을 중심으로 기업의 활동 혹은 기능을 조직화 하는 것을 의미한다. 이러한 방식은 현지 중심적인(polycentric) 혹은 다국가 중심적인(multidomestic) 경영철학을 가진 기업에서 특히 유용한 조직설계의 유형이다.[13] 글로벌 지역 조직설계는 자신의 제품들이 지역 간에 적절하게 이전될 수 없는 경우에 가장 많이 사용된다. 이 장에서 소개하고 있는 "Emerging Opportunities"는 중국에서 얼마나 많은 기업들이 바로 이 글로벌 지역 조직설계를 활용하고 있는지를 설명해주고 있다.

[그림 14.2]에서 볼 수 있는 바와 같이 아데코(Adeco S.A.)는 글로벌 지역 조직설계를 채택한다.[14] 스위스 기업인 아데코는 세계 최대 인력알선업체로서 전 세계 5,500개 소 이상의 사무소로부터 100,000개 이상의 업체들을 고객으로 두고 있다. 이 기업은 8개의 기본적인 사업부로 구성되어 있는데, 이들은 아데코가 진출한 상이한 지역을 대표한다. 각 지역 사업부의 경영자는 특정 지역에서의 인력 모집, 알선, 촉진, 광고, 고객 서비스 및 기타 기능을 담당한다.

글로벌 지역 조직설계는 생산 효율성 혹은 기술 혁신보다는 마케팅을 중시하거나 브랜드의 명성에 경쟁적 강점을 가진 기업의 경우 특히 유용한 조직설계의 한 유형이다. 아데코는 이 둘 모두에 해당된다. 더욱이 이러한 조직설계는 지역에 초점을 맞춤으로써 기업이 현지 시장에 대한 전문성을 강화해 나가는 데 도움을 준다. 지역 경영자는 어떤 제품이든 현지 시장의 욕구에 맞게 자유롭게 적응시킬 수 있고, 현지 시장의 환경변화에 빠르게 대응할 수 있으며, 특정 지역 내에서는 자신들의 제품믹스를 현지 시장에 맞게 재구성할 수도 있다. 예를 들어 아데코의 경영자는 인력의 고용관계에 대한 상이한 법률과 문화뿐만

그림 14.2
아데코 사의 글로벌 지역 조직설계

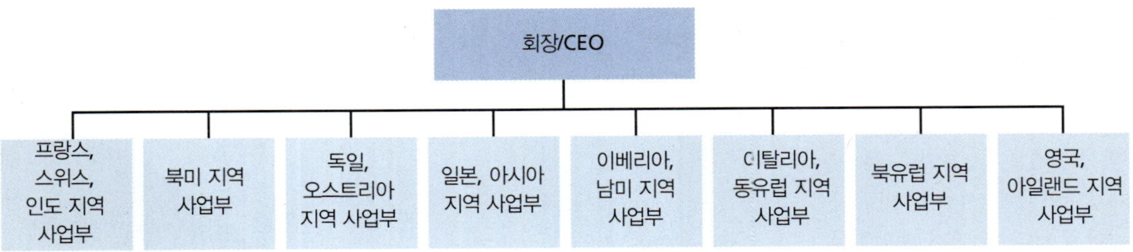

아니라 자신의 경영관행을 임시 고용에 대한 현지의 요구에 잘 적응시켜야 한다.

하지만 글로벌 지역 조직설계 또한 단점을 가지고 있다. 글로벌 지역 조직설계를 가진 기업은 특정 지역 시장의 요구에 초점을 맞추기 때문에 범세계적 생산을 통해 얻을 수 있는 비용의 효율성은 떨어질 수밖에 없다. 어느 한 지역 사업부에서 창출된 혁신의 결과를 다른 지역 사업부들은 채택하기를 거부하는 경향이 많기 때문에 기술의 확산 또한 느린 편이다. 따라서 기술적 변화가 급격히 진행되는 제품계열에서 이러한 글로벌 지역 조직설계는 적합하지 않다. 더욱이 글로벌 지역 조직설계는 각 지역 사업부가 스스로 기능적 전문가, 제품 전문가 그리고 많은 경우에서 생산시설을 갖추어야 하기 때문에 자원의 중복에 따른 비효율성이 따른다. 마지막으로, 이러한 조직설계는 지역 사업부 간의 조정이 잘 이루어지지 않고, 글로벌 관점에서 제품계획의 수립을 어렵게 한다.

글로벌 기능 조직설계

글로벌 기능 조직설계(global functional design)는 재두, 생산, 운영, 마케팅, 연구개발, 인적자원관리 등과 같은 조직상의 공동의 기능에 대해 전 세계적인 책임을 지는 부문 혹은 부서를 중심으로 조직구조를 설계하는 것을 말한다. 이러한 유형의 조직설계는 상대적으로 협소한 혹은 유사한 제품라인으로 구성된 MNC에 의해 활용된다. 글로벌 기능 조직설계는 U형 조직설계로 불리기도 하는데, 여기서 U는 *단일*(*unity*)을 의미하는 U이다. 초창기에 레노보가 이와 같은 조직설계 유형을 사용했으며, 또 다른 예로 [그림 14.3]에서 볼 수 있는 바와 같이 영국항공(British Airways)이 U형 조직설계의 형태를 채택한다. 영국항공은 기본적으로 항공운송 서비스만을 제공하는 단일 사업 기업이며, 마케팅, 운영관리, 홍보, 엔지니어링, 재무, 인적자원관리, 기타 기본적인 기능 활동들을 중심으로 한 전사적인 기능을 중심으로 조직구조를 설계한다.

글로벌 기능 조직설계는 다양한 장점을 가지고 있다. 무엇보다도 먼저 이러한 조직설계는 각 기능분야 내에서 전문화의 장점을 쉽게 창출하고 이전시킬 수 있다. 예를 들어 엑손모빌(Exxon Mobil)은 글로벌 기능 조직설계를 따르고 있는데, 이를 통해 멕시코만의 원유생산 현장에서 습득된 원유생산 기술이 말레이시아의 Jerneh 유전에 그대로 활용되고 있고, 루이지애나 Baton Rouge 정제공장에서 시험을 거친 새로운 접촉분해 기술이 싱가포르와 이탈리아 Trecate 정제공장에서 채택될 수 있다. 둘째, 글로벌 기능 조직설계는 기능부문에 대한 고도로 중앙 집중적인 통제를 가능하게 한다. 예를 들어 엑손 모빌의 정제 부

그림 14.3
영국항공의 글로벌 기능 조직설계

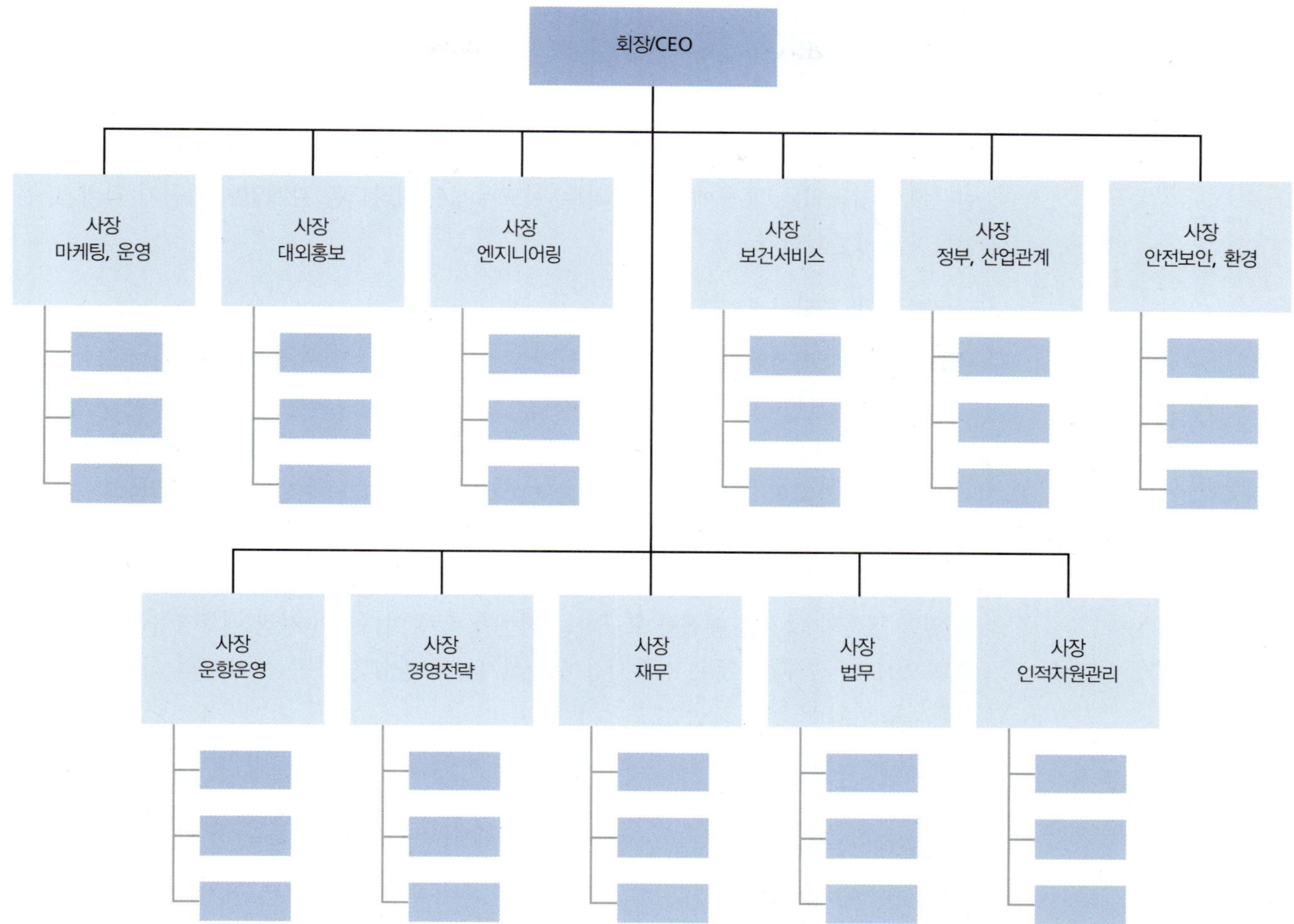

서장은 세계 수요의 변화에 대응하기 위해 신속하게 공장의 가동이나 제품믹스의 변화를 결정할 수 있으며, 이를 통해 기업이 보유하고 있는 값비싼 경영자원들을 효율적으로 활용할 수 있다. 마지막으로, 글로벌 기능 조직설계는 기업으로 하여금 핵심기능에 집중할 수 있게 해준다. 예를 들어 경영자는 다른 기능 부문의 활동과는 구분해 마케팅 부문에서의 문제를 완전히 별도의 문제로 쉽게 분리해 다룰 수 있다.

이와 같은 장점에도 불구하고, 글로벌 기능 조직설계는 많은 기업들에게 적절하지 않은 조직설계 유형이다. 우선, 글로벌 기능 조직설계는 상대적으로 적은 수의 제품과 적은 지역의 고객들로 이루어진 기업에게나 적합한 조직구조다. 둘째, 기능부서들 사이의 조정이 어렵다. 예를 들어 마케팅 부서와 생산부서는 서로 매우 상이한 기능을 담당하기 때문에 이들은 자신의 기능부서 목표만을 추구하여, 기업 전체의 목표를 손상시킬 가능성이 크다. 마지막으로, 경영자들 사이에 자원의 중복 낭비를 가져올 가능성도 있다. 예를 들어, 한 명의 일본 전문가를 채용해 모든 기능부서의 일본 관련 업무를 효과적으로 지원할 수 있음에도 불구하고 일본 시장에서의 관련 기능부문의 규제와 관련한 업무의 수행을 위해 재무,

마케팅, 생산 · 운영 부서 각각에서 일본 전문가를 채용할 수도 있다.

이와 같은 문제들로 인해서, 글로벌 기능 조직설계는 실제 적용에 한계가 따른다. 글로벌 기능 조직 설계는 광산채굴이나 에너지 산업과 같은 자연자원의 채굴 및 가공 기업들에 의해 많이 채택되고 있는데, 이는 이들 산업의 경우 기술적 전문성과 지식의 이전이 매우 중요하기 때문이다. 기업의 경영에 단일 표준을 적용할 필요성이 큰 기업들도 이러한 조직설계 유형을 채택할 수 있다. 예를 들어 영국항공은 안전의 유지를 위해 항공기의 운항이 런던에서 시작되든, 홍콩에서 시작되든, 시드니에서 시작되는 관계없이 항공기 정비 및 운항절차를 표준화한다.

글로벌 고객 조직설계

글로벌 고객 조직설계는 특별한 전문성과 관심이 요구되는 독특한 니즈를 지닌 상이한 고객 혹은 고객집단을 대상으로 기업이 사업을 운영할 때 활용되는 조직설계의 한 유형이다. 예를 들어, 코닥은 [그림 14.4]에서 볼 수 있는 것처럼 상용 사업부문, 신사업부문, 소비재 사업부문 세 가지의 상이한 고객유형에 기초한 글로벌 고객 조직설계를 채택한다. 코닥의 상용 사업부문은 고품질의 필름 제품을 필요로 하는 할리우드, 런던, 뮌헨, 홍콩, 토론토 및 기타 영화산업 중심지의 영화 스튜디오를 주요 고객으로 하고 있는 반면 소비재 사업부문은 일반 필름과 디지털 매체를 요구하는 전문가 혹은 아마추어 사진 애호가들에 초점을 맞추고 있으며, 신사업부문은 신흥시장이나 신기술에 관심을 가진 전 세계의 최첨단 고객을 표적으로 한다.[15]

글로벌 고객 조직설계는 기업이 표적으로 하고 있는 그객집단이 매우 다양해 각 고객집단별로 완전히 다른 마케팅 방식이 요구될 때 유용하다. 예를 들어, 개인용 사진 인화용지를 판매하는 것과 암치료병원에 의학용 사진 인화용지를 판매하는 것은 완전히 다른 고객집단을 대상으로 하는 것이다. 글로벌 고객 조직설계는 기업으로 하여금 이질적인 고객

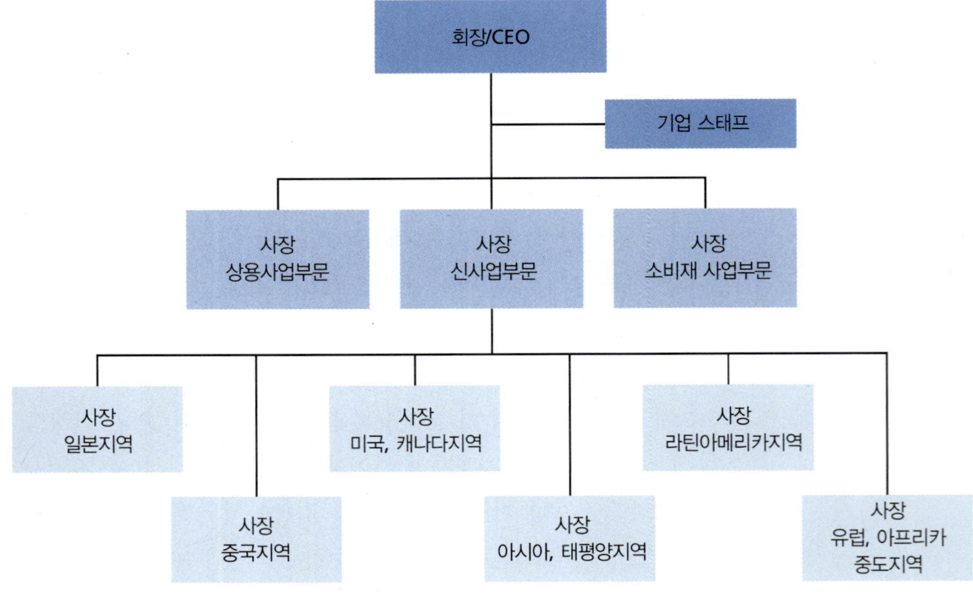

그림 14.4
이스트만코닥의 글로벌 고객 조직설계

집단 각각의 특이한 요구를 관심을 가지게 해주며, 기업의 제품 혹은 서비스가 이들 각각의 고객집단의 욕구를 얼마나 잘 충족시켜주고 있는지를 평가할 수 있게 해준다. 하지만 이들 각각의 고객집단이 독자적인 지역과 기능적 전문가를 필요로 하고 보유할 경우, 자원의 중복 낭비를 초래할 수도 있다. 또한 글로벌 고객 조직설계를 구성하는 개별 사업부는 기본적으로 상이한 시장에 관심을 가지고 있기 때문에 이들 사업부들 사이의 조정이 어렵다는 문제도 발생할 수 있다.

글로벌 매트릭스 조직설계

글로벌 매트릭스 조직설계는 국제조직설계에서 가장 복잡한 형태다.[16] **글로벌 매트릭스 조직설계(global matrix design)**는 기존의 조직구조 유형에 전혀 상이한 새로운 조직설계 유형을 추가함으로써 새로운 매트릭스 차원이 생기고, 필요에 따라서 제거되는 통상 매우 유동적인 조직설계의 형태이다. 예를 들어, 글로벌 매트릭스 조직설계는 [그림 14.5]에서 볼 수 있는 바와 같이, 기존의 글로벌 기능 조직설계에 글로벌 제품 조직설계를 덧붙임으로써 창출된다. 레노보의 미국 경영자가 채택했던 조직 설계 유형도 바로 글로벌 매트릭

그림 14.5
글로벌 매트릭스 조직설계

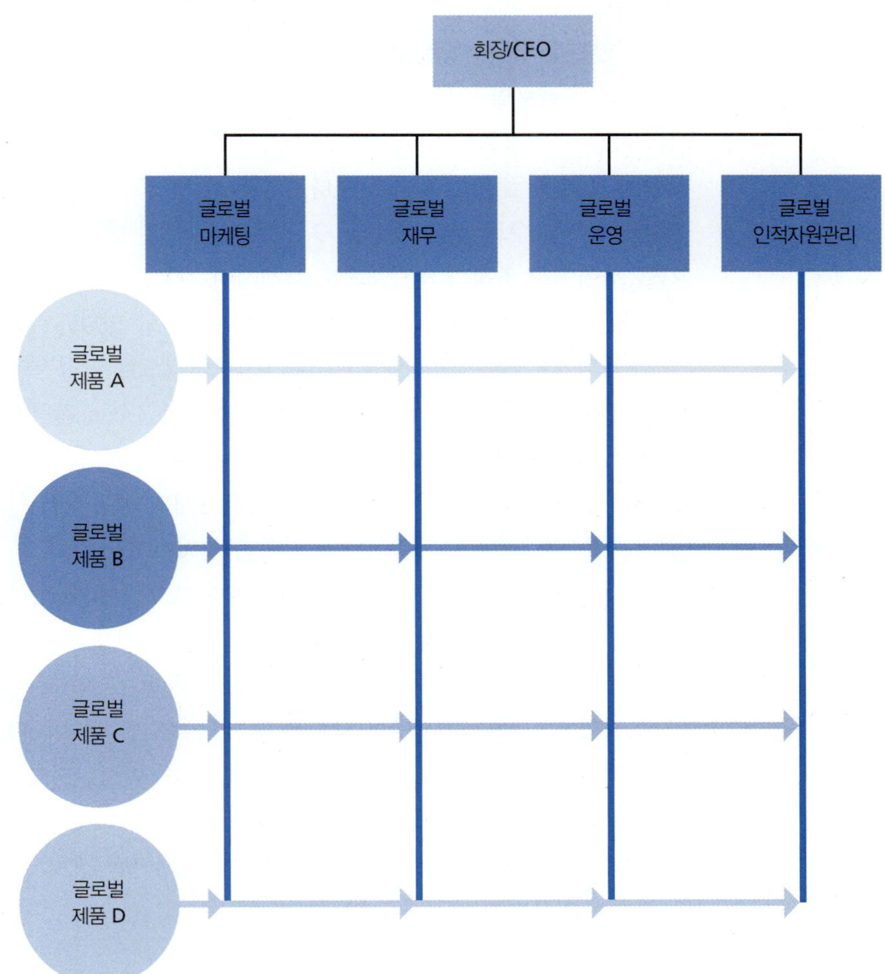

스 조직설계였다. 글로벌 매트릭스 조직설계를 통해 기업은 기존의 기능부서 구성원들로 구성된 특정 제품집단별 조직을 만들 수 있다. 이들 제품집단별 조직은 각 기능 부서에서 적절한 인력을 충원받아 새로운 제품을 계획, 디자인, 개발, 생산 및 마케팅할 수 있다. 이러한 방식으로 기업은 기존 인력들이 가지고 있는 기능과 제품에 대한 전문성을 동시에 활용할 수 있다. 최초 과업으로 부여된 제품개발이 완료되고 나면 제품집단별 조직은 해체되고, 구성원들에게는 새로운 과업이 부여될 수도 있다. 물론 제품집단이 아닌 새로운 형태의 매트릭스 설계도 가능하다. 예를 들어 지역별 조직설계가 기능별 조직설계에 추가되어, 지역 전문가를 통해 기능부서들의 활동들을 조정할 수도 있다.

글로벌 매트릭스 조직설계의 장점은 기업이 보유하고 있는 기능, 지역, 제품별 전문 역량을 하나의 팀으로 묶어 새로운 제품을 개발하거나 글로벌시장 환경의 새로운 변화와 도전에 대응할 수 있게 해준다는 것이다. 예를 들어 TI (Texas Instrument)는 기능에 기초해 조직을 설계하면서도 새로운 제품의 개발을 위해서는 글로벌 매트릭스 조직설계를 자주 이용한다. TI는 필요하면 언제라도 다양한 제품개발 조직을 구성해서 기능부서에서 적절한 인력을 충원함으로써 이들이 새로운 제품을 개발하거나 기존 제품의 새로운 용도를 개발하는데 함께 일할 수 있도록 한다. 매트릭스에 기반을 둔 이와 같은 제품집단별 조직이 과업을 완성하면 이들이 획득한 새로운 지식과 기술을 기업 내 다른 조직에도 이전해 활용할 수 있도록 한다. 제품집단별 조직의 과업이 끝나고 나면 이들 조직은 해체될 수도 있다.

따라서 글로벌 매트릭스 조직설계는 조직의 유연성을 제고시켜 준다. 이러한 유형의 조직설계는 기업으로 하여금 기능, 지역, 고객, 제품별 조직설계의 장점은 활용하는 대신 각 조직설계의 단점은 최소화 시킨다. 제품집단별 조직의 구성원은 기업의 요구가 변화함에 따라 추가 될 수도 있고 축소될 수도 있다. 글로벌 매트릭스 조직설계는 상이한 부서 경영자들 사이에서 조정과 의사소통도 촉진시켜준다.

하지만 글로벌 매트릭스 조직설계에는 단점도 있다. 무엇보다도 먼저, 글로벌 매트릭스 조직설계는 소수의 제품만 취급하고, 상대적으로 안정적인 시장 환경 하에서 운영되는 기업에게는 적절하지 못하다. 둘째, 글로벌 매트릭스 조직설계 하에서 조직 구성원들은 한 명 이상의 경영자에게 지휘를 받아야 하는 상황이 종종 생긴다. 예를 들어 글로벌 매트릭스 조직설계에서 조직 구성원들은 둘 혹은 3개의 제품개발 집단에 소속될 뿐만 아니라 기존의 기능, 지역, 혹은 제품집단 조직의 구성원이기도 하다. 그 결과 개별 조직 구성원들은 특정 사안에 대해서는 지역부문 경영자에게 보고해야 하고, 다른 사안에 대해서는 제품계열 경영자에게 보고해야 하는 상충되는 요구와 압력을 받을 수 있으며, 이에 따라 조직 구성원의 조직에 대한 충성심이 나누어지고 약화될 수 있다. 유사한 문제로 글로벌 매트릭스 조직설계는 권위의 혼란과 모순을 야기할 수도 있다. 이러한 조직설계를 채택하는 목적이 일부분 신속한 의사결정이 가능하게 하는 데 있으면서도 다른 한편으로는 보고체계가 매우 복잡하고 모호해 주요 의사결정에 많은 시간이 소요되기도 한다. 마지막으로, 글로벌 매트릭스 조직설계에서는 경영자들 사이의 상대적인 정치적 영향력에 의해 절충 혹은 의사결정이 이루어지는 경향도 발생한다.[18]

VENTURING ABROAD

알샤야(Alshaya)의 매트릭스(Matrix) 조직

쿠웨이트 기업인 M. H. 알샤야(Alshaya)는 잘 알려지지 않은 기업이다. 그러나 더 정확히 말하자면 알샤야 가족이 사적으로 소유한 그 기업이 그것을 원하였기 때문이다. 당신이 바레인, 두바이, 또는 쿠웨이트 시티에 방문하고 최근에 이들 도시에 생겨난 메가 쇼핑몰들 중 하나를 방문했다고 가정하자. 그곳을 방문한 중에 당신은 스타벅스, 치즈케익 팩토리, 핑크베리, 아이홉, 아메리칸 이글 아웃피터스, 빅토리아스 시크릿, 포터리 반, 그리고 윌리암스-소모나 등의 상점들을 보고 그러한 매장에서 쇼핑을 했을 것이다. 그리고 놀라운 것은 그 지역에 걸쳐 있는 각 매장과 식당들은 M. H. 알샤야 기업만이 유일하게 소유하며 경영하고 있다는 것이다.

알샤야는 수 십계의 유통회사와 식당 체인의 프랜차이즈(franchisee) 회사로 최근 성장했으며, 중동지역에 집중했으나 최근에는 유럽과 아시아 지역으로 진출하고 있다. 알샤야는 장소를 섭외하고, 임대협상을 하며, 직원을 고용하고 교육하며, 현지의 종교적 요구조건을 맞추기 위해 음식 레시피 및 기타 제품들을 수정하는 등 지역에 대한 강력한 전문성을 갖추고 있다. 예를 들어, 알콜-기반의 음식은 재료가 변경되어야 하는데, 알샤야는 같은 모습과 같은 맛을 갖춘 대안의 재료를 찾도록 노력한다. 알샤야는 현지 관습에 맞도록 매장을 변경하지만, 지역에 무관하게 소비자들이 좋아할 수 있는 특징과 경험을 유지할 수 있도록 노력한다. 그래서, 두바이에서 만들어진 스타벅스 라떼는 시애틀에서 만들어진 스타벅스 라떼와 같은 맛을 낸다. 또한, 매장과 소비자의 "구매 경험"은 역시 같다.

알샤야 기업은 현재 19개 국가에서 70개 이상의 브랜드로 2,400개 이상의 매장을 운영 중이며, 이들 매장은 총 860만 제곱피트 정도의 규모를 자랑한다. 중동에서 기반을 두고 대부분 매장 운영을 하지만, 알샤야는 폴란드, 러시아, 체코, 영국, 그리고 모로코에도 매장을 보유하고 있다. 알샤야는 100개국 이상의 국적을 가진 약 32,000명의 직원을 고용하고 있다.

알샤야는 다양하고 멀리 떨어진 유통 사업들을 매트릭스 조직 형태를 사용하여 관리한다. 기본적 구조는 일곱 개의 사업 부문을 중심으로 하고 있다: 패션과 신발, 요식업, 건강 및 미용, 약국, 안과, 가구, 그리고 사무용품. 각 사업부는 CEO에게 직접 보고하는 사장을 두고 있다. 예를 들면, 요식 사업부 회장은 알샤야의 스타벅스, 치즈케익 팩토리, 아이홉, 텍사스 로드하우스, P.F 창, 그리고 전체 시장의 다른 음식 사업들(총 23개의 요식업 브랜드)을 관리한다.

알샤야에 따르면 매트릭스 "오버레이(overlay; 중첩)"는 국경을 넘나드는 기능적인 팀(team)을 말하며 여기에는 구성원들의 인적 자원, 재무, 법무, 자산, 유통 경로, 감사, IT, 그리고 소비자 서비스 전문가 등이 있다. 이러한 구조를 택한 기업의 논리는 알샤야가 이러한 구조를 통해 공통적인 지표, 정책, 그리고 보고 시스템을 일관된 방식으로 운영하기 위해서다. 예를 들어, 소비 매출을 측정하는 공통적인 지표를 통해 매장 면적의 제곱피트당 수입을 파악하고 동일한 장소에서의 매장 매출은 특정 기간과 일년 후의 매출과 비교를 한다. 공통된 지표를 사용하면, 알샤야는 쿠웨이트 시티의 아이홉 레스토랑의 성과를 평가할 수 있고, 이를 바르샤바, 두바이, 그리고 도하에 있는 아이홉 식당들의 성과와 비교할 수도 있다. 전체적으로 볼 때, 알샤야는 좋은 성과를 내는 것으로 보여 지며, 알샤야의 매트릭스 조직은 분명히 그러한 성과에 기여하는 것으로 보인다.[17]

혼합형 글로벌 조직설계

앞서 설명한 각각의 글로벌 조직설계의 유형은 대부분 이상적이고 단순한 형태들이다. 하지만 대부분의 기업들은 자신의 규모, 전략, 기술, 환경, 문화에 따라 자신에게 가장 적합한 혼합적인 조직설계를 확립한다. 대부분의 MNC들은 이미 소개된 모든 글로벌 조직설계 유형들이 가지고 있는 요소들을 혼합해 활용하는 경향을 보인다. 글로벌 제품 조직설계를 기본으로 하면서도, 특정 제품군에서는 다른 제품군에 비해 기능 부문이나 지역 부문에 대해 더 많은 관심을 가지고 이를 조직설계에 반영할 수도 있다. 사실상 세계 500대 MNC의 조직설계 유형을 비교할 수 있다면 우리는 어떤 기업들도 완전히 하나의 조직설계 유형을 가지고 있는 경우를 찾아보기 힘들 것이다. 전형적인 조직설계를 기본으로 시작해도, 합할 것은 합하고 버릴 것은 버리면서, 자신이 기업에 적합한 새로운 조직설계 요소들을 채택함으로써 기업은 자신의 전략이나 경쟁 환경의 변화에 적응해 나간다. 레노보는 많은 측면에서 오늘날 혼합형 조직설계를 활용한다. 구체적으로 오늘날 레노보의 조직설계는 기능, 지역, 매트릭스 조직설계의 요소들을 모두 포함한다.

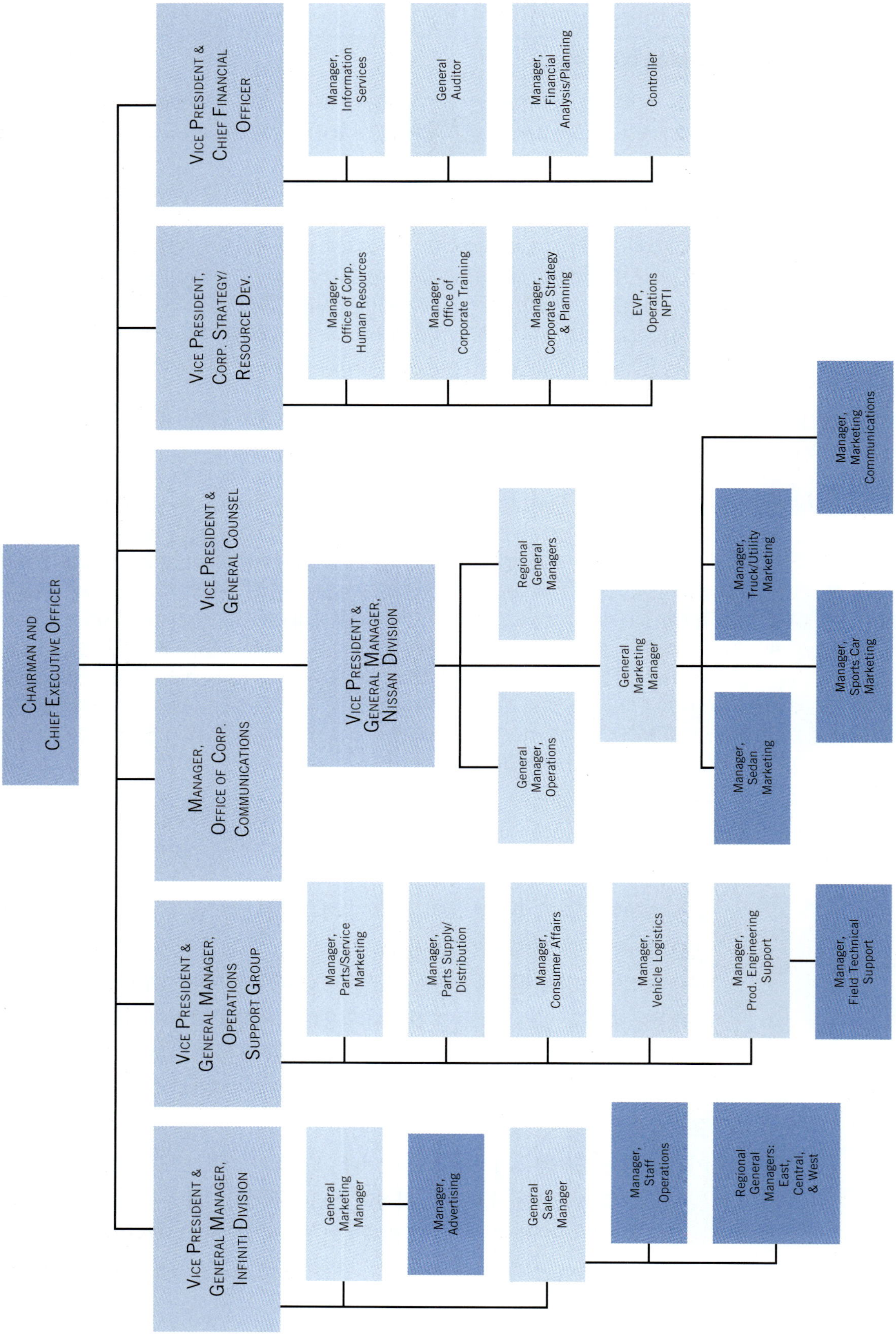

그림 14.6
미국 닛산의 혼합형 조직설계

- Chairman and Chief Executive Officer
  - Vice President & General Manager, Infiniti Division
    - General Marketing Manager
      - Manager, Advertising
    - General Sales Manager
      - Manager, Staff Operations
      - Regional General Managers: East, Central, & West
  - Vice President & General Manager, Operations Support Group
    - Manager, Parts/Service Marketing
    - Manager, Parts Supply/Distribution
    - Manager, Consumer Affairs
    - Manager, Vehicle Logistics
    - Manager, Prod. Engineering Support
      - Manager, Field Technical Support
  - Manager, Office of Corp. Communications
  - Vice President & General Manager, Nissan Division
    - General Manager, Operations
    - Regional General Managers
    - General Marketing Manager
      - Manager, Sedan Marketing
      - Manager, Truck/Utility Marketing
      - Manager, Sports Car Marketing
      - Manager, Marketing Communications
  - Vice President & General Counsel
  - Vice President, Corp. Strategy/Resource Dev.
    - Manager, Office of Corp. Human Resources
    - Manager, Office of Corporate Training
    - Manager, Corporate Strategy & Planning
    - EVP, Operations NPTI
  - Vice President & Chief Financial Officer
    - Manager, Information Services
    - General Auditor
    - Manager, Financial Analysis/Planning
    - Controller

[그림 14.6]은 닛산이 미국 사업에서 활용하고 있는 혼합형 조직설계를 보여준다. 닛산은 조직설계의 최고 상층부에 제품 전담 경영자(Infinity 사업부 부사장 및 총괄경영자와 같은) 기능 전담 경영자(부사장 및 최고 재무 책임자와 같은)를 동시에 가지고 있다. 닛산의 마케팅 기능은 승용차, 스포츠카, 트럭, 다용도 차량 등 특정 제품 단위로 분리되어 있으며, 인피니티(Infinity)와 닛산 제품 사업부는 지역에 따른 지역 총괄경영자를 별도로 두고 있다. 모든 대규모 국제기업들은 이와 유사한 방식으로 자신의 조직에 가장 적합한 혼합형 조직설계를 확립하기 위해 상이한 지역에서 상이한 수준으로 개별 조직설계 유형의 요소들을 혼합해 사용한다.

In Practice

- 글로벌 기업에 있어 최고 형태의 조직 구조로 하나만 있을 수는 없다.
- 국제 기업들이 글로벌한 제품, 지역, 기능적, 고객, 또는 매트릭스 조직을 사용하지만, 대부분은 그들의 규모, 전략, 기술, 환경, 문화 등을 기반으로 하여 다양한 요소를 합친 하이브리드 조직을 사용한다.

추가 고려 사항: 같은 산업에 있는 국제 기업들은 비슷한 방식의 조직 구조를 채택할 것 같은가? 왜 그러한가? 그렇지 않다면, 왜 그렇지 않은가?

14.3 글로벌 조직설계와 관련된 이슈들

조직설계와 관련해 우리가 설명한 기본적인 이슈들 외에도 MNC는 조심스럽게 고려해야 할 다른 많은 이슈들에 직면한다.

집권화와 분권화

MNC는 조직을 설계함에 있어 자회사가 가지는 자율성, 힘, 통제의 수준을 어느 정도로 할 것인지와 관련된 매우 중요한 의사결정을 해야 한다. 개별 자회사에 전략, 재무, 생산, 마케팅 활동에 대해 많은 재량권을 제공해 의사결정 권한을 분권화함으로써 시장에 가장 근접해 있는 경영자에게 의사결정 권한을 부여한다고 가정해보자. 이들 자회사의 경영자들은 기업 전체의 요구에 관심을 갖기보다는 자회사의 요구와 이익에만 집중할 것이다. MNC는 이와 같은 비효율성을 의사결정 권한을 본사에 집중하는 집권화를 통해 해결할 수 있을 것이다. 하지만 본사 스태프에 의해 이루어진 의사결정은 기업 전체의 요구와 관점은 반영되겠지만 이는 자회사 경영자가 해외 현지 시장의 환경변화에 빠르고 효과적으로 대응할 수 있게 하는 데에는 방해가 될 것이다. 집권화와 분권화 모두 기업에 매력적인 장점을 제공해주기 때문에 대부분의 기업들은 항상 이 둘을 어떻게 적절하게 조합할 것인지를 고민한다.[19]

많은 미국 기업들은 본사의 집권화를 유지하려는 노력 때문에 중국 시장진출 후 실패를 맛보아야만 했다. 현지 시장 환경에 대한 적응성이 중요한 산업에서 특히 그러했다. 예를 들어, 구글과 이베이(eBay) 모두 현지 고객의 선호에 신속하고 민감하게 대응할 수 있는 능력을 보유한 중국 현지의 소규모 경쟁자들에 고전을 면치 못했다. 반면 아마존은 최근 중국 현지의 주요 온라인 소매업체인 Joyo.com을 인수해, 중국 시장의 특수성에 신속하게 대응할 수 있는 상당한 재량권과 통제력을 Joyo.com의 경영자에게 부여했는데, 이는 아마존의 설립자이자 CEO인 Jeff Bezos가 다른 기업들의 실패를 반복하지 않을 것임을 맹세했기 때문이다.[20]

이러한 문제는 중국으로 진출하는 미국기업들에게 특별한 것은 아니다. 도요타(Toyota)는 오랫동안 본사 중심의 집권화를 선호하며 일본 이외의 현지 관리자에게 자율권을 잘 주지 않는 것으로 오랫동안 알려져 왔다. 그러나, 흥미롭게도 2013년 초에 도요타(Toyota)는 해외 현지 관리자에게 상당한 자율권을 제공하기로 한 조직상의 중대한 변화를 발표하였다. 도요타(Toyota) 미국지사의 판매,마케팅 부문 전(前),수석관리자였던 제임스 렌츠(James Lentz)는 자동차 개발 및 생산에 추가적인 책임을 맡게 되었다. 앞으로 그와 그의 리더십 팀은 도요타(Toyota) 미국지사가 이전에는 최선이라고 생각하여 운영하였던 때와는 달리 훨씬 더 많은 상당한 자율권을 갖게 될 것이다.

자회사 이사회의 역할

MNC는 통상적으로 자신이 진출한 국가의 모든 자회사들을 법인의 형태로 설립한다. 이는 자회사가 져야 하는 법적 책임의 한계를 명확하게 하고, 현지의 기업시민으로써 법적 지위를 확보하기 위함이다. 대부분의 국가들은 외국 MNC의 독자소유 자회사를 포함해 모든 법인 형태의 자회사들에 대해 이사회를 설립해 운영하도록 한다.[21] 이 이사회는 기업의 이해관계자들(여기서는 MNC)에 의해 선출되고, 자회사(MNC에 의해 소유되는)의 효과적인 경영에 대해 이해관계자들에 책임을 지며, 최고 경영층(MNC에 의해 고용된)의 활동을 감독하는 역할을 한다. 대부분의 MNC가 직면하고 있는 중요한 이슈 중의 하나는 바로 자회사 이사회의 설립을 형식적인 조치로 이사회에 실질적인 권한은 거의 주지 않을 것인지, 아니면 이사회에 상당한 의사결정권한을 부여해 힘을 실어줄 것인지에 관한 것이다.[23]

이사회의 권한 강화는 분권화를 촉진시키는 작용을 한다. 해외의 자회사들은 본사의 승인을 기다릴 필요 없이 신속하고 단호하게 의사결정 할 수 있는 권한을 필요로 할 수 있다. 또한 MNC가 현지로 의사결정권한을 분권화할 경우, 이사회의 적극적인 활동은 명확한 회계적 책임과 보고체계를 통해 본사와의 연계를 제공해주는 역할을 한다. 어떤 MNC들은 자회사의 이사회에 현지 명망가를 임명함으로써 해외에서 사업을 수행하는 데 많은 도움을 받기도 했다. 이들은 자회사를 현지의 기업 공동체에 연계하고 통합시키는 데 도움을 줄 뿐만 아니라 현지의 기업 및 정치적 환경에 대해 본사와 자회사 모두에게 중요한 정보의 원천이 될 수도 있다.

예를 들어 애플의 일본 자회사는 저명한 현지 경제 관료를 이사회에 영입했는데, 이것이 일본 시장에서의 초기 성공에 중요한 작용을 했다. 그들은 개인의 지위와 다른 기업들과의 폭넓은 관계가 중요한 마케팅 도구로 작용하는 일본 시장에서 애플 제품의 신뢰성을 높이는 역할을 했고, 애플은 이들의 영입을 통해 일본 시장에 대한 자신의 장기적인 관심과 몰입을 일본인들에게 알릴 수 있었다. 자회사의 이사회는 자회사의 기업윤리와 사회적 책임과 관련된 활동을 감시하는 데도 도움을 준다. 자회사의 이사회 권한을 강화함으로써 나타날 수 있는 잠재적인 단점으로는 이사회가 상당한 권한을 가지게 됨에 따라 자회사의 독립성이 지나치게 강화되어 본사에 대해 자회사가 가져야 하는 적정한 수준의 책임을 유지하지 못할 수 있다는 것이다.[24]

일반적으로 자회사의 이사회는 자회사가 상당한 수준의 자율성을 가지고, 독자적인 사업 활동을 수행할 수 있을 정도의 경영자원과 구조를 확보하고 있으며, 자회사가 본사와 실체적으로 분리되어 있을 때 가장 유용하다. 적극적이며 활동적인 자회사의 이사회는 H형 조직에서 특히 유용한데, 이는 지주회사의 자회사들의 경우 전형적으로 가장 독립적으로 운영될 수 있기 때문이다. 예를 들어, 네슬레의 미국 자회사인 카네이션(Carnation)은 이상에서 제시된 세 가지 조건을 모두 충족한다. 따라서 카네이션 또한 이사회가 매우 활동적임은 어찌 보면 매우 당연하다. 혼다, 마쓰시타, HP 역시 현지 환경에 적합하게 신속한 의사결정을 할 수 있도록 자회사 이사회에게 강한 권한을 부여한다.

글로벌 조직에서의 조정

마지막으로, 국제기업은 효과적인 조직설계가 이루어지게 하기 위한 한 가지 부분으로써 기업의 조정 요구를 진지하게 고려해야 한다. 조정(coordination)은 상이한 집단, 단위, 부서의 기능과 활동을 연계시키고 통합하는 과정이다. 기업의 조정 요구는 기업의 기능부서와 사업부서들 사이의 상호의존성에 따라 다르다. 즉 사업부서나 기능부서들 사이의 상호의존성 수준이 높아지면 높아질수록 이들 사이의 조정의 필요성도 그만큼 높아진다.

MNC는 부서들 사이의 적정한 조정의 수준을 결정하기 위해 다양한 전략들을 사용할 수 있다. 조직 상의 위계는 그 자체로 부서들 사이의 상호의존성을 관리하고, 조정을 촉진시킬 수 있는 한 가지 방법이다. 모든 보고체계와 명령체계를 명확하게 나타내고 있는 조직설계 혹은 조직구조는 그 자체로 개별 경영자로 하여금 누구와 협의해야 하고, 어떻게 의사결정이 이루어지는지를 알게 해주기 때문에 조정을 원활하게 한다. 규정과 절차 또한 조정을 촉진시켜 준다. 예를 들어, 월별, 분기별 수익, 비용, 이익 등의 자료를 본사로 보고하도록 요구하는 표준화된 업무운영 절차는 본사 스태프로 하여금 기업의 전체적인 현금흐름을 조정하고, 문제가 발생하고 있는 시장을 빠르게 확인할 수 있도록 해준다.

MNC는 또한 약간은 보다 한시적이고 임시적인 조정 기법을 채택할 수도 있다.[25] 연계 역할을 하는 인력을 활용하는 것도 그러한 기법 중의 하나이다. MNC의 두 개 사업부가 특정한 활동이나 기능에서 서로 협력한다고 가정해보자. 각각의 사업부는 특정 경영자를 상대 사업부와의 연락 담당자로 지정할 수 있다. 만약 다른 부서와의 연락 담당자 역할을 하는 어느 한 부서의 경영자가 상대 부서가 관련된 정보나 질의사항이 생길 경우에는 그는 상대 부서의 연락 담당자를 통해 상대부서의 적절한 단위나 개인과 의사소통을 할 수 있다. 예를 들어 도요타는 단위부서들 사이에 상대적으로 소규모의 공동협력이 필요한 사안에 대해서 이와 같은 기법을 매우 빈번하게 사용한다.

부서 간의 협력의 정도나 범위가 클 경우에는, 태스크포스가 조정에 활용될 수 있다.

이 경우에는 각 참여단위 혹은 부서는 한 명 혹은 그 이상의 대표자를 상근 혹은 비상근 형태로 이 팀에 파견한다. 예를 들어 포드와 마즈다(Mazda)는 Ford Focus의 공동설계 작업에 이 방법을 활용했다. 이 두 기업은 각 사의 디자인, 엔지니어링, 생산, 재무부서 인력들을 태스크포스에 투입했다. 이 두 기업의 근로자들은 각 사의 요구나 자동차 개발 단계에 따라 필요한 인력을 태스크포스에 일정한 규칙 없이 수시로 순환 배치시켰고, 최종 설계가 완성되고 생산이 시작되자 태스크포스는 해체되었다.

많은 국제기업들은 비공식적인 조정메커니즘에 크게 의존하기도 한다. 비공식적 경영 네트워크가 특히 효과적일 수 있다. **비공식적 경영 네트워크(informal management network)**는 단순히 다양한 방식으로 서로 관련을 맺고 있는, 근무지가 다른 국가의 경영자 집단을 의미한다. 이러한 연계는 종종 개인적 접촉, 서로 알고 지내는 관계, 여행, 교육훈련, 공동회의, 태스크포스 등을 통한 상호작용 등에 의해 이루어진다. 비공식적 경영 네트워크는 의사소통과 의사결정을 지연시킬 수 있는 단순한 관료주의적 조직에서 매우 강력하게 작용할 수 있다. 그것은 정규적이고 정례적인 절차가 항상 준수되는 경우에 비해 보다 빠르고 보다 효과적으로 업무를 처리할 수 있게 해준다.[26]

In Practice

- 다국적 기업들은 집중화와 분산화의 적절한 혼합 문제를 의사결정 하여야 하며 자회사의 이사회 역할을 분명히 정의해야 한다.
- 다국적 기업들은 또한 기업 내 협력(조정)의 수준을 정의해야 한다.

추가 고려 사항: 조직 구조 설계와 관련하여 어떤 방식으로 집중화, 분산화, 그리고 조정(협력)할 것인가?

14.4 국제경영 활동에서의 통제 기능

조직설계가 가지는 또 다른 중요한 역할 중의 하나는 기업의 통제 기능을 보다 효과적으로 관리 가능하게 해준다는 점이다. **통제(control)**는 현재의 성과를 모니터링하고, 조직이 성과목표를 달성하는 데 필요한 변화를 유도하는 과정이다. 통제는 개념적으로 자동 온도조절기와 유사한 기능을 한다. 자동 온도조절기는 방안의 온도를 모니터링하여 실제 온도가 계획된 온도에 비해 너무 올라가거나 내려갈 때, 자동적으로 냉방 혹은 난방장치를 작동시킨다. 방안의 온도가 적정한 수준을 회복하면 다시 가동이 필요할 때까지 시스템의 작동이 꺼진다.

[그림 14.7]에서 볼 수 있는 바와 같이 국제경영에서 통제는 세 가지의 중요한 수준으로 구성되어진다. 전략적, 조직적, 운영적 통제수준이 그것이다. 이들 각 수준의 통제는 그 자체로도 중요하지만 경영자는 국제경영 통제를 종합적이며 통합적인 관점에서 하나의 집합적인 유기적인 틀로 이해하고 접근하는 것이 매우 중요하다.

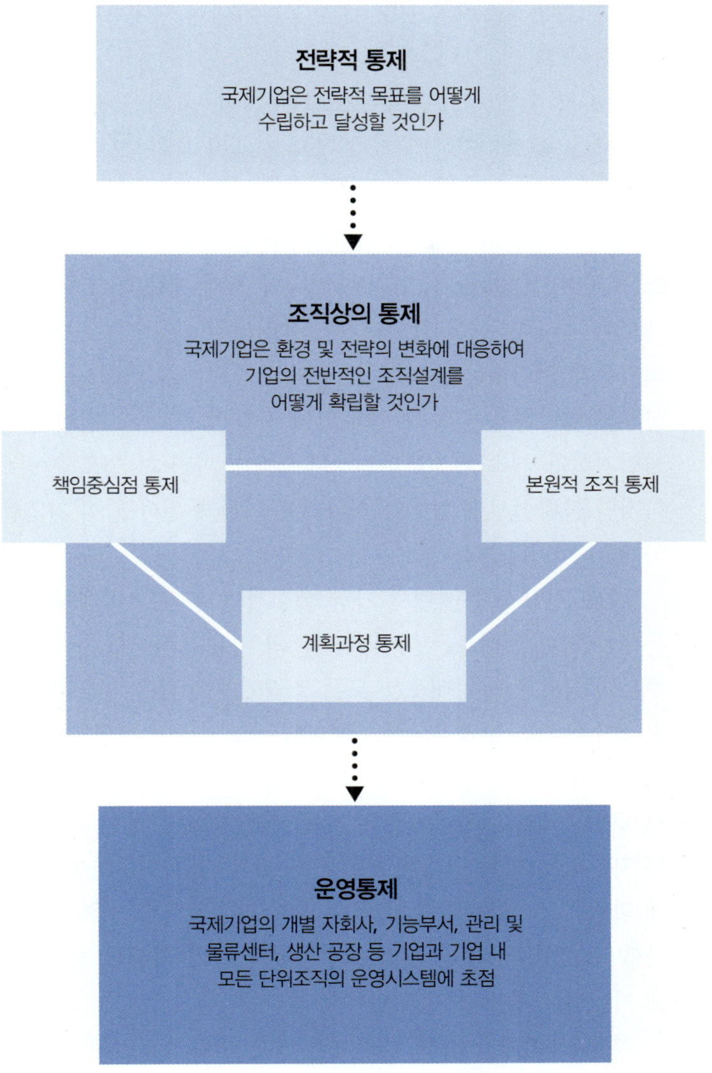

그림 14.7
국제통제의 수준

전략적 통제

전략적 통제(strategic control)는 국제경영 활동과 관련된 전략의 수립과, 그 전략의 실행과 관련된 기업 활동을 모니터링하기 위함이다.[27] 따라서 전략적 통제는 기업이 기업의 국제경영환경과 전략의 바람직한 연계를 어떻게 정의하고 유지할 것이며, 기업이 자신의 전략적 목표를 어떻게 효과적으로 확립하고 달성할 것인가에 초점을 맞춘다. 예를 들어 몇 년 전에 독일의 최대 자동차 메이커인 다임러 벤츠는 미국의 3대 자동차 메이커인 크라이슬러를 사들였다. 당시에 이와 같은 의사결정은 매우 논리적으로 보였다. 예를 들어, 이들 두 기업의 경영자들은 두 기업이 상호 학습하고, 이들 두 기업의 제품 계열과 조직상의 강점이 서로 상호보완적이며, 이들 두 기업의 결합을 통해 글로벌시장에서 GM, 포드, 도요타와 같은 거물 기업들과 효과적으로 경쟁할 수 있게 될 것이라는 것을 확신했다. 그럼에도 불구하고 이미 알려진 바와 같이, 다임러 벤츠의 크라이슬러 인수는 실패한 전략적 의사결정으로 끝을 맺었다. 인수를 통해 기대했던 시너지와 효율성 제고는 끝내 이루어내지 못했고, 크라이슬러는 결국 사모 투자가에게 재매각되었다(최근 크라이슬러는 다시 Fiat에 인수되었다).

전략적 통제는 기업의 해외시장 진입 및 확대에 관한 의사결정에서도 중요한 역할을 담당한다. 해외시장에서 적지 않은 잠재적 불확실성과 위험에 직면할 것으로 예상되는 경우에는 더욱 그러하다. 예를 들어 인도가 외국인 직접투자의 새로운 유망 지역으로 부상하자 많은 기업들이 인도 시장에서의 사업 활동을 확대했다. 유니레버의 인도 자회사인 힌두스탄 레버(Hidustan Lever)는 비누와 세제 제품의 생산시설을 확장했고, 식품가공 사업을 새로이 시작했다. 이러한 조치는 유니레버에게 있어 인도 시장의 전략적 중요성이 커지게 되었음을 의미하는 것이었다. 이러한 전략이 실행에 옮겨지는 과정에서, 인도 시장에서의 향후 사업방향을 결정하는 데 있어 전략적 통제시스템이 활용될 수 있다. 인도 시장에서의 사업기회가 계속 유지된다면 유니레버는 당연히 인도 시장으로의 진출을 확대할 것이다. 하지만 불확실성과 위험이 지나치게 커지게 된다면 이 기업은 인도 시장 진출에 신중을 기하게 될 것이다.

종종 전략적 통제에서 가장 핵심적인 부분은 국제기업의 재무적 자원에 대한 통제다. 돈은 이익의 형태로든 아니면 기존의 비용지출 정도는 충분히 커버될 수 있음을 확인시켜주는 현금흐름의 형태로든 모든 조직에게 동력을 제공하는 존재다. 더욱이 기업에게 잉여자금이 존재하는 경우에는, 경영자는 그 자금이 현명하게 투자되어 그 기업과 주주들에게 최대한의 보상이 돌아갈 수 있도록 해야 한다. 그리하여 국제기업에게 있어 효과적인 회계시스템을 개발하고 유지하는 것은 매우 중요한 일이다. 이러한 회계시스템을 통해 경영자는 자신의 기업이 진출한 모든 시장에서 기업의 수익이 어디에서 발생하고 있는지 완전하게 파악하고 이해할 수 있어야 하고, 기업에서 발생하고 있는 원가와 비용을 추적하고 평가할 수 있어야 하며, 기업이 진출한 각각의 시장이 기업 전체의 전반적인 수익성에 어떻게 기여하고 있는지 알고 있어야 한다.[28]

재무적 통제가 잘못 이루어질 경우 기업의 글로벌 경쟁역량은 심각하게 훼손될 수 있다. 예를 들어 인도네시아 기업인 맨트러스트(Mantrust)는 참치통조림 포장업체인 반캠프(Van Camp Seafood)를 3억 달러에 사들였다. 이에 필요한 대부분의 자금은 인도네시아의 은행들의 대출을 통해 조달되었다. 하지만 맨트러스트의 소유자는 부채관리에 익숙하지 않은 사람이었고, 이 때문에 이 기업은 부채상환에 상당한 곤란을 겪었다. 맨트러스트와 반 캠프는 수년 동안 경영난에 허덕이다가, 맨트러스트는 결국 반캠프를 미국과 태국의 투자자들로 이루어진 합자회사인 트라이유니언(Tri-Union)에게 매각했다.

일반적으로 국제기업에서 재무적 통제는 전략적 통제와는 별도의 영역으로 여겨진다. 대부분의 기업들은 재무적 통제를 담당하기 위해 하나 혹은 그 이상의 특별한 관리상의 직책을 두고 있다. 일반적으로 회계책임자(controller)라고 불리는 직책이 그것이다. 대규모 국제기업들은 전체 기업의 재무적 자원을 총괄하는 기업 회계책임자를 두기도 한다. 대규모 국제기업을 구성하는 각 지역 사업부들은 해당 사업부가 소재하고 있는 국가에서 현지에서의 사업 활동에 대한 재무적 통제를 담하는 사업부별 회계책임자를 둔다. 사업부별 회계책임자는 통상 해당 지역에서의 사업을 총괄하는 사업부 책임자에 대해 모든 회계상의 책임을 수행함과 동시에 기업 전체 회계책임자에 대해서도 그 책임을 진다. 이와 같은 회계적인 통제관계는 일차적으로 예산과 재무계획을 통해 관리되어진다.

국제 회계책임자가 특히 관심을 가져야 할 사항은 기업의 해외 자회사들을 운영하고, 해외의 공급업자들에게 대금을 지불하는 데 필요한 다양한 외환의 수급을 어떻게 관리할 것인가 하는 문제다.[29] 예를 들어 코카콜라는 매일 매일의 회사운영을 위해 150개가 넘는 외환의 보유상황을 관리해야 한다. 국제기업의 해외 자회사들은 현지 사업 활동의 수행을 위해 일정한 현지 통화의 보유수준을 유지할 필요가 있다. 또한 각 자회사들은 본사에 대한 배당금 지급이나, 지적재산권 사용료의 지불, 여타 기업 내 거래에 대한 대금지급 등을 위해 본국의 통화도 원활하게 조달할 수 있어야 하며, 원자재나 부품의 수입에 필요한 제3국의 통화도 확보하고 있어야 한다.

국제 회계책임자는 환율의 변동으로 인해서 발생할 수 있는 환위험에의 노출을 관리하기 위해 다양한 외환에 대한 보유상황을 감독할 필요가 있다. 많은 MNC들은 환위험의 관리를 본사 수준에서 직접 관리한다. 하지만 로얄 더치/쉘(Royal Dutch/Shell)과 같은 다른 기업들은 해외 자회사 스스로 환율의 변동에 따른 환위험을 관리할 수 있도록 하기 위해 자회사들이 직접 국내 및 국제 금융시장과 상품시장을 활용할 수 있도록 허용한다. 외환의 수급관리에 대해 분권화를 채택하고 있는 기업은 해외 자회사들에 대한 적절한 재무적 통제 장치를 확보하고 있어야 한다. 그렇지 않으면 재무적 문제에 봉착하기 쉽다. 예를 들어 쉘의 일본 자회사인 쇼와쉘(Showa Shell Seikyu KK)은 몇 년 전에 외환시장에서 쉘 본사에서는 금하고 있는 대규모의 환 투기 거래를 했고, 이 사실은 일본 자회사가 10억 달러 이상의 손실을 보고하고 나서야 비로소 알려졌다. 쉘의 내부통제시스템은 이미 망가져 있었고, 이 사실을 사전에 전혀 알아차리지 못했다. 이 일이 있고 난 후에, 쉘은 기업의 재무적 자원을 보다 엄격하게 통제할 수 있는 새로운 내부 통제절차를 확립했다.

국제기업에게 점점 더 중요해지고 있는 또 다른 형태의 전략적 통제는 합작투자와 전

Ahmad Masood/Reuters/Corbis

코카콜라는 일일 운영을 하면서 150개국 이상의 화폐를 관리해야 한다. 코카콜라와 같은 다국적기업의 해외 지사는 지사의 현지 운영을 위한 현지 통화의 일정량을 보유해야 한다. 또한, 각 지사는 배당금 지급, 모회사에 대한 지식재산권 사용료, 기업내부거래로 인한 지급사유 등으로 모회사가 속한 국가의 통화(화폐)도 필요하다. 또한, 각 지사는 수입원료 및 구성부품 공급자에게 지급하기 위한 타국(제 3국) 통화도 준비할 수 있어야 한다.

략적 제휴에 대한 통제 문제이다.[30] 13장에서 토의한 바와 같이, 전략적 제휴, 특히 합작투자는 국제기업에서 점점 더 중요해지고 있고, 점점 더 많이 사용된다. 이와 같은 제휴관계의 성과 역시 전략적 통제의 중요한 대상이다. 합작투자기업이나 다른 전략적 제휴 관계는 상대적으로 하나의 독립적인 기업처럼 운영되고, 이 때문에 제휴관계를 구성하는 대부분의 파트너들은 그들이 참여하는 각각의 제휴관계에 대해서 독립적인 통제시스템을 확립하는 데 동의하는 편이다. 따라서 이러한 제휴관계에 대한 재무적 통제는 각 제휴 파트너 모기업의 전반적인 전략적 통제시스템의 한 구성요소가 된다. 즉 제휴관계에는 별도의 독립적인 통제시스템을 가지면서도, 독립적인 재무적 통제의 결과는 제휴관계 내에서뿐만 아니라 각 파트너의 모기업과도 소통되어져야 한다.

조직상의 통제

조직상의 통제(organizational control)는 조직설계 그 자체에 초점을 맞춘다. 앞서 토의된 바와 같이, 국제기업들이 사용하는 조직설계에는 다양한 유형이 존재한다. 하지만 특정 조직설계 유형을 선택하고 실행하는 것만으로 반드시 조직설계 과정이 끝나는 것은 아니다. 예를 들어 기업의 경영환경과 전략이 변화함에 따라 경영자는 기업이 새로운 상황에서 더 잘 작동할 수 있도록 기업의 조직설계를 변화시킬 필요가 있다. 새로운 제품계열의 추가, 새로운 시장으로의 진입, 새로운 공장의 건설 등 이런 모든 것들로 인해 조직설계의 변화 필요성이 새로이 제기될 수 있다.

가장 일반적인 조직상의 통제시스템은 **책임중심점 통제(responsibility center control)**라 불리는 분권화된 형태이다. 이러한 통제시스템을 활용하기 위해서는, 기업은 제일 먼저 조직 내에 기본적인 책임중심점을 정해야 한다. 지역이나 제품군으로 이루어진 전략적 사업단위(strategic business unit)가 가장 자주 이와 같은 책임중심점으로 지정된다. 책임중심점이 지정되고 나면 기업은 각각의 책임중심점이 얼다나 효과적으로 기업의 전략적 목표에 기여하고 있는지를 기준으로 각각의 책임중심점을 평가한다. 그리하여 각 책임중심점에 대해 고유의 통제시스템이 확립된다. 이러한 책임중심점 통제시스템은 현지의 회계보고시스템, 현지의 경쟁환경, 여타 상황에 맞게 확립되어야 한다.

네슬레는 Poland Springs, Alcon Labs, Nestle-Rowntree와 같은 각각의 자회사들([지도 14.1] 참조)에 대해 책임중심점 통제를 사용한다. 이들 자회사들은 재무적 성과에 대한 자료를 정례적으로 본사에 제출한다. 예를 들어 Poland Springs의 경영자는 스위스에 있는 네슬레 본사에 분기별 보고서를 제출하고, 이를 통해 본사는 자신의 미국 자회사가 얼마나 잘 운영되고 있는지를 계속적으로 확인할 수 있다. 이들 자회사들을 별도의 독립적인 책임중심점으로 지정하고, 이들 자회사들이 자신의 경쟁 환경에 가장 적합한 통제시스템을 활용할 수 있도록 허용함으로써 스위스에 있는 본사 경영자는 각 자회사들이 활동하고 있는 개별 시장의 관점에서 얼마나 잘 운영되고 있는지를 간시할 수 있다. 자회사가 본사에 제출하는 보고서에는 매출액이나 이익과 같은 기본적인 정보뿐만 아니라 개별 자회사들과 진출 시장 특유의 항목들도 포함된다.

어떤 기업은 기업을 구성하는 전체 조직에 대해 공동으로 적용하는 **본원적 조직 통제**

지도 14.1
네슬레 본사, 해외 자회사 그리고 계열사

(generic organizational control)를 더 선호하기도 한다. 즉 이 통제시스템은 모든 단위조직이나 활동에 대해 동일하게 적용되고, 통제 권한은 일반적으로 기업의 본사가 가지게 된다. 본원적 조직통제는 자신이 진출한 각 시장에서 유사한 전략을 추구하는 국제기업이 가장 일반적으로 사용한다. 이러한 기업의 경우 진출 시장에 따라 전략적 차이가 거의 없기 때문에 책임중심점 통제는 적절하지 않다. 본원적 조직 통제를 활용하는 기업은 각 단위조직이나 활동들의 전략적 성과에 동일하게 집권화된 의사결정 구조와 통제 표준을 적용할 수 있다. 더욱이 자신이 진출한 모든 시장에서 동일한 전략을 구사하는 국제기업은 상대적으로 안정되고 예측 가능한 활동들로만 이루어져 있기 때문에 기업이 사용하는 조직상의 통제시스템 또한 상대적으로 안정적이며 확정적인 경우가 많다. 예를 들어 미국, 일본, 유럽 전역에 버번 위스키 제품계열을 판매하는 유나이티드 디스틸러스(United Distillers PLC)의 경우, 모든 진출 시장에서 기본적으로 동일한 제품계열을 취급하고, 고객들의 특성 또한 시장에 따라 거의 차이가 없기 때문에 이 기업은 각 시장에 대해 동일한 통제방법을 활용한다.

세 번째 조직상의 통제 형태는 책임중심점 통제와 본원적 조직 통제의 절충적인 형태로써 성과보다는 전략적 계획 과정 그 자체에 초점을 맞춘다. **계획과정 통제(planning process control)**는 기업이 전략계획을 수립하기 위해 실제로 사용하는 방법과 과정에 대한 조직상의 통제시스템에 관심을 집중한다. 이러한 방식은 전략이 적절하기만 하면 그 성과는 자동적으로 나타난다는 가정에 기초한다. 따라서 기업을 구성하는 각 단위들은 전략의 실행으로 발생할 성과보다는 전략의 실행 그 자체에 집중해야 한다.

계획과정 통제를 실행에 옮기는 데 있어 각 단위의 경영자들은 자신의 단위가 주어진 목표를 달성하지 못할 때마다 기업의 중역회의에 참석해야 한다. 이 중역회의에서는 원래의 목표가 어떻게 수립되었고, 왜 달성하지 못했는지를 집중적으로 검토한다. 이 중역회의의 전 과정을 통해 모든 관심은 성공적이지 못한 성과를 야기하는 데 뒤따랐던 계획과정에 집중된다. 이 회의의 목적은 바로 각 단위가 사용한 계획과정의 단점을 찾아내서 수정하는 것이다. 예를 들어 어떤 단위가 새로운 시장조사기법의 채택에 필요한 자금이 부족한 관계로 구식 시장조사 기법을 활용해 매출 목표를 달성하지 못했다고 가정해보자. 계획과정 통제는 매출의 감소를 회복하는 데 초점을 두는 것이 아니라 향후 보다 정확한 시장예측을 가능하게 하는 과정의 개선에 초점을 둔다.

국제기업에서 전략적 통제와 조직상의 통제는 분명하고도 중요한 연계관계를 가지고 있다. 기업이 집권화된 조직설계의 유형을 채택할 경우 그러한 조직설계의 자연스러우면서도 논리적인 결과로 전략적 통제가 보다 원활해진다. 기업이 분권화된 조직설계의 유형을 채택할 경우에는, 전략적 통제는 분권화된 조직설계와 논리적으로 연계되기가 쉽지 않다.[31] 분권화된 조직설계는 해외 자회사들에게 보다 많은 자율성을 제공해줄 수 있는 반면 본사의 입장에서 이들 자회사들을 적절하게 통제하기는 어렵다. 이때 본사의 경영자가 직면하는 도전은 어떻게 하면 분권화된 조직설계에 수반되는 자율성을 제고하면서도 이와 동시에 해외 자회사에 대한 본사의 효과적인 통제를 유지할 수 있느냐 하는 것이다.

대규모 국제기업에게 조직상의 통제는 다중적인 수준에서 설명되어야 한다. 가장 높은 수준에서는 적절한 조직설계의 유형이 전체 기업에 걸쳐 채택되고 유지되어야 한다는 사실이고, 보다 낮은 수준에서는 바로 그 적절한 조직설계의 유형이 각 자회사 혹은 운영단위 수준에서도 유지되어야 한다는 사실이다. 이와 같은 상이한 수준에서 채택된 조직설계의 유형은 서로 밀접하게 연계되어야 한다.

운영통제

국제기업에서 세 번째 수준의 통제는 운영통제이다. **운영통제(operations control)**는 기업과 그 자회사 및 운영단위의 구체적인 운영과정과 시스템에 초점을 맞춘다. 기업은 또한 각각의 생산공장, 물류 센터, 관리 센터 등에 대해서도 운영통제시스템을 필요로 한다.

전략적 통제는 대개 수년 동안의 기간을 포함하고, 조직상의 통제는 통상 1~2년 혹은 몇 개월 정도의 기간과 관련 있다. 하지만 운영통제는 상대적으로 단기간에 걸쳐 정례적으로(일간, 경우에 따라서는 시간당) 평가 될 필요가 있는 성과 요소에 대한 통제 문제를 다룬다. 운영통제시스템은 또한 전략적 통제나 조직상의 통제시스템에 비해 훨씬 구체적이고 초점이 분명한 경향을 가지고 있다.

예를 들어 제조 기업은 특정 생산시설 내에서 일일 생산량, 불량률, 근로자 생산성 등을 감시할 수 있고, 소매 점포에서는 매일 매일의 매출액을 측정할 수 있다. 근로자의 생산성이나 생산하는 제품 혹은 서비스의 품질을 제고하기 원하는 기업은 이와 같은 목적을 달성

PEOPLE, PLANET, AND PROFITS

쓰레기 제로(Zero) 화를 향한 시도(TOWARD ZERO WASTE)

듀퐁(DuPont)은 과거에 매년 몇 천 톤의 매립쓰레기를 주기적으로 방출하며 다량의 폐기물을 배출하는 기업이었다. 그러나, 몇 년 전부터 가능한 곳이면 어디든 전반적으로 재활용을 이루겠다는 목표를 세우며 매립지에 배출하는 쓰레기의 양을 크게 줄이겠다는 의사를 발표했다. 이와 같은 목표를 이루기 위해 듀퐁기업은 대표적인 통제시스템 모델을 사용하였다. 첫 번째로, 각 사업부서 및 시설에 통제관리 기준을 정했다. 그 뒤에, 위 기준에 대한 달성 여부를 기록하는 과정을 세웠다. 그리고 마지막으로, 이에 벗어나는 경우에 대해 어떻게 대응할 것인지를 요약하였다.

듀퐁의 혁신설립부서(Building Innovations unit)를 예시로 들어 보자. 해당 사업부는 부엌 싱크대 상판과 타이벡(Tyvek) 건축용 랩 등을 생산한다. 2008년의 경우 해당 사업부는 매년 8천 1백만 파운드의 폐기물을 매립지에 배출했다. 그러나 2013년 1월 무렵에는 매립지에 어떠한 폐기물도 방출하지 않았다. 이러한 업적에 기여한 새로운 실천 활동들은 다음과 같다:

- 구내식당 쓰레기를 퇴비화하며 이를 조경에 사용하기
- 선적용 팔레트를 수리하여 사용 수명을 연장하고, 수리 불가능한 부품은 파쇄하여 축사 깔개용으로 사용하기
- 싱크대 상판 폐기물을 조경용 돌로 재활용하기

이런 업적을 반영하기 위해 *매립-제로 상태(zero-landfill status)*라는 새로운 용어를 만들기까지 했다. 물론, 듀퐁사만 이런 것은 아니다. 제너럴 모터스(General Motors)는 최근 북미 지역에 있는 자사의 81개 제조 공장은 매립-제로 상태를 이루었다고 했다. 또한, 제너럴 모터스는 전 세계에 위치해 있는 시설의 전체 폐기물의 92%를 재활용한다고 한다. 혼다는 북미에 있는 14개의 공장 중 10개의 공장이 매립-제로 상태를 달성했다고 한다. 토요타의 경우 북미 지역 시설들은 거의 매립-제로 상태를 이루었다고 한다.

자동차 산업을 제외하고도, 보잉의 경우 개선된 치눅(Chinook) 헬리콥터 제조시설은 매립-제로 상태에서 운영된다고 한다. 또한, 펩시코회사의 발표된 의견에 따르면, 펩시코의 프리토-레이 공장시설, 몇몇은 매립-제로 상태를 달성 중에 있다고 한다. 그러나, 현재로서는, 기업들이 통제, 관리 감독을 통해 환경에 대한 악영향을 개선하기에는 여전히 몇 가지 걸림돌과 도전에 직면하고 있다. 한 예를 들자면, 어떤 폐기물은 특성상 재활용하기가 힘들다. 예를 들면, 듀퐁의 경우 폐기물을 80%가량 줄이는 것은 예상과 달리 쉬웠지만, 나머지 20%는 어려운 문제에 직면하고 있다. 또한, 매립-제로 상태를 검증, 확인할 수 있는 독자기관이 따로 존재하지 않는다. 하지만, 그럼에도 불구하고 비평가들은 한 기업이라도 폐기물 감소 과정을 발표하는 노력을 취한다면 이는 개선이 이루어지는 것이라고 말한다.[32]

하기 위해 일차적으로 운영통제시스템을 활용할 수 있다. 운영통제는 통상 일선 경영자나 현장 근로자들과 같은 조직의 하위 계층에 초점을 맞추고 있다.

독일의 식료품 체인인 알디(Aldi)의 사례를 보자. 미국인들은 넓은 매장에, 사과부터 지퍼에 이르기까지 모든 물품을 취급하며, 24시간 영업하는 슈퍼마켓에 익숙할지라도, 전형적인 독일 식료품점은 규모가 작고, 고객 서비스가 떨어지며, 취급하는 품목도 제한된 데다가 가격은 비싼 경향을 보이고 있다. 알디는 엄격한 비용통제와 효율성을 강조하는 정교한 운영통제시스템을 통해 유럽 전역에서 번성했다. 알디 매장은 광고도 없고, 전화번호부에 전화번호조차 올려놓지 않는다. 매장에서 판매되는 제품은 꾸러미를 풀어놓지도 않은 상태에서 선반에 진열되어 박스나 바구니채로 판매된다. 매장에 장식이라고는 전혀 찾아볼 수 없으며, 보통은 임대료가 가장 싼 지역에 위치한다. 고객들은 장바구니를 직접 들고 오고(그렇지 않으면 봉투당 5센트를 지불해야 함), 구매한 물품은 직접 담아야 하며, 쇼핑 카트를 빌리는 데 25센트를 지불해야 한다(쇼핑 카트를 지정된 장소에 반환하면 환급됨). 알디는 수표나 쿠폰은 취급하지 않으며, 고객에 대한 서비스도 거의 제공하지 않는 대신 고객들에게 최저 가격의 제품을 제공해준다.

알디는 자신의 이와 같은 통제시스템을 미국 사업에서도 그대로 적용시켰다. 그 결과는 어떠했을까? 미국 시장에서 알디의 1평방피트당 순이익과 매출액은 산업평균의 두 배에 달한다. 27개 주에 걸친 800여 개의 매장에서 알디는 미국에서 가장 수익성이 높은 식료품 체인 중의 하나가 되었다.

In Practice

- 전략적, 조직적, 그리고 운영적 측면에서의 효과적인 통제는 조직의 효율성을 위해 매우 중요하다.
- 효력이 없거나 또는 약한 통제는 중요한 전략적 실수, 비용 초과, 그리고 낮은 생산성 등을 야기할 수 있다.

추가 고려 사항: 통제는 집중화와 분산화의 쟁점들과 어떻게 관련이 있는가?

14.5 국제경영에서 통제기능의 관리

조직에서 통제가 매우 복잡한 문제이기는 하지만 국제기업은 통제기능을 관리하는 것과 관련된 다양한 이슈들에 대해 진지하게 고민하고 그 해결책을 내놓을 수 있어야 한다. 통제를 효과적으로 관리할 수 있기 위해 경영자는 통제시스템을 어떻게 확립할 것이고, 통제의 기본적인 기법은 무엇이며, 왜 조직 구성원들은 통제에 저항하려 하고 경영자가 이러한 저항을 극복하기 위해서는 무엇을 해야 하는지를 잘 이해해야 한다.

국제통제시스템의 확립

[그림 14.8]에서 볼 수 있는 바와 같이, 국제경영에서 통제시스템은 기본적으로 네 가지 단

그림 14.8
국제통제의 단계

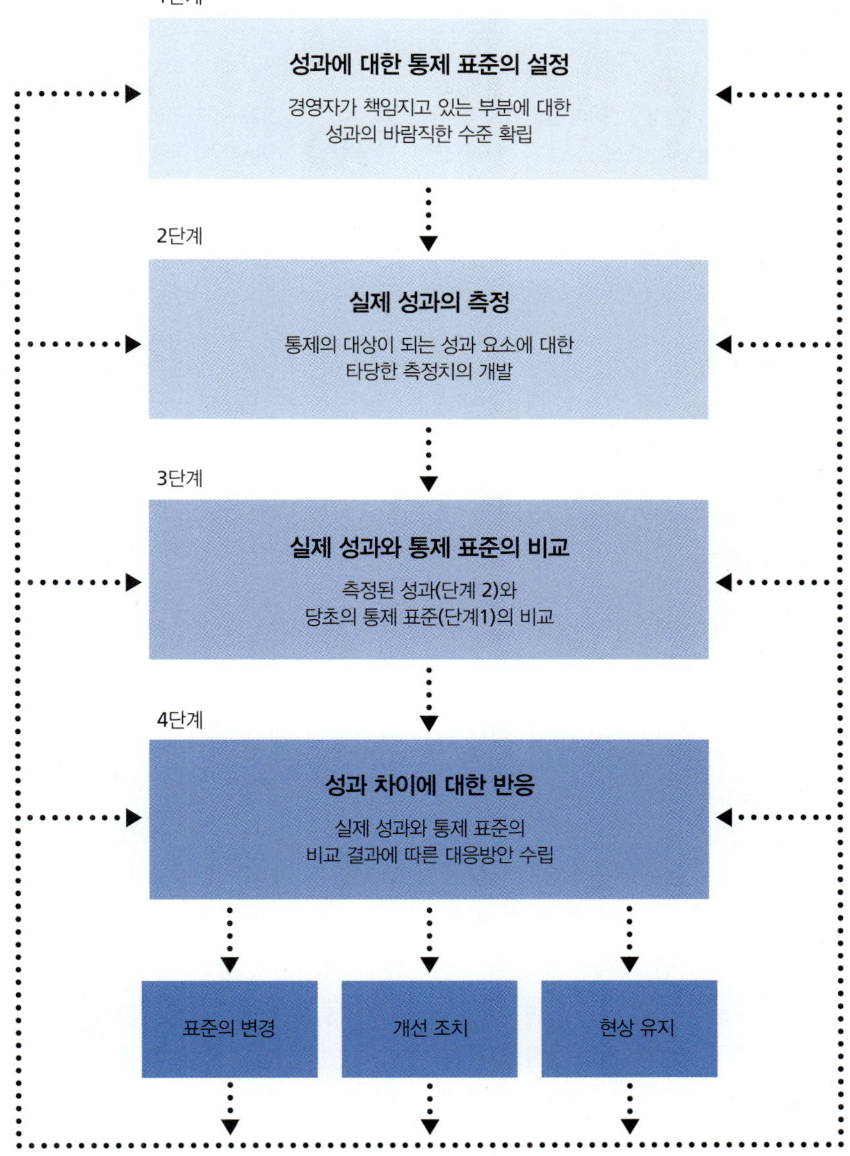

계를 거쳐서 확립된다. (1) 성과에 대한 통제 표준의 설정, (2) 실제 성과의 측정, (3) 표준과 실제성과의 비교, (4) 성과차이에 대한 대응 등이다. 구체성, 기간 설정, 정교함 등에 있어 분명한 차이가 있을 수 있지만 이와 같은 통제의 단계는 어떤 영역, 어떤 수준의 통제에서도 모두 적용 가능하다. 아래에서 설명하는 "Bringing the World into Focus"는 포드가 어떻게 목표를 설정하고, 해외시장에서의 성장을 위해 어떻게 새로운 통제시스템을 실행에 옮겼는지를 잘 보여준다.

성과에 대한 통제 표준의 설정 국제통제시스템을 확립하는 첫 번째 단계는 적절한 통제 표준을 정의하는 일이다. 통제 표준은 기업이 통제하고자 하는 목표 혹은 각각의 성과 요소들에 대한 바람직한 달성 수준을 의미한다. 통제 표준은 객관적이며, 기업의 목표와 일관성을 유지할 필요가 있다. 어떤 기업이 태국에 처음으로 생산공장을 설립했다고 가정해

BRINGING THE WORLD INTO FOCUS

Ford가 비상을 꿈꾸다

2008~2009년 글로벌경제위기 기간 동안, 이미 흔들리고 있던 미국 자동차 산업의 빅3는 특히 어려운 시간을 겪었다. 하지만 GM과 크라이슬러는 생존을 위해 정부지원에 주로 의존했지만 포드는 스스로 곤경에서 벗어났다. 포드가 성공할 수 있었던 한 가지 이유는, 포드가 이 시기에 이미 Alan Mulally의 리더십 하에 자신만의 방식으로 수익성을 회복하고 있었기 때문이다. 무엇보다도 Mulally는 포드가 간접비를 절감하고, 생산성을 제고하며, 제품계열을 정비해 포드의 제품이 젊은 층의 고객들에게 어필할 수 있도록 크게 기여했다. 예를 들어 포드는 SUV 제품이 여전히 주력제품이기는 하지만 Focus, Flex, Fusion, Escape Hybrid 등과 같은 신제품들이 모두 크게 히트를 쳤다.

하지만 해외시장 매출에서는 포드는 여전히 뒤처지고 있었다. 예를 들어, 2010년 포드의 전체 매출 중 54%를 북미 지역이 차지했고, 현재 세계 최대의 자동차 시장인 중국의 비중은 고작 15%에 불과했다. 하지만 2011년 중반 Mulally는 이러한 상황을 변화시키겠다는 강력한 의지를 분명히 했다. 구체적으로 그는 2015년까지 해외시장 매출의 비중을 50%까지 끌어올리겠다는 새로운 목표를 발표했다. 그는 나아가 아시아/태평양 지역, 인도, 아프리카 시장에서의 매출 확대를 통해 이러한 목표를 달성할 것임을 분명히 했다. 포드가 매출 확대에 가장 크게 기대를 걸었던 제품은 소형 승용차 제품이었다. 예를 들어, 인도에서 가장 인기를 끌었던 승용차는 포드의 소형 승용차인 Figo였고, 최근 이 제품은 2011년 그 해의 승용차로 지정되었다.

포드의 이와 같은 기조를 분명히 하기 위해 Mulally는 각 지역별로 연간 성장 목표치를 제시했다. 그 결과 이와 같은 연간 목표는 다시 기업 활동의 중요한 통제수단으로 등장했다. 매년 포드의 각 지역별 경영자는 "해외 매출 50%"의 목표에 각 지역이 어느 정도 기여했는지에 따라 평가받는다. 이러한 기여는 다시 경영자들의 급여와 다른 보상의 기준이 된다. 이러한 조치들이 효과가 있었을까? 있었다. Mulally는 거의 모든 사람들이 그에 대해 기대를 하지 않았던 포드 브랜드의 명가 재건을 훌륭하게 수행해내고 있다.[34]

보자. 이 공장에서는 (1) 생산성과 생산 제품의 품질 수준이 기업 내 기존 공장의 그것을 초과할 것, (2) 초기 시운전 기간이 끝난 후에는 전체 관리직의 90% 이상을 현지인으로 채울 것, (3) 80% 이상의 원 · 부자재를 현지에서 공급받을 것, (4) 1개월에 100,000단위 이상의 완제품을 생산하고 판매할 것 등 네 가지 통제 표준을 설정할 수 있을 것이다.

이와 같은 통제 표준은 새로운 공장의 설립 및 운영과 관련된 경영자에서 일종의 로드맵을 제공해 준다. 이를 통해 새로운 공장의 경영자는 매출, 생산성, 품질 등이 핵심적인 성과 요소이며, 본사는 새로운 공장에 필요한 인적자원과 물적 자원을 현지에서 획득할 수 있기를 기대하고 있음을 알 수 있다. 이와 같은 표준은 어디에서 온 것인가? 기업은 새로운 공장을 설립하는 목적, 그와 유사한 공장을 운영해본 경험, 기업의 전반적인 전략적 목표에 기초해 이와 같은 통제표준을 설정한다.[33] 외에도 현지에서의 정치적 위험을 극소화하고자 하는 의식적인 전략과 자신이 진출한 모든 곳에서 선량한 기업시민이 되고자 하는 본사의 희망 등으로부터 제2, 제3의 성과목표가 설정될 수도 있다.

실제 성과의 측정 국제통제시스템을 확립하기 위한 두 번째 단계는 통제되어야 하는 성과 요소들에 대해 타당한 측정치를 개발하는 것이다. 어떤 성과 요소들의 경우는 상대적으로 측정하기가 쉽고, 직접적으로 측정 가능하다. 실제 산출량, 근로자 생산성, 제품 품질, 매출액, 원자재 폐기량, 여비, 근로자 이직률 등이 그러한 예다. 반면 기업의 공적 이미지를 개선하기 위한 광고 캠페인의 효과성, 기업의 윤리적 경영 활동, 근로자의 태도와 동기부여 등과 같은 성과 요소들의 경우는 상대적으로 훨씬 측정하기 어렵다. 해외시장에 새로운 제품을 도입하려는 기업의 경우 성과는 판매된 제품의 양에 의해 측정될 수 있다. 앞서 설명했던 태국에 새로 설립했던 생산공장의 경우 성과는 매출액, 생산성, 품질, 현지 인력 채용 및 구매 등에 기초해 평가될 수 있다.

실제 성과와 통제 표준의 비교 국제통제시스템을 확립하는 세 번째 단계는 측정된 실제 성과(단계2에서 획득)와 통제 표준(단계1에서 설정)을 비교하는 것이다. 통제 표준이 직접적이고 객관적이며, 실제 성과를 평가하는 것이 상대적으로 쉽다면 이 둘을 비교하는 것은 쉬운 일이다. 예를 들어 100,000단위의 매출목표에 실제 매출은 80,437단위였다는 사실은 매우 단순하다. 마찬가지로 19명의 태국 현지인 경영자의 채용 목표에 실제는 20명의 현지인 경영자를 채용했다는 사실도 직접적 비교다. 하지만 통제 표준과 실제 성과가 덜 구체적일 경우에는 둘의 비교는 매우 복잡한 문제가 된다. 어떤 경영자가 "의미 있는 시장점유율의 증대"를 통제 표준으로 설정하고, 실제는 4% 정도의 시장점유율 증가를 기록했다고 가정해보자. 이 정도의 증가가 과연 의미 있는 증가인가? 당연히 이와 같은 비교는 모호하고, 해석하기도 어렵다. 경영자들은 가능하다면 구체적이고 객관적인 통제 표준과 성과 측정치를 사용해야 한다.

성과 차이에 대한 대응 국제통제시스템을 확립하는 네 번째이자 마지막 단계는 단계3에서 관찰된 표준과 성과의 차이에 대한 대응방안을 수립하는 일이다. 통제 표준과 실제 성과의 차이는 통제 표준이 달성된 경우, 달성하지 못한 경우, 통제 표준을 초과해 달성한 세 가지 경우가 있을 수 있다. 예를 들어 매출에 대한 통제 표준이 100,000단위였을 때, 99,980단위의 실제 매출은 통제 표준을 어느 정도 달성했다고 볼 수 있다. 반면 실제 매출이 62,300단위인 경우에는 통제표준을 달성하지 못한 경우이며, 실제 매출이 140,329단위로 나타났을 때는 통제 표준을 초과 달성한 경우다.

성과 차이가 어떤 상황이냐에 따라서 경영자는 많은 대응방안을 가질 수 있다. 만약 통제 표준이 달성되지 못했다면 그리고 그것이 해당 성과 요소에 대해 책임을 지고 있는 조

멕시코의 Nayarit에 있는 이 담배 가공공장은 통제기능의 관리에 세심한 관심을 기울여야 한다. 예를 들어 이 공장의 경영자는 일정한 제품품질을 유지하고 확인하기 위해 적절한 통제 시스템을 확립하고 감독해야 한다. 또한 적절한 회계통제 시스템과 절차도 확립해야 한다. 통제가 조직구성원의 행위에 미치는 영향도 고려해야 한다.

직 구성원의 성과 부진에 원인이 있다고 판단되면 경영자는 성과의 개선을 명령하거나, 성과 개선을 위해 인센티브를 강화하거나, 해당 조직구성원들을 징계 혹은 해고할 수도 있다. 물론 실제로 어떤 조치를 취할 것인가는 통제 표준에 어느 정도 미달했으며, 이와 같은 실패가 발생하게 된 맥락은 무엇인지, 그 외의 무수한 다른 요인들을 고려해 결정해야 할 것이다. 때로는 예기치 않았던 경쟁상황의 변화나 파업, 예측불가능한 원자재 파동, 혹은 현지의 정치적 급변 상황 등과 같은 예상하지 못했던 이유로 인해 통제 표준을 달성하지 못한 경우도 발생할 수 있으며, 당초 통제 표준이 너무 높아서 통제 표준의 달성에 실패하는 경우도 있다. 후자의 경우, 경영자는 통제 표준을 하향 조정하거나 추가적인 통제 표준 미달 허용범위를 제공해줄 수도 있다.

마지막으로, 경우에 따라서는 실제 성과가 통제 표준을 상회할 수도 있다. 여기에도 다양한 설명이 가능하다. 경영자와 조직구성원들이 추가적인 노력을 투입했을 수도 있고, 통제 표준이 지나치게 낮았을 수도 있으며, 경쟁자가 자신들의 사업기회를 놓치는 실책을 범했을 수도 있다. 이런 경우에는, 경영자는 추가적인 보상과 보너스를 제공하거나, 통제 표준을 상향 조정하거나, 아니면 새로운 시장기회를 공격적으로 모색할 필요가 있다.

KP&L (Kenya Power & Lighting)은 케냐 전역에 대한 전력공급에 있어 통제 표준과 실제 성과의 차이에 적절하게 대응해야 한다는 사실을 종종 느낀다. 케냐의 기업들과 도시에서는 대부분의 다른 국가들에 비해 수력발전에 의존하는 정도가 훨씬 심하다. KP&L의 수력발전소들은 케냐에서 강우량이 부족하거나 건기가 예정보다 길어지는 상황을 맞이할 때마다 전력을 제한 송전해야 한다. 과거 20년 기간 동안에도 두 번에 걸쳐 전력 수급을 맞추기 위해 전국적인 제한 송전을 단행할 수밖에 없었다. 그보다 작은 규모의 제한 송전은 수없이 많았다. 병원과 보안시설에는 제한 송전 기간에도 계속적인 송전이 보장되었지만 대기업들은 전력소비를 30%나 줄여야 했고, 일반 가정의 경우에는 이 기간 동안 하루 두 시간 정도는 정전 사태를 겪어야만 했었다. 에너지 공급이 수용 기준에 도달하고 난 후에야 이와 같은 제한 송전 조치는 해제되었다.

기본적인 통제기법

국제경영환경과 국제기업 그 자체의 복잡성으로 인해 국제기업들은 "Bringing the World into Focus"에서 본 바와 같이 매우 다양하고도 상이한 통제기법을 사용한다. 이 모든 것을 설명하려는 것이 아니라 이들 중 가장 중요한 몇 개의 기법만 소개한다.

회계시스템 회계는 기업의 재무적 자원에 대한 자료를 수집하고 분석해 다른 회계 사용자들과 의사소통하는 종합적 시스템이다. 회계 절차는 정부에 의해 엄격하게 규정되어 있고, 이는 철저하게 준수되어져야 한다. 이와 같은 엄격한 회계절차로 인해서, 투자자, 정부기관, 여타 이해 관계자들은 상이한 조직의 재무적 성과를 훨씬 더 용이하게 비교할 수 있으며, 다양한 회계정보가 의미하는 바에 대해 공동의 이해를 가질 수 있게 되고, 또한 이들 회계정보의 의미와 정확성에 대해 신뢰할 수 있게 된다. 국제기업은 국내기업에 비해 회계 절차를 확립하는 데 있어 훨씬 더 많은 어려움에 봉착한다. 국제기업은 전체 기업 차원서, 개별 사업부나 운영단위 차원에서 그리고 각 자회사 차원에서 성과를 통제하고 관찰할 수

지도 14.2
케냐의 강우량

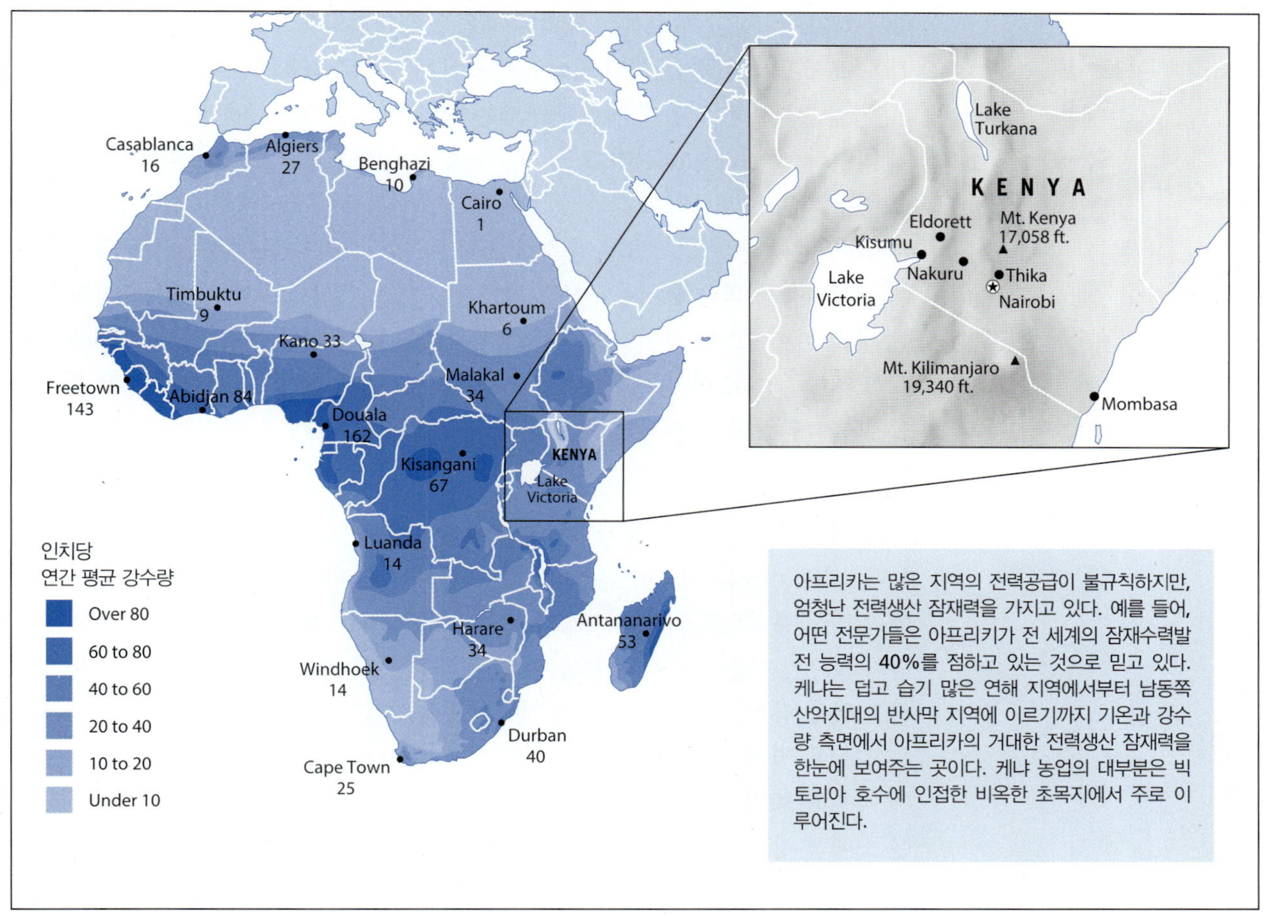

있는 회계시스템을 확립해야 하기 때문이다. 이러한 회계시스템은 기업을 구성하는 모든 부분의 재무적 성과를 파악할 수 있게 해준다.

하지만 기업이 사업 활동을 벌이고 있는 국가 사이에 회계표준이나 절차가 서로 양립하지 못할 경우에는 문제가 발생한다. 이런 경우는 종종 발생한다. 개별 자회사들은 현지의 회계절차에 맞게 자신의 회계기록을 유지해야 하고, 현지국 정부의 각종 제도에 맞게 현지국 통화로 표시해야 하며, 현지 경영자의 요구도 충족시켜야 한다. 하지만 본국의 투자자, 규제기관, 조세기관 등의 요구를 충족시켜주기 위해서는, 본사는 현지 자회사의 회계기록을 다시 본국의 회계절차를 활용해 본국 통화로 환산해야 한다. 본사는 자회사와 그 자회사 경영자의 성과를 현지 통화로 평가할 것인지, 본국 통화로 평가할 것인지, 아니면 이 둘을 적절하게 조합해 평가할 것인지를 결정해야 한다.

절차 방침, 표준운영절차, 규칙, 규정 등은 모두 경영자가 통제기능을 수행하는 데 도움을 준다. 예를 들어 어떤 기업이 원재료의 75% 이상은 현지 공급업자로부터 조달해야 한다는 방침을 가지고 있다고 하자. 이와 같은 방침은 생산공장의 경영자들이 원재료를 구매하고 할당하는 의사결정을 수행할 때 중요한 가이드라인이 된다. 또한 어떤 기업은 해외로 파견되는 주재원은 6개월 내에 현지 언어 구사능력을 갖추어야 한다는 규칙을 가지고 있다고 하자. 이와 같은 규칙은 해외 주재원으로 파견되기 위해 개개인이 갖추어야 하는 자질을 조직 구성원들에게 영속적이면서도 쉬운 형태로 공표해주는 역할을 한다.

기업들은 어떤 역경에 직면했을 때는 이와 같은 절차를 종종 변경하기도 한다. 예를 들어 파이어스톤(Firestone)이 포드 자동차에 장착했던 불량 타이어 리콜 사태 기간 동안에, 이들 두 기업은 자사의 고객과 정부 규제의 요구를 충족시켜주기 위해 이미 확립되어 있던 자사의 절차를 벗어난 조치를 취해야 했다. 파이어스톤은 타이어의 감모 정도에 따라 타이어 교체비용을 환급해주는 규칙을 적용하는 대신 무상으로 타이어를 교체해주었고, 포드는 많은 파이어스톤 타이어를 아무런 추가비용 없이 훨씬 비싼 미쉘린(Michelin) 타이어로 교체해주었다. 이 당시 이들 두 기업은 리콜 프로그램에 필요한 충분한 타이어 재고를 유지하기 위해 리콜 대상이 되지 않는 고객들에게는 새로운 타이어의 판매를 중단하기까지 했다.

성과 비율 국제기업은 통제기능의 원활한 수행을 위해 다양한 성과 비율을 활용하기도 한다. 성과 비율은 기업이 유지하기를 희망하는 성과에 대한 계량적 지수다. 많은 기업들에 의해 공통적으로 사용되는 성과 비율의 한 가지로 재고회전률을 들 수 있다. 재고는 그렇지 않으면 다른 용도로 사용될 수 있는 자원을 묶어두는 것이고, 오랜 기간 재고로 보관하고 있을 경우 그만큼 더 손상될 가능성도 높아지기 때문에 필요 이상의 재고를 보유한다는 사실은 결코 바람직한 현상이 아니기 때문이다. 기업은 자신이 처해 있는 고유의 상황에 기초해 30일 이상 재고로 묶어두는 것은 금지하는 의사결정을 할 수 있다. 적정 회전률은 소매점 매장의 규모나 재고관리시스템의 정교함, 공급자의 신뢰성 등의 요인에 따라 소매점의 형태나 국가별로 다를 수 있다. 예를 들어 도쿄에서는 매장 임대료가 매우 비싸기 때문에 7-Eleven과 같은 편의점은 보관을 위한 공간을 거의 가질 수 없으며, 이에 따라 매장의 수익성을 유지하기 위해서는 상당히 높은 수준의 재고회전률을 유지하지 않을 수 없다. 고객들의 제품 구입을 원활하게 하기 위해서는 공급업자들이 7-Eleven 매장에 하루에도 4~5회 제품을 재공급하는 경우도 종종 있다. 최근에는 매장과 공급업자 사이의 디지털 연계체제가 발달해 매장에서 필요한 재고를 공급업자와 실시간으로 의사소통할 수도 있게 되었다.

영국항공도 자사의 항공운항을 원활하게 통제하기 위해 성과 비율을 활용한다. 각 편당 좌석 소진율이 핵심적인 성과 비율 중의 하나다. 만약 이 비율이 일정 최저한도 이하로 떨어지게 되면 이 기업은 가격할인이나 추가적인 촉진 활동 등과 같이 승객의 수요를 창출할 수 있는 대안을 모색한다. 영국항공이 관심을 가지고 있는 또 다른 성과 비율은 정시에 이륙하고 착륙하는 비행기의 비율이다. 만약 이 비율이 지나치게 떨어지면 이 기업의 경영자는 이륙과 착륙이 순연되는 원인을 규명하고, 이를 제거하기 위해 노력한다.

국제통제의 행동과학적 측면

경영자는 기업의 통제시스템이 얼마나 잘 확립되어 있고, 실행되고 있는지에 관계없이 통제 기능이 작동하는 데 있어 인간의 행위적 측면이 기본적인 역할을 한다는 사실을 이해해야 한다. 기본적으로 인간은 통제에 저항하려는 성향을 가지고 있으며, 이러한 저항은 최소화될 수 있다는 사실을 잘 인식해야 한다. 통제에 대한 저항은 대부분의 문화권에서 공통적으로 나타나는 현상이지만 그 정도는 문화에 따라 다를 수 있다.

통제에 대한 저항 국제기업에서 조직 구성원들이 통제에 저항하는 이유는 다양하다. 하나의 잠재적인 이유는 과잉 통제 때문이다. 조직 구성원들이 적정하다고 생각하고 수용하는 수준 이상으로 기업이 과도하게 통제하는 경우다.[35] 통제는 그 정의 자체가 행동을 규제하고 제약하는 것으로, 대부분의 인간은 자신이 타당하다고 인정하는 한도 내에서 통제를 수용한다. 하지만 통제의 시도가 이러한 한도를 넘어서게 되면 인간은 통제를 회피하려 하거나 이에 저항한다. 예를 들어, 디즈니가 파리에 디즈니랜드를 개장했을 때 근로자들에게 미국에서와 똑같이 턱수염을 기르는 것을 금지하고, 머리를 단정히 하도록 하는 외모의 표준을 적용했다. 프랑스 근로자들은 이를 과잉 통제로 인식해 이러한 표준에 대해 불평하고, 자신들의 불만을 언론에 늘어놓았으며 때로는 단체로 이 표준을 무시하기도 했다. 프랑스 근로자들의 저항은 더욱 거세어져 디즈니는 결국 후퇴해 유럽 지역 근로자들에게 수용될 만한 새로운 표준을 개발했다.

통제의 초점이 부적절한 경우에도 통제에 대한 저항이 일어날 수 있다. 즉 기업은 의도하지 않게 통제의 대상으로 적절하지 못한 것을 통제하려 할 수도 있다. 예를 들어 기업이 비용절감을 지나치게 강조하며 통제하려 할 경우에는, 품질이 떨어지고, 근로자들의 사기저하와 화를 불러일으킬 수 있으며, 통제시스템으로부터 벗어나기 위해 꾀를 부릴 수도 있다. 미국 기업인 휘슬러 레이더(Whistler Radar)는 레이더 탐지기 조립공정에서 이와 같은 문제에 봉착한 적이 있다. 이 기업의 통제시스템은 최종 조립공정 단계에서의 품질통제에만 초점을 맞추었다. 그 결과 이 조립공정에서 일하고 있는 250명의 근로자들 중 무려 100명의 근로자들은 다른 150명의 근로자들이 조립한 불량품을 고치는 일만 하고 있었고, 이에 따라 경영자는 전체 조립공정을 구성하는 각각의 단계에서의 품질에 대해 통제가 필요함을 인식할수 있게 되었다.

마지막으로, 사람들은 통제로 인해 책임이 늘어나게 됨에 따라 통제에 저항하기도 한다. 효과적인 통제시스템이 없을 경우, 경영자들은 근로자들이 지금 현재 하고 있는 것들이 실제 해야 하는 것들에 비해 어느 정도에 도달해 있는지를 알 수 없기 때문에 근로자들은 자신의 성과를 그럭저럭 속일 수도 있었지만 통제가 늘어나는 경우에는 그럴 수가 없게 된다. 예를 들어 어떤 기업에서 해외 지사의 경영자에게 1년에 한 번씩만 재무적 성과를 보고하도록 했을 경우, 이 경영자는 기업이 바라고 있는 매일 매일의 일에는 최선을 다하지 않을 수도 있다. 이러한 사실을 알고 본사에서 성과 보고를 더 자주 요구하면 해외 지사 경영자의 책임은 더 늘어나게 되고, 통제의 강화를 위한 본사의 보고 요구가 더 늘어나게 될 경우에는 과잉 통제가 될 가능성이 많다. 따라서 통제의 수준이 과잉 통제로 빠지지 않도록 책임의 적정한 수준과 수용 가능한 수준의 균형을 잘 유지하는 것이 매우 중요하다.

통제에 대한 저항의 최소화 방안 통제에 대한 저항을 아예 제거할 수 있는 확실한 방법은 없지만 이를 최소화하는 데 도움이 되는 몇 가지 방법이 있다. 하지만 그러한 방법의 효과성뿐만 아니라 적절성은 문화에 따라 다르다. 예를 들어 통제에 대한 저항을 극복할 수 있게 해주는 효과적인 방법 중의 하나로 많은 문화권에서 참여의 확대를 들고 있다. 통제로 인해 영향을 받는 조직 구성원들을 통제시스템의 계획과 실행 과정에 참여시킴으로써 이들이 통제시스템의 목적은 무엇이고, 이러한 통제시스템은 어떻게 작동되며, 조직 구성원 개인의 직무를 통제시스템에 어떻게 적응시킬 수 있는지를 훨씬 더 잘 이해할 수 있게 된다. 그 결과 조직 구성원들의 통제에 대한 저항은 줄어들 수 있다.

대부분의 문화권에서 통제에 대한 저항을 줄일 수 있는 또 하나의 방법은 초점이 명확하고 적절하며, 과잉 통제가 아닌 적정한 책임의 부담으로 조직 구성원들의 수용성이 높은 통제시스템을 확립하는 것이다. 영국 최대의 화학제품 제조업체인 글락소(Glaxo Smith Klein)는 바로 이와 같은 방법을 사용한다. 이 기업은 자사의 과학자들이 새로운 처방약의 개발과 관련된 아이디어의 창출과 가능성 모색에 대해 매우 관대해, 이들 과학자들이 새로운 아이디어를 추구하고, 창의성과 혁신의 분위기를 제고할 수 있도록 동기부여 한다. 이와 동시에 글락소의 경영자들은 새로운 제품개발과정을 조심스럽게 관찰해, 비용이 지나치게 많이 소요되거나, 개발이 지연되어 경쟁에서 너무 뒤처질 것으로 판단되는 경우에만, 해당 프로젝트를 중지할 수 있다. 글락소는 개발에 소요되는 비용을 감독하면서도, 이와 동시에 조직 구성원들에게 자신의 과학적 관심을 추구할 수 있는 기회를 충분히 제공하고 있기 때문에 조직 구성원들은 기업의 통제시스템과 이를 통한 의사결정을 현실적인 조치로 받아들인다.[36]

기업은 수용 불가능한 성과 표준 사이의 차이가 발생한 원인을 설명해주는 진단시스템의 도입을 통해 통제에 대한 저항을 해결할 수도 있다. 어떤 공장의 경영자가 본사가 기대했던 것에 훨씬 미치지 못하는 생산성 수준을 보고했다고 하자. 본사의 최고경영자는 공장의 경영자가 일을 잘하지 못했다고 곧바로 판단하거나, 그를 문책하는 것과 같이 섣부른 결정을 내리는 것을 조심해야 한다. 대신 왜 성과가 부진한지에 대한 원인을 파악해야 한다. 예를 들어 공장에서의 생산성 악화의 원인이 본사 구매 담당 경영자가 해당 공장에 불량 원자재를 구매해 공급했기 때문일 수도 있다.

덧붙여, 통제에 대한 저항을 해결할 수 있는 계획을 수립하는 데 있어서는 문화적 요인도 중요하게 고려해야 할 요소다. 예를 들어, 통제에 대한 저항을 해결할 수 있는 중요한 방법 중의 하나가 조직 구성원의 참여를 확대하는 것이기는 하지만 위계 중심적인 문화에서는 조직 구성원들은 통제를 계획하고 실행하는 활동들은 경영자의 몫으로 여기기 때문에 이러한 과정에 적극적으로 참여하기를 주저한다.

마지막으로, 문화적 관점에서 통제의 행동과학적 측면을 접근하고 관리할 수도 있다. 기업은 국가의 문화적 특성에서 야기되는 통제의 행위적 측면을 기업의 문화적 특성에 부합하는 것으로 대체할 수도 있다. 기업의 가치관, 역사와 경험, 노동윤리, 목적에 부합하는 인력을 조심스럽게 채용함으로써 이와 같은 목적을 달성할 수 있다. 예를 들어, 미국에 진출해 있는 일본계 자동차 기업의 경영자는 일본식 근로방식에 수용적인 성향을 보이는 미국인 근로자를 채용하는 데 엄청난 돈을 들이고 있다. 기업의 문화적 가치관과 경영방식을 수용할 수 있도록 하기 위한 교육훈련과 경영개발프로그램 등을 통해도 통제에 대한 조직 구성원의 반응적 행동을 변화시킬 수 있다.

In Practice

- 국제경영에서 통제 기능을 관리하기 위해서 해당 관리자는 회계 시스템, 과정, 그리고 성과 척도 등과 같은 통제 기법을 반드시 이해해야 한다.
- 어떤 사람들은 통제에 대해 저항하는 습관이 있다는 것을 고려할 때, 관리자는 이러한 통제에 대한 저항을 극복할 수 있는 방법을 알아야 한다.

추가 고려 사항: 통제에 대한 저항은 다문화 차이와 어떤 관련이 있을 수 있는가?

MyManagementLab®

mymanagementlab.com으로 돌아가 아이콘으로 표시된 문제를 완성하시오 ✪.

CHAPTER REVIEW

요약

조직설계는 전체 조직을 관리하기 위해 사용되어지는 구조적 요소와 그 배치의 전반적인 형태를 의미한다. 조직에서 가장 적절한 조직설계를 구축하기 위해서는 다양한 요인들을 고려해야 한다. 또한 경영자는 조직설계가 점진적인 과정임을 잘 명심해야 한다. 기업이 처음으로 국제화를 추진하게 될 때, 기업은 자신의 조직설계를 일정 부분 변화시켜야 한다. 이와 같은 조직설계의 변화는 처음에는 기존 부서의 담당자에게 국제 업무를 맡기는 귀결적 방법을 따르다가, 그 후에 별도의 수출 부서를 설치하고, 나아가 국제사업부를 설립하는 것과 같은 변화과정을 포함한다.

기업이 해외시장에서 의미 있는 시장 지위를 확립하면 기업은 통상 글로벌 조직설계를 구축한다. 글로벌 조직설계의 가장 일반적인 방법은 글로벌 제품 조직설계, 글로벌 지역 조직설계, 글로벌 기능 조직설계, 글로벌 고객 조직설계, 글로벌 매트릭스 조직설계 등이다. 각각 의 방법은 각기 고유한 장점과 단점을 가지고 있으며, 특정 조직설계 유형이 다른 조직설계 유형에 비해 보다 적합할 수 있다. 많은 기업들은 자신의 요구에 가장 적합한 혼합형 글로벌 조직설계를 활용하기도 한다.

또한 MNC는 조직설계와 관련해 또 다른 의사결정을 해야 한다. 집권화와 분권화, 자회사 이사회의 역할, 어떠한 조정 메커니즘을 활용할 것인가 등이 특히 중요하다. 비공식적 경영 네트워크가 매우 효과적일 수가 있다.

통제는 기업에서 목표가 된 성과 요소가 달성되고 유지되는지를 관찰하고, 규제하는 과정이다. MNC에서는 기업 전체 수준에서와 함께 자회사 수준에서도 통제가 이루어져야 한다. 대부분의 MNC들은 통상 세 가지 수준에서 통제를 파악한다. 전략적 통제는 국제 기업이 얼마나 잘 자신들의 전략을 수립하고, 이를 실행에 옮기느냐 하는 것과 관련되어 있다. 적절하지 못한 재무적 통제는 국제기업들이 글로벌시장에서의 경쟁 능력을 치명적으로 약화시키기 때문에 재무적 통제는 전략적 통제에서 특히 중요한

한 가지 분야이다. 조직상의 통제는 기업의 조직설계와 관련되어 있다. 조직상의 통제는 기본적으로 책임중심점 통제, 본원적 조직 통제, 계획과정 통제의 세 가지로 구성되어 있다. 운영통제는 기업 내에서의 구체적인 운영 과정과 시스템에 초점을 맞춘다.

국제기업에서 통제시스템의 확립은 통제 표준의 설정, 실제 성과의 측정, 실제 성과와 통제 표준의 비교, 성과 차이에 대한 대응의 순서로 이루어진다. 기본적인 통제 기법으로는 회계시스템, 절차, 성과비율 등을 들 수 있다. 국제경영자는 또한 왜 조직구성원들은 통제에 저항하고, 통제에 대한 이러한 저항을 어떻게 극복할 수 있을 것인가 하는 문제들과 관련된 통제의 행동과학적 측면을 잘 이해해야 한다. 통제의 행동과학적 측면을 설명하는 데에는 문화적 요인이 매우 중요하다.

리뷰 질문

14-1. 조직설계에 미치는 기업의 국제 활동 중 초기에 영향을 끼칠 수 있는 것은 어떤 것들이 있는가?

14-2. 글로벌 제품 조직이란? 그것의 강점과 약점은 무엇인가?

14-3. 글로벌 지역 조직이란? 그것의 강점과 약점은 무엇인가?

14-4. 글로벌 기능 조직이란? 그것의 강점과 약점은 무엇인가?

14-5. 글로벌 고객 조직이란? 그것의 강점과 약점은 무엇인가?

14-6. 글로벌 매트릭스 조직이란? 그것의 강점과 약점은 무엇인가?

14-7. 글로벌 기업활동에 있어서 통제 수준 3가지는 무엇을 말하는가?

14-8. 재무적 통제는 왜 중요한가?

14-9. 국제 통제 시스템을 수립하는데 필요한 4가지의 기본적 단계(steps)는 무엇인가?

토의용 질문

14-10. 신생 기업이 아예 처음부터 글로벌 관점을 가지고 해외시장에 진출하는 경우, 이런 경우에도 초기 국제경영 활동의 시작 단계에서 나타나는 조직설계의 변화과정을 반드시 거쳐야 하는가? 그렇거나 그렇지 않을 경우 이유는 무엇인가?

✪ 14-11. 국제기업의 경영자와 국내기업 경영자는 조직설계에 있어 전혀 다른 방식을 필요로 하는가? 그렇거나 그렇지 않을 경우 이유는 무엇인가?

14-12. 글로벌 제품 조직설계, 글로벌 지역 조직설계, 글로벌 기능 조직설계, 글로벌 고객 조직설계는 서로 어떤 차이점과 유사점이 있는가?

✪ 14-13. 글로벌 매트릭스 조직설계는 왜 그 속성상 과도기적인 특징을 항상 가지는가?

14-14. 국제경영에서 통제라는 경영 기능이 가지는 중요성은 무엇인가?

14-15. 국제통제의 기본적인 세 가지 유형은 상호 배타적인 성격을 지닌다고 생각하는가? 그렇거나 그렇지 않을 경우 이유는 무엇인가?

✪ 14-16. 당신이 하고 있는 일에서 어떤 통제시스템 유형을 가장 선호하고, 가장 싫어하는가? 그 이유는 무엇인가?

14-17. 국제경영에 가장 적합할 것으로 여겨지는 통제기법은 무엇인가? 단순히 국내 사업에 적용되는 통제기법을 확대해 사용할 수 있는 통제기법은 무엇인가?

글로벌 역량 갖추기

삼성 그룹은 건어, 채소 그리고 어류를 수출하는 기업으로 처음 설립되었다. 1960년대에 삼성전자가 설립되었다. 1988년에 삼성의 첫 핸드폰이 출시되었다. 2005년에는 소니보다 더 규모가 커졌으며 2년 후에는 모토롤라를 추월하였다. 2009년에, 삼성전자는 미화 기준 1,170억 달러의 매출을 달성했으며, 이는 휴렛패커드보다 더 큰 수치이다. 2012년이 되었을 때, 노키아를 제치며 가장 큰 규모의 모바일 단말기 제조회사가 되었다.

이러한 놀라운 성장 뒤에는 세계 대부분 시장에서 운영되는 거대한 규모의 조직이 있다. 삼성은 매우 많은 수의 자회사들이 존재하며, 이는 전자부문(6개의 주 자회사 포함), 기계, 중공업, 화학, 금융 및 의료서비스업 부터 호텔, 리조트까지 아우르는 수십 개의 자회사 조직이 존재한다.

구체적으로 말하자면, 삼성은 재벌 내에서도 매우 특이한 조직이다. 신제품은 사업부문별로 매우 빠르게 출시된다. 기업은 대중시장을 목표로 하여 가장 저렴한 가격에 제품을 공급한다. 스타트업 기업에 대한 꾸준한 투자로 성장의 내실을 다진다. 지금까지, 삼성은 미화 기준 12억 달러를 스타트업 기업들에 투자해 왔으며, 평균적으로 이러한 기업들에 대해 거의 30%에 달하는 지분을 확보했다.

작은 그룹을 만들어, 위 재벌 그룹의 조직설계 및 통제관리를 살펴보자. 어떤 것이 주요 추진력을 제공하며 이러한 추진력은 어떻게 유지되는 것인가? 통제 관리는 단일의 이사회에서 실행되는 것인가? 삼성의 웹사이트를 방문한 후 비교를 위해 비견할 만한 다국적 미국기업(예: 애플)을 선택하라.

14-18. 삼성의 전반적 조직 설계를 조사하고 설명해 보시오. 예상하는 지휘 체계를 설명해 보시오.

14-19. 삼성의 조직 설계의 가장 큰 장점과 단점에 대한 본인의 의견을 서술해보시오.

14-20. 삼성의 조직 설계(구조) 및 통제 관리가 앞으로 10년 동안 어떻게 바뀔 것인가?

CLOSING CASE 새로운 조직 설계(Mining a New Organization Design)

누군가는 앵글로 아메리칸 PLC (Anglo American PLC)가 미국 회사라고 생각하겠지만, 실제로 이 회사는 미국 회사였던 적이 없다. 대신, 앵글로 아메리칸은 영국에 기반을 두고 해외 여러 지역에서 실질적인 사업 운영을 해왔다. 이 회사는 세계에서 4번째로 규모가 큰 다각화된 광산기업이다. 이 기업은 270억 달러 이상의 연매출과, 65억 달러 가량의 이익과, 10만명 이상의 직원을 두고 있다.

앵글로 아메리칸에게 지난 10년은 변화의 기간이었다. 2007년, 신디아 캐롤(Cynthia Carroll)이 CEO로 취임했을 때 대변동이 이루어졌다. 런던의 *타임즈(Times)*지는 광산업을 "구제 불능한 남성적 산업"이라고 표현하며 해당 인사에 대한 충격을 표명했다. 캐롤(Carroll)은 남자가 아니었을 뿐만 아니라, 광산업분야에서의 베테랑도 아니고, 영국인도 아니었기 때문이다(그녀는 미국인이다). 그녀의 취임이 발표된 후, 앵글로의 주가는 즉각적으로 주당 $0.80 하락했다. *타임즈(Times)*지는 운명은 "시작부터 그녀에게 부정적으로 기울었으며," 91주년을 맞이하는 기업의 전통을 흩뜨리는 혁신적 변화가 수반되어야 할 20억 달러의 효율성 제고 프로그램을 시작해야 하기 때문에 그녀의 임무는 더욱 어려워질 전망이라고 관측했다. 2009년, 상반기에 비용을 4억5,000만 달러를 줄이겠다는 그녀의 급진적인 선포는 "태풍 신디아"라는 별명을 얻게 했지만, 많은 애널리스트와 투자자들은 그러한 비용 절약 정책에 좋은 인상을 갖지 않았다: 불경기로 인해 모든 산업분야는 고비용과 싸워야 했기에 캐롤(Carroll)의 비용 절약 정책도 추진하여야만 하는 당연하고도 타당한 전략으로 밖에 간주하지 않았다.

2009년 6월에, 스위스-영국 광산 기업인 엑스트라타(Xstrata)는 앵글로와의 합병을 제안했다—이러한 움직임은 다른 업계 공룡인 BHP Billiton, Vale, Rio Tinto와 같은 기업과 경쟁할 수 있는 680억 달러 가량의 기업을 만드는 것이었다. 엑스트라타는 성명서에서

"두 회사 모두 주주들에게 아주 중요한 가치를 제공"할 수 있고 매년 10억 달러의 결합 비용의 절감까지 이룰 수 있는 "상당히 운영상의 시너지"가 있는 동등한 합병을 모색하는 것이라고 발표했다. 앵글로의 입장에서는, 해당 거래에는 몇 가지 문제점이 있었다—앵글로사의 포트폴리오는 엑스트라타의 그것보다 더 가치가 있었으며, 두 회사의 합병으로 인해 앵글로사의 가치는 희석될 수 있는 것이었다—그러나, 앵글로 주주들에게 관심을 끌기에는 충분했다: 합병을 통한 새로운 회사가 비용절감을 하고 그로부터 이득을 투자자들에게 어떻게 배분하느냐에 따라 앵글로사 주주들은 그들이 보유한 주식의 시장 가치가 약 26%에서 37%가량 상승이 실현될 수 있다고 보았다.

캐롤과 앵글로사의 이사회는 엑스트라타의 제안을 "절대 받아들일 수 없다"며 즉각적으로 거절했으며, 8월에 캐롤은 앵글로의 재무성과와 관련해 중간발표와 합병하지 않는 사유를 제시했다. 그러나, 또 다시, 성과 지표는 예상 아래였다: 세계 경제 사정으로 인해, 이윤은 69% 하락했으며, 매출은 38% 하락했다. 앵글로 주주들은 엑스트라타 합병이 제시한 것과 같은 수익을 배분하기 위해 경영진이 어떤 일을 하는지 알고자 했으며, 영국의 가장 큰 투자은행인 바클레이스 캐피탈(Barclay's Capital)의 애널리스트는 "우리의 관점으로는, 앵글로 아메리칸은 아직 왜 엑스트라타와의 합병이 전략적으로 합리적이지 않은지 그리고 주주들에게 가치를 제공하지 못하고 있는지 합당한 의견을 제시하지 못하고 있다"라고 발표했다. 이에 대해 캐롤이 "솔직히" 말했다.

> 우리가 해야 하는 것이 무엇인지 나는 안다…. 우리는 전략이 있으며, 구체적인 목표를 가지고 있다. 우리는 세계에서 가장 매력적인 상품에 거대한 자산도 있다… 기회는 매우 크다…. 우리는 엑스트라타가 무엇을 하는지 매우 잘 알고 있지만, 나는 미래에 우리가 할 수 있는 것에 대해 매우 자신이 있다.

2009년 10월에, 앵글로 이사회의 반대에 직면한 엑스트라타는 합병제안을 철회하였다. 앵글로사 대변인은 "이제 앞으로 나아갈 수 있으며, 더 이상 방해 없이 우리 사업을 운영해 나갈 수 있게 되었다"라고 말했다. 한 애널리스트는 앵글로사는 "이제 새로운 방식의 긴급함을 보여줄 것이며… 그리고 주주들의 지지를 얻을 수 있도록 모든 방해물을 제거할 것"이라고 예측했다. 정확히 일주일 뒤, 캐롤은 드디어 효율성도 제고하고 기업의 수익성도 높일 수 있는 앵글로의 중대한 조직 설계 정비 계획안을 발표했다. 발표를 하면서, 그녀는 회사의 자산을 늘리고 개별 기업으로서의 가치를 증명할 수 있도록 좀 더 시간을 달라고 주주들에게 요청했다. 그녀는 앵글로가 가진 포트폴리오의 변화를 통해 … 앵글로 아메리칸이 가장 매력적이라고 확인한 상품군에 있어 꾸준하고 수익성 있는 성장이 있게 될 것"이라고 언급했다. 또한, 그녀는 2013년까지 조직의 재정비 완성을 계획하고 있다고 했다.

새로운 조직 설계의 증점 요소는 관리계층 *단순화(delayering)*이다—조직의 계층을 없애고, 운영을 자원 중심적으로 재조직하는 것이다. 발표 즈음에 앵글로 기업은 두 개의 글로벌 제품군으로 구분되어 조직이 설계 되어 있었다. 석탄과 철금속이 그것이다. 제품 영역별로 각각의 CEO가 있고 그들 모두가 직접 앵글로 아메리칸의 CEO에게 보고했다. 위 제품 영역별 조직 밑에는 다양한 글로벌 비즈니스 사업부서가 운영되었다. 이를 통해 석탄, 플래티넘, 철광과 같이 다른 원자재를 취급하였으며, 이들 각각의 운영부서는 각각의 CEO와 운영지원팀의 지휘아래 운영되었다. 개별적 사업부서의 CEO들은 해당하는 글로벌 제품군의 상위 CEO에게 직접 보고했다. 캐롤이 말하는 "단순화와 관리계층 단순화"로 인해, 이런 사업부서는 일곱 개의 "원자재, 제품 사업부서(BUs)" 로 재조직되었고, 각 사업부서는 "이윤 책임제"로 운영되는데 이 뜻은, 각 부서는 부서별 성과에 대해서만 책임을 진다는 것이다. 조직 재구성의 중요 기준은 지역과 자산 상태였다. 예를 들어, 플래티넘 사업부서는 남아프리카에 본사를 두고 있으며, 구리 사업부서는 칠레에, 그리고 연료탄 사업부서는 호주에 본사를 둔다는 것이다.

추가적으로, 앵글로는 이제 *핵심* 자산에 대해서만 사업부서(BU)를 보유한다. 다른 의미로, 매출(영업), 현금 흐름, 또는 이익 창출 같은 핵심자산 부문 관리에만 둔다. 회사의 관리계층 단순화 전략과 함께 진행되는 것은 비핵심 자산의 처분전략이다: 금과 알루미늄의 자산을 이미 처분했으며, 또한, 앵글로는 인산염, 아연과 같은 제품군에 있어서 소유지분을 매각했으며, 건설산업에 소요될 철강을 생산하는 회사도 매각했다. 앵글로 회장인 존 파커 경(Sir John Parker)은 관리계층을 단순화하고 자산 매각을 단행한 결정은 "앵글로 사업을 더욱 간결하게 하고 관리 운영에 있어 효율성을 중점적으로 제고하는데 중요한 조치임을 반영하는 것이며 진실로 우리는 세계 정상급 자산 포트폴리오를 보유하고 있으며, 그것의 잠재적 성장 가능성을 극대화할 수 있는 능력도 갖추고 있다"라고 말했다. 계획한 대로 앵글로 아메리칸의 재정비는 2013년 1월에 마무리되었다. 기업의 조직 설계의 변화를 위해 소요된 수 년 동안 캐롤은 여러 가지의 새로운 효율성 조치들을 단행하였고 2006년의 162,000명에서 2013년의 약 100,000명의 종업원 감축을 시행하였다. 투자자들은 같은 기간 동안 주가가 2배가량 상승한 것처럼 지금까지 본 것에 호의적인 것으로 보는 듯하다.

사례 질문

14-21. 앵글로 아메리칸의 기본적인 조직 설계 문제들을 파악해 보라.

14-22. 어떠한 기본적인 조직 설계 요소들이 변화되었는가? 어떤 요소들이 변경되지 않았을 것인가?

14-23. 새로운 조직설계의 성공 여부를 가장 논리적으로 판단할 수 있는 기준은 무엇인가?

14-24. 앵글로 아메리칸의 기본적 통제 문제를 파악해 보라.

14-25. 앵글로 아메리칸의 통제 기능이 어떻게 구성되고 관리되어야 된다고 생각하는가?

출처: *Hoover's Handbook of World Business 2013* (Austin: Hoover's Reference Press, 2013), pp. 30–31, "Miner Anglo to Sell Assets in Shake-Up," *Wall Street Journal*, October 22, 2009, pp. B6; "Xstrata Seeks $68 Billion Merger with Anglo," *Reuters*, June 21, 2009, on March 3, 2013, reuters.com, accessed on March 3, 2013; Martin Waller and David Robinson, "Business Big Shot: Cynthia Carroll of Anglo American," *Times* (London) *Online*, August 1, 2012, http://business.timesonline.co.uk, accessed on March 3, 2013; Andrew Cave, "Cynthia Carroll Digs Deep for Anglo," *Telegraph*, August 1, 2012, www.telegraph.co.uk, accessed on March 3, 2013; Julia Werdigier, "Xstrata Ends Bid for Rival in London," *New York Times*, October 16, 2009, www.nytimes.com, accessed on March 3, 2013.

MyManagementLab®

mymanagementlab.com으로 가서 아래의 질문에 답하시오.

14-26. 조직설계와 통제는 상호 관련된 경영 기능이지만, 각각의 영역은 독립적인 것이다. 이들의 상호 연관성에 대해 상세한 설명을 발전시켜 보시요. 그리고 조직설계와 통제문제를 국제 전략경영과 관련 시켜 보라.

14-27. 조직설계에 있어서 국가 문화의 역할은 무엇인가? 만약 미국의 국제기업들의 조직 설계(구조)에 있어 공통점들이 있다면 이들 요인들의 어느 정도까지 그들 회사가 미국 국적의 기업이라는 사실을 설명할 수 있는 것이 될 수 있는가?

14-28. Mymanagementlab Only에 본 장을 포괄하는 서술형 과제가 있다.

Endnotes

1. "Lenovo's legend returns," *Time*, May 10, 2010, pp. 65–68; "Lenovo: A company without a country," *Businessweek*, January 23, 2010, pp. 49–50; "Lenovo's turnaround man," *Forbes*, May 4, 2010, p. 88; *Hoover's Handbook of World Business 2013* (Austin: Hoover's Business Press, 2013), pp. 236–237; "IBM shows secret to corporate lon-

gevity," *USA Today*, June 16, 2011, pp. 1B, 3B; Miguel Helft, "Can Lenovo do it?" *Fortune*, June 10, 2013, pp. 100–111.

2. J. M. Stopford and L. T. Wells, *Managing the Multinational Enterprise* (New York: Basic Books, 1972).
3. See Royston Greenwood and Danny Miller, "Tackling design anew: Getting back to the heart of organizational theory," *Academy of Management Perspectives*, November 2010, pp. 78–88. See also George P. Huber, "Organizations: Theory, design, future," in Sheldon Zedeck (Ed.), *Handbook of Industrial and Organizational Psychology* (Washington, DC: American Psychological Association, 2010).
4. Alfred Chandler, Jr., *Strategy and Structure* (Cambridge, MA: MIT Press, 1962).
5. Monique Forte, James J. Hoffman, Bruce T. Lamont, and Erich N. Brockmann, "Organizational form and environment: An analysis of between-form and within- form responses to environmental change," *Strategic Management Journal*, vol. 21, no. 7 (2000), pp. 753–773.
6. John P. Kotter and Leonard A. Schlesinger, "Choosing strategies for change," *Harvard Business Review* (March–April 1979), pp. 106–119.
7. Chandler, op. cit.
8. Anant K. Sundaram and J. Stewart Black, "The environment and internal organization of multinational enterprises," *Academy of Management Review*, vol. 17, no. 4 (1992), pp. 729–757.
9. "Aetna to merge global, U.S. divisions," *Wall Street Journal, January* 10, 1999, pp. A3, A20.
10. Anil K. Gupta and Vijay Govindarajan, "Knowledge flows within multinational corporations," *Strategic Management Journal*, vol. 21, no. 4 (2000), pp. 473–496.
11. Kendall Roth, David M. Schweiger, and Allen J. Morrison, "Global strategy implementation at the business unit level: Operational capabilities and administrative mechanisms," *The Journal of International Business Studies*, vol. 22, no. 3 (1991), pp. 369–402.
12. See Tarun Khana and Krishna Palepu, "The right way to restructure conglomerates in emerging markets," *Harvard Business Review* (July–August 1999), pp. 125–134.
13. Christopher A. Bartlett, "Organizing for worldwide effectiveness: The transnational solution," *California Management Review* (Fall 1988), pp. 54–74.
14. *Hoover's Handbook of World Business 2013* (Austin: Hoover's Business Press, 2013), pp. 22–24.
15. Eastman Kodak Company website, Kodak.com, accessed on March 3, 2013.
16. Christopher A. Bartlett and Sumantra Ghospal, "Matrix management: Not a structure, a frame of mind," *Harvard Business Review* (July–August 1990), pp. 138–145.
17. alshaya.com, accessed on March 5, 2013; Beth Kowitt, "The Mystery Company Importing Americana to the Mideast," *Fortune*, February 25, 2013, pp. 90–96; " Al-Kharafi, A-Shaya Among the Most Powerful Arabs—Business Power 500 List," Kuwait Times, March 6, 2013, p. 1.
18. Lawton R. Burns and Douglas R. Wholey, "Adoption and abandonment of matrix management programs: Effects of organizational characteristics and interorganizational networks," *Academy of Management Journal*, vol. 36, no. 1 (1993), pp. 105–138.
19. C. K. Prahalad and Jan P. Oosterveld, "Transforming internal governance: The challenge for multinationals," *Sloan Management Review* (Spring 1999), pp. 31–41.
20. "Bezos says Amazon will boost investment in China," *Wall Street Journal*, June 6, 2007, p. A12.
21. "Toyota Overhauls Management, Gives More Autonom to North America," *L.A. Times*, March 6, 2013, p. B1.
22. See Steen Thomsen and Torben Pedersen, "Ownership structure and economic performance in the largest European companies," *Strategic Management Journal*, vol. 21, no. 6 (2000), pp. 689–705, for a recent discussion of these issues.
23. S. Watson O'Donnell, "Managing foreign subsidiaries: Agents of headquarters, or an interdependent network?" *Strategic Management Journal*, vol. 21, no. 5 (2000), pp. 525–548.
24. Ruth V. Aguilera and Gregory Jackson, "Comparative and international corporate governance," in *The Academy of Management Annals 2010*, James P. Walsh and Arthur P. Brief, Eds. (Philadelphia, PA: Taylor and Francis, 2010), pp. 485–556.
25. Jon I. Martinez and J. Carlos Jarillo, "The evolution of research on coordination mechanisms in multinational corporations," *The Journal of International Business Studies*, vol. 20 (1989). pp. 489–514.
26. Sumantra Ghoshal and Christopher A. Bartlett, "The multinational corporation as an interorganizational network," *Academy of Management Review*, vol. 15, no. 4 (1990), pp. 603–625.
27. David Asch, "Strategic control: A problem looking for a solution," *Long Range Planning* (February 1992), pp. 120–132.
28. John K. Shank and Joseph Fisher, "Target costing as a strategic tool," *Sloan Management Review* (Fall 1999), pp. 73–82.
29. Lane Daley, James Jiambalvo, Gary Sundem, and Yasumasa Kondon, "Attitudes toward financial control systems in the United States and Japan," *Journal of International Business Studies* (Fall 1985), pp. 91–110.
30. Hans Mjoen and Stephen Tallman, "Control and performance in international joint ventures," Organization Science (May–June 1997), pp. 257–268.

31. Michael Goold, "Strategic control in the decentralized firm," *Sloan Management Review* (Winter 1991), pp. 69 – 81.
32. "Companies Aim for Zero Success in Waste Recycling," *USA Today*, January 30, 2013, p. 3B; "Ford to Accelerate Waste Reduction Effort," greenbiz.com/ news, March 4, 2013, accessed on March 3, 2013; "Waste Reduction," gm.com/vision/waste_reduction, March 5, 2013, accessed on March 3, 2013.
33. Robert S. Kaplan and David P. Norton, "The balanced scoreboard—measures that drive performance," *Harvard Business Review* (January – February 1992), pp. 71 – 79.
34. "Ford hopes to raise sales by 50% in four years," *USA Today*, June 8, 2011, p. 2B; *Hoover's Handbook of American Business 2013* (Austin: Hoover's Business Press, 2013), pp. 364 – 365.
35. See Mark Gimein, "CEOs who manage too much," *Fortune*, September 4, 2000, pp. 234 – 242.
36. "Why to kill new product Ideas," *Fortune*, December 14, 1992, pp. 91 – 94; Mark Keil and Ramiro Montealegre, "Cutting your losses: Extricating your organization when a big project goes awry," *Sloan Management Review* (Spring 2000), pp. 55 – 68.

CHAPTER 15
국제경영에서의 리더십과 종업원 행동
Leadership and Employee Behavior in International Business

Getty Images

학습목표

1. 상이한 문화로 인한 개인적 차이들에 대한 기본적인 관점을 파악하고 토의할 수 있다.
2. 국제경영에서의 종업원 동기부여에 관한 기본적인 관점을 평가할 수 있다.
3. 국제경영에서의 관리적 리더십에 관한 기본적 관점을 파악할 수 있다.
4. 국제경영에서의 경영의사결정의 특성에 대하여 토의할 수 있다.
5. 집단 내 역학관계를 기술하고 팀이 어떻게 문화적 차이를 넘어서 관리될 수 있는 지를 토의한다.

토요타에서의 리더십 이슈

토요타는 세계적으로 가장 존경받는 기업 중 하나이다. 토요타의 제품은 품질과 가치 면에서 지속적으로 최고의 평가를 받고 있으며, 재무적으로도 자동차산업 내에서 가장 탄탄한 기반을 자랑하고, 경영자들은 성실성과 전략적 시야로 존경받고 있다. 그러나 최근 들어서 다른 양상이 나타나고 있다. 2008년 GM을 제치고 세계 1위의 자동차기업으로 올라선 지 얼마 안 된 2010년에 토요타 자동차의 품질과 안전문제가 수면 위로 부상하였다.

구체적으로 말하면, 토요타의 특정 모델의 자동차의 가속페달의 불량으로 인해 치명적인 사고의 위험이 존재한다는 것이다. 문제를 더 악화시킨 것은, 토요타가 이러한 품질결함의 문제점을 일정기간 알고 있었으면서도 아무런 조치도 취하지 않았다는 것이다. 2011년에 토요타는 가속페달의 문제와 다른 안전문제를 해결하기 위해 8백만 대의 차량리콜을 실시하였다(미국에서만 5백만 대). 그 결과 토요타는 수억 달러의 비용을 지불해야 했고, 품질에 관한 그들의 명성에 심각한 손상을 입게 되었다.

이러한 문제점이 드러나면서 토요타 경영진의 리더십 역시 철저한 검증과 강한 비판에 직면하게 되었다. 게다가, 이러한 검증은 토요타 내의 두 가지의 서로 상이한 형태의 리더십의 오류를 드러내었다. 첫 번째 유형의 오류는 품질위기를 초래하는 지렛대 역할을 하였고, 다른 하나는 문제가 공공에 알려진 후에 토요타의 명성에 흠집을 내는 데 기여하였다.

리더의 가장 중요한 과업은 기업의 조직문화를 철저히 이해하는 것이다. 만약 조직 문화가 변화한다면 리더는 이러한 변화가 가져올 역학관계와 잠재적인 결과를 논리적으로 이해해야 한다. 그리고, 바로 이러한 영역에서 토요타의 경영자들은 헛발질을 한 것이다. 수십 년 동안 토요타의 문화는 "사람들과 프로세스에 대하여 신뢰할 수 있고 철저하게 검증된 기술로 서비스하라"는 원칙에 집중되어 있었다. 이는 높은 품질의 제품과 린(lean) 생산공정으로 나타났으며, 내부적으로는 "토요타 방식(The Toyota Way)"으로 알려졌다.

그러나 토요타의 회장 및 부회장인 후지오 조 및 가쓰아키 와타나베의 리더십하에서 토요타는 기업의 핵심 운영 원리를 조정하기 시작했다. 후지오 조 회장은 하이브리드 전기자동차 프리우스와 같은 환경친화적 자동차 기술의 강력한 옹호자로서, 토요타가 이 분야의 시장선도자가 되기 위한 노력을 이끌었다. 부회장 와타나베는 이와 별도로 미국 시장 점유율 확대를 목표로 연료과소비형의 대형 자동차와 소형 트럭의 생산능력 확대노력을 진두지휘하였다. 사실, 세계 1위의 자동차회사로 올라서기 위한 회사의 전략적 목표는 자동차 설계 및 제조의 새로운 혁신을 창출할 수 있는 새로운 노하우, 신기술, 신재료의 사용에 기반해 있다. 그러나 이러한 전략은 토요타의 전략적 초점이 생산공정과 지속적인 개선에서 연구개발 및 제품 디자인 쪽으로 이동하는 것 역시 필요로 하는 것이었다.

그러나 회사가 전통적인 린 생산방식에서 기술과 혁신으로 전략적 초점을 이동하였을 때, 조직문화 역시 변경될 수밖에 없다. 예를 들어, 린 생산의 본질은 낭비요소의 제거를 나타낸다. 그러나 신제품 개발의 불확실성은 제조업체로 하여금 미지의 위험을 관리하고 높은 수준의 안전을 보장하기 위해 불필요한 중복을 허용한다. 린 생산방식과 중복의 필요성 간의 균형을 맞추는 것은 적극적으로 핵심 의사 결정을 내릴 뿐만 아니라 변화를 주도하고 관리해야 하는 경영진에게는 매우 어려운 과업이었다. 조와 와타나베는 모든 면에서 이러한 의무를 충족하는 데 실패하였다. 즉, 새로운 전략은 문화의 변화를 필요로 하였지만 이러한 필요는 무시된 것이다.

설상가상으로, 토요타의 경영진은 인적자원관리 관행에 근본적인 변화를 허용하였는데 이것이 문제를 더욱 악화시키는 데 일조하였다는 것이다. 품질이 최우선적인 목표가 되었을 때는 고품질제품의 생산성과에 따라 성과평가와 보상이 이루어졌다. 그러나 성장이 목표가 되었을 때, 성과 평가와 보상체계 역시 변화하였다. 따라서, 이전 시스템에서는 종업원들은 품질 문제를 해결하도록 권장되었으나 새로운 시스템하에서 품질문제의 수정은 성장을 저해하는 것으로 간주되고 실제로도 환영받지 못하였다. 그리고 문제를 더 복잡하게 만든 것은 일부 전문가가 생각하듯 회사의 오랜 신념인 "토요타 방식"이 직원들이 괜히 제품의 품질과 안전성에 대한 우려를 제기하여 평지풍파를 일으키지 않도록 학습하는 것으로 변질되었다는 사실이다.

두 번째 리더십 오류는 안전 문제가 광범위하게 알려진 후에 발생하였다. 위기의 시대에 사람들은, 리더십에게 전면에 나서서, 문제의 원인을 설명하고, 해결책을 제시하며, 단계적 해결방안을 제시할 것을 기대한다. 그러나 토요타의 최고경영자인 아키오 토요타는 어디에서도 보이지 않았다, 게다가 그는 다른 고위 경영진을 통한 충분치 못한 해명으로 사과를 대신하고, 문제해결방식에 대한 모순된 약속을 함으로써 사태를 악화시켰다. 토요타의 몇 안 되지만 일관되었던 메시지는, 문제는 사소한 것이며 쉽게 수정될 수 있고 심지어는 운전자의 잘못일 수 있다는 것이었다.

위기에 대한 어설픈 대응으로 몇 주를 보낸 후에, 토요타는 결국 미 의회 청문회에 출두하기로 합의했다. 또한 토요타는 통렬한 사과를 발표하고 역사상 가장 큰 규모로 기록될 제품리콜에 착수하였다. 2009년에 회사의 순이익은 20% 이상 하락하였으며, 1950년 이후 처음으로 적자를 기록하였다. 토요타의 실적부진이 글로벌 경기 침체에 기인한 것도 의심의 여지가 없는 사실이다. 이것은 토요타의 위기 관리 대처 능력과 상관없이 발생했을 것이다. 그러나 토요타의 부진이 경영진이 그들의 직무를 효과적으로 수행하는 데 실패하였기 때문에 발생한 것 역시 사실이다.

다행스럽게도, 이 위기의 여파 이후 토요타의 경영진은 그들의 단점에 대해 주도면밀하고 체계적으로 분석하고 미래에 보다 나은 방식으로 수행할 방법을 찾기로 결심하였다. 리더십 변화의 최초의 중요한 계획은 2013년에 발표되었다. 리더십 변화의 최초의 중요한 계획은 2013년에 발표되었다. 변화의 목표는 토요타가 자동차를 판매하는 지역에 더 많은 자치권을 제공하고, 미래의 최고 경영진 육성을 위해 다양한 리더십 집단을 준비하는 것이었다. 한 가지 중요한 변화는 일본 이외 지역의 몇몇 주요 임원들이 조직 내에서 더 높은 직위로 승진했고 더 많은 권한을 부여 받았다. 예를 들어, 미국 토요타 판매 및 마케팅 책임자였던 제임스 렌츠(James Lentz)는 생산을 포함한 미국 내 토요타의 모든 운영에 대한 총괄책임자로 승진하였다. 또한 제너럴모터스(GM)의 중역인 마크 호건(Mark Hogan)은 일본 토요타 법인 이사로 임명되었다. 물론 이러한 변화가 회사를 변화시키는 데 실제로 도움이 될지 여부는 좀 더 지켜봐야 한다. 그러나 토요타의 리더십에 대한 확고부동한 사고방식은 적어도 변화하기 시작하고 있는 것처럼 보인다.[1] ■

토요타의 리더십 단점에 관한 교훈은 모든 경영자에게 중요하지만, 특히 국제기업에 종사하는 경영자에게 중요한 메시지들을 전달해준다. 첫째로는, 리더는 자신의 기업에 대한 지식, 문화 및 전략에 대해 빈틈없는 지식을 유지해야 한다는 것이다. 둘째는, 리더는 전략의 변화가 문화와 보상체계의 변화를 수반하게 된다는 것을 이해해야 한다. 이 외에도, 국제경영자들은 자신들이 조직의 "얼굴"로서 취해야 하는 상징적 역할을 이해하는 것이 중요하다. 마지막으로, 가능한 가장 효율적인 방식으로 조직을 대표하는 것이 중요하다.

비록, 국내 기업의 경영자도 리더행위와 대인 관계 프로세스에 대한 이해와 씨름하지만, 국제경영관리자의 업무를 더 복잡하게 하는 것은 다양한 문화적 배경을 지니고 과업과 조직에 대한 다양한 관점을 가진 다양한 사람을 관리하는 추가적 과제가 주어졌다는 것이다. 서로 다른 문화적 배경을 가진 사람들을 다루는 통찰력을 개발하는 국제경영 관리자는 그렇지 못한 사람들보다 훨씬 앞서게 된다.

4장에서, 우리는 국가별 문화가 기업의 국제경영에 미치는 영향을 논의한 바 있다. 이제 우리는 서로 다른 문화적 배경을 가진 경영자와 종업원들의 실제 행동과 이러한 실제 행동의 차이가 국제경영 행위에 미치는 영향을 심층관찰하고자 한다. 먼저 우리는 서로 다른 문화권의 개인적인 차이 특성을 논의하며, 그 다음에 국제기업에 특히 중요한 4가지 행동측면인 동기 부여, 리더십, 의사 결정, 그리고 집단 및 다문화팀에 대하여 논의한다.[2]

15.1 국제경영에서의 개인 행동

조직에서 개인의 행동은 다양한 개인차에 의하여 강력한 영향을 받는다. 이러한 개인차는 개인이 다른 개인에게 영향을 미치는 특정차원이나 성격을 의미한다. 그리고, 대부분의 개인차의 유형은 인성에 기초해 있다. 개인행동과 관련된 그 외의 차원들은 태도, 지각, 창의력, 그리고 스트레스이다.

문화에 따른 개성 차이

개성(personality)은 한 개인을 다른 사람과 구별짓게 하는 상대적으로 안정된 심리적 특성의 집합이다.[4] 심리학자들 사이에서는 성격적 특성이 성물학적으로 유전되는 것인지 또는 사람들이 성장하는 사회적, 문화적 환경에 의해 형성되는 것인지에 대한 소위 "유전 대 환경"에 관한 오랜 논쟁이 있어 왔다. 사실, 생물학적 요인과 환경적 요인 모두 개성의 형성에 중요한 역할을 한다.[5] 이러한 주제에 대한 세부적 논의는 본서의 범위를 벗어나 있지

어떤 특정 문화권 내에서 두 개인이 연령이나 직업적 지위가 같더라도, 그들은 여러 가지 근본적인 측면에서 상이하다. 그러나, 사진에서 토의를 주도하는 두 남성과 같이 서로 다른 문화권에서 왔을 때, 이러한 개인적인 특성 차이는 훨씬 더 확대된다.

만, 국제경영 관리자가 자신의 문화적 배경에 따라 사람들의 행동에 대한 과도하게 일반화하는 것의 한계와 특정문화집단 내에 존재하는 개인차를 인식해야 하는 것은 매우 중요하다. 이는, 4장의 설명에서처럼 문화가 특정 행동 경향으로 이어질 수 있지만 어떤 문화권

그림 15.1
"빅 5" 성격

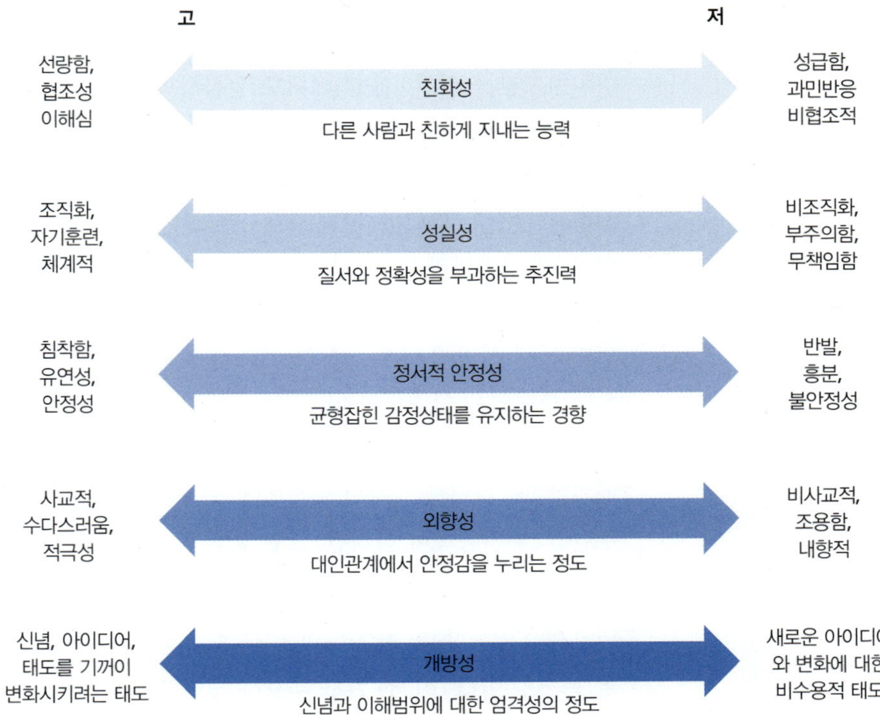

내에서도 개별 행위는 큰 차이가 있을 수 있기 때문이다.

"빅 5" 성격특성 심리학자들은 한 사람을 다른 사람에게서 구별 짓는 수천 가지의 성격 특성과 영역을 발견하여왔다. 그러나 최근 몇 년 동안, 연구자들은 조직과 관련하여 적절한 다섯 가지 기본적인 성격 특성을 발견하였다. [그림 15.1]에 묘사된 것처럼, 이 다섯 가지 특성이 갖는 중요성과 관심 때문에 이를 일반적으로 **"빅 5" 성격특성**이라고 한다.[6]

친화성(agreeableness)은 다른 사람과 친하게 지낼 수 있는 능력을 말한다. 친화성은 다른 사람을 대함에 있어서 부드럽고 협조적이며, 이해와 선량한 태도로 대하게 하지만, 이러한 특성이 부족하면 타인을 향해 과민반응을 보이며 성급하고 비협조적이게 된다. **성실성(conscientiousness)**은 사람이 활동에 부과하는 질서와 정확성을 의미한다. 이 특성은 개인이 조직화되고, 체계적이며, 책임성 있고 자기절제가 되는가를 측정하는 것으로, 성실성이 부족하면 무질서, 부주의함, 무책임함 등이 나타난다. 세 번째 차원은 **정서적 안정성(emotional stability)**으로 침착함, 유연한 태도, 그리고 안정성과 관련된다. 정서적 안정성이 결여되면 흥분, 불안, 반발, 극단적인 기분 변화를 가져온다. **외향성(extroversion)**은 대인관계에서 안정을 누리는 수준으로 사교성, 수다스러움, 적극적인 정도를 나타내며, 반대로 내향적인 사람은 덜 사교적이며 내성적인 성향을 띤다. 마지막으로, **개방성(openness)**은 신념과 이해의 범위에 대한 사람의 엄격성의 정도로 측정한다. 이러한 특성을 가진 사람들은 새로운 아이디어에 귀를 기울이며, 새로운 정보의 결과로 자신의 생각, 신념 및 태도를 기꺼이 변경하려는 성향을 가진다. 상대적으로 덜 개방적인 사람들은 새로운 아이디어를 잘 받아들이지 않으며 자신의 마음을 쉽게 바꾸지 않는다.

"빅 5" 모형에 대한 연구는 미국에서 시작되고 발전하였다. 일반적으로, 연구는 다양한 직업유형의 성과를 예측하기 위하여 다섯 가지 특성 중 하나 이상을 사용하는 방법에 초점을 맞추었다. 최근에 이 연구는 다른 국가로도 확장되고 있다. 예컨대, 연구자들은 미국과 마찬가지로 유럽연합(EU)에서도 성실성과 정서적 안정성이 다양한 직업군의 성과에 대한 합리적인 예측치인 것을 발견하였다. 즉, 높은 성실성과 정서적 안정성을 지닌 유럽인들은 상대적으로 낮은 성실성과 정서적 안정성을 지닌 사람들에 비하여 높은 수준의 성과를 달성하는 것으로 나타났다. 마찬가지로, 외향성 역시 중국과 유럽연합의 특정 직업군, 특히, 영업 및 마케팅관리자집단의 경영성과의 유용한 예측 요인으로 나타났다. 개방성과 친화성은 보다 많은 직업군에 대해 성과의 유용한 예측성을 보여주었지만, 특히 교육훈련과 관련된 특정 성과에 매우 유용한 예측치가 되었다.[7] "빅 5" 성격특성은 홍콩에서도 성과의 좋은 예측치임을 입증하였지만, 조화, 체면, *인정*(*ren qing*, 인맥) 등 전통적인 중국인 특성과 결합될 때 더 나은 예측치가 됨을 보여주었다.[8] 따라서, 다른 나라에서 개인을 특정 직무에 배치할 때, 경영자는 자신의 선택에 도움이 될 수 있는 유효하고 신뢰할 수 있는 성격 측정 수단을 잘 활용해야 하지만, 또한 문화적 차이를 무시하고 이러한 수단의 유효성과 신뢰성을 지나치게 일반화하지 않도록 주의해야 한다.

직장에서 다른 성격 특성 빅 5 외에도, 조직 내 행동에 영향을 미치는 여러 가지 다른 성격 특성도 있다. 이 중 가장 중요한 것은 통제 위치, 자기효능감, 권위주의, 그리고 자아존

중감이다.[9]

통제위치(locus of control)는 사람들이 자신의 행동이 그들에게 실제로 일어나는 일에 실질적인 효과를 가지고 있다고 믿는 정도이다.[10] 예를 들어, 어떤 사람들은 자신이 열심히 일을 한다면 성공할 것이라는 것을 확신한다. 그들은 또한 사람들이 실패하는 이유는 능력이나 의욕이 부족하기 때문이라고 믿는다. 자기 스스로가 자신의 삶을 통제한다고 주장하는 사람들은 *내적 통제위치*(*internal locus of control*)를 가졌다고 한다. 어떤 사람들은 운명, 기회, 운, 또는 다른 사람의 행동이 그들에게 일어나는 일을 결정한다고 생각한다. 예를 들어, 승진에 실패한 직원이 자신의 역량의 부족이나 낮은 성과와 같은 자신의 부족함보다는 상사의 정치적 행태 또는 불운 탓으로 돌리는 것이 그것이다. 자신이 통제할 수 없는 외부의 힘이 그들에게 일어날 일을 결정한다는 사고를 지닌 사람을 *외적 통제위치*(*external locus of control*)를 가졌다고 한다.

아직 연구에 의해 입증되지는 않았지만 상대적으로 개인주의적이고 권력거리가 작은 문화에서는 내적통제위치를 가질 가능성이 높은 반면에, 상대적으로 집단주의적이고 권력거리가 큰 문화권의 사람들은 외적통제위치를 가지는 경향이 높다고 보는 것이 합리적일 것이다. 마찬가지로, 무슬림들에게서 외적통제위치가 나타날 가능성이 높고, 개신교의 경우에는 내적통제위치가 나타날 가능성이 높을 것이다. 그런데, 뉴질랜드와 싱가포르의 표본집단을 대상으로 한 연구에서는 이들 시민들이 미국인과 마찬가지로 상대적으로 내적 지향성을 보이는 것을 발견하였다.[11] 따라서, 통제위치는 문화권에 따라 매우 다양한 모습을 보이는 것처럼 여겨진다.

자기효능감(self-efficacy)은 미묘한 차이를 가진 성격 특징이다. 자기효능감은 직무를 수행하는 자신의 능력에 대한 개인의 신념을 나타낸다.[12] 자기효능감이 낮은 사람들이 직무를 수행할 수 있는 자신의 능력을 의심하는 경향이 있는 반면에, 자기효능감이 높은 사람들은, 자신들이 특정 직무를 잘 수행할 수 있다고 확신한다. 능력에 대한 자기평가가 자기효능감에 기여하듯이, 개인의 성격도 역시 자기효능감에 기여한다. 어떤 사람들은 다른 사람들보다 자신감이 넘치며, 능력에 대한 그들의 믿음은 과업을 효과적으로 수행하여 성과에 집중하도록 돕는다. 최근의 한 흥미로운 연구에서는 고위경영층의 자기효능감이 국제합작투자의 성과에 긍정적인 영향을 미치는 것으로 밝혀졌다. 즉, 사업의 목표와 목표를 달성하기 위해 자신의 능력에 자신감을 가지고 있는 합작기업의 경영자는 자신의 능력에 대한 신뢰가 낮은 합작기업의 경영자보다 더 성공적으로 사업의 목적과 목표를 달성할 가능성이 높다는 것이다.[13]

또 다른 중요한 성격 특성은 **권위주의(authoritarianism)**로서, 권위주의는 권력 및 지위의 차이가 기업조직과 같은 계층적 사회시스템 내에서 적절한지 개인이 받아들이는 정도를 의미한다.[14] 예를 들어, 높은 권위주의적인 성향을 가진 사람은 다른 사람이 내리는 지시나 명령을 단지 상사이기 때문에 매우 순수하게 받아들인다. 한편, 권위주의적 성향을 지니지 않은 사람은 상사로부터의 적절하고 합리적인 지시는 잘 수행하지만, 상사의 지시에 질문을 하거나 반대의견을 표하기도 하며, 부적절한 명령에는 심지어는 명령이행을 거부할 수도 있다. 매우 권위주의적인 경영자는 상대적으로 독재적이고 강제적인 지시를 내릴 수 있으며, 높은 권위주의적 성향을 가진 부하는 리더로부터의 이런 행동을 수용하는 경향이 높을 것이다. 상대적으로 덜 권위주의적인 경영자는 부하 직원에게 보다 큰 의사결정 역할을 허용할 수 있으며, 덜 권위주의적인 성향을 지닌 부하 직원은 이러한 행동에 긍정적으로 반응할 것이다. 이러한 특성은 4장에서 논의된 권력지향성의 개념과 매우 유사하다.

자아존중감(self-esteem)은 개인이 자신이 가치 있고 존중받아야 할 사람이라고 믿는 정도이다. 높은 자아존중감을 가진 사람은 높은 수준의 직무를 추구하며, 높은 수준의 성과를 달성하기 위한 자신의 능력에 자신감을 가지며, 자신의 성취에서 더 큰 내적만족을 누릴 가능성이 높다. 이와 대조적으로, 자아존중감이 낮은 사람은 낮은 수준의 직무에 만족하며, 자신의 능력에 확신이 없고, 외적 보상에 대한 더 많은 초점을 맞추게 된다.

여러 주요 성격 차원에서도, 자아존중감은 많은 국가들에서 널리 연구된 특성이다. 더 많은 연구가 분명히 필요하지만, 그동안 발표된 연구들에서 자아존중감은 북미와 남미 전역, 호주, 그리고 대부분의 서유럽 국가의 중요한 성격 특성인 것으로 밝혀졌다. 그러나, 아프리카, 중동 및 대부분의 아시아 국가에서는 아직 충분히 연구되지 않았다. 자아존중감이 중요한 성격특성으로 부각되는 사회에서, 높은 자아존중감을 지닌 개인은 그렇지 않은 사람들보다 더 높은 수준의 동기를 가지고 높은 성과를 실현하는 것으로 여겨진다.[15]

문화 간 태도 차이

조직 내에서 개인의 또 다른 차원은 그들의 태도이다. **태도(attitudes)**는 사람들이 특정 아이디어, 상황, 또는 다른 사람에 대해 가지고 있는 신념과 감정의 복합체이다. 어떤 태도는 뿌리 깊게 박혀 오래 지속되는가 하면 어떤 태도는 신속하게 형성되었다가 바뀌기도 한다. 예를 들어, 정당에 대한 태도 또는 오염방지와 낙태 등 주요 사회 문제에 대한 태도는 오랜 기간 동안 형성되어 온 것이다. 그러나 새 레스토랑에 대한 태도는 첫 식사를 마친 후 즉시 형성될 수 있다.

태도는 대부분의 사람들이 자신의 감정을 표현하는 방법을 제공하기 때문에 중요하다. 자신이 과소보상되고 있다는 것에 대한 직원의 의견은 임금에 대한 자신의 감정을 반영한다. 마찬가지로, 경영자가 새로운 광고 캠페인에 대해 지지의사를 표할 때, 그는 조직의 마케팅 노력에 대한 자신의 감정을 표현하고 있는 것이다. 최근의 직장 내 개인 정보 보호에 대한 태도는 이메일, 인터넷 및 다른 유형의 전자통신수단의 사용 증가에 비추어 볼 때 특히 중요해지고 있다.

직무 만족 대부분의 조직에서 특히 중요한 태도는 직무단족이다. **직무만족(job satisfaction)** 또는 **직무불만족(job dissatisfaction)**은 개인이 자신의 직무에 대해 만족하거나 충족되는 정도를 반영하는 태도이다. 직무만족에 대한 광범위한 연구 결과, 개인의 필요와 열망 같은 개인적 요인이 직장 동료 및 상사와의 관계나 근무 조건, 근무규정, 보상과 같은 집단적 또는 조직적 요인과 함께 이러한 태도에 영향을 미치는 것으로 나타났다.[16] 직무에 만족하는 종업원은 결근율이 낮고 조직에 긍정적인 기여를 하며 이직률도 낮다. 반면에, 직무에 불만족하는 종업원은 결근율이 높고, 동료를 방해하는 스트레스를 경험할 수 있으며, 지속적으로 이직 노력을 할 수 있다. 그러나 높은 직무 만족수준이 반드시 높은 수준의 성과로 이어지는 것은 아니다.

연구에 따르면, 적어도 특정 상황에서는, 자신의 업무와 해외 파견근무에 불만족하는 파견인력이 같은 상황에서 만족하는 관리자보다 그들의 회사를 떠날 가능성이 높은 것으로 나타났다.[17] 일본과 미국 내에 소재한 106개 공장의 8,300명 근로자들의 직무만족을 조사한 설문조사 결과, 일반적인 예상과는 달리, 일본의 근로자들이 미국 근로자들보다 직무에 덜 만족하는 것으로 조사되었다.[18] 예를 들어, 자신의 직무에 만족하는 정도를 질문한 결과 4점 척도 기준으로 미국 근로자는 평균 2.95점을 기록한 반면에, 일본인 근로자들은 단지 2.12점만을 기록하였다. 또 다른 설문 조사에 따르면, 구소련의 관리자들은 자신의 직무, 특히 중요의사결정에 대한 자율성의 측면에서 상대적으로 불만족한 것으로 나타났다.[19] 베트남 근로자들을 대상으로 한 또 따른 연구에서는, 특히 젊은 근로자들(1975년 이후 출생자들)이 자신의 직무에 만족하는 것으로 나타났다.[20]

조직 몰입 직무와 관련된 또 다른 중요한 태도는 **조직몰입(organizational commitment)**으로서, 개인의 조직에 대한 동일시와 충성심을 반영한다. 사우디 아라비아에서 근무하는 서구, 아시아, 그리고 현지 직원을 대상으로 한 비교 연구에서는 해외에 파견된 아시아 직원이 서구인과 현지 사우디인들에 비하여 훨씬 높은 수준의 조직 몰입을 보이는 것으로 나타났다.[21] 다른 연구에서는 미국의 생산직 근로자가 일본의 생산직 근로자보다 높은 조직몰입수준을 보이는 것이 발견되었다.[22] 아시아 4개국과 유럽 4개국에 파견된 미국 파견근로자들의 조직몰입에 대한 최근의 광범위한 연구에서는, 해외파견인력이 회사 재직기간이 길수록, 폭넓은 파견 전 교육훈련을 받을수록, 해외파견 후 해외문화에 쉽게 적응할수록 본사에 대해 높은 수준의 몰입을 보이는 것으로 나타났다. 이에 비해, 회사재직기간이 짧고 파견 전 교육훈련이 부족하거나, 힘든 적응기간을 거친 해외파견인력은 상대적으로 *해외자회사*에 대해 강한 몰입수준을 보여주었다.[23] 이러한 연구 결과는 일리 있는 것으로 보인다. 첫 번째 종업원 그룹은 본사 조직에서 대부분의 시간을 투자하여 왔고, 파견 과정이 용이했기 때문에 해외에서의 새로운 직무에 그다지 큰 감정적 소모를 필요로 하지 않는다. 두 번째 그룹은 국내 경영진과 크게 연결되어 있지 않고, 그들에게 주어진 새로운 과제를 해결하는 데 마주친 현지에서의 어려움을 극복하기 위해 상대적으로 큰 개인적인 투자를 할 필요가 있다. 이와 비슷한 유대감은 군사기초훈련, 동호회의 가입 초기단계 또는 일반적으로 많은 기업의 기본 교육훈련과정 등에서 함께 스트레스 상황을 헤쳐나간 사람들 사이에서 관찰된다.

문화와 지각

태도를 결정짓는 중요한 요인은 태도가 형성되는 대상에 대한 개인적인 지각이다. **지각(perception)**은 개인이 환경에 대한 정보를 인식하고 해석하는 프로세스의 집합이다. 지각은 감각기관을 통해 보고, 듣고, 만지고, 냄새를 느끼고, 맛봄으로써 분명히 시작되기는 하나, 각 개인은 자신의 독특한 여과과정을 통해서 그 지각을 해석하게된다. 예를 들어, 서로 다른 팀을 응원하는 두 사람이 축구 또는 럭비경기를 관전할 때 동일한 플레이를 보면서도 매우 다른 현실을 보고 있게 된다. 개인의 문화적 배경은 개인의 여과메커니즘이 작동하는 방법을 형성하는 중요한 역할을 한다.

고정관념은 국제경영에 영향을 미치는 하나의 공통 지각 과정이다. *고정관념(stereotyping)*은 사람들이 가지고 있는 하나 또는 그 이상의 특성으로 특정인에 대한 추론을 할 때 발생한다. 예를 들어, 일부 미국인들은 일본의 경영자는 일 중독자이며, 스위스의 경영자는 잘 조직화되어 있고, 프랑스 경영자는 엘리트라는 고정관념을 갖고 있다. 그리고 이들 국가의 일부 사람들은 미국의 경영자는 탐욕스럽다는 고정관념을 갖고 있다. 이러한 고정 관념은 문화적 일반화로 종종 유용하게 활용될 수 있지만, 모든 관리자는 각 개인이 고유한 개성을 지니고 있고 선입견을 갖고 대하는 것이 적합하지 않을 수 있다는 것을 지각하고 있어야 한다.

고정관념 외에도 지각은 다른 다양한 방법으로 국제경영에 영향을 미칠 수 있다. 예를 들어, 3장에서 설명한 대로 국제경영자는 해외 시장에서 정치적 위험과 기타 다른 유형의 위험을 평가해야 한다. 그러나 위험이 감지되는 방식은 문화에 따라 차이가 있을 수 있다. 최근의 한 연구에 따르면, 남미 6개국 출신의 관리자들이 일반적인 사업 위험(정치적 위험, 상업적 위험, 환위험 등)에 대한 지각이 매우 다른 것으로 나타났다.[24] 코스타리카의 관리자는 위험을 정의가능하고 관리가 가능한 환경의 한 부분으로 간주하는 반면에, 과테말라 출신의 관리자는 위험을 거의 우연히 결정되는 추상적인 힘으로 지각하였다.

마찬가지로, 런던 소재 일본계 은행에서 함께 근무하는 일본인 파견인력과 영국 현지채용 인력에 관한 또 다른 연구는 두 집단이 매우 다른 방식으로 서로를 지각하는 것을 보여주었다.[25] 영국인 직원은 일본인 직원이 기업의 이익과 집단의 조화에 가장 관심이 있는 것으로 본 반면에, 일본인 직원은 영국인 직원이 자기 직업의 안정성과 소득 유지에 가장 큰 관심을 가진 것으로 보았다. 마지막으로, 또 다른 연구에서는 미국, 영국, 독일, 오스트리아의 고위 임원들이 매우 다른 방식으로 윤리적 상황을 지각하는 것으로 나타났다.[26] 따라서, 국제경영관리자들은 해외에서 사업을 수행함에 있어 지각의 역할을 반드시 고려해야 하는 것은 명확하다.

문화와 스트레스

조직 내 행동의 또 다른 중요한 요소는 스트레스이다. **스트레스(stress)**는 강한 자극에 대한 개인의 반응이다. 이러한 자극을 소위 *스트레스요인(stressor)*라고 한다.[27] 우리는 스트레스가 항상 나쁜 것만은 아니라는 것에 주의해야 한다. 스트레스가 없다면 무기력과 침체가 발생할 수 있다. 적절한 스트레스는 동기를 부여하고 신명나게 일할 수 있도록 한다. 그러나, 지나친 스트레스는 부정적인 결과를 가져올 수 있다.

또한 스트레스가 "나쁜" 상황뿐만 아니라 "좋은" 상황에 의해서도 발생할 수 있다는 것을 이해하는 것이 중요하다. 과도한 압력, 부당한 요구, 그리고 나쁜 소식은 모두 스트레스를 유발한다. 하지만, 보너스를 받고 그 돈으로 무엇을 할지 결정하는 것도 스트레스가 될 수 있다. 승진, 인정받음, 유사한 긍정적인 사건 역시 마찬가지이다.

국제경영 관리자에게 특별히 해당되는 스트레스에 대한 두 가지 관점이 존재한다. 그 하나인 국제적인 업무분장으로부터 발생하는 스트레스에 대한 관리는 19장에서 다룬다.

BRINGING THE WORLD INTO FOCUS

콜센터에서의 스트레스

21세의 아누락 베르마(Anurag Verma)는 미국인들이 미국의 실업에 관해 대화할 때 등장하는 직업 중 하나를 가지고 있다. 인도의 급성장하고 있는 비즈니스 프로세스 아웃소싱(business process outsourcing, BPO) 산업에서 일하고 있다. 그는 한 달에 약 800달러의 월급을 받는 데, 이는 인도 평균 월급의 12배에 해당한다.

그는 블랙베리폰을 사용하며, 차를 소유하고 있기 때문에 출근 길에 붐비는 버스를 타지 않아도 된다. 어느 날, 콘도예약을 위해 돈을 입금하다가 그는 책상에서 갑자기 쓰러져 병원으로 실려갔다. 쓰러지기 전 몇 주 동안, 그는 현기증과 편두통으로 고통받았다. 그는 식욕과 22파운드를 잃어버렸다.

아누락은 8개월 동안 일해 왔는데, 업계에서 그의 문제는 번아웃증후군(Burn Out Stress Syndrome, BOSS)으로 알려져 있다. 증상으로는 만성 피로, 불면증, 식욕 부진, 위장 장애 등이 있다. 귀와 눈의 질병뿐만 아니라 등 및 어깨 통증이 흔히 일어난다. 전문가들은 인도의 700만명의 BPO 종사자 중 3분의 1이 번아웃증후군에 시달리고 있다고 말한다. 국립 인도 신경정신과학연구소(NIMHANS)가 실시한 IT전문가들 대상의 연구 결과에 따르면, 방갈로르(인도의 실리콘 밸리라고 불린다)의 스무 명의 노동자들 중 한 명은 정기적으로 자살을 생각하고 있음이 발견되었고, 36%는 "정신의학적 추정사례"로 분류되었다.

26세의 바이브합 바츠(Vaibhav Vats)는 IBM의 외주 콜센터에서 일한 지 2년이 지난 후에 265 파운드로 체중이 급격히 불었다면서, 대학을 졸업하여 이러한 종류의 회사에 들어가는 청년들에게 다음과 같이 경고했다. "당신은 멋지게 돈을 벌 수 있습니다. 그러나 치러야 하는 값 역시 큽니다."

그러한 절충에는 일반적으로 긴 야간 교대근무와 식사 및 수면 방해 등의 혼란이 포함되며 의사에 따르면, 결과적으로 생체리듬의 변화를 가져온다. 예를 들어 한 연구에 따르면 BPO 근로자는 현저하게 다른 수면패턴이 개발되는 경향이 있다. 연구자에 따르면, 그들은 더 졸릴 뿐만 아니라 불안 장애로 더 우울하고 고통을 받는 것으로 나타났다.

델리 맥스 병원(Delhi's Max Hospital)의 아누팜 미탈(Anupam Mittal) 박사는 "매일 밤 10시간 동안 일하는 사람들은 아무리 노력해도 주간에는 충분한 수면을 취할 수 없습니다. 이러한 생활패턴은 상당한 수면 박탈, 피로감, 감정 기복, 집중력 부족으로 이어지는 누적 수면 부채(sleep debt)를 유발합니다."라고 설명한다.

또한 생리적인 영향도 있다. 예를 들어, 여성들은 수면 패턴이 붕괴되면 수면과 스트레스와 관련된 두 가지 호르몬인 멜라토닌과 코티솔의 불균형을 초래하는 월경과 호르몬 장애로 고통을 겪는다. 뭄바이의 산부인과 전문의인 스와티 바르가바(Swati Bhargava)박사는 "수면 부족과 야간의 빛 노출은 멜라토닌 생성을 방해함으로써 유방암의 호르몬 촉진제로 알려진 에스트로겐을 더 많이 생성하도록 몸을 자극한다"고 말했다. 바르가바의 진단은 밤에 일하는 여성이 유방암에 걸릴 확률이 6% 더 높다는 연구 결과로 뒷받침된다.[30]

스트레스는 모든 직업에 강력한 영향을 미치지만, 일부 직업은 본질적으로 다른 직업들보다 스트레스가 많을 수 밖에 없다. 예를 들어, 이 국경순찰대원을 보라. 그는 미국-멕시코 국경을 따라 황량한 지역을 순찰하면서 하루에 몇 시간을 보낸다. 기온은 극단적으로, 여름에는 매우 뜨겁고 겨울에는 매우 추운 편이다. 그는 며칠 동안 먹지도 못하고 치료가 절실한 밀입국자들과 마주칠 수도 있으며, 무장강도들에 의해 위협받을 수도 있다.

ERIC THAYER/Reuters

다른 하나는 이질적인 문화권의 사람들이 서로 다른 형태의 스트레스를 경험하고 또한 다른 방법으로 스트레스를 처리할 수 있다는 것을 지각하는 것이다. 10개국을 대상으로 스트레스 유형을 조사한 연구에서, 스웨덴 관리자들은 스트레스를 가장 적게 경험하는 것으로 나타났다. 미국, 영국, 구 서독의 관리자들은 상대적으로 적당한 스트레스를 받으며, 이를 효과적으로 관리하는 것으로 보고되었다. 그러나 일본, 브라질, 이집트, 싱가포르, 남아프리카 공화국, 나이지리아의 관리자들은 매우 높은 수준의 스트레스를 경험하거나 스트레스를 관리하는 데 어려움을 겪는 것으로 보고되었다.[28] 또 다른 연구에 따르면, 독일 관리자들은 직무활동과 비직무활동 간의 건강한 균형을 유지하였으며, 상대적으로 영국의 관리자들보다 스트레스를 잘 관리하는 것으로 나타났다.[29]

In Practice

- 모든 조직의 관리자는 어떤 두 사람도 같을 수 없음을 기억해야 한다. 이는 다양한 인력이 있는 다국적 기업에서 더욱 중요하다.
- 관리자는 태도, 지각 및 스트레스가 다른 문화권의 다른 사물의 영향을 받음을 기억할 필요가 있다.

추가 고려 사항: 다른 나라에서 일하기 위해 이주할 경우, 현지 시민들이 어떻게 행동하는 지에 대해 배우기 위해 어떤 노력을 하겠는가?

15.2 국제경영의 동기 부여

모든 국제 기업은 비용 절감, 신제품 개발, 제품 품질 향상, 고객 서비스 개선 등을 위해 종업원들을 동기부여해야 하는 도전에 직면하고 있다. **동기부여(motivation)**는 사람들로 하여금 그들이 가능한 행동의 집합에서 특정 행동을 선택하도록 유인하는 전체적인 영향력이다.[31] 그러나 직장에서 개인의 행동에 영향을 미치는 요인들은 문화권에 따라 다르다.

문화와 욕구와 가치

동기부여를 이해하는 출발점은 욕구와 가치를 고려하는 것이다. **욕구(needs)**는 개인이 꼭 가져야 하거나 가지고 싶어하는 것이다. 한편, **가치(values)**는 사람들이 중요하다고 믿는 것이다. 대부분의 사람들이 수많은 욕구와 가치를 가진 것은 놀랄 일이 아니다. 사람들의 생존에 필요한 의식주는 일차적 욕구(primary needs)에 해당한다. 이러한 욕구들은 본능적이고 생리적인 것에 기반하여 있으며 인간 행동에 핵심적인 역할을 한다.[32] 예를 들어, 아이보리 코스트(Ivory Coast) 농부들은 수십 년 동안 대대로 이어져 온 방법에 따라 코코아를 재배해왔다. 그러나 급격한 가격과 기후 변화는 농민들의 수입을 예측할 수 없게 만드는 결과를 낳았다. 보다 안정적인 수입의 보장을 위하여 많은 농민들이 고무 및 팜유와 같은 보다 안정적인 작물로 전환하였다.

한편, 2차적 욕구(secondary needs)는 성격에 따른 심리적인 욕구로서 개인 생활이 이루어지는 환경과 문화에서 학습된 것이다. 성취, 자율성, 권력, 질서, 친교, 이해 등의 욕구가 2차적 욕구에 해당하는 예이다. 2차적 욕구는 종종 조직 상황에서 명백해진다. 예를 들어, 특정인이 자신의 직무에 만족하기 위해서는 조직에 의해 제공되는 보상이 그의 욕구와 일치해야 한다. 만약 그가 수입 및 승진의 기회를 우선적으로 추구하는 경우라면, 좋은 사무실과 직업의 안정성을 제공하는 것만으로는 충분하지 않을 수 있다. 한편, 가치는 사람이 성장하고 성숙해짐에 따라 학습되고 개발되는 것이다. 이러한 가치들은 가족, 동료들, 경험, 그리고 문화에 의해 영향을 받는다.

문화와 동기부여 프로세스

동기부여에 대한 최근의 이론적접근방법들은 세 가지 범주로 요약될 수 있다. *욕구기반모델(need-based models of motivation)*은 동기부여된 행동을 가져오는 특정 욕구나 욕구집합을 식별하려는 시도들이다. *과정기반모델(process-based models of motivation)*은 사람들이 여러 행동 중에서 하나의 행동을 선택하는 데 사용하는 의식적 사고 과정에 보다 초점을 맞춘다. 마지막으로, *강화모델(reinforcement model)*은 사람들이 자신의 선택행동의 결과를 평가하는 방법과 그 평가가 미래의 선택행동에 미치는 방법을 다룬다. 이 접근법은 기존의 행동 패턴을 유지하거나 변경하는 데 따른 보상과 처벌의 역할도 포함하고 있다.

문화와 욕구기반모델

4장에서 논의된 홉스테드의 이론은 동기부여의 욕구기반모델이 문화에 따라 어떻게 다른가에 대한 몇 가지 유용한 통찰을 제공해준다.[33] 대부분의 동기부여이론에서는 일반적인 욕구로 안전의 욕구, 사회연결망의 일원이 되고자 하는 욕구, 성장과 발전의 기회추구 욕구 등을 제시하고 있다. 이러한 욕구의 범주를 홉스테드이론의 네 범주인 사회지향성, 권력지향성, 불확실성 지향성, 목적지향성과 연계함으로써 문화에 따른 동기 부여의 차이에 대해 몇 가지 추론을 할 수 있다.

예를 들어, 개인주의적 성향이 강한 국가의 관리자와 직원은 개인적 기준의 욕구와 보상에 의해 가장 강하게 동기부여가 될 수 있다. 개인 역량을 입증하고 그 결과로 인정받고 보상을 받을 수 있는 기회는 이러한 사람들에게 특히 매력적일 수 있다. 반면에, 집단주의적 문화에서 사람들은 집단기반의 욕구와 보상에 의해 더 강하게 동기를 부여받을 수 있다. 사실, 이러한 문화권의 사람들은 그들이 소속된 집단과 별도의 보상을 받는 상황을 오히려 불편해 할 수 있다.

국제 기업의 동기부여 메커니즘이 문화적 태도와 충돌하게 되면 갈등이 쉽게 발생할 수 있다. 일본 다국적 기업에서 일하는 많은 미국 관리자들은 조직의 연공서열주의와 집단성과중심 보상 체계에 어려움을 겪고 있다. 일례로, 미시간 주의 마쓰다 자동차생산공장 근로자들은 그들에게 "자발적으로" 작업복에 마쓰다 야구 모자를 함께 착용하도록 한 마쓰다 경영진의 시도에 반발하였다.[34] 그리고 일본 프로야구팀에서 뛰는 미국 프로선수들은 스타 개인에게 명성과 특권을 가져다주는 미국의 "스타 시스템"에 익숙하다 보니, 개인에게 관심이 주목되는 것을 싫어하는 일본의 집단기반 접근 방식에 의해 종종 충격을 받는다.

권력존중적 개인은 순전히 조직 정당성에 근거하여 업무를 지시하는 상사의 권리를 수용하는 사람들이다. 이러한 권력존중의 결과로 그들이 상사에게 받을 수용과 인정 가능성이 그들의 동기부여요인이 된다. 따라서, 그들은 지침과 의무를 의심 없이 받아들이고 기꺼이 수행한다. 반면에, 권력허용적 개인들은 계급의 고하에 적은 정당성을 부여한다. 따라서, 그들은 상사의 인정보다는 임금인상 및 승진의 기회에서 보다 큰 동기부여가 된다.

불확실성회피문화에서의 관리자와 종업원들은 직업보장 및 직업 안정성을 유지하거나 증가시킬 수 있는 기회에 의하여 동기부여된다. 직업 안정성을 감소시키는 어떠한 노력도 강한 저항에 부딪치게 된다. 반면에, 불확실성수용문화권의 사람들은 안전의 욕구에 의해 동기부여되거나 고용의 조건으로 직업의 안정성을 추구하는 경향이 적은 편이다. 그들은 변화와 개인의 성장과 발전을 위한 새로운 도전과 기회에 더 동기부여된다. 예를 들어, 미국과 독일 근로자를 비교한 최근의 연구에서는 직업가치 선호도에서 상당한 차이를 보여주었다. 독일 노동자들은 미국노동자들보다 고용보장과 짧은 근무시간을 더 높게 평가한 반면에, 미국노동자들은 수입이나 승진 기회 그리고 개인 직무의 중요성을 훨씬 높게 평가하였다.[35]

마지막으로, 적극적 목적행동 문화권의 사람들은 금전과 다른 물질적 보상에 의해 동기부여될 가능성이 높다. 그들은 금전적보상가능성이 가장 높은 행동의 선택을 추구한다. 그들은 또한 보상이 단순한 위로나 개인적 만족에 그치는 직무는 내키지 않아 한다. 대조적으로, 소극적 목적행동 문화권의 근로자들은 잠재적으로 자신의 삶의 질을 향상시킬 수 있는 욕구와 보상에 의해 동기부여될 가능성이 높다. 그들은 높은 금전적 보상이 주된 매력인 행동의 선택에 덜 관심을 기울인다. 예를 들어, 스웨덴 기업들은 후한 휴가제도와 부가적 혜택을 제공한다.

다양한 연구들이 서로 다른 문화적 상황에서 특정 동기부여 이론을 검증하여 왔다. 가장 주목을 받는 이론은 매슬로우(Abraham Maslow)의 욕구 5단계이론이다. 다섯 가지 기본 욕구는 각각 생리적 욕구, 안전의 욕구, 사회적 욕구, 자아존중욕구, 자기실현욕구이다.[36] 매슬로우의 욕구단계에 대한 국제연구는 두 가지 통찰을 제공한다. 첫째, 미국, 멕시코, 일본, 캐나다 등 여러 나라의 관리자들은 일반적으로 매슬로우의 욕구단계에 포함된 욕구들이 그들 모두에게 중요하다는 것에 동의한다. 둘째, 각 욕구의 상대적 중요성과 선호도는 국가에 따라 상당한 차이를 보인다는 것이다.[37] 예를 들어, 라이베리아와 인도 등 저개발 국가의 관리자는 선진국 관리자들보다 존경의 욕구와 안전의 욕구 충족에 보다 높은 우선순위를 둔다는 것이다.[38]

또 다른 동기부여 이론인 맥클러랜드(David McClelland)의 학습동기이론을 기반으로 한 연구의 결과는 좀 더 일관된 결과를 제시하고 있다. 특히, 성취동기(성장과 학습 그리고 중요한 일의 수행과 관련된)는 많은 국가에서 나타나는 것으로 알려졌다. 또한, 맥클러랜드는 성취동기가 각 문화권의 사람들에게 교육될 수 있다고 설명했다.[39] 그러나 홉스테드가 제시한 문화적 차이의 역할을 감안할 때, 맥클러랜드의 동기가 문화에 따라 일관되게 나타날 가능성은 낮다. 특히, 개인주의적이고, 불확실성회피성향이 낮으며, 권력간격이 작고, 적극적 목적행동성향의 문화가 친애욕구(사회적 연결망의 일원이 되는)보다 성취와 권력(자원을 통제하는)에 대한 요구를 촉진할 가능성이 높다. 반면에, 집단주의적이고 불확실성회피성향이 크며, 권력간격이 크고, 수동적인 목적행동 문화는 성취와 권력욕구보다는 친애욕구를 촉진할 가능성이 크다.[40]

허쯔버그(Frederick Herzberg)의 2요인 이론은 동기 부여와 관련된 또 다른 잘 알려진 욕구기반 이론이다.[41] 이 이론은 어떤 요인집합은 불만족에 영향을 미치고 또 다른 요인집합은 만족도에 영향을 미친다고 주장한다. 2요인 이론도 다양한 문화적 맥락에서 검증되었다. 예를 들어, 뉴질랜드와 파나마 관리자들과 미국 관리자들을 비교한 연구에서는 서로 다른 요인의 유형을 발견하였다.[42] 미국 종업원들에 대한 연구 결과는 감독행위가 만족보다는 불만족에 기여하는 것으로 나타났으나, 뉴질랜드에서는 직원의 만족에 기여하는 것으로 나타났다. 불행하게도, 허쯔버그의 이론은 종종 단일 문화권 내에서조차 일관된 결과를 제시하지 못하였다. 따라서, 비록 이 이론이 대중적이기는 해도 서로 다른 문화적 맥락에 적용할 때는 특별한 주의를 기울여야 한다.

문화와 과정기반 모델

욕구기반 이론과는 대조적으로, 기대 이론은 동기부여에 대해 과정적 접근법을 취한다.[43] 기대이론은 사람들이 특정행동을 취하는 것은 그런 행동들이 개인적으로 매력적인 결과로 이어질 것이라는 지각정도에 달려 있다고 주장한다. 이 이론은 사람들의 욕구는 금전, 사회적 인정, 사회적 만족, 명성 등 다양하며 제각각이라고 주장한다. 그리고, 각 사람은 특정 행동의 결과가 자신이 생각하는 가장 중요한 욕구를 충족시킬 것이라고 생각하는 경우에만 자신의 성과를 기꺼이 개선시키려 한다는 것이다.

기대이론은 미국 외의 국가에서는 상대적으로 연구가 거의 이루어지지 않았다. 이론은 논리적이지만, 기본적인 이론적 틀이 광범위하게 적용성을 가져야 한다. 사람들의 근무지역과 무관하게, 사람들은 그들이 중요하다고 생각하는 목표를 향해 일할 가능성이 높다. 그러나 근무목적의 성격과 그 목적을 효과적으로 성취하는 방법에 대한 인식에 있어 문화적 요인은 부분적인 영향을 미칠 뿐이다.

사회 지향성의 문화적 차원은 기대 프로세스에 영향을 미칠 가능성이 큰 하나의 복잡한 요인이다. 기대 이론은 본질적으로 개인의 성과를 목표로 한 개인의 행동 선택에 대한 개인 의사결정모델이다. 따라서, 집단적 문화 행동을 설명하는 데는 한계가 있지만, 동기부여된 행동에 대해 문화적 편견을 배제하고 공정하게 설명이 가능한 가장 강력한 이론 중의 하나이다. 예를 들어, 기대 이론은 소니(Sony)의 성공을 잘 설명하는 데 도움이 된다. 소니에 근무하는 사람들은 자신들이 다양한 기회를 추구할 수 있으며, 회사에 무슨 일이 일어나고 있는지에 대한 정보를 지속적으로 제공받으리라는 사실을 잘 알고 있다. 이러한 조건을 중요시하는 사람들은 소니를 위해 일하는 데 강력하게 동기부여될 것이다.

문화와 강화 모델

기대 이론과 마찬가지로, 강화 모델에 의한 이문화권에 대한 비교연구는 상대적으로 거의 이루어지지 않았다. 이 모델은 긍정적인 결과(강화)를 가져온 행동은 미래의 동일한 상황에서도 반복될 것이며, 부정적인 결과(처벌)를 가져온 행동은 미래의 동일상황에서는 다른 선택을 가져올 것이라고 주장한다. 이 모델은 사람들에게 강화 또는 처벌을 가져올 행동을 특정하지는 않았기 때문에, 다른 문화에 대한 일반화가 가능하다.

기대 이론과 마찬가지로, 강화 모델 역시 예외가 있을 수 있다. 예를 들어, 이슬람 문화권에서는 사람들은 자신들의 경험의 결과가 자신의 취한 행동 때문이 아니라 신의 뜻이라고 믿는 경향이 있다. 따라서, 강화 또는 처벌행위가 그들의 미래의 행동 결정에 미치는 효과는 적을 가능성이 높다. 이같이 비교적 제한적인 사례 외에도, 강화 모델은 보상과 처벌을 구성하는 요인들이 문화에 따라 다르다는 것에 대한 주의 깊은 이해가 국제경영자에게 요구된다는 것을 보여준다.

In Practice

- 관리자는 욕구와 가치가 문화에 따라 다양하므로 한 문화권의 근로자를 동기부여한 수단이 타문화권의 근로자들을 반드시 동기부여하지는 않는다는 것을 이해할 필요가 있다.
- 동기부여 과정과 강화는 문화권마다 다를 수 있다.

추가 고려 사항: 다국적기업의 조직보상체계가 문화권에 따라 차이가 있는 것이 주는 시사점은 무엇인가?

15.3 국제경영의 리더십

국제경영활동에서 고려해야 할 또 다른 중요한 행동 및 대인관계 고려요인은 리더십이다. **리더십(leadership)**은 그룹 또는 조직의 목표를 설정하고, 이러한 목표 달성을 위한 행동에 동기를 부여하며, 그룹 또는 조직 문화를 형성하는 데 도움이 되는 비강압적인 영향력을 사용하는 것이다.[44] 국제경영 리더십은 일부 국제기구에서 발견되는 것처럼 다양한 인력구성으로 인하여 더 복잡한 양상을 띤다.[45]

어떤 사람들은 관리와 리더십을 동일시하는 오류를 범한다. 그러나 이 두 중요한 프로세스 사이에는 명확하고도 실질적인 차이가 존재한다. 관리는 공식적인 권력과 권위에 의존하고, 관리절차와 의사결정에 집중하는 경향이 있다. 반면에, 리더십은 개인적 영향력에 더 의존하고 동기부여와 의사소통에 초점을 맞춘다. 지난 수십 년 동안, 리더십에 대한 광범위한 연구가 이루어져 왔다. 초기의 연구는 리더십을 구별시켜 주는 신체적 특성이나 보편적 행동특성을 파악하려 했다. 최근에는, 상황과 리더십의 적합성에 초점을 맞춘 연구들이 이루어졌다. 일부 연구는 여전히 특성에 초점을 맞추지만, 대부분의 리더십 모델은 적절한 리더십 행동은 상황에 따라 다르다고 주장한다.[46]

현대 리더십 이론

현대 리더십이론은 리더가 동일한 행동수단을 사용하여 모든 상황에서 성공할 수는 없다는 것을 인정한다. 대신에, 리더십은 자신이 처한 상황을 주의 깊게 평가하고 그 상황에 맞

Media24/Gallo Images/Getty Images

다양한 집단의 리더십은 권력자에게 여러 가지 도전과제를 부과한다. 예를 들어, 남아프리카공화국이 아파르헤이트(apartheid, 인종차별정책)으로 통치될 때, 백인지도자들과 시민들은 우월적 지위를 누렸지만, 비 백인들의 권리는 크게 제한받았다. 그러나, 아파르헤이트가 종식된 후, 과거 흑인 야당지도자였던 넬슨 만델라가 대통령에 당선되었다. 그의 첫 번째 과제는 과거 지배집단인 백인들과 억압받았던 흑인 및 다른 비백인집단을 화해시키는 일이었다.

는 행동을 취해야 한다. 적절한 리더십행동에 영향을 미치는 일반적인 상황요인은 부하직원들 간의 개인차, 그룹 및 조직 특성, 리더의 특성, 부하직원들의 참여도 등이 포함된다.[47]

문화적요인은 적절한 리더행동에 영향을 미치며, 관리자들이 근무시간을 보내는 방식은 문화에 따라 달라진다.[48] [그림 15.2]는 리더십의 초기 국제연구에서의 몇 가지 흥미로운 결과를 요약한 것이다. 관리자들은 "관리자들은 부하 직원이 자신의 일과 관련해 제기한 대부분의 질문에 즉시 정확한 답변을 하는 것이 중요하다."라는 질문에 동의하는 정도를 표시하도록 요청받았다.

그림에서 보이는 바와 같이, 일본과 이탈리아 관리자들은 절반 이상이 동의한 반면에, 스웨덴, 독일, 영국, 미국 관리자들은 소수만이 동의하였다. 일반적으로, 해당질문에 대해 동의한다는 것은 관리자와 리더들은 모든 답을 알고 있는 전문가로 간주된다는 것을 의미한다. 해당질문에 동의하지 않는 사람들은 관리자와 리더는 비록 질문에 대한 직접적인 답을 모를 수도 있지만 해결책을 알아내거나 찾는 방법을 아는 문제 해결사라고 인식하는 것이다. 따라서, 미국에서는, 부하직원에게 보다 높은 지적 권위를 제시하지 않는 리더는 오만하게 비쳐질 수 있다. 그러나 인도네시아에서는 답변을 다른 사람에게 하도록 한 관리자는 무능한 사람으로 간주될 가능성이 높다.[49]

국제적 상황에 처한 리더들은 홉스테드의 모형의 문화적 요소에서 몇 가지 시사점을 얻을 수 있다. 개인주의적 문화권에서는, 리더는 집단보다는 개별 직원에 집중해야 할 필요가 있다. 반면에, 집단주의적 문화권에서는, 리더가 집단보다는 개별 구성원에 더 초점을 맞출 필요가 있다는 것은 명확하다. 일본과 같은 집단중심적 문화에서 효과적인 리더는 집단의 조화를 유지하면서 부하 직원을 관리해야 한다. 예를 들어, 소니에서는 경영자가 직

그림 15.2
문화에 따른 관리자 역할 차이

출처: Based on *International Studies of Management and Organization*, vol. XIII, Nos. 1-.2 (Spring-.Summer 1983), by permission of M.E. Sharpe, Inc., Armonk, NY 0504.

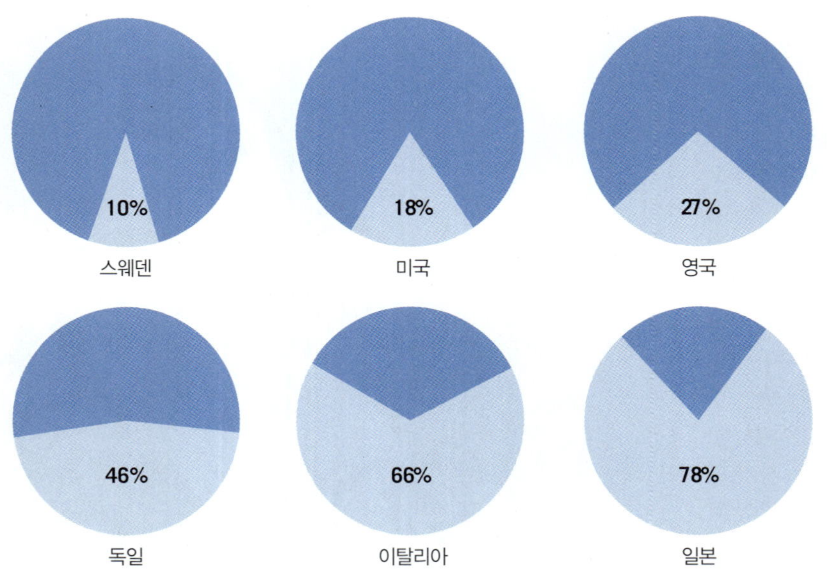

원들의 부서를 이동시킬 때, 회사 전체의 최선의 이익을 위하여 보다 흥미로운 근무지로 이동시켰을 것이라고 받아들여진다. 일본의 관리 시스템은 리더와 부하 직원 모두가 공통의 의사결정에 도달할 수 있도록 하는 합의도출노력에 초점을 맞추고 있다. 리더가 강압적인 태도로 자신의 결정을 따르도록 부하직원에게 명령한다면, 그 리더는 조직의 조화를 파괴하게 된다. 그런데 이런 문화에서는 하급관리자가 상사가 선호하는 전략이 무엇인지 예측하고 그것을 자신의 의사결정인 양 제시하게 되는 문제가 발생할 수 있다. 이러한 강한 획일화 경향에 직면하는 리더들은 그들이 직면하는 새로운 문제에 대해 부하직원들의 창의적인 해결책을 장려할 수 있는 방법을 모색해야 한다. 일본 관리자들은 의사결정이 지체되더라도 의도적으로 거리를 둠으로써, 부하직원들이 그들 스스로 다양한 해결방안을 논의하는 것을 격려할 수 있다. 이때 관리자는 자신이 보기에 문제에 대한 올바른 해결책이라고 생각하는 방안에 대한 미묘한 단서를 제공함으로 조직을 이끌 수 있다.[50]

권력지향성은 상황적 리더십에 대한 더욱 직접적인 시사점을 제공한다. 권력존중 문화권의 종업원들은 리더가 자신의 책임하에 의사결정을 내리며 자신들에게 지시를 내릴 것으로 기대한다. 그러므로 리더는 성과지향적 행동(직접적이고 구조적이며 목표지향적인 행동)에 집중하고, 종업원중심적 행동(배려와 관심 그리고 대인관계지향적인 행동)을 피하며, 종업원들의 참여를 촉진하는 시도를 거의 할 필요가 없다. 그러나 권력허용적인 문화권에서는 리더가 성과 지향적 행동에 많은 시간을 보내기보다는 종업원중심적 행동과 종업원참여활동에 더 많은 시간을 보냄으로써 보다 높은 수준의 효과적인 결과를 가져올 수 있다.

관리자와 종업원 사이의 경계를 없애려는 시도들은 권위주의적인 계급사회에서는 잘 수용되지 않는다. 예를 들어, 미국의 한 회사는 스페인 자회사에 "회사 피크닉" 개념을 전파하면서 회사경영진이 직원들에게 직접 음식을 서비스하도록 하였다. 그러나, 자신의 "상사"들이 그들에게 봉사하는 것에 당황한 종업원들 때문에 이러한 비공식활동은 성공적이지 못했다.[51]

불확실성지향성도 고려해야 할 중요한 상황요인이다. 불확실성회피가 규칙인 상황에서는, 종업원들은 구조와 지시에 대한 강한 욕망을 가지게 된다. 따라서, 성과지향적인 행동은 성공적인 반면에, 종업원을 참여시키는 종업원지향적인 행동은 그렇게 성공적이지 못하다. 예를 들어, 독일 관리자들은 독재적이고 과업지향적이며, 회사의 기존 규칙과 절차를 참조하여 의사결정을 내리는 경향이 있다. 부서의 목표가 결정되면, 그들은 목표달성을 위해 필요한 과업을 유능하게 수행할 것으로 기대되는 부하 직원에게 과업을 확신있게 위임한다.[52]

반면, 불확실성 수용경향이 높은 종업원들은 참여를 위한 기회를 선호한다. 그들은 심지어 리더의 과업에 참여하는 행동을 선호하기도 한다. 이들에게 성과중심의 리더십은 바람직하지 않거나 불필요하지만, 종업원중심의 리더십은 그렇지 않다. 즉, 강한 참여동기를 가지고 적극적으로 일에 관여하는 부하들은 자신의 상사들의 성과중심적 행동 또는 감독자로부터 오는 종업원중심적인 행동을 중복으로 간주하거나 그들의 참여기회를 부정하는 것으로 받아들인다.

마지막으로, 목표지향성의 차이는 리더의 행동에 영향을 미칠 것이다. 적극적 목적행동 문화에서는 사람들이 금전과 다른 물질적 보상을 가치 있게 평가한다는 사실을 기억해보라. 만약 성과지향적 리더십 또는 높은 수준의 참여가 더 높은 보상을 가져온다고 종업원들이 인식하는 경우, 그러한 행동들은 더 잘 받아들여진다. 이와는 대조적으로, 소극적목적행동 문화에서는 삶의 질을 향상시키는 결과가 더 바람직하다. 이러한 상황에서는 종업원들이 자신의 업무와 조직에 더 만족을 느끼도록 하는 종업원중심적인 리더 행동이 더 효과적이다.

문화적 요인은 이해와 평가가 가장 어렵고 복잡한 과제 중의 하나이다. 또한 리더 유효성을 결정하는 가장 핵심적인 과제이기도 하다. 리더는 자신의 행동을 상황, 즉 그들이 이끄는 사람들과 조직에 일치되도록 시도하는 것이 중요하다.[53] 예를 들어, 동일 다국적기업이 소유한 미국과 멕시코 공장의 생산성을 분석한 결과에 따르면, 두 국가 간의 문화의 차이가 명확하게 존재하였다. 멕시코는 미국에 비해 권력존중정도가 훨씬 높은 순위에 위치해있다. 미국인들은 멕시코인들보다 훨씬 더 개인주의적인 반면에, 멕시코에서는 가족의 가치가 훨씬 높게 평가된다. 멕시코의 문화적 가치는 해당 다국적기업의 멕시코인 관리자들에 의해 채택된 온정주의와 권위주의적인 경영 스타일로 번역된다. 그러나, 미국 생산시설의 관리자는 종업원들을 관리함에 있어 덜 온정적이고 경영참여를 유도하는 방식을 채택하였다. 관리방식이 국별 문화에 적응할 수 있도록 하여, 해당 다국적기업은 양국의 시설 모두에서 동등하게 높은 생산성 수준을 달성하였다.[54]

GLOBE 리더십 프로젝트

한 글로벌 연구팀이 GLOBE 프로젝트(Global Leadership and Organisational Behavior Research Project)라는 주제로 국제적 리더십에 관한 일련의 연구를 수행하여 왔다. GLOBE는 로버트 하우스(Robert House)에 의해 시작되었으며, 연구는 여전히 그 후원하에 수행되고 있다.[55] GLOBE는 다양한 문화권에서 관찰되고 측정할 수 있는 6가지 리더 행동을 확인하였다. 이들 행동은 다음과 같다.

- *카리스마/가치중심 리더십*(*Charismatic/value-based leadership*): 영감을 주고, 동기를 부여하며, 성과를 높일 수 있는 능력; 비전 제시, 희생적, 신뢰감, 결단력, 성과 중심적.
- *팀 지향 리더십*(*Team-oriented leadership*): 팀 구축과 공통 목표의식 강조; 협력적, 외교적, 뛰어난 행정 능력.
- *참여적 리더십*(*Participative leadershi*p): 리더가 다른 사람을 의사결정에 참여시키는 정도; 참여적, 비 독재적.
- *인간 지향적 리더십*(*Humane-oriented leadership*): 종업원을 지원하며, 사려 깊고, 동정적이며, 관대함; 겸손함과 민감성.
- *자율적 리더십*(*Autonomous leadership*): 독립적이고 개인주의적인 성향; 자율적이고 독특함.
- *자기 방어적 리더십*(*Self-protective leadershi*p): 리더와 그룹의 안전과 보안을 보장하기 위한 행동을 포함; 자기중심적, 신분의식, 갈등 유발, 체면 세우기.

이 연구는 전 세계 62개 사회를 대상으로 수행되어왔다. 이 사회집단은 대부분 별개의 나라이지만, 한 국가 내에 현저하게 다른 사회가 있는 경우(예를 들어, 남아프리카 공화국의 흑인과 백인 사회)에는 개별적으로 조사되었다. 예비조사 결과에 기초하여 62개 사회는 서로 매우 유사한 10개의 문화권으로 축약되었다. 예를 들어, 노르딕 문화권은 핀란드, 스웨덴, 덴마크 및 노르웨이가 포함되며, 남아시아 문화권은 인도, 인도네시아, 말레이시아, 태국 및 이란으로 구성된다.

일반적으로, GLOBE의 연구결과들은 특정 문화 집단 내에서는 다양한 지도자 행동에 추종자가 유사한 방식으로 반응한다는 것을 제시한다. 예를 들어, 노르딕 문화권의 종업원들은 일반적으로 지도자들이 영감을 불러일으키고 의사 결정에 다른 사람들을 참여시키길 원하지만 지위나 비슷한 자기중심적 특성에는 덜 관심을 기울인다. 그러므로 카리스마적/가치 중심적이며 참여적인 리더십이 가장 중요하고, 인간지향적이며 자기방어적인 리더십은 가장 중요하지 않다. 그러나 남부 아시아에서는 대부분의 직원들이 리더가 협력적이고 타인의 필요에 민감하며 지위와 체면을 세워주는 데 관심을 갖기를 원한다. 결과적으로 이들 국가에서는 자기방어적이고 카리스마적/가치중심적인 리더십이 가장 중요하고, 자율적 및 참여적 리더십은 가장 중요하지 않다.[56] 물론, 앞서 언급했듯이 본 연구는 여전히 진행 중이며 강력한 일반화를 하는 것은 현 시점에서 시기상조일 것이다.

In Practice

- 관리자는 서로 다른 문화권의 사람들이 그들의 리더들에게 다른 것을 기대한다는 것을 이해해야 한다.
- 마찬가지로, 관리자는 자신의 행동이 다른 문화권에서는 다른 효과를 나타낼 것이라는 점을 기억해야 한다.

추가 고려 사항: 한 문화에서 온 사람들과 여러 문화권에서 온 사람들을 관리하는 것 중 어느 것이 지도자에게 더 쉽다고 생각하는가?

15.4 국제경영에서의 의사결정

국제경영에서 큰 문화적 차이가 존재하는 또 다른 영역은 의사 결정이다. **의사 결정(Decision making)**은 의사 결정자가 목표 달성을 위하여 여러 선택대안의 집합 중에서 하나의 대안을 선택하는 과정이다.

의사 결정 모델

[그림 15.3]과 같이, 관리자의 어떻게 의사결정방식에 대해서는 두 가지 상이한 관점이 있다. *규범적 모델(normative model of decision making)*은 관리자가 논리와 합리성에 기초하여 최선의 결정을 내린다고 가정한다. 반면에, *기술적 모델(descriptive model of decision making)*은 관리자의 의사결정행동과정이 논리적이고 합리적인 의사결정능력을 제한한다고 주장한다.[57]

규범적 모델은 관리자가 문제가 존재하고 그에 대한 결정을 내려야 한다고 지각할 때 비로소 의사결정이 시작된다고 주장한다. 예를 들어, 셸(Shell)의 정유공장의 관리자는 최근 특정 종업원 그룹 사이에서 이직률이 크게 증가했다는 것을 발견하였다. 관리자가 취해야 할 두 번째 단계는 문제를 해결하기 위한 잠재적인 대안을 식별하는 것이다. 셸의 관리자는 이직률의 원인이 낮은 임금, 열악한 근무 조건, 또는 형편없는 현장감독 수준 때문일 수 있다고 판단하고, 그녀가 선택할 수 있는 대안으로 임금 인상, 작업환경의 개선, 해당 그룹의 관리자를 변경 등을 포함하였다.

규범적 모델의 세 번째 단계는 각 대안을 원래의 문제에 비추어 평가하는 것이다. 셸 관리자는 해당 그룹의 임금이 정유공장 내의 다른 종업원들의 급여와 큰 차이가 없다는 것을 알게 되었다. 또한 그는 그룹의 작업 지역이 최근에 새로 단장되었다는 것을 알고, 작업환경의 문제가 아니었다는 것을 깨닫게 되었다. 또한, 그녀는 새로운 현장감독이 최근에 임명되었다는 것을 발견했다. 이 정보를 활용하여 관리자는 최선의 대안을 선택하기 위한 기술 프로세스의 네 번째 단계를 진행하게 되었다. 그는 핵심 문제가 현장감독의 불충분한 감독 때문이라고 느끼고, 그 상황의 특정한 부분을 좀 더 자세히 관찰하였다.

새로운 현장 감독의 기록을 자세히 조사한 후, 공장 관리자는 한창 바쁜 공기 중에 현장감독이 승진하였고, 일반 정유분야 감독교육 프로그램을 제대로 이수하지 않은 것을 발

그림 15.3
의사결정프로세스 모델

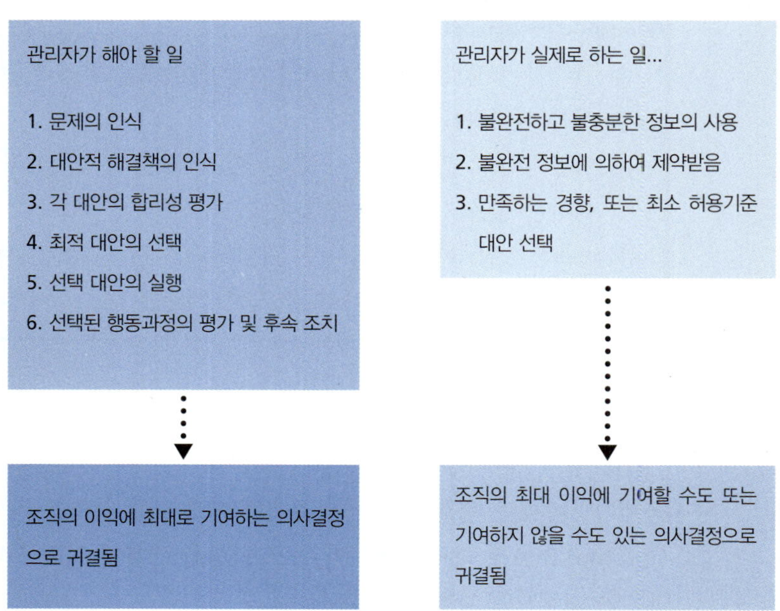

견하였다. 규범 모델의 5단계가 선택 대안을 실행하는 것이기 때문에 공장 관리자는 새 감독이 교육프로그램을 이수하도록 조치하였다. 6개월 후, 해당 그룹의 이직률은 크게 하락했으며 공장관리자는 이러한 후속조치와 평가를 통하여 그녀가 취한 선택 과정이 올바른 것이었음을 확신하게 되었다.

기술적 모델도 관리자가 이러한 방식으로 의사결정을 내리는 것을 인식한다. 그러나 기술적 모델은 관리자가 현실에서는 두 가지 중요한 행동 과정에 의해 영향을 받는다고 가정한다. 첫 번째는 소위 제한된 합리성이다. *제한된 합리성*(*bounded rationality*)은 인간의 마음의 한계 때문에, 의사결정자의 객관적이고 합리적인 의사결정 능력이 제약을 받는다고 가정한다. 따라서, 그들은 종종 불충분하고 불완전한 정보를 사용하게 된다. 위의 예에서 쉘의 관리자는 이직률 증가원인을 찾기 위하여 해당 그룹의 구성원과 충분히 논의하지 않았다는 것을 기억하라. 만약, 그가 충분한 논의를 거쳤다면, 추가적인 정보를 얻을 수도 있었을 것이다. 또 다른 행동과정은 소위 만족이다. *만족*(*satisficing*)은 관리자가 계속적으로 대안을 비교하면 더 나은 대안을 선택할 수도 있는데, 대때로 최소허용대안을 선택한다는 것이다. 예를 들어, 관리자가 어떤 경험을 쌓을 수 있는 기회를 가졌기 때문에, 그는 단축교육프로그램 또는 집중교육 프로그램으로 자신의 능력을 향상시킬 수 있게 되었을지도 모른다는 것이다.

문화와 규범적 모델

상이한 문화권에서의 의사 결정에 대하여 규범적 모델과 기술적 모델을 적용함으로써 몇 가지 가능한 시사점을 도출할 수 있다.[58] 그러한 시사점을 도출하기 위하여, 먼저 규범적 모델의 단계를 검토하도록 한다.

1 단계: 문제인식 다른 문화권에서 온 사람들은 다른 방식으로 문제 상황을 인식하고 정의하게 된다. 예를 들어, 개인주의적 문화에서, 문제는 개인적 시나리오와 결과의 측면에서 정의될 가능성이 높다. 집단주의적 문화에서는 집단 관련 문제와 상황에 보다 초점을 맞추게 된다. 불확실성수용문화에서는 관리자는 문제해결과 의사결정에 따른 위험을 감수할 가능성이 높다. 불확실성회피문화에서는 관리자들은 의사결정을 내리기 전에 훨씬 신중하며, 가능한 한 불확실성을 줄이기 위해 노력한다. 그 결과로, 그들은 행동방침("이것은 회사의 정책에 위배되기 때문에 그렇게 할 수 없다")을 만들기 위하여 회사의 정책과 규칙에 의지할 수밖에 없다.

2 단계: 대안의 식별 대안을 식별하는 과정은 문화에 따라 다양한 차이를 보일 것이다. 예를 들어, 권력존중형 문화에서 관리자는 위계질서에 잠재적인 위협이 되는 대안을 고려하는 것을 꺼리게 된다. 예를 들어, 부하직원으로부터 제기된 유효한 제안이나 조직의 상층부서에 존재하는 문제에 대한 대안 등이 그것이다. 그러나 권력허용적 문화권에서는 이와 같은 위계적 문제는 수정이 가능한 조직의 문제로 간주될 가능성이 높다.

집단주의 사회에서는 집단의 조화와 갈등회피를 위한 욕망이 매우 커서 독특한 방식으로 의사결정에 접근할 수 있다. 예를 들어, 집단의 조화를 유지하기 위한 일본의 관심은 대안을 식별하고 결정을 내리는 데 있어 **품의제도(ringi system)**의 발전을 가져왔다. 품의제도는 의사 결정이 일방적으로 이루어지는 것은 지나치게 개인적이며 집단의 조화를 파괴할 수 있기 때문에 그렇게 되지 않도록 하는 시스템을 제공한다. 창의적인 해결책을 장려하기 위해, 관리자는 소위 품의서(ringisho)라는 문서를 제안하는데, 여기에는 문제를 정의하고 제안된 해결책을 착수하도록 하게 되어 있다. 일본 기업은 문제에 의해 가장 큰 영향을 받는 사람들이 문제를 이해하고 해결하려는 동기가 가장 크기 때문에 그들이 해결책을 실행하는 사람들이 되어야 한다는 믿음을 가지고 있다. 따라서, 대부분의 품의서는 중간관리자들에 의하여 작성된다.

비록 품의서가 개인에 의하여 기안되지만, 곧 집단이 관련되게 된다. 이 문서는 기안자의 모든 근무부서의 구성원뿐만 아니라 그것에 의해 영향을 받는 다른 부서로 회람된다. 품의서가 부서에 회람되는 도중에 승인, 거부 또는 수정이 이루어진다. 모든 검토자들에 의해 승인된 경우에만 상위 직급자에게 결재가 올라가게 되며 여기서 승인 여부가 결정되게 된다. 품의서가 이 단계에 도달하기 전에 관리자들은 이의가 있는 부분에 대한 자신의 의견을 반영할 수 있다. 이러한 의견이 기안자에 의하여 문서에 반영된 후에 품의서가 최종 담당 관리자의 책상에 도착하게 되는 것이다. 품의 시스템을 통하여, 창의성, 혁신, 그룹의 조화 모두가 진작되는 것이다.[59]

반면, 독일의 사업 구조는 강력한 위계적 구조이고 부서 간 업무분장도 명확하다. 의사결정이 느리고, 부서 내에서 합의를 구축하고자 고안되는 경향이 강하다. 의사결정에 필요한 데이터는 고심하여 수집되며, 그 조직 내의 가장 적합한 직원에게 전달된다. 그러나 그러한 정보는 부서 간에는 쉽게 전달되지 않으며, 일단 의사결정이 이루어지면 변경하기가 매우 어렵다. 또한, 기존의 운영 절차를 주의 깊게 따라야 한다. 이러한 요인은 급변하는 환경조건에 대한 기업의 유연성과 대응능력을 상당히 저해할 수 있다. 이러한 경직성은 종종 자신이 처한 환경조건이 독일과 다르다는 사실을 본사에 인식시키는 데 어려움을 겪는 독일 다국적기업의 자회사들의 성과에 부정적인 영향을 끼치고 있다.[60]

3 단계: 대안의 평가 대안을 평가하는 일 역시 문화적 현상에 의해 영향을 받을 수 있다. 예를 들어, 재무적인 이익을 가져다주는 의사결정대안은 근무조건의 향상을 선호하는 소극적 목적행동문화권에서보다는 적극적 목적행동문화권에서 매력적인 대안이 될 수 있다. 불확실성 회피성향도 고려 요인이다. 다양한 수준의 불확실성과 관련된 대안은 불확실성 회피성향에 따라 더 또는 덜 매력적인 대안으로 인식될 수 있다.

사람들이 의사 결정에 대한 책임을 회피하려는 경향이 강한 국가에서 대안의 평가는 보다 복잡한 일이 된다. 예를 들어, 중국의 경제 정책은, 오늘의 경제 정책이 내일의 정치적 어려움을 가져올 수도 있을 정도로 지난 5년 동안 매우 빠르고 급격하게 변화되어 왔다. 중국문화에서는 중국 관리들이 나중에 자신에게 문제될 수 있는 의사결정과 관련되는 것을 피하려는 경향이 있다. 집단의사결정은 관료 개인이 비난받을 여지를 줄여준다.[61]

4 단계: 최적 대안의 선택 문화적 요인은 실제 대안의 선택에 영향을 미칠 수 있다. 예를 들어 개인주의 문화에서는, 관리자가 개인적으로 그에게 가장 긍정적인 영향을 미치는 대안을 선택하는 경향이 있을 수 있으며, 집단주의 문화에서는, 전체 집단에 더 큰 영향을 미치는 대안에 무게가 실리게 된다. 한 문화권에서 교육받은 관리자가 다른 문화권에서 근무할 때 별 효과가 없음에도 불구하고 동일한 기법을 사용하는 것은 별로 놀라운 일이 아니다. 홍콩에서 근무하는 미국인 관리자집단과 미국에서 근무하는 미국인 관리자 집단을 비교한 최근의 연구에서는 두 그룹의 관리 행동은 동일한 것으로 발견되었다. 이러한 행동들은 부하직원들에게의 관리적 지원, 문제 해결, 개방적인 의사소통, 부하 직원의 징계 등이 포함되어 있다. 그러나, 이러한 행동들은 미국에서는 기업성과에 긍정적인 영향을 미쳤지만, 홍콩에서는 기업 성과에는 전혀 영향이 없었다.[62]

합작기업 또는 기타 전략적 제휴의 파트너들 간에는 상호 수용할 수 있는 결정이 이루어져야 하기 때문에 문제해결과 의사결정에 있어서 문화적 차이는 특별한 어려움을 초래한다. 미국의 관리자는 의사결정 프로세스를 개선하는 수단으로 갈등(악마의 대변인 또는 변증법적 토의 기술의 형태로)을 의도적으로 사용하고는 한다. 일본 등과 같이 합의지향적인 사회 배경의 관리자는 이러한 부조화스러운 방식을 매우 불쾌하고 비생산적인 방식이라고 생각한다.[63]

5 단계: 실행 권력존중 문화에서, 대안의 실행은 해당 조직의 최고 관리자에게 위임되어 있으며, 그 결정은 다른 사람에 의한 질문 없이 받아들여진다. 그러나 권력허용 문화에서 실행 대안의 수용을 보장하기 위해서는 참여가 훨씬 중요해진다. 불확실성회피문화에서 관리자는 관련자들이 무엇이 일어날지 예측이 가능하도록, 선택대안을 진행하기 전에 모든 실행단계를 주의 깊게 계획해야 한다. 그러나, 불확실성수용문화에서는 최종적인 세부 실행계획이 나오기 전에라도 계획을 진행할 수 있다.

6 단계: 후속조치와 평가 후속조치 및 평가 역시 문화에 따른 차이가 있으며 특히 권력지향성과 관련한 문화적 차이가 크다. 권력존중문화에서, 관리자는 상위직급의 관리자에 의

해 제안된 대안의 오류를 찾는 것을 내키지 않아 할 수 있다. 또한 위계적구조에서의 상위 직급의 관리자들은 그들의 지위만으로 지나친 신뢰가 주어질 수 있다. 그러나 권력허용문화에서는 책임, 비난, 신뢰 등은 사실에 기초하여 보다 정확하게 평가될 가능성이 높다.

문화와 기술적 모델

제한된 합리성과 만족화 경향의 행동 프로세스는 문화적 차이와 관련시키기가 상대적으로 어렵다. 서로 다른 문화에서 이러한 현상을 탐색한 연구들은 거의 이루어지지 않았으며, 그 본질적 특성상 적절한 일반화를 하기가 곤란하다. 따라서, 행동 프로세스가 상이한 문화에서 이루어지는 비즈니스 의사결정에 영향을 미치는 경향이 있고, 관리자들이 이를 이해할 필요가 높지만, 정확한 영향에 대해서는 더 많은 연구가 필요하다. 특히, 모든 관리자는 상이한 의사결정방식을 서로 다른 문화적 맥락에 적용하는 데 따르는 잠재적 한계를 이해할 필요가 있다. 예를 들어, 수년 전 라스베가스에 소재한 듄스 호텔카지노(Dunes Hotel and Casino)의 일본인 소유자는 카지노 경영에 다양한 일본식 경영관행을 구현하기 위해 노력했다. 그 중 하나가 합의제 의사결정방식이었다. 그러나, 얼마 지나지 않아 그들은 경쟁이 치열하고 급변하는 카지노 산업에서 이러한 의사결정방식은 지나치게 느린 것을 깨닫게 되었다.

VENTURING ABROAD

합작기업 내 인적자원의 통합과 조화

현대 경영에서 작업 팀(work teams)이 매우 보편화되어 있기 때문에, 많은 합작 회사 및 기타의 기업간 제휴에서 작업팀은 중요한 구성 요소가 되고 있다. 그러나 경영자는 이러한 상황에 처한 사람들에게 존재할 수 있는 문화에 기반한 차이와 이러한 차이가 신설법인의 운영에 가져올 장단점에 주의를 기울여야 한다.

예를 들어, 수년 전에 세 다국적기업이 함께 "해외 합작법인 신설"을 결정했을 때 했던 경험을 고려해 보자. IBM, 지멘스, 도시바는 첨단 컴퓨터칩 개발을 위한 합작법인을 설립하였다. 각 기업에서 프로젝트를 위하여 파견한 연구인력 100여명이 뉴욕 주 허드슨 강변의 작은 마을인 이스트피시킬(East Fishkill)에 모이게 되었다. 이 프로젝트는 다양성을 갖춘 세 기업에서 파견된 최고의 명석한 두뇌들에 의한 지식과 통찰력, 창의성이 제품개발의 성공을 가져오리라는 아이디어에서 시작되었다.

불행히도, 프로젝트는 시작부터 삐걱거렸으며, 제대로 일이 진행되는 법을 알아내는 것은 예상보다 훨씬 오래 걸렸다. 가장 큰 이유는 그룹 구성원간에 존재하는 문화적 차이와 장벽과 관련되어 있다. 예를 들어, 일본 과학자들은 모든 사람이 쉽게 상호 작용할 수 있고 다른 사람들의 말을 쉽게 엿들을 수 있는 큰 공간에서 작업하는 것에 익숙한 사람들이었다. 그런데, IBM의 시설은 한 번에 몇 사람만이 사용할 수 있는 비좁은 사무실이었다. 독일 과학자들은 대부분 창문이 없는 연구실 환경 때문에 귀국하겠다는 불만을 터뜨렸다.

대인관계 스타일 역시 때때로 충돌을 일으켰다. 미국과 일본 과학자들은 독일 동료들이 지나치게 계획과 조직화에 몰두하는 것을 비난한 반면, 일본 과학자들은 명확한 의사결정을 내리지 않는 경향 때문에 비판받았다. 독일과 일본 과학자들은 미국의 과학자들이 퇴근 후에 그들과의 사귐에 충분한 시간을 할애하지 않는다는 것을 느꼈다. 개인정보보호 및 근로자의 권리도 문제되었다. IBM 건물의 사무실 문은 방문자가 노크하기 전에 실내에 있는 사람이 부재중인지 또는 바쁜지 여부를 확인하기 위한 작은 창이 설치되어 있었다. 그러나, 독일과 일본의 과학자들은 이것을 그들의 사생활 침해로 간주하였고, 창문에 자신의 외투를 걸쳐놓곤 하였다. 그리고 그들은 또한 사람들이 기상조건에 관계없이 항상 실외에서 흡연하도록 하는 IBM의 엄격한 금연 정책에 반발하였다.

이러한 문제들로 인하여 초기단계에의 진전은 실망스러울 정도로 더디었다. 담당 관리자는 가장 큰 문제가 프로젝트에 투입되기 전에 그룹 구성원에 대한 적절한 훈련이 이뤄지지 않았다는 점이라는 것을 파악하고, 문화관련 교육이 유용하리라고 판단했다. 합작기업에게는 다행스럽게도, 그룹 구성원들은 문화적 차이를 극복하는 방법에 대해 자신을 훈련하고 사회화하기 시작하였다. 초기의 매끄럽지 못한 갈등을 거친 후에, 새로운 합작투자사업은 성공적으로 출범하였으며, 원래의 일정보다 단지 몇 개월만 지연된 끝에 새로운 칩은 성공적으로 개발되었다.[64]

In Practice

- 모든 관리자들은 그들의 직무에 있어서 의사결정의 명백한 역할에 대해 기억해야 한다.
- 관리자들은 의사결정의 규범적 모델과 기술적 모델의 차이와, 두 접근법의 차이가 그들의 의사결정에 어떻게 영향 미치는지를 이해해야 한다.

추가 고려 사항: 규범적 모델이 더 나은 의사결정을 가져온다고 생각하는 것이 합리적이다. 기술적 모델이 보다 나은 결과를 가져오는 상황을 생각할 수 있는가?

15.5 국제경영의 그룹 및 팀

국제 관리자가 이해해야 하는 다른 중요한 행동 프로세스는 그룹 및 팀과 관련된 것들이다. 내수위주 중소기업인지 거대 MNC인지 여부와 관계없이 기업 내의 많은 업무들이 팀, 태스크 포스, 위원회 또는 운영 그룹에서 함께 일하는 사람들에 의해 수행되게 된다. "Venturing Abroad" 사례는 다른 문화권에서 팀제를 활용할 때 발생할 수 있는 문제를 이해하는 것의 중요성을 강조한다.

그룹 역학의 특성

이론적으로, 그룹으로 함께 일하는 사람들이 개별적으로 일하는 것보다 더 많은 작업을 성취할 수 있기 때문에 기업들은 그룹을 빈번하게 사용한다. 조직들이 활용하는 그룹 유형은 다양하지만, 오늘날 특히 인기가 있는 것은 팀조직이다. 실제로, 많은 관리자들은 자신의 그룹을 다들 팀으로 간주한다. 기술적으로, *그룹(group)*이 공동의 목적을 달성하기 위해 함께 일하는 사람들의 집합체라면, *팀(team)*은 자신의 업무에 대한 책임을 지는 특정한 그룹 유형이라고 할 수 있다. 오늘날 팀조직은 너무나 흔한 현상이 되었고 용어도 관리자들 사이에 일반적으로 사용되고 있기 때문에, 본서에서는 아래의 정의를 사용한다.

기업에서 성숙한 팀은 일반적으로 다음과 같은 특성을 갖는다:

1. 팀은 잘 정의된 역할 구조를 가지고 있다; 각 구성원은 팀에서의 역할이 주어지고, 그 역할을 수용하며, 가치 있는 기여를 한다.
2. 팀은 구성원에 대한 규범을 확립한다. 규범은 구성원의 권장 복장, 팀미팅이나 활동시간, 불참에 따른 결과, 팀 구성원에게 기대되는 업무성과 등과 같은 행동기준이다.
3. 팀은 응집적이다. 즉, 팀 구성원이 팀과 강한 동일시를 하고, 각 구성원들이 서로를 존중하고 함께 일하는 것에 가치를 두고 잘 협업하여야 한다.
4. 어떤 팀은 팀 구성원 중에서 비공식적 리더를 둘 수 있다. 비공식적 리더는 공식적인 권한 없이 팀을 지도하고 지휘할 수 있는 지위를 부여받은 개인을 의미한다.

만약 팀의 역할 구조가 효율성을 증진시키고, 팀의 규범이 높은 성과달성분위기를 강화시키며, 매우 응집력이 높고, 비공식적 리더가 회사의 목표달성에 기여한다면, 팀은 최대의 효과에 도달할 수 있는 잠재력이 있다. 소니의 컴퓨터 개발 그룹은 이러한 모든 특성을 갖추었기 때문에 의심의 여지없이 계획된 일정을 앞당겨 목표를 달성하였다. 그러나, 팀의 역할 구조가 비효율적이고, 성과에 대한 규범수준이 낮으며, 팀응집력이 약하고 비공식적 리더가 회사의 목표달성에 기여하지 않는다면, 기업의 입장에서는 매우 비효율적이 될 수 있다.

다문화 팀의 관리

팀의 구성은 해당 팀의 역학관계에 중요한 역할을 한다. 비교적 동질적인 팀은 일반적으로 갈등이 적으며, 의사소통이 상대적으로 잘 이루어지고, 덜 창의적이며, 획일적인 규범과 높은 응집력, 그리고 투명한 비공식적인 리더십 특성을 가진다. 이질적인 팀은 갈등이 많이 발생하며, 의사소통이 잘 이루어지지 않고, 보다 창의적이고, 비획일적인 규범과 낮은 응집력 수준, 그리고 모호한 비공식적인 리더십 특성을 보인다.

다른 문화권에서 팀을 구축해야 하는 관리자는 수행할 과업의 성격을 평가하고, 가능한 한 과업의 성격과 팀 구성을 일치시킬 필요가 있다. 예를 들어, 과업이 비교적 반복적이고 간단한 경우에는 동질적인 팀이 더 효과적일 수 있다. 지식, 배경, 가치, 그리고 신념의 유사성은 일이 더 원활하고 효율적으로 진행될 수 있도록 한다. 그러나 과업이 비반복적이고 복잡하며 모호한 성격을 지닐 때는 이질적인 팀이 구성원의 다양한 배경, 경험, 지식, 그리고 가치관으로 인하여 훨씬 더 효과적일 수 있다.

다른 문화적 요인들 역시 팀 역학관계에 중요하게 작용한다. 예를 들어, 집단주의 문화에서는 팀 응집력이 자연스럽게 나타나는 반면에, 개인주의 문화에서는 공유 규범을 확립하고 응집력 있는 팀을 만드는 것은 다소 어려운 과제가 된다. 권력존중문화에서는 낮은 직급출신의 구성원은 상위직급출신의 구성원에게 위협당하거나 복종해야 하기 때문에, 팀 구성원은 가급적 조직 내의 동등한 수준 출신으로 구성해야 한다. 권력허용문화에서는, 조직 수준의 다양성은 큰 문제가 되지 않는다. 불확실성 회피와 팀 역학관계는 또한 과업의 함수로 상호작용할 수 있다. 만약 과업이 모호하고 구조화되어 있지 않다면, 불확실성회피성향이 강한 그룹은 효과적으로 기능하지 못할 가능성이 높지만, 반대로 불확실성수용성향이 강한 그룹은 실제적인 성공을 거둘 수 있을 것이다. 마지막으로, 적극적 목적행동문화권의 팀은 그들의 목적이 재무적 성과와 관련될 경우 효과적으로 협업이 가능하지만, 소극적 목적행동권의 팀은 태도 또는 작업품질의 결과가 훨씬 큰 동기부여가 된다.[65]

조직구성원의 문화적 가치와 비즈니스 행동을 일치시키는 것은 조직의 성과 향상에 핵심 요소이다. 예를 들어, 대부분의 일본 기업의 경쟁력은 일본의 문화적 규범들이 직장에 체화되어있기 때문이다. 일본 문화는 집단 내 화합과 상사에 대한 존경의 중요성을 강조한다. 부하들에게 명령하기보다는 인도하며 그룹의 화합을 유지하는 "조용한 리더"는 권위적인 관리자보다 더 존경을 받는다. 일본의 품의시스템은 새로운 접근 방식이 실행되기 전에 그룹의 승인을 받도록 한다. 몇몇 주요 일본 기업들이 사용하는 전통적 종신고용관행은 직원들로 하여금 조직에 충성하도록 한다. 이러한 모든 특징은 신규 채용자의 신중한 선발에 의하여 강화된다. 그룹의 요구에 자신의 개인 목표를 기꺼이 일치시키고자 하는 사람들만

이 고용된다. 이러한 기업철학은 일본 MNC의 해외자회사에도 전파된다. 예를 들어, 북미의 일본 MNC 자회사들이 직원을 채용하기 전에 치르는 엄청난 테스트와 인터뷰는 많은 미국신문들에 의하여 보도된 바 있다.

In Practice

- 모든 관리자는 작업 수행을 위한 수단으로서의 팀제가 확대되고 있음과, 그러한 팀을 가장 효과적으로 활용하는 방법을 이해해야 한다.
- 국제경영 관리자들은 글로벌 팀을 구성할 때, 다문화 팀 내의 차이와 역할을 이해해야 한다.

추가 고려 사항: 다문화 팀을 이끌도록 임명된 경우, 팀원 간의 문화적 갈등 가능성을 최소화하기 위해 어떤 단계를 취할 것인가?

MyManagementLab®

mymanagementlab.com으로 돌아가 아이콘으로 표시된 문제를 완성하시오 ✪.

CHAPTER REVIEW

요약

어떤 조직에서든 행동 프로세스 및 대인관계 프로세스는 매우 중요하다. 국제기업에서 이들 과정의 중요성과 복잡성은 더욱 확대된다. 개인차는 서로 다른 문화권의 행동유형을 이해하는 초석을 제공한다. 성격 특성, 태도, 인식, 스트레스는 국제 관리자가 이해해야 하는 중요한 개인차들이다.

동기 부여는 사람들이 가능한 행동의 집합에서 특정 행동을 선택하게 하는 영향력의 전체 집합이다. 동기부여의 욕구기반모델과 과정기반모델 그리고 강화모델은 각각 동기 부여의 다양한 측면을 설명한다. 이러한 모델 중 어느 것도 모든 문화에 일반화될 수는 없지만, 각 모델들은 유사한 문화권내에서의 동기부여에 대한 통찰력을 제공하여준다.

리더십은 그룹 또는 조직의 목표를 형성하고, 이러한 목표 달성을 위해 동기를 부여하며, 그룹 또는 조직 문화를 결정하는 것을 돕는 비강압적인 영향력의 사용을 의미한다. 서로 다른 문화권의 사람들은 각 유형의 리더십 행동에 다른 방식으로 반응한다. 이러한 다양한 반응은 부분적으로는 문화적 차원에 의해서 그리고 부분적으로는 개인 스스로에 의해 결정된다.

의사 결정은 의사 결정자의 목표달성을 위하여 여러 대안집합 중에서 특정 대안을 선택하는 과정이다. 상이한 문화권의 사람들은 의사 결정 과정의 각 단계에 서로 다른 방식으로 접근한다. 즉, 문화적 차원의 다양성은 의사결정과정의 다양성의 중요한 결정요인이다.

그룹 및 팀은 모든 조직의 일부이다. 팀의 역할 구조, 응집성, 규범, 비공식 리더십은 모두 조직의 성공 또는 실패에 기여하게 된다. 문화는 팀의 이질성 또는 동질성의 정도를 결정하는 핵심역할을 하며, 그 결과 조직의 전반적인 유효성수준을 결정짓게 된다.

리뷰 질문

15-1. 개성(personality)을 정의하고 성격 차이가 개인의 행동에 어떻게 영향을 미치는지를 설명하라.

15-2. 문화에 따른 태도의 차이를 설명하라.

15-3. 기본적인 지각과정을 논의하고 문화에 따라 어떻게 다른지 확인하라.

15-4. 태도와 지각이 서로 어떻게 영향을 미치는지에 대하여 설명하라.

15-5. 스트레스가 문화에 따라 어떻게 다른지 논의하라.

15-6. 관리자가 서로 다른 문화 배경의 직원들에게 동기를 부여하려고 할 때 직면하게 되는 기본적인 문제를 규정하라.

15-7. 욕구와 가치는 문화에 따라 어떤 차이가 있는가?

15-8. 규범적 모델의 의사 결정 단계를 요약하고 이를 국제경영에 연계하여 설명하라.

15-9. 팀이 왜 중요한가? 국제경영에서 팀이 갖는 기본적인 시사점은 무엇인가?

토의용 질문

15-10. 문화적 요인과 개인차 중에서 인간 행동의 더 강력한 결정요인은 무엇인가?

15-11. 당신의 문화권에서 특별히 강하거나 약한 두 세 가지 성격특성을 생각해보라. 이 특성들을 홉스테드의 문화차원과 연계하여 생각해보라.

15-12. 당신이 최근 외국의 새로운 근무지로 파견되어왔다고 가정하라. 당신이 가진 고유한 개인적 특성은 무엇인가? 이러한 특성이 새로운 상황에 적응하기 위한 당신의 경험과 능력에 어떻게 영향을 미칠 수 있겠는가? 파견지로 어떤 국가를 선택해도 괜찮다.

15-13. 당신의 국가에서는 어떻게 종업원을 동기 부여하는가?

15-14. 좋은 리더십은 모든 조직에 중요하다. 당신의 국가에서는 무엇이 좋은 비즈니스 리더를 만드는가?

15-15. 모든 문화에서 적용가능한 동기부여의 이론적 틀을 개발하는 것이 가능하다고 생각하는가? 그렇다면/그렇지 않다면 그 이유는 무엇인가?

15-16. 동기부여와 리더십은 기업 문화에 어떻게 영향을 미치는가?

15-17. 이제 막 한국으로 파견되어 온 외국인들에게 해주고 싶은 조언이 있다면 무엇인가?

15-18. 최고경영자로부터 두 개의 프레젠테이션을 준비하라는 요청을 받았다. 이 사업은 해외 자회사의 소규모 직원이 도착할 것으로 기대하고 있다. 이 직원들의 국적을 선택할 수 있다. 먼저, 국가의 비즈니스 문화를 간략하게 설명하는 프레젠테이션을 준비하고 두 번째로 직원 국가에서 비즈니스 문화가 어떻게 다른지 반영하는 프레젠테이션을 준비하라.

글로벌 역량 갖추기

관심이 있고 쉽게 정보를 찾을 수 있는 국가를 선택하라. 도서관이나 인터넷 등을 이용하여 당신이 선택한 국가의 국민들의 행동에 대해 공부하라. 다음과 같은 문화에 기반한 사회 현상을 집중해서 보라.

- 해당 국가의 사람들이 몇몇 일반적인 영어 단어에 부여하는 의미
- 일반적인 제스처와 관련된 의미
- 색깔이 갖는 의미
- 비즈니스 에티켓의 기본 규칙
- 개인적 공간에 대한 선호
- 홉스테드의 차원에 따른 특징

타 국가를 선택한 동료와 팀을 구성하라. 여러분 각자는 해당 국가에서 생산되는 제품이나 상품(예: 스테레오, 바나나, 석유, 또는 기계 부품 등)을 선택해야 한다. 서로

자신의 제품이나 상품 판매를 위한 계약 협상을 시도하라. 협상과정에서 당신이 공부한 국가의 국민인 것처럼 확실한 역할을 수행하라. 예를 들어, 해당 문화권의 사람들이 불쾌함을 느끼는 특정 행동을 협상 상대방이 취하면, 불쾌한 모습을 보이라!

약 15분 정도의 시간을 협상하도록 하라. 그런 다음 또 다른 15분을 각각 자신이 채택한 문화적 배경이 협상과정에 어떤 영향을 미쳤는지(또는 영향을 미칠 수 있는지를) 팀 동료와 함께 토의하라.

15-19. 타국에서 온 사람의 행동을 모델화하는 것은 쉬운가 아니면 어려운가?

15-20. 타국에서 온 사람과 협상에 앞서서 관리자가 사전에 준비할 필요가 있는 것은 무엇인가?

CLOSING CASE 이케아(IKEA)의 변혁적 리더

퍼닐 스피어스-로페즈(Pernille Spiers-Lopez)는 덴마크의 작은 마을에서 성장하였다. 대학을 마친 후 짧은 시간 동안 기자로 일했지만, 그녀는 직업에 만족하지 못하였다. 그녀의 다음 행동은 미국으로 이주하여 덴마크 가구 수입 사업을 시작하는 것이었다. 불행하게도, 그 투자는 실패하였다. 이후 그녀는 플로리다에서 최저임금을 받고 가구를 판매하는 일을 하였다. 근면과 과단성 있는 노력을 통하여 스피어스-로페즈는 2년이 채 지나지 않아 24개의 점포를 감독하게 되었다. 그녀가 근무하였던 지역 가구 회사는 1993년에 이케아에 의해 인수되었다.

그녀는 초고속으로 경영진으로 승진하였고, 이케아 북미지역 이사회의 유일한 여성이 되었다. 1997년 여성경제인 리더십 컨퍼런스는 그녀가 이케아에서의 우선 순위와 역할을 재평가하는 계기가 되었다. 그녀는 자신의 경력개발 경로를 전환하기로 결심하고 바로 인적자원관리부서로 이동하였다. 그녀는 이후 미국 내 인적자원담당임원이 되었는데, 그녀가 취한 첫 번째 조치는 소수 민족 및 여성 관리자 채용프로그램을 실행하는 것이었다. 오늘날, 이 기업의 75명의 최고 소득자의 절반이 여성이다. 경영이사회에는 다섯 명의 여성이 포함되어 있다. 그녀는 또한 기업 전체의 임금과 복지수준을 향상시켰으며, 특히 최저임금 종업원의 임금과 복지혜택을 크게 증가시켰다. 스피어스-로페즈 덕분에 이케아는 소매부문 기업들 중에서 정규직 및 비정규직 근로자에 대한 가장 후한 복지혜택을 제공하는 기업이 되었다. 결국 그녀는 이케아 북미총괄책임자로 승진하였다.

그런데 이러한 극적인 변화를 이끈 것은 그녀의 아주 개인적이고도 끔직한 경험 때문이었다. 스피어스-로페즈는 남편이 공립학교 교장인 워킹맘이었다. 부부는 그녀가 이케아에서 계속 경력을 개발하더라도, 가족이 이사는 하지 않는 것을 선택하였다. 대신에, 스피어즈-로페즈는 원격 근무지에서 일할 때도 매주 몇 번씩은 꼭 집에서 출퇴근하였다. 1999년에, 스피어즈-로페즈는 오랜 시간을 일하고도 매일 통근하다시피 하였다. 경쟁적인 A형 성격 때문에 그녀는 그 일이 가져올 일을 결과를 고려하지 않고 일에 더욱 몰두하였다. 퇴근하던 어느 날 밤, 그녀는 가슴과 팔에 엄청난 고통을 경험했다. 응급실에 실려가서 심장 마비로 진단받은 후, 스피어즈-로페즈는 피로와 스트레스가 원인이었음을 발견하였다.

그녀는 계속 일은 하되 제한된 범위에서 해야겠다고 결심했다. "나는 한 동안 내 자신의 힘의 한계를 부정해왔습니다. 감정적으로 마비된 채로, 필요한 사안들을 무시하고 앞으로만 전진해왔습니다. 그리고 제 가족은 자동항법장치에 맡겨버린 셈이었지요" 계속해서 스피어즈-로페즈는 말한다. "지금은 저를 환기시켜주는 신호에 따라 행동하고, 생활과 일의 균형을 맞추면서 일하고 있습니다."

그녀가 취한 대처 방식중의 하나는 근무시간을 줄

이고 가족과 함께 여유 있는 시간을 갖는 것이었다. 그녀는 계속 말한다. "수년 동안 제가 좋은 엄마인지, 좋은 친구와 좋은 아내인지 질문하며 싸워 왔어요... 이제 저는 주말 출장을 피하고, 직장에서도 정시 근무를 하고 시간이 되면 퇴근합니다." 그녀의 동료들도 그녀를 돕고 있다. "우리가 회의를 할 때, '자 좀 쉬고 합시다' 라고 말하지 않으면 휴식시간을 얻을 수 없습니다. 그래서 그들이 제게 이렇게 말하지요. '퍼닐, 당신을 도와주기 위해, 우리 모두 휴식을 취해야겠어요'" 완벽주의 자답게 분위기에 빠져들지 않으면서 그녀는 덧붙였다. "나는 어떻게 '날개'를 펴고 일을 할 수 있는지를 여전히 배우고 있습니다." 균형 잡힌 생활의 결과로 그녀의 경력과 개인 생활 모두 풍성해진 것이다.

경력과 가족 간의 균형을 찾은 그녀의 개인적인 경험은 경영자로서 그녀의 선택에 영향을 미치게 되었다. 그녀는 재택근무와 대체근무, 그리고 잡 쉐어링에 대한 강력한 옹호자이다. 출산 또는 입양한 부모들에 대한 이케아의 후한 휴가정책은 스피어즈-로페즈에 의해 고안되었다. 스피어즈-로페즈의 지도력하에 조직 역시 성장하고 있다. 미국 매장의 수는 두 배로 증가하였으며, 매출액 역시 모든 이케아 자회사 중에서 가장 빠르게 성장하고 있다.

정력적인 경쟁과 사람을 중시하는 문화의 조합은 조직이 수익성과 근로자에 대한 지원 모두를 달성할 수 있도록 하였다. 작가 앤디 마이슬러(Andi Meisler)는 이를 "고수익 인본주의(high-yield humanism)"라고 지칭하였다. 스피어즈-로페즈는 도전과 돌아봄 사이의 균형을 유지하는 것이 쉽지 않다는 것을 인정한다.

"나는 일들을 신속하게 수행하고 싶다"라고 그녀는 말한다. "그러나 큰 조직에서는 지나치게 빨리 지나치게 많은 일들을 진행하는 것을 주의해야 합니다. 엘리베이터는 각 층마다 멈춰야 하니까요."

사례 질문

15-21. 당신은 전형적인 퍼닐레 스피어스-로페즈 유형의 성격 특성에 대해 예측할 수 있는가?

15-22. 퍼닐 스피어스-로페즈가 그녀의 경력 동안 취했던 선택들에 있어서 동기부여의 역할에 대해 설명하라.

15-23. 그녀의 스트레스 경험이 국제적인 문제에 의해 어떻게 영향받았을 수 있는 지를 설명하라.

15-24. 이케아의 리더십에 대한 퍼닐 스피어스-로페즈의 접근 방식을 설명하라.

출처: "The Ikea concept," IKEA website, www.ikea.com on May 16, 2008; Joseph Roth, "Unique training program key to timing for recruitment," IKEA press release, April 24, 2007, www.ikea.com on May 16, 2008; Andy Meisler, "Success, Scandinavian style," *Workforce Management*, August 2004, pp. 26–32; "Pernille Spiers-Lopez has designs for IKEA," *WomensBiz.US*, June 2005, www. womens-biz.us on May 16, 2008.

MyManagementLab®

mymanagementlab.com으로 가서 아래의 질문에 답하시오.

15-25. 다문화 프로젝트팀을 구성할 때 "Big 5" 성격 특성을 어떻게 사용할지 설명하라.

15-26. 태도와 동기부여, 리더십이 조직 상황에서 서로에게 어떻게 영향을 미치는가?

15-27. Mymanagementlab Only에 본 장을 포괄하는 서술형 과제가 있다.

Endnotes

1. "Why CEOs fail: The Toyota edition," *Washington Post*, February 11, 2010, p. B1; William George, "Tragedy at Toyota: How not to lead in crisis," *Harvard Business School* Weekly, February 22, 2010; Alan Pang, "Toyota off the cliff? Lessons in leadership," *Aon Consulting Global Research Center Newsletter*, February 2010;

Hoover's Handbook of World Business 2013 (Austin: Hoover's Business Press, 2013), pp. 360 – 361; "Toyota Shake-Up to Speed Decisions," *USA Today*, March 7, 2013, p. 1B; "Toyota Overhauls Management, Gives More Autonomy to North America," *Los Angeles Times*, March 6, 2013, p. 2C.

2. For a review of behavioral processes and concepts in organizations, see Ricky W. Griffin and Gregory Moorhead, *Organizational Behavior*, 11th ed. (Cincinnati, OH: Cengage, 2014).
3. Griffin and Moorhead, *Organizational Behavior* see also Miriam Erez, "Cross-cultural and global issues in organizational psychology," in Sheldon Zedeck ed., *Handbook of Industrial and Organizational Psychology* (Washington, DC: American Psychological Association, 2010), pp. 155 – 180.
4. Lawrence Pervin, "Personality," in Mark Rosenzweig and Lyman Porter, eds., *Annual Review of Psychology*, vol. 36 (Palo Alto, CA: Annual Reviews, 1985), pp. 83 – 114.
5. Jennifer George, "The role of personality in organzational life: Issues and evidence," *Journal of Management*, vol. 18 (1992), pp. 185 – 213.
6. L. R. Goldberg, "An alternative 'description of personality': The Big Five factor structure," *Journal of Personality and Social Psychology*, vol. 59 (1990), pp. 1216 – 1229; M. R. Barrick and M. K. Mount, "The Big Five personality dimensions and job performance," *Personnel Psychology*, vol. 44 (1991), pp. 1 – 26.
7. Jesus F. Salgado, "The Five Factor model of personality and job performance in the European Community," *Journal of Applied Psychology*, vol. 82, no. 1 (1997), pp. 30 – 43.
8. "'Big 5' test may not fit HK," *The Standard*, March 15, 2004, p. B-6.
9. Ya-Ru Chen, Kwok Leung, and Chao C. Chen, "Bringing national culture to the table: Making a difference with cross-cultural differences and perspectives," in James P. Walsh and Arthur P. Brief, eds., *The Academy of Management Annals 2009* (Philadelphia PA: Taylor and Francis, 2009), pp. 217 – 250.
10. J. B. Rotter, "Generalized expectancies for internal vs. external control of reinforcement," *Psychological Monographs*, vol. 80 (1966), pp. 1 – 28; Bert De Brabander and Christopher Boone, "Sex differences in perceived locus of control," *The Journal of Social Psychology*, vol. 130 (1990), pp. 271 – 276.
11. Colleen Ward and Antony Kennedy, "Locus of control, mood disturbance, and social difficulties during cross-cultural transitions," *International Journal of Intercultural Relations*, vol. 16 (1992), pp. 175 – 194.
12. Marilyn E. Gist and Terence R. Mitchell, " Self-efficacy: A theoretical analysis of its determinants and malleability," *Academy of Management Review* (April 1992), pp. 183 – 211.
13. J. Michael Geringer and Colette A. Frayne, " Self-efficacy, outcome expectancy and performance of international joint venture general managers," *Canadian Journal of Administrative Sciences*, vol. 10, no. 4 (1993), pp. 322 – 333.
14. T. W. Adorno, E. Frenkel-Brunswick, D. J. Levinson, and R. N. Sanford, *The Authoritarian Personality* (New York: Harper & Row, 1950).
15. Michael Harris Bond and Peter B. Smith, "Cross-cultural social and organizational psychology," in Janet Spence, ed., *Annual Review of Psychology*, vol. 47 (Palo Alto, CA: Annual Reviews, 1996), pp. 205 – 235.
16. Patricia C. Smith, L. M. Kendall, and Charles Hulin, *The Measurement of Satisfaction in Work and Behavior* (Chicago: Rand-McNally, 1969).
17. Meg G. Birdseye and John S. Hill, "Individual, organizational/ work and environmental influences on expatriate turnover tendencies: An empirical study," *Journal of International Business Studies* (Fourth Quarter 1995), pp. 787 – 813.
18. James R. Lincoln, "Employee work attitudes and management practice in the U.S. and Japan: Evidence from a large comparative study," *California Management Review* (Fall 1989), pp. 89 – 106.
19. Daniel J. McCarthy and Sheila M. Puffer, "Perestroika at the plant level—anager's job attitudes and views of decision-making in the former USSR," *The Columbia Journal of World Business* (Spring 1992), pp. 86 – 99.
20. Thang Van Nguyen and Nancy Napier, "Work attitudes in Vietnam," *Academy of Management Executive*, vol. 14, no. 4 (2000), pp. 142 – 143.
21. Abdul Rahim A. Al-Meer, "Organizational commitment: A comparison of Westerners, Asians, and Saudis," *International Studies of Management and Organization*, vol. 19, no. 2 (1989), pp. 74 – 84.
22. Janet Near, "Organizational commitment among Japanese and U.S. workers," *Organization Studies*, vol. 10, no. 3 (1989), pp. 281 – 300.
23. Hal B. Gregersen and J. Stewart Black, "Antecedents to commitment to a parent company and a foreign operation," *Academy of Management Journal*, vol. 35, no. 1 (1992), pp. 65 – 90.
24. Kent D. Miller, "Industry and country effects on managers' perceptions of environmental uncertainties," *Journal of International Business Studies* (Fourth Quarter 1993), pp. 693 – 714.
25. Satoko Watanabe and Ryozo Yamaguchi, "Intercultural perceptions at the workplace: The case of the British

subsidiaries of Japanese firms," *Human Relations*, vol. 48, no. 5 (1995), pp. 581 – 607.

26. Bodo B. Schlegelmilch and Diana C. Robertson, "The influence of country and industry on ethical perceptions of senior executives in the U.S. and Europe," *Journal of International Business Studies* (Fourth Quarter 1995), pp. 859 – 881.
27. For a recent overview of the stress literature, see Frank Landy, James Campbell Quick, and Stanislav Kasl, "Work, stress, and well-being," *International Journal of Stress Management*, vol. 1, no. 1 (1994), pp. 33 – 73.
28. "Executive stress: A ten-country comparison," *The Chicago Tribune*, March 31, 1988.
29. Bruce D. Kirkcaldy and Cary L. Cooper, "Stress differences among German and U.K. managers," *Human Relations*, vol. 46, no. 5 (1993), pp. 669 – 680.
30. "India's Outsourcing Blues," *Asia Sentinel*, May 6, 2008, www.asiasentinel.com on April 6, 2013; "The Good and Bad of Outsourcing to India: Emerging Problems in the Sector and the Way Forward" (Birmingham, UK: Aston University, January 26, 2010), www1.aston.ac.uk on April 6, 2013; "India Outsourcing Workers Stressed to the Limit," *ZDNet*, August 26, 2009, www.zdnet.com on April 6, 2013; "India's Outsourcing Industry Facing Mass Level Health Problems," *BPO Tiger*, January 23, 2008, www.bpotiger.com on April 6, 2013.
31. James M. Diefendorff and Megan M. Chandler, "Motivating employees," in Sheldon Zedeck, ed., *Handbook of Industrial and Organizational Psychology* (Washington, DC: American Psychological Association, 2010), pp. 256 – 282.
32. See "Enjoy Those Chocolate Hearts While You Can," *Bloomberg Businessweek*, February 11 – ebruary 17, 2013, pp. 19 – 20.
33. Geert Hofstede, "Motivation, leadership, and organization: Do American theories apply abroad?" *Organizational Dynamics* (Summer 1980), pp. 42 – 63.
34. Joseph J. Fucini and Suzy Fucini, *Working for the Japanese: Inside Mazda's American Auto Plant* (New York: Free Press, 1990).
35. Charles Weaver and Michael Landeck, "Cross-national differences in job values: A segmented comparative analysis of United States and West German workers" (Laredo State University, 1991), mimeo.
36. Abraham Maslow, "A theory of human motivation," *Psychological Review* (July 1943), pp. 370 – 396.
37. Nancy Adler, *International Dimensions of Organizational Behavior*, 5th ed. (Cincinnati: Cengage, 2007), pp. 135 – 144.
38. P. Howell, J. Strauss, and P. F. Sorenson, "Research note: Cultural and situational determinants of job satisfaction among management in Liberia," *Journal of Management Studies* (May 1975), pp. 225 – 227.
39. David McClelland, *The Achieving Society* (Princeton, NJ: Van Nostrand, 1961).
40. Adler, op. cit.
41. Frederick Herzberg, Bernard Mausner, and Barbara Snyderman, *The Motivation to Work* (New York: Wiley, 1959).
42. G. H. Hines, "Achievement, motivation, occupations and labor turnover in New Zealand," *Journal of Applied Psychology*, vol. 58, no. 3 (1973), pp. 313 – 317.
43. Victor Vroom, *Work and Motivation* (New York: Wiley, 1964).
44. Gary Yukl, *Leadership in Organizations*, 8th ed. (Upper Saddle River, NJ: Prentice Hall, 2010).
45. Luciara Nardon and Richard Steers, "The new global manager: Learning cultures on the fly," *Organizational Dynamics*, January – March 2008, pp. 47 – 57; see also Julian Barling, Amy Christie, and Colette Hoption, "Leadership," in Sheldon Zedeck, ed., *Handbook of Industrial and Organizational Psychology* (Washington, DC: American Psychological Association, 2010), pp. 295 – 321.
46. David A. Ralston, David J. Gustafson, Fanny M. Cheung, and Robert H. Terpstra, "Differences in managerial values: A study of U.S., Hong Kong, and PRC managers," *Journal of International Business Studies* (Second Quarter 1993), pp. 249 – 275.
47. See Joseph A. Petrick, Robert F. Scherer, James D. Brodzinski, John F. Quinn, and M. Fall Ainina, "Global leadership skills and reputational capital: Intangible resources for sustainable competitive advantage," *Academy of Management Executive*, vol. 13, no. 1 (1999), pp. 58 – 69.
48. Robert H. Doktor, "Asian and American CEOs: A comparative study," *Organizational Dynamics*, vol. 18, no. 3 (1990), pp. 46 – 56.
49. See Mansour Javidan, Peter Dorfman, Mary Sully de Luque, and Robert House, "In the eye of the beholder: Cross cultural lessons in leadership from Project GLOBE," *Academy of Management Perspectives* (February 2006), pp. 67 – 90.
50. Jon P. Alston, *The American Samurai* (New York: Walter de Gruyter, 1986), pp. 103 – 113.
51. "The Spanish-American business wars," *Worldwide P & I Planning* (May – June 1971), pp. 30 – 40.
52. Arvin Parkhe, "Interfirm diversity, organizational learning, and longevity in global strategic alliances," *Journal of International Business Studies*, vol. 22, no. 4 (Fourth Quarter 1991), pp. 592 – 593; Edward T. Hall and Mildred Reed Hall, *Understanding Cultural Differences*

(Yarmouth, ME: Intercultural Press, 1990), pp. 55 – 62.

53. For example, see Manfred F.R. Kets de Vries, "Leadership style and organizational practices in Russia," *Organizational Dynamics*, vol. 28, no. 4 (2000), pp. 67 – 81.
54. Tom Morris and Cynthia M. Pavett, "Management style and productivity in two cultures," *Journal of International Business Studies*, vol. 23, no. 1 (First Quarter 1992), pp. 169 – 179.
55. House, Robert J. et al. (Eds.), *Culture, Leadership, and Organizations: The GLOBE Study of 62 Societies* (London: Sage, 2004).
56. See Jagdeep S. Chhokar., Felix C. Brodbek, and Robert J. House (Eds.), *Culture and Leadership Across the World* (Hillsdale, NJ: Lawrence Erlbaum Associates, 2008), and Vipin Gupta, Paul J. Hanges, and Peter Dorfman, "Cultural Clusters: Methodology and Findings," *Journal of World Business*, 2002, vol. 37, pp. 11 – 15 for more details. See also Kwok Leung and Mark F. Peterson, "Managing a Globally Distributed Workforce: Social and Interpersonal Issues," in Sheldon Zedeck (Ed.), *Handbook of Industrial and Organizational Psychology* (Washington, D.C.: American Psychological Association, 2010), pp. 771 – 805.
57. Herbert A. Simon, *Administrative Behavior*, 3rd ed. (New York: Free Press, 1976). See also Gerd Gigerenzer and Wolfgang Gaissmaier, "Heuristic decision making," in Susan T. Fiske, Daniel L. Schacter, and Shelley Taylor, eds., *Annual Review of Psychology 2011* (Palo Alto, CA: Annual Reviews, 2011), pp. 451 – 482
58. Alex Taylor III, "Porsche's risky recipe," *Fortune*, February 17, 2003, pp. 90 – 94; Hoover's *Handbook of World Business 2013* (Austin, TX: Hoover's Business Press, 2013), pp. 248 – 249.
59. Alston, op. cit., pp. 181 – 186.
60. Hall and Hall, op. cit., pp. 33 – 84.
61. Lawrence C. Wolken, "Doing business in China," *Texas A&M Business Forum* (Fall 1987), pp. 39 – 42.
62. J. Stewart Black and Lyman W. Porter, "Managerial behaviorsand job performance: A successful manager in Los Angeles may not succeed in Hong Kong," *Journal of International Business Studies*, vol. 22, no. 1 (First Quarter 1991), pp. 99 – 113.
63. Parkhe, op. cit., pp. 579 – 601.
64. "Siemens climbs back," *Businessweek*, June 5, 2000, pp. 79 – 82; "Computer chip project brings rivals together, but the cultures clash," *Wall Street Journal*, May 3, 1994, pp. A1, A8; *Hoover's Handbook of American Business 2013* (Austin, TX: Hoover's Business Press, 2013), pp. 739 – 740; *Hoover's Handbook of World Business 2013* (Austin, TX: Hoover's Business Press, 2013), pp. 522 – 523, 618 – 619.
65. See Chantell E. Nicholls, Henry W. Lane, and Mauricio Brehm Brechu, "Taking self-managed teams to Mexico," *Academy of Management Executive*, vol. 13, no. 3 (2000), pp. 15 – 25.
66. "Remaking Nissan," *Businessweek*, November 15, 1999, p. 71.
67. "The circle is broken," *Financial Times*, November 9, 1999, p. 18.
68. "'Le cost-killer' makes his move," *Financial Times*, November 9, 1999, p. 15.
69. Thomas L. Friedman, *The Lexus and the Olive Tree* (New York: Anchor Books, 2000), p. 178.
70. Dian Gomes, "Introduction," *A Place in the Sun* (Pannala, Sri Lanka [privately printed]) 2001), p. xiii.
71. Web sites of Slimline (www.slimline.lk), Mast Industries (www.mast.com), Sara Lee Courtaulds (www.saralee.com), and www.diangomes.com; "Not many pluses," *The Economist*, August 16, 2008, p. 42; "Get your green pants here," *The Economist*, May 31, 2008, p. 71; "Sri Lanka Gears Up for Asian Garment Competition," www.tdctrade.com, January 8, 2004; Dian Gomes, "Introduction," *A Place in the Sun* (Pannala, Sri Lanka [privately printed], 2001), p. xiii; Thomas L. Friedman, *The Lexus and the Olive Tree* (New York: Anchor Books, 2000), pp. 177–178; "Sri Lanka Keeps Victoria's Secret: Toiling in Comfort," *Wall Street Journal*, July 14, 1999.

PART 3 CLOSING CASES

닛산(Nissan)의 재창조

1980년대에는 일본식 관리기법과 경영 방식의 미덕을 찬양하는 기사가 실리지 않은 비즈니스위크(Business-week), 포춘(Fortune), 또는 포브스(Forbes)와 같은 잡지를 집어들기가 쉽지 않았다. 서양의 많은 전문가들은 미국과 유럽기업들에게 종신고용, 집단중심 보상, 그리고 계열시스템(keiretsu system)에서 발견되는 것과 같은 밀접한 고객-공급업체 네트워크에의 의존 등과 같은 일본기업의 정책을 채택하도록 촉구하였다. 이들 기업가운데서도 가장 존경받는 기업들이 토요타, 닛산, 혼다 등과 같은 일본 최고의 자동차제조업체들이었다.

그러나, 1990년대는 많은 일본 기업들에게 재앙과도 같은 시기였다. 1980년대 말 일본의 소위 버블경제의 붕괴는 이후 10여년 이상, 일본기업들의 성장의 정체, 주식 시장의 침체, 그리고 신뢰의 손실을 가져왔다. 일본의 엘리트 기업 중에서도, 닛산은 가장 큰 추락을 경험하였다. 1980년대에 호황을 누리던 닛산은 1990년대 들어 전혀 다른 양상에 직면하였다. 1980년대 내수용 자동차 생산시설의 확장으로 인한 과잉생산시설과 유휴근로자의 어려움에 직면한 닛산은 포화된 일본 내수시장에서의 시장점유율 경쟁을 위하여 자동차의 가격을 내려야 했다(일본은 다른 국가들보다 국내 주요 자동차 제조업체가 많다). 유럽의 생산시설 역시 초과설비로 인한 어려움을 겪었다. 그리고 1990년 상반기의 엔고현상으로 인하여 수출을 통하여 위기를 극복하기도 어려운 상황이었다. 1997~1998의 아시아 통화 위기로 인하여 20세기의 마지막 몇 년 동안 인근 아시아 지역의 수요는 급감하였다. 이러한 다양한 도전에 직면하여, 회사는 1991년 간신히 이익을 남겼지만, 1992년과 1993년에 손실을 보게 되었다.

기업의 수익성을 회복하기 위하여, 닛산의 경영진은 1994년에 주요 비용 절감방안을 발표하였다. 이 방안의 일환으로, 닛산은 공급자의 수를 대폭 줄일 것을 약속하였다. 개별 부품 공급업체의 주문규모를 증가시켜 더 나은 가격에 부품을 조달받고자 한 것이다. 닛산은 또한 인력을 대폭 감축하고 자동차 부품의 수를 줄임으로서 구매조달 작업을 단순화하고 재고비용을 절감하고자 하였다. 불행하게도, 닛산의 이러한 노력은 효과를 거두지 못하였다. 결과적으로, 닛산은 1994년과 1995년에 연속된 손실을 보게 되었다. 1996년에 약간의 이익을 거두었지만, 이듬해인 1997년에 다시 적자로 전환하였고, 1998년과 1999년의 이익도 개선되지 않았다.

누적된 문제를 극복할 수 없게 되자, 닛산은 일본기업으로서는 가장 큰 굴욕을 겪었다. 외국기업에 의하여 인수된 것이다. 1999년 5월 프랑스의 르노(Renault SA)는 54억 달러로 닛산의 보통주 37%를 인수함으로써, 일본의 제2위 자동차제조업체의 경영권을 프랑스 회사로 효과적으로 이전하였다. 르노는 닛산의 혼란을 정리하기 위하여 가장 존경받는 경영자 중 한 사람인 카를로스 곤(Carlos Ghosn)을 임명하였다. 곤은 첫 5개월을 닛산의 경영을 신중하게 검토하는 데 사용하였다.

1999년 10월에 브라질계인 곤은 닛산의 연간비용 약 100억 달러를 절감하는 방안을 담고 있는 "회생 계획"을 발표하였다. 이 목표를 달성하기 위해, 일본 내 닛산 공장 5곳을 폐쇄하고 21,000여 명의 종업원을 해고하여야 했다. 감원대상 중 약 16,000명은 닛산의 국내 사업부문에서 이루어졌다. 정리해고에 대한 일본의 혐오감과 일본 노동법에 의한 높은 해고비용을 고려하여 고용 감축은 연 평균 2,000명의 국내 직원을 해고하는 지구전으로 실행되었다.

자발적 퇴직 프로그램과 같은 다른 옵션은, 처음에는 닛산의 노조 지도자들의 반대 때문에 보류되었지만, 항구적으로 배제되지는 않았다. 또한 뉴욕과 워싱턴 등의 지역 사무소를 철수하고 일부 기종의 차량 생산을 중단함으로써 추가적인 비용절감노력을 기울였다. 기업회생을 위한 비용절감의 중요성을 누구나 이해할 수 있도록 곤은 "구매, 엔지니어링, 또는 관리부서의 누구도 [비용 절감]에 기여하는 것을 보여주지 않는다면 임금인상은 없을 것입니다."라고 발표하기까지 하였다.[66]

곤은 닛산의 엄청난 부채(약 2조4천억 엔: 2001년초 환율은 117엔/달러)를 감축하는 것의 필요성을 인식하고 2002년까지 절반으로 감축하고자 하는 목표를 설정하였다. 또한 곤은 일본과 북미에서 닛산의 딜러망을 간소화하기 위해 노력하였다. 예를 들어, 닛산은 일본 내 판매대리점의 약 절반을 직영하고 있었다. 불행하게도, 그 판매대리점의 대부분은 기업가라기보다는 직원처럼 행동했으므로, 곤은 회사 소유의 매장을 줄임으로써, 이러한 태도를 변화시키고자 하였다.

기업의 마케팅 운영방식을 검토할 때 또 다른 문제들이 발견되었다. 곤은 닛산의 제품이미지가 국가에 따라 차이가 있고 이로 인해 비용효율적인 국가 간 동일 광고 캠페인을 진행하기가 쉽지 않다는 것을 신속하게 간파하였다. 설상가상으로 닛산의 "브랜드 결핍"으로 인하여 소비자들이 경쟁사 차량을 더 가치 있게 평가하는 어려움을 겪고 있다는 것을 발견하였다. 예를 들어, 미국에서 혼다, 토요타, 크라이슬러, 포드에 의해 판매되는 경쟁차종은 닛산제품보다 1,000달러 이상 비싸게 판매되고 있었다. 자사의 브랜드 정체성을 선명하게 하고 제품의 단일한 글로벌 이미지 개발을 위해, 닛산은 TBWA 월드 와이드(TBWA Worldwide)와 연 11억 달러 상당의 광고계약을 체결하여 전 세계적으로 자사의 광고를 진행하도록 하였다.

곤이 취한 과감한 조치 중에서 가장 논란이 된 것은 아마도 부품 조달과 관련된 결정일 것이다. 그는 닛산의 부품 조달 비용이 르노에 비해 10% 정도 높은 것으로 추정했다. 곤은 르노와 닛산의 부품조달활동을 결합하고 집중화하며, 글로벌화 함으로써 부품 조달비용을 20%이상 절감할 수 있다고 믿었다. 그러나, 이 과업을 수행하려면, 곤은 일본의 핵심환경 요인인 계열시스템을 극복할 필요가 있었다. 계열그룹의 구성원 기업들이 서로의 지분을 상호 보유하는 계열시스템은 2차 세계대전 이후 일본 경제의 근간을 이루고 있다. 이 시스템은 공급업체와 고객 간의 신뢰를 구축하고 안정적인 장기 협력 관계를 촉진하기 위해 설계되었다. 이 시스템 하에서 닛산은 자사가 지분을 보유한 계열 자회사에 필요한 부품에 대해 주문해 온 것이다. 곤은 계열시스템에 대해 노골적으로 비판하였다. 그는 계열 자회사로부터 부품을 구매하는 것이 닛산의 비효율성과 평범함을 초래했다고 믿었다. 닛산과의 사업이 보장되었기 때문에, 닛산의 많은 계열 회원사들이 지속적인 혁신과 비용절감을 등한시하고 결과적으로 실패하였다고 느꼈다.

> 우리 비용의 약 60%가 공급업체에 달려 있습니다. 당신은 혁신적인 공급 업체가 있어야 합니다. 당신은 많은 고객에게 제품을 제공함으로써 최고의 표준에 대한 정보의 흐름이 존재하는 공급 업체를 필요로 합니다. 이러한 일은 계열회사에서는 발생하지 않는 것입니다.[67]

따라서, 곤은 네개 기업을 제외하고는 닛산이 보유한 1,394개 계열 파트너의 지분을 청산할 것이라고 발표하였다. 또한 그는 이와 관련된 별도의 발표에서 공급업체의 수를 600개 사, 즉 이전 규모의 반으로 줄일 것이라고 말했다. 동일부품을 여러 업체에서 구매하는 대신에, 닛산은 소수의 공급업자로부터 구매에 집중함으로써 규모의 경제를 달성하고 비용을 절감할 수 있었다. 부품공급가격을 20% 낮춘 기업과 거래를 더욱 늘리겠다는 당근과 채찍을 병행하여 제시하였다. 공급가격인하에 실패한 기업은, 고객으로서의 닛산을 잃는 위험을 감수하여야 하였다. 당연한 이야기겠지만, 이러한 강력한 조치는 모두에 의해 환영받은 것은 아니었다. 예를 들어, 당시 일본 총리 게이조 오부치는 비효율적 계열사 및 공급업체로부터의 부품구매를 줄이게 됨으로써 수만 명의 실업이 발생할 우려가 있다며, 곤의 계획을 즉각 비난하였다.

곤이 직면한 더 큰 문제는 닛산의 기업 문화를 변화시키는 것이었다. 그는 닳은 닛산의 경영진이 기업의 목표달성보다는 지나치게 자신의 영역 보호에 집중하고 있다는 것을 알게 되었다. 또한, 그는 부서 간의 커뮤니케이션이 거의 존재하지 않는다는 것을 발견하고는 매우 당혹감을 느꼈다.

> 국별 자회사들도 서로 간에 의사소통이 이루어지지않고, 사람들 간에도 서로 이야기하지 않았다... 이 회사는 영역다툼이 매우 심하고, 부서끼리 따로 움직이는데, 이러한 이유는 닛산의 역사와 전통과 관계가 깊다. 나에게 영역다툼보다 더 당황스러운 것은 없다.[68]

곤은 회사의 관리자들이 이익개선과 고객 만족 향상노력에 다시 초점을 맞추도록 방향 재설정이 필요하다는 것을 알고 있었다. 이 목표를 달성하기 위해, 그는 연구개발에서부터 구매, 제조, 유통에 이르기까지 기업의 각 활동을 재검토하고 활성화하는 다국적 다기능팀 네트워크를 창출하였다. 이들 팀은 구조조정의 복음을 전파하고 닛산의 부서들 간의 단절을 가져왔던 장벽을 제거하는 임무가 부여되었다. 곤은 관리직 또는 비관리직 여부에 관계없이 수익성과 실적에 따라 스톡옵션과 보너스를 차별 없이 동등하게 지급하는 미국식의 보상 체계를 보다 철저하게 구현하는 계획을 수립하였다. 이 보상체계가 실행된다면 보상은 더 이상 전통적인 일본식 연공서열에 기반하지 않는다. 닛산이 더 이상 과거와 같은 방식으로 운영되지 않도록, 곤은 아예 영어를 닛산의 공식 언어로 채택하는 핵심적인 조치를 취하였다.

모든 닛산의 비평가들이 곤의 전략이 잘 먹혀들 것이라고 생각한 것은 아니었다. 한 회의적인 비판가는 곤을 둘러싼 고위 경영자들이 1990년대의 닛산의 엄청난 적자를 초래한 책임이 있는 당사자라고 지적하였다. 또 다른 사람들은 어떤 이방인(하물며 브라질 출신의 프랑스기업인은 말할 것도 없이)도 일본의 비즈니스 문화와 국내관리자들과 직원들에게 동기를 부여하는 데 필요한 신뢰의 중요성을 이해하지 못할 것이라고 생각하였다. 그러나, 결국 상황은 올바른 방향으로 진행되었다. 예를 들면, 2008년에 닛산은 기록적인 이익을 공시하였다. 2010년에 이 회사는 닛산이 다임러의 일부 차종에 트랜스미션을 공급하고, 다임러는 닛산의 인피니티 자동차에 엔진을 공급하는 다임러와의 합작기업 설립을 발표하였다.

사례 질문

P3-1. 르노의 부품조달과 결합하여 글로벌 기반으로 부품이 조달됨으로써 닛산이 얻는 혜택은 무엇인가? 이러한 변화에 추가적인 비용이 발생하지는 않는가? 부품구매에 있어 계열시스템을 포기함으로써 닛산이 야기한 문제는 무엇인가? 인터넷은 어떤 방식으로 이러한 변화를 촉진하는가?

P3-2. 자연감원처리에 의한 방법으로 21,000여 명의 인력을 감원하는 목표달성에 실패하였다고 가정해보라. 이 경우, 당신은 카를로스 곤에게 어떤 조언을 할 수 있는가? 그는 감원계획을 포기해야 하는가? 아니면 종업원을 해고함으로써 일본의 가장 강력한 문화적 규범 중의 하나를 위반하는 위험을 떠안아야 하는가?

P3-3. 일본의 문화를 감안할 때, 성과 보상 제도의 도입이 닛산에 어떤 문제를 가져오겠는가? 이런 문제들의 성격은 무엇인가? 이러한 문제를 극복하기위해 어떤 제안을 할 수 있겠는가?

P3-4. 일본 총리 오부치의 발언은 일본의 정치인들이 국내의 상당한 실업으로 이어질 닛산의 구조 조정에 저항할 것이라는 명확한 신호를 보내는 것이다. 곤의 계획에 있어 이러한 정치적 위협이 얼마나 중요한가? 오부치 문제를 극복 또는 해결하기 위해 곤에게 해주고 싶은 조언이 있다면 어떤 조언을 할 수 있는가?

P3-5. 곤의 전략이 옳았다는 것이 증명되었다. 닛산은 최근 몇 년 동안 가장 극적인 실적개선 성공사례 중 하나가 되고 있다. 이 회사는 2001년에 흑자로 전환되었고, 그 이후 체계적인 비용절감, 이익증대, 시장 점유율 증대를 구현하고 있다. 몇몇의 사람들은 이제는 외국인(비 일본인)만이 그렇게 빠른 속도로 닛산을 회복시킬 수 있었다고 주장

한다. 당신은 이에 동의하는가?

출처: *Hoover's Handbook of World Business 2013* (Austin, TX: Hoover's Business Press, 2013), pp. 242–43; "Nissan set to announce record $6.1 billion profit," *Financial Times*, April 23, 2003, p. 18; "Look! Up in the sky! It's Nissan's chief executive," *Wall Street Journal*, December 27, 2001, p. B1; "Feared 'cost killer' who became a corporate hero," *Financial Times*, December 17, 2001, p. II; "Renault's Nissan deal begins to come up trumps," *Financial Times*, July 18, 2001, p. 20; "Nissan sizes up TBWA for $1 bil global ad prize," *Advertising Age*, December 6, 1999, pp. 1ff; "Remaking Nissan," *Businessweek*, November 15, 1999, pp. 70ff; "The circle is broken," *Financial Times*, November 9, 1999, p. 18; "'Le cost-killer' makes his move," *Financial Times*, November 9, 1999, p. 15; "Nissan's ambitious restructuring plan delivers a blow to Japan's longstanding system of corporate families," *Wall Street Journal*, October 20, 1999, p. A20; "Nissan's cost cutter shows how he got his nickname," *Financial Times*, October 19, 1999, p. 20; "Nissan outlines restructuring to get into the black," *Wall Street Journal*, October 19, 1999, p. A18; "Nissan's Ghosn faces obstacles in carrying out 'revival plan'," *Wall Street Journal*, October 18, 1999, p. A37; "'Killer' to make unkindest cut," *Financial Times*, October 18, 1999, p. 14; "Can Japan keep 11 carmakers?" *Financial Times*, July 22, 1998, p. 13; "Nissan finds the road is rough despite cost cutting," Wall Street Journal, April 4, 1994, p. B4; "The world's top automakers change lanes," *Fortune*, October 4, 1993, p. 73ff.

슬림라인(Slimline): 전혀 다른 혁신의 길로 행진하다

글로벌화는 다양한 사람들에게 서로 다른 의미를 가진다. 다국적 기업의 CEO에게 글로벌화는 신규 고객에의 접근, 저비용 입지에의 생산시설 설립을 통한 생산비용 절감 기회, 그리고 외국 기업의 경쟁적 위협 등 변화하는 비즈니스 세계를 반영한다. 선진국 근로자들에게 글로벌화는 종종 고용의 불안정성과 임금동결을 의미한다. 인권운동가에게 글로벌화는 근로자의 착취와 인권의 침해를 의미한다.

많은 다국적 기업은 개발도상국의 근로자들을 학대하고 있다는 의혹에 직면하고 있다. 예를 들어, 나이키는 중국과 인도네시아 그리고 다른 아시아 국가들에 소재한 하청기업들이 근로자들을 학대하는 것으로 인하여 비난의 대상이 되었다. 이러한 비판의 대상이 된 적이 한 번도 없는 기업이 스리랑카 판날라 지역의 의류제조업체인 슬림라인(Slimline)이다. 사실, 슬림라인의 사업방식은 선진국과 개발도상국에 있는 많은 의류 제조업체의 방식과 매우 대조적인 성격을 갖고 있다. 이 기업은 5,000여 명의 종업원을 통하여 연간 오천만 달러 상당의 의류를 생산하고 있다. 그들 중 대부분은 학사 또는 석사학위를 갖고 있다. 급여명단에는 예일대 박사출신의 수학자, 물리학자, 그리고 투자은행 출신도 포함되어 있다. 슬림라인은 업계 표준을 초과하는 근로조건을 종업원들에게 제공하는 회사의 특별한 기준을 지켜나가고 있다. 신입사원의 임금은 현지 시장에 비해 의도적으로 높게 책정되어 있다.

대부분의 의류업체와 마찬가지로, 직원의 대부분은 여성 재단사들이다. 이 부문에서도 슬림라인은 업계에 만연해 있는 열악한 작업환경을 거부하고 있다. 생산직 근로자들은 대부분의 아시아 의류공장에서 일반적으로 사용하는 수동식 모델 대신에 첨단 자동봉제기계를 사용하고 있다. 워크스테이션은 인체공학적으로 설계되었고, 공장에는 에어컨이 가동되고 있다. 그 결과로, 슬림라인은 최고의 인력을 유치하고 있으며, 인사부서에는 입사희망자들의 지원서가 늘 대기하고 있다.

봉제작업은 확실히 고된 일이다. 기본급은 월 80~100달러(조식 포함)에 불과하다. 컴퓨터는 개별 근로자의 작업결과물을 코니터링하며, 근로자들은 매달 보너스를 얻기 위해 공장 전체의 생산기준을 충족시켜야 한다. 그러나, 업계의 일반적인 관행과 달리, 이 회사는 임신 근로자들도 세심하게 배려한다. 모든 종업원은 정규직 트레이너와 현대적인 운동 시설을 갖춘 새 체육관을 사용할 수 있다.

슬림라인은 왜 이러한 접근법을 채택하고 있는가? 슬림라인의 경영자는 스리랑카가 저임금을 바탕으로 한 방글라데시나 중국과 경쟁할 수 없다는 결론을 내렸다. 대신에, 그들은 그들의 고객인 빅토리아 시크릿(Victoria's Secret), 익스프레스(Express), 막스 앤 스펜서(Marks and Spencer)와 같은 브랜드 소매업체를 위한 고품질의 제품 생산에 집중해야 한다고 확신하였다. 그러나 이러한 소매 유통업체들은 유럽과 북미지역에서 활동하는 인권운동가들에 의한 반 노동착취 캠페인에 취약하다.

슬림라인의 고위경영진의 이야기를 참조해보자.

> ... 오늘날의 글로벌 경제에서 스리랑카 제조업체는 생존을 위해 서양의 대형 소매업체와 연결되

어야 하며, 이렇게 하기 위해서는 더욱더 생산시설기준을 서양의 소비자들에 의해 요구되는 작업환경 기준을 충족시켜야 합니다.[69]

슬림라인은 마스트 인더스트리(Mast Industries)와 코틀즈(Courtaulds), 그리고 MAS 홀딩스(MAS Holdings Ltd.) 간의 합작투자로 1993년에 설립되었다. 슬림라인은 합작파트너기업들의 차별화된 지식과 전문성을 통하여 큰 혜택을 보았다. 리미티드 브랜드(Limited Brands)의 자회사인 마스트 인더스트리는 미국에 기반을 둔 의류 계약생산업체로서 연매출이 15억 달러에 상당하는 기업이다. 이 기업의 주요 고객은 리미티드(The Limited), 인티미트브랜즈(Intimate Brands), 빅토리아 시크릿(Victoria's Secret), 막스 앤 스펜서(Marks and Spencer), 리즈 클레이본(Liz Claiborne), 갭(The Gap), 랄프 로렌(Ralph Lauren), C&A, 토미 힐피거(Tommy Hilfiger) 등이다. 마스트는 합작투자를 통하여 스리랑카 내에 16,300명 이상의 인력을 고용하여 36개의 공장을 운영하고 있다. 코틀즈 텍스타일(Courtaulds Textiles PLC)은 2000년에 사라 리(Sara Lee)에 의해 인수되기 전까지 영국 최대의 의류제조업체였다(사라 리는 2006년 코틀즈 자회사를 매각했지만 슬림라인의 지분은 유지하고 있다). 세 번째 파트너인 MAS 홀딩스는, 스리랑카 최대의 의류제조업체로 급성장한 민간기업으로서 스리랑카에서 가장 많은 인원을 고용하는 기업 중 하나가 되었다. MAS 홀딩스는 빅토리아 시크릿의 가장 큰 공급선으로서 미국 내 소매상품의 30~32%를 공급하고 있다. MAS 홀딩스는 나중에 세계 최초로 탄소중립섬유(carbon-neutral textile) 생산설비를 개발하였다.

슬림라인의 성공의 원동력은 다이앤 고메스(Dian Gomes)이다. 1993년, MAS 홀딩스의 회장인 마훼시 아마린(Mahesh Amalean)이 신사업분야인 슬림라인을 시작하고자 다른 의류회사의 재무 이사로 근무하고 있던 고메스에게 접근하였을 때, 고메스의 나이는 36세였다. 고메스는 도전에 잘 대처하였지만, 그가 자신과 사업에 대해 설정한 목표는 결코 쉽거나 간단한 것이 아니었다.

나는 꿈이 있었습니다... 그리고, 나는 그것을 슬림라인에서 실현하기로 결정했습니다. 야심찬 의류사업 최첨단 공장을 만드는 것이었지요. 슈퍼 효율을 갖춘 거대한 모놀리쓰(monolith)와 같은... 내 목표는 업계 일등이 되고, 그것을 계속 유지하는 것이었습니다![70]

고메스와 그의 새로운 경영팀이 직면한 첫 번째 과업은 최첨단 의류공장을 신축하는 것이었다. 코틀즈는 공장의 건설과 시운전을 감독하기 위하여 영국 공장에서 숙련된 생산관리자팀을 파견하였다. 고메스는 비용절감과 생산성향상을 위하여 일본의 재고관리 및 생산기법을 도입하였으며, 종업원들의 사기진작과 헌신을 이끌어내기 위하여 그가 와튼과 하버드의 임원 교육 프로그램에서 배운 팀 빌딩 기법을 활용하였다. 그는 품질과 생산을 모니터링하기 위하여 공장운영시스템에 4백만 달러에 달하는 컴퓨터 시스템을 통합시켰다. 이 시스템은 주요 고객의 컴퓨터 시스템과 통합되어 있어서 유통과 대고객 서비스를 개선하는 데 기여하였다. 이 시스템은 공장과 고객, 그리고 시장과의 커뮤니케이션이 용이하게 이루어지게 하여, 공장이 현안 수요에 신속하게 대응하여 생산 가능하도록 하였다.

첨단 생산시설과 기술이 슬림라인의 성공에 핵심적인 역할을 수행하게 되자, 고메즈와 그의 스탭들은 회사에 대한 자부심을 고취하기 위해 노력했다. 슬림라인이 기업이미지를 강화하고 종업원의 사기를 고취하기 위하여 취한 방안 중의 하나가 스포츠 팀을 후원하는 것이었다. 회사 복싱팀은 전국 복싱 선수권 대회를 석권하였고, 크리켓팀은 4년 연속 전국여성크리켓선수권 우승을 달성하였다. 또한 슬림라인이 후원한 루이니 아베이만(Ruwini Abeymanne)은 2000년 시드니 올림픽 권총사격부문에서 31위를 차지하는 인상적인 성적을 거뒀고, 2001년 영연방 권총사격 선수권 대회에서 동메달을 수상하였다. 회사는 지역사회에 대한 지원도 잊지 않았다. 슬림라인은 지역 고등학교에 새로운 강당

건축을 지원하고 컴퓨터와 과학실험실을 제공하였다. 또한 지역 고등학교 졸업생들이 지역 대학에 진학할 수 있도록 장학금을 제공하였다.

20년도 채 되지 않았지만, 슬림라인은 혁신적인 접근 방식과 노동자와 지역사회에 대한 헌신으로 유명 그룹으로 인정받고 있다. 예를 들어, 이 회사는 스리랑카 국가안전상, 국가 생산성 대상, 최고의 기업시민상, 아키모토 상(생산 공정에 일본식 생산성과 품질관리기법을 통합한 공로로 주어지는), 코틀즈의 리스크관리 대상(코틀즈의 123개 생산시설 중 1위) 및 마스트인더스트리의 품질대상 등 다양한 상을 수상하였다. 2007년에는 스리랑카 정부에 의하여 "윤리적 의류제조기업(Garments without Guilt)" 기업으로 인증되었는데, 이는 기업의 인적자원관리 관행이 국제노동기구(ILO)에 의해 제정된 기준을 준수하였음을 의미한다. 이러한 성공은 기업의 성장을 가져왔다. 슬림라인은 현재 연간 5,000만 벌의 여성잠옷류와 실내복을 생산하는 4개의 공장을 운영하고 있다.[71]

사례 질문

P3-6. 슬림라인은 스리랑카 현지기업과 영국기업, 그리고 미국기업 등 세 기업 간의 합작투자기업이다. 이러한 합작투자가 각 회사에 기여한 이점은 무엇인가?

P3-7. 각 기업들은 왜 단독소유자회사를 운영하는 방식보다 합작투자를 선택하였는가?

P3-8. 각 파트너의 관점에서 이 합작투자기업의 잠재적인 함정은 어떤 것들이 있는가?

유니레버가 전략과 구조를 일치시키다

유니레버(Unilever)는 프록터 앤 갬블(Proctor & Gamble; P&G)에 이은 세계 2위의 소비재기업이다. 2012년 현재, 170,000명이 넘는 직원과 연간 600억 달러의 매출을 기록하였다. 립튼(Lipton), 도브(Dove), 헬렌 커티스(Helene Curtis), 바셀린(Vaseline) 및 큐팁스(Q-tips) 등이 잘 알려진 이 기업의 브랜드이다. 회사가 성장함에 따라 유니레버는 소비재 제품 운영 지원을 위해 다른 기업들을 설립하여 왔다.

예를 들어, 한때 이 기업은 마가린 생산에 사용하는 오일을 가공하기 위한 화학회사를 설립하였다. 당시 관리자들은 이러한 경로를 통해 예측 가능하고 통제 가능한 재료를 제공받을 수 있다고 판단하였다. 향수와 조미료 생산시설 설립도 같은 이유에서였다. 이와 유사하게 유니레버는 다른 소비재 기업 인수를 통하여 성장해 왔으며, 그 중 다수가 주력 사업을 효과적으로 지원하여왔다.

몇 년 전, 유니레버는 식품, 개인 위생제품, 비누/세탁 제품, 화장품/향수/헤어 제품 및 특수화학제품 등 5개의 기본 사업부로 재조직되었다. 그러나, 회사가 계속 확장됨에 따라 이러한 배치로는 통제가 점점 곤란해졌다. 네 분야의 소비재 사업부의 제품과 브랜드의 포장, 유통 및 촉진에 사용된 마케팅 방법과 운영방식은 매우 유사하였다. 관리자는 사업부 간에 쉽게 이동할 수 있었고, 현지 시장 상황에 대한 지식도 자유롭게 교환되었다.

그러나, 특수화학제품사업부는 전혀 다른 이야기였다. 해당 사업부는 소비재를 취급하지 않았기 때문에, 소비재사업부와는 간접적인 연결만 존재하였다. 예를 들어, 일부 시장에서는 유니레버의 소비재 사업부에 "판매된" 화학제품을 생산하여 시장에 판매하였다. 이를 구매한 기업들은 해당 화학제품을 사용한 소비재를 전 세계에 재판매하였다.

1990년대 중반, 유니레버의 이사회는 P&G와의 시장점유율경쟁에서 뒤처지는 것을 우려하였다. 이 상황을 개선하고 유니레버의 재무성과를 개선하기 위해 새로운 CEO가 고용되었다.

유니레버의 사업운영을 연구한 후, 새로운 CEO는 특수화학제품사업부가 문제의 일부라고 결론을 내렸다. 첫째 이유는, 기업의 수익성 목표를 달성하지 못했다는 것이었다. 또 다른 이유는, 특수화학사업부가 생산하는 제품을 공개 시장에서 동일한 시장 가격 또는 보다 낮은 가격으로 구매할 수 있었다는 것이다. 마지막으로는, 이 사업부가 다른 사업부와의 시너지효과가 없어 관리비용이 더 많이 발생하였다는 것이다.

이러한 결론의 결과, 유니레버 경영진은 특수화학제품사업부를 매각하기로 결정하였다. 해당사업부의 매각은 기업의 구조적 문제에 따른 비효율성을 없애고, 부채를 줄여서 유니레버의 핵심사업 영역에의 새로운 기업 인수를 위한 자금조달에 사용할 수 있는 현금을 창출할 것이다. CEO는 새로운 국제 조직구조 설계를 통해 Unilever가 P&G 및 다른 소비재 기업과의 경쟁에 모든 관심을 집중시킬 수 있다고 주장하였다. 이에 따라 유니레버는 영국의 임피리얼케미컬인더스트리(Imperial Chemical Industries PLC, ICI)에 약 80억 달러에 달하는 금액으로 특수화학제품사업부를 매각하였다.

이 매각대금의 일부는 벤&제리스(Ben & Jerry's Homemade Inc., 독특한 아이스크림 생산업체)와 슬림패스트푸드(SlimFast Foods Company, 다이어트 제품 선도 기업)를 인수하는 데 사용되었다. 그러나 경영진은 화학사업부의 매각과 새로운 식품사업의 인수가, 느린 의사 결정과 글로벌 마케팅전략의 느슨한 통제라는 유니레버의 다른 문제를 해결하지 못했다는 것을 곧 알게 되었다. 결과적으로, 유니레버는 4개의 사업부를 2개의 사업부로 재조직화하는 또 한 번의 중요한 기업 구조조정을 발표하였다. 한 사업부는 모든 식품사업을, 다른 하나는 모든 가정 및 개인 위생용품을 책임지게 되었다. 각 사업부는 글로벌 사업운영을 책임지는 자체 최고 경영자가 배치되었다.

이 새로운 구조조정은 합리적으로 성공한 것으로 입증되었지만, 유니레버의 경영진은 여전히 개선의 여지가 있음을 느끼고 있다. 2005년에 CEO가 은퇴함에 따라 패트릭 세스코(Patrick Cescau)로 승계되었다. 세스코는 회사의 구조에 만족하였지만 약간의 조정을 통해 더 큰 유익을 얻을 것이라고 판단하였다. 이에, 그는 가정용 및 개인용 위생제품 사업부문을 위한 하이브리드 조직설계를 도입하였다. 기본적으로, 해당 사업부는 조달, 운영 및 생산과 관련하여 단일 조직으로 운영되었다. 그러나 일단 제품이 생산되면, 사업부에는 유통, 마케팅 및 판매를 담당하는 두 개의 다른 부서가 있었다. 한 부서는 모든 가정 가정용 제품을 취급하고 다른 한 부서는 개인위생용품에 집중한다. 2008년에 이 하이브리드 조직설계는 지역지원센터의 창설로 더욱 정교화되었다. 이웃한 국가들로 구성된 클러스터는 이제 단일 조직으로 기능하여, 인적 자원 관리, IT기술 및 금융 등의 부문에서 공동 지원을 통하여 지역적인 규모의 경제를 누리고 있다. 유니레버 경영진은 이제 올바른 조직구조를 달성했으며, 모든 관심을 경쟁자인 P&G와의 경쟁에 쏟을 수 있게 되었다고 믿게되었다.

그러나 "모든 것은 돌고돈다"라는 말처럼, 2010년 새로 취임한 CEO인 폴 폴맨(Paul Polman, 유니레버 최초의 외부영입 최고경영자)은 유니레버를 10년 전에 폐기하였던 4개 사업부체제로 재조정하였다. 새롭게 형성된 제품 사업부는 (1) 조미료, 드레싱 및 스프레드사업부 (2) 개인 위생사업부 (3) 아이스크림 및 음료사업부 (4) 홈케어 및 기타사업부로 구성되었다. 폴맨의 논리는 유니레버가 금세기의 첫 10년 동안 행한 수십 번의 인수 및 매각을 토대로 한 것이다. 본질적으로, 회사는 향수 사업에서 완전히 철수하고, 아이스크림 및 드레싱, 그리고 스프레드 시장에서 수많은 신규 사업을 인수하여 왔다. 그렇다면, 이 새로운 조직구조는 고정적일까? 역사적 경험으로 볼 때, 이 조직구조는 잠시 동안만 유지될 것이며, 유니레버는 아마도 몇 년 후에는 또 다른 조직구조를 갖게 될 것이다.

사례 질문

P3-9. 유니레버의 기본적인 조직설계 문제를 설명하여보라.

P3-10. 유니레버에서 조직설계가 자주 변경되는 이유는 무엇인가?

P3-11. 유니레버에의 조직설계의 잦은 변경은 상대적으로 긍정적인가 아니면 상대적으로 부정적인가?

P3-12. 유니레버의 기본적인 통제문제를 세 가지 수준 모두에서 설명하여보라.

P3-13. 유니레버는 통제기능을 어떻게 조직화하고 관리해야 하는가?

출처: "Unilever Annual Report 2012," unilever.com, accessed on August 1, 2013; "Unilever Refashions Itself into Two Units," *Wall Street Journal*, August 7, 2000, p. A11; "Unilever to Sell Specialty-Chemical Unit to ICI of the U.K. for About $8 Billion," *Wall Street Journal*, May 7, 1997, pp. A3, A12; "Unilever Sells Off Four Chemical Units," USA Today, May 8, 1997, p. 3B; *Hoover's Handbook of World Business 2013* (Austin, TX: Hoover's Business Press, 2013) pp. 372 – 373; Marc Gunther, "Unilever's CEO Has a Green Thumb," Fortune, June 10, 2013, pp. 125 – 131.

PART 4 국제경영 기능관리

CHAPTER 16

국제 마케팅

International Marketing

SAJJAD HUSSAIN/AFP/Getty Images/Newscom

학습목표

1. 국제경영에서의 마케팅 관리의 본질을 특징짓는다.
2. 국제경영에서 제품 정책 및 의사결정사항의 기본 종류에 대해 논의한다.
3. 국제경영에서 가격 이슈와 가격 결정 평가를 파악해 본다.
4. 국제경영에서 프로모션 이슈와 프로모션 결정 평가를 파악해 본다.
5. 국제경영에서 유통 이슈와 의사결정의 기본 종류에 대해 논의한다.

노점으로 정복하다

유니레버는 세계에서 가장 큰 소비재 기업 중 하나다. 유니레버에는 170,000명이 넘는 직원이 근무하고 있으며, 2012년에는 600억 달러를 웃도는 판매를 기록하였다. 유니레버는 Axe, Degree, Dove와 같은 개인생활용품(personal care)브랜드, Alberto VO5, TRESemme와 같은 모발관리 용품, Breyer's, Ben & Jerry's 그리고 Lipton Tea와 같은 아이스크림이나 음료용품, Close-up(클로즈업) 치약 등 매우 많고 다양한 범위의 제품들을 취급하고 있다. 유니레버는 백 개 이상의 브랜드명(brand name)과 수십 개의 시장 주도 상품들을 보유하고 있는데, 그 상품들을 180개국 이상의 국가에서 판매하고 있다고 한다.

유니레버의 역사는 100년을 넘는데, 이는 영국의 두 형제, 윌리엄과 제임스 레버가 세계 최초로 Sunlight라는 이름으로 세탁비누를 선보인 1885년으로 거슬러 올라간다. 1930년 레버 형제는, 네덜란드회사 Margarine Union과 합병한 뒤 회사의 새로운 이름을 유니레버로 하였다. 비록 유니레버가 세금(tax purposes) 등을 이유로, 런던의 유니레버 PLC와 로테르담의 유니레버 N.V.로 분리된 법적인 독립체를 유지하고 있지만, 모든 실질적 운영의 목적에서 이는 하나의 다국적 기업이다.

지난 몇 십 년 동안, 유니레버는 수십 개의 새로운 사업들을 사들이고 또 일부 몇 개는 없애기도 하였다. 제품군에 따라 다르지만 유니레버의 주요 경쟁사로는 Procter & Gamble, L'Oréal, Nestlé, Coca-Cola, Colgate-Palmolive, Johnson & Johnson, Tata Group 등이 있다. 최근 몇 년간, 유니레버는 7조 달러 규모의 소비자재 산업에서 선두 P&G를 잇는 확실한 2위 기업으로써의 명성을 확고히 했으며, 계속해서 빠르게 성장하고 있다. 실제 유니레버의 매출 상승률은 P&G의 매출 상승률보다 2배나 높다. 흥미롭게도, 유니레버 성공의 대부분은 신흥시장(emerging markets)에 침투하는 그들의 능력에 기인한 것이다. 예를 들어, 1990년 기업수익의 20%가 신흥시장에서 발생하였지만, 지금은 이들 시장에서 수익의 55%를 올리고 있다. 이는 네슬레 40%, P&G 38%, 로레알 35%라는 수치와 비교된다.

이러한 시장에서 유니레버의 성공은 결과적으로 지역상인들(merchants and venders)과의 적극적이고 친밀한 관계를 차근차근 쌓고 유지함으로써 이루어낼 수 있었다. 인도네시아의 수도 자카르타를 예로 들어보자. 이 부산한 도시의 소규모 가족중심(mom-and-pop) 소매상의 대부분은 여러 노천시장(open-air markets)의 작은 노점에서 물건을 파는 저소득층 고객들에게 음식을 제공하는 상인들이다. 유니레버는 조그만 용기에 상품들을 포장하고 이를 값싸게 제공하였다. 예를 들어, 크림이나 로션들은 가급적 35센트 정도의 싼 가격에 판매할 수 있도록 제공하였다. 그러고는 상인들이 노점 앞쪽에 유니레버 브랜드를 전시하고, 타 경쟁사의 제품들을 가게 뒤쪽으로 옮긴다면 대폭적인 할인을 제공한다. 고객이 이러한 가게들이 번창하는 시장을 지나다닐 때면, 유니레버의 상품들은 그들의 눈에 더 자주 띌 것이다. 오직 고객들이 경쟁사의 상품에 대해 문의할 때에만 상인들은 먼지가 쌓이고 불도 잘 들어오지 않는 노점의 뒤편으로 그들을 안내할 것이다.

유니레버는 브라질에서도 동일한 방식으로 적극적인 공세를 펼쳤다. 유니레버는 2010년에 Alberto Culver를 37억 달러에 사들인 뒤, 브라질에서 이 거래를 통하여 획득한 것들 중 하나인 TRESemme 샴푸를 P&G의 시장선도 상품 Pantene 샴푸의 대안으로 시장에 내놓기 위한 계획을 수립하였다. 유니레버의 경영진들은 브라질의 가장 영향력이 큰 40개의 소매상들에게서 지원을 받아, 브라질 패션블로거와 여론 주도자들을 양성하고 천만 개의 샘플을 공급하였다. 그리고 실제 트레제메가 소개된 이후, 말 그대로 시장점유율 0%의 상태에서 (팬틴을 뛰어넘는) 시장의 리더가 되기까지 채 일 년이 걸리지 않았다. 브라질에서 트레제메의 연간 총판매량은 2억 달러에 이른다. 유니레버는 같은 유형의 캠페인을 인도에서도 적극적으로 전개할 계획이다.

어떤 의미에서, 현재 유니레버의 행보는 국제 마케팅에 대한 두 갈래의 접근방법을 취하고 있는 것이다. 먼저, 유니레버는 자신들의 혁신 능력과 마케팅 영향력을 이용하여 주요 신제품을 신흥시장에 출시한다. 다음으로, 이러한 시장에서 수십 년간의 운영에서 얻은 현지지식을 해당 지역의 고객들이 자신들의 상품에 끌리도록 하는데 활용하고 있다–유니레버는 1933년부터 인도네시아에서, 1888년부터는 인도에서 그리고 1920년부터는 브라질에서 판매를 지속해왔다. 유니레버는 또한 이전보다 의사결정이 더 빨리 이루어지고 상품들이 이전보다 더 빠르게 개발되고 출시될 수 있도록 자신들의 소통과 보고 과정을 간소화시키기 위해 많은 노력을 기울였다. 한 가지 예로, 20년 전의 유니레버 의사결정자들이 20,000여 종류의 각기 다른 재무보고서를 사용하였으나, 현재는 그 수가 90으로 줄었다. 2005년 유니레버는 5,000개의 신상품프로젝트를 진행 중이었지만, 상품을 극소수의 시장 몇 군데에 진출시키는 데도 오랜 시간이 걸린다는 것을 알고 있었다. 하지만 현재 유니레버는 단 600여 상품에 대한 프로젝트만을 진행하고 있음에도, 적어도 90%의 상품이 프로젝트 진행이후 1년 이내에 전 세계로 출시될 가능성이 있다고 보고 있다. 요약하자면, 유니레버는 뛰어난 잠재력을 가지고 있는 소수의 상품에 집중하고, 자신들의 온 힘을 다하여 신상품을 출시하는 것이다.[1] ■

앞서 살펴본 오프닝 사례에서는 국제 경영에서 마케팅의 중요성과 가치를 강조하고 있다. 적합한 제품을 인식하여 해당 제품을 적합한 고객과 일치시키고, 고객에게 해당 제품을 프로모션하고 그리고 효과적인 유통의 메커니즘을 개발하여 고객들이 제품을 구매할 수 있을 때 기업은 어디에 위치하고 있는지에 관계없이 성공적인 기업이 될 수 있다.

마케팅이란 "개인 및 조직의 목표를 만족시키는 교환을 창조하기 위하여 아이디어, 상품, 서비스의 개발, 가격 결정, 프로모션, 유통을 계획하고 수행하는 과정"을 말한다.[2] **국제 마케팅**은 국경을 초월하여 이러한 활동이 확장된 개념이다. 외국의 새로운 시장에 진출하는 기업은 서로 다른 정치, 문화, 법률시스템 뿐만 아니라, 익숙하지 않은 경제 상황, 광고 미디어 및 유통 채널의 상황하에서 거래를 해야 한다. TV에서 제품을 홍보하는 것에 익숙한 국제 기업은 TV를 가지고 있는 사람들이 비교적 적은, 개발이 덜 된 시장에 진입할 때의 접근 방식을 변경해야 한다. 광고 규정은 국가마다 다르다. 예를 들어, 프랑스 법률에서는 경쟁제품을 폄훼하는 광고는 단념해야 한다. 비교 광고는 중요하고 객관적이며, 제품들 간의 차이를 검증할 수 있는 두 가지 이상이 포함되어야 한다.[3] 뉴질랜드의 감독관들은 다양한 이유로 광고를 금지시킬 수 있다. Nike 광고가 너무 폭력적이라며 금지한 것이나 코카콜라 광고의 원주민 댄서의 노출을 "문화에 대한 이해부족(culturally insensitive)"이라고 금지시켰다.[4]

서로 다른 국가들과 상대하는 것 외에도 국제 마케팅 관리자들은 국내에서는 직면하지 않은 두 가지 일에 맞서게 된다. 즉 다양한 국가 시장들 사이에서 시너지 효과를 발굴하고 마케팅 활동을 조정한다. 시너지 효과는 추가 수익 및 성장과 상호 교류의 기회를 제공하기 때문에 중요하다. 조정은 마케팅 비용을 줄이는 데 도움을 줄 수 있고 통합된 마케팅 활동을 만들어낼 수 있기 때문에 중요하다.

16.1 국제 마케팅 관리

국제 기업의 마케팅 활동은 종종 회사 내에서 별도로 독립된 기능으로 구성된다. 그러나 [그림 16.1]에서 보는 바와 같이 그 기능은 상호 영향을 주고 거의 모든 다른 조직의 활동에 의해 영향을 받는다. 이러한 상호관계는 국제 마케팅 관리를 함에 있어서 국제 비즈니스 성공의 핵심 요소이다. 국제 마케팅 관리는 국제 마케팅 활동이 기업 전략, 사업 전략 그리고 다른 기능 전략들과 잘 맞물리게 하기 위한 기업의 노력을 포함한다.

국제 마케팅과 사업 전략들

기업의 마케팅 관리자를 위한 핵심 과제는 회사의 전반적인 비즈니스 전략을 지원하는 국제 마케팅 전략을 채택하는 것이다.[5] 11장에서 설명한 대로 비즈니스 전략 세 가지 형태 중 하나를 취할 수 있다. 즉 차별화, 원가우위 또는 집중화이다.

차별화 전략은 마케팅 관리자가 고객의 입장에서 경쟁사의 제품이나 서비스로부터 차별화할 수 있는 제품을 개발할 뿐만 아니라 가격, 프로모션 및 유통 전략이 필요하다. Rolex 시계, BMW 자동차, Montblanc 펜과 같은 제품의 마케팅 관리자가 성공적으로 보

그림 16.1
통합기능으로서의 국제 마케팅

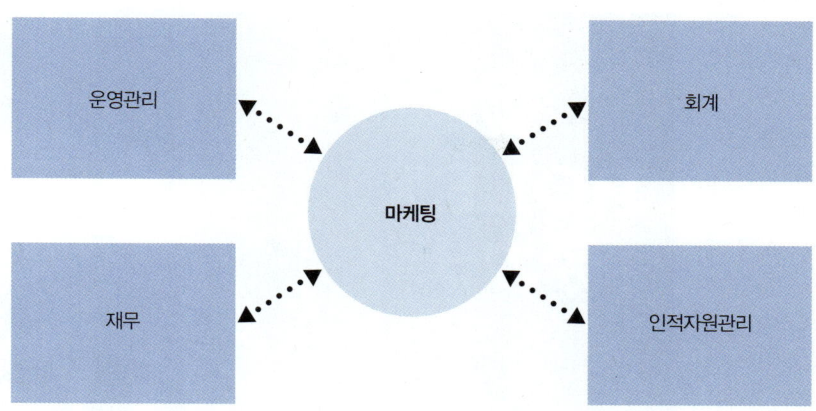

여준 것과 같이 차별화는 인지된 품질, 패션, 신뢰성 또는 다른 두드러진 특성에 기반을 둘 수 있다. 차별화가 고객에게 효과적으로 전달될 수 있다고 가정하면, 기업은 제품에 대한 높은 가격을 청구하거나 낮은 브랜드의 가격 경쟁에서 자신을 보호할 수 있을 것이다. 예를 들어 성공적으로 차별화 전략을 구현한 Rolex는 39.95달러의 Timex quartz 시계를 타깃 광고할 때마다 15,000달러의 Rolex 다이아몬드 시계의 가격을 인하할 필요가 없다.

또한 기업은 원가우위를 강조한 국제 비즈니스 전략을 채택할 수 있다. 원가우위전략은 생산 및 제조비용, 판매비용 감소, 낮은 이윤, 저렴한 재료와 부품의 사용, 또는 다른 수단의 수용 등을 통한 체계적인 절감으로 추구하고 달성될 수 있다. 이 전략을 채택한 기업의 마케팅 관리자는 제품의 낮은 가격을 광고 및 홍보하는 데 노력할 것이고, 낮은 소매가격을 유지하는 데 허용된 유통채널을 활용할 것이다. 예를 들어 세련된 부티크(boutiques)숍을 통해 판매하기보다는 할인점을 통해 판매하는 것이다. Casio 계산기, Kia 자동차 그리고 Bic 펜은 모두 원가우위전략을 사용하여 판매한다. 그리고 Timex의 원가우위 접근방식은 거대한 저가격 시계시장에서 성공을 할 수 있다.

기업은 또한 집중 전략을 채택할 수 있다. 이 경우 마케팅 관리자들은 소비자 시장의 특정 부분 또는 특정지역이나 시장 내의 특정 지역에 그들의 활동을 집중할 것이다. 국제 마케팅 관리자는 다양하게 선택된 목표시장에서 자기 기업의 제품과 서비스에 관한 해당 메시지를 획득하는 데 집중해야 할 것이다. 예를 들어 스위스의 Swatch 시계를 만들어낸 Ste. Suisse Microelectronique et d'Horlogerie SA (SMH)은 유럽, 북미, 아시아의 젊고, 패션 지향적인 소비자들에게 저가 라인의 시계를 판매하는 데 마케팅 노력의 초점을 맞추고 있다. "Emerging Opportunities"는 어느 한 중국 기업가가 그의 집중 전략을 구현하는 핵심 요소로 인터넷을 사용하는 것을 보여준다.

기업의 성공을 위한 중요한 요소는 전반적인 비즈니스 전략과 국제 마케팅 활동과의 조화이다. Timex, Rolex 그리고 SMH—모든 시계제조업체—가 선택한 차별화 전략들은 아직까지는 모두 그들의 사업 전략에 대한 국제적인 마케팅 활동이 일치하기 때문에 국제적으로 성공적이라 할 수 있다. Timex의 원가 우위 전략이란 기업이 전 세계적으로 낮은 원가로 공급하는 업체를 찾아야 하고, Saks Fifth Avenue 백화점과 Harrod's 등 세련된 백화점보다는 월마트와 같은 할인상점에서 시계를 판매하는 것을 의미한다. Rolex의 차별화인지된 품질이나 패션에 근거한 차별화 전략은 기업이 자사제품에 대하여 고가격 책정할 수 있게 해준다. 예를 들어 Rolex는 정성을 들여 다른 시계메이커들의 가격보다 몇 배 높은 가격책정을 가능하게 해주는 세련되고 교양 있는 이미지를 만들었다. 스위스 기반의 기업들은 대부분의 아시아 시장에서 자사의 차별화전략을 확대하여 큰 성공을 거두었다.

AFP/Getty Images

전략은 기업의 이미지를 세계적으로 신중하게 키워 온 것에 기반을 두고 있다. 만일 Rolex가 세계에서 가장 화려한 도시의 가장 세련된 도로에 위치한 일부 세련되고 비싼 시계판매업자를 통하기보다는 전 세계 지하철 역 앞 노점상을 통해 시계를 유통시킨다면 Rolex의 이미지는 무너질 수도 있다. 마찬가지로 SMH는 *Town and Country, Architectural Digest*와 같은 잡지의 상류층, 중년의 구독자 또는 *Field and Stream*, *Popular Electronics*와 같은 압도적으로 남성들로 구성된 독자층에게 스와치 시계를 광고하지 않는다. Swatch는 인구통계학적으로 비슷한 연령의 젊고, 최신 유행에 민감한 여성 관객(집중전략에 타깃이 되는)에 의해 읽히는 *Elle* 미국, 중국, 프랑스 버전에서 상품을 광고한다.

기업이 전반적인 국제경영전략을 채택하였다면 사업을 하고자 하는 어느 곳에서나 전략을 평가해야 한다. 특정 외국 시장 진출 여부에 대한 결정은 기업의 전반적인 비즈니스 전략과 일치해야 하고 또 거기에서 파생되어야 한다. 예를 들어, 코스타리카, 나미비아, 폴란드와 터키처럼 낮은 중간 소득 국가들의 꾸준한 경제 성장률은 Timex에게 새로운 비즈니스 기회를 제공하지만 Rolex에게 반드시 그런 것은 아니다.

예산과 자원의 제한 때문에 국제 기업은 자사의 제품에 대한 잠재력에 따라 진출국가와 진출순위결정을 신중하게 평가해야 한다. 순위결정에는 문화, 경쟁 수준, 유통 채널과 인프라의 가용성 등이 영향을 주는 요인이 될 수 있다. 제품 및 기타 상황에 의존하는 기업은 일정의 수용기준을 충족시키는 모든 시장에 동시에 진입하고자 할 때 선택할 수 있다. 예를 들어, 나이키, 코카콜라와 같은 소비재 마케터들은 종종 매스 미디어 광고 캠페인의 효과를 극대화하기 위해 북미나 유럽전역에 걸쳐 광범위하게 새로운 제품을 소개한다. 또한 기업은 그들이 가진 잠재력을 기반으로 순서대로 시장에 진입하고자 할 때 선택 할 수 있다. 예를 들어 Caterpillar(캐터필러)는 최신 음악과 스포츠 스타가 확실히 보증하는 화려한 TV 캠페인이 아닌 강력한 지역 판매점을 공들여 개발한 것을 기반으로 하는 마케팅 전략 때문에 이러한 접근방법을 사용하고 있다.

마케팅믹스

국제기업이 특정의 외국 시장에 진출하기로 결정한 후에는 추가적인 마케팅 의사 결정을

EMERGING OPPORTUNITIES

귀여운 마늘(PRETTY GARLIC)

10여 년 전 Yafod 인터내셔널이 설립되었을 때, Yafod는 한 가지 제품(garlic)만 판매했다. 당시 중국의 산동성(Shandong province)에 본사를 둔 소규모 수출회사의 전무이사인 John Huang은 흥미로운 도전에 직면하였다. 즉 마케팅 예산의 부족에도 불구하고, 세계적인 식품가공회사와 야채 도매업자들이 자사의 마늘을 주문하도록 어떻게 설득할 것인가 그 방법을 찾는 것이었다.

Huang의 해결책은 자신의 회사와 간단한 제품 라인을 전 세계적으로 인식시키기 위해 인터넷을 사용하는 것이었다. 그는 재치 있고 기발한 브랜드 명, Pretty Garlic을 개발하고 매력적인 웹사이트, www.prettygarlic.com을 디자인하였다. 그리고 이 웹사이트는 마늘의 잠재적인 구매자(buyer)의 욕구(needs), 즉 품종, 가격, 주문 정보, 지불 조건, 배송 준비 그리고 포장의 세부 사항 등과 같은 많은 정보를 제공한다. 또한 웹사이트에서는 식물이 건강에 주는 혜택과 같은 마늘 유통업자들에게 유용한 정보를 제공한다. 그것은 아마도 중국 마늘의 다양한 크기 및 형태를 보여주는 컬러 사진을 갖춘 인터넷상의 첫 번째 사이트일 것이다. 비록 대부분의 웹 서퍼들은 5.5cm의 순백의 진시앙 마늘구근(Jinxiang garlic bulb)의 사진을 볼 필요가 없겠지만, 세계의 식품가공업자들과 식료품 체인들을 위한 구매업자들은 마늘구근의 사진을 본다. Huang의 주문의 절반 이상이 인터넷을 통해 이루어지고 있고, 이 회사는 현재 1년에 15,000톤 이상을 선적하고 있다.

말할 필요도 없이 인터넷은 Huang에게 작지만 초점을 맞춘 목표시장(small but focused target market)에 접근할 수 있는 완벽한 수단을 제공하였다. 그의 창의적인 인터넷 중심의 마케팅 전략에 힘입어 Yafod는 기타 과일류, 야채, 콩 그리고 향신료 등으로 제품 라인을 확대하고 있다. 현재 캐나다, 컬럼비아, 이란, 인도, 폴란드 그리고 영국에 사무소를 두고 있다. Amazon이나 eBay와 같이 크거나 잘 알려져 있지는 않지만 Pretty Galic의 성공은 전 세계의 소비자에 미치는 인터넷의 힘을 잘 보여주고 있다. 회사의 성장에 비추어, Huang은 "인터넷은 우리 기업발전에 중요한 역할을 담당해 왔습니다. 우리는 지속적으로 온라인 e-비즈니스 플랫폼을 개발하고, 주요 검색 엔진에 우리의 제품을 홍보합니다... 매일 우리는 세계 여러 나라로부터 새로운 주문(inquires)을 받고 있습니다."라고 말한다. 품질과 고객서비스에 대한 노력과 함께 인터넷의 창조적인 사용은 젊은 기업의 목표 달성에 기반이 된다. 실제로 *Fortune*은 최근 Pretty Galic을 "산업 내 Nike나 Coca-Cola에 상응하는 기업"으로 묘사하였다.

출처: Correspondence with John Huang, August 23, 2011 and March 25, 2010; "Inside China's garlic bubble," *Fortune*, March 23, 2010 (online); "The Web @ Work," *Wall Street Journal*, August 7, 2000, p. B4; www.prettygarlic.com website.

하지 않으면 안 된다.[6] 특히 국제 마케팅 관리자는 다음의 네 가지 문제를 해결해야 한다.

1. 제품 개발 방법
2. 개발한 제품의 가격 결정 방법
3. 개발한 제품의 판매 방법
4. 소비자들에게 제품을 유통시킬 방법

이러한 요소들은 총칭해서 **마케팅믹스(marketing mix)**로 알려져 있고, 흔히 *마케팅의 4P*—제품(product), 가격(pricing), 프로모션(promotion) 그리고 유통(place)—라고 한다. 국제 마케팅에서 4P의 역할은 [그림 16.2]에서 나타내는 바와 같다.

국제 마케팅믹스 이슈(issues)와 의사결정은 비록 조금 더 복잡하기는 하지만 여러 가지 면에서 국내마케팅과 매우 유사하다. 국제 마케팅 관리자들이 고려해야 할 변수의 집합체는 국내마케팅 관리자의 경우보다 훨씬 더 광범위하고 그리고 이러한 변수 사이의 상호관계는 훨씬 더 복잡하다. 그러나 이러한 복잡성을 논의하기 전에 우리는 국제기업이 진입하고자 하는 모든 국가에서 자신들의 마케팅믹스를 표준화 해야 하는 정도는 국제 마케팅에서 중요한 또 다른 이슈라는 점에 초점을 맞출 필요가 있다.

표준화 대 개별화(맞춤방식)

기업의 마케터는 일반적으로 자신들의 마케팅믹스를 표준화할 것인지 개별화할 것인지의 여부를 결정함에 있어 3개의 기본적인 접근방식에서 선택한다.

1. 기업은 *본국 중심적 접근방식(ethnocentric approach)*을 채택한다. 즉 단순히 국내에서와 같은 방법으로 자사의 제품을 국제적으로 판매할 것인가?
2. 기업은 *현지 지향적 접근방식(polycentric approach)*을 채택한다. 즉 개별 외국 시장별 특정 니즈(specific needs)에 적합한 마케팅믹스를 개별화할 것인가?
3. 기업은 *세계 지향적 접근방식(geocentric approach)*을 채택한다. 즉 전 세계 소비

그림 16.2
국제기업의 마케팅믹스 요소

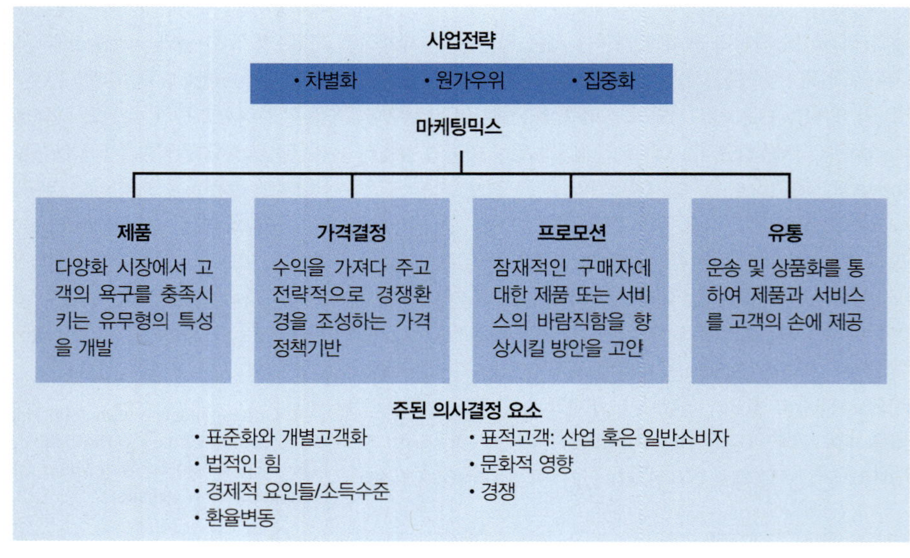

자들의 니즈를 분석한 다음 모든 시장에 적합한 표준화된 마케팅믹스를 채택할 것인가?[7]

본국 중심적 접근방식(ethnocentric approach)은 비교적 채택하기가 쉽다. 기업은 국제시장에 상품을 판매함에 있어 국내시장에서 사용하는 마케팅믹스와 동일하게 사용함으로써, 외국소비자들에게 적합한 새로운 마케팅 기법을 개발하는 데 드는 비용을 절감할 수 있다. 국제화 초기단계의 일부기업은 국내에서 사용하는 마케팅믹스가 해외시장에서도 성공할 것이라는 믿음으로 이 접근법을 채택한다. 예를 들어 Lands' End가 독일의 통신판매 시장을—1인당 기준으로 세계에서 가장 크다—목표로 했을 때, 의도적으로 자신의 미국에서의 마케팅전략을 따라할 것이다. Lands' End는 "down home(미국 남부지방)" 뿌리를 강조하면서, 회사는 미국 소비자들에게 자신들이 위스콘신 주의 농촌 옥수수 밭 옆에 위치함을 알리고 또한 회사의 운영자와 생산직 직원의 친절함과 함께 자신들의 관대한 반품정책을 선전한다. 즉 이미 사용하였거나 또는 닳아서 못 쓰게 된 것일지라도 묻지도 따지지도 않고 소비자들은 Lands' End의 모든 제품을 반환할 수 있다. 독일 시장에 진입했을 때 Lands' End는 Saar강의 작고 그림 같은 Mettlach 마을의 오래된 교사에 지역 본부를 설립했다. 회사는 친절하고 유용한 서비스를 제공하기 위한 회사의 표준에 적합토록 하기 위하여 자사의 통신판매 상담원들을 교육하는 데 수개월을 보냈다. 또한 독일의 경쟁업체도 깜짝 놀랄 "묻지도 따지지도 않기"라는 반환서비스(return service)는 판세를 바꿔 놓았다. 독일의 경쟁업자들의 정책은 제품이 자신의 카탈로그에 결함이나 부정확하게 설명된 경우와 제품을 사용하지 않는 양호한 상태의 경우에만 반품을 허용하였기 때문이다.[8] 그러나 만일 외국 소비자의 독특한 욕구를 고려하는 데 실패하여 기업이 매출에 손실을 입게 된다면 본국 중심적 접근방식은 바람직하지 않을 수 있다. 이러한 경우 성공적인 기업은 현지시장에 대해 더 많이 경험한 다음에 현지 상황이나 욕구에 맞게 그들의 마케팅믹스를 수정해야 할 것이다.

현지 지향적 접근방식은 훨씬 더 비용이 많이 든다. 왜냐하면 국제 마케터들은 현지시장의 소비자들의 독특한 요구를 충족시키기 위하여 각 시장에 기업의 마케팅믹스를 맞추려고 시도하기 때문이다. 만일 마케터가 이 과제를 성공한다면 개별화는 기업의 수익을 증가시킬 수 있다. 이 접근법을 채택하는 기업이 믿는 것은 소비자는 자신의 요구를 충족시키지 못한 제품보다 정확히 충족시키는 제품에 대해 높은 가격임에도 불구하고 기꺼이 지불하고, 기꺼이 더 구입할 것이라는 점이다. 종종 국가별 전략을 취하는 국제기업이 이 접근방식을 택한다.

세계 지향적 접근방식은 마케팅믹스의 표준화로 불린다. 이 방식은 각기 다른 시장에서 본질적으로 동일한 제품과 서비스를 제공하고, 전 세계적으로 해당 제품이나 서비스를 판매함에 본질적으로 동일한 마케팅 접근 방식을 사용한다. 코카콜라는 이 접근 방식을 채택한 최초의 국제 기업 중 하나였다. 코카콜라는 인기 있는 청량음료를 전 세계에 판매하고 어디에서나 본질적으로 동일한 포장, 제품 및 광고 주제를 사용한다. 사실, 코카콜라 병의 유선형은 세계에서 가장 널리 인정받는 이미지 중 하나이다.

본국 중심적 및 세계 지향적 접근방식은 마케팅믹스의 표준화에 대해 주장하는 것임에 주목하자. 11장에서 본 바와 같이 본국 중심적 접근방식을 사용하는 기업은 본국에서의 그 기업의 활동에 기초하여 표준화한다. 세계 지향적 접근방식을 사용하는 기업은 본국에 편향됨이 없이 시작한다. 대신 세계 지향적 접근방식은 전 세계 모든 소비자들의 요구를 고려하고 그것을 기반으로 표준화한다.

표준화는 오마에 겐이치(Kenichi Ohmae, 맥킨지 & 컴퍼니의 도쿄 사무실의 전무이사)와 같은 지지자들의 주장으로 1980년대 동안 인기 있는 화두가 되었다. 그들의 주장은 북미, 유럽, 아시아의 부자 국가의 고객은 비슷한 소득, 교육성과, 라이프스타일, 그리고 욕망 등이 점점 비슷하게 되어가고 있으며 그래서 국가별로 비용이 많이 드는 마케팅믹스의 개별화는 필요성이 덜해지고 있다는 것이다.[9] 마찬가지로, 하버드 비즈니스 스쿨 마케팅 교수 Theodore Levit은 기업의 제품 표준화와 마케팅믹스의 다른 요소들이 생산, 유통 그리고 프로모션에 거대한 규모의 경제를 만들어낸다고 믿고 있다. Levit은 전 세계적으로 가격을 낮춤으로 원가 절감을 꾀하고자 표준화를 채택한 기업은 국제 경쟁자들보다 더 나은 성과를 얻을 수 있다고 주장한다.[10]

표준화와 개별화 간의 장단점은 분명하다. 표준화는 기업이 제조, 유통, 홍보 효율성을 달성하고, 간편하고 더욱 능률적인 작업을 유지할 수 있도록 해준다.[11] 그러나 기업은 표준화제품이 해당 시장에서 고객의 독특한 요구사항을 충족하지 않을 경우 매출 손실의 고통을 겪을 수도 있다. 개별화는 기업의 비용이 많이 들기는 하지만 각 시장에서 고객의 요구를 충족시킬 수 있는 맞춤형 제품을 만들어 낼 수 있다. 본질적으로, 표준화는 수익 방정식의 원가 측면에 초점을 맞추고 있다. 즉 원가를 낮추도록 함으로써 기업의 이익이 향상된다. 개별화는 수익 방정식의 수익 측면에 초점을 맞추고 있다. 즉 각 시장에서 독특한 고객의 요구에 주의를 기울임으로써 기업은 높은 가격을 부과할 수 있고, 더 많은 제품을 판매할 수 있게 된다. 실제로 대부분의 기업들은 두 접근 방식 중 어느 하나로의 극단적인 선택은 피한다.[12] 많은 성공적인 기업들이 선택한 전략은 서로 다른 국가의 시장에서 고객의 요구를 만족시킬 수 있는 능력을 유지하면서 글로벌 마케팅믹스의 규모의 경제를 얻기 위해 "세계적으로 생각하고 현지화로 행동(think globally, act locally)"하는 전략이다. 글로벌 마케팅 사용의 선구자인 코카콜라조차도 자사의 글로벌 마케팅 프레임 워크 내에서 현지화 된 생각을 하도록 더욱 장려하기 시작했다. 예를 들어, 코카콜라는 남아프리카의 유통업자가 세 가지 다른 크기의 캔에 코카콜라를 포장할 수 있으며, 또한 Iron Brew라는 이름의 단맛이 더 강한 콜라를 남아프리카 시장에서 판매할 수 있도록 하였다.

가전 시장이 이 전략의 유용한 사례를 제공한다. 미국의 주방은 크고 넓은 경향이 있어 소비자는 대형 스토브, 냉장고, 및 식기 세척기를 선호한다. 유럽과 일본의 작은 부엌은 훨씬 더 작은 기기를 사용하게끔 한다. 또한, 유럽 내에서는 전원공급 장치의 특성과 다양한 디자인, 기능과 방법에 대한 소비자 선호도의 차이점이 표시되어 있다. 따라서 가전기기 제조업체들은 비즈니스를 수행하는 각 국가에 대한 구체적이고 독특한 제품 라인을 개발해야 한다. 월풀은 국경을 넘는 틈새시장의 요구를 충족시키기 위한 제품을 설계하여 개별화비용의 일부를 감소하기 위해 노력하고 있다. 예를 들어, 월풀 디자이너는 브라질, 멕시코, 인도 등의 국가에 신흥 중산층의 요구를 충족시키는 것을 목표로 삼고, 작으면서 가장 기본적인 기능만을 하는 자동 세탁기인 World Washer를 개발하였다. 그러나 월풀은 필요한 경우에 World Washer조차도 개별화할 준비가 되어있다. 월풀은 세탁기가 인도 여성들이 착용하는 전통의상인 사리를 찢어지거나 엉키게 하지 않는 것을 보장하기 위해 인도에서 판매되는 World Washer의 교반기(agitators)를 수정하였다.[13]

표준화 또는 개별화의 정도는 제품 유형, 본국과 진출국가의 문화적 차이, 진출 국가 간의 법률 시스템 등 여러 요인에 따라 달라진다. 기업은 마케팅믹스의 첫 번째 요소를 하나의 접근 방식에 채택하고 마케팅믹스의 두 번째 요소를 또 다른 하나의 접근방식에 채택할 수 있다. 종종 기업은 생산측면에서 규모의 경제를 얻기 위해 제품 디자인을 표준화 하지만 특정 현지 시장의 요구를 충족시키기 위해서는 광고 및 유통 채널을 개별화할 수 있다. 표준화의 정도는 또한 글로벌 시장에서 기업의 인지도에 의해 영향을 받을 수 있다. 이는 "유리컵에 절반이 채워져 있는가 아니면 절반이 비워져 있는가?"하는 수수께끼와 유사하다. 표준화 전략 쪽으로 기울어진 기업은 전 세계 소비자들을 놓고 봤을 때 기본적으로는 유사하지만 그들 사이에서 차이점에 대해 조절해야 한다. 개별화 전략 쪽으로 기울어진 기업은 소비자들을 놓고 봤을 때 다르지만 그들 사이에서의 유사점에 대해 조절해야 한다.

국제 기업은 또한 조직 구조를 고려해야 한다. 표준화는 권한과 통제가 기업의 본사에 집중됨을 의미한다. 반면에 개별화는 본사가 현지 관리자에게 상당한 의사 결정 권한을 위임해야 한다. 따라서 강력한 중앙 집중식 기업은(14장 참조) 분권화된 기업보다 더 쉽게 국제 마케팅믹스를 표준화할 수 있다. 종종 국제 기업은 2단계의 프로세스를 채택하여 이러한 조직 문제를 해결한다.

1. 제품 디자인, 브랜드, 포장, 제품 포지셔닝 등과 같은 마케팅믹스의 일부 요소를 표준화하는 결정이 중앙에서 이루어진다.
2. 그 다음에 현지 관리자들은 글로벌 마케팅 프로그램의 비평과 프로모션과 유통 등과 같은 마케팅믹스의 개별화된 요소들을 구현하기 위한 개발계획을 부탁받는다.[14]

[표 16.1]은 국제 마케팅 활동의 일부 또는 전부에 대해 표준화 또는 개별화 전략을 채택할 수 있도록 이끌 수 있는 기업의 몇 가지 요인을 요약한 것이다.

In Practice

- 관리자들은 자신들의 비즈니스 전략과 국제 마케팅을 통합하는 것에 대한 중요성을 이해할 필요가 있다.
- 관리자들은 또한 자신들의 마케팅 계획에 있어 표준화와 개별화의 장단점에 대하여 명확하게 이해하여야 한다.

추가 고려 사항: 당신은 국제 마케팅의 접근방법(본국중심적, 현지지향적, 세계지향적 접근방식)중에서 가장 도전적인 것은 무엇이라고 생각하는가?

표 16.1 국제 마케팅의 표준화와 개별화의 장단점

국제 마케팅 표준화	
장점	**단점**
1. 마케팅 비용 절감 2. 마케팅의 중앙 집중식 통제 용이 3. R&D 효율성 증진 4. 생산측면에서의 규모의 경제 창출 5. 단일 글로벌 시장 추세를 반영	1. 제품 사용의 조건 차이 무시 2. 현지의 법적 차이 무시 3. 구매자 행동 파턴의 차이 무시 4. 현지 마케팅 활동 억제 5. 개별 시장에 다른 차이 무시
국제 마케팅 개별화	
장점	**단점**
1. 제품 사용의 조건 차이 반영 2. 현지 법적 차이 인정 3. 구매자의 행동패턴의 차이점 고려 4. 현지 마케팅 활동 프로모션 5. 개별시장에 대한 다른 차이점 고려	1. 마케팅 비용 증가 2. 마케팅의 중앙 집중식된 통제 억제 3. R&D의 비효율성 창출 4. 생산측면에서의 규모의 경제 감소 5. 단일 글로벌 ㅅ장 추세를 무시

16.2 제품 정책

국제 마케팅믹스의 첫 번째 *P*는 제품 자체이다. 여기에서 **제품**이란 소비자가 직접 보고 만질 수 있는(실제 제품과 포장) 유형 요소들과 이미지, 설치, 보증, 신용 조건 등 수많은 무형 요소들을 모두 포함한다. 국제적으로 경쟁할 수 있는 기업의 가장 중요한 능력은 다양한 해외시장에 존재하는 소비자들의 욕구를 충족시켜 줄 수 있는 유·무형의 특징을 가지고 있는 제품을 성공적으로 개발하는 것이다.[15] 예를 들어, 유럽과 아시아, 미주 지역에서 자동차를 판매하는 Toyota가 성공할 수 있었던 것은 기계적으로 신뢰할 수 있는 차량 설계 및 생산, 경쟁력 있는 품질 보증서 제공, 제품에 대한 견고한 브랜드 구축, 예비 부품 및 수리 매뉴얼 제공, 딜러 및 소매 고객에게 자금을 융자해주는 등 제품 관련 성과를 반영했기 때문이다.

제품의 표준화인가 아니면 개별화된 제품인가

국제 마케터들이 직면하고 있는 주된 제품정책에 대한 의사결정은 회사의 제품을 시장 전반에 걸쳐 표준화해야 할 것인지 아니면 각각의 시장별로 개별화시킬 것인지에 대한 범위이다. 예를 들어 Toyota는 많은 국제기업들과 같이 개별화와 표준화를 조화롭게 채택해 왔다. Toyota는 고품질의 기계적으로 신뢰할 수 있는 자동차를 만들기 위하여 그리고 Toyota 브랜드의 명성을 유지하기 위하여 기업의 약속(corporate commitment)을 표준화하였다. 그러나 제품 및 제품 믹스는 현지 시장의 욕구를 충족시키기 위하여 개별화했다. 일본, 호주, 남아프리카 공화국 그리고 영국에서는 오른손 운전차량을 판매하고 미주 및 유럽 대륙에서는 왼손 운전차량을 판매하고 있다. 또한 경쟁사가 제공하는 품질보증에 근거하여 나라마다의 품질보증을 조정한다. 제품을 판매할 때의 이름도 또한 나라마다 다를 수 있다. 수년 동안 Toyota는 Lexus Sports Coupe(미국명)를 자국에서는 Toyota Soarer라는 이름으로 판매하였는데, 이는 렉서스 브랜드가 최근까지 일본에 소개되지 않았기 때문이다.

때때로 기업은 의도적이지 않고 우연히 자신들의 제품이 개별화된 것을 알게 된다. 예를 들어 몇 년 전 Unilever의 관리자는 명백한 이유도 없이 회사가 치킨스프에 85가지의 상이한 조리법(recipes)을 사용하고 있으며, 유럽에서 자사의 Cornetto 아이스크림에 15종류의 원뿔모양을 사용하고 있다는 것을 깨달았다. 일단 이 문제가 파악되자 Unilever는 자사의 아이스크림콘의 디자인을 재빨리 표준화하고 유럽 소비자에게 제공되는 닭고기 스프 맛의 가짓수를 대폭 줄임으로써 생산 및 재고 비용을 절감하고 유통 조건을 단순화시켰다.[16]

현지의 요구사항에 맞게 개별화 되어야 하는 제품의 정도는 여러 가지 요인에 따라 달라진다. 하나는 제품의 목표대상인 고객의 특성이다. 그들은 산업 사용자인가 개별 소비자인가? 일부 산업재는 개별화 되고, 일부 소비재는 표준화가 되었을지라도 일반적으로 산업재는 소비재보다 표준화 될 가능성이 더 높다. 예를 들어, 캐터필러의 불도저와 운반 장치는 현지 운영 및 규제 요구 사항에 맞게 약간 수정하여 전 세계에 걸쳐 판매된다. 원자재로 판매되는 제품은 또한 다른 여러 시장에 걸쳐 일반적으로 표준화된다. 예를 들면 농산물, 석유, 512메가바이트 컴퓨터 메모리 칩, 그리고 화학 물질이 포함되어 있다. 일반적인 경험법칙에 의하면 제품이 소비되는 몸에 더 가까이 있다면 개별화될 가능성이 높다. 예를 들어 일본에서의 판매촉진을 위해 Eddie Bauer는 상점 진열대에 일본인이 선호하는 신축성 있는 셔츠와 일자바지를 추가하여 그 상점에서 판매하는 의류의 스타일을 변경하였다.[17] Big Boy 햄버거 체인은 지역 소비자를 유치하기 위해 태국에서의 메뉴에 돼지고기 오믈렛과 볶음밥을 추가했다.[18]

법적인 힘

현지 국가의 법률과 규정은 또한 국제 기업이 채택한 제품 정책에 영향을 미칠 수 있다. 예를 들어 일부국가에서는 소비재에 대한 상세한 라벨링 요구사항 및 건강 기준을 부과하고 있어 국내외 기업 모두 엄격하게 준수해야 한다. 국제 기업은 포장 및 심지어 제품 자체가 소비자 보호규정에 맞도록 조정해야 한다. 예를 들어, 코로나 맥주의 제조회사인 Grupo

대부분의 기업은 제품 표준화와 개별화를 병행하여 사용한다. 예를 들어 자동차메이커들은 세계의 많은 부품에서 동일한 시트 디자인(seat design), 입력장치의 제어 버튼(control buttons) 그리고 CD 플레이어를 이용할 수 있다. 그러나 자동차메이커들은 또한 운전 습관(driving customs)에 맞추어 오른쪽 핸들과 왼쪽핸들을 적용하여야 하며, 주행거리와 가솔린 측정에 있어 미터와 비미터(metric versus non metric)를 적용하여야 한다.

Izel Photography/Alamy

Modelo SA는 해당 국가의 건강 기준을 맞추기 위해 독일, 오스트리아, 스위스에서 판매하는 맥주의 니트로사민의 양을 줄여야만 하였다.[19] 국가들은 구매와 교체결정을 단순화시키기 위해 소비재의 디자인을 규제할 수 있다. 예를 들어 사우디아라비아는 소비자 가전의 전기 연결 코드가 반드시 2미터는 되어야 한다. GE는 검열관이 GE의 연결 코드가 단지 2야드(약 1.8미터)라고 결정해 사우디 항구에서 제품을 되돌려야 했을 때 엄청난 당혹감(및 이익의 손실)을 느껴야 했다.[20] 전기기구와 방송통신장비 같은 제품들에 대해서는 폭넓고 다양한 기술 표준이 국가에 의해 채택되고 또한 기업에게 억지로 그들의 제품을 개별화하도록 강요한다. 예를 들어, 유럽에서 판매되는 가전제품의 전기 플러그는 전기 콘센트의 배열에 맞게 국가별 기준으로 변경해야 한다.

문화적 영향

국제 기업은 종종 현지시장의 문화적 요구에 맞게 그들의 제품을 맞춰야 한다. 일반적인 변경의 하나는 현지국가의 언어를 기본 언어로 하여 제품 패키지에 라벨을 변경하는 것이다. 그러나 경우에 따라서 외국어는 품질이나 패션을 내포하는 데 사용할 수 있다. 예를 들어, 공산주의 몰락 이후, Procter & Gamble (P&G)은 체코 공화국에서 판매되는 세제의 라벨에 독일어 단어를 추가하였다. 시장 연구팀들은 체코사람들이 영어 또는 독일어로 표시된 패키지 상품이 체코어로 표시된 제품보다 높은 품질을 가지고 있는 것으로 본다고 판단했다.[21] 종종 식품의 성분은 현지 입맛을 더 만족시키기 위해 변경한다. 예를 들어 Gerber는 현지 문화의 요구 사항에 맞게 자사의 베이비 푸드를 개별화한다. 이 회사는 폴란드의 어머니들은 과일을 비싼 명품으로 여기고 있어서 유아를 위해 으깬 바나나를 구입하지 않는다는 것을 알게 되었다. 대신에 폴란드 어머니들은 자신들의 유아를 양육하는 데 야채와 토끼고기 같은 Gerber 맛을 선호하고, 일본 엄마는 자신들의 아이들을 위한 Gerber의 동결 건조 정어리와 쌀을 선택했다.[22] 펩시의 Frito-Lay 사업부 또한 외국 소비자의 요구를 더욱 충족시키기 위하여 스낵식품들을 변경하였다. 예를 들어, 폴란드인과 헝가리인에게는 파프리카 맛 칩, 한국인에게는 새우 맛 칩을 제공한다.[23] 이 사업부의 식품 과학자들은 Frito-Lay의 오징어-땅콩 스낵식품이 동남아시아인들 사이에서 매우 성공할 것이라 믿으며 열심히 노력하고 있다. 어쩌면 문화적인 이유로 Gerber나 Frito-Lay도 아직은 북미에서 이러한 아이템을 판매할 계획이 없다.

문화는 다른 방법으로 제품 정책에 영향을 미칠 수 있다. 예를 들어 외국자동차메이커들은 일본 소비자들이 극도로 품질을 의식한다는 사실을 알게 되었다. 많은 일본 소비자들에게 있어 자동차는 교통의 수단이기 보다는 신분에 대한 상징이다—일본에서 자동차의 평균 주행거리는 연간 겨우 5,000마일 정도인데 이는 미국 평균의 약 3분의 1이다. 따라서 자동차의 외관은 종종 구동 방식보다 더 중요하다. 일본의 소비자들은 자동차 후드 아래에 있는 페인트가 고르지 않거나 가스탱크 커버가 느슨하게 조여 있는 경우에는 자동차를 거절할 수도 있다.[24] 많은 독일의 소비자들은 환경을 매우 의식한다. 결과적으로 기업들은 독일에서 판매하는 제품을 처리가 용이하고 재활용이 가능하도록 재설계하지 않으면 안 된다.

비슷한 맥락에서, 기업들은 서로 다른 국가에서 자신들의 포장을 조정하거나 바꿔야 할 필요성을 발견할 수 있을 것이다. 예를 들어 독일의 식료품 소매업체인 Metro가 동남아시아 시장에 진출할 때, 초기에는 다른 곳에서 사용하던 것으로—수축포장(shrink-wrapped) 식품에 사용되는 골판지 용기— 신선한 과일과 야채를 포장하는 데 같은 방법을 사용하였다. 그러나 박스 바닥에 썩은 식품이 없는지 확인하고 싶어하는 베트남 소비자들은 그런 포장을 뜯어 식품이 완전히 노출되기를 원하였다. 또한 그들은 음식을 만지고 느끼고 냄새를 맡을 수 있도록 해달라고 강력하게 요구했다. 따라서 Metro는 방법을 변경하고 거리 시장 노점에 있는 그대로 과일과 야채를 단순히 잔뜩 쌓아놓았다.[25]

다른 때에 문화는 외국제품의 변화를 강요할 수도 있다. 예를 들어, 미국 영화는 아시아에서 매우 인기가 있지만, HBO는 종종 아시아 국가 중 문화적으로 보수적인 국가에서 방송을 할 때는 방송을 하기 전에 영화를 편집해야 한다. HBO는 말레이시아에서 *Schindler's List*나 *Amistad*를 보여 줄 수 없다. 왜냐하면 두 영화는 간단한 누드가 포함되어 있고 두 영화의 감독인 Steven Spielberg는 다른 사람들이 자신의 영화에서 영화장면을 잘라내는 것을 원치 않기 때문이다. 마찬가지로 국제 순회공연에 나서는 뮤지션은 현지 감성에 적응해야 할 수도 있다. Artists Gwen Stefani와 Beyonce Knowles는 말레이시아에서 공연할 때 의상과 자신들 공연의 다른 예술적 요소를 변화시켰다.[26]

나이키와 아디다스는 둘 다 그들의 평범한 "미국적인(Americanized)" 제품이 외국문화로 더 쉽게 섞이게 만드는 방법을 실험해 오고 있다. 예를 들어, 나이키와 아디다스 각각은 현지 문화 감각으로 장식된 표준화된 디자인으로 중국에 새로운 제품을 출시해 오고 있다. 아디다스는 고대 중국의 소용돌이치는 "행운 구름(lucky cloud)" 패턴으로 장식된 일반적인 서구 디자인에 나오는 스포츠 라인(예를 들어 폴로타입의 셔츠)을 소개했다. 한편 나이키는 다양한 중국의 슬로건과 전통적인 속담을 이용하여 자사 제품을 마케팅하고 있다.[27]

경제적 요인

한 나라의 경제발전 수준은 제품의 원하는 속성에 영향을 미칠 수 있다. 부유한 나라의 소비자들은 흔히 부가적인 성능 특성을 가진 제품을 선호한다. 가난한 나라의 소비자들은 가격에 더 민감하여 일반적으로 동일한 제품의 골자만 남은 형태(stripped-down version)의 제품을 선택한다. 때때로 기업은 현지 조건을 충족하기 위해 포장의 크기 또는 디자인을 조정해야 할 수도 있다. 예를 들어, 가난한 국가에 치약이나 샴푸를 판매하는 기업은 흔히 제품을 현지의 주민들이 쉽게 구입할 수 있도록 하기 위하여 일회용 크기로 포장하기도 한다. 한 나라의 사회기반시설의 질도 또한 개별화의 의사결정에 영향을 미칠 수 있다. 따라서 제조업체는 도로의 유지 보수가 빈약한 나라에서 판매되는 자동차의 제동장치 시스템을 강화할 수 있을 것이다. 가용성 및 수리 서비스 비용 또한 제품 디자인에 영향을 미칠 수 있다. 가난한 나라에서 판매되는 자동차는 일반적으로 간단한 기술을 이용하는데, 이는 더 많은 수리가 뒷마당의 엔지니어들(backyard mechanics)에 의하여 수행될 수 있게 해준다.

브랜드명

국제 기업들이 표준화하기 좋아하는 한 가지 요소는 제품의 브랜드명이다. 브랜드명을 표준화함으로써 기업은 포장, 디자인 그리고 광고 제작비용을 줄일 수 있다. 브랜드명은 또한 하나의 시장에서 다음 시장에 이르기까지 광고 메시지의 파급효과를 얻을 수 있다. 예를 들어, 중국 시장으로의 Avon의 진입은 홍콩텔레비전에서 제품 광고를 본 수백만의 소비자들에 의해 쉽게 이루어졌다.[28] Mars, Inc는 영국 시장에서 Marathon bar와 유럽대륙에서 Snickers와 Twix라는 브랜드로 더 잘 알려져 있는 Raider chocolate biscuit에 자사의 성공적인 현지 브랜드 이름을 삽입하여 표준화의 장점을 획득하는 방법을 모색하고 있다.[29] 그러나 때로는 법적 또는 문화적 요소가 기업이 제품을 판매하기 위해서는 브랜드 이름을 변경하도록 강요하기도 한다. 예를 들어 스페인에서 Grupo Modelo SA는 스페인 와인농장(vineyard)이 Corona 브랜드 이름을 소유하고 있기 때문에 스페인에서는 Corona 맥주를 Coronita라는 이름으로 판매한다.[30] 코카콜라는 체중에 민감한 북미에서는 저칼로리 소프트음료를 Diet Coke라고 부르지만 다른 시장에서는 Cola-Cola Light라고 부른다.

Marvel Comics는 최근 브랜드명을 현지시장에 개별화하기 위하여 흥미로운 접근 방식을 실행하고 있다. Marvel Comics의 인기 캐릭터 Spider-Man은 인도에서 이미 잘 알려져 있으며 Spider-Man 만화는 상당히 괜찮은 판매 수준을 가지고 있다. 하지만 Marvel은 인도에 Spider-Man의 새로운 버전을 소개하기로 결정했다. "새로운(new)" Spider-Man의 분신은 Pavitr Prabhakar (Peter Parker가 아닌)이며, 그는 자신의 힘을 yogi로부터 얻는다(방사능 거미 대신). 그리고 그는 전투에 샅바(loincloth)를 착용하고 있다(유명한 Spider suit 대신). 그 결과 인도시장에서 Spider-Man 만화책과 Spider-Man 인증 상품의 판매가 폭발적으로 증가하였다. Disney, Sesame Street 그리고 Powerpuff Girls의 특정 캐릭터들도 또한 인도 시장에 보다 더 적합하게 수정되었다.[31]

In Practice

- 국제경영자는 자신들의 국가별 마케팅에 영향을 미칠 수 있는 국가별 법적, 문화적, 경제적 요인들을 인지하고 있어야 한다.
- 국가별 브랜드 이름의 파워와 중요성은 국제 마케팅에 있어 중요한 고려요인이다.

추가 고려 사항: 미국 내 마케팅을 위해 수정된 비 미국영화나 제품의 예를 찾아보라.

16.3 가격책정 이슈와 의사결정

국제 마케팅믹스의 두 번째 *P*는 **가격**이다. 효과적인 가격 정책을 개발하는 것은 모든 기업의 성공을 결정짓는 중요한 요인이다.[32] 가격정책은 기업의 수익규모에 직접적인 영향을 미친다. 정책은 또한 기업이 비즈니스를 수행하는 데 있어 경쟁적인 환경을 형성할 수 있도록 해주는 중요한 전략적 무기의 역할을 한다. 예를 들어 토이저러스(Toy 'R' Us)는 할인창고(low-cost warehouse)와 비슷하게 장난감을 저가격으로 설정함으로써 독일, 일본,

미국 및 기타 국가에서 성공을 거두었다. 토이저러스의 낮은 가격은 경쟁자들에게 비용을 삭감하고 유통시스템을 변경하며 그리고 이익마진을 축소하도록 경쟁자들에 거대한 압력으로 작용하였다. 기업의 공격적인 가격전략은 경쟁자들에게 토이저러스가 결정한 조건으로 아시아, 유럽 그리고 북미의 소비자들을 위한 전투를 하도록 사실상 강요하고 있는 것이다. Walmart도 경쟁하는 해외 시장에서 거의 유사하게 행동하고 있다.

국내외 기업들은 이익창출이 가능한 운영체계를 만들 수 있는 가격전략을 개발하기 위하여 노력해야 한다. 그러나 국제 기업이 직면하고 있는 과제는 순수한 국내 기업이 직면한 과제보다 더 복잡하다. 비즈니스를 시작함에 있어 비즈니스를 수행하는 기업의 비용은 국가마다 광범위하게 다르다. 운송 요금 및 관세의 상이함에 의하여 제품의 상륙가격이 국가마다 다르다. 유통 관행의 차이점이 또한 최종소비자가 지불하는 최종가격에 영향을 미친다. 예를 들어, 미국의 유통업체 간의 치열한 경쟁은 소매가격과 제조업체의 가격 사이의 마진을 최소화시킨다. 반면 소비자가 제품을 얻기 위해 유통업체의 체인에 의존해야 하는 일본의 비효율적인 다층 유통 시스템은 종종 일본 소비자들이 제품에 대해 지불해야 하는 가격을 인상시킨다.

환율 변동 또한 가격 책정 문제를 만들 수 있다. 만일 수출업자의 자국 통화의 가치가 상승하면 수출업자는 자국통화의 가격을 유지하는 것(수입국가에서 제품을 더 비싸게 하는)과 현지국통화의 가격을 유지하는 것(제품이 팔릴 때마다 발생하는 자국통화의 양을 낮추는 방법으로 이익 마진을 절감하는)과의 사이에서 선택을 해야 한다.

국제 기업은 각국 시장에 대한 자신들의 가격정책을 개발함에 있어 이러한 요소들을 고려해야 한다. 국제 기업들은 모든 시장에 걸쳐 일관된 가격을 적용할 것인지 아니면 각각의 요구사항(needs)을 충족시키기 위하여 개별화된 가격을 적용할 것인지의 여부를 결정해야 한다. 이 결정을 내릴 때, 기업은 경쟁, 문화, 유통 채널, 소득 수준, 법적 요구 사항 및 환율의 안정성이 나라마다 다를 수 있다는 것을 명심해야만 한다.

가격 책정정책

국제 기업은 일반적으로 3가지 가격정책 중 하나를 채택한다.[33]

1. 가격 표준화전략
2. 이중 가격전략
3. 시장 가격

국제 마케팅에 대한 세계 중심적 접근 방식을 따르는 국제 기업은 **가격 표준화전략**을 채택하게 될 것이다. 이는 그들의 제품과 서비스가 판매되는 장소 또는 소비자의 국적을 불문하고 동일한 가격을 책정하는 것이다. 쉽게 사고팔 수 있고 수송할 수 있는 제품을 판매하는 기업들은 종종 부득이하게 이 가격 접근 방식을 채택한다. 예를 들어, 만일 DRAM 메모리칩을 생산하는 기업이 고객별로 차별적인 가격을 부과한다면, 일부 우대받은 고객들은 비우대고객에게 재판매를 시작할 수 있을 것이다—이는 칩의 크기가 작고 높은 가치를 가지고 있다는 점을 고려해 볼 때 가장 손쉬운 일이다. 마찬가지로, 경쟁 시장에서 원자재를 판매하는 기업은 때때로 이 가격 정책을 사용한다. 아람코(Aramco), 쿠웨이트 오일

(Kuwait Oil) 그리고 페멕스(Pemex)와 같은 원유 생산자들은 세계 원유 시장에서 수요와 공급에 의해 결정되는 가격으로 모든 고객에게 그들의 제품을 판매한다. 석탄, 농산품 등 전 세계적으로 생산되고 거래되는 기타 원자재들 또한 품질격차와 운송비용에 대한 적합한 조정을 통하여 경쟁 가격에 판매되고 구매자의 국적은 전혀 고려하지 않는다.

본국중심적 마케팅 방식을 따르는 국제기업은 **이중 가격정책**을 사용할 것이다. 첫 번째는 국내에서 판매하는 모든 상품에 대한 가격이고, 두 번째는 국제적으로 판매하는 모든 상품에 대한 가격으로 설정하는 것이다. 일반적으로 이중 가격 정책을 채택한 기업은 연구 및 개발(R&D), 관리간접비 그리고 자본 감가상각 등과 관련된 모든 회계 비용을 국내 판매에 할당한다. 그런 다음 기업은 이러한 비용의 전이에 대하여 걱정할 필요 없이 균일한 외국 판매가격을 설정할 수 있다. 실제로 외국 판매가격에 포함해야 할 유일한 비용은 제품의 단위당 생산 비용, 배송 비용, 관세 및 해외 유통 비용 등과 같은 해외 판매와 관련된 한계 비용이다.

이중 가격 정책은 이제 막 국제화를 시작하는 국내기업이 주로 이용한다. 단지 한계비용을 커버하기 위한 가격을 단기적으로 해외소비자에게 부과하는 것은 이러한 기업에게 적절한 접근이라 할 수 있다. 그러나 이중가격 정책에 편견이 강한 본국중심주의는 이 전략이 적절한 장기적 가격전략이 아니라고 주장한다.[34] 자신들의 비즈니스에서 해외고객을 그다지 중요하지 않은 부차적인 것으로 보는 기업은—필수적이고 핵심적인 존재보다는—국제 시장에서 성공적으로 경쟁하는 데 필요한 국제 기술, 전문 지식 그리고 세계관을 개발하기가 쉽지 않다.

이중 가격 정책을 채택한 기업은 또한 덤핑(dumping) 혐의에 취약하다. 9장을 상기해 보면 덤핑은 기업의 제품을 국내시장에서의 가격보다 더 낮은 가격으로 해외시장에서 제품을 판매하는 것이다—이중 가격 시스템에서 쉽게 발생할 수 있는 결과이다. 대부분의 주요 교역 국가는 외국 경쟁업체들에 의한 덤핑으로부터 자국 기업을 보호하기 위한 규정을 발표했다. 예를 들어, 도요타와 마쯔다는 미국 시장에서 미니밴의 덤핑 혐의로 기소됐다. 이 경우에서 비록 일본의 자동차메이커들에게 페널티가 부과되지는 않았지만, 두 기업 모두는 이후에 미래 덤핑 불만을 피하기 위해 자신들의 밴 가격을 지속적으로 인상하였다.

시장가격

국제 마케팅에서 현지지향 접근방식을 따르는 국제기업은 **시장 가격정책(market pricing policy)**을 이용할 것이다. 시장 가격은 세 가지 가격정책 중 가장 복잡한 것이며, 가장 일반적으로 채택하는 정책이다. 시장 가격을 이용하는 기업은 각각의 개별 시장에서의 이익을 극대화하기 위하여 시장별로 자사의 가격을 바꾼다.

미시경제학에서 당신이 기억하는 바와 같이, 이익 극대화 생산량(the profit-maximizing output, 기업이 자신의 이익을 최대화하기 위하여 생산해야 하는 양)은 기업의 한계 수입곡선(marginal revenue curve)과 한계 비용곡선(marginal cost curve)의 교차점에서 발생한다. 이익 극대화 가격은 이익 극대화 생산량이 발생하는 기업의 수요곡선의 지점이 교차하여 나타난다. [그림 16.3]에서 (a) 한계수입곡선(MR)과 한계비용곡선(MC)의 교차점은 이익 극대화 결과 Q에서 발생한다. 만약 당신이 Q에서부터 수요 곡선(D)에 도달할 때까지 똑바로 읽고 다음 y축의 왼쪽으로 이동하면, 당신은 이익극대화 가격 P, 잘 팔릴 수 있는 수량 Q에서의 최고가격을 찾을 것이다. 시장 가격정책을 통해 기업은 각 시장에서의 이익극대화 가격을 계산하고 부과한다. [그림 16.3]의 (b)는 회사가 동일한 수요와 한계 수익곡선을 가지고 있지만 다른 한계 비용곡선에 직면하는 두 시장을 보여준다. 기업은 국가 2(MC_2)에 비해 국가1(MC_1)에 높은 한계 비용에 직면해 있다. 따라서 국가1(P_1)의 이익을 극대화하는 가격은 국가2(P_2)에서 보다 높은 것이다.

만일 기업이 시장 가격을 성공적으로 실행하고자 한다면 두 가지 조건이 충족되어야 한다.

1. 기업은 제품을 판매하는 나라들의 수요 및/또는 비용조건이 다르다는 점을 받아들여야 한다. 이 조건은 일반적으로 세금, 관세, 생활수준, 경쟁 수준, 사회 기반시설 비용과 가용성 그리고 수많은 다른 요인들은 나라마다 다르기 때문에 충족된다.
2. 기업은 8장에서 논의한 개념인 차익거래를 예방할 수 있어야 한다. 만일 고객이 기업의 제품을 낮은 가격의 국가에서 구입하고 이를 높은 가격의 국가에서 수익성 좋게 재판매 할 수 있다면, 기업의 시장 가격정책은 흐트러질 것이다. 관세, 운송비용 및 기타 거래 비용으로 인하여 국가별로 가격 변동이 작다면 차익거래는 일반적으로 문제가 되지 않는다. 그러나 가격이 국가별로 다양하다면 차익거래는 기업의 시장 가격전략을 틀어지게 할 수 있다.

이러한 조건이 충족될 것이라는 가정에서 현지지향 접근방식의 이점은 명백하다. 기업은 그들을 용인해 줄 것 같은 시장에서는 높은 가격을, 경쟁력을 유지해야 할 필요가 있는 곳에서는 낮은 가격을 설정할 수 있다. 또한 각 해외 시장에서 현지 판매에 대한 관련성이 높은 현지비용을 할당할 수 있다. 이를 통해 시장 전반에 걸쳐 기업의 자원을 더 잘 할당하기 위해 기업 전략가와 기획자들에게 맡긴다. 그러나 이러한 유연성에는 비용이 든다. 시장 가격의 혜택을 얻으려면, 적절하고 적당한 때에 조정이 완료될 수 있도록 현지 관리자는 자신의 시장 내 판매 및 경쟁 조건을 긴밀하게 모니터링 해야 한다. 또한, 본사는 현지시장

그림 16.3
이윤극대화 가격의 결정

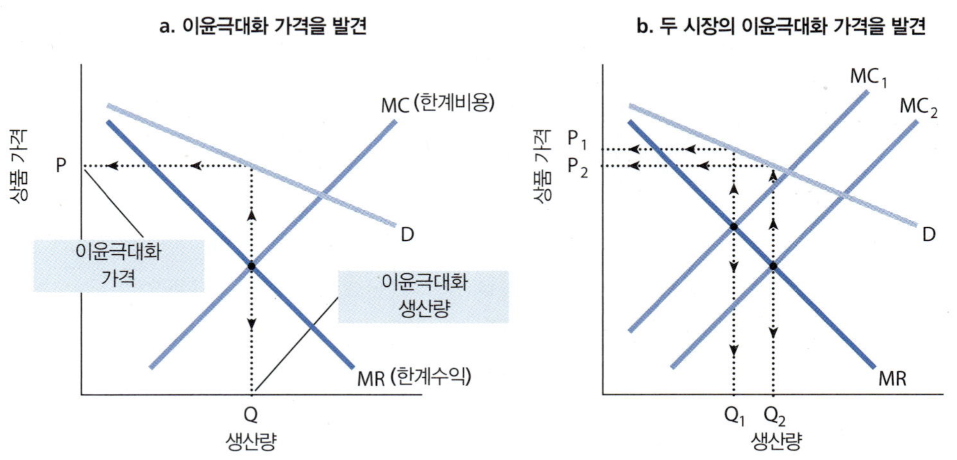

내에서 가격을 조정할 수 있도록 현지 관리자에게 권한을 위임할 의사가 있어야 한다.

그러나 시장 가격 정책은 앞에서 설명한 덤핑뿐만 아니라 3개의 다른 위험에 대한 불만을 회사에 나타낼 수 있다. (1) 브랜드 이름 손상 (2) 제품에 대한 회색시장의 발전 (3) 차별적 가격에 대한 소비자의 분노.

기업은 어느 시장에서 부과하는 가격이 서로 다른 시장에서 조심스럽게 키워온 브랜드 이미지를 손상하지 않는다는 것을 확인할 필요가 있다. 예를 들어, Kirin은 북미 및 유럽의 브랜드 매니저들이 Chivas Regal을 시장에 내놓을 때 프리미엄 스카치위스키로 프리미엄 가격에 판매하기를 권장하지만, 일본의 브랜드 매니저들이 Chivas Regal을 판매할 때는 일류가 아닌 브랜드로 낮은 가격에 판매하는 것을 허용하는 것 같다. 일본에서의 마케팅 접근방식 때문에 Kirin은 북미와 유럽에서 Chivas Regal의 프리미엄 브랜드 이미지 저하의 위험을 감수할 것이다. 따라서 브랜드 제품을 판매하고 시장 가격을 채택하는 국제 기업은 브랜드 이름 및 시장 이미지의 무결성이 그 시장 전체에서 유지된다는 것을 확인하기 위하여 현지 관리자에 의해 청구되는 가격을 검토해야 한다.

시장가격정책을 따르는 기업은 또한 차익거래의 결과로써 자사 제품에 대한 회색시장이 발전할 위험이 있다. **회색시장(gray market)**은 제품이 법적으로 국가에 수입이 되어야 하지만 제조업체의 승인을 받은 정상적인 유통채널 밖에서 만들어진 시장이다(이 현상은 또한 **병행수입(parallel importing)**으로 알려져 있다). 한 시장에서의 가격이 다른 시장에서 기업이 청구한 가격보다 상당히 낮은 경우 회색시장으로 발전할 수 있는데, 이는 사업가가 낮은 가격의 시장에서 잘 구입하고 높은 가격의 시장에서 이윤을 남기고 재판매할 수 있는 시장이다. 따라서 시장 간의 큰 가격 차이를 가지고 있는 기업은 회색시장 때문에 이러한 가격차이가 줄어들 위험이 있다. 회색시장은 환율의 주요 변동 이후 기업이 현지가격을 조정하는 데 실패했을 때 자주 발생한다. 예를 들어, 코카콜라는 1990년대 중반에 US dollar에 상대적으로 엔화강세의 문제에 직면했다. 일본의 할인점들은 일본에서 만든 코크의 가격보다 27% 이하로 미국에서 만든 코크를 구입하고 가져올 수 있었다. 따라서 두 국가에서 회사의 가격 전략을 방해한 것이다.[35] Merck는 영국 파운드화가 다른 유럽 연합(EU)통화에 대해 상대적으로 상승했을 때 비슷한 문제가 발생했다. Merck는 다른 EU 국가의 병렬 수입 때문에, 최근에 개발된 에이즈 약물 Crixivan 등의 약물의 대부분을 영국에서 가격을 인하하도록 강요당했다.[36]

회색시장은 일반적으로 자동차, 카메라, 컴퓨터, 스키 장비, 시계 등과 같이 고가 품목들이 회색시장의 영향을 받는다. 회색시장은 또한 자유 시장 경제에서 더 만연하고, 정부 규제가 적은 곳에서 쉽게 등장한다. 미국의 회색 시장 연매출은 1,300억 달러에 달한다고 한다.[37] 많은 다국적 기업(MNCs)은 법적 조치를 통해 회색 시장을 제거하거나 관리하려고 시도했지만 성공한 것은 별로 많지 않다.

회색 시장의 매출은 기업의 시장 가격 정책을 저해하고 종종 기업의 이익을 더 낮춘다. 회색 시장 매출은 기업과 유통 업체 사이의 마찰의 원인이 된다. 이 유통업체들은 매출은 줄지만 종종 고객지원을 제공하고 회색시장 제품에 대해서 제품보증을 인정해주는 비용을 떠안든지, 아니면 그들이 그렇게 하지 못하는 이유를 불만 가득한 소비자들에게 설명해주는 데 들어가는 비용을 떠안아야 한다. 예를 들어, Charles of the Ritz의 보고서에 의하면 10,000 이상의 소매 유통 업체가 아편 향수를 판매하는데 승인을 받은 업체는 단지 1,300 개에 불과하다. 승인받은 판매 업체가 청구하는 가격은 회색 시장 판매자가 제공하는 가격으로 지속적으로 떨어지고 있다. 그로 인해 회사의 제안 가격의 일정을 준수해야 하는 승인받은 판매 업체는 힘들어진다. Charles of the Ritz는 승인받은 판매 업체가 추가 광고 수당 및 특별 가격 인하를 통해 회색 마케터와 경쟁하는 데 지원해 줌으로써 마찰을 진화하려고 모색하고 있다. 그러나 이러한 관행은 기업의 이윤마진에 손해가 된다.

세 번째 위험은 소비자 분노이다. 높은 가격이 책정된 국가의 소비자들은 그러한 가격 정책에 의해 바가지 쓰고 있다고 느낄 수 있다. 예를 들면 Estee Lauder는 도쿄에서 Clinique facial soap에 대해 40달러를 부과하고, 같은 비누를 미국에서는 단지 10달러에 판매하고 있다. J. Crew는 미국에서 48달러에 판매하는 양모 스웨터를 일본 고객에게는 130 달러를 청구한다. 일본의 신문과 텔레비전 방송국은 외국 기업이 일본 소비자를 이용했다고 주장하며 이 문제를 강하게 다루었다. 여러 회사의 대변인은 일본에서 비즈니스를 하는 데 드는 비용이 높기 때문에 가격 차이가 난다고 주장했지만, 논란으로 인해 불거진 이 문제는 기업의 매출에 도움이 되지 않았다.[38]

In Practice

- 국제기업들은 표준가격 정책, 이중가격 정책 또는 시장가격 정책의 어느 정책을 사용할 것인지를 결정할 필요가 있다.
- 관리자들은 회색시장이 자사 제품에 미칠 영향의 정도를 파악하여야 하며, 만약 영향을 미친다면 이에 대하여 어떻게 대응할 것인가에 대해서도 인식하고 있어야 한다.

추가 고려 사항: 당신이 정기적으로 구입하는 제품의 가격이 다른 나라에서 훨씬 더 비싸다는 것을 알게 되었다고 가정해 보자. 이는 제품을 만드는 회사에 대한 당신의 인상에 어떠한 영향을 미치는가?

16.4 프로모션 이슈와 의사결정

국제 마케팅믹스의 세 번째 *P*인 **프로모션**은 잠재 구매자들에게 자사 제품의 적합성을 강화할 수 있는 국제 기업의 모든 노력을 포함한다. 많은 프로모션활동은 구체적으로 구매자를 대상으로 하고 있지만, 성공적인 기업들은 기업 자신과 그들의 제품에 유리한 감정을 확실히 가질 수 있도록 자신의 유통 업체 및 일반 대중들과 의사소통해야 한다는 것을 인식하고 있다. 프로모션은 현지 국가의 잠재 고객과의 의사소통에 의존하기 때문에 4P 중 가장 문화와 연관이 있다. 따라서 기업은 현지국가의 잠재고객이 받을 메시지가 실제로 기업이 보내는 메시지인지 반드시 특별한 주의를 기울여야 한다. 따라서 국제 마케팅 관리자는 그들 기업의 제품을 구입할 잠재고객에게 동기 부여를 하기 위해서 **프로모션 믹스**의 4

요소(광고, 개인 판매, 판촉 및 홍보)를 효과적으로 혼합하고 활용해야 한다.

광고

특별히 제품 및 서비스를 소비자에게 판매하는 대부분의 국제 기업에게 있어서 광고는 프로모션 믹스에서 가장 중요한 요소이다. 기업이 광고 전략을 개발할 때 세 가지 요소를 고려해야 한다.

1. 전달하고자 하는 메시지
2. 메시지 전달에 사용할 수 있는 미디어
3. 광고활동을 세계화하고 싶은 규모

동시에 기업은 다양한 국가의 시장에서 발견한 관련성이 높은 문화, 언어, 및 법적 제약을 주로 고려해야 한다.

메시지 광고의 **메시지**는 광고주가 잠재 고객에게 전달하고자하는 사실이나 인상이다. 자동차 회사는 가치(저렴한 가격), 신뢰성(품질), 그리고/또는 스타일(이미지와 명성)의 메시지를 전달하고자 한다. 메시지를 선택할 때 중요하게 반영해야 할 것은 제품과 서비스를 기업의 입장에서 보는 방법과 기업이 원하는 방식으로 소비자에게 보여주는 방법이다. 예를 들어, 코카콜라는 자사제품이 소비자가 즐겁게 생활할 수 있도록 도와주고, 자사의 광고 메시지는 지속적으로 전 세계에 이 테마를 강조한다고 믿고 있다. 서로 다른 영역에서 다른 목적으로 사용되는 제품은 다르게 판매해야 한다. 예를 들어, 미국에서 오토바이는 주로 여가제품으로 간주되지만, 다른 많은 국가에서는 주로 교통수단으로 본다. 따라서 미국에서 혼다와 가와사키의 광고는 오토바이를 타는 재미와 흥분을 강조한다. 가난한 나라에서 오토바이는 저렴한 교통 수단으로써 오토바이의 안정성과 기능성을 강조한다.[39]

제품의 원산지는 종종 광고 메시지의 중요한 부분으로 사용된다.[40] 패션에 민감한 청소년과 유럽과 일본의 청년들 사이에서, 미국 제품은 종종 매우 트렌디(trendy)하게 보인다. 따라서 Harley-Davidson, Apple의 제품, Gibson의 기타, Stetson의 모자, National Basketball Association는 유난히도 자사 제품의 미국 원산지를 강조한다. 독일 제품의 공학기술은 종종 매우 높은 품질의 것으로 인식되기 때문에, 국제마케터들은 BMW나 메르세데스 벤츠 자동차와 같은 원산지가 독일임을 강조한다.

매체 **매체**는 메시지를 전달하기 위해 광고주가 사용하는 통신 채널이다. 기업의 국제 마케팅 관리자는 가용성, 법적 제한, 생활 수준, 식자율(literacy rates), 국가 시장의 문화 동질성 및 기타 요소에 기초해서 시장에서 시장까지 메시지를 전달하는 데 사용되는 미디어를 변경해야 한다. 벨기에, 스위스, 캐나다와 같은 이중 언어 또는 다중 언어 국가에서 국제기업은 각 국의 문화그룹에 메시지가 전달될 수 있도록 각종 미디어 매체의 믹스를 조정해야 한다. 예를 들어, Nestle는 프랑스어로 된 신문에 광고를 게재해 프랑스어를 구사하는 스위스 잠재고객에게 전달하고, 독일어로 된 신문의 광고를 통해 독일어를 구사하는 스위스 잠재 고객에게 전달한다.

국가의 경제발전 수준은 또한 기업이 이용하는 미디어에 영향을 미칠 수 있다. 대부분

VENTURING ABROAD

요구르트에 GREEK을 더하다

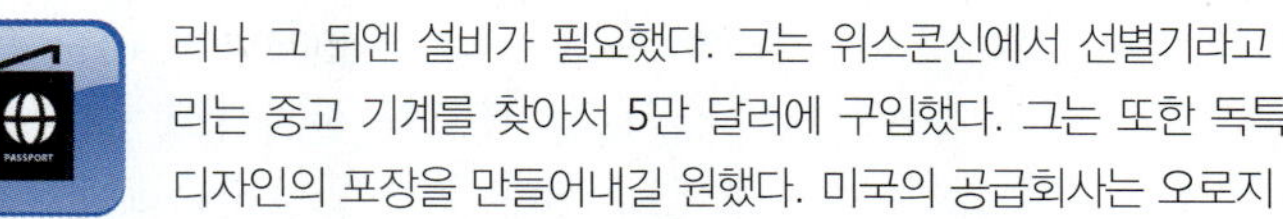

Hamdi Ulukaya는 터키에서 태어나고 자랐다. 그는 가족의 낙농업 일을 도왔고, 오래전부터 내려온 가족의 요리법으로 어머니가 만들어준 걸쭉하고, 톡 쏘는 맛의 요구르트를 먹는 것을 정말 좋아했다. 그가 젊어서 유럽을 여행할 때, 그는 가는 곳마다 비슷한 종류의 요구르트를 찾았고 진정한 마니아가 되었다. 그는 이후에 유럽의 요구르트는 대부분 최종생산품으로부터 유장(우유가 배양된 이후에 남는 액체)을 제거함으로써 걸쭉하고 크림 같은 요구르트를 만드는, 이른바 그리스식 공정을 통해 만들어진다는 사실을 알게 되었다.

Ulukaya는 1994년 영어를 공부하기 위해 미국으로 갔다. 그는 새로운 나라를 좋아하긴 했지만, 그는 Dannon, Yoplait, 기타 회사에서 판매되는 미국 요구르트의 품종을 싫어했다. 이 제조사들은 요구르트에서 유장을 제거할 때 다른 공정을 사용했다. 이는 무해하긴 했지만, 요구르트를 더 묽고, 덜 부드럽게 만들었다. 그는 그가 자라오면서 먹어왔던 요구르트에 비해 미국의 요구르트는 형편없는 맛이라고 생각했다. 그 동안, Ulukaya는 레스토랑에 판매할 페타치즈를 생산하는 작은 사업을 시작했고, 성공적인 사업으로 육성해 어느 정도의 자금을 축적했다.

2004년 어느 날, Ulukaya는 Kraft Foods가 문을 닫으려 하는 한 오래된 요구르트 공장에 대한 기사를 읽었다. 다음 날 그는 뉴욕의 북부지방으로 가서 공장을 방문하여 모든 것이 잘되어 있는지를 점검하고는 빠르게 미국의 중소기업협회에서 대출을 받아 헐값에 공장을 사들였다. 그러나 그 뒤엔 설비가 필요했다. 그는 위스콘신에서 선별기라고 불리는 중고 기계를 찾아서 5만 달러에 구입했다. 그는 또한 독특한 디자인의 포장을 만들어내길 원했다. 미국의 공급회사는 오로지 새로운 요구르트 용기의 틀을 제작하는 데에만 25만 달러를 요구했지만, Ulukaya는 콜롬비아에서 같은 작업을 반값에 하겠다는 회사를 찾아냈다.

결국, 요리법들을 시도하고 시험하며 그의 사업 계획을 마무리하는 과정을 거쳐 2년 뒤에, Ulukaya는 그의 새로운 요구르트를 2007년 출시해냈다. 그는 요구르트를 터키어로 양치기를 의미하는 Chobani라 이름 붙였다. 그리고 이는 성공적이라는 말로는 모두 표현할 수 없을 만큼의 성과를 거두었다. 한 가지 예를 들자면, 일주일에 2만개의 Chobani 판매를 계획하였으나, 2009년 중반에 이르러서, 그들은 더 이상 추가로 판매를 할 필요가 없다는 것을 깨달았다. 일주일에 20만개의 상품이 실제로 팔려나가고 있었기 때문이다. Ulukaya는 현재 억만장자가 되었다. Chobani는 유럽과 호주에서 생산되고 판매되고 있는데, 당연하지만서도, Dannon, Yoplait에서도 적극적으로 그들만의 그리스식 요구르트를 내놓았다. 하지만 Chobani는 적어도 아직까지는 천정을 알 수 없을 정도의 높은 성장을 하고 있으며, 지금은 일주일에 120만 케이스가 수송 중에 있고, 판매량은 여전히 상승하고 있다. 터키의 이주민들은 외국어를 배우는 것을 고려해보는 것도 나쁘지 않은 것 같다![41]

의 저개발 국가들에서는 텔레비전 소유가 제한될 수 있고 식자율(literacy rate, 국민 중 글을 아는 사람들의 비율)은 낮다. 이것은 유용한 광고 매체로서 텔레비전, 신문 그리고 잡지를 제거하지만, 라디오의 중요성은 높인다. 일부 기업은 잠재적인 고객과 커뮤니케이션할 수 있는 혁신적인 솔루션을 개발했다. 예를 들어, Colgate-Palmolive는 인도의 지방에서 판매가 증가하기를 원했다. 불행하게도 인도의 지방의 3분의 1만이 텔레비전을 소유하고 있었고, 문맹이 절반 이상이다. 이러한 고객들에게 다가가기 위하여 이 회사의 마케팅 담당자는 지방 교외 지역을 돌아다니는 데 "비디오 밴(video vans)"의 장비를 갖추었다. 지방의 마을에 자사의 구강 위생 제품의 장점을 칭찬하는 30분 분량의 해설식 광고를 보여준 후에, 매출 담당자는 콜 게이트 치약과 칫솔의 샘플을 나눠주었다. 이 기법은 지난 10년 동안 시골지방의 치약 소비량을 두 배로 증가시켜 성공을 입증했다.[42]

법적인 규제는 또한 특정 미디어의 사용을 유도할 수 있다. 대부분의 국가 정부는 TV 방송국의 수뿐만 아니라 광고주에게 판매하는 방송 시간을 제한할 수 있다. 종종 국가들은 제품 광고를 위해 특정 미디어의 사용을 금지한다. 그것은 그들의 사회에 유해할 수 있기 때문이다. 예를 들어, 대한민국, 말레이시아, 홍콩, 중국 및 싱가포르는 TV에서 담배 광고하는 것을 금지하고 있다. 한국은 주로 여성과 20세 미만의 사람들이 읽는 잡지로 금지를 확대했다. 홍콩은 라디오로 금지를 확대했다. 중국은 라디오, 신문 그리고 잡지로 금지를 확대하였으며, 싱가포르는 다른 모든 미디어로 확대하여 담배 광고를 금지하고 있다.[43]

그러나 미국에서와 같이, 이러한 금지는 담배 회사가 체육행사를 후원하고 경기장에서 TV 카메라로 잘 잡히는 영업 광고(display advertising)의 구입을 촉진시켰다.[44] 또한 알코올 제품의 광고에 대한 법적인 제한은 전 세계적으로 일반적인 현상이다.

글로벌 광고와 현지광고 기업이 결정해야 하는 것은 자사의 제품이나 서비스를 위한 광고를 어디에서나 동일하게 할 것인지 아니면 기업이 진출해 있는 각각의 현지시장에 맞게 할 것인지이다.[45] 코카콜라의 청량음료, 빅 펜, 리바이스의 청바지, 맥도날드의 햄버거와 같은 일부 몇몇 제품들은 거의 보편적인 호소력을 가지고 있다. 이러한 기업은 자주 세계적으로 광고를 하고 자신들이 진출해있는 모든 시장에서 동일한 광고 캠페인을 활용한다. 예를 들어 1990년대 후반 코카콜라는 "Always Coca-Cola"라는 슬로건을 특색으로 하여 전 세계적으로 게재되는 광고의 시리즈를 소개했다.[46]

때때로 국제 기업은 현지 시장의 요구를 충족하기 위해 미묘한 적응을 할 수 있다. Unilever는 Dove 비누에 대한 광고 캠페인에 이 접근 방식을 적용했다. 이 기업의 TV광고는 각 시장에서 동일하지만, 배우는 달랐다. 같은 무대와 세트에서 미국, 이탈리아, 독일, 프랑스, 호주의 모델들이 연속으로 촬영되었고, 각자 자신의 언어로 말했다. "Dove는 4분의 1의 클렌징크림이 있습니다."[47] Nestles는 유럽의 소비자들에게 Kit Kat 사탕을 홍보하는 데 하나의 주제를 사용하였다—"Have a break, have a Kit Kat" 하지만 각각의 국가 시장에서 고객에게 더 나은 매력을 주기 위해 배경을 바꿨다.

다른 기업은 지역화 전략을 채택하고 있다. 예를 들어 IBM은 범 유럽 광고 캠페인을 만들어 유럽 시장에서 제품을 광고하기 시작했다. 국가별 광고를 만드는 대신에 IBM은 방송 및 인쇄 광고에 사용되는 언어만 변경하고 모든 유럽의 광고에 동일한 텍스트와 영상으로 구성하였다. IBM은 이 방식이 창작 및 생산 경비의 2,200만 달러~3천만 달러를 절약할 수 있다는 것을 알아냈다(총 광고; 예산 1억5천만 달러). 그러나 제품 이미지의 일관성을 유지하는 것은 가장 중요한 관심사였다. 캠페인은 IBM의 유럽 고객이 국가에 관계없이 IBM의 제품에 대한 동일한 메시지를 찾게 되고 받게 될 수 있도록 특별히 설계되었다.[48] 마찬가지로, 레비 스트라우스는 6개의 유럽 시장에서 501청바지를 판매하는 데 동일한 TV광고를 사용하였다. 각각의 광고 촬영에 50만 달러 정도의 비용이 들기 때문에 레비 스트라우스는 여섯 개의 광고에 대해 300만 달러가 들었을 것이다. 따라서 이 지역화 전략을 선택하여 단독으로 생산 비용 250만 달러를 절약했다.[49]

표준화된 광고 캠페인을 선택할 것인지 아니면 전문화된 광고 캠페인을 선택할 것인지는 또한 회사가 전달하려는 메시지 기능이다. 표준화된 광고는 좀 더 전문화된 광고가 하는 것 보다 구체적이지 못한 정보를 포함하는 경향이 있다. 사탕, 청량음료와 같은 제품에 대한 광고는 종종 표준화 할 수 있다. 왜냐하면 광고가 좋은 것을 먹는다는 따뜻하고 정서적인 측면을 강조하기 때문이다. 반면 신용 카드, 자동차, 항공 서비스 등의 제품에 대한 광고는 현지 소비자의 요구를 충족하도록 개별화되는 경향이 있다.[50]

개인 판매

프로모션 믹스의 두 번째 요소는 **개인 판매**이다—개인 연락에 근거하여 판매가 이루어진

E-WORLD

광고계에 무슨 일이 생긴 걸까?

● *최근 미국의 토요타 텔레비전 광고*: 한 아버지가 토요타의 하이브리드 엔진을 아들에게 설명하고 있다. [스페인어] "[이 차는] 가스와 전기로 달린단다."라고 그가 말했다. "[여기, 이거 봐], 여길 보거라. 두 가지를 다 사용하고 있지." 아들이 대답했다. "영어와 스페인어를 모두 사용하는 아버지처럼요." "[그래]" 아버지가 대답했다.

미국 사회의 구성원들이 바뀌면서, 미국에서 광고하는 해외 기업들은 그들이 다양한 고객층과 소통하는 방식을 바꿔야 할 필요가 있다는 사실을 깨달았다. 다소 놀라움으로 다가올 수도 있겠지만, 이 토요타의 텔레비전 광고방송은 기업이 다른 문화권의 잠재적 구매자들에게 말을 거는 방식의 혁신적 변화를 보여주고 있다. 예를 들어, 한때 토요타는 미국에 사는 히스패닉계의 사람들은 영어를 구사하지 않고, 구시대적인 가치관만을 고수하는 이주자일 것이라 여겼다. 그러나 오늘날 그들은 미국 내 5천만 명에 이르는 히스패닉계 사람들 중 절반 이상은 미국에서 태어났다는 사실을 잘 알고 있다. 히스패닉계 생활에 대한 토요타의 묘사에서 등장하는 아버지와 아들처럼, 스페인어를 모국어로 사용하는 사람들의 대부분은 영어를 구사할 수 있고, 두 '언어'의 요소뿐만 아니라 미국과 라틴 문화의 요소까지 섞어서 사용한다. 뉴욕에 기반을 둔 광고회사 Azafran(사프란)의 매니징 파트너인 Jaime Fortuño는 "이 집단은 그저 고국을 그리워하는 향수에 걸린 사람들이 아니다."라고 말한다.

광고업자들이 주류 광고에만 의존하던 때도 있었다. 이는 "전형적인 (typical)" 소비자들을 찾을 셈으로 시장의 중심지를 목표로 하는 광고이다. 그러나 소수집단의 구매력이 증가함에 따라 기업은 특정 대상을 목표로 하는 표적광고(targed-ads)에 더 많은 힘을 쏟고 있다. 이는 특정 구매자 집단을 겨냥하며, 특히 언어를 겨냥한 매체를 통해 전달되는 경우가 종종 있다. 예를 들어, 오늘날 기업은 히스패닉을 주제로 삼은 광고에 연간 1억 달러의 예산을 세우는 것에 대해 전혀 문제시하지 않는다. 2004년 이후 히스패닉을 겨냥한 광고의 1/3 정도는 스페인어로 제공되었다. 그리고 그 비율은 더욱 상승하고 있다. 좋은 의미에서 말이다. 히스패닉의 구매력은 2000년의 4,900억 달러에서 2010년도에 1조 달러까지 상승했는데, 이는 지난 10년에 걸친 대부분의 시장(majority market)상승률 49%와 비교할 때 108%의 높은 상승률을 보인 것이다. 2015년까지 히스패닉의 구매력은 1조5천억 달러에 달하고, 전체의 11%를 차지할 것으로 보인다.

물론 비슷한 방식으로, 모든 국제 마케팅 담당자들은 자신들의 상품과 서비스를 판매하고자 하는 해외시장의 미묘한 문화적 차이(nuances)를 이해해야할 필요가 있다. 예를 들어, 남아프리카에는 12개의 "공식" 언어가 있다. 그곳의 많은 거주자들이 영어를 말하고 이해할 수 있지만, 그들 전통적인 부족 언어를 연마하는 것 또한 새로운 마케팅 기회를 만들어줄 것이다. 비슷한 예로, 중국에는 많은 방언들이 있으므로 마케터들은 이를 단순히 "중국어"로 번역할 수는 없을 것이다.[51]

다. 개인 판매는 판매 대리인을 이용하는 것으로, 판매 대리인이란 잠재 고객에게 전화를 걸어, 그들에게 기업의 제품이나 서비스를 판매하려고 사람으로 개인 판매에 대한 가장 일반적인 접근 방식이다.[52] 때문에 영업 사원과 잠재 고객 사이의 긴밀한 접촉으로 인해 판매자는 대표 역할을 현지인에게 의존할 가능성이 있다. 국제 운영을 이제 막 시작한 기업은 종종 여러 회사의 제품 라인을 취급하는 현지 영업 조직에게 개인 판매를 하청할 수 있다. 기업이 성장하고 새로운 시장에 판매 기지를 개발함으로써 자체 영업 인력을 구축 할 수 있다. 예를 들어 Colgate-Palmolive는 중부 유럽에서 시장 점유율을 확보하기 위해 개인 판매를 매우 효과적으로 사용했다. 이 기업은 철의 장막이 무너진 후 후 바르샤바에 판매 사무실을 열고 잘 훈련된 전문 영업직원을 개발하여 이 방법을 사용하였다. 전문 영업직원은 Colgate-Palmolive를 폴란드 소비재 시장의 선두 주자로 만들었다.[53]

프로모션믹스의 요소로서 개인판매의 중요성은 산업재의 경우와 소비재의 경우가 다르다. 산업재(예: 복잡한 기계, 전자 장비, 및 맞춤 컴퓨터 소프트웨어 등)의 경우 소비자는 종종 제품의 특성, 사용, 유지 보수 요구 사항 및 사후 영업 지원의 가용성에 대한 기술 정보가 필요하다. 잘 훈련된 판매 대리인은 종종 인쇄 또는 방송 매체보다 소비자에게 해당 제품의 복잡한 사항에 대한 정보를 더 잘 전달할 수 있다. 소비재의 경우 개인 판매는 일반적으로 도매업자와 소매체인의 판매에 국한되어 있다. 대부분의 소비재 기업은 광고, 특히 인쇄 및 방송매체의 광고가 개인 판매보다 소비자와의 의사소통에 보다 더 효율적인 수단이라는 것을 알게 된다. 그러나 개인 판매는 일부 제품을 판매하는 데 사용할 수 있다. 예를 들어 Avon과 Amway는 미국에서 개발된 개인 판매 기술로 아시아와 유럽시장에 성공적으로 수출하고 있다. 마찬가지로, American International Group (AIG)은 4년에 걸쳐 상하이(上海)에서 5000명의 영업 인력을 신중하게 구축하고 있다. 오늘날 AIG는 중국에서 선도적인 외국 소유의 보험회사이다.[54]

암웨이의 경우 개인 판매 및 기존 유통 업체의 민족 간 유대 관계는 회사의 국제화 전략에 중요한 역할을 하고 있다. 암웨이는 1997년 필리핀으로의 진입을 결정했을 때, 그곳에서 새로운 유통업자를 모집하고, 필리핀계 유통업자토 하여금 새로운 유통업자를 모집하는 대사(ambassadores: 암웨이의 가장 높은 핀)로서 활동하도록 독려하였다. 대사들은 그들이 모집한 인원에 의해 생성된 매출의 일정 비율을 받게 되기 때문에 100명 이상의 기존 유통업체들은 암웨이의 판매력을 개발하기 위해 자신의 비용으로 열심히 필리핀을 돌아다녔다. 이 회사는 한국과 중국시장에 침투하기 위해 비슷한 접근 방식을 사용하고 있다.[55]

개인 판매는 국제기업에게 여러 가지 장점이 있다:

- 현지 영업 대리인을 고용한 기업은 이들이 현지 문화, 규범 및 관습을 잘 알고 있다고 확신할 수 있다. 예를 들어 인도에서 제품을 판매하는 인도의 원주민은 인도에서 제품을 판매하기 위해 스페인에서 보내어질 어느 누군가보다 현지사정에 더 정통할 것이다.
- 개인 판매는 고객과의 긴밀한 개인 접촉을 촉진한다. 고객은 실제 사람을 보고 회사와의 개인접촉을 연관 짓는다.
- 개인 판매는 기업을 위해 용이하게 중요한 시장 정보를 얻을 수 있게 만든다. 지식이 많은 현지 영업 대리인은 현지 시장에 대한 새로운 제품을 개발하거나 기존 제품을 개선하는 데 사용할 수 있는 훌륭한 정보원이다.

다른 한편으로, 개인 판매를 하는 것은 상대적으로 고비용 전략이다. 비교적 적은 고객을 유치 할 경우라 할지라도 각 영업 담당자는 적절하게 보상해야 한다. 예를 들어 산업재의 영업대리인의 경우 단 하나의 잠재고객을 만나기 위해서는 하루 종일 또는 그 이상이 필요할 수 있다. 판매 종료 후 영업 대리인은 사물이 작동하는 방법을 설명하고 새로운 비즈니스를 만들어 내려고 시도하는 고객과 많은 시간을 보내야할 필요성을 여전히 찾을 수 있다. 또한 대부분의 대형 국제기업은 영업 관리자 및 기타 지원 직원들이 갖춰진 근무지역 영업 사무소를 설립하는 것이 필요하다는 것을 알 수 있다. 이는 보다 많은 판매 관련 비용이 추가된다.

판매 촉진

판매 촉진(sales promotion)은 쿠폰, 매장 프로모션, 샘플링, 다이렉트 메일 캠페인, 협동 광고, 무역 박람회 참석 등의 전문적인 마케팅활동으로 구성된다. 도매와 소매 유통 업체들에 초점을 맞춘 판촉 활동은 기업과의 협력하는 중개인의 수와 사명감을 높이기 위해 설계되었다. 많은 국제 기업들이 Paris Air Show 또는 Tokyo Auto Mart와 같은 국제전시회에 참여하는 것은 기업들의 제품에 대한 기존 및 잠재적인 유통업체들의 관심을 만들어내기 위해서이다. 종종 국제 무역 박람회에 참여하는 것은 국제화를 원하는 기업에게 첫 번째 단계로 추천하게 된다. 미국 상무부는 종종 수출 촉진 노력의 일환으로 미국 중소기업이 해외 전시회에 참가하는 데 도움을 준다. 비슷한 임무를 하는 기관은 대부분의 주요 교역 국가의 정부에 존재한다. 기업은 또한 소매업자들이 자사의 제품을 촉진시키도록 장려하기 위해 공동의 광고 캠페인을 개발하거나, 광고수당을 제공하기도 한다.

판촉 활동은 제한된 소비자를 타깃으로 하거나 영구적인 활동이 중단되거나 교체되기 전에 짧은 시간 동안 제공할 수 있다. 판매 촉진의 유연한 특성은 현지 관습과 상황에 맞게 맞춤형 마케팅 캠페인에 이상적일 수 있다. 예를 들어 브리티시 아메리칸 토바코(British American Tobacco), 필립 모리스(Philip Morris) 및 R.J. 레이놀즈(R.J. Reynolds)는 대만 시장에서 담배를 무료로 나눠주며 경쟁했고, 미국 시장에서는 활용하지 않았다. 필립 모리스와 R.J. 레이놀즈는 한국 소비자들에게 무료로 담배 라이터와 담배 구입에 대한 답례로 기업 로고를 새긴 데스크 다이어리를 제공하여 시장 점유율을 확대하였다.[56] 미국 항공사는 외국항공사의 국제 여행객들을 유혹하기 위해 다이렉트 메일과 이메일을 효과적으로 사용한다.

홍보

PR (public relation)이란 개별 제품 또는 서비스의 구체적인 장점을 과장해서 선전하는 것과는 대조적으로 일반 대중과 함께 기업의 명성과 이미지를 강화하기 위한 목적의 활동으로 이루어져 있다. 효과적인 홍보의 결과는 기업이 좋은 "기업 시민(corporate citizen)"인가, 평판이 좋은가, 신뢰할 수 있는가에 대한 일반적인 신념이다.

홍보에 쓸 돈을 인식하고 있는 요령이 있는 국제기업은 돈을 잘 쓴다. 그것은 그들에게 정치적 동맹을 얻게 하고 일반 대중에게는 기업의 필요성을 더 쉽게 전달할 수 있기 때문이다. 외국기업은 종종 '외국인'으로서 주목을 받는 정치적 타깃이 된다는 점을 잘 인식하고 있다. 따라서 기업은 정치적 공격에 자신의 노출을 줄이기 위하여 노력한다. Toyota는 이 점에 있어 좋은 사례이다. 이 회사는 Georgetown에 처음으로 지분을 소유한 미국 자동차 조립 공장 건설을 위해 Kentucky주로부터 대형 금융 인센티브를 받았다. 공장을 운영하는 처음 몇 년 동안, Toyota는 공동체에 대한 관심의 부족을 이유로 상당한 비난을 받았다—일본 기업은 그들의 미국 상대자와는 달리 기업의 사회공헌 활동의 전통이 없다. 만일 현지 정치인들의 기대를 유지하기를 원한다면 기업은 결국 현지의 관습에 기업의 태도를 적응시켜야 한다는 것을 깨달았다. Toyota는 이후 기업 시민의 모델이 되어 지역 자선단체에 보조금을 제공하고, 고등학교를 졸업하는 학생들을 위해 대학 장학금을 기부하여 지역 청소년 스포츠 팀을 후원한다.

좋은 홍보의 영향은 정량화하기 어렵지만 시간이 지남에 따라 국제 기업의 긍정적인 이미지와 평판은 현지국가에서 기업에게 도움이 될 가능성이 있다. 소비자는 외국 기업이 좋은 사람으로 인식될 때 "buy local" 홍보에 저항할 가능성이 높다. 건축 규제 허가나 운영 라이선스를 위해 현지 국가의 정부와 협상을 할 때 또는 위기 또는 불리한 광고를 발견했을 때 좋은 홍보는 기업을 도울 수 있다. 반면에, 잘못되어 실패한 홍보(PR)는 이를 극복하는 데 오랜 시간이 걸릴 수도 있다. 예를 들어, 2010년 멕시코만 원유유출 사건 이후, 영국의 글로벌 석유회사 BP의 최고 경영자들은 자신들이 받고 있는 나쁜 평판을 방지하려고 애쓰다가 또 한 번의 실수를 저지른 것이다. 회사의 CEO가 사임한 후에야 비로소 BP는 자신들의 메시지를 조정하고 좀 더 타협적인 자세를 보여주었다. 그리고 3년이 지난 후에도 여전히 BP는 환경 재앙으로 피해를 입은 사람들을 돕기 위한 TV홍보 노력을 계속하고 있다.

In Practice

- 국제광고는 전달되는 메시지, 이를 전달하기 위한 매체나 도구 그리고 달성 가능한 표준화의 정도를 반드시 고려해야 한다.
- 국제 마케팅 관리자들은 개인 판매와 판매 촉진의 유효성과 홍보의 중요성이 국가마다 서로 다르다는 것을 기억해야 한다.

추가 고려 사항: 홍보 활동은 스페인과 같은 선진 국가에서 더 효과적일까, 아니면 잠비아 같은 개발 국가에서 더 효과적인가? 그 이유는?

16.5 유통 이슈와 의사결정

국제 마케팅믹스의 네 번째 *P*는 Place—더 일반적으로 유통이라고 한다. **유통**이란 고객의 손으로 기업의 제품과 서비스를 가져오는 과정이다(17장에서 설명한 바와 같이 유통은 국제물류관리의 요소 중 하나이다). 국제기업은 두 가지 중요한 유통 이슈에 직면한다.

1. 상품과 서비스가 만들어진 곳에서부터 판매되는 다양한 시장에 이르기까지 물리적으로 운반
2. 진출하고자 하는 시장에 자사의 재화를 상품화하기 위한 수단을 선택

국제 유통

국제 기업의 유통관리자가 해결해야 할 가장 확실한 문제는 제품의 원산지점에서부터 제품의 목적지까지 기업의 제품을 선적하기 위한 운송방식(방식들)을 선택하는 것이다. [표 16.2]에 나타나는 것처럼 이 선택은 시간과 비용 사이의 명확한 균형을 수반한다. 항공 화물 운송과 자동차 운송업자와 같은 빠른 운송방식은 해양 운송, 철도, 파이프라인, 바지선 등 느린 수단보다 더 비싸다. 선택한 운송 방식은 기업의 재고 비용과 고객 서비스 수준뿐만 아니라 제품의 유용한 수명, 손상에 노출 및 포장 요구 사항에 영향을 미친다. 예를 들어 국제 항공화물 운송은 이러한 차원에서 각각에 높은 점수를 받는 반면, 바다 운송은 매우 낮은 순위에 자리 잡는다.

기업의 재고 비용 및 고객 서비스의 수준에 대한 운송방식의 효과를 고려한다. 만일 기업이 느린 운송방식에 의존한다면 운송에서 높은 수준의 재고를 유지하는 것으로만 판매

표 16.2 수출을 위한 운송수단별 장점과 단점

운송 수단	장점	단점	견본 제품
기차	안전 신뢰성 비용이 저렴함	철도노선의 한계 느림	자동차 곡물
비행기	안전 신뢰성	비용 비싸다 접근의 한계	쥬얼리 약물
트럭	다용도 비용이 저렴함	작은 크기	소비재
선박	비용이 저렴함 큰 제품에 좋음	느림 간접적	자동차 가구
전자 미디어	빠름	많은 제품 사용불가	정보

시점에 정해진 재고 수준을 유지할 수 있다. 만일 기업이 신뢰할 수 없는 운송방식을 선택한다면 선적물이 실제로 도착할 것을 예측하기 어려워지고 기업은 재고가 떨어져 고객들이 실망하게 되는 것을 피하기 위해서 완충재고를 증가시켜야 할 것이다. 느린 운송 수단은 또한 어느 정해진 재고수준에 대한 기업의 **국제 주문 사이클 시간**(주문의 배치와 고객의 수령하는 사이의 시간)을 증가시킨다. 긴 주문 사이클 시간은 기업의 고객 서비스 수준을 낮추고 고객이 대체 공급원을 찾게 만든다.

제품의 유통 기한은 운송수단의 선택에 영향을 미친다. 물리적 또는 문화적인 힘 때문에 매우 부패하기 쉬운 자른 꽃이나 유행을 따르는 옷과 같은 제품은 일반적으로 그들의 짧은 수명 때문에 항공화물로 운송된다. 석탄, 원유, 또는 남성 양말과 같이 부패가 쉽게 되지 않는 제품은 저렴한 운송수단으로 운송된다. 어떤 경우에 운송 수단은 제품의 포장 요구 사항에 영향을 미칠 수 있다. 예를 들어, 긴 바다 항해 운송기간 동안 거친 바다의 습도와 손상으로부터 제품을 보호하기 위해 특별 포장을 해야 할 수도 있다. 만약 항공화물 등의 빠른 운송 수단을 선택한 경우 회사는 포장의 추가 비용을 피할 수 있다. 물론, 간단한 솔루션은 가끔 이용할 수 있다: 콜로라도 기반의 농산물 가공처리업자인 Calpis는, 일본 오렌지 주스 시장에 진출할 때, 회사는 유리병의 파손을 줄이기 위해 캔으로 포장을 전환했다.[57]

유통 채널

국제 기업의 마케팅 관리자는 또한 진출한 각 국 시장의 자사제품의 상품화를 위해 사용할 유통 채널을 결정해야 한다. [그림 16.4]은 가장 국제적인 제조 기업이 사용하는 기본 채널 옵션을 보여 준다. 유통 채널은 무려 4개의 기본적인 부분으로 구성할 수 있다.

1. 제품이나 서비스를 만드는 제조업체
2. 제조업체로부터 제품 및 서비스를 구입하고 나서 소매업자에게 재판매하는 도매업자
3. 도매업자로부터 구입하고 나서 고객에게 판매하는 소매업자
4. 최종 소비를 위해 제품과 서비스를 구입하는 실제 소비자

수입 대리점(11장에서 논의한)은 특히 중소기업에 의허 중개인으로서 이용될 수 있다. [그림 16.4]에서 설명하는 하나의 중요한 요소는 **채널 길이**, 유통 채널에서 단계의 수이다. 직접적으로 비즈니스를 하는 회사는 고객에게 직접 판매를 함으로서 도매업자와 소매업자를 거치지 않기 때문에 매우 짧은 유통 채널을 가지고 있다. 이러한 방법은 기업이 최종 소비자와 직접 거래를 하기 때문에 직접 판매라고 한다. 델컴퓨터는 직접 판매 사업으로 시작하여 24시간 수신자 부담 전화 라인을 통해 고객 주문을 받고 있다. 이 방법의 장점은 기업이 자사 제품의 소매 유통에 대한 제어를 유지하고 그것으로 벌어들인 이익으로 소매업을 유지한다. 불행하게도, 기업은 또한 제품을 소매하는 것의 비용과 위험을 부담한다.

유통의 조금 긴 채널은 소매업체에게 판매하는 것을 포함하고 그런 다음에 소비자에게 제품을 내놓고 판매한다. 이것은 주어진 시장에서 소매 유통 업체들이 많이 집중될 때 해야 할 가장 쉬운 방법이다. 비교적 적은 대형 소매 유통 업체가 있을 때, 각각에 직접 판매하는 제조업체는 더 쉽다. 작은 소매 업체의 수가 더 많은 경우, 각각 판매하는 것은 더 복잡하다. 예를 들어 미국 전역에는 음식과 세면도구에 대한 광대한 선택을 할 수 있는 큰 슈퍼마켓이 존재한다. 그러나 유럽에서는 많은 소비자들이 여전히 작은 동네 상점에서 음식과 몇 가지 휴대용 세면도구를 구입한다. 따라서 소비자 제품을 만드는 기업은 두 시장에서 자사 제품을 유통하는 데 매우 다른 방법을 사용해야 한다. 예를 들어 미국의 Procter & Gamble는 Kroger나 Safeway에 직접 판매를 할 수 있는데 일상적으로 그들은 선반에 다양한 크기의 치약 수백 튜브를 비축하고 창고에 재고상자를 저장한다. 그러나 유럽의 소매업체들은 재고를 저장하는 데 있어서 단지 몇 가지 튜브에 대한 소매공간과 재고품 저장에 대한 작은 저장 공간을 가지고 있어서 이러한 가게에 직접 판매를 하는 P&G를 더 어렵게 할 수도 있다.

가장 긴 유통 채널에는 도매업체를 이용하는 것이 포함된다. 도매업체는 제조업체에서

그림 16.4
유통 채널 옵션

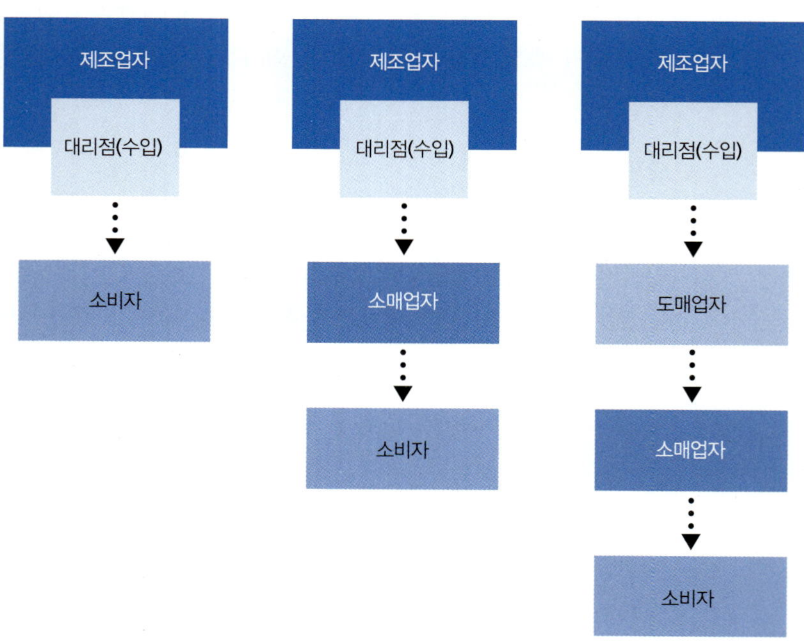

PhotoLibrary/Index Stock Imagery/Getty Images

제품의 유통 기한은 국제 기업이 자신의 제품을 유통하는 데 이용할 수 있는 수송의 방식에 영향을 미친다. 예를 들어 Unilever는 서아프리카의 Burkina Faso에서 Omo(세탁용 세제의 일종)를 유통하기 위하여 이 운반카트와 같은 느린 노동집약적인 수송방식을 이용할 수 있다. 그러나 기업의 아이스크림 제품은 동일한 방식으로 유통시킬 수 없다. 아이스크림, 우유 그리고 치즈와 같은 부패하기 쉬운 제품에는 반드시 냉동 컨테이너를 사용하여야 하기 때문이다.

구매한 후 소매 업체에 재판매하거나 어떤 경우에는 다른 도매업체에게 재판매를 하는 별도의 사업이다. 예를 들어 소규모 농민들은 쉽게 대형식료품체인에 자신의 농산물을 판매할 수 없다. 왜냐하면 대형식료품체인은 많은 수의 작은 공급 업체와 함께 거래하려 할 때 효율적인 것을 찾기 때문이다. 대신, 농부는 도매업자에게 자신의 농산물을 판매하고 그런 다음 식료품 가게에 판매한다. 따라서 식료품 가게는 몇 개의 대형 공급 업체하고만 거래를 해야 한다. 마찬가지로 작은 소매가 집중되어 있는 시장에서는 P&G와 같은 소비자 제품 기업은 엄청난 수의 작은 소매업자와의 거래를 시도하기보다는 소수의 도매업자에게 판매하기가 더 쉽다는 것을 알게 된다. 도매업체를 사용하는 것은 소매 집중도가 낮은 국가에서 판매를 용이하게 하고 또한 기업이 더 적은 영업직원을 유지하도록 해준다. 한편, 여기에는 관련기업이 더 많아지고 각각 이익을 만들기를 기대하기 때문에 이윤은 더 작아지는 경향이 있다. 기업은 직접판매의 경우와 같이 스스로 모든 이익을 지키기 보다는 도매업자와 소매업자들과 이익을 공유하여야 한다.

국제 마케팅 관리자를 위한 도전은 진출한 각 국가 시장의 요구 사항을 회사의 고유 경쟁력인 강점과 약점에 맞게 최적의 유통 채널을 찾는 것이다. 실제로, 국제 마케팅의 다른 요소와 마찬가지로 대부분의 국제 기업은 유연한 유통 전략을 개발한다—어떤 시장에서는 짧은 채널을, 또 어떤 시장에서는 긴 채널을 사용할 수 있다.

기업의 유통 전략은 프로모션 전략의 중요한 구성요소가 될 수 있다. 예를 들어, SMH는 상대적으로 저렴한 Swatch 시계뿐만 아니라 Omega, Tissot와 같은 고가의 시계까지도 제조하고 있다. Macy's와 Dillard's와 같은 백화점을 통해 Swatch 시계를 유통하고, 고급 쥬얼리 매장을 통해 고가의 시계를 유통한다.[58] Toyota는 처음에 미국과 일본에서 자사의 고급 자동차에 대해 다른 유통 전략을 채택했다. 미국에서는 이 모델을 렉서스라고 부르고 그 브랜드 네임의 명성을 강화하기 위해 독립 대리점 네트워크를 설정한다. 일본에서 Toyota는 이미지를 강화하기 위한 필요성이 덜하여 렉서스와 같은 모델이 기존의 Toyota

판매점을 통해 Toyota 이름으로 판매되었다. 그리고 Unilever는 시골 탄자니아에서 자사의 제품을 유통 및 홍보하기 위한 독특한 접근 방식을 개발했다. Unilever의 행상인 단체는 자사의 비누, 치약, 세탁 분말 등의 작은 팩들을 팔러 다니기 위해 매일 아침 시골길을 자전거 페달을 밟았다.[59]

12장에 명시된 바와 같이, 일부 국제 기업, 특히 좀 더 전문적인 제품의 생산업자는 그들의 제품을 유통시키기 위해 판매나 수입 대리점을 고용할 수 있다. 예를 들어 내셔널 풋볼 리그(National Football League)는 일본에서 NFL-라이선스 상품을 홍보하기 위해 일본 마케팅 서비스 계약을 체결했다. 미국 풋볼 팀의 이름과 관련된 T-셔츠, 스웨터 및 기타 의복의 연간 일본 매출은 5천만 달러를 초과했다.[60] 많은 정부는 수출을 자극하기 위한 노력의 일환으로, 기업들이 적절한 국제 수입 대리점을 찾는 데 도움을 줄 수 있는 프로그램을 개발했다. 예를 들어, 대외상무국, 미국 상무부의 지점은 그들 자신의 시장 영역에서 주어진 제품을 유통할 수 있는 의지를 표현한 외국 기업의 목록을 제공한다. 이들 데이터는 대외상무국 현지 사무소에 연락하거나 국가 무역 데이터 은행을 통해 얻을 수 있다.

기업은 외국 유통 업자를 선택할 때 주의를 기울여야 한다. 유통업자는 현지소비자가 관련되어 있는 기업이다. 그래서 잘못된 유통업자는 그 시장에서 종종 아주 오랜 시간 동안 기업의 명성과 실적을 위태롭게 한다. 나아가 현지법은 기업이 유통 업자를 해고하는데 있어 기업을 어렵게 만들 수 있다. 예를 들어, 사우디아라비아에서는 외국기업은 반드시 현지국민을 고용해야 하며, 해당 대리인의 해고는 해당 대리인의 동의 없이는 사실상 불가능하다.

일부 국제적인 기업은 자국에서 개발된 유통 시스템을 국제시장에 전파하려고 시도한다. 예를 들어, 맥도날드는 자사의 가맹점을 잘 관리하고, 가맹업자들과 맥도날드 모두의 공동이익을 위해 자신의 기업을 육성하여 미국의 주요 식품 서비스 회사로서의 위상을 얻었다. 일반 기업은 유럽, 아시아, 호주, 아프리카 및 중앙 및 남아메리카에서 패스트푸드 달러를 잡으려고 비슷한 유통 전략을 따라했다. 마찬가지로 코카콜라는 거의 모든 국가의 청량음료 시장에서 자회사 및 독립 bottlers의 네트워크를 활용한다—자국시장에서 사용하는 동일한 유통 전략을 사용한다.

어떤 때는 기업은 현지의 관습에 맞게 유통 관행을 적용할 수 있다. 예를 들어, 러시아에서는 많은 제품이 거리의 가판대(kiosk)에서 판매되며, 펩시콜라와 코카콜라도 모스크바에서만 이러한 수백 개의 판매대에서 판매하고 있다.[61] 그리고 Kodak은 자신의 비즈니스를 실행하는 데 많은 중국인의 욕망을 인식하고, 현지 기업에게 사진처리를 위한 기구 및 시설을 제공하기 위하여 9만9천 위안(최소 1만2천 달러)을 제공하는 턴키 프로그램을 개발했다. 현금이 없는 새로운 오너에게, 코닥은 중국의 은행과 계약을 맺고 이를 통하여 자금을 제공하였다. 이 프로젝트 덕분에 코닥은 중국 시장의 63%의 점유율을 점유하여 8,000여개 매장을 중국 전역에 걸쳐 확산시켰다. 중국은 미국에만 뒤쳐진 코닥의 두 번째 큰 시장이 되었다.[62] 국제 경영에서 영원한 것은 거의 없다. 디지털 사진이 필름 기반의 사진을 대체하면서 이러한 노력의 혜택은 감소했다.

현지법은 유통 전략에 영향을 미칠 수 있다. 몇 년 동안 유통 시스템을 구축하기 위한 외국인의 노력은 인도, 멕시코 그리고 중국에서는 제한되었다. 그 결과, 대부분의 다국적 기업은 해당 국가에서 제품을 유통하기 위해 현지 기업과 합작 회사를 설립했다. 마찬가지로, 일본 문화의 복잡성과 유통 네트워크의 복잡한 성격은 많은 서양 기업들이 일본 시장에 침투할 수 있도록 도움을 줄 합작 파트너를 찾게 하였다. 예를 들어, KFC는 일본에서 자사제품을 판매하기 위하여 미쯔비시와 협력하여 합작투자회사를 설립하였다. 미쓰비시는 닭고기(자회사 중 하나가 주요 닭고기 생산자), 유통 네트워크 그리고 일본 소비자들과 거래에서의 문화 뉘앙스를 이해하는 데 기여했다. KFC는 패션에 민감한 일본인들에게 어필한 브랜드 이름과 미국의 이미지 그리고 기술과 영업 비밀을 기부했다[당연히 먹고 난 뒤 손가락을 빨 정도로 너무 맛있는(finger lickin' good!) 소스와 비밀 향신료도 포함해 기부했다].

In Practice

- 국제 마케팅 관리자들은 외국시장에 진출하고자 하는 제품과 서비스에 대한 타당한 유통 전략을 개발해야 한다.
- 관리자들은 국제유통에 대한 다양한 운송수단의 장단점을 인식하여야 한다.

추가 고려 사항: 기업은 어떠한 경우에 복수의 유통전략을 필요로 하는가?

MyManagementLab®

mymanagementlab.com으로 돌아가 아이콘으로 표시된 문제를 완성하시오 ✪.

CHAPTER REVIEW

요약

국제 마케팅은 개인과 조직의 목표를 만족시킬 교류를 만들어내기 위해 국가의 경계를 넘어 아이디어, 상품, 서비스의 개념, 가격, 프로모션 그리고 유통을 계획하고 실행하는 과정이다.

국제 마케팅 관리는 영업활동과 인적자원관리와 같은 다른 기본 기능들을 함께 통합해야 하는 중요한 조직 활동이다. 국제 마케팅은 일반적으로 차별화전략, 원가우위전략, 집중화전략 이 세 가지 비즈니스 전략들 중에 하나를 기반으로 한다. 기업의 마케팅믹스 결정은 제품, 가격, 프로모션 그리고 장소(유통)에 대한 결정을 포함한다. 마케팅 관리자가 마케팅믹스와 관련하여 해결해야 할 기본 문제는 서로 다른 시장에 대해 마케팅믹스를 표준화 할 것인지 아니면 현지화 할 것인지이다. 다양한 요인이 이 의사 결정을 하는 데 고려되어야 한다.

제품 정책은 제품 자체의 특성을 유형 · 무형의 요소에 초점을 맞추고 있다. 이에 표준화 대 현지화는 다시 고려해야 한다. 산업재와 소비재는 일반적으로 다른 형태의 제품정책이 요구된다. 법적, 문화적, 경제적 힘은 또한 제품정책에 영향을 미치고 조심스럽게 평가되어야 한다.

가격 문제와 의사결정은 마케팅믹스의 두 번째 요소가 된다. 세 가지 기본 가격 원리에는 표준가격, 이중가격, 시장가격이 있다. 가장 널리 사용되는 복잡한 정책인 시장가격은 각 시장에 대해 다른 가격을 설정한다. 기본적인 경제 분석은 가격에 도달하는 데 사용된다. 회색시장들, 덤핑, 잠재적인 소비자의 분노에 관한 문제는 이 시장가격 접근방법을 사용하는 기업들이 해결해야 한다. 그렇지 않으면, 심각한 문제가 발생할 수 있다.

프로모션 문제와 의사결정은 일반적으로 광고사용과 프로모션의 다른 형태에 관여한다. 프로모션믹스는 광고, 개인판매, 판매촉진, 공공관계의 조화이다. 이러한 각 요소들은 일반적으로 그 상황에 맞춰 사용되고 시행될 시장을 위해 주의 깊게 조정되어야 한다.

마지막으로, 국제 마케팅 관리자는 기업으로부터 소비자에게 제품을 전달하고 서비스하는 유통에 대해 계획해야 한다. 국제 유통은 각각의 고유한 장점과 단점 가진 다양한 운송방법을 포함할 수 있다. 기업은 또한 기업과 그의 고객들뿐만 아니라 도매 및 소매업자를 포함할 수 있는 적절한 유통 채널을 개발해야 한다. 효과적인 유통은 기업의 수익성에 크게 영향을 미칠 수 있다.

리뷰 질문

16-1. 표준화를 사용할 것인지 현지화를 사용할 것인지 여부를 결정하는 관련된 기본요소는 무엇인가?

16-2. 법률, 문화, 경제적 요인은 제품정책에 어떻게 영향을 미치는가?

16-3. 왜 브랜드 네임은 국제 경영을 위한 중요한 마케팅 도구인가?

16-4. 세 가지 기본가격 정책은 무엇인가?

16-5. 시장 가격을 사용하는 기업에게 발생할 수 있는 문제는 무엇인가?

16-6. 국제광고에서 해결되어야 할 근본적인 문제 중 일부는 무엇인가?

16-7. 유통 채널은 무엇인가? 유통채널을 개발하고 있는 국제기업이 해야 할 옵션은 무엇인가?

토의용 질문

16-8. 국내 및 국제 마케팅 사이의 유사점과 차이점은 무엇인가?

★ 16-9. 약간의 현지화로 다양한 해외시장에 판매될 수 있는 몇 가지 제품을 찾아라. 확실한 현지화를 요구하는 다른 제품을 찾아라.

16-10. 당신 본국의 법적, 문화적, 경제적 요인이 외국 기업의 제품정책에 어떻게 영향을 미칠 수 있는가?

16-11. 서로 다른 시장에서 하나의 브랜드 네임을 사용하려고 하는 것과 반대로 다양한 시장을 위해 고유한 브랜드를 만드는 것의 장점과 단점은 무엇인가?

★ 16-12. 각 가격 정책의 장점과 단점은 무엇인가? 왜 대부분의 국제기업이 시장 가격을 사용하는가?

16-13. 본국 중심적 접근과 세계 중심적 접근 방식은 모두 마케팅믹스의 표준화를 제안한다. 만일 두 가지 방식 모두 표준화를 선도한다면 차이점은 무엇인가?

★ 16-14. 프랑스, 일본, 사우디아라비아, 미국에서 방송하는 TV광고에서 볼 수 있을 거라고 기대하는 몇 가지 기본적인 차이점은 무엇인가?

글로벌 역량 갖추기

Ajax Alarms은 알람시계를 판매하는 중간 규모의 미국 회사이다. 이 회사는 한국기업과 자사의 시계를 생산하는 하청계약을 맺었으며, 이에 따라 한국기업은 Ajax의 디자인과 사양에 따라 시계를 제조하여 이 시계들을 직접

Kansas의 Ajax 창고로 선적한다. Ajax는 미국과 캐나다에 걸쳐 시계를 판매하고 배포하고 있다. 시계 자체는 밝은 색깔의 참신한 품목(items)이다. 예를 들어 기업의 베스트셀러 상품 중의 하나는 아침 까마귀인 플라스틱 수탉이다. 지난해 Ajax는 5천만 달러 이상의 총 수입에서 5백만 달러의 이익을 올렸다고 한다.

Ajax의 관리자들은 회사가 미국과 캐나다에서 성장할 기회는 거의 가지고 있지 않으며, 따라서 지속적으로 확장하고자 한다면 새로운 시장에 진입해야 한다는 사실을 알게 되었다. 관리자들은 멕시코에서 판매를 시작하기로 결정했다. 그들은 자신들에게 조언을 해줄 국제적으로 유명한 마케팅 컨설턴트를 고용하였다.

당신의 임무는 Ajax를 위한 마케팅플랜의 개요를 설명하는 것이다. Ajax는 당신이 제품 정책, 가격결정, 프로모션 그리고 유통 문제를 고려해주길 원한다. 마케팅플랜을 개발함에 있어서는 이 장에서 논의한 요소들(표준화 대 개별화, 법률적 힘, 문화적 영향, 경제적 요인들 그리고 브랜드 이름의 문제)을 반드시 고려하여야 한다. 당신은 당신의 클라이언트에게 조언할 수 있는 특정 영역에 주목해야 한다. 예를 들어 당신이 어떠한 특정 광고매체가 Ajax에 도움이 될 것으로 믿는다면 추천할 수 있다(반드시 어떤 근거나 정당성을 제공해야만 한다). 만일 당신이 어떤 영역에 대하여 조언할 만큼 정보가 충분하지 않다고 느끼는 경우에는, 해당 특정 영역에서 Ajax가 해결해야 하는 요소들을 확인한다. 예를 들어 당신이 가격 정책에 대하여 조언을 할 수 없다면, Ajax가 가격에 대한 의사결정을 함에 있어 획득하고 평가하는 데 필요한 정보를 설명한다.

CLOSING CASE Novica, 국경을 넘나드는 문을 열다

최근 세계에서 가장 오랫동안 생존해온 기업들 중 하나가 16주년을 기념했다. 이 기업은 독특한 온라인상의 경험을 제공하며, 동시에, 세계를 바꾸기 위해 노력하고 있다. 구글, 페이스북, 이베이, 아마존과 같은 기업을 생각한다면 틀렸다. 이는 바로 브라질, 가나, 인도, 인도네시아, 멕시코, 페루 그리고 태국에서 들여오는 아름다운 수제품들을 취급하는 온라인 소매기업 Novica이다. Novica의 설립자들은 오랫동안 유엔 인권위원회 일원이었던 브라질 출신의 Armenia Nercessian de Oliveira과 그녀의 23살 난 사위 Roberto Milk, 그리고 Roberto의 동생 Andy이다. Roberto와 Andy는 평화봉사단의 일원이다.

1997년부터 시작한 그들의 사업 계획은 개발도상국의 수공업자(artisans)들과 미국 소비자 사이의 직접 판매를 기반으로 하였다. 동시에, 그들은 수십 개국에서 거주하거나 여행을 경험하였고, 복수의 언어를 사용하며 그리고 뛰어난 경영능력과 재무적인 경험을 지녔다. 그러나 그들의 분명한 자질에도 불구하고, "모두가 전 세계 곳곳에 사무실을 설립하고, 예술가들에게 더 많은 돈을 지불하고, 또한 미국 창고에 입고하지도 않고 전 세계의 고객들에게 직접 구입품을 운송하는 것을 동시에 이루어낸다는 것은 불가능하다고 말했습니다." Oliveira는 말했다. "하지만 우리는 해냈습니다. Novica 홈페이지는 이제 온라인 세계시장을 주도하고 있어요."

일부 기업들은 비용을 절감하거나 경쟁의 압박에 대응하기 위해 글로벌화를 선택하고 있음에 비하여, Novica는 상품과 아이디어를 공유하는 글로벌 커뮤니티의 건설에 더 많은 관심과 초점을 두었다. Novica의 주요 목표는 "단지 상품을 판매하는 것"이 아니라고 Oliveira라는 강조한다. "우리는 문화를 전파하고, 전통적인 문화와 기술의 중요성과 가치를 회복시키기 위해 적극적으로 일하고 있습니다." 게다가, 우리(the company)에겐 두 문화가 모두 이득을 보되, 교환과정을 통해 피해를 받는 일이 없도록 해야 한다는 것이 중요하다. "Novica는 개인 간의 직접적인 거래에 대한 전통적인 국제장벽을 무너뜨렸죠."라고 Novica의 통신 담당 부회장인 Catherine Ryan이 말했다. "두 번째 저희의 목표는 시장의 통합과 문화의 동질화로부터 벗어나 글로벌화의 긍정적 시대의 막이 오르도록 돕는 것입니다."

Novica의 사업모델은 미국과 개발도상국 모두의 문화적 특성에 적합함을 잘 보여준다. 미국인들은 자신과 자신의 가정을 위해 고급스러운 상품(luxury goods)들을 구입하길 원하는 경향이 있다. 그들은 독특하고 손으로 만들어진 제품(objects)들을 대량으로 생산된 제품들보다 선호하는 편이다. 유사한 방식으로, 개발도상국과 전통 문화권 지역의 사람들은 보통 집이나 작은 단체에서 가정이나 친구와 함께 일하는 것을 좋아한다. Novica는 이러한 선호 경향들을 지원하는 것이다.

Novica가 이미 성공을 거두고 있기는 하지만, 2001년 National Geographic사가 그들의 지분 일부를 사들이면서 새로운 재무능력과 마케팅 지원을 얻게 되었다. 현재 11,500명 이상의 예술가들을 포함하여 수천명이상의 다른 사람들이 근무하고 있다. Ryan은 "Novica는 오로지 장인들을 하나의 개인으로 가치를 높여주고, 그리고 모든 문화의 가치를 올려주는 일을 하고 있습니다. 굉장한 스케일로 말이죠."라고 말했다. 회사의 근무자들은 개발도상국의 예술가들을 미국의 구매자들과 연결시켜줄 온라인 시장을 제공한다. Novica는 직접적인 통신망을 구축하고, 다양한 개인그룹 간의 거래를 개설함으로써 글로벌 문화를 유지하고자 하는 독특한 국제예술판매자이다. 회사의 웹사이트는 다양한 특성, 동기부여, 장인과 구매자들(buyers)의 가치에 대한 단서들을 제공한다.

예술가들의 전기와 상세한 상품정보는 문화적 인식을 고취한다. 인도의 Puri에 거주하는 Pravakar Das는 그의 전통 힌두 신전의 그림에 대해 설명한다. "*Patachitra*는 수천 년 전, Krishna라고도 불리는 Lord Jagarnath의 신전을 꾸미기 위해 그려졌다. [이 그림들은] 수천 명의 신봉자들이 기도하는 *Jagarnath Mandir* 축제 때 [사용이 됐는데]..."

Neide Ambrosio는 브라질의 해변에서 주운 폐 음료수 캔의 뚜껑을 코바늘로 떠서 지갑과 벨트로 만들었다. 그녀는 "Novica는 저의 창조성을 북돋아 주었어요."라고 말한다. "나는 내가 한 명의 인간이라는 느낌을 받았다. 내 삶의 질도 개선되었다. 나는 이제 *favelas*(브라질 도시의 빈민지역)에서 온 10명의 젊은 여성들을 고용했다. 브라질을 깨끗하고 오염되지 않은 상태로 만드는 참 좋은 방법이기도 하다." Ambrosio는 "나는 의뢰인들이 나에게 말하고자 전한 것들을 읽을 때마다 기분이 정말 좋다. 정말 동기부여가 된다."고 한다.

Jeane Vogel이라는 한 고객의 편지에서, 그녀가 Novica에서 구매한 장신구를 만든 예술가와의 유대를 엿볼 수 있다. "Rajan은 내가 마치 그의 정말 아끼는 친구인 것 같은 느낌을 받게 한다. 그는 2개의 언어로 직접 쓴 쪽지를 같이 보내왔는데, 꽤 사랑을 받고 있다는 느낌이 들었다. 그는 그의 예술품의 수취인과 굉장히 직접적인 방식으로 소통한다."

많은 Novica의 장인들이 이젠 충분히 그들의 집을 소유하거나, 컴퓨터를 살 수가 있고, 아이들을 대학에 보낼 수 있으며, 개발도상국의 많은 주민들이 전례에 없는 호사를 누리고 있다. Oliveira의 말에 따르면, 재정적인 이득보다도 훨씬 중요한 것은 사회적인 이득이다. "사업과 장인들의 경제적인 개선을 넘어, 우리는 품위, 자부심, 특별한 일에 대한 국제적인 인식 등을 중요시하고 있다. 우리는 인류의 힘(human energy)을 우리 회사를 통해 판매되는 모든 제품들과 함께 성공적으로 전달하고 있다."

사례 질문

16-15. 국제 마케팅과 국제 커뮤니티 구축의 차이는 무엇일까? 그렇다면, 그 차이는 어떤 방식으로 작용하게 되는 것일까?

16-16. 다른 기업들도 Novica에서 채택한 기본적 사업모델을 차용할 수 있을까?

16-17. novica.com과 unilever.com에 접속해 마케팅

효과 면에서 두 사이트를 비교해보자.

16-18. 위 사례가 국제비즈니스에서의 경제적 이득과 사회적 이득 사이의 교환(tradeoffs)에 대해 시사하는 바는 무엇일까?

출처: "Novica CEO Roberto Milk is announced as 2010 Young Global Leader," *World Economic Forum*, 2011; "An interview with Novica co-founder Armenia Nercessian de Oliveira," "Who is the wander woman?" Novica website, www.novica.com on April 18, 2013; "A cornucopia of crafts from seven nations," *Businessweek*, May 17, 2008; David Harris, "Novica's marketplace transforms the lives of global artists and their authenticity- starved Western patrons," *Whole Life Times*, December 1, 2004; "Telling their stories, changing their lives," *BCG ePanorama*, July 1, 2007, April 18, 2013; novica.com, 2013.

MyManagementLab®

mymanagementlab.com으로 가서 아래의 질문에 답하시오.

16-19. 국제 마케팅은 국제전략과 어떻게 관련이 있는지 논의하시오.

16-20. 여전히 정교하고 효과적인 다국적 기업들이 종종 국제 마케팅에서 실수를 하는 이유는 무엇이라고 생각하는가?

16-21. Mymanagementlab Only에 본 장을 포괄하는 서술형 과제가 있다.

Endnotes

1. *Hoover's Handbook of World Business* 2013 (Austin, Texas: Hoover's Business Press, 2013), pp. 436 – 437; "Unilever: Taking the World, One Stall at a Time," *Bloomberg Businessweek*, January 7 – January 13, 2013, pp. 18 – 20; "Unilever Runs Sustainable Business But Yet to Make Impact in Waste and Greenhouse Gases," *The Economic Times*, April 22, 2013, p. 1; Marc Gunther, "Unilever's CEO Has a Green Thumb," *Fortune, June* 10, 2013, pp. 124 – 131.
2. From "AMA board approves new marketing definition," *Marketing News*, March 31, 1985, p. 1.
3. "France retreats from 'knocking' adverts," *Financial Times*, August 14, 1995, p. 3.
4. "New Zealand bans Reebok, other ads it deems politically incorrect for TV," *Wall Street Journal*, July 25, 1995, p. A12.
5. David Lei, "Strategies for global competition," *Long Range Planning*, vol. 22, no. 1 (1989), pp. 102 – 109. See also Yoram Wind and Susan Douglas, "International portfolio analysis and strategy: The challenge of the 1980s," *Journal of International Business Studies* (Fall 1981), pp. 69 – 82.
6. Nicholas Papadopoulos and Louise A. Heslop (Eds.), *Product-Country Images—Impact and Role in International Marketing* (New York: International Business Press, 1993).
7. For an overview see David McCutcheon, Amitabh Raturi, and Jack Meredith, "The customization-responsiveness squeeze," *Sloan Management Review* (Winter 1994), pp. 89 – 100.
8. "U.S. catalog firms go after Europeans," *Wall Street Journal*, January 6, 1998, p. A15.
9. Kenichi Ohmae, "The triad world view," *Journal of Business Strategy*, vol. 7, no. 4 (Spring 1987), pp. 8 – 19.
10. Theodore Levitt, "The globalization of markets," *Harvard Business Review* (May – June 1983), pp. 92 – 102.
11. Aysegul Ozsomer, Muzzafer Bodur, and S. Tamer Cavusgil, "Marketing standardisation by multinationals in an emerging market," *European Journal of Marketing*, vol. 25, no. 12 (1991), pp. 50 – 63.
12. John A. Quelch and Edward J. Hoff, "Customizing global marketing," *Harvard Business Review* (May – June 1986), pp. 59 – 68.
13. "The right way to go global: An interview with Whirlpool CEO David Whitwam," *Harvard Business Review* (March – April 1994), pp. 134 – 145; "A little washing machine that won't shred a sari," Businessweek, June 3, 1991, p. 100; "Creativity overflowing," *Businessweek,* May 8, 2006, pp. 50 – 53.
14. Quelch and Hoff, op. cit.
15. Judie Lannon, "Developing brand strategies across borders," *Marketing and Research Today* (August 1991), pp. 160 – 167.
16. Guy de Jonquires, "Just one Cornetto," *Financial Times*, October 28, 1991.
17. "U.S. superstores find Japanese are a hard sell," Wall Street Journal, February 14, 2000, p. B1.

18. "Big Boy's adventures in Thailand," *Wall Street Journal*, April 12, 2000, p. B1.
19. "Mexico's Corona brew wins back cachet lost during the late '80s," Wall Street Journal, January 19, 1993, p. B6.
20. "U.S. firms are letting Saudi market slip," *Wall Street Journal*, January 20, 1994, p. A10.
21. "Eastern Europe poses obstacles for ads," *Wall Street Journal*, July 30, 1992, p. B6.
22. "It's goo, goo, goo, goo vibrations at the Gerber lab," *Wall Street Journal*, December 4, 1996, p. A1.
23. "Pepsi mounts effort to make potato chips international snack," *Wall Street Journal*, November 30, 1995, p. B10.
24. "Adapting a U.S. car to Japanese tastes," *Wall Street Journal*, June 26, 1995, p. B1.
25. "Don't Wrap the Veggies," *Forbes*, April 28, 2005, pp. 94 – 97.
26. "Asia proves unexpectedly tough terrain for HBO, Cinemax channels," *Wall Street Journal*, August 23, 2000, p. B1.
27. "Stylish sportswear with designs on China," *Wall Street Journal*, March 29, 2008, p. B1.
28. "U.S. companies in China find patience, persistence and salesmanship pay off," *Wall Street Journal*, April 3, 1992, p. B1.
29. "In pursuit of the elusive Euroconsumer," *Wall Street Journal*, April 23, 1992, p. B1.
30. "Mexico's Corona brew wins back cachet," op. cit.
31. "Cartoon characters get a big makeover for overseas fans," *Wall Street Journal*, October 16, 2007, p. A1.
32. Clive Sims, Adam Phillips, and Trevor Richards, "Developing a global pricing strategy," *Marketing and Research Today* (March 1992), pp. 3 – 14.
33. William Pride and O. C. Ferrell, *Marketing* (Cincinnati: Cengage, 2013).
34. "In India, *Penny Lane* costs You Pennies," *Bloomberg Businessweek*, January 28 – February 3, 2012, p. 37.
35. "Coca-Cola faces a price war," *Wall Street Journal*, July 7, 1994, p. A1; "Cola price war breaks out in Japan," *Financial Times*, July 14, 1994, p. 1.
36. "Merck cuts price of AIDS drug," *Financial Times*, March 20, 1997, p. 8.
37. "Copyrights can't stop gray markets," *Houston Chronicle*, March 10, 1998, p. 1C.
38. "Luxury prices for U.S. goods no longer pass muster in Japan," *Wall Street Journal*, February 8, 1996, p. B1.
39. "World marketing: Going global or acting local? Five expert viewpoints," *Journal of Consumer Marketing* (Spring 1986), pp. 5 – 26.
40. Martin S. Roth and Jean B. Romeo, "Matching product category and country image perceptions: A framework for managing country-of-origin effects," *Journal of International Business Studies*, vol. 23, no. 3 (Third Quarter 1992), pp. 477 – 498; John R. Darling and Van R. Wood, "A longitudinal study comparing perceptions of U.S. and Japanese consumer products in a third/neutral country: Finland 1975 to 1985," *Journal of International Business Studies*, vol. 21, no. 3 (Third Quarter 1990), pp. 427 – 450.
41. "How a Turkish Immigrant Made a Billion Dollars in Eight Years Selling ... Yogurt, *Bloomberg Businessweek*, *January 31, 2013*, pp. 60 – 64; *Hoover's Handbook of World Business 2013* (Austin, Texas: Hoover's Business Press, 2013), pp. 450 – 451; "The World's 50 Most Innovative Companies in 2012," *Fast Company*, February 2013, p. 56.
42. "In rural India, video vans sell toothpaste and shampoo," *Wall Street Journal*, January 10, 1996, p. B1.
43. "U.S. cigarette firms are battling Taiwan's bid to stiffen ad curbs like other Asian nations," *Wall Street Journal*, May 5, 1992, p. C25.
44. General Accounting Office, *Advertising and Promoting U.S. Cigarettes in Selected Asian Countries*, ReportGAO/GGD-93-38 (December 1992), p. 38ff.
45. Barbara Mueller, "Multinational advertising: Factors influencing the standardised vs. specialised approach," *International Marketing Review*, vol. 8, no. 1 (1991), pp. 7 – 18.
46. "Coke global image ads," *Wall Street Journal*, April 29, 1997, p. B15.
47. "Global ad campaigns, after many missteps, finally pay dividends," *Wall Street Journal*, August 27, 1992, p. A1.
48. "IBM strives for a single image in its European ad campaign," *Wall Street Journal*, April 16, 1991, p. B12.
49. "A universal message," *Financial Times*, May 27, 1993.
50. Barbara Mueller, "An analysis of information content in standardized vs. specialized multinational advertisements," *Journal of International Business Studies*, vol. 22, no. 1 (First Quarter 1991), pp. 23 – 40.
51. Cynthia Gorney, "How Do You Say 'Got Milk' en Español?" *New York Times*, September 23, 2007, from www.nytimes.com, accessed on April 22, 2013; Aimee Valentine, "The State of Spanish Language Media Industries: A Summary of Spanish Language Advertising 2010," *The State of Spanish Language Media: 2010 AnnualvReport* (The Center for Spanish Language Media, University of North Texas), January 2011, from www.spanishmedia.unt.edu, accessed on April 22, 2013; Mark Maier, "Breaking Down Hispanic Stereotypes," *Luce Performance Group*, January 11, 2009, from www.luceperformancegroup.com, accessed on April 22, 2013; Tommy Thompson, "The Problem with 'Hispanic Insights,'" *Advertising Age*, August 14, 2008, from http://adage.com accessed on April 22, 2013.
52. For a review of the issues involved, see Sudhir H. Kale

and John W. Barnes, "Understanding the domain of cross-national buyer-seller interactions," *Journal of International Business Studies*, vol. 23, no. 1 (First Quarter 1992), pp. 101 – 132.

53. "Colgate-Palmolive is really cleaning up in Poland," *Businessweek*, March 15, 1993, pp. 54 – 56.
54. "AIG reshapes China's insurance industry," *Wall Street Journal*, February 9, 1996, p. A8.
55. "Amway grows abroad, sending 'ambassadors' to spread the word," *Wall Street Journal*, May 14, 1997, p. A1.
56. General Accounting Office, *Advertising and Promoting U.S. Cigarettes in Selected Asian Countries*, op. cit., pp. 37ff.
57. Ashley Blaker, "For global assistance, Dyal a marketer," *San Antonio Business Journal*, August 7, 1989, p. 8.
58. "SMH leads a revival of Swiss watchmaking industry," *Wall Street Journal*, January 20, 1992, p. B4.
59. "Bicycle brigade takes Unilever to the people," *Financial Times*, August 17, 2000, p. 8.
60. Jean Downey, "Touchdown!" *Business Tokyo*, March 1992, p. 34.
61. "Coca-Cola to open plant in Moscow," *Wall Street Journal*, January 17, 1992, p. A3.
62. "Cracking the Chinese market," *Wall Street Journal*, January 9, 2003, p. B1.

CHAPTER 17

국제 운영관리

International Operations Management

Peter Erik Forsberg/Alamy

학습목표

1. 국제 운영관리의 특성을 설명한다.
2. 국제 생산 관리자가 직면하고 있는 공급사슬관리 및 수직적 통합 의사결정을 분석한다.
3. 생산성의 의미를 분석하고 국제 기업이 생산성을 어떻게 개선할 수 있는지 논의한다.
4. 기업이 어떻게 품질을 통제하는지 설명하고 국제경영에서의 전사적품질경영에 대하여 논의한다.
5. 국제 기업이 효과적인 의사결정을 위하여 관리자들이 필요로 하는 정보를 통제하는 방식을 분석할 수 있다.

시장을 향하여 경주하다

링 위의 두 헤비급 선수처럼, 이탈리아의 글로벌 의류브랜드인 베네통 그룹(Benetton Group SpA)와 스페인의 잘 나가는 소매체인 자라(Zara)의 스페인 모회사인 인디텍스는 최근 몇 년 동안 매스마켓 유행복 사업 분야의 업계 1위 자리를 차지하기 위해 각축을 벌여왔다. 베네통은 1955년 두 명으로 시작하여 다국적 의류제국으로 성장한 선두업체이다. 베네통의 첫 번째 소매점은 1968년 이탈리아 알프스지역의 고급 스키 휴양지에 개점되었다. 곧이어 유럽의 주요 패션 수도에도 다른 매장들이 속속 개장되었다. 지금은 구 공산권지역 전역에 수백 개의 매장을 갖고 있을 뿐만 아니라, 터키, 일본, 이집트 등 멀리 떨어진 지역에도 매장을 두고 있다. 베네통은 꾸준한 속도로 중국에서 점포를 열고 있고, 또한 중동 지역(특히 두바이 지역)에의 확장 계획을 가지고 있다. 베네통은 120여 개 국가에서 총 6,500개의 아울렛을 통하여 상품을 유통하고 있다. 거의 모든 베네통 매장은 프랜차이즈 독립매장으로서, 베네통은 이들 매장 소유주들에게 베네통 제품의 라이센스를 제공하고 이들은 베네통 제품만을 취급하여야 한다. 이탈리아 스타일과 합리적인 가격은 베네통의 성공의 핵심적인 두 성공요인이다.

한편, 자라(Zara)의 첫 번째 매장은, 1975년 스페인 북부 아르텍시오 근처 항구 도시인 라 코루나(La Coruna)에서 문을 열었다. 최초의 해외 매장은 1989년에 포르투갈에서 개설되었으며, 곧 뉴욕에서도 한 점포를 열게 되었다. 현재는 75개국에 3,700여 개의 자라 매장이 운영되고 있으며, 회사는 연간 수백 개의 신규 점포를 개장하기 위한 공격적인 확장 캠페인을 지속할 계획으로 있다. 자라 외에도 인디텍스는 마시모 듀티(Massimo Dutti, 고가제품을 취급하는 고급 매장)와 버시카(Bershka, 쇼핑몰 등에서 판매되는 젊은 층을 위한 매장) 등의 브랜드를 소유하고 운영하고 있다. 베네통과는 달리, 인디텍스는 프랜차이즈가 아닌 직영점으로 모든 매장을 운영하고 있다.

하지만, 두 회사 사이의 실제 전장은 막후에 있다. 베네통과 인디텍스 모두 그 외의 다른 경쟁기업보다 한발 앞서 있도록 하는 세계적 수준의 운영관리 시스템을 가지고 있다. 베네통은 생산비용, 품질 및 기타 관련 사항을 엄격히 통제할 수 있도록 이탈리아 내에서 디자인과 생산을 수행하는 중앙집중화방식을 택하고 있다. 베네통 매장에서 발생하는 각 소매 거래정보는 전산화되어 이탈리아의 중앙정보처리센터에 전송된다. 관리자들은 이에 기초하여 개별 점포뿐만 아니라 지역별, 국가별, 나아가 글로벌 기준으로 판매 수준, 판매 동향 및 패턴, 그리고 재고 분포를 추적할 수 있다. 관리자들은 이러한 판매정보를 활용하여 생산 활동을 계획하고 조정한다. 새 옷을 디자인할 때마다, 그 제작자는 가능한 변형과 디자인 변경가능성을 계획하려고 노력한다. 예를 들어, 새 셔츠가 디자인될 때, 짧은 소매, 중간 소매, 그리고 긴 소매로 생산 가능하도록, 또 깃이 있거나 없는 형태로 생산이 가능하도록 디자인한다. 초기 생산물량과 출하물량에는 모두 여섯 가지 가능한 스타일이 포함된다. 그 물량의 일부는 소매나 깃이 없는 셔츠도 포함된다. 판매량 수치정보가 도착하기 시작하면, 관리자는 고객의 요구에 맞추어 매우 신속하게 이러한 재고를 사용하여 생산 조정을 할 수 있다. 만약 깃이 있는 중간소매의 셔츠가 다른 종류보다 훨씬 빠르게 판매되는 경우에는, 이 셔츠 유형은 더 신속하게 생산되어 매장에 발송될 수 있다. 염색에 대해서도 같은 방법을 사용한다.

바코드와 스캐너는 베네통의 모든 공장 및 창고에서 사용되고 있다. 네트워크로 완벽히 연결된 컴퓨터 워크스테이션을 사용하여, 관리자들은 스타일과 색상의 수요에 따른 생산물량을 계획하고 실행할 수 있다. 부분적으로 완성된 제품은 로봇이 선반으로 가져와 최종 생산 라인에 배치된다. 제품이 완성되면, 바코드가 부착되어, 제품이 자동으로 포장되고 패키지화되어 재고 보충을 필요로 하는 매장에 배송된다. 이 복잡하고 세련된 시스템의 사용을 통해 베네통은 전 세계에 산재해 있는 5,000여 매장에서 주문이 들어오면 13~27일 내로 상품을 공급하고 있다.

한편, 자라는 동일한 생산기법을 완전히 새로운 수준으로 적용하고 있다. 인디텍스는 스페인, 인근 국가인 포르투갈, 터키, 모로코 등에서 의류를 생산하고 있다. 그러나, 전 세계의 자라의 매장에는 일주일에 두 번씩 새 디자인의 제품들이 배송되고 있다. 새로운 컬렉션은 종종 작은 물량이 배송되나, 성공적인 컬렉션은 신속하게 판매되어 재고가 최소화된다. 이러한 방식은 이 브랜드의 배타적 분위기를 유지하고 미판매제품이 저가로 팔려나가지 않도록 방지하는 역할을 한다. 그럼에도 불구하고, 자라는 베네통처럼 빠르고 신속하고 효율적으로 거의 모든 상품을 매장에 비치하고 있다. 또한 ZARA는 이전보다 더욱 빠른 속도로 소비자의 손에 제품을 전달할 수 있는 새로운 방법을 부단히 모색하고 있다. 예를 들어, 대부분의 다른 소매체인들은 새 제품이 창고에 도착한 후 해당 제품에 제품 재고관리 태그를 부착하는 별도의 매장 직원을 두고 있다. 그들은 또한 매장에 제품을 진열하기 위해서 물품 배송을 위해 사용한 저렴한 옷걸이를 대신하여 보다 값진 것으로 정기적으로 대체하고 있다. 그러나 자라는 이미 태그가 부착된 제품을 배송하므로, 매장에서는 부착에 소요되는 몇 시간을 절약하게 된다. 게다가, 직원들은 원래의 배송용 옷걸이에 옷을 걸어놓았다가 나중에 표준 진열용 옷걸이로 대체하게 되는데, 이 관행은 실용적인 젊은 구매자가 여전히 배송 옷걸이에 걸려있는 그 옷이 지금 막 도착했고 따라서 최신 스타일의 옷이라는 것을 알게 하는 예상치 않은 보너스 효과도 제공한다!

대부분의 전문가들은 자라를 업계 최고의 기업으로 간주한다. 비록 베네통이 더 많은 국가에 더 많은 매장을 보유하고 있지만, 베네통의 성장은 정체되고 있고, 목표시장 고객들은 베네통이 시대에 뒤쳐졌다고 생각한다. 진짜 문제는 베네통의 관리자들이 상상했던 것보다 훨씬 고도의 기법이 필요한 것으로 밝혀진 것이다. 예를 들어, 베네통은 대량고객화(mass customization)의 선구자임에도 불구하고, 여전히 계절별로 한 번씩 기본적인 제품라인을 변경하는 수준에 머물러 있다. 그러나 자라는 몇 주 이내에 전체 라인의 실질적인 변경이 가능하다. 자라는 매년 10,000개의 새로운 디자인을 선보이고 있다. 이러한 방식은 자라가 뒤늦게 시작했지만, 확실히 패션의 특징이라는 관점에서 경쟁자보다 앞서게 한 것이다. 또한 공급사슬의 다른 부문도 영향을 미쳤다. 예를 들어, 베네통의 경우 매장의 대부분이 프랜차이즈 가맹점이기 때문에 베네통은 그들의 소매상들이 제품을 배열하고 홍보하는 방법에 대한 통제권이 상대적으로 약하였다. 하지만 자라 직영점들의 매장 레이아웃 수정이나 상품의 재배열은 본사의 신속한 이메일 한 통으로 즉각 이루어질 수 있다.

그러나 자라는 새로 수여된 월계관에 안주할 여유가 없다. 아베크롬비&피치(Abercrombie & Fitch)와 갭(Gap)같은 미국 소매업체는 현재 베네통과 자라에 의해 통제되고 있는 유럽의 많은 도시에 진출하고 있다. 스웨덴의 패션 유통 업체인 H&M도 강력한 경쟁자로 떠오르고 있다. 그리고 어반아웃피터스(Urban Outfitters) 또한 이 사업분야로 조심스럽게 진입하고 있다. 사실, 어반아웃피터스가 결국 자라의 가장 큰 경쟁적 위협이 될 것이다. 자라와 경쟁자들이 본질적으로 자신의 매장에 동일한 제품 라인을(단지 약간의 변화를 주는 정도로) 제공하는데 비하여, 어반아웃피터스는 유럽에 별도의 디자인센터 설립을 위해 투자하고 있다. 어반아웃피터스는 아시아시장을 대상으로 한 대규모의 투자계획을 확정하였고, 이 지역에도 또 다른 디자인 센터를 설립할 계획으로 있다. 그리고 어반아웃피터스는 공급망에 대한 대대적인 투자를 통하여 다른 주요 유통체인 대비 가장 낮은 생산, 창그 및 배송비용 수준을 달성하였는데, 신 제품이 매장에 도달하는 시간을 놀랍게도 24시간으로 단축시켰다![1] ■

선두업체인 베네통이나 최근의 자라와 어반아웃피터스는 여러 가지 이유로 성장을 구가하여 왔다. 이들 요인 중에서도 다양한 제품에 대한 수요를 추적하고 신속하고 효율적으로 그 수요를 충족하기 위해 적절한 조치를 취할 수 있는 능력이 가장 중요하였다. 베네통과 자라는 각각 본국인 이탈리아와 스페인에 디자인과 생산시스템을 집중화함으로써 관련 기능에 대한 엄격한 통제를 유지할 수 있었다. 디자인, 생산, 유통에 유연성을 구축함으로써, 이들 기업들은 경쟁사들보다 훨씬 더 신속하게 전 세계 자신들의 매장에 제품을 진열할 수 있었다. 그러나 신흥강자들인 H&M과 어반아웃피터스는 자신들만의 스타일뿐만 아니라 신제품을 신속하고 효율적으로 시장에 출시하는 능력을 통해 이러한 격차를 줄이고 있다. 이러한 활동을 계획하고 실행하기 위한 기초가 바로 운영관리이다.

쉘(Shell), 엑손 모빌(Exxon Mobil)과 BP와 같은 일부 기업들은 복잡한 정제과정을 통하여 천연자원을 다양한 제품으로 물리적으로 변형하는 활동을 한다. 델(Dell), 소니(Sony), 그리고 필립스(Philips) 등의 기업들은 다른 공급자로부터 구매한 부품과 중간재를 사용하여 전자 제품을 조립 생산한다. 에미리트(Emirates), 유나이티드(United), 브리티시항공(British Airways), 그리고 일본항공(JAL)은 여객서비스 제공을 위하여 글로벌 여행 네트워크를 사용한다. 그러나 기업이 생산하는 제품의 종류에 관계없이, 국제 운영관리자의 목표는 전 세계 고객의 요구 사항을 충족시키면서드 수익성을 달성하기 위하여 제품이나 서비스를 설계하고 개발하며 유통하는 데 있다.

17.1 국제 운영관리의 본질

운영관리(operations management)는 조직이 서로 다른 종류의 투입물(물적자원, 노동 등)을 사용하여 최종 재화와 서비스로 변환시키기 위하여 조직이 사용하는 일련의 활동의 집합이다.[2] **국제 운영관리(international operations management)**는 국제 기업의 변환

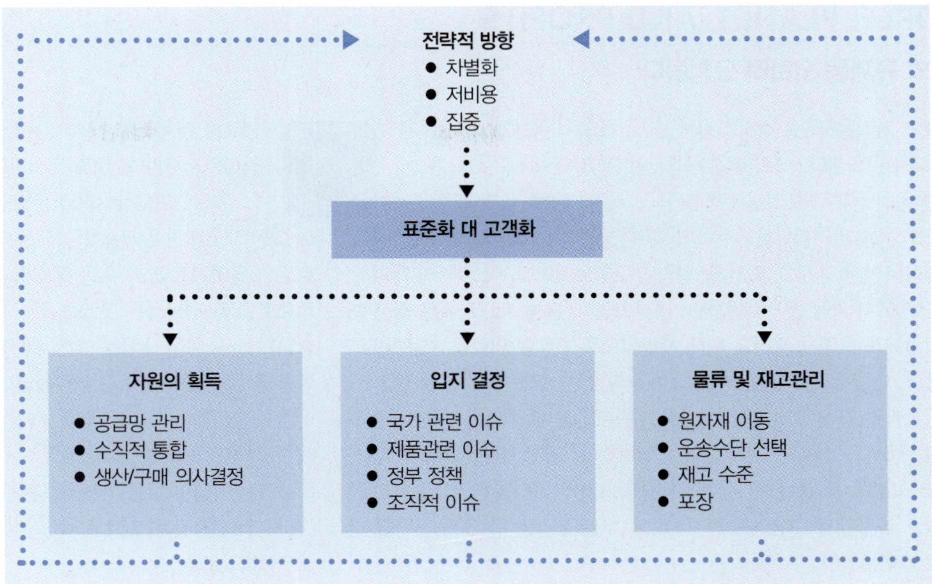

그림 17.1
국제운영관리 프로세스

과 관련된 활동을 의미한다. 그림 17.1는 국제 운영관리의 프로세스를 보여준다. 그림에서 보는 바와 같이, 회사의 전략적 맥락은 기업이 운영 기능을 개발하고 관리하는 데 필요한 배경을 제공한다. 전략적 맥락이 설정되면 다음은 표준화 생산(standardized production) 대 고객화 생산(customized production)의 문제이다. 이 연속선상에서의 기업의 포지셔닝에 따라 운영관리 프로세스상의 다른 영역에 대한 적절한 전략과 전술을 수립할 수 있다. 국제 운영관리의 다음 부분은 기업이 판매하고자 하는 제품이나 서비스를 생산하는 데 필요한 자원의 획득과 관련된 활동과 프로세스이다. 생산시설과 다른 시설들을 어디에 구축하는가에 대한 입지결정 역시 중요하다. 또한, 국제운영관리자는 원자재와 제품의 효율적인 조달 및 출하 등과 관련된 물류 및 재고관리에도 관심을 기울여야 한다. 본서는 국제운영관리의 논의를 위하여 본 이론적 틀을 사용한다.

운영관리는 품질, 생산성, 그리고 정보기술과 밀접하게 연결되어 있다. 기업의 운영관리 시스템은 투입물이 재화나 서비스로 변환되는 방법을 결정한다. 적절하게 설계되고 관리되는 운영시스템과 절차서는 제품의 품질과 생산성을 결정짓는 중요한 역할을 한다. 예를 들어, 자라는 매우 효율적이고 유연한 디자인때문에 배송 센터에서 최대치의 생산성을 짜낼 수 있었다. 반대로, 잘못 설계된 운영시스템은 품질과 생산성 저하의 주요 원인이 된다. 잘못된 시스템은 비효율성을 초래하고 다양한 방법으로 고비용과 부분최적화된 이익 성과치를 가져오는 데 기여한다. 따라서, 본 장에서는 생산성, 품질 그리고 정보에 대해서도 다루게 된다.

국제 운영관리의 전략적 맥락

운영관리의 핵심적 역할은 기업의 우월한 가치를 달성하기 위한 가능성을 창출하는 것이다. 즉, 운영관리는 조직의 투입물에 새로운 가치를 창출하거나 가치를 더하여 산출물에 직접적인 영향을 주기 위해 계획된 부가가치활동이다. 만약 운영활동이 2달러의 가치에 해

PEOPLE, PLANET, AND PROFITS

정부의 규제를 오히려 요청하다

대부분의 기업은 어떤 형태의 정부 규제, 특히 비용을 높이는 규제에 강력히 반대한다. 그러나 홍콩에서는 몇몇 대형 해운회사가 실제로 홍콩의 정부 지도자들에게 대 중국 사업비용을 증가시키는 규제를 요청하는 로비활동을 하는 이상한 현상이 벌어지고 있다.

홍콩은 세계의 주요 도시 중 최악의 오염도시이다. 이 지역의 대기 오염은 세계에서 가장 큰 선적항에서 비롯되었다. 홍콩 지도자들은 최근 해운회사들에게 오염을 줄이기 위해 자발적으로 저유황 연료를 사용하도록 요청했고, 이를 위해 적절한 수준의 재정적인 인센티브도 제공하였다. 재정적 인센티브가 연료비용의 상승분을 충분히 상쇄하지 못했음에도 불구하고 총 18명의 선사가 이 요청에 동의하였다. 세계 최대 컨테이너 선사인 머스크(Maersk Line)은 정부의 인센티브가 연료비의 약 40%를 보전해준다고 추정한다. 그럼에도 불구하고 대부분의 경영자는 그것을 적절한 조치로 받아들였다.

그러나 사용연료 전환의 자발적인 특성으로 인해 문제가 발생하였다. 18개의 선사는 서명했지만 다른 12개 선사는 서명하지 않은 것이다. 이 선사들은 계속해서 "표준" 연료를 사용하고 있는데, 이는 저렴한 대신 훨씬 더 많은 오염물질을 방출하였다. 머스크와 저유황유를 사용하는 다른 선사들은 저유황유를 사용하는 자발적인 수락으로 인해, 그들보다 더 싼 연료를 사용하는 12개 선사들에게 경쟁적인 불이익을 당했다고 주장하면서 정부에 대해 로비하기 시작하였다.

머스크((Maersk)와 동맹 선사들이, 항구를 사용하는 모든 선사에 대한 저유황연료 사용을 강제하지 않으면 경쟁사들이 사용하는 표준연료로 되돌아가겠다고, 홍콩 정부를 압박하면서 사태가 심각해졌다. 기본적으로 이들 선사들은 오염을 줄이기 위한 도시의 노력을 돕고 싶어하며, 그렇게 하기 위한 대가를 기꺼이 지불하고 있지만, 업계의 모든 회사가 평등한 경쟁을 해야 한다고 주장하였다. 홍콩의 지도자들은 이 상황을 조사하기로 합의했다. 그러나 많은 사람들은 해당 문제에 대한 홍콩의 진실성에 회의적이다. 예를 들어, 비록 도시가 공기 질을 1987년 수준으로 회복하겠다는 야심찬 목표를 제시했지만, 결코 목표를 달성하지 못했을 뿐 아니라, 더 나쁜 것은, 2011년의 대기 오염 수치가 지난 5년간 오히려 상당히 저하되었다는 점이다.

출처: "Does Green Shipping Cost Too Much Green?" *Bloomberg Businessweek*, January 14 – 0, 2013, pp. 20 – 21; "When it Doesn't Have to Be There Overnight," *Bloomberg Businessweek*, December 24, 2012 – anuary 6, 2013, pp. 20 – 21; "Green Shipping International," www.greenshippinginternational.com, accessed on May 17, 2013.

당하는 투입물로 10달러에 상당하는 제품이나 서비스를 창출해낼 수 있다면, 그것은 상당한 가치를 만들어낸 것이다. 그러나, 동일한 가치의 제품 또는 서비스를 만들어 내는 데 9달러 가치의 투입을 필요로 한다면, 더 적은 가치를 만들어낸 셈이다.

[그림 17.1]은 국제운영관리는 기업의 사업전략과 밀접하게 일치해야 함을 나타낸다. 사실, 최고경영자에 의해 설정된 기업 및 지역 수준의 사업전략은 공급사슬관리전략, 입시결정, 시설의 설계, 그리고 물류 관리 등 운영관리 활동의 전반적인 계획과 실행에 영향을 미치게 된다.[3] 차별화 전략을 추구하는 기업의 경우, 운영관리 기능은 경쟁기업과는 분명히 다른 제품이나 서비스를 창출할 수 있어야 한다. 제품의 성능이나 시장 지위를 기준으로 경쟁하고 싶은 포르쉐나 롤렉스와 같은 기업에게, 비용은 제품의 품질과 디자인보다 중요하지 않다. 결과적으로, 생산시설은 임금수준이 상대적으로 높더라도 숙련노동력이 있는 곳에 위치해야 한다.[4] 예를 들어, 포르쉐는 고도로 숙련되고 헌신적인 인력이 높은 품질의 자동차를 생산하는 데 매우 중요하기 때문에 슈투트가르트에서 다른 임금이 싼 지역으로의 이전을 전혀 고려해본 적이 없다.

반대로, 저비용 전략을 따르는 기업은 이익수준을 유지하면서도 가격을 낮출 수 있도록 제품이나 서비스를 만드는 비용을 업계 최저수준으로 맞추는 운영관리 기능이 되어야 한다. 이러한 경우에는 비용과 가격이 핵심적인 문제이기 때문에 품질은 상대적으로 덜 중요할 수 있다. 결과적으로, 노동 비용이 특히 낮은 지역에 생산 시설을 배치하는 것은 매우 적절하다. 이케아(IKEA)는 매우 저렴한 가격으로 다양한 종류의 매력적인 제품을 제공함으로써 글로벌 소매업체가 되었다. 이 기업은 16개국에 31개의 물류 센터를 두고 50개국 1,350개 공급업체 네트워크를 통해 가능한 한 저렴한 가격으로 제품을 구매 또는 제조한다. "사람, 지구, 그리고 이익(People, Planet, and Profits)"이라는 이케아의 슬로건은 국제 운송의 지속 가능성 및 이익 최적화와 관련된 전략적 문제를 강조한다.

기업의 선택에 영향을 미치는 또 다른 요인은 표준화 또는 고객화 공정 및 기술을 사용하는 정도이다. 만약 기업이 사업을 수행하는 모든 시장에서 표준화된 생산 공정 및 기술을 사용하는 경우에는 기업의 운영 시스템은 글로벌 통합이 이루어져야 한다. 예를 들어, 이러한 기업들은 생산 시설들의 글로벌 효율성을 보다 쉽게 달성하기 위하여 글로벌 제품 설계를 채택할 수 있다. 반면에, 만약 기업이 사업을 수행하는 개별 현지시장에서 독특한 운영 시스템을 사용하는 경우에는, 이러한 글로벌 통합은 불필요할 뿐 아니라 가능하지도 않다. 이들 기업들은 종종 지역의 운영관리자들이 현지 상황에 민감하게 대응하도록 하기 위하여 글로벌 지역 설계방식을 채택한다.

예를 들어, 인텔은 표준화된 운영관리전략을 사용하여 전 세계적으로 동일한 생산 공정을 사용하여 마이크로프로세서를 생산하고 있다. 따라서, 전 세계의 생산시설들 간에 기술을 공유하고, 자유롭게 부품들을 배송하고 있다. 마찬가지로, 수년간 자동차 제조업체는 세계 곳곳에서 동일한 디자인과 브랜드 이름을 사용하여 생산되고 판매될 수 있는 글로벌 자동차를 만드는 목표를 추구하여 왔다. 포드(Ford)는 그 목표를 달성했으며, 포드의 포커스(Focus)는 세계에서 가장 많이 팔리는 자동차가 되었다(2012년 1,160,764대 판매).[5] 반면에, 네슬레(Nestle)는 시장에 따라 제품믹스뿐만 아니라 재료와 포장을 적절하게 변경하고 있다. 물론 생산 기술을 일부 공유하기도 하지만, 네슬레는 각 생산 시설을 독립적으로 운영하는 경향이 있다.

국제 운영관리의 복잡성

국제 운영관리는 현대의 경영자들이 직면하고 있는 가장 복잡하고 도전적인 과제 중의 하나이다. 운영관리에 내재된 기본적인 복잡성은 어디에서 어떻게 다양한 제품과 서비스를 생산할 것인가라는 생산 문제 자체에 기인한다. 운영관리자는 일반적으로 세 가지 영역에서 중요하고 복잡한 문제를 결정해야 한다:

1. *자원(Resources)*: 관리자는 기업이 제품생산에 필요한 자원을 어디서 어떻게 확보해야 할지를 결정해야 한다. 핵심의사결정은 공급사슬관리와 수직적 통합과 관련된다.
2. *입지(Location)*: 관리자는 사무시설, 판매법인 그리고 공장을 어디에 설립할지, 또 어떻게 설계해야 할지 등등을 결정해야 한다.
3. *물류(Logistics)*: 관리자는 운송수단과 재고관리방법을 결정해야 한다.

모든 기업은 국내기업이든 국제기업이든 위의 세 문제를 해결해야 한다. 그러나 이러한 문제를 해결하는 것은 국제기업에게 훨씬 더 복잡한 과제이다. 국내 제조업체는 지역 공급자와만 거래를 하며, 자국정부의 규제만을 받게 되고, 상대적으로 동질적인 시장 환경에서 경쟁하며, 통합된 운송망에 접근이 가능하고, 상대적으로 짧은 거리에 제품을 배송한다. 이와는 대조적으로, 국제적 제조업체는 타국의 공급자와 거래하고, 사업을 수행하는 국가마다 서로 상이한 정부규제와 이질적인 시장에 직면하고, 다른 운송 시설과 교통망과 상대적으로 긴 운송 거리를 다루어야 한다. 국제 운영관리자는 비용, 세법, 자원 가용성 및 마케팅 고려사항과 같은 요인을 고려하여 생산 시설을 배치시킬 국가를 선택해야 한다. 그들은 또한 정부 규제와 정치적 위험, 그리고 국가의 법률 시스템의 예측과 같은 비경제적인 요인뿐만 아니라 잠재적인 환율변동가능성도 고려해야 한다. 또한, 그들은 기업의 생산시설 입지가 고객의 취향과 환경의 변화에 대응할 수 있는 기업의 능력에 미칠 영향을 반드시 고려해야 한다. 마지막으로, 물류문제도 반드시 반영해야 한다. 나폴레옹의 러시아 침공이 긴 병참선으로 인하여 파멸적 결과를 가져온 것처럼, 공급자들로부터 멀리 떨어진 생산시설은 자원과 원자재에 대한 적시적 접근에 방해될 수 있다.

In Practice

- 관리자는 국제 운영관리의 기본적 요소에 대한 명확한 이해를 필요로 한다.
- 국제 운영관리의 전략적 중요성은 모든 국제기업의 모든 관리자들에게 명확히 이해되어야 한다.

추가 고려 사항: 자원, 입지, 그리고 물류에 대한 의사결정은 서로 어떻게 영향을 미치는가?

17.2 생산 관리

글로벌시장에서 제품의 개발과 서비스의 개발은 일부 유사점이 존재하지만, 중요한 근본적인 차이 역시 존재한다. 유형 상품의 개발과 관련된 운영관리 결정과 프로세스는 **생산관리(production management)**라고 하며, 무형 서비스의 개발과 관련된 운영관리결정과 프로세스는 **서비스 운영관리(service operations management)**라고 한다. 여기에서는 생산 관리에 초점을 맞추고, 서비스 운영관리는 이 장의 뒷부분에서 다루도록 한다.

제조(manufacturing)란 자본과 노동, 그리고 기술을 결합하여 원자재와 부품을 변환하여 제품을 창조하는 것이다. 제조 활동의 예로는 소니의 디지털 카메라 생산, BMW의 자동차 생산, 그리고 미쉐린의 타이어 생산 등이 있다. 예를 들어, BMW는 고무 성형과 좌석 시트, 실내 판금에서 엔진 부품에 이르는 수천 가지의 구성 부품을 사용하고 결합하여 다양한 유형의 자동차를 생산하고 있다.

가장 성공적인 제조업체들은 고품질의 제품을 효율적으로 생산하기 위해 많은 세련된 기법을 사용한다. 이러한 생산기법은 고급생산관리 과목을 통해 보다 상세히 다루어지므로, 여기에서는 국제생산관리와 관련된 세 가지 중요한 차원인 국제공급사슬관리, 국제생산입지선정, 국제물류를 다루기로 한다.

공급 체인 관리 및 수직 통합

대부분의 공산품의 생산은 다양한 원료 및 부품, 그리고 기타 자원을 필요로 하기 때문에,

국제 생산관리자가 직면하는 첫 번째 문제는 이들 투입물의 조달방법과 관련된 결정이다.[6] **공급사슬관리(supply chain management)**는 제품생산을 위해 필요한 다양한 자원을 획득하기 위하여 기업이 사용하는 일련의 프로세스와 단계이다[*외주(sourcing)* 또는 *조달(procuring)* 활동이라고도 한다]. 공급사슬관리는 제품 비용과 제품 품질, 그리고 내부필요 자본에 분명한 영향을 미친다. 이러한 영향으로 인해, 대부분의 국제기업은 공급사슬관리를 최고경영진에 의해 신중하게 계획되고 실행되어야 할 전략적 과제로 접근한다.[7]

공급사슬관리 전략을 개발하는 첫 번째 단계는 적절한 수준의 수직적 통합을 결정하는 것이다. **수직적 통합(vertical integration)**은 기업이 독자적으로 자원을 조달하거나 다른 원천으로부터 획득하는 범위를 나타낸다. 극단적으로 높은 수준의 수직적 통합을 실행하는 기업은 제품의 개발, 변형, 포장, 대 고객 판매에 이르기까지 운영관리프로세스의 모든 단계를 수행한다. 기업 내의 다양한 사업부들은 다른 사업부에 대한 공급업자로 또는 고객으로 볼 수 있다. 다른 한 극단은, 수직적 통합이 거의 이루어지지 않은 기업으로서, 이들 기업은 생산 사슬의 한 단계 또는 일부 단계에만 참여한다. 이들 기업들은 다른 공급자로부터 부품을 구입할 수 있으며, 하나의 운영활동이나 변환작업을 수행한 후 다른 기업 또는 소비자에게 자신의 생산물을 판매하게 된다.[8]

BP는 수직적으로 통합된 국제 기업이다. 이 기업의 한 사업부는 천연가스와 원유의 전 세계적인 탐사를 수행하고 있다. 석유가 발견되면, 다른 사업부는 석유의 채굴에 대한 책임을 진다. 이렇게 채굴된 석유는 기업소유의 송유관과 유조선을 통하여 기업소유의 정유회사로 운송된다. 정유회사에서는 원유를 휘발유나 정제유, 그리고 기타 석유기반의 연료로 변환한다. 이 연료들은 기업소유의 운송트럭으로 기업 소유의 주유소와 편의점으로 배송된 후 개인 소비자에게 판매된다. 따라서, BP의 탐사 및 채굴 사업부는 송유관사업부에 공급하며, 송유관사업부는 정유 사업부에 그리고 정유사업부는 소매사업부에 제품을 공급

Roger Bamber/Alamy

천연가스와 원유의 수직통합 정유회사로서, BP는 석유탐사 사업부, 정유회사, 송유관, 운송트럭, 주유소를 소유하고 관리한다. 상당히 이질적인 사업들에 대한 이러한 높은 수준의 수직적 통합은 회사의 운영에 상당한 복잡성을 더하며, 해당 운영관리자들의 업무수행에 적지 않은 도전이 된다. 그러나, 동시에 다른 회사에 대한 BP의 의존도를 줄이고 매우 효율적인 운영을 위한 가능성을 증대시킨다.

하는 구조가 된다. 회사가 때때로 타사 제품을 사용하고, 때로는 자사 제품을 타 기업이나 프랜차이즈 소매업체에 제품을 판매할 수는 있지만, 제품생산과정의 시작부터 개별 소비자들에게 최종판매하기까지 효율적이면서 단절되지 않는 수직적통합 운영사슬을 유지하는 것에 우선을 두고 있다.[9]

반면에, 세계 3위의 맥주회사인 하이네켄(Heineken NV)는 상대적으로 수직적 통합을 거의 실행하지 않는다. 이 회사는 맥주를 양조하는 데 필요한 곡물 및 기타 재료를 지역 농민과 농업협동조합에서 구매한다. 다양한 용기공급자에게서 맥주를 포장하는 데 사용하는 병과 라벨, 그리고 종이 팩 등을 구입한다. 그 맥주를 양조하고 병에 넣은 후, 하이네켄은 유통업자에게 판매하며, 이들은 소매상에게, 그리고 소매상들은 소비자들에게 재판매한다.

기업의 수직적 통합의 정도는 생산 관리자에 의한 일련의 공급사슬관리 의사결정에 의한 결과이다. 제품을 생산하는 데 필요한 구성 요소를 획득하는 방법을 결정함에 있어서, 생산 관리자는 두 가지 선택대안이 있다. 기업은 투입물 자체를 직접 만들거나 외부 공급자에서 구입할 수 있다. 이러한 선택을 **생산/구매 의사결정(make-or-buy decision)**이라고 한다. 자체생산결정과 구매의사결정이 다른 의사결정을 수반하여 이루어진다는 것을 주의하는 것도 중요하다. 예를 들어, 자체생산보다 구매방식을 택하는 경우에는 단기공급계약관계와 장기공급계약 중 무엇을 선택할지 결정해야 한다. 마찬가지로, 구매방식 대신 자체생산방식으로 결정하였다면 단독생산을 할지 파트너와 제휴할지를 선택하여야 한다. 만약 제휴방식을 선택하였다면, 이제는 기업의 원하는 통제정도에 대해서 결정해야 한다.

생산/구매 의사결정은 기업의 규모, 운영의 범위 및 기술적 전문성, 그리고 제품의 특성에 의해 영향을 받을 수 있다. 예를 들어, 대기업은 생산에 있어 규모의 경제를 누릴 수 있기 때문에 GM과 피아트(Fiat) 같은 거대 자동차기업은 부품을 자체 생산할 가능성이 높은 반면에, 페라리(Ferrari)나 BMW와 같이 그보다 작은 기업들은 외부 공급자로부터 부품을 구입할 가능성이 더 높다. 예컨대, 위성네비게이션시스템이나 핸즈프리 휴대폰과 같이 비교적 첨단 기술을 구현하는 부품은 외부 공급자로부터 구입할 가능성이 더 높은 반면에, 종래의 브레이크 시스템이나 AM/FM 자동차 오디오와 같이 보다 표준화된 부품은 사내에서 생산될 가능성이 높다. 한편, 생산/구매 의사결정은 기술 및 제조시설에 대한 기존 투자에 따라 달라진다. 예를 들어, 델(Dell), 소니(Sony)와 같은 개인용 컴퓨터 제조업체들은 마이크로 프로세서와 메모리 칩, 디스크 드라이브와 마더보드, 그리고 전원공급장치에 대한 자체생산이나 구매 여부를 결정해야 한다. 소니가 광범위한 제조관련 전문지식으로 인해 자체적으로 부품을 만들 가능성이 높은 반면, 델은 외부업체에 의존할 가능성이 매우 높다.

다른 모든 조건이 동일하다면, 기업의 입장에서는 자체생산이나 외부공급자를 통한 구매결정 여부는 어떤 방식이 자원을 저렴하게 획득할 수 있는지 여부를 기준으로 간단하게 결정할 수 있다. 그러나, "다른 모든 조건이 동일하다면" 상황은 거의 발생하지 않기 때문에 전략적 문제도 함께 고려되어야 한다. 예를 들어, 자체생산 또는 구매 의사결정을 내릴 때, 기업은 경쟁우위의 추구가 전략적 취약점을 가져다 줄 수 있음을 고려하여 양자의 균형을 추구해야 한다. 경쟁우위 가능성과 전략적 취약성 수준이 함께 높은 경우, 기업은 내부생산을 통하여 전략적 통제를 유지할 가능성이 높다. 그러나, 경쟁우위 잠재력과 전략적 취약성 정도가 모두 낮은 경우에는, 회사는 높은 통제수준을 필요로 하지 않기 때문에 "기성품(off the shelf)"을 구입할 가능성이 더 높다. 마지막으로, 중간수준의 경쟁 우위와 전략적 취약성을 갖고 있어 적당한 수준의 통제를 필요로 할 경우에는 특별한 법인이나 계약생산 방식이 가장 적합할 수 있다.

이러한 전략적 고려 사항 외에도 생산/구매 의사결정에는 다른 요인들이 중요한 역할을 하게 된다. 특히, 국제 기업들은 비용과 통제, 위험, 투자 및 유연성 사이에서 절충점을 찾아야 한다.[10]

통제 부품의 직접생산은 제품의 품질, 배송 일정, 설계 변경, 그리고 비용에 대하여 기업의 통제를 증가시키는 장점을 가지고 있다. 외부 공급자로부터 구입하는 기업은 해당업체에 지나치게 의존할 수 있다. 만약 특정 공급자가 폐업하거나, 가격을 인상하거나, 또는 낮은 품질의 원자재를 생산하는 경우에는 해당 기업은 투입물의 공급처를 잃거나 비용 상승, 또는 품질관련 문제를 경험하게 될 것이다.

통제의 또 다른 문제는 외부 공급자와 계약을 강제할 수 있는 능력에 관련되어 있다. 외국 공급자와 계약을 강제하는 것은 국가 간 법률 시스템의 차이로 인해 어렵거나 비용이 많이 소요될 수 있다. 예를 들어, 특정국가가 외국인의 지적재산을 보호하는 법률이 취약한 경우에는, 소니 레코드(Sony Records)와 BMG와 같은 엔터테인먼트 기업은 CD와 DVD의 불법복제를 염려해 해당 국가에 라이센싱을 주는 것을 내켜하지 않을 수 있다. 이러한 점이 중요한 고려사항이 될 때에는, 기업은 필요한 투입물을 구매하기보다는 직접 생산하는 것을 선호하게 된다. 예를 들어, 일본의 *계열(keiretsu)*시스템의 강력한 기능 중 하나는, 기업과 공급자 사이의 계약을 강제하는 데 따른 문제를 줄일 수 있다는 것이다. 계열기업들 간의 상호출자는 구성원들 간의 신뢰를 강화시키고, 장기 계약과 상호간의 지적재산 공유를 증가시킨다.[11]

위험 외부 공급자로부터 부품을 구매하는 것은 기업의 재무적 위험과 운영 위험을 줄이는 장점이 있다. 예를 들어, BP는 자사의 시추 플랫폼, 송유관 및 생산사슬의 다른 모든 단계와 관련된 위험을 가지고 있다. 단순히 다른 기업으로부터 원유를 구입한다면, 이러한 위험은 공급자가 감당하게 되므로, BP는 장비 고장 또는 시추 플랫폼의 손상에 대해 걱정할 필요가 없을 것이다. 또한 해당 자산에 대한 감가상각도 걱정할 필요가 없을 것이다. 자체생산보다 외주를 택하는 기업이 해외진출 국가에서의 정치적 위험을 줄일 수 있다는 것도 동등한 중요성을 갖는다. 예를 들어, BP는 미국, 나이지리아, 콜롬비아, 기타 지역에서 반영운동이나 반외세 운동을 통하여 선출된 정치인들이 언젠가는 정유시설을 몰수할 위험을 무릅쓰고 사업을 운영하고 있는 것이다. 실제로, 1951년 이란의 통치자가 이란 내의 주요 BP 생산시설을 압수하는 일이 발생한 적이 있다. "Bringing the World Into Focus"는 공급사슬의 또다른 위험한 형태인 자연 재해(천재와 인재 모두)에 대하여 설명해준다.

시설, 기술, 그리고 사람에 대한 투자 외부 구매는 기업의 투자수준을 줄여준다. 공장 신설이나 새로운 기술학습의 필요가 없으므로, 기업은 다른 생산적인 용도로 자금을 사용할 수 있다. 예를 들어, 베네통은 자사 상품의 소매활동에 대하여 기본적으로 가맹점들을 활용하므로, 자신이 가장 잘 수행할 수 있는 제조에 집중할 수 있다. 혼다(Honda)는 이러한 방식의 또 다른 예를 제공한다. 오하이오에 위치한 혼다의 미국 생산 공장에서 생산이 증가하자 혼다는 자동차 미러의 공급 증가를 필요로 하게 되었다. 혼다는 지역 내 공급자인 도넬리(Donnelly Corp.)를 설득하여 자동차용 미러를 조립하는 신 공장을 건설하도록 하였다. 따라서, 혼다는 미러생산공장에 투자할 필요없이 편리하고 신뢰할 수 있는 공급자를 확보하였다.[12] 물론, 미러를 생산하는 대신 구매함에 따라, 혼다는 도넬리에 미러 생산에 따른 이익을 양보해야 했다. 외부 구매는 기업의 교육훈련비용과 전문지식의 필요성을 감소시켜준다. 도넬리와 계약을 체결함으로써, 혼다는 자동차 미러의 설계, 제조 및 마케팅과 관련된 전문 지식을 개발하는 것을 피할 수 있었다. 이와 대조적으로, BP는 고도의 수직 통합이 이루어진 글로벌 운영시설들의 이점을 최대한 활용하기 위해 다양한 관리자 계층에서의 광범위한 전문지식과 재능을 필요로 한다.

유연성 자체생산보다 구매방식을 택하는 기업은 상황에 따라 공급자를 변경할 수 있는 유연성을 유지한다. 이는 기술이 급격하게 발전하거나 인플레이션이나 환율변동으로 인하여 운송비용이 유동적인 경우에 특히 유용하다. 예를 들어, 대부분의 PC 제조업체는 디스크 드라이브, USB 포트, 마이크로 프로세서를 외부 공급자로부터 구매하여왔다. 이렇게 함으로써, 그들은 제품 진부화 및 PC의 부품에 내재된 첨단기술을 유지하는 데 필요한 막대한 연구개발비용 지출의 위험을 피할 수 있다. 마찬가지로, 댈러스에 소재한 피어리스 매뉴팩처링(Peerless Manufacturing)은 수많은 유럽의 하청업체로부터 필터 및 여과기 부품을 구매한다. 피어리스는 고객의 주문의 흐름과 환율 변동에 따라 유럽대륙 내 유리한 지역으로 외주기업을 전환할 수 있다.

MUNIR UZ ZAMAN/AFP/Getty Images/Newscom

저비용 지역에서 제품과 서비스를 소싱하는 것은 비용억제와 이윤개선에 도움이 된다. 그러나 때로는 이러한 저비용은 근로자의 안전 또는 환경을 위태롭게 하는 약하거나 부적절한 규제의 결과이다. 예를 들어, 방글라데시의 이 의류 공장은 2013년에 무너져 1,127명의 노동자가 사망하였다. 기준 이하의 건축 자재로 건설되고 현지 건축 법규를 위반한 이 공장은 베네통, 갭, 시어즈(Sears), 타겟(Target) 및 기타 주요 서구의 유통업체를 위해 의류를 생산하였다. 이 비극의 결과로 많은, 유통업체들은 방글라데시의 안전 기준 및 근로조건 개선을 위해 업계 차원의 노력을 기울이기로 합의하였다.

물론, 때때로 기업은 유연성을 저하시키는 상충이 발생하는 의사결정을 해야하기도 한다. 혼다와 도넬리의 경우에서처럼, 도넬리는 새 미러 공장에 투자함으로써 혼다에게 의존적인 상황이 되는 것을 염려했을 것이다. 도넬리가 새로운 공장을 건설하도록 유도하기 위하여, 혼다는 도넬리가 적어도 10년 동안 혼다의 미러 제품을 독점공급할 것이라고 경영자들을 확신시켰다. 이렇게 함으로써, 혼다는 자본투자는 줄였지만, 10년 동안 공급자 변경의 유연성을 희생한 것이다. 이 사례는 구매자-공급자 관계의 주요 트렌드를 보여준다. 얼마 전까지만 해도, 경영자들은 특정기업에의 의존성을 방지하기 위하여 다양한 공급자를 활용하는 것이 유용하다고 생각했다. 그러나, 이 방법의 단점은 대규모 공급자 네트워크의 관리, 특히 글로벌한 공급망의 관리와 관련된 복잡성이다. 최근에는 일부 기업들은 소수의 공급자와의 독점 또는 준독점적인 장기공급관계를 유지하는 것이 공급자의 경험과 제품지식의 혜택을 더 많이 누리게 한다는 사실을 깨닫고 있다. 자동차산업의 많은 제조업체들은 존슨 콘트롤(Johnson Controls)이나 마그나 인터내셔널(Magna International)과 같은 소

BRINGING THE WORLD INTO FOCUS

예상치 못한 위험에 대처하는 법

제조자와 공급자들 사이의 관계는 서로에게 매우 중요하다. 제조업체는 높은 품질의 부품을 적기에 공급해주는 공급자에 의존하는 반면에, 공급자는 자신의 구매 고객에 수익을 의존하게 된다. 일반적으로 양 당사자들은 건강한 관계를 만들고 유지하기 위해 함께 협업한다. 그러나 때로는 자연의 힘이 개입되고 큰 문제를 야기하기도 한다.

2011년 3월, 일본에서는 대규모 지진이 발생하였고, 이는 그와 맞먹는 파괴적인 쓰나미를 촉발시켰다. 두 천재지변으로 인하여 일본 내 대부분의 제조 시설과 운송 경로가 조업이 불가능하게 되었다. 이러한 사건은 일본의 거의 모든 제조업체에 대한 심각한 문제를 야기하였다. 뿐만 아니라 북미에서도 이로 인한 파급효과가 발생하였다. 예를 들어, 토요타의 북미 생산공장은 일본의 공급자로부터 부품의 약 15%를 조달하고 있었다. 재고가 소진되면서, 북미 공장은 생산을 감축하기 시작했다. 두 달 후에, 그들은 150개의 핵심 부품물량의 부족으로 인하여 정상적인 생산용량의 30%에 생산하지 못하였다. 전문가들은 2011년 말까지 정상적인 조업을 재개하지 못할 수도 있다고 예측했다. 닛산과 혼다 역시 유사한 문제에 직면했다.

이러한 문제가 도요타와 같은 일본 업체에만 제한된 것은 아니었다. 예를 들어, 제너럴 모터스(GM)는 부품 예산의 약 2%를 일본에 지출하였기 때문에 역시 영향을 받았다. 그러나 GM의 경영자들은 위기에 매우 효과적으로 대응했다. 지진발생 후 4일째 되는 날에, GM은 이러한 영향으로 공급부족이 예상되는 중요 부품을 파악하고 해당 부품을 확보하기 위한 계획을 수행할 수백 명으로 구성된 팀을 구성하고 24시간 작업을 수행하게 하였다. 이 팀은 가장 영향을 받을 118개의 부품을 확인하고 신속하게 대체 공급자를 확보하였다. 해당 부품의 재고가 바닥났다면, GM 역시 적지 않은 기간의 조업 중단을 겪었을 것이다. 일본의 자연 재해로 붕괴된 공급망이 완전히 회복되기까지는 18개월 이상이 소요되었다.

모든 주요 자동차 제조업체가 이구동성으로 말하는 하나의 교훈은 미래의 자연재해 또는 기타 공급망 중단의 경우에 대비한 포괄적인 위기대응계획의 필요성을 배웠다는 것이었다. 예를 들어, GM의 한 임원은 GM이 공급사슬 중단에 대한 상시비상계획을 가지고 있긴 하였지만, "이와 같은 종류의 광범위하고 막대한 규모"의 재해에 대해서는 아무 것도 준비되지 않았다고 말하였다. 한편, 전자업체에서 의류생산기업과 식량생산기업에 이르기까지 다양한 범주의 기업들 역시 지진과 쓰나미의 영향을 평가하고 미래를 대비한 자신들만의 계획을 준비해야 했다.

자연 재해가 중대한 문제를 야기할 수 있지만 인류가 야기한 재해도 마찬가지이다. 예를 들어 2013년 5월에 방글라데시의 8층짜리 의류 공장이 무너지면서 1,127명의 노동자가 사망하였다. 방글라데시는 중국에 이은 세계 2위의 의류 수출국이며 400만 명이 의류산업에 종사하고 있다. 이 가난한 나라의 의류산업 근로자는 현지 기준으로는 합당한 임금을 받지만, 근로 조건은 열악하고 정부의 규제가 거의 없다. 붕괴된 건물의 노동자들은 베네통, 갭, 타겟(Target), 시어즈(Sears) 및 다른 주요 소매업체들을 위해 바쁘게 옷을 만들고 있었던 것으로 밝혀졌다. 결과적으로, 이들 소매업체는 제품 공급망의 파괴와 방글라데시 근로자의 근로 조건에 대한 적절한 감독을 시행하지 않음으로써 기업의 명성에 큰 손상을 입었다.

출처: "Toyota rations Japanese parts; Honda to cut hours," *USA Today*, March 30, 2011, p. 1B; "Supply shortages likely following Japanese tsunami," *Supply Chain Review*, March 11, 2011, p. 1; "Asian supply chain rattled by Japan quake, tsunami," *International Business Times*, March 14, 2011, p. 1; "G.M. pieces together Japanese supply chain," *New York Times*, May 13, 2011, p. 5; "Will 1,127 Deaths Move the Needle for U.S. Shoppers?" *USA Today*, May 17, 2013, pp. 1A, 2A.

위 1차 협력업체(first-tier suppliers)와 함께 신규 차량의 좌석시스템이나 대시보드 어셈블리 등의 시스템 설계를 협업하는 등 적지 않게 의존하고 있다. 또한 자동차회사들은 1차 협력업체로 하여금 2차 협력업체로부터의 부품 및 조립품의 인수를 관리하고 모니터링하게 함으로써 추가 비용을 절약하고 있다.

입지 결정

구매보다는 자체생산을 선택한 기업은 또 다른 결정에 직면하게 된다. 그것은 생산시설을 어디에 배치할 것인가와 관련된 결정이다. 생산입지결정을 위하여, 기업은 국가 관련 문제, 제품 관련 문제, 정부 정책, 그리고 조직 문제를 고려해야 한다.

국가 관련 문제 여러 가지 국가적 특성이 국제적 생산시설의 입지결정에 영향을 미칠 수 있다. 그 대표적인 특성이 자원가용성 및 비용, 인프라 및 원산지 마케팅 효과이다.

자원가용성(resource availability)과 비용(cost)은 개별국가가 생산시설 배치에 적합한 입지인지에 대한 주요결정요인이다. 고전적 무역이론과 헥셔-올린이론(6장 참조)이 제시하는 것처럼, 저비용의 풍부한 생산요소 부존 국가는 그러한 생산요소를 필요로 하는 기업에게 매력적이다. 예를 들어, BP의 경우 시추 플랫폼을 설치하는 곳은 원유가 매장된 국가 외에는 거의 선택의 여지가 없다. 중국은 저임금 노동력으로 인하여 수많은 장난감, 신발, 그리고 섬유생산기업을 유인하고 있다. 그러나, 이는 동시에 저임금 국가로의 공장 이전으로 인한 많은 논란도 야기하고 있다.

사회기반시설(infrastructure) 역시 생산시설 입지결정에 영향을 미친다. 대부분의 생산시설은 적어도 최소 수준의 사회기반시설 지원을 필요로 한다. 생산 시설 구축은 건설 자재 및 장비뿐만 아니라 건설 자재 공급자와 건설업체를 필요로 한다. 더 중요한 것은 전기, 수도, 교통, 전화, 그리고 기타 서비스가 생산기능을 효율적으로 활용하기 위해 필요하다는 것이다. 또한, 의료, 교육, 적절한 주거, 엔터테인먼트 및 기타 관련 서비스에 대한 접근이 생산시설의 관리자와 종업원과 그들의 가족들에게 매우 중요하다는 것은 입증된 사실이다.

국가의 원산지 효과(country-of-origin effects)도 생산 시설의 입지결정에 중요한 역할을 한다. 어떤 국가들은 제품 마케팅에 영향을 미치는 "브랜드 이미지"를 가지고 있다. 예를 들어, 일본은 고품질의 제품 생산에 대한 명성을 지니고 있으며, 이탈리아는 세련된 디자인의 제품으로 널리 인정받고 있다. 한 가지 흥미로운 실험에 따르면, 피면접자들에게 타이멕스 시계가 독일이 아닌 파키스탄에서 생산된 것이라고 이야기했을 때 타이멕스(Timex) 시계에 대한 소비자의 선호는 6% 감소하였다. 그러나 템포맥스(Tempomax)라는 낯선 브랜드의 시계가 독일이 아닌 파키스탄에서 만들어졌다고 하였을 때는 그들의 구매의도는 74%나 하락하였다. 이는 다른 모든 조건이 동일하다면, 제품이 강력한 브랜드명으로 뒷받침되지 않는 한, 특히 선진국에서는 소비자에게 파키스탄제보다는 독일제 시계를 판매하는 것이 쉽다는 것을 명백하게 보여준다. 기업은 생산시설의 입지 결정에서 이러한 국가의 원산지 효과를 고려해야만 한다. 특히, 고품질의 제품마케팅에 관심 있는 기업은 파키스탄이나 인도네시아에 비해 일본이나 독일에서 생산입지를 선택해야 하며, 저비용과 가격에 기초하여 경쟁하는 기업은 반대의 선택을 할 수 밖에 없다.

제품 관련 문제 제품 관련 특성들 역시 입지 결정에 영향을 미치게 된다. 이들 특성 중 보다 중요한 문제는 중에는 중량대비가치비율(value-to-weight ratio)과 필요한 생산 기술이다.[13]

제품의 중량대비가치비율은 제품의 공급가에서 운송비용이 차지하는 중요성에 영향을 미친다. 철광석, 시멘트, 석탄, 대량 화학 물질, 설탕원료 및 기타 농산물과 같이 중량대비가치비율이 낮은 제품들은 상품 운송비용을 최소화하기 위해 여러 지역에서 생산되는 경향이 있다. 반대로, 마이크로프로세서나 다이아몬드와 같이 높은 중량대비가치비율을 지닌 제품은 단일 입지 또는 소수의 입지에서 생산되어도 경쟁력에 큰 영향을 받지 않는다.

제품 제조에 사용되는 생산기술 역시 생산시설의 입지에 영향을 미친다. 기업은 해당 산업 내에서의 효율적인 생산규모와 예상 매출액을 반드시 비교해야 한다. 기업의 판매량이 효율적인 단위생산시설에 비해 비교적 큰 경우에 기업은 다양한 장소에서 생산시설을 운영할 가능성이 높다. 만약, 효율적인 단위생산시설의 규모보다 매출액이 상대적으로 작은 경우에는, 기업 입장에서는 단일 생산 공장만을 활용할 것이다. 예를 들어, 석유 정제의 최소효율규모는 하루 약 20만 배럴이다. 따라서, 하루 500만 배럴을 생산할 수 있는 BP는 영국, 스페인, 콜롬비아 등의 국가에서 17개의 정유공장을 운영하고 있다.

고객 피드백의 상대적 중요성 역시 입지 결정에 영향을 미친다. 기업이 고객 반응에 대해 신속한 파악을 필요로 하는 제품은 최종 판매 지역에 가까운 곳에서 생산된다. 예를 들어, 미국 의류업계의 일반적인 경험법칙은, 다른 모든 조건이 일정하다면, 상품이 유행에 민감할수록 미국 인접지역 또는 미국 내에서 생산되어야 제조업체가 시장동향에 신속하게 대응할 수 있다는 것이다. 판매 시즌이 시작되면, 메이시스(Macy's), 노드스트롬(Nordstrom's), 삭스5번가(Sak's Fifth Avenue)와 같은 대형 여성 스포츠의류 바이어들은 어떤 신규상품이 히트상품인지를 주의 깊게 모니터링한다. 바이어들은 히트상품은 재빨리 재주문하고, 유행에 민감한 쇼핑객들이 무시하는 상품은 무자비하게 폐기처분해 버린다. 이러한 패션상품의 판매시즌이라고 해봐야 2~3개월에 불과하고, 패션매니아들이 구매할 상품에 대해서 아무도 예측할 수 없기 때문에 미국 내 의류 제조업체는 대만이나 인도네시아의 제조업체들보다 스포츠의류 바이어의 요구에 효과적으로 대응할 수 있다. 반대로, 유행에 다소 둔감한 패션상품은 낮은 생산 비용을 활용하기 위하여 미국 이외의 지역에서 생산될 가능성이 더 높다. 예를 들어, JC 페니(J.C. Penney)는 매년 여름 얼마나 많은 스포츠용 양말과 면 내의가 판매될지 합리적인 확신을 가지고 예측할 수 있다. 만약, 해당 상품의 여름 매출액을 과대추정했다면, 가을에 그 제품을 계속 판매할 수 있다. 따라서, 페니의 남성복 구매담당자들은 종종 아시아의 직물공장과 장기 계약을 체결한다. 이 경우 비용은 배송의 속도나 유연성보다 더 중요한 변수가 된다.

정부 정책 정부 정책 역시 입지결정에 중요한 역할을 한다. 정치적 프로세스의 안정성, 국가의 무역정책, 경제개발 인센티브, 자유무역지대의 존재 등은 특히 중요하다.

국내 정치 프로세스의 안정성은 해당국가에의 공장 설립 의향에 명백하게 영향을 미친다. 기업은 투자, 생산 및 인력구성에 관한 결정을 내리기 위하여 게임의 규칙이 무엇인지 알기를 원한다. 정부가 재정금융정책 및 규제 정책을 업계와의 조율 없이 임의로 변경한다면, 이는 해당 국가에서의 운영의 위험과 불확실성을 증가시킨다. 조세정책, 환율, 인플레이션, 노동관련 법률의 예상치 못한 변화는 국제 기업에 특히 골칫거리이다.

국가의 무역정책 역시 입지결정에 영향을 미친다. 높은 관세장벽 및 기타 무역장벽을 가진 국가 내에서의 고객서비스 제공을 위해 기업은 어쩔 수 없이 생산시설을 현지에 두게 되는 경우도 있다. 예를 들어, 도요타, 닛산, 마쓰다는 자국에서 생산된 자동차의 대미 수출을 제한하기 위해 일본 정부에 의해 부과된 자발적수출규제(voluntary export restraint)를 회피하기 위해 미국에 공장을 건설했다. 마찬가지로, HP도 브라질의 수입관세를 피하기 위해 상파울로에 PC 생산공장을 설립하였다.

경제개발 인센티브 역시 입지결정에 영향을 미친다. 일자리 창출과 과세기반을 확대하고자 하는 열망을 가진 국가나 지역은 종종 국제 기업에게 저렴한 토지임대, 고속도로 개선, 직업 훈련 프로그램, 수도 및 전기 요금 할인 등의 혜택을 제공하여 해당 기업들의 새로운 공장을 유치하기 위해 노력한다. 예를 들어, 프랑스 정부는 월트 디즈니가 파리 디즈니랜드를 건축할 수 있도록 파리 교외의 땅을 대폭 할인된 가격으로 매각하였다. 마찬가지로 8억 달러 규모의 닛산 조립 공장을 유치하기 위한 북미지역 수십 개 도시 및 지역과의 경합에서 미시시피주는 2.95억 달러 상당의 인센티브 패키지를 제공하여 투자를 유치할 수 있었다.[14] 뉴질랜드정부와 남아프리카 정부도 영화제작사들의 투자를 유치하기 위한 인센티브를 제공하였다.

자유무역지대(foreign trade zone: FTZ)의 존재는 국제기업의 관련 부지 선정에 영향을 미친다. 9장에서 논의한 바와 같이, 자유무역지대는 수출상품이나 수입상품이 특혜관세를 부과받기 위해 특별히 계획되고 통제되는 지역이다. 국가들은 자유무역지대를 주요 항만이나 생산단지 근처에 설립한다. 국제 기업들은 때때로 명시적인 제한하에, 특정목적을 위하여 해당 지역에 제품을 면세로 수입할 수 있다. 여기서 명시적 제한이란 허용되는 제품의 유형 또는 가치의 제한이나 수행 작업 성격의 제한 등이 있을 수 있다.

자유무역지대의 존재는 기업에게 수입 또는 수출에 대한 상당한 유연성을 제공하고 비용 절감을 통한 이익을 가져다주므로 기업은 해당 지역 내 입지결정을 고려할 수 있다.[15] 예를 들어, 휴스턴항은 기본적으로 외국 자동차제조업체들의 물류창고로 사용되는 대형 자유무역지대를 운영하고 있다. 도요타와 닛산은 북아메리카의 남부 지역에 판매하기 위한 자동차를 휴스톤으로 선적하고, 어떤 수입관세의 지불 없이 해당 지역에 보관하고 있다. 특정 자동차를 딜러에게 배송하기 위하여 반출하는 경우에만 제조업체는 관세를 지불한다. 그러나 일부 자동차는 최종적으로 멕시코나 인근 카리브 국가에 선적되는데, 이 경우에 기업은 수입국이 부과하는 관세만 지급하고 미국의 관세는 납부하지 않아도 된다.

자유무역지대의 창의적인 활용을 통해 비용을 낮출 수 있다. 기업은 부품을 수입하여 현지에서 조달한 다른 부품과 결합하여 최종제품으로 조립할 수 있다. 자유무역지대에서의 조립을 위하여 수입된 제품은 일반적인 수입 부품에 비하여 관세가 상대적으로 저렴하다. 이러한 이유로 미국에서 생산되는 대부분의 자동차는 자유무역지대에 조립된다. 또한,

일부 관세는 포장을 포함한 총중량에 근거하여 계산된다. 따라서, 기업입장에서는 가볍고 저렴한 포장으로 자유무역지대에 제품을 가져옴으로써 수입관세를 줄이고, 관세납부가 끝난 후 보다 튼튼한 재료들로 재포장하기도 한다.

조직관련 문제 국제 기업의 사업전략과 조직 구조도 입지 결정에 영향을 미친다. 재고관리정책도 중요한 고려사항이다.

기업의 사업전략은 다양한 경로로 입지 결정에 영향을 미칠 수 있다. 저비용전략을 채택하는 기업은 저비용의 입지를 찾아야 하는 반면에, 제품의 품질에 초점을 맞추는 기업은 적절한 숙련노동력과 관리적 역량이 있는 지역에 생산시설을 설립해야 한다. 기업은 조직의 목표를 효과적으로 달성하기 위하여 생산시설을 지역적으로 집중할 수도 있다. 베네통은 제품 디자인과 품질의 효과적 통제를 위하여 이탈리아 내에 생산시설을 집중시키는 전략을 채택하였다. 기업에 따라서는 다양한 국가에 생산시설을 분산배치 함으로써 전략적 목표를 더 효과적으로 달성할 수도 있다. 대부분의 전자업체들은 이 방법을 취한다. 예를 들어, 인텔은 아일랜드, 이스라엘, 말레이시아, 중국, 코스타리카, 베트남에 제조 및 조립 공장을 두고, 상대적으로 저렴한 비용의 자원을 효과적으로 활용하고 있다. 게다가, 해당지역의 생산 시설에서 인근 지역시장에 컴퓨터 칩을 출하하는 것은 비교적 간단하고 저렴하다. 분산배치된 생산시설은 환율 변동으로부터도 기업을 보호한다. 예를 들어, FMC는 달러와 유로의 상대 가치에 따라, 이탈리아공장과 시카고 공장에서의 식품포장기계 주문을 종종 변경하고는 한다.

기업의 조직 구조 역시 공장의 입지에 영향을 미친다. 예를 들어, 14장에 언급한 바와 같이, 글로벌지역사업부제는 지역 경영자에게로 권한을 분산시킨다. 이들 경영자들은 자신의 지역에 대한 통제권을 유지하기 위하여, 자신의 지역 내에 판매하는 제품생산을 위한 공장이 해당 지역 내에 배치되는 것을 선호할 가능성이 높다. 예를 들어, 포드(Ford)는 한때 북미, 유럽, 그리고 아태지역 등의 3개 지역사업부제 구조를 유지한 적이 있다. 이들 지역 내 자회사들에게서 타 지역으로의 수출은 거의 없었고, 그보다는 해당 지역에 있는 소비자의 요구를 충족하는 자동차를 생산하는 데 초점을 맞추었다. 후에, 포드는 이러한 조직구조가 자동차생산의 글로벌화를 방해한다는 것을 깨닫고 해당 조직구조를 포기했다. 반대로, 글로벌 제품사업부제 구조를 갖는 기업은 비용 및 품질 성능 목표를 충족하기 위해 세계 도처에 생산시설을 배치한다.

기업의 재고 관리 정책 역시 생산입지 결정에 의하여 영향을 받는다. 재고 관리는 모든 관리자가 직면해야하는 복잡한 과업이다. 그들은 재고유지비용과 재고부족비용 간의 균형을 유지해야 한다. 재고유지비용은 보관(예를 들어, 보관창고의 운영), 손상 및 손실 (일부 저장 재고의 손상, 파괴 또는 도난), 그리고 기회비용(재고에 대한 투자가 다른 사업용도로 사용될 수 없음)등을 포함한다. 생산시설의 위치는 상품배송과 관련된 거리와 소요시간 때문에 기업의 재고 유지수준에 영향을 미친다. 예를 들어, 월마트가 대만의 공장에서 미국 매장에 필요한 자가브랜드 텔레비전을 구매하는 경우에, 월마트의 재고 수준은 멕시코 공장에서 텔레비전을 구입하는 것보다 높은 수준을 유지해야 한다. 생산시설의 입지는 기업이 **적시재고관리(just-in-time: JIT)** 시스템을 채택할 때 특히 중요하다. 이 방법으로 공급 국제 물류는 자재, 부품, 소모품 및 기타 자원의 흐름을 관리한다. 다국적기업의 경우 싱가포르와 같은 주요 항만은 국제 물류에 중요한 역할을 한다. 고속도로, 트럭, 철도, 열차, 컨테이너화물 운송시설 및 화물선의 복잡한 연결망은 전 세계의 방대한 자원을 이동시키는 데 기여한다.

s_oleg/Shutterstoc

자들은 생산에 꼭 필요한 물량(일반적으로 작은 주문량을 빈번히 주문)을 기업의 제조센터로 직접 공급하게 된다. JIT시스템은 내부 및 외부 공급자와 기업 간의 주의깊은 조정을 필요로 한다. 종종 부품 공급자들은 고객의 JIT 요구사항을 충족하기 위하여 그들의 주요 고객의 생산시설근처에 공장을 짓게 된다. 예를 들어, TRW 스티어링 시스템(TRW Steering Systems), 덴소(Denso), 보쉬(Bosch)와 존슨 컨트롤(Johnson Controls) 등과 같은 다수의 자동차 부품업체들은 재규어(Jaguar)와 레인지로버(Range Rover) 같은 주요 고객에게 효과적인 서비스를 제공하기 위해 웨일즈나 영국의 웨스트 미들랜즈 지역에 생산시설을 두고 있다. 또한 대부분의 부품업체들은 미국 중서부지역, 온타리오, 브라질, 태국 및 기타 자동차조립공장 클러스터에 밀집되어 있다.

국제 물류 및 자재 관리

국제 기업의 생산시설 위치에 관계없이, 기업의 운영관리는 국제물류문제를 해결해야 한다. **국제물류(international logistics)**는 첫째, 원자재, 부품, 소모품, 그리고 다른 자원이 공급자로부터 기업에게로 공급되는 흐름의 관리, 둘째, 이들 자원들이 기업 내부적으로 사업부 간에 공급되는 흐름, 그리고 마지막으로 최종재나, 서비스, 그리고 기타 상품이 기업에게서 고객에게로 공급되는 흐름을 의미한다.

첫 번째와 두 번째 활동을 자재관리(materials management)라고 하며, 세 번째 활동은 물적유통 또는 간단하게 유통이라고 한다.[16] 유통은 종종 기업 마케팅의 일환으로 관리되기 때문에, 16장에서 이미 논의한 바 있다. 따라서, 여기에서는 물류의 자재관리 측면에 초점을 맞추도록 한다. 물류의 역할은 지리적으로 분산되어 있는 생산 및 물류네트워크를 통합하고자 하는 기업, 예컨대, 한 나라에서 생산된 부품을 다른 나라에서 조립하고, 제3국에서 판매하는 기업에게 특히 중요하다. 국내자재관리 및 국제자재관리기능을 차별화시키는

BRINGING THE WORLD INTO FOCUS

오늘은 이곳, 내일은 저곳...

제조업자들이 생산시설을 멕시코로 앞 다투어 옮겨간 것이 바로 엊그제 같다. 풍부하고 저렴한 노동력의 공급과 결합된 기업 친화적 정부는 북부 멕시코 국경을 공장설립을 위한 완벽한 장소로 만들었다. 북미자유무역협정(NAFTA)은 기업들이 필요에 따라 재료와 완제품을 국경을 가로질러 이동시키는 것을 상대적으로 용이하게 만들었다. 그러나 멕시코의 임금이 상승함에 따라, 이 지역의 21세기 초반의 호시절은 지나가고, 중국이 세계에서 가장 흥미진진한 생산 중심지로 부상하였다. 기업들은 멕시코 사업을 중단하고 중국으로 떼를 지어 이전하였다. 그리고 다음 10년 동안 중국은 급성장하는 생산력으로 저비용 생산 중심지로서의 위상을 확고히 확립했다.

그러나 때때로 역사는 반복된다. 중국 경제가 호황을 누리면서 현지 노동자들의 임금 인상 요구에 따라 임금이 대폭 상승되었다. 예를 들어, 2003년 멕시코의 임금수준은 중국보다 6배 높았으나, 2013년에 중국의 임금은 멕시코의 임금수준에 근접하였다. 국제 운송비용을 고려할 때, 서반구에 주요 시장을 가지고 있는 제조업자들은 멕시코와 중국의 총생산비용이 거의 같아졌음을 알게 되었다.

당연한 일이지만, 멕시코를 떠나 중국을 택했던 일부 기업들은 다시 방향을 바꾸고 있다. 예를 들어 청소도구와 주방용품을 만드는 카사벨라(Casabella)는 2003년에는 멕시코에서 중국으로 이전하였지만, 다시 멕시코로의 이전을 진행 중이다. 마찬가지로, 마벨(Manufacturing Marvel)은 중국과 멕시코에서 완구류를 생산하고 있는데, 최고경영자(CEO)는 2015년에 중국계약이 만료되는 대로 모든 사업을 멕시코로 이전할 계획이라고 밝힌 바 있다. 멕시코가 이들 기업의 마지막 종착역이 될 것인가? 저비용 제조업체의 경우 일반적으로 인건비와 자재비용이 가장 적게 드는 곳을 항상 탐색하기 때문에 아마도 아닐 것이다. 그러나, 이제 적어도 멕시코는 다시 한 번 도약할 것으로 보인다.

출처: "Some Manufacturers Say 'Adios' to China," *USA Today*, March 19, 2013, p. 7B; "Mexican Manufacturing Rises Again," reuters.com, accessed on May 18, 2013; "Mexico's Manufacturing Base Rebounds," areadevelopment.com, accessed on May 19, 2013; "Mexico's Welcome Mat Attracts Aerospace Manufacturers," aviationweek.com, accessed on May 19, 2013; "Mexico: The New China," *New York Times*, January 26, 2013, p. B1.

요소로는 세 가지 기본적 요인이 있다.[17] 첫 번째 요인은 운송거리이다. 국내운송거리는 가장 큰 국가라 할지라도 수천마일 이상을 넘지는 않으며 대부분의 수화물은 훨씬 적은 거리로 운송된다. 예를 들어, 뉴욕과 로스앤젤레스 간 육로 길이는 2,800마일 정도이지만, 뉴욕과 바르샤바, 도쿄, 시드니 사이의 거리는 각각 4,300마일 6,700마일 및 9,900마일에 해당된다.[18] 따라서 캔자스 시티, 시카고, 세인트루이스에서 생산된 부품과 반제품을 최종 조립을 위해 신시내티에 출하하는 것은 샌디에고, 몬트리올, 카이로에서 생산한 제품과 반제품의 최종 조립을 위해 싱가포르에 선적하는 것보다 훨씬 용이하다.

국내자재관리와 국제자재관리기능 간의 두 번째 기본적인 차이는 사용 가능한 교통수단의 숫자이다. 동일국가 내의 운송은 대부분 트럭이나 철도 등 단일운송수단을 사용한다. 그러나, 국경을 넘어선 국가 간 운송, 특히 원거리 운송의 경우에는 대부분 복합운송수단을 사용하게 된다.[19] 예를 들어, 캔자스시티에서 베를린까지의 운송은 트럭, 철도, 선박, 그리고 다시 철도와 트럭을 사용해야 한다.

셋째로, 국제자재관리에 적용되는 각종 규제는 국내재고관리보다 훨씬 더 복잡하다. 대부분의 국가들은 국내운송시스템에 대해 가격, 안전, 포장 등의 다양한 측면에서 규제하고 있다. 여러 국가를 통과하는 화물에는 해당 국가들의 규정이 적용된다. 북미자유무역협정(NAFTA)과 같은 다양한 경제무역협정은, 국가의 경계를 넘어 운송되는 화물에 대한 국제운송지침과 절차를 간소화하기 위해 노력하고 있지만 여전히 복잡하고 종종 수많은 불필요한 요식을 포함하고 있다.

단순해 보이는 물류 및 자재관리 문제는 국제적인 맥락에서 종종 훨씬 더 복잡해진다.

얼핏 사소한 것처럼 보일 수 있는 포장 문제도 국제물류관리에서는 현실적으로 중요한 고려 사항이다. 포장은 운송 중에 물품을 보호하고, 물품의 취급을 용이하게 하며, 최종목적지까지 전달 및 판매를 용이하게 한다. 그러나, 국제운송의 경우 다양한 운송수단을 사용할 뿐만 아니라 훨씬 다양한 조건에 직면하게 되므로, 포장 결정을 복잡하게 만든다.[20]

와인 유통업체들은 수년 동안 이러한 문제로 어려움을 겪어왔다. 급성장하고 있는 국제 와인시장은 호주, 남아프리카 공화국, 남아메리카의 와이너리에 시장의 문호를 열어 놓았으나, 무거운 유리병 와인의 선적 비용은 소매가격의 인상을 초래할 수 있다. 호주 와인 유통 업체인 하디(Hardy's)는 새로운 대안을 발표하였다. 영국에 24,000리터(약 32,000병의 와인에 상당하는 분량)들이 플라스틱 와인 통을 선적하는 것으로서, 이 와인은 영국의 해안에 도착한 후 병에 넣어진다. 결과적으로 하디는 한 병당 최소 5달러에 와인을 팔아 영국에서 베스트셀러 호주 와인이 되었다.[21]

캘리포니아에 있는 공장에서 생산된 민감한 전자장비를 대량으로 사우디아라비아에 있는 공장에 운송하기를 원하는 기업이 직면한 문제를 고려해 보자. 운송 과정에서 해당 장비는 철도, 차량 및 선박을 이용하게 될 것이다. 각 운송수단이 마주치는 상황은 습도, 온도, 먼지 등이 제각각이다. 게다가 장비가 선적 또는 양륙될 때마다 민감하게 취급되는 정도가 서로 다르다. 따라서, 장비는 운송 중에 발생할 모든 상황에 대비하여 잘 포장되어야 한다.

포장 자체의 중량도, 특히 고객에게 최종 전달될 완제품의 경우에는 중요한 고려 사항이다. 본 장의 앞부분에서 언급한 바와 같이 중량은 종종 수입관세액을 결정하므로 기업은 제품 발송 후에도 자주 제품을 재포장한다. 때로는 고객이 포장을 포함한 정확한 총중량을 요구할 수도 있고, 포장이 미리 정해진 사양을 충족할 것을 요구할 수도 있다.

물류 상황의 고려도 생산입지결정에 있어 중요한 역할을 할 수 있다. 해외생산시설보다 국내생산시설의 생산비용이 낮을 수도 있다. 그러나, 기업은 보관창고, 포장, 선적 및 배송 등에 소요되는 자재관리비용과 재고유지비용의 국내비용과 해외고객에의 배송에 따른 비용을 고려해야 한다. 일반적으로 이러한 물류비용은 현지에서 생산된 제품보다 수출제품이 더 높을 것이다. 또한 비용 이외의 다른 물류 고려사항도 있다. 공급망의 길이가 길어지고 해외고객과 의사소통의 어려움이 가중될 수 있으므로, 국내 생산제품을 수출하기로 선택한 기업은 해외 고객에 대한 서비스의 경쟁력 수준을 유지하고 있는지 확인해야 한다. 수년 간, 철강업체들은 동남아 국가에서의 철강생산이 비용 면에서 효과적이라는 것을 발견했다. 그러나, 신기술로 인해, 전통적인 방법인 석탄을 사용하는 대신 천연 가스를 사용하여 철강을 생산하는 것이 더 저렴해지고 있다. 미국에서는 천연 가스가 매우 저렴하기 때문에 오스트리아의 한 철강업체는 루이지애나에 새로운 제철소를 건설하고 있다.[22]

말할 필요도 없이, 세계 경제의 지속적인 글로벌화는 국제물류의 중요성을 증대시키고 있다. 글로벌화는 정보기술(IT)의 급속한 변화가 없었다면 파급력도 훨씬 적고 훨씬 느리게 이루어졌을 것이다. PC, 팩스, 전자메일, 스마트폰, 인터넷 등의 발전은 널리 알려져 있으며, 눈에 잘 띄는 것은 아니지만 위성 통신, 전자데이터교환, 바코딩 등과 같은 IT 혁신 역시 동등한 중요성을 갖는다. 이러한 기술변화를 기업의 물류활동에 통합함으로써, 기업은 생산성을 높이고 고객 만족도를 향상시킬 수 있었다. 자라와 어반아웃피터스와 같이 적극적으로 혁신적인 정보 기술을 활용한 기업들은 물류뿐만 아니라 기업의 전반적인 운영의 효율성을 개선할 수 있었다. 막대한 비용절감도 가능하다. 예를 들어, 폭스바겐(Volkswagen)은 기업의 모든 내부 및 외부거래를 전산화하여 전체 운영비용의 1%를 절감할 수 있었다고 믿고 있다.

IT는 물류 프로세스의 재개념화와 공급자–고객 관계의 새로운 시각을 촉진하였다. 적극적인 IT활용에 의해, 기업은 물류과정의 특정 단계가 아니라 전체 공급사슬의 효율성과 생산성을 촉진하는 방법을 분석할 수 있었다. 사실, IT의 창의적인 이용을 통하여, 기업은 자신의 생산성 향상뿐만 아니라 고객만족도 제고시킬 수 있었다. 이외에도 IT의 장점이 있다. IT에 대한 투자는 재고 및 보관창고에 대한 투자를 대체함으로써, 자본 비용을 절감하고 자산 수익률을 개선하는 효과도 가져온다. 또한, IT는 기업이 전략적 목표달성을 위한 진행 상황을 모니터링할 수 있도록 한다.

In Practice

- 관리자는 자신의 조직에서의 공급사슬관리와 수직적 통합의 역할에 대해 완벽하게 익숙해질 필요가 있다.
- 생산/구매 결정은 관리자가 반드시 고려해야 할 기본적인 옵션이다.

추가 고려 사항: 어떤 경우에 해외로 이전하였던 생산시설을 본국으로 재이전하는가?

17.3 국제 서비스 운영

최근 몇 년 동안 많은 국가경제에서, 특히 선진국경제에서 서비스 부문의 중요성이 증가하고 있다. 예를 들어, 서비스 부문은 미국 국내총생산(GDP)의 거의 4분의 3을 차지하고 있으며, 미국 내 신규고용창출의 대부분이 서비스부문에서 이루어지고 있다.[23] 따라서 서비스가 국제무역과 글로벌경제의 중요한 부분이 되고 있다는 것은 놀랄 일이 아니다. **국제서비스기업(international service business)**은 자원을 사용하여 고객을 위한 효용을 창출하는 무형의 산출물로 변환하는 기업을 의미한다. 국제서비스의 예로는 브리티시항공의 런던발 뉴델리행 여객서비스, 프라이스워터하우스쿠퍼(PricewaterhouseCooper)가 BP, 박스터(Baxter), 그리고 IBM과 같은 기업에게 제공하는 회계 및 감사 서비스, 다이이치간교은행(Dai-Ichi Kangyo Bank, 第一勸業銀行)이 제공하는 국제기업회계 등의 금융서비스 등이 있다.

국제 서비스의 특징

서비스는 해외 시장에 서비스를 제공하려는 기업에게 특별한 도전을 주는 몇 가지 고유 특성이 있다. 특히, 서비스는 종종 무형으로, 저장할 수 없고, 고객의 참여를 필요로 하며, 유형상품과 연결되어 이루어진다.

서비스는 무형성을 지닌다. 매장에 가서 애플 아이패드(iPad)를 구입한 소비자는 제품의 소유, 조작, 사용, 보관, 손상, 또는 반환이 가능한 유형재를 구매한 것이다. 투자 자문을 얻기 위해 회계사에 간 소비자는 쥘 수도 없고 볼 수도 없는 무형의 지식을 얻게 된다(경우에 따라서 서비스와 관련된 세금 계산서, 보험 증권 등과 같은 유형의 종이 조각 또는 전자 문서를 받기도 하지만, 이는 서비스 제품 자체의 상징적인 표현에 불과하다). 이러한 서비스의 무형성으로 인하여 서비스의 가치나 품질을 평가하는 것은 유형상품의 가치와 품질을 평가하는 것보다 어려운 과제이다.

서비스는 일반적으로 저장이 불가능하다. 서비스는 종종 미리 만들 수도 없고 미래의 사용을 위해 저장할 수도 없다. 세탁기 수리 서비스는 기술자가 직접 와서 고장난 기기를 다루어야만 이루어지며, 만약 집주인이 없을 경우에는 문을 열어주기 전까지는 버려지는 것이다. 텅 빈 비행기 좌석, 레스토랑의 빈 자리, 판매되지 않은 신문은 관련된 기회의 창이 닫히면 곧 경제적 가치를 잃게 된다. 서비스의 높은 수준의 소멸성으로 인해 모든 서비스 제공업체에게 서비스용량계획은 매우 중요한 문제가 된다. **용량계획(capacity planning)**은 기업이 주어진 시간에 얼마나 많은 고객에게 서비스할 수 있는 지를 결정하는 것이다. 충분한 서비스 용량 제공에 실패하는 것은 종종 영구적인 매출 손실을 의미하는 반면에, 지나친 서비스 용량의 제공은 비용을 증가시키고 수익의 저하를 가져온다.

서비스는 고객의 참여를 필요로 한다. 관광과 같은 국제 서비스는 고객의 실제적인 참여가 없이는 발생할 수 없다. 서비스의 제공에 고객이 관여하기 때문에, 많은 서비스 공급자는 구매자의 요구를 충족하기 위해 제품의 고객화가 필요하다. 예를 들어, 토마스 쿡(Thomas Cook)이 멕시코, 베네수엘라와 아르헨티나 고객을 위하여 스페인어사용 가이드와 일본 고객을 위한 일본어사용 가이드를 제공한다면, 런던에서 더 많은 버스투어상품을 판매할 수 있을 것이다. 또한, 동일한 서비스라 할지라도, 개별 고객에게는 전혀 다르게 인식될 수 있으므로, 전략과 마케팅 문제를 야기하게 된다. 예를 들어, 런던의 버스 투어는, 오사카 이외의 지역으로 첫 여행을 떠난 일본인 신혼부부에게는 큰 흥분으로 다가오지만, 도시를 여러 번 방문한 바 있는 바쁜 도시바 경영진에게는 지루한 것일 수 있다.

많은 서비스는 다른 상품의 구매와 연결되어 있다. 많은 기업들은 고객들을 위한 지원 운영과 유지보수 및 또는 수리 등의 **제품지원서비스(productsupport services)**를 제공한다. 이러한 서비스는 관련 제품의 판매에 매우 중요하다. 예를 들어, 스웨덴의 가전업체인 일렉트로룩스(AB Electrolux)는 유레카(Eureka), 프리저데어(Frigidaire), 타판(Tappan), 위드 이터(Weed Eater) 등의 브랜드로 진공청소기, 냉장고, 세탁기, 냉장고, 그리고 기타 가전제품을 생산하고 있다. 또한, 이 기업은 자사제품을 구매한 소비자에게 해당 제품의 수리와 교체 등을 목적으로 한 서비스센터를 운영하고 있다. 이러한 관련 서비스를 제공하지 않는다면, 제품의 판매는 실질적인 피해를 입게 될 것이다. 또한, 이 기업은 스웨덴 스톡홀름에 있는 본사에서 서비스를 제공해야 할 뿐 아니라, 미국, 캐나다 및 영국 시장에서 경쟁하고자하는 경우에는 해당 지역에도 제품 수리 및 부품 유통 서비스를 제공해야 한다.

국제 서비스 무역과 정부의 역할

정부의 역할은 국제 서비스 시장의 중요한 차원이다. 많은 정부들은 국내 전문직종 종사자들을 보호하고 국내 표준 및 자격증 등을 유지하기 위하여 외국인들에 의하여 법률, 회계, 및 의학서비스가 이루어지는 것을 제한하고자 노력한다. 정부는 종종 서비스 시장 진출요건과 서비스의 가격을 규제하기도 한다. 예를 들어, 미국 내 외국은행과 보험회사들은 엄격한 규제를 받고 있으며, 다양한 주 및 연방 규제기관의 지시를 따라야 한다. 대부분의 국가에서, 통신, 운송, 기타 공공산업분야에서 기업이 서비스를 제공하기 위해서는 정부의 허가를 필요로 한다. 예를 들어, 미국과 호주 간의 항공 노선은 두 국가 간의 상호 협정에 의해 규정된다. 호주 1위의 항공사인 콴타스(Qantas)는 시드니-샌프란시스코 노선과 시드니-달라스 노선을 운행할 수 있지만, 샌프란시스코에서 승객을 탑승시키고 달라스로 운행할 수는 없다. US항공도 미국과 시드니 노선, 미국과 멜버른 노선은 운행할 수 있지만, 시드니와 멜버른 간에는 노선을 운영할 수 없다.

지난 십여 년간 많은 서비스 산업에서 국내규제 및 국제규제의 감소가 있어왔다. 서비스 무역장벽의 지속적인 완화는 세계무역기구(WTO)의 높은 우선순위 중의 하나이다. 규제완화 및 무역장벽의 완화는 금융과 통신 등의 산업에서 기회를 창출하여 왔고 이들 기업들은 적극적으로 새로운 국내 시장과 해외 시장에서의 사업확장 기회를 추구하고 있다. 이러한 변화는 다양한 전략적 제휴, 국가 간 투자, 그리고 세계 곳곳에서 새로운 신생기업 출현을 촉진시켜 왔다.

서비스 운영관리

국제 서비스 운영의 실제 관리는 용량계획, 입지계획, 시설 설계 및 배치, 작업 일정 등을 포함하는 일련의 기본적인 문제들과 관련된다.

용량계획은 회사가 한 번에 얼마나 많은 고객에게 서비스를 제공할 수 있는 가에 대한 결정임을 기억하라. 서비스 구매 과정에서 고객의 밀접한 참여 때문에 용량계획은 고객에게 제공되는 서비스의 품질에 영향을 미친다. 예를 들어, 맥도날드의 러시아 내 첫 번째 레스토랑은 높은 매출액 수준을 예상하고 다른 음식점보다 훨씬 크게 개장하였다. 이러한 큰 레스토랑 규모에도 불구하고, 모스크바 레스토랑에서 고객대기시간은 미국보다 훨씬 길었다. 이용할 만한 레스토랑이 부족했던 모스크바 사람들은 "빅 맥(Big Mek)"을 위해 기꺼이 긴 줄에 서서 기다린 것이다. 반면에, 볼더(Boulder)나 콜롬버스(Columbus) 또는 파리에서 고객들이 반 시간여를 기다려야 했다면 맥도날드는 큰 사업적 손해를 보았을 것이다.

생산관리와 마찬가지로, 입지계획은 국제 서비스운영에도 중요하다. 대부분의 서비스 제공업체들은 그들이 서비스를 제공하려는 고객에게 밀착해 있어야 한다(전자 통신에 의존하는 정보 제공자는 예외일 수 있다). 사실, 대부분의 국제 서비스 운영업체들은 해외 시장별로 지사를 설립하고 현지인들을 포함한 직원들을 두고 있다.

국제 서비스 시설들은 적절한 외관과 레이아웃을 갖추도록 신중하게 설계되어야 한다. 때때로, 해외에서 사업을 운영하는 기업들은 외국기업으로서의 정체성을 강조하거나 현지 문화와 본국의 문화유산을 적절히 혼합할 수도 있다. 예를 들어, 파리 디즈니랜드에서 표지판들은 영어와 불어 두 언어로 제작되어 있다. 다른 경우에는 기업들이 일부러 외국기업으로서의 정체성을 숨기기도 한다. 예를 들어 대부분의 미국 도넛 애호가들은 수년 동안 던킨 도너츠(Dunkin' Donuts)가 영국의 대기업에 의해 소유되었다는 것을 모르고 있었다.

마지막으로, 국제 서비스 기업은 고객의 요구를 최대한 충족하는 운영계획을 수립해야 한다. 예를 들어, 유럽으로 미국승객을 운송하는 항공사는 일반적으로 저녁 늦게 출발한다. 이렇게 하면 승객들이 출발하기 전에 하루의 일부시간을 일하면서 보낼 수 있는 기회를 제공하고, 승객들은 다음 날 이른 아침에 도착하게 된다. 대조적으로, 유럽에서 떠나는 항공편은 오전 중반쯤에 유럽을 떠나 그날 오후 늦게 미국에 도착한다. 이 일정계획은 고객선호, 시간대, 시차, 항공기 사용시간 및 유지보수요구 등의 요인들을 고려한 최적의 배열을 제공한다.

In Practice

- 관리자는 생산관리와 서비스운영 간의 유사성과 차이 모두 인식해야 한다.
- 관리자는 국제서비스의 특성과 이것이 기업 운영에 어떻게 영향미치는 지를 명확히 이해해야 한다.

추가 고려 사항: 생산과 비교하여 국제서비스 운영에 있어서 정부의 역할은 어떻게 다른가?

17.4 국제경영의 생산성 관리

많은 국제기업의 운영관리 핵심 고려사항은 생산성이다. 가장 간단한 수준에서 **생산성(productivity)**은 산출물을 생산하는 데 사용된 투입물에 대한 산출물의 상대적 가치로 요약되는 효율성의 경제적 측정치이다.[24] 생산성은 다양한 이유에서 중요하다. 한 가지 이유는, 생산성은 기업의 전반적인 성공을 결정하고 장기적인 생존에 기여한다. 또 다른 이유는, 생산성은 특정 국가의 생활수준에 직접적으로 기여한다. 국내기업이 뛰어난 생산성을 갖고있다면, 시민들에게 소비 가능한 더 많은 제품과 서비스를 제공하게 된다. 또한, 해당 기업의 제품과 서비스가 타국으로 수출된다면, 원산지 국가토서 추가적인 편익도 가져다준다. 이러한 요소들은 국내 총생산에 긍정적인 영향을 미치며 국가 전체에 혜택을 가져다준다.

기업이 사업을 영위하는 곳이 어디든지 간에, 핵심적인 목표 중의 하나는 지속적으로 생산성을 향상시키는 것이다. 기업이 생산성을 유지 또는 강화하기위한 노력의 일환으로 추구할 수 있는 몇 가지 일반적인 전략이 존재한다. 특히 다음 세 가지 접근법은 기업의 생산성 향상에 기여한다. (1) 연구개발(R&D) 지출 확대, (2) 운영 개선, (3) 종업원 참여도 증가가 그것이다.

생산성 향상의 출발점은 R&D에 더 많은 투자를 하는 것이다. R&D를 통해 기업은 새로운 제품을 개발하고, 기존 제품의 새로운 용도를 파악하며, 제품생산을 위한 새로운 방법을 발견하게 된다. 이러한 결과들은 생산성 향상에 직접적으로 기여한다. 미국 기업들은 외국 경쟁업체들보다 R&D에 더 많은 지출을 하지만, 더 많은 외국 기업들이 점점 R&D 투자를 늘림으로써 이 격차는 축소되고 있다. 또한, 미국 기업은 획기적인 과학적 발견에도 불구하고 시장에서는 효과적으로 성공을 거두지 못하는 길고 고통스러운 역사를 가지고 있다.[25]

생산성을 높일 수 있는 또 다른 중요한 방법은 운영개선이다. 이 지점이 통제와 관련된다. 생산성을 향상하고자 하는 기업은 작업수행방식을 검토하고, 보다 효율적으로 작업을 수행하는 방법을 탐색해야 한다. 노후화된 장비를 교체하고, 작업공정을 단순화하며, 자동화방식을 도입하고, 근로자 훈련을 통한 효율성을 개선하는 방식 등의 운영의 개선이 생산성을 향상시키는 방식이다. 일본 기업들은 작업방식의 개선을 통하여 생산성의 향상에 특히 성공적이었다. JIT 생산방식과 재고관리기법, 지속적인 기술개발투자, 효율성에 집중하는 일본기업들의 운영방식은 큰 이익을 가져다주었다. 미국 기업 역시 운영에 더욱 많은 관심을 기울이고 있다. 예를 들어, 제너럴 일렉트릭(General Electric: GE)은 한 때 산업용 회로차단기 박스 주문제작에 3주가 소요된 적이 있었다. 게다가, 회로차단기 생산공장은 6군데나 되었다. 효율적인 생산방식의 도입, 제품의 단순화, 기타 개선 활동 등의 운영방식 개선을 통하여, GE는 현재 같은 주문제품을 사흘 만에 제작할 수 있으며, 단일 생산시설에서 모든 회로차단기를 생산하고 있다.

마지막으로, 생산성은 종업원의 참여를 증가시킴으로써 향상될 수 있다. 기본적인 발상은 관리자가 종업원들에게 작업을 수행하는 방법에 더 관여하도록 하면, 종업원들은 작업에 더욱 동기부여되고 회사의 목표에 더 헌신이 될 것이라는 것이다. 또한, 종업원들은 실제로 작업을 수행하는 사람이기 때문에, 작업을 개선하는 방식에 대하여 다른 누구보다도 더 많은 통찰력이 있을 것이다.[26] 참여도의 증가는 일반적으로 자율관리팀(self-managed teams)의 사용을 통해 이루어진다. 작업자 그룹은 작업을 수행하는 방법에 상당한 자율성을 가진 다수의 팀으로 구성된다. 자율관리팀은 스웨덴과 영국에서 처음 활용되었고, 일본에서 발전되었으며, 지금은 전 세계적으로 광범위하게 사용되고 있다.[27]

예를 들어, 루프트한자(Lufthansa)는 비용절감을 위하여 직원 참여를 활용하고 있다. 회사의 간접비용이 통제범위를 넘어서자, 경쟁력 유지를 위해 간접비용을 줄일 필요가 있었다. 루프트한자는 독일 내의 종업원을 감축하고 싶어했지만, 두 개의 강력한 국가노조의 저항에 직면하였다. 이에 루프트한자는 비용절감목표를 달성하기 위하여 노조들의 도움을 요청하였다. 기업과 두 노조의 대표자는 이제 대규모 정리해고에 의지하지 않고 급여비용을 절감하는 방법을 도출하기 위해 정기적으로 만나고 있다. 지금까지 인원감축은 자연감소와 조기 퇴직을 통한 조직축소를 통해서만 이루어지고 있다.

In Practice

- 관리자는 생산의 의미와 중요성을 이해해야 한다.
- 관리자는 생산성 개선을 위한 다양한 방법을 알아야 한다.

추가 고려 사항: 조직이 지나치게 생산성이 높은 것이 가능할까? 그렇다면(그렇지 않다면) 왜 그런가?

17.5 국제 비즈니스에서 품질 관리

운영관리는 기업들이 제품 및 서비스의 품질을 유지하고 개선하는 데 유익하다. 사실, 대부분의 산업에서 품질이 경쟁력의 핵심이 되고 있기 때문에 기업의 관리전략은 결국은 품질에 초점을 맞출 수밖에 없다. 미국품질관리협회(The American Society for Quality)는 **품질(quality)**을 명시적 또는 묵시적인 요구를 충족시키는 능력이 있는 제품이나 서비스의 총체적 특징이나 특성으로 정의하였다.[28] 국제표준화기구(ISO)는 국제적인 품질지침을 개발하고 수정하는 작업을 하고 있다. ISO 9000시리즈라고 불리는 이 품질지침은 국제 경영에서 점점 더 중요해지고 있는 품질 인증의 기초를 제공하고 있다. 이 지침은 2000년에 갱신되고 개정되었다.

ISO 9000 표준은 제품 검사, 종업원 교육, 기록유지, 공급자 관계, A/S정책과 절차 등의 분야를 포함한다. 이러한 기준을 충족하고자 하는 기업은 인증을 신청하고, ISO의 국내법인이 선택한 회사에 의하여 감사를 받게 된다. 이 감사인들은 기업의 사업운영의 모든 측면을 표준에 기초하여 검토한다. 대부분의 기업들의 보고에 따르면 ISO 9000 감사를 준비하는 것만으로도 도움이 되었다고 한다. GE, 듀퐁, 이스트만 코닥, 브리티시 텔레콤, 필립스 등 많은 기업 등을 포함한 많은 기업들이 자사 공급자들이 ISO 9000인증을 획득하도록 촉구 또는 요구하고 있다. ISO에 따르면, 157개국 이상에서 국가표준으로 ISO 9000을 채택하였고, 400,000개 이상의 인증서가 발행되었다. ISO 14000은 같은 개념을 환경성과에 확장한 것이다. 특히, ISO 14000은 기업들이 어떻게 더 효율적으로 원료를 사용하여 오염을 관리하고 환경에 미치는 영향을 최소화하였는지어 대한 문서화를 기업에게 요구한다.

품질은 여러 가지 이유로 매우 중요하다. 첫째, 오늘날의 많은 기업들은 품질을 바탕으로 경쟁하고 있다.[29] 해당 제품이나 서비스 품질에 대한 평판이 낮은 기업은 성공하기 쉽지 않다. 예를 들어, 일부 한국기업들은 유럽진출 초기에 그들의 제품이 유럽 기업에 의해 생산된 제품의 품질에 못 미치는 것으로 인식되었기 때문에 유럽에서의 경쟁에 어려움을 겪었다. 이러한 원산지 효과는 국제기업의 마케팅과 입지결정에 중요한 역할을 한다. 한국의 재벌들은 유럽에 생산시설을 설립하고, 유럽 기업들과 전략적 제휴를 구축하며, ISO 9000 지침과 기준을 충족함으로써 이러한 불리한 인식을 극복하였다.

둘째로, 품질은 바로 생산성과 연결되어 있기 때문에 중요하다. 높은 품질이 의미하는 것은 적은 제품결함, 결함제품에 대한 재작업에 소요되는 자원의 절약, 품질관리 자체에 투입되는 자원의 절감으로 인한 생산성의 증가이다. 마지막으로, 높은 품질은 기업이 고객 충성도를 개발하고 유지하는 데 도움이 된다. 품질 기대를 충족시키는 제품과 서비스를 구매한 고객은 동일기업으로부터 재구매할 가능성이 높다.

품질의 중요성이 증가함에 따라, 글로벌 기업은 자사 제품과 서비스의 품질 향상에 더욱 많은 중점을 두고 있다. 이들 기업의 대부분은 자신들의 노력을 전사적품질경영이라고 부른다. **전사적품질경영(total quality management: TQM)**은 체계적이고 지속적으로 조직의 제품 또는 서비스 품질을 향상시키기 위한 통합적 노력이다.

TQM 프로그램은 기업에 따라 다양하며 각 기업의 고유한 상황에 맞게 적용해야 한다. [그림 17.2]에서 보는 바와 같이, TQM은 품질에 대한 전략적 의지로부터 시작해야 한다. 이는 품질에 대한 주도권을 기업의 최고경영진에서 쥐고 시작해야하며, 최고경영자는 지속적인 개선을 달성하기 위해 필요한 자원을 기꺼이 몰입해야 함을 의미한다. 품질에 관해 립서비스만 하고, 종업원들과 고객들을 속이려 하는 기업들은 실패할 수밖에 없다.[30]

강력한 전략적 몰입이라는 TQM의 튼튼한 기초 위에서, TQM프로그램이 품질 개선을 달성하기 위해서는 4가지 주요 구성요소에 의존한다. 종업원의 참여는 품질 향상의 핵심적인 요구 사항으로 항상 언급된다. 모든 종업원은 기업의 품질 관련 목표를 달성하는 데 참여해야한다. 원자재 또한 신중하게 조달되어야 한다. 기업은 공급자에 대하여 높은 품질수준의 부품과 재료를 공급하도록 요구하거나, 품질향상 몰입수준이 자사의 기준과 부합하는 공급자로부터 원자재를 조달함으로써 제품의 품질을 향상시킬 수 있다. 또한 기업은 보다 효율적이고, 높은 품질의 제조 공정을 달성하기 위하여 기꺼이 새로운 기술에 투자해야 한다. 마지막으로, 기업은 새롭고 개선된 형태의 작업수행방식을 기꺼이 채택할 의향이 있어야한다.

TQM을 사용하는 기업은 통계적 공정관리 및 벤치마킹 등을 포함하는 다양한 도구와 기법을 보유하고 있다. **통계적 공정관리(statistical process control)**는 품질 통제 및 모니터링을 위한 수학적 기반 도구의 하나이다. 통계적 공정관리의 기본적인 목적은 품질 목표 수준을 정의하고, 편차의 허용 범위를 규정하며, 해당 제품의 품질 목표수준을 달성하는 것이다. 예를 들어, 소스 페리어(Source Perrier SA)는 병입 작업을 감시하는 통계적 공정관리를 사용한다. 이 기업의 관리자들은 페리에 생수 큰 병에 23온스의 양을 채워야한다고 결정했다. 물론 관리자의 조심성여부와 관계없이 어떤 병은 정확히 23온스가 될 것이고, 일부는 조금 적거나 조금 더 포함될 것이다. 그러나 너무 많은 병이 정량에 미달하거나 초과하여 채워진 경우에는, 조정이 이루어져야 한다. 이러한 상황에 대한 허용 기준은 22.8온스에서 23.2온스 사이이고, 이 기준을 충족시키는 병의 비율이 99.9%가 되는 것이다. 완성된 제품의 표본을 선택하여 실제 내용량을 측정하게 된다. 모든 샘플의 99.9%가 22.8온스에서 23.2 온스 사이의 범위를 충족시키면 생산이 계속된다. 그러나, 샘플의 97%

그림 17.2
전사적품질경영의 필수 요소

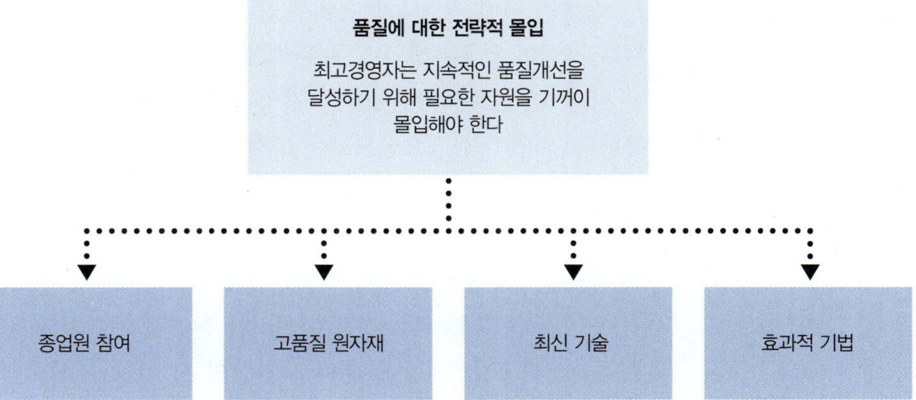

만 허용 범위내에 들 경우에는 관리자는 생산을 중지하고 병입장비를 조정하게 된다.

또 다른 중요한 TQM기법은 벤치마킹이다. **벤치마킹(benchmarking)**은 법적 및 윤리적인 방법으로 다른 기업의 높은 품질 달성방식을 연구하고 이를 모방하거나 자사의 방식을 개선하는 과정이다. 제록스(Xerox)는 외국경쟁기업과의 경쟁적 압력의 결과로 미국에서 벤치마킹 운동을 시작했다. 일본 기업인 캐논(Canon)은 10,000달러 미만의 중형 복사기를 시장에 출시하였다. 제록스는 캐논이 시장 점유율을 늘리기 위해 원가 이하로 판매하고 있다고 확신하였다. 무슨 일이 일어나고 있는지에 대한 자세한 내용을 알기 위하여, 제록스는 관리자 팀을 후지제록스에 파견하였다. 후지제록스(Fuji-Xerox)는 아시아시장을 위한 복사기를 만들기 위해 제록스 자회사가 후지와 함께 설립한 합작투자기업이었다. 일본에서, 관리자들은 캐논 복사기를 구입하고 분해하여 조사하였다. 그들은 캐논 복사기가 제록스의 복사기보다 높은 품질이면서 낮은 비용으로 생산된다는 사실을 발견하고 놀라게 되었다. 캐논에서 사용하는 다양한 재료와 기법을 모방함으로써, 제록스는 높은 품질과 낮은 비용의 장비를 개발하고 생산할 수 있었다. 오늘날, 벤치마킹은 광범위하게 활용되고 있다. 예컨대, 스마트폰 제조업체는 경쟁자에 뒤처지지 않기 위하여 벤치마킹에 상당히 의존한다.

In Practice

- 관리자는 국제경영에서의 품질의 중요성을 이해하기 위해 힘써야 한다.
- 국제기업 관리자는 TQM을 위해 사용되는 기법에 친숙해져야 한다.

추가 고려 사항: 어떤 상황에서 벤치마킹활동이 선을 넘은 불법적인 것이 되는가? 국가마다 차이가 있는가?

17.6 국제경영 정보 관리

국제사업의 운영관리 측면의 최종적인 영역은 정보와 관련된 것으로 최근 들어 점점 더 그 중요성이 증가하고 있다. **정보(information)**는 경영자의 의사결정과 관련된 과업의 수행에 가치있는 형식으로 작성된 자료이다.

정보는 어떤 기업에게나 매우 중요하다. 정보는 의사결정과정에 필요하기 때문에 경영자는 자신의 업무수행의 모든 단계에서 사용하게 된다. 정확하고 시기적절한 정보의 획득은 국제기업에 특히 중요하다. 경영자는 기업의 환경을 더 잘 이해하기 위하여 정보를 활용한다. 기업의 환경요인으로는 고객, 경쟁업체 및 공급자 등과, 고용, 생산, 자금조달결정 등에 영향을 미치는 정부정책, 그리고 다른 모든 환경적 요인을 포함한다.

또한, 경영자는 환경대응방법의 결정에 활용하기 위해 정보를 사용한다. 경영자는 전략적 목표설정과 전략적 계획수립을 위해 회의, 보고서, 자료 요약, 전화 통화, 전자메일 메시지 등 모두를 사용한다. 정보는 이러한 전략적 계획의 실행에 있어서도 매우 중요하다. 예를 들어, 최고경영자들은 해외 사업장의 경영자들에게 자신의 목표와 기대를 의사소통해야 한다. 경영자가 매일 의사결정을 내리고 그 의사결정의 결과에 대해 기업 내 다른 사람에게 피드백을 제공함에 따라 정보가 지속적으로 필요하게 된다. 마지막으로, 경영자가 통제과정자체를 모니터링하고 이것이 목표를 달성하고 계획을 실행하는 데 얼마나 유용한지 평가하는 데 있어 정보는 중요한 부분이다. 어떤 경영자도 예상치 않았던 일을 당하고 싶지 않아한다. 지속적인 성과달성과 실제 성과의 측정에 사용가능한 정보접근에 준비되어 있는 것은 경영자의 능력을 효과적으로 발휘하기 위한 중요한 부분이다.[31]

정보 관리의 중요성은 기업이 사용하는 전략과 조직설계의 유형에 따라 달라진다. 기업이 관련다각화를 사용하는 경우, 가장 효과적으로 이 전략의 잠재적인 시너지를 활용하기 위해서는 기업 내 여러 부문들이 상호 의사소통하는 것이 매우 중요하다. 기업이 고도로 중앙집권화된 경우에는, 정보 시스템은 최고경영자가 이러한 특정한 조직설계를 위해 추구하는 통제를 위하여 매우 중요하다. 반면에 기업이 비관련 다각화를 사용하는 경우에는, 정보시스템의 요구 사항은 전혀 다르다. 기업 내의 다양한 사업부들 간의 의사소통은 훨씬 덜 중요할 것이다. 마지막으로, 기업이 분권화된 조직설계를 사용하는 경우, 최고경영자는 다양한 부서 및 사업부의 경영자에 의한 정보보고에 대한 요구와 기대가 다소 적어지게 된다.

국제 경영은 정보와 기업 내의 정보의 역할에 상당한 복잡성이 추가된다. 국내 기업에서 정보는 동일한 법적 상황(동일한 회계 기준, 재무보고 요구사항 등이 적용된다)내에서 공통의 언어로 저장되고, 조작되며, 공통의 컴퓨터 소프트웨어 및 하드웨어를 통해 접근이 가능하다. 반면에 국제기업에 있어 정보는 서로 다른 언어로 작성되며 상이한 법적 상황에 직면한다. 예를 들어, 외국 파트너와 외국 정부들은 자국의 정보의 유출입을 제한할 수 있다. 또한, 컴퓨터 소프트웨어 및 하드웨어 사양이 항상 호환되는 것도 아니다. 따라서, 경영정보는 다국적 기업에서 더욱 중요할 뿐만 아니라 국내 기업보다 훨씬 더 복잡하다.

기업들은 보다 효과적으로 정보를 관리하기 위한 통합 정보시스템을 개발하기 위해 더욱 노력하고 있다. **정보시스템(information system)**은 경영자에게 유용한 형태로 데이터를 수집하고 조합하며 제공하기 위하여 기업에 의하여 만들어진 방법론이다. 대부분의 정보시스템은 반드시 그럴 필요도 없음에도 불구하고 전산화되어 있다. 중소기업에서는 라우터 및 이를 이용한 전표, 파일, 그리고 파일저장시스템만으로도 효율적으로 정보를 관리할 수 있다. 오늘날 거의 모든 대기업들이 자사의 정보를 관리하는 전산시스템을 사용한다. 예를 들어, 영국의 패션 및 홈 가구 체인업체인 로라 애슐리(Laura Ashley)는 기업이 보다 효과적으로 정보를 관리할 수 있도록 전산정보시스템을 사용한다. 개별 판매는 전산으로 기록되고, 관리자들이 인기판매상품을 재주문하는 결정에 이용된다. 그리고, 본 장의 opening case에서 보여주듯이, 베네통의 경쟁 우위의 주요 원천도 정보의 능숙한 활용에 기인하고 있다.

국제기업이 자사의 운영시설이나 자회사들을 연결하는 정보시스템을 활용함에 따라, 세계 어느 지역에 있는 경영자들도 정보에 쉽게 접근하고 다른 자회사나 운영시설들의 경영자들과 의사소통할 수 있다. 그러나 이러한 의도를 달성하기 위해서는 대규모 시스템이 필요한데, 컴퓨터 소프트웨어 및 하드웨어 제한에 따라 기업이 자사의 정보 시스템의 진정한 글로벌 통합을 달성하는 데 어려움이 되기도 한다. 따라서, 대부분의 기업은 특정한 기능부서나 사업부를 위한 하부정보시스템을 개발한다.

텍사스 인스트루먼트(Texas Instruments: TI)는 다른 대부분의 기업보다 앞서있는 진정한 의미의 글로벌 시스템을 구축하고 있다. TI의 자회사 중 하나인 TIRIS(Texas Instruments Registration and Identification Systems)는 영국에 본사를 두고 있으며, 제품 개발 부서는 독일과 네덜란드에, 그리고 제조 시설은 일본과 말레이시아에 있다. 각 시설의 관리자와 엔지니어들은 수천 마일 이상 떨어져 있음에도 불구하고 마치 서로 맞은편에 있는 것처럼 협업이 가능하게 하는 통합된 컴퓨터 기반 정보 시스템을 통해 의사소통하고 있다. 영국의 관리자는 신규 고객의 주문에 대응하기 위하여 독일의 디자이너에게 부품에 약간의 수정을 가하여 고객의 사양을 충족시키도록 전산으로 요청할 수 있다. 수정이 이루어진 후, 설계 사양 및 주문정보는 일본에 전산으로 전달되고 현지에서 제품생산이 이루어지게 된다. 최초의 영국 관리자는 부품이 제작되고 선적되었다는 확인서를 받고 고객에게 해당 소식을 알려줄 수 있다. 전체 프로세스기간 중 언제라도 관리자와 디자이너는 주문과 관련하여 어떤 일이 수행되었으며, 다음에 어디로 배송될지 전산으로 모니터링할 수 있다. 이 방법은 TI가 비용을 절감하고 다양한 국가에서 고객의 다양한 요구사항을 충족할 수 있도록 하여 국제적으로 경쟁하는 데 기여한다.

In Practice

- 관리자는 국제경영에서의 정보관리의 중요성을 이해하기 위해 힘써야 한다.
- 국제기업 관리자는 조직의 정보시스템을 이해하고 이를 효과적으로 활용하는 방법을 명확히 이해해야 한다.

추가 고려 사항: 관리자가 지나치게 많은 정보를 가질 수도 있는가? 그렇다면(그렇지 않다면) 왜 그런가?

MyManagementLab®

mymanagementlab.com으로 돌아가 아이콘으로 표시된 문제를 완성하시오 ✪.

CHAPTER REVIEW

요약

국제 운영관리는 자원을 제품이나 서비스로 변환하기 위해 국제기업이 사용하는 활동의 집합이다. 효과적인 운영관리는 모든 기업의 성공의 핵심요인이다. 기업의 사업전략은 운영관리 활동에 대한 주요 방향을 제공한다.

생산 관리는 유형재의 창출활동을 의미한다. 생산관리자가 고려해야 할 첫 번째 의사 결정 중 하나는 공급사슬관리와 수직적통합이다. 공급사슬관리는 외주 또는 조달활동으로 불리기도 하는데, 자원과 원자재의 획득과정에서 사용되는 프로세스와 절차의 집합을 포함한다. 수직적통합은 기업이 독자적으로 자원을 획득하거나 외부에서 확보하는 범위의 정도를 말한다.

핵심 의사결정은 투입물의 자체생산 또는 구매결정이다. 이에는 몇 가지 선택대안이 존재한다. 대안들 중에서 선택을 할 때, 생산 관리자는 전략적 문제뿐만 아니라, 위험, 유연성, 시설 투자 및 통제의 문제를 고려해야 한다.

입지 결정은 효율적인 국제 운영관리에서 매우 중요하다. 국가 관련요인은 자원의 가용성과 비용, 인프라 및 원산지 마케팅 효과 등을 포함한다. 제품 관련 요인은 중량대비가치비율, 생산기술 및 고객 피드백의 중요성이다. 정부관련 요인들로 정치프로세스의 안정성, 관세 및 기타 무역 장벽, 경제 개발 인센티브와 자유무역지대의 존재도 반드시 고려되어야 한다. 마지막으로, 기업의 전략, 조직구조, 그리고 재고관리정책 등의 조직적 요인도 고려하여야 한다.

국제 물류 및 자재관리 역시 생산관리의 기본적인 요소이다. 운송 거리, 운송수단, 그리고 규제 상황, 포장, 중량, 생산시설의 입지 등과 같이 국내 자재관리와 국제자재관리를 차별화시키는 여러 요인들을 고려해야 한다. 정보기술의 기술 변화는 물류의 혁신과 전통적인 공급자와 최종사용자 사이의 관계를 재정의하고 있다.

서비스 운영관리는 무형재의 창출활동과 관련되어 있다. 서비스 부문은 세계 경제에서 그 중요성이 점점 더 증가하고 있다. 국제 서비스는 일반적으로 무형적이며, 비저장성을 갖고, 고객참여가 요구되며 유형 상품과 연계되는 특징을 갖는다. 서비스 운영관리와 관련된 기본적 문제는 용량 계획, 입지 계획, 설계 및 배치, 운영 일정 등과 관련되어 있다.

생산성은 산출물을 생산하는 데 사용되는 투입물의 가치에 대한 산출물의 가치를 요약한 효율성의 경제적 측정치이다. 생산성은 다양한 수준에서 다양한 형태로 평가될 수 있다. 전문가들은 기업이 더 많은 R&D지출활동과, 운영작업의 개선, 직원 참여도 증가를 통하여 생산성을 향상시킬 수 있다는 데 동의한다.

품질은 명시적 또는 묵시적 요구를 충족할 수 있도록 제품이나 서비스에 체화된 특징과 특성의 전체집합이다. 품질은 국내경쟁 및 글로벌 경쟁에서 모두 핵심적인 요인이 되고있다. 품질향상을 위해 많은 기업들이 TQM에 의존하고 있다. TQM은 전략적몰입으로 시작되고, 종업원들의 참여와 높은 품질의 원자재, 최신 기술 및 효과적인 기법을 기반으로 한다. 품질 개선의 도구로는 통계적 공정관리 및 벤치마킹이 있다.

정보는 경영자에게 가치 있는 형태의 데이터로서 국제경영에서 중요한 역할을 한다. 경영자는 기업의 처한 환경을 이해하고 의사 결정을 내리기 위하여 정보를 사용한다. 또한 정보는 효과적인 통제를 위해서도 중요한 요소이다. 국제 기업의 경영정보관리의 복잡성 때문에, 많은 기업들은 이를 효율적으로 수행하기 위한 정교한 전산정보시스템을 사용한다.

리뷰 질문

17-1. 기업전략은 운영관리에 어떻게 영향을 미치는가?

17-2. 생산관리와 서비스운영관리는 어떻게 다른가?

17-3. 공급사슬관리는 무엇인가? 수직적 통합은 무엇인가?

17-4. 생산시설의 입지 선정 시에 기업이 고려해야 할 기본적인 요인들은 무엇인가?

17-5. 국제 서비스사업의 운영 시에 고려해야 할 기본적인 요인들은 무엇인가?

17-6. 조직이 생산성을 통제하는 것은 왜 중요한가?

토의용 질문

17-7. 국제 운영관리는 국제마케팅(16장에서 논의된)과 어떻게 연관되는가?

✪ 17-8. 기업의 전략과 운영관리는 상호 어떻게 연관되는가?

17-9. 기본적 사업전략(차별화, 저비용, 그리고 집중)은 운영관리와 어떻게 연관되는가?

✪ 17-10. 생산관리와 서비스운영관리간의 기본적인 유사점과 차이점은 무엇인가?

17-11. 당신 국가의 국내총생산(GDP)은 얼마인가? 제조부문과 서비스부문의 추세는 어떻게 변화되어왔는가?

17-12. 당신 국가의 10대 수출품목을 찾아보라. 수출물량기준, 수출액기준, 또는 고용의 중요성관점에서 찾아보도록 하라. 세계시장에서 이들 품목의 순위는 어떻게 되는가?

✪ 17-13. 국제기업에게 어떤 유형의 정보가 특별히 중요성을 갖는가?

글로벌 역량 갖추기

당신은 팔레스타인 올리브유 협동조합에 조언을 하기 위해 입국하였다. 대부분의 팔레스타인인은 하루에 미화 2달러 미만으로 살고 있다. 그러나 웨스트뱅크와 가자 지구의 80%는 올리브 나무가 심어져있다. 올리브 수확은 농민들에게 연간 소득의 25~50%를 제공한다.

과거에는 1kg의 올리브유가 4달러 조금 넘게 판매되었으나, 최근의 정치상황으로 인해 가격은 절반 가까이 떨어졌다.

긍정적인 측면에서는, 해당 지역 밖에서 올리브유에 대한 상당한 수요가 있었다. 현재 15,000톤에 달하는 올리브유 중 1/3만이 실제로 이 지역 밖으로 수출된다. 대부분의 오일은 이스라엘에 저가로 판매되거나 판매되지 않고 있다. 이 상태는 농민들을 부채로 몰아넣고 있어서, 올리브유 생산에만 전념하기가 힘든 상황이다.

올리브유 협동조합은 공정무역기구와 계약을 맺어 유럽 전역에 농산물을 배송 및 유통하고 있다. 이는 올리브유를 프리미엄 가격으로 팔 수 있기 때문에 협동조합 회원의 소득을 크게 향상시킬 수 있음을 의미한다.

이번 협상은, 중동 지역에서는 한 번도 전례가 없었던 일로, 올리브유를 더 광범위한 시장에 판매할 수 있는 유통업체와 온라인 소매업체가 있다는 사실을 깨닫게 해주었다. 현재 협동조합이 직접 주문을 취급하는 것은 불가능하며, 따라서 판매 이익의 대부분을 차지하는 것도 불가능하다.

온라인 판매 서비스를 책임지고 있는 협동조합원은 수년 간 해외 주문을 모니터링해 왔으며 중동지역에서의 온라인 주문 시도가 꾸준하지만 극적으로 증가하고 있음을 확인하였다. 사실, 시도된 주문량은 온라인 서비스 관리자가 최근 협의회에서 제시한 목표량까지 증가하였다. 그는 주문을 직접 취급할 수 있다면 협동조합의 총수입은 적어도 25% 증가할 것이라고 제안하였다. 협동조합이 현재의 위치에서 주문을 취급할 수 없는 주된 이유는 정기적인 배송시간이 너무 길고 세관 규정이 지나치게 복잡하기 때문이었다.

계절별로 비용과 배송은 상이했다. 주문 수량은 병입, 라벨링, 해외운송, 중개, 검사비용 및 운송비용에 영향을 미친다. 전체적으로 이들 비용의 합은, 각 병의 총비용의 50%에 해당하였다.

협동조합이 원하는 조사의 내용과 조언이 무엇인지 알아내고자 만나게 되면, 다음 네 가지 선택대안을 제시하게 될 것이다.

- 현재의 비즈니스 모델을 계속 따르고, 광범위한 유럽 및 중동시장을 무시하라.
- 주요 해외 지역에 올리브유를 병에 넣어 선적하라. 그들은 두바이(중동 지역 담당) 및 런던(유럽 지역 유통 담당)의 공정무역 유통업체와 파트너 관계를 맺고 있음을 제시한다. 협동조합은 병입 공장을 구입하고 올리브유 병을 포장하고 (아마도 레바논이나 이집트를 경유하여) 선적하는 것을 조직화해야 한다. 또한, 협동조합은 유통업체로부터 받은 주문을 약 10일 이내에 이행해야 한다고 생각한다. 협동조합은 올리브유를 집유탱크에 보관해야하며, 필요한 경우 병에 담을 준비가 되어있어야 한다. 그들은 병입과 선적비용을 유통업체에게 전가할 것을 제안한다.
- 대량의 올리브유를 유통업체에 선적하고, 유통업체는 대량화물을 병, 캔 및 드럼으로 재포장하여 소매업체 및 소비자에게 판매할 수 있도록 하라. 대량 선적은 운송주선인을 통하여 이루어져야 하며 이는 올리브유가 레바논 밖에서 선적되어야 함을 의미한다. 유통 업체는 협동조합을 대신하여 모든 브랜딩 및 마케팅을 처리한다.
- 팔레스타인 외부로 올리브유의 출하를 어떤 방법으로든 다룰 수 있는 공정무역 대량 구매자를 확인하라. 이 협동조합은 유통업체를 위하여 올리브유를 병입하는 것을 고려할 준비가 되어 있으며, 이 대안을 보다 선호한다. 올리브유가 협동조합을 떠나면, 이후의 책임과 이익은 유통업체에게 이전된다.

동료와 함께 3~4명의 그룹을 구성하고 다음 단계를 수행하라.

- 네 가지 선택대안의 장점과 단점을 협동조합에 알린다.
- 협동조합에게 어느 선택대안을 권하고 싶은가?
- 최선의 선택대안이 성취될 수 없다면, 차선책은 무엇이며, 이는 협동조합에게는 좋지 않은 선택인가?
- 연구 결과 및 권고 사항을 그룹의 다른 사람들과 나누고 토론하라.

CLOSING CASE 공급사슬의 왕을 왕좌로부터 끌어내리다

월마트(Walmart)가 2012년 총 매출액이 4,690억 달러의 세계최대의 소매업체(실제, 전 업종 세계 2위 기업)인 것은 비밀이 아니다. 월마트는 미국 2위 소매업체인 홈 디포(Home Depot, 2012년 매출: 750억 달러)보다 6배 더 크고, 유럽의 3대 유통 업체인 프랑스의 까르푸, 영국의 테스코, 독일의 메트로 AG 모두를 합한 것보다 더 크다. 비즈니스정보 서비스업체인 후버(Hoover's)에 따르면, "저항할 수 없는(또는 피할 수 없는) 소매의 힘"이라고 할 수 있다. 월마트의 성공의 핵심 요인은 기민한 공급사슬 관리라고 할 수 있다. 예를 들어, 월마트는 소비자의 구매 패턴 변동에 대응하기 위해 신속하게 제품판매와 재주문을 추적하는 POS스캐너(point-of-sale scanners)를 사용한 첫 번째 기업이었다. 그리고 월마트는 공급자가 지속적으로 자신의 비용을 절감하도록 무자비하게 압력을 가하고 있다.

그러나 일부 전문가들은 최근 월마트가 자신이 주도하는 게임에서 실제로는 유럽의 라이벌인 테스코에게 패배하고 있다고 지적하고 있다. 식품소매분야 투자분석가인 케빈 쿠페(Kevin Coupe)는 다음과 같이 지적한다. "전 세계에서 테스코가 월마트와 일대일로 대결하여 테스코가 패배한 지역은 없습니다." 예를 들어, 영국에서는 세계 3위 유통업체인 영국 소유기업인 테스코가 34%의 시장점유율을 차지하고 있고 이는 월마트 소유인 아스다(Asda)의 두 배에 이른다.

테스코가 세계 13개국에서 운영하는 거의 4,000여 개의 매장은 다섯 가지의 기본 형태를 활용하여 현지시장의 니즈를 충족시키고 있다. 다양한 시장에서 다양한 형태의 매장을 관리하는 능력은 기업의 가장 큰 강점 중 하나가 되고 있다. 이 핵심역량의 핵심은 기술, 또는 더 정확하게 말하자면, 데이터 관리로서 재고 선택이나 재고의 규모, 유통과 관련한 최적화노력에 핵심적인 역할을 하고 있다. 소매업계 투자분석가인 스캇 랭독(Scott Langdoc)의 보고에 따르면 "테스코는 공급사슬관리에 있어서는 가차없다." 예를 들어, 영국에서는 모든 테스코 매장을 연결하는 무선 네트워크가 유통과 운송의 실시간 관리를 용이하게 한다. 종업원들은 데이터 입력과 보고를 위해 휴대용 PDA를 사용하고 RFID(radio frequency identification, 무선 주파수 식별) 태그들을 사용하여 3,500개에서 60,000개에 이르는 다양한 제품들을 서섹스(Sussex)에서 서울에 이르기까지 어디에나 박스와 팔레트를 통해 운반할 수 있다.

테스코는 데이터 관리를 공급사슬관리에 적용하는 것뿐만 아니라 서로 다른 시장에서 소비자 선호를 분석하는 데에 적용되는 상당한 기술을 개발하는 면에서 매우 능숙하다. 테스코는 판촉활동의 목표고객선정에서부터 매장형식의 설계에 이르기까지 모든 것을 관리하기 위하여, 그리고 아마도 가장 중요한 것으로서 PL상품(private-label products)을 개발하기 위하여 던험비(Dunnhumby, 테스코가 다수지분 보유)라는 데이터 마이닝 회사에 의존하고 있다. 이러한 여러 매장 형태의 관리능력과 더불어, 광범위하고 뛰어난 품질의 자체상표상품(private brands, 유통업체가 제조업체에 주문하여 생산한 상품에 자사의 상표를 붙여 판매하는 자체상표상품)을 제공하는 능력을 많은 분석가들은 테스코의 마케팅 성공의 가장 중요한 요소로 꼽고 있다. 다른 한편으로는, 미국의 소매업체들은 소비자들에게 그들의 PL상품이 경쟁 브랜드제품만큼 품질이 좋다는 것을 한 번도 확신시켜준 바가 없다. 예를 들어, 월마트는 엄청난 노력에도 불구하고 PL상품을 통한 매출이 전체의 35%에 그치고 있다. 그러나, 많은 나라에서 테스코는 PL상품을 통해 60%의 매출을 달성하고 있다.

차이는 무엇인가? 뉴욕의 소매컨설턴트인 버트 플릭킹거 3세(Burt P. Flickinger III)는 테스코가 어떤 상품을 개발하고, 어떻게 가격을 책정하며, 다양한 상점에 제품라인을 어떻게 통합하는지 잘 알고 있기 때문이라고 설명한다. CEO 테리 리히(Terry Leahy)는 말한다. "[우리의] 높은 품질의 자체브랜드 제품의 범위는 우리가 영업하는 모든 시장에서 우리 제안의 필수적인 부분입니다." 테스코는 모든 가격대에서 12,000개의 PL상품과 전문브랜드를 제공한다. 테스코 파이니스트 초콜릿(Tesco Finest Chocolates)과 같은 몇몇 고가의 제품은 심지어 캐드버리(Cadbury)와 같은 유명브랜드보다 50% 비싼 가격에 판매되며, 현지국 브랜드보다 훨씬 높은 마진으로 판매되고 있다.

플릭킹거에 따르면, "테스코는 논쟁의 여지가 없는 세계 최고의 식품 소매업체이다." 그는 독특한 역량으로 무장되어 미국시장을 침공하는 영국의 식료품소매체인이 "월마트의 최악의 악몽"이 될 수 있다고 말한다.

그러나, 다른 모든 기업과 마찬가지로 테스코는 완벽하지 않다. 2007년에 테스코는 캘리포니아, 애리조나와 네바다에 프레쉬앤이지(Fresh & Easy)라고 불리는 식품체인점을 개점하였다. 불행히도 진출시점과 입지 선택이 더 이상 나쁠 수 없는 선택이 되고 말았다. 테스코는 2000년대 중반 미국의 부동산 경기 호황기에 자산을 인수하였다. 불행하게도, 캘리포니아, 애리조나, 네바다는 미국 주택 시장의 거품이 꺼질 때, 최악의 지역 중 하나였으며, 프레쉬앤이지의 생존 가능성에 암울함을 던져주었다. 테스코는 현재 체인 운영을 단계적으로 축소하는 과정에 있다. 이러한 좌절에도 불구하고, 테스코와 같은 숙련되고 공격적인 경쟁자가 무시하기에는 미국 시장이 너무 크기 때문에, 월마트는 안심할 수 없음을 잘 알고 있다.

사례 질문

17-14. 테스코의 성공의 기초는 무엇인가?

17-15. 테스코의 데이터관리기법을 월마트나 까르푸와 같은 경쟁기업이 채택하는 것은 얼마나 쉬운가(어려운가)?

17-16. 글로벌 경기 침체가 테스코의 확장 계획을 지연시켰다. 테스코가 월마트보다 경기침체에 더 큰 영향을 받은 이유는 무엇인가?

출처: "Fresh & Easy files for bankruptcy protection," *Los Angeles Times*, September 30, 2013; "Walmart, Inc.," Hoover's website, www.hoovers.com, accessed on May 16, 2013; "British grocery chain hits America with fresh ideas," *USA Today*, April 11, 2010, pp. B1, B2; "Tesco: 'Walmart's worst nightmare,'" *Businessweek*, December 29, 2009; "Walmart, Kroger, Safeway better watch out: The British are coming!" CNNMoney.com, accessed on June 5, 2011; "Sir Terry Leahy: Pilot of world-class enterprise," *Private Label Magazine*, March/April 2010.

MyManagementLab®

mymanagementlab.com으로 가서 아래의 질문에 답하시오.

17-17. 운영관리, 생산성, 품질은 상호 어떻게 관련되어 있는가?

17-18. 생산환경관리와 서비스환경관리의 기본적인 유사점과 차이점은 무엇인가?

17-19. Mymanagementlab Only에 본 장을 포괄하는 서술형 과제가 있다.

Endnotes

1. *Hoovers Handbook of World Business 2013* (Austin, TX: Hoover's Business Press, 2013), pp. 65 - 66; "The families that own Europe," *Time*, March 24, 2003, p. 46; "Pace-setting Zara seeks more speed to fight its rising cheap-chic rivals," *Wall Street Journal*, February 20, 2008, p. B1; "Benetton: A must-have becomes a hasbeen," *Businessweek*, March 14, 2011, pp. 28 - 29; "Urban Outfitters improves supply chain management," computing. co.uk, June 5, 2011.
2. See Anil Lhurana, "Managing complex production processes," *Sloan Management Review* (Winter 1999), pp. 85 - 98.
3. Robert H. Hayes and Gary P. Pisano, "Beyond worldclass: The new manufacturing strategy," *Harvard Business Review* (January - February 1994), pp. 77 - 87.
4. Michael McGrath and Richard Hoole, "Manufacturing's new economies of scale," *Harvard Business Review* (May - June 1992), pp. 94 - 103.
5. "Who Rules the World? Ford Focus, That's Who," *USA Today*, April 10, 2013, p. 1B.
6. Masaaki Kotabe and Janet Y. Murray, "Linking product and process innovations and modes of international sourcing in global competition: A case of foreign manufacturing firms," *Journal of International Business Studies* (Third Quarter, 1990), pp. 383 - 408.
7. James Brian Quinn and Frederick G. Hilmer, "Strategic outsourcing," *Sloan Management Review* (Summer 1994), pp. 43 - 55; James Brian Quinn, "Outsourcing innovation: The new engine of growth," *Sloan Management Review* (Summer 2000), pp. 13 - 28.
8. Stephen J. Kobrin, "An empirical analysis of the determinants of global integration," *Strategic Management Journal*, vol. 12 (1991), pp. 17 - 31.
9. Peter Siddall, Keith Willey, and Jorge Tavares, "Building a transnational organization for British Petroleum," *Long Range Planning*, vol. 25, no. 1 (1992), pp. 18 - 26.
10. See Paul S. Adler, Barbara Goldoftas, and David I. Levine, "Flexibility versus efficiency," *Organization Science*, vol. 10, no. 1 (1999), pp. 43 - 52.
11. Jeffrey K. Liker and Yen-Chun Wu, "Japanese automakers, U.S. suppliers and supply chain superiority," Sloan *Management Review* (Fall 2000), pp. 81 - 93.
12. "An efficiency guru refits Honda to fight auto giants," *Wall Street Journal*, September 15, 1999, pp. B1, B4.
13. Andrew D. Bartmess, "The plant location puzzle," *Harvard Business Review* (March - April 1994), pp. 20 - 22.
14. "Nissan to say 'We're back' with new Mississippi plant," *Houston Chronicle*, November 9, 2000, p. 3C.
15. "The supplier moves next door," *Financial Times*, July 24, 1997, p. IV.
16. David Arnold, "Seven rules of international distribution," *Harvard Business Review* (November - December 2000), pp. 131 - 137.
17. Stanley E. Fawcett, Linda L. Stanley, and Sheldon R. Smith, "Developing a logistics capability to improve the performance of international operations," *Journal of Business Logistics*, vol. 18, no. 2 (1997), p. 102.
18. Walter Zinn and Robert E. Grosse, "Barriers to globalization: Is global distribution possible?" The *International Journal of Logistics Management*, vol. 1 (1990), pp.

13 – 18.

19. Adam J. Fein and Sandy D. Jap, "Manage consolidation in the distribution channel," *Sloan Management Review* (March 29, 1999), pp. A1, A8.
20. Clyde E. Witt, "Packaging: From the plant floor to the global customer," *Material Handling Engineer* (October 1992), pp. 3 – 31.
21. "Before the Fancy Bottle, Time Spent in a Bladder," *Bloomberg Businessweek*, February 11 – February 17, 2013, p. 17.
22. "Steelmakers: A New Wave of U.S. Plants," *Bloomberg Businessweek*, January 7 – January 13, 2013, p. 22.
23. Richard B. Chase and Warren J. Erikson, "The service factory," *Academy of Management Executive* (August 1988), pp. 191 – 196.
24. John W. Kendrick, *Understanding Productivity: An Introduction to the Dynamics of Productivity* (Baltimore: Johns Hopkins, 1977).
25. Gene Bylinsky, "Look Who's Doing R&D," *Fortune*, November 27, 2000, pp. 232[B] – 232[F].
26. See Rob Cross and Lloyd Baird, "Technology is not enough: Improving performance by building organizational memory," *Sloan Management Review* (Spring 2000), pp. 69 – 78.
27. Brian Dumaine, "Who needs a boss?" *Fortune*, May 7, 1990, pp. 52 – 60; Brian Dumaine, "The trouble with teams," *Fortune*, September 5, 1994, pp. 86 – 92.
28. Ross Johnson and William O. Winchell, *Management and Quality* (Milwaukee: American Society for Quality Control, 1989).
29. See Sandra Vandermerwe, "How increasing value to customers improves business results," *Sloan Management Review* (Fall 2000), pp. 27 – 38.
30. Marshall Sashkin and Kenneth J. Kiser, *Putting Total Quality Management to Work* (San Francisco: Berrett-Koehler, 1993).
31. Donald A. Marchand, William J. Kettinger, and John D. Rollins, "Information orientation: People, technology, and the bottom line," *Sloan Management Review* (Summer 2000), pp. 69 – 80.

CHAPTER 18
국제재무관리
International Financial Management

Antony Nettle/Alamy

학습목표

1. 국제무역에서 주요 지불 형태의 장점과 단점을 분석한다.
2. 국제경영에서 접하게 되는 외환 리스크의 주요 유형을 확인한다.
3. 기업이 운전자본을 관리하기 위해 사용한 기법을 서술한다.
4. 국제투자에 사용된 다양한 자본예산 기법을 평가한다.
5. 국제경영에 이용 가능한 투자자본의 주된 원천에 대해 설명한다.

싱가포르 항공(Singapore Airlines)의 세계적 재무관리

싱가포르 항공은 국제시장에서 살아남거나 사라질 수 있다. 이 회사의 본국의 땅, 싱가포르는 도시국가로 단지 693평방킬로미터이기 때문에 더 국내시장을 가질 수 없다. 싱가포르 항공은 에어프랑스, 아메리컨, 영국 항공, 캐세이 퍼시픽, KLM, 일본항공, 유나이티드, 그리고 콴타를 포함하는 다른 주요 국제 항공사들과 맞서 경쟁을 하고 있다.

싱가포르 항공의 글로벌 성공요인은 질 높은 양질의 서비스 제공에 대한 평판에 있다. 싱가포르 항공은 여객기에 모든 국적의 승객들, 특별히 믿을 만한 서비스와 안전을 위해 기꺼이 특별 요금을 지불할 의향이 있는 가치가 높은 사업여행가들을 유혹하고 있다. 항공사업의 단지 30%만이 동아시아 우호적인 영역 안에서 이루어지고 있다. 유럽운영에서 수입의 22%를 차지하고 반면 유럽에서 미국으로 운항하는 항공기가 20%를 제공하고 있다. 항공운송회사들은 또한 서아시아, 태평양, 그리고 아프리카에 서비스를 제공하고 있다.

진정한 국제 항공사인 싱가포르 항공은 모든 6개 대륙에 위치하고 있는 35개 국가들 안에 62개 이상 도시에서 운행되고 있다. 하지만 이러한 국제적인 사업성공으로 인하여 통상적인 방법으로 운영하는데, 그 수많은 통화보유를 관리함에 따라 중요한 금융문제가 발생되고 있다. 싱가포르 항공은 고객으로부터 엔, 위안, 파운드, 스위스 프랑, 유로, 그리고 본국 통화인 싱가포르 달러는 물론이고 바트, 링깃, 루피, 크로네, 달러(오스트리아, 캐나다, 홍콩, 뉴질랜드, 그리고 미국)를 포함하는 형형색색의 다양한 통화를 받고 있다. 또한 사업을 하고 있는 각 국가에서 착륙료, 항공기 지상운용 서비스, 여행사 수수료 등과 같은 현지 서비스에 대해 현지 화폐로 지급해야만 한다.

회사의 수익과 지출비용, 자산 그리고 부채 관리, 다양한 외화로 표시되고 있는 모든 것이 싱가포르 항공 재무책임자들의 주된 업무이다. 현지 비용을 지불하기 위해, 그들은 각 국가에서 그 국가 현지통화 현금잔고를 유지해야 한다. 그들은 또한 회사 항공기를 현대화하기 위한 저비용자금의 원천을 세계적으로 조사해야 하고 그리고 그렇게 함으로써 질 높은 서비스에 대한 명성을 유지하고 있다. 추가적으로, 그들은 연료, 운항 서비스, 그리고 지상 운용과 같은 항공기에 대해 발생하는 비용과 항공사의 서비스로 받는 본국통화의 가치를 변화시키는 것이 환율변동인데, 이 환율변동으로부터 항공사를 보호해야 한다. 그러므로 이러한 재무담당 이사들은 현재의 국제통화시스템이 어떻게 운영되고 있는지에 대한 것을 철저히 이해해야 한다. 그들은 외환시장의 변화를 감시해야 하고, 주요 시장에서 국가 경제정책의 잠재적인 변화에 관한 지식을 가지고, 암스테르담, 런던, 프랑크푸르트, 뉴욕, 싱가포르 그리고 도쿄와 같은 자본시장에서 최적 신용조건에 대한 지점을 꾸준히 탐색해야 한다.[1] ■

많은 사업거래에서 구매자의 물품영수증과 판매자의 지불영수증은 거래 형태에서 판매자는 일치하지 않아도 즉시 사용할 수 있다. 고객이 수표로 상품 값을 지불했을지라도 판매자는 수표가 청산될 때까지 자금을 처리할 수 없다. 그때까지 판매자는 불충분한 자금 때문에 되돌려 받을 수 있는 수표를 받을 리스크가 있다. 그래서 구매자와 판매자간의 몇몇 자금조달 유형과 신용정도에 따라 사업거래가 발생될 수 있다는 것을 고려할 필요가 있다.

비록 이러한 문제들이 국내와 국제사업 모두 영향을 미치고 있지만, 자금조달과 신용조사에서 문제들은 국제거래와 더 멀어지게 한다. 법률, 세관, 금융관행 그리고 국가 간에 통화전환 가능성에서 차이점들이 있기 때문에 국제기업이 사업을 수행하는데 있어서 본국과 각 국가 모두의 관행을 알고 있어야 한다는 것을 의미하고 있다. 그렇지 않으면 전문가를 고용해야 한다. 또한 기업들은 그들이 거래하기를 원하는 외국 기업에 관한 세부적인 신용정보를 가지고 있어야 한다. 이러한 문제에서 제일 우선되는 것은 외환거래에서 문제—구매자 또는 판매자가 직면해야 되는 문제이다. 싱가포르 항공과 같은 국제경영 재무담당자들은 다른 통화를 사용하는 것에 대해서 발생하는 문제들을 잘 인식하고 있다. 국제경영을 하는데 이러한 수많은 문제들을 어떻게 처리하느냐 하는 것이 이 장의 주제다.

18.1 국제무역에서 재무 이슈

국제무역금융에 관련된 문제들을 생각하여 보자. 어떠한 사업거래에서 구매자와 판매자는 가격과 품질, 그리고 배송일과 같은 기본적인 사안들에 대해 합의에 이르기 위해 협상을 해야만 한다. 그런데 거래가 두 국가의 구매자와 판매자가 관련이 되면 다음과 같은 다른 몇 가지 이슈들이 발생한다.

- 거래를 하는 데 어떤 통화를 사용할 것인가.
- 언제 그리고 어떻게 신용 조사할 것인가.
- 어떤 형태의 지불수단을 이용할 것인가.
- 어떻게 자금조달을 할 것인가.

통화선택

국제경영에서 하나의 특이한 문제는 거래를 결제하기 위해 이용하는 통화를 선택하는 것이다. 수출업자와 수입업자는 보통 분명하고—그리고 상충되는—통화사용에 대한 선호도를 가지고 있다. 수출업자는 전형적으로 수입자로부터 받을 수 있는 정확한 금액에 알 수 있는 본국통화로 지불하는 것을 선호한다. 수입업자는 일반적으로 수출업자가 지불해야 하는 정확한 금액을 알 수 있는 본국통화로 지불하기를 선호한다. 때로는 수출업자와 수입업자는 제3의 통화를 선택할 수도 있다. 예를 들면, 양당사자 모두 현지통화가 상당히 약하고 변동성 있는 국가에 기반을 두고 있다면 그들은 일본 엔화나 미 달러화와 같은 좀 더 안정적인 통화로 거래하는 것을 선호할 것이다. 어떤 추정에서 개발도상국 수출의 70%이상, 그리고 라틴아메리카 수출의 85%가 미 달러화를 사용한 청구서를 보내고 있는 반면에 유럽연합에 새로 가입한 나라의 수출은 유로화를 선호하고 있다.[2] 어떤 산업에서 한 통화가 상거래를 결제하는데 관행적으로 사용되고 있다. 석유와 상용 항공기 산업에서, 예를 들면, 미 달러가 이러한 기능을 하고 있다. 주요 수출국가중에서 가장 일반적인 관행은 수출업자가 본국통화를 사용하여 외국인 고객에게 청구서를 보내는 것이다. 하지만 더 작은 수출국들은 중요한 무역 상대국의 통화를 선택할 수도 있다; 예를 들면, 대부분 태국 수출은 미 달러화로 청구서를 보내고 있다.

신용조회

다른 중요한 이슈는 국제무역에서 구매자의 신뢰도와 신용도에 관한 것이다. 만일 수입업자가 재정적으로 건실하고 믿을 만한 회사이며 이전에 만족할 만한 사업관계를 유지하고 있었다면, 수출업자는 수입업자에게 신용을 확대함으로써 지불과정 간소화를 하는 것을 선택할 수 있을 것이다. 그런데 만일 수입업자가 재정적으로 문제가 있거나 부실한 신용위험이 있는 것으로 알려져 있다면 수출업자는 위험을 감소할 만한 지급의 유형을 요구 할 수 있다.

상업거래에서 고객의 신용등급을 확인하는 것이 현명하다. 대부분 국내 사업거래자들은 이것을 위해 간편하고도 값싼 장치가 있다. 남아메리카를 예를 들자면, 회사는 신용조회를 요구하거나 다른 나라에서 이용 가능한 던 앤 브래드스트리트(Dun&bradstreet)나 무디스(Moody's)와 같은 믿을 만한 신용정보원을 연결할 수 있다. 유사한 정보원들은 다른 나라에서도 이용가능하다. 하지만 수많은 초기 수출업자들은 그것들을 잘 알지 못한다. 다행히도 수출업자의 국내 은행원들은 고객의 국가에 있는 코레스 은행을 통하거나 은행의 외국은행 운영을 통해 외국고객의 신용정보를 얻을 수 있다. 수출 촉진을 담당하는 대부분의 중앙정부 기관들이 또한 신용조사 서비스를 제공하고 있다. 예를 들면, 미국 상무국의 지점인 국제무역 관리청은 유료로 외국회사에 관한 금융정보를 제공하고 있다. 많은 신용평가 보고서비스가 또한 이용할 수 있다. 미국 특정 국가 담당자와 해외 상용서비스 또한 이러한 서비스를 통해 새로운 수출업자를 조정할 수 있다.

신용조사 과정을 무시하는 회사는 심각한 지불문제가 야기될 수 있다. 예를 들어, 미국의 어떤 작은 제조업체는 아프리카에 새로운 고객에게 127,000달러 가치가 있는 팬 날개를 수출했다. 그런데 고객 신용 조회하는 첫 번째 접촉에 실패했다. 지불액에서 상당히 부족한 것에 대한 좌절로 가상의 고객이 사라져버렸고, 그리고 신용조회가 또한 존재하지 않고 있다는 사실을 알고 제조업자는 수금처리 대행회사에 그 거래계정을 넘겼다.[3]

이 토론에서 암시하는 것은 많은 성공적인 국제경영자들이 고생해서 얻은 중요한 교훈이다. 수출업자와 수입업자 사이에 물질적, 문화적 차이가 꽤 크기 때문에, 동업자 구하기, 고객 그리고 판매업자와 함께 장기적으로 신뢰관계를 쌓는 것이 국제경영에 있어서 매우 가치 있는 일이다.

지불방법

국제거래 당사자들은 일반적으로 수입업자의 신용도와 그들 산업규범에서 수출업자들의 평가를 바탕으로 지불방법을 협상하고 있다. 많은 지불형태들은 선 지불, 계좌 개설, 화환추심, 신용장, 신용카드 그리고 대응무역 등을 포함하여 수 세기에 거쳐 발전해왔다. 대부분 금융에서와 마찬가지로 각각의 형태는 비용과 위험 수준이 다르다.

선불(payment in advance) **선불**은 수출업자의 입장에서 가장 안전한 지불방법이다. 수출업자는 재화를 선적하기 이전에 수입업자의 돈을 받고 있다. 이 방법을 이용하여 수출업자는 빨리 지불을 받을 수 있고 또한 그에 대한 위험을 감소시키고 있는데, 이것으로 인해 수출업자 운용자금수지가 낮을 때 수출업자에게 중요할 수도 있다. 수출업자들은 자금을 즉시 사용할 수 있는 전신송금을 선호하고 있다. 금융서비스 부분에서 전문성과 규모에 따라 보통 수표로 지불하면 두 나라에 관련된 은행시스템에서 청산을 하기 위해 4주에서 6주가 걸릴 수도 있다.

수입업자의 입장에서 선지불은 매우 달갑지 않는 방식이다. 수입업자는 재화를 받기 이전에 자금사용을 포기해야 하고 그리고 수출업자로부터 판매계약서에 따라 일치하는 재화를 이도하는 것이 어려울 수도 있는 위험을 감수하고 있다. 이러한 이유들 때문에 수출업자들이 선호하는 선불방식은 좀 더 매력적인 지불조건을 제공할 의지가 있는 경쟁업체에게 계약을 잃게 될 수도 있다. 그럼에도 불구하고, 선불방식은 수입업자가 신용이 빈약하여 신용위험이 있는 경우에 선호될 수도 있다.

청산계정(open account) 수입업자의 입장에서 가장 안정적인 지불형태인 계좌개설은 수입업자가 대금 지불 이전에, 수출업자로부터 선적되어지는 상품에 대한 것이다. 수출업자가 수입업자에게 상품에 대한 청구를 하고 나면, 지불에서 규정된 금액, 형식, 시간 등이 기대 할 수 있다. 청산계정은 또한 잠재적인 수입업자에게 단기금융을 제공하기 때문에 마케팅 수단으로 사용될 수 있다. 청산계정을 사용하여 수입업자들이 다음에 간단히 논의할 신용장이나 화환추심과 같은 대체지급수단을 통해 은행에 지급하는 수수료를 피할 수 있다. 청산계정은 다른 지불유형들 보다 문서작업을 덜 요구한다는 것이 좋은 장점이라고 할 수 있다.

수출업자의 관점에서, 청산계정은 몇 가지 이유로 바람직하지 않을 수도 있다. 첫째로 수출업자는 즉시 지불에 대한 수입자의 평판에 전적으로 의존해야 한다. 둘째로 거래가 은행과 같은 금융 중개기관과 관련이 없기 때문에 만일 수입업자가 분쟁을 일으킬 경우에 수출업자는 중개전문가와 같이 대비책을 세울 수 없다. 수출업자는 문서작업 수행을 덜한 만큼 이득을 본 가격으로 지불하게 된다: 만일 수입업자가 지불 거절한다면, 서류 부족으로 인하여 수입자 본국 법정에서 수출업자의 불만청구에 대해 장해가 될 수도 있다. 마지막으로 수출업자는 외화수취계정에서 조달할 운영자금을 묶어두어야 한다. 외화 채권에 의해 담보된 운전자본을 차입한다는 것은 외화 채권을 보유한 기업의 포트폴리오의 위험을 평가하는 국내 중심의 대출자들이 하기는 어렵기 때문에 꽤 비싸다. 그런데 그런 차입이 불가능한 것이 아니다. 많은 기업들이 **팩토링(factoring)**이라고 하는 특별한 국제대출활동에 참여하고 있는데, 이들은 액면가로부터 할인된 외화 매출채권계정을 매입하고 있다. 이러한 기업들이 부담하는 수수료(받을 채권의 액면가격에서 할인한 형태로)의 규모는 통화의 시간 가치와 포트폴리오의 위험에 대한 요소의 평가 모두를 반영하고 있다.

결과적으로 청산계정은 그들의 청구서에 대해 적절하게 지불하는 평판이나 신용등급이 결점이 없이 우수한 더 큰 기업이거나 또는 장기 고객들로서 건실한 기업을 다룰 때 가장 적합하다. 예를 들면, 미국에 맥도날드를 취급하는 미국 레스토랑 공급납품업체가 바탕을 둔 청산계정은 특히 만일 맥도날드가 지키기로 서약한 것은 자회사와의 거래의무 이었다면 영국에 있는 맥도날드 자회사에 같은 조건을 제시할 수 있다. 유사하게 공동법인 소유로 된 해외 자회사들은 어떤 상황에서 채무불이행 위험상황이 최소화되기 때문에 자주 청산계정기준으로 가끔 서로 처리한다. 미국 국제무역의 약 31%가 모기업[4]과 자회사 간의 거래와 관련이 있다.

선지불과 청산계정은 기본적으로 유사하다. 현금흐름에 대한 이동의 부담과 거래에 있어서 한 당사자가 채무불이행의 위험이 모두 있다: 선지불의 경우에 구매자에게 그리고 청산계정은 판매자에게 모두 있다.

화환 추심(documentary collection) 선지불과 청산계정을 사용함으로써 발생하는 현금흐름과 위험문제들을 해결하기 위해 국제기업과 은행은 금융거래를 위한 여러 가지 방법들을 발전시켜왔다. 하나는 **화환추심(documentary collection)**인데, 이 방식에 의해서 상업은행은 지불과정을 활성화하기 위한 대리인의 역할을 하고 있다. 이 지불수단을 시작하기 위해 수출업자는 특정 시간에 구매자로부터 요구되는 지불수단인 **환어음**[종종 미국 밖

그림 18.1

일람불 환어음 사용

노트: 기한부 환어음의 경우 수입업자는 제5단계에서 실제 지불하지 않고 지불약속을 한다.

출처: Based on *Dynamic's of Trade Finance*, Chase Manhattan Bank 1989. p42.

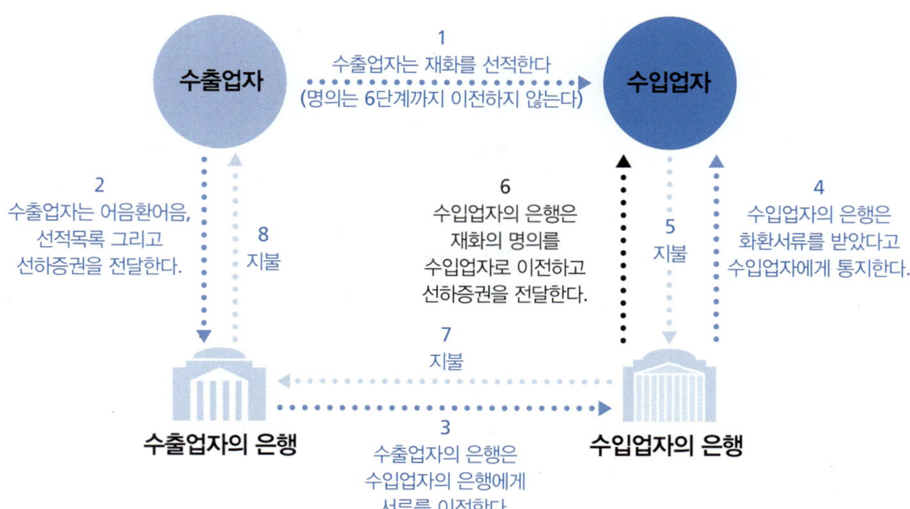

에서 *외환어음(a bill of exchange)*이라고 한다.]이라 불리는 문서를 작성해야한다. 수출업자가 물품을 선적한 후에 그 현지 은행에 환어음과 포장화물 명세서와 선하증권[5]과 등과 같은 적절한 선적서류를 제출한다. **선하증권(bill of lading)**은 화환추심에서 중요한 두 가지 역할을 한다: 그것은 수출업자와 운송업자 사이에 운송계약서, 문제의 물품에 대한 소유권을 제공하고 있다. 수출업자의 지시에 따라 이행되어, 수출업자의 은행은 수입국에 있는 환거래은행과 계약을 한다(또는 만일 은행이 있다면, 그곳에 있는 자사 지점 중 하나). 수입업자가 수출업자 환어음의 형태로 지불할 때 환거래은행은 물품 소유권을 이전함으로써 선하증권을 발행할 권한이 있다.[6] 이 과정은 [그림 18.1]에서 볼 수 있다.

환어음은 2가지의 주요한 형태가 있다:

1. **일람불 환어음(a sight draft)**은 수출업자로부터 수입업자에게 물품 소유권이 양도된 상태에서 지급을 요구하는 것이다. 수입국가의 은행이 선하증권과 수출업자의 은행으로부터 받은 환어음을 인수받을 때 환어음을 지불한 것을 수입자에게 통지하여야 한다. 지불을 하는데, 은행이 수입업자에게 선하증권을 보내고 난 후에 물품 소유권을 넘겨갈 수 있다.
2. **기한부 환어음(time draft)**은 수입업자가 물품을 받고난 후에, 30일 또는 60일과 같이 특정 기간이 지난 후에 지불을 요구함으로써 수입업자에게 신용을 연장하게 된다. (기한부 환어음의 변형된 형태로 **일자 후 정기출급어음(date draft)**은 특정한 날에 지불이 이루어지는 것을 지정한 것이다.)

기한부 환어음이 사용될 때, 물품 소유권을 얻기 위해, 수입업자는 만기일이 다가올 때 어음지불을 위한 법적 의무가 발생하면 어음상에 "인수"라고 써야만 한다. 인수된 기한부 환어음을 대부분 국가들에 법률상에서 법적구속력을 가지며 유통 가능한 채권증서로써 **무역 인수어음(trade acceptance)**이라 한다. 수입업자 은행은 수수료를 부과하기 위해, 수입업자 의무인 어음지불의 권리를 그들만의 의무에 덧붙임으로써 기한부어음이 인수될 수 있다. 이러한 기한부어음은 **은행인수어음(banker's acceptance)**이 된다.

수출업자는 기한이 다가올 때까지 무역인수어음 또는 은행인수어음을 가지고 있을 수 있다. 그런데, 은행과 상업대출업자들은 할인 인수어음을 기꺼이 매입할 의향이 있는데, 그래서 수출업자가 가끔 즉시 현금을 받을 수가 있다. 어떤 인수어음들은 **소구권이 없이(without recourse)** 판매되고 있는데, 이 어음은 만일 수입업자가 지불하지 않는다면 손실을 인수어음 매입자가 부담하게 된다는 것을 의미하고 있다. 다른 인수어음들은 **소구권이 있는 것(with recourse)**으로 판매되는데, 이 어음은 수입업자가 지불을 하지 않을 경우에 수출업자가 인수어음의 매입자에게 상환을 하여야만 한다는 것을 의미하고 있다. 인수기한부 환어음을 매도할 계획을 하는 수출업자는 은행에 지불하게 된 은행추가수수료(은행인수어음의 경우)와 위험을 감당하는 정도(소구권이 있는 인수어음 매도의 경우)에 대해 환어음에서 받게 될 가격과 균형이 되게 하고 있다. 더 큰 위험성 때문에 소구권 없이 매도 인수어음은 소구가능 매도 인수어음보다 액면가에서 더 많이 할인되어 판매되고 있다. 마찬가지로 은행 인수어음은 수입업자뿐만 아니라 은행에 의해서 보증되기 때문에 은행인수어음은 덜 위험하며 보통 무역인수어음보다 덜 할인되어 매도되고 있다.

수출업자의 경우 화환추심지불은 청산계정을 개설했을 때 보다 몇 가지 유리한 점이 있다. 첫째로, 화환추심에 대한 은행 수수료가 은행이 위험부담자라기 보다는 대리인의 역할을 하기 때문에(은행인수어음의 경우를 제외하고) 꽤 합리적이다.[7] 둘째로, 무역인수어음이나 은행인수어음은 대부분 국가의 법에 따라 강제적인 부채금융 상품인데, 이 부채상품에서 만일 수입업자가 지불약속이행이 불가능하게 되면, 수출업자의 법적권한을 강화시키고 있다. 셋째로, 은행을 이용함으로써 수출업자들의 추심과정을 단순화시키고 불충분한 정보를 가진 수출업자를 대신하여 국제지불에 영향을 디칠 수 있는 은행의 우수한 전문가로 대체하고 있다. 더 나아가 추심대리인은 현지 은행이고, 그리고 수입업자는 현지 대출업자와 사업에 대한 평판을 위협하게 하고 싶지 않기 때문에 계좌개설을 한 상태에서 청구서를 보내는 것보다 즉시 기한부어음으로 지불하는 것을 더 좋아하고 있다. 마지막으로 법정에서 인수어음의 강제성 때문에 외화 매출채권계정에 대해 자금조달을 조정하는 것은 계좌개설을 이용했을 때보다 화환추심을 사용했을 때 좀 더 쉽고 그리고 더 저렴하다.

그런데 화환추심을 사용하는 수출업자는 여전히 어떤 리스크를 감당하고 있다. 지역 경기변화, 또는 수입자가 좀 더 저렴한 공급원천을 찾고 있다는 것을 생각하여야 한다. 이러한 경우, 수입업자는 선적물품이 지연되거나, 상품이 부적절하게 포장되는 것과 같은 혹시 거짓된 구실이 있는 경우에 수입업자는 선적물품을 간단히 거절할 수도 있고, 그리고 어음을 인수하는 것이 감소할 수도 있다. 판매 계약서에서 수입업자가 채무불이행을 하게 되면 수출업자는 어떤 지불도 받지 못하고 있는 동안에 외국선적항에 쌓아둔 재화(그래서 *체선료* 라고 하는 적재물 수수료에 붙어 있음)를 가지게 된 수출업자는 골치 아픈 입장에 있게 되는 것이다. 그에 대한 대안으로 수입업자는 지불기한이 다가올 때 기한부 환어음에 대한 지불을 하지 않게 된다. 수출업자는 어떠한 경우에도 법적구제를 받을 수도 있지만, 그것을 요구하기 위해서 시간, 에너지, 그리고 자금의 측면에서 종종 많은 비용이 든다.

신용장(Letters of credit) 이러한 어려움을 피하기 위해, 수출업자는 **신용장**을 사용하는 지불을 요구할 수 있는데, 이 신용장은 수출업자가 문서로 특정한 모든 요구사항을 수행하고 있다는 증명서를 받고 수출업자에게 지불약속을 포함하고 은행에서 발행되는 서류이다. 은행 담보 때문에 수출업자는 화환추심에 의존하기 보다는 신용장을 사용함으로서 위험을 덜 부담하고 있다. 그런데 신중한 은행원들은 수입업자들이 수출업자들에게 완전히 상환을 할 것으로 기대하지 않는다면 신용장 발행을 꺼려할 것이다. 따라서 신용장을 사용하는 것은 수입업자의 신용상태, 수입업자의 본국본국에 세관서비스 요구사항들, 그리고 수입업자의 본국정부가 통화이동에 가해지는 어떤 규제들에 대한 은행의 정보로부터 수출업자가 혜택을 받을 수 있는 추가적인 장점을 가지고 있다.

일반적으로 수입업자는 그 지역은행에 적용되고 있는데—대부분 경우, 그중 하나가 지속적인 관계를—신용장에 대해 가지는 것이다. 그 은행은 그래서 수입자의 신용도를 평가하고, 제안된 거래를 검토하고, 담보를 원하는지를 결정하고, 그리고 모든 것이 적절다고 가정하여, 신용장을 발행하고 있다. 신용장에서 수입업자의 은행이 상품에 대해 수출업자에게 지불할 것이라는 조건을 자세히 명시하고 있다. 개설은행에 의해서 붙여지는 조건들은 정상적인 건전한 사업관행을 반영하고 있다. 대부분 신용장에서 수출업자가 상품송장, 적절한 세관서류, 선하증권, 화물명세서, 그리고 보험증서 등을 제출할 것을 요구하고 있다. 관련된 상품에 따라서 수입업자의 은행은 신용장으로 조달하기 전에 다음 같은 추가적인 문서를 요구할 수 있다.

- *수출승인면허장(export licenses)*은 수출업자의 본국 대리인이 발행을 하고 있다. 군사적으로 사용될 수 있는 핵연료나 첨단 기술 물품과 같이 정치적으로 민감한 물품들에 대해 수출면허증이 요청될 수 있다.
- *원산지 증명서(certificates of product origin)*는 수출국에서 생산되어 선적되고 있는 재화라는 것을 확인하고 있다. 원산지 증명은 관세와 강화된 쿼터에 대한 평가를 하기 위해 수입국에서 요구하고 있다.
- *검사증명서(inspection certificates)*는 그 상품이 관련된 기준에 따라 점검하고 기준에 일치하는 것을 확인하는 데 필요하다. 예를 들면, 수입된 식료품은 잔류 농약, 청결, 위생, 저장에 관해 엄격한 기준에 적합해야 한다.

신용장을 개설하고 나면, 수입업자의 은행은 신용장과 수출업자의 은행에게 첨부서류를 발송하고 그래서 그 신용장의 조건을 수출업자에게 통지하는데, 그렇게 함으로써 **통지 신용장(advised letter of credit)**이 개설되는 것이다. 수출업자는 또한 신용장에 지불보증을 추가하여 수출업자 은행에게 요구할 수 있는데, 그렇게 함으로써 **확인 신용장(confirmed letter of credit)**이 개설되는 것이다. 이러한 형태의 금융수단은 수출업자가 정치적 위험과 관련될 때 특히 적절하다. 만일 수입업자 본국 정부가 통화 규제를 부과하거나, 또는 수입업자의 은행으로부터 지불동결 된다면, 수출업자는 지불을 받기 위해 확인은행을 찾아갈 수 있다.

신용장의 다른 유형으로 **취소불능 신용장(irrevocable letter of credit)**이 있는데, 이것은 수입업자와 수출업자 모두의 서명 없이는 변경할 수 없다. 은행은 또한 **취소가능 신용장(revocable letter of credit)**을 발행할 수 있는데, 이것은 언제든지 그리고 어떤 이유라도 변경할 수 있다. 취소불능 신용장은 취소가능 신용장보다는 수출업자를 더 많이 보호를 한다. 그런데 이러한 신용장을 수정하는 것은 귀찮고, 비싸고 그리고 시간이 걸린다.

은행들은 신용장을 발행, 통지, 그리고/또는 확인하는 서비스 업무를 담당하고 있다. 전형적으로 개설은행은 수입업자의 신용도에 따라서 신용장의 거래 금액에 대해 0.5%에서 1.5%의 수수료를 부과하고 있다. 가끔 수입업자와 수출업자는 그들 사이에 이 비용에 대해 분할을 하기로 합의한다.[8] 신용장에서 물품이 팔릴 때, 지불은 구매자와 판매자 사이의 판매계약서의 조건에 따르지 않는다. 오히려 신용장 개설은행은 그 신용장의 조건이 실행될 때만 지불이 이루어질 수 있다. 그래서 수출업자는 판매계약서가 양립될 수 있도록 확인하기 위해 그들에 합의되기 이전에 신용장 조건을 유심히 분석해야만 한다.

놀랍게도, 신용장의 특징은—판매계약서가 완전히 이행되었을 때가 아닌 그들의 조건이 맞았을 때 지불이 이루어지는 것이—국제무역에서 너무도 유용하게 쓰이고 있다는 것이다. 한번 수출업자가 신용장의 조건에 부합하고 있고, 비록 수입업자가 선적물품을 거절하거나, 물품에 대한 지불을 하지 않았더라도, 수입업자의 은행이 수출업자에게 지불해야 할 의무가 있다. 이와 같은 어려움은 수출업자가 아닌 수입업자의 은행 문제로 되고 있다. 하지만 이러한 어려움이 발생할 가능성은 수입업자는 은행의 신용한도나 사업에 대한 평판을 저해할 만한 것을 하지 않기 때문에 감소되었다. [그림 18.2]에서 전형적 국제거래에 신용장이 어떻게 이용되고 있는지를 보여주고 있다.

비록 개설은행이 신용장의 모든 조건에 부합할 때까지 수출업자에게 지불하지 않았다 하더라도, 수출업자는 액면가에서 할인된 가격에 은행이나 다른 상업대출업자에 기대되는 지불일 이전에 신용장을 매도할 수 있다. 할인가는 통화의 시간가치, 만일 개설은행이 거래에 지불이행을 한다면 신용장의 구매자가 감수하는 위험, 그리고 구매자의 관리비용을 반영할 것이다. 확인 신용장과 취소불능 신용장은 이러한 특징이 없는 신용장보다 더 높은 가격으로 매도된 신용장(또는 액면가보다 낮은 할인가)과 같은 2차 구매자의 위험을 감소시키고 있다. 따라서 인도하기 이전에 신용장을 매도할 계획을 하는 수출업자는 그들의 2차 구매자로부터 받을 더 높은 가격에 반하여 불편함과 이러한 덜 위험한 신용장유형에 지불된 더 고가의 수수료와 상호보완이 이루어져야만 한다.

신용카드(credit cards) 소규모 국제거래를 위해, 특히 국제 무역상들과 외국 소매업자 사이에서 아메리칸 익스프레스(AMERICAN EXPRESS), 비자(VISA), 그리고 마스터카드(Master Card)와 같은 신용카드들이 사용되고 있다. 기업은 이러한 카드들의 일반적인 한계점에 따라 국제거래를 활성화시킬 수 있는 잘 만들어진 신용카드 네트워크를 활용하고 있다. 신용카드 회사들은 상인들로부터 거래수수료(보통 2~4%)를 징수하고 그리고 대신에 미지 불에 대한 위험과 소비자로부터 자금추심비용을 인수하고 있다. 카드회사들은 전형적으로 통화전환을 위해 1%에서 3%의 추가요금을 부과하고 있다. 그런데 그들은 국제거래에서 필요한 청구서나 문서작업을 은행이 처리하는 것에 대해 어떤 것도 돕지 않을 것을 수입업자와 수출업자에게 제의하고 있다.

대응무역(counter trade) 국제무역에서 지불수단으로 사용될 수 있는 추가적인 수단이 대응무역이다. **대응무역(countertrade)**은 기업이 상품과 서비스에 대한 지불에 대해 돈보다

그림 18.2
신용장 사용

출처: Based on *Dynamics of Trade Finance*, Chase Manhattan Bank, 1989, pp. 62 – 63.

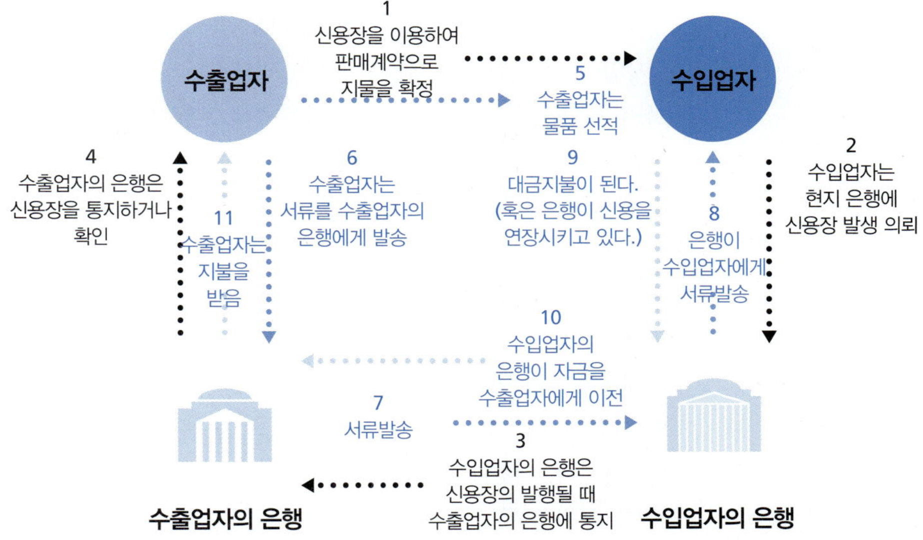

는 다른 무언가를 수락할 때 발생하고 있다. 대응무역의 유형에는 물물교환, 대응구매, 되사기 그리고 상쇄구매가 있다.

대응무역의 가장 단순한 형태는 **물물교환(barter)**이 있는데, 각 당사자가 그 상품을 다른 상품과 동시 교환하는 것이다. 1990년대 후반에 인도 국영무역회사는 밀과 다른 곡식을 투르크메니스탄에 대신 면과 교환하기로 합의했다. 마찬가지로 루마니아의 풍작과 아제르바이잔의 흉작이 있고 난 후에 아제르바이잔은 루마니아로부터 10만 톤 밀을 수입하는 데 동의했다. 아제르바이잔의 지불은 원유의 형태로 이루어졌다.

기업이 재화에 대한 지급방법으로 돈 외의 다른 방법을 승인할 때 대응무역이 발행한다. 예컨대 투르크메니스탄은 아쉬가바트(Ashgabat)에 있는 이 곳과 다른 공장으로부터 면화를 인도에 소재한 스테이트트레이딩(State Trading Corporation)에 보내고 대가로 인도산 밀을 받는다.

Agentur/Newscom

대응무역의 좀 더 복잡한 형태는 **대응구매(counterpurchase)**가 있는데, 이것은 어떤 한 기업이 어느 한 시기에 그 제품을 판매하고 그리고 어떤 미래에 또 다른 상품의 형태로 보상하는 것이다. 대응구매는 대응무역의 가장 일반적인 유형이다. 이것은 참여당사들에 의해 계약이행의 시기가 중단되기 때문에 때때로 **평행바터(parallel bater)**라고도 불린다. 이 방법으로 거래의 한 부분은 비록 시간이 더 걸리게 되더라도 계속 유지해 나갈 수 있는 거래이다. 보잉은, 예를 들면, 사우디아라비아에 비행기를 팔기위해 대응구매를 사용했는데, 대가로 원유로 받았고 그리고 인도에 인도커피, 피마자유, 그 외의 다른 상품에 대한 대가로 받았다.

대응무역의 또 다른 유형으로 **환매**, 또는 보상조정처리 그래서 어떤 한 기업이 다른 제2의 기업에 자본재를 판매하고 자본재의 사용결과에 따라 발생하는 산출량의 형태로 보상되는 것이다. 예컨대, 일본 후꾸수께 회사(Fukusuke Co.)는 10대 편물기계와 원자재를, 상하이에 기반을 둔 의류제조업체, 차이나택스(Chinatex)에 팔았는데, 이 회사는 편물기계로 생산한 100만 개의 속옷을 일본의 판매와 교환했다.[9] 마찬가지로 인터네셔날 빈 오브 라트비아(Internationale Vine of Latvia)는 스위스 피케이엘(PKL)로부터 사과주스 추출액을 생산하기 위한 장비를 구입하기로 하고 이 기계의 산출물로 장비값을 지불하기로 합의했다. 구입한 재화로부터 산출물이 지불과 관련되기 때문에, 환매(buy-back)는 장비를 사용하는 방법에 대한 지침서 또는 장비수리와 같이 애프터서비스(A/S)에 대해 수출업자가 필요한 물자를 공급하는 것을 제품 구매자가 확실히 할 필요가 있을 때 특히 유용하다.[10]

대응무역의 또 다른 중요한 유형은 **상쇄구매(offset purchase)**를 포함하고 있는데, 그 결과 수출상품에 대한 비용의 한 부분으로 수입국의 생산품으로 상쇄되는 것이다. 상쇄 조정처리는 전투 제트기나 탱크와 같이 값비싼 군사 장비를 외국정부에 판매할 때 특별히 중요하다. 예컨대, 1,000만 달러 이상의 방위계약에 대해 아랍에미리트연합국은 7년 이내에 계약비의 60%를 상쇄시킬 이윤을 누적적으로 발생시키기 위해 현지 회사들과 함께 합작회사를 설립하는 것을 판매자에게 요구하였다.[11] 마찬가지로 새로운 어메리칸 F-35 조인트 스트라이크 파이터(American F-35 Joint Strike Fighter)의 수출판매가 상쇄조정처리를 하여 증가되고 있었다. 영국 항공대기업 BAE가 비행기 꼬리부분을 생산하고 있는 동안, 피아트(Fiat) 자회사는 그 비행기 터빈모터 생산에 대해 책임을 지고 있다.[12] 수출판매와 각 거래 대 거래기준으로 의무화한 대응구매를 균형을 시키는 것은 꽤 귀찮은 일이다. 대응무역을 활성화하기 위해서 기업들은 **청산소 계정(clearinghouse account)**를 개설할 것을 합의할 수 있는데, 이 계정에 수출기업은 등가의 의무 대응구매를 발생시키고, 그리고 이것은 청산소 계정에 기록되어야 된다. 수출기업이 그 거래의 상대방으로부터 재화를 구매할 때 청산소 의무는 감소되고 있다. 그래서 어떤 기업은 비록 청산소 계정이 종료될 때 까지 의무의 누적 실적치를 존중하지만, 어떤 단일 대응무역 거래에 균형을 유지할 필요가 없다.

가끔 기업들이 국제 판매를 확대하기 위해, 대응무역에 참여하기를 희망하거나, 대응무역에 경험이 없이, 대응무역 협정에 들어가게 된다. 이 경우 대응무역협정은 **스위칭 조정처리(switching arrangement)**의 사용을 허용하는 경우, 그 결과 대응무역 의무는 한 기업에서 또 다른 기업으로 이전되고 있다. 다양한 컨설팅기업들은, 런던(자본시장의 접근 때문에)이나 비엔나(전 공산주의 국가들 접근 때문에)에 있는 많은 본사들은 스위칭 조정처리에 참여하는 국제적 기업들이 필요로 하는 자금조달, 마케팅, 법률서비스를 제공할 수 있는 것이 가능하다.[13] 일본의 *소고쇼사*(12장에서 논의된 대형 무역회사)는 소고쇼사의 광범한 해외활동 때문에 청산소 계정과 스위칭 조정처리의 사용에 능숙하다. 소고쇼사는 일본에 *계열사(keiretsu)*와 연관된 후원 식품가공업체나 세계 어디에서 독립된 캔디 제조업체에 판매할 수 있어, 코코아로 지불하면서, 가나에 미쓰비시(Mitsubishi)트럭 판매를 도울 수 있었다.[14]

어떤 기업은 기업 정상적 사업의 일환으로 복잡하고도 다수–시장무역을 구축하여 대응무역의 기회를 이용하는 것에 전문화하고 있다. 예를 들어, 마크리치엔컴(Marc Rich&-Co)은 이전 소비에트연방에서 연간 사업으로 30억 달러 이상이 수익을 올렸다(마크리치엔컴은 후에 탄광산업과 다국적 상품무역을 선도하는 스위스에 본사를 둔 클렌코어 인터내셔널에 흡수되었다). 1990년대 초 소비에트연방공화국이 붕괴되고 난 직후에 이 기업은 여러 빈곤국가와 복잡한 거래를 계획하여, 개방시장([지도 18.1] 참조)에서 브라질산 흑설탕 7만 톤을 사들이기 시작했다. 그러고 나서 설탕을 정제하기 위한 우크라이나 회사를 고용하였고 정제한 설탕의 일부를 정유공장에 지급했다. 그 다음, 그 정제된 설탕의 나머지를 시베리아의 정유공장에 휘발유를 받는 대가로 그들의 사원들이 필요로 하는 설탕만큼 맞바꾸었다. 그리고 3만 5천 톤의 동정광을 받는 대가로 몽골리아에 13만 톤의 휘발유와 교환하였다. 동정광은 카자흐스탄의 동 제련소에 현물 지불의 형태로 보내졌다. 제련된 구리는 세계시장에서 팔렸다. 이 시점에서, 마크리치는 몇 달의 노력 끝에 경화(hard currency) 대응무역의 형태로 이윤을 추출해 낼 수 있었다.[15]

비공식 추정치로 비록 일부 발행된 리포트는 그 비율이 40%에 육박한다고 발표했지

지도 18.1

마크 리치 (Marc Rich)의 대응무역

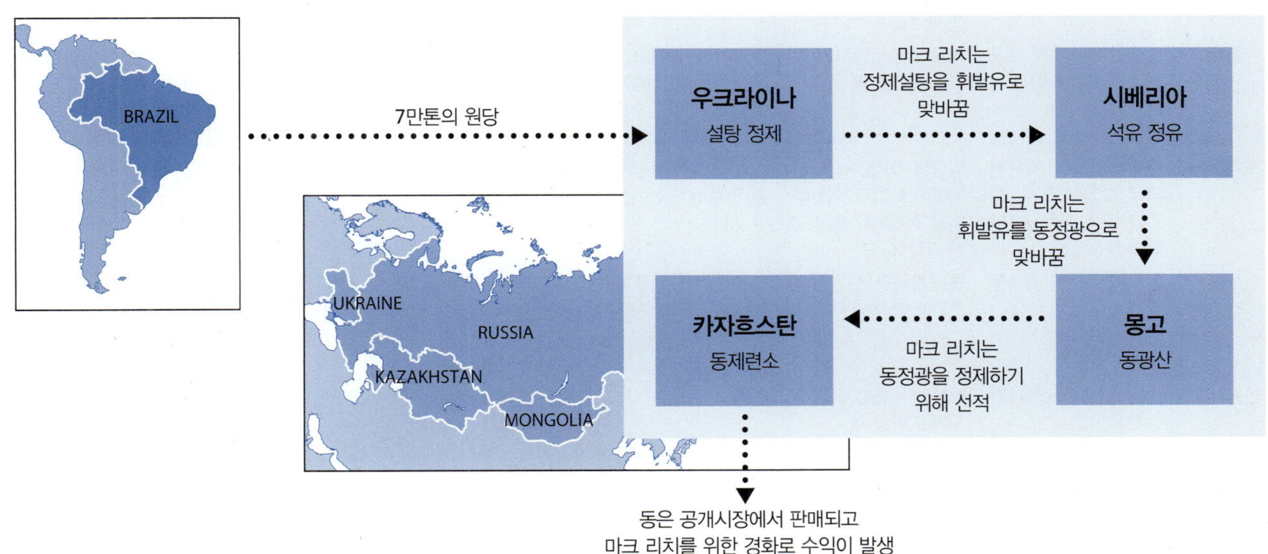

만, 세계무역의 15~20%를 대응무역이 차지하고 있다고 예상하고 있다.[16] 대응무역은 교환가능한 통화가 부족한 나라들에게 특히 중요하다. 대응무역은 적게 보유한 교환가능외환(convertible foreign currencies)이 유출되는 것을 감소시키기 위한 수단으로 자주 사용된다. 이전 소비에트공화국이 대응무역의 주된 사용자이다. 많은 제품들이 소비에트공화국과 교환어음계정방식을 이용했던 이전 동맹국들 사이에서 교환되었다. 예전의 공산국가들 또한 자본주의국가와 대응무역을 맺었다. 더욱이 많은 나라들이 금융위기에 놓여있을 때 대응무역은 최종대부자로 사용되었다. 2002년에 예컨대, 아르헨티나 경제는 일련의 금융문제로 인해 초토화되었다. 현지 자동차산업을 존속시키기 위해서 다임러 크라이슬러(Diamler Chrysler)는 아르헨티나 소비자들에게 수확한 곡식으로 지불하는 것을 수락하겠다고 발표하였다.[17]

[표 18.1]은 다양한 지불수단의 수익과 비용을 요약하였다. 일반적으로 수출자의 위험(리스크)를 줄이기 위한 기법은 더 비싸다. 그래서 수출업자는 그 위험을 얼마나 감수해야 할지를 결정해야 한다. 새로운 그리고 모르는 고객과 거래를 할 때, 수출업자는 안전하지만 더 값비싼 지불수단을 선택할 것이다. 안정된 고객과 거래할 때에 조금 위험하지만 덜 비싼 지불수단도 받아들일 수 있다.

무역금융

금융조건은 국제 판매를 마감하는 데 굉장히 중요한 역할을 한다. 대부분 산업표준에서 자금조달방식이 존재하고 그리고 국제기업은 외국인고객에게 이런 조건들을 제공할 준비가 되어 있어야 한다. 상품에 따라서, 산업관행에 따라, 송장을 받고난 후, 구매자는 30일에

표 18.1 국제교역에 대한 지불방법

방식	지불시기	상품인도시기	수출업자의 위험	수입업자의 위험	수출업자의 자금 조달 가능성	조건 선호사용
선지급	상품배송 전	지불 이후, 상품이 수입업자의 국가에 도착한 때	없음	수출업자는 상품운송을 하지않을 수 있음	해당 없음	수출업자는 강한 교섭력을 갖는다; 수입업자는 수출업자에게 알려져 있지 않음
계좌개설	수출업자에 의해 제공된 신용조건에 따라	상품이 수입업자의 국가에 도착한 때	수입업자가 계좌잔고에 지불하지 않을 수 있음	없음	그렇다, 매출채권계정을 팩토링	수출업자는 수입업자에게 완전한 신뢰를 가지고 있고 그리고 수입업자는 수출업자는 같은 기업계열의 일부이다.
화환추심	일람부어음이 사용된 경우 도달한 즉시; 기한부 어음 사용 시 미래의 특정일에	일람불 어음 사용 시 지불 하자마자; 기한부 어음 사용 시 인수되자 마자	수입업자는 어음인수를 연체하거나 거절할 수 있다.	없음	그렇다, 액면가에서 더음할인	수출업자는 수입업자가 특정한 날에 지불하길 믿는다; 지불불능의 위험이 낮을 경우
신용장	문서의 조건이 충족된 이후	판매계약과 신용장의 조건에 따라서	개설은행은 채무불능일 수도 있다: 서류는 정확하게 준비되지 않을 수도 있다.	수출업자는 신용장 조건을 인수할 수 있으나 판매계약의 조건을 인수하지 않을 수 있다.	그렇다, 액면가의 신용장을 할인함으로써	수출업자는 수입업자에 대한 정보가 부족하다; 수입업자는 현지 은행으로부터 좋은 신용을 유지함
신용카드	일반 신용카드회사의 절차에 따라	상품이 수출업자의 국가에 도착할 때	없음	수출업자는 상품을 인도하지 않을 수 있음.	해당 없음	거래규모가 작다.
대응무역	수출업자가 대응무역된 상품을 팔 때	상품이 수입업자의 국가에 도착할 때	수출업자는 대응무역된 상품을 판매하지 못할지도 모른다.	없음	아니다.	수입업자는 전환가능통화가 부족; 수입업자나 수출업자는 외국 분배유통망에 접근하기를 원함

서 180일 사이에 지불을 하고 있다. 상용 항공기와 같이 복잡한 제품 판매는 미래에 수년 걸려 인도되며, 지불조건 역시 굉장히 더 복잡할 수 있다. 계약조건들에 계약금, 배송 취소 및 지연에 대한 범칙금, 인플레이션 조항, 그리고 장기금융에 대한 할인 이자를 포함할 수도 있다. 많은 신흥시장에서 자본시장들이 잘 발달되지 않아, 그리고 현지 대출업자들은 굉장히 높은 이자를 특히, 소규모 차입자들에게 부과할 수 있다. 그래서 저비용의 자금을 이용하는 수출업자들은 좀 더 값싸게 자금조달을 하지 못하는 외국 고객에게 자금을 제공함으로써 경쟁 우위를 얻을 수 있다. 물론, 대출업자의 역할을 함으로써 수출업자는 그들의 상품에 대한 지불이 이루어지지 않을 위험이 증가될 수도 있다. 신용연장을 결정하기 전에 수출업자는 지불불능에 대한 더 높은 위험과 판매증대의 수익 사이에서 균형 맞추기 위한 검토를 해야 한다.

이 장에서 이미 언급했듯이, 은행과 다른 상업 대출업자들은 신용장 또는 기한부어음을 매입하거나 또는 액면가에서 할인하여 계좌개설로 팩토링함으로써 수출업자들의 매출계정에 자금 조달을 하게 할 것이다. 많은 선진국가들은 수출촉진을 위한 정부지원 금융프로그램으로서 이러한 상업대출업자들의 서비스를 지원하고 있다. 예를 들면, 미국 수출입은행(Eximbank)은 미국수출을 권장하기 위해 운전자금 보증 대출 프로그램을 제공하고 있다. 이 프로그램에서 상업 기업대출은 만일 수입업자가 그들의 채무를 연체한다면, 수출가능 재고품에 대한 자금조달 및 외화 매출채권 계정은 90%까지 상환을 받을 수 있다. 미국 수출입은행은 2012년에 358억 달러의 수출자금을 지원했다. 수출입은행은 중소기업에 도움을 주는 특별한 노력을 해왔다; 2012년에 수출입은행이 미국 중소기업 수출업자를 지원하기 위해 61억 달러를 제공하였다.[18] 또한 수출입은행은 이동통신사, 전력회사 및 운송사 사회기반시설 프로젝트를 위한 중기(7년의 기간까지), 장기(10년 이상의 기간)대출보증을 제공하고 있다.

In Practice

- 국제무역을 쉽게 하기 위해 다양한 금융기법이 개발되어 있다. 선택된 기법들은 종종 거래에 포함된 위험과 은행과 같은 중개자에게 부담할 수수료와 절충관계를 포함하고 있다.
- 대부분 정부들은 국가의 수출을 촉진하기 위해 금융보증이나 낮은 대출 등으로 지원하고 있다.

추가 고려 사항: 만일 당신이 국제무역에서 소기업인이라면, 현지 은행가와 좋은 사업관계를 가지는 것이 사업을 하는 데 얼마나 중요한가?

18.2 환위험관리

외국통화화로 표시된 계약서를 사용함으로써, 국제경영을 수행하는 싱가포르 항공과 다른 기업들은 악 영향을 끼칠 만한 환률 변동의 위험에 노출되어 있다. 수출업자는 국제기업에 직면한 외환노출의 3가지 유형인 거래, 환산, 경제적 노출을 파악하여야 한다.

거래노출(Transaction Exposure)

기업이 거래를 완료할 법적인 의무가 발생한 후에 일어난 환률 변동으로부터 국제거래 비용과 금융혜택이 영향을 받을 때 기업은 **거래노출(transaction exposure)**에 직면하게 된다. 외화로 표시된 전형적인 국제상거래는 아래와 같은 것을 포함한 거래노출이 유도될 수 있다.

- 재화, 서비스, 또는 자산의 구매
- 재화, 서비스, 또는 자산의 판매
- 신용의 연장
- 자금 대출

삭스 핍스 애버뉴(Saks Fifth Avenue)가 크리스마스 시즌에 요구사항을 충족시키기 위해 롤렉스 시계 스위스 제조업체에 10월 10일까지 배송 시 지불해주는 조건으로, 스위스 프랑 500만어치의 롤렉스 시계를 매입하기로 4월 10일에 합의했다고 가정해보자. (물론 환율변동은 그 비용을 낮출 수 있다.) 삭스는 달러로 계약함으로써 이 위험을 피할 수 있었지만 그러나 롤렉스는 거래노출에 직면할 것이다. 대부분 국제거래에서 당사자의 한쪽은 거래 노출을 견디내야 한다.

삭스는 거래노출에 대한 대응책으로 여러 가지 옵션을 가지고 있는데 특별히 이 부분에 대해 다음과 같이 논의해볼 수 있다.

- 무방비 그대로
- 스위스 프랑 선물환 매입
- 통화옵션시장에서 스위스프랑 매입
- 상쇄자산 취득

무방비 그대로 삭스는 거래노출을 무시할 수 있고, 그리고 시계 값을 지불할 필요가 있을 때인 10월 10일에 스위스 프랑을 필요한 만큼 매입함으로써 외환리스크를 신중히 추정 하고 있다. 이렇게 함으로써 삭스는 미 달러가 4월에서 10월 사이에 프랑에 비해 상대적으로 가치가 오를 것이라고 확신하고 있다. 이 접근법은 몇 가지 장점이 있다. 첫째로, 삭스의 유일한 채무는 500만 스위스 프랑을 지불하는 것뿐이기 때문에 그 거래를 위해 4월에 모든 자금을 묶어둘 필요가 없다. 둘째로, 삭스는 미 달러 대 스위스 프랑의 어떤 절상으로부터 해택을 받을 수 있다. 만일 이러한 절상이 발생되면, 삭스는 다른 것을 사용하는 것 보다 달러를 적게 사용하여 10월 10일에 그 청구서를 지불할 수 있다. 이러한 이점은, 물론 만일 미국 달러가 스위스 프랑에 비해 상대적으로 떨어진다면 나쁘게 없어질 수도 있다. 이러한 운 나쁜 경우에 삭스는 기대한 것보다 시계 값에 대해 더 많은 미국 달러 지불을 하도록 강요할 수도 있다. 무방비로 그대로 있어 삭스는 어떤 중계수수료에 대한 지불을 피할 수는 있지만, 만일 다음에 논의될 3가지 다른 전략을 채택한다면 그에 대한 비용이 발생할 수도 있다.

스위스 프랑 선물환 매입 삭스는 만일 원한다면 거래노출을 피할 수 있는 몇 가지 방법이 있다. 예컨대, 10월 10일에 외환시장에서 인도할 스위스 프랑 선물환을 매입할 수 있는데, 그래서 10월 500만 스위스 프랑의 지불을 해야 할 금액을 4월에 묶어 둘 수 있다. 이 전략은 두 가지 장점을 가지고 있다. 첫째로, 삭스는 달러 가치가 하락하는 것으로부터 회사를 보호하고 수입된 시계에 대해 지불 할 달러가격을 보장하고 있다. 둘째, 계약서는 10월 10일에 통화를 구입하고 시계를 인도할 때 500만 스위스 프랑을 로렉스에 지불하는 것이기 때문에 물품을 받을 때까지 자금을 묶어둘 필요가 없다. 다른 한편, 이 전략으로 삭스는 스위스 프랑에 대한 상대적인 미 달러의 절상으로부터 혜택 기회를 놓칠 수도 있다. 또한 삭스는 스위스 프랑 선물환 구매를 통한 은행으로부터 부과되는 수수료와 가산액의 형태로 거래비용을 삭스가 감당해야 할 것이다.

8장에서 논의했던 것과 같이, 이러한 접근의 변형된 형태로 삭스가 스위스 프랑 통화선물을 매입한 것이다. 기업이 통화선물을 매입하거나 선물환시장을 이용하는 것을 선택하는 것은 기업은 두 시장을 이용하는 상대적 거래비용 만큼이나 두 시장에서 스위스 프랑의 가격에 따라 의존하게 된다.

통화옵션시장에서 스위스 프랑 매입 대안으로, 삭스는 10월에 500만 스위스 프랑을 구입하기 위해 이것을 할 수 있도록 하는 통화옵션 계약을 취득할 수 있다. 8장에서 논의했던 것과 같이, 옵션계약의 매입은 구매자에게 미래에 주어진 가격으로 어떤 통화를 매입할 수 있는 기회를 주지만 의무는 아니라는 것이다. 옵션을 매입하여, 삭스는 옵션계약에 명시된 가격보다 더 많은 스위스 프랑을 지불할 필요가 없다는 것을 보장하고 있다. 시계에 대한 지불만기가 10월일 때 미 달러가 스위스 프랑에 비해 상대적으로 가치가 하락했다면 삭스는 옵션을 실행하거나, 또는 미국 달러 가치가 상승 했다면 옵션이 만료되어 소멸되도록 내버려 두거나 할 수 있다—그래서, 옵션계약서 장점은 선물환계약이나 선물계약을 능가하고 있다.

삭스는 외환거래의 모든 3가지 유형으로부터 달러의 절하를 동일하게 보호하고 있다; 그런데 선물환계약이나 선물계약이 아닌 옵션계약(행사하지 않고 만기까지 내버려 두면)으로 미 달러 절상으로부터 혜택을 누릴 수 있다. 옵션계약 단점은 다른 헤징기법 보다 더 비싸다는 것이다. 옵션에서 통상적인 거래비용은 거래총액의 3.0%에서 5.5%이다. 따라서 머크(Merck)와 같은 어떤 MNC는 그들의 거래위험을 헤징할 때 "heads I win, tails I don't lose(동전의 앞뒷면에서 앞이 나오면 내가 이기고 뒤가 나와도 잃고 싶지 않음)"과 같은 옵션특징 때문에 통화선물이나 선물환계약보다 옵션통화를 선호하고 있다. 그러나 다른 다국적 기업들은 그들이 기대했던 수익에 비해 상대적으로 옵션이 너무 비싸다는 것을 알았다.[19]

상쇄자산 취득 삭스를 위한 또 다른 선책은 10월 10일까지 연기된 500만 스위스 프랑의 채무를 중립화시키기 위해 스위스 프랑화로 표시된 동일한 규모의 상쇄자산을 취득하는 것이다. 예컨대, 스위스에서 6개월물 양도성 예금증서(CD)의 4월 금리가 년 8%(6개월 4%)라고 하자. 크레디트 스위스(Credit Suisse)와 같은 스위스 은행으로부터 4월에

4,807,692 스위스 프랑에 대한 6개월물 양도성 예금증서를 매입하면, 삭스는 로렉스에 지불의무를 해야 하는 만기가 되는 10월에 500만 스위스 프랑(4,807,692×1.04)을 받을 수 있을 것이다. 스위스 프랑으로 표시된 채무를 스위스 프랑으로 표시된 자산으로 매칭함으로써, 삭스는 어떤 거래노출에도 피해를 받지 않을 것이다. 이러한 접근의 단점은 삭스가 10월까지 스위스 은행에 그 자금의 일부를 묶어 두어야만 하는 것이다. 삭스는 스위스 CD의 이자를 벌 수가 있지만 만일 자금을 다른 곳에서 이용한다면 더 높은 수익을 얻을 수도 있을 것이다.

물론 만일 삭스가 이미 기존 프랑 표시 CD나 10월 만기일까지 매출채권이 있다면 삭스는 미결된 스위스 프랑 표시 채무를 로렉스에게 상계시키기 위해 이 자산을 사용할 수 있었다. 예컨대, 삭스는 스위스 티셔츠 제조업체에 그들의 로고를 티셔츠에 사용하도록 특허를 주었다고 가정해보자. 만일 삭스가 특허계약으로 10월에 500만 스위스 프랑의 로얄티를 받을 것을 기대하였다면, 스위스 CD를 매입하는 것보다 거래노출을 중립화시키기 위해서 로렉스에게 지불하는 10월의 채무에 대해 자금으로 상쇄할 수도 있었다. 만일 특허거래에서 500만 스위스 프랑 대신에 단지 200만의 스위스 프랑으로 수익이 발생된다면, 삭스는 두 거래를 짝으로 할 것이다. 노출을 완전히 제거하기 위해서, 삭스는 방금 논의한 하나의 수단을 사용하여, 그러면 300만 스위스 프랑에 대한 순 거래노출을 커버할 수 필요가 잇을 것이다.

[표 18.2]에 거래노출을 관리할 수 있는 이러한 다른 기법의 비용과 수익을 요약하고 있다. 안타깝게도, 많은 개발도상국시장에서 이러한 기법들은 이용하기 위한 많은 비용이 들거나 또는 잘 사용할 수 없다. 결과로, 이와 같은 경제에서 많은 회사들 운영은 무방비를 선택했다. 많은 외채를 가진 인도네시아 대기업을 대상으로 골드만 삭스(Goldman Sachs)에 의해 실시된 조사는 그들의 반 이상이 무방비(즉 부채에 대하여 헤지를 하지 않고)였고 그리고 나머지 대부분은 그들 외채의 일부분만 헤지를 하였다는 것이다. 헷지의 비용이 그들의 행위에 중요한 역할을 한다는 것은 의심할 여지가 없다. 헤지를 한 인도네시아 기업인 인도-라마 신세틱(Indo-Rama Synthetics)의 경우를 상각해보자. 1997년에 아시안 금

표 18.2 거래노출을 위한 전략

전략	편익	비용
무방비 그대로	자본지출이 발생하지 않음; 본국 통화의 가치가 상승하면 잠재적인 자본이득 발생	본국 통화 가치가 하락하면 자본손실에 대한 잠재성이 있음
선물통화 매입	거래노출 제거; 계약의 규모와 시기의 유연성	은행 수수료; 본국 통화가치 상승 시 자본이득의 기회 상실
통화선물 매입	거래노출 제거; 선물계약의 편의성과 상대적으로 저렴한 가격	약간의 중계수수료; 계약의 규모와 시기의 비유연성; 본국 통화가치 상승 시 자본이득의 기회 상실
통화옵션 매입	거래노출 제거; 본국 통화 가치 상승 시 자본이득의 가능성	프리미엄을 먼저 지불함 "동전 앞면이면 이기고 뒷면이면 잃지 않음"; 옵션의 규모와 시간이 유연성이 없음
상쇄자산 취득	거래노출 제거	상쇄거래 조정하는 노력과 비용; 본국 통화가치 상승 시 자본이득의 기회 상실

융위기가 닥치기 직전에, 인도-라마는 운영확장을 하기 위한 자금을 조달을 위해 외국 대출기업의 컨소시엄에서 5년 만기로 1억7,500달러를 차입하였다. 인도-라마는 그 대출의 상환을 위해 1달러당 2,650루피로 환율을 묶어두기 위해 대출 액면가의 약 10%의 가산금리(premium)를 지불 하였다.

뒤늦게 알았지만 일 년 동안에 달러에 대한 루피의 가치가 70% 이상 떨어져버린 것 때문에 회사가 매우 불리한 상황이 되어 버렸다. 인도-라마의 많은 동포회사들도 미래를 보는 안목이 없었다—또는 아마 그들의 부채를 상환하기 위해 선물환율로 묶어두기 위해 10%의 가산료를 지불하는 것을 그 때에 내키지 않았다. 1997~1998년 그들의 거래노출을 효과적으로 관리하는데 아시아의 많은 기업들이 실패함으로써 아시아 금융위기가 악화 되었다는 것은 의심할 여지가 거의 없다.[20]

환산노출

기업운영 보고서의 일부는 기업의 주주들에게 발생한 것으로, 기업은 연결 재무상태표안에 그들 자회사의 재무상태표를 통합해야만 한다. 그러나 외국 자회사의 재무상태표가 기업의 본국 통화보다 외국통화로 표시되어 있으면 문제들이 발생 할 수 있다. **환산노출(translation exposure)**은 모기업의 통화로 측정된 외국 자회사의 가치를 변화시키는 환율변동이 연결 재무상태표에 영향을 미치는 것이다. 만일 환율이 고정되어있다면 전환노출은 존재하지 않을 수도 있다. (왜냐하면 전환노출은 공동통화를 재무상태표로 통합하기 위한 필요로부터 발달하였기 때문에 *회계노출*이라고도 한다.)

전환노출의 간단한 예로 이것을 생각해 볼 수 있다. GM은 새로운 영국유통회사자회사인 GM 수입유통회사(General Motors Import & Distribution Company Ltd.)를 위해 계좌를 개설하기 위해 바클레이즈(Barclays) 은행에게 2천만 달러를 송금했다고 가정해보자. 더 나아가 송금하는 날에 환율이 £1 = $2.00라고 가정해보자. 그래서 그 자회사는 총 자산으로 은행계좌에 1천만 파운드가 있다. 만일 달러의 가치가 £1 = $1.95로 올랐다고 하면, 그 자회사는 아직도 1천만 파운드가 있을 것이다. 그런데 GM 회계담당자는 기업의 연결 재무상태표를 준비하고 있어, 영국 자회사 투자액은 당지 $19,500,00(£10,000,000×$1.95)의 가치만 있다. 그래서 GM은 $500,000($20,000,000 − $19,500,000)의 환산손실을 보게 되는 것이다.

재무담당임원은 대차대조표 헤지를 통해서 회사의 환산노출을 줄일 수 있다. **대차대조표 헤지(balance sheet hedge)**는 국제적 기업이 동일한 통화로 표시된 채권을 주어진 통화에 표시된 그 자산과 일치할 때 생기는 것이다. 이 균형은 자회사와 자회사의 기준이 아닌 통화대 통화의 기준에서 발생한다. 예를 들면 조지아에 기반을 둔 AFLAC는 일본에 있는 보완적 보험을 제공하는 외국계 대기업이다. 이 회사는 거래노출로부터 일본에 순 투자 136억 달러를 보호하기 위해, 양면 대차대조표 헤지를 이용하였다. 일본의 보험 자회사는 83억 달러로 표시된 증권을 소유하고 있다. 모회사는 다른 운영을 위한 자금조달을 하기 위해, 일본 은행으로부터 8억5천만 달러 가치가 있는 엔화를 차입하였다. 이 거래를 통해, AFLAC의 자산 순 44억 달러는 엔 가치가 떨어져지면 환산노출에 취약하다.[21] 월트디즈니, 파이저, 프록엔겜블(Procter&Gamble), 그리고 맥도날드는 그들의 환산노출을 줄이기 위해 유사한 전략을 따르고 있다.[22]

금융전문가들 사이에서도 환산노출로부터 그들 자신을 보호해야 할지 말아야 할지에 대한 논쟁이 존재하고 있다. 어떤 전문가는 경영자가 환산노출을 무시하고 그리고 대산 거래 노출을 초점을 맞추어야 한다고 믿고 있고, 거래노출은 기업에 진짜 자금손실을 발생시킬 수 있고 반면에 거래노출은 단지 문서나 또는 회계에 의한 손실을 이라고 주장하고 있다. 다른 전문가들은 거래노출은 무시하지 않아야 된다고 하면서 동의를 하지 않고 있다. 예를 들어, 외국계 자회사의 가치를 써내도록 강요받는 회사는 만일 채무에 대한 자기자본비율이 너무 높을 경우 대출계약서에서 채무불이행 조항을 유발할 수 있다. 게다가, 에이에프엘에이시의 경우, 일본에서 운영되는 것이 회사의 다른 것에 상대적으로 비하여 크기 때문에—보험 수익금의 75%가 그곳에서 발생하고—회사가 거래노출을 억지로 관리하게 하는 것을 느끼고 있다.

경제노출(Economic Exposure)

외환노출의 세 번째 유형은 **경제노출(economic exposure)**인데, 예상치 못한 환율변동으로 인하여 기업운영가치에 미치는 영향이다. 전략적인 관점에서, 경제노출로 인한 위협은 글로벌생산, 마케팅, 재무계획을 포함하는 사실상 운영 전반에 영향을 미치기 때문에 기업의 최고 정책 수립자로부터 세심한 주의를 기울일 가치가 있다. 예상치 못한 환율변동은 기업의 전체 판매와 수많은 시장에서의 수익성에 영향을 미칠 수 있다. 2011년 전반기에, 예를 들면, 세계 통화시장에서 엔화와 유로의 가치가 미국 달러에 비해 올랐다. 일본과 유럽 수출업자들은 미국으로 수출하는 하면서 그들 시장점유율 면에서 볼 때 미국의 고객들이 부담하는 달러가격을 올릴 것인가 또는 그들의 수익마진을 볼 때 그들의 미국 고객이

마치 회사의 보험 상품에 관해 소비자를 교육시키는 문제가 대단한 것이 아닌 것과 마찬가지로 AFLAC 오리도 또한 환산노출에 대해 걱정할 필요가 있다. 왜냐하면 AFLAC의 매출, 자산, 이익의 대부분은 일본자회사에서 발생하기 때문에, 기업 회계담당자는 대차대조표 헤지를 사용함으로써 엔-달러 환율의 변화에 대한 기업의 노출을 관리한다.

PR NEWSWIRE/AP Images

부담할 달러가격을 유지해야 할 것인가를 선택하는 달갑지 않은 선택에 직면하였다.

부동산, 공장, 그리고 설비장비에 장기 투자는 비록 기업이 그들의 본국에서 입지한다고 하더라도 경제노출에 취약하다. 만일 엔 가치가 계속해서 오른다면, 도요타나 닛산과 같은 일본 자동차 제조업체는 그들의 일본공장이 통화의 가치가 하락한 나라에 위치한 자동차 공장에 비해 덜 경쟁적이게 될 것임을 알게 될 것이다.

기업이 경제노출 문제를 해결하는 데 사용할 수 있는 하나의 접근법은 주어진 통화에 그들의 수익을 비용의 동일한 흐름으로 일치시키도록 하는 **운영 헤지(operational hedge)**(또는 자연 헤지)를 이용하는 것이다. 소니(Sony)와 같은 어떤 기업들은 더 나은 수익 흐름과 비용 흐름을 일치시키기 위해 제조, 연구와 개발 그리고 부품조달을 현지화 하여 환율변동으로 인한 경제노출을 삭감하는 데 노력했다.[23] 마찬가지로, 일본의 도요타(Toyota)와 혼다(Honda)와 같은 자동차 회사나 비엠더불유와 벤즈(BMW and Mercedes-Benz)와 같은 유럽 자동차제조업체는 미국 시장에서 그들이 이뤄낸 성공 때문에 미국 달러로 표시된 많은 수익이 발생하고 있다. 미국에서 자동차를 조립하여, 그들은 달러 표시된 중요한 비용과 달러 표시된 수익 흐름을 상쇄하여 그들의 경제노출을 제한할 수 있다.[24]

이러한 사례가 시사하는 바와 같이, 경제노출을 관리하는 중요한 요소는 환율변동과 같은 분석하는 것이다. ([지도 18.2]는 2013년 7월 말에 4년이 넘는 기간 동안에 달러에 대한 환율변동을 보여 주고 있다.) 매우 다양한 환율전문가와 전문지식은 이 분야에서 국제경영을 지원해 줄 수가 있다. 이러한 분야의 범위는 개인 컨설턴트부터 국제은행의 임원들까지 세계은행과 국제 통화 기금과 같은 국제기구의 공개된 예측까지 다양하다. 환율 전문가들은 8장에서 설명했던 많은 요소들을 면밀히 검토하고 있다. 구매력평가 이론은 예컨대, 국가들 사이에 환율 장기추세에 대한 지침을 제공하고 있다. 단기에 선물환율은 미래 현물환율의 불편추정치로 알 수 있다. 균형 환율을 이루는 데 있어서 이자율차익거래가 중요하기 때문에, 전문가들은 또한 미래 통화가치를 예견하기 위해 국가들의 통화정책들을 예측할 수도 있다. 국제수지 성과 역시 유용한데, 왜냐하면 국제수지는 어떤 국가의 산업이 세계시장에서 경쟁적으로 살아남을 수 있을지 그리고 어떤 국가에 대한 외국인들의 단기요구가 증가할 것인가에 대한 통찰력을 제공하고 있기 때문이다. 인플레이션에 대한 관점도 또한 신중히 평가하여야 하는데, 왜냐하면 인플레이션은 어떤 국가의 수출전망, 수입에 대한 수요 그리고 미래 이자율에 영향을 줄 수 있기 때문이다.

In Practice

- 국제기업들은 환노출의 세 가지 유형에 직면하고 있다: 거래, 환산 그리고 경제적
- 기업들은 선물환거래, 통화선물매입, 통화옵션매입 또는 반대자산 취득에 참여함으로써 거래노출을 감소하고 있다.

추가 고려 사항: 왜 기업들은 무방비상태(거래노출로부터 스스로 보호하지 않는 것을 선택)에 있는가?

지도 18.2

2009년 7월 대비 2013년 7월 미 달러에 대한 상대적 통화가치 변동

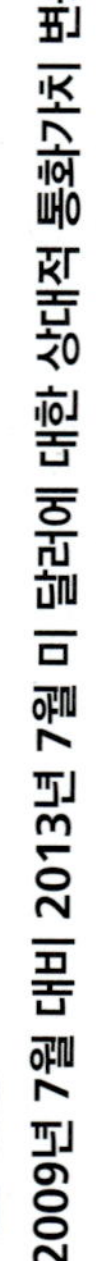

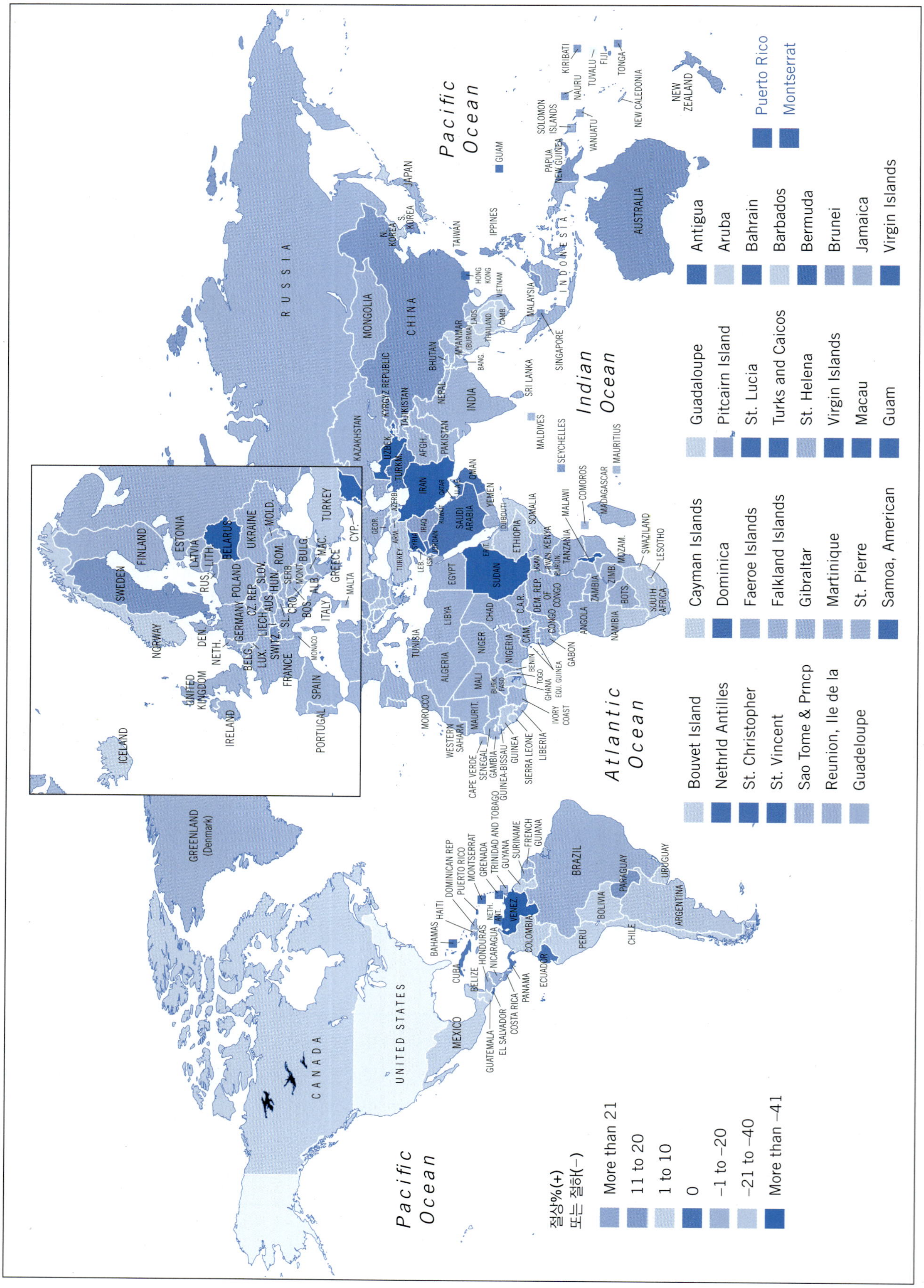

절상%(+)
또는 절하(−)
More than 21
11 to 20
1 to 10
0
−1 to −20
−21 to −40
More than −41
Pacific Ocean
Atlantic Ocean
Indian Ocean
Pacific Ocean
CANADA
UNITED STATES
MEXICO
GUATEMALA
EL SALVADOR
COSTA RICA
PANAMA
BELIZE
HONDURAS
NICARAGUA
CUBA
BAHAMAS
HAITI
DOMINICAN REP.
PUERTO RICO
MONTSERRAT
GRENADA
TRINIDAD AND TOBAGO
GUYANA
SURINAME
FRENCH GUIANA
NETH. ANT.
VENEZ.
COLOMBIA
ECUADOR
PERU
BOLIVIA
BRAZIL
PARAGUAY
CHILE
ARGENTINA
URUGUAY
GREENLAND (Denmark)
ICELAND
IRELAND
UNITED KINGDOM
NORWAY
SWEDEN
FINLAND
ESTONIA
LATVIA
LITH.
RUS.
BELARUS
UKRAINE
MOLD.
DEN.
NETH.
BELG.
LUX.
GERMANY
POLAND
CZ. REP.
LIECH.
SWITZ.
AUS.
SLOV.
HUN.
ROM.
SL.
CRO.
BOS.
SERB.
MONT.
ALB.
MAC.
BULG.
GREECE
TURKEY
FRANCE
MONACO
ITALY
MALTA
SPAIN
PORTUGAL
CYP.
GEOR.
ARM.
AZERB.
TURKEY
SYRIA
LEB.
ISR.
JORDAN
IRAQ
KUWAIT
QATAR
U.A.E.
SAUDI ARABIA
YEMEN
OMAN
IRAN
TURKM.
UZBEK.
AFGH.
PAKISTAN
KAZAKHSTAN
KYRGYZ REPUBLIC
TAJIKISTAN
RUSSIA
MONGOLIA
CHINA
N. KOREA
S. KOREA
JAPAN
TAIWAN
HONG KONG
IPPINES
BHUTAN
NEPAL
INDIA
BANG.
MYANMAR (BURMA)
LAOS
THAILAND
CAMB.
VIETNAM
MALAYSIA
SINGAPORE
SRI LANKA
MALDIVES
SEYCHELLES
MAURITIUS
INDONESIA
PAPUA NEW GUINEA
SOLOMON ISLANDS
NAURU
KIRIBATI
TUVALU
FIJI
TONGA
VANUATU
NEW CALEDONIA
AUSTRALIA
NEW ZEALAND
GUAM
MOROCCO
WESTERN SAHARA
MAURIT.
MALI
ALGERIA
TUNISIA
LIBYA
EGYPT
NIGER
CHAD
SUDAN
ERIT.
DJIBOUTI
ETHIOPIA
SOMALIA
CAPE VERDE
SENEGAL
GAMBIA
GUINEA-BISSAU
GUINEA
SIERRA LEONE
LIBERIA
IVORY COAST
BURK. FASO
GHANA
TOGO
BENIN
NIGERIA
CAM.
EQU. GUINEA
GABON
C.A.R.
CONGO
DEM. REP. OF CONGO
UGAN.
KENYA
RWAN.
BURUN.
TANZANIA
MALAWI
COMOROS
MADAGASCAR
ANGOLA
ZAMBIA
ZIMB.
MOZAM.
NAMIBIA
BOTS.
SOUTH AFRICA
SWAZILAND
LESOTHO
Bouvet Island
Nethrld Antilles
St. Christopher
St. Vincent
Sao Tome & Prncp
Reunion, Ile de la
Guadeloupe
Cayman Islands
Dominica
Faeroe Islands
Falkland Islands
Gibraltar
Martinique
St. Pierre
Samoa, American
Guadaloupe
Pitcairn Island
St. Lucia
Turks and Caicos
St. Helena
Virgin Islands
Macau
Guam
Antigua
Aruba
Bahrain
Barbados
Bermuda
Brunei
Jamaica
Virgin Islands
Puerto Rico
Montserrat

18.3 운전자본 관리

외환노출을 관리하는 것은 국제경영 성과—운전자본, 또는 현금, 잔고에 대한 관리를 하는 재무담당자들의 다른 업무와 관련이 있다. 이 업무는 단순한 국내기업보다 MNC가 좀 더 복잡한 일이다. MNC 재무 관리자는 기업 전체뿐만 아니라 외국 자회사가 사업을 하는 각 통화와 해외 자회사에 대한 기업 운전 자본에 대해서도 고려를 해야 한다. 싱가포르 항공사를 예로 들면, 그 운영에 있어 20개 이상의 통화를 반복적으로 사용하고 있고 그리고 재무담당자들은 이러한 통화의 각 통화의 보유를 감시해야만 한다. 이 과정에서 다음과 같은 3가지 금융목표와 균형을 이뤄야만 한다.

1. 운전자본 수지 최소화
2. 통화 전환비용 최소화
3. 외환위험 최소화

운전자본 수지 최소화

재무담당자들은 기업 운전자본 수지를 최소화할 방법을 찾고 있다. 국내와 국제기업 모두 2가지 이유로 운전 자본을 보유하여야만 한다: 일일거래를 용이하게 하고 그리고 예기치 못한 자금수요에 대해 기업이 카버하기 위해서 운전 자본을 보유하여야 한다. (*현금*이란 용어는 여기에서 보통 낮은 수익률이 발생되는 실제 현금, 당좌계정 잔고, 그리고 유동성이 높은 시장성 유통증권들을 의미하는 것으로 참조.) 분명히, 기업은 수중에 현금잔고가 바닥나는 것을 원치 않는다. 노동자들이나 공급납품업체들에 지불하기 위한 충분한 현금을 보유하지 못 한다면 최소한, 값비싼 긴급대출을 하거나 또는 최악의 경우, 공급납품업체들과 대출업체에게 미래 신용거래가 중단될 것으로 인해 명성을 잃을 수 있는 난처한 상황에 이르게 될 수도 있다. 그런데, 운전 자본에 대한 수익률은 아주 낮고 그래서 재무담당자들은 만일 가능하다면, 현금보다 어떤 다른 형태로 잉여자금을 투자하여, 더 높은 수익률을 얻는 것을 선호하고 있다. 그래서 재무담당자들은 기업의 금융자산을 이러한 저수익 형태로 보유하는 기회비용에 대해 기업의 현금에 대한 필요와 서로 균형을 이룰 필요가 있다.

MNC가 회사전반 현금보유를 최소화하기 위해 이용 할 수 있는 하나의 방법은 **중앙 집중 현금관리(centralized cash management)**이다. 중앙 집중 현금관리자는 MNC의 재무회계부원의 전형적 일원으로 MNC의 세계적 현금흐름을 조정하고 있다. MNC의 자회사 각각은 중앙현금관리자에게 일일 현금 보고서와 자회사의 단기 기대현금수지와 필요자금의 분석을 보내어야 하는데, 이러한 자료는 모기업의 운영요건에 따라 일주일에서 한달에 이르고 있다. 이러한 보고서들은 그때 중앙현금관리자의 직원에 의하여 집합이 되는데, 이 직원들은 기업 전체에서 보유하는 예비 잔고를 줄이고 그리고 다국적기업을 위해 단기 투자 와 차입전략을 계획하는데 사용하고 있다. 각 자회사가 예비보유 "즉석 경우" 현금잔고를 보유하는 대신에, 중앙 집중 현금관리직원은 중앙 집중기업의 은행계좌 필요운영자금에서 요구한 초과현금을 각각 자회사에게 직접 보낼 수 있다. 중앙 집중 현금관리자는 위급한 상황일 때와 위급한 상황이라면 자회사에 추가자금을 보내고, 자금을 모을 수도 있다. 어떤 한 자회사의 예기치 못한 추가현금 요구는 두 번째 자회사에서 발생된 기대이상의 초과현금으로 상쇄될 수 있다. 그래서 중앙 집중 현금관리자는 회사 전체로 보유한 예비적 현금잔고를 줄일 수 있고 그리고 그 결과 낮은 수익성 형태로 묶여 있는 회사 자산의 총액을 줄 일 수 있다.

더 나아가 중앙 집중 현금관리자의 전문지식으로 기업의 초과한 현금잔고를 사용할 수 있는 최적 단기투자의 기회를 찾고 그리고 외환가치의 기대 변화를 감시하게 할 수 있다. 자회사에서 모기업으로 이러한 업무가 옮겨짐으로써, 이 접근법은 또한 고도로 숙련자의 수와 기업가족이 필요로 하는 고액봉급 금융전문가들의 수를 줄 일 수 있다. 회사의 한 단위에서 집중적으로 금융정보를 수집하고 의사결정을 하는 것이 각 자회사 내부에서 전문지식을 개발하도록 강요를 하기보다 비용 측면에서 더 효과적이고 더 효율적이다.

통화 전환비용 최소화

국제기업은 또 다른 문제에 직면하고 있다. 그들의 외국자회사들은 자기들끼리 완제품이나, 부품을 계속적으로 사고팔 수도 있다. 예컨대, 한국의 대 *재벌*, 삼성은 전 세계에 회사 소유 부품 제조업체와 유통업체뿐만 아니라 주요 조립공장들이 있다. 삼성 자회사간에 부품과 완제품들 사이에 일정하게 이전되어 엄청나게 많은 송장들이 발행되고, 자회사의 은행 계좌들 간에도 일정한 자금이체가 발생하게 된다. 이러한 자금이체와 통화전환에 관련된 누적 은행 수수료가 높을 수 있다. 두 주요 통화와 관련된 대규모 거래에 대한 통화전환 수수료와 비용은 거래가액에 평균 0.3%이다. 소규모 거래나, 지역에 한정된 좁은 시장에서 통용되는 주요하지 않은 통화와 관련된 거래에 대한 통화전환 수수료와 비용은 쉽게 서너 배 높아 질 수 있다. 삼성이 운영하고 있는 세 나라인 멕시코, 영국, 한국의 경우를 생각해 보자. [그림 18.3]에서 묘사한 것과 같이 세 나라의 삼성 자회사간 총 무역량은 2,100만 달러(=1+3+6+4+5+2)이다. (단순화하기 위해 무역에서 사용된 공동통화를 미 달러로 표

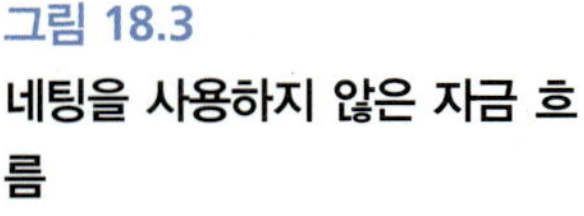
그림 18.3
네팅을 사용하지 않은 자금 흐름

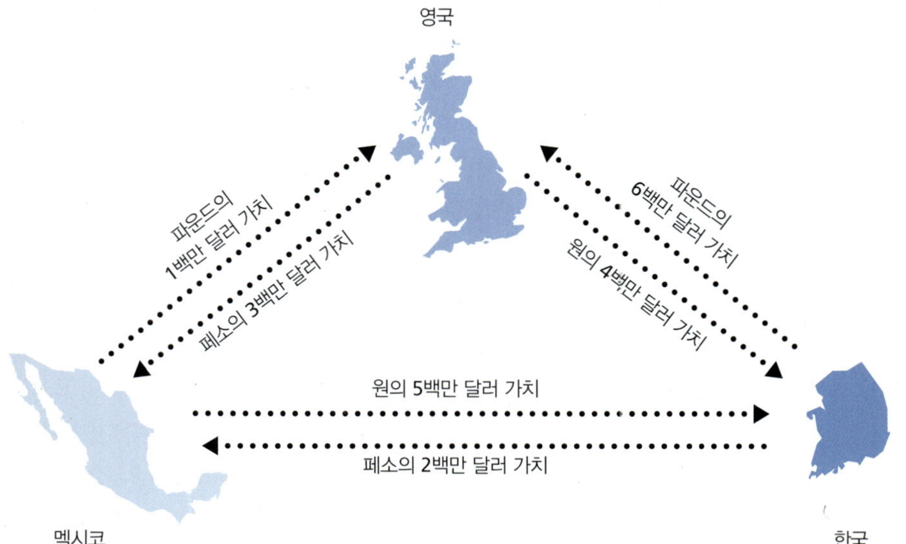

시하였다.) 만일 전환통화의 비용이 총 거래가액에 0.5%이라면, 삼성은 매번 2,100만 달러의 0.5%를 지불하거나, 삼성 자회사간에 이 거래를 결제하기 위해 필요한 통화전환으로 $105,000을 지불해야 한다.

이 비용은 상당히 절감될 수 있는데, 그런데, 만일 자회사들이 양자상계에 참여하면 그래서 두 자회사가 그들의 상호 송장에서 이익을 올릴 수 있다. 삼성의 멕시코와 영국의 자회사를 생각해보자. 멕시코 자회사가 1백만 달러 상당의 페소를 파운드로 바꾸는 것 보다 영국의 자회사가 3백만 달러 가치의 파운드를 페소로 전환하여 그 차이로부터 이익을 얻는 것이 그들에게 더 현명한 방법이다. 이 경우에 영국 자회사는 간단히 멕시코 자회사에게 페소로 2백만 달러를 지불하면 그들을 같게 만들게 된다. 마찬가지 방식으로 한국 자회사는 영국 자회사에게 2백만 달러어치의 파운드($6백만 − $4백만 = $2백만)를 지불할 수 있고 그리고 멕시코 자회사는 한국 자회사에게 3백만 달러어치의 한국 원($5백만 − $2백만 = $3백만)을 지불할 수 있다. 양자간 상계를 함으로써, 삼성은 그 통화 전환비용을 $35,000 (0.5% × $7백만) 줄이고 있다.

통화전환비용은 만일 삼성이 **다자간 상계(multilateral netting)**에 참여하게 되면 더 감소될 수 있는데, 이 다자간 상계는 셋 또는 그 이상의 기업단위들 간에서 일어난다. [표 18.3]에서 볼 수 있는 것과 같이, 영국 자회사가 다른 두 자회사에게 7백만 달러와 동일한 가치로 빚을 졌을 뿐만 아니라 그들에 의해 7백만 달러 빚을 지고 있다. 한국 자회사는 9백만 달러를 빚지고 있지만, 1백만 달러 순 수령되어 8백만 달러를 빚지고 있다. 멕시코 자회사는 5백만 달러를 빚지고 있지만 1백만 달러 순 채무 때문에 6백만 달러를 빚지고 있다. 적절한 복식부기로 처리할 때, 3개 자회사간 모든 거래는 한국 자회사에 100만 달러 상당의 원을 멕시코 자회사가 이체함으로써 결제될 수 있다. 외환시장에서 실질적으로 1백만 달러만 전환하고 은행시스템을 통하여 이체하면 되기 때문에 삼성의 전환비용은 다자간 상계를 운영한 결과 $5,000 (0.5% × $1백만)가 줄어든다.

개념상, 다자간 상계는 항상 아이들이 운동장에서 하는 놀이와는 거의 다르지 않다.: “데이비드(David)는 카렌(Karen)에게 25센트를 빚졌다. 하지만 카렌은 라티샤(LaTisha)에게 20센트를 빚지고, 데이비드는 라티샤에게 20센트 그리고 카렌에게 5센트를 빚지고 있다. 그러나 카렌은 누구에게도 빚을 지지 않았다.” 그러나 불행하게도, 몇몇 국가에서 통화 교환에 대한 수수료를 부과하여 이익을 보는 현지 은행 산업을 지원하기 위해 상계운영에 대한 규제를 하고 있다. MNC들은 상계운영을 참여하기를 원하는 것은 종종 정부가 부

표 18.3 다자간 상계(미 100만 달러와 동등 가치가 있는 양)

		에게 지불				
		대한민국 자회사	멕시코 자회사	영국 자회사	총 수령액	순 이전
때문에 수령	대한민국 자회사	x	5	4	9	+1
	멕시코 자회사	2	x	3	5	-1
	영국 자회사	6	1	x	7	0
	총지불액	8	6	7	21	

과하는 장애들을 해결해야만 한다.

외환위험 최소화

재무담당자들은 또한 전형적으로 외환리스크를 최소화하기 위해 기업의 운전 자본에 대한 통화혼합을 조정하고 있다. 가끔 기업은 가치가 상승할 것이 예상되는 통화의 순 보유를 증가시키고 가치가 하락 할 것이라 기대되는 통화의 순 보유를 감소시키는 **앞서고 지체하는 전략(lead and lags strategy)**을 사용하고 있다. 예컨대, 태국의 바트 가치가 하락 할 것이라 예상했다면, 재무담당자들은 다국적기업의 바트 표시 유동자산을 최소화하기 위해 노력할 것이고, 아마도 바트 표시 채권에 대하여는 더 빠른(*앞서서*) 시일 내에 바트의 더 빠른 지불을 요청하거나 바트 표시 은행 잔고를 줄일 것이다. 재무담당자들은 또한 바트에 대한 기업 단기 채무를 증가시키려 할 것이고, 아마도 바트 표시 지불채무계정에 대한 지불을 천천히 하거나(또는 *지체*), 태국 은행에서 단기 차입을 증가시킬 것이다. 반대로, 멕시코 페소 가치가 상승될 것으로 기대하였다면 재무담당자들은 준비자산 보유 기법을 통해 페소의 기업 순 보유를 극대화하려고 하였을 것이다.

아본(Avon)은 1997년 후반기 아시아 금융위기가 악화되었을 때 이와 같은 전술을 사용했다. 아시아 현지 공장에서 필요한 대부분의 원료를 매입하였다; 이러한 공장들의 필요 운전 자본은 현지 통화로 갚을 수 있도록 현지 은행들에서 조달한 것이다. 아본은 그래서 인도네시아 루피, 말레이시아 링깃 그리고 필리핀 페소와 같이 약세통화로 표시된 부채를 증가시켰다. 아본의 아시아 자회사들은 수익을 본사에 송금하는데, 기존 월단위에서 주단위로 바꾸었다. 이 방법을 통해 아본은 취약한 통화의 보유를 최소화하려고 하였다.[25]

요약하면, MNC 재무담당자들은 복잡한 작업에 직면하고 있다. 그들은 각각의 자회사들에 대해 매일 예상되는 현금 유출에 맞추어 충분한 현금잔고를 유지하도록 확인을 하여만 할 뿐만 아니라, 갑작스럽고, 예상치 못한 현금 유출의 증가에 신속히 대처할 수 있는 적절한 수준의 예비 잔고를 유지해야만 한다. 그들은 또한 동시에 운전자본과 관련된 전환비용과 외환위험을 통제하면서, 자회사의 수익률이 낮은 형태의 기업 금융자산 보유로 인한 기회비용에 대해 예측하거나 또는 예측하지 못한 현금에 대한 수요가 균형이 이루어져야만 한다. 전형적으로 이러한 일은 모회사의 재무부서와 같은 단일 단위에서 이루어지고 있다. 예컨대, 테일 엔 릴(Tale & Lyle), 영국 대형 식품 가공업체인 이 기업은 이런 접근방식을 이용하고 있다. 이 기업 중앙 집중화된 재무 부서에서 멀리 떨어져있는 모든 자회사들의 현금관리, 회사내부 금융, 통화전환, 그리고 외환위험 서비스를 제공하고 있다. 이러한 중앙 집중 재무 부서에서 일 년에 60억 달러 이상의 기업 내부 간 현금흐름을 처리하고 있다.[26]

In Practice

- 국제기업의 기업재무담당자는 원전자본 잔고를 최소화하여야 하는 복잡한 임무를 직면함과 동시에 환리스크와 통화전환비용을 최소화하여야 한다.
- 대부분 MNC은 통화전환비용을 관리하는 통화네팅에 참여하게 된다.

추가 고려 사항: 이러한 통화네팅은 지점수준의 지점에 의해서 아니라 기업수준에서 이행되고 있다. 이유는 무엇인가?

18.4 국제자본예산

어떤 기업의 재무담당자가 마주 대하는 또 다른 업무는 자본예산이다. 기업은 제한된 투자자금과 그리고 종종 끝나지 않을 것만 같은 선택하여야 할 일련의 프로젝트들을 가지고 있다. 재무담당자들은 기업이 중요한 새로운 투자를 할 수 있는 프로젝트를 개발, 심사, 그리고 선발하기 위한 방법을 수립해야만 한다. 투자 프로젝트를 평가하기 위해 많은 접근법들이 이용 가능하지만, 가장 일반적으로 사용되는 방법은 순 현가, 내부 수익률, 그리고 회수기간을 포함하고 있다.

순현가법

순현가법은 오늘의 1달러가 미래의 1달러보다 더 가치가 있다는 금융이론의 기본 개념에 바탕을 두고 있다. 어떤 프로젝트의 순 현가를 계산하기 위해서 어떤 기업 재무담당자들은 프로젝트가 각 기간 동안에 발생하게 될 현금흐름을 추정하고 그리고 그 다음에 그것을 현재로 돌려 할인한다. 많은 프로젝트의 경우, 연초에 현금흐름은 마이너스가 될 것인데. 왜냐하면 기업은 초기 투자를 위해 현금을 지출해야 하고 그리고 1년 혹은 2년이 지나면서 시작 운영손실을 감당하기 위해 준비해야 하기 때문이다. 그 후에. 물론 기업은 현금흐름이 플러스가 되는 것을 기대하고 있다. 재무담당자들은 기업의 자본비용에 기초한, 계산에 사용하는, *할인율*이라 하는, 어떤 이자율을 선택해야만 한다. 예컨대, 기업의 자본비용이 10%라고 가정하면, 재무담당자들은 현가를 계산을 위해 프로젝트 시간에 따라 발생한 현금흐름을 할인하기 위해 10%의 연간 이자율을 사용할 것이다. 그 기업은 플러스 순 현가가 발생하는 프로젝트만 착수할 것이다.

순 현가접근법은 국내와 국제 프로젝트 모두 유용하게 사용될 수 있다. 그런데 국제프로젝트를 착수할지 여부를 결정할 때 몇 가지 추가적인 요소들을 고려하여야만 한다. 이러한 요소들로 위험조정, 통화의 선택 그리고 관점에 대한 선택이 있다.

위험조정 외국 프로젝트는 내국 프로젝트 보다 더 위험하기 때문에, 국제기업경영에서 할인율을 높이거나 더 높아진 위험 수준을 고려하여 기대 현금흐름을 낮추어 조정을 하게 된다. 위험조정의 액수는 문제가 되는 국가에서 운영의 위험정도를 반영해야만 한다. 예컨대, 독일의 경우 어떠한 위험조정도 거의 필요 없었는데 왜냐하면 정치적으로 안정되고,

높게 평가되는 법정 시스템, 그리고 뛰어난 기반시설을 갖추고 있기 때문이다. 반대로, 시리아에서 정치적 갈등 그리고 리비아에서 내전을 겪고 있기 때문에 이와 같은 나라들에 대해 잠재적 투자를 하기 위해 좀 더 큰 위험조정을 사용해 보증을 해야 한다.

통화의 선택 프로젝트를 평가하는 데 사용되는 통화의 결정은 투자의 성격에 따라 좌우되고 있다. 만일 그 프로젝트가 해외 자회사의 사업의 통합된 부분이라면, 외화의 사용은 적절하다. 예컨대, 1990년대 GM의 독일 자회사 오펠(Adam Opel AG)은 독일 아이젠나흐(Eisenach)에 새로운 공장을 짓기 위해 수백만 마르크를 투자했다. 공장의 건설은 오펠 전체 사업계획에서 중심이었고 그리고 자회사의 재무담당자는 그래서 독일 마르크로 순현가 계산을 하였다. 기업의 글로벌 조달전략의 통합된 한 부분으로 더 적절하게 보이기 위한 외국 프로젝트는 본국통화로 전환하는 것이 적합한 것 같다. 예를 들면, HP는 생산비용을 글로벌하게 절감하기 위한 전반적인 전략의 일환으로 미국과 외국공장에 생산을 분배하고 있다. 만일 HP가 스코틀랜드의 생산설비에서 생산량을 증대하기 위해 1천만 파운드를 투자하고 있다면, 파운드 대신에 미 달러로 순현가를 계산해야 한다. 이렇게 하기 위해 그 프로젝트의 수익과 비용을 추정해야 하고 그리고 그 다음에 그것을 달러로 전환해야 한다. 또한 프로젝트 진행기간 동안에 달러와 파운드 사이에 어떤 기대되는 환율변동을 고려해야 한다.

누구의 관점: 모기업 또는 프로젝트의 관점? 다른 요소는 자본투자의 순 현가에 기여하는 현금흐름이 개별 프로젝트냐, 모회사의 관점에서 평가되어야 하느냐를 결정하는 것이다. 실제 몇몇 국제기업들은 개별프로젝트의 현금흐름을 분석하고, 다른 국제기업들은 프로젝트의 모기업에 미치는 영향에 초점을 두고 그리고 다른 국제기업들은 둘 모두에 미치는 프로젝트의 영향에 초점을 두고 현금흐름을 분석하고 있다.[27]

모기업으로 가는 현금흐름은 몇 가지 이유에서 프로젝트로 가는 현금흐름과 다를 수 있다. 다국적기업은 종종 기업의 상표단위로 부과한 것을 그들의 운영단위에 대한 수익에 대해 임의로 회계 계정 부담으로 부과하거나 또는 일반 간접비용을 커버하기 위해 임의로 회계계정에 부과하고 있다. 이러한 임의 수수료는 프로젝트로 인해 발생한 감지된 현금흐름을 감소시킬 수 있지만, 모기업으로 돌아오는 실제 현금흐름은 아니다. 예컨대, 모기업의 회계사가 자회사의 수익률을 계산할 때, 그들은 일반 회사 수익과 행정 비용에 대해 5%의 수수료를 통상적으로 평가하고 있다. 이 기법은 회사 전반 일반비용을 할당하기 위한 합리적인 장치이다. 5% 부담은 그런데 자회사로부터 발생된 현금흐름에 대한 순수한 유출을 대표하지는 않고 있다. 따라서 그 수수료는 자회사가 제안한 프로젝트에 대해 모회사에게 순 현가로 계산하는 것을 무시하여야 한다. 마찬가지로 수수료는 기업이 상표, 상호 이름, 또는 특허를 사용에 대한 자회사에 대한 평가이지, 모기업이 자회사가 프로젝트 착수를 하는 것과 관계없이 어떤 추가비용을 발생하지 않기 때문에 순 현가계산에서 고려하지 않아야 된다.

재무담당자들은 또한 기업이 원할 때 이윤을 송금할 수 있는 기업의 가능성에 영향을 미칠 수 있는 통화이동에 대한 어떤 정부규제를 고려해야만 한다. 외국 자회사가 제안한 프로젝트는 상당히 수익성 있을 수 있지만, 만일 그 이윤을 모회사로 상환할 수 없다면, 그 프로젝트는 모회사와 그 회사 주주들의 입장에서는 바람직하지 않을 수 있다. 프로젝트의 매력을 결정에서 통화 통제의 중요성은 또한 모회사 전반적 전략의 기능일 수 있다. 예컨대, 펩시콜라는 우크라이나 이온음료 시장에 장기적으로 헌신을 해왔다. 펩시콜라가 단기, 중기로 투자가 증가되기를 기대하기 때문에, 현재 어떤 우크라이나 이윤 송금규제도 펩시콜라와 그 회사 주주들에게는 거의 관심이 없다. 그러나 펩시콜라 주주들은 만일 기업이 우크라이나 운영으로부터 발생되는 이윤을 송금하는 것을 결코 허용하지 않는다면, 관심을 가지게 될 것이다.

내부수익률

투자평가를 하는데 일반적으로 사용되는 두 번째 접근법은 내부수익률을 계산하는 것이다. 이 접근법으로 재무담당자는 순 현가 분석을 통해 매 기간에 따라 고려중인 각 프로젝트로 인해 발생한 현금흐름을 추정해야 한다. 그들은 그래서—*내부 이자율*이라 불리는—이자율을 계산한 다음 프로젝트의 순 현가를 제로와 동일하게 만든다. 순 현가접근법을 통해, 재무담당자는 현금흐름이 없는(기업 내부간 특허수수료, 일반기업이 부담하는 간접비와 행정 비용, 기타 등등) 어떤 계좌 수수료에 대한 그들의 계산을 조정해야 한다. 그 다음, 프로젝트의 내부 수익률을 **장애율(hurdle rate)**—기업의 자본투자를 하여 기업이 수락할 수 있는 최소의 수익률—과 비교해야 한다. 이 장애 율은 위험의 차이에 따라 나라마다 다를 수 있다. 기업은 장애경주의 장애물 같은 장애율보다 내부 수익률이 더 높은 프로젝트를 착수 할 것이다.

회수기간법

프로젝트를 평가하고 선택하는 세 번째 접근법은 어떤 프로젝트의 **회수기간(payback period)**—프로젝트 수익으로부터 원래 현금투자에 대해 기업이 몇 년이 걸려 회복을 할 수 있거나 회수할 수 있는 기간을 계산하는 것이다. 회수기간 기법은 간단하다는 장점이 있다: 필요한 모든 것은 간단한 산술로 회수기간을 계산하는 것이다. 이 접근법은 그런데 오래 걸리는 투자로부터 발생하는 수익을 무시하고 하고 있다. 초기 개시손실을 입게 되지만 그 후에 연속적으로 수익을 만들어내는 프로젝트에 비하여 초기 큰 수익을 벌어들이나 기간이 지나 후에 꾸준히 줄어드는 프로젝트가 선택되는 것이다.

이 회수기간법의 간편함 때문에 많은 기업들은 회수기간기법을 이용하여 프로젝트를 신속하게 대충 심사하고 그리고 예비심사를 통과한 프로젝트를 더 섬세히 분석을 하게 된다.[28] 기업은 국제프로젝트를 위해 국내프로젝트와 다른 회수기간 기준을 선택할 수 있다. 이 기법에서 많이 조정이 되는데, 기업 현금흐름에 실제로 영향이 없는 기업 내부 간의 부담금을 제거하여야만 된다.

In Practice

- 기업 자금이 제한되어 있기 때문에 자본예산은 기업재무담당자의 주요한 일이다. A국가에 제의된 투자와 B국가에 제의한 투자를 비교하는 것은 두 국가 사이에 다른 통화와 위험이 포함되어 있어 종종 복잡하다.
- 투자 프로젝트를 평가하는 데 사용되는 가장 일반적인 방법은 순현가법, 내부수익률법 그리고 회수기간법을 포함한다.

추가 고려 사항: 자회사의 관점에서 투자프로젝트를 평가하는 데 있어서 재무담당관은 제의된 프로젝트에서 발생되는 현금흐름의 인식보다 실제에 더 초점을 두고 있는 것이 중요한 이유가 무엇인가?

18.5 국제투자자본 원천

기업은 가장 높은 수익률을 다짐하는 국내외 프로젝트에 대한 금융자원을 할당하는 자본예산 기법을 이용하고 있다. 그러한 수익성이 있는 기회를 확인하고, 기업은 외부나 내부 원천으로 프로젝트에 투자할 충분한 지금을 확보해야만 한다. 그렇게 함으로써, 국제경영자는 세계 전체 자본비용을 최소화하기 원하고 한편, 또한 환위험, 정치위험, 그리고 글로벌 조세부담을 최소화하게 된다.

투자자본의 외부원천

투자프로젝트를 위해 외부에서 자금을 조달할 때, 국제경영자는 부채와 지분에 대한 풍부한 대안들을 선택할 수 있다. 골드만삭스와 같은 투자은행이나, 메릴린치, 노무라와 같은 증권회사는 기업들이 외부원천으로부터 자본을 조달할 수 있도록 도와주고 있다. 예컨대, 만일 기업이 그들의 자기자본 기반을 증가시키기를 원한다면, 이러한 중계기관들은 본국, 투자유치국, 또는 다른 국가에 있는 투자자들과 함께 기업의 주식에 투자할 수 있다. 국제적으로 자기자본 확충을 쉽게 하기 위해 MNC들은 여러 나라 증권시장에 있는 증권시장에 그들의 보통 주를 상장하고 있다. 예컨대, 소니주식은 뉴욕, 런던, 도쿄, 그리고 오사카의 주식거래소에 상장되어 있다. 다양한 외국상장을 통해 국제경영자는 그들의 주식을 쉽게 처리할 수 있는 외국 투자자들이 투자욕구가 일어나도록 보장을 하고 있다.

국제기업은 또한 단기나 장기 기준으로 자금을 국제적으로 빌릴 수 있는 많은 기회들이 있다. 그들은 그들의 본국시장, 투자유치국시장 또는 다른 시장에서 가장 좋은 신용조건을 찾을 수 있다. 예컨대, 뉴저지의 발택사(Baltek Corpcration)를 보면, 이 회사는 연간 3천만 달러어치의 발사나무 제품을 에콰도르 공장에서 생산하고 있다. 발택사는 과야킬만(Gulf of Guayaquil)에 새우 양식장 확장하기 위해 현지 에콰도르 은행에서 자금조달을 하였다. 이 기업은 작은 우물에서 큰 물고기가 생존하는 이점들의 사례과 같이 미국 은행들보다 현지 은행들이 더 열심히 사업을 위해 일하고 있다는 것을 알았다.[29] 큰 규모 MNC들은 국제은행과 연금펀드 매니저의 콘소시엄이 합작으로 함께 자금을 공급하기 위해 단기와 중기 신디케이트대출에 의존한다. 가끔 이러한 신디케이트대출은 유로통화를 사용하고 있는데 왜냐하면 값비싼 중앙은행 규제가 없기 때문에 유로통화를 기반으로 하는 대출의 비용을 낮추고 있다. MNC는 또한 이미 8장에서 설명한 바와 같이, 본국통화 채권, 외국채권, 그리고 유로본드 형태로 더 장기대출을 얻어낼 수도 있다.

증권회사들과 투자은행들은 국가적 금융 규제의 차이를 활용하거나, MNC 고객을 위해 차입출비용을 절감하는 혁신적인 금융기법을 계속 발전시키고 있다.[30] 예컨대, 어떤 MNC는 이중통화 채권을 발행할 수 있고, 그래서 자금을 차입하여 어떤 한 통화로 이자를 지불하고 그런데 제2의 통화로 원금을 상환하고 있다. 선택적으로 채권은 여러 통화의 바구니로 지명되어 있거나, 금으로 상환될 수도 있다. 예컨대, 1990년대 초 월드디즈니가 발행한 4억 달러어치 유로채권은 다른 변형채권이었다: 이 회사의 이자는 13개의 디즈니 영화들의 성공에 달려 있었다. 투자자는 최소 3%를 보증을 받았고, 13.5%까지 수익이 가능하도록 했다. 이 채권들에서 상당한 채권수익은 단지 7~8%이었다. 열정적인 투자자들은 머펫 크리스마스 캐럴(Muppet Christmas Carol)과 같은 영화와 다른 디즈니 영화들이 흥행기록에 배팅을 걸고 채권을 덥석 매입하였다.[31] 디즈니는 낮은 최저금리를 받는 채권보유자들에게 일부 영화제작의 위험을 이전시킬 수 있다는 가능성에 만족하였으며, 몇 년 뒤에 디즈니는 새로운 영화 세트에 관련된 비슷한 증서를 제의하였다.[32]

국제자본시장에서 특히 중요한 측면은 **스왑시장**이 있다는 것인데, 이 시장에서 두 기업들은 그들의 금융부채를 교환할 수 있다는 것이다. 스왑은 기업의 이자채무에 대한 비용과 성질을 바꾸거나, 채무에 표시된 통화를 바꾸는 것이다. 예컨대, 어떤 기업A가 고정금리 채무를 가지고 있지만, 유동금리를 선호하고, 반면에 기업B는 유동금리 채권을 가지고 있지만, 고정금리를 원한다고 하자. 두 기업은 그들의 채권을 스왑할 수 있다. 어떤 재무담당자가 명시한 것처럼, "스왑시장의 장점은 기본 거래를 하지 않고 한 것이 없는 것같이 하여 포트폴리오 노출을 조정할 수 있다."[33] 종종 어떤 국제은행은 그들 자신의 계정으로 스왑의 절반을 맡거나 중개인으로서 역할을 하는 형태로 이러한 스왑을 활용할 것이다.

MNC는 또한 덜 선호하는 통화에서 더 선호하는 통화로 그들의 이자와 채무지불을 이동하는 통화스왑에 참여하고 있다. 다국적기업이 한 통화로는 그 기업의 순 채무가 너무 크거나 또는 환율변동으로 인하여 그 기업의 대출상환비용에 불리한 영향을 미치는 기대되는 것을 고려할 수 있다. 스왑은 다른 통화를 선호하는 두 기업들 간에 조정될 수 있다. 국제은행들은 통화스왑시장에서 핵심역할을 하고 있다. 왜냐하면 그들은 그들 자신의 순 통화 노출뿐만 아니라 외환시장을 항상 주시해야 하기 때문에, 그들은 보통 MNC의 통화스왑 욕구를 수용할 수 있다. 대부분 국제은행들은 지속적인 기반으로 기업고객과 함께 통화스왑에 참여하고 있다.

투자자본의 내부 원천

국제경영 투자자본의 또 다른 원천은 예컨대, 모회사와 그의 다양한 자회사가 벌어들인 감가와 상각과 같은 운영비와 비현금비용으로부터 발생한 수익인 내부에서 발생하는 현금흐름이다. 이와 같은 원천으로 부터 금액은 상당하다: 2010년에 미국 소유의 해외 자회사는

1조21억 달러를 벌어들였는데, 반하여 외국인 소유 모기업의 미국 자회사의 순소득은 859억 달러였다.[34]

법률제약을 받기 때문에, 모기업은 법인 기업가족 구성원의 투자프로젝트 자금을 조달하기 위해 자회사로부터 발생된 현금흐름을 사용할 수 있다. 그 모기업은 자회사의 배당금 지급을 통하여 직접 현금흐름에 접근하고 있다. 모기업은 그래서 그 자회사에 대출이나 추가적인 주식투자를 통해 다른 자회사에 이러한 자금을 유통할 수 있다. 대안으로, 어떤 한 자회사가 두 번째 자회사에 직접 투자하거나 자금을 대출을 할 수 있다. [그림 18.4]에서 모기업과 그 자회사에서 이용 가능한 다양한 내부 원천을 요약하고 있다.

두 가지 법률제약으로 인하여 자회사들 간에 자금이동을 할 모기업의 능력에 영향을 미칠 수 있다. 첫째, 만일 자회사가 모기업의 완전한 소유가 아니라면, 모기업은 자회사의 다른 주주의 권리를 존중해야만 한다. 기업내부 자본의 이동은 공정시장 기준으로 이루어져야 한다. 이러한 규제로 모기업이 자기거래를 통해 얻는 자회사의 이윤을 빼돌리지 못하도록 하여, 그래서 다른 주주들의 이해관계를 해치지 않게 보장하는 것이다. 물론 무엇이 "공정"한가 하는 것은 종종 보는 사람의 관점에 따라 다르다. 예컨대, 홀심(Holcim)은 글로벌 종합 시멘트와 건설회사인데 매출의 1.7%에서 5%로 80.65% 인도네시아 소유 자회사가 모회사에게 로열티 지급율을 인상하였다고 발표하였다.[35] 소액 주주들은 이러한 변화에 반대하고 있다. 만일 모기업이 자회사를 완전히 소유하고 있다면, 자금이전에 대한 문제는 발생하지 않는다. 둘째, 일부 국가들은 이윤송금에 대해 제약을 부가하고, 그래서 기업내부 자금이동을 막고 있다.

이전가격의 전략적 사용

세계무역의 상당한 부분은 도요타 자동차 회사 생산자회사가 일본에서 생산된 렉서스 세단을 판매하는 미국에 있는 도요타 판매자회사와 같은 자회사간 거래를 포함하고 있다. 기업내부 간의 상품선적은 예컨대, 미국 국제상품무역의 31%로 추정되고 있다.

이전가격(transfer price)은 자회사와 기업가족의 다른 지점들사이 기업내부거래에 포

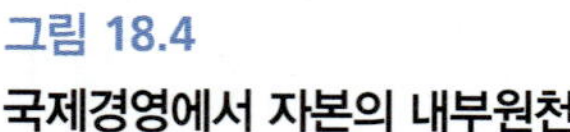
그림 18.4
국제경영에서 자본의 내부원천

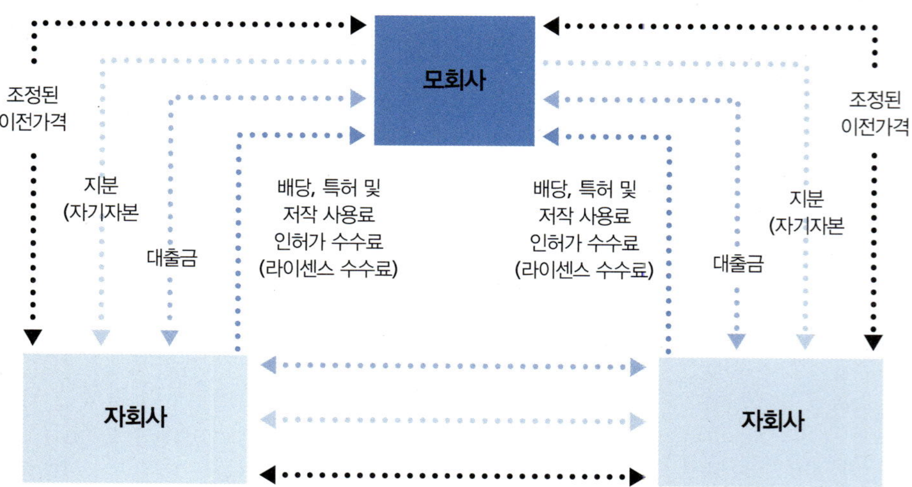

함되는 재화와 서비스에 지불된 가격이다. 실제 이전가격은 다음 두 가지 방법들 중에서 한 방법이 계산된다.

1. 시장기준 방법
2. 시장기준이 아닌 방법

시장기준 이전가격(market based transfer prices) 시장기준 방법은 동일한 모 기업단위들 간에 재화이전을 위해 개방시장에서 결정된 가격을 이용하고 있다. 삼성(Samsung)이 미국 자회사 중 한 곳에서 개인용 컴퓨터 조립에 사용하기 위해 한국으로부터 메모리칩을 수출하기를 원하고 있다고 가정해보자. 이 칩의 개방시장가를 사용하는데 미국과 한국의 자회사 간의 메모리칩 이전가격을 설정할 수 있다.

시장기준 접근법은 두 가지의 주된 이점을 지니고 있다. 첫째로, 두 기업단위 사이에 적정한 가격에 대한 갈등을 줄일 수 있다. 기업내부간의 이전에 더 높은 가격이 부과될 때, 판매 자회사의 성과가 더 좋게 나타나고 그리고 수입 자회사의 성과가 더 부실하게 나타날 수도 있다. 모기업이 수익성을 기초로 그 자회사들에게 투자자본이나, 관리상여금을 할당할 때까지, MNC회계시스템이 그들 단위의 성과를 어떻게 보고하는지에 대해 관심이 있기 때문에 단위 관리자들이 이전가격에 대해 옥신각신 말다툼을 버릴만한 동기가 된다. 모기업이 입장에서 그런데, 이러한 논쟁은 기업 자원을 쓸데없이 낭비하는 것이 된다. 기업의 회계보고가 통합되는 한, 전체 세전이익은 이전가격으로 단위 A의 수익성을 과장시키고 그리고 단위 B의 수익성 과소평가되는 것 또는 반대의 경우에도 상관없이 똑같이 남아있을 것이다. 만일 두 자회사 모두 시장기준 가격의 공정성을 인식하고 있다면, 이런 기업내부 간 갈등은 줄어들 것이다.

둘째, 시장기준 접근법은 판매단위의 유효성을 권장함으로써 MNC전체 수익성을 촉진하고 있다. 만일 기업내부 판매에 부담할 수 있는 단위 가격이 시장가격에 제한되어 있다면, 그 관리자는 그 단위의 수익성은 그 비용을 제어할 능력에 달려 있다. 더 나아가, 만일 그들이 그들의 국제경쟁자보다 더 값싸게 문제의 제품을 성공적으로 생산할 수 있다는 것을 그들이 인식한다면, 모회사의 시장기준 이전가격은 그들의 노력을 알게 될 것이다. 상여금의 관점과 수익성이 좋은 사업을 촉진에 의하여 동기가 부여된 단위 관리자들은 운영의 수익성과 효율성을 개선시킬 수 있는 각각의 유인책을 가지고 있다.

시장기준이 아닌 이전가격(nonmarket-based transfer prices) 이전가격은 또한 시장기준이 아닌 이전가격 기법을 사용하여 설정될 수 있다. 가격은 구매자와 판매자의 단위사이에 협상이나 생산비용에 고정 이윤을 더한 것과 같이 경험의 법칙에 기초하여 결정해질 수 있다. 모기업의 어떤 서비스 즉 일반 기업 간접비와 관리서비스 부담, 또는 모기업 소유의 기술과 지적재산권 대한 수수료와 같은 것은 자회사 판매 비율에 따라 평가되어 질 수 있다. 예컨대, 힌두스텐 유니레버(Unilever)는 이러한 서비스 판매의 31.5%를 독일본사가 있는 유니레버에게 지급하였다.[36] 2011년에 해외 자회사는 미국 소유 모기업에게 특허 및 저작권 사용료와 면허 사용료에 대해 731억 달러를 지불하였고, 미국에 있는 외국자회사는 외국 소유 모회사에게 같은 목적으로 193억 달러를 지불했다.[37]

MNC는 주로 왜냐하면 부분적으로 어떤 재화와 서비스에 대해서 기업밖에 실제 시장이 존재하지 않기 때문에 시장가격기준이 아닌 가격기준을 이용하고 있다. 예컨대, 스페인 포드 공장에서 생산되는 엔진에 대한 유일한 시장은 벨기에, 독일, 그리고 영국에서 있는 포드 자동차 조립 공장으로 구성되어 있다. 이 엔진에 대한 어떤 외부시장이 없기 때문에, 포드는 엔진에 대한 이전가격을 생산비용에 간접비용과 수익을 참작한 비용을 더한 기준으로 설정하고 있다. 마찬가지로, 새로운 자동차 모형을 개발하고 디자인하는 도요타의 능력은 개방시장에서 구입하고 판매되는 서비스가 아니다. 아직도 도요타는 조사, 설계, 개발 서비스의 사용에 대해 북미, 유럽, 그리고 호주 자회사에 적절한 수수료를 부과할 수도 있다.

시장기준이 아닌 시장가격을 사용하는데, 단점과 장점 모두가 있다. 하나의 단점은 단위를 구매하고 판매하는 관리자들은 적절한 이전가격에 대해 논쟁을 벌이는 것은 시간과 에너지를 낭비 할 수 있다는 것인데, 왜냐하면 비록 모기업의 연결된 세전 수익에 대해 전체적 영향을 주지 않지만 그 기록된 수익에는 영향을 미칠 수 있기 때문이라는 것이다. 시장기준 이 아닌 기준의 이전가격은 또한 판매 단위의 효율성을 감소시킬 수 있다. 판매자의 비용에 어떤 이윤을 더한 기준의 이전가격은 왜냐하면 시장기준이 아닌 시장의 이전 가격을 통해 기업가족의 다른 구성원들에게 어떤 비용을 증가시킬 수 있기 때문에 이 가격을 낮게 유지하려고 하는 판매자의 우대동기를 감소시킬 수 있다.

그런데, 시장기준이 아닌 시장기준의 이전가격을 전략적으로 사용하면, [표 18.4]와 같이 국제 경영에 혜택을 받을 수도 있다. 기업내부가격을 창조적으로 재조정하여 모기업 전체 세금 과표를 낮출 수도 있다. 예컨대, 판매 단위가 구매 단위 비용을 부담하는 가격을 낮추어 그래서 MNC는 관세가 계산되는 기준을 낮추게 됨으로써, 수입종가세의 부담을 줄일 수 있다. 이전가격의 현명한 구조는 또한 기업 이윤송금에 대한 투자유치국의 제한을 피하는 것을 허용할 수도 있다. 예컨대, 투자유치국이 자회사에서 모기업으로 배당금 지불을 금지하여 송금을 차단한다고 가정해보자. 모회사는 기업가족의 다른 단위로부터 생산된 재화와 서비스에 대한 요금을 자회사에게 부과하는 이전가격을 높임이거나 일반기업 서비스에 대한 부담수수료를 자회사에게 부과하여 이 제한을 피할 수 있다. 이 기법의 수단에 의해 현금은 자회사에서 오히려 금지된 배당금 지불을 하는 것보다 재화나 서비스에 대한 지불의 형태로 기업의 다른 부분으로 흐르게 될 수 있다. 순 효과는 동일한데, 그런데: 자금(어떤 형태로)은 투자유치국으로부터 송금된다.

표 18.4 시장기준이 아닌 이전가격의 전략적 사용

목표	기법	효과
자회사에서 수입되는 부품에 대한 관세 감소	자회사에 의해 부과되는 이전가격 낮춤	증가 관세의 가격을 낮추어 수입관세 총액 감소
기업 전체 소득세 감소	고 세율 국가의 자회사에 의해 지불되는 이전가격을 올림 그리고/ 혹은 그 자회사들에 의해 부담하는 이전가격을 낮춤; 저 세율 국가의 자회사에 의해 지불되는 이전가격을 낮춤 그리고/ 혹은 그 자회사들에 의해 부담하는 이전가격을 높임	고 세율국가의 자회사로부터의 보고된 이윤은 감소, 저 세율국가의 자회사로부터 보고된 이윤은 증가; 총 법인세 부담은 감소
송금을 막는 투자유치국가에 위치한 자회사로부터의 이윤송금	자회사에 의해 지불된 이전가격을 올림; 자회사로부터 부담하는 이전가격을 낮춤	자회사로부터 다른 단위까지의 현금흐름, 송금 규제를 피해감.

가장 의미 있는 이전가격의 전략사용은, 그런데 기업의 총 소득세 지불을 줄이는 것이다. 기업의 이전가격은 종종 세금 결과와 기업이 운영되고 있는 국가에서 부과하는 법적 규제 사이의 균형거래를 반영하고 있다. 수많은 연구에서 MNC들은 정기적으로 이전가격과 다른 장치를 통해 세금전가행동을 하고 있는 것으로 나타났다.[38] 두 나라에서 운영하고 있는 MNC를 가정하여, 한 MNC는 높은 기업소득세율과 다른 하나는 낮은 기업 소득세율에 있다고 생각해보자. 기업은 높은 세율의 국가에 있는 자회사에 부과하는 이전가격을 인상하고 낮은 세금국가의 자회사에 부과되는 이전가격을 낮출 수 있다. 이렇게 함으로써 회계기록에 의한 측정으로 첫째, 자회사의 수익성을 줄일 수 있고, 둘째, 자회사의 수익성을 증대시킬 수 있다. 순 효과는 MNC의 이윤위치를 높은 세금 국가에서 낮은 세금 국가로 이동하게 되고, 그래서 기업 전체 세금 부담을 줄여가게 되는 것이다. 아일랜드는, 예를 들어, 이 나라에 MNC의 공장입주와 서비스 시설을 유치하기 위해 기업이윤에 대해 낮은 소득세율을 제의하고 있다. 아직 이러한 세금우대조치로 인하여 다국적기업 아일랜드 자회사로부터 보고된 이윤을 늘리고 그리고 아일랜드 자회사가 아닌 자회사에서 보고된 이윤을 낮추기 위해 다국적기업 자회사로부터 부과된 이전가격을 조작하도록 다국적기업에게 또한 권장을 하게 된다(이 장의 closing case "더블 아이리시 그리고 더치 샌드위치" 참조).[39] "Venturing Abroad"에서 미국 기업이 어떻게 그러한 과세이전행태에 대처하고 있는지에 대하여 설명하고 있다.

자금의 기업내부 간의 이전은 이론적으로 전체 기업에 도움이 될 수 있지만, 그들은 자회사 와 관리측면 수준에서 심각한 문제를 발생시킬 수 있다. 모기업의 관점에서 현금흐름을 세금을 최소화하기 위해 이전하는 것은 혜택이 될 수가 있다. 그러나 모회사는 자회사의 운전자본을 빼돌리고 로열티 수수료, 일반 관리비, 또는 기타 이전가격을 부풀림으로써 보고된 이윤을 감소시키는 것을 현명한 정책으로 고려하게 될 것이다. 아직 이러한 접근방식은 시장에서 자회사의 실적에 대한 잘못된 결과가 될 수도 있다. 만일 모회사가 이러한 금융조작에 대한 조정을 하지 않고 관리 실적에 대해 보상을 한다면, 모회사에게 폐를 끼쳐서 자회사의 관리자들 사이에 사기가 저하될 수도 있다.

조세피난처

MNC들의 능력은 이전가격을 전략적으로 사용하여 그들의 조세부담을 낮추기 위한 것으로 기업 소득세가 없거나 거의 부과되지 않는 조세피난처의 존재로 활성화되는 것이다. MNC는 상대적으로 적은 수수료로 조세피난처 안에 완전 소유한 자회사를 설립할 수 있다. 다국적기업은 이전가격, 배당, 이자, 저작권사용료 그리고 MNC의 여러 자회사들의 자본이득과 같은 지불을 조작하여, MNC는 높은 세율인 국가의 자회사부터 조세피난처에서 운영하는 자회사로 소득을 전환시킬 수도 있다. 조세피난처 자회사의 이윤을 장부에 처리하여 다국적기업은 다른 나라 수입대행사의 수중에서 피할 수 있다. 예컨대, MNC는 버뮤다에 입지한 자회사에게 그 상표 소유권을 줄 수 있다. 그 자회사는 상표에 대한 사용료를 부담을 운영하는 각각기업의 자회사에게 지게 할 수 있다. 운영하고 있는 자회사에서 지불된 수수료로 인하여 그들의 수익성이 줄어들고 그리고 그들이 투자유치국 정부에 지불하

VENTURING ABROAD

미국정부의 해외지사 소득과세

외국에 설립된 자회사들은 법적으로 본국의 모기업으로부터 구분되어 있다. 일반적으로, 미국 조세목적을 위해, 미국 모기업은 그들의 외국 자회사들에 재투자되는 한 과세대상 소득을 계산하는데, 외국 자회사들의 이득을 포함할 필요가 없다. 미국 세법 **집행연기규정(the deferral rule)**에서 자회사가 배당금의 형태로 모회사에 송금할 때만 그러한 소득은 세금이 부과될 수 있다고 명시하여. 그래서 모회사가 외국 자회사에게 재투자된 이득에 대한 미국 세금 지불연기를 허용하고 있다.

집행연기규정은 미국 기업의 국제영영활동을 촉진시키기 위한 것이다. 캐터필러(Caterpillar)를 생각해보자. 판매의 반 이상이 미국지역 밖에서 이루어지고 있고 그리고 연간 100만 달러의 세금을 연간 저축함으로써 집행연기규정이 이회사가 유럽과 아시아 시장을 개척하는 데 도움을 주고 있다. 그러나 집행연기규칙의 중요한 예외사항은 미국 기업이 조세피난처에 있는 셀 회사를 설립하지 않아서 미국 세금을 지연시킬 수 있는 것을 모기업에게 제공하지 않는다는 것을 확인하는 것이다. 미국 조세법에서 모기업이 그의 각 외국 자회사들을 외국기업으로 통제를 할 것인지에 대해 결정하도록 요구하고 있다. **피지배 외국회사(CFC)**는 미국 주주들이— 각 기업에 최소한 10%의 기업주식을 가지고 있다—그 주식의 대부분을 함께 소유하는 외국기업이다. 이 정의는 이상해보일지 모르지만 그러나 많은 소규모 미국 투자자들이 외국기업을 소유한 것보다 단일 미국 기업이나 제휴를 맺고 있는 미국 기업 그룹으로 부터 통제되는 외국 기업에 초점을 맞춰 고안되었다.

미국의 세법에 따라 통제된 외국기업(CFC)의 소득은 활동적 소득과 수동적 소득 2가지로 나누고 있다. **활동적 소득(active income)**은 생산, 마케팅 그리고 유통과 같은 전통적인 사업운영 방식으로 발생되는 소득이다. **서브파트에프 소득(Subpart F income)** 또는 **수동적 소득(passive income)**은 조세 피난처에서 법인화되어 있는 자회사에서 전형적으로 활동의 유형으로 배당, 이자, 저작권 사용료, 그리고 특허와 면허 사용료의 추심과 같은 수동적 활동으로 인해 발생되는 것이다. 미국 기업은 그들이 통제하는 CFC로부터 벌어들인 활동적 소득을 연기할 수 있다. 그러나 일반적으로 서브파트에프 소득을 연기할 수가 없다. 이러한 규제가 없을 때, 미국 기업은 그들의 지적 재산과 투자 포트폴리오에서 발생한 이득에 대한 연방 7 업 소득세를 피할 수 있었다. 기업은 조세피난처에 자회사를 설립하여 연방 기업 소득세를 피할 수 있고 그리고 기업의 상표, 특허권, 상호와 투자 포트폴리오를 자회사에게 법적인 권한을 이전하게 된다. 미국 정부가 외국 자회사에게 활동적 그리고 수동적 수익을 다르게 관리함으로써 미국 기업의 국제경영 활동을 증진키고 조세피난처에서 자회사 창설을 통해 미국 세금을 피할 수 있는 회사의 능력을 제한하는 것 사이에서 올바른 길을 가도록 하고 있다. 놀랄 것 없는 것이, 미국 기업들은 이 장의 closing case "더블 아이리시 그리고 더치 샌드위치"의 경우에서 본 것과 같이 세금청구를 줄이는 것을 시도로 법의 한계를 지속적으로 조사한다.

이 정책의 의도하지 않은 결과의 하나는 미국 MNC들이 국가경계밖에 있는 현금비축이 증가하고 있다. 예컨대 애플은 이연법으로 특혜를 받은 미국 밖의 계정에 1,020억 달러(1,540억 달러 현금잔고 중에서)로 추정되고 있다. 전체적으로 미국 MNC들은 해외 현금잔고로 1조7천억 달러로 추정되는데, 이 잔고는 미국으로 송환되지 않는 한 미국 국세청에 의하여 과세되지 않고 있다.

출처: "Apple tax probe in U.S. spurs plans for global regimes," *Financial Times*, May 24, 2013,p.3; "Apple chief"s gamble apys off as criticism remains muted, "*Financial Times*. May 22, 2013, p.2;"Tech groups swell U.S. cash pile, '*Financial Times*, March 19, 2013, p.13; "Firms Keep Stockpiles of 'Foreign' Cash in U.S.,"*Wall Street Journal*, January 23, 2013, p. A1.

여야 하는 기업 소득세를 그래서 낮추게 된다. 버뮤다 정부는 그런데, 그곳에 입지한 자회사가 벌어들인 상표 사용료—또는 소득, 이윤, 자본이득 또는 배당금에 대해 소득세를 부과하지 않고 있다. 따라서 다국적기업은 전체적인 소득세부담을 줄이고 있다.

케이맨 제도(Cayman islands, "Emerging Opportunity"와 [지도 18.3] 참조), 바하마(Bahamas), 채널제도(Channel Islands), 리히텐슈타인(Liechtenstein) 그리고 네덜란드령 안틸제도(Netherlands Antilles)와 같은 몇몇의 다른 작은 나라들도 조세피난처에 사업을 하고 있다. 다국적기업들을 끌어들이기 위해 조세피난처는 소득세를 부과하는 것을 자제할 뿐만 아니라 효율적인 법정시스템, 그리고 세밀한 은행시스템과 통신 산업을 갖추어, 정치적 안정과 기업풍토를 제공해야 한다. 대신에 조세피난처는 법인설립비와 가맹점비용을 취득할 수 있고 그리고 정상적인 경제규모 보다 훨씬 좋은 여러 가지 고급 전문직을 형성할 수 있게 된다.

EMERGING OPPORTUNITIES

태양, 모래사장, 그리고 조개껍질

케이맨 제도(Cayman island) 51,000명의 거주자들이 잘 알고 있는 것처럼 조세 피난처가 경제를 번영하게 하고 있다. 영국 해외 영토인 이 지역의 1인당 소득은 47,000달러로 추정되고 있다. 한편 산호초 해변과 고급 호텔들은 연간 200만 명의 방문자들을 끌어들이고 있고 케이맨은 마찬가지로 세계 금융업자들에게 매력적인데, 왜냐하면 그 정부가 개인이나 기업의 이득에 대한 소득세가 부과되지 않기 때문이다. 거의 10만개 외국 기업들은 그곳에 등록하고 있고 거주하는 현지 시민들의 반 이상을 넘었다. 이러한 등록된 기업들은 단순히 셀 기업, 껍데기 회사, 패각기업, 서류상 회사라고도 하는데, 이 셀 기업들의 소유자가 인위적인 이전가격을 이용하여 보고된 그들의 이윤을 이 셀 기업들에게 옮기는 것을 허용하고 있다. 조세 피난처로서 케이맨 제도의 성공은 국제기업들에게 제공되는 질 높은 서비스가 반영되고 있다. 다국적기업은 필요하다면 24시간 안에 케이맨 제도에서 자회사를 창설하고 법인화할 수 있다.

기업들은 회계사, 은행원 그리고 변호사와 같은 높은 연봉을 요구하는 전문직업인의 수요를 창출하고 있다. 그 결과 케이맨 제도는 주요 세계적 은행과 금융센터이다. 케이맨제도는 지금 본국에 총 $1조7천억 자산을 가진 246개의 활동은행과 700개가 넘는 보험회사, 그리고 9000개의 뮤추얼 펀드가 있다. 케이맨 제도의 관점에서 현지경제의 조세피난 부문은 경제개발관료들에 사랑을 받는 있는 궁극적으로 "깨끗한" 산업으로 대표하고 있다. 그러나 조세피난처의 존재로 인하여 다른 나라의 조세징수권 때문에 골머리를 앓고 있다.

출처: *World Factbook* found at www.cia.gov; Cayman Islands Monetary Authority website, www.cimoney.com.ky, June 2, 2013; "Buried treasure," *Financial Times*, February 8, 2013, p. 8; "Global concern drives rethink in Caymans," *Financial Times*, January 18, 2013, p. 4; "Generation of huge changes," *Financial Times*, February 2, 2000, p. III.

미국 국세청과 같은 정부대행기관은 회계 사업을 수행할 이러한 기회들을 잘 알고 있다. 그 결과 본국과 투자유치국 모두 기업들이 세금의무를 회피하지 않도록 하고 그리고 정부가 기업으로부터 "공평한 몫"을 받고 있다는 확인하기 위해 그들의 국경 내에서 운영하는 다국적기업의 이전가격 정책들을 면밀히 조사하고 있다. 일반적인 접근방식은 정부 공무원들이 정상적인 거래를 하는 서로 독립적인 기업들이 합의한 가격을 도출해내기 위해 시도하는 정상거래 검증(arm's length test)을 사용하는 것이다. 그러나 많은 경우에

Walter Bibikow/Alamy

매년 케이맨 섬을 방문하는 수천 명의 사람들이 일광욕을 하고 흰 모래사장을 거닐며 조개껍질을 모으는 동안에 섬은 또한 다른 종류의 껍데기를 찾고 있는 기업들을 유혹한다. 이 섬들은 섬의 소득세 면제를 이용하기 위해 설립된 수천 개의 셸 기업들의 본거지다.

적절한 정상거래 가격을 설정한다는 것은 국제경영자와 조세당국 사이에 갈등으로 이어질 수 있기 때문에 어렵다. 예컨대, 1999년에 영국 국세청(IRA)기관은 아이비엠(IBM)이 1991년 초부터 5년 동안에 영국 자회사에 지불해 왔던 8% 특허 사용료를 부적절하게 미국의 모기업에게 12% 인상한 것에 대한 부적절 여부에 대한 연구를 시작했다. 증가된 특허 사용료 효과는 영국 운영에서 얻은 수익 2억6천만 달러를 미국 운영 모기업으로 이동하여, 그래서 영국 정부에 빚진 IBM세금을 줄이게 되었다.[40] 물론, 아이비엠의 상표권 및 기술 등 고유 자산에 대해 관계 가격을 결정하는 것은 간단하지 않다. 마찬가지로, 2004년에 미국 국세청(IRS)은 영국 연구개발비용을 위해 미국 자회사 많은 요금을 부담하고 있다는 혐의를 제기함으로써 영국 의약품 회사 글락소 스미스 클라인(Glaxo Smith Kline)가 이자를 더해 $27억 세금 빚을 청구하였다. 2011년에 미국 국세청은 아스트라제네카에 대하여 유사한 소송을 하여 $11억 세금을 부과하였다.[41]

이러한 갈등은 쉽게 혹은 빠르게 해결되지는 않는다. 복잡한 이전가격분쟁에 대한 해결책의 불확실성과 비용을 해결하기 위해, 기업은 미국 국세청과 **사전 가격 합의(advance pricing agreement: APA)**를 협상할 수 있다. 이 사전 가격 합의는 기업과 미국 국세청 사이에 이전가격을 설정하는 데 사용되는 구체적 방법으로 구속력이 있는 계약을 나타내고

지도 18.3

케이맨 제도(Cayman Islands)

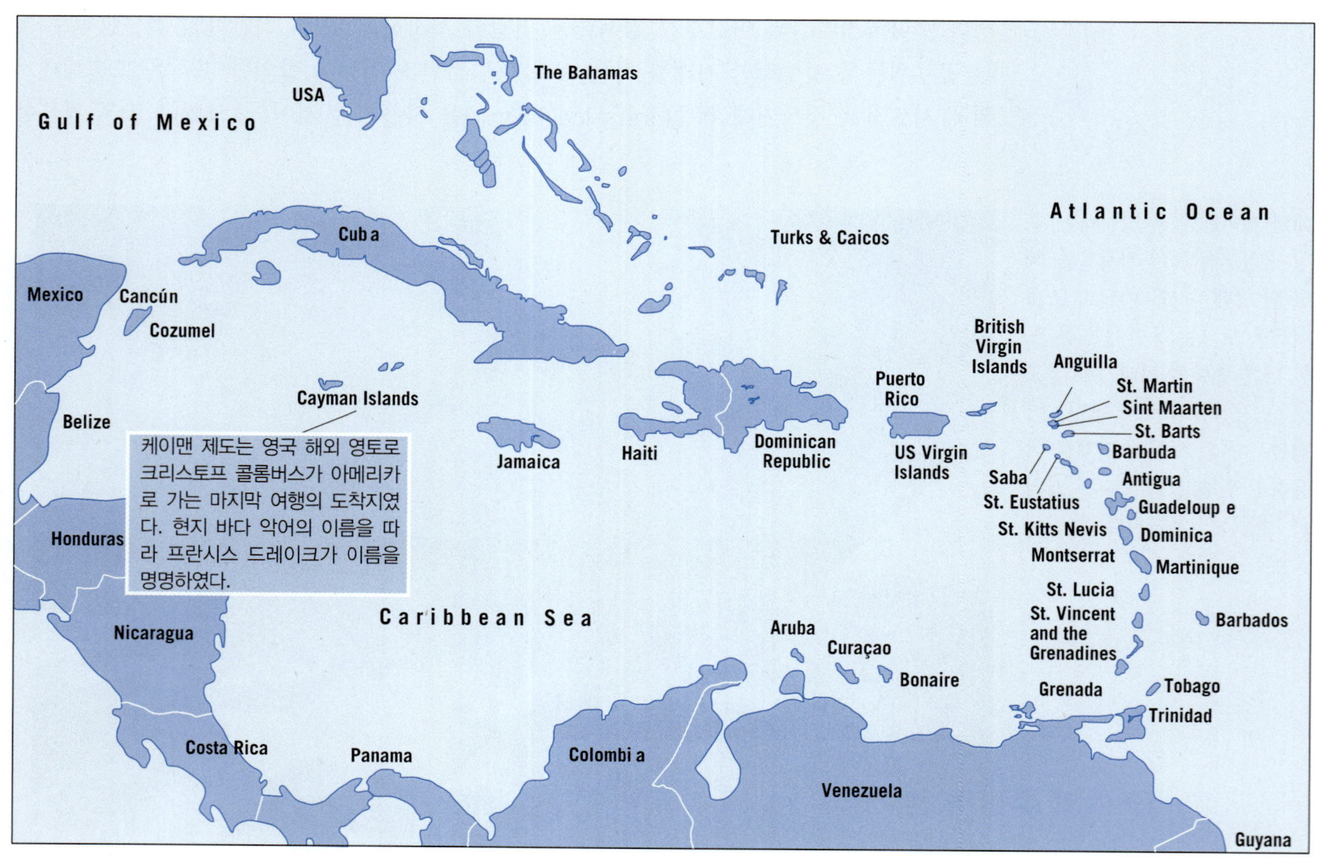

있다. 미국 국세청은 기업이 사전 가격 합의를 기반으로 한 방법론을 따르고 있는 한, 기업의 이전가격을 다시 검토하거나 이의를 제기하지 않을 것에 동의하고 있다.

In Practice

- 국제기업은 매력적인 투자를 위해 자금의 내부와 외부원천에 의존하고 있다.
- 이러한 투자자금을 마련하기 위해 기업재무담당자는 취득자본 비용을 최소화하기 위해 세계적으로 찾으면서, 한편 동시에 외환위험, 정치적 리스크 그리고 기업의 총 세금 부담을 제한하려고 한다.

추가 고려 사항: 이전가격은 왜 논란이 그렇게 많은가? 기업이 비윤리적으로 행동을 하면서 세금부담을 경감하기 위하여 이전가격을 공격적으로 사용하는가?

MyManagementLab®

mymanagementlab.com으로 돌아가 아이콘으로 표시된 문제를 완성하시오 ✪.

CHAPTER REVIEW

요약

국제기업은 순수 국내기업들이 직면하고 있는 것보다 더욱 복잡한 재무관리문제에 직면하고 있다. 수출업자와 수입업자 사이에서 국제 거래의 송장에 사용되는 통화에서 갈등이 발생할 수 있다. 수출기업은 종종 그들의 외국고객에 대한 신용상태를 파악하는 데 어려움을 겪고 있다. 또한 외국 고객으로부터 재화에 대한 대금을 회수하는 것은 더욱 어려운데, 왜냐하면 지리적 거리 멀고, 다른 법률제도, 그리고 생소한 사업관행 때문이다. 다행히도, 많은 지불방법들이 수백 년에 걸쳐 개발되어왔는데, 그 방법들에선 지불방식, 계좌 개설, 신용장, 화환추심, 신용카드, 그리고 대응무역을 포함하고 있다.

국제기업은 기업을 운영하는 데 환율변동에 대한 영향을 최소화하기 위해 노력해야 한다. 세 가지의 주요한 환노출이 있다. 거래노출은 기업이 국제거래를 수행하는 과정에서 환율변동으로 인해 외화로 표시된 거래의 수익성에 영향을 미치는 것을 말한다. 전환노출은 기업의 회계기록에서 해외 운영에 대한 장부 가치에 환율 영향을 반영하고 있다. 경제노출은 기대치 않은 환율변동으로 기업운영의 가치에 영향을 주는 것을 말한다.

운영자본수지 관리는 국제경영에 독특한 도전으로 나타나고 있다. 기업과 그 기업의 운영자회사들은 매일매일 업무를 운영하기 용이한 충분한 현금을 보유해야 하고 그리고 예상치 못한 현금 수요에도 대비하여야 한다. 또한, 기업은 그들이 소유하고 있는 각 통화와 그들의 자회사가 사업하는 데 사용하는 각 통화에 대해 점검을 해야 한다. 다국적기업들은 종종 그들의 운전자본 수지를 통제하고, 통화전환비용을 줄이고, 그리고 불리한 환율변동에 대한 노출을 최소화하기 위해 중앙 집중 현금관리방식과 상계기법을 사용하고 있다.

국재기업의 재무 관리자들은 국제경영의 특별한 요건에 맞추기 위해서 자본예산기법을 조정해야 한다. 순 현가법, 내부수익률 그리고 회수기간 분석과 같은 표준투자평가기법들은 위험의 차이, 통화이동에 대한 정부규제, 그리고 투자 프로젝트에 의해 발생되는 순 현금흐름에 영향을 주지 않는 모회사와 그 회사의 외국 자회사간의 다양한 금액 지불에 대한 것을 고려하여 변경되어야만 한다.

최종적으로, 재무 관리자들은 낮은 자본조달비용의 원천을 찾기 위해 세계적으로 넓게 보아야 한다. 모회사와 그 회사의 외국 자회사들의 지속되는 경영활동은 투자자본의 중요한 내부원천이다. 충분히 발달된 국제 채권-주식시장은 그러한 자본의 외부원천을 제공할 수 있다. 또한 국제경영자들은 종종 통화가치나 이자율이 불리하게 변화되어 발생되는 노출을 줄이기 위해 스왑시장을 이용하고 있다.

리뷰 질문

18-1. 국제거래에서 결제를 하기 위해 선지급을 할 때 누가 위험을 부담하는가?

18-2. 국제거래에서 결제를 하기 위해 청산계정을 사용할 때 누가 위험을 부담하는가?

18-3. 신용장의 다른 유형은 무엇이 있는가?

18-4. 장애율은 무엇인가?

18-5. 투자 프로젝트를 평가하는 가장 보편적인 방법은 무엇인가?

18-6. 여러 가지 다른 대응교역들은 다른 것들과 어떻게 다른가?

18-7. 환산노출은 무엇인가? 대차대조표 헤지가 환산노출에 주는 효과는 무엇인가?

18-8. 다국적기업이 유용한 자본예산의 기법은 무엇인가?

18-9. 국제기업에서 시장가격기준이 아닌 이전가격을 전략적으로 사용하여 왜 혜택을 받는가?

토의용 질문

18-10. 신용장은 다른 여러 종류와 형식으로 되어 있다. 취소불능과 확인신용장은 언제 사용되는가?

★ 18-11. 왜 기업들은 대응무역을 하는가? 어떤 문제에 직면하였을 때 그러한 무역을 하는가?

18-12. 거래노출을 감소시킬 수 있는 유용한 기법에 대하여 설명하여라.

18-13. 조세피난처는 어떻게 외국기업을 유인할 수 있는가?

18-14. 투자자본의 외부원천을 설명하고 그리고 그들의 각각에 대하여 사례를 들어 보아라.

18-15. 기업들은 어떻게 이전가격을 사용하고 기업 소득세 청구서를 조세 피난처는 줄일 수 있는가?

★ 18-16. 조세피난처에 서루상 회사(shell corporation)를 창설한 기업은 사회적으로 책임이 있는가?

★ 18-17. 왜 기업은 미국 국세청과 이전가격사전합의를 협상하기를 원하고 있는가? 왜 미국 국세청은 이전가격사전합의를 협상하기를 원하는가?

글로벌 역량 갖추기

벨기에 레이스 프로닥트(Belgian Lace Products: BLP)의 가상의 테이블 린넨 식탁보 제작업자가 있다고 생각해보자. 비엘피(BLP)는 모회사로 구성되어 있고 벨기에에 있는 제조 자회사를 전체 소유하고 그리고 벨기에, 영국, 일본 그리고 미국의 네 개 유통 자회사를 전체로 소유하고 있다. 이 회사의 제조자회사는 다양한 공급업체로부터 투입물들을 구입하여, 고품질의 레이스 냅킨과 식탁보를 제조하여, 그리고 비엘피 소유의 네 개 유통 자회사에게 판매를 하고 있다. 네 개 유통 자회사는 그 대신 자회사의 마케팅 범위 내에서 상품을 소매 고객에게 판매하고 있다. 유통 자회사는 노동력, 창고 공간, 전기, 그리고 컴퓨터와 같은 특정한 투입물을 구매하고, 외부의 공급업자로부터 구매할 때도 마찬가지이다.

비엘피가 운영하는 단위의 각각에 대하여 전형적으로 월별 거래를 다음과 같이 요약하고 있다. (단, 유로표시는 €이다.)

제조 자회사

벨기에 유통 자회사에게 판매: €15,000
영국 유통 자회사에게 판매: €12,500
일본 유통 자회사에게 판매: €17,500
벨기에 공급납품업자로부터 구매한 투입 비용: €7,500
영국 공급납품업자로부터 구매한 투입 비용: £25,000
일본 공급납품업자로부터 구매한 투입 비용: ¥3,000,000
미국 공급납품업자로부터 구매한 투입 비용: $5,000

벨기에 유통 자회사

소매고객에 대한 판매: €50,000
비엘피 제조 자회사에 대한 대금 지불: €15,000
외부 공급납품업자에 대한 대금 지불: €750과 £10,000

영국 유통 자회사

소매 고객에 대한 판매: £75,000
비엘피 제조 자회사에 대한 대금 지불: €12,500
외부 공급납품업자에 대한 대금 지불: £5,000, €1,000 그리고 $9,000

일본 유통 자회사

소매 고객에 대한 판매: ¥5,000,000
비엘피 제조 자회사에 대한 대금 지불: €17,500
외부 공급납품업자에 대한 대금 지불: ¥3,000,000 과 $8,000

미국 유통 자회사

소매 고객에 대한 판매: $40,000
비엘피 제조 자회사에 대한 대금 지불: €11,250
외부 공급납품업자에 대한 대금 지불: $10,000과 ¥300,000

환율

€1.33 = £1
€1 = $1.00
€1 = ¥120

위의 정보를 이용해서 다음 질문에 답을 하여라:

18-18. 각각 비피엘의 다섯 개 자회사의 수익성을 계산하여라. (비엘피는 벨기에이고 유로화로 성과를 계산하는 데 벨기에는 2002년에 유로화를 통용하였다) 수익성이 없는 자회사가 있는가? 제공된 정보를 기초로 수익성이 없는 자회사에게 사업을 그만두도록 추천하겠는가? 그렇다면 왜 그렇고 아니면 왜 그렇지 않은가?

18-19. 본국통화에서 공급업자에게 지불하는 통화로 전환할 때마다 각각 거래량의 1%의 환산비용이 든다고 가정해보자. 기업으로서 비엘피가 총 통화전환비용을 감소할 수 있는 전략을 개발하여 보아라. 매달 전략비용으로 400유로가 들어간다고 가정하자. 기업은 이러한 전략을 채택할 것인가?

18-20. 만약 영국이 EU의 단일 통화 블록에 참여하고 유로화를 쓰기로 결정했다면, 이것은 비엘피에 어떠한 영향을 미칠까? 비엘피의 통화 전환비용을 감소시키는 전략에 대한 편익과 비용에 어떠한 영향을 미칠까?

CLOSING CASE 더블 아이리시 그리고 더치 샌드위치

주석: 510페이지의 "Venturing Abroad: 미국정부의 해외지사 소득과세"와 511페이지의 "Emerging Opportunity: 태양, 모래사장, 그리고 조개껍질"를 다시 읽어 보면 도움이 될 것이다.

기업소득에 대한 조세는 항상 논쟁을 불러일으키는 공공정책주제이다. 기업, 세무사, 그리고 회계사들은 지속적으로 국세청과 함께 고양이와 쥐의 의견대립에 참여하고 있다. 전자의 그룹은 그들의 주주들이 그렇게 하도록 한 선량한 관리자의 주의의무를 가지고 있다고 주장하면서 기업경영에 부과되는 세금 부담을 최소화하기 위해 노력하고 있다. 후자의 그룹은 그들이 정부에게 빚진 모든 세금이 적절하고 합법적인 방법으로 수집된 것을 확인하는 업무를 맡고 있다고 응답하고 있다. 국내 기업들과 국내 조세당국 사이에서 재치 다툼과 소송, 그리고 로비활동은 강렬하지만, 이것은 기업과 정부 간의 전쟁을 국제조세에 관해 전투하는 것에 비하면 아무것도 아니다.

대부분 정치인들은 비교우위의 이익에 대한 미묘한 차이, 특정 노동력 특화에 의해 발생하는 생산성 향상이나 혹은 무역장벽의 해로운 영향에 대해 좀처럼 주의를 기울이지 않고 있다. 그들의 관심은 오직 일자리 창출과 조세수입에 있고, 그리고 그들은 만일 지역경제를 활성화하게 되면, 국세법을 기꺼이 조정할 것이다. 그 결과는 국가들 사이에 법인소득세가 다양하게 변화되고 있다. 예컨대, 미국에서 연방 기업소득세율이 35%인데, 한편 캐나다에서는 16.5%이고, 그런데 아일랜드에서 고작 12.5%에 불과하다. 많은 조세 피난처에서 기업이득에 대한 세금은 부과되지 않는다. 또 다른 복잡한 요소로 다양한 소득의 유형에 세금이 부과되는 방법에 차이가 있다. 배당에 대한 세금을 부과할 때, 오스트레일리아 그리고 멕시코 같은 몇 몇 국가들은 주주들에게 기업에 지불되는 소득세에 대해 배당세액공제를 제공하고 있다; 미국이나 스웨덴 같은 다른 나라들은 그렇지 않다. 에스토니아와 슬로바키아는 배당소득세가 전혀 없다. 아일랜드는 연구와 개발비용에 대해 관대한 세액공제를 제공하고 그리고 지식재산권으로 발생한 소득에 대해 공제를 하고 있다. 예컨대, 아일랜드에서 부과하는 저작권 사용료 소득에 대한 실효세율은 예컨대 0와 같이 매우 낮다.

이러한 세법의 변화로 기업이 전체적인 조세비용을 낮추기 위한 경제적 활동을 시작하거나 이전할 수 있는 기회를 형성하게 된다. 기업들은 또한 기업내부 거래에서 부담하는 이전가격을 창조적으로 유행하는 방식으로 적용하게 된다. 세계의 세금 징수원들이 주의를 하는 것은 소위 조세피난처(참조 "Emerging Opportunity" 511페이지)에 초점이 맞추어져 있다. 그런데, 아일랜드는 조세징수금액을 낮추기 위해 기업거래에 대한 이미지를 가진 구조에 대하여 새로운 초점을 가지게 된다. OECD 국가들 중에서 경제발전을 촉진하기 위해 아일랜드는 기업세법을 대부분 공격적으로 사용하고 있다. 아일랜드 산업개발 대행기관은 내부 해외 직접투자를 촉진하기 위해 책임을 지고 있는 정부대행기관이고 국가의 낮은 세금과 기업 친화적인 정책으로 이끌려, 거의 1,000여개 다국적 기업들이 아일랜드에 유럽본부가 입지하였다고 생각하고 있다.

구글은 아일랜드의 친-기업 세법으로 혜택을 받고 있는 기업들 중에 하나이다. 구글은 지난 3년 동안 31억 달러나 세금감소가 허용된 "더블 아이리시" 그리고 "더치 샌드위치"라는 별명이 붙은 국제 세무사에 의하여 만든 2가지 전략으로부터 혜택을 받았다. 2006년에 구글은 그들의 지식재산권을 해외 자회사에게 이전할 수 있는 조건을 수립하여 미국 세무 당국과의 먼저 가격결정합의에 들어갔다. 미국 세무당국과 합의에 서명한 후 구글은 그의 지적재산 소유권을 완전소유한 자회사인. 구글 아일랜드 지주회사에게 라이선스를 부여하였다. 아일랜드에 설립된 구글 아일랜드 지주회사는 비거주 기업이 아일랜드 법에서 아일랜드 조세제도에 영향을 받지 않도록 만들어져, 버뮤다에서 관리되고 있다. 그러나 구글 아일랜드 지주회사는 아일랜드 거주자의 소유 기업으로, 더블린에 위치한 구글 아일랜드 유한책임회사—이런 이유로, "더블 아이리시"라고 불린다. 구글 유한책임회사의 2000명 종업원들은 광고를 판매하고 유럽, 중동, 그리고 아프리카에서 고객서비스를 지원하고 그리고 구글의 비 미국 수입원의 약 88% 퍼센트 차지하고 있다. 캘리포니아의 엔지니어들과 과학자들이 구글의 기술을 대부분 개발했을지라도, 이 조정방식으로 구글이 비 미국 국가로부터의 이윤에 대한 즉각적인 미국 조세를 부과 받는 것을 피할 수 있다. 이에 대해 미국 내국세청(IRS)이 주의를 기울이고 있다. 아일랜드의 국세조사국의 조사를 피하기 위해, 구글 아일랜드 유한책임회사는 다른 구글 자회사인 구글 네덜란드 지주회사(*"더치 샌드위치"*)에 이러한 광고를 판매함으로써 벌어들인 이윤이 나타나는 것을 저작권 사용료 지불 형태로 그래서 이전하여 그렇게 함으로써 구글 아일랜드의 세금 고지서를 대폭 줄이게 된다. (지불은 구글 네덜란드 지주회사가 하는데, 왜냐하면 다른 EU 국가에 기반을 둔 기업들에 저작권 사용료 지불을 다루는 아일랜드 세법에 유리한 규정이 있기 때문이다.) 종업원이 없는 구글 네덜란드 지주회사는 99.8%의 저작권료를 받아 네덜란드에 그들의 납세의무를 제거하면서 그래서 구글 아일랜드 지주회사에게 송금을 하게 된다. 그리고 물론, 버뮤다는 법인소득세가 존재하지 않고, 그래서 이러한 이윤이 미국에 있는 모회사로 송금되지 돌아오지 않는 한 구글 아일랜드 지주회사가 벌어들인 이윤은 세금이 부과되지 않은 채로 있다.

마이크로소프트와 오라클과 같은 기술집약적인 기업들도 비슷한 목적으로 아이슬란드 자회사를 설립해왔다. 아일랜드에 있는 마이크로소프트 자회사는 라운드 아일랜드 원 주식회사(Round Island One Ltd.)이고, 유럽, 아프리카, 중동 시장을 위해 미국인 종업원에 의해 개발된 마이크로소프트 제품을 "현지화하고 있다." 고객주문에 제작된 상품들은 아일랜드 라운드 아일랜드 원의 자회사에 의해 허가를 받은 플랫 아이슬란드 컴퍼니가 그 시장에 있는 소비자들에게 판매되었다. 이러한 판매로부터의 이득은 아일랜드의 상대적으로 낮은 12.5% 법인 소득세율로 세과 부과되고 있다. 미국의 시각에서 보면, 미국에서 개발한 제품이 라운드 아일랜드에서 변형되었기 때문에, 마이크로소프트가 미국 내국세청의 유예조치 이점을 취하고 그래서 그 소득에 대한 미국 조세를 회피하게 하여, 라운드 아일랜드의 수익은 활동적 사업소득으로 특징지어진다. 애플과 오라클은 구글과 마이크로소프트와 유사한 기법을 사용하여 아일랜드 자회사를 설립하여 소득세 지급을 낮추었다. 애플의 경우, 애플 판매국제회사는 애플의 아일랜드 자회사(ASI)의 하나로 중국에서 제조된 많은 회사의 제품을 형식적으로 매입하는 구매자이다. ASI는 제품에 상표를 부착하여 다른 애플자회사에 재판매하여 장부상 이윤이 발생하였다. 2012년에 ASI는 세전 이윤이 $220억에 달하였고 소득세는 단지 $1천만 지불하였다.

사례 질문

18-21. 왜 기업 소득에 대한 세율과 소득세처리가 국가들마다 이렇게 극적으로 변동하는가?

18-22. 구글의 "더블 아이리시"와 "더치 샌드위치"를 사용한 것에 대해 설명하라.

18-23. 구글이 세금최소화 전략의 성공을 위해 미국 국세청과 협상한 사전가격결정 합의가 얼마나 중요한가?

18-24. 구글 기업 모토가 "악해지지 말자"인데, 구글이 사용하는 더블 아이리시와 더치 샌드위치를 사용하는 것이 기업의 모토와 부합하는가?

18-25. 마이크로소프트는 어떻게 아일랜드 자회사가 미국 세금을 절감하였는지를 설명하라. 이 회사는 소극적 소득에 대한 미국 규정을 어떻게 해결하였는가?

18-26. 마이크로소프트의 아일랜드 자회사가 아일랜드 경제에 미치는 영향은 무엇인가?

18-27. 구글과 마이크로소프트는 윤리경영을 하는가? 두 기업은 사회적 책임을 지고 있는가?

출처: "Apple chief's gamble pays off as criticism remains muted," *Financial Times*, May 22, 2013,p.2; "Apple Tax Bill Overstated to Investors," *Wall Street Journal*, May 22,2013,p.A8;"Apple Avoids Most Income Taxes, Panel Finds," *Wall Street Journal*, May 21, 2013, p.A1; Microsoft *Annual Report* 2010; Google *Annual Report* 2010; "Zambia demands more taxes from Glencore," *Wall Street Journal*, June 7, 2011; "Microsoft Ireland profits rise by 76% to €1 1.43bn," The Irish Times, April 20, 2011; "G.E.'s strategies let it avoid taxes altogether," New York Times, March 24, 2011; IDA Ireland, 2010 Guide to Tax in Ireland; "Google uses 'transfer pricing' to pay less taxes," www.Bloomberg.com, October 21, 2010; "Tax enforcers intensify focus on multinationals," New York Times, January 5, 2010; "GlaxoSmithKline, IRS tangle in tax court," *Wall Street Journal*, May 22, 2009, p. B1; "Irish subsidiary lets Microsoft slash taxes in U.S. and Europe," *Wall Street Journal*, November 7, 2005, p. A1.

MyManagementLab®

mymanagementlab.com으로 가서 아래의 질문에 답하시오.

18-28. 국제무역금융의 중요한 유형을 설명하라. 수출업자의 관점에서 각 기법에서 이점과 불리한 점은 무엇인가? 수입업자의 관점에서 장단점은 무엇인가?

18-29. MNC가 직면하는 환노출의 세 가지 형태는 무엇인가? 이러한 환율노출을 감소하거나 관리하는 MNC에게 유용한 기법은 무엇인가?

18-30. Mymanagementlab Only에 본 장을 포괄하는 서술형 과제가 있다.

Endnotes

1. *Singapore Airlines Annual Report 2011/2012*.
2. Linda S. Goldberg, "Trade invoicing in the accession countries: Are they suited to the Euro?" Federal *Reserve Bank of New York Staff Reports*, No. 222, October 2005.
3. "Small firms hit foreign obstacles in billing overseas," *Wall Street Journal*, December 8, 1992, p. B2.
4. *Survey of Current Business*, November 2012, p. 61 and August 2012, p. 220.
5. Richard Schaffer, Beverly Earle, and Filiberto Agusti, *International Business Law and Its Environment* (St. Paul, MN: West Publishing, 1990), pp. 154 – 155.
6. Chase Manhattan Bank, *Dynamics of Trade Finance* (New York: Chase Manhattan, 1984), pp. 41 – 58; Steve Murphy, *Complete Export Guide Manual* (Manhattan Beach, CA: Tran Publishing House, 1980).
7. "Age-old question of international trade," *Wall Street Journal*, May 29, 2007, p. B4.
8. Ibid., p. B4.
9. Pompiliu Verzariu, *Countertrade Practices in East Europe, the Soviet Union and China: An Introductory Guide to Business* (Washington, DC: Department of Commerce, International Trade Administration, November 1984), pp. 98, 101.
10. Rolf Mirus and Bernard Yeung, "Economic incentives for countertrade," *Journal of International Business Studies* (Fall 1986), pp. 27 – 39.
11. Office of the U.S. Trade Representative, National *Trade Estimate Report on Foreign Trade Barriers* 2011, p. 360.
12. "U.S., 8 countries meet to discuss fighter-jet project," *Wall Street Journal*, June 5, 2006, p. A5; "Dutch govt sticking to F-35 JSF as successor to F-16," www .DefenseTalk.com, May 16, 2006 (online); "U.S. woos allies with unique deal on new fighter jet," *Wall Street Journal*, July 22, 2002, p. A1; "BAE opens office for fighter crews," *Fort Worth Star-Telegram*, July 10, 2002 (online); "Fiat unit is in deal on fighter jets," *Wall Street Journal*, June 11, 2002, p. B2.
13. Grant T. Hammond, *Countertrade, Offsets and Barter in International Political Economy* (New York: St. Martin's, 1990), p. 75.
14. Max Eli, *Japan Inc.* (Chicago: Probus Publishing, 1999), pp. 101 – 104.
15. "Marc Rich & Co. does big deals at big risk in former U.S.S.R.," *Wall Street Journal*, May 15, 1993, p. A1.
16. Hammond, op. cit., p. 11.
17. "Daimler allows Argentines to pay with grain," *Wall Street Journal*, November 22, 2002, p. A11.
18. Export-Import Bank of the United States, 2012 *Annual Report*.
19. *Merck 10-K for the Fiscal Year Ended December 31, 2012*, p. 96.
20. "What made the Indonesian currency plummet," *Wall Street Journal*, December 30, 1997, p. A4.
21. AFLAC Incorporated, *2012 10-K filing*, p. 71.
22. *The Walt Disney Company 2007 Annual Report*, p. 95; *Pfizer 2007 Financial Report*, p. 55; *Procter & Gamble Annual Report 2007*, p. 60; *McDonald's Corporation 2007 Annual Report*, p. 51.
23. *Sony Annual Report Year Ended March 31, 1996*, p. 31.
24. "BMW's outlook bullish despite stronger Euro," *Wall Street Journal*, March 19, 2008, p. C5; "Tested by the mighty Euro," *The Economist*, March 20, 2004, p. 61; "European auto makers rev up output where dollar is king," *Wall Street Journal*, January 7, 2004, p. A2.
25. "How U.S. firm copes with Asia crisis," *Wall Street Journal*, December 26, 1997, p. A2.
26. "Centralization lessens the risk," *Financial Times*, April 18, 1997, p. III.
27. Marjorie Stanley and Stanley Block, "An empirical study of management and financial variables influencing capital budgeting decisions for multinational corporations in the 1980s," *Management International Review*, vol. 23, no. 3 (1983), pp. 61 – 71.
28. U. Rao Cherukuri, "Capital budgeting in India," in S. Kerry Cooper, ed., *Southwest Review of International Business Research* (1992), pp. 194 – 204.

29. "When it's smart to use foreign banks," *International Business* (January 1992), pp. 17 – 18.
30. Gunter Dufey and Ian H. Giddy, "Innovation in the international financial market," *Journal of International Business* Studies (Fall 1981), pp. 33 – 51.
31. "A Eurobond issue tied to film results," *Wall Street Journal*, October 12, 1992, p. C17.
32. "Walt Disney to sell notes tied to films' results, with initial yield linked to U.S. 7-year issue," *Wall Street Journal*, February 17, 1994, p. C20.
33. "Vital tool in minimizing costs," *Financial Times*, November 11, 1992, p. iii.
34. *Survey of Current Business*, November 2012, pp. 70 and August 2012, p. 226.
35. "Funds enter a right royal dispute with multinationals," *Financial Times*, April 3, 2013, p. 12.
36. "The rewards of royalty," *The Economist*, January 26, 2013, p. 61f.
37. *Survey of Current Business*, October 2012, pp. 42f.
38. "Tax authorities step up pressure on multinationals," *Financial Times*, November 16, 2005, p. 4; David Harris, Randall Morck, Joel Slemrod, and Bernard Yeung, "Income shifting in U.S. multinational corporations," University of Michigan, mimeo, 1991; James R. Hines and Eric Rice, "Fiscal paradise: Foreign tax havens and American business," N.B.E.R. Working Paper #3477 (Cambridge, MA, 1990); James Wheeler, "An academic look at transfer pricing in a global economy," *Tax Notes*, July 4, 1988.
39. J. C. Stewart, "Transfer pricing: Some empirical evidence from Ireland," *Journal of Economic Studies*, vol. 16, no. 3 (1989), pp. 40 – 56.
40. "IBM probed over payments of U.K. taxes," *Wall Street Journal*, August 6, 1999, p. A3.
41. "AstraZeneca pays $1bn in U.S. tax settlement," *Financial Times*, March 28, 2011; "GlaxoSmithKline gets big tax bill," *Wall Street Journal*, January 8, 2004, p. A8.

CHAPTER 19

국제인적자원관리와 노사관계

International Human Resource Management and Labor Relations

Natalie Behring/Alamy

학습목표

1. 국제경영에서 인적자원관리의 본질을 설명한다.
2. 기업들이 국제사업 활동을 위해 어떻게 인력을 모집하고 선발하는지를 구체적으로 살펴본다.
3. 국제기업이 해외주재원을 어떻게 교육하고 개발시키는지 설명한다.
4. 국제기업이 해외주재원에 대해 어떻게 성과를 평가하고 보상을 결정하는지 토론한다.
5. 국제경영에서 인적 자원의 유지와 이직 문제를 분석한다.
6. 비관리직을 포함한 기본적인 인적자원 관련 쟁점들을 설명한다.
7. 국제경영에서의 노사관계를 설명한다.

현지 채용 근로자들의 높아지는 목소리

중국이 세계 최대의 제조업 생산기지가 되었다는 사실은 더 이상 비밀이 아니다. 어떤 소매 점포, 공장, 창고, 공급사슬, 시장에서도 "Made in China"가 표시되지 않은 제품을 만나기란 더 이상 불가능하다. 중국이 낮은 임금에도 불구하고 기꺼이 오랜 시간 일하면서도 고분고분하고 숙련도가 높은 근로자들을 제공해주고 있다는 사실 또한 더 이상 비밀이 아니다. 이를 통해 중국은 세계의 생산 중심으로 부상하고 있으며, 경제 또한 초고속 성장을 계속하고 있다.

하지만 이런 강력한 생산기반에도 균열은 생길 수 있으며, 이 때문에 중국 경제의 고공행진이 멈출 수도 있다. 여러 가지 측면에서 100년도 훨씬 전 미국의 철도산업과 철강산업을 괴롭혔던 노동문제가 연상된다. 한마디로 중국에서도 전반적인 경제 분위기가 개선됨에 따라 근로자들 스스로 자신들의 경제적 가치를 인식하게 되었고, 자신들 역시 고용자에게 맞설 수 있음을 알게 되었다. 예를 들어 중국의 주강 삼각주에 있는 어느 공장의 근로자인 Lan Yimin(22세)는 "중국의 젊은 세대는 과거에 비해 훨씬 광범위한 사회적 경험을 지닌 공동체를 형성하고 있다. 우리는 우리가 일하는 공장의 여건에 대해 더 많은 이야기를 나누고 있으며, 우리 스스로의 법적 권리를 잘 알고 있다"고 설명한다.

중국 정부의 입장에서는 임금의 상승이 소비의 증대를 불러오고, 이것이 다시 경제성장에 자극이 될 수 있음을 고려해, 임금의 인상과 근로조건의 개선을 허용했지만 일정한 한도 내에서 그렇게 했다. 근로자들과 근로조건에 대한 과도한 투자가 저임금의 세계적인 생산기지로서 중국의 위치를 흔들어놓을 수 있기 때문이다. 그럼에도 불구하고 또 한편으로는 임금인상을 억제하고, 근로조건을 표준 이하로 유지하면 근로자들의 불만이 늘어나고, 국제 언론의 원하지 않았던 관심만 집중되는 사태가 발생할 수 있다.

물론 이 모든 것에서 설명되지 않은 것이 있다. 노동조합이 바로 그것이다. 하지만 중국에서 노동조합은 무척 교묘하다. 예를 들어 미국에서는 노동조합이(직업, 산업, 혹은 지역 등으로 정의된) 일정한 교섭단체 내의 근로자 집단으로 구성된다. 노동조합의 구성과 활동은 법률로서 정해져 있고, 근로자들 스스로가 노조의 설립, 운영, 사용자와의 단체교섭 진행에 책임을 진다. 미국에서는 약 25,000개에 달하는 상이한 노동조합이 있다. 하지만 중국에는 국가에 의해 통제되는 중화전국총공회(All-China Federation of Trade Unions: ACFTU)라는 단 하나의 합법적인 노동조합이 존재할 뿐이다. 정부는 실제로 기업에게 ACFTU의 우산 아래 운영되는 노동조합의 설립을 장려한다. 이와 같은 방식으로의 노동조합 설립을 통해 근로자들이 자신들의 불평을 전달할 수 있는 수단을 제공해주면서도 보다 강경하고 극단적인 행동을 사전에 예방할 수 있을 것이라는 생각에서다.

하지만 중국에서도 파업은 점점 더 일상적인 일이 되어가고 있다. 최소한 지금까지 중국 정부는 이와 같은 파업 사태에 대해 직접적인 개입을 자제해왔다. 대부분의 파업이 외국계 기업에서 발생했기 때문이다. 그 실례로 혼다만 해도 2010년과 2011년에 여러 건의 파업사태에 시달렸다. 대만계 전자제품 제조업체로 애플과 델에 부품을 납품하고 있는 폭스콘(Foxconn)에서는 저임금과 열악한 근로환경으로 인해서 노동자들의 자살 사건이 빈발했다. 중국에서 파업의 발생 건수나 강도 등에 대한 공식적인 통계는 없다. 하지만 중국 정부에 따르면 중재위원회에 등록된 노동자들의 불만 제소 건수가 2000~2007년 사이에 두 배로 늘어나 무려 350,182건에 달하고 있는 것으로 알려지고 있다. 근로자들이 보다 싸게 중재를 요청할 수 있게 하고, 고용자에게 서면계약서를 제출토록 한 새로운 법규가 실행된 2008년에는 제조 건수가 거의 700,000건으로 늘어났다. 2012년에는 중재, 조정된 처리 건수가 약 980,000건에 달하였다.

물론 미래가 어떻게 될지는 아무도 모른다. 하지만 많은 전문가들은 중국에서 합리적인 노사관계가 구축되기 위한 법적 틀을 갖추는 데는 시간이 많이 걸릴 것으로 예상한다. 그리고 최근 중국에서 파업과 법적 제소 건수의 증가 추세는 근로자들이 더 이상 국가경제의 성장과 발전을 위해 최소한의 임금으로 일을 하려 들지는 않을 것임을 시사해주고 있다. 재미있는 사실은 중국에서의 노동운동 활성화가 다른 지역의 근로자들에게도 관심을 사고 있다는 점이다. 베트남과 캄보디아에서도 최근 파업 사태가 심심치 않게 발생하고 있는데, 이는 이들 지역의 근로자들이 중국에서의 노동운동 활성화에 영향을 받았기 때문이다. 노동운동이 확산됨에 따라서 우리는 그리스의 시인인 호메로스(Homer)가 "인간은 단합을 통해 힘을 키운다"라는 말을 상기한다.[1] ■

이웃의 작은 편의점에서 거대한 MNC에 이르기까지 모든 조직은 기본적으로 직무와 직무군의 집합, 이들 직무들 사이의 상호연계로 이루어져 있다. 조직이 자신의 목적을 달성하고, 경쟁력을 유지하며 조직의 각 구성요소들을 만족시켜줄 수 있는지 여부는 결국 바로 이 직무를 구성하고 있는 사람에게 달려 있다. 다른 국가에서와 마찬가지로 중국에서의 기업경영도 근로자의 번영과 기업 성과 사이의 적절한 균형을 어떻게 하면 달성할 수 있을 것인가를 파악하는 것이 핵심이다. 이와 같은 균형을 달성하기 위해서는 적절한 전략적 고려와 함께 효과적인 인적자원관리가 필요하다.

19.1 국제인적자원관리의 본질

인적자원관리(human resource management: HRM)는 기업의 목표달성을 위해 필요한 효과적인 인력들을 모집하고, 개발하고, 유지하는 활동들의 집합이다. 인적자원관리는 근로자와 경영자를 모집해 선발하고, 이들을 훈련하고 개발하며, 성과를 평가해 보상과 부대수당을 제공하는 것을 모두 포함한다. 국내기업이든 국제기업이든 관계없이 인적자원 경영자는 이와 같은 모든 과업을 수행하기 위한 절차와 방침을 개발해야 한다.

하지만 국제기업의 인적자원 경영자는 국내기업 인적자원 경영자와는 전혀 다른 새로운 도전에 직면한다.[2] 구체적으로 기업이 사업 활동을 수행하는 국가들 사이에 존재하는 문화, 경제발전 수준, 법규 등의 차이로 인해 채용, 해고, 훈련, 보상 프로그램 등을 개별 국가의 특성에 맞게 적응시켜야 한다. 특히 국제기업의 본국과 현지국 사이에 문화적, 법률적 충돌이 존재할 때, 곤란한 문제들이 발생할 수 있다. 예를 들어 미국의 고용기회평등법에서 규정하고 있는 성차별 금지 조항은 여성의 역할, 권리 등과 관련한 사우디아라비아의 관습 및 법규와 상충된다. 만일 미국의 MNC이 사우디아라비아와 남성 임원들과 마찬가지로 여성임원에 대해서도 해외 근무를 지시하는 경우 상충되는 법규로 인해 이 기업은 상당한 문제를 경험할 수 있다.[3]

국제기업은 또한 기업이 필요로 하는 다양한 인력들을 본국, 현지국, 제3의 국가 등 어느 곳으로부터 채용해야 하는지도 결정해야 한다. 이들 인력 구성의 최적 조합은 기업이 사업 활동을 수행하고 있는 위치에 따라 다를 수 있다. 어떤 경우에는 해외의 생산공장에서 필요한 인력을 현지에서 채용하기보다는 본국 인력들을 더 많이 활용할 수 있다. 현지 법규도 고려해야 한다. 그것이 국제기업의 인력 채용관행을 제한하고 규제할 수 있기 때문이다. 예를 들어 현지국의 이민법이 외국인에게 허용하는 근로 비자의 수를 제한하고 있을 수 있고, 어떤 국가의 경우에는 그 국가에서 사업 활동을 수행하는 전제 조건으로 현지인의 고용을 강제하는 고용 규제가 있을 수 있다.

국제기업은 훈련과 인력개발 측면에서도 훨씬 복잡한 문제에 직면하게 될 가능성이 크다. 인적자원 경영자는 해외로 파견되는 기업의 인력들에게 현지 문화적응 훈련 프로그램도 제공해 주어야 한다. 이와 유사하게 현지국에서 채용된 생산인력들을 위해 훈련 프로그램을 설계할 때는 현지국의 학교교육 프로그램에서 제공하고 있는 교육내용도 반영하고 고려해야 한다. 예를 들어, 다른 일본계 기업들과 마찬가지로 종신고용의 전통을 따르고 있는 도요타는 자신의 해외 공장 혹은 사무소에서 일하는 적합한 인력을 채용하는 데 상당한 시간이 걸린다. 이를 위해 도요타는 자사에 적합한 미래의 현지 인력들을 훈련하고 선발할 수 있도록 하기 위해 현지국 공교육 기관과의 협력관계를 강화시켜 왔다. 하지만 자신이 진출한 모든 국가에서 이와 같은 방식을 적용시키는 것은 불가능하다. 왜냐하면 국가에 따라서는 현지국의 교육시스템이 개별 기업과 그와 같은 협력관계를 구축할 수 있도록 준비되지 않은 국가들도 많기 때문이다. 독일의 중등학교 시스템은 학생들에게 폭넓은 직업교육을 제공하고 있지만 그와 같은 직업교육이 특정 기업에 초점을 맞추고 있는 것은 아닌 반면 미국은 공교육 서비스를 통해 일반 범용 교육을 강조하고, 직업 훈련의 기회는 제한적으로만 제공한다. 더욱이 많은 국가들에서는 교육을 받지 못하고, 숙련도가 떨어지는 인력들만 확보하고 있는 경우도 많다. 따라서 도요타는 모집, 선발, 훈련 프로그램을 자신이 진출한 국가의 특성에 맞게 상이한 프로그램을 적용한다.

마지막으로, 각 국가마다 근로환경과 생활수준이 다르기 때문에 국제인적자원 경영자는 현지국 노동시장의 요구에 적합하도록 보상시스템의 설계도 국가에 따라 적응시켜야 할 필요가 있다. 그들은 최저임금의 요구나 연간 상여금 혹은 건강보험료 부과 등과 같은 특정 부대 수당의 부담 등을 강요하는 현지국의 법률상의 차이도 고려해야 한다. 또한 국제인적자원 경영자는 현지인에 비해 더 많은 생활비를 부담할 수밖에 없고, 본국에서와는 다른 라이프스타일에 적응해야 하며, 친구나 친인척과 떨어져서 살아야만 하는 스트레스를 겪는 현지 파견 주재원에 대해서는 어떻게 보상해야 하는 문제도 결정해야 한다.[4]

인적자원관리의 전략적 중요성

마케팅 관리, 생산관리, 재무관리 등에서와 마찬가지로 기업의 경영자는 기업 전체 수준의 전사적 전략, 사업부 수준의 사업전략에 잘 연계된 인적자원관리 전략을 설계해야 한다. 국제경영에 내재되어 있는 미묘한 문화적 차이로 인해 효과적인 인적자원관리 전략을 개발하는 것은 매우 복잡한 문제다.[5] 국제인적자원관리 과정을 구성하는 기본적인 요소들은 [그림 19.1]에서 볼 수 있는 바와 같이 설명될 수 있으며, 이는 이 장의 기본적인 구성 틀을 제공해주고 있다.

국제인적자원관리 전략을 설계하는 첫 번째 과정은 기업 내에서 인적자원관리의 전략적 위치, 전반적인 기업 전략과 인적자원관리 전략의 상호 연관성을 인식하고 평가하는 단계이다. 예를 들어 어떤 기업이 비용선도전략을 선택하고, 이에 따라 새로운 국제 시장에서 적극적인 가격정책을 통해 경쟁기업과 경쟁할 수 있는 기회를 모색한다고 가정해보자. 이 기업은 이와 같은 전략을 실행함에 있어 외부 공급업자로부터의 조달을 늘리거나, 중국이나 인도네시아와 같은 저임금 국가로 생산시설을 이전하는 등과 같은 의사결정을 할 수 있으며, 이와 같은 생산 입지 의사결정으로 인해 본국에서는 근로자들을 줄이는 대신 현지 생산공장에서는 더 많은 근로자들을 필요로 한다. 따라서 이 기업의 인적자원관리 경영자는 현지 생산공장에서 필요한 인력들에 대한 모집, 선발, 훈련 등의 계획을 수립해야 함과 함께, 본국 공장에서 쫓겨나는 근로자들에 대해서는 고용해지 및 재취업 알선 프로그램을 개발해 제공해주어야 한다. 그리고 시간의 경과에 따라서는 본국 중심의 기존 인적자원관

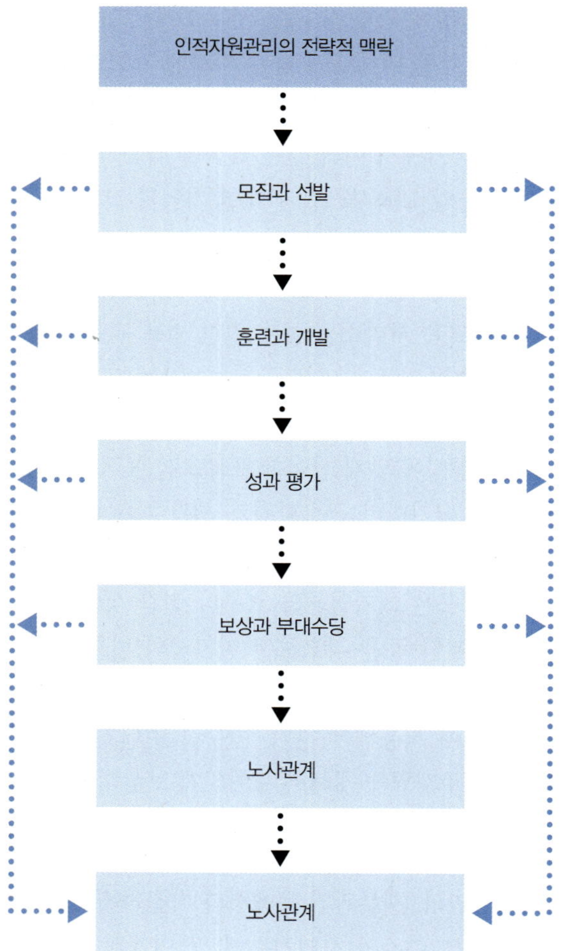

그림 19.1
국제인적자원관리 과정

리 제도를 본국과는 상이한 특성을 지니는 현지국의 여건에 맞게 적응시켜야 한다.

생산공장의 해외 이전과 같은 의사결정은 인적자원관리와 관련한 또 다른 문제를 야기하기도 한다. 인적자원관리 경영자는 본사의 기술, 운영 방침, 독점적 스킬의 현지 이전을 감독할 수 있는 핵심적인 관리 인력을 선발해야 하고, 이런 관리 인력들은 자신들이 보유한 스킬이나 역량에 관계없이 대부분 자신들이 현지 공장으로 부임한 첫날부터 무엇을 해야 하고, 어떤 일들을 할 수 있는지 혼란스러워 한다. 따라서 인적자원관리 경영자는 이들이 새로운 문화적 특성을 지니는 현지 공장에서 효과적으로 활동할 수 있도록 도와줄 수 있는 훈련 프로그램 등을 제공해야 한다.

인적자원관리 경영자는 현지로 파견된 이들 관리 인력들의 효과적인 현지 활동으로 기대되는 성과에 대한 정의 혹은 기준을 준비해야 하며 이들 국제경영자들이 그 기준 혹은 정의에 비해 어느 정도의 성과를 낳았는지 평가할 수 있어야 한다. 또한 이들 국제경영자에게는 자신들의 직무와 성과에 상응하는 보상이 주어져야만 하며 기업이 이들 국제경영자에게 많은 투자를 하는 만큼, 인적자원관리 경영자는 이들 국제경영자들이 현지 공장 근로자들의 이직률이나 유지율 등을 얼마나 효과적으로 관리하고 있는지를 주의 깊게 평가할 수 있어야 한다.

In Practice

- 모든 국제경영 관리자는 최소한 인적자원관리(HRM)의 기본 요소에 대해 이해를 해야 한다.
- 인적자원관리자는 또한 국제경영에서 존재하는 추가적인 복잡성을 이해해야 한다.

추가 고려 사항: 기업의 국제화 전략은 인적자원(human resource)관리업무에 어떻게 영향을 줄 수 있는가? 그리고 그 반대로는 어떻게 영향을 줄 수 있을까?

19.2 국제 채용의 필요성

국제인적자원관리 경영자가 직면하는 채용(staffing) 문제는 크게 두 가지 범주로 구분될 수 있다. 그 하나는 관리자 혹은 임원의 모집, 훈련, 유지와 관련한 문제이고, 다른 하나는 블루칼라 생산직 근로자나 화이트 칼라 사무직 근로자와 같은 비 관리자의 모집, 훈련, 유지와 관련된 문제이다. 관리자 급에 대해서는 전략적이며 인적자원 개발과 관련한 이슈가 일차적으로 중요한 이슈이고, 비관리자 급에 대해서는 국가 간의문화적, 정치적, 법률적 여건의 차이가 더 중요한 문제다.[6]

국제화의 범위

우선 관리자의 모집, 훈련, 유지에 대해 초점을 맞춰보자. 국제인적자원관리 경영자가 직면하는 관리자의 모집, 훈련, 유지에 대한 문제는 기업의 해외시장에 대한 개입의 범위에 따라 다르다. 간접수출과 같이 국제화의 초기에 있는 기업이 직면하는 관리자의 모집, 훈련, 유지의 문제는 다양한 국가에서 광범위한 투자 활동을 벌이고 있는 MNC 단계에 비해 훨씬 덜 복잡하고 덜 포괄적이다. 14장에서 설명한 국제조직설계의 변화 과정을 고려해보자.

1. *수출부*: 기업의 초기 국제화는 보통 기존의 국내 생산공장에서 만들어진 제품을 소규모로 수출하는것에서부터 시작된다. 이러한 초기 수출 활동은 수출부와 같은 조직에서 관리되어지며, 상위 부서인 마케팅 부사장과 같은 임원에게 보고한다. 이 부서의 경영자는 대개 본국인이며, 국제마케팅이나 해외 자금조달 등에 대해 특별한 훈련을 받았을 수 있지만 그러지 않은 경우가 대부분이다. 하지만 수출 규모가 커지게 됨에 따라 기업은 수출 전문 인력의 채용을 늘려야 할 필요성을 강하게 인식하게 되고, 이에 따라 무역계약, 국제자금조달, 해외 유통 및 마케팅 등의 분야에서 전문가를 채용한다. 이들 전문가들은 종종 국제적인 은행, 국제물류회사, 혹은 무역전문기업 등에서 채용되기도 한다.
2. *국제사업부*: 기업의 국제사업이 차지하는 중요성이 늘어남에 따라 기업은 자신의 모든 국제 활동을 관리하는 별도의 국제사업부를 두게 된다. 국제사업부는 전형적으로 본국에 위치한 본사에 설치되고, 국내사업과 국제사업 사이의 조정과 의사소

통을 원활하게 하기 위해 본국인이 관장하는 것이 브통이다. 대신 해외 자회사의 책임자는 본사 국제사업부의 부서장에게 보고를 한다. 해외 자회사의 경영자들(자회사에 있는 재무, 마케팅, 생산 등의 기능부서 장뿐만 아니라 법인장까지도 포함해)은 본국인일 수 있고 현지인일 수도 있다. 해외 자회사에 본국인 경영자를 파견하는 경우에는 동일한 문화적 혹은 교육적 배경으로 인하 본사와의 의사소통이 촉진되고 조정이 용이하다는 장점이 있다.[7] 반면 현지인 경영자를 활용하는 경우에는 현지의 경제적, 정치적 환경변화에 잘 대응할 수 있는 능력을 자회사에게 제공해준다는 장점이 있다. 이 장의 후반부에서 설명할 예정이지만 본국인혹은 현지인 경영자의 선택에는 비용 요인도 중요한 고려사항 중의 하나이다.

3. *글로벌 조직*: 국제화 과정이 더욱 심화됨에 따라 기업은 글로벌 조직구조(14장에서 설명했던 글로벌 제품조직, 글로벌 기능조직, 글로벌 지역조직, 글로벌 고객조직 유형 등)를 채택한다. 국제화의 진전에 따른 복잡성의 증가로 인해 글로벌 조직구조에서는 생산, 재무, 마케팅 등의 기능에 대해 전문성을 가지고 있으면서도 글로벌한 관점에서의 생산, 자금조달, 마케팅 등의 활동들에 대한 경제성과 시너지 효과를 달성할 수 있도록 이들 활동들을 상호 조정할 수 있는 일련의 경영자 팀을 갖추어야 한다. 글로벌 조직구조가 성공적으로 작동하기 위해서는 다음과 같은 분야에서 전문성과 지식을 갖추고 있는 경영자들로 구성된 팀을 필요로 한다.

- 기업의 *제품계열(product line)*: 제품 부문의 경영자는 최근의 생산기술, 연구개발 기회, 경쟁자의 전략 등과 같은 요인들을 잘 이해하고 있어야 한다.
- 글로벌 경쟁력을 확보하는 데 필요한 *기능 분야의 스킬*(회계, 물류, 마케팅, 생산관리 등): 기능 분야의 전문가들은 기업의 재무, 마케팅, 생산 활동 등에서 글로벌 규모의 경제성과 시너지 효과를 확보하기 의해 노력해야 한다.
- 기업이 활동하는 *개별 국가 시장*: 지역(혹은 국가) 경영자는 현지의 법규, 문화, 경쟁자, 유통시스템, 광고매체 등과 같은 현재 특성 요인들을 이해해야 한다. 지역 경영자들은 기업이 현지 고객의 욕구를 충족시키고, 현지국의 법률과 규정을 준수하며, 현지국에서 기업의 시장점 유율과 수익성을 강화하는 데 핵심적인 역할을 한다.
- 기업의 *글로벌 전략*: 본사의 고위경영자는 기업 전체 관점에서의 글로벌 전략을 수립하고, 이와 같은 글로벌 전략이 성공적으로 실행에 옮겨질 수 있도록 기업의 제품, 기능, 국가 경영자들의 활동을 통제하고 조정해야 한다.

통제의 집권화와 분권화

국제기업에서 인적자원관리의 필요성의 정도는 기업이 본사 중심으로 의사결정의 집권화를 원하는지 혹은 해외 자회사 중심으로 의사결정의 분권화를 원하는지에 의해도 영향을 받는다. 집권화를 선호하는 기업들은 해외 자회사의 경영자로 본국인 경영자를 주로 활용하는 반면 분권화된 의사결정방식을 채택하는 기업들은 현지인 경영자를 활용하는 경우가 많다.

EMERGING OPPORTUNITIES

글로벌한 사고, 하지만 채용은 현지에서

국제기업들이 처음으로 중국과 인도 시장에 본격적인 진출을 시도할 때, 이들 기업들은 대체로 중국과 인도의 새로운 해외 자회사의 운영을 위해 본사로부터 주재원을 파견한다. 이들 기업들은 다른 어떤 이유보다도 그들이 진출하는 새로운 시장에 자신의 기업문화와 작업 절차를 이식해야 할 필요성을 강하게 느끼는 한편 현지 경영에 필요한 적절한 관리적 능력 또한 부족함을 절실하게 느낀다.

예를 들어 1990년대 중반까지만 해도 사실상 중국에 진출한 모든 미국 기업들은 중국 자회사의 중간 및 최고경영자를 미국인으로 채웠다. 미국인으로 채워지지 않은 소수의 자리에도 그 기업이 오랫동안 운영해왔던 싱가포르나 홍콩의 자회사에서 경험을 축적한 경영자들이 임명되었다.

하지만 그 이후 상황이 바뀌었다. 예를 들어 중국에서도 많은 현지인들이 영어에 숙달하게 되었고, 세련된 리더십과 선진 의사결정 기법을 배워 기업의 국제경영 활동에 보다 익숙했다. 그 결과 오늘날에는 점점 더 많은 현지 중국인들이 현지에 진출한 외국기업의 중간 혹은 최고경영자 지위를 차지했다. 이제는 중국에 진출한 외국기업들의 최고경영자 지위의 약 70%가 현지 중국인들로 임명되고 있는 것으로 추산된다. 이러한 추세는 비단 중국에서만 나타나고 있는 현상은 아니다. 인도에서도 이와 동일한 현상이 일어나고 있다.

중국에서 이와 같은 현상은 미국 기업에서만 나타나고 있는 독특한 현상은 아니다. 예를 들어 독일기업인 지멘스는 중국 자회사 내 9개 지역책임자 자리 중 7개를 현지 중국인 경영자로 임명했다. 스웨덴의 통신회사인 에릭슨(Ericcson)은 현재 중간경영자의 90%를, 최고경영자의 반 이상을 현지 중국인 경영자가 차지한다.

기업들이 이와 같은 방향으로 변화하고 있는 이유는 무엇인가? 여러 가지 이유가 있다. 우선, 현지인 경영자를 채용하는 것이 훨씬 비용이 적게 든다. 기업은 본국인 경영자에 수반되는 막대한 이주비용과 주재원의 현지 적응 실패 가능성을 피하려 한다. 나아가 현지인 경영자를 활용하는 경우 본국인 경영자를 파견하는 경우에 비해 이들 경영자에게 지급해야하는 급여도 약 20~25%에 불과하다. 현지인 경영자는 현지 시장 상황과 경쟁자의 동태, 정부의 규제정책 등을 훨씬 더 잘 이해한다. 추가적으로 현지인 경영자를 임명할 경우 현지인 근로자들의 사기 제고와 동기부여에도 도움이 된다. 현지인 경영자는 작업장에서 일어나는 다양한 문화적 문제들에 대해 잘 이해할 수 있고, 다른 현지인 근로자들에 대해 승진과 성공의 상징이 될 수 있다.

출처: "Firms in China think globally, hire locally," *Wall Street Journal*, February 27, 2006, pp. B1, B3; *Hoover's Handbook of World Business 2013* (Austin: Hoover's Business Press, 2013), pp. 140-141; 322-323.

의사결정의 집권화와 분권화의 선택은 기업이 채택하는 글로벌시장에 대한 방식과 조직설계(혹은 구조)의 유형에 따라서 영향을 받는다. 세계시장을 글로벌한 관점에서보다는 국가별(multidomestic) 관점에서 바라보는 기업은 의사결정의 분권화를 보다 선호하는 경향을 보인다. 또한 글로벌 지역 조직설계를 채택하는 기업들은 의사결정 권한과 책임을 해외 자회사로 위양하는 경향을 보이는 반면 국제사업부 조직설계를 채택하는 기업은 본사 중심으로 의사결정의 집권화를 꾀하는 경향이 많다.

대부분의 기업들이 완전한 집권화와 완전한 분권화 사이에 존재하는 수많은 연속선상의 어느 곳에선가 위치해 있다고 보는 14장의 내용을 상기해보자. 대부분의 국제기업들은 인적자원관리를 수행함에 있어 본사에서 전반적인 인적자원관리 전략을 채택하지만 일상적인 인적자원관리 문제들에 대해서는 해외 자회사에게 의사결정 권한을 위양한다. 이를 통해 각각의 해외 자회사들은 현지의 환경과 문화, 인적자원관리 관행의 요구에 적응하고, 보다 효과적으로 대처할 수 있다.

인적자원 채용의 철학

기업의 국제화 수준과 집권화 혹은 분권화의 정도는 어느 국적의 국제경영자를 채용할 것인지와 관련한 채용 철학에 영향을 주기도 하고 받기도 한다. 기업은 통상 국제경영자의 채용에 있어 본국인, 현지인, 혹은 제3국인 경영자를 고려할 수 있다.

본국인(parent country nationals: PCNs)은 국제기업의 본국 혹은 모국에 거주하는 자를 말한다. MNC에서 본국인 경영자의 활용은 많은 이점을 제공해준다. 본국인 경영자는 통상 본사의 경영자들과 공동의 문화와 교육적 배경을 공유하고 있기 때문에 본사와의 의사소통과 조정이 용이해 진다는 장점이 있다. 기업이 본국 시장에서 개발된 새로운 생산기술과 경영기법을 활용하는 글로벌 전략을 채택하는 경우, 본국인 경영자는 이와 같은 본사의 혁신 성과를 현지 자회사에 가장 잘 이식할 수 있는 수단이 된다. 예를 들어 메르세데스 사는 미국 자회사의 설립 과정을 지도하기 위해 본국인 독일인 경영자 팀을 현지에 파견했다. 본사의 생산기술과 품질에 대한 본사의 열정이 미국의 앨라배마 현지 공장에도 성공적으로 이전될 수 있게 하기 위해였다.

하지만 본국인 경영자를 활용하는 데에는 여러 가지 단점도 존재한다. 본국인 경영자는 현지국의 법률, 문화, 경제 환경, 사회구조, 정치상황 등에 대해 충분한 지식과 정보가 없는 경우가 많다. 현지 적응 교육을 통해 이와 같은 문제를 극복할 수 있지만 이러한 교육에는 비용이 많이 들며(특히 이와 같은 교육에 소요되는 시간의 기회비용을 고려하면), 현지국에서 태어나고 자라난 현지인 경영자의 장점을 완전히 대체할 수는 없다. 더욱이 본국인 경영자를 현지로 이주시켜 체류하게 하는 데에는 엄청난 비용이 수반되는 것이 보통이다. 마지막으로, 많은 국가들에서 외국기업이 자국 내에 있는 자회사에 파견하는 본사 인력의 수를 제한하기도 하며, 자회사가 지급하는 인건비 총액의 일정 부분 이상은 반드시 현지에서 채용한 현지인 근로자들에 지급되도록 규제하기도 한다. 따라서 국제기업은 본국인 경영자를 현지 자회사로 파견하는 데 있어 완전한 자율성을 가지지 못하는 경우도 있다. 이와 같은 요인들 때문에 본국인 경영자는 해외 자회사의 고위경영자 혹은 기술직 경영자에서 가장 많이 활용되는 경향을 보인다.

현지인(host country nationals: HCNs)은 국제기업이 진출한 해외의 현지국에 거주하는 자를 말한다. 현지인은 보통 국제기업에서 중간 관리자 혹은 하위 직급의 인력을 채우는 데 사용되지만 상위 직급의 경영자나 전문직 인력을 채용하는 데도 사용된다. 인텔, CIBC(Canadian Imperial Bank of Commerce), IBM, 할리버튼(Halliburton)과 같이 경험이 많은 MNC들은 해외 자회사의 전문적인 직무에 본국인을 파견하는 대신 현지인을 채용하는 경우가 많다. 해외 사업경험이 부족한 많은 중소기업들도 본사에 해외로 파견할 만큼 충분한 관리적 능력을 보유한 인력이 제한되어 있기 때문에 현지인을 채용한다.[8] 현지인의 활용에는 두 가지 중요한 장점이 존재한다. 첫째, 현지인은 현지의 법규, 문화, 경제 환경에 대해 잘 이해한다. 둘째, 현지인을 활용할 경우 기업은 현지 주재원 파견에 소요되는 이주비용, 체류비용, 자녀들에 대한 교육비용 등과 같은 비용의 부담을 줄일 수 있다. 하지만 현지인의 활용에도 단점은 존재한다. 현지인은 본사의 기업문화와 제도에 대해 익숙하지 않아 본사의 글로벌 전략을 실행하는 데 있어 유효성이 떨어질 수 있다. 이 장의 앞부분에서 설명한 바와 같이, 메르세데스는 미국자회사의 설립과 운영을 감독하고 지휘하기 위해 본사의 독일인 경영자를 파견했는데, 이는 현지에서 채용해야 하는 근로자들이 자동차의 품질을 최우선시하는 본사의 방침을 잘 이해할 수 있도록 하기 위함이었다.

마지막으로, 국제기업은 본국인도 현지인도 아닌 **제3국인(third country nationals:**

TCNs)을 채용할 수 있다. 본국인과 마찬가지로 3국인은 상급경영자 혹은 기술직에서 가장 많이 활용된다. 3국인과 본국인 경영자 모두 자신의 모국 외의 국가에서 거주하며 근무하는 사람들로 **주재원(expatriates)**으로 불린다. 과거에는 3국인 경영자는 기업이 다른 경로를 통해서는 확보하기 어려운 특별한 전문성을 가지고 있을 때 주로 활용되었다. 하지만 오늘날에는 기업들이 3국인 경영자의 활용을 통해 글로벌한 관점을 확보하고자 하는 이유에서 의식적으로 3국인 경영자를 채용하는 경우도 자주 일어나고 있다. 네슬레와 필립스 같은 기업들은 3국인 경영자에 대한 의존도가 상당히 높은데, 이는 해외 자회사의 경영에 있어 이들 3국인 경영자의 폭넓은 관점과 경험을 활용하기 위해서다. 나아가 어떤 기업들은 이사회에도 3국인 경영자를 포함시켜 이사회가 보다 글로벌한 관점을 갖도록 한다.

대부분의 국제기업들은 본국인, 현지인, 제3국인 경영자의 선택과 관련해 체계적인 전략을 수립한다. 어떤 기업들은 **본국 중심적 채용 모델(ethnocentric staffing model)**을 채택해 현지의 고위 직급에 대해서는 일차적으로 본국인 경영자를 선임한다. 이와 같은 방법은 본사의 관점이 해외 현지 자회사의 관점보다 선행되어야 하며, 기업의 해외 활동에서 본사의 관점을 적용하는 데에는 본국인 주재원의 활용이 가장 효과적이라는 가정에 기초한 것이다. 다른 기업들은 **현지 중심적 채용 모델(polycentric staffing model)**을 따르기도 하는데, 이는 현지인이 현지 시장을 가장 잘 이해한다는 믿음에 따른 것이다. 마지막으로, **지구 중심적 채용 모델(geocentric staffing model)**은 본국인, 현지인, 제3국인 경영자를 동일한 기초에서 바라보는 방법이다. 이와 같은 방법을 따르는 기업은 경영자 개인의 국적에 관계없이, 가능한 최선의 인력을 채용하고자 하는 의도를 가지고 있다.[9]

개별 국가의 문화에 따라 기업의 채용 모델 선택이 달라지기도 한다. 유럽의 MNC들은 미국이나 일본의 MNC들에 비해 지구 중심적 채용 모델을 더 많이 선택한다. 유럽연합의 결성으로 인해서 역내 국가들 사이에 근로자와 경영자의 이동이 훨씬 용이해졌기 때문이다. 일본 기업들은 본국 중심적 채용 모델을 선호한다. 이는 해외 자회사의 핵심적인 지위에 일본인 경영자를 임명함으로써 합의를 중시하는 의사결정 방식이 더욱 강화될 수 있기 때문이다. 일본 기업들이 본국 중심적 채용 모델에 지나치게 의존하고 있는 사실은 때때로 단점으로 작용하기도 한다. 일본 기업들은 하위 직급에 대해서는 통상 현지인을 채용하기도 하지만 고위 직급에 비 일본인을 채용하는 것을 극도로 꺼린다. 일본 기업들이 현지인을 해외 자회사의 경영자로 채용하는 경우에는, 본사와 자회사 사이에 문제가 발생하게 되어도 본사와의 조정이 이루어지기도 전에 현지인 경영자가 너무 성급하게 의사결정 하는 문제가 발생될 수 있다. 더욱이 일본 기업들의 경우 대부분의 최고위 직책은 거의 모두 일본인들에 의해 채워지기 때문에 해외 자회사의 비 일본인 경영자는 보이지 않는 차별을 받을 수 있다. 그리하여 본국 중심적 채용 모델은 현지인 경영자들이 더 많은 도전과 책임을 쫓아 비일본계 기업으로 자리를 옮겨 능력 있는 최고의 현지인 경영자를 잃는 결과를 초래하기도 한다.

대다수의 국제기업들은 중간 그리고 하급직 직군에 현지인을 채용한다. 예를 들어, 미국 기업과의 계약 아래 유럽과 미국에 수출용 의류를 생산하는 중국 의류 공장의 경우, 직원들과 이들의 관리자는 현지인들이다.

MAK REMISSA/EPA/Newscom

BRINGING THE WORLD INTO FOCUS

Schlumberger의 지구 중심적 채용

슐룸베르거(Schlumberger)는 세계 최대의 유전 개발 서비스 기업이다. 이 기업은 엔지니어링, 건설, 프로젝트 관리 등을 포함하는 석유 및 가스개발과 관련된 전체 공정 범위에 대한 서비스를 제공한다. 슐룸베르거는 118,000만 명 이상의 근로자들을 보유해 전 세계에서 사업을 수행하고 있으며, 2012년 한 해 동안에만 420억 달러 이상의 이익을 벌어들였다. 하지만 이 기업은 오늘날 유전을 발견하는 데에는 아무런 문제가 없지만 인적자원관리의 기본적인 이슈인 적합한 인력을 모집하고 유지하는 문제에 있어서는 계속되는 도전에 직면해 있다.

슐룸베르거를 포함해 에너지 관련 산업에 속해 있는 대규모 기업들에게 신규 근로자의 안정적인 공급은 매우 중요한 문제다. 하지만 이 산업에서는 기존 근로자들이 노령화되어가고 있고 숙련공은 그 공급 상황이 매우 불안정한 문제가 계속되고 있다. 예를 들어 가장 많은 인력이 필요한 북미와 중동 지역에서 특히 지구과학과 석유 공학을 전공한 학생들이 매우 부족한 실정이다.

40여 년 전에 슐룸베르거는 다양성과 세계 여러 대학들과의 협력관계에 기초해 적극적이면서도 혁신적인 인적자원관리 전략을 채택했다. 그 결과 이 기업은 오랫 동안 자신이 사업을 수행하고 있는 국가에서 필요한 인력들을 채용했다. 이와 더불어 슐룸베르거는 세계 도처에서 발생하는 모든 유전개발 계약에 대해 지구 중심적인 채용 방식을 채택해, 출신 지역에 관계없이 최선의 인력들을 고용하고, 이들을 작업 현장에 투입함으로써 기업과 근로자 모두에게 이익이 되도록 했다. 슐룸베르거는 장기적 관점에서 여성 엔지니어들을 채용하고 개발하는 데에도 관심을 가졌다.

이와 같은 노력의 결과로, 많은 다른 핵심 경쟁자들에 비해 인적자원 분야에서 경쟁적 우위를 유지해 왔다. 하지만 이들 경쟁자들도 인적자원 관리에 있어 보다 글로벌하고 통합적인 관점을 채택하면서 자신들만의 창의적인 특성을 나타내 보이고 있으며, 다른 기업들은 경험이 많고 숙련된 인력을 채용할 필요가 있을 때 기존의 슐룸베르거 인력들에 눈독을 들이기 시작했다.

슐룸베르거가 자신의 근로자들로부터 획득한 경쟁 우위를 유지하기 위해서는, 이 기업은 자신이 모집한 강력한 근로자 집단을 유지할 수 있는 새로운 시스템, 방침, 제도를 계속적으로 개발해야 한다. 예를 들어 체계적이며 종합적인 훈련 및 인력개발 프로그램을 통해 작업 현장 최일선에서 일하고 있는 근로자들을 유지할 수 있어야 하고, 경쟁력 있는 보상제도와 성과 중심의 인센티브 제도 등을 통해 최고의 유능한 인력들을 유지할 수 있어야 한다. 또한 경쟁이 심화되고 있는 상황에서 경쟁우위를 유지하기 위해 필수적인 숙련공들이 계속해서 성장하고 육성될 수 있도록 경력경로 및 경력개발 계획의 확립도 중요하다.

출처: *Schlumberger Annual Report 2007; Hoover's Handbook of American Business 2013* (Austin, Texas: Hoover's Business Press, 2013), pp. 730–731; http://www.slb.com/about.aspx, accessed on May 22, 2013.

In Practice

- 관리자는 국제화 범위의 변화가 그들의 인적자원관리업무에 어떻게 영향을 주는지 알고 있어야 한다.
- 국제적 인적자원관리자는 기업 조직에 최적한 인력 채용의 철학에 대한 분명한 이해가 있어야 한다.

추가 고려 사항: 세 가지의 기본적인 인력 채용 철학의 장점과 단점은 무엇인가?

19.3 모집과 선발

기업의 국제화 수준과 집권화 혹은 분권화의 정도, 채용 철학 혹은 방법은 국제경영자에게 요구되는 자질과 능력을 설명하는 데 도움을 준다. [그림 19.2]에서 볼 수 있는 바와 같이 국제경영자에게 요구되는 자질과 능력은 직무수행에 필요한 자질과 능력, 해외에서 근무하는 데 필요한 자질(skill)과 능력(ability) 등 두 가지의 일반적인 범주로 나눌 수 있다.

기업은 우선 직무를 수행하는 데 필요한 실제적인 자질을 정의해야 한다. 예를 들어, 해외에 조립공장을 보유하고 있는 기업은 생산되고 있는 제품과 활용되고 있는 생산 공정 등과 관련된 기술적 측면을 이해할 수 있는 생산부문 경영자를 필요로 한다. 그리고 기업의 마케팅 부문 경영자는 활용 가능한 광고매체, 유통경로, 시장 경쟁상황, 현지 소비자의 인구 통계적 특성 등에 대한 지식을 갖추고 있어야 한다.

다음으로 기업은 해외의 현지에서 효과적으로 근무하고 활동하기 위해 경영자가 갖추어야 하는 자질과 능력을 결정해야 한다. 여기에는 경영자의 현지 문화적응 능력, 현지 언어 구사능력, 전반적인 육체적 및 정신적 건강상태, 독립성과 자립성, 적절한 수준의 경험과 교육수준 등이 포함된다. 당연히 현지인 경영자의 경우 본국인 경영자나 제3국인 경영자에 비해 이와 같은 요구사항을 훨씬 용이하게 충족시켜줄 수 있다. 따라서 본국 중심적 혹은 지구 중심적 채용 모델을 채택하고 있는 기업의 경우 현지 중심적 모델을 채택하고

그림 19.2
국제경영자에게 요구되는 자질과 능력

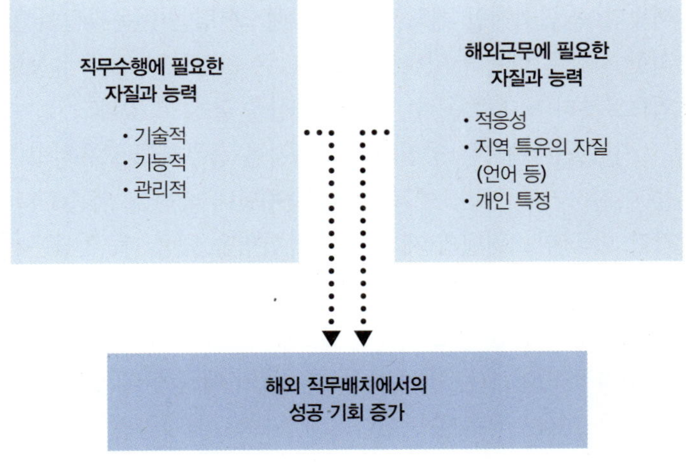

있는 기업에 비해 해외의 현지에서 일할 본국인 혹은 제3국인 경영자를 선발하고 훈련하는데 더 많은 자원을 투입해야 한다.

경영자의 모집

일단 국제경영자가 갖추어야 하는 자질과 능력이 결정되면 국제기업은 해당 직무에 적합한 유능한 국제경영자 집단을 확보해 이들을 모집하고 선발해야 한다.

숙련된 경영자의 모집 국제기업은 다양한 경로를 통해 숙련된 국제경영자를 모집할 수 있다. 국제경영자를 모집할 수 있는 가장 일반적인 원천은 기업 내부이다. 해외의 현지국에서 이미 채용되어 있는 근로자들이나 본국에서 일하고 있는 인력들 중에서 현지국의 국제경영자로 배치 받아 일할 수 있는 인력을 확보할 수 있다. 본국 인력들 중에서는 해외에서 근무한 경험이 전혀 없는 인력들과 이미 해외에서 근무한 경력을 가지고 본국으로 복귀해 일하고 있는 인력들 모두가 포함된다. 예를 들어 칼 칸(Kal Kan)의 캐나다 자회사가 폴란드의 동물사료 시장에 진출했을 때, 이 기업은 폴란드 자회사의 초기 설립과 운영을 위해 폴란드에서 태어난 캐나다인 임원들을 현지의 국제경영자로 활용했다. 어떤 기업들은 단기적으로 해외에서 근무할 수 있는 인력들의 채용을 위해 은퇴한 경영자 풀을 활용하기도 한다. 월풀은 상하이의 세탁기 공장의 증설에 필요한 고위급 엔지니어의 채용을 위해 은퇴한 경영자를 재고용했고, 퀘이커(Quaker Oats)는 상하이의 시리얼 공장 설립과 운영을 위해 5명의 은퇴한 경영자 팀을 파견했다. 은퇴한 경영자들은 이와 같은 과업에 매우 열성적인 편이다. 예를 들어 버라이즌(Verizon)은 단기적인 해외 근무를 희망하는 725명의 은퇴한 경영자 풀을 확보하고 있다.[10]

국제기업은 현재는 다른 기업에서 일하고 있는 잠재적인 국제경영자 집단도 활용할 수 있다. 이들은 해외 근무에 충분한 자격을 갖춘 것으로 판단되는 다른 기업의 본국인 경영자들일 수 있고, 이미 다른 기업에서 현지 근무 경험을 확보하고 있는 현지인 경영자들일 수 있다. 해외 자회사의 고위직에 대해서는 소위 말하는 **헤드헌터**를 활용할 수도 있다. 헤드헌터는 다른 조직으로 이직해 보다 상위직에서 일하고 싶어 하는 유능한 경영자와 전문가 집단을 위해 이들을 적극적으로 찾고 있는 기업들을 모집한다. 일본을 포함해 세계 많은 국가들에서 이곳저곳으로 직장을 옮기는 것은 그다지 바람직하지 않은 것으로 인식되어왔다. 최근까지만 해도 유럽에서 헤드헌팅은 비윤리적인 일로 인식되어 왔다. 하지만 이러한 시각은 바뀌고 있다. 더욱더 많은 기업들이 매우 유능한 일본인 경영자를 일본계 기업으로부터 빼내어 올 수 있다는 사실을 잘 알고 있다.

기업들은 때로는 양질의 근로자들을 풍부하게 보유하고 있는 곳으로 자신의 생산시설을 이전하기도 한다. 예를 들어 1990년대 중반에 업존(Upjohn)과 파마시아(Pharmacia: 각각 미국과 스웨덴의 제약회사)가 합병을 했을 때, 이들은 처음에는 자신의 새로운 본사 소재지로 런던을 선택한 적이 있다. 하지만 런던에서는 적절한 관리적, 기술적 능력을 보유한 경영자 풀을 채용하기 어렵다는 사실이 바로 확인되었다. 런던은 세계에서도 생활비용이 가장 많이 드는 지역 중의 하나였기 때문에 다른 지역으로부터 경영자를 데려오는 것은 많은 비용부담을 수반했다. 그리하여, 이 기업은 많은 다른 제약회사들이 입지해 있는 뉴저지(New Jersey)로 본사를 이전했다. 경영자들은 이와 같은 조치가 제약 산업에서 풍부한 경험을 보유하고 있는 광범위한 인재 풀에 보다 용이하게 접근할 수 있도록 함으로써 이들 인력들의 모집이 훨씬 쉬워질 것으로 판단했다.[11]

글로벌화의 진전으로 인재 시장도 점점 더 글로벌화 되어가는 것은 하나의 분명한 추세이다. 기업들은 점점 더 국적보다는 성과를 더 중요하게 생각한다. 일본 최대의 증권사인 노무라(Nomura) 증권사는 이와 같은 추세를 대표하는 기업이다. 이 회사는 글로벌 증권시장에서 자신의 시장 점유율이 하락하자, 런던에 본사를 둔 글로벌 사업부문의 재활성화를 위해 미국계 증권사의 노련한 고위경영자였던 Max Chapman을 영입했다.

젊은 경영자의 모집 거대 MNC가 바로 해외 근무에 투입하기 위해 이제 갓 대학을 졸업한 인력을 고용하는 일은 드물다. 하지만 어떤 기업들은 단기적으로는 국내에서 근무를 해도 궁극적으로는 해외로 파견하기 위해 새로운 대학 졸업생을 모집하곤 한다. 외국어를 전공한 졸업생이나 해외파 졸업생, 국제경영학이나 관련 분야를 전공한 졸업생들이 특히 각광을 받는다. 소수의 기업들은 미래의 국제경영자를 개발하고자 하는 장기적인 관점을 갖기 시작했다. 예를 들어 코라콜라는 미래의 국제경영자를 모집하기 위해 혁신적인 전략을 내놓았다. 이 기업은 미국 대학에서 공부를 하고 있으면서 학위를 취득한 후에는 본국으로 돌아가기를 원하는 외국인 학생들을 적극적으로 탐색한다. 이 기업은 이들 외국인 졸업생들 중 최고의 학생들을 채용해 1년간의 교육프로그램을 적용한다. 이들 새로운 국제경영자들은 1년의 교육을 받은 후에 코라콜라의 구성원으로 자신의 본국에 돌아가 근무한다.

경영자의 선발

인적자원관리 경영자는 미래의 잠재적인 국제경영자 풀을 확인하고 난 다음에는, 잠재적 국제경영자풀 중에서 누가 해당 직무에 가장 적합한 사람인지를 결정해야 한다. 가장 유력한 국제경영자는 다음과 같은 특성을 보유하고 있어야 한다.

- 관리적 역량(기술적 자질, 리더십 자질, 기업문화에 대한 지식)
- 적절한 훈련(공식적 교육, 현지 시장, 문화, 언어에 대한 지식)
- 새로운 상황에의 적응력(새로운 직무환경, 새로운 현지 문화, 현지인과의 접촉에 대해 동시적으로 적응할 수 있는 능력)

국제경영자의 선발 과정은 특히 주재원 혹은 현지 파견 경영자의 경우 중요하다. 주재원 파견의 실패로 인해 기업이 부담해야 하는 비용이 엄청나기 때문이다. 주재원 실패(expatriate failure)는 주재원이 해외 근무를 수행할 수 없어 본국으로 조기 귀환하는 경우를 의미한다. 전문가들에 따르면 주재원의 실패로 인한 기업의 비용부담은 최소 20만 달러에서 최고 120만 달러(여기에는 주재원의 훈련, 이주비용과 주재원 파견으로 인한 생산력의 손실 등을 포함하며, 주재원 활동의 실패에 따른 해외 자회사의 성과 저하는 포함되지 않는다)에 이를 정도로 크다. 주재원 실패는 매우 빈번하게 발생한다. 미국 기업에서 주재원 실패 비율은 20~50% 정도로 추산되며, 이는 유럽이나 일본계 기업들에 비해 훨씬 높은 수치다.[12]

주재원 실패는 일차적으로 주재원 자신과 그 배우자 혹은 가족이 새로운 환경과 문화에 적응하지 못함으로 인해 발생한다. 그 결과 국제인적자원관리 경영자는 해외 파견 지망자의 적합성을 평가하는 데 있어 비기술적인 측면의 요소들을 점점 더 중요하게 고려한다. 어떤 자질과 능력은 상대적으로 쉽게 평가할 수 있다. 예를 들어 현지 언어 구사능력은 직접적으로 평가할 수 있는 요소다. 반면 개인의 현지 문화 적응능력은 쉽게 측정하기 어려우며, 다양한 수단을 통해 평가되어야 한다. 대부분의 기업들은 주재원의 선발 과정에서 서면평가(인성 및 적성 검사와 같은)와 면접을 복합적으로 사용한다. 수일 동안에 걸쳐 주재원의 선발을 위한 연습, 검사, 면접 등을 주관하며, 동일한 상황 하에서 잠재적 주재원들의 자질을 심층적으로 평가할 수 있는 평가 센터의 설치도 유용한 방법이다.

주재원 대상자들의 동기부여 정도와 해외 근무에 대한 흥미도 또 다른 중요한 고려사항 중의 하나이다.[13] 어떤 경영자들은 해외 근무에 대해 가질 수 있는 막연한 흥미나 해외 근무가 자신의 미래 경력계획에 도움이 될 것이라는 기대로 주재원에 매력을 느끼기도 한다. 또 다른 경영자들은 특히 문화적으로 익숙하지 않은 곳으로 가족들을 이주해야 한다는 사실 때문에 주재원 신청을 주저하기도 한다. 앞서도 지적한 바와 같이, 가족들의 새로운 문화적응에의 실패가 주재원 실패의 중요한 원인 중의 하나다. 따라서 대부분의 기업들은 해외 근무에 대한 가족들의 동기부여와 흥미 정도도 중요하게 고려해야 한다. 배우자가 가족들이나 친구들과 떨어져 살게 되어 불행해하거나, 새로운 문화 적응에 실패해 좌절하는 경우, 주재원의 직무성과 역시 저하되는 것이 보통이다. 국내 이주에 비해 해외 이주는 가족들에게 훨씬 파멸적인 결과를 초래할 수 있음은 분명한 사실이다. 주재원의 자녀들이 새로운 학교 환경에 적응하는 데 있어 여러 가지 문제에 직면할 수 있고(특히 현지 언어를 구사하지 못할 경우에는), 새로운 학교에서 공부해야 하는 교육과정과 교육내용이 본국에 비해 지나치게 앞서 있거나 뒤떨어져 있는 문제도 발생할 수 있다.[14] 추가적으로 경력단절로 인한 문제도 발생할 수 있다. 본국에서 일을 하고 있는 배우자가 주재원을 따라 해외로 이주하는 경우 기존의 일자리를 그만두어야 하거나, 해외 근무 기간 동안의 단절로 인해 승진 등에서 불이익을 당할 수 있다. 설상가상으로 현지국의 노동 관련 법규로 인해 이들 배우자가 현지에서는 합법적으로 새로운 일자리를 얻는 것이 어렵거나 아예 불가능해질 수 있다.

주재원 실패의 위험 때문에 기업들은 국제경영자의 선발과 훈련과정에 상당한 자원을 투입하곤 한다.[15] 예를 들어 AT&T는 주도면밀한 과정을 거쳐 해외로 파견할 경영자를 선발하는데 특히 자부심을 가지고 있다. 이 기업은 오랫동안 선발 과정 중의 한 부분으로 적성검사와 인터뷰를 사용해왔다. 이 기업은 현재는 주재원 대상자들에 대한 평가를 돕기 위해 심리학자들을 활용하고 있으며, 주재원 가족들에 대한 학습에도 투자를 늘리고 있다. 덧붙여 주재원 대상자들은 해외 근무에 대한 자신들의 동기부여 정도를 확인시켜주기 위해 설계된 자기평가 체크리스트에 대해서도 응답을 하도록 되어 있다. AT&T는 이와 같은 훈련을 통해 주재원 대상자들이 해외 근무에 대한 자기인식 수준을 스스로 평가해볼 수 있게 하고, 그 결과 AT&T에서는 보다 많은 경영자들이 스스로 해외 근무에 대한 지원의사를 거두고 있다.

어떤 국제기업들은 미래의 잠재적 주재원들이 얼마나 잘 해외의 문화에 적응할 수 있을 것인가에 대해서뿐만 아니라 어떤 사람이 그 문화에 가장 적합한 사람인가에 대해 관심을 갖고 있다.[16] 예를 들어 수년 동안 어떤 미국 기업들은 여성을 일본 등의 몇 개 국가에 주재원으로 파견하는 것을 주저했다. 왜냐하면 여성이 가정 밖에서 일하는 것에 부정적인 시각을 가지고 있는 문화권에서는 여성 경영자를 쉽게 수용하지 않는 경향을 보이기 때문이다. 하지만 연구결과에 따르면 이와 같은 우려는 지나치게 과장된 것이었다. 현지국의 시민과 근로자들은 여성 주재원의 성별 때문이 아니라 그 주재원이 현지 문화에 익숙하지 못한 데 대해 우선적으로 반응을 보이는 것이 보통이다.

주재원 파견과 복귀 문제

장기간 동안 해외에 파견된 본국인 경영자는 문화변용(acculturation)의 도전에 직면한다. 외국의 익숙하지 못한 문화에 접해 근무하면 현지 문화에 대한 두려움, 무기력함, 과민함, 심리적 혼란 등을 야기할 수 있는 심리적 현상을 의미하는 **이문화충격(culture shock)**을 경험한다. 이에 따라 신임 주재원은 새롭고 익숙하지 못한 문화적 환경 아래에서 근무하게 됨에 따라 심리적 혼란, 거부반응, 회의감, 자존감의 약화 등뿐만 아니라 과거의 익숙한 문화적 환경과 관련된 상실감을 경험할 수 있다.[17] 문화변용은 [그림 19.3]에서 볼 수 있는 바와 같이 전형적으로 네 가지 단계를 거쳐 진행된다.[18]

이문화 충격은 주재원 파견의 타당성과 생산성을 떨어뜨리기 때문에 국제기업들은 이와 같은 이문화 충격의 효과를 완화시키기 위해 다양한 전략을 개발해 적용한다. 주재원

그림 19.3
문화변용의 단계

허니문 단계(Honeymoon)

처음 며칠 혹은 몇 달 동안 새로운 문화는 이국적이고 자극적으로 여겨진다. 새로운 환경에 대해 흥분하며, 이로 인해 현지 문화적응이 쉬울 것이라고 과신하게 된다.

각성 단계(Disillusionment)

새로운 환경과 과거 환경의 차이가 과장되게 다가온다. 주재원과 그 가족의 일상생활에서 이와 같은 문화적 차이가 더 확대되어 나타난다. 많은 주재원들은 이 단계에 머무르게 된다.

적응 단계(Adaptation)

시간이 지나면서 주재원의 새로운 문화의 패턴을 이해하기 시작하고, 현지 언어에도 능숙해지며, 일상생활에도 적응하게 된다.

이중문화 단계(Biculturalism)

새로운 문화에서도 본국에서와 똑같이 활동하고 생활할 수 있다는 자신감을 가지게 됨에 따라 이문화로 인한 걱정이 사라진다.

(그리고 그의 가족)에 대해 사전 언어 및 현지 문화적응 훈련을 제공해 이들이 현지에서의 문화적응 과정을 보다 잘 이해하고 예상할 수 있도록 하는 것이 그 단순한 해법 중 하나다. 직접적인 훈련의 제공과 함께 최초의 해외 파견에 대해서는 상대적으로 간단한 임무만을 제공하고, 주재원으로써의 임무가 주재원 자신의 전체 경력경로에서 어떤 역할을 할 것인지를 확인시켜주는 것도 좋은 방법 중의 하나다.

국제기업들은 주재원의 파견만큼이나 주재원의 **복귀** 문제에 대해서도 충분한 관심을 기울여야 한다. 만약 주재원과 그 가족이 현지 문화에 성공적으로 적응하는 경우에는 오히려 현지에서 근무하고 생활하는 것이 더 편안해지게 되어 다시 본국으로 돌아오는 것이 애초에 외국으로 떠날 때만큼이나 정신적인 충격을 느낄 수 있다. 주재원 복귀가 또 다른 어려움이 되는 이유 중의 하나는 통상 사람들은 자신들이 떠나기 전이나 지금이나 본국에서는 아무런 변화가 일어나지 않았다고 생각하기 때문이다. 이들은 예전의 친구들, 예전의 익숙했던 주변 환경, 예전의 일상으로 돌아올 수 있기를 기대하지만 친구들은 이사했거나 새로운 사회적 친분을 이미 형성했고, 같이 일하던 동료들도 다른 회사나 직무로 옮겼을 수 있다. 미국으로 복귀한 어떤 주재원들의 경우에는 수년간에 걸쳐 미국 국내에서는 어떤 금융거래 실적도 가지지 못함으로 인해 복귀 후 금융기관 대출마저도 거절되는 경험을 한다.[19]

해외 파견에서 복귀한 경영자 역시 복귀로 인한 변화와 불확실성에 잘 대처해야 한다. 기업은 복귀 경영자의 새로운 직무로 무엇이 적합한지 확신하기 어려우며, 특히 복귀 경영자는 이전에 해외에서 상당한 정도의 권한을 행사하던 때의 습관을 쉽게 버리지 못할 수 있다. 하지만 본국으로 복귀한 후 복귀 경영자는 예전에 비해 훨씬 적은 권한을 가질 수밖에 없으며, 다른 경영자들과 마찬가지로 보다 상위 직급의 경영자에게 보고를 해야 하는 처지가 된다. 복귀 경영자뿐만 아니라 그 가족들도 본국에서보다는 현지국에서 훨씬 더 높은 사회적 지위를 누렸을 수 있다. 그리하여 이들 복귀 경영자와 그 가족들의 재적응 문제는 심각한 문제이며, 기업과 경영자 모두 이 문제에 관심을 기울여야 한다.

주재원의 복귀 문제는 기업에게도 상당한 비용을 부담지울 수 있다. 전체 복귀 경영자의 1/4이 본국으로 복귀한 지 1년 이내에 회사를 떠나게 된다는 추산도 있다. 미국 기업에서는 주재원 1인당 연평균 30만 달러 정도의 비용을 지출하고 있고, 이들 주재원이 해외 현지에서 3~4년을 근무하는 것이 보통이라고 보면 복귀 경영자가 본국으로 돌아온 후 회사를 떠나게 되면 기업으로써는 100만 달러 정도의 비용을 쓸모없이 투자한 셈이 된다.

결국 핵심은 기업에서 주재원에 대해 적절한 경력개발 계획을 제공해줄 수 있을 경우에 주재원의 파견과 복귀로 인한 문제의 상당 부분은 줄어들 수 있다는 사실이다.[20] 최근의 연구결과에 따르면 경영자들이 주재원 파견의 성공 가능성을 높이기 위해서는 다음과 같은 사항들에 대해 주의를 기울여야 한다.

- 주재원으로의 해외 파견을 수용할지 거부할지 자유스럽게 선택할 수 있게 해야 한다.
- 주재원이라는 새로운 직무에 대해 현실적이면서도 면밀한 사전 검토가 이루어져야 한다.
- 본국으로의 복귀 후 맡을 수 있는 직무에 대해 현실적으로 검토해 보아야 한다.
- 주재원으로 근무하는 동안 본사에서 자신의 이해관계를 보호해주고 지원해줄 수 있는

멘토가 있어야 한다.

- 주재원 업무와 자신의 장기적인 경력경로 사이의 관련성을 명확히 해야 한다.

이상과 같은 다섯 가지 요소 중에 마지막 사항이 주재원의 성공 여부를 결정하는 데 가장 중요하다.

In Practice

- 국제적 인적자원관리자는 채용 인력의 모집과 경력직 및 신입 관리자 선발의 미묘한 차이를 이해해야 한다.
- 해외 파견과 본국 송환 문제는 신중하게 관리할 필요가 있다.

추가 고려 사항: 그림 19.3을 다시 참고하라. 각성단계(disillusionment stage)를 최소화하거나 제거하기 위해 할 수 있는 것들을 생각해 보라.

19.4 훈련과 개발

국제기업의 인적자원관리 경영자는 본국과 현지국에서 근무하고 있는 경영자들이 보다 효과적으로 자신의 직무를 수행할 수 있도록 적절한 훈련 및 개발 프로그램을 제공해 주어야 한다. **훈련(training)**은 특정 직무와 관련된 자질과 역량을 강화하기 위해 행해지는 교육을 의미한다. 예를 들어 외국어 학습, 새로운 생산설비의 운용방법, 혹은 새로운 생산절차의 숙지 등과 같은 훈련 프로그램이 근로자들을 위해 제공될 수 있다. 해외로 파견되는 주재원을 위해서는 특별한 현지 문화적응 훈련이 중요하다. **개발(development)**은 경영자들이 새로운 직무를 부여받게 되거나 상급직으로 진급하는 것과 관련된 일반적인 교육을 의미한다. 예를 들어, 경영자들의 의사결정 능력을 개선시키거나 하급자들이 더 열심히 일할 수 있도록 동기부여 능력을 향상시키기 위해 경영자들에게 개발 프로그램이 지원될 수 있다.

훈련 니즈의 평가

기업은 의미 있는 훈련 및 개발 프로그램을 확립하기 전에 기업의 훈련 및 개발 니즈를 정확하게 평가해야 한다. 이와 같은 평가과정에서는 경영자와 근로자의 현재 직무능력과 기업이 요구하고 있는 경영자와 근로자들의 직무능력 사이의 차이를 분명하게 확인할 수 있어야 한다. 예를 들어, 남미에서 사업 활동을 수행하고 있는 어떤 기업이 자신의 근로자들은 스페인어를 유창하게 구사할 수 있기를 원한다고 가정해보자. 만약 대부분의 근로자들이 이미 스페인어에 능숙하다면 외국어 훈련의 니즈는 미미할 수 있지만 소수의 근로자들만이 스페인어에 능숙하다면 스페인어 훈련을 강화하는 조치가 필요하다. 훈련 니즈에 대한 평가는 국제인적자원관리에서 매우 중요한 요소다. 훈련 니즈를 과소평가한 기업들은 심각한 문제에 봉착할 수 있다. 해외 현지 시장과 고객에 대한 이해의 부족이 성공적인 해외시장진출의 가장 중요한 장애요인이다.

이제 막 처음으로 해외시장에 진출하는 기업은 이미 상당한 정도로 국제 사업을 수행한 경험을 가진 글로벌기업들과는 전혀 다른 훈련 및 개발 프로그램을 필요로 한다. 새롭게 국제화하는 기업은 숙련된 국제경영자가 아예 없거나 있어도 극히 소수에 불과하다. 따라서 이런 기업들에게 있어 훈련과 개발의 니즈는 상당하다. 이와는 대조적으로 글로벌기업은 국제화된 배경과 자질, 역량을 보유한 잘 훈련되고 숙련된 국제경영자 집단을 이미 보유한다. 그럼에도 불구하고, 해외 진출의 확대로 인한 조직상의 변화는 훈련을 필요로 한다. 예를 들어, 재규어(Jaguar)가 당초 포드의 Escort 자동차를 만들고 있던 영국 공장을 인수했을 때 재규어의 경영자들은 기존 근로자들의 사기와 책임감이 현저하게 떨어져 있다는 사실을 발견했다. 이에 재규어는 영국 공장의 모든 근로자들에 대해 다양한 훈련 프로 그램을 실시해 그들의 기술적 자질을 향상하고 핵심 의사결정에 대한 권한을 강화시켰다.[21]

기본적인 훈련 기법과 절차

국제기업이 근로자들에 대한 훈련과 개발 프로그램을 준비할 때 가장 먼저 고려해야 하는 문제는 표준화된 훈련 및 개발 프로그램을 활용할 것인지 아니면 자신만의 맞춤식 프로그램을 적용할 것인지의 여부를 결정하는 것이다. 일반적인 소매 점포에서 훈련도구들을 쉽게 구매할 수 있다, 예를 들면, 자기진도에 맞추어 학습할 수 있는 외국어 훈련 CD나 DVD. 프루덴셜 보험은 주재원 파견의 실패를 야기하는 주요 문제 중의 하나인 가족 문제의 중요성을 고려해 주재원의 가족들에 대한 패키지 훈련 프로그램까지 제공한다. 표준화된 훈련 프로그램은 맞춤식에 비해 비용이 적게 든다는 장점을 가지고 있기는 하지만 기업의 훈련 요구를 정확하게 충족시켜 주지는 못한다는 단점도 있다.

따라서 대부분의 훈련 및 개발 프로그램은 종종 기업의 특정한 요구에 맞게 설계되어진다. 거대 MNC들은 개별 경영자나 단위 부서의 독특한 요구에 따라 맞춤식 프로그램을 개발해주는 별도의 훈련 및 개발 부서를 가지고 있는 것이 보통이다. 기업의 훈련 및 개발 활동은 정규 교실 수업이나 실제 작업장 내에서, 회의장이나 호텔과 같은 외부 시설에서도 이루어질 수 있다. 맞춤식 프로그램은 표준화된 프로그램에 비해 훨씬 많은 비용이 소요되기는 하지만 근로자들이 실제 필요로 하는 부분에 대해 정확한 정보를 제공해줄 수 있다. 표준화된 훈련 및 개발 프로그램이든 맞춤식 프로그램이든 관계없이, 대부분의 프로그램은 훈련도구로 다양한 방법을 사용한다. 비디오나 인터넷을 활용한 강의 서비스와 읽을거리의 제공이 가장 일반적이다. 멀티미디어 기술도 점점 더 이문화 적응훈련에 많이 활용된다. 이 분야에서 가장 혁신적인 기업 중의 하나인 아트마(Atma Global)의 Sanjyot Dunung 회장에 의하면 MNC들은 점점 더 세계적으로 일관되면서도 유연한 이문화 적응 훈련 프로그램을 요구한다. 멀티미디어를 활용한 훈련 프로그램은 전 세계적으로 산재해 있는 근로자들이 밤이든 낮이든 자신의 편의에 따라 자신이 필요한 훈련 프로그램에 접근할 수 있도록 해주고 있다.

역할연극(role playing)과 다른 형태의 경험적 훈련도 다른 문화를 잘 이해하는 데 매우 유용한 수단이 된다. 모토롤라는 주재원으로 파견되는 경영자들에게 도움이 되는 작업 해외인력배치와 관련한 교육과 인력 개발은 비용이 많이 들며 복잡한 업무가 될 수 있다. 특히 교육과 인력 계발 과정이 문화적, 법률적 차이와 현지 상관행이 고려될 경우 이는 더욱 그러하다. 그러나, 언어 교육은 대부분 로제타 스톤(Rosetta Stone)과 같은 “규격화된” 교육 방법 등을 통해 매우 효과적으로 이뤄질 수도 있다.

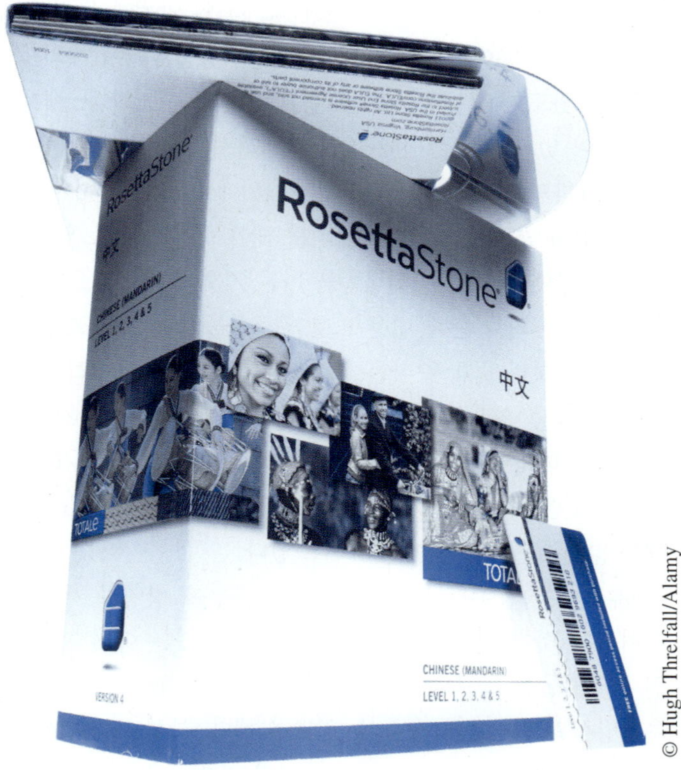

© Hugh Threlfall/Alamy

장 모의실험(simulation) 기법을 사용한다.[22] 다른 기법들에 비해 자주 사용되는 편은 아니지만 사례연구도 사용되어진다. 훈련용 교재는 상이한 문화적 맥락에 맞추어서 그때 그때 바뀌어야 한다. 예를 들어, 스위스 발리(Bally) 사의 의뢰를 받아 이문화 적응훈련 비디오를 준비하던 훈련 컨설턴트는 처음에는 발리 사의 각 지역별 자회사들이 공통적으로 활용할 수 있는 비디오만을 만들면 된다고 여겼다. 하지만 작업이 진행되면서, 그는 지역별로 언어와 문화적 차이가 너무나도 커서 각 지역의 자회사별로 별도의 비디오를 제작해야 했다.

훈련을 담당하는 교수 역시 자신의 훈련 방식을 적응시켜야 될 필요가 있다. 이문화 적응을 전문으로 하는 어떤 교수는 태국에서 이문화 적응훈련을 시키는 데는 자신의 기존 방식을 그대로 적용하는 데 여러 가지 어려움이 있음을 보고했다. 그녀는 통상 역할연극이나 다른 상호작용 방식을 활용해 피훈련자가 직접 참여하고, 비공식적인 형식의 훈련을 선호했지만 태국의 경영자들은 비공식적인 훈련에 불편해 하고, 역할연극에 참여하기를 주저함을 알게 되었다. 결국 그녀는 훈련의 요점을 보다 정확하게 전달하기 위해서는 보다 공식적이면서도 보다 직설적인 강의 방식을 채택해야 했다.[23]

젊은 국제경영자의 개발

기업의 글로벌화가 점점 더 촉진됨에 따라 대부분의 MNC들은 자신이 보유하고 있는 인력들의 경력경로 초기에 이들을 국제경영자로 개발하는 것이 중요함을 알게 되었다. 1980년대 말까지만 해도, 대부분의 미국계 MNC들은 본사에서 7~10년 정도를 근무한 경험을 가진 경영자들을 중요한 해외 현지 주재원으로 파견했다. 하지만 오늘날에는 이들 MNC

들은 자신들의 경영자들이 조기에 국제적인 안목과 능력을 개발할 수 있는 기회를 가지는 것이 중요하며, 이들 경영자들이 자신의 경력계획에 해외 근무경험을 함께 체계적으로 고려할 수 있도록 하는 것이 중요함을 깨닫기 시작한다. 예를 들어 GE는 해외 근무가 아직 계획되어 있지도 않은 전문 인력들에게도 외국어와 이문화 적응 훈련 프로그램을 제공한다. 왜냐하면 이들이 본사를 떠나 해외에서 근무를 하지 않더라도 다른 국가에 소재하고 있는 GE의 근로자들과 업무협의를 해야 하는 경우도 있고, 해외에 있는 GE의 파트너, 공급업자, 구매업자 등과도 접촉을 하는 기회가 많아짐으로써 이와 같은 훈련이 중요해졌기 때문이다. 이와 같은 훈련은 또한 근로자들로 하여금 자신의 기업이 진출한 해외시장에 대한 이해를 보다 넓혀 준다는 장점도 제공해준다. 아메리칸 익스프레스(American Express)나 존슨 앤 존슨과 같은 다른 기업들은 때때로 입사한 지 불과 18~20개월이 지난 젊은 인력들에게 해외에서 근무하는 기회를 제공해주고 있다. 또한 펩시코나 레이캠(Raychem)과 같은 기업은 해외 자회사의 젊은 경영자들을 본사로 데려와 본사의 문화와 기술에 대한 이해를 넓혀주는 기회를 제공해주고 있다.

젊은 경영자 시절부터 해외 파견 근무를 경영자 개인의 전반적인 경력계획과 통합해 고려하는 것이 비단 미국 기업들만의 이야기는 아니다. 혼다의 미국 생산 자회사는 미국인 경영자들을 도쿄의 본사로 파견해 수년 동안 근무하게 함으로써 본사의 성공적인 생산운영방식과 철학을 학습할 수 있도록 했다. 삼성도 정기적으로 간부들을 다양한 해외 근무지로 파견해왔는데, 삼성의 경우 보다 흥미로운 전략 중의 하나는 젊은 경영자들을 아무런 직무상의 책임을 부과하지 않은 채 1년 동안 특정 해외 지역으로 파견하고 있는 점이다. 이들 경영자들은 다른 아무런 부담 없이 현지 언어를 배우고 현지 문화에 익숙해지는 데만 시간을 보내게 된다. 삼성의 이와 같은 아이디어는 만약 이들이 미래에 보다 높은 직위를 가지고 현지에 파견될 경우, 기대보다 훨씬 효과적으로 현지에 적응하며 자신에게 부여된 직무를 수행할 수 있을 것이라는 생각에서 나왔다. 삼성은 이와 같은 프로그램에 1인당 연간 약 8만 달러의 비용을 지출하고 있지만 삼성은 이와 같은 투자는 곧 보상을 받을 수 있을 것이라고 확신한다.

In Practice

- 국제적 인적자원관리자는 직원의 교육과 개발 관련, 기본적인 쟁점들을 알아야 한다.
- 관리자가 관리자들을 교육하고 개발하는 적용 가능한 다양한 방법들을 아는 것은 매우 중요하다.

추가 고려 사항: 어떠한 교육 방법이 당신에게 가장 적합한가? 다르게 표현하자면, 당신이 외국어와 같은 무언가를 배우고 싶다면, 어떤 방식이 가장 효과적일 것인가?

19.5 성과평가와 보상

국제인적자원관리에서 또 다른 중요 사항 중의 하나는 성과평가와 보상 및 수당의 결정 문제이다. 모집, 선발, 훈련 및 개발 등이 해외 파견 이전의 문제들에 초점을 맞춘 것인 반면 성과평가와 보상은 해외 파견 이후 지속적으로 문제가 되는 사항이다.

국제기업에서의 성과평가

성과평가(performance appraisal)는 조직 구성원이 얼마나 자신에게 부여된 과업을 효과적으로 수행했는지를 평가하는 과정이다. 성과평가의 목적은 개인이 얼마나 잘 자신의 과업을 수행했는지에 대한 피드백을 제공해주고, 성과에 대해 주어지는 보상의 기준을 제공해주며, 추가적인 훈련과 개발이 필요한 분야를 확인시켜주고, 다른 직무로의 이동을 고려해보게끔 하는 직무수행상의 문제점을 확인하기 위함이다.

국제기업의 최고 경영층에 대한 성과평가는 기업의 국제사업 활동의 목적에 대한 정확한 이해가 기초되어야 한다. 이미 안정화되었고 성숙단계에 있는 성공적인 자회사가 가지는 기업 전체 관점에서의 목적과, 성장하고는 있지만 불안정한 시장에서 초기 단계에 와있는 자회사의 그것과는 다를 수 있다. 그리하여 이와 같이 성격이 다른 두 개의 자회사에 두 명의 새로운 경영자를 배치시켜야 하는 기업의 입장에서는 이 두 개의 자회사로부터 동일한 성과를 기대해서는 안 된다. 이와 동일하게 전체 기업의 관점에서 비용중심점의 역할을 수행하는 해외 자회사의 경영자와 이익중심점의 역할을 하는 해외 자회사 경영자의 성과평가 기준은 달라야 한다.

경영자의 실제 성과를 평가하는 데 있어 기업은 매출액, 수익률, 시장점유율 증가, 혹은 기업이 중요하다고 생각하는 다른 다양한 성과지표들을 고려할 수 있다. 만약, 어떤 자회사가 특정한 구체적인 문제를 가지고 있었다면 해당 자회사에 대한 성과는 경영자가 그 문제를 얼마나 잘 해결했는가에 따라 보다 적절하게 평가되어질 수 있다. 예를 들어, 최소한 단기적으로는 자회사의 경영 손실이 얼마나 줄었으며, 시장점유율의 감소 추세가 둔화되었다는 사실 등이 성과의 중요한 기준이 될 수 있다.

기대성과와 실제성과를 비교해 그 차이의 원인에 대한 진단도 내려져야 한다. 즉 기대성과와 실제 성과의 차이가 수용할만한 수준인지, 경영자의 자질 부족으로 나타나고 있는 문제는 아닌지, 예기치 않은 환경의 변화로 인한 불가피한 차이인지, 본사의 잘못된 훈련 프로그램 등과 같이 본사의 책임은 없는지 등을 판단해야 한다. 물론 성과의 평가자와 피평가자가 상이한 문화적 배경을 기반으로 하고 있을 경우, 문화적 가치관의 차이도 성과평가의 문제를 더욱 복잡하게 만들 수 있다. 예를 들어 개인주의적 문화에서는 조직의 성과를 조직의 집단적인 책임으로 보기보다는 경영자 개인의 책임으로 돌리는 경향이 많다.

성과평가를 얼마나 자주 시행할 것인지도 상황에 따라 다르다. 국내 기업에서는 통상 매 분기마다 성과평가를 수행하곤 한다. 하지만 지리적 요인으로 인해서 성과평가의 빈도가 제한을 받을 수 있다. 일반적으로 국제경영자는 정기적으로 본사에 성과보고서를 제출하도록 되어 있다. 실제성과가 수용 가능한 수준 내에 있다면 통상 연간 기준으로 공식적인 성과평가가 이루어지지만 성과에 상당한 문제가 있는 경우에는 해당 자회사의 조기 정상화를 위해 통상적인 수준보다 훨씬 자주 성과평가가 이루어질 수 있다.

국제기업에서 보상의 결정

국제인적자원관리에서 또 다른 중요한 문제 중의 하나는 경영자의 보상을 결정하는 것이다. 국제기업이 특정 시장에서 경쟁력을 유지하기 위해서는, 해당 시장의 국제경영자에 대해 양질의 보상 패키지를 제공해야 한다. 이와 같은 보상 패키지는 급여 및 각종 비급여 항목을 포함하며, 관리적 재능을 가진 경영자의 수요와 공급, 직급, 전문자격증 보유 여부, 표준 생계비, 정부규제, 세법 등과 같은 다양한 노동시장 요인들에 의해 결정된다. 예를 들어 독일에서는 통상적으로 고용주가 임원들에게 승용차 유지비용을 제공하며, 일본에서는 승용차의 유지비용뿐만 아니라 승용차를 제공하기도 한다. 일본에서는 경영자들이 관계자들과의 회합이나 선물비용으로 쓸 수 있는 업무추진비까지도 제공받기도 한다. 이와 유사하게 영국에서는 통상 경영자들에게 기업의 차량을 제공해주며, 미국에서는 소득세가 면제되는 의료비를 지원해주고 있다.

주재원에 대한 보상 해외 주재원에 대한 보상의 결정은 훨씬 복잡한 문제다. 대부분의 국제기업들은 해외 주재원에 대해서는 본국과 현지국의 통화 가치, 표준 생계비, 라이프스타일과 생활규범 등의 현격한 차이를 보전해줄 수 있는 차별적인 보상이 필수적임을 잘 알고 있다.[24] 경영자가 단기간 해외에 파견되는 경우에는, 현지에서의 호텔 숙박비, 식비, 교통비 등과 같은 단기 체류비가 제공되지만 본국에서의 정상적인 보상수준에서 아무런 변화가 없다. 하지만 해외 파견이 장기간이거나 체류기간이 정해져 있지 않은 경우에는, 현지에서도 본국에서의 표준적인 생활수준을 유지할 수 있도록 보상 수준이 조정되는 것이 보통이다. 이와 같은 조정은 생활비가 낮은 곳에서 높은 곳으로 파견되는 경우나 생활수준이 높은 국가에서 낮은 국가로 파견되는 경우에 특히 중요하다. [지도 19.1]은 세계에서 생계비가 가장 비싼 50개 국가를 나타내주고 있다. 예를 들어 2011년의 경우 앙골라의 수도 루안다가 주재원들에 대해 세계에서 생계비가 가장 높은 도시였다. 노르웨이의 오슬로는 11위, 뉴욕은 27위, 독일의 프랑크푸르트와 아랍에미리트의 아부다비가 공동 50위를 기록했다.

해외 주재원에 대한 차별적인 보상에서 가장 먼저 고려되어야 할 사항은 **생계비 보전(cost-of-living allowance)**이다. 이는 본국과 현지국에서의 생계비 수준의 차이를 상쇄하기 위함으로, 해외 주재원은 본국에서와 동일한 생활수준을 향유할 자격이 있음을 전제로 하는 것이다. 만약 해외 현지국의 생계비 수준이 본국의 그것에 비해 높다면 해외로 파견되는 경영자는 기존의 기본급으로는 현지에서 낮은 생활수준을 경험할 수밖에 없게 되고, 따라서 이와 같은 차이를 기업은 당연히 보전해 주어야 한다는 것이다. 물론 현지에서의 생계비 수준이 본국에 비해 낮다면 이와 같은 보전은 필요 없다.

기업은 주재원으로 하여금 본국에 비해 상대적으로 생활여건이 매력적이지 못한 곳으로의 파견을 수용하도록 하기 위해서는 그들의 기본급을 보전해주어야만 하는 경우도 있다. 영국이나 일본으로 파견하는 데에는 그리 큰 어려움이 없겠지만 주재원을 수단이나 아프카니스탄 등으로 파견하는 경우는 훨씬 큰 어려움에 봉착할 수 있다. 이런 경우 주재원이 해외 파견을 수용토록 하기 위해서는 **오지 근무수당(hardship premium)** 혹은 **해외근**

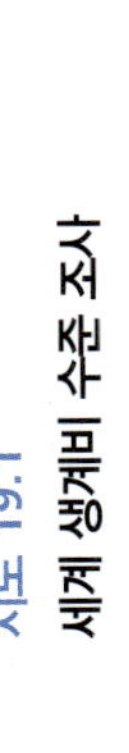

지도 19.1
세계 생계비 수준 조사

(출처 : Data from www.mercer.com, accessed August 7, 2011.)

무수당(**foreign-service premium**) 등과 같은 유인 수단이 반드시 필요하다. 예를 들어 프랑스의 석유회사인 토탈(Total)은 앙골라에서의 유혈 내전이 종식되었을 때 자사의 현지 사업 활동을 지원할 수 있는 주재원을 파견하려고 했는데, 상당한 수준의 해외근무 수당을 추가 지원하지 않고서는 아무도 현지로 파견되기를 원하지 않았다. 앙골라 현지에서의 근무기간을 불과 1년 혹은 그 이내로 제한했는데도 말이다.

마지막으로 많은 국제기업들은 해외 주재원의 보상수준 결정과 관련해 세금 균등화 시스템도 확립해야 한다는 사실을 잘 인지한다. **세금 균등화 시스템(tax equalization system)**이란 해외 현지에서 주재원들의 세후 소득이 자신이 본국에서 근무했을 때의 세후 소득과 비슷한 수준을 유지할 수 있도록 해주는 조정 수단이다. 각 국가는 자국 내 자국인들이 획득한 소득, 자국 내에서 외국인들이 획득한 소득 그리고/혹은 외국에서 자국인들이 획득한 소득에 적용되는 고유의 독특한 세법을 가지고 있다. 가장 통상적인 세금 균등화 시스템은 자사의 주재원들에 대한 세금을 처리하는 기업 스스로의 회계 부서와 담당 직원을 운영하는 방법이다. 본사의 회계 담당 직원이 주재원이 파견되어 있는 곳에서 주재원이 납부해야 하는 세금과 동일한 소득하에서 본국에서 납부해야 하는 세금을 비교해, 현지에서 주재원이 획득할 수 있는 세후 소득이 같아질 수 있도록 적절한 조정을 하는 것이다.

[그림 19.4]는 어떤 석유 메이저 회사가 자사의 해외 주재원들에게 적용하고 있는 보상 패키지를 나타낸 것이다. 그림의 가운데 네모에 표시되어 있는 것은 주재원이 해외로 파견되기 이전에 미국 본사에서의 기본급을 표시한 것이다. 해외로 파견되고 난 이후에는 위쪽 혹은 아래쪽과 같이 주재원의 보상 수준이 적절하게 조정될 수 있음을 보여준다. 예를 들어, 해외로 파견될 예정인 어떤 미국인 경영자가 국내에서 10만 달러의 소득을 올리고 있으며, 그중 2.5만 달러는 세금으로, 1만 달러는 저축으로 지출되어 나머지 6.5만 달러를 소비하고 있으며, 월 2천 달러를 임대료와 제세공과금을 합한 주거비용으로 소비한다고 가정해보자. 미국 본사는 이 경영자가 해외로 파견될 경우 미국에서 획득했던 소득과 가능한 한 동일한 소득을 획득할 수 있도록 보상을 조정해야 한다. 해외로 파견된 후 현지에서

그림 19.4
해외 주재원의 대차대조표

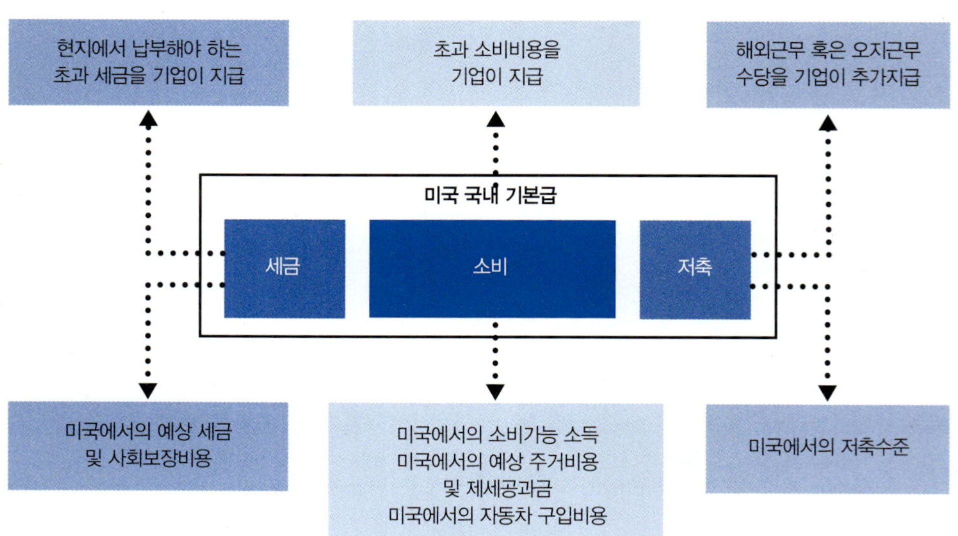

의 주거비용이 미국에서 비해 20% 더 들고, 다른 소비 비용이 10% 더 든다고 가정할 경우, 이 기업은 이 경영자에게 국내 주거비용의 20%에 해당하는 400달러를 매달 추가적으로 보전해주고, 다른 나머지 소비 비용에 대해서도 10% 더 보전해줄 수 있다. [그림 19.4]에서 제시된 다른 항목들에 대해서도 이와 같이 유사한 방법으로 조정될 수 있다.

해외 주재원에 대한 복리후생 패키지 국제기업은 해외 주재원에 대해 급여 조정뿐만 아니라 건강보험이나 휴가수당 등과 같은 표준 복리후생 지원 이외에 특별 복리후생 지원을 제공해야 한다. 특별복리후생(special benefits)에는 주거, 교육, 의료, 본국귀환 여비, 회원권 등이 포함된다.

가장 일반적인 특별 복리후생은 주거지원이 포함된다. 다른 생계비 요소들과 마찬가지로 주거비용은 지역마다 상이하다. 주재원이 본국에서 누렸던 것과 동일한 수준의 주거환경과 조건을 제공하기 위해서는 많은 비용이 소요될 수 있기 때문에 해외에서는 별도의 주거비용을 지원하는 것이 보통이다. 만약 주재원이 영구적으로 혹은 장기적으로 해외 근무를 해야 할 경우에는, 기업의 주재원이 소유하고 있는 본국의 주택을 공정한 시장가격으로 구입할 수 있다. 또한 현지국에서의 주거비용 혹은 이자율이 본국과 상당한 정도로 차이가 날 경우에는, 기업이 현지국에서 주재원의 주택구입을 지원할 수 있다.

만약 주재원에게 가족이 있을 경우에는 기업은 배우자를 위한 현지 문화적응 서비스와 자녀들의 교육비 지원을 제공할 필요도 있다. 예를 들어 주재원의 자녀들이 현지의 사립학교로 진학할 필요가 있을 경우에는 기업이 그 교육비를 지원해야 한다. 자녀들의 진학문제는 일본인 주재원들의 경우 특히 중요한 문제다. 일본인 주재원이 장기간 동안 해외에 체류해 자녀들이 일본어 읽기나 쓰기 능력이 떨어질 경우, 주재원의 자녀들은 일본 내의 유명 대학에 진학하기 어려울 수 있다. 따라서 많은 일본 기업에서는 주재원 자녀들이 상급학교 진학시험을 단기간에 준비할 수 있도록 해주는 사립학교에 입학토록 하고 그 교육비를 지원해준다.

주재원에 대한 의료 혜택도 조정될 필요가 있다. 예를 들어 말레이시아로 파견된 주재원들 중 일부는 현지의 의료시설에 불편해 하곤 한다. 따라서 이들 주재원들은 자신에게 필요한 의료서비스를 싱가포르에서 받기를 원하기도 한다. 또한 많은 국제기업들은 해외로 출장을 가는 경영자들을 위해 예방접종 등의 서비스를 제공하고, 주재원들 위해 신체검사와 진료 서비스를 제공해주고 있다.[25]

대부분의 국제기업들에서는 주재원들에게 친인척 방문이나 휴가 등과 같은 개인적 사유로 본국을 방문하기 위한 여행에 대해서도 지원을 한다. 주재원과 그 가족들에 대해서는 회사 비용으로 1년에 한 번 혹은 두 번 정도 본국 방문 여행이 허용될 수 있으며, 만약 주재원의 가족이 단기간 동안 본국에 체류하게 될 경우에는 더 많은 본국 여행의 기회가 제공되기도 한다.

어떤 국가 문화권에서는 특정 클럽에 가입한다든지 아니면 특정 활동에 참여하는 것이 비즈니스의 한 부분으로 반드시 필요한 경우도 있다. 예를 들어 일본에서는 비즈니스 성격을 가지는 많은 거래들이 골프 라운딩을 통해 맺어지기도 한다. 따라서 일본에서 주재원이 효과적으로 활동하기 위해서는 외국 주재원들의 경우 골프 클럽에 가입하는 것이 반드시 필요할 수 있다. 하지만 이와 같은 클럽에 가입하기 위한 회원권은 수천 달러에 달하고, 한 번 라운딩을 하는 데도 다른 곳에 비해 10배 혹은 그 이상의 비용이 소요된다. 하지만 이와 같은 활동이 비즈니스의 중요한 일부분이기 때문에 기업들은 일본으로 파견되는 주재원에 대해서는 이와 같은 복리후생 서비스를 종종 제공한다.

보상의 형평성 아직까지 우리는 해외 주재원에 대한 보상과 관련해 본사에서 파견된 주재원에게 주어지는 보상과 주재원과 동일한 지위에 있는 현지 채용인력에 대한 보상의 형평성에 대해서는 설명한 적이 없다. 해외 주재원에게 주어지는 보상 패키지는 동일한 권한과 책임을 지니는 동일 직위의 현지 채용인력에 제공되는 보상에 비해 훨씬 풍족한 것이 보통이다. 해외 주재원에게 주어지는 보상의 형평성 문제는 3국인 경영자와 비교했을 때 훨씬 복잡한 문제가 된다. 예를 들어 만약 미국의 국제적인 석유회사가 페루의 작업현장에 베네수엘라인 경영자를 파견하는 경우, 이 베네수엘라 경영자에게 주어지는 보상은 페루 현지인, 베네수엘라인, 미국인 중 어느 것을 기준으로 지급되어야 할 것인가?

불행하게도 이 문제에 대한 단순한 해결책은 없으며, MNC들은 이 문제를 해결하기 위해 다양한 방식을 사용할 수 있다. HP는 이 문제에 대해 단기 파견일 경우에는 본국인 기준을, 장기 파견일 경우에는 현지인 기준을 적용한다. 3M은 본국인에게 주어지는 보상 패키지와 현지인에게 주어지는 그것을 비교해, 더 높은 보상 패키지를 3국인 경영자에게 제공한다. 필립스 석유는 3국인 경영자의 기본급은 본국인 주재원을 기준으로 고정시켜 놓고, 주택보조금, 교육비, 오지근무수당 등은 현지인 기준을 적용한다.

BRINGING THE WORLD INTO FOCUS

중국에서 일본 기업들의 경영관리기법

중국에 진출한 일본의 MNC들은 중국 현지에서 꾸준하게 일본식 경영관리기법과 관행을 채택해왔다. 한편으로는 일본식 경영이 중국 현지에서 적합한 것으로 여겨지기도 하지만 많은 중국인 근로자들은 사무실 자리배치에서 인센티브 구조에 이르기까지 기본적인 문제가 있다고 여기고 있다. 수많은 중국인 근로자들이 일본 기업을 떠나고 있는 것은 분명한 사실이다. 대부분의 대학 졸업자들은 일본 기업에서 3년 이상을 머무르는 경우가 거의 없으며, 일하고 싶은 직장 순위에서도 일본 기업은 최하위권에 속한다. 소니가 겨우 24위, 마쓰시타가 고작 46위를 기록 하고 있을 뿐이다.

중국인 근로자들에게 있어 이와 같이 일본 기업을 기피하는 핵심적인 문화적 차이 중의 하나는 바로 사무실의 배치 문제다. 일본 기업들은 칸막이도 없이 오픈된 사무실 배치를 주로 활용한다.

두 번째 핵심적인 문제는 일본 기업들은 지나치게 과정 중심적이라는 사실이다. 일본 기업들은 하물며 근로자들이 서류를 철하는 작업에서까지 일정한 작업 절차에 따라 모든 과업이 수행될 것을 요구한다. 근로시간도 중요한 문제 중의 하나이다. 연장근무는 일본 기업의 문화에서는 일상적인 현상으로, 일본 기업 내 중국인 근로자들은 한 달에 40시간 이상의 연장근무를 하곤 한다. 중국인들에게 연장근무는 곧 힘든 일로 여겨진다. 일본 기업들은 중국에서는 연장 근무에 대해 수당을 제공하지만 일본에서는 항상 그런 것은 아니다. 유급휴가도 문제가 되는 부분이다. 중국인들은 유급휴가를 당연한 권리로 생각하지만 일본 기업들은 기업의 입장에서 양보를 한 것으로 여긴다.

보상 문제 또한 중국인 근로자들에게는 중요한 관심사다. 유럽이나 미국의 MNC들은 일본 기업들에 비해 더 많은 보상을 제공하는 것이 보통이다. 경력개발도 또한 문제가 된다. 일본 기업에서는 고위경영자들이 거의 대부분 일본인으로 채워진다. 일본인 경영자가 드문 경우이기는 하지만 기업을 퇴사하는 경우, 일본의 본사에서는 그 자리에 비슷한 역량을 지닌 중국인 경영자를 배치하기보다는 새로운 일본인 경영자를 보낸다.

중국에서는 여전히 반일 감정이 존재하고 있으며, 이 점 또한 중요한 요인으로 고려된다. 일본 기업들은 중국에서도 일본식 경영시스템과 의사결정 과정이 그대로 적용될 수 있으리라 믿었을지 모른다. 하지만 많은 경우에 있어 이와 같은 일본 기업들의 믿음은 태생적으로 애국적인 일본인 경영자들에 대한 과도 한 의존으로 인해 허물어지고 있다.

출처: *International Journal of Human Resource Management*(www.palgrave Fjournals.com) ; Japanese Institute for Labor Policy and Training(www.jil.go.jp).

최근 미국 달러화의 약세와 미국 세법의 변화 등으로 인해 어떤 기업들은 자사의 해외 주재원들에게 제공하는 보상 및 복리후생 프로그램에 대해 세밀한 연구와 검토를 시작했다. 예를 들어, 최근 해외 주재원들이 제공받는 주택보조금에 대한 세금이 인상되자 어떤 기업들은 기업이 이를 대신 납부하게 되었고, 이에 따라 기업에게 더 많은 부담이 안겨지게 되었다. 해외 주재원에 대해 기업이 부담해야 하는 비용이 늘어나게 되자 기업들은 새로운 해외 근무지에 파견할 최선의 주재원이 누구인지에 대해서도 재검토를 했다. 예를 들어 만약 어떤 MNC가 동유럽과 미국에서 사업을 수행한다면 싱가포르에 파견 보내야 할 주재원으로 미국의 뉴욕에서 근무하고 있는 경영자보다는 체코에서 근무하고 있는 경영자를 파견하는 것이 훨씬 현실적으로 부담이 적다.[26]

In Practice

- 국제적 인적자원관리자는 국제경영에 있어서 성과 평가 방법의 기본적 사항에 대하여 알아야 한다.
- 보상과 혜택의 관리는 국제적 인적자원관리(HRM)의 매우 중요한 기능이다.

추가 고려 사항: 여러 해외 관리자에 대해 완벽하게 공정성을 갖추는 것이 가능한가? 그렇다면 왜 그러한가? 그렇지 않다면, 왜 그렇지 않은가?

19.6 인적자원의 유지와 이직

국제인적자원관리에서 또 다른 중요한 요소 중의 하나는 인적자원의 유지와 이직에 관한 것이다. **유지(retention)**는 기업이 유능한 근로자를 계속 보유할 수 있는 정도를 의미하며, **이직(turnover)**은 이와 반대로 근로자가 기업을 떠나는 정도를 의미한다.

근로자들은 현재의 보상 수준에 대한 불만족, 승진 기회, 좋은 일자리 제안 등 다양한 이유로 기업을 떠나게 된다. 이직은 종종 해외 주재원으로의 파견이나 그로부터의 복귀 등과 관련된 전직(job transition)의 결과로 나타나기도 한다. 즉 근무지를 바꾸어야 하는 근로자는 고용자를 바꾸는 것도 당연히 고려할 수 있게 된다. 이직이 국제기업에서 특히 문제가 되는 것은 경영자의 국제경영 능력과 자질을 개발하는 데 적지 않은 비용이 들기 때문이다. 이와 같은 능력과 자질에서 탁월한 명성을 지닌 경영자는 어디에서나 환영을 받는다. 앞에서도 설명한 바와 같이, 어떤 기업들은 현재 다른 기업에서 일하고 있는 유능한 국제경영자를 영입하기 위해 헤드헌터 사에 도움을 청하기도 한다. 유능하고 숙련된 국제경영자가 부족하다는 바로 그런 동일한 이유 때문에 성공적인 국제경영자를 유지하는 것은 어떤 국제기업에게조차도 최우선적으로 관심을 가져야 할 문제가 된다. 국제경영자의 이직을 통제할 수 있는 방법 중의 하나는 주재원 파견의 실패와 주재원 복귀의 실패를 줄일 수 있는 적절한 전략을 개발하는 것이다. 여기에는 근무지의 이동에 따른 스트레스를 완화하기 위한 경력개발 상담이나 이문화 적응 훈련 서비스를 제공하는 것 등이 포함될 수 있다.

기업 또한 매우 재능 있는 국제경영자에 대해서는 특별한 유인책이나 인센티브를 제공해 주어야만 할 것이다. 그들에게는 보다 높은 보상에 제공하고, 근무지를 선택하는데 있어서도 자율성을 제공해줄 수 있다. 그들이 원하는 해외 근무기간에 대해서도 보장을 해줄 수 있다. 예를 들어 어떤 기업이 자신의 이탈리아 사업의 운영을 위해 특별한 재능을 가진 3국인 경영자를 채용하기를 원한다고 가정해보자. 이런 경우이 3국인 경영자는 근무지 이동과 관련된 비용과 다른 문제들 때문에 이탈리아에서 최소 5년 이상의 근무 기간을 보장하는 경우에만 이 기업의 제안을 고려할 수 있음을 공공연히 밝힐 수 있다.

이직관리의 또 다른 중요한 요소 중의 하나는 **퇴사자 인터뷰(exit interview)**다. 퇴사자 인터뷰는 기업을 떠나는 근로자와의 면담을 의미한다. 이 인터뷰의 목적은 해당 근로자가 왜 기업을 떠나려 하는지 하는 이유를 가능한 한 많이 알아내기 위함이다. 하지만 국제기업에서는 지리적 거리가 상당히 떨어져 있을 수밖에 없는 이유 등으로 인해, 퇴사자 인터뷰를 기업들도 꺼리는 것이 보통이다. 하지만 이를 통해 수집할 수 있는 정보의 잠재적 가치는 매우 크며, 이를 미래의 인적자원 손실을 막기 위해 유용하게 이용할 수 있다. 따라서 기업들은 이직을 줄이기 위한 전략개발의 한 수단으로써 이와 같은 인터뷰를 활용하는 것은 주의 깊게 고려할 필요가 있다.

미국의 항공 산업은 최고의 항공기 조종사를 유지하는 데 있어 심각한 도전에 직면해 있다. 수년 동안에 걸쳐 미국의 항공운수 기업들이 하나씩 하나씩 재무적 어려움을 겪게 됨에 따라 조종사들은 기본급과 복리 후생의 감소, 심지어 고용안정의 위협까지 경험했다. 새로운 해외 항공운수 기업들이 우후죽순처럼 생겨나게 됨에 따라 이들 기업들은 미국의 조종사 인적자원 풀을 자신들에게 필요한 인적자원의 중요한 원천으로 바라보게 되었다. 예를 들어, 두바이를 거점으로 한 에미레이트항공은 자사의 항공기 조종사들이 비행이 있

bronstein/Alamy

두바이를 거점으로 하는 에미레이트항공은 최근 들어 매우 빠르게 성장해왔다. 항공사가 필요로 하는 유능한 중견 조종사들을 확보하고 유지하기 위해 에미레이트항공은 정기적으로 다른 국가로부터 조종사를 채용해왔다. 예를 들어 현재 100명 이상의 미국인 조종사들이 일한다. 충분한 보상과 복리후생을 제공해 줌으로써 이 항공사는 조종사들에게 매우 매력적인 항공사가 되었다. 중국과 인도의 항공사들 또한 이와 같은 방식을 채택한다.

는 날에는 잘 다려진 유니폼과 공항까지 운전기사가 딸린 자동차 서비스를 제공한다. 또한 에미레이트항공의 조종사들은 매년 급료인상과 다양한 복리후생제도를 보장받을 수 있을 뿐만 아니라 미국 항공사의 조종사처럼 매년 2회의 휴가도 다녀올 수 있다. 이와 같은 혜택으로 인해 현재 에미레이트항공에는 과거 미국 항공사에서 근무했던 조종사가 100명 이상이나 있다. 중국과 인도의 새로운 항공사들도 이제는 미국인 조종사들을 적극적으로 모집한다.[27]

In Practice

- 국제적 인적자원관리자는 직원의 이직 관련 기본적인 사유를 이해하여야 한다.
- 국제적 인적자원관리자에게 능동적인 직원 유지 관리는 중요한 임무가 될 수 있다.

추가 고려 사항: 당신의 상사와 개인적인 마찰로 인해 사직하는 상황에 처해있고 당신의 상사는 퇴직자 면접을 진행한다고 가정하자. 당신은 얼마나 솔직하게 답할 것인가? 왜 그러한가?

19.7 비관리직 근로자의 인적자원관리 이슈들

이제 현지국에서 비관리직 근로자들에 대한 국제인적자원관리의 문제를 살펴보자. 모집, 선발, 훈련, 보상 등과 같이 비관리직 근로자들과 관련된 표준적인 인적자원관리의 과업들은 현지국의 법규, 문화, 경제적 여건 등과 같은 요인들에 의해 크게 영향을 받는다. 국제기업이 현지국의 환경 하에서 효과적으로 운영되기 위해서는, 인적자원관리자는 자기중심적인 기준에 매몰되어서는 안 된다. 그들은 본국에서 행해왔던 방식이 아닌 현지인들이 원하는 방식으로 인적자원관리의 과업들을 수행해야 한다. 간단히 말하면 로마에서는 로마법을 따라야 한다는 것이다. 따라서 많은 MNC들은 인적자원관리를 수행하는 관리 인력으로 현지인을 고용하고 있으며, 이들 현지인들이 가지고 있는 현지 특유의 지식을 인적자원관리의 방침과 절차에 적용할 수 있어야 한다.

모집과 선발

국제기업의 해외사업에서 생산직 근로자나 사무직 근로자와 같은 비관리직 근로자들은 전형적으로 현지에서 채용한 현지인들이다. 대부분의 경우에 비관리직 근로자로 이와 같은 현지인들을 채용하는 이유는 본국인 혹은 3국인을 고용하는 데 비해 저렴하기 때문이다. 또한 현지인의 채용을 장려하는 현지 법규에 의해서도 현지인을 주로 채용한다. 예를 들어 이민법이나 비자 발급과 관련된 규정에 의해 현지인이 아닌 외국인이 취업하거나 합법적으로 체류하는 데는 제약이 따르는 게 보통이다. 소수에 불과하긴 하지만 예외도 있다. 사우디아라비아와 쿠웨이트와 같은 부유한 국가에 진출한 건설 회사들은 방글라데시나 파키스탄인 근로자를 활용하는데, 이는 부유한 국가의 근로자들의 경우 열악한 근로조건을 싫어하기 때문이다. 석유회사나 항공운수회사들은 석유 채굴 전문가나 조종사와 같은 전문직에 대해서는 본국인이나 3국인 근로자를 종종 고용하곤 한다. 한국은 노동력이 고령화됨에 따라 노동력 부족에 직면해 있다. 이로 인해 이민규정이 완화되었으며 그 결과 외국인 근로자가 더 많이 들어올 수 있게 되었다. 2000년 이후 한국으로의 이민 근로자 수는 7배나 증가되었으며 지금 현재는 약 150만 명에 이른다.[28]

그럼에도 불구하고, 국제기업은 현지국 노동시장에서 현지인의 모집과 채용에 관한 계획을 수립하고 이를 실행해야 한다.[29] 이 계획에는 기업의 인적자원 니즈, 근로자 모집 및 채용의 원천, 근로자의 자질과 재능, 필요한 훈련의 내용 등이 포함되어야 하며 현지 노동시장의 특유의 여건을 고려해야 한다. 기업이 해외 파견을 위해 본국인을 채용할 때는 그 기업은 본국의 채용 규정, 법규, 관습을 따라야 한다. 하지만 현지인을 채용할 때는 현지의 그와 같은 규정, 법규, 관습을 잘 알고 있어야 한다. 예를 들어 미국의 법률과 규정에서는 기업이 성별, 인종, 연령, 종교 및 다른 요인들에 기초해 근로자들을 차별대우 하는 것을 엄격히 금지한다. 이와 같은 제한으로 인해 미국에서의 근로자 선발 과정에서는 직무 관련 요인들이 강조된다. 자질, 능력, 교육수준 등과 같은 직무 관련 요인들이 근로자의 채용 기준으로 주로 활용되고, 성별이나 연령과 같은 직무와 관련되지 않은 요인들은 활용될 수 없다. 어떤 국가에서는 성별, 종교, 피부색 등과 같은 요인들이 채용 의사결정에 통상적으로 활용되기도 한다. 예를 들어 이스라엘과 북아일랜드와 같은 국가의 기업들은 채용에 있어 종교에 따라 차별을 하고 있고, 사우디아라비아는 성별에 따라 차별을 두고 있다.

훈련과 개발

인적자원관리 경영자는 현지 채용인력들이 자신의 직무를 보다 효과적으로 수행할 수 있도록 이들에 대한 훈련과 개발의 필요성을 평가해야 한다. 현지 채용인력들에 대한 훈련과 개발의 필요성은 다양한 요인들에 따라 달라진다. 우선 중요한 요인 중의 하나로 해외 사업의 소재지를 들 수 있다. 선진국에서는 기업들은 단지 약간의 기업 고유의 훈련만을 필요로 하는 능력 있는 근로자들을 쉽게 발견할 수 있지만 상대적으로 개발이 되지 않은 국가에서는 현지 채용 근로자들에 대한 훈련이 훨씬 더 많이 필요한 게 보통이다. 예를 들어 힐튼호텔이 소련이 해체되고 난 후 동유럽 지역에 진출했을 때, 이 호텔은 웨이터와 객실 직원 등 고객 서비스 담당 직원들이 고객들에게 높은 수준의 서비스를 제공하는 데 필요한 기본적인 자질을 가지고 있지 못하다는 사실을 깨달았다. 이들 근로자들은 고객만족에 대해서는 걱정할 필요가 전혀 없는 계획경제체제 하에서 일하는 습관에 익숙해, 이들로 하여금 기존의 고객 서비스 활동을 왜 완전히 변화시켜야 하는지를 깨닫게 하는 데 많은 어려움을 겪었다. 결국 힐튼호텔은 이들 고객 서비스 담당 직원들을 훈련시키는 데 예상했던 것보다 더 많은 투자를 할 수밖에 없었다.

국제기업이 해외 생산으로 인한 이점을 충분히 활용하기 위해서는 근로자들에 대한 훈련은 핵심적인 문제다. 최근 MNC들은 인건비가 싼 노동력을 활용하기 위해 온두라스, 말레이시아, 인도네시아 등과 같은 특정 지역으로 생산시설을 이전하는 경향을 뚜렷하게 보이고 있다. 하지만 현지에서 채용하는 생산 인력들에 대해 적절한 훈련을 시행하지 않으면 이들 인력들의 생산성은 매우 낮다. 예를 들어 말레이시아에서는 초등학교를 졸업한 성인 인구가 전체 인구의 1/3에 불과하기 때문에 현지에서 채용한 인력들에 대한 훈련비용이 매우 많이 든다. 미국의 전자기 코일 제조업체인 퀄리티 코일(Quality Coil)사는 코네티컷에 있던 생산시설을 폐쇄하고 시간당 인건비가 1/3에 불과한 멕시코의 시우다드 후아레스(Ciudad Juarez)에 새로운 생산공장을 설립했으나, 현지 노동자들의 생산성이 미국 노동자들에 비해 1/3에 불과함을 깨닫게 되었다. 현지 근로자들의 잦은 결근과 현지 공장의 정상적인 운영을 위해 투입될 수밖에 없었던 적지 않은 훈련비용, 이와 같은 낮은 생산성 등으로 인해 퀄리티코일 사는 다시 코네티컷으로 생산공장을 이전했다.[30]

때로는 전혀 예기치 않았던 이유로 인해서 훈련비용이 늘어나기도 한다. 예를 들어, 메릴 린치(Merrill Lynch)가 일본에서 네 번째로 큰 증권회사인 야마이치(Yamaichi) 증권을 인수했을 때, 메릴린치는 일본 시장에 대해 충분한 지식을 가지고 있는 2,000명의 재능 있고 경험 많은 증권 중개인들을 획득할 수 있을 것으로 생각했다. 하지만 메릴 린치는 야마이치의 증권 중개인들이 일본 주식시장에서의 주식거래에 대해서는 충분한 실무적인 지식을 갖고는 있지만 고객에게 주식을 추천하기 전에 고객의 투자 목표를 우선적으로 고려하는 고객 서비스의 개념에 익숙하지 않음을 알게 되었다. 결국 메릴 린치는 야마이치의 증권 중개인들에게 자사가 원하는 고객 서비스를 제공할 수 있도록 훈련시키는 데 막대한 자금을 지불해야 했다.[31]

보상과 성과평가

비관리직 근로자들에 대한 보상과 성과평가 제도도 현지의 법률과 관습, 문화적 차이로 인해 국가마다 상당한 차이를 보인다. 미국과 같은 개인주의적 문화권에서는 개인에 대한 성과평가에 초점이 맞추어지고, 보상도 개인별 성과에 따라 결정된다. 하지만 일본과 같이 보다 집단주의적 문화권에서는 집단에 대한 훈련과 동기부여가 강조되고 개인의 성과평가와 개인별 보상은 덜 중요시된다. 인적자원관리 경영자는 직무의 특성과 주어진 문화적 맥락에 가장 적합한 성과평가와 그 결과의 피드백 체제를 개발하고 실행해야 한다. 예를 들어, 미국의 근로자들은 미래에 보다 훌륭한 직무성과를 거두기 위해 개인의 성과평가 결과에 대한 피드백을 제공해주는 것을 선호하지만 독일의 근로자들은 성과평가 결과에 대한 피드백을 자신의 실패와 과오를 인정하는 통보로 받아들이고 피드백을 몹시 싫어하는 성향을 보인다.[32]

보상제도 또한 현지의 법률, 문화, 경제적 여건에 따라 다르게 나타난다. 국가마다 일반적인 임금지급방법과 임금수준도 다르고, 이 때문에 노동집약적인 산업에 속해 있는 기업들은 말레이시아, 인도네시아, 과테말라 등과 같은 국가로 이전하기도 한다. 인적자원관리 경영자는 근로자들을 동기부여하기 위해 현지의 관습에 적합한 임금의 폭(wage scale)을 설계해야 한다.

보상 패키지에는 급여뿐만 아니라 인센티브와 복리후생 등이 포함되며, 보상을 구성하고 있는 급여, 인센티브 및 복리후생의 구성은 개별 국가의 문화에 따라 다르다. 예를 들어, 4개 아시아 지역 국가의 41개 제조업종을 조사한 결과 전체 보상 패키지에서 급여가 차지하는 비중은 평균적으로 85% 정도였으나, 동일한 업종에서 5개 라틴 유럽계 국가의 경우 급여가 전체 보상 패키지에서 차지하는 비중은 56%에 불과했다. 인적자원관리 경영자는 보상 패키지의 구성을 현지의 관습에 맞게 조정함으로써 근로자들이 자신들에게 주어지는 보상에 대해 최대한의 가치를 부여할 수 있도록 해야 한다.[33] 현지 법률 역시 국제기업의 보상 방침 결정에 영향을 미친다. 예를 들어 멕시코는 법률로서 유급 출산휴가, 15일에 해당하는 크리스마스 보너스, 해고 근로자들에 대한 3개월분에 해당하는 퇴직수당 지급을 규정하고 있다. 현지의 관습도 기업의 인건비 부담에 영향을 미칠 수 있다. 스웨덴의 근로자들은 다른 국가에 비해 더 많은 질병휴가를 사용하고 있는데, 연간 평균 24.4일로 미국 근로자들의 4배, 덴마크, 독일, 스페인 근로자들에 비해 2배 정도를 더 많이 쓰고 있는 셈이다.[34]

그리고 비록 미국은 근로자들에게 어떠한 유급휴가도 요구하고 있지는 않지만 프랑스는 일 년에 30일, 노르웨이, 덴마크, 핀란드 그리고 스웨덴은 일 년에 25일, 그리고 독일은 모든 근로자들에게 해당되는 최소한의 요건으로 일 년에 24일의 유급휴가제를 시행하고 있다.[35]

In Practice

- 국제적 인적자원관리자는 인력 모집과 비관리직 직원의 선발에서 생기는 기본적 쟁점들을 이해하여야 한다.
- 비관리직 직원들에 대한 교육, 개발, 보수, 그리고 성과 평가기준 역시 분명히 이해가 되어야 한다.

추가 고려 사항: 국가별로 직원의 임금, 보상프로그램, 근무시간, 그리고 혜택들의 차이가 왜 그렇게 많은가?

19.8 노사관계

국제인적자원관리의 마지막 구성요소는 노사관계(labor relation)다. 노사관계는 매우 복잡하고 중요한 문제이기 때문에 인적자원관리와는 별도의 독립적인 기능으로 고려되기도 한다.

노사관계의 비교

개별 국가의 노사관계는 그 국가의 법률, 문화, 사회구조, 경제적 여건을 반영한다. 예를 들어 최근 들어 미국에서는 근로자들의 노동조합 가입률이 점차적으로 줄어들면서, 오늘날에는 전체 근로자들의 15% 미만만이 노동조합에 가입되어 있다. 미국에서의 노사관계는 다양한 법률에 의해 엄격하게 규제되고 있는데, 경영자의 노동자에 대한 행동과 노동자의 경영자에 대한 행동 모두가 엄격하게 제한된다. 더욱이 기업과 노동조합 사이에 체결된 공식적인 노사합의는 법률로서 효력을 가지는 유효한 계약이다. 이와 같은 엄격한 규제로 인해서 대부분의 노사협상은 상대적으로 공식적이고 기계적이며, 노사 양쪽 모두 법률에서 규정하고 있는 바를 엄격하게 준수한다.

전혀 상황이 다른 국가들도 많이 있다. 어떤 국가에서는 노동조합 가입률이 매우 높고, 여전히 늘어나는 추세를 보이고 있다. 유럽에서는 통상적으로 미국에 비해 노동조합의 역할이 더욱 중요하다. 많은 유럽 국가들에서는 노동조합이 정당과 긴밀하게 연계되어서, 어떤 정당이 정권을 잡느냐에 따라 노동조합의 성쇠가 결정되기도 한다. 유럽 전역에 걸쳐서 일시적인 작업정지는 자신들의 요구를 관철시키기 위한 의사표시로서 노동조합에 의해 빈번하게 사용되는 활동이다. 예를 들어, 파리의 운수노조 근로자들은 종종 1일 운행정지를 통해 도시의 버스, 지하철, 철도운행을 완전히 마비시키곤 한다. 노동조합은 자신들의 단체행동으로 불편을 겪는 대중들이 선거를 통해 선출되는 정부 각료들에게 다시는 그와 같은 분란이 발생하지 않도록 가능한 모든 조치를 취하도록 압력을 넣어주기를 희망한다. 외국기업들이 현지국의 일반적인 노사관계에 변화를 도모해 보려 할 경우에는 전혀 새로운 문제가 야기되기도 한다. 예를 들어 토이저러스(Toys' R' Us)는 대부분의 스위스 유통업자들 사이에서 사용되고 있는 표준 노사협약을 거부하려 했다가 3개월 간의 파업사태를 겪어야만 했고, 스위스에서 오랫동안 확립되어 온 전통을 위협하는 주제 넘는 노조 탄압자라는 노동운동가의 비난을 감수해야 했는데, 이는 기업이 확립하기를 원했던 이미지와는 전혀 상반되는 것이었다.[36] 이와 유사하게, 독일의 소매유통 노동조합 역시 월마트(Walmart)가 자신들의 요구사항을 수용하도록 짧지만 빈번한 작업정지 활동을 벌이기도 했다.

이와 대조적으로 일본에서의 노사관계는 상대적으로 온건하다. 일본에서는 노동조합이 보통 기업 자체에 의해 설립되고 운영된다. 노동조합과 경영층은 상호 간의 최선의 이익을 위해 협력적인 경향을 보인다. 일본의 문화는 불화와 적대감을 싫어하고, 이와 같은 규범이 노사관계에도 그대로 적용된다. 노사갈등은 통상 상호합의에 의해 정상적이면서도 온건하게 해결된다. 드물게 제3의 중재자가 필요한 경우에도, 의사결정이 이루어지고 난 다음에 악감정이나 적대감을 표시하는 경우는 거의 없다. 따라서 일본에서는 파업이 매우 드물다.

단체교섭

단체교섭(collective bargaining)은 경영자와 노동조합 사이에 합의를 이끌어내는 과정이다. 이미 설명한 바와 같이, 미국에서 단체교섭은 법률로써 엄격하게 규정된다. 하지만 단체협상의 과정에 대한 법률을 승인하는 것과는 별개로, 정부는 단체교섭의 결과물로서 단체협약을 체결하는 데 있어서는 상대적으로 수동적인 역할만 한다. 노동조합과 경영자 대표가 직접 만나서 협상을 하고 협약을 체결한다. 이 협약은 새로운 협상이 시작되어 이전 협약의 유효 기간이 만료될 때까지 노사 모두에게 적용된다. 교섭은 기업과 노동조합 모두 각각 개별적으로 이루어진다. 예를 들어 유나이티드(United) 항공은 조종사 노조, 승무원 노조, 정비원 노조 등과 각각 개별적으로 교섭을 진행해야 하며, 이들 개별 노조들 역시 항공사와 개별적으로 교섭한다.

많은 다른 국가들에서는 단체교섭에서 정부가 보다 적극적인 역할을 하기도 한다. 유럽의 일부 국가들에서는 단체교섭이 다수 기업들의 대표들이 정부 관계자와 함께 노동조합과 교섭을 진행하기도 한다. 그 결과는 일괄타결의 형태로 그 산업에 속하는 전체 기업과 관련되는 전체 노동조합에게 적용된다. 일본에서도 정부 관계자가 단체교섭에 참여하기는 하지만 개별 기업 차원에서 단체교섭이 진행된다. 정부 관계자는 협상에서 제기되는 문제들을 기록하고, 협상 과정에서 제기되는 질문들에 답하는 등 오히려 옵서버로서 역할이 더 크다.

노동조합의 영향력과 공동의사결정

노동조합의 영향력은 노조가입, 파업, 홍보 등 다양한 수단을 통해 확대되어질 수 있다. 유럽에서는 노동조합이 가지는 영향력의 많은 부분이 근로자는 기업이 어떻게 운영되어야 하는지에 대해 목소리를 낼 수 있다는 산업민주주의의 기본정신에 기초해 확대되어왔다. 특히 독일과 같은 국가에서는 노동조합의 영향력이 근로자와 경영자의 전통적인 관계 설정의 범위를 넘어서까지 확대된다. 노동조합의 영향력에 관한 독일식의 방식은 노동조합의 경영참여까지 불러 왔으며, 기업을 경영하는 데 있어 경영층과 노동자의 협력정신에 기반을 두고 있다.

공동의사결정(codetermination)은 석탄 및 철강 산업에 속해 있는 기업들에게 기업의 운영과 관련된 의사결정에 노동조합의 참여를 허용한 1947년에 제정된 독일 법률의 결과물이다. 이 법률은 그후 수차례에 걸쳐 수정되어, 오늘날에는 2,000명 이상의 근로자들을 고용하고 있는 전체 독일 기업에게 적용된다. 이 법률은 모든 해당 기업들에 대해서는 별도의 감독위원회(supervisory board)의 설치를 의무화한다. 이 위원회에 속하는 위원들의 1/2은 기업의 소유자(미국 기업의 경우 이사회)에 의해 추천되고, 나머지 1/2은 근로자들 중에서 지명되거나 선출된다. 근로자들의 지분 중 1/3은 노동조합의 간부들로 구성되고, 나머지 2/3는 근로자들로 구성된다. 근로자들의 몫으로 배정된 자리 중 한 자리는 반드시 관리직 근로자로 지명되어야 하기 때문에 노사 양쪽으로 양분된 사안에 대해서는 기본적으로 경영층의 의사가 관철되도록 한다. 감독위원회는 경영자위원회라고 불리는 또 다른 위원회를 감독하는 역할도 한다. 경영자위원회는 기업의 최고경영자들로 구성되며, 일상적인 기업경영을 책임진다.

이와 같은 독일 모델은 고도의 산업민주화를 촉진시키는 작용을 한다. 스웨덴, 네덜란드, 노르웨이, 룩셈부르크, 덴마크, 오스트리아 등과 같은 다른 유럽 국가들의 경우에도 기업 경영에 있어 근로자의 대표권을 인정하는 유사한 방식을 채택한다. 이와는 대조적으로 이탈리아, 아일랜드, 영국, 라트비아와 같은 국가들은 근로자의 경영참여를 보장하는 어떠한 장치도 채택하고 있지 않다. 하지만 유럽연합(EU)은 가입국들 사이에 노사관계 제도, 고용제도, 복리후생 제도 등을 표준화시키고자 하는 노력을 계속해오고 있다. 현재 실행되고 있는 유럽연합의 **사회헌장(social charter**, 때로는 **사회방침**으로도 불림)은 출산휴가, 직무훈련, 연금혜택 등과 같은 분야에 초점을 맞추고 있다. 사회헌장이 지향하고 있는 또 하나의 동기는 독일 혹은 벨기에와 같이 잘 사는 국가에서 포르투갈, 그리스, 스페인과 같이 인건비가 싸고 복리후생 지원이 떨어지는 국가로의 일자리의 잠재적 감소 가능성을 줄이고자 하는 것이다. 근로자 참여제도의 개혁은 아시아 · 태평양 지역으로도 확대된다. 예를 들어 싱가포르의 근로자들은 이미 기업의 경영과 관련해 상당히 강한 목소리를 내어왔다.

비록 일본의 근로자들은 기업경영과 관련해 강한 목소리를 내고 있지는 못하지만 이들 역시 전통적으로 자신의 직무와 관련해서는 적지 않은 개인적인 권한과 통제력을 행사해왔다.

In Practice

- 상대적 노사관계는 국제적 인적자원관리자와 연관이 있다.
- 국제적 인적자원관리자는 단체협상과정의 모든 단계에 대해 익숙해야 한다.

추가 고려 사항: 미국에서 노동자의 경영 참여는 효과적일 것인가? 그렇다면 왜 그러한가? 그렇지 않다면, 왜 그렇지 않은가?

MyManagementLab®

mymanagementlab.com으로 돌아가 아이콘으로 표시된 문제를 완성하시오.

CHAPTER REVIEW

요약

인적자원관리는 기업의 목표달성을 위해 필요한 효과적인 인력들을 모집하고, 개발하고, 유지하는 활동들의 집합이다. 인적자원관리 기능은 기업의 성공에 핵심 요소이기 때문에 최고경영층은 인적자원관리기능의 수행에 있어 전략적 관점을 적용시킬 수 있어야 한다.

국제인적자원의 필요성은 기업의 국제화 수준에 따라 달라진다. 의사결정 권한의 집권화와 분권화의 정도도 중요한 변수다. 기업의 기본적인 채용 철학도 국제인적자원의 필요성을 결정하는 데 영향을 미칠 수 있다.

모집과 선발은 국제인적자원관리의 중요한 요소에 속한다. 어떤 기업은 해외에서 근무하는 국제경영자로 숙련된 경영자를 모집하기도 하고, 어떤 기업들은 젊고 경험이 일천한 경영자를 채용하기도 한다. 어떤 국제경영자를 모집하든 국제경영자의 모집에는 다양한 경로를 활용할 수 있다. 해외에서 근무하는 경영자를 선발하는 데 있어서는 인적자원의 경영자로서의 자질과 국제적 자질을 모두 고려해야 한다. 경영자와 기업은 모두 주재원의 파견 및 복귀와 관련된 다양한 이슈들을 고려해야 한다.

훈련과 개발도 국제인적자원관리의 중요한 요소다. 훈련과 개발은 두 가지 중요한 요소로 구성되는 데, 훈련 니즈의 평가와 기본적인 훈련기법 및 절차의 선택이 그것이다.

기업은 또한 국제경영자의 성과를 평가하고 그들에 대한 보상을 결정해야 한다. 해외 주재원에 대한 보상은 생계비 보전과 특별 수당으로 구성된다.

주재원의 훈련과 개발에는 많은 비용이 소요되기 때문에 기업의 주재원의 유지와 이직 관리에 특별한 관심을 기울여야 한다. 국제기업의 비관리직 근로자들에 대해서도 국제인적자원관리의 개별 요소들을 충분히 고려해야 한다.

인적자원관리 경영자에게 노사관계는 특별히 복잡한 과업 중의 하나로 종종 특별 부서에서 관리한다. 노사관계에서 특히 중요한 문제 중의 하나는 단체교섭 혹은 노동조합과의 단체협약이다.

리뷰 질문

19-1. 국내 인적자원관리는 어떠한 차원에서 국제인적자원관리와 차이를 보이는가?

19-2. 집권화와 분권화의 수준은 국제 채용에 어떻게 영향을 미치는가?

19-3. 해외로 파견된 주재원의 모집과 선발은 어떤 기본적인 이슈들을 포함하고 있는가?

19-4. 주재원 파견과 주재원 복귀의 문제의 핵심 이슈는 무엇인가?

19-5. 국제기업에게 성과평가는 왜 중요한가?

19-6. 국제인적자원관리에서 보상과 복리후생과 관련된 특별한 이슈는 무엇인가?

19-7. 비관리직 근로자에 대한 국제인적자원관리는 관리직에 대한 국제인적자원관리와 어떻게 다른가?

토의용 질문

★ 19-8. 인적자원관리는 마케팅, 재무관리, 생산 · 운영관리 등 다른 경영관리 기능분야와 어떻게 관련되어 있는가?

19-9. 기업의 국제화 수준은 왜, 어떻게 인적자원관리에 영향을 미치는가?

★ 19-10. 해외에서 근무하는 국제경영자의 모집과 선발에 관한 방법들은 어떤 점에서 유사하고 어떤 점에서 다른가?

19-11. 경영자의 자질과 국제적 자질 중 어느 것이 평가하기 쉬운가? 왜 그런가?

19-12. 만약 당신이 해외의 근무지에 주재원으로 파견된다면 당신은 어떤 구체적인 훈련 프로그램을 기업에게 요구할 것인가?

19-13. 해외 근무에는 특별한 보상이 주어져야 한다는 데 대해서 당신은 동의하는가, 동의하지 않는가?

★ 19-14. 국제기업의 보상에서 형평성 문제를 관리하는 것이 쉬운 문제라고 생각하는가 어려운 문제라고 생각하는가?

19-15. 국제경영자의 교체에 많은 비용이 수반된다는 사실은 채용 철학과 관련해 무엇을 암시하고 있는가?

19-16. 관리직근로자에 대한 인적자원관리와 비관리직 근로자에 대한 인적자원관리 중 어느 것이 더 쉽다고 생각하는가? 왜 그런가?

글로벌 역량 갖추기

당신이 거대 MNC의 인적자원관리 최고경영자라 가정하자. 당신 회사의 일본 법인의 법인장이 다른 회사로 옮기기 위해 사표를 냈다. 당신은 가능한 한 빨리 새로운 일본 법인장을 임명해야 한다. 당신에게는 다음과 같은 예비 법인장 후보를 가려냈다.

- Jack Henderson: 현재 시카고에 있는 본사의 부사장을 맡고 있다. Jack은 당신의 기업에서 오래되고 출중한 경력을 가지고 있고, 모든 이로부터 존경을 받고 있으며, 3년 내에 은퇴할 계획을 가지고 있다. 그는 미국을 벗어나서는 한 번도 다른 국가에서 근무한 경험을 가지고 있지는 않지만 일본 법인장으로 임명되기를 강력하게 희망한다. 당신과 당신의 배우자는 근무 외적으로 Jack과 그의 배우자를 잘 알고 있는데, 그의 배우자는 시카고를 떠나는 것을 원하지 않고 있다.
- Takeo Takahashi: 당신 회사의 일본 법인에서 서열 2위의 경영자이지만 그 자리에 임명된 지는 겨우 3개월밖에 되지 않았다. 그는 일본에서 나고 자랐다. 미국에서 대학을 졸업하고 난 후에, 일본으로 귀국해 당신의 회사에서 입사했다. Takeo는 당신의 회사에서 떠오르고 있는 유망주이기는 하지만 상대적으로 젊고 경험이 풍부하지는 못하다. 당신 회사의 CEO는 일본 법인장 자리에 최소한 15년 이상의 회사 경험을 가진 인사를 임명하기를 원하지만 Takeo는 고작 8년 정도 되었다. 그는 결국에는 나중에라도 일본 법인장으로 임명되기는 하겠지만 이번에 그만 둔 일본 법인장의 경우 정년을 7년 남기고서야 겨우 일본 법인장으로 물망에 올랐다.

- Jane Yamaguchi: 하와이 태생으로 현재는 미국 본사의 주요 사업부의 장을 맡고 있다. 그녀는 하와이 대학에서 경제학과 아시아 지역연구의 복수 전공을 이수했다. 최근 몇 년 동안 그녀는 일본 시장에 대해 계속 연구해왔고, 일본 시장에 대해서는 진짜 전문가에 속한다. 그녀는 여행 등을 통해 가능하면 많은 시간을 아시아 지역에서 보내고 있다. 당신은 그녀가 일본 법인장자리에 무척 관심을 가지고 있을 것이라는 것을 잘 알고 있다. 비록 그녀의 남편과 고등학교에 재학 중인 2명의 자녀는 일본 생활에 대해 그녀만큼 열성적이지 않겠지만 말이다. 덧붙여서, 그녀에게 일본 법인장이라는 새로운 도전의 기회가 주어지지 않는다면 그녀가 다른 일자리를 찾아볼지도 모른다는 사실도 당신에게는 근심거리다.
- Jacques Moine: 당신 회사에서 가장 국제 경험이 풍부한 경영자다. 당신 회사의 프랑스 법인에 입사해, 독일, 스페인, 캐나다, 아르헨티나, 멕시코 등과 같은 곳에서 고위경영자 직책을 두루 섭렵했다. Moine는 현재 자신이 책임지고 있는 멕시코 법인에서의 직책에 매우 만족하고 있는 것처럼 보인다. 멕시코 법인은 매우 안정적이고 이미 효율적인 법인이기 때문에 경험이 약간 떨어진 경영자라도 충분히 잘 운영해 나갈 수 있을 것으로 판단된다.

개별적으로 위에서 제시된 4명의 후보자들의 장점과 약점을 주의 깊게 고려해보라. 그리고 어느 후보자가 가장 적합한 인물일지 선택해보라.

그러고 난 후 4~5명으로 소집단을 구성해보자. 그래서 당신과 다른 학생들이 어떤 후보자를 선택했는지, 그 후보자를 선택한 이유가 무엇인지 서로 공유해보자.

CLOSING CASE 시카고 식료품 회사(The Chicago Food and Beverage Company)

CFBC (The Chicago Food and Beverage Company)는 북미, 유럽, 아시아 지역 등에 자회사를 두고 있는 미국의 MNC이다. CFBC에 재직하고 있는 미국인 경영자 Paul Fierman은 베트남 자회사를 이끌고 본사의 새로운 조직전략을 실행에 옮길 사명을 띠고 베트남 자회사의 새로운 경영자로 임명되었다.

Paul에게 자회사 주재원으로서의 직무는 생소하지도 어려운 직무도 아니었다. 1995년에 코넬(Cornell)대학에서 마케팅 석사 학위를 취득한 Paul은 졸업 후 CFBC의 뉴욕 자회사에서 마케팅 부서의 제품 담당부책임자로 일했고, 그로부터 3년 후에는 미국 동부 지역의 비알콜 탄산음료 제품 담당 책임자로 일했다. 또한 그로부터 2년 후에는 그는 탄산음료든 비탄산음료든 관계없이 비알콜 음료제품에 대해 미국 시장을 총괄했다. 미국이라는 특정 국가 시장을 총괄하는 국가 담당 경영자로서, 그는 매년 30만 달러의 기본급에 매출실적에 따라 10~15%의 커미션을 따로 받았다. Paul은 현재의 자기 직무에 대해 만족하고 있었지만 CFBC의 최고경영층으로 발돋움할 수 있는 새로운 경력을 경험할 수 있기를 원했다.

이에 따라 2002년에 하버드 경영대학원에서 국제경영 전공으로 정규 MBA 과정을 이수하기로 결정했다. MBA 과정을 마친 후에는 다시 CFBC로 복귀하기는 하지만 그의 경력에서 정점에 다다를 수 있는 계기를 마련하기 위해서는 전문적인 국제적 경험을 가질 필요가 있다는 생각을 했다. 그가 지금까지 가져본 국제 경험이라고는 영국 옥스포드대학에 교환 학생 프로그램을 이수한 것이 전부였다.

Paul은 이 문제를 설명하기 위해 자신의 예전 상사이며, 뉴욕 자회사의 마케팅 담당 이사인 Allen Roger와 접촉했다. 하버드 대학 경영대학원에서 MBA 학위를 받기 바로 직전에, Paul은 Allan을 찾아가 그의 회사 복귀 문제에 대해 설명했다. Allan은 Paul의 고민에 대해 다음과 같이 매우 진지하게 상담해주었다.

"베트남의 CFBC 하이퐁 법인(Haiphong) 관리담당 이사로 파견되어 있는 주재원이 최근 건강문제로 예기치 않게 미국으로 돌아왔으며, 현재 본사는 가능하면 빨리 이 자리를 대체할 수 있는 인적자원을 찾고 있다. 만약 당신이 그 일에 관심이 있다면 베트남 자회사의 관리 담당 이사직신청서를 나에게 달라. 그러면 내가 시카고의 최고경영층에 전달해주겠다. 당신은 이 회사에서 매우 높은 잠재력을 가지고 있다. 당신에게 국제 경험이 없다는 것이 문제이기는 하지만... 그로 인해 당신이 아시아태평양 지역의 지역책임자와 협력해 세 개의 아시아 지역 자회사들을 통합하고자 하는 새로운 전략을 준비하고 실행하는 데 부적절함을 의미하는 것은 아니다. 이번 주재원 파견에는 당신에게 특별한 훈련 경험이 될 것이며, 3년 후에 다시 본사로 복귀할 때는 시카고 본사에서 보다 중요한 직책을 맡을 수 있는 계기가 될 것이다."

Allan의 강력한 추천으로 Paul은 3년 동안 베트남에 파견될 주재원으로써 유력한 후보자가 되었다. 그는 탁월한 교육 배경과 CFBC에 근무하는 동안 보여준 뛰어난 실적으로 유망한 젊은 경영자로 여겨졌다.

그 이후 일은 빠르게 진행되었다. 2004년 3월 Paul은 Allan의 주선으로 시카고 본사의 최고경영자를 직접 만나게 되었다. 2주 후에는 본사의 인적자원관리 부서로부터 베트남 자회사로의 파견을 공식적으로 통보받았다. CFBC의 아시아 태평양 지역 총괄이사인 Robert Greenberg는 본사의 최고경영자로부터 Paul의 지명 사실을 직접 통보받았다. 한 달이 지나 2004년 4월, Paul은 하이퐁 법인에서의 새로운 직무를 담당할 준비를 시작했다. 베트남으로 떠나기 전 수주일 동안 그는 이사를 준비했고, 뉴욕의 자신의 주택도 임대했다. 그의 와이프인 Carrie와 7살 난 딸 Rachel도 2달 후 하이퐁에서 합류했다. 그 2달 동안 Carrie는 자신의 직장도 정리했다. 그 기간 동안 Paul은 베트남에 새로운 주택을 마련했고, 그의 딸도 하이퐁 국제학교에 입학했다.

Paul은 베트남으로 떠나기 전, 베트남의 일반적인 경영환경에 대한 예비적인 지식을 얻기 위해 3권의 책도 샀다. 하지만 베트남의 문화와 경제적, 정치적 역사에 대해 그가 책으로 읽었던 것과 오늘날의 베트남 경영환경의 실체는 전혀 달랐다.

베트남으로 떠나기 1주일 전, Paul은 뉴욕에서 Robert Greenberg와 만났다. Robert는 그에게 아시아 지역의 3개 자회사들을 통합해 시너지 효과를 창출하는 데 목표를 둔 새로운 기업전략의 개요에 대해 설명해주었다. 그 이후 그들은 서로 어떤 직접적인 연락도 하지 않았다. 베트남에 도착한 지 6개월이 지나 Paul은 극도의 좌절을 느끼게 되었다.

"나는 베트남에서의 나의 업무성과와 베트남인 동료들과의 인간관계에서 매우 좌절한다. 내가 도착한 후 베트남 자회사의 재무상황은 매우 좋지 않다. 매출은 줄어들고 있고, 베트남인 근로자들의 동기부여 수준도 저하되고 있으며, 자회사의 원활한 운영을 위한 협력 등도 찾아보기 힘든 상태다. 본사에서 요구하고 있는 새로운 기업전략의 실행은 한 발짝도 못나가고 있는 실정이다. 이 모든 문제들을 나 혼자서 해결해야 한다. 나는 나에게 기대되었던 어떤 성과도 내지 못한 느낌이 든다."

사례 질문

19-17. CFB 회사의 인력 채용 철학은?

19-18. 당신이라면 적합한 후보의 채용과 선발을 어떤 식으로 했을 것인가?

19-19. 폴(Paul)은 해외 주재 근무를 위해 얼마나 잘 준비를 했을까?

19-20. 로버트 그린버그(Robert Greenberg)가 그의 직속 상사로서 폴(Paul)에게 어떠한 효과적인 방식으로 지원해 줄 수 있을까?

출처: V. Bodolica and M. F. Waxin, International HRM Case Study, "Chicago Food and Beverage Company: The Challenges of Managing International Assignments," *Journal of International Academy for Case Studies*, 13, 3 (2007), pp. 31-43.

MyManagementLab®

mymanagementlab.com으로 가서 아래의 질문에 답하시오.

19-21. 당신은 다른 국가에서 일하는 것에 대해 개인적으로 얼마나 관심을 갖고 있는가? 당신이 가장 선호하는 국가, 2개 또는 3개를 정한다면 어디인가? 당신에게 선호도가 가장 떨어지는 국가는 어디인가?

19-22. 왜? 어떤 나라에서는 노동조합 가입 회원이 증가하고, 어떤 국가에서는 감소하는가?

19-23. Mymanagementlab Only에 본 장을 포괄하는 서술형 과제가 있다.

Endnotes

1. "The end of cheap labor in China," *Time*, June 27, 2011, pp. B1 – B4; "Workers are finding their voice in China," *USA Today*, November 19, 2010, pp. B1, B2; "China's labor unrest leading to wage raises in several industries," *International Business Times*, December 17, 2011, pp. 5 – 7; "China labor unrest spreads as workers seek more," *Reuters*, June 10, 2011; Homer, *The Iliad*, Book XIII, Line 237.
2. Angelo S. DeNisi and Ricky W. Griffin, *Human Resource Management*, 2nd Ed. (Cincinnati: Cengage, 2014); see also Kwok Leung and Mark F. Peterson, "Managing a globally distributed workforce: Social and interpersonal issues," in Sheldon Zedeck (Ed.), *Handbook of Industrial and Organizational Psychology* (Washington, DC: American Psychological Association, 2010).
3. "To get shipped abroad, women must overcome prejudice at home," *Wall Street Journal*, June 29, 1999, p. B1.
4. See Miriam Erez, "Cross-cultural and global issues in organizational psychology," in Sheldon Zedeck (Ed.), *Handbook of Industrial and Organizational Psychology* (Washington, DC: American Psychological Association, 2010).
5. Peter Cappelli, "Talent management for the twentyfirst century," *Harvard Business Review*, March 2008, pp. 74 – 81.
6. Ya-Ru Chen, Kwok Leung, and Chao C. Chen, "Bringing national culture to the table: Making a difference with cross-cultural differences and perspectives," in James P. Walsh and Arthur P. Brief (Eds.), *The Academy of Management Annals 2009* (Philadelphia: Taylor and Francis, 2009), pp. 217 – 250.
7. Nakiye Boyacigiller, "The role of expatriates in the management of interdependence, complexity, and risk in multinational corporations," *Journal of International Business Studies*, vol. 21, no. 3 (Third Quarter 1990), pp. 357 – 382.
8. Gretchen M. Spreitzer, Morgan W. McCall, Jr., and Joan D. Mahoney, "Early identification of international executive potential," *Journal of Applied Psychology*, vol. 82, no. 1 (1997), pp. 6 – 29.
9. See DeNisi and Griffin, *Human Resource Management*.
10. "Companies send Intrepid retirees to work abroad," *Wall Street Journal*, March 2, 1998, p. B1.
11. "Pharmacia to move headquarters to U.S. East Coast," *Wall Street Journal*, October 14, 1997, p. B14.
12. See J. Stewart Black and Hal B. Gregersen, "The right way to manage expats," *Harvard Business Review* (March – April 1999), pp. 52 – 62.
13. See Paula M. Caligiuri, "The big five personality characteristics as predictors of expatriate's desire to terminate the assignment," *Personnel Psychology*, vol. 53, no. 1 (2000), pp. 67 – 78.
14. "To smooth a transfer abroad, a new focus on kids," *Wall Street Journal*, January 26, 1999, pp. B1, B14.
15. Andrea C. Poe, "Destination everywhere," *HRMagazine*, October 2000, pp. 67 – 77.
16. Ann Marie Ryan, Lynn McFarland, Helen Baron, and Ron Page, "An international look at selection practices: Nation and culture as explanations for variability in practice," *Personnel Psychology*, vol. 52, no. 2 (1999), pp. 58 – 70.
17. Joel D. Nicholson, Lee P. Stepina, and Wayne Hochwarter, "Psychological aspects of expatriate effectiveness," in Ben B. Shaw and John E. Beck (guest eds.), Gerald R. Ferris and Kendrith M. Rowland (eds.), *Research in Personnel and Human Resources Management* (Supplement 2: International Human Resources Management) (Greenwich, CT: JAI Press, 1990), pp. 127 – 145.
18. Gary P. Ferraro, *The Cultural Dimension of International Business* (Upper Saddle River, NJ: Prentice Hall, 1990), pp. 143 – 144.
19. "Before going overseas, smart managers plan their homecoming," *Wall Street Journal*, September 28, 1999, p. B1; "Expatriates find long stints abroad can close doors to credit at home," *Wall Street Journal*, May 17, 1993, pp. B1, B6.
20. Juan I. Sanchez, Paul E. Spector, and Cary L. Cooper, "Adapting to a boundaryless world: A developmental ex-

patriate model," *Academy of Management Executive* (May 2000), pp. 96 – 105.
21. "New plant gets Jaguar in gear," *USA Today*, November 27, 2000, p. 4B.
22. "Distractions make global manager a difficult role," *Wall Street Journal*, November 21, 1999, pp. B1, B18.
23. Michael J. Marquardt and Dean W. Engel, "HRD competencies for a shrinking world," *Training & Development* (May 1993), pp. 59 – 60.
24. Shirley Fung, "How should we pay them?" *Across the Board* (June 1999), pp. 37 – 41.
25. See Joann Greco, "Executive checkup," *Continental* (inflight magazine), April 2008, pp. 74 – 78.
26. Lin Grensing-Pophal, "Expat lifestyles take a hit," *HR Magazine*, March 2008, pp. 51 – 54.
27. "International departures," *Time*, April 14, 2008, p. Global 4; See also "Pilot Shortage Looms for Airlines," *USA Today*, January 7, 2013, p. 3B.
28. "South Korea's Hottest Import: Workers," *Bloomberg Businessweek*, February 25 – March 3, 2013, p. 12.
29. Lawrence A. West, Jr., and Walter A. Bogumil, Jr., "Foreign knowledge workers as a strategic staffing option," *Academy of Management Executive* (November 2000), pp. 71 – 84.
30. "Some U.S. companies find Mexican workers not so cheap after all," *Wall Street Journal*, September 15, 1993, pp. A1, A16.
31. "How Merrill lost its way in Japan," *BusinessWeek*, November 12, 2001, p. 104.
32. Christopher Lorenz, "Learning to live with a cultural mix," *Financial Times*, April 26, 1993, p. 18.
33. Anthony M. Townsend, K. Dow Scott, and Steven E. Markham, "An examination of country and culturebased differences in compensation practices," *Journal of International Business Studies*, vol. 21, no. 4 (Fourth Quarter 1990), pp. 667 – 678.
34. "Sick Swedes a high-cost headache to employers," *Houston Chronicle*, September 8, 2002, p. 3D.
35. "Paid Time Off From Work? What's That?" *USA Today*, May 24, 2013, p. 1B.
36. "Bitter Swedish dispute set to end," *Financial Times*, May 30, 1995, p. 3.

PART 4 CLOSING CASES

아람코의 혜택

1979~1981년 동안 사우디아라비아는 석유수출기구(Organization of Petroleum Exporting Countries: OPEC)의 다른 가입국들과 원유의 배럴당 적정 가격 설정에 있어 심각한 의견의 불일치를 경험했다. 이른바 OPEC의 매파 국가들은 고유가 정책을 견지했지만 고유가 정책이 다른 국가들의 저가 신규 유전개발을 촉진하고 석유 소비자들이 에너지 소비를 줄여나갈 것을 두려워 한 사우디는 저유가 정책이 OPEC의 이익을 극대화할 수 있는 장기적인 전략임을 굳게 믿고 있었다. 사우디아라비아의 이와 같은 행동은 이른바 "아람코의 혜택(Aramco Advantage)"을 야기시켰고, 이전 가격 조작을 포함해 세계적으로 광범위한 세금환급 사태를 발생시켰다.

아람코는 미국의 4대 석유 메이저 회사인 쉐브론, 엑손, 모빌, 텍사코의 콘소시움으로 만들어진 회사로 사우디 유전을 지배하고 있었다(그 후 쉐브론과 텍사코처럼 엑손과 모빌은 합병되었다). 1970년대 아람코의 석유 보유물량이 사우디 정부에 의해 수용당한 후에도, 아람코는 사우디 석유의 마케팅을 전담하는 중요한 역할을 계속 담당했다. 아람코의 혜택은 1979년 1월, 사우디의 석유상인 Ahmed Zaki Yamani가 아람코에 사우디 석유를 Yamani 장관이 설정한 가격 이상으로는 판매하는 것을 금하도록 하는 편지를 발송함으로써 시작되었다. 이 가격은 세계 석유시장에서의 원유가격에 비해 상당한 정도로 낮은 가격이었다. 사우디 정부의 미움을 받기를 원하지 않는 아람코의 파트너들은 Yamani의 요구에 충실하게 따랐다. 그들은 Yamani의 가격으로 원유를 해외 석유 정제 기업들에게 판매했으며, 이 원유로 가솔린, 디젤연료, 기타 석유제품을 정제했다. 하지만 Yamani의 지령은 단지 원유 가격에만 해당되는 것이었다. 각 석유회사들은 정제된 석유제품은 각각의 시장가격에 따라 자유롭게 판매할 수 있었고,

아람코의 컨소시움을 구성하고 있는 네 개 회사들도 그랬다. 그들은 시장가격보다 낮은 가격으로 원유를 살 수 있었기 때문에 아람코의 파트너들은 곧 점점 더 많은 돈을 벌 수 있었다.

아람코의 혜택이 미친 영향은 엄청났다. 엑손의 정제공장들은 1979년에서 1981년 사이에 무려 45억 달러의 추가적인 이익을 벌어들였고, 텍사코의 정제 공장들이 벌어들인 이익 역시 18억 달러 규모로 추산된다. 이와 같은 형태의 이익은 이들 기업의 해외 정제 자회사들에 의해 발생된 것이기 때문에 징세 유예제도를 이용해 미국의 조세망을 피할 수 있었다. 최소한 기업들의 입장에서는 그랬다. 하지만 미국 국세청(IRS)은 다른 입장을 가지고 있었다. 이와 같은 이익이 석유 정제 활동이 아닌 이들 두 기업의 원유 마케팅 활동에서 발생한 이익으로 본 것이다. 이에 따라 미국 국세청은 45억 달러에 달하는 엑손 정제 공장들의 이익이 그들의 모기업인 엑손에게 이전되어야 하며, 텍사코의 정제 공장들 역시 18억 달러의 이익을 모기업의 것으로 전환시킬 것을 요구했다. 그렇게 함으로써 이들 두 기업들에게 미국의 기업소득세법에 따라 세금을 부과해야 한다는 것이었다.

이들 기업들은 당연히 이와 같은 국체청의 해석에 반기를 들었다. 그들은 사우디 석유상의 명확한 지시를 따랐을 뿐이라고 주장했다. Yamani의 지령 때문에 원유를 시장가격으로 판매하는 것이 금지되어 있었고, 이로 인해서 이들 두 기업은 낮은 원유가격으로부터 직접적으로 이익을 받은 바가 없다고 주장했다. 오히려 그들은 아람코의 혜택으로 인해 석유의 생산-유통 사슬에서 유통 쪽에 가까이서 사업을 하는 기업들만 이익을 받고 있음을 지적했다. 당연히 아람코의 혜택으로부터 이익을 받고 있는 것은 석유제품 생산의 가치사슬에서 유통부문이었고, 이들은 주로 아람코의 개별 파트너들이 소유하고 있는 해외 정제 공장들이었다. 또한 엑손과 텍사코는 미국 정부가 사우디 정부에게 원유 가격을 인하하도록 압력을 넣었고, 미국 정부 또한 그와 같은 방침의 결과로 석유정제 기업들의 이익이 커질 것이라는 사실은 잘 알고 있었음을 지적했다.

텍사코 소송 건은 미국의 사법 제도에 의해 이와같은 논란에 종지부를 찍은 최초의 사건이다. 미국의 조세심판소(Tax Court)는 텍사코의 해석에 손을 들어 주었다. 조세심판소에서는 아람코의 혜택으로부터 창출된 18억 달러의 추가 이익은 텍사코의 해외 자회사인 정제공장들에 의해 발생한 것이며, 때문에 이 이익이 다시 배당 등의 형태로 모기업에 과실송금이 되지 않는 한에는 미국의 기업소득세법의 적용을 받지 않음을 분명히 했다. 미국 항소법원도 조세심판소의 결정을 유지했으며, 1997년 4월 미국 대법원은 항소법원의 결정에 대한 국세청의 항소를 기각했다. 이로 인해 텍사코는 7억 달러로 추산되는 세금환급금을 받게 되었다.

사례 질문

P4-1. 아람코의 혜택으로부터 실제로 이익을 받은 것은 텍사코의 어떤 사업단위인가? 아람코인가, 텍사코의 해외 정제공장들인가, 텍사코의 마케팅 사업단위인가, 아니면 모기업인가?

P4-2. 만약 아람코가 텍사코의 미국 정제공장에 원유를 판매했다면 텍사코는 아람코의 혜택으로 발생한 이익에 대해 미국의 기업소득세 부과를 피할 수 있었을까?

P4-3. Yamani 석유상이 야기시킨 아람코의 혜택은 부분적으로 미국의 외교적 압력 때문이었다. 그렇다면 엑손과 텍사코는 그들에게 할당된 사우디 원유를 자신의 미국 내 정제공장에 판매하도록 요청받았을까?

P4-4. 미국 국세청의 변호사들은 항소법원의 판결이 미국에서의 조세회피를 위한 청사진이 되어버렸다고 설명하면서 다음과 같이 주장했다. “항소법원의 판결은 미국 기업들에 대해 상당한 정도의 세제 혜택을 제공한 것으로, 미국 기업들은 미국 내에서 조세부과를 회피하기 위해 필요로하는 유익한 외국의 법적 규제를 오히려 조장하거나 감내하게 될 것이다” 당신은 미국 국세청의 이와

같은 입장에 동의하는가? 아니면 소송에서 졌기 때문에 괜한 투정을 부리는 것이라고 생각하는가?

출처: 'Court blocks challenge of big tax refund for Texaco', *New York Times*, April 22, 1997, p.C1 ; 'Texaco wins billion—dollar tax battle', *Houston Chronicle*, April 22, 1997, p.1C.

소액금융의 힘: 그라민 은행(The Grameen Bank)

잘 운용되는 신용 시장의 부재는 시골에 사는 주민들과 개발도상국에 거주하는 농민들에게 종종 걸림돌이 된다. 수확 때에 맞춰 살아가는 시골의 가난한 농부들은 기후변화에 많은 영향을 받는다. 직전 수확기에 작황이 좋지 않으면 시골농부는 그 다음 수확을 위해 돈을 빌릴 수밖에 없고 이때의 이자율은 착취에 가까운 높은 이자율이어서 지속적으로 채권자에게 빚을 지는 일이 자주 있다.

이 같은 가난의 순환 고리를 끊기 위하여, 빈곤층에 대해 새로운 방식의 대출이 생겨났다: 그것이 소액금융이다. 소액금융 기관은 대체적으로 25달러부터 200달러 사이의 소액 대출을 통해 시골에서의 창업 또는 작은 규모의 확장을 지원하는 금융에 초점을 두고 있다. 이 외에도 대부분 소액 금융 채권자는 그들과 거래하는 시골 주민들에게 예금 계좌, 생명보험, 그리고 기본적 의료 서비스 등 다른 서비스들도 제공한다.

이런 소액금융운동의 창시자는 방글라데시의 치타공 대학(Chittagong University)의 경제학 교수 무하마드 유누스(Muhammad Yunus)이다. 1976년, 그는 근처 마을의 공예작가에게 자신의 돈으로 작은 규모의 대출을 해 주었다. 그 27달러의 대출은 세계에서 가장 성공한 소액금융기관인 그라민 뱅크에 영감을 주었다. 1983년에 설립된 후, 그라민 은행은 530만명의 사람들에게 50억 달러 이상을 대출하였고, 추가적으로 9,300만명 이상의 고객을 유치한 3,000개 이상의 유사 서비스를 낳게 했다. 유누스와 그라민 뱅크는 그들의 업적을 그려 2006년 노벨 평화상을 수상하였다.

은행들은 전통적으로 신용이 좋으며 현재 운영 중인 기업들에 대한 큰 대출에 집중한다. 유누스는 그라민의 관심을 방글라데시의 빈곤한 시골사람들의 궁핍함에 두도록 바꾸어 놓았다. 대부분의 은행 대출은 남자들에게 해당되었다. 유누스는 그라민이 여자들에게 대출하는 데 집중해야 된다고 했으며, 이는 그들의 가족과 사회의 필요성을 더 알고 있기 때문이라고 했다: 그라민의 대출의 96%가 여자들에게 제공된다. 그들 대부분은 문맹이었고 그래서 그라민은 대출 관련 서류 절차를 생략했다. 대부분 그들은 담보가 없었기 때문에, 그라민은 신뢰와 사회적 부담(이웃의 압박)을 기반으로 한 새로운 대출 모델을 개발했다. 5명에서 10명으로 이루어진 대출 그룹에 포함된 개인들에게 대출이 이루어졌다. 각 그룹의 구성원으로부터 오는 사회적 부담은 각 채무자가 늦지 않고 원리금을 갚도록 유도했다. 그라민 대출의 부도율은 매우 낮다: 방글라데시를 휩쓴 1998년의 재해인 대홍수 후에는 부도율이 급등했을지라도 평균적으로는 1%에서 2%이다.

그들의 소액금융지원 활동의 성공으로 그라민 그룹은 지방의 가난을 해결할 수 있는 다양한 새로운 방법을 고안했다. 그라민 텔레콤은 노르웨이의 텔레노르(Telenor)와 협력하여 시골 마을에 휴대전화 서비스를 제공했다. 그라민 은행은 "시골 전화 여성"들에게 핸드폰을 구매할 수 있도록 소액 대출을 제공했다. 이런 전화 여성은 시골 마을사람들에게 핸드폰을 사용하게 하고 소액의 요금을 청구했다. 그 결과, 지역 사업가들은 새 시장을 개척할 수 있었고 사업 비용도 낮출 수 있었다. 그라민 그룹은 또한 프랑스의 요식업계에서 거대한 재벌인 다농SA (Danone SA)와 합작투자를 하여 가난한 지역 농부들에게 새 시장을 개척함으로써 가난을 줄이고 건강한 음식을 제공함으로써 방글라데시의 영양 문제를 향상시켰다. 그라민 & 다농SA의 첫 제품은 한 컵당 6유로센트에 판매되는 저렴한 쇼키티도이(Shoktidoi) 요구르트("당신을 건강하게 만드는 요구르트"라는 의미의 벵갈어)이었다. 쇼키티도이 요구르트는 현지에서 가져온 우유와 대추에서 추출한 당밀을 사용해 시골 지역 어린이들의 영양결핍을—대략 56%의 방글라데시 어린이들이 영양실조를 겪고 있다고 한다—해결하고자 만들어졌다.

사례 질문

P4-5. 그라민 은행의 비즈니스 모델은 얼마나 파급 가능한 것인가? 당신의 국가에서도 가능한 모델인가? 그 모델의 성공을 위한 방글라데시 사회의 문화적 가치가 얼마나 중요한가?

P4-6. 수많은 은행과 벤쳐금융 사업가들이 인도의 마을과 다른 수많은 아프리카 국가의 사람들에게 소액금융 기업을 만들어 소액 대출을 제공하려고 했다. 그러나, 어떤 비판가들은 이러한 가난한 사람들의 가난을 통해 이윤을 추구하는 것은 비윤리적이라고 주장해 왔다. 이 의견에 당신은 찬성하는가? 소액금융은 그라민 은행과 같은 비영리단체에만 제한되어야 하는가?

P4-7. 그라민 은행은 텔레노르와 다농SA와 합작하여 전화 서비스와 저가격에 영양이 많은 요구르트를 제공했다. 비영리 단체와 이윤 추구 다국적 기업과의 합작을 통해 가난한 시골 사람들에게 혜택을 줄 수 있는 다른 재화 또는 서비스를 생각해 볼 수 있는가?

출처: "Microfinance falls short of initial promise," *Houston Chronicle*, March 13, 2011, D6; Danone Social and Economic Report 2006; "Nobel winner Yunus: Microcredit Missionary," *BusinessWeek*, December 26, 2005 (online); Mainsah, Evaristus, Heuer, Schuyler, Kalra, Aprajita, and Zhang, Quilin, "Grameen Bank: Taking capitalism to the poort," *Chazem Web Journal of International Business*, Spring 2004, Columbia Business School (online); http://www.grameenfoundation.org

뉴코(Nucor)社의 새로운 도전

수 십 년간, 미국의 철강 산업은 US 철강(US Steel)과 베들레헴 철강(Bethlehem Steel)과 같은 큰 철강 기업에 의해 지배되어 왔다. 이러한 대기업은 매년 수백만 톤의 철강을 대량 생산하는 소수의 대규모 제강소를 운영했다. "빅 스틸(Big Steel)"은 1,940년대, 1,950년대 나아가 1,960년대에 세계 도처의 기업들이 성장하면서 철강에 대한 수요와 가격 상승에 힘입어 큰 호황을 누렸다. 그러나 그들의 전미 철강노조와의 과격한 관계는 혁신과 유연성을 제한했다—"빅 스틸(Big Steel)"과 전미 철강노조는 "우리 vs. 그들"이라는 양분된 사고방식으로 특징화될 수 있으며 이는 수십 년간 노사관계 전반으로 지속되었다—빅 스틸(Big Steel)의 부진은 일본과 한국과 같은 국가에서 새로운 경쟁자를 생기게 하였고 이들로 하여금 철강 생산에 새로운 기술과 접근 방식을 시도하게 했다. 이와 같은 혁신 중 하나는 미니 제강소라고 불리는 것이었다—소비자들에게 더 가깝게 위치할 수 있게 하는 더 작고 더 효율적인 생산 공장이다.

그들이 혁신에 실패했기 때문에, US 철강은 더 이상 북미 시장을 지배할 수 없었으며, 베들레헴은 사라졌다. 하지만, 그들의 자리에 가장 뛰어난 뉴코스틸(Nucor Steel)을 포함한 여러 작지만 강력한 제강소들로 채워졌다. 혁신적인 인적자원관리(HRM)방식의 실현을 통해 뉴코(Nucor)는 미국의 미니 제강소(mini-mills)분야를 지배할 수 있었다. 대부분의 뉴코(Nucor) 종업원들은 그들의 생산성과 성과에 연동되어 실질적인 보수와 임금이 책정된다. 그렇기 때문에, 수요가 폭등하고 뉴코(Nucor)가 효율적으로 운영될 경우 모든 직원들은 더 많은 보상을 받게 된다. 그러나, 수요가 줄어들거나 공장이 효율적으로 운영되지 않을 경우, 모든 종업원들은 더 낮은 보수를 받게 된다. 이것이 어떻게 운영되는지 보기 위해, 지난 몇 년간 뉴코(Nucor)가 어떻게 운영되었는지 살펴보자.

전반적으로, 2008년은 뉴코에게 매우 좋았던 한 해였다. 사실, 순수익은 기록적인 18억3천만 달러로 나타났다; 전체 매출 역시 기록을 세웠다—2007년에 비해 43% 증가한 236억 달러를 기록했다. 하지만, 기록적인 연말 지표에도 불구하고 불행하게도 2008년의 4분기는 참혹했다. 해당 년도의 마지막 세 달의 순익은 2007년도의 4분기 실적, 3억6,480만 달러에 비해 71%가 감소한 1억590만 달러였다. 뉴코(Nucor)사의 회장이자 CEO인 대니얼 디미코(Daniel R. DiMicco)는

"2008년 뉴코(Nucor)가 성취한 기록적인 매출과 순익은 4분기에 경험한 전례 없는 경제 및 철강 사업 여건을 무릅쓰고 성취한 것이다"라고 하였다.

다시 "전례 없는 속도로 글로벌 경제의 하락"이 있을 것이라고 하며, 디미코는 2009년의 첫 분기와 그 이후에 전과 동일한 암울한 미래를 예견했다. 1월에는, 제강소의 시설 가동률이 95%에서 50%로 하락했으며, 주가는 10% 이상 하락했다. 뉴코(Nucor) 경영진은 약 4,000만 달러에 달하는 총비용을 감수하며 기업의 모든 종업원들에게 1,000달러에서 2,000달러에 이르는 일회성 보너스를 제공했다. 3월에는, 경영진은 추가적으로 2억7천만 달러를 이익 공유차원에서 추가적으로 배분하여 지급하였다. 장기 근무한 한 임원은 많은 것들이 어려워지고 더 어려워 보이지만, "우리는 돈을 벌고 있으며, 우리는 계속해서 채용을 하고 있다"라고 말했다.

확실히, 뉴코(Nucor)는 아직 모든 종업원들을 보유하고 있었다. 2008년 9월부터 시작된 50% 생산량 감소로 인해, 미국 철강업은 2010년 1월까지 대략 10,000명의 직원들을 해고했고, 불황이 끝나기 전까지 전미 철강노조는 숫자가 2배 이상 증가될 것으로 예상되었다. 그러나, 2009년 말 기준, 뉴코(Nucor)는 어느 누구도 해고하는 추세를 따르지 않기로 했다. 그들의 11개의 미국 시설 중, 뉴코(Nucor) 종업원들은 안전수칙을 새로 작성하고, 유지, 보수 업무를 선두 지휘하고, 잔디를 깎고, 화장실을 청소하고 있었다—그러나, 그들은 임금을 받고 있었다. "재정적으로, 뉴코(Nucor) 종업원들은 대부분의 경우보다 아직 나은 편이다"라고 크로포즈빌, 인디애나(Crawfordsville, Indiana)에 위치한 회사에 근무하고 있는 한 종업원이 말했다.

디미코는, 현재 경제 불황을 견디는 회사의 능력은 여러 요소에 의존하지만, "가장 중요한 것은 우리의 종업원들과 뉴코(Nucor)의 문화"라고 했다. 그런 문화는 무엇과 같은 것인가? 이는 1960년대에 기업의 인적 자원(HR)을 어떻게 관리할 것인가?라고 하는 화두를 기업의 대표(CEO)가 풀어야 할 임무로 만든 당시로서는 매우 혁명적인 관점을 가져온 켄 아이버슨(Ken Iverson)이 수립한 정책의 결과물로부터 유래되었다. 아이버슨은 고용자가 직원들과 권한을 공유하고, 직원들의 성과를 존중하고, 이에 최대한 후하게 보상할 경우 직원들은 훨씬 더 생산적일 것이라 생각했다. 오늘날, 뉴코(Nucor)의 인적자원관리모델(HR Model)의 토대가 된 것은 그들의 "직원 관계 수칙"에 잘 요약되어 있다:

1. 경영진은 직원들이 생산성에 따라 보상 받을 기회가 있도록 뉴코(Nucor)를 관리해야 할 의무가 있다.
2. 직원들은 그들의 직무를 적절히 수행한다면, 내일도 일을 하게 될 것이라는 확신을 가져야 한다.
3. 직원들은 공정하게 대우받을 권리가 있으며, 그렇게 대우받을 것이라는 믿음이 있어야 한다.
4. 직원들은 공정하게 대우받지 못하고 있다고 믿을 때 이의를 제기할 수 있는 창구가 있어야 한다.

이런 아이버슨 접근 방식은 동기부여를 기반으로 하고 있으며, 그 접근방식의 핵심은 매우 독창적인 보상 시스템이다. 첫 번째 조치(Step 1)는 뉴코(Nucor)직원의 기본급을 산업 평균 이하로 책정한 것이다. 이는 처음에는 희망적으로 일을 시작할 수 없는 것처럼 보이지만, 업무의 성과가 좋아질수록 보상이 더 좋아지도록 뉴코(Nucor)의 보상 계약이 설계되어 있었다. 예를 들어, 한 생산라인에서 생산된 철강 제품에 불량 결함이 없었다면, 모든 직원들은 주급 보너스를 지급받을 수 있으며, 잠재적으로 실소득의 3배까지 받을 수 있다. 추가적으로, 한번 지급되는 연간 보너스와 이익 배분 보너스도 있다. 예를 들어, 2005년에 뉴코(Nucor)는 매우 좋은 한 해를 보냈다: 다른 철강 생산기업보다 더 많은 철강을 판매했으며, 순수익은 2000년의 3억 1,100만 달러에서 13억 달러로 증가했다. 직원들은 평균 79,000달러의 기본급과 주급 보너스, 그리고 2,000달러의 연말 보너스와 평균 18,000달러의 이익 배분 보너스를 받았다.

그러나, 이 시스템은 단점과 장점 모두를 갖고 있

다. 예를 들어, 불량 결함이 없는 철강 생산을 예로 들어보자. 어떤 라인에서 생산한 철강에 대해 문제가 있다면, 해당 근무조의 직원들은 당연히 주당 지급되는 보너스를 받지 못한다. 그리고 이는 공장에서 출고되기 전에 결함을 찾지 못했을 때 해당된다. 만약 소비자에게 전달되었다면, 그들은 보너스로 받았을 수도 있었던 액수의 3배를 잃을 수도 있다. HR 부회장인 제임스 코블린(James M. Coblin)은 "평균적으로 좋지 않았던 해의 경우, 우리는 다른 기업의 동료들보다 적게 벌었다. 그리고 이 같은 경험은 우리가 평균 또는 평균 이하가 되지 말아야 한다는 것을 교훈하고 있다. 우리는 잘 해야 한다"고 했다. 2009년의 1/4 분기에, 뉴코(Nucor)사 지급한 보수 총액은 40% 가량 줄었다.

미화원(janitor)부터 기업 대표까지 회사 내 모든 구성원이 다양한 목표와 과업과 연계된 특정 방식의 인센티브 플랜으로 보상을 보장받고 있다. 우리는 방금 기본급을 80%에서 150%까지 증가시킬 수 있는 운영 및 관리직 직원 및 관리자들에 대한 생산 인센티브 플랜을 설명했다. 부서장들에 대한 보너스는 부서별 성과와 연계된 자산수익률을 기반으로 하고 있다. 이와 같은 보너스 체계는 비-생산자 및 비-부서-관리자 플랜 하에서 이루어지고 있으며, 모두에게 적용되나 단 고위직 관리자는 예외이며 첫 두개의 플랜에는 포함되지 않는다. 두 관리자 플랜에 따른 보너스는 기본급을 75%에서 90%가량 증가시킬 수 있다. 고위 관리자들은 계약 조건하에 업무를 하지 않으며, 연금 또는 퇴직 연금을 받지 못하며, 그들의 기본급은 산업 평균보다 낮다. 통상적으로 대표가 공장 직원의 400배 이상 받는 세상에서, 뉴코(Nucor) 대표인 디미코는 상당히 적게 보상 받는다. 2005년의 경우, 그의 총 급여와 보너스(대략 230만 달러)는 평균 뉴코(Nucor)사 공장 직원이 가져간 액수의 23배에 불과했다. 그의 보너스와 다른 최고 관리자들의 보너스는 주주자본 순 소득 비율에 의해 결정된다.

뉴코(Nucor)는 아이버슨의 또 다른 혁신의 결과로 단순한(flat) 조직구조를 가질 수 있었고 이에 따라 단순한 네 가지의 인센티브 플랜만을 갖고 있다. 미화원으로부터 고위 경영진까지는 단순히 네 단계의 계층만 존재한다: 총 경영관리자, 부서장, 라인 책임자, 그리고 시급 근로자가 그것이다. 대부분의 운영 결정은 부서 수준 또는 그 이하에서 결정이 되며, 널리 알려진 것은 그와 같은 의사결정 책임과 관련하여 양심적인 실수로 기인된 책임은 용인된다는 것이다. 뉴코(Nucor) 웹사이트는 익명의 경영진이 말한 것을 소개하고 있다, "직원들은 실패가 용인되기 때문에 능력을 극대화할 수 있다." 그리고 가끔의 실수는 추진력과 아이디어 공유의 이점을 낳게 하는 좋은 균형적 역할을 한다: "모든 단계에 있어서 뉴코(Nucor) 관리자들은 직원들이 새로운 생각을 시도하라고 격려한다. 어쩔 때는 새로운 생각이 잘 풀릴 수도 있고, 어쩔 때는 잘 풀리지 않을 수도 있다. 그러나, 이처럼 자유롭게 시도할 수 있다는 것은 뉴코(Nucor)를 세상에서 가장 독창적일 수 있게 하고 일을 성취할 수 있는 힘을 갖게 한다."

뉴코(Nucor)의 시스템은 단순히 직원들이 재무적 위험과 혜택을 공유해서 효과적인 것이 아니라, 위험과 혜택을 공유하면서, 주인 의식을 가질 수 있기 때문이다. 주인 의식을 가진 사람들은 의사결정을 하거나 문제를 해결하여야 할 때 더욱 추진력을 가질 수 있다. 또한, 뉴코(Nucor)의 팀워크는 추진력과 새로운 생각의 공유를 위해 매우 유익한 통로 역할을 한다. 아칸소, 힉맨(Hickman, Arkansas)에 위치한 뉴코(Nucor) 제강소를 관리한 존 페리올라(John J. Ferriola)가 최고 운영 책임자가 되기 전에, 2006년 3월 어느 날 오후에 그의 시설의 전력망이 나갔던 때를 기억하고 있다. 그 때 그 공장 소속 전기 기술자들은 앨러바마 소재의 전기 기술자 한 명과, 노스 캐롤라이나 공장에 있던 다른 두 명 등 총 세 명과 전화 통화를 하자, 그들 3명은 하던 일을 멈추고 곧장 아칸소로 직행했다. 20시간 교대조로 복구 작업을 진행하여, 예측했던 일주일과는 달리 그들 합작팀은 3일 만에 전력시설을 재가동시켰다. 방문한 전기 기술자들에게(적어도 금전적으로) 보상받는 것은 없었지만, 공장시설의 설비가 작동되지 않을 때 유지 관리 책임자들이 보너스를 받지 못한다는 것은 알았다. 일선에서 일하는 한 감독자는 "뉴코(Nucor)에서는 "당신들", 그리고 "우리들"이란 개념이 없다. 이건 우리 모두의 일이다. 문제가 생기면, 우리는 그곳으로 가서 우리 모두가 일을 한다."고 한다.

뉴코(Nucor)는 작지만 생산적 경쟁심이 결합된 협력 그리고 아이디어 공유를 할 수 있는 팀워크를 선호한다. 공장 시설 관리 책임자는 종종 근무 조 간 경쟁을 조장하고 이로 인해 효율성을 높이고 생산량을 늘리고 안전성을 향상시킨다. 때로는 근무 조(팀)의 노력으로 또 다른 차원(수준)의 경쟁력을 갖게 된다. 2002년, 크로포드빌, 인디애나(Crawfordsville, Indiana)에 위치한 뉴코(Nucor) 공장은 얇은-스트립 주강품이라고 불리는 혁신적인 공정 개발의 선두주자였으며 2008년 기준으로도, 그 혁신적 공정을 통해 달성한 생산량 기록을 아직까지 연속적으로 세우고 있었다. 그러나, 그 공장은 수송에 필요한 그 어떤 수로와도 가까이 있지 않았기 때문에 운송비 비중이 클 때 특히 연료비가 높을 때 경쟁상 불리한 점이 있었다. 그리하여 총 관리자인 론 디커슨(Ron Dickerson)과 그의 직원들과 머리를 맞대고 이 문제를 해결하는 동시에 수익성을 개선할 수 있는 계획을 세웠다. 운송비가 너무 비싸서 뉴코(Nucor)가 소유한 다른 공장을 포함해서 경쟁자들이 통상적으로 만드는 넓은 폭의 박강판을 배송할 수가 없었다. 크로포드빌 경영진과 직원들은 자체 공장을 다른 종류의 철강을 생산하는 집중 시설로 변경하고자 했다.

이는 위험한 시도였지만, 크로포드빌 공장은 160개의 상호 다른 품질의 철강을 생산하는 시설로 오늘날 바뀌었다. 많은 종류의 철강을 생산하기에는 많은 어려움이 뒤따랐고 근로자에게는 더 많은 시간을 투입하여 해결해야 하는 과제를 안겼지만 새로운 공정으로 주문량이 더 늘게 되었고 이로 인해 근로자의 작업시간도 더 늘게 되었다. 2008년 첫 분기에, 그 공장의 생산량과 출하량은 기록을 세우고 있었다. 디커슨은 "우리는 꾸준히 제품군과 생산할 철강 종류를 늘리고 있다"라고 하면서 새로운 기술에 대해 직원 추진력이 바탕인 뉴코(Nucor) 브랜드를 적용시킬 기회를 특별히 계속해서 기대하고 있다고 했다. 그는, "뉴코(Nucor)는 다른 몇 가지 일들도 진행 중이다, 그러나 어디에 투자를 할지 아직은 결정하지 못했다. (그러나) 크로포드빌은 성공적인 스타트업 기업으로 유명하며, 그래서 새로운 기술들을 우리가 가질 수 있기를 희망한다"라고 했다.

사례 질문

P4-8. 개별성과 평가 시스템이 아니라, 뉴코(Nucor)는 직원 성과를 부서별 품질, 생산성, 그리고 이익 목적 및 목표로 평가한다. 이러한 방식의 장점과 단점은 무엇인가?

P4-9. 뉴코(Nucor)가 직원들의 동기부여를 위해 사용하는 재무적 그리고 비재무적 인센티브는 무엇인가?

P4-10. 뉴코(Nucor)의 단순조직구조는 보상 시스템의 성공에 어떻게 기여하는가?

P4-11. 오늘날 많은 기업들은 일시적이거나, 파트타임으로나, 또는 비정규직 직원들을 고용해 비용을 줄이고 유연성을 확보한다. 뉴코(Nucor)의 경우 이 방식을 한 번도 채택한 적이 없다. 미래에 경영진은 이 방식을 고려해야 할 것인가? 그러한 이유는 무엇인가? 그렇지 않다면, 그렇지 않은 이유는 무엇인가?

P4-12. CEO 댄 디미코(Dan DiMicco)는 경기가 다시 회복된다면, 뉴코(Nucor)는 철강 산업 중 "가장 먼저 주목받는" 기업이 될 것이라고 한다. 그가 그처럼 낙관적인 입장을 취한 이유는 무엇인가?

P4-13. 뉴코(Nucor)의 인사관리(HR)전략은 다른 나라 또는 다른 문화권에서도 성공할 수 있을까?

P4-14. 홉스테드의 문화 분석 관점에서 뉴코(Nucor)의 접근 방식을 분석해 보시오. 뉴코(Nucor)의 접근 방식과 가장 부합하는 문화적 가치는 무엇일까? 본인의 답변에 변론해보라.

출처: "Pain, But No Layoffs at Nucor," *비즈니스위크*, 3월 26일, 2009, pp. 48-50; "The Art of Motivation," *비즈니스위크*, 5월 1일, 2006, pp. 76-77; "Nucor Reports Record Results for 2008," *로이터*, 1월 27일, 2010; "Steel Industry, In Slump, Looks to Federal Stimulus," *뉴욕타임즈*, 1월2일, 2009, pp. B1, B5; Nucor.com

Index

찾아보기

한글 찾아보기

ㄴ

ㄷ

ㄹ

ㅁ

ㅈ

영어 찾아보기

B

C

D

I

M

N

O

S

T